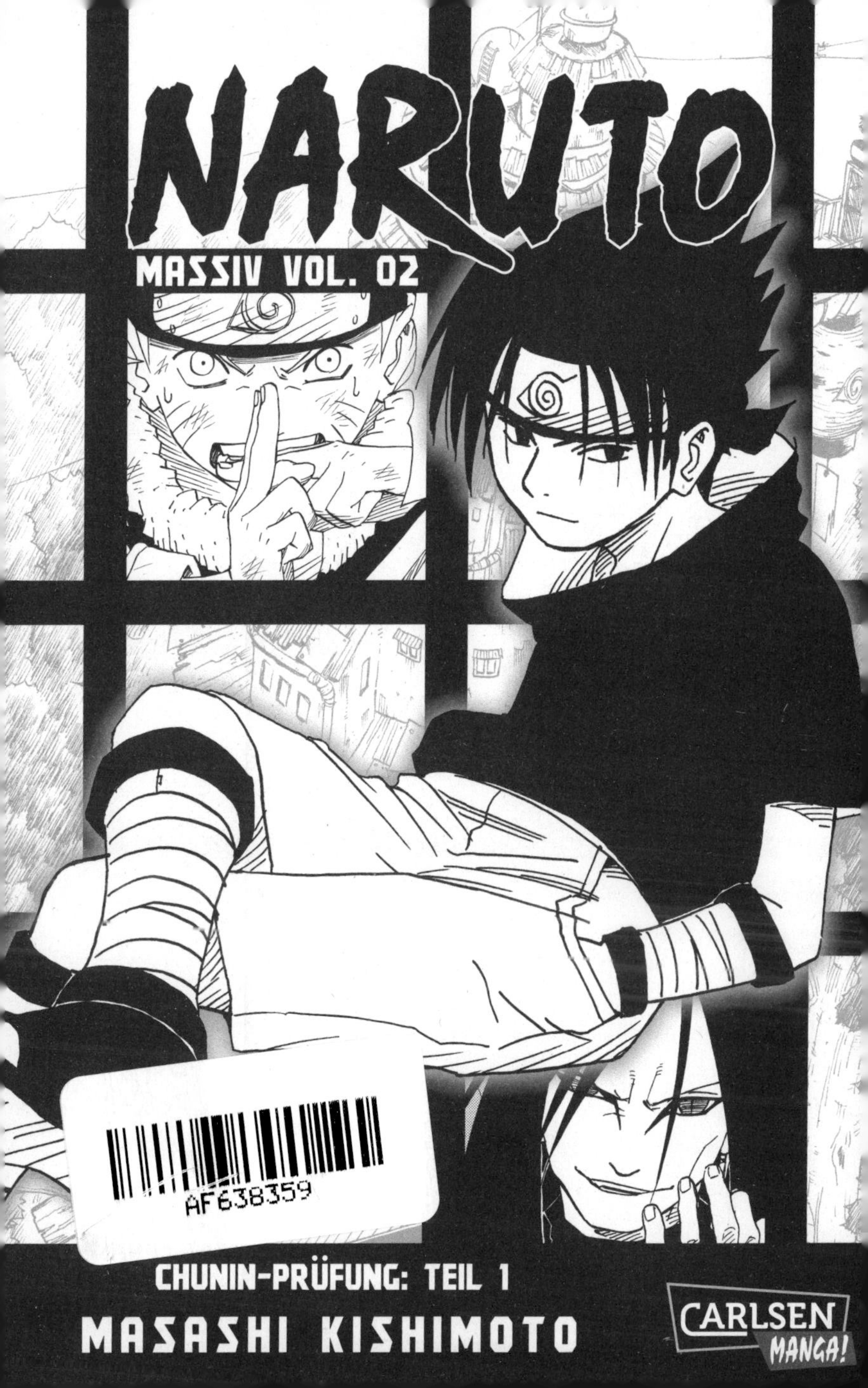
NARUTO
MASSIV VOL. 02
CHUNIN-PRÜFUNG: TEIL 1
MASASHI KISHIMOTO
CARLSEN
MANGA!

NARUTO CHARACTERS

NARUTO UZUMAKI

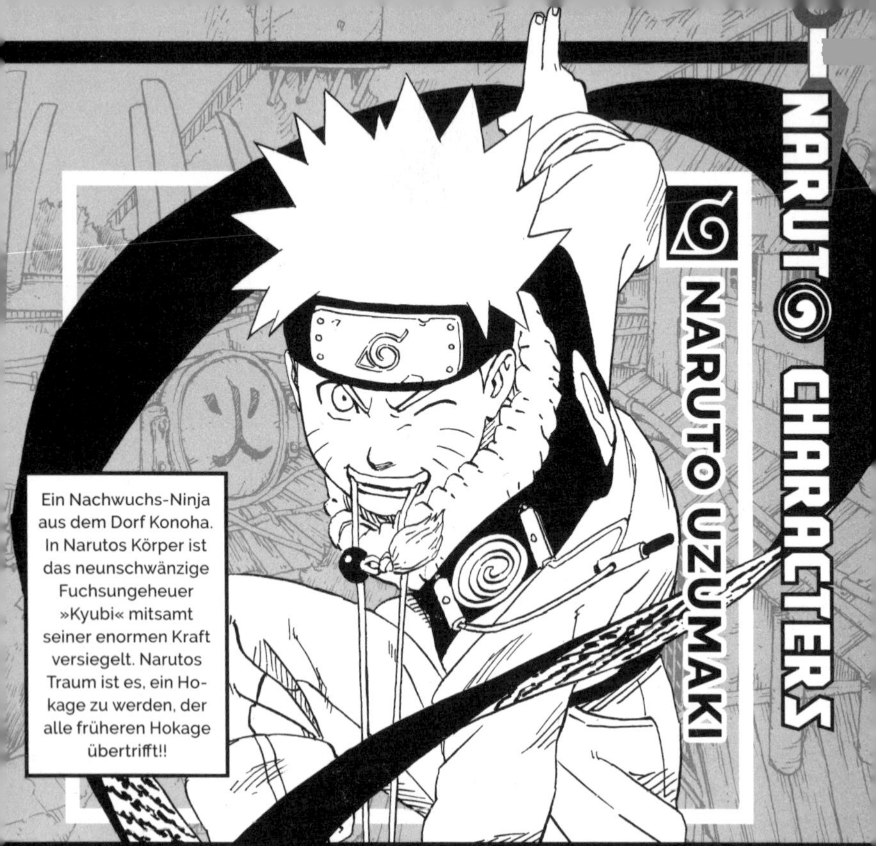

Ein Nachwuchs-Ninja aus dem Dorf Konoha. In Narutos Körper ist das neunschwänzige Fuchsungeheuer »Kyubi« mitsamt seiner enormen Kraft versiegelt. Narutos Traum ist es, ein Hokage zu werden, der alle früheren Hokage übertrifft!!

STORY

1 Naruto, der berüchtigte Tunichtgut in Konoha, absolviert die Ninja-Akademie!!

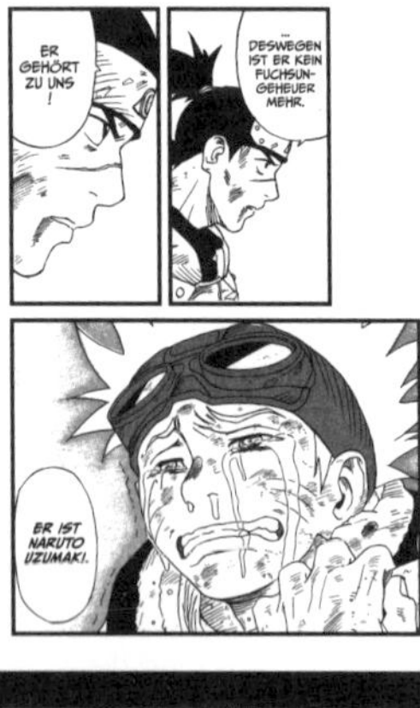

In Narutos Körper steckt ein Ungeheuer, das einst Konoha überfallen und viele Dorfleute getötet hat. Die Dorfleute grenzen Naruto deshalb aus – und dieses Ausgeschlossensein lässt Naruto tagtäglich Unsinn anstellen. Aber durch Irukas Vertrauen und seine Anerkennung ändert sich alles! Naruto hört auf, ein Tunichtgut zu sein, absolviert die Akademie und macht den ersten Schritt auf seinem Ninja-Weg!

2 Kein Einziger hat sie bisher bestanden?! Die extrem schwierige Ge-Nin-Prüfung!!

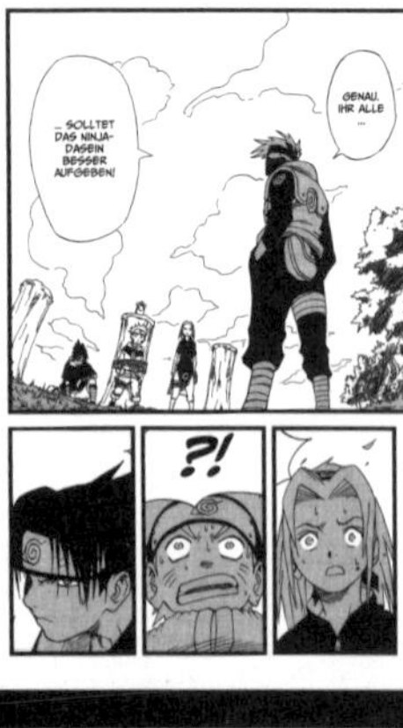

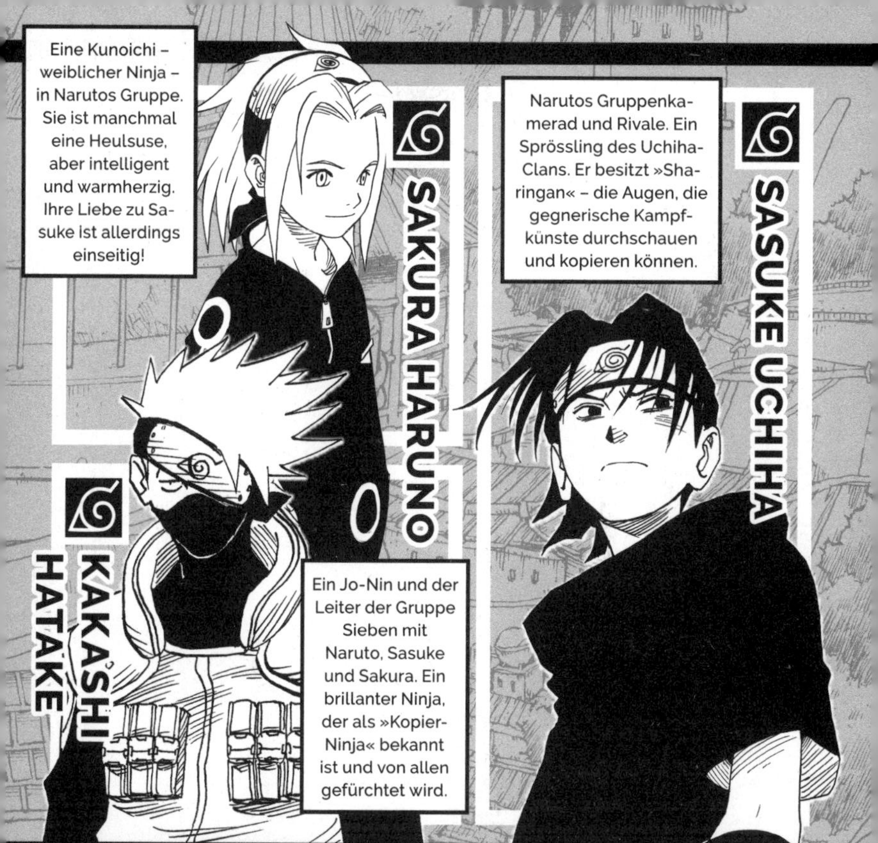

Naruto erlebt zum ersten Mal den Kampf auf Leben und Tod!! Sowohl körperlich als auch geistig entwickelt sich Naruto rasch! Er wappnet sich für die nächste wichtige Hürde, die Chu-Nin-Prüfung!!

Eine einfache Mission als Leibwache, die Naruto und seine Kameraden zu erfüllen haben, nimmt durch die Begegnung mit den Attentätern Zabuza und Haku einen unerwarteten Lauf! Aus einem Routinedienst wird ein Kampf auf Leben und Tod!! Am Ende eines spektakulären Gefechts schlagen Naruto und seine Kameraden die Gegner zurück. Naruto erfährt durch diesen Kampf, wie hart und schmerzhaft das Leben als Ninja ist…

3

Eine Mission entwickelt sich überraschend!! Der Kampf gegen die starken Gegner Zabuza & Haku!!

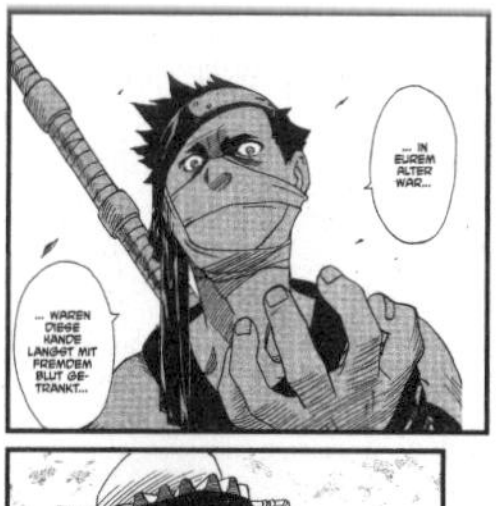

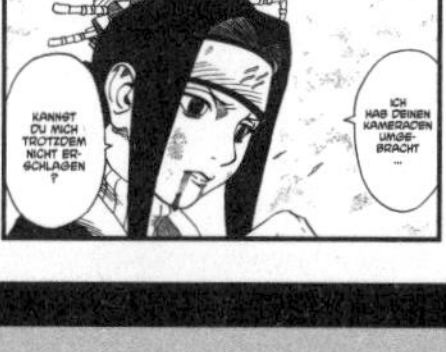

Zusammen mit Sasuke und Sakura unterzieht sich Naruto einer »Überlebensübung«, um den ersten Ninja-Rang zu erlangen. Aber jeder der drei verhält sich nach seinem eigenen Gusto. Kakashi urteilt, dass alle drei das Ninja-Dasein aufgeben sollten! Aber gerade das weckt ihren Mannschaftsgeist – und so bestehen sie die Prüfung und werden Ge-Nin!!

NARUTO

624 SEITEN MASSIV 100% NARUTO

INHALT

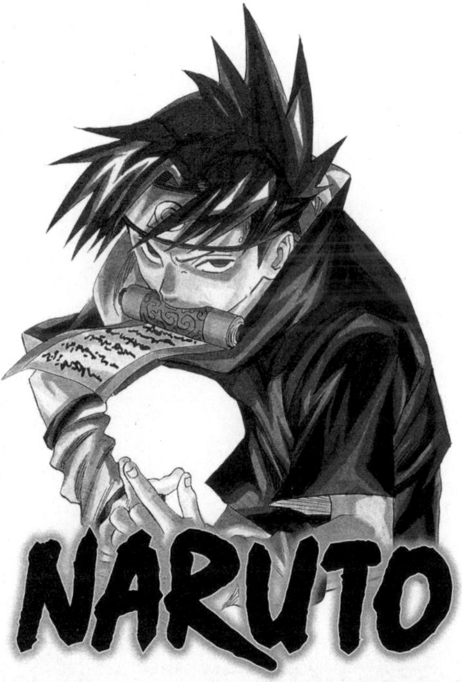
NARUTO

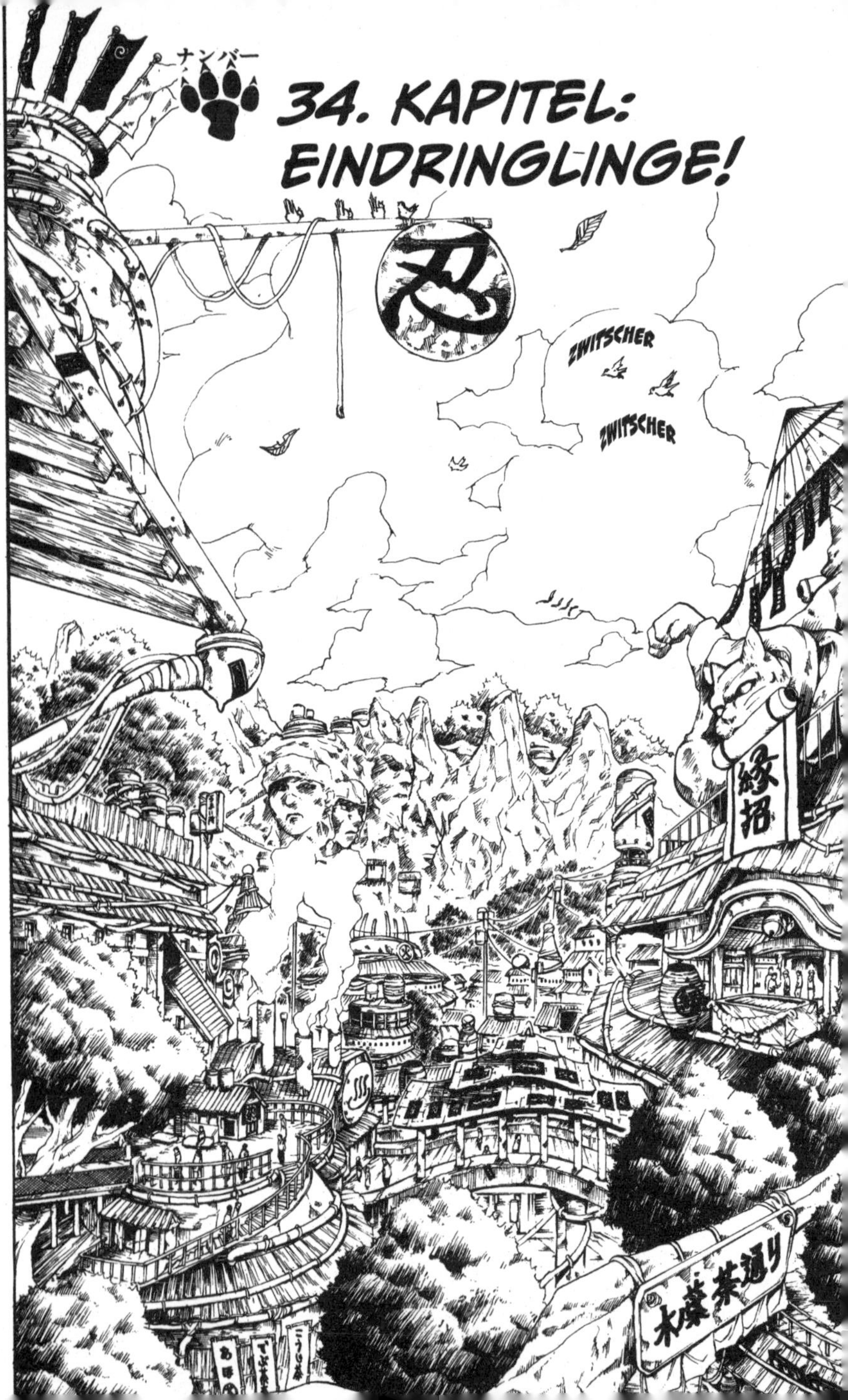
ナンバー
34. KAPITEL:
EINDRINGLINGE!
忍
ZWITSCHER
ZWITSCHER
縁
招

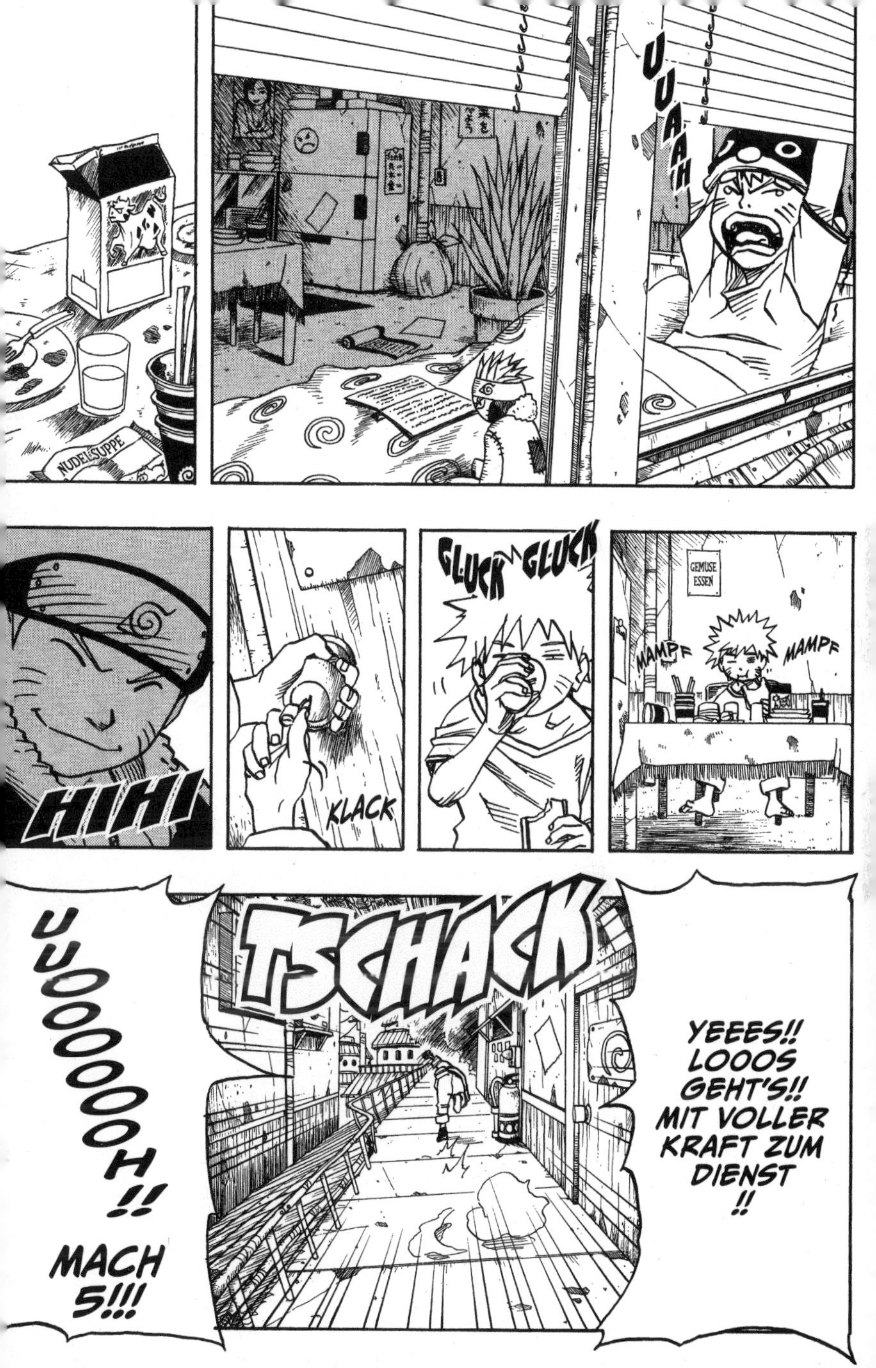

UUAAH
NUDELSUPPE
HIHI
KLACK
GLUCK GLUCK
GEMÜSE ESSEN
MAMPF MAMPF
TSCHACK
YEEES!! LOOOS GEHT'S!! MIT VOLLER KRAFT ZUM DIENST!!
UUOOOOOOH!! MACH 5!!!

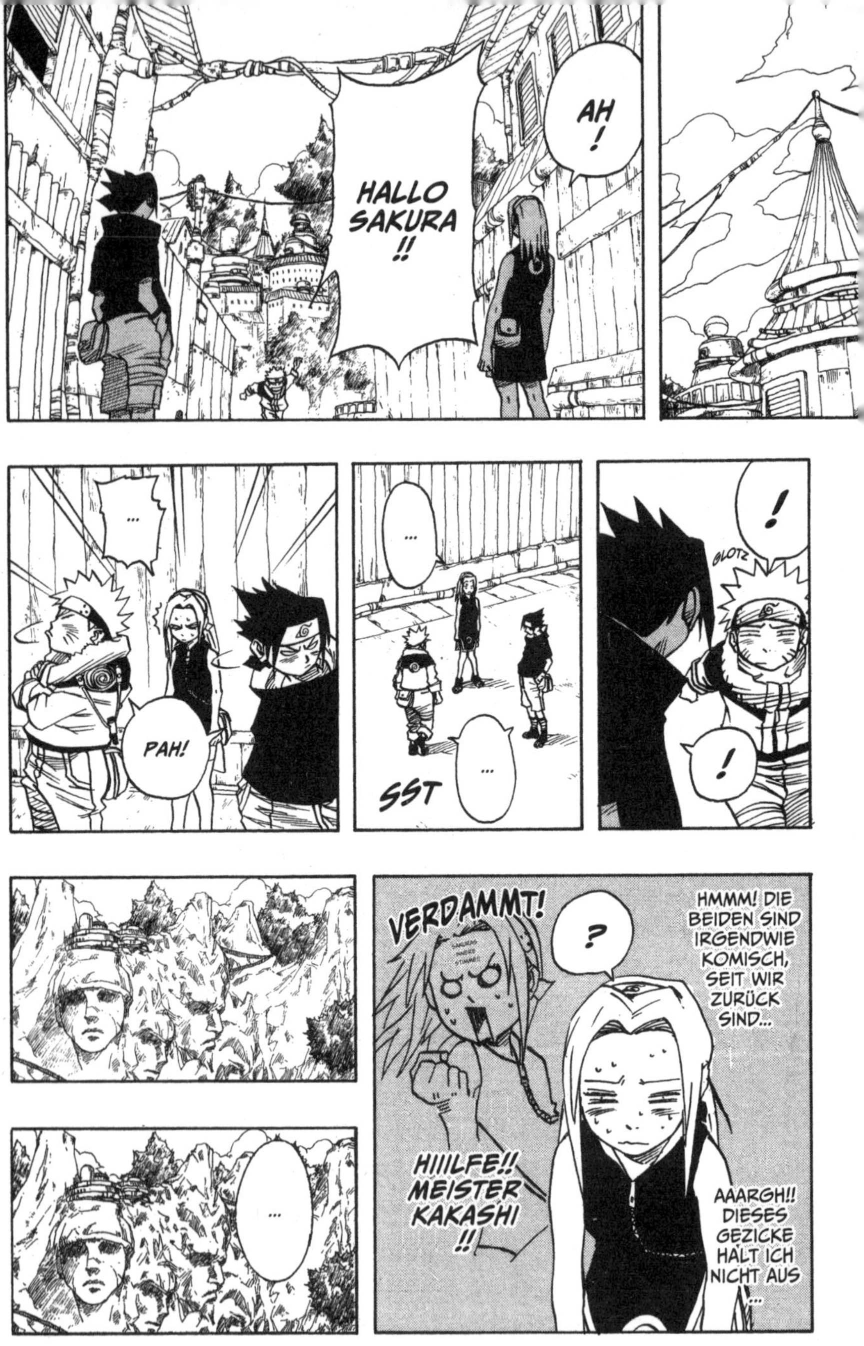
AH!
HALLO SAKURA!!
!
BLOTZ
!
...
SST
...
...
PAH!
HMMM! DIE BEIDEN SIND IRGENDWIE KOMISCH, SEIT WIR ZURÜCK SIND...
?
VERDAMMT!
SAKURAS INNERE STIMME!!
AAARGH!! DIESES GEZICKE HALT ICH NICHT AUS...
HIIILFE!! MEISTER KAKASHI!!
...

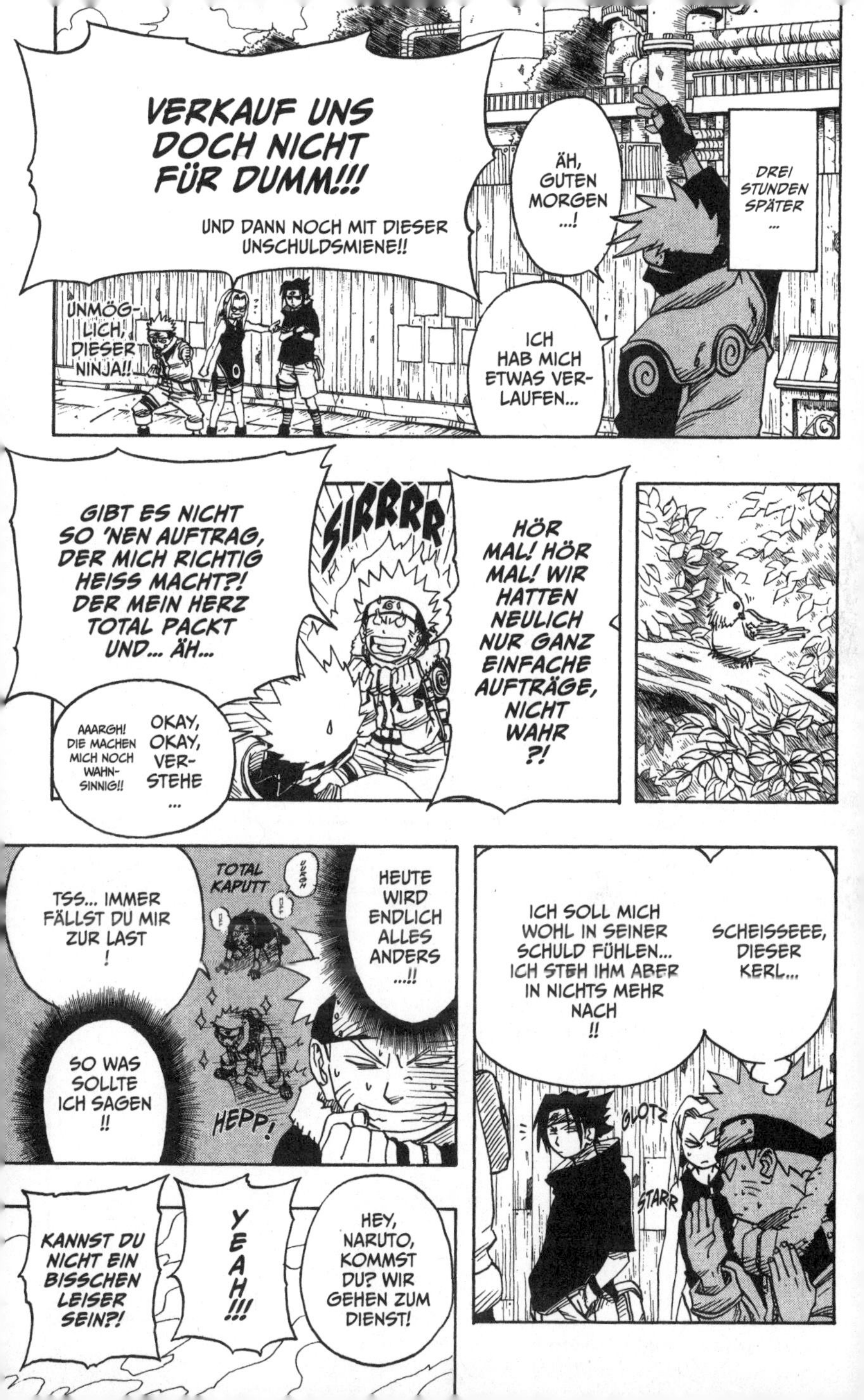
DREI STUNDEN SPÄTER ...
ÄH, GUTEN MORGEN ...!
ICH HAB MICH ETWAS VERLAUFEN...
UNMÖGLICH, DIESER NINJA!!
VERKAUF UNS DOCH NICHT FÜR DUMM!!!
UND DANN NOCH MIT DIESER UNSCHULDSMIENE!!
HÖR MAL! HÖR MAL! WIR HATTEN NEULICH NUR GANZ EINFACHE AUFTRÄGE, NICHT WAHR?!
SIRRRR
GIBT ES NICHT SO 'NEN AUFTRAG, DER MICH RICHTIG HEISS MACHT?! DER MEIN HERZ TOTAL PACKT UND... ÄH...
OKAY, OKAY, VERSTEHE ...
AAARGH! DIE MACHEN MICH NOCH WAHNSINNIG!!
SCHEISSEEE, DIESER KERL...
ICH SOLL MICH WOHL IN SEINER SCHULD FÜHLEN... ICH STEH IHM ABER IN NICHTS MEHR NACH !!
GLOTZ
STARR
HEUTE WIRD ENDLICH ALLES ANDERS ...!!
TOTAL KAPUTT
TSS... IMMER FÄLLST DU MIR ZUR LAST !
SO WAS SOLLTE ICH SAGEN !!
HEPP!
HEY, NARUTO, KOMMST DU? WIR GEHEN ZUM DIENST!
YEAH!!!
KANNST DU NICHT EIN BISSCHEN LEISER SEIN?!

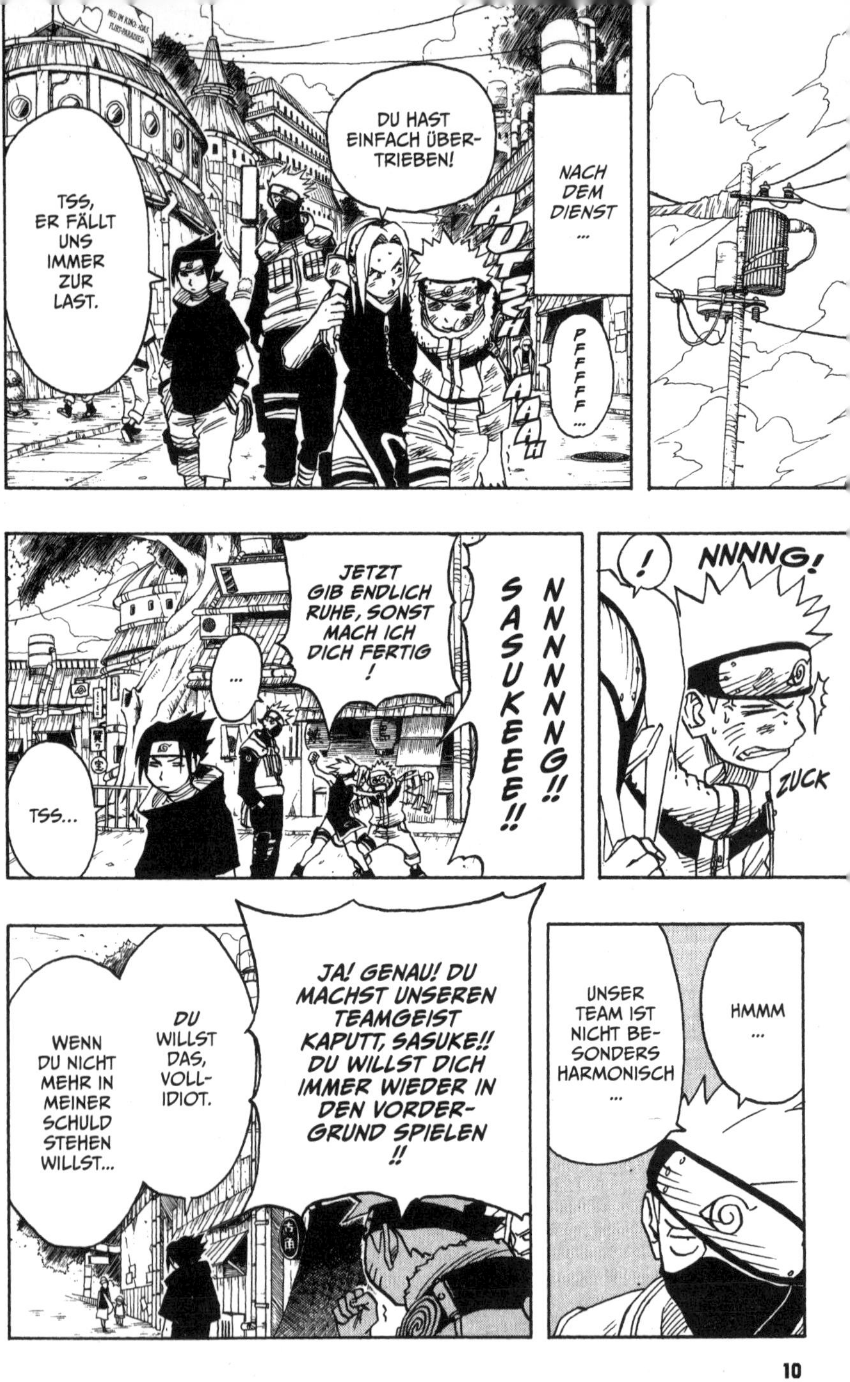
NACH DEM DIENST ...
AUTSCHAAAAH
PFFFFF ...
DU HAST EINFACH ÜBERTRIEBEN!
TSS, ER FÄLLT UNS IMMER ZUR LAST.
!
NNNNG!
ZUCK
NNNNNNG!!
SASUKEEE!!
JETZT GIB ENDLICH RUHE, SONST MACH ICH DICH FERTIG!
...
TSS...
HMMM ...
UNSER TEAM IST NICHT BESONDERS HARMONISCH ...
JA! GENAU! DU MACHST UNSEREN TEAMGEIST KAPUTT, SASUKE!! DU WILLST DICH IMMER WIEDER IN DEN VORDERGRUND SPIELEN!!
DU WILLST DAS, VOLLIDIOT.
WENN DU NICHT MEHR IN MEINER SCHULD STEHEN WILLST...

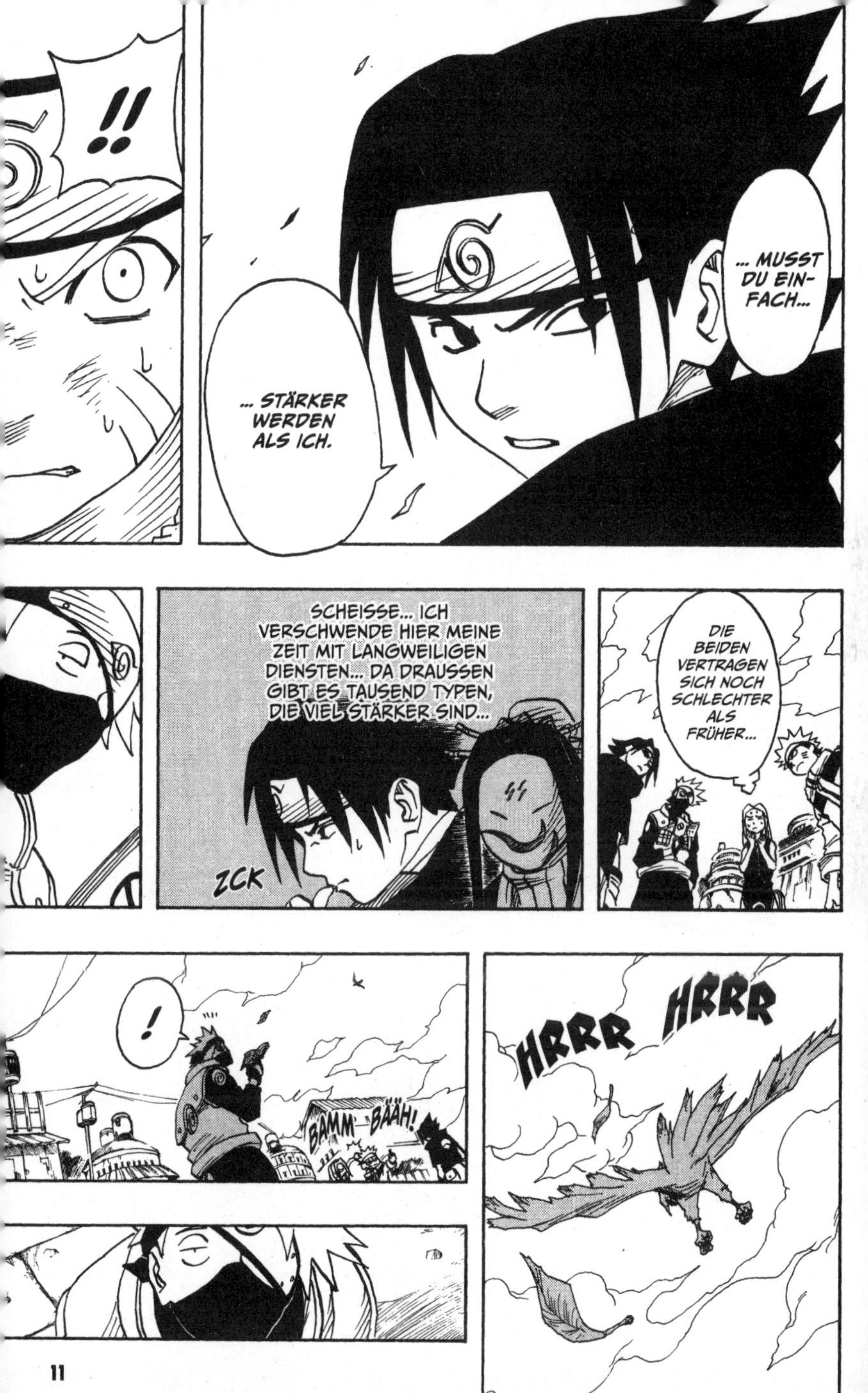
... MUSST DU EIN-FACH...
... STÄRKER WERDEN ALS ICH.
!!
DIE BEIDEN VERTRAGEN SICH NOCH SCHLECHTER ALS FRÜHER...
SCHEISSE... ICH VERSCHWENDE HIER MEINE ZEIT MIT LANGWEILIGEN DIENSTEN... DA DRAUSSEN GIBT ES TAUSEND TYPEN, DIE VIEL STÄRKER SIND...
ZCK
HRRR HRRR
!
BAMM BÄÄH!

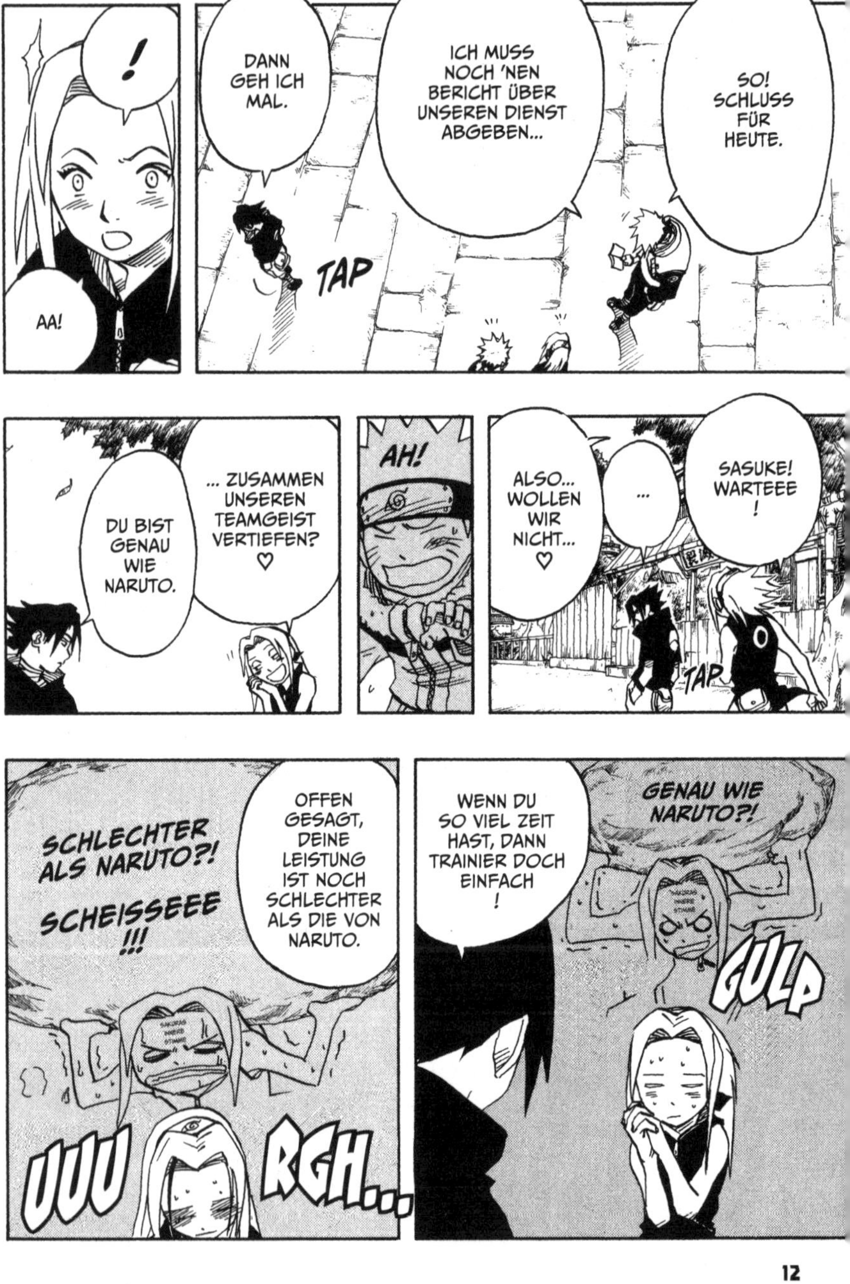
SO! SCHLUSS FÜR HEUTE.
ICH MUSS NOCH 'NEN BERICHT ÜBER UNSEREN DIENST ABGEBEN...
DANN GEH ICH MAL.
TAP
!
AA!
SASUKE! WARTEEE!
...
ALSO... WOLLEN WIR NICHT... ♡
TAP
AH!
... ZUSAMMEN UNSEREN TEAMGEIST VERTIEFEN? ♡
DU BIST GENAU WIE NARUTO.
WENN DU SO VIEL ZEIT HAST, DANN TRAINIER DOCH EINFACH!
GENAU WIE NARUTO?!
GULP
OFFEN GESAGT, DEINE LEISTUNG IST NOCH SCHLECHTER ALS DIE VON NARUTO.
SCHLECHTER ALS NARUTO?!
SCHEISSEEE!!!
UUURGH...

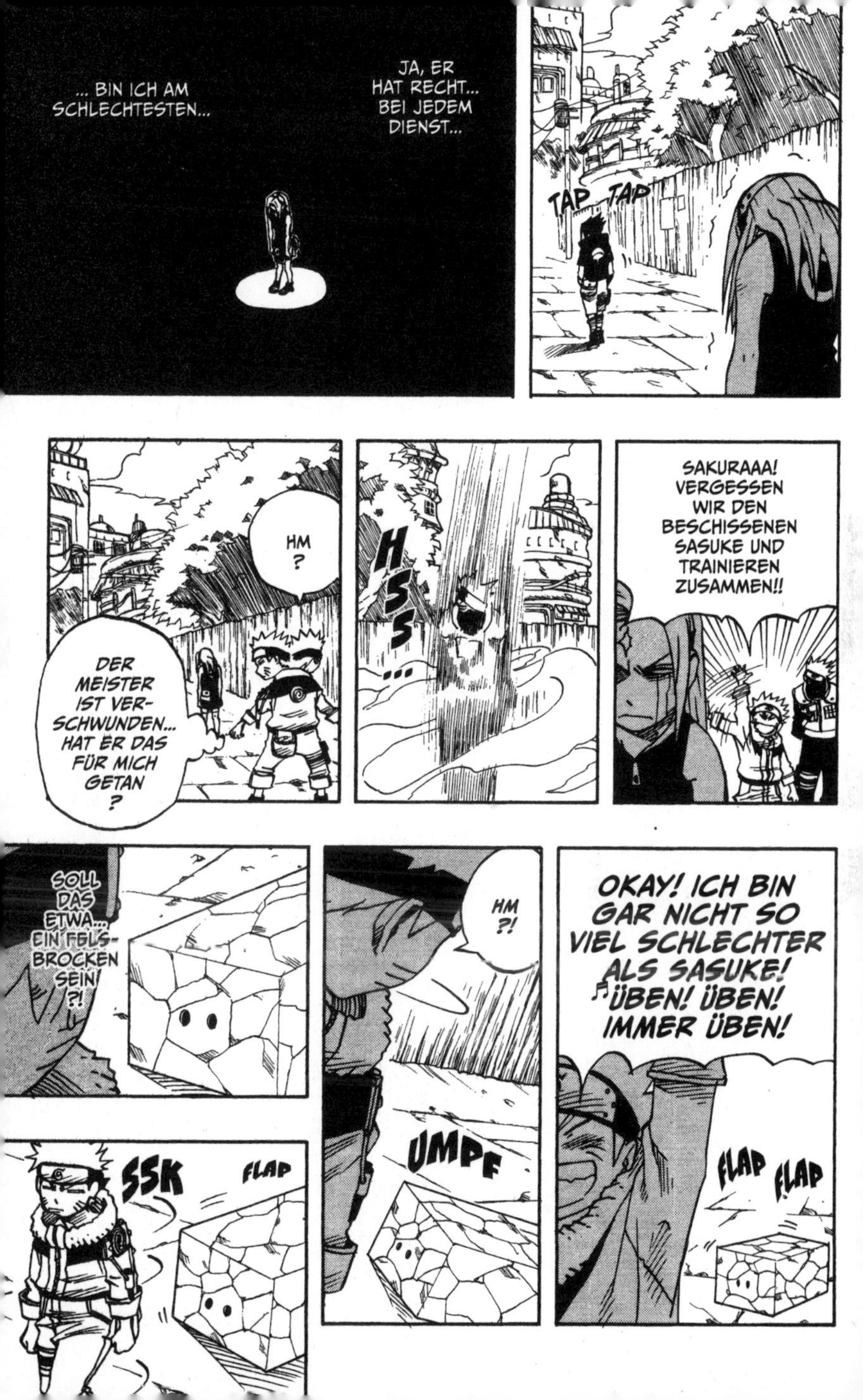
TAP TAP
JA, ER HAT RECHT... BEI JEDEM DIENST...
... BIN ICH AM SCHLECHTESTEN...
SAKURAAA! VERGESSEN WIR DEN BESCHISSENEN SASUKE UND TRAINIEREN ZUSAMMEN!!
HSS...
HM ?
DER MEISTER IST VER-SCHWUNDEN... HAT ER DAS FÜR MICH GETAN ?
OKAY! ICH BIN GAR NICHT SO VIEL SCHLECHTER ALS SASUKE! ÜBEN! ÜBEN! IMMER ÜBEN!
FLAP FLAP
HM ?!
UMPF
SOLL DAS ETWA... EIN FELS-BROCKEN SEIN ?!
SSK
FLAP

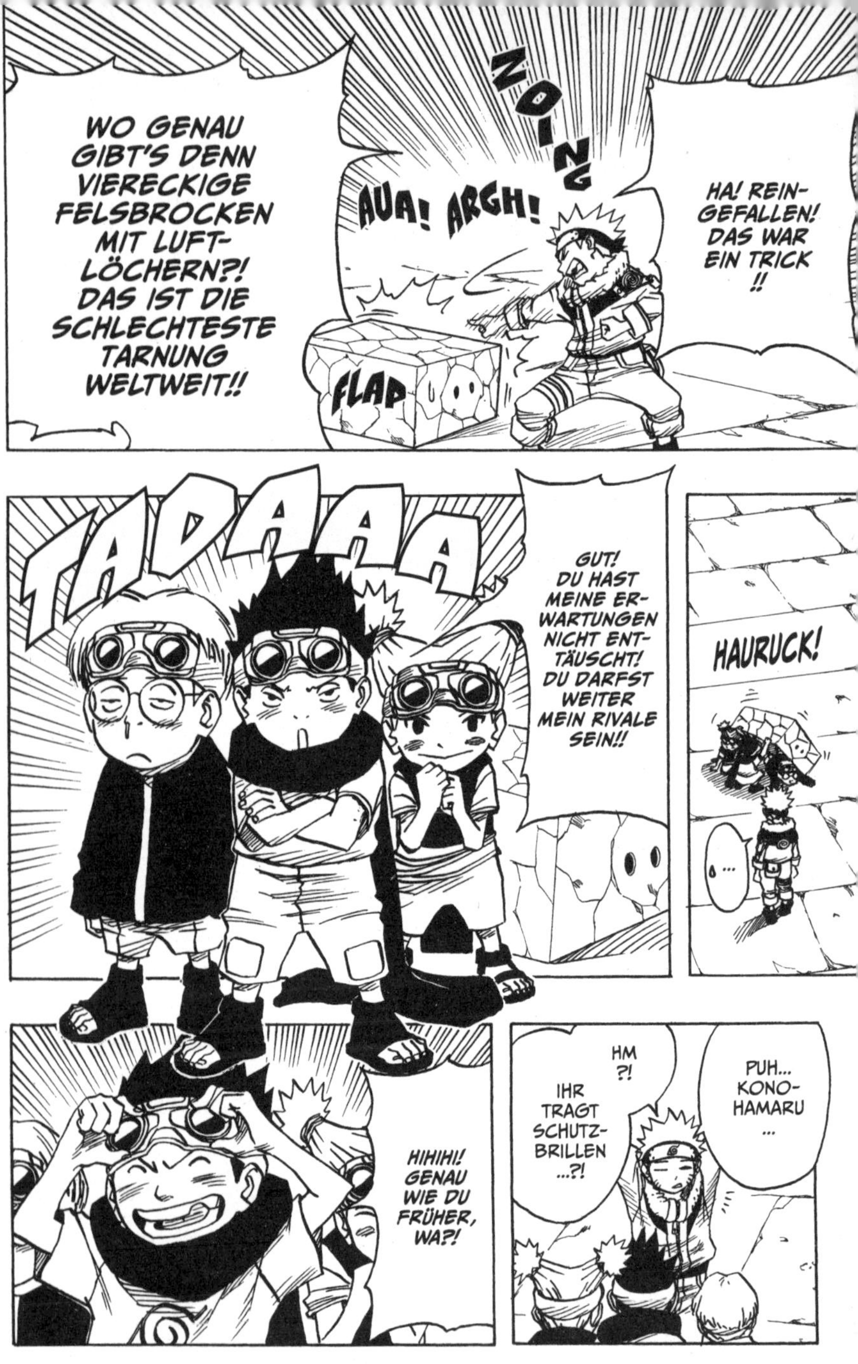
ZOING
HA! REIN-GEFALLEN! DAS WAR EIN TRICK!!
AUA! ARGH!
FLAP
WO GENAU GIBT'S DENN VIERECKIGE FELSBROCKEN MIT LUFT-LÖCHERN?! DAS IST DIE SCHLECHTESTE TARNUNG WELTWEIT!!
HAURUCK!
...
GUT! DU HAST MEINE ER-WARTUNGEN NICHT ENT-TÄUSCHT! DU DARFST WEITER MEIN RIVALE SEIN!!
TADAAA
PUH... KONO-HAMARU ...
HM ?!
IHR TRAGT SCHUTZ-BRILLEN ...?!
HIHIHI! GENAU WIE DU FRÜHER, WA?!

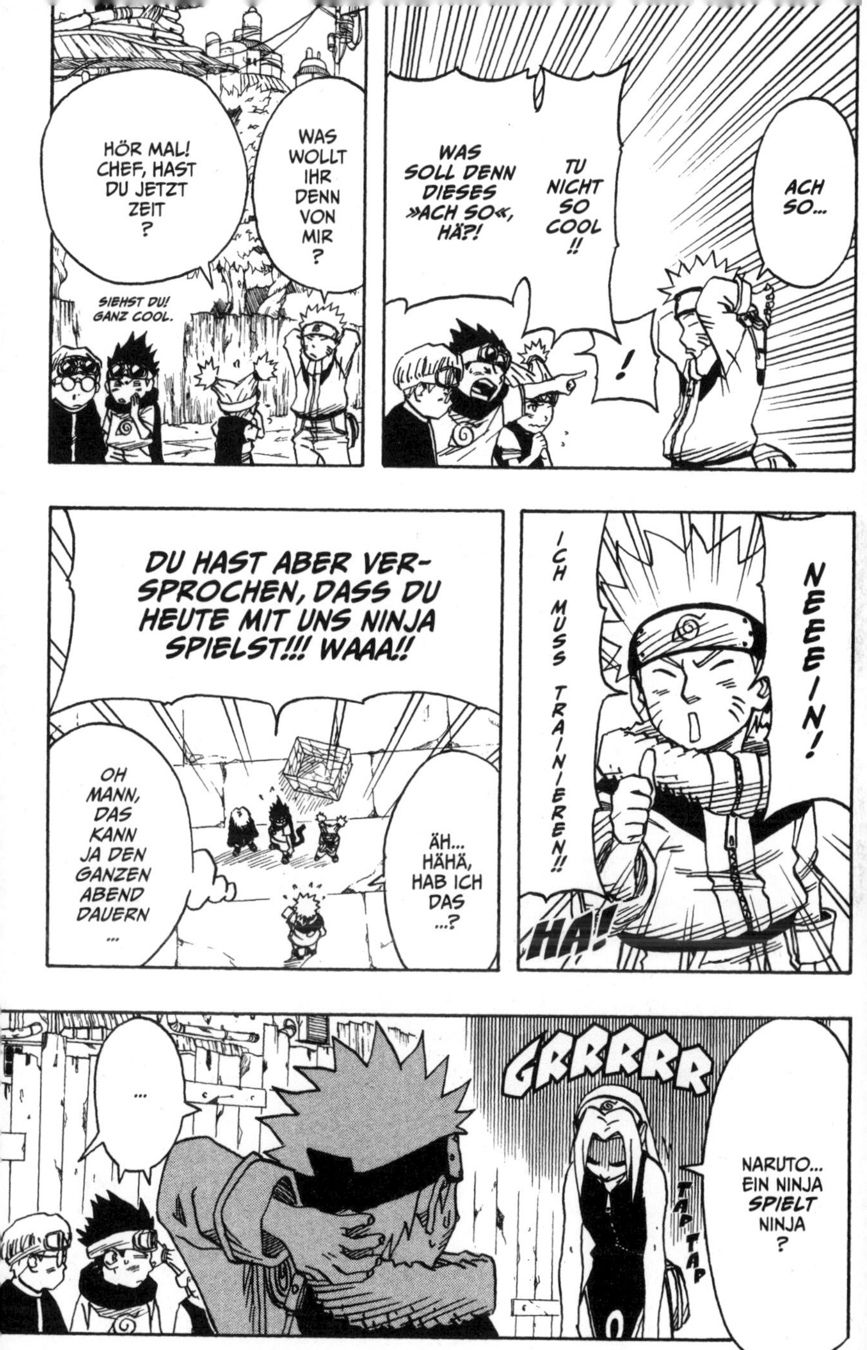
ACH SO...
TU NICHT SO COOL!!
WAS SOLL DENN DIESES »ACH SO«, HÄ?!
!
WAS WOLLT IHR DENN VON MIR?
HÖR MAL! CHEF, HAST DU JETZT ZEIT?
SIEHST DU! GANZ COOL.
NEEEEIN!
ICH MUSS TRAINIEREN!!
HA!
DU HAST ABER VER-SPROCHEN, DASS DU HEUTE MIT UNS NINJA SPIELST!!! WAAA!!
ÄH... HÄHÄ, HAB ICH DAS ...?
OH MANN, DAS KANN JA DEN GANZEN ABEND DAUERN ...
GRRRRRR
NARUTO... EIN NINJA SPIELT NINJA?
TAP TAP
...

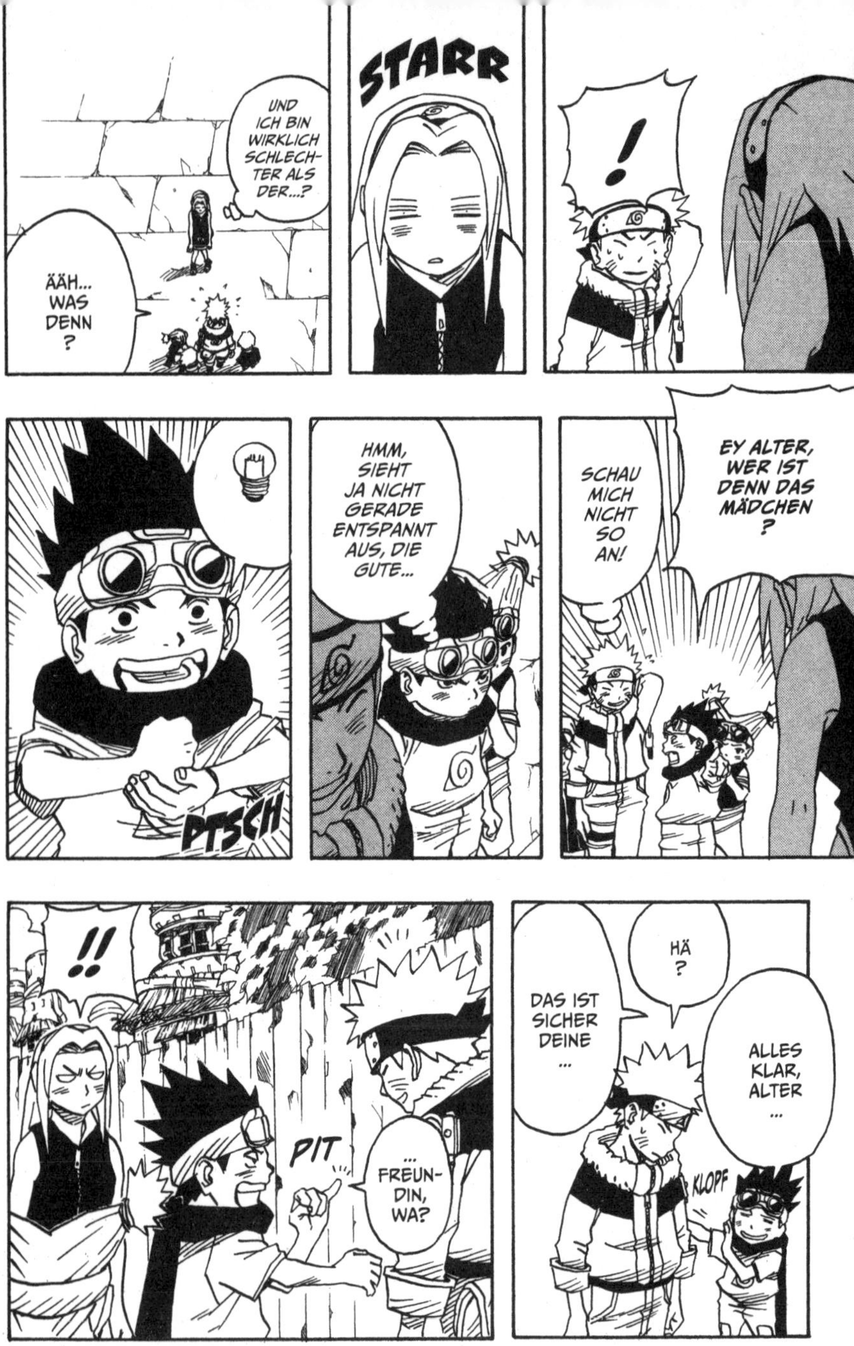
!
STARR
UND ICH BIN WIRKLICH SCHLECHTER ALS DER...?
ÄÄH... WAS DENN ?
EY ALTER, WER IST DENN DAS MÄDCHEN ?
SCHAU MICH NICHT SO AN!
HMM, SIEHT JA NICHT GERADE ENTSPANNT AUS, DIE GUTE...
PTSCH
HÄ ?
ALLES KLAR, ALTER ...
KLOPF
DAS IST SICHER DEINE ...
PIT
... FREUN-DIN, WA?
!!

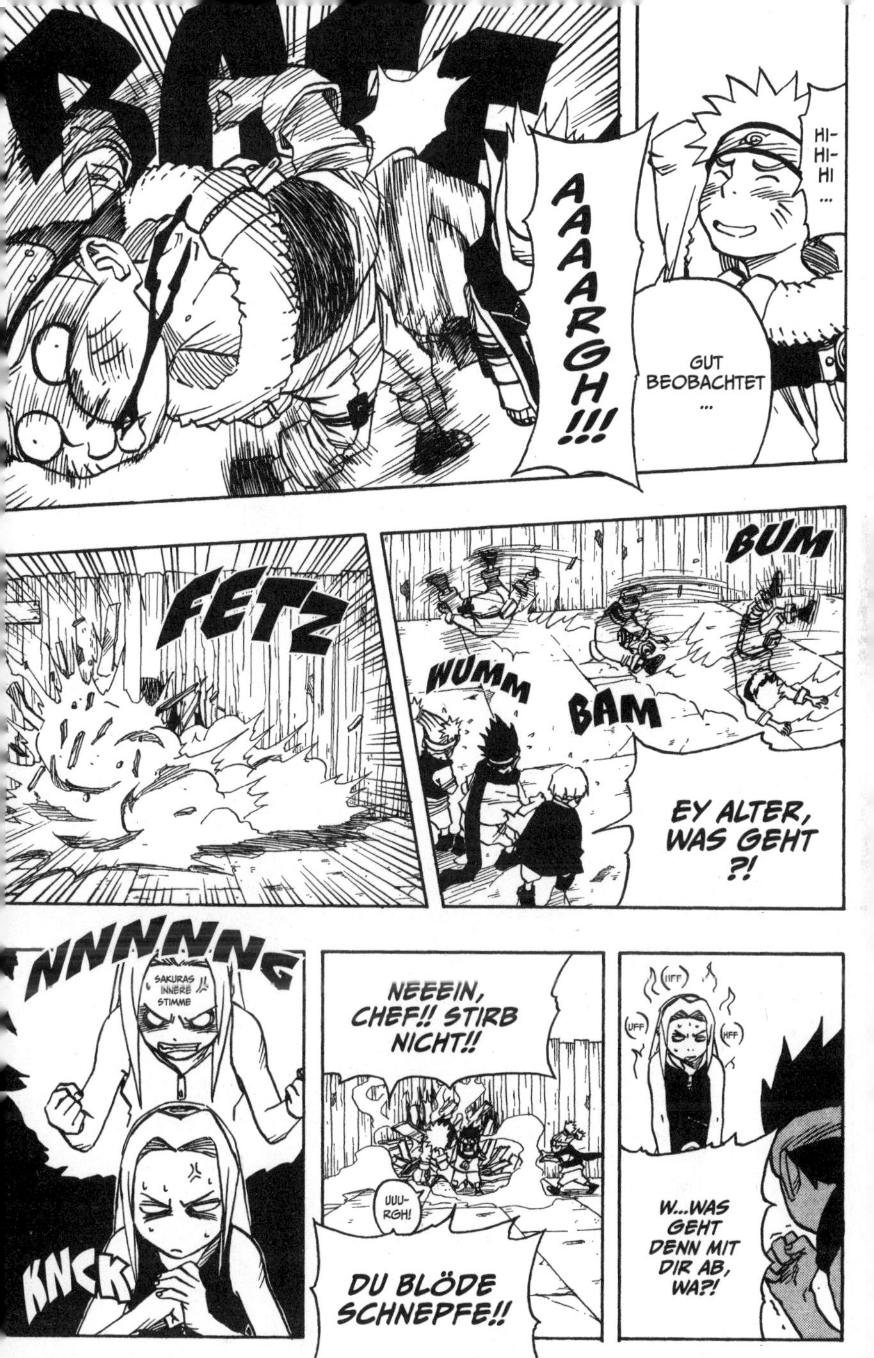

HI-HI-HI ...
GUT BEOBACHTET ...
AAAAARGH!!!
BAFF
BUM
WUMM
BAM
EY ALTER, WAS GEHT ?!
FETZ
W...WAS GEHT DENN MIT DIR AB, WA?!
UFF
HFF
NEEEIN, CHEF!! STIRB NICHT!!
UUU-RGH!
DU BLÖDE SCHNEPFE!!
NNNNNNG
SAKURAS INNERE STIMME
KNCK

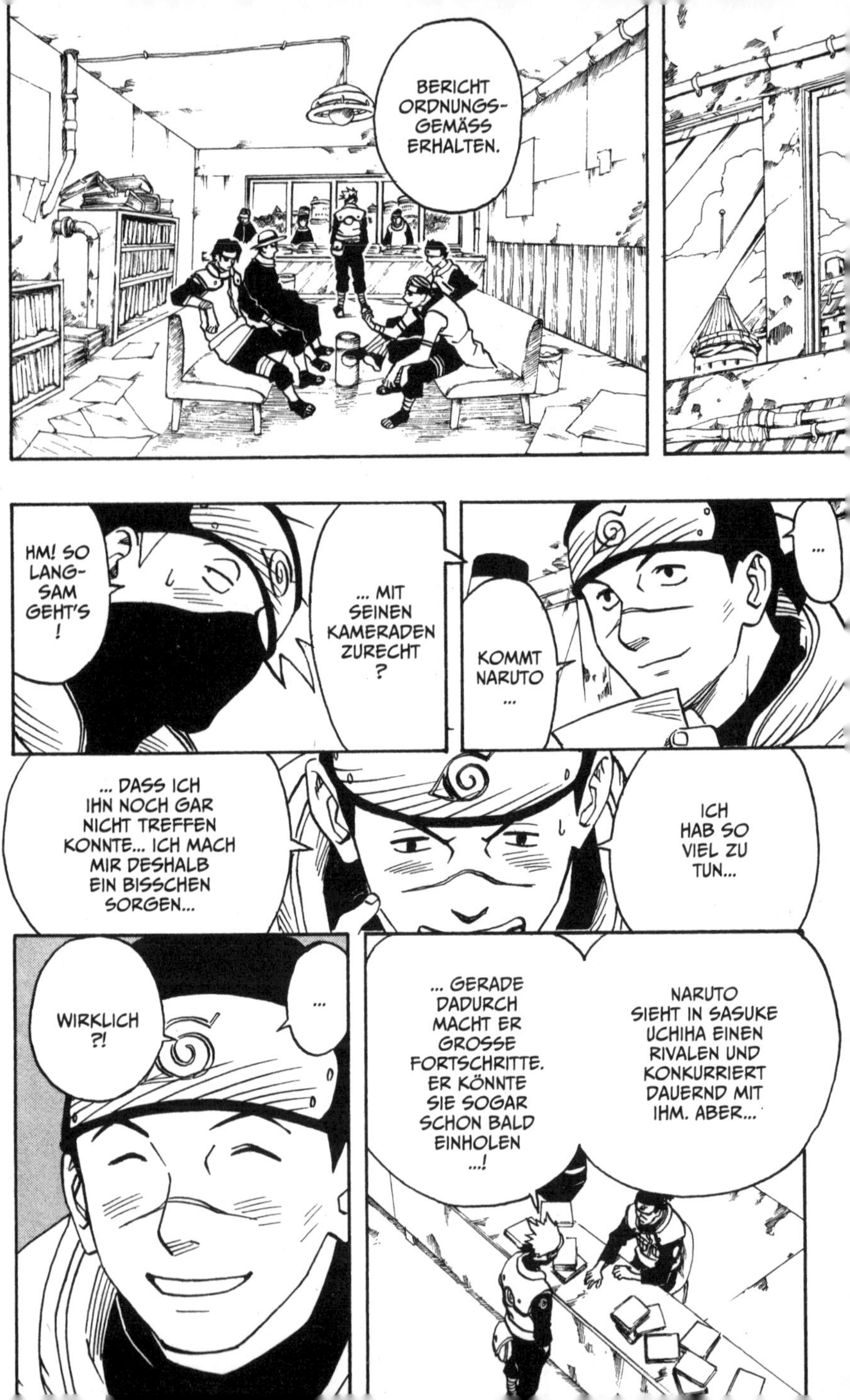

BERICHT ORDNUNGSGEMÄSS ERHALTEN.
...
KOMMT NARUTO ...
... MIT SEINEN KAMERADEN ZURECHT ?
HM! SO LANGSAM GEHT'S !
ICH HAB SO VIEL ZU TUN...
... DASS ICH IHN NOCH GAR NICHT TREFFEN KONNTE... ICH MACH MIR DESHALB EIN BISSCHEN SORGEN...
NARUTO SIEHT IN SASUKE UCHIHA EINEN RIVALEN UND KONKURRIERT DAUERND MIT IHM. ABER...
... GERADE DADURCH MACHT ER GROSSE FORTSCHRITTE. ER KÖNNTE SIE SOGAR SCHON BALD EINHOLEN ...!
...
WIRKLICH ?!

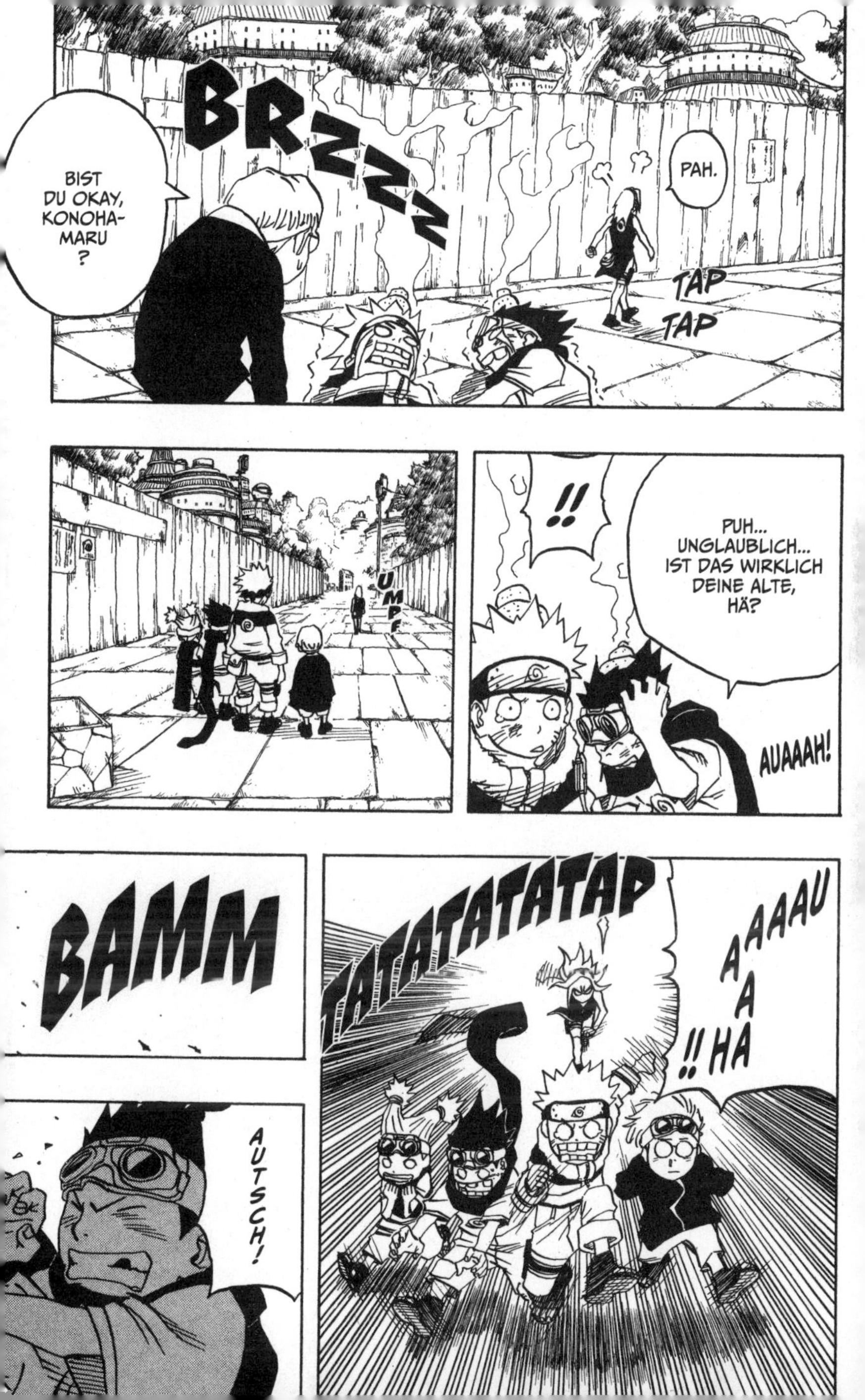
BRZZZ
PAH.
BIST DU OKAY, KONOHAMARU?
TAP TAP
UMPF
!!
PUH... UNGLAUBLICH... IST DAS WIRKLICH DEINE ALTE, HÄ?
AUAAAH!
TATATATATAP
AAAAU
AAAHA
!!
BAMM
AUTSCH!

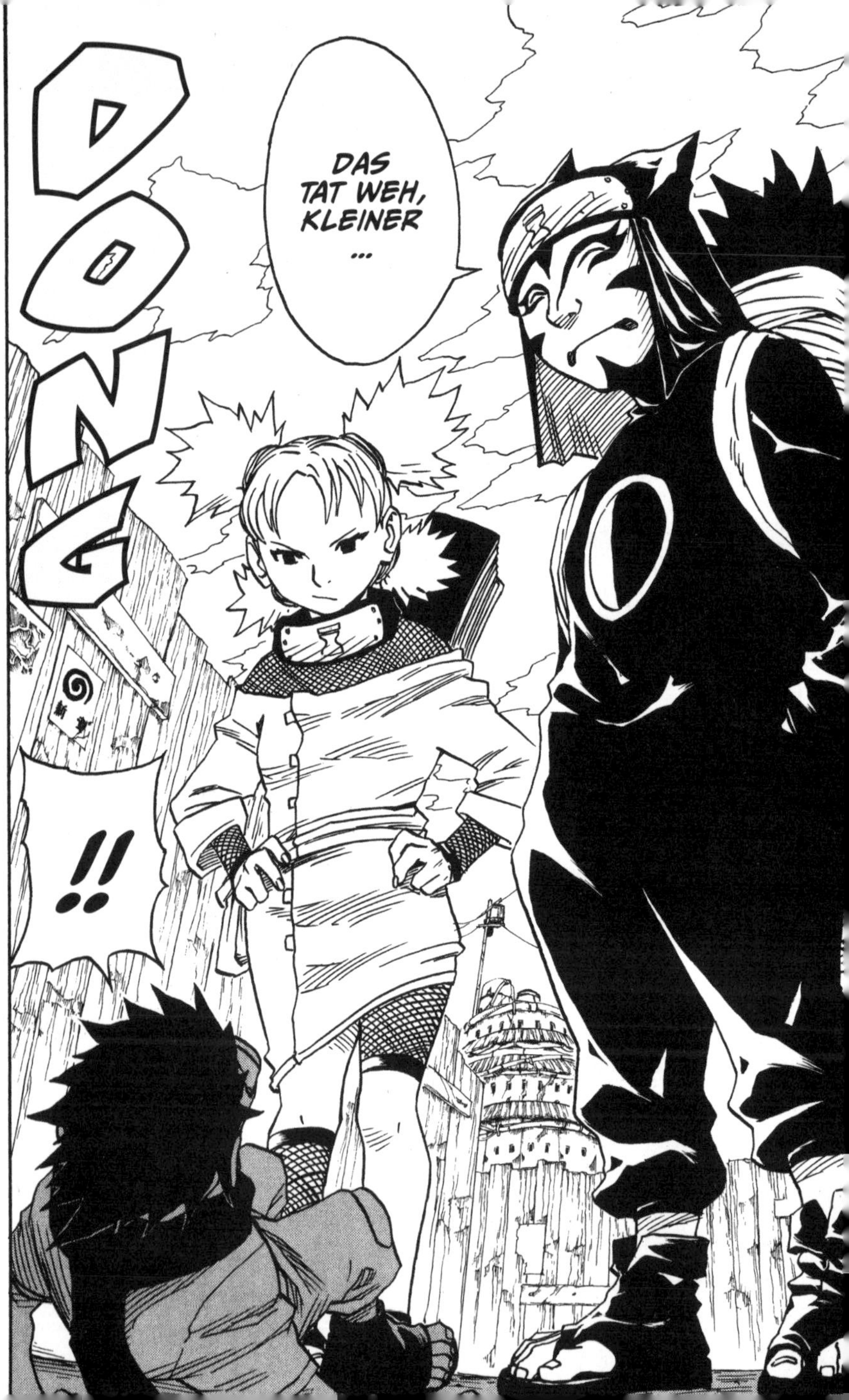
DONG
!!
DAS TAT WEH, KLEINER ...

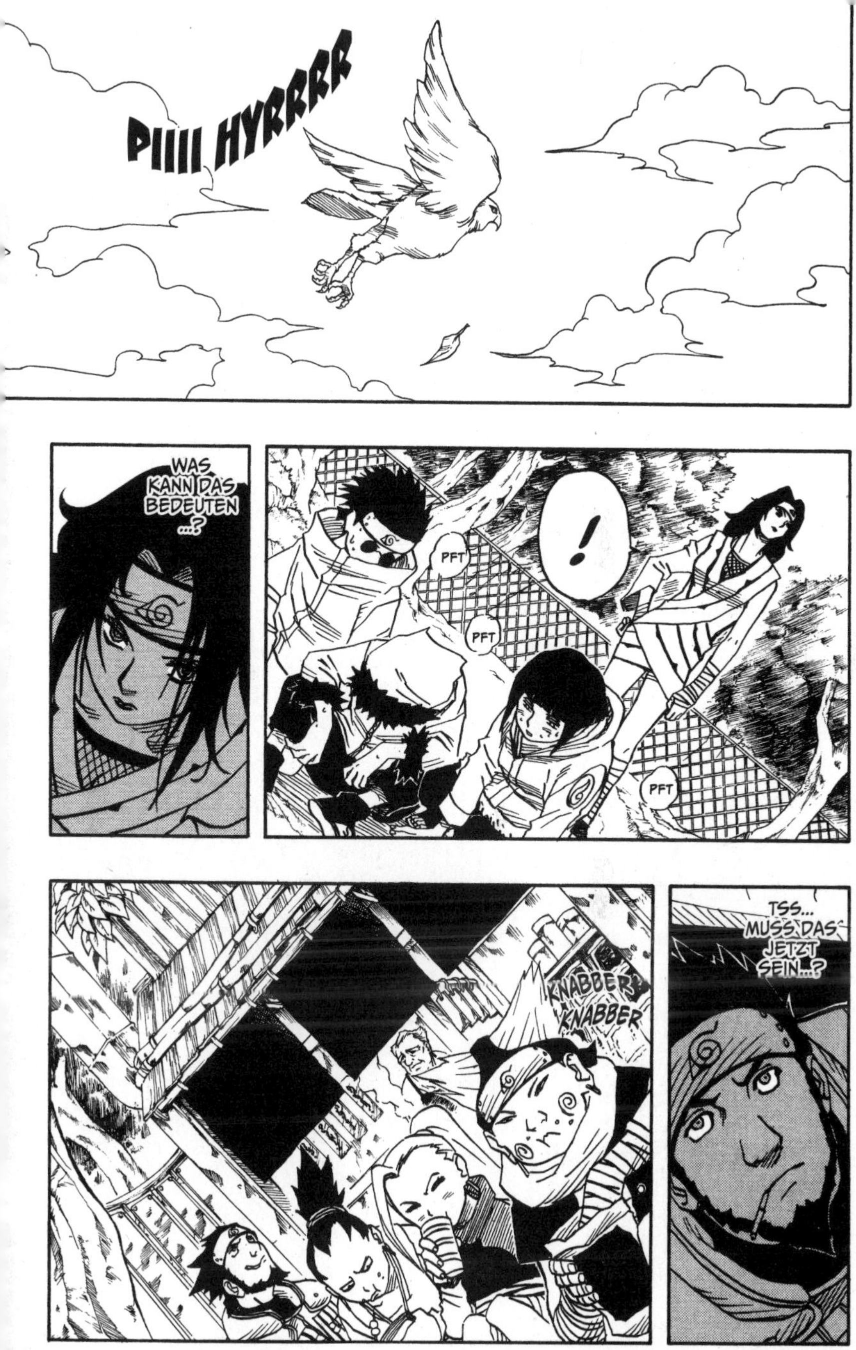
PIIII HYRRRR
!
PFT
PFT
PFT
WAS KANN DAS BEDEUTEN ...?
TSS... MUSS DAS JETZT SEIN...?
KNABBER KNABBER

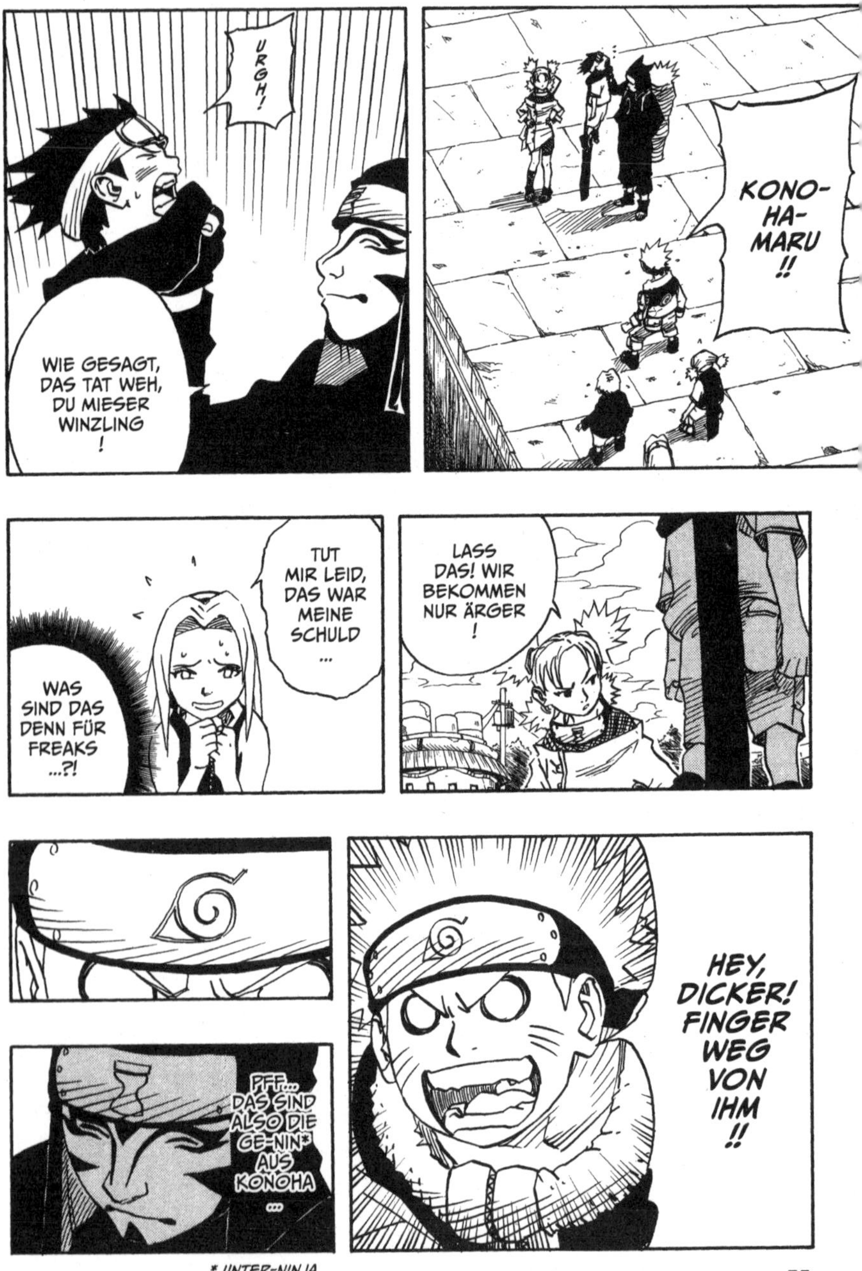
KONO-HA-MARU !!
URGH!
WIE GESAGT, DAS TAT WEH, DU MIESER WINZLING !
LASS DAS! WIR BEKOMMEN NUR ÄRGER !
TUT MIR LEID, DAS WAR MEINE SCHULD ...
WAS SIND DAS DENN FÜR FREAKS ...?!
HEY, DICKER! FINGER WEG VON IHM !!
PFF... DAS SIND ALSO DIE GE-NIN* AUS KONOHA ...

* UNTER-NINJA

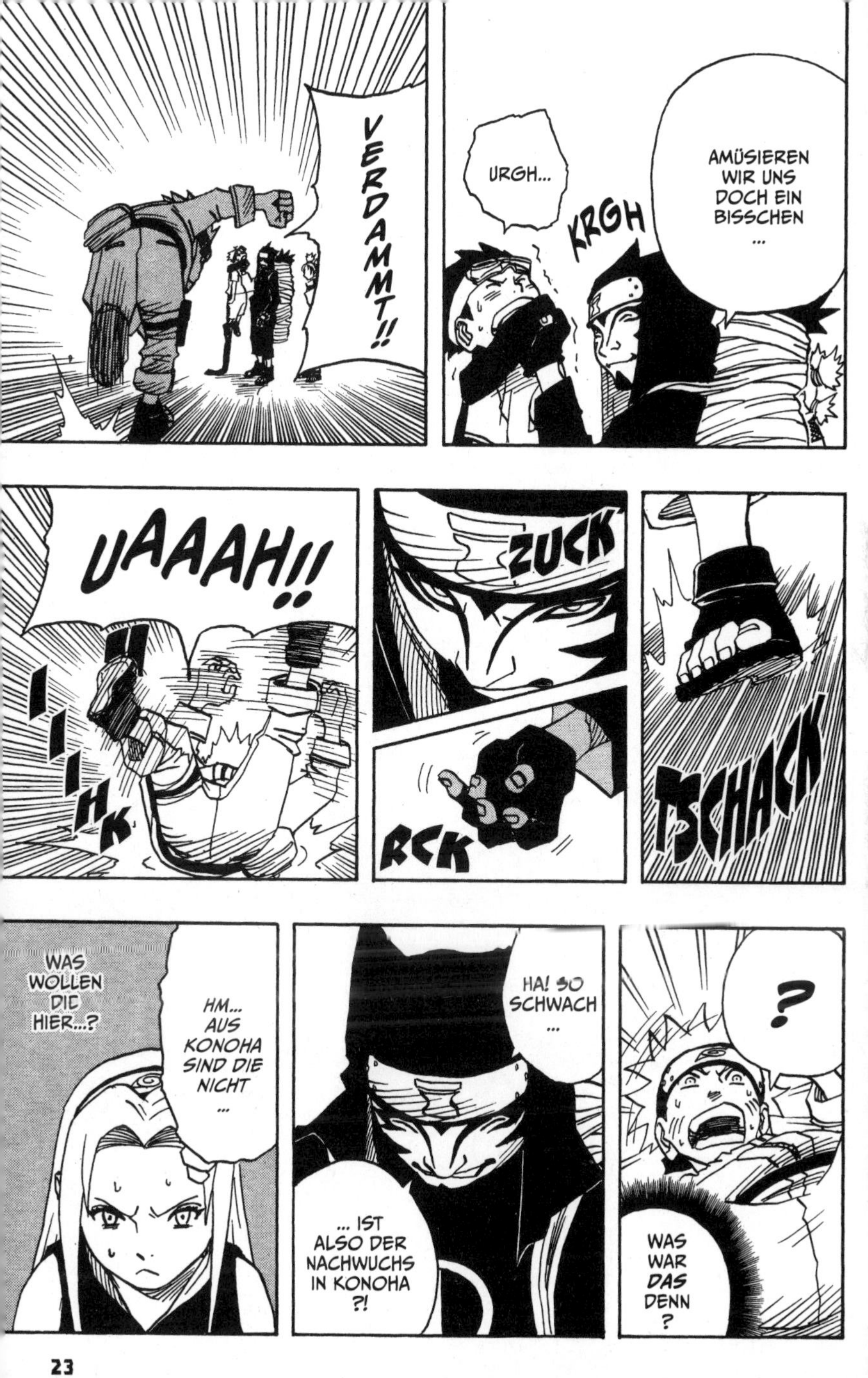
AMÜSIEREN WIR UNS DOCH EIN BISSCHEN ...
KRGH
URGH...
VERDAMMT!!
TSCHACK
ZUCK
RCK
UAAAH!!
IIIHK
?
WAS WAR DAS DENN ?
HA! SO SCHWACH ...
... IST ALSO DER NACHWUCHS IN KONOHA ?!
HM... AUS KONOHA SIND DIE NICHT ...
WAS WOLLEN DIE HIER...?

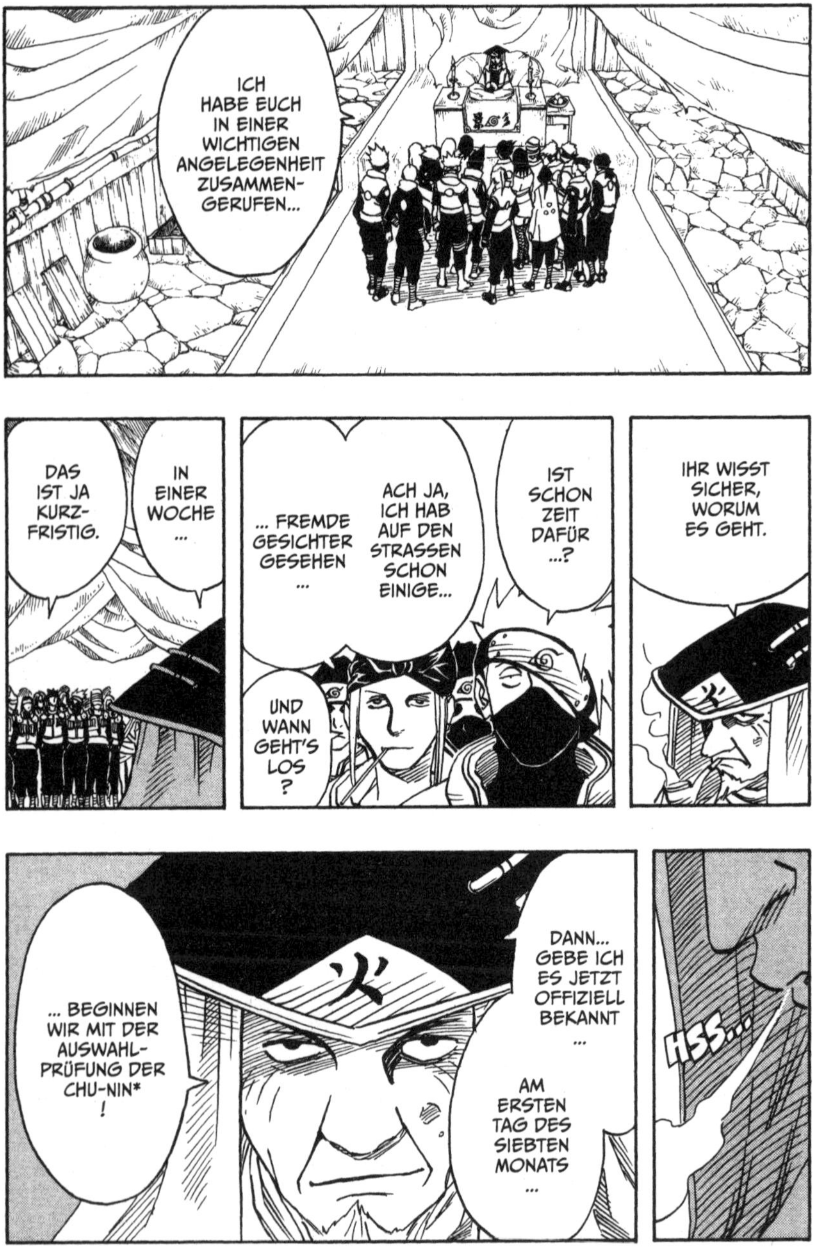

* MITTEL-NINJA

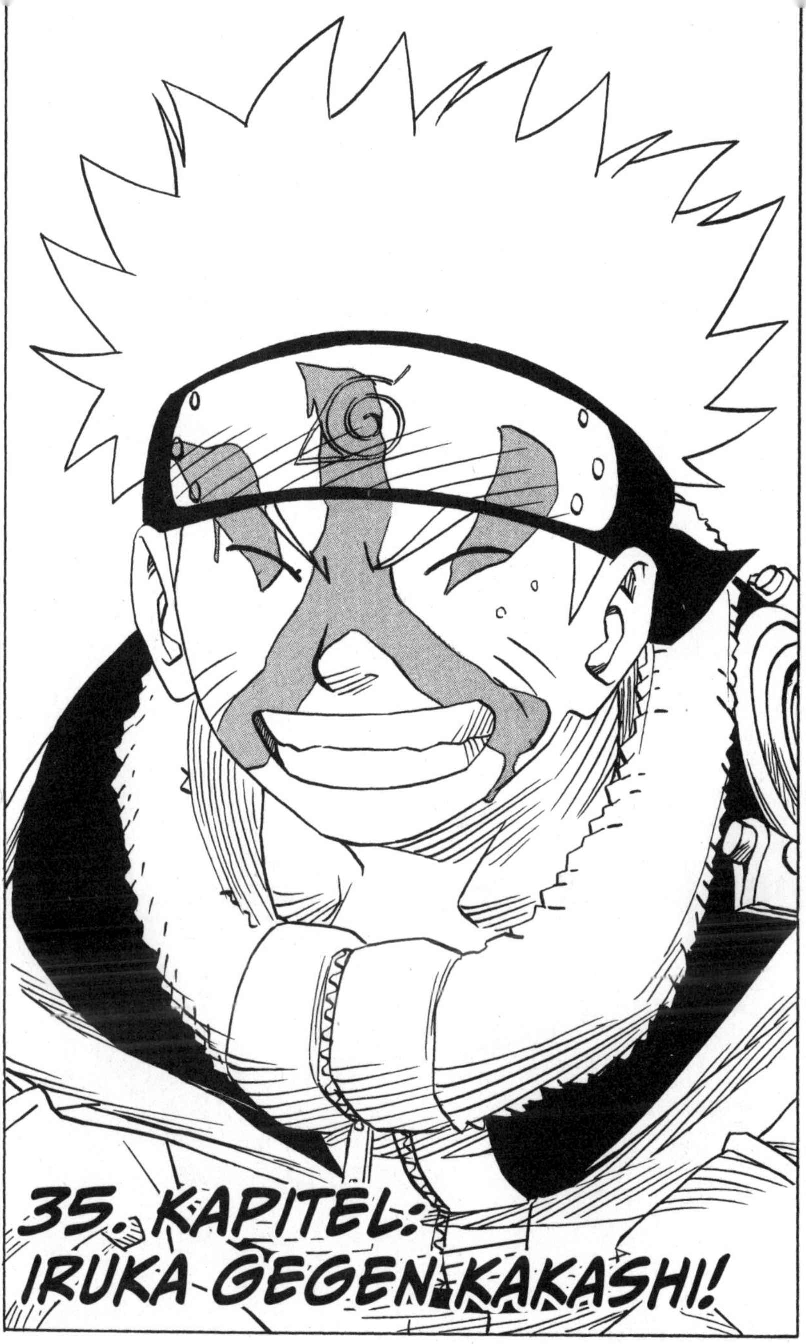
35. KAPITEL:
IRUKA GEGEN KAKASHI!

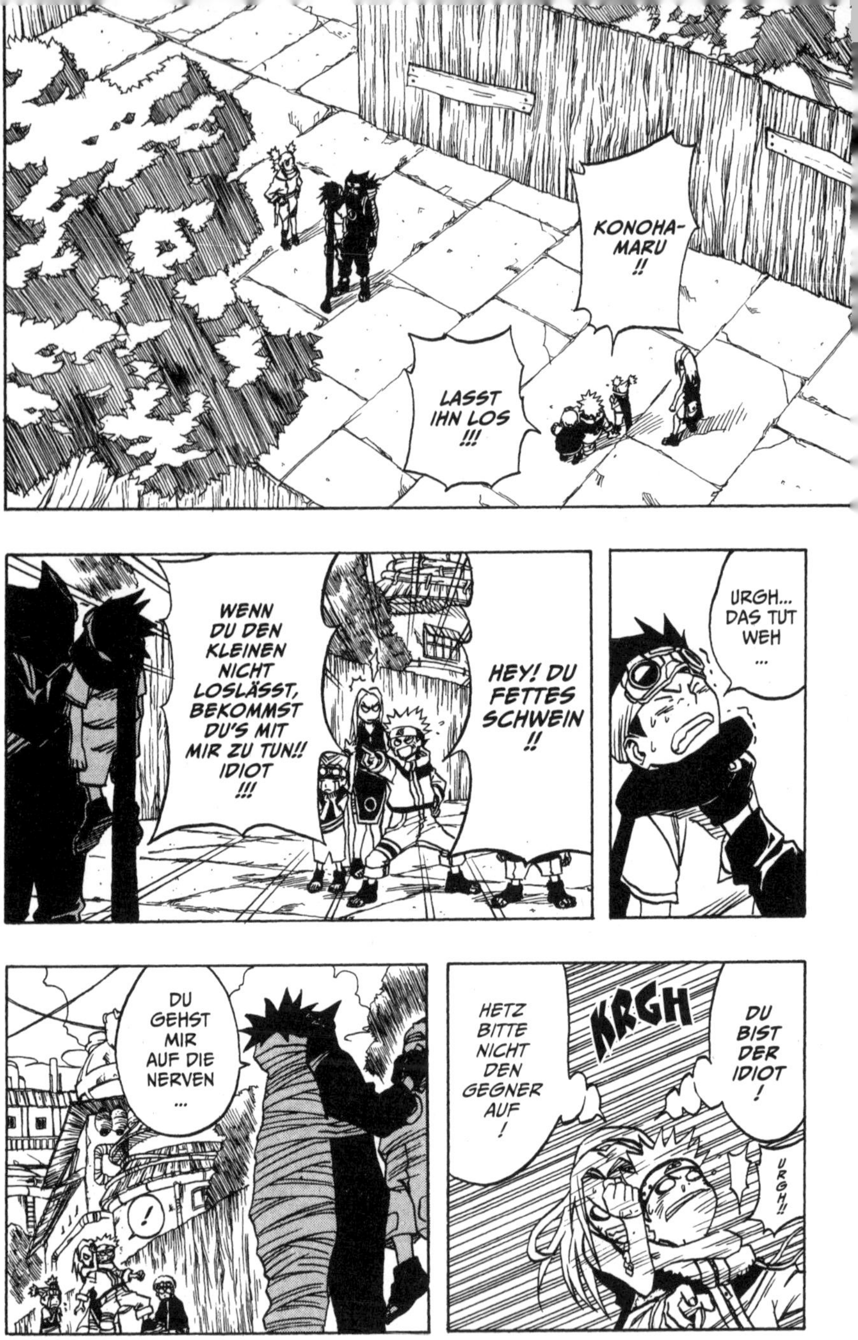
KONOHA-MARU !!
LASST IHN LOS !!!
URGH... DAS TUT WEH ...
HEY! DU FETTES SCHWEIN !!
WENN DU DEN KLEINEN NICHT LOSLÄSST, BEKOMMST DU'S MIT MIR ZU TUN!! IDIOT !!!
DU BIST DER IDIOT !
KRGH
HETZ BITTE NICHT DEN GEGNER AUF !
URGH!!
DU GEHST MIR AUF DIE NERVEN ...
!

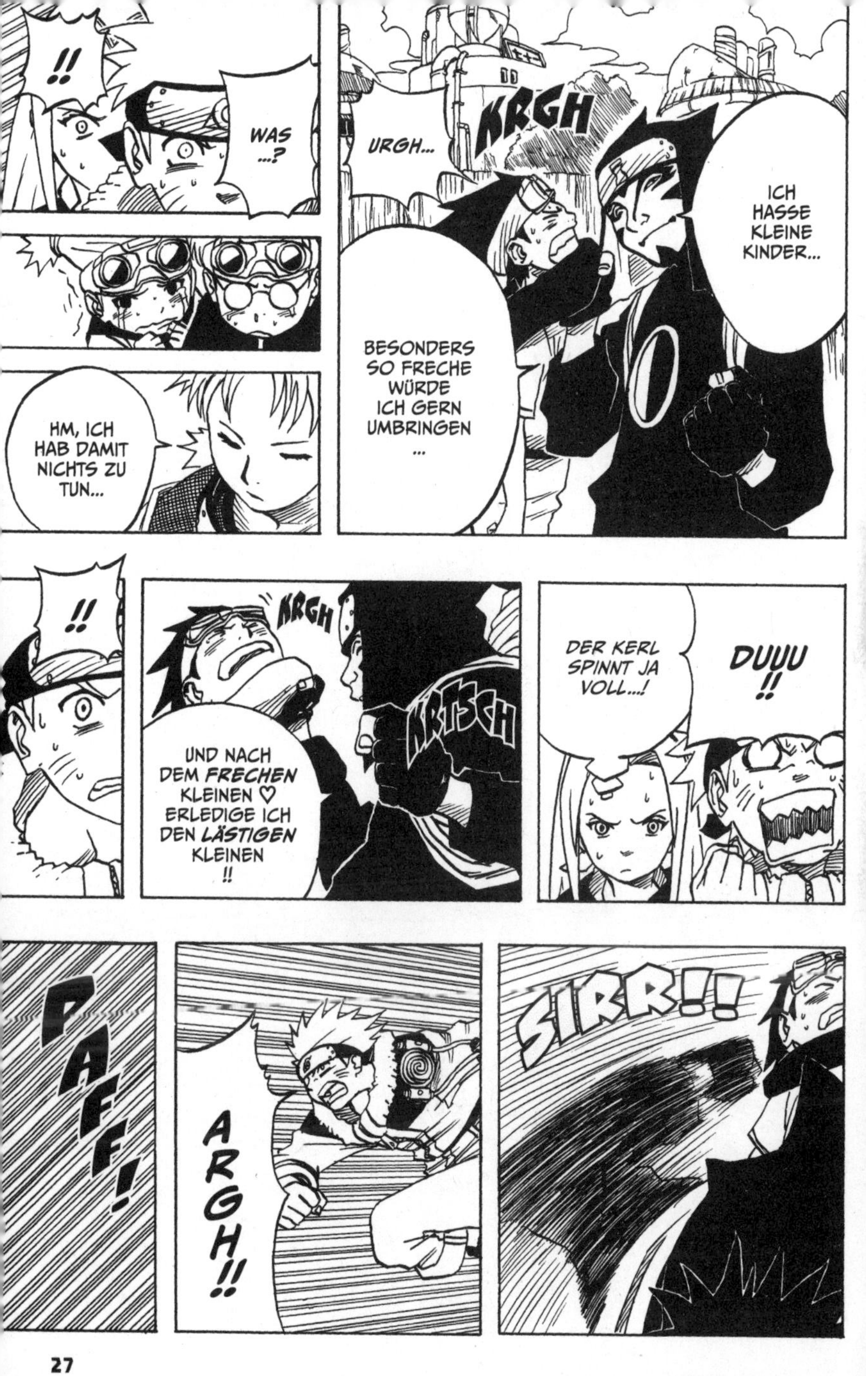

KRGH
URGH...
ICH HASSE KLEINE KINDER...
BESONDERS SO FRECHE WÜRDE ICH GERN UMBRINGEN ...
!!
WAS ...?
HM, ICH HAB DAMIT NICHTS ZU TUN...
DUUU !!
DER KERL SPINNT JA VOLL...!
KRGH
KRTSCH
UND NACH DEM FRECHEN KLEINEN ♡ ERLEDIGE ICH DEN LÄSTIGEN KLEINEN !!
!!
SIRR!!
ARGH!!
PAFF!

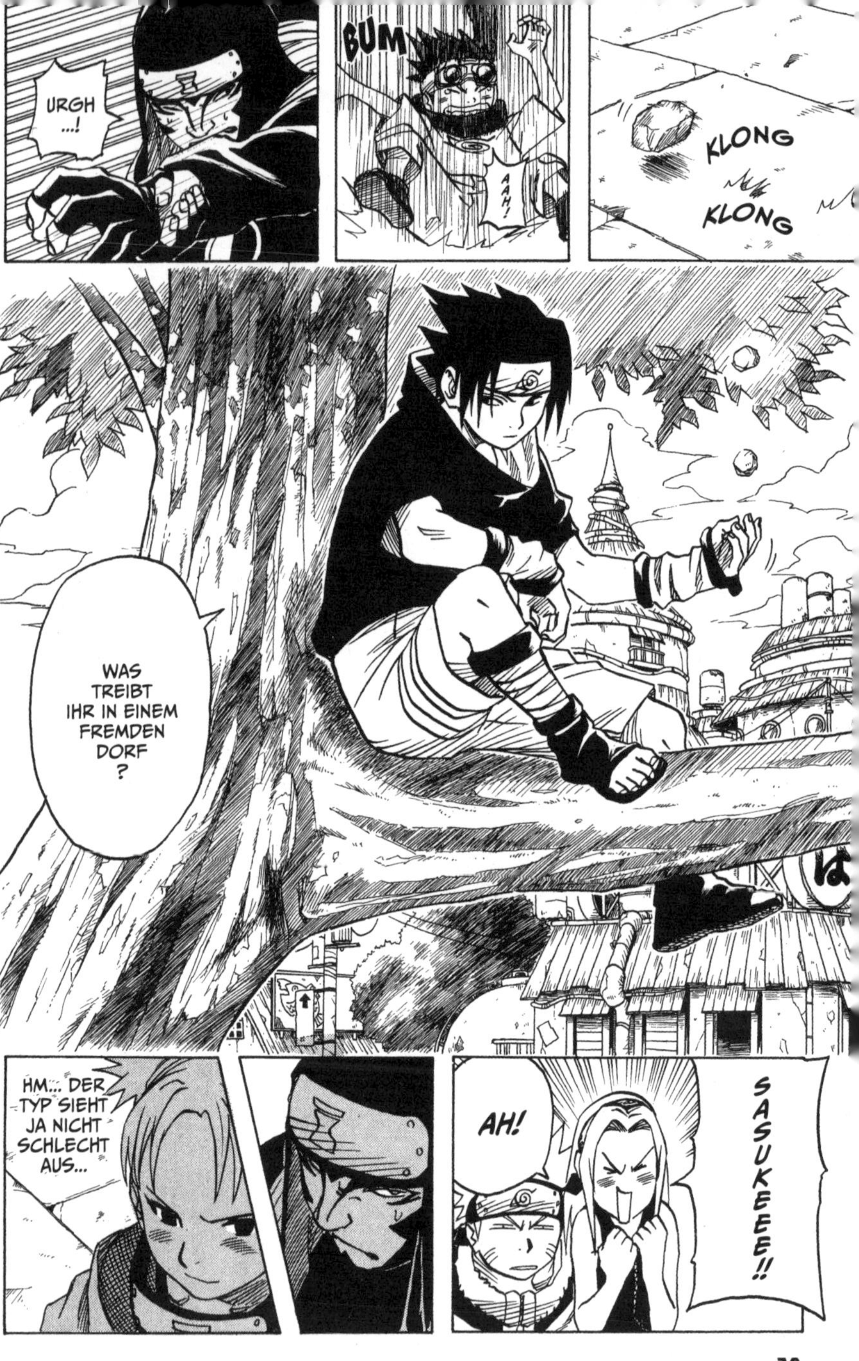
KLONG
KLONG
BUM
AAH!
URGH ...!
WAS TREIBT IHR IN EINEM FREMDEN DORF ?
SASUKEEE!!
AH!
HM... DER TYP SIEHT JA NICHT SCHLECHT AUS...

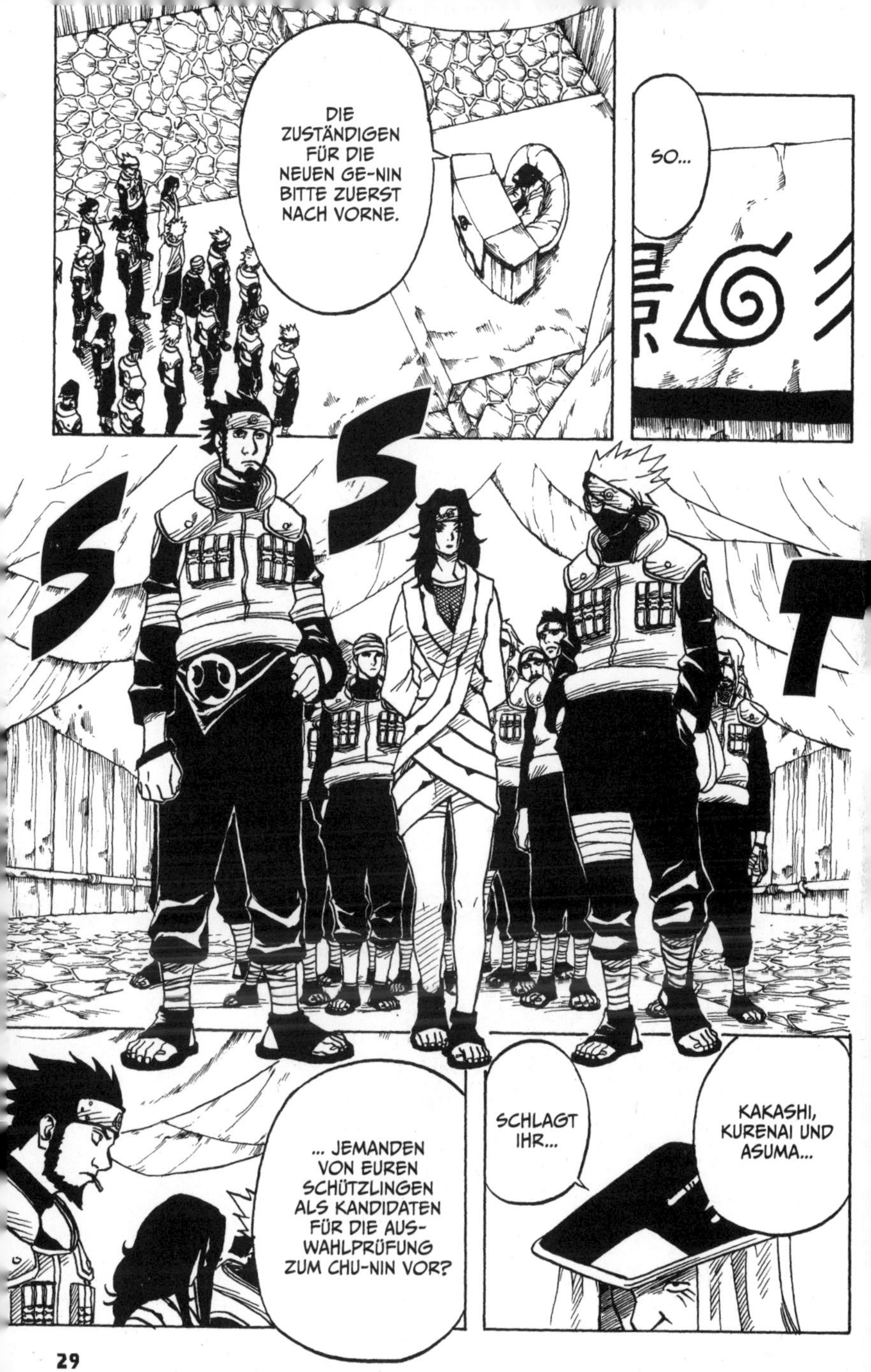
SO...
DIE ZUSTÄNDIGEN FÜR DIE NEUEN GE-NIN BITTE ZUERST NACH VORNE.
S S T
KAKASHI, KURENAI UND ASUMA...
SCHLAGT IHR...
... JEMANDEN VON EUREN SCHÜTZLINGEN ALS KANDIDATEN FÜR DIE AUS-WAHLPRÜFUNG ZUM CHU-NIN VOR?

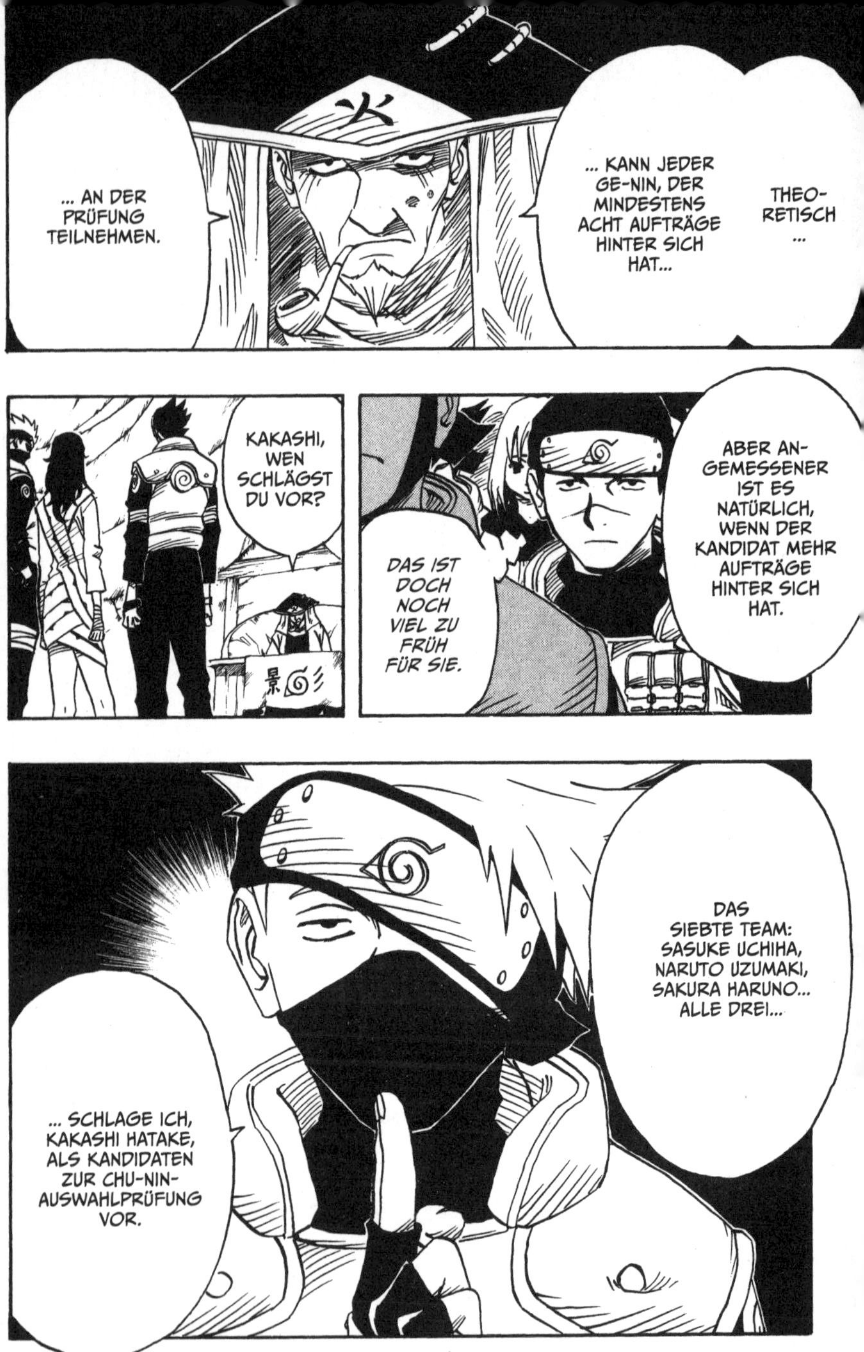
THEO-
RETISCH ...
... KANN JEDER GE-NIN, DER MINDESTENS ACHT AUFTRÄGE HINTER SICH HAT...
... AN DER PRÜFUNG TEILNEHMEN.
ABER AN-
GEMESSENER IST ES NATÜRLICH, WENN DER KANDIDAT MEHR AUFTRÄGE HINTER SICH HAT.
DAS IST DOCH NOCH VIEL ZU FRÜH FÜR SIE.
KAKASHI, WEN SCHLÄGST DU VOR?
DAS SIEBTE TEAM: SASUKE UCHIHA, NARUTO UZUMAKI, SAKURA HARUNO... ALLE DREI...
... SCHLAGE ICH, KAKASHI HATAKE, ALS KANDIDATEN ZUR CHU-NIN-AUSWAHLPRÜFUNG VOR.

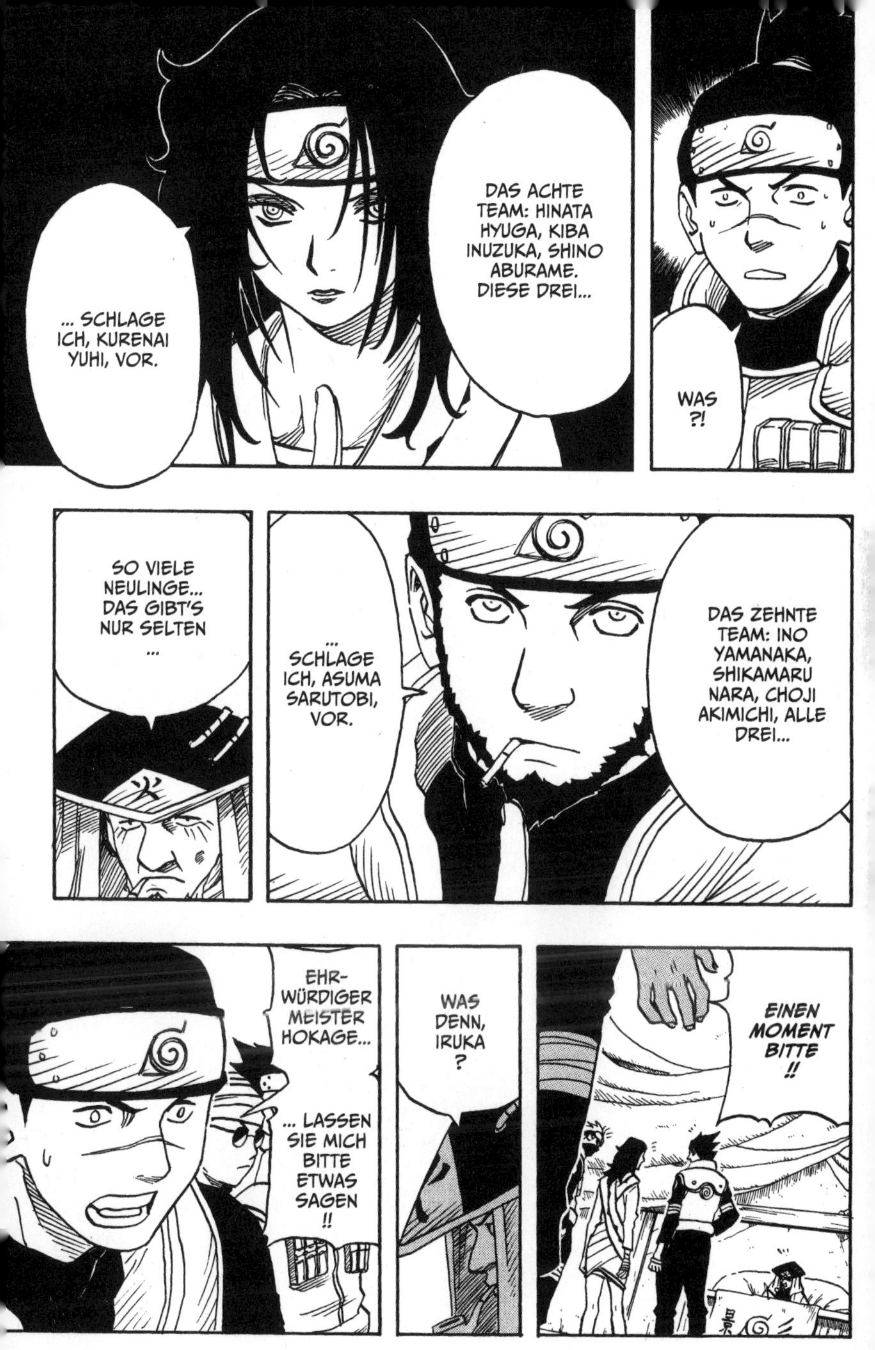
DAS ACHTE TEAM: HINATA HYUGA, KIBA INUZUKA, SHINO ABURAME. DIESE DREI...
... SCHLAGE ICH, KURENAI YUHI, VOR.
WAS ?!
DAS ZEHNTE TEAM: INO YAMANAKA, SHIKAMARU NARA, CHOJI AKIMICHI, ALLE DREI...
... SCHLAGE ICH, ASUMA SARUTOBI, VOR.
SO VIELE NEULINGE... DAS GIBT'S NUR SELTEN ...
EINEN MOMENT BITTE !!
WAS DENN, IRUKA ?
EHR-WÜRDIGER MEISTER HOKAGE...
... LASSEN SIE MICH BITTE ETWAS SAGEN !!

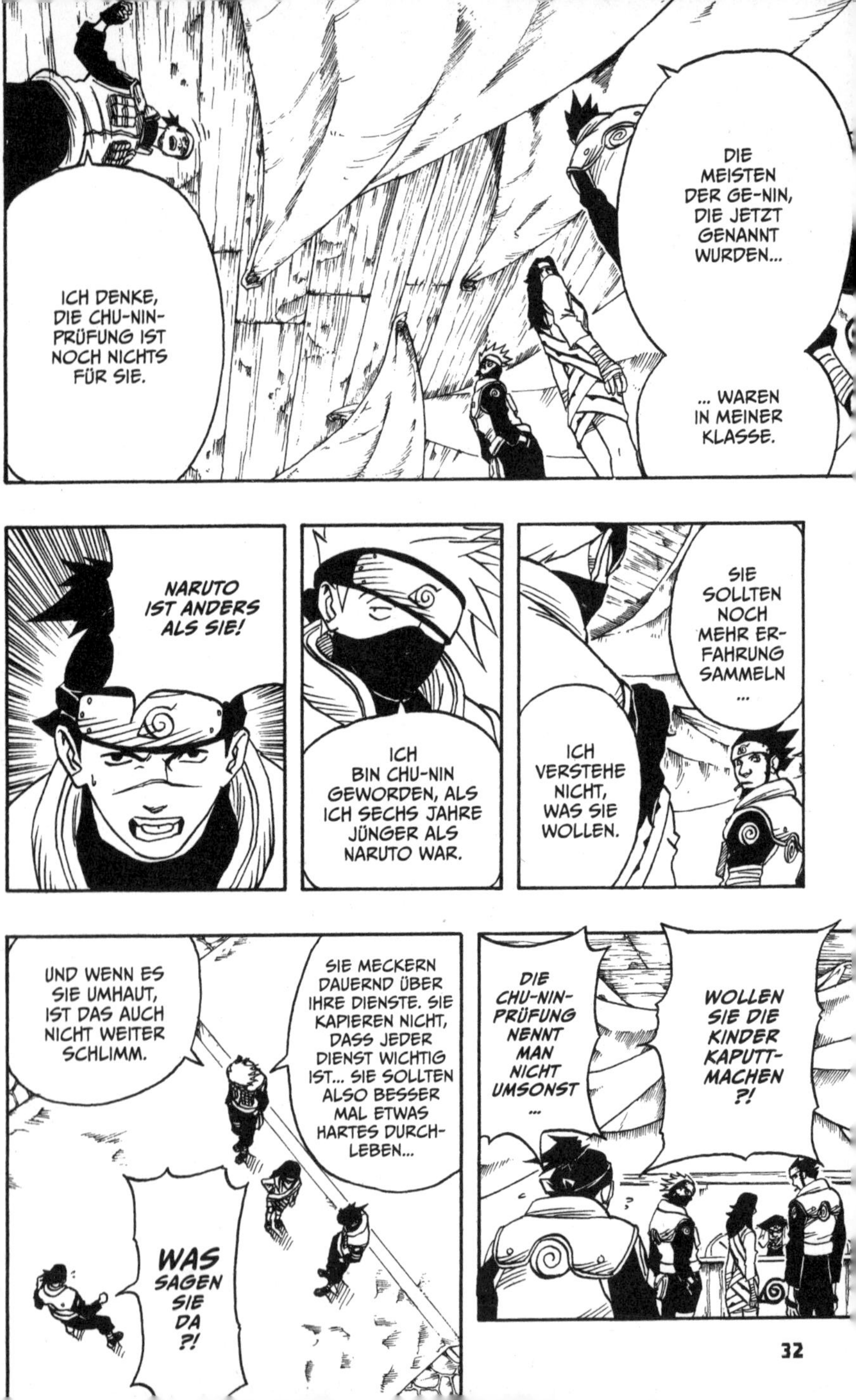
DIE MEISTEN DER GE-NIN, DIE JETZT GENANNT WURDEN...
... WAREN IN MEINER KLASSE.
ICH DENKE, DIE CHU-NIN-PRÜFUNG IST NOCH NICHTS FÜR SIE.
SIE SOLLTEN NOCH MEHR ERFAHRUNG SAMMELN ...
ICH VERSTEHE NICHT, WAS SIE WOLLEN.
ICH BIN CHU-NIN GEWORDEN, ALS ICH SECHS JAHRE JÜNGER ALS NARUTO WAR.
NARUTO IST ANDERS ALS SIE!
WOLLEN SIE DIE KINDER KAPUTTMACHEN ?!
DIE CHU-NIN-PRÜFUNG NENNT MAN NICHT UMSONST ...
SIE MECKERN DAUERND ÜBER IHRE DIENSTE. SIE KAPIEREN NICHT, DASS JEDER DIENST WICHTIG IST... SIE SOLLTEN ALSO BESSER MAL ETWAS HARTES DURCHLEBEN...
UND WENN ES SIE UMHAUT, IST DAS AUCH NICHT WEITER SCHLIMM.
WAS SAGEN SIE DA ?!

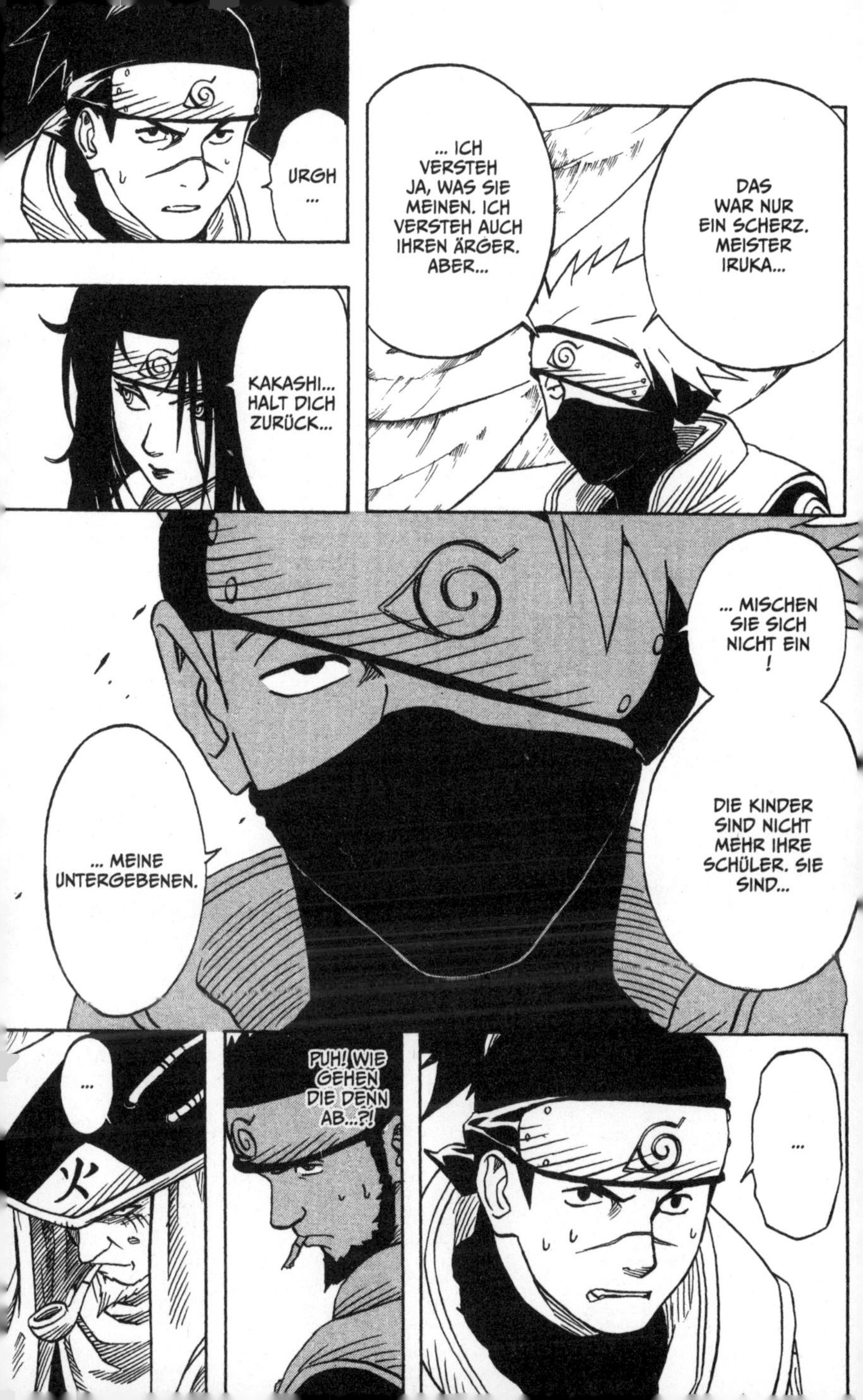

DAS WAR NUR EIN SCHERZ. MEISTER IRUKA...
... ICH VERSTEH JA, WAS SIE MEINEN. ICH VERSTEH AUCH IHREN ÄRGER. ABER...
URGH ...
KAKASHI... HALT DICH ZURÜCK...
... MISCHEN SIE SICH NICHT EIN !
DIE KINDER SIND NICHT MEHR IHRE SCHÜLER. SIE SIND...
... MEINE UNTERGEBENEN.
...
PUH! WIE GEHEN DIE DENN AB...?!
...

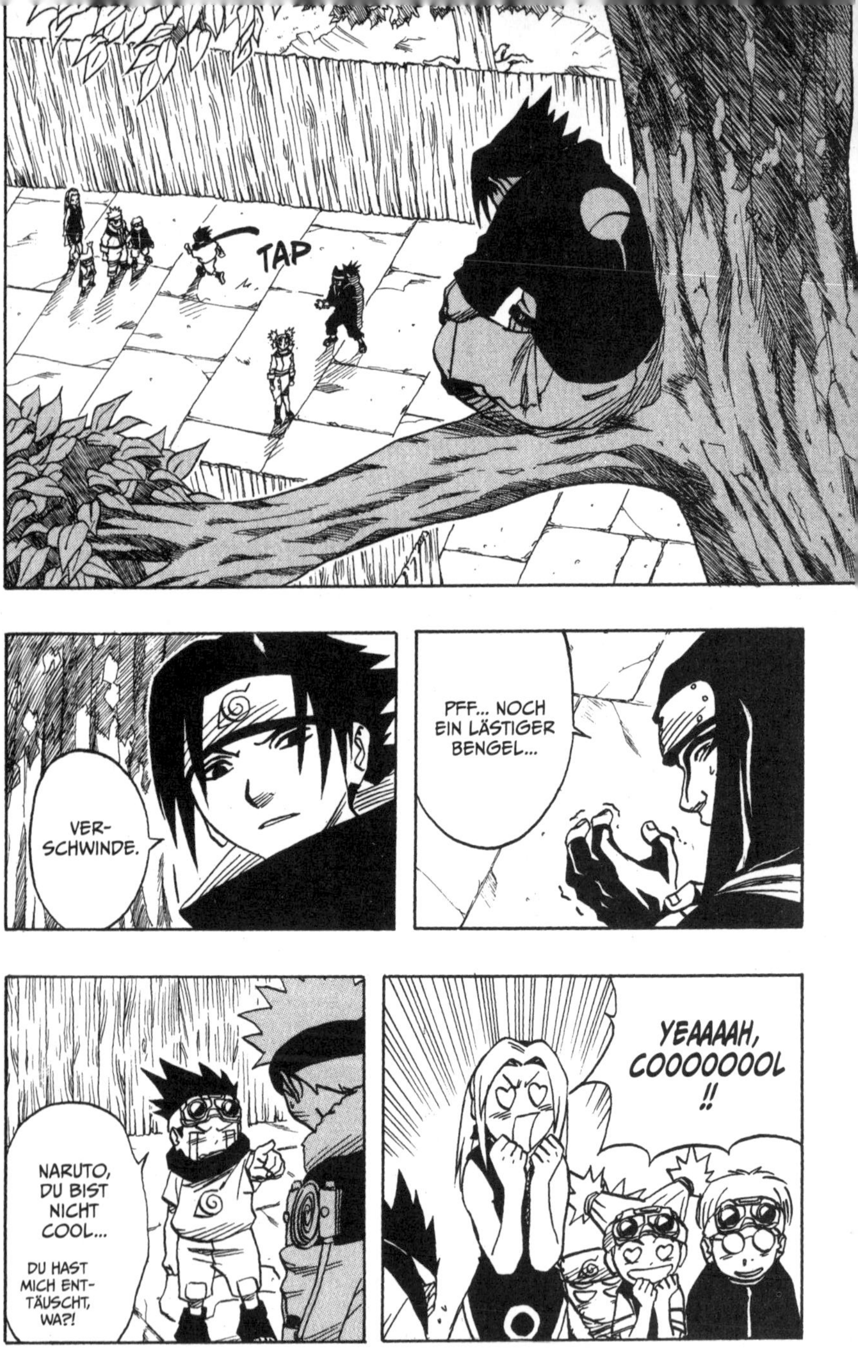
TAP
PFF... NOCH EIN LÄSTIGER BENGEL...
VER-SCHWINDE.
YEAAAAH, COOOOOOOL !!
NARUTO, DU BIST NICHT COOL...
DU HAST MICH ENT-TÄUSCHT, WA?!

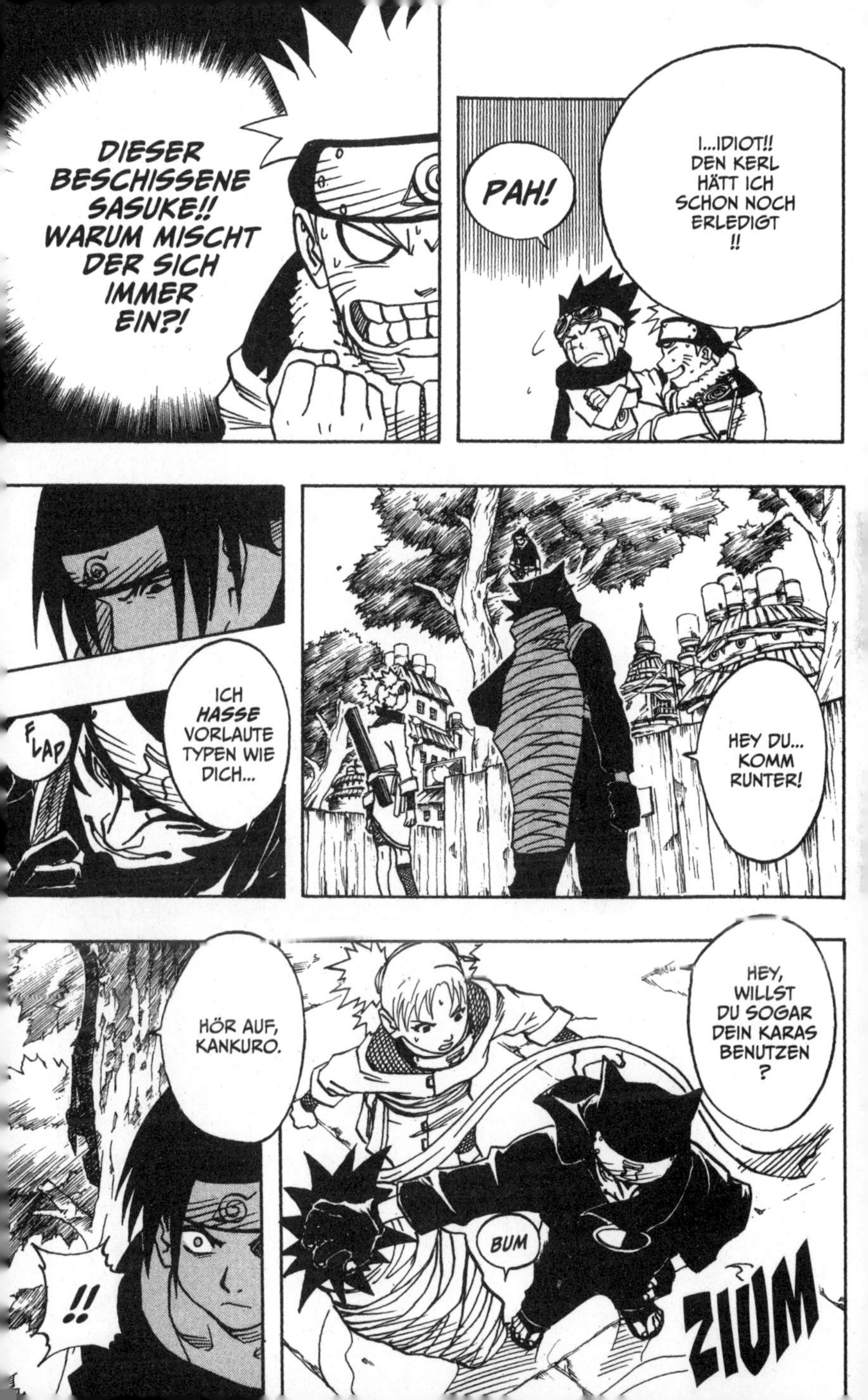
I...IDIOT!!
DEN KERL
HÄTT ICH
SCHON NOCH
ERLEDIGT
!!
PAH!
DIESER
BESCHISSENE
SASUKE!!
WARUM MISCHT
DER SICH
IMMER
EIN?!
HEY DU...
KOMM
RUNTER!
ICH
HASSE
VORLAUTE
TYPEN WIE
DICH...
FLAP
HEY,
WILLST
DU SOGAR
DEIN KARAS
BENUTZEN
?
HÖR AUF,
KANKURO.
BUM
ZIUM
!!

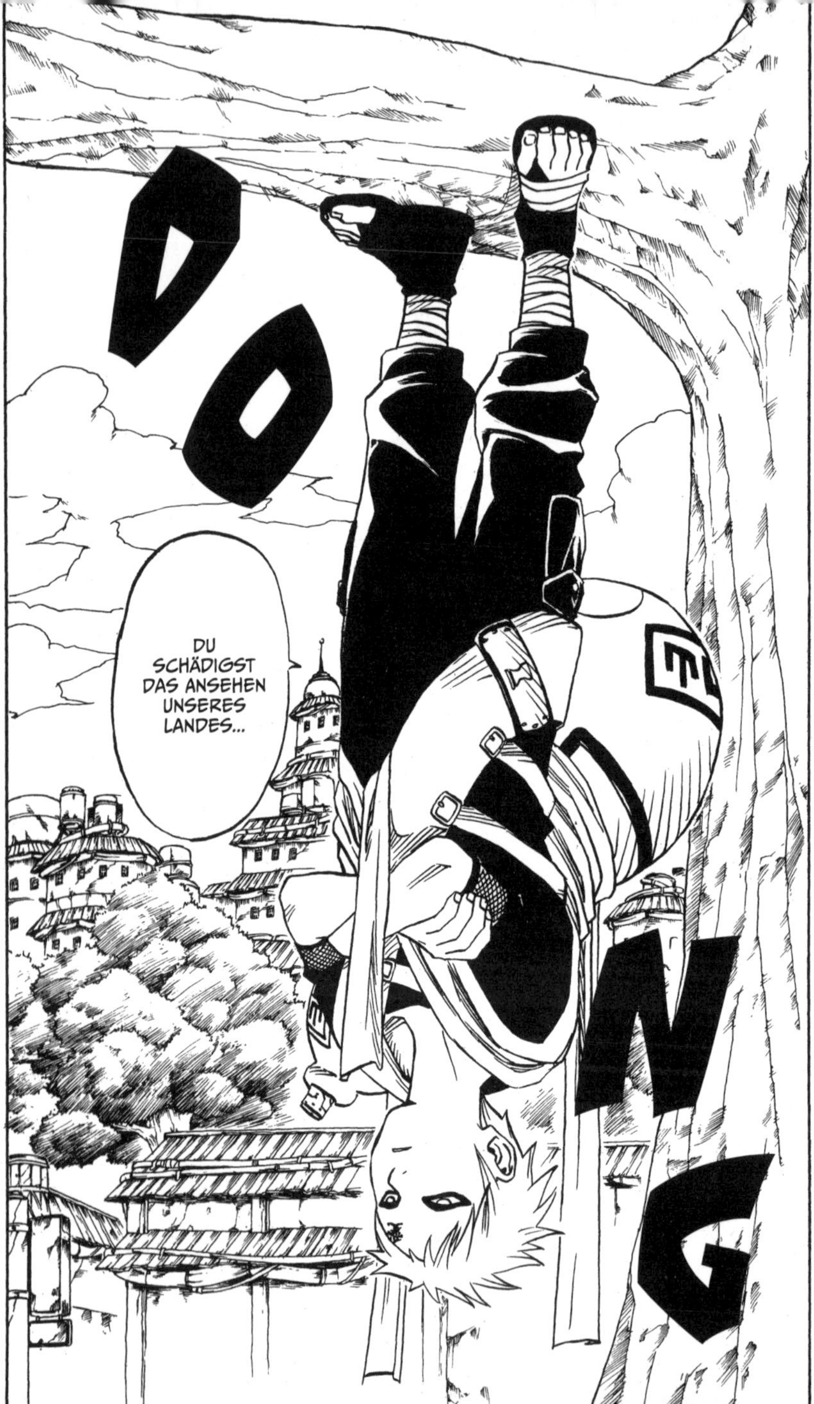
DU SCHÄDIGST DAS ANSEHEN UNSERES LANDES...
DONG

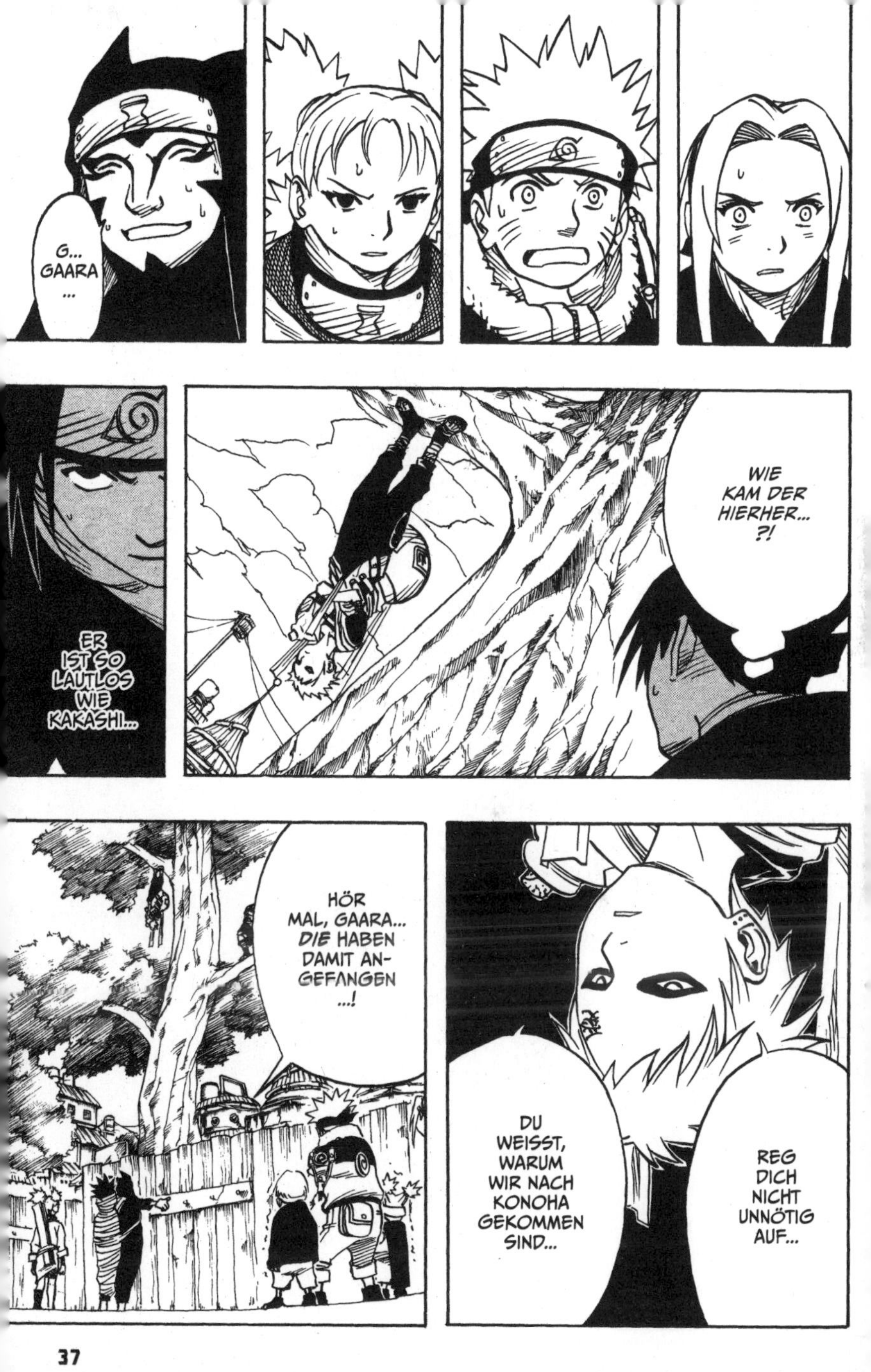
G... GAARA ...
WIE KAM DER HIERHER... ?!
ER IST SO LAUTLOS WIE KAKASHI...
REG DICH NICHT UNNÖTIG AUF...
DU WEISST, WARUM WIR NACH KONOHA GEKOMMEN SIND...
HÖR MAL, GAARA... *DIE* HABEN DAMIT AN-GEFANGEN ...!

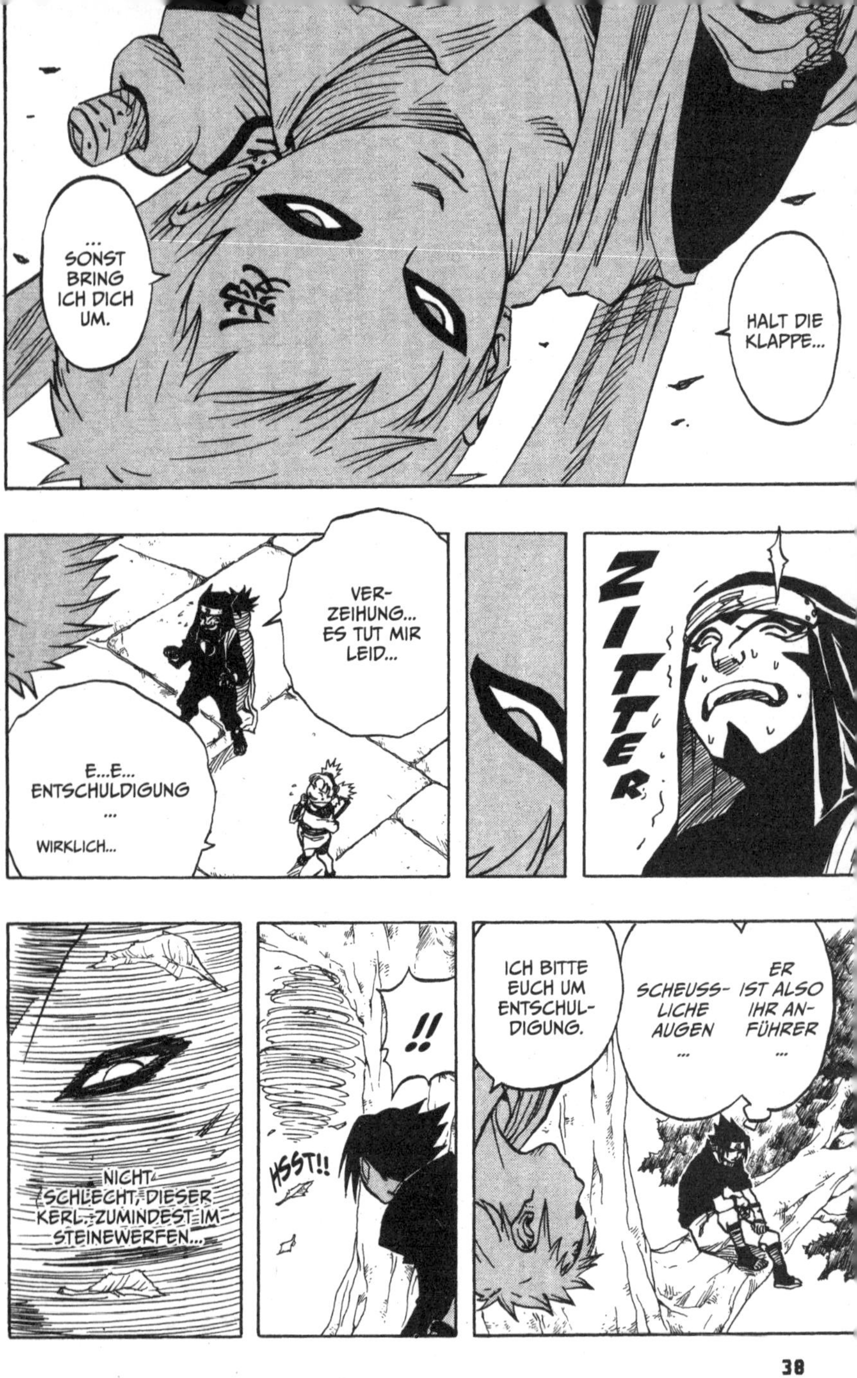
HALT DIE KLAPPE...
... SONST BRING ICH DICH UM.
ZITTER
VER-ZEIHUNG... ES TUT MIR LEID...
E...E... ENTSCHULDIGUNG ... WIRKLICH...
ER IST ALSO IHR AN-FÜHRER ...
SCHEUSS-LICHE AUGEN ...
ICH BITTE EUCH UM ENTSCHUL-DIGUNG.
!!
HSST!!
NICHT SCHLECHT, DIESER KERL. ZUMINDEST IM STEINEWERFEN...

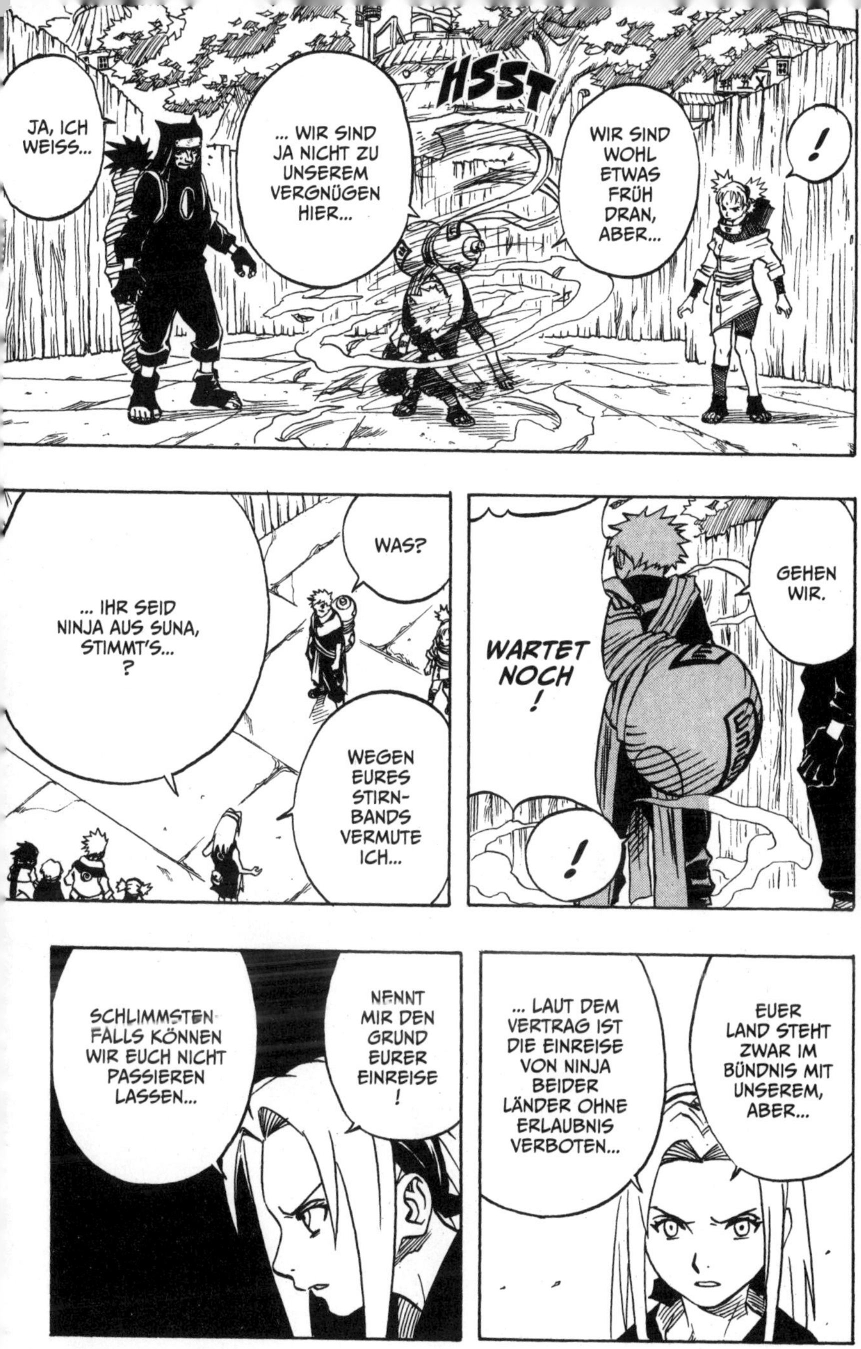
!
WIR SIND WOHL ETWAS FRÜH DRAN, ABER...
HSST
... WIR SIND JA NICHT ZU UNSEREM VERGNÜGEN HIER...
JA, ICH WEISS...
GEHEN WIR.
WARTET NOCH!
!
... IHR SEID NINJA AUS SUNA, STIMMT'S...?
WAS?
WEGEN EURES STIRNBANDS VERMUTE ICH...
EUER LAND STEHT ZWAR IM BÜNDNIS MIT UNSEREM, ABER...
... LAUT DEM VERTRAG IST DIE EINREISE VON NINJA BEIDER LÄNDER OHNE ERLAUBNIS VERBOTEN...
NENNT MIR DEN GRUND EURER EINREISE!
SCHLIMMSTENFALLS KÖNNEN WIR EUCH NICHT PASSIEREN LASSEN...

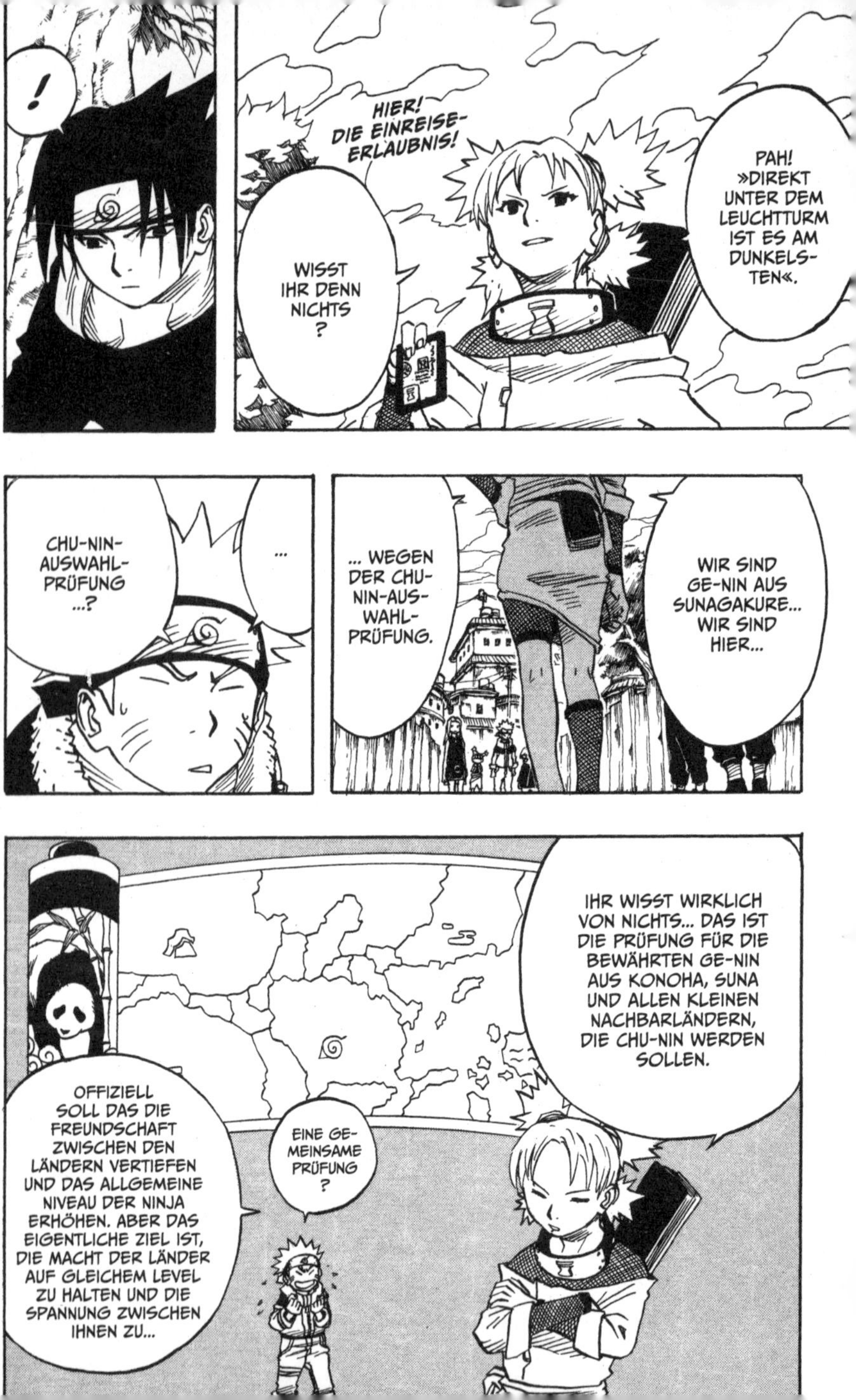
PAH! »DIREKT UNTER DEM LEUCHTTURM IST ES AM DUNKELS-TEN«.
HIER! DIE EINREISE-ERLAUBNIS!
WISST IHR DENN NICHTS ?
!
WIR SIND GE-NIN AUS SUNAGAKURE... WIR SIND HIER...
... WEGEN DER CHU-NIN-AUS-WAHL-PRÜFUNG.
...
CHU-NIN-AUSWAHL-PRÜFUNG ...?
IHR WISST WIRKLICH VON NICHTS... DAS IST DIE PRÜFUNG FÜR DIE BEWÄHRTEN GE-NIN AUS KONOHA, SUNA UND ALLEN KLEINEN NACHBARLÄNDERN, DIE CHU-NIN WERDEN SOLLEN.
EINE GE-MEINSAME PRÜFUNG ?
OFFIZIELL SOLL DAS DIE FREUNDSCHAFT ZWISCHEN DEN LÄNDERN VERTIEFEN UND DAS ALLGEMEINE NIVEAU DER NINJA ERHÖHEN. ABER DAS EIGENTLICHE ZIEL IST, DIE MACHT DER LÄNDER AUF GLEICHEM LEVEL ZU HALTEN UND DIE SPANNUNG ZWISCHEN IHNEN ZU...

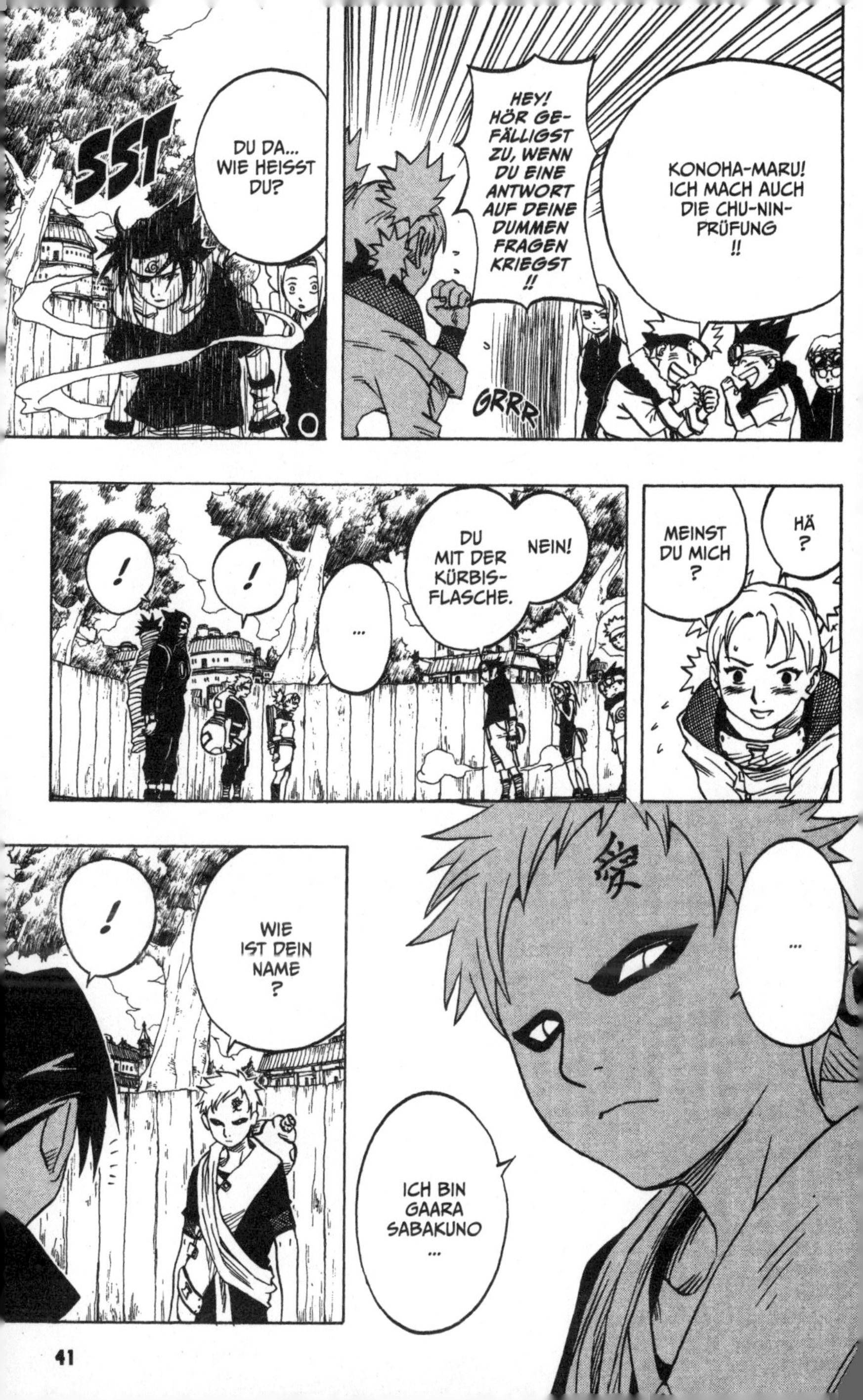
KONOHA-MARU! ICH MACH AUCH DIE CHU-NIN-PRÜFUNG !!
HEY! HÖR GE-FÄLLIGST ZU, WENN DU EINE ANTWORT AUF DEINE DUMMEN FRAGEN KRIEGST !!
GRRR
DU DA... WIE HEISST DU?
SST
HÄ ?
MEINST DU MICH ?
NEIN!
DU MIT DER KÜRBIS-FLASCHE.
...
!
!
!
WIE IST DEIN NAME ?
...
ICH BIN GAARA SABAKUNO ...

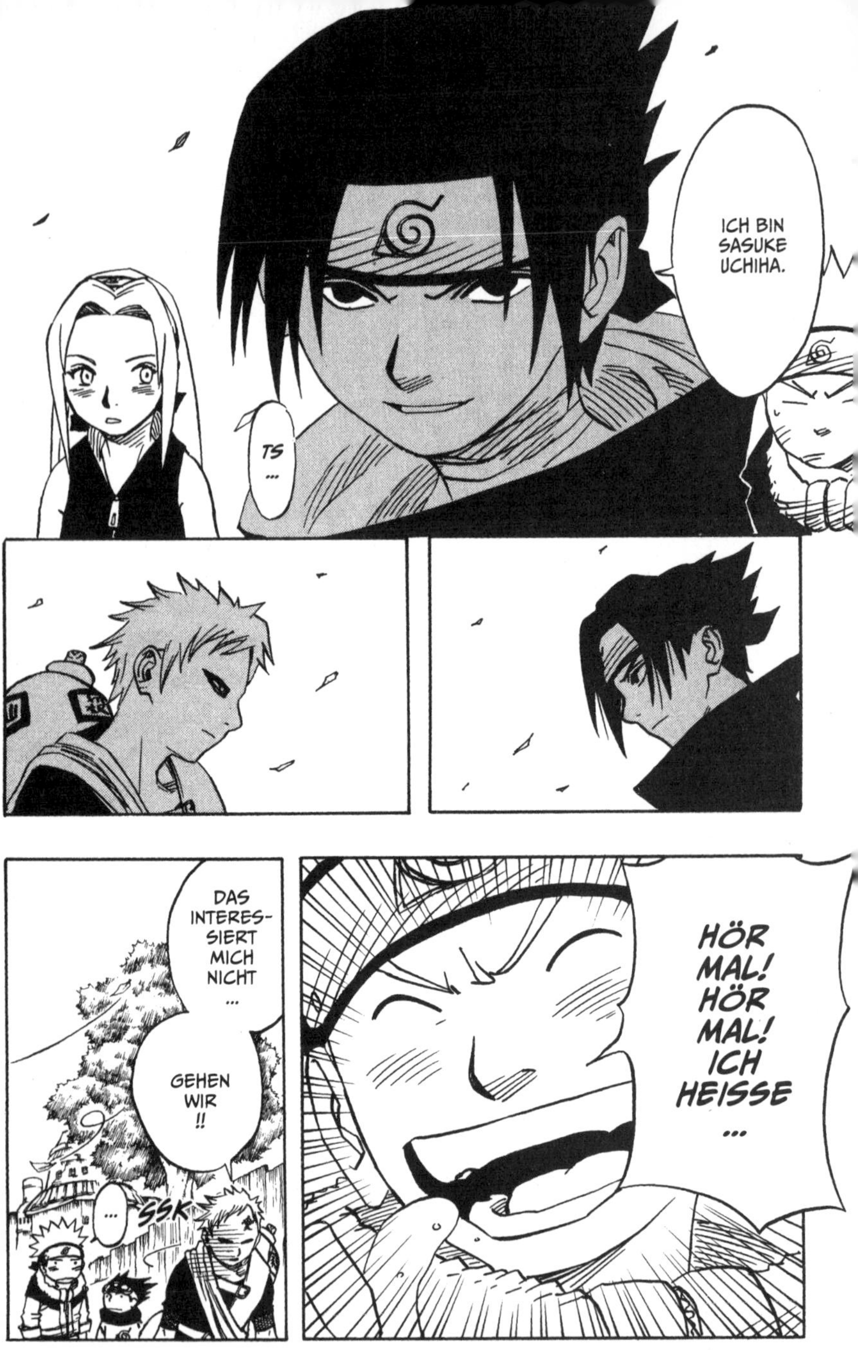
ICH BIN SASUKE UCHIHA.
TS ...
HÖR MAL! HÖR MAL! ICH HEISSE ...
DAS INTERESSIERT MICH NICHT ...
GEHEN WIR !!
SSK
...

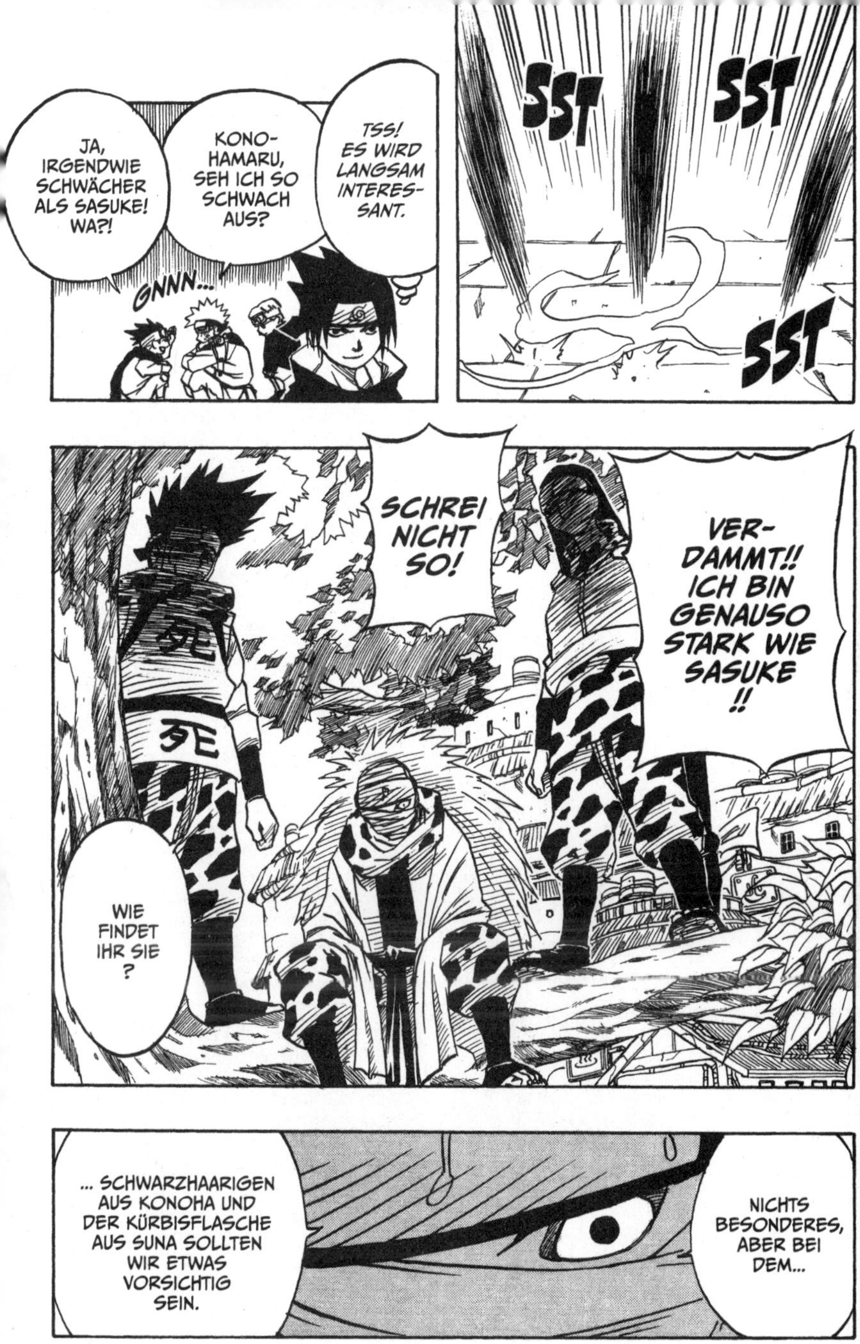
SST
SST
SST
TSS! ES WIRD LANGSAM INTERES-SANT.
KONO-HAMARU, SEH ICH SO SCHWACH AUS?
JA, IRGENDWIE SCHWÄCHER ALS SASUKE! WA?!
GNNN...
VER-DAMMT!! ICH BIN GENAUSO STARK WIE SASUKE !!
SCHREI NICHT SO!
WIE FINDET IHR SIE ?
NICHTS BESONDERES, ABER BEI DEM...
... SCHWARZHAARIGEN AUS KONOHA UND DER KÜRBISFLASCHE AUS SUNA SOLLTEN WIR ETWAS VORSICHTIG SEIN.

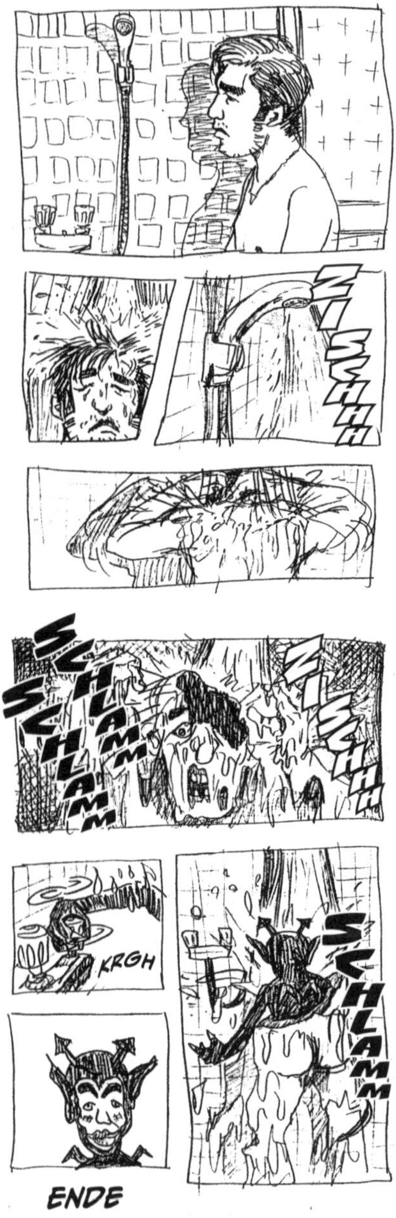

MASASHI KISHIMOTOS ZIEMLICH UNWICHTIG ERSCHEINENDE GESCHICHTE

DIESEN MANGA LINKS HAT EIN FREUND VON MIR AUS DER STUDIENZEIT (ER HIESS KOISHI) FÜR MICH GEZEICHNET.
SEIT ICH IN DER OBERSCHULE WAR, HAB ICH MANGA GEZEICHNET. DAMALS GAB ES IN MEINER UMGEBUNG NIEMANDEN, DER AUCH MANGA ZEICHNETE. AN DER UNI GAB ES ZWAR EINEN SOGENANNTEN »MANGA-CLUB«, ABER IN WIRKLICHKEIT ZEICHNETEN DIE LEUTE DORT KEINE MANGA, SONDERN NUR ILLUSTRATIONEN. ICH WOLLTE MIT »FALSCHEN« MANGAKA NICHTS ZU TUN HABEN UND ZEICHNETE DESHALB LIEBER ALLEINE.
EINES TAGES BEGEGNETE ICH EINEM TYPEN, DER BEHAUPTETE, DASS ER AUCH SCHON AN DER OBERSCHULE ECHTE MANGA GEZEICHNET HABE. ICH HATTE ABER SO MEINE ZWEIFEL UND WOLLTE MICH ÜBERZEUGEN, OB ER EIN ECHTER MANGAKA IST.
ICH VERLANGTE VON IHM, AUF DER STELLE EINEN MANGA ZU ZEICHNEN. DAS ERGEBNIS SEHT IHR LINKS. ICH HAB DAMALS ZUM ERSTEN MAL JEMANDEN VOR MEINEN AUGEN EINEN MANGA ZEICHNEN SEHEN.
DAS WAR SCHON IRGENDWIE WAS BESONDERES, UND DIESER MANGA GEHÖRT AUCH HEUTE NOCH ZU MEINEN WOHLBEHÜTETEN SCHÄTZEN.

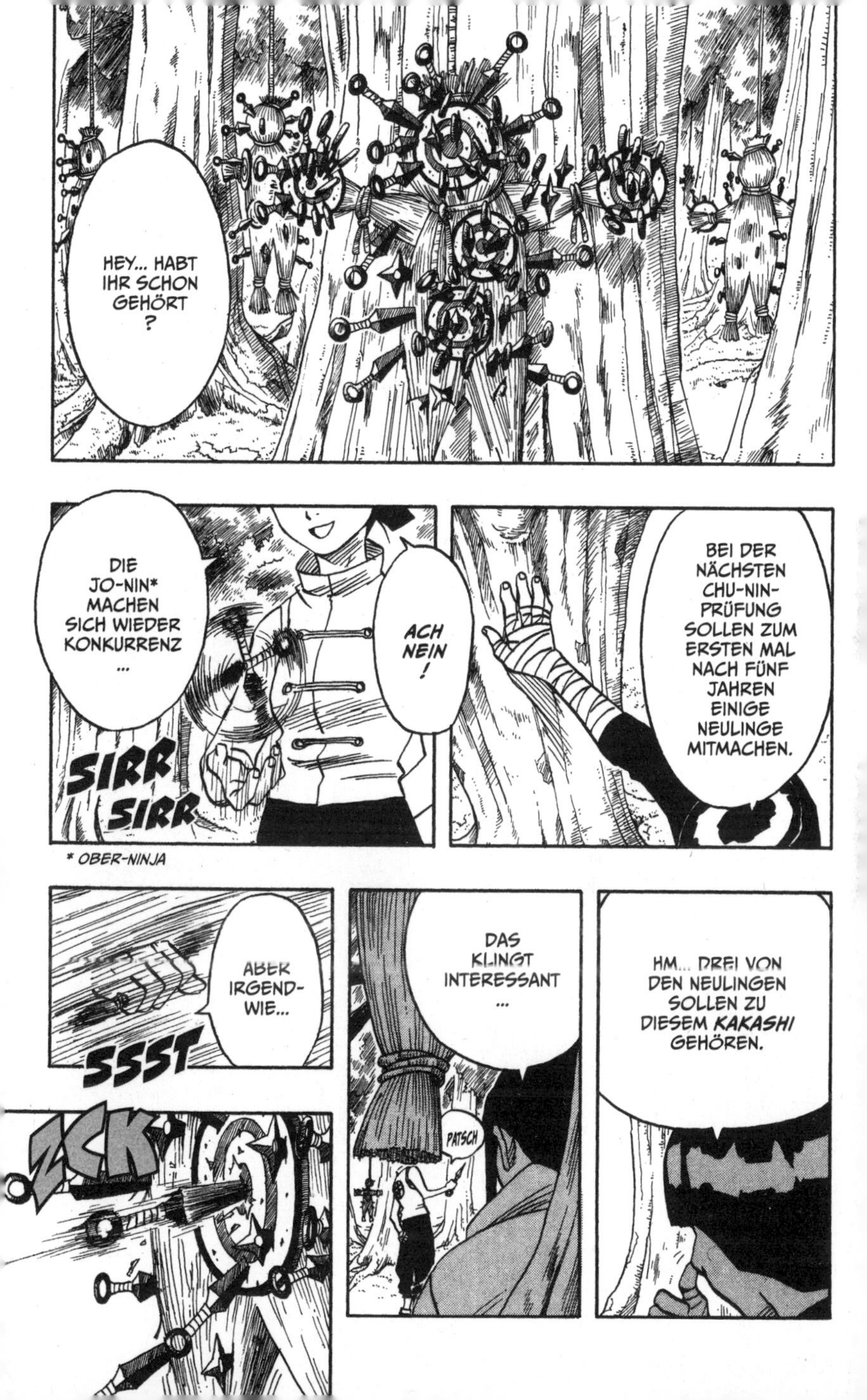
HEY... HABT IHR SCHON GEHÖRT ?
DIE JO-NIN* MACHEN SICH WIEDER KONKURRENZ ...
ACH NEIN !
SIRR SIRR
BEI DER NÄCHSTEN CHU-NIN-PRÜFUNG SOLLEN ZUM ERSTEN MAL NACH FÜNF JAHREN EINIGE NEULINGE MITMACHEN.
* OBER-NINJA
ABER IRGEND-WIE...
SSST
ZCK
DAS KLINGT INTERESSANT ...
PATSCH
HM... DREI VON DEN NEULINGEN SOLLEN ZU DIESEM KAKASHI GEHÖREN.

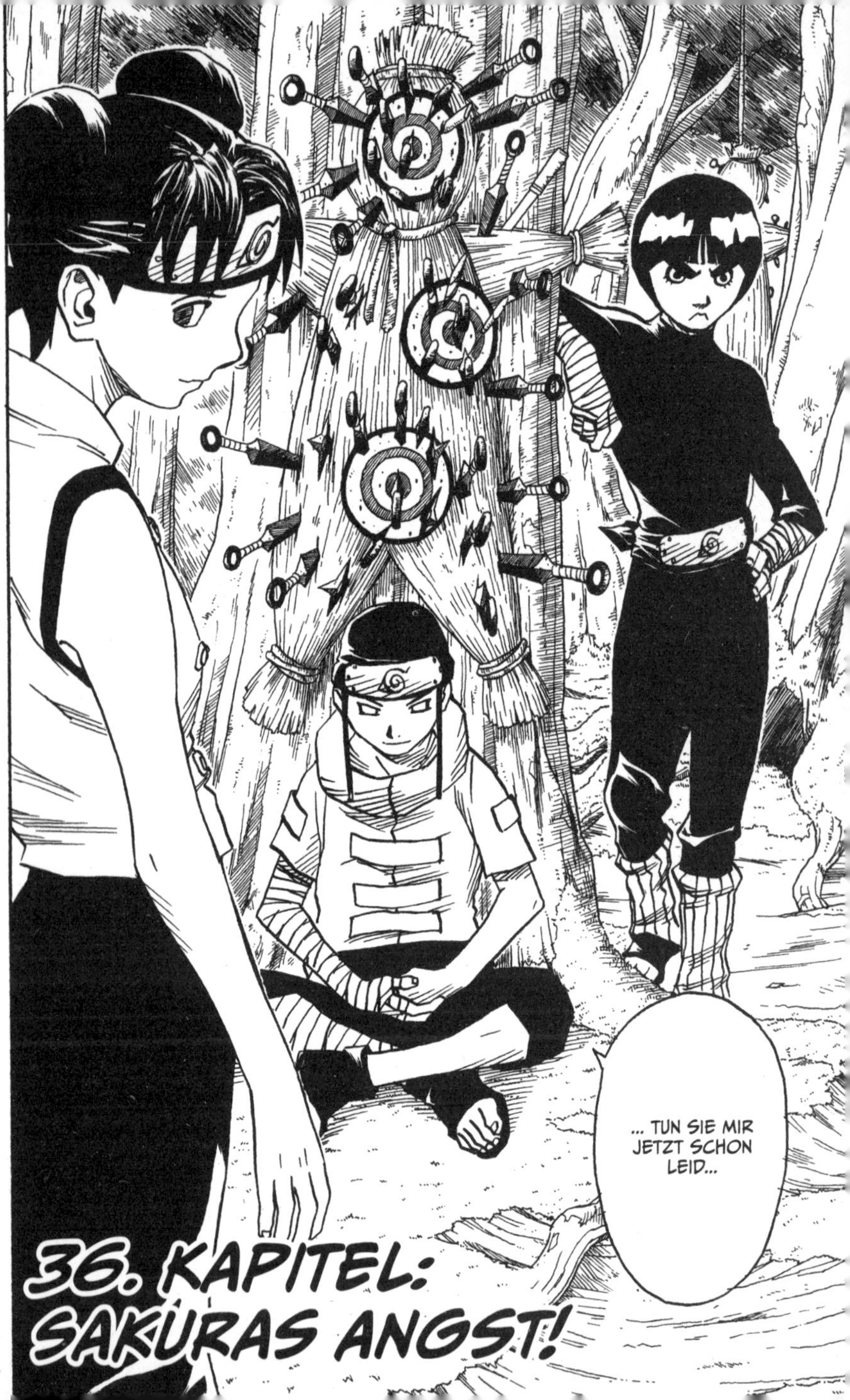
... TUN SIE MIR
JETZT SCHON
LEID...
36. KAPITEL:
SAKURAS ANGST!

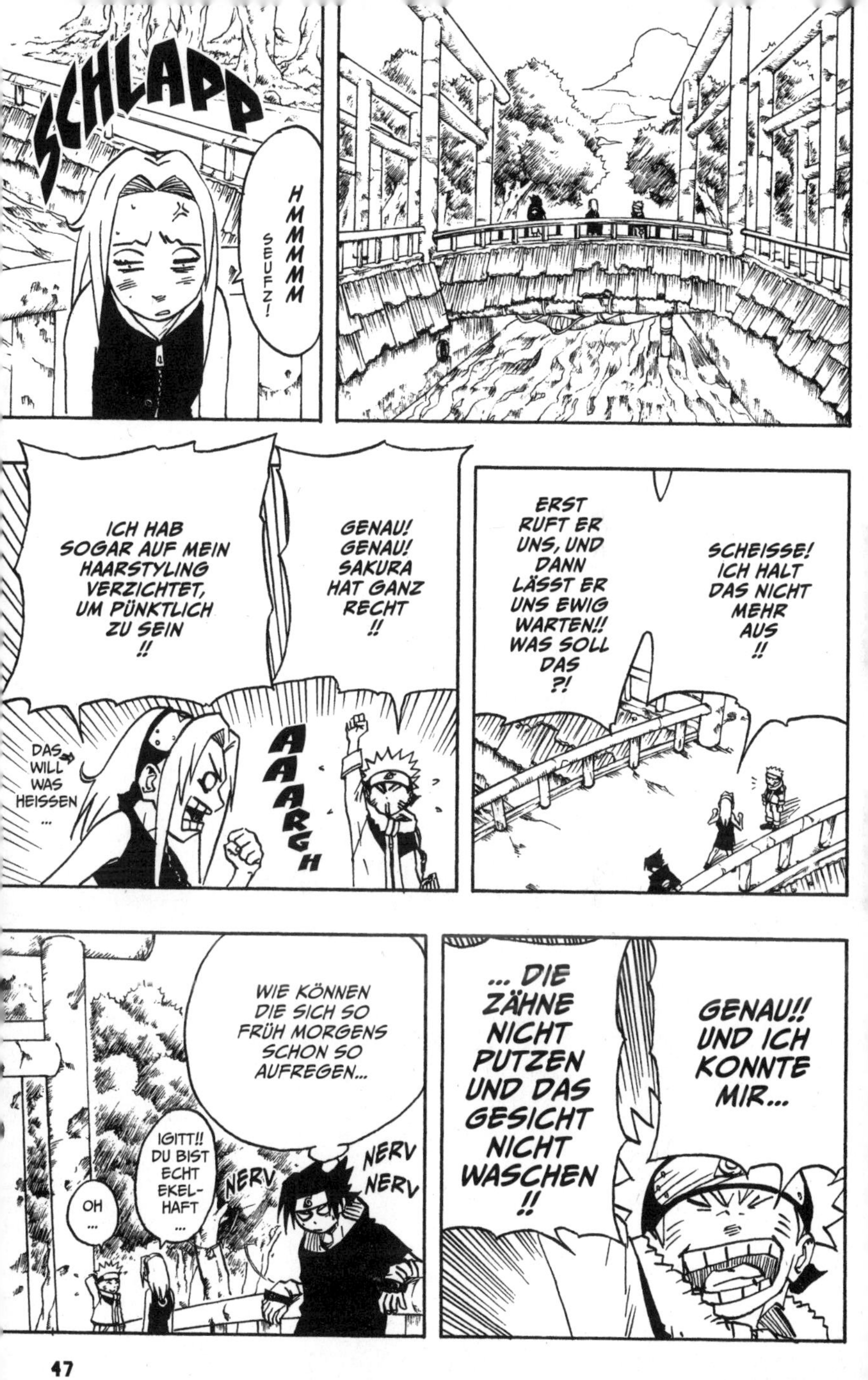

SCHLAPP
HMMMMM
SEUFZ!
SCHEISSE! ICH HALT DAS NICHT MEHR AUS!!
ERST RUFT ER UNS, UND DANN LÄSST ER UNS EWIG WARTEN!! WAS SOLL DAS?!
GENAU! GENAU! SAKURA HAT GANZ RECHT!!
ICH HAB SOGAR AUF MEIN HAARSTYLING VERZICHTET, UM PÜNKTLICH ZU SEIN!!
AAAARGH
DAS WILL WAS HEISSEN...
GENAU!! UND ICH KONNTE MIR...
... DIE ZÄHNE NICHT PUTZEN UND DAS GESICHT NICHT WASCHEN!!
WIE KÖNNEN DIE SICH SO FRÜH MORGENS SCHON SO AUFREGEN...
NERV NERV
NERV
IGITT!! DU BIST ECHT EKELHAFT...
OH...

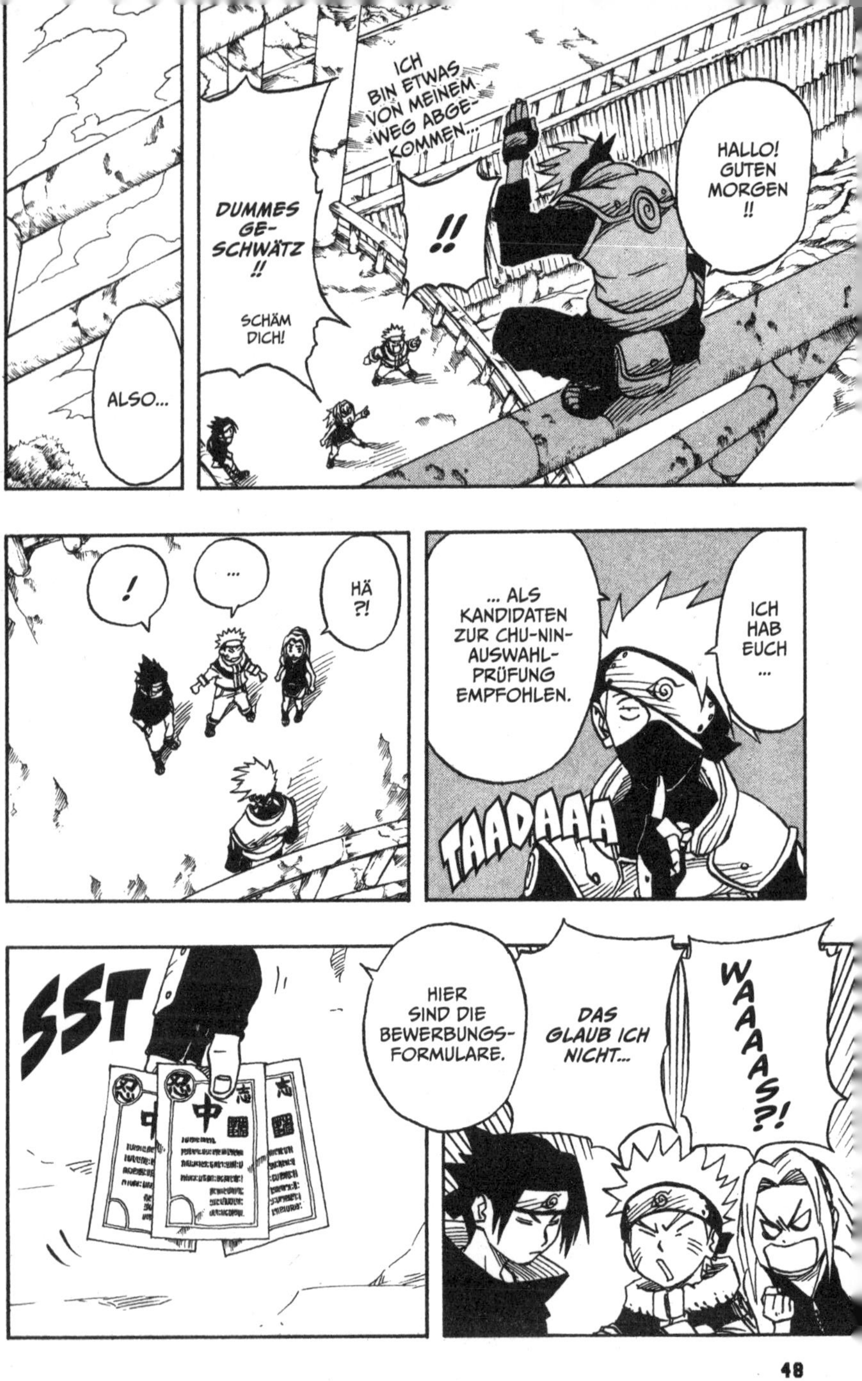

HALLO! GUTEN MORGEN !!
ICH BIN ETWAS VON MEINEM WEG ABGEKOMMEN...
!!
DUMMES GESCHWÄTZ !!
SCHÄM DICH!
ALSO...
ICH HAB EUCH ...
... ALS KANDIDATEN ZUR CHU-NIN-AUSWAHLPRÜFUNG EMPFOHLEN.
TAADAAA
HÄ ?!
...
!
WAAAAS?!
DAS GLAUB ICH NICHT...
HIER SIND DIE BEWERBUNGSFORMULARE.
SST

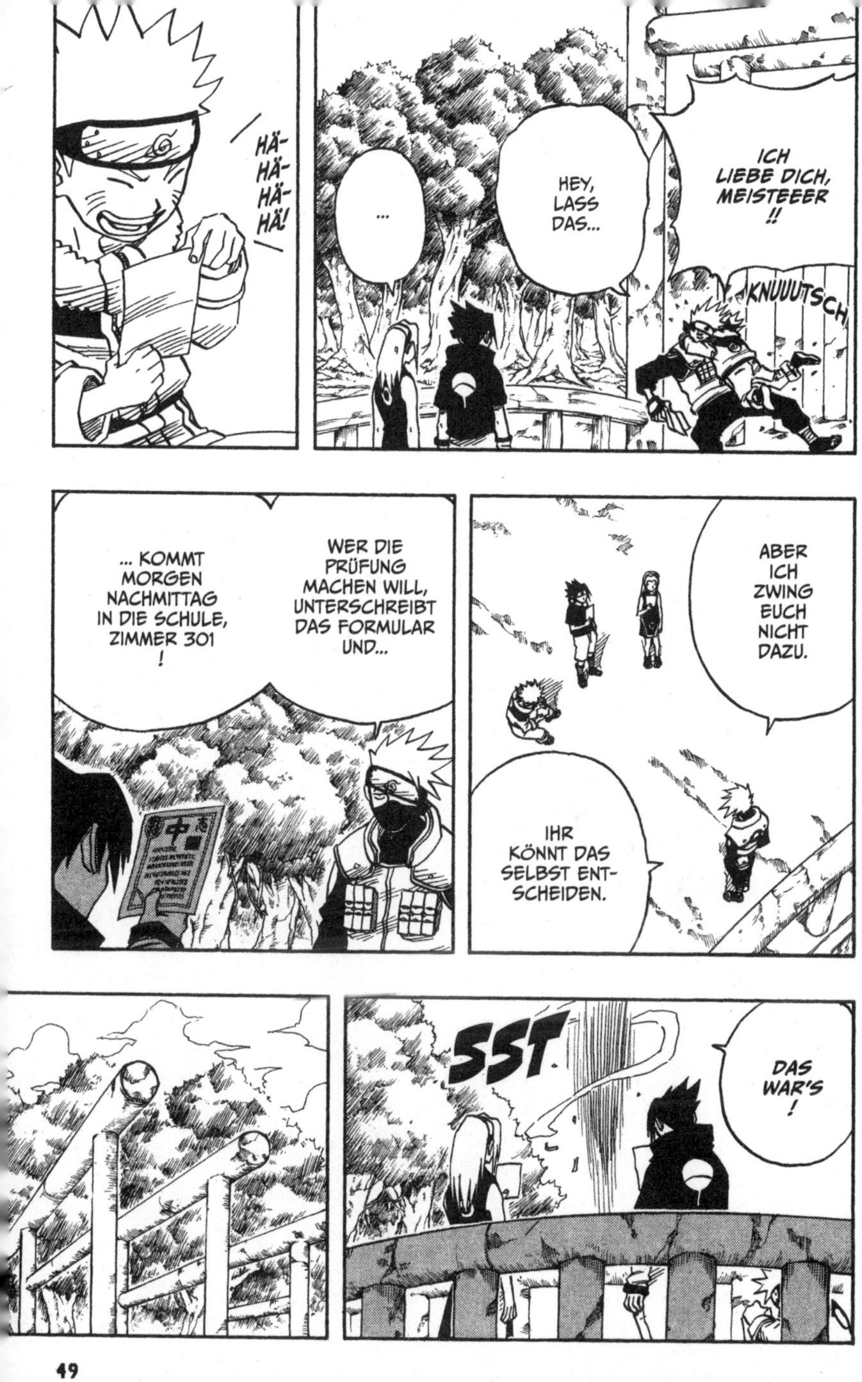
ICH LIEBE DICH, MEISTEEER !!
KNUUUTSCH
HEY, LASS DAS...
...
HÄ-HÄ-HÄ-HÄ!
ABER ICH ZWING EUCH NICHT DAZU.
IHR KÖNNT DAS SELBST ENT-SCHEIDEN.
WER DIE PRÜFUNG MACHEN WILL, UNTERSCHREIBT DAS FORMULAR UND...
... KOMMT MORGEN NACHMITTAG IN DIE SCHULE, ZIMMER 301 !
DAS WAR'S !
SST

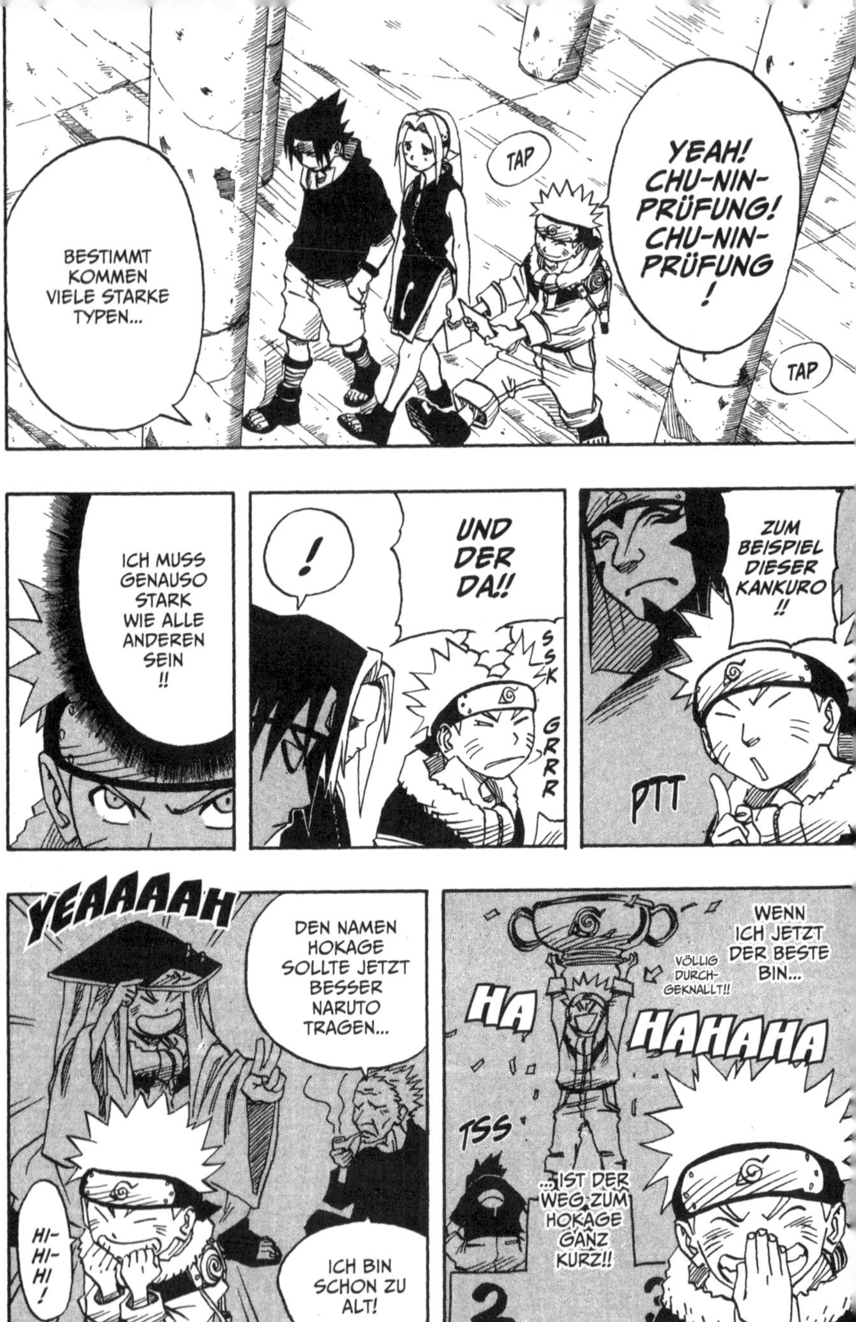

YEAH! CHU-NIN-PRÜFUNG! CHU-NIN-PRÜFUNG!
TAP
TAP
BESTIMMT KOMMEN VIELE STARKE TYPEN...
ZUM BEISPIEL DIESER KANKURO!!
PTT
UND DER DA!!
!
SSK
GRRR
ICH MUSS GENAUSO STARK WIE ALLE ANDEREN SEIN!!
WENN ICH JETZT DER BESTE BIN...
VÖLLIG DURCH-GEKNALLT!!
HA
HAHAHA
TSS
...IST DER WEG ZUM HOKAGE GANZ KURZ!!
2
YEAAAAH
DEN NAMEN HOKAGE SOLLTE JETZT BESSER NARUTO TRAGEN...
ICH BIN SCHON ZU ALT!
HI-HI-HI!

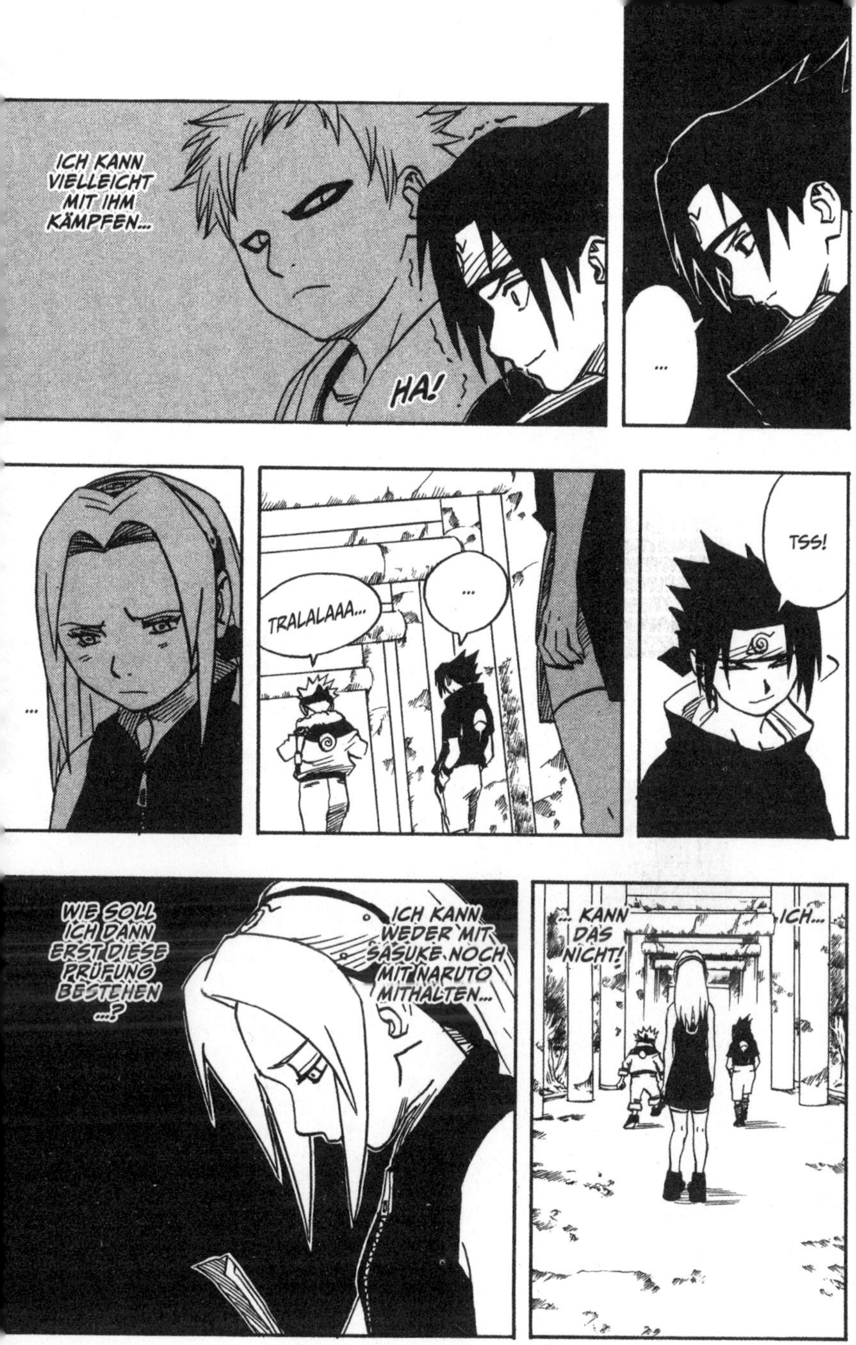

...
ICH KANN VIELLEICHT MIT IHM KÄMPFEN...
HA!
TSS!
...
TRALALAAA...
...
ICH KANN WEDER MIT SASUKE NOCH MIT NARUTO MITHALTEN...
WIE SOLL ICH DANN ERST DIESE PRÜFUNG BESTEHEN ...?
ICH...
... KANN DAS NICHT!

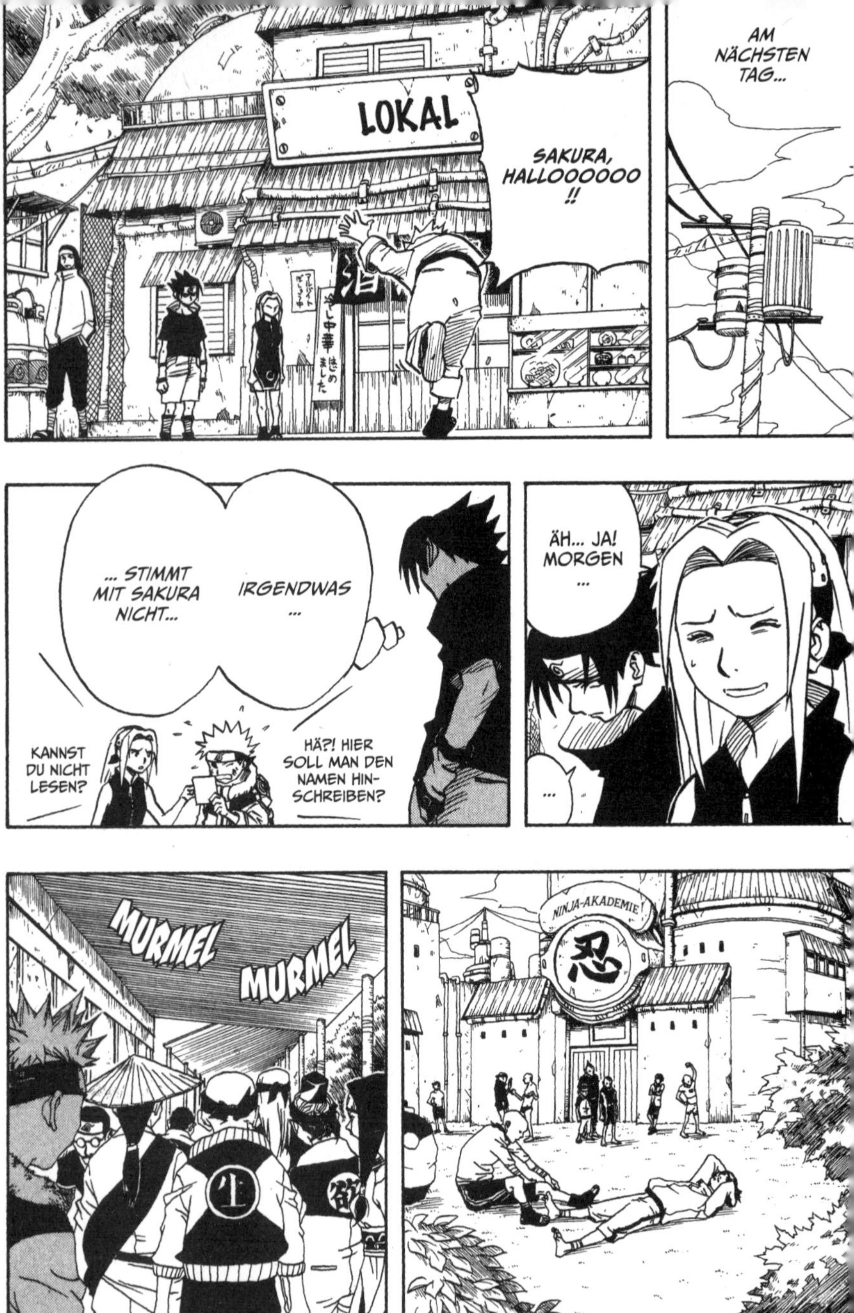
AM NÄCHSTEN TAG...
LOKAL
SAKURA, HALLOOOOOO!!
ÄH... JA! MORGEN ...
...
IRGENDWAS ...
... STIMMT MIT SAKURA NICHT...
HÄ?! HIER SOLL MAN DEN NAMEN HIN-SCHREIBEN?
KANNST DU NICHT LESEN?
NINJA-AKADEMIE
MURMEL
MURMEL

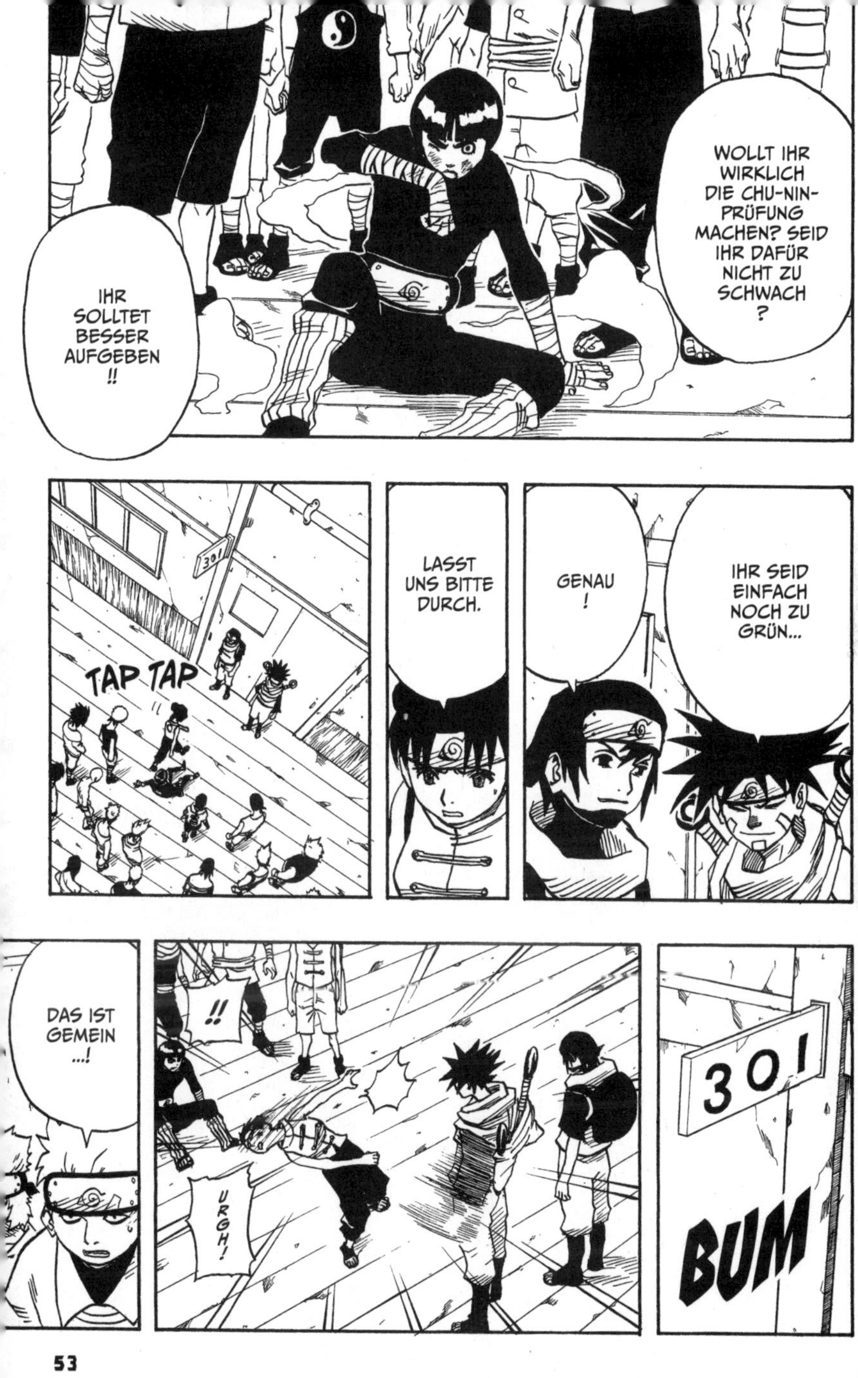
WOLLT IHR WIRKLICH DIE CHU-NIN-PRÜFUNG MACHEN? SEID IHR DAFÜR NICHT ZU SCHWACH ?
IHR SOLLTET BESSER AUFGEBEN !!
IHR SEID EINFACH NOCH ZU GRÜN...
GENAU !
LASST UNS BITTE DURCH.
301
TAP TAP
301
BUM
!!
URGH!
DAS IST GEMEIN ...!

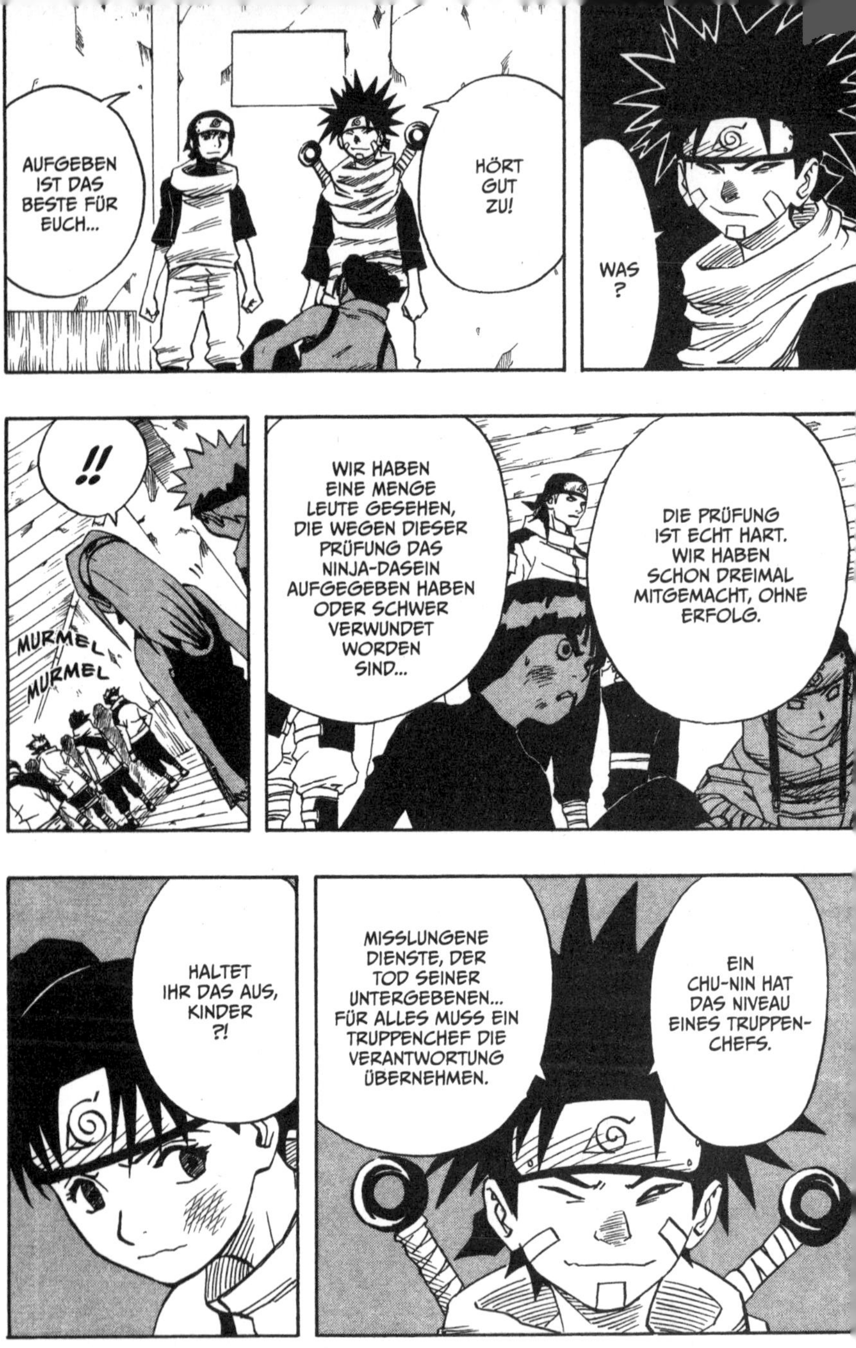
WAS ?
HÖRT GUT ZU!
AUFGEBEN IST DAS BESTE FÜR EUCH...
DIE PRÜFUNG IST ECHT HART. WIR HABEN SCHON DREIMAL MITGEMACHT, OHNE ERFOLG.
WIR HABEN EINE MENGE LEUTE GESEHEN, DIE WEGEN DIESER PRÜFUNG DAS NINJA-DASEIN AUFGEGEBEN HABEN ODER SCHWER VERWUNDET WORDEN SIND...
!!
MURMEL
MURMEL
EIN CHU-NIN HAT DAS NIVEAU EINES TRUPPEN-CHEFS.
MISSLUNGENE DIENSTE, DER TOD SEINER UNTERGEBENEN... FÜR ALLES MUSS EIN TRUPPENCHEF DIE VERANTWORTUNG ÜBERNEHMEN.
HALTET IHR DAS AUS, KINDER ?!

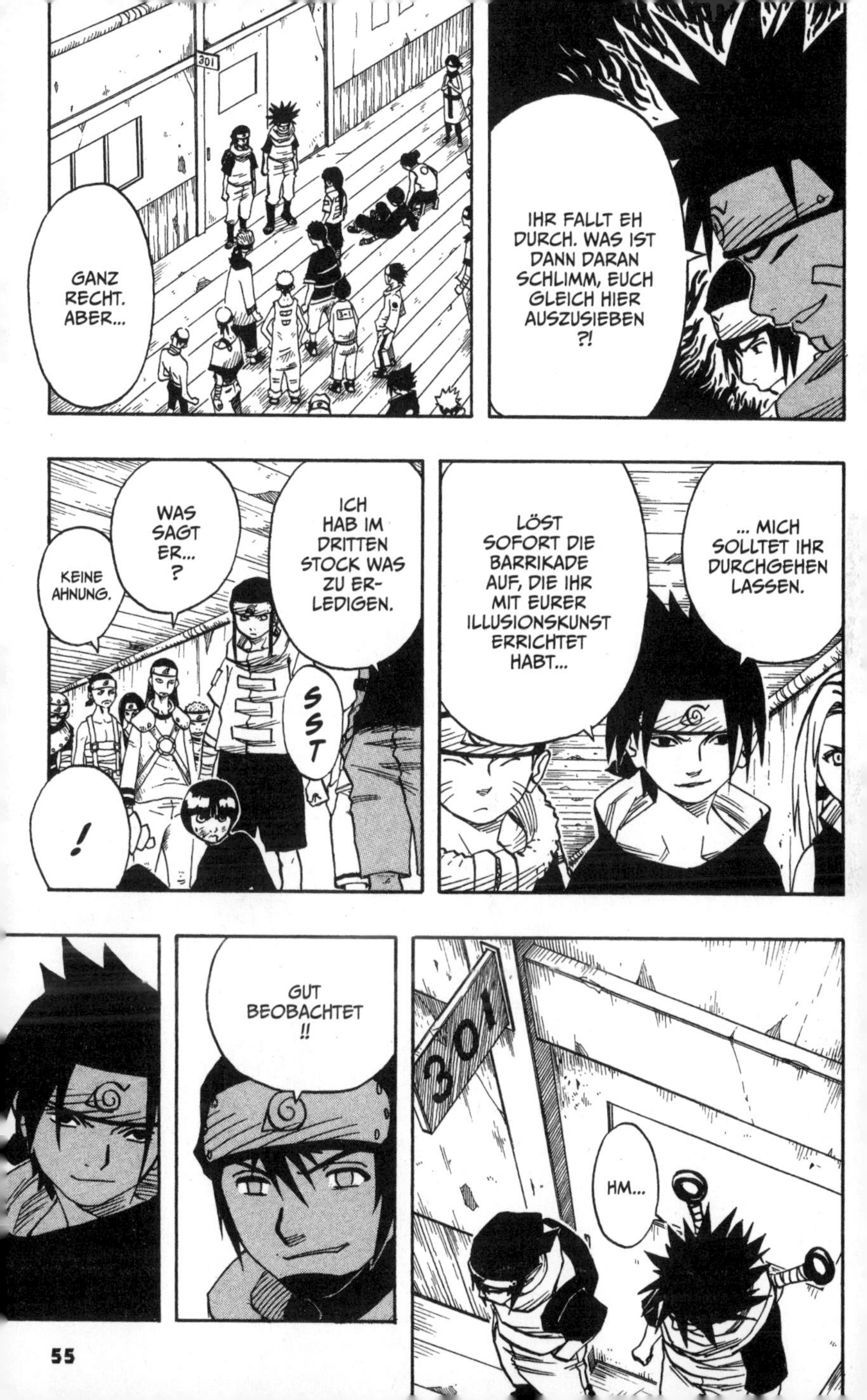
301
GANZ RECHT. ABER...
IHR FALLT EH DURCH. WAS IST DANN DARAN SCHLIMM, EUCH GLEICH HIER AUSZUSIEBEN ?!
KEINE AHNUNG.
WAS SAGT ER... ?
ICH HAB IM DRITTEN STOCK WAS ZU ERLEDIGEN.
SST
!
LÖST SOFORT DIE BARRIKADE AUF, DIE IHR MIT EURER ILLUSIONSKUNST ERRICHTET HABT...
... MICH SOLLTET IHR DURCHGEHEN LASSEN.
GUT BEOBACHTET !!
301
HM...

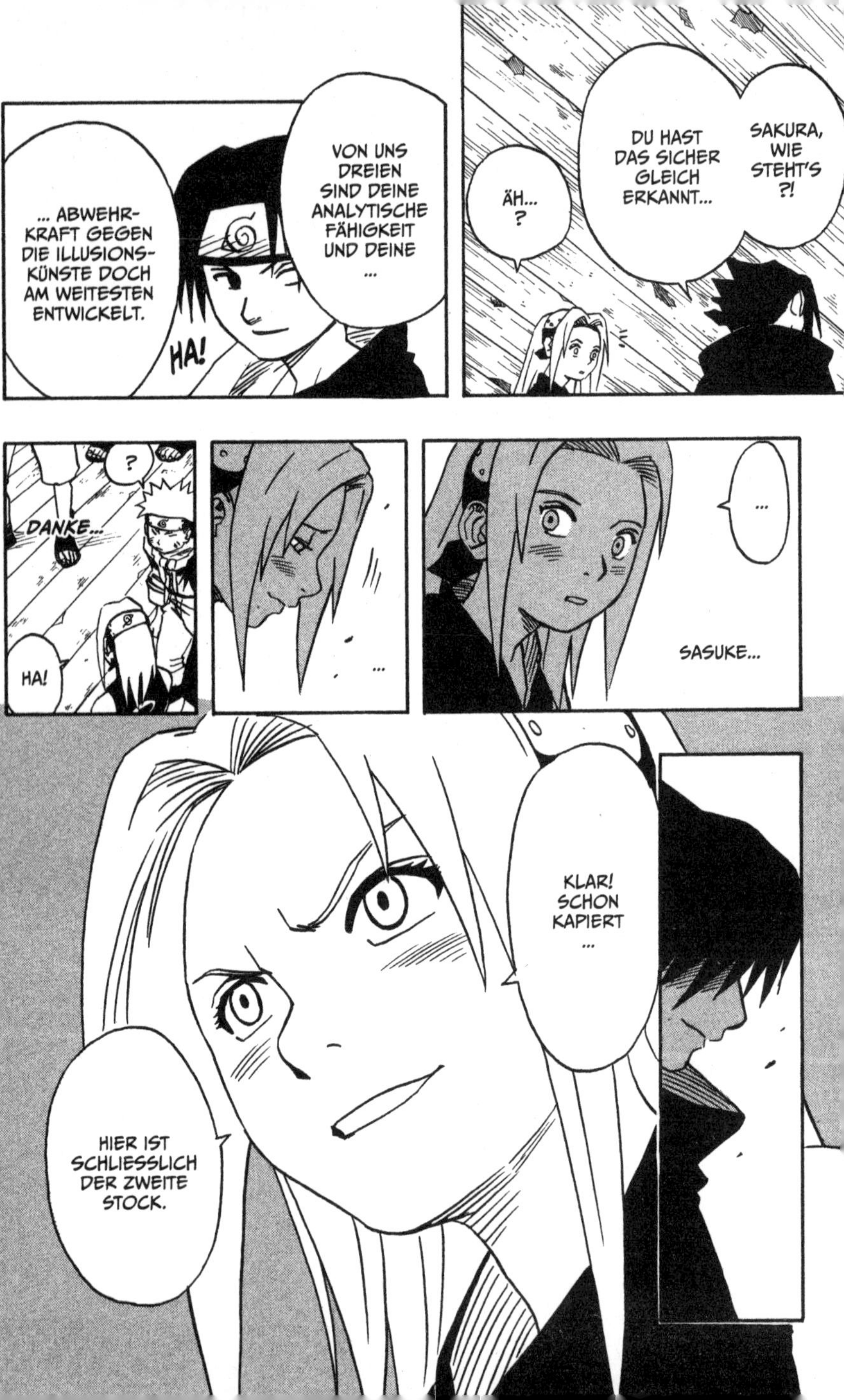
SAKURA, WIE STEHT'S ?!
DU HAST DAS SICHER GLEICH ERKANNT...
ÄH... ?
VON UNS DREIEN SIND DEINE ANALYTISCHE FÄHIGKEIT UND DEINE ...
... ABWEHR-KRAFT GEGEN DIE ILLUSIONS-KÜNSTE DOCH AM WEITESTEN ENTWICKELT.
HA!
...
SASUKE...
...
?
DANKE...
HA!
KLAR! SCHON KAPIERT ...
HIER IST SCHLIESSLICH DER ZWEITE STOCK.

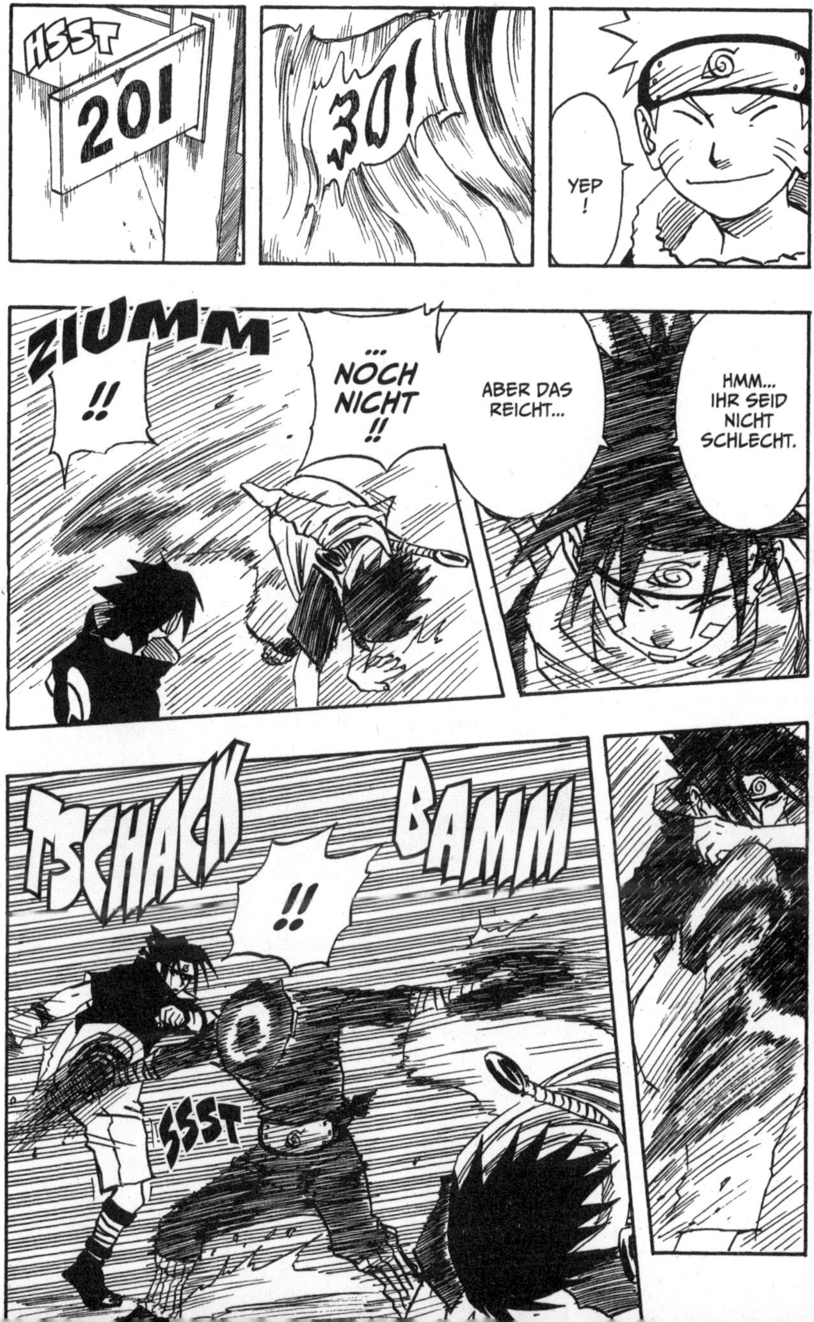
YEP!
30!
HSST
201
HMM... IHR SEID NICHT SCHLECHT.
ABER DAS REICHT...
... NOCH NICHT!!
ZIUMM
!!
BAMM
TSCHACK
!!
SSST

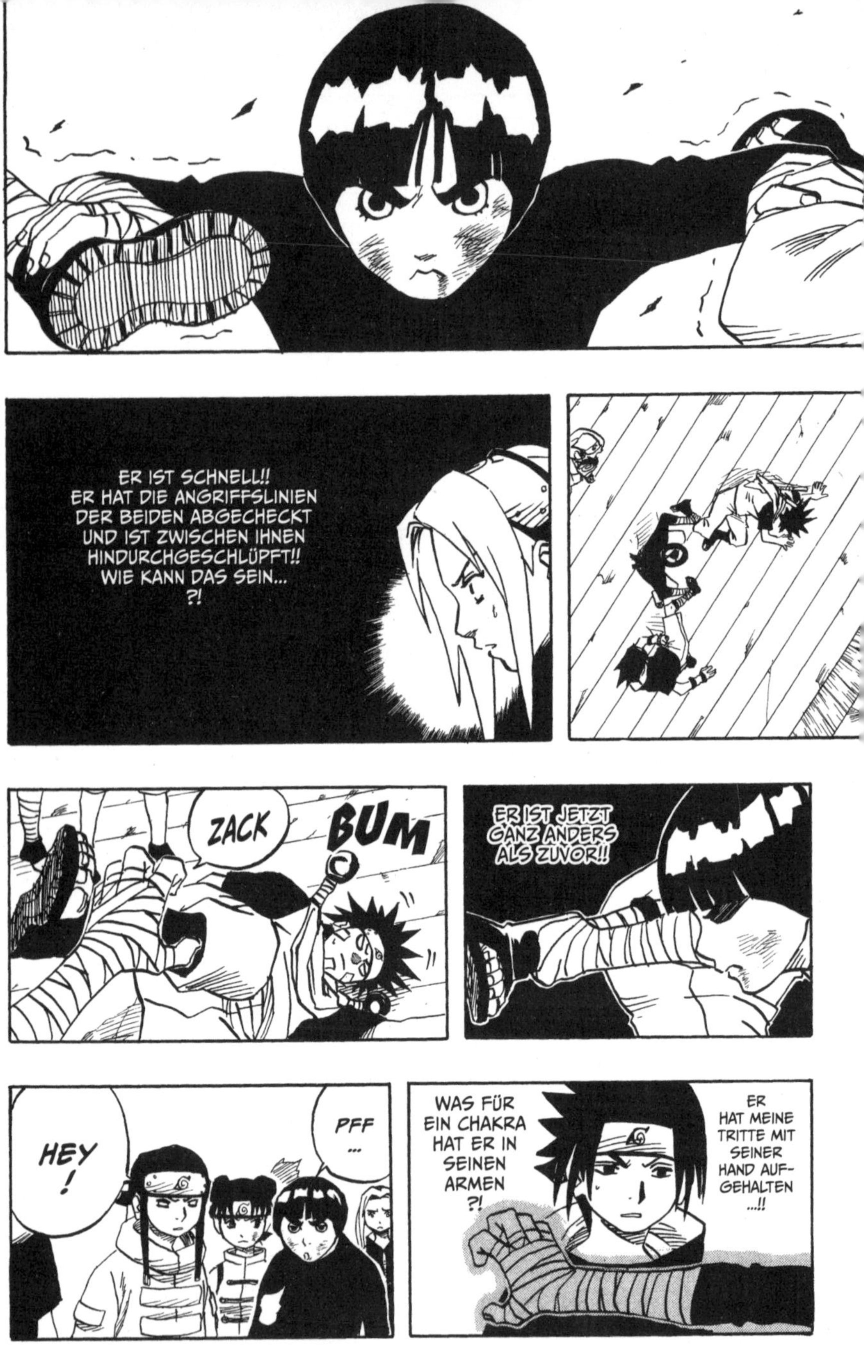
ER IST SCHNELL!! ER HAT DIE ANGRIFFSLINIEN DER BEIDEN ABGECHECKT UND IST ZWISCHEN IHNEN HINDURCHGESCHLÜPFT!! WIE KANN DAS SEIN... ?!
ER IST JETZT GANZ ANDERS ALS ZUVOR!!
BUM
ZACK
ER HAT MEINE TRITTE MIT SEINER HAND AUF-GEHALTEN ...!!
WAS FÜR EIN CHAKRA HAT ER IN SEINEN ARMEN ?!
PFF ...
HEY !

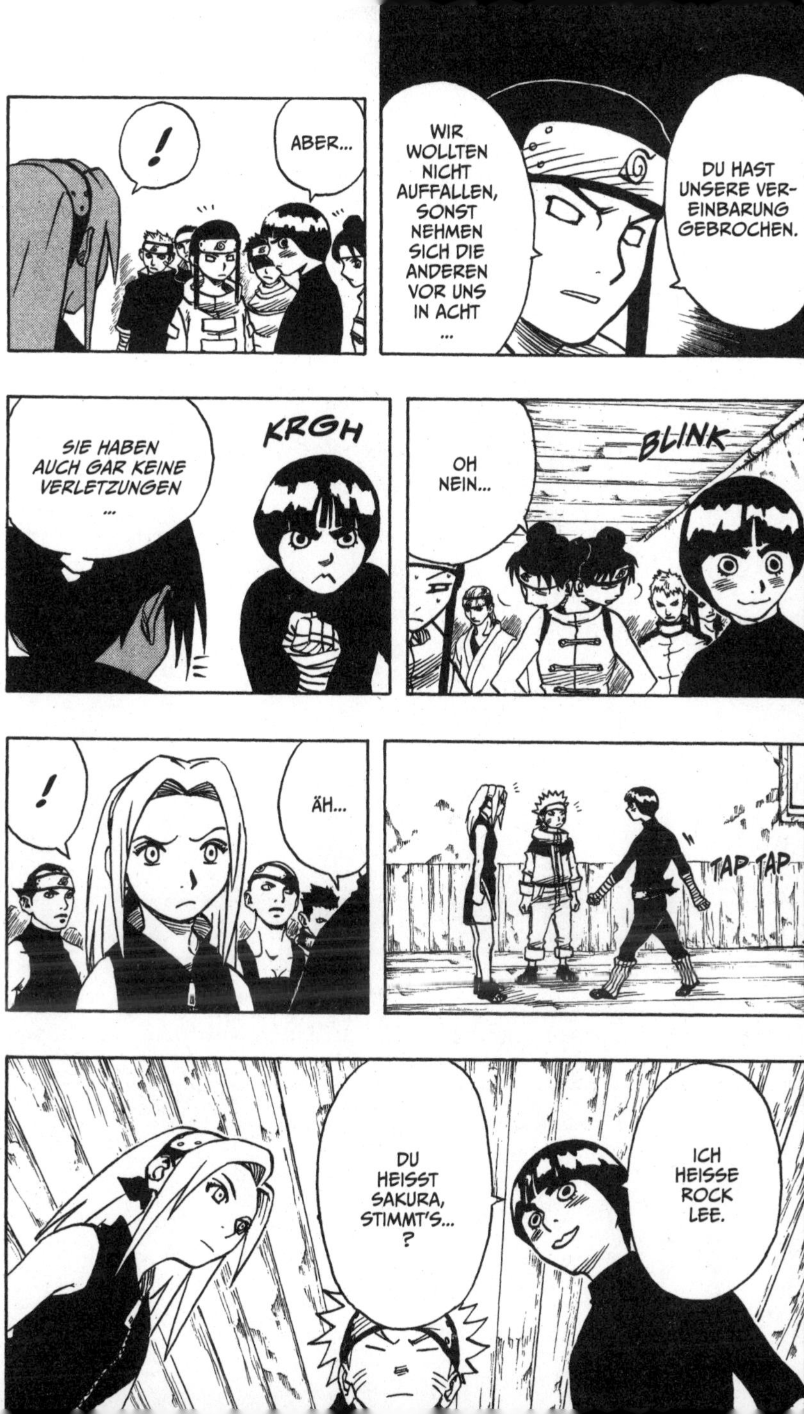
DU HAST UNSERE VEREINBARUNG GEBROCHEN.
WIR WOLLTEN NICHT AUFFALLEN, SONST NEHMEN SICH DIE ANDEREN VOR UNS IN ACHT ...
ABER...
!
BLINK
OH NEIN...
KRGH
SIE HABEN AUCH GAR KEINE VERLETZUNGEN ...
TAP TAP
ÄH...
!
ICH HEISSE ROCK LEE.
DU HEISST SAKURA, STIMMT'S... ?

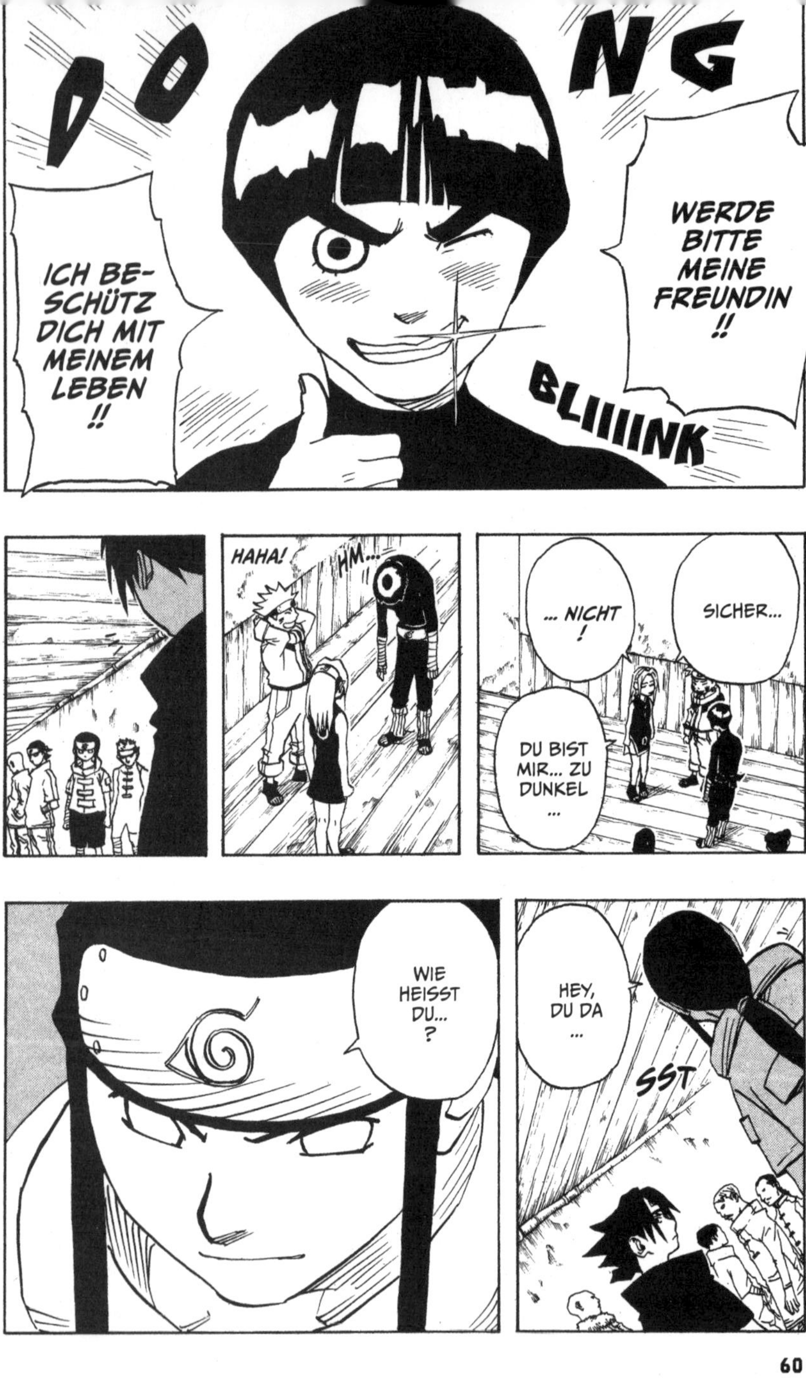
DOONG
WERDE BITTE MEINE FREUNDIN !!
ICH BESCHÜTZ DICH MIT MEINEM LEBEN !!
BLIIIINK
SICHER...
... NICHT !
DU BIST MIR... ZU DUNKEL ...
HM...
HAHA!
HEY, DU DA ...
SST
WIE HEISST DU... ?

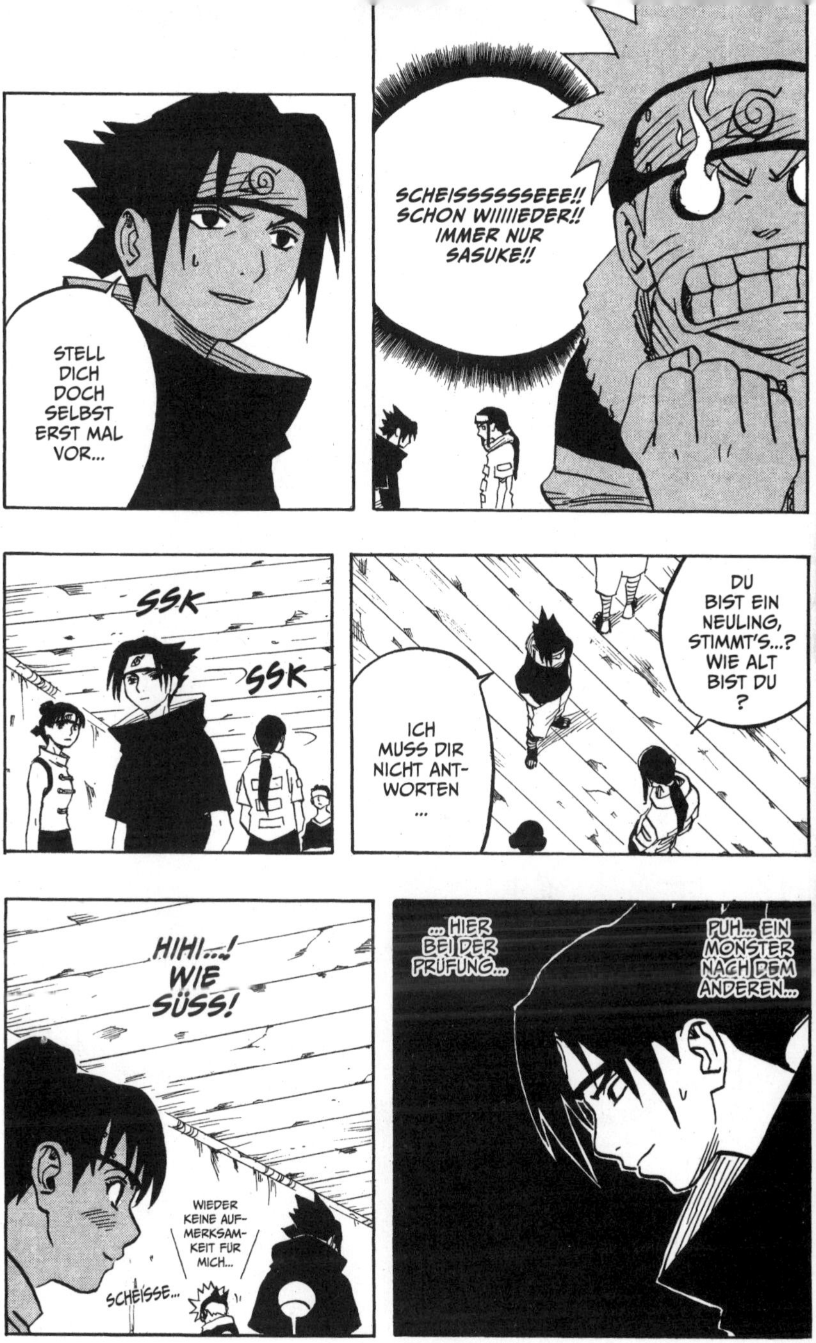

SCHEISSSSSSSEEE!! SCHON WIIIIIEDER!! IMMER NUR SASUKE!!
STELL DICH DOCH SELBST ERST MAL VOR...
DU BIST EIN NEULING, STIMMT'S...? WIE ALT BIST DU?
ICH MUSS DIR NICHT ANT-WORTEN...
SSK
SSK
PUH... EIN MONSTER NACH DEM ANDEREN...
... HIER BEI DER PRÜFUNG...
HIHI...! WIE SÜSS!
WIEDER KEINE AUF-MERKSAM-KEIT FÜR MICH...
SCHEISSE...

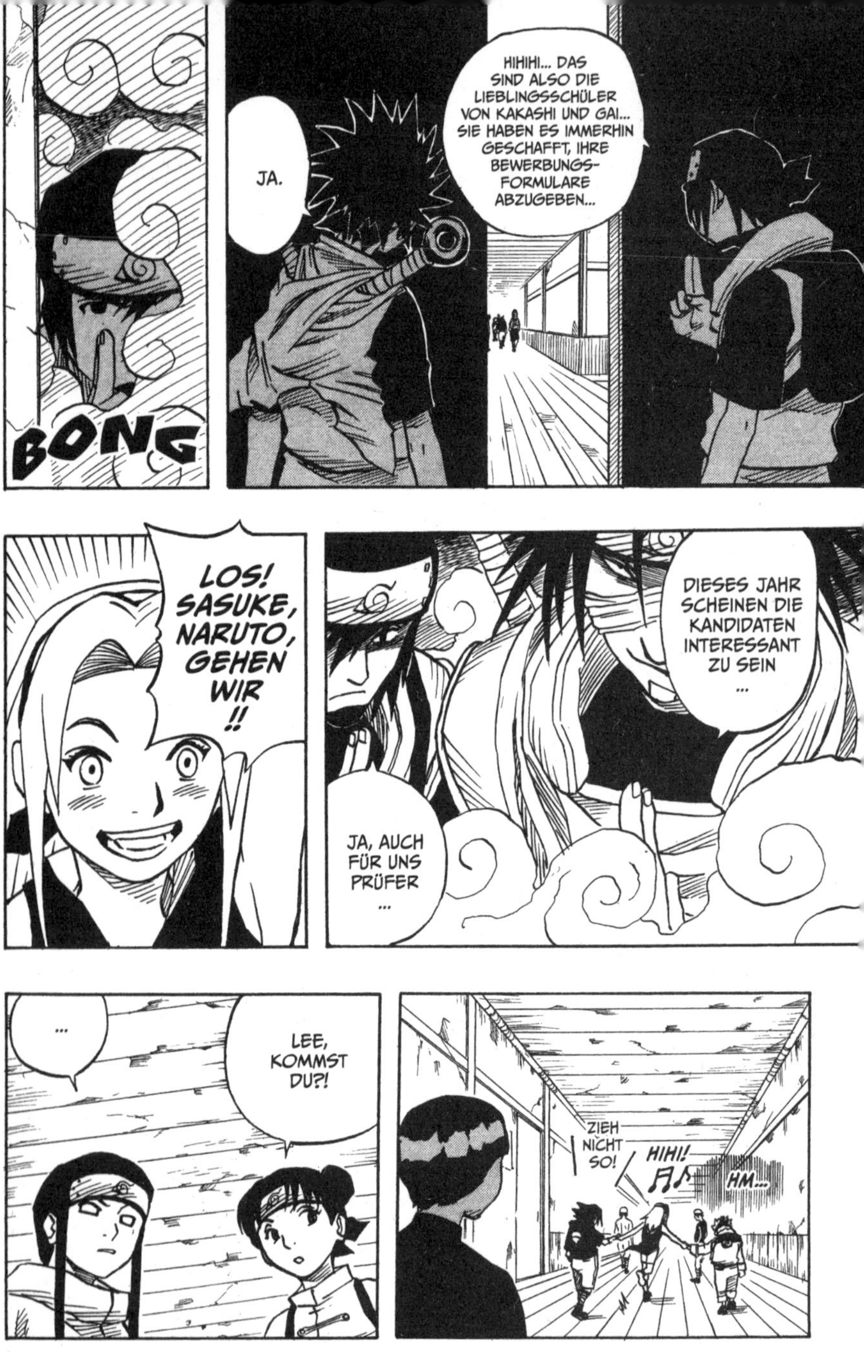
BONG
JA.
HIHIHI... DAS SIND ALSO DIE LIEBLINGSSCHÜLER VON KAKASHI UND GAI... SIE HABEN ES IMMERHIN GESCHAFFT, IHRE BEWERBUNGS-FORMULARE ABZUGEBEN...
LOS! SASUKE, NARUTO, GEHEN WIR!!
DIESES JAHR SCHEINEN DIE KANDIDATEN INTERESSANT ZU SEIN ...
JA, AUCH FÜR UNS PRÜFER ...
...
LEE, KOMMST DU?!
ZIEH NICHT SO!
HIHI!
HM...

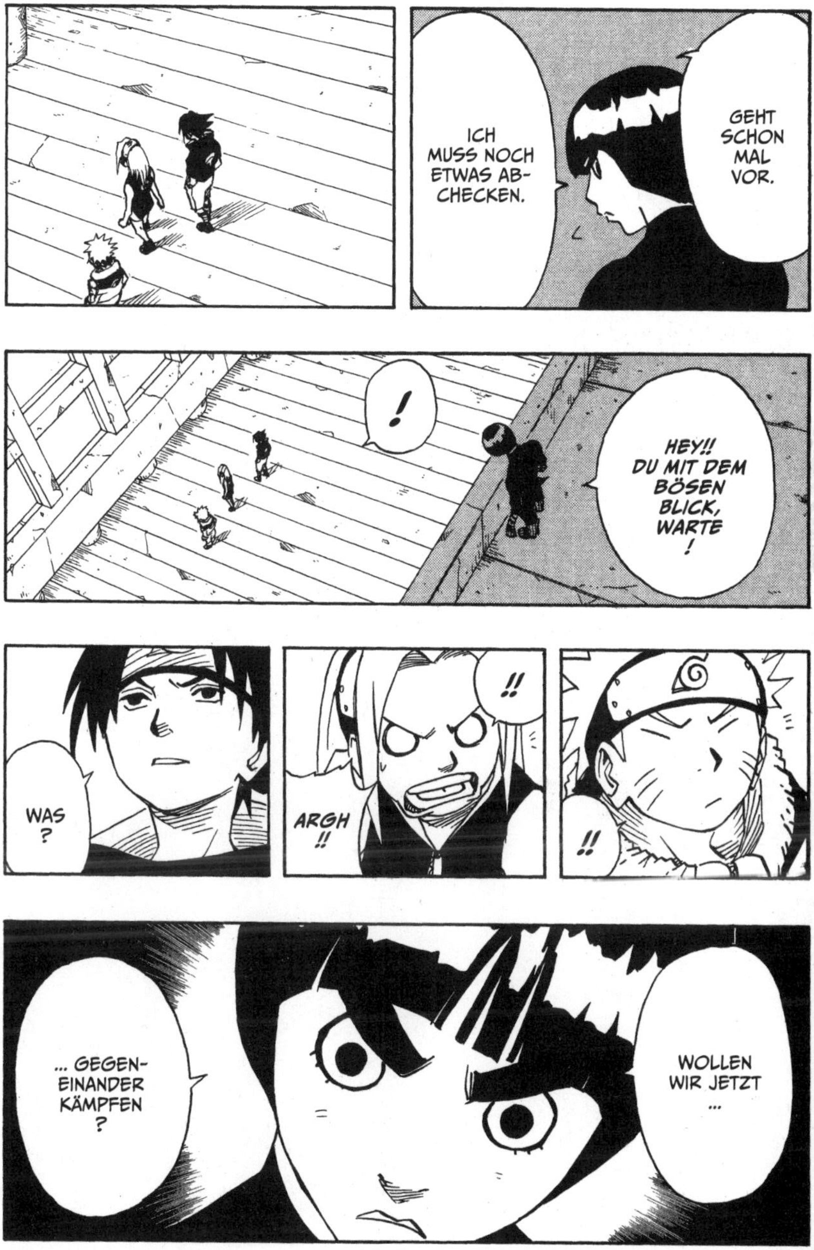
GEHT SCHON MAL VOR.
ICH MUSS NOCH ETWAS AB-CHECKEN.
HEY!! DU MIT DEM BÖSEN BLICK, WARTE!
!
!!
!!
ARGH!!
WAS?
WOLLEN WIR JETZT ...
... GEGEN-EINANDER KÄMPFEN?

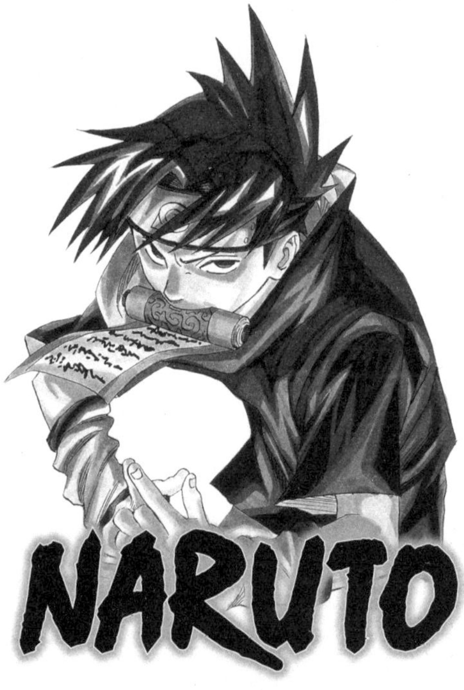
NARUTO

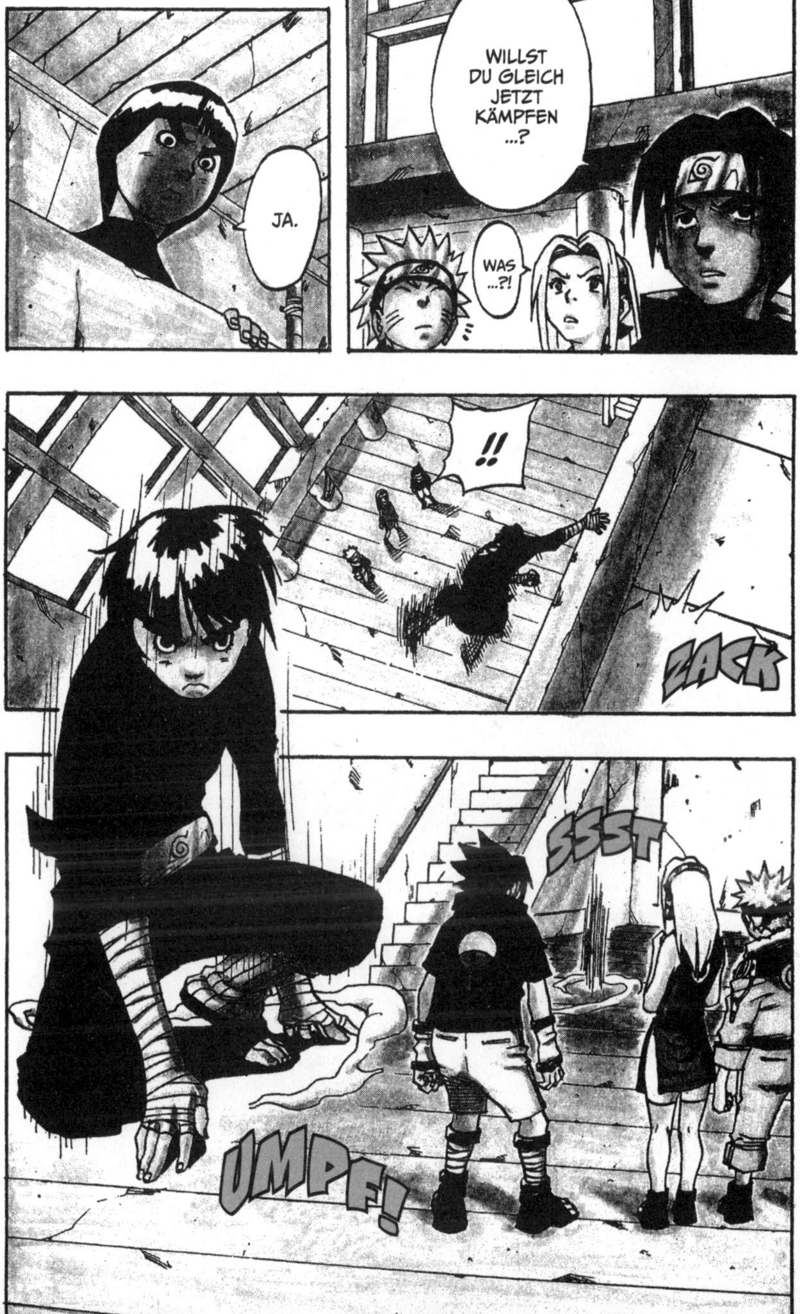
WILLST DU GLEICH JETZT KÄMPFEN ...?
WAS ...?!
JA.
!!
ZACK
SSST
UMPF!

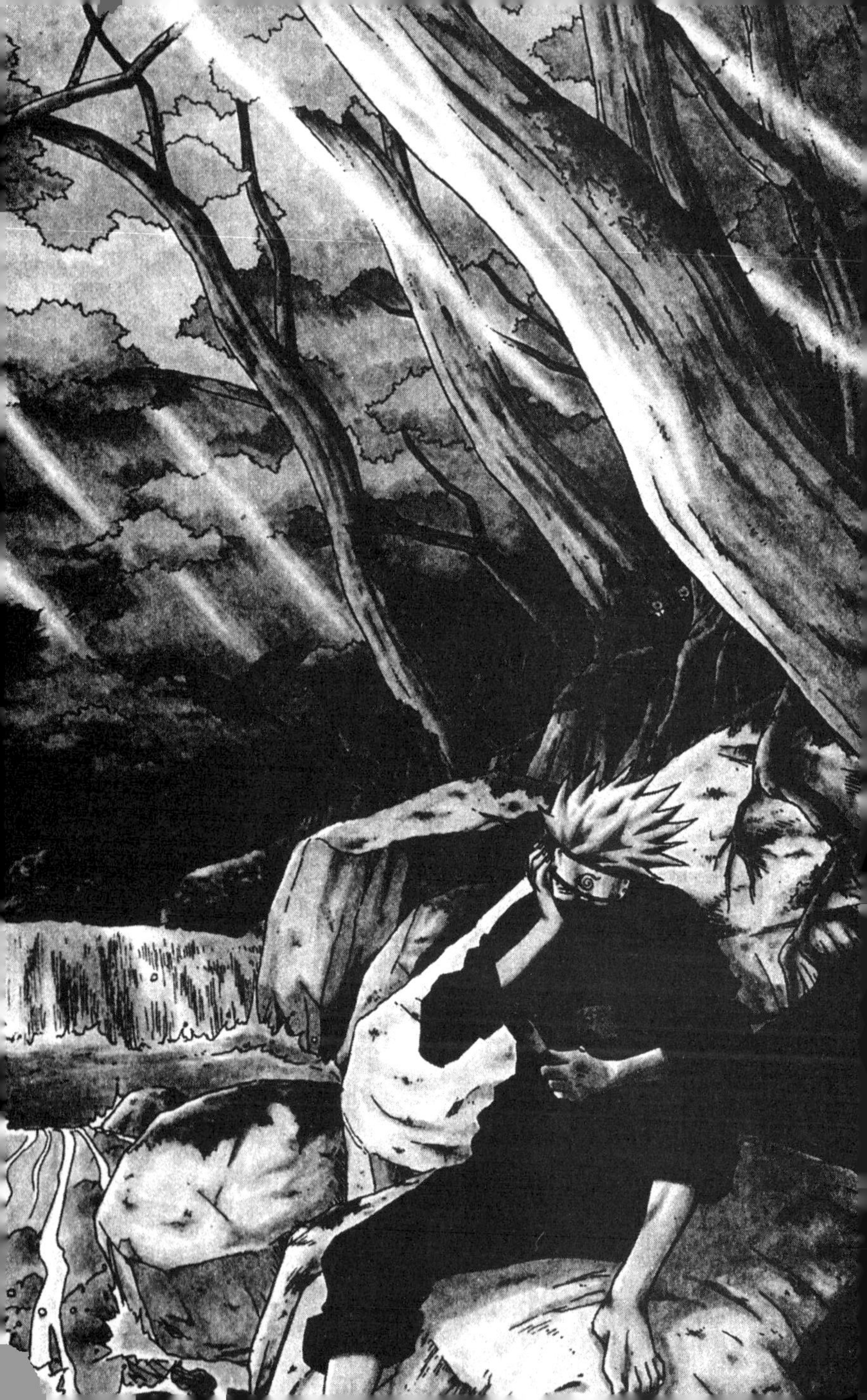

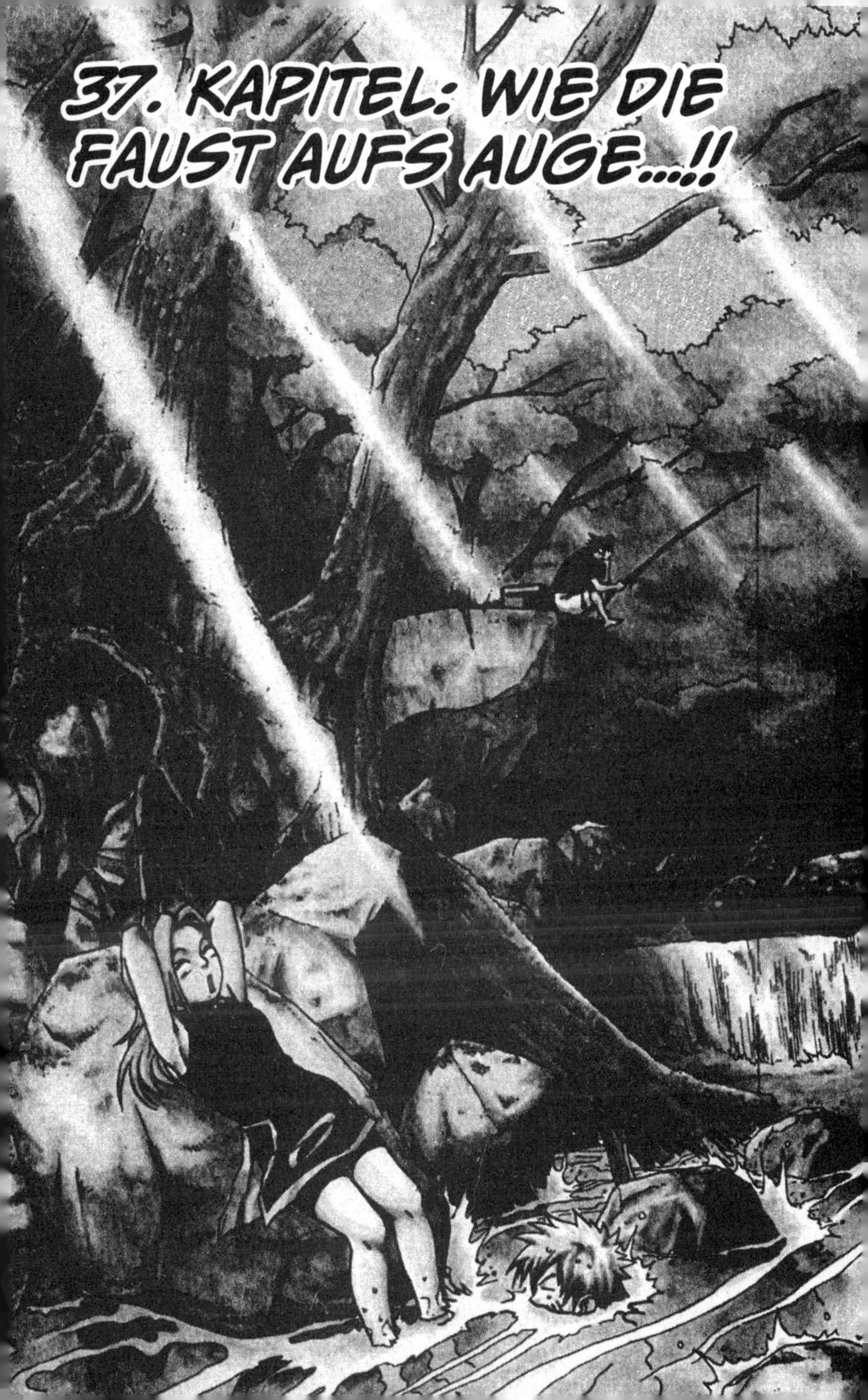
37. KAPITEL: WIE DIE FAUST AUFS AUGE...!!

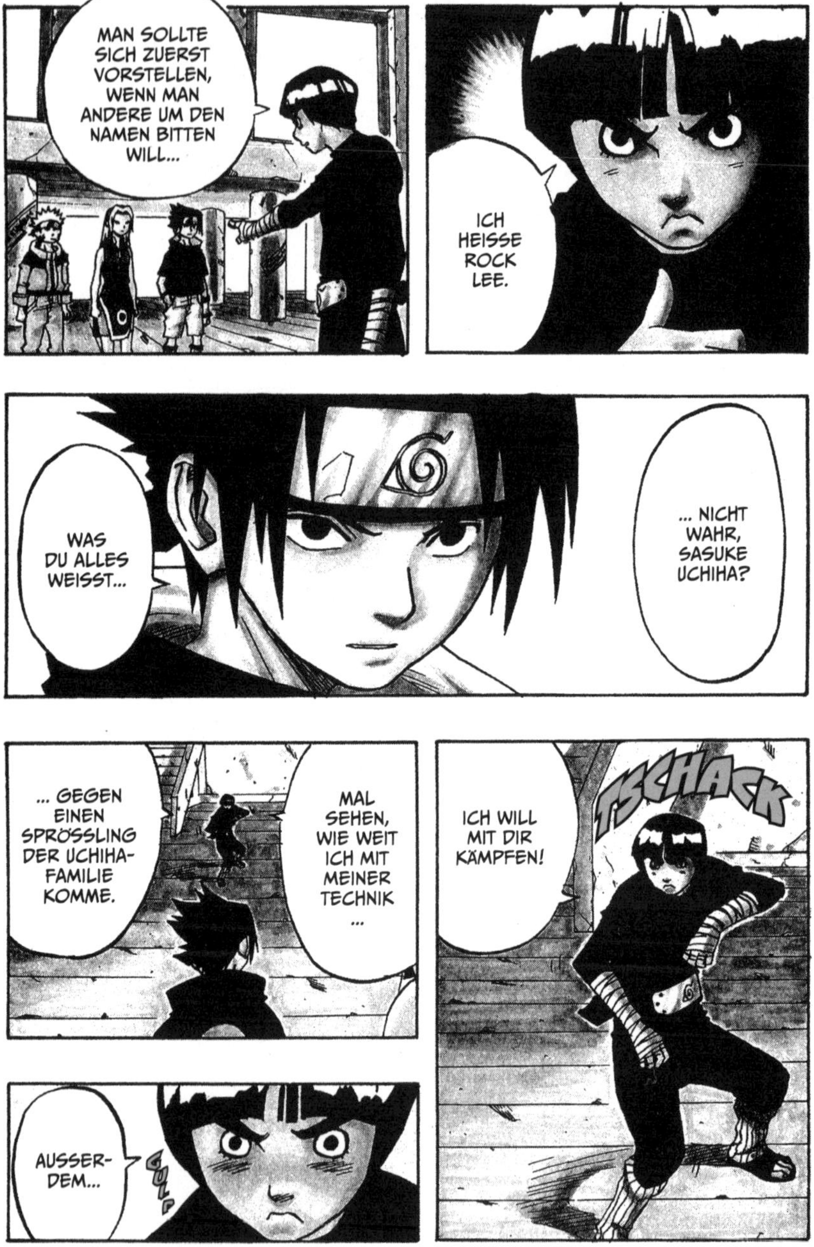
MAN SOLLTE SICH ZUERST VORSTELLEN, WENN MAN ANDERE UM DEN NAMEN BITTEN WILL...
ICH HEISSE ROCK LEE.
... NICHT WAHR, SASUKE UCHIHA?
WAS DU ALLES WEISST...
TSCHACK
ICH WILL MIT DIR KÄMPFEN!
MAL SEHEN, WIE WEIT ICH MIT MEINER TECHNIK ...
... GEGEN EINEN SPRÖSSLING DER UCHIHA-FAMILIE KOMME.
AUSSER-DEM...
GULP

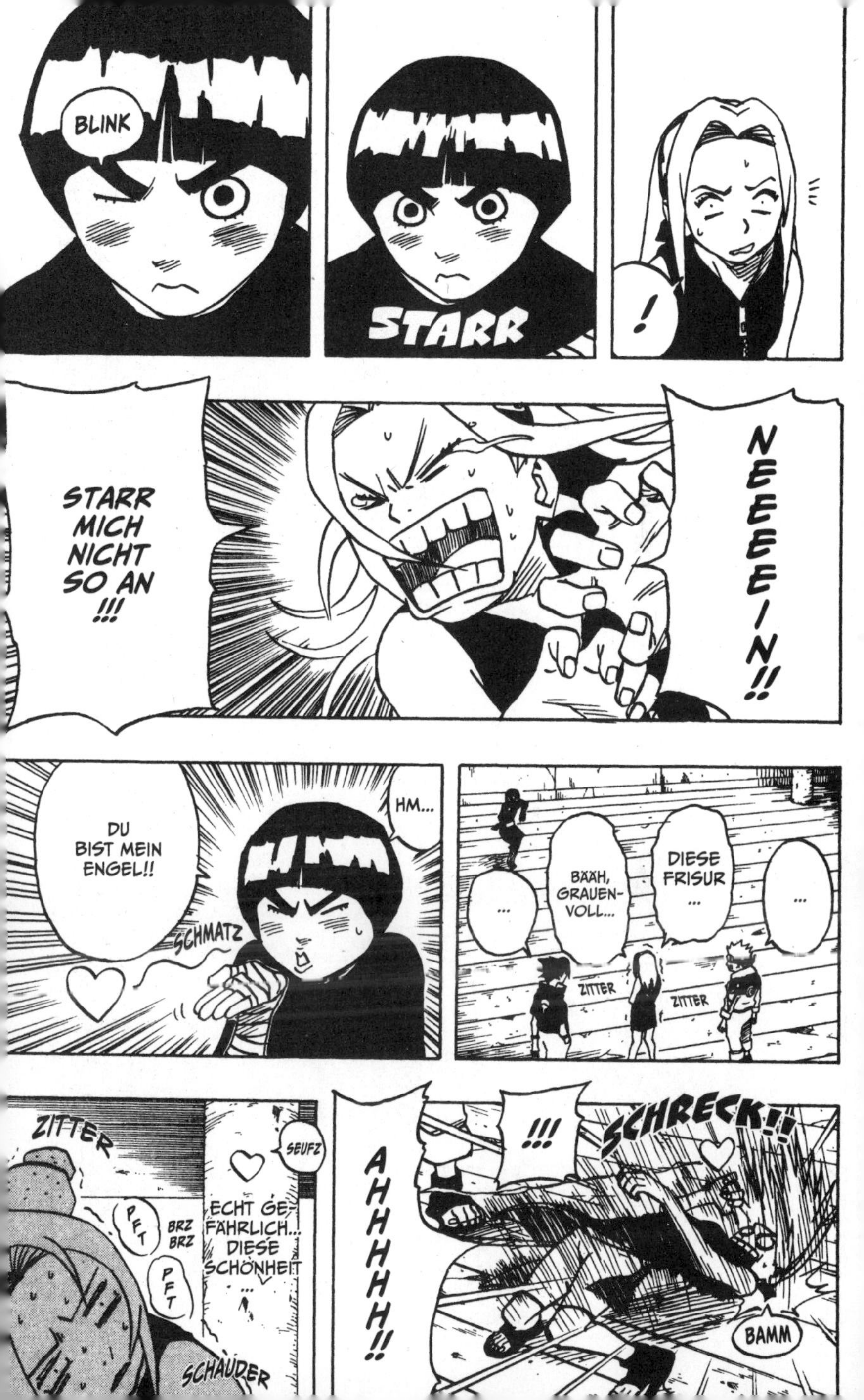
BLINK
STARR
!
NEEEEEIN!!
STARR MICH NICHT SO AN !!!
...
DIESE FRISUR ...
BÄÄH, GRAUENVOLL...
...
ZITTER
ZITTER
HM...
DU BIST MEIN ENGEL!!
SCHMATZ
SCHRECK!!
!!!
BAMM
AHHHHHH!!
SEUFZ
ECHT GEFÄHRLICH... DIESE SCHÖNHEIT ...
ZITTER
PFT
BRZ BRZ
PFT
SCHAUDER

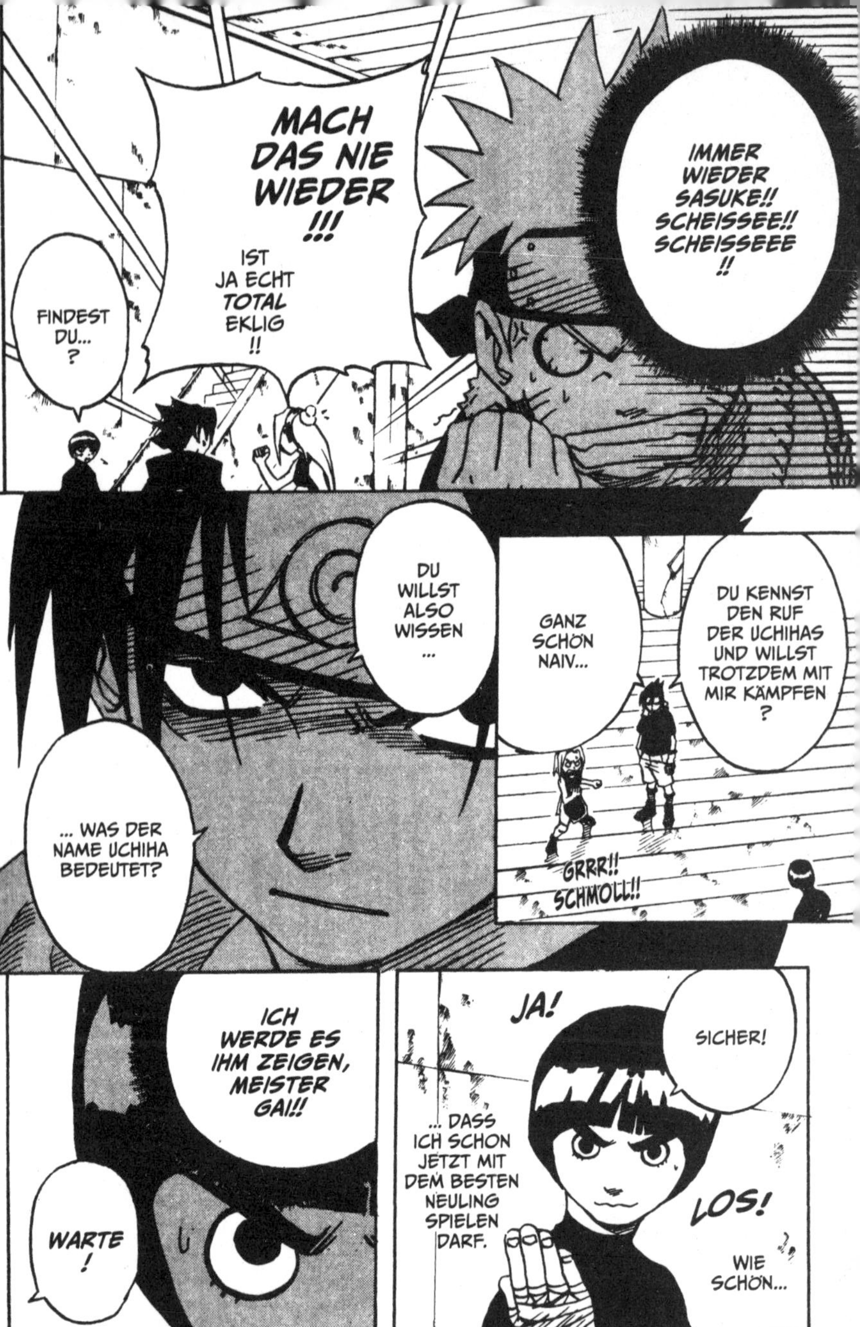
IMMER WIEDER SASUKE!! SCHEISSEE!! SCHEISSEEE !!
MACH DAS NIE WIEDER !!!
IST JA ECHT TOTAL EKLIG !!
FINDEST DU... ?
DU KENNST DEN RUF DER UCHIHAS UND WILLST TROTZDEM MIT MIR KÄMPFEN ?
GANZ SCHÖN NAIV...
GRRR!! SCHMOLL!!
DU WILLST ALSO WISSEN ...
... WAS DER NAME UCHIHA BEDEUTET?
SICHER!
JA!
... DASS ICH SCHON JETZT MIT DEM BESTEN NEULING SPIELEN DARF.
WIE SCHÖN...
LOS!
ICH WERDE ES IHM ZEIGEN, MEISTER GAI!!
WARTE !

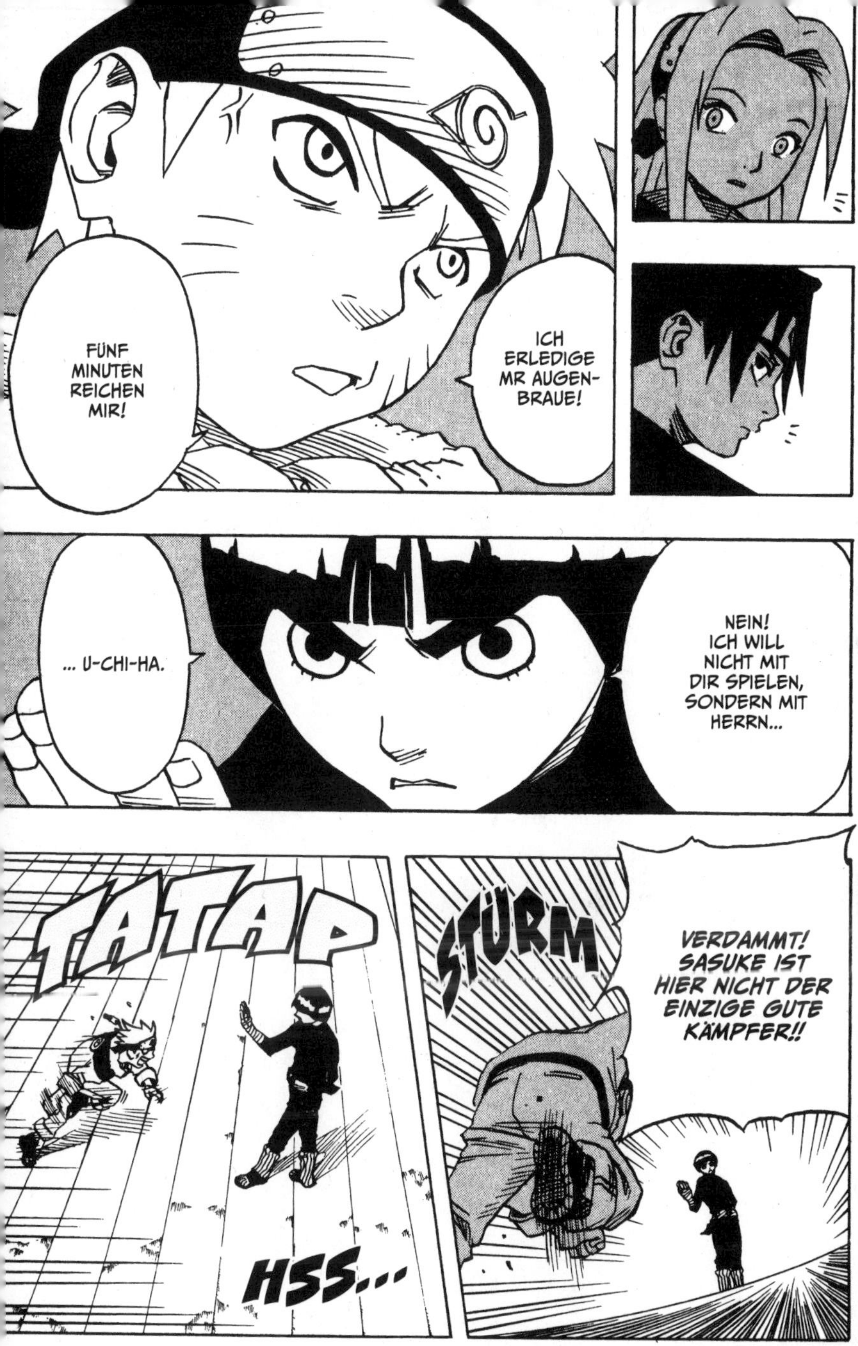

ICH ERLEDIGE MR AUGEN-BRAUE!
FÜNF MINUTEN REICHEN MIR!
NEIN! ICH WILL NICHT MIT DIR SPIELEN, SONDERN MIT HERRN...
... U-CHI-HA.
VERDAMMT! SASUKE IST HIER NICHT DER EINZIGE GUTE KÄMPFER!!
STÜRM
TATAP
HSS...

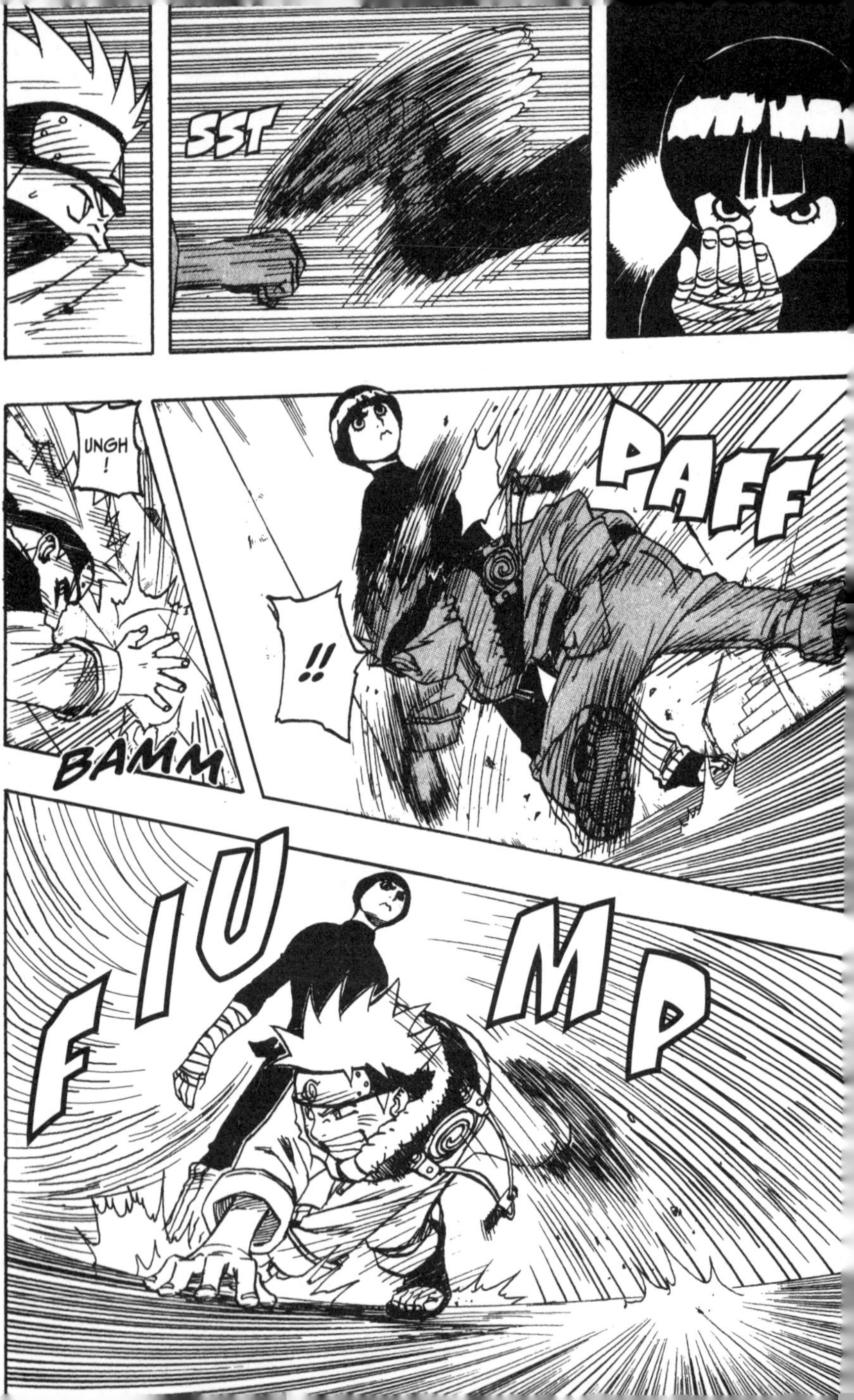
SST
UNGH
!
BAMM
PAFF
!!
FIU
MP

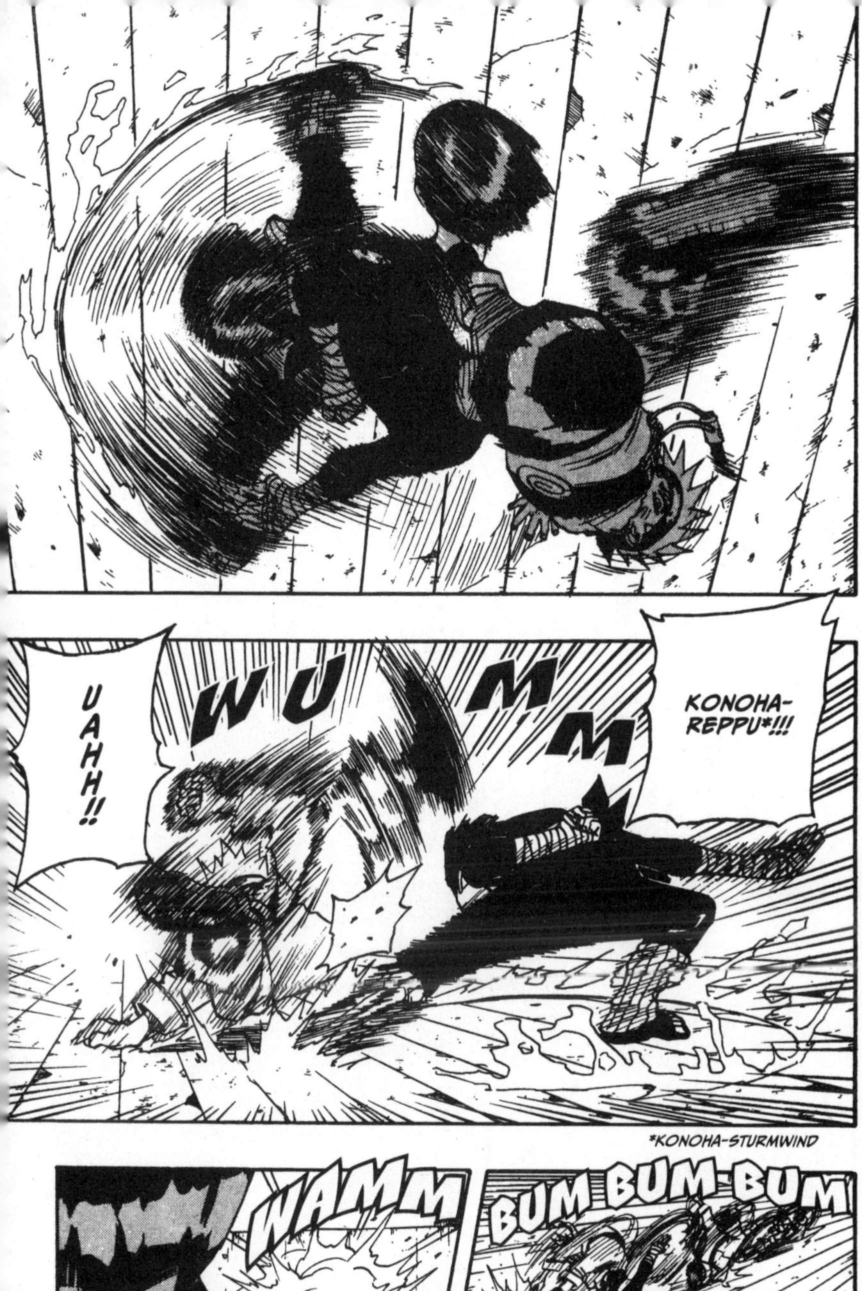

*KONOHA-STURMWIND

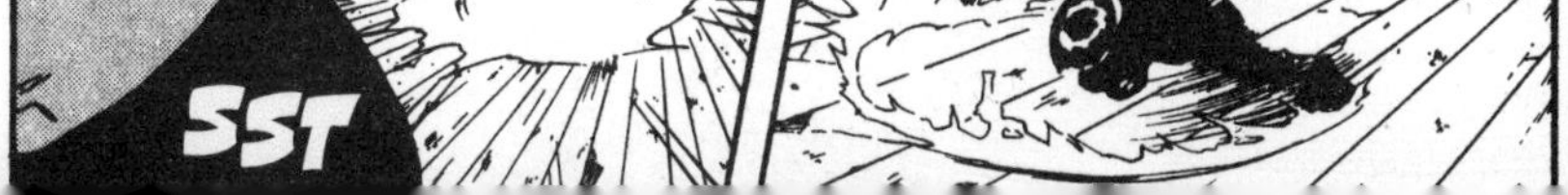

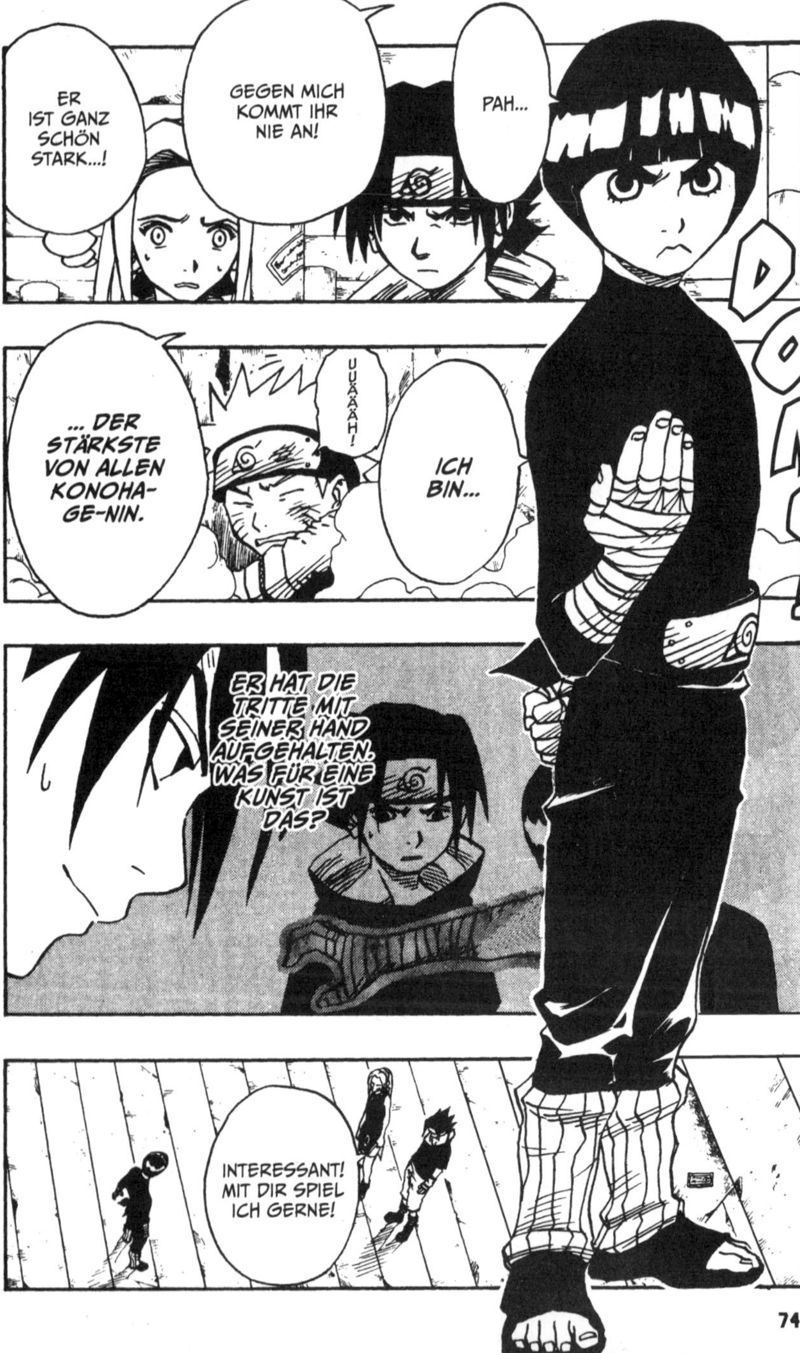
PAH...
GEGEN MICH KOMMT IHR NIE AN!
ER IST GANZ SCHÖN STARK...!
DOONG!
ICH BIN...
UUÄÄÄH!
... DER STÄRKSTE VON ALLEN KONOHA-GE-NIN.
ER HAT DIE TRITTE MIT SEINER HAND AUFGEHALTEN. WAS FÜR EINE KUNST IST DAS?
INTERESSANT! MIT DIR SPIEL ICH GERNE!

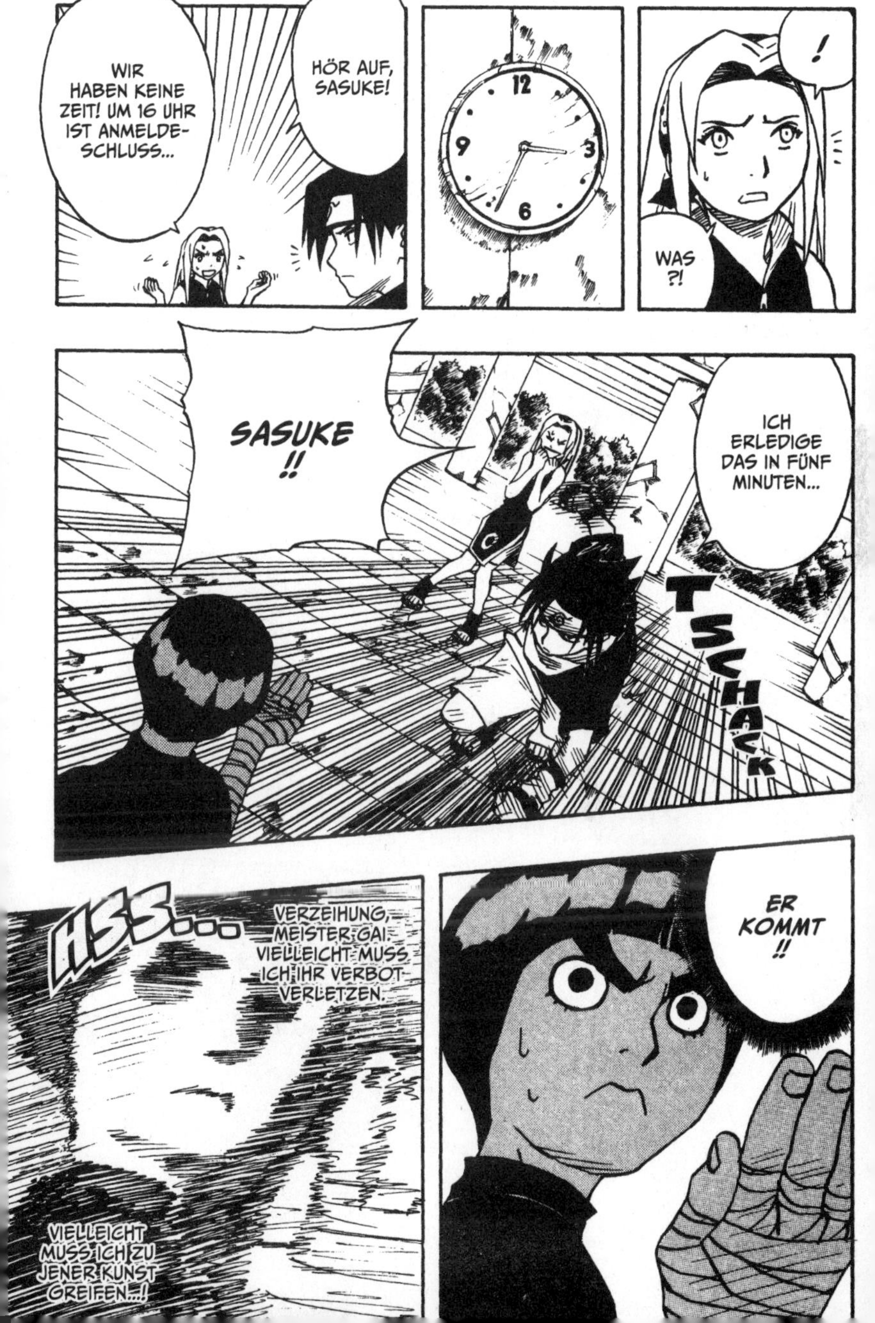

!
WAS ?!
HÖR AUF, SASUKE!
WIR HABEN KEINE ZEIT! UM 16 UHR IST ANMELDE-SCHLUSS...
ICH ERLEDIGE DAS IN FÜNF MINUTEN...
TSCHACK
SASUKE !!
ER KOMMT !!
VERZEIHUNG, MEISTER GAI. VIELLEICHT MUSS ICH IHR VERBOT VERLETZEN.
HSS...
VIELLEICHT MUSS ICH ZU JENER KUNST GREIFEN...!

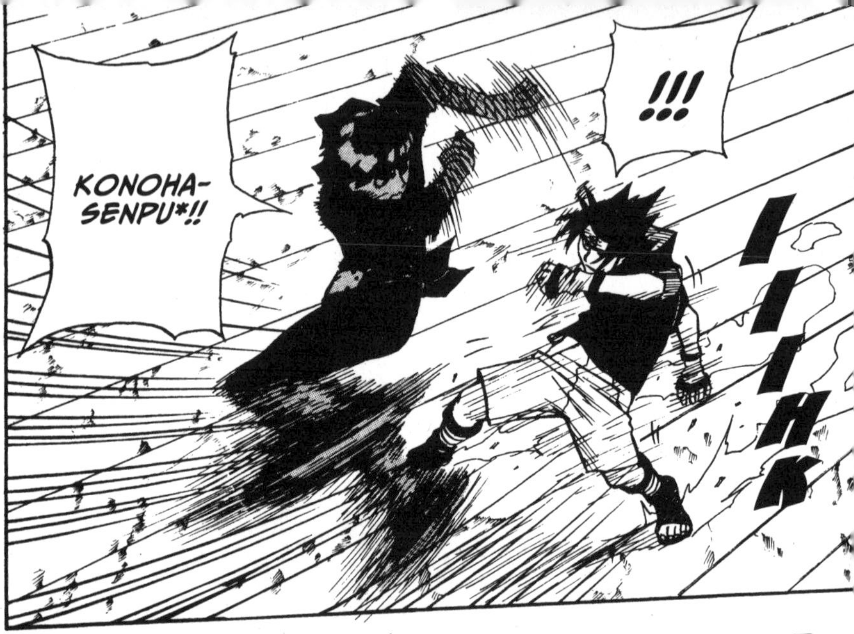

*KONOHA-WIRBELWIND

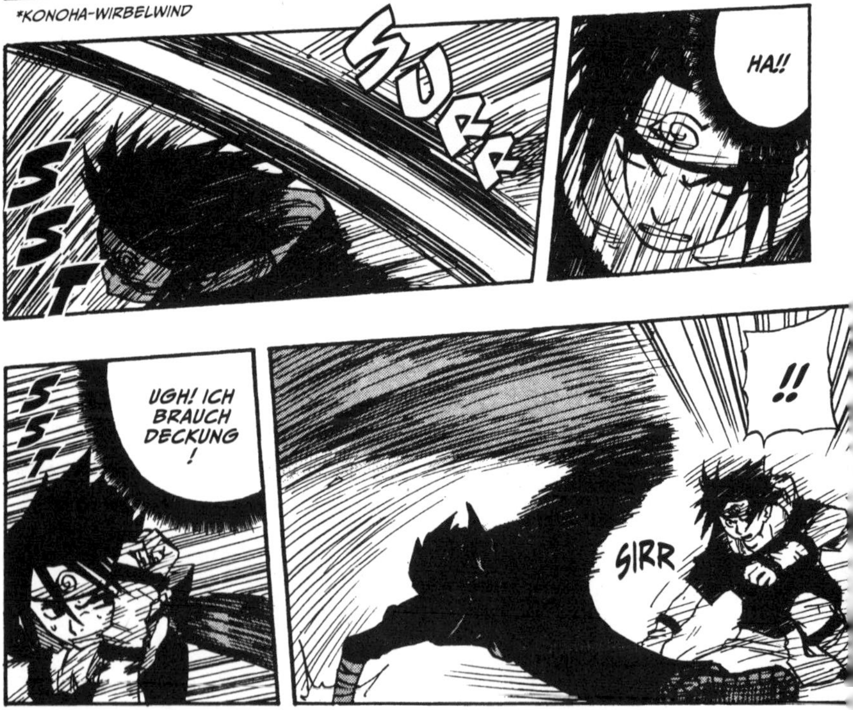

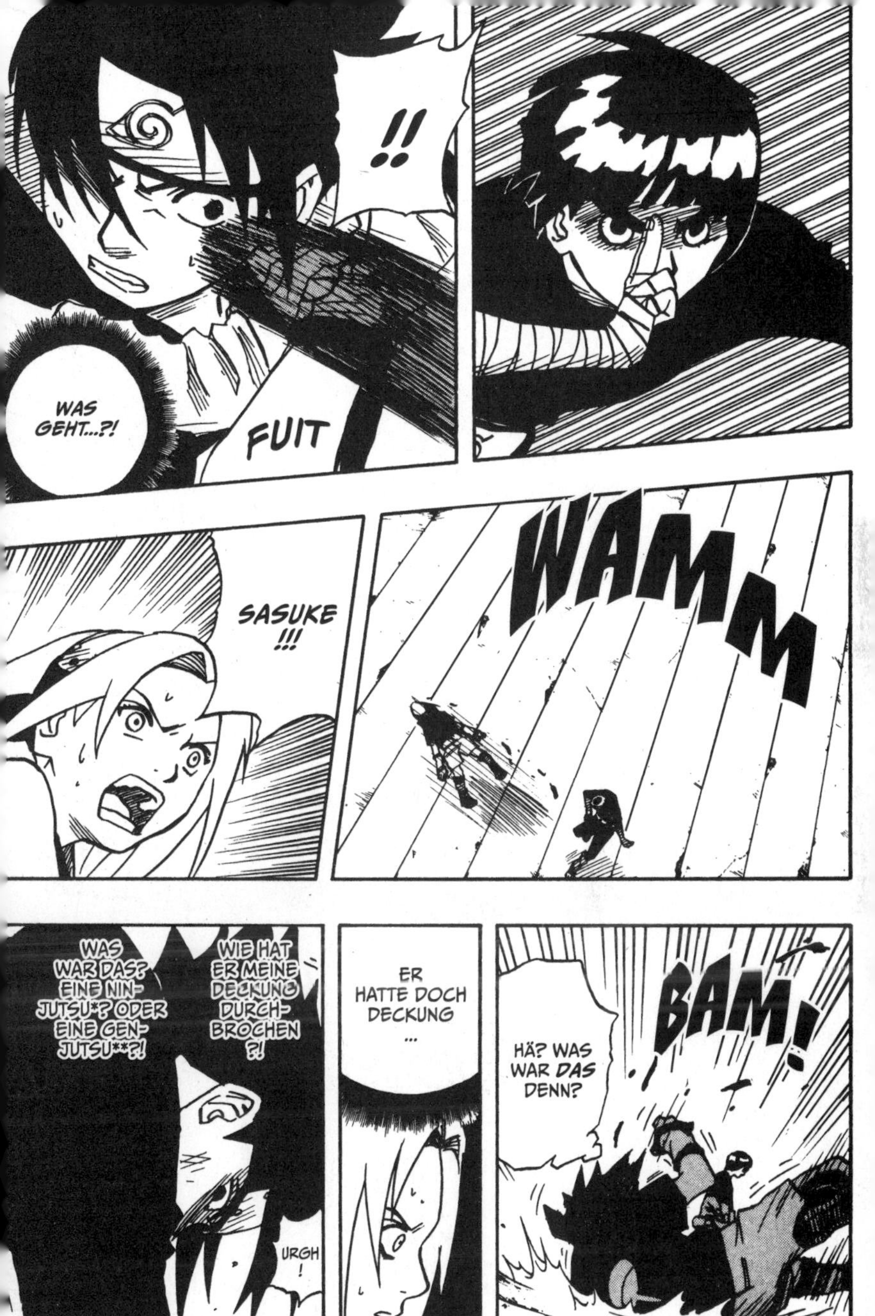

* VERSTECKKUNST
** ILLUSIONSKUNST

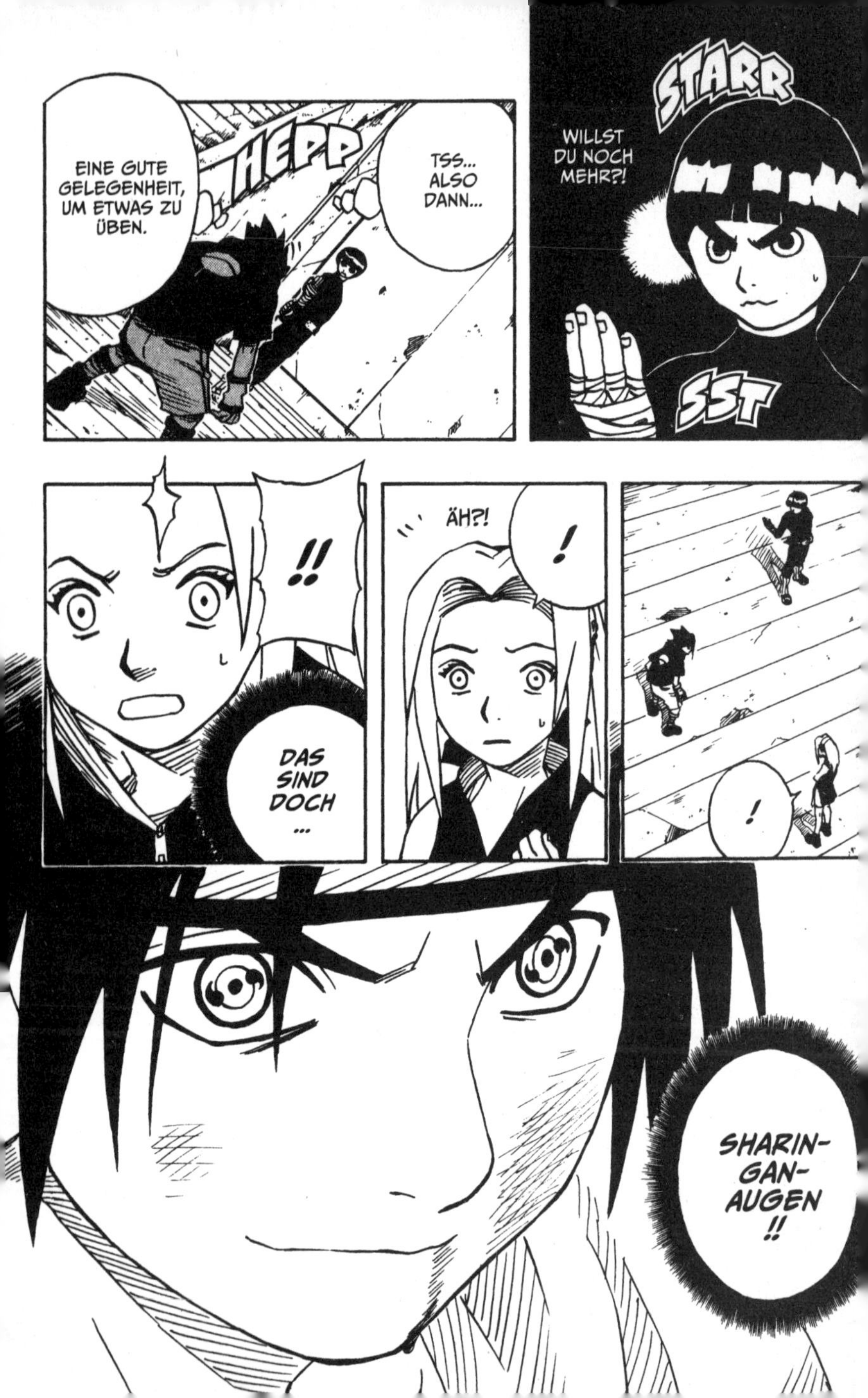
STARR
WILLST DU NOCH MEHR?!
SST
TSS... ALSO DANN...
HEPP
EINE GUTE GELEGENHEIT, UM ETWAS ZU ÜBEN.
!
!
ÄH?!
!
!!
DAS SIND DOCH ...
SHARIN-GAN-AUGEN !!

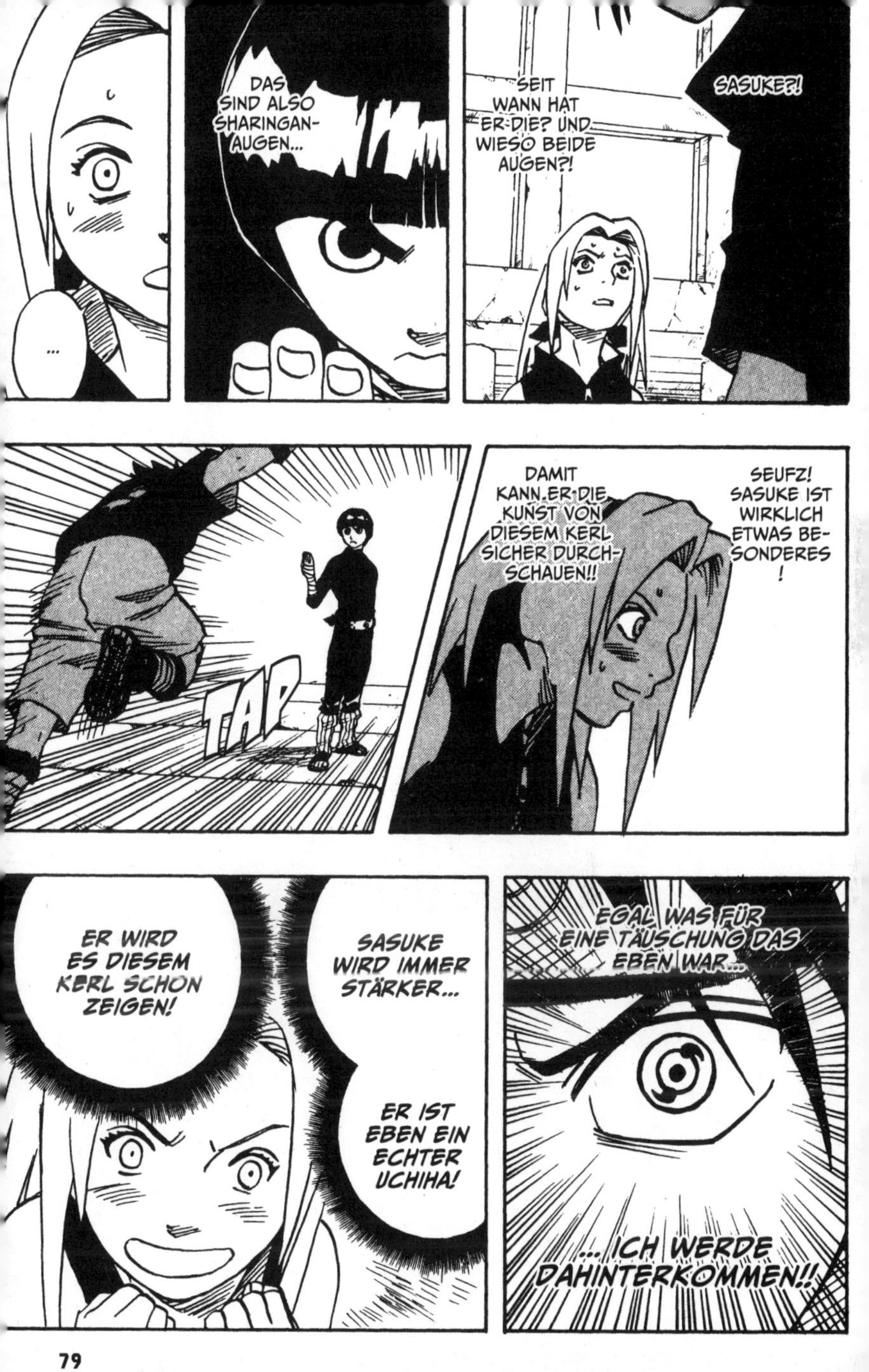
SASUKE?!
SEIT WANN HAT ER DIE? UND WIESO BEIDE AUGEN?!
DAS SIND ALSO SHARINGAN-AUGEN...
...
SEUFZ! SASUKE IST WIRKLICH ETWAS BESONDERES!
DAMIT KANN ER DIE KUNST VON DIESEM KERL SICHER DURCHSCHAUEN!!
TAP
EGAL WAS FÜR EINE TÄUSCHUNG DAS EBEN WAR...
... ICH WERDE DAHINTERKOMMEN!!
SASUKE WIRD IMMER STÄRKER...
ER IST EBEN EIN ECHTER UCHIHA!
ER WIRD ES DIESEM KERL SCHON ZEIGEN!

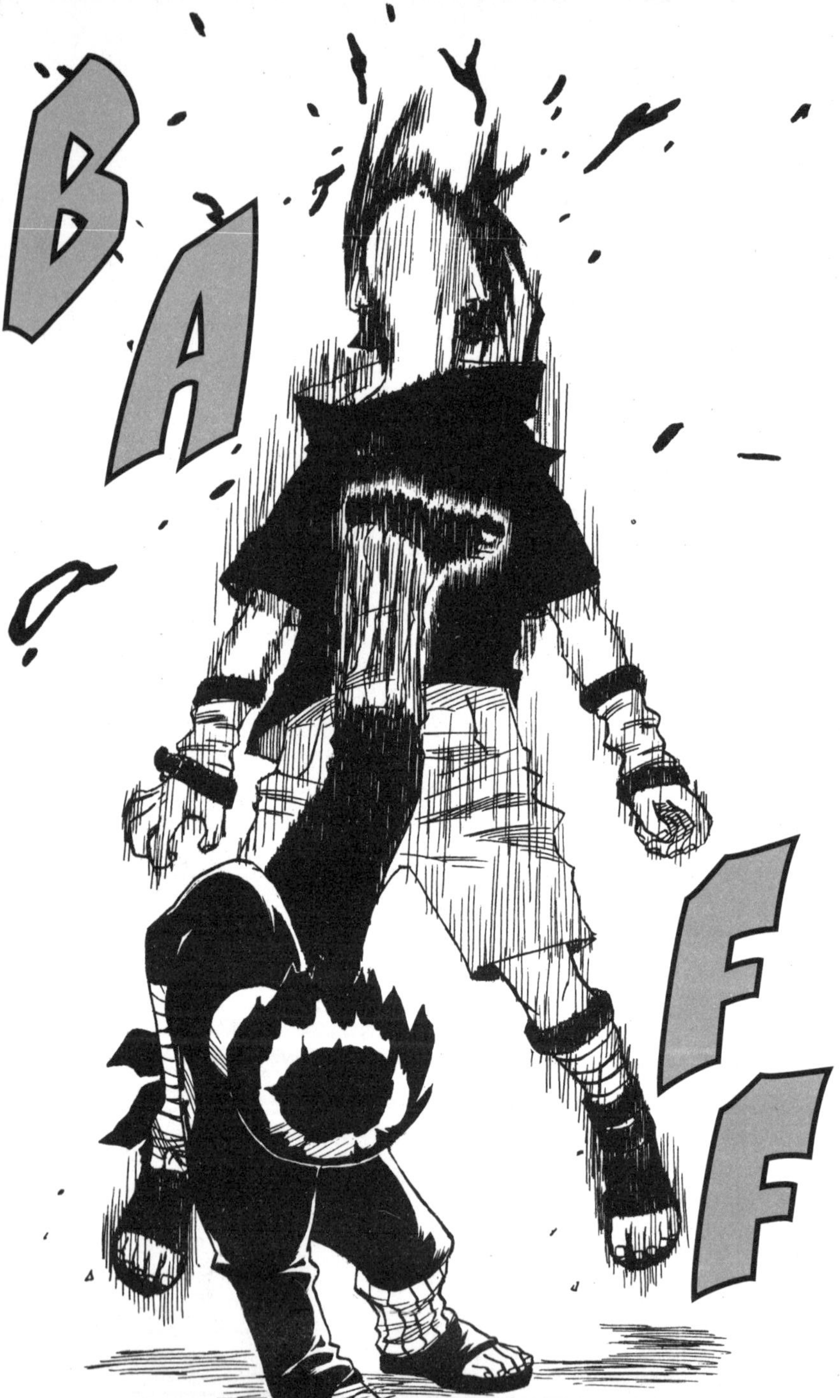
BA
FF

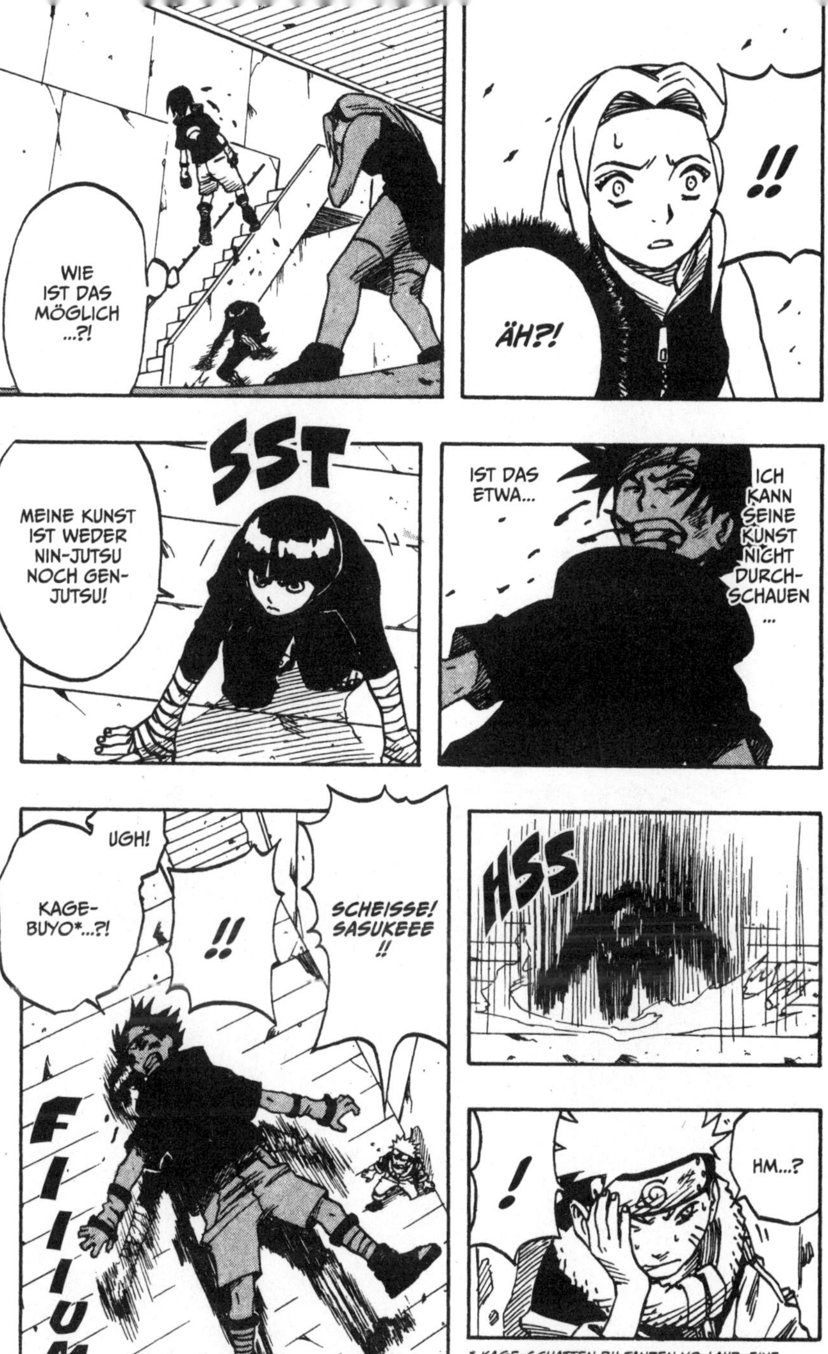

* KAGE=SCHATTEN BU=TANZEN YO=LAUB. EINE TAI-JUTSU (KÖRPERKUNST) DER KONOHA-SCHULE. MAN FOLGT DEM GEGNER IN DESSEN SCHATTEN WIE TANZENDES LAUB.

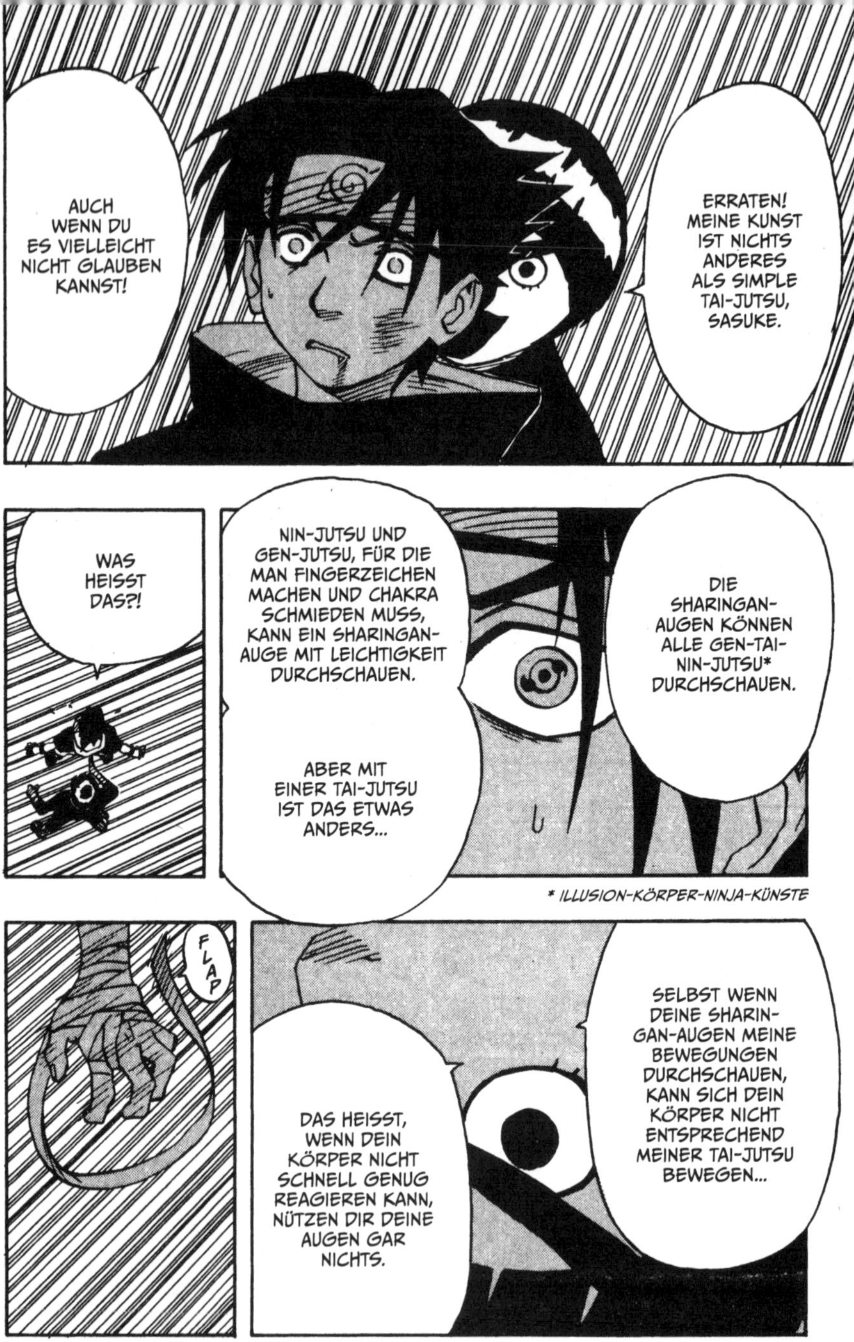

* ILLUSION-KÖRPER-NINJA-KÜNSTE

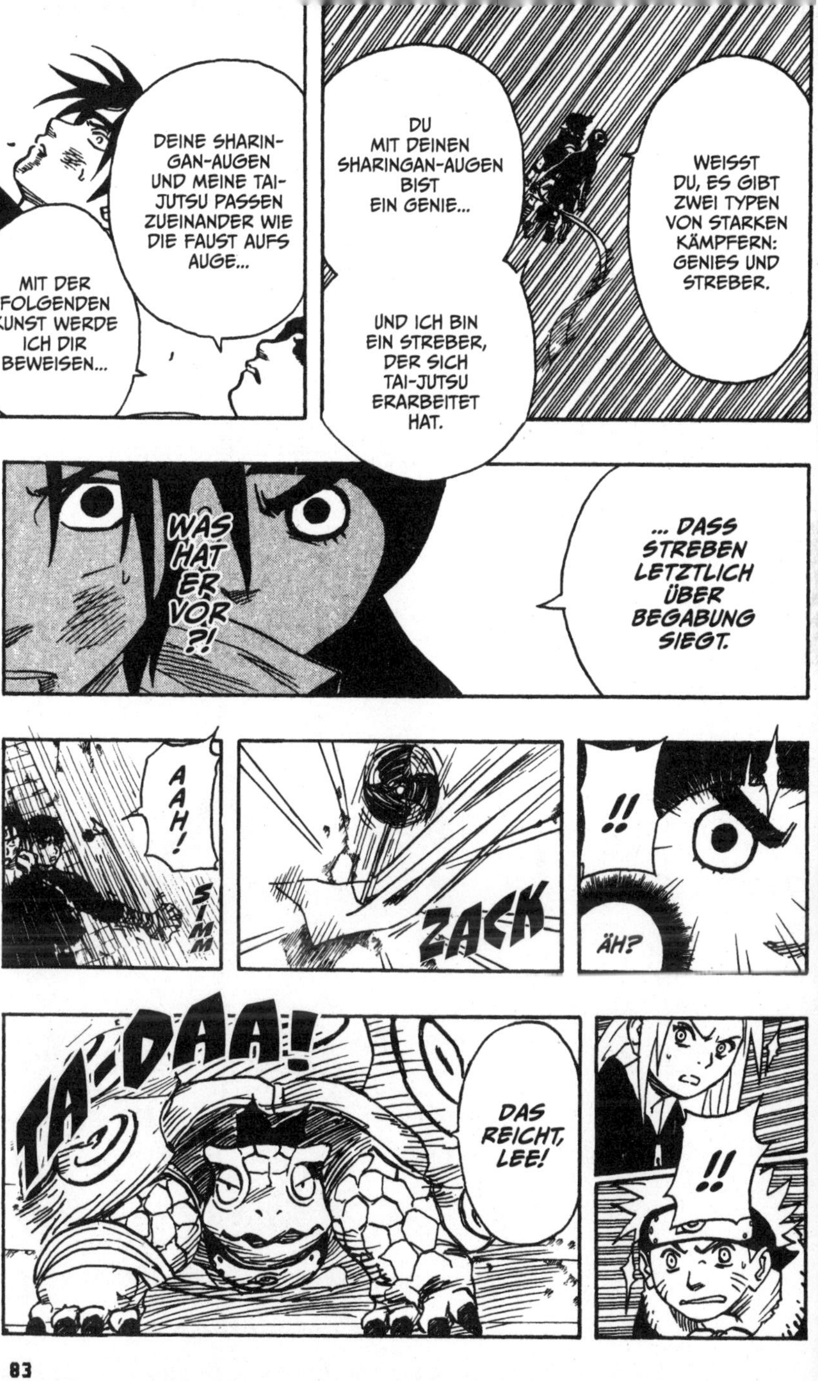
WEISST DU, ES GIBT ZWEI TYPEN VON STARKEN KÄMPFERN: GENIES UND STREBER.
DU MIT DEINEN SHARINGAN-AUGEN BIST EIN GENIE...
UND ICH BIN EIN STREBER, DER SICH TAI-JUTSU ERARBEITET HAT.
DEINE SHARINGAN-AUGEN UND MEINE TAI-JUTSU PASSEN ZUEINANDER WIE DIE FAUST AUFS AUGE...
MIT DER FOLGENDEN KUNST WERDE ICH DIR BEWEISEN...
... DASS STREBEN LETZTLICH ÜBER BEGABUNG SIEGT.
WAS HAT ER VOR?!
!!
ÄH?
ZACK
AAH!
SIMM
!!
DAS REICHT, LEE!
TA-DAA!

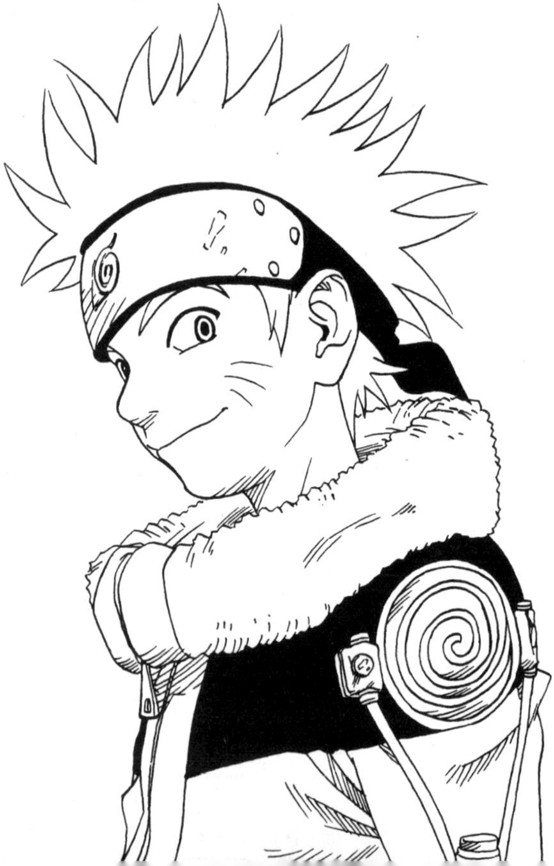

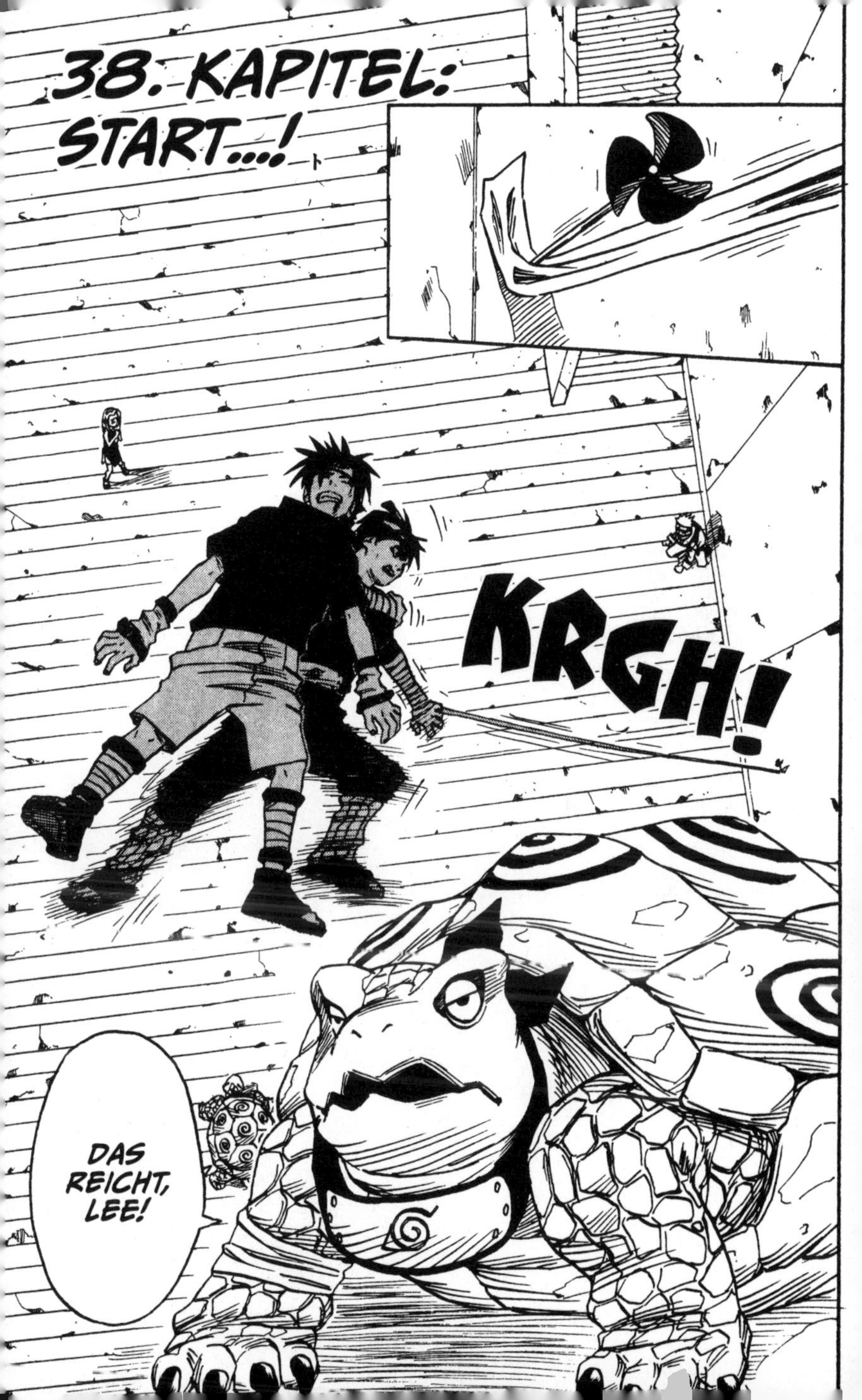
38. Kapitel: Start...!
KRGH!
DAS REICHT, LEE!

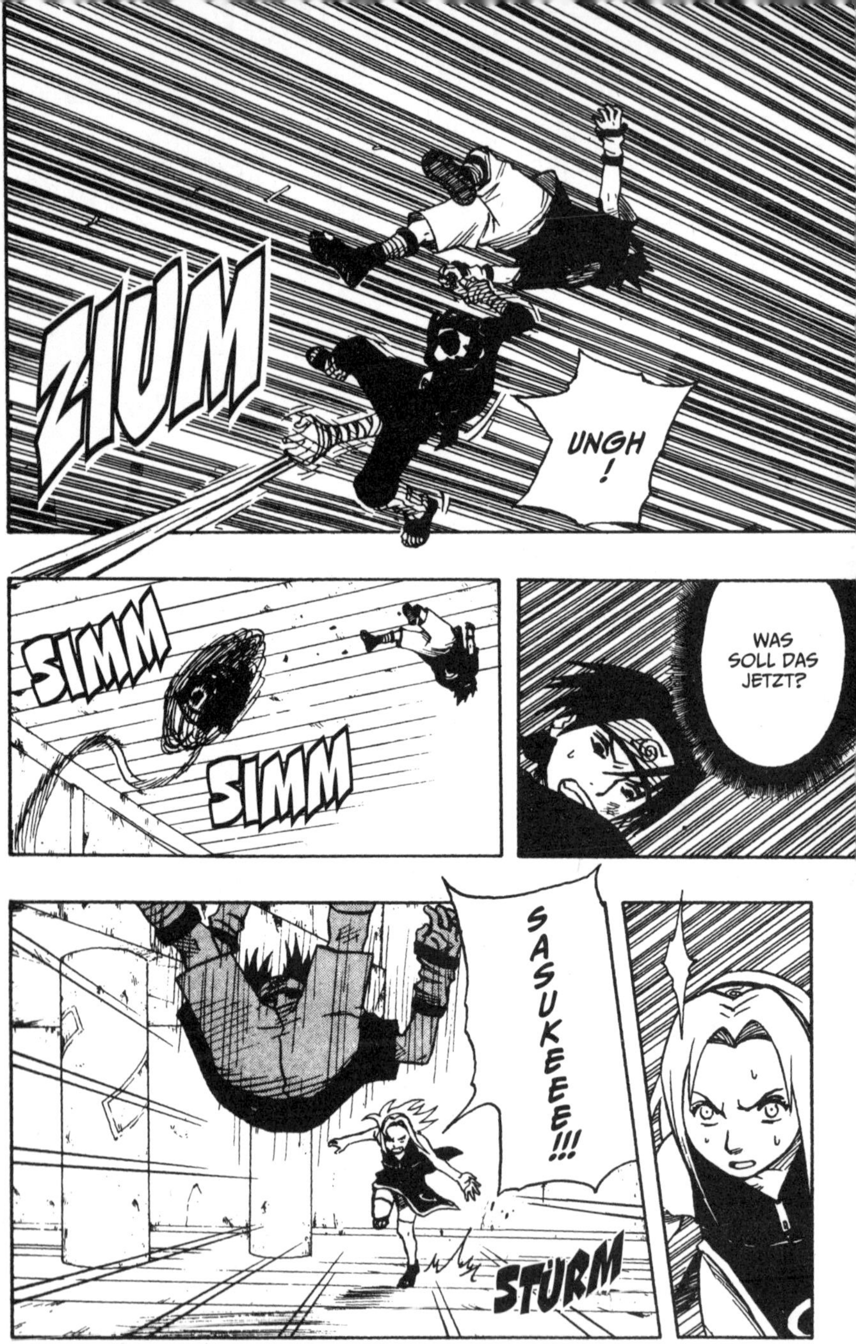
ZIUM
UNGH!
WAS SOLL DAS JETZT?
SIMM
SIMM
SASUKEEE!!!
STÜRM

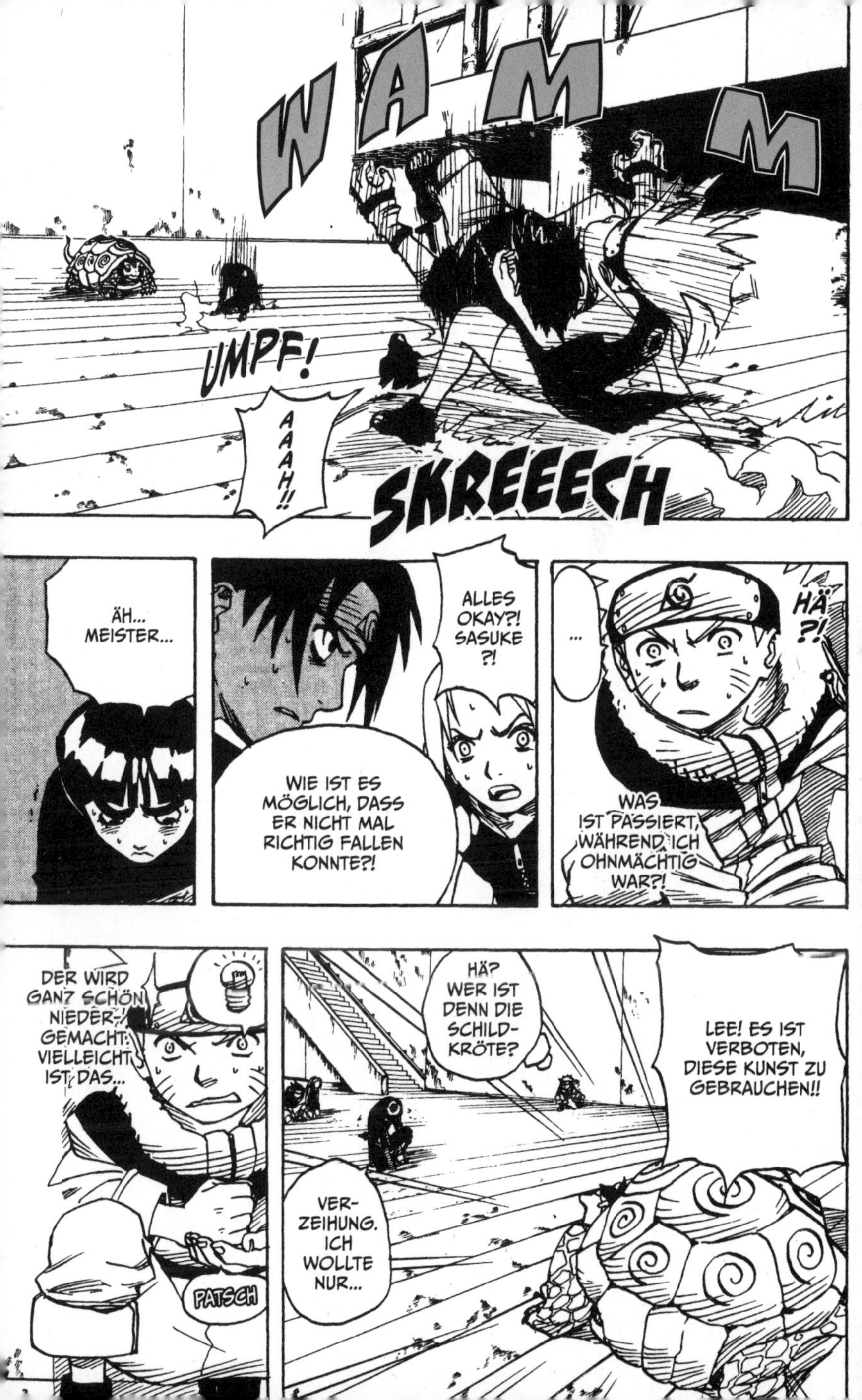
WAMM
UMPF!
AAAAH!!
SKREEECH
HÄ?!
...
WAS IST PASSIERT, WÄHREND ICH OHNMÄCHTIG WAR?!
ALLES OKAY?! SASUKE?!
WIE IST ES MÖGLICH, DASS ER NICHT MAL RICHTIG FALLEN KONNTE?!
ÄH... MEISTER...
LEE! ES IST VERBOTEN, DIESE KUNST ZU GEBRAUCHEN!!
VERZEIHUNG. ICH WOLLTE NUR...
HÄ? WER IST DENN DIE SCHILDKRÖTE?
DER WIRD GANZ SCHÖN NIEDERGEMACHT. VIELLEICHT IST DAS...
PATSCH

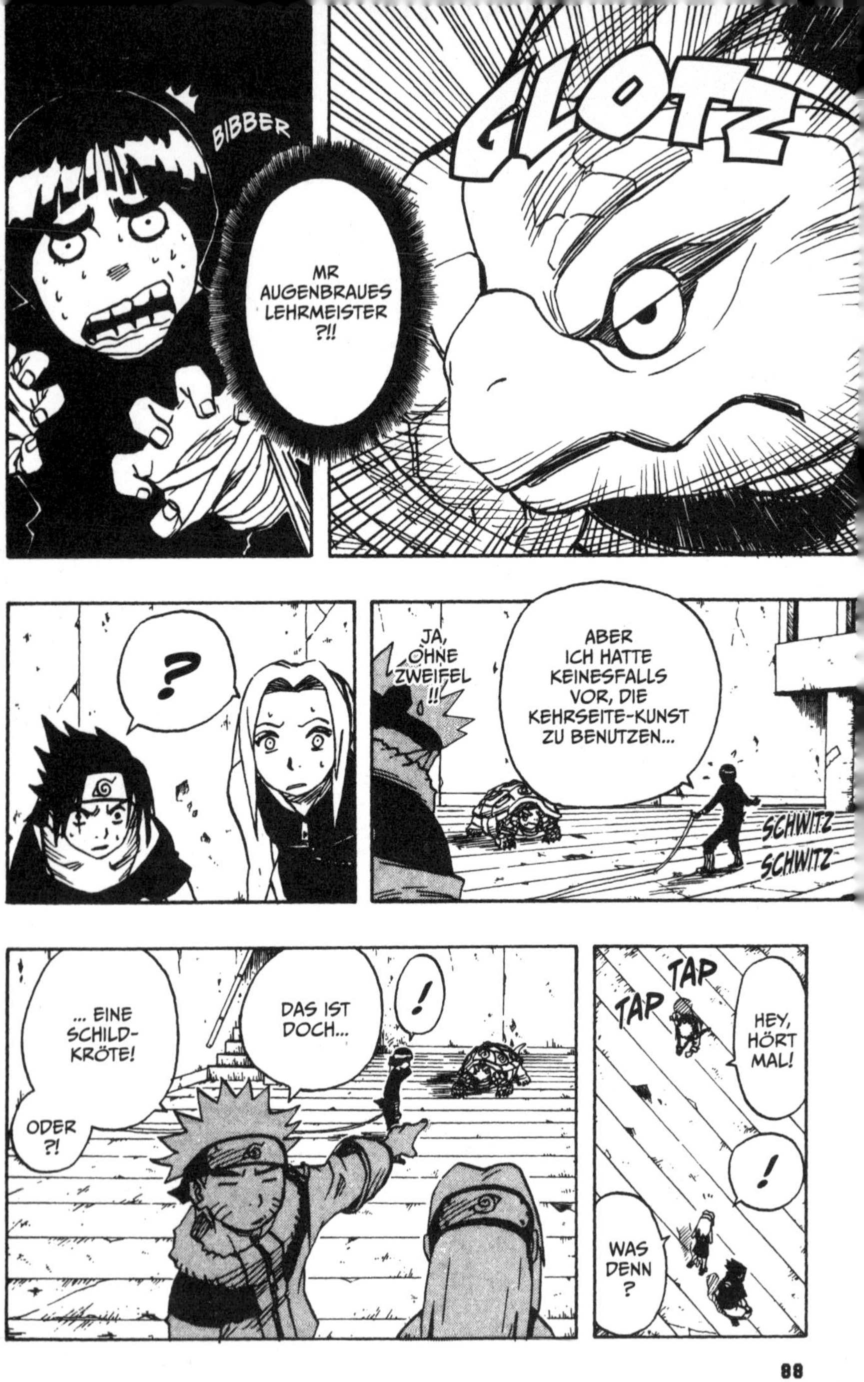
GLOTZ
BIBBER
MR AUGENBRAUES LEHRMEISTER ?!!
JA, OHNE ZWEIFEL !!
ABER ICH HATTE KEINESFALLS VOR, DIE KEHRSEITE-KUNST ZU BENUTZEN...
SCHWITZ SCHWITZ
?
TAP TAP
HEY, HÖRT MAL!
!
WAS DENN ?
!
DAS IST DOCH...
... EINE SCHILD-KRÖTE!
ODER ?!

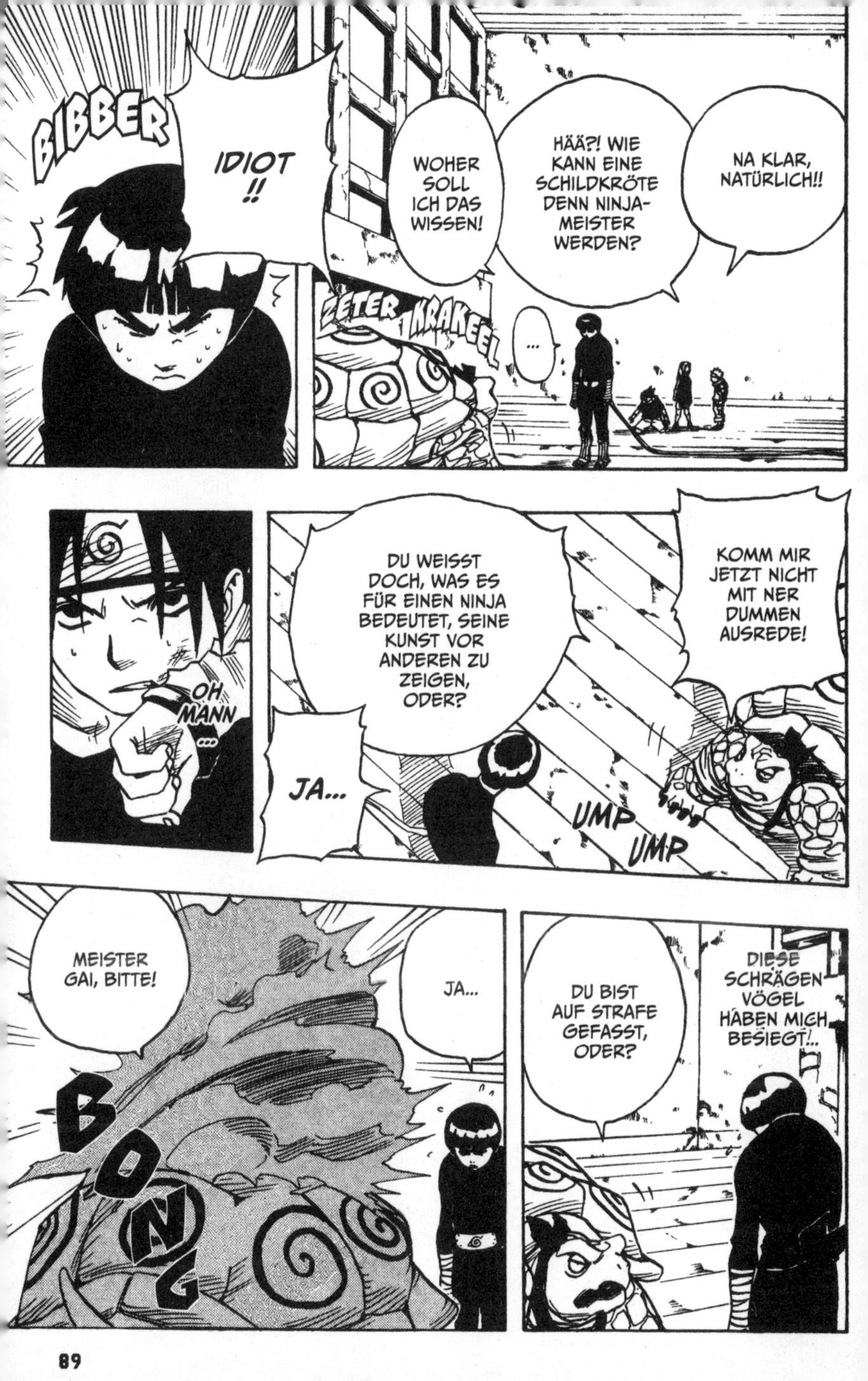
NA KLAR, NATÜRLICH!!
HÄÄ?! WIE KANN EINE SCHILDKRÖTE DENN NINJA-MEISTER WERDEN?
WOHER SOLL ICH DAS WISSEN!
ZETER
KRAKEEL
...
BIBBER
IDIOT !!
KOMM MIR JETZT NICHT MIT NER DUMMEN AUSREDE!
DU WEISST DOCH, WAS ES FÜR EINEN NINJA BEDEUTET, SEINE KUNST VOR ANDEREN ZU ZEIGEN, ODER?
JA...
UMP
UMP
OH MANN ...
DIESE SCHRÄGEN VÖGEL HABEN MICH BESIEGT!...
DU BIST AUF STRAFE GEFASST, ODER?
JA...
MEISTER GAI, BITTE!
BONG

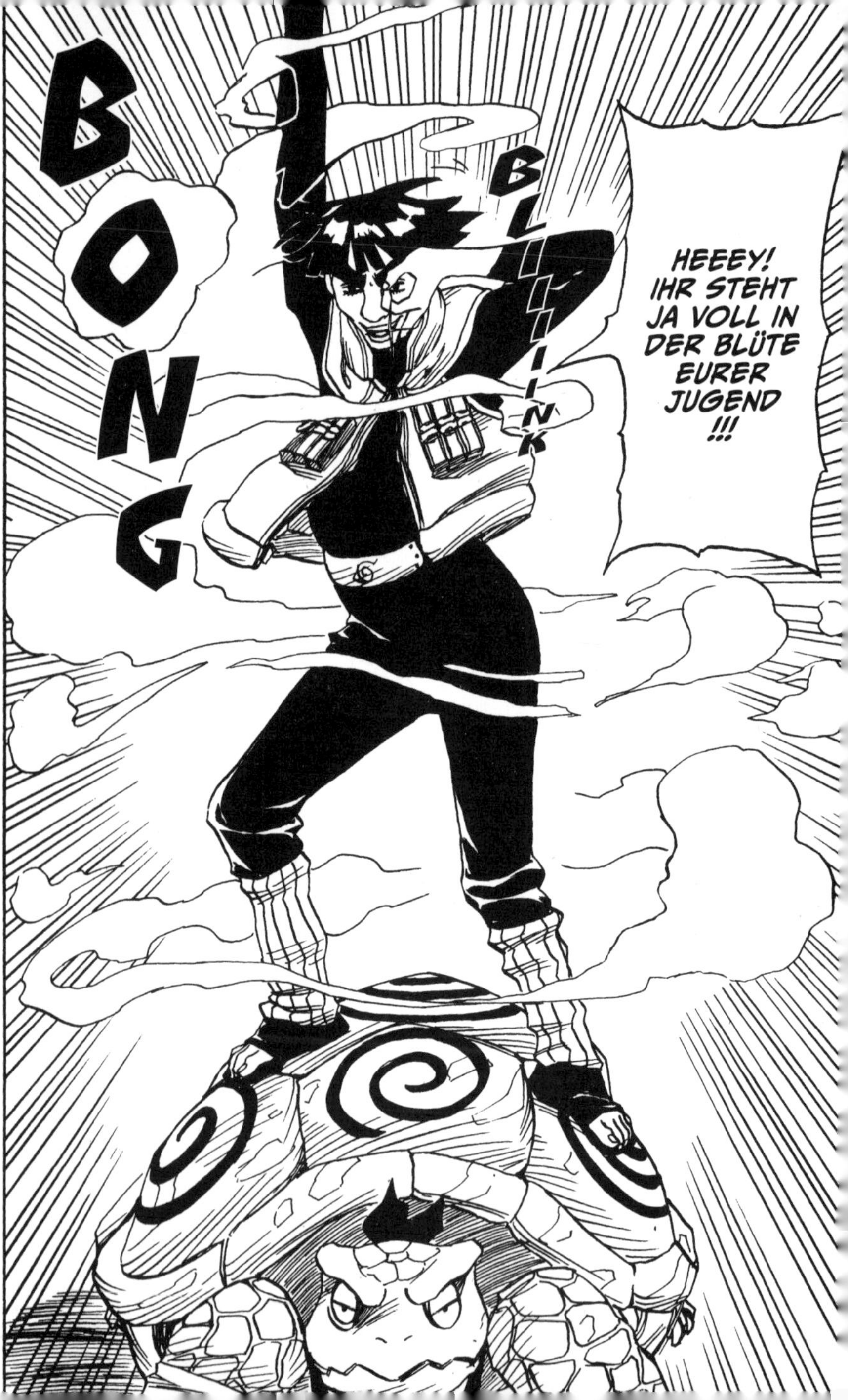
BONG
BLIIIIINK
HEEEY!
IHR STEHT
JA VOLL IN
DER BLÜTE
EURER
JUGEND
!!!

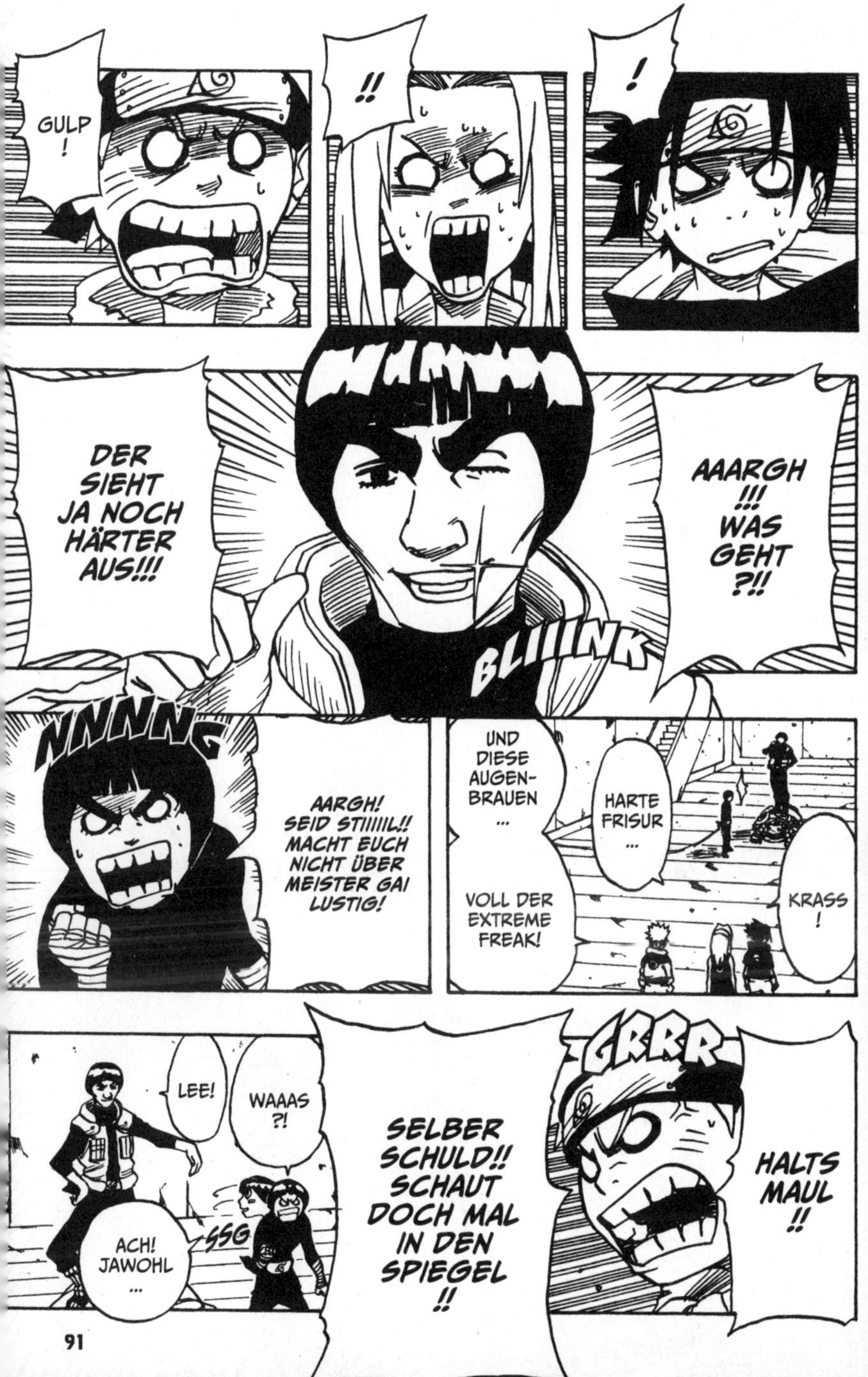
!
!!
GULP !
AAARGH !!! WAS GEHT ?!!
DER SIEHT JA NOCH HÄRTER AUS!!!
BLIIIINK
KRASS !
HARTE FRISUR ...
UND DIESE AUGEN-BRAUEN ...
VOLL DER EXTREME FREAK!
NINNNG
AARGH! SEID STIIIIIL!! MACHT EUCH NICHT ÜBER MEISTER GAI LUSTIG!
GRRR
HALTS MAUL !!
SELBER SCHULD!! SCHAUT DOCH MAL IN DEN SPIEGEL !!
WAAAS ?!
LEE!
ACH! JAWOHL ...
SSG

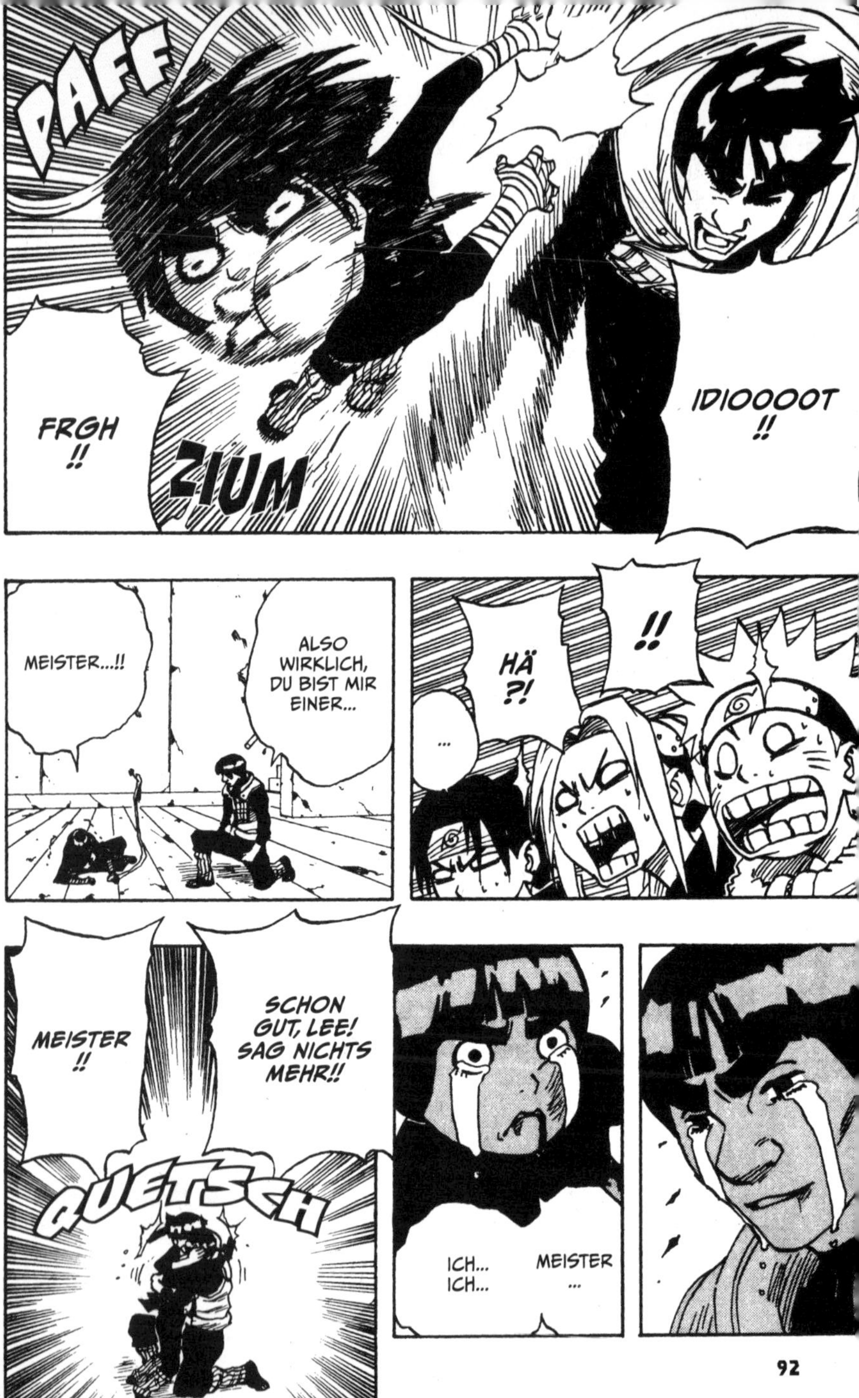
PAFF
IDIOOOOT!!
FRGH!!
ZIUM
!!
HÄ?!
...
ALSO WIRKLICH, DU BIST MIR EINER...
MEISTER...!!
MEISTER ...
ICH... ICH...
SCHON GUT, LEE! SAG NICHTS MEHR!!
MEISTER!!
QUETSCH

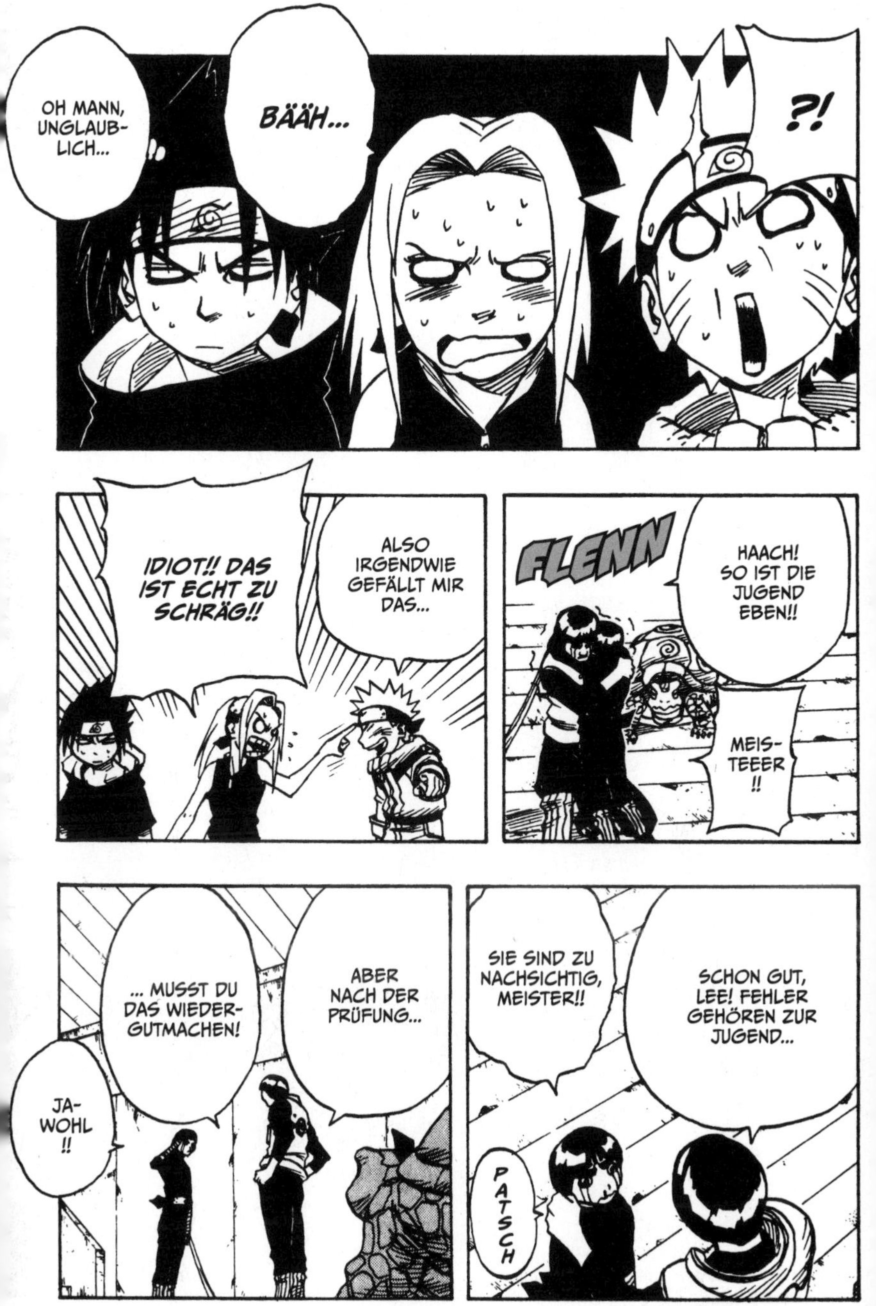
?!
BÄÄH...
OH MANN, UNGLAUB-LICH...
HAACH! SO IST DIE JUGEND EBEN!!
FLENN
MEIS-TEEER !!
ALSO IRGENDWIE GEFÄLLT MIR DAS...
IDIOT!! DAS IST ECHT ZU SCHRÄG!!
SCHON GUT, LEE! FEHLER GEHÖREN ZUR JUGEND...
SIE SIND ZU NACHSICHTIG, MEISTER!!
PATSCH
ABER NACH DER PRÜFUNG...
... MUSST DU DAS WIEDER-GUTMACHEN!
JA-WOHL !!

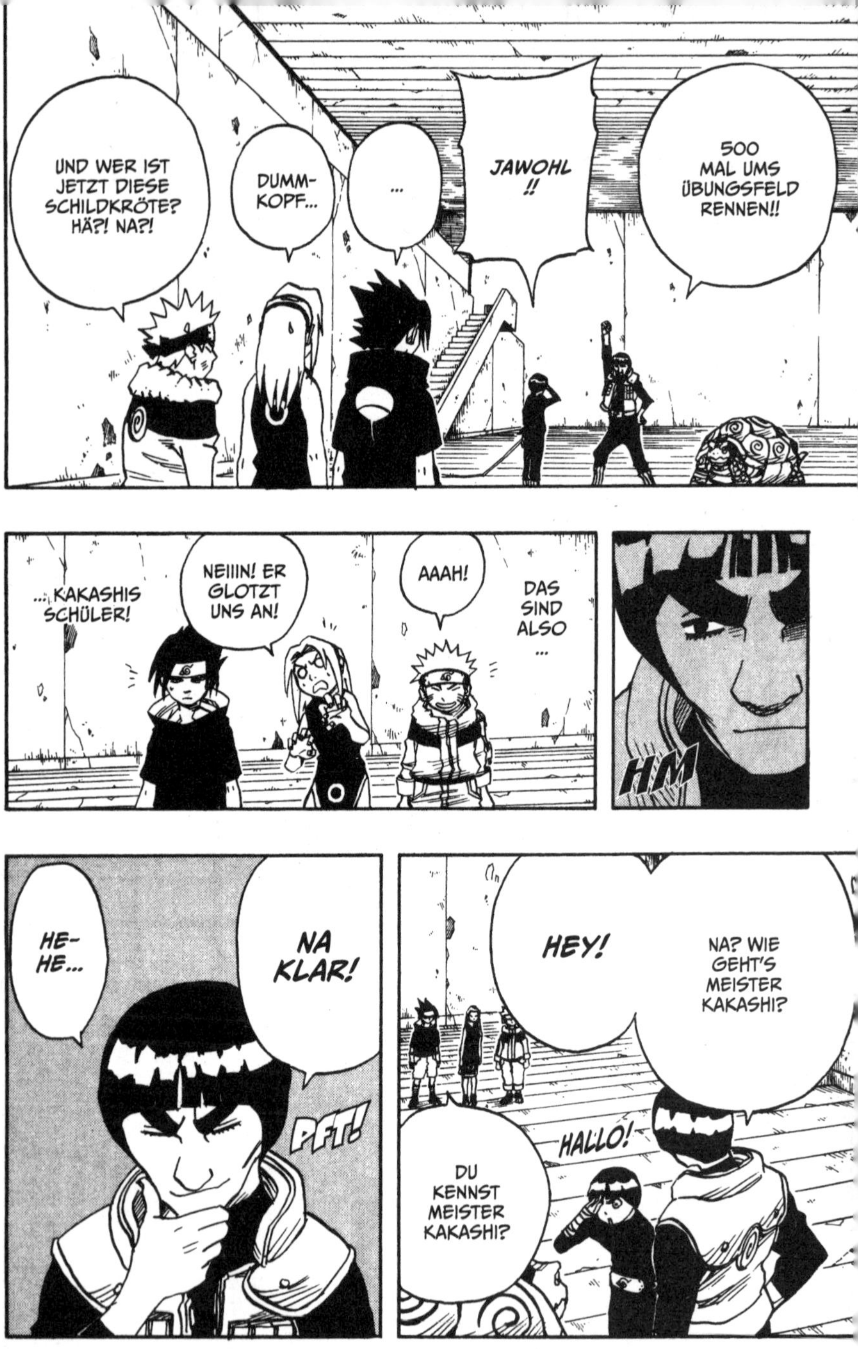
500 MAL UMS ÜBUNGSFELD RENNEN!!
JAWOHL !!
...
DUMM-KOPF...
UND WER IST JETZT DIESE SCHILDKRÖTE? HÄ?! NA?!
HM
DAS SIND ALSO ...
AAAH!
NEIIIN! ER GLOTZT UNS AN!
... KAKASHIS SCHÜLER!
NA? WIE GEHT'S MEISTER KAKASHI?
HEY!
HALLO!
DU KENNST MEISTER KAKASHI?
NA KLAR!
PFT!
HE-HE...

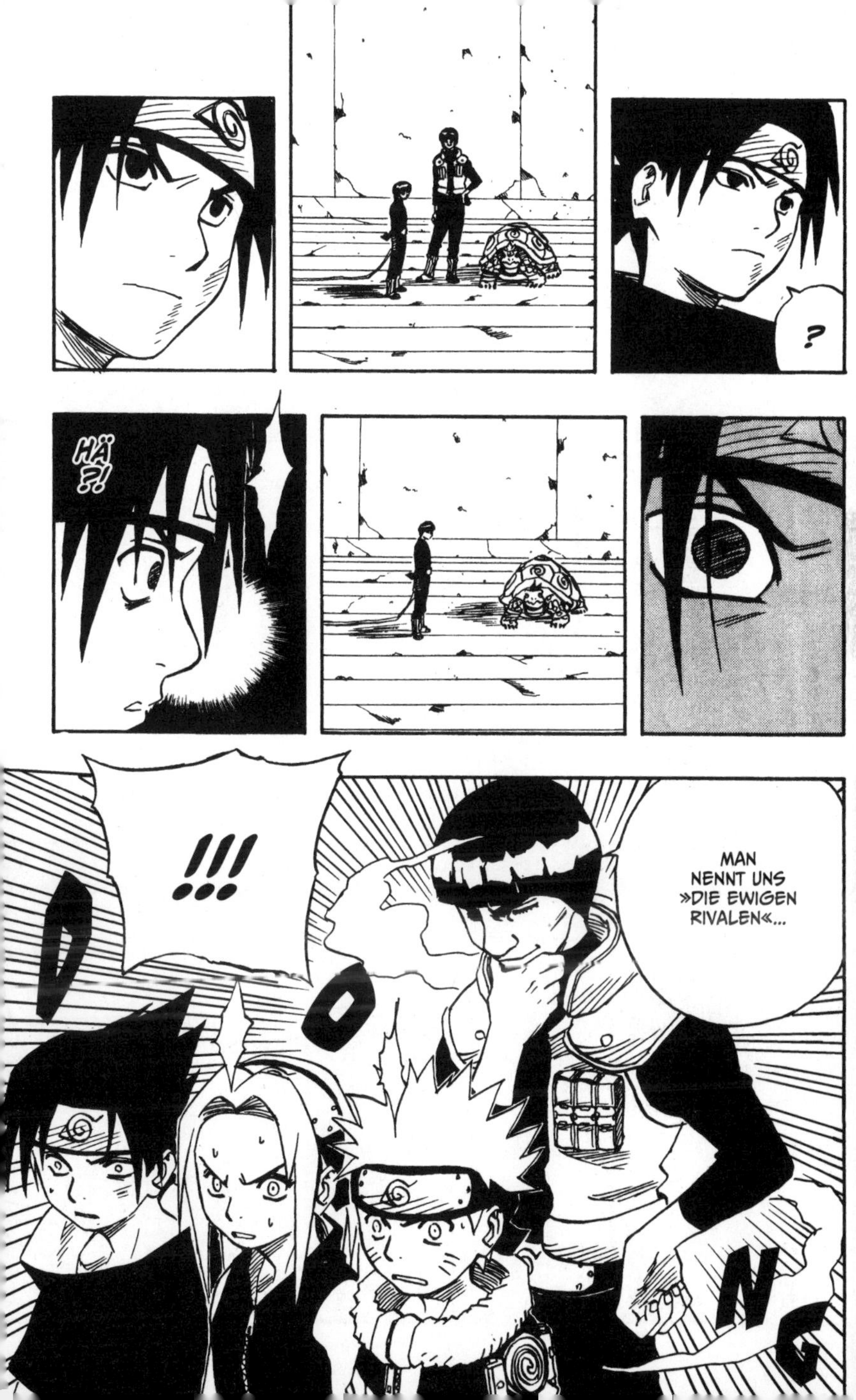
?
HÄ ?!
MAN NENNT UNS »DIE EWIGEN RIVALEN«...
!!!
DONG

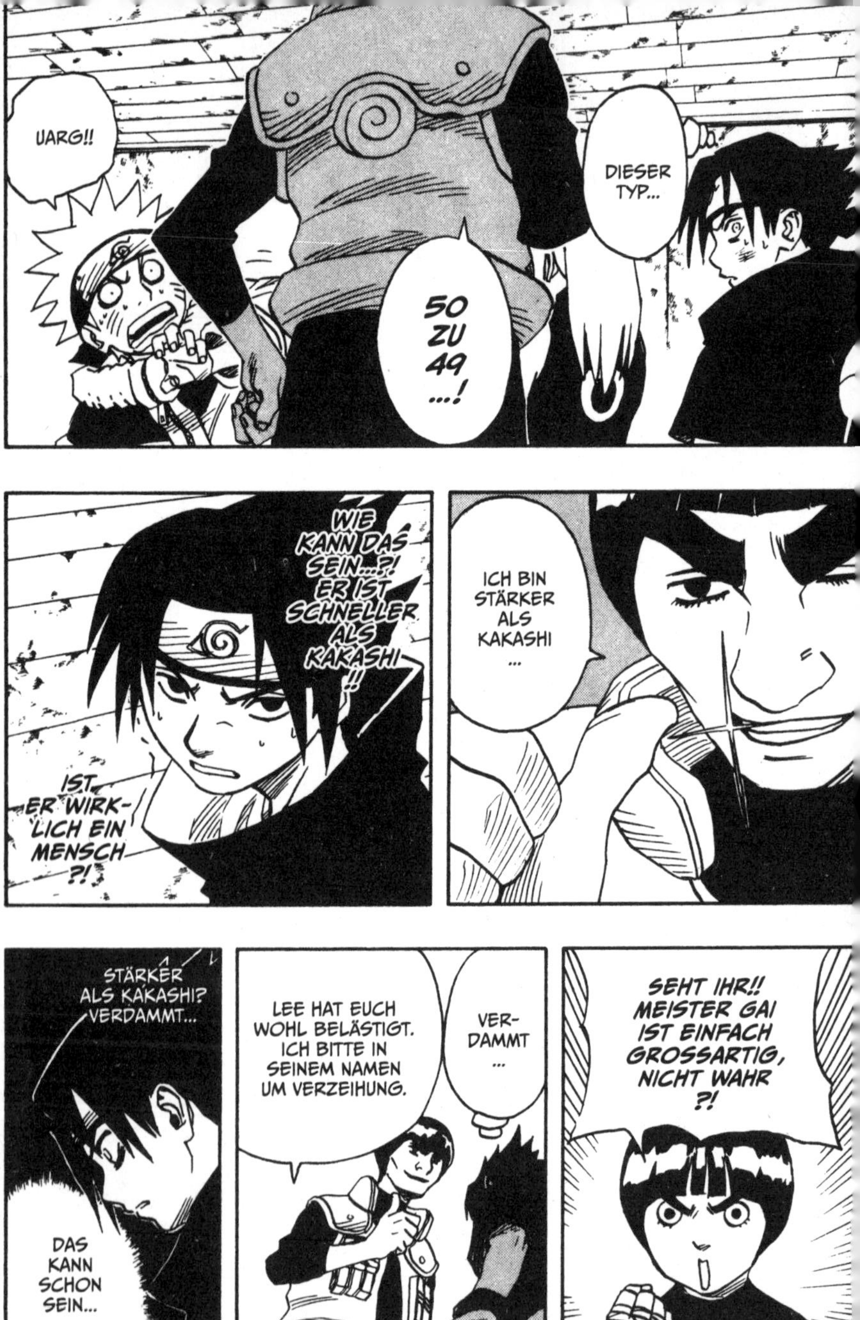

DIESER TYP...
50 ZU 49 ...!
UARG!!
WIE KANN DAS SEIN...?! ER IST SCHNELLER ALS KAKASHI!!
IST ER WIRK-LICH EIN MENSCH?!
ICH BIN STÄRKER ALS KAKASHI ...
SEHT IHR!! MEISTER GAI IST EINFACH GROSSARTIG, NICHT WAHR?!
VER-DAMMT ...
LEE HAT EUCH WOHL BELÄSTIGT. ICH BITTE IN SEINEM NAMEN UM VERZEIHUNG.
STÄRKER ALS KAKASHI? VERDAMMT...
DAS KANN SCHON SEIN...

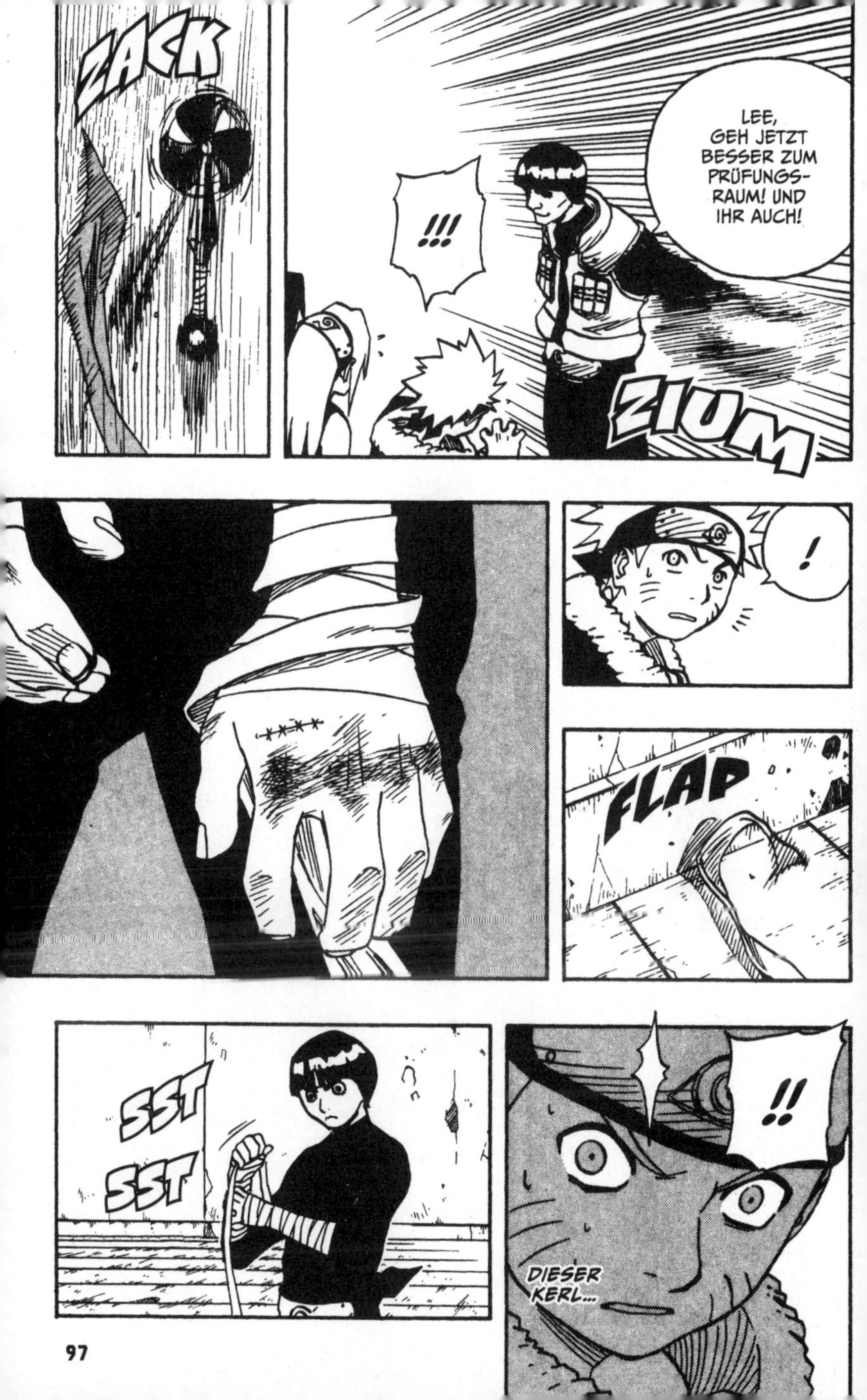
LEE, GEH JETZT BESSER ZUM PRÜFUNGS-RAUM! UND IHR AUCH!
!!!
ZIUM
ZACK
!
FLAP
!!
DIESER KERL...
SST
SST

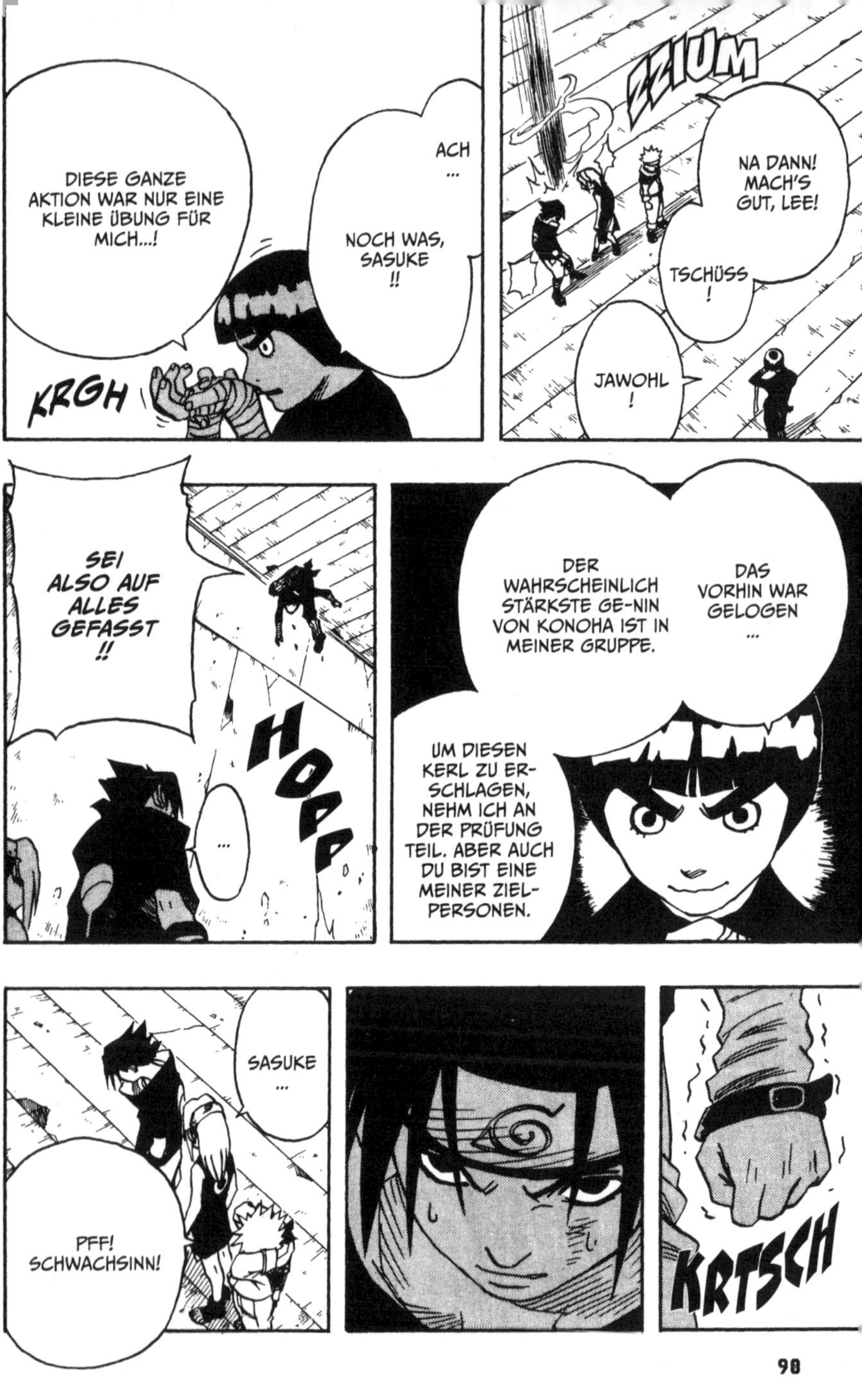
ZZIUM
NA DANN! MACH'S GUT, LEE!
TSCHÜSS!
JAWOHL!
ACH ...
NOCH WAS, SASUKE!!
DIESE GANZE AKTION WAR NUR EINE KLEINE ÜBUNG FÜR MICH...!
KRGH
DAS VORHIN WAR GELOGEN ...
DER WAHRSCHEINLICH STÄRKSTE GE-NIN VON KONOHA IST IN MEINER GRUPPE.
UM DIESEN KERL ZU ERSCHLAGEN, NEHM ICH AN DER PRÜFUNG TEIL. ABER AUCH DU BIST EINE MEINER ZIELPERSONEN.
SEI ALSO AUF ALLES GEFASST!!
HOPP
...
KRTSCH
SASUKE ...
PFF! SCHWACHSINN!

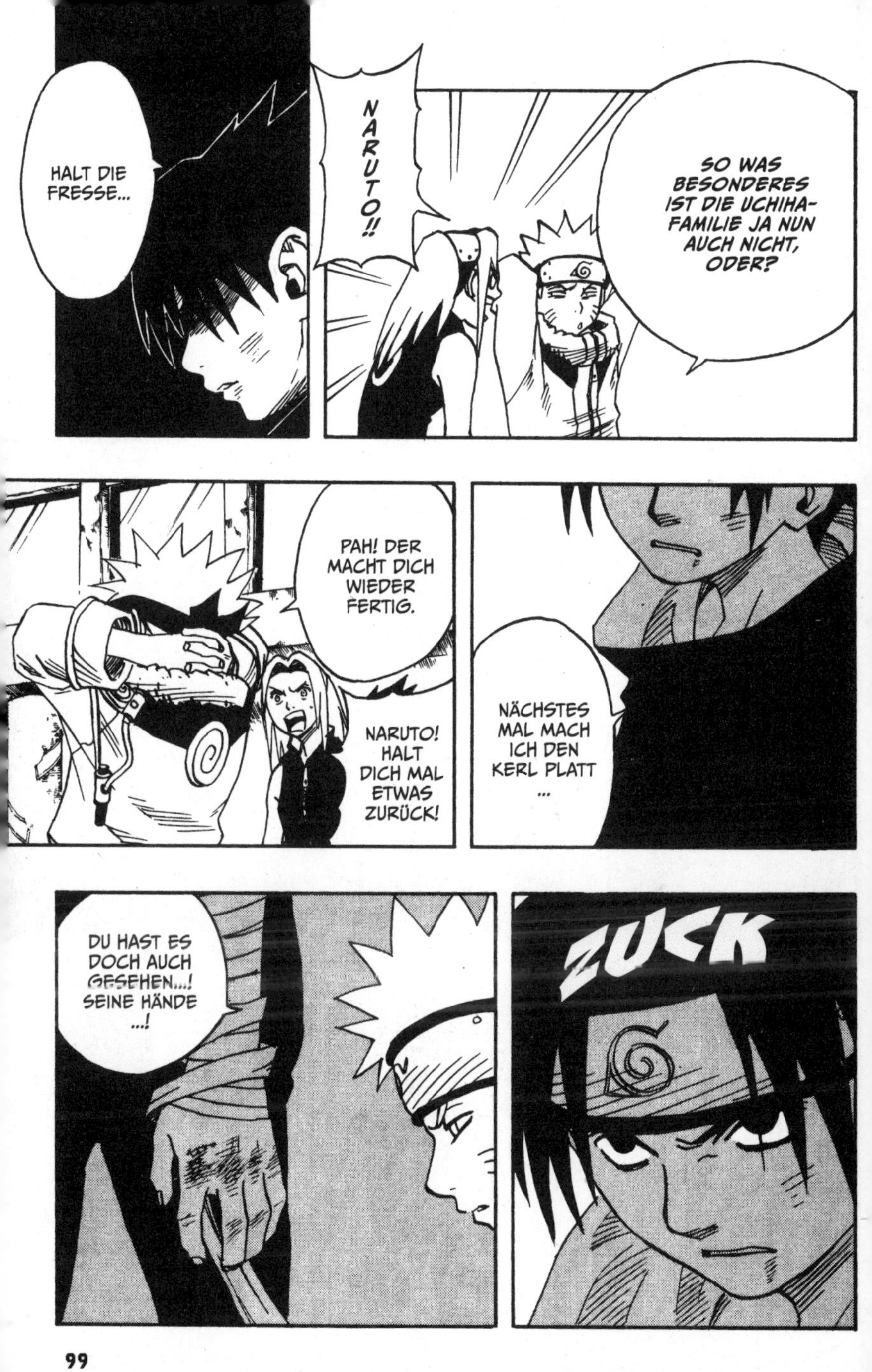
SO WAS BESONDERES IST DIE UCHIHA-FAMILIE JA NUN AUCH NICHT, ODER?
NARUTO!!
HALT DIE FRESSE...
NÄCHSTES MAL MACH ICH DEN KERL PLATT ...
PAH! DER MACHT DICH WIEDER FERTIG.
NARUTO! HALT DICH MAL ETWAS ZURÜCK!
ZUCK
DU HAST ES DOCH AUCH GESEHEN...! SEINE HÄNDE ...!

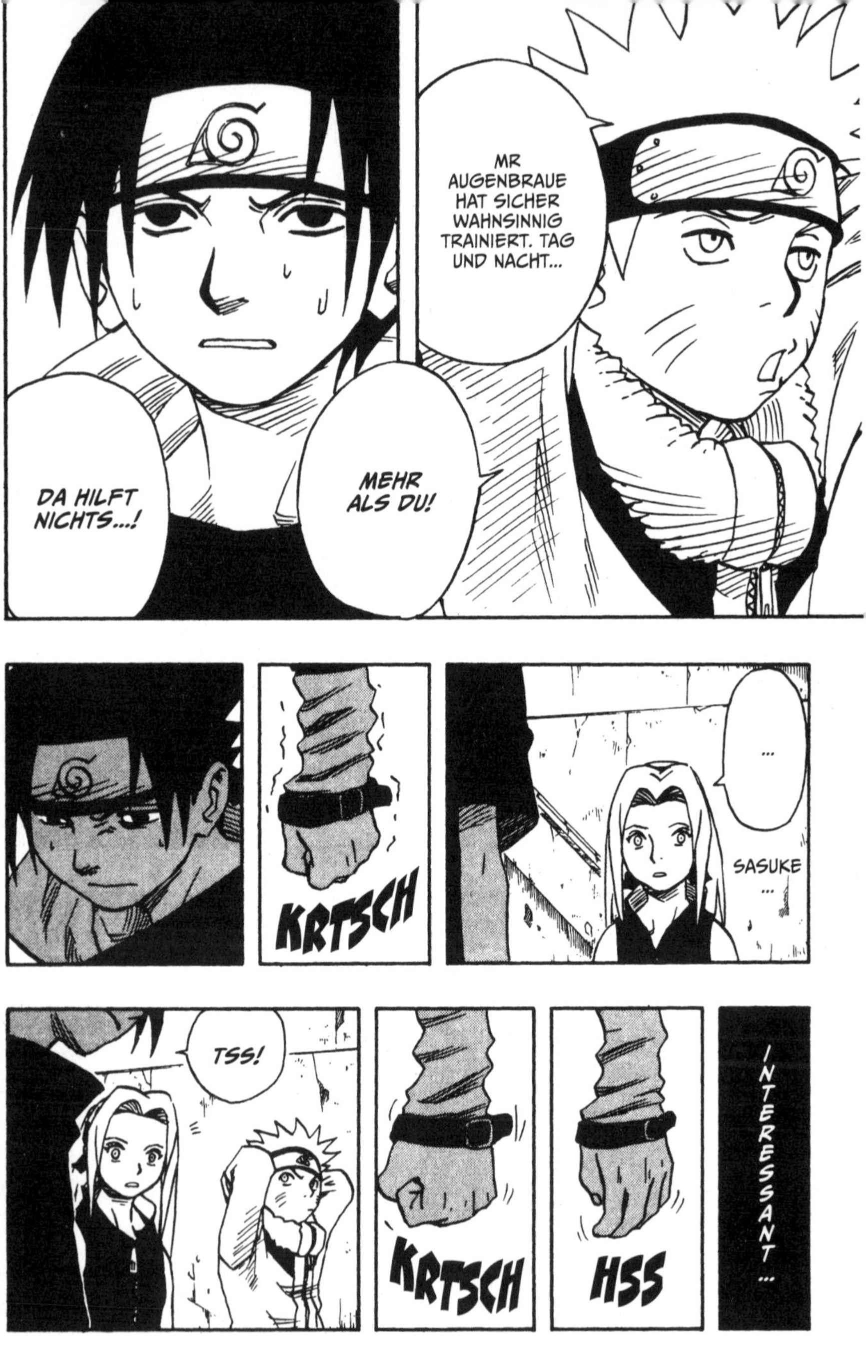
MR AUGENBRAUE HAT SICHER WAHNSINNIG TRAINIERT. TAG UND NACHT...
MEHR ALS DU!
DA HILFT NICHTS...!
...
SASUKE ...
KRTSCH
INTERESSANT ...
HSS
KRTSCH
TSS!

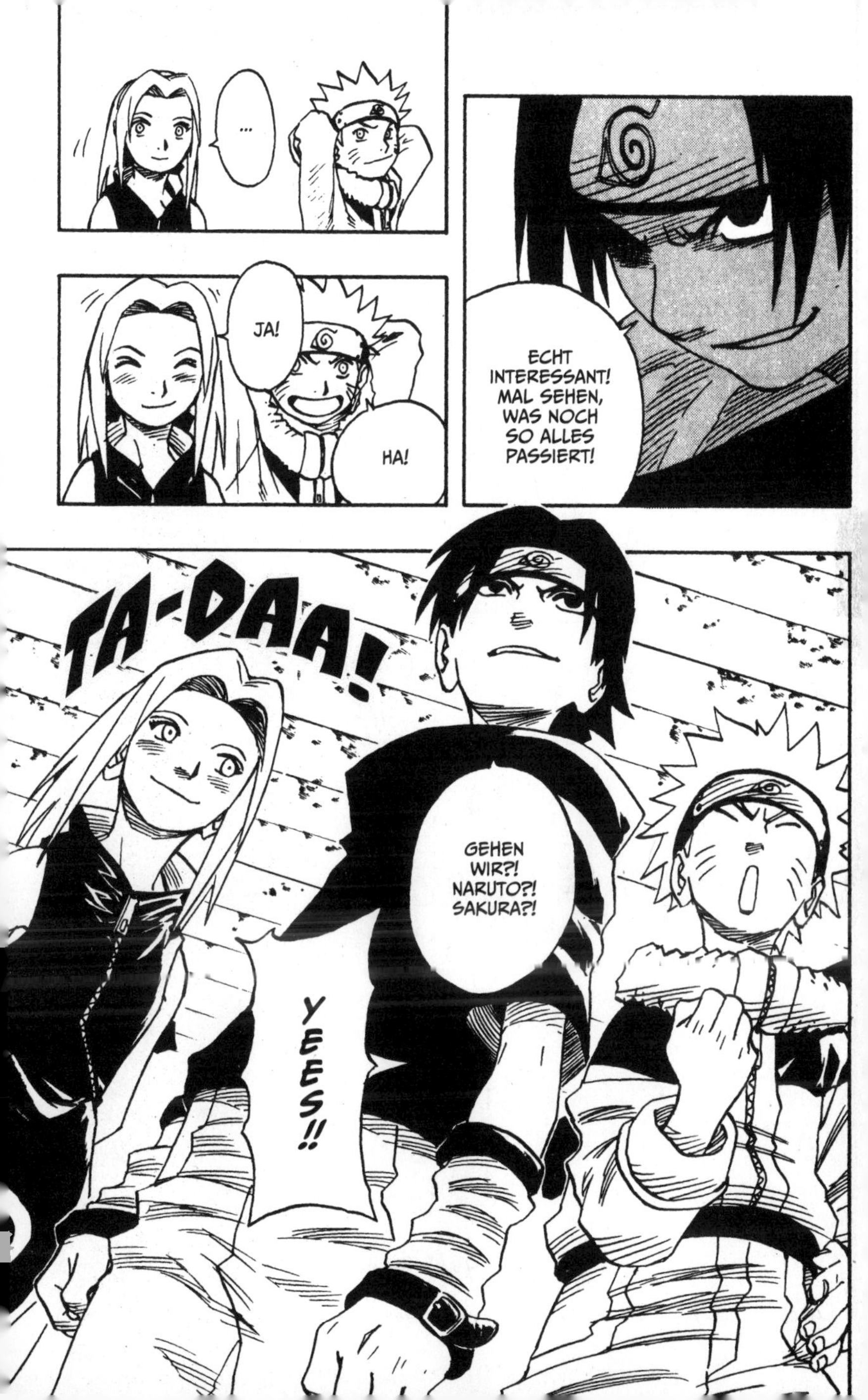

ECHT INTERESSANT! MAL SEHEN, WAS NOCH SO ALLES PASSIERT!
...
JA!
HA!
TA-DAAA!
GEHEN WIR?! NARUTO?! SAKURA?!
YEEES!!

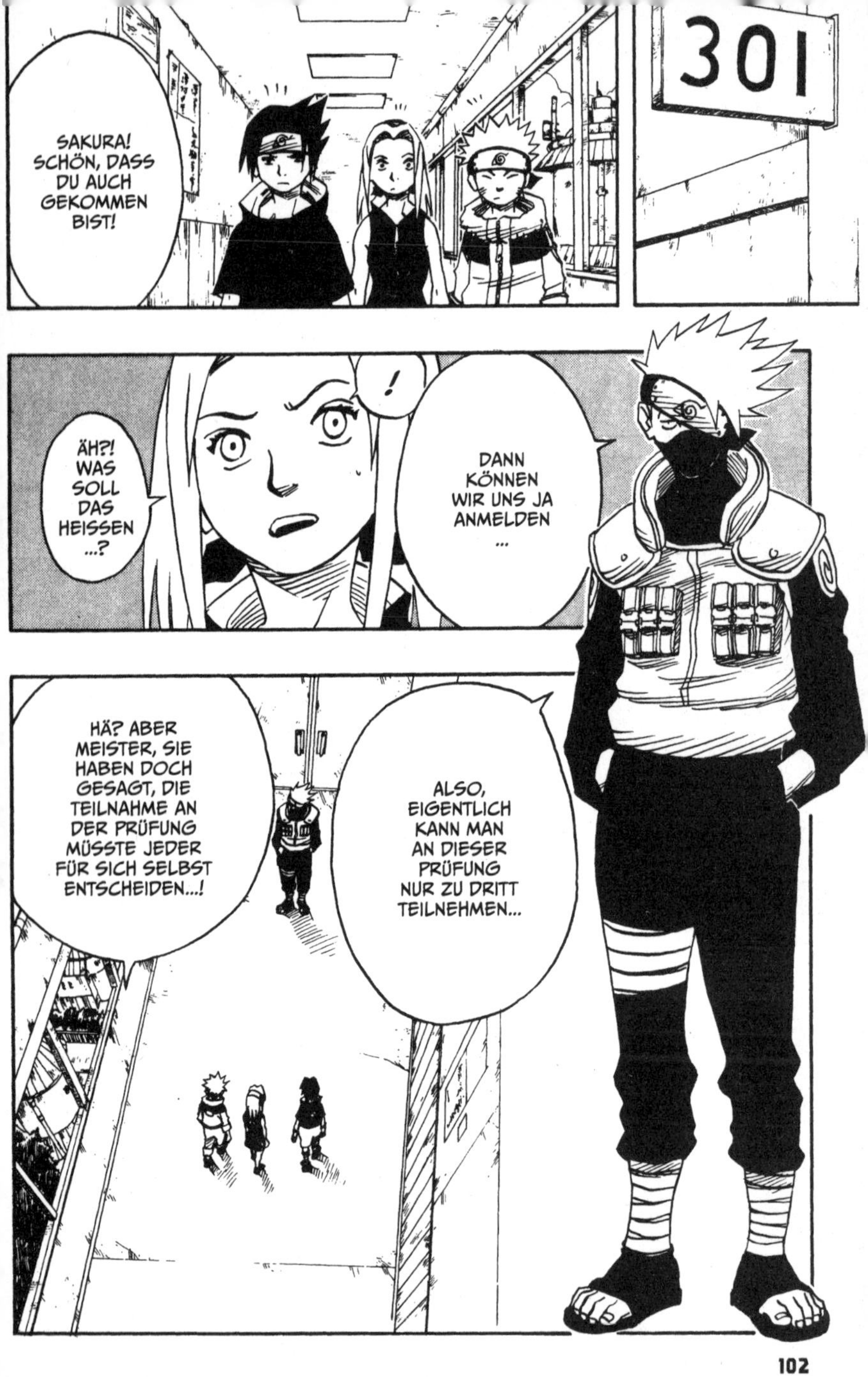
301
SAKURA! SCHÖN, DASS DU AUCH GEKOMMEN BIST!
!
DANN KÖNNEN WIR UNS JA ANMELDEN ...
ÄH?! WAS SOLL DAS HEISSEN ...?
ALSO, EIGENTLICH KANN MAN AN DIESER PRÜFUNG NUR ZU DRITT TEILNEHMEN...
HÄ? ABER MEISTER, SIE HABEN DOCH GESAGT, DIE TEILNAHME AN DER PRÜFUNG MÜSSTE JEDER FÜR SICH SELBST ENTSCHEIDEN...!

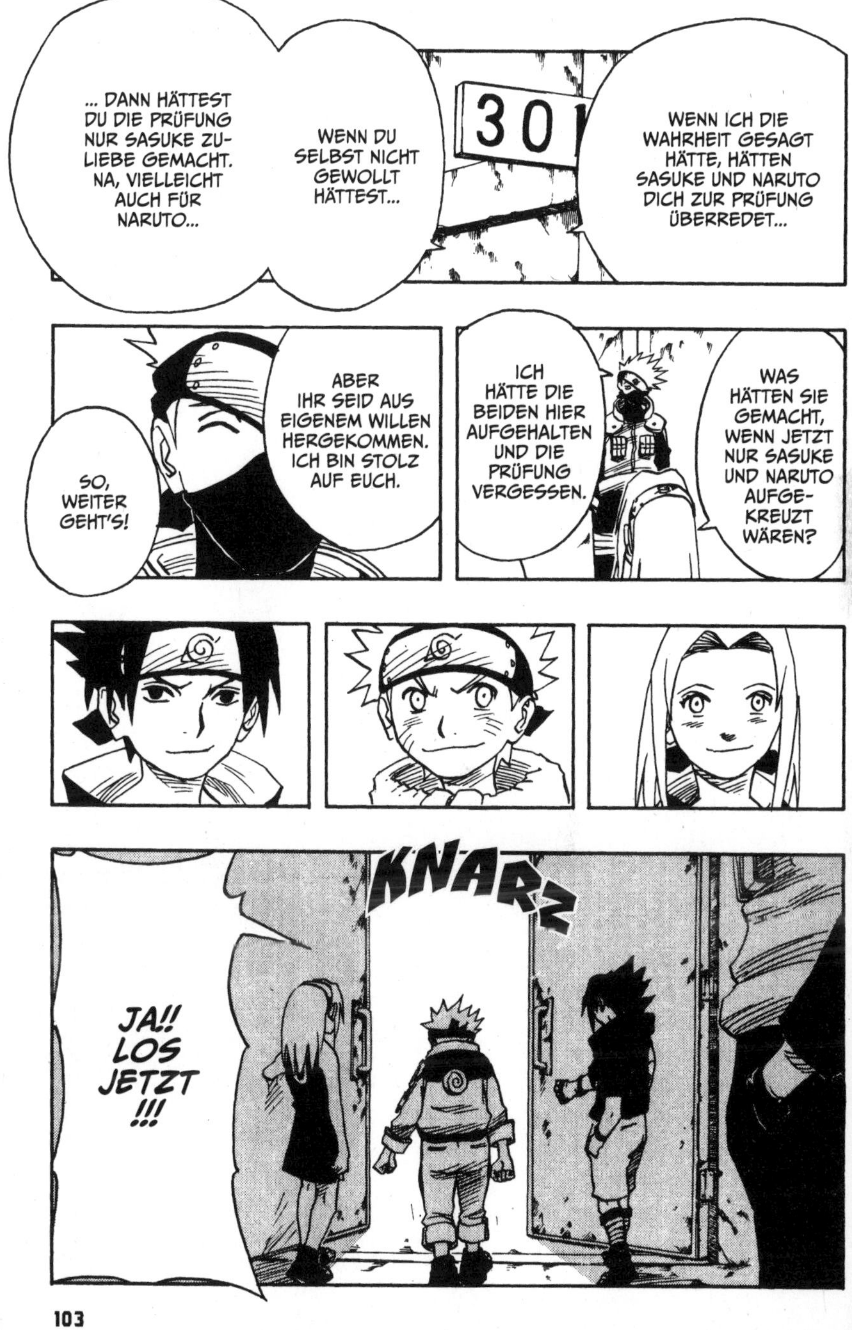
WENN ICH DIE WAHRHEIT GESAGT HÄTTE, HÄTTEN SASUKE UND NARUTO DICH ZUR PRÜFUNG ÜBERREDET...
301
WENN DU SELBST NICHT GEWOLLT HÄTTEST...
... DANN HÄTTEST DU DIE PRÜFUNG NUR SASUKE ZULIEBE GEMACHT. NA, VIELLEICHT AUCH FÜR NARUTO...
WAS HÄTTEN SIE GEMACHT, WENN JETZT NUR SASUKE UND NARUTO AUFGEKREUZT WÄREN?
ICH HÄTTE DIE BEIDEN HIER AUFGEHALTEN UND DIE PRÜFUNG VERGESSEN.
ABER IHR SEID AUS EIGENEM WILLEN HERGEKOMMEN. ICH BIN STOLZ AUF EUCH.
SO, WEITER GEHT'S!
KNARZ
JA!! LOS JETZT!!!

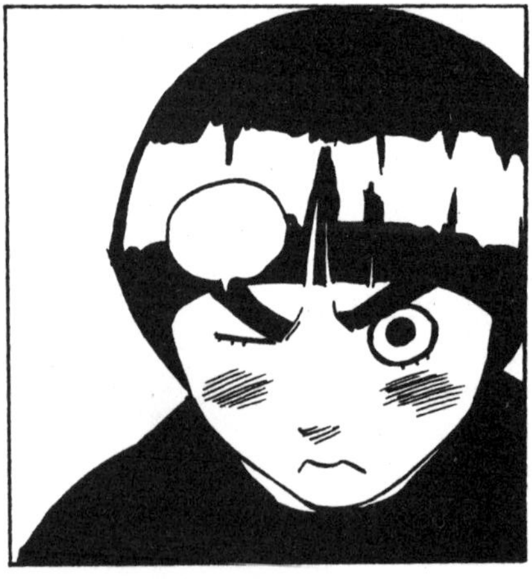

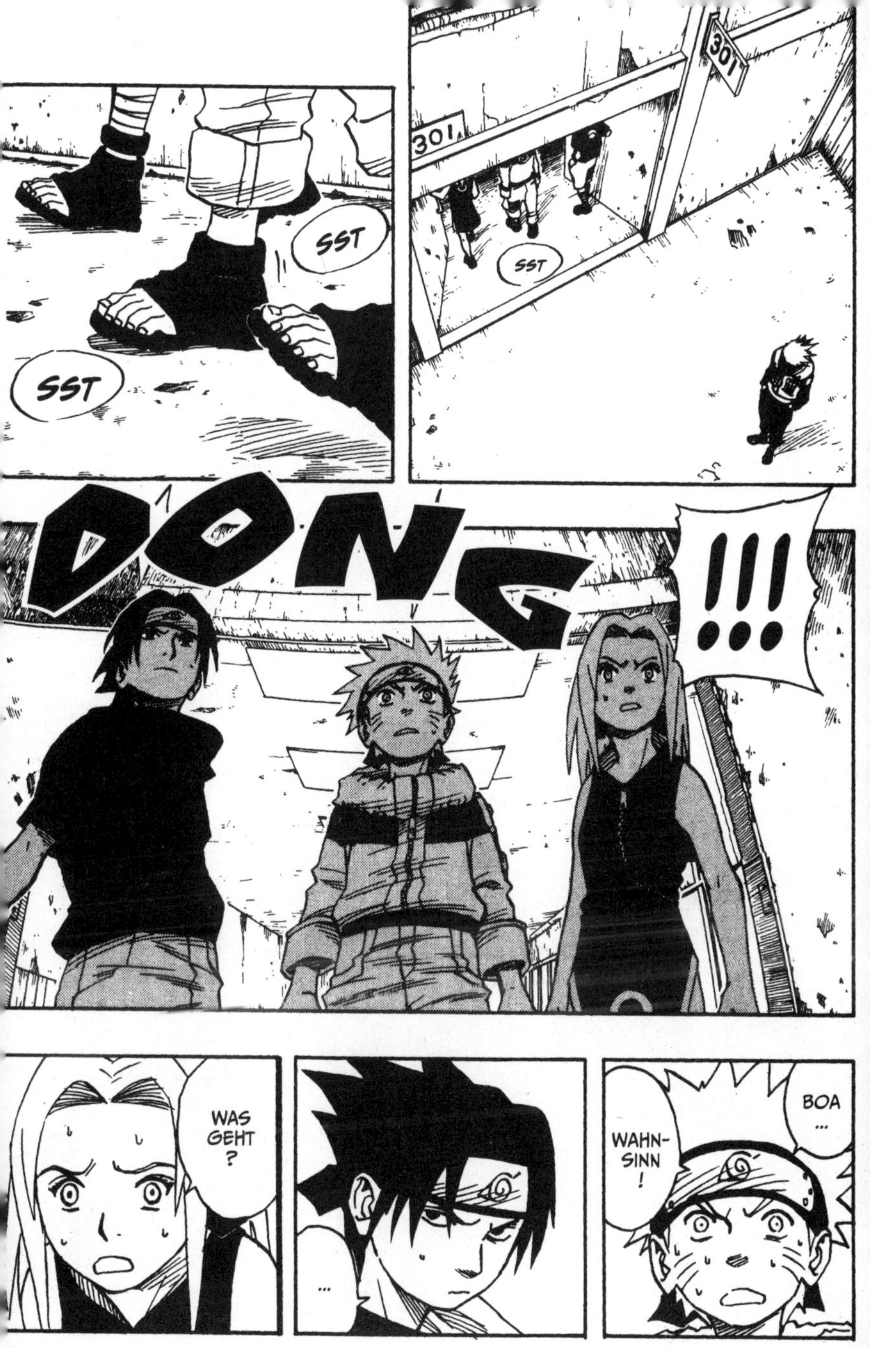
301
301
SST
SST
SST
DONG
!!!
WAS GEHT ?
...
BOA ...
WAHN-SINN !

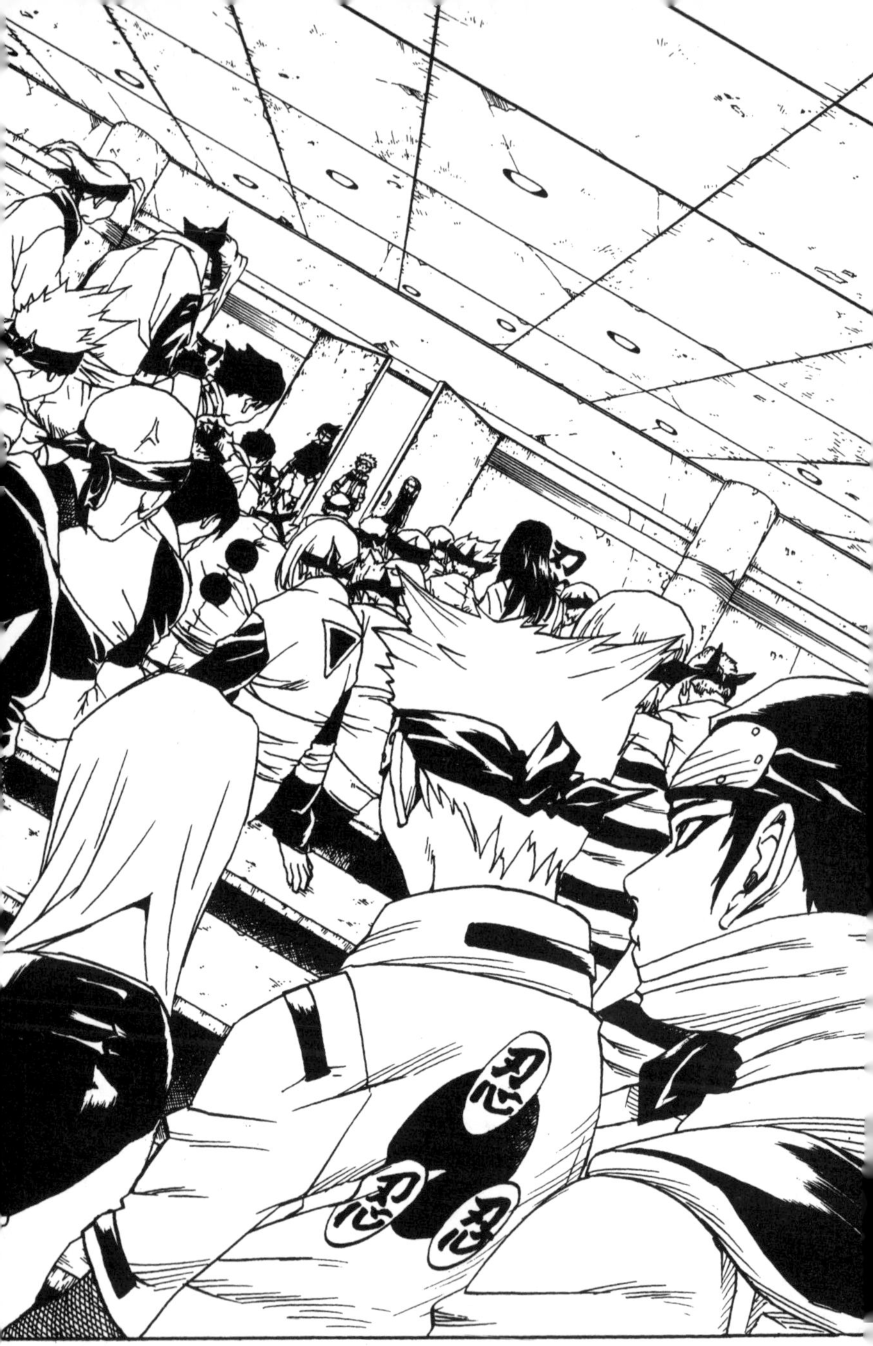

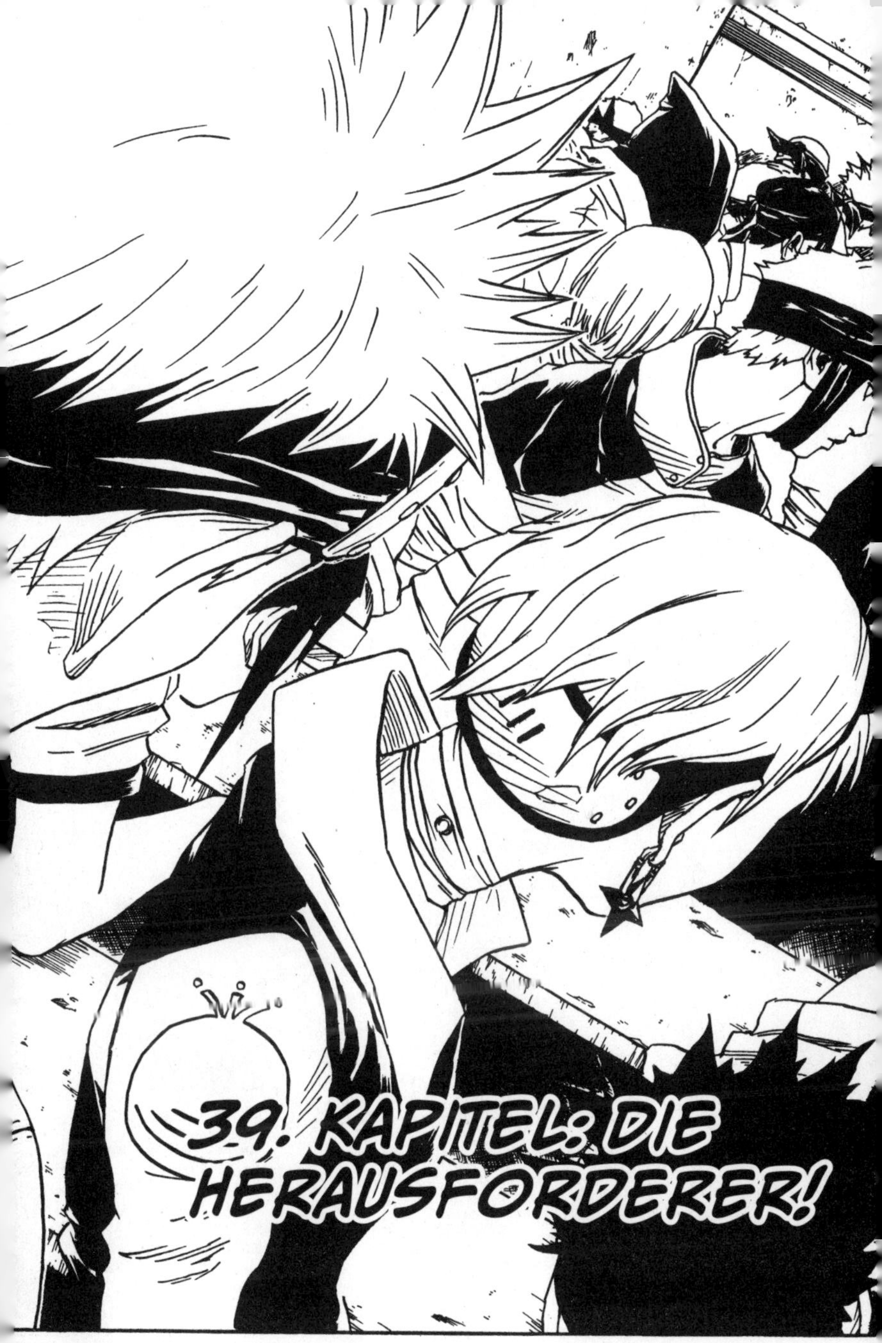
39. KAPITEL: DIE
HERAUSFORDERER!

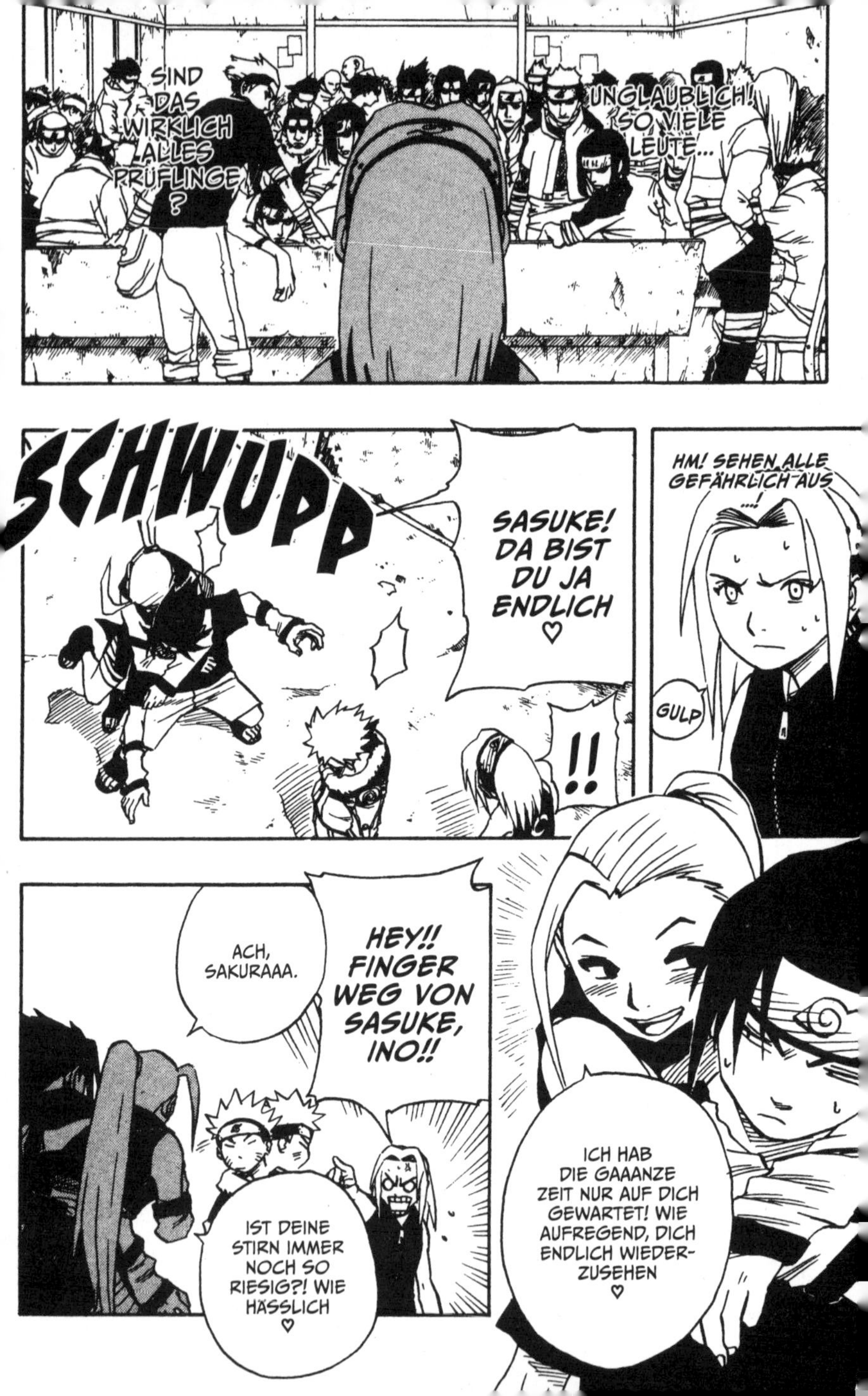
UNGLAUBLICH! SO VIELE LEUTE...
SIND DAS WIRKLICH ALLES PRÜFLINGE?
HM! SEHEN ALLE GEFÄHRLICH AUS ...!
GULP
SASUKE! DA BIST DU JA ENDLICH ♡
!!
SCHWUPP
ICH HAB DIE GAAANZE ZEIT NUR AUF DICH GEWARTET! WIE AUFREGEND, DICH ENDLICH WIEDERZUSEHEN ♡
HEY!! FINGER WEG VON SASUKE, INO!!
ACH, SAKURAAA.
IST DEINE STIRN IMMER NOCH SO RIESIG?! WIE HÄSSLICH ♡

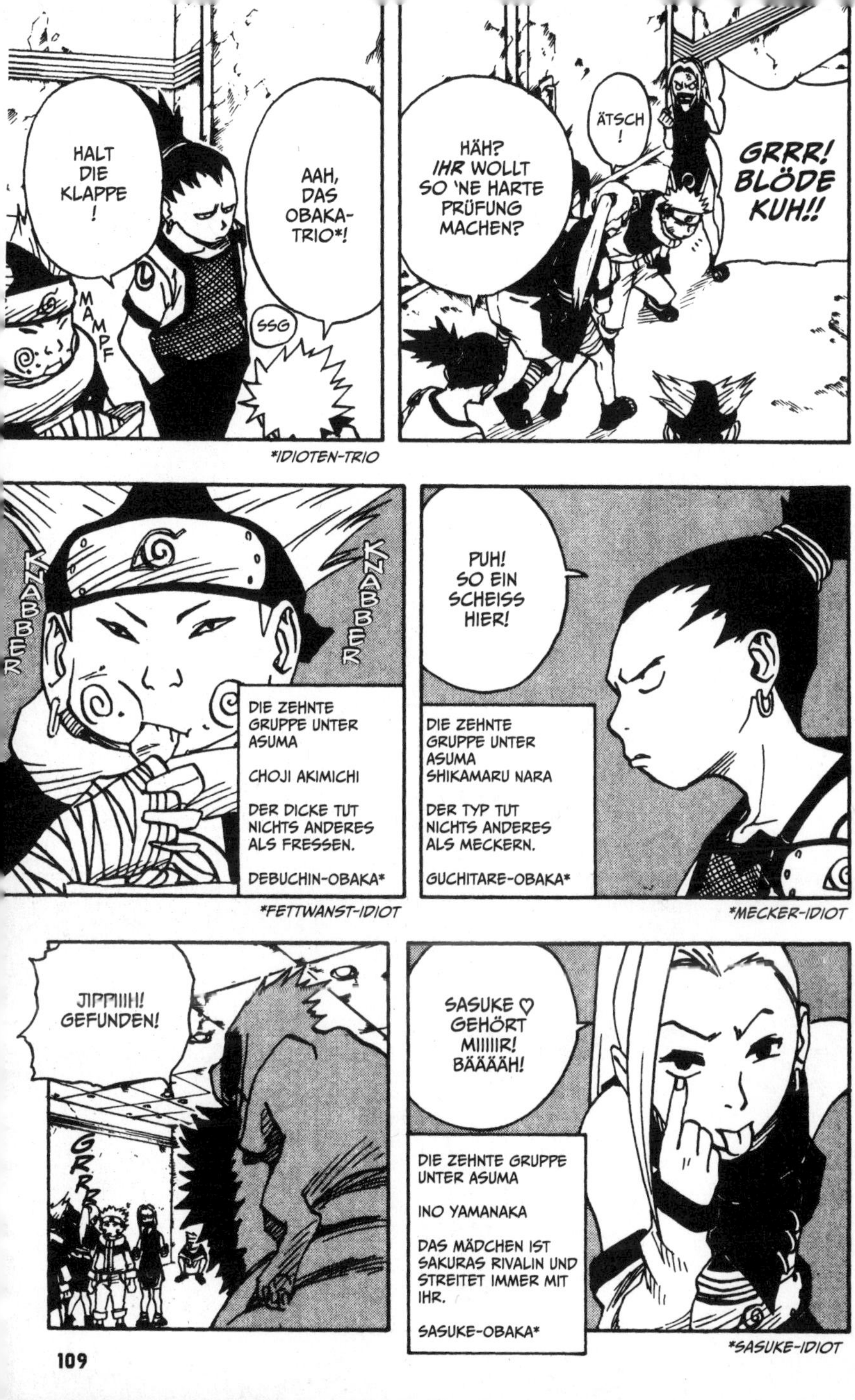
HÄH? IHR WOLLT SO 'NE HARTE PRÜFUNG MACHEN?
ÄTSCH!
GRRR! BLÖDE KUH!!
AAH, DAS OBAKA-TRIO*!
SSG
HALT DIE KLAPPE!
MAMPF
*IDIOTEN-TRIO
PUH! SO EIN SCHEISS HIER!
DIE ZEHNTE GRUPPE UNTER ASUMA
SHIKAMARU NARA
DER TYP TUT NICHTS ANDERES ALS MECKERN.
GUCHITARE-OBAKA*
*MECKER-IDIOT
KNABBER KNABBER
DIE ZEHNTE GRUPPE UNTER ASUMA
CHOJI AKIMICHI
DER DICKE TUT NICHTS ANDERES ALS FRESSEN.
DEBUCHIN-OBAKA*
*FETTWANST-IDIOT
SASUKE ♡ GEHÖRT MIIIIIR! BÄÄÄÄH!
DIE ZEHNTE GRUPPE UNTER ASUMA
INO YAMANAKA
DAS MÄDCHEN IST SAKURAS RIVALIN UND STREITET IMMER MIT IHR.
SASUKE-OBAKA*
*SASUKE-IDIOT
JIPPIIIH! GEFUNDEN!
GRRR

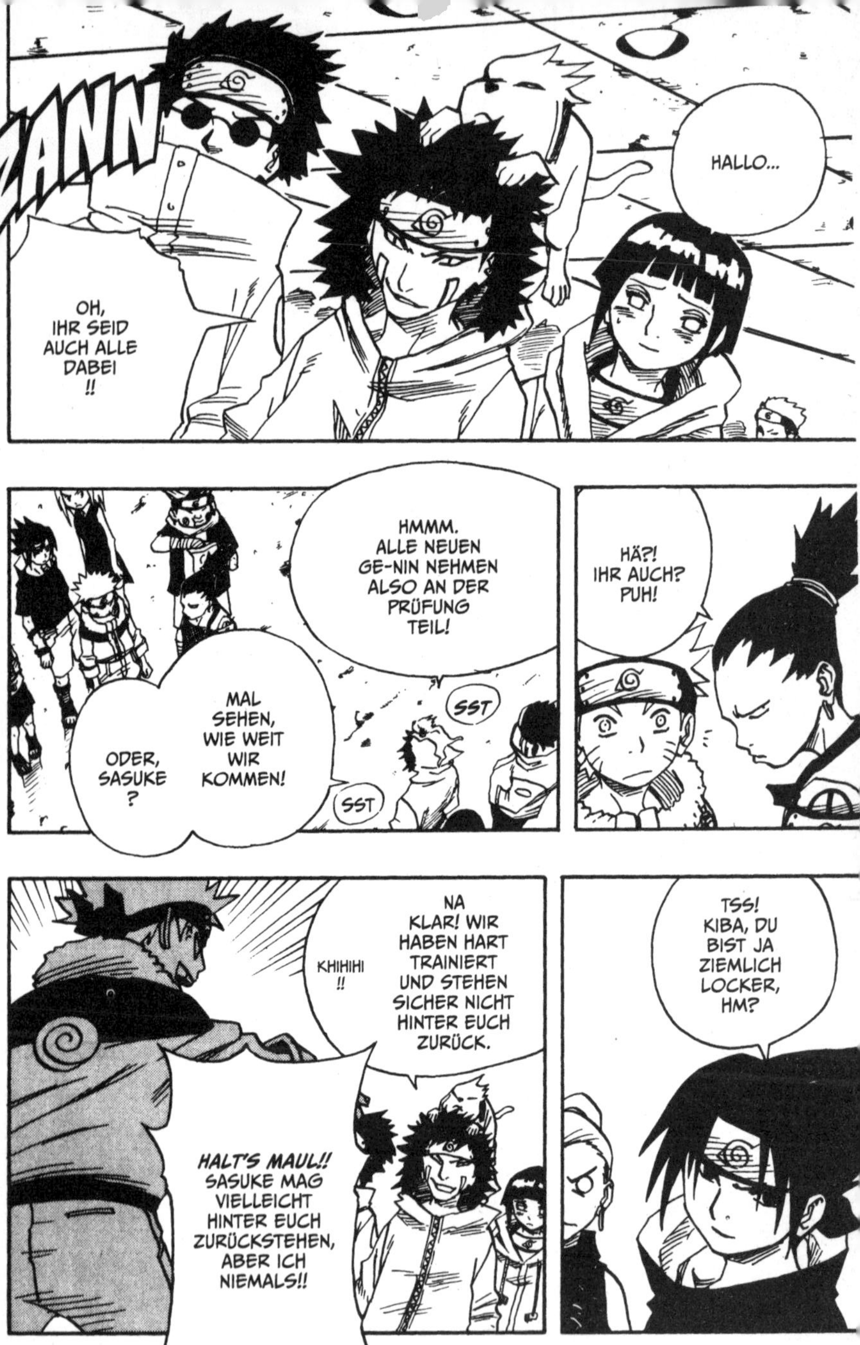
ZANN
HALLO...
OH, IHR SEID AUCH ALLE DABEI!!
HÄ?! IHR AUCH? PUH!
HMMM. ALLE NEUEN GE-NIN NEHMEN ALSO AN DER PRÜFUNG TEIL!
SST
SST
MAL SEHEN, WIE WEIT WIR KOMMEN!
ODER, SASUKE?
TSS! KIBA, DU BIST JA ZIEMLICH LOCKER, HM?
NA KLAR! WIR HABEN HART TRAINIERT UND STEHEN SICHER NICHT HINTER EUCH ZURÜCK.
KHIHIHI!!
HALT'S MAUL!! SASUKE MAG VIELLEICHT HINTER EUCH ZURÜCKSTEHEN, ABER ICH NIEMALS!!

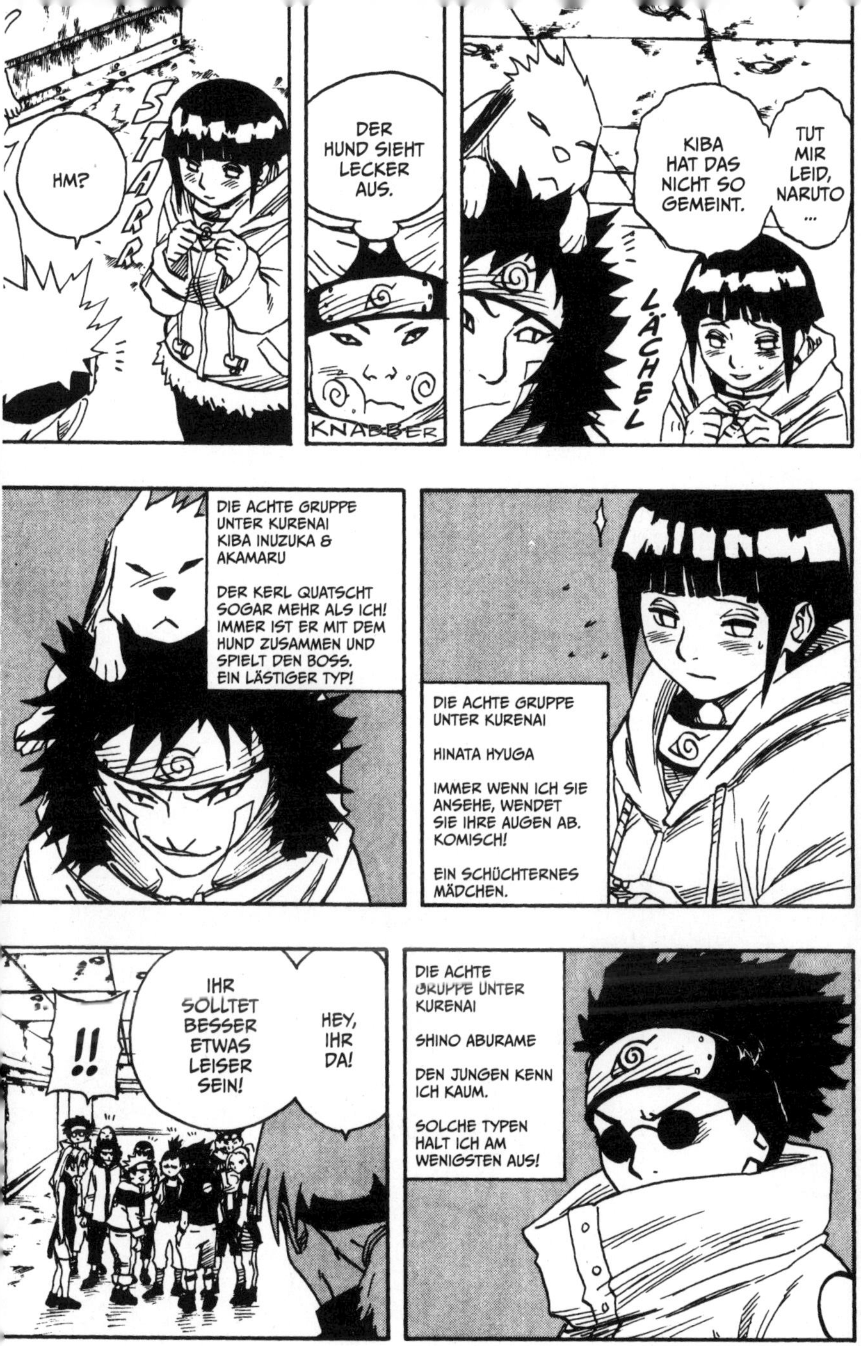
TUT MIR LEID, NARUTO ...
KIBA HAT DAS NICHT SO GEMEINT.
LÄCHEL
DER HUND SIEHT LECKER AUS.
KNABBER
HM?
STARR
DIE ACHTE GRUPPE UNTER KURENAI
HINATA HYUGA
IMMER WENN ICH SIE ANSEHE, WENDET SIE IHRE AUGEN AB. KOMISCH!
EIN SCHÜCHTERNES MÄDCHEN.
DIE ACHTE GRUPPE UNTER KURENAI
KIBA INUZUKA & AKAMARU
DER KERL QUATSCHT SOGAR MEHR ALS ICH! IMMER IST ER MIT DEM HUND ZUSAMMEN UND SPIELT DEN BOSS. EIN LÄSTIGER TYP!
DIE ACHTE GRUPPE UNTER KURENAI
SHINO ABURAME
DEN JUNGEN KENN ICH KAUM.
SOLCHE TYPEN HALT ICH AM WENIGSTEN AUS!
HEY, IHR DA!
IHR SOLLTET BESSER ETWAS LEISER SEIN!
!!

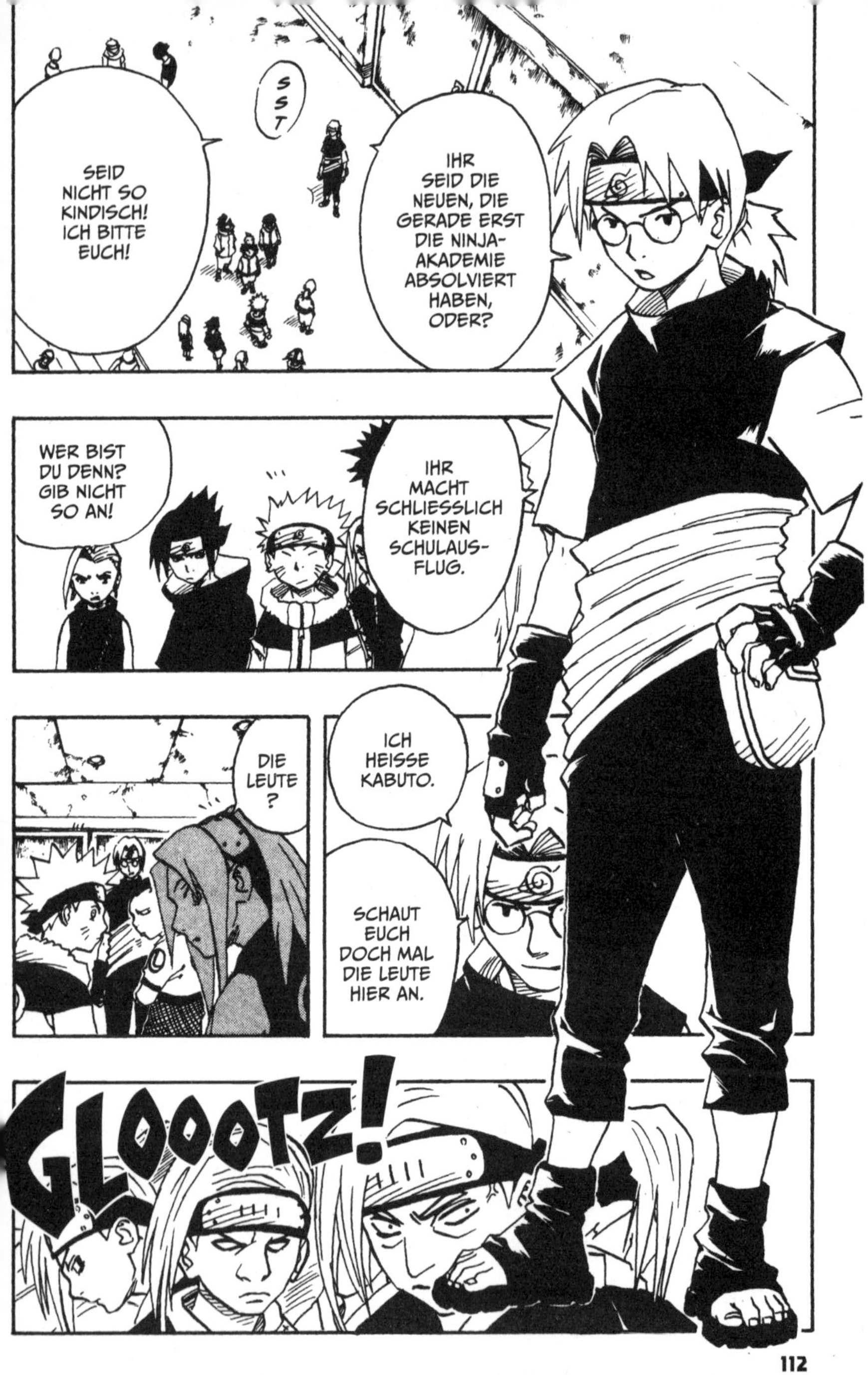
SEID NICHT SO KINDISCH! ICH BITTE EUCH!
SST
IHR SEID DIE NEUEN, DIE GERADE ERST DIE NINJA-AKADEMIE ABSOLVIERT HABEN, ODER?
IHR MACHT SCHLIESSLICH KEINEN SCHULAUS-FLUG.
WER BIST DU DENN? GIB NICHT SO AN!
ICH HEISSE KABUTO.
SCHAUT EUCH DOCH MAL DIE LEUTE HIER AN.
DIE LEUTE ?
GLOOOTZ!

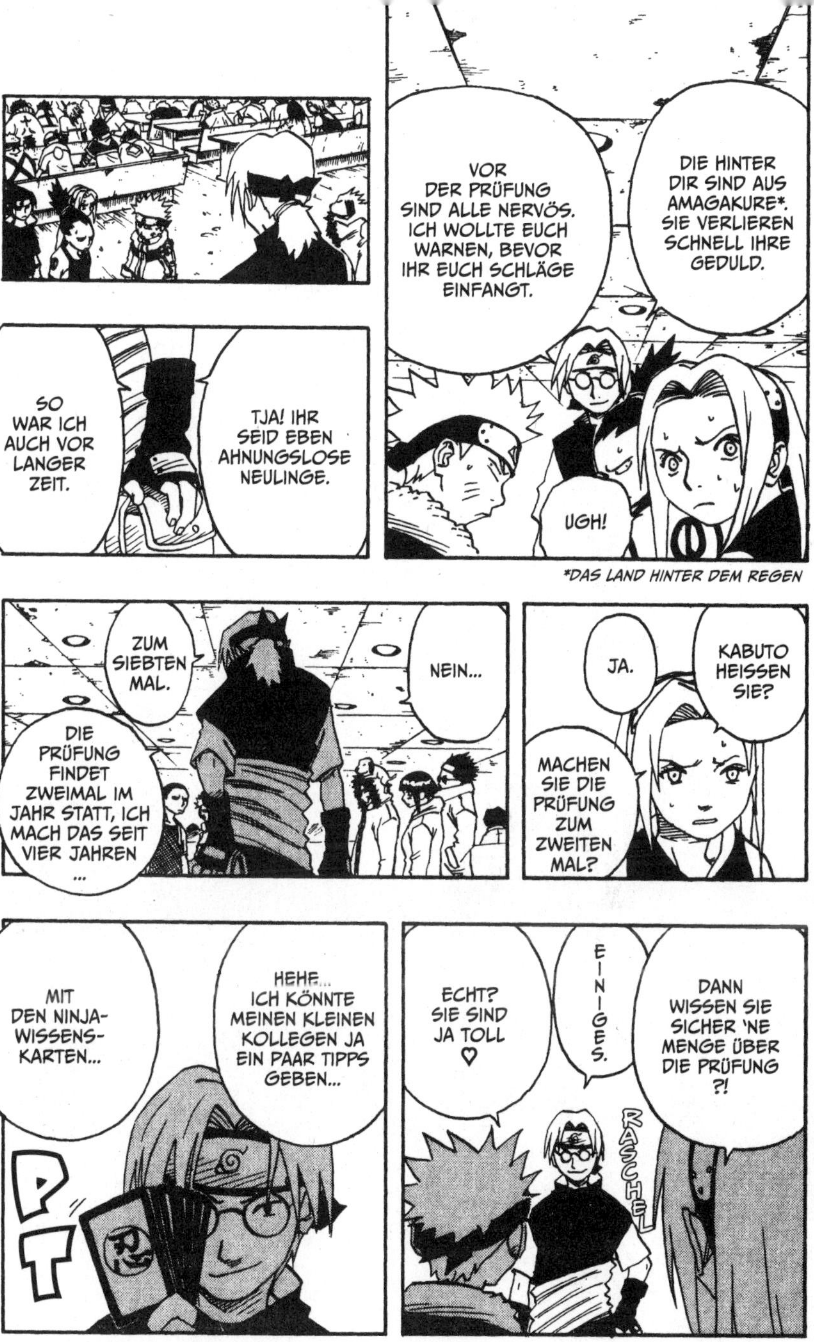

*DAS LAND HINTER DEM REGEN

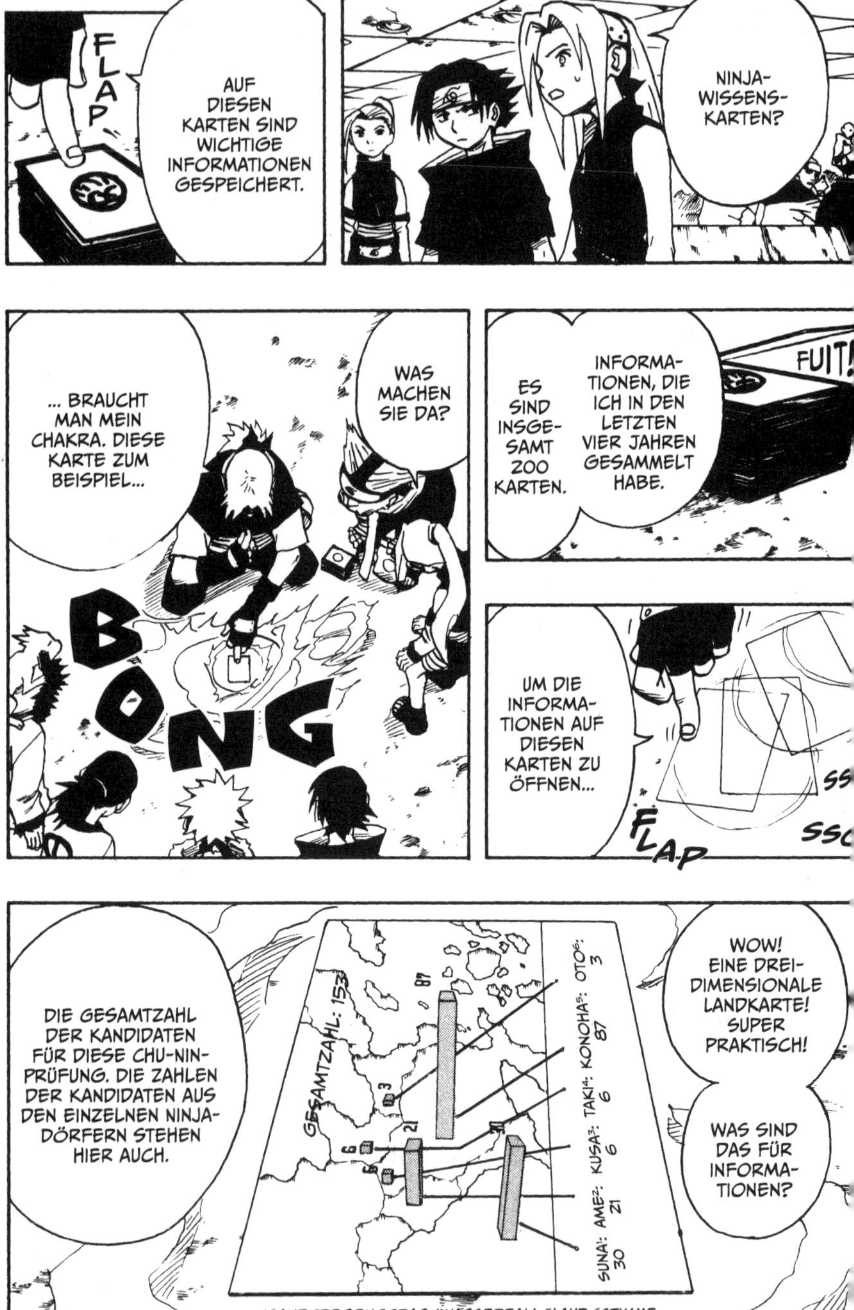

[1]SAND [2]REGEN [3]GRAS [4]WASSERFALL [5]LAUB [6]STIMME

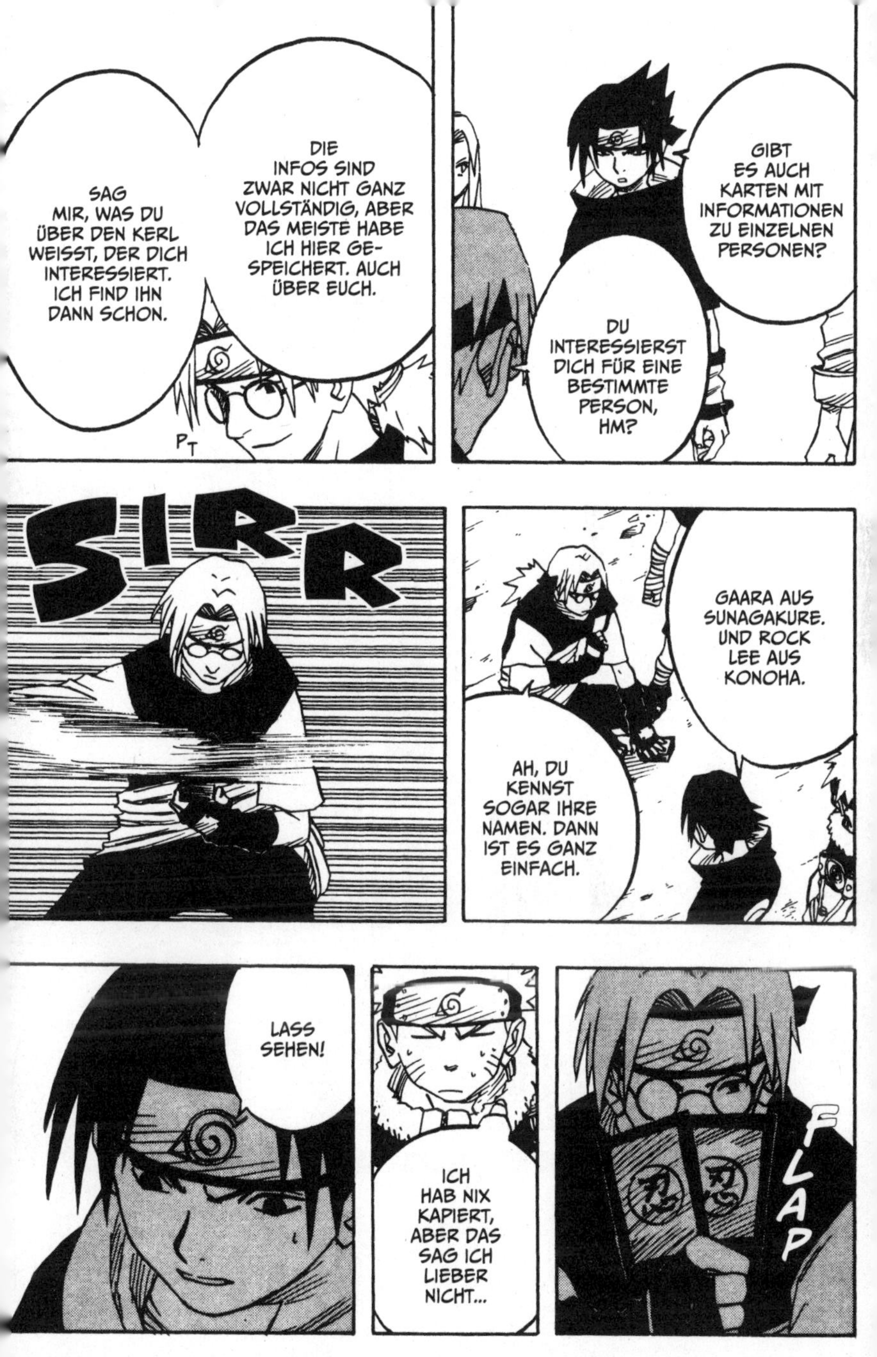
GIBT ES AUCH KARTEN MIT INFORMATIONEN ZU EINZELNEN PERSONEN?
DU INTERESSIERST DICH FÜR EINE BESTIMMTE PERSON, HM?
DIE INFOS SIND ZWAR NICHT GANZ VOLLSTÄNDIG, ABER DAS MEISTE HABE ICH HIER GE-SPEICHERT. AUCH ÜBER EUCH.
SAG MIR, WAS DU ÜBER DEN KERL WEISST, DER DICH INTERESSIERT. ICH FIND IHN DANN SCHON.
PT
GAARA AUS SUNAGAKURE. UND ROCK LEE AUS KONOHA.
AH, DU KENNST SOGAR IHRE NAMEN. DANN IST ES GANZ EINFACH.
SIRR
FLAP
ICH HAB NIX KAPIERT, ABER DAS SAG ICH LIEBER NICHT...
LASS SEHEN!

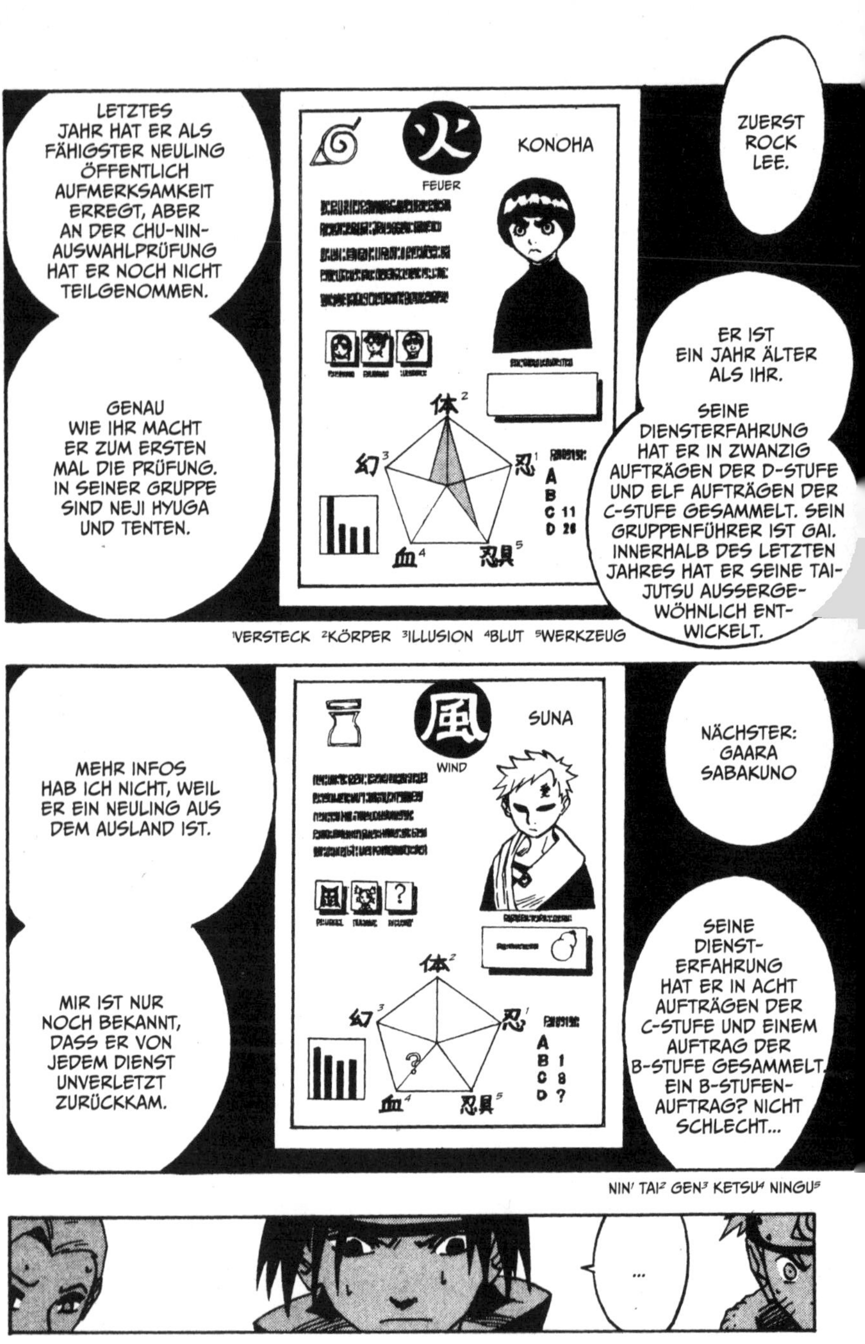
ZUERST ROCK LEE.
KONOHA
火
FEUER
体²
忍¹
幻³
血⁴
忍具⁵
A
B
C 11
D 26
ER IST EIN JAHR ÄLTER ALS IHR.
SEINE DIENSTERFAHRUNG HAT ER IN ZWANZIG AUFTRÄGEN DER D-STUFE UND ELF AUFTRÄGEN DER C-STUFE GESAMMELT. SEIN GRUPPENFÜHRER IST GAI. INNERHALB DES LETZTEN JAHRES HAT ER SEINE TAI-JUTSU AUSSERGEWÖHNLICH ENTWICKELT.
LETZTES JAHR HAT ER ALS FÄHIGSTER NEULING ÖFFENTLICH AUFMERKSAMKEIT ERREGT, ABER AN DER CHU-NIN-AUSWAHLPRÜFUNG HAT ER NOCH NICHT TEILGENOMMEN.
GENAU WIE IHR MACHT ER ZUM ERSTEN MAL DIE PRÜFUNG. IN SEINER GRUPPE SIND NEJI HYUGA UND TENTEN.
¹VERSTECK ²KÖRPER ³ILLUSION ⁴BLUT ⁵WERKZEUG
NÄCHSTER: GAARA SABAKUNO
SUNA
風
WIND
?
体²
忍¹
幻³
血⁴
忍具⁵
A
B 1
C 8
D ?
SEINE DIENSTERFAHRUNG HAT ER IN ACHT AUFTRÄGEN DER C-STUFE UND EINEM AUFTRAG DER B-STUFE GESAMMELT. EIN B-STUFEN-AUFTRAG? NICHT SCHLECHT...
MEHR INFOS HAB ICH NICHT, WEIL ER EIN NEULING AUS DEM AUSLAND IST.
MIR IST NUR NOCH BEKANNT, DASS ER VON JEDEM DIENST UNVERLETZT ZURÜCKKAM.
NIN¹ TAI² GEN³ KETSU⁴ NINGU⁵
...

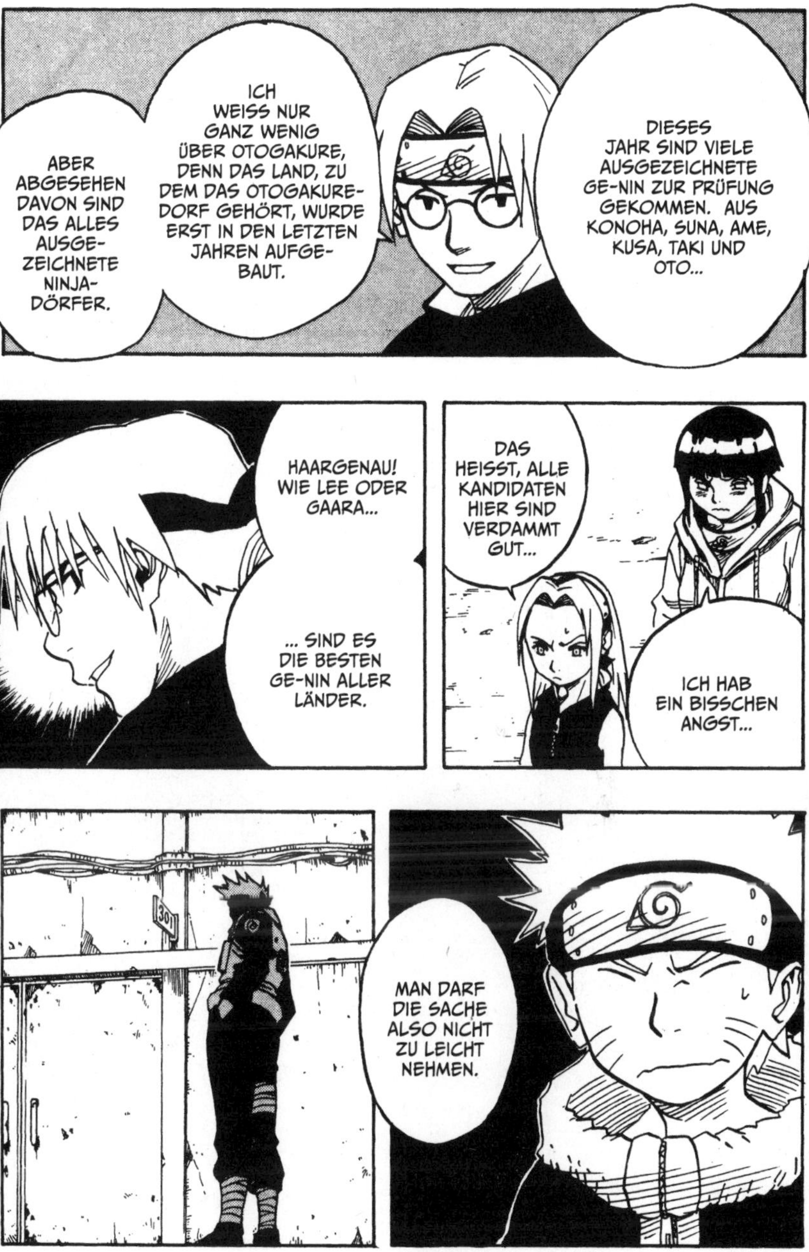
DIESES JAHR SIND VIELE AUSGEZEICHNETE GE-NIN ZUR PRÜFUNG GEKOMMEN. AUS KONOHA, SUNA, AME, KUSA, TAKI UND OTO...
ICH WEISS NUR GANZ WENIG ÜBER OTOGAKURE, DENN DAS LAND, ZU DEM DAS OTOGAKURE-DORF GEHÖRT, WURDE ERST IN DEN LETZTEN JAHREN AUFGE-BAUT.
ABER ABGESEHEN DAVON SIND DAS ALLES AUSGE-ZEICHNETE NINJA-DÖRFER.
DAS HEISST, ALLE KANDIDATEN HIER SIND VERDAMMT GUT...
ICH HAB EIN BISSCHEN ANGST...
HAARGENAU! WIE LEE ODER GAARA...
... SIND ES DIE BESTEN GE-NIN ALLER LÄNDER.
MAN DARF DIE SACHE ALSO NICHT ZU LEICHT NEHMEN.
301

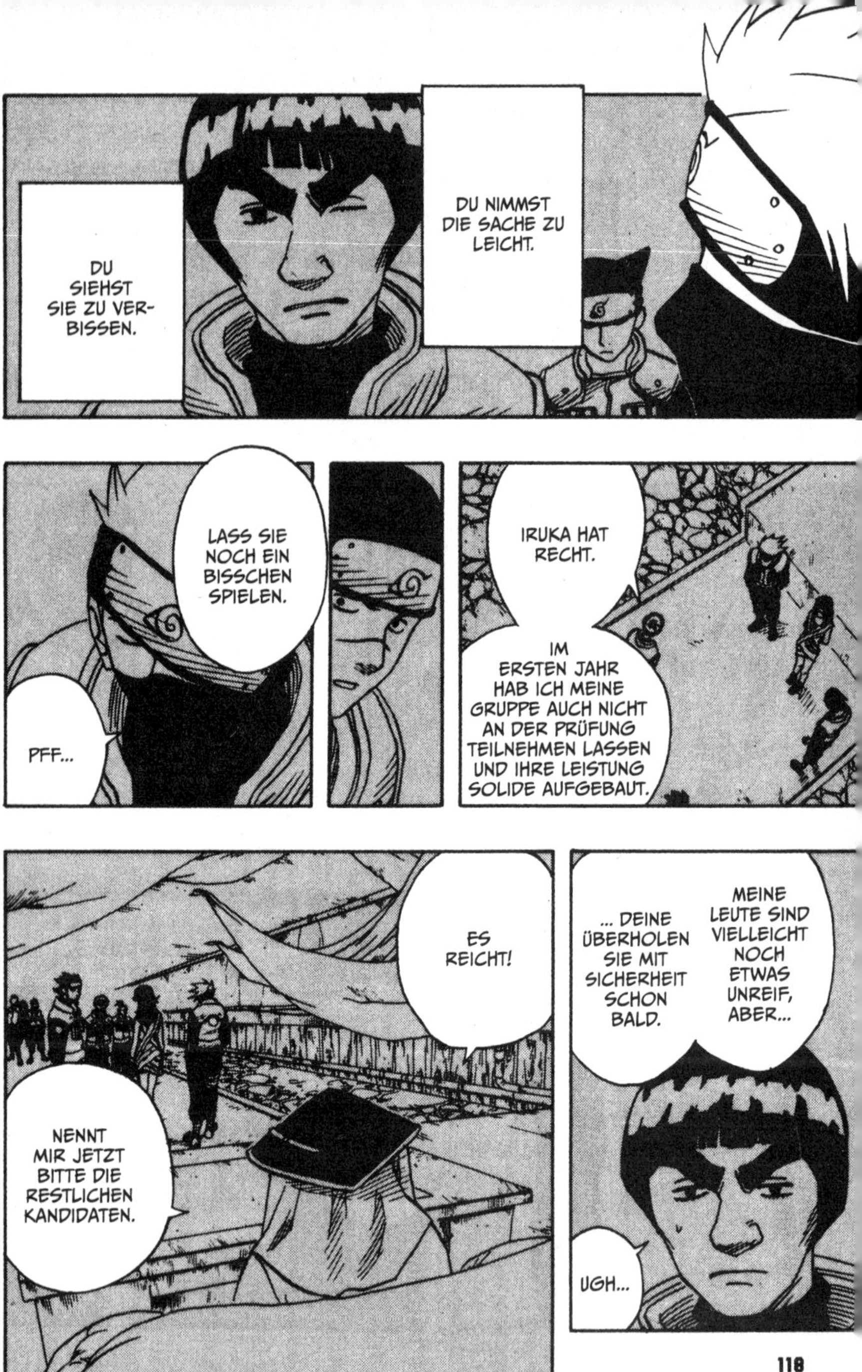
DU NIMMST DIE SACHE ZU LEICHT.
DU SIEHST SIE ZU VERBISSEN.
IRUKA HAT RECHT.
IM ERSTEN JAHR HAB ICH MEINE GRUPPE AUCH NICHT AN DER PRÜFUNG TEILNEHMEN LASSEN UND IHRE LEISTUNG SOLIDE AUFGEBAUT.
LASS SIE NOCH EIN BISSCHEN SPIELEN.
PFF...
MEINE LEUTE SIND VIELLEICHT NOCH ETWAS UNREIF, ABER...
... DEINE ÜBERHOLEN SIE MIT SICHERHEIT SCHON BALD.
UGH...
ES REICHT!
NENNT MIR JETZT BITTE DIE RESTLICHEN KANDIDATEN.

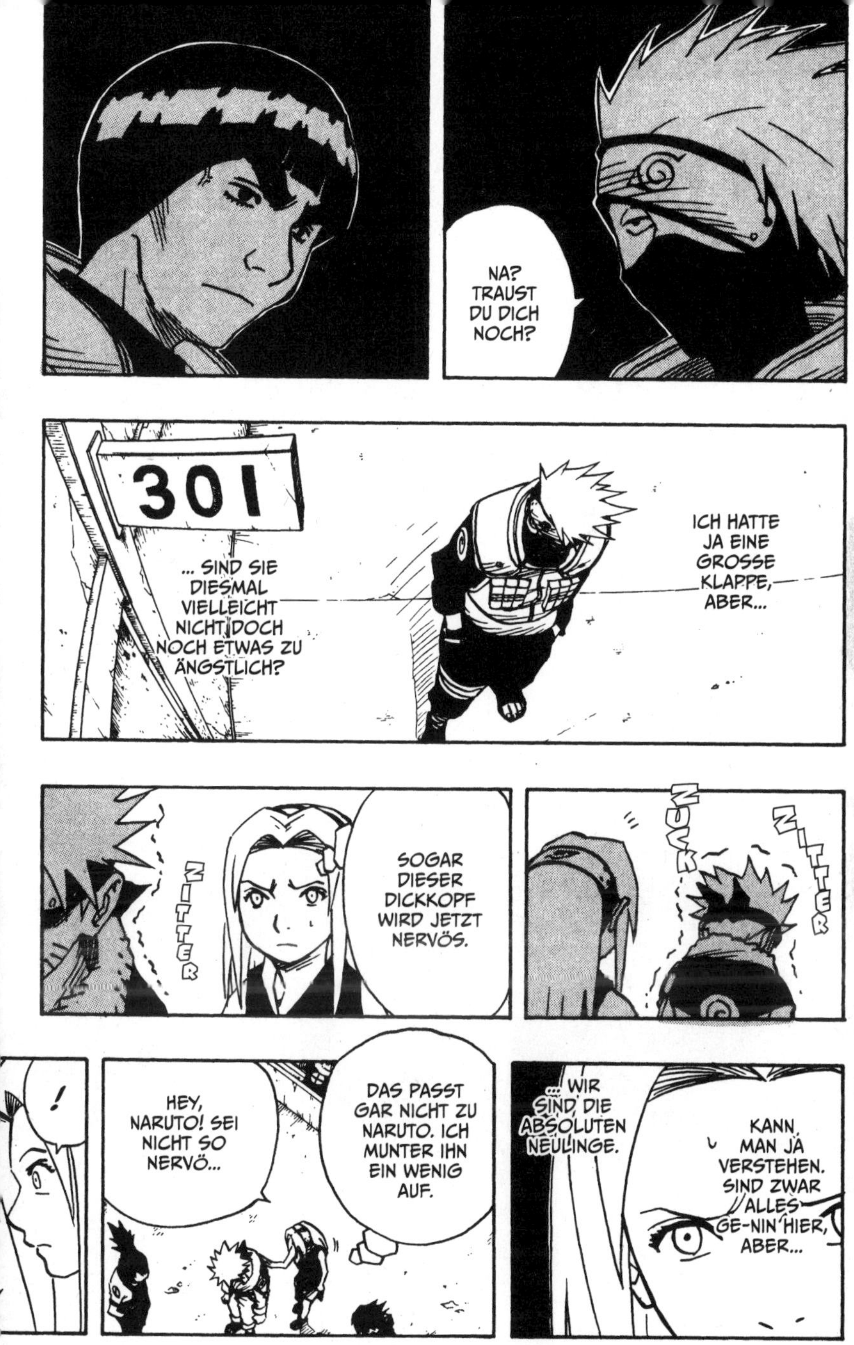
NA? TRAUST DU DICH NOCH?
ICH HATTE JA EINE GROSSE KLAPPE, ABER...
... SIND SIE DIESMAL VIELLEICHT NICHT DOCH NOCH ETWAS ZU ÄNGSTLICH?
301
ZUCK
ZITTER
SOGAR DIESER DICKKOPF WIRD JETZT NERVÖS.
ZITTER
KANN MAN JA VERSTEHEN. SIND ZWAR ALLES GE-NIN HIER, ABER...
... WIR SIND DIE ABSOLUTEN NEULINGE.
DAS PASST GAR NICHT ZU NARUTO. ICH MUNTER IHN EIN WENIG AUF.
HEY, NARUTO! SEI NICHT SO NERVÖ...
!

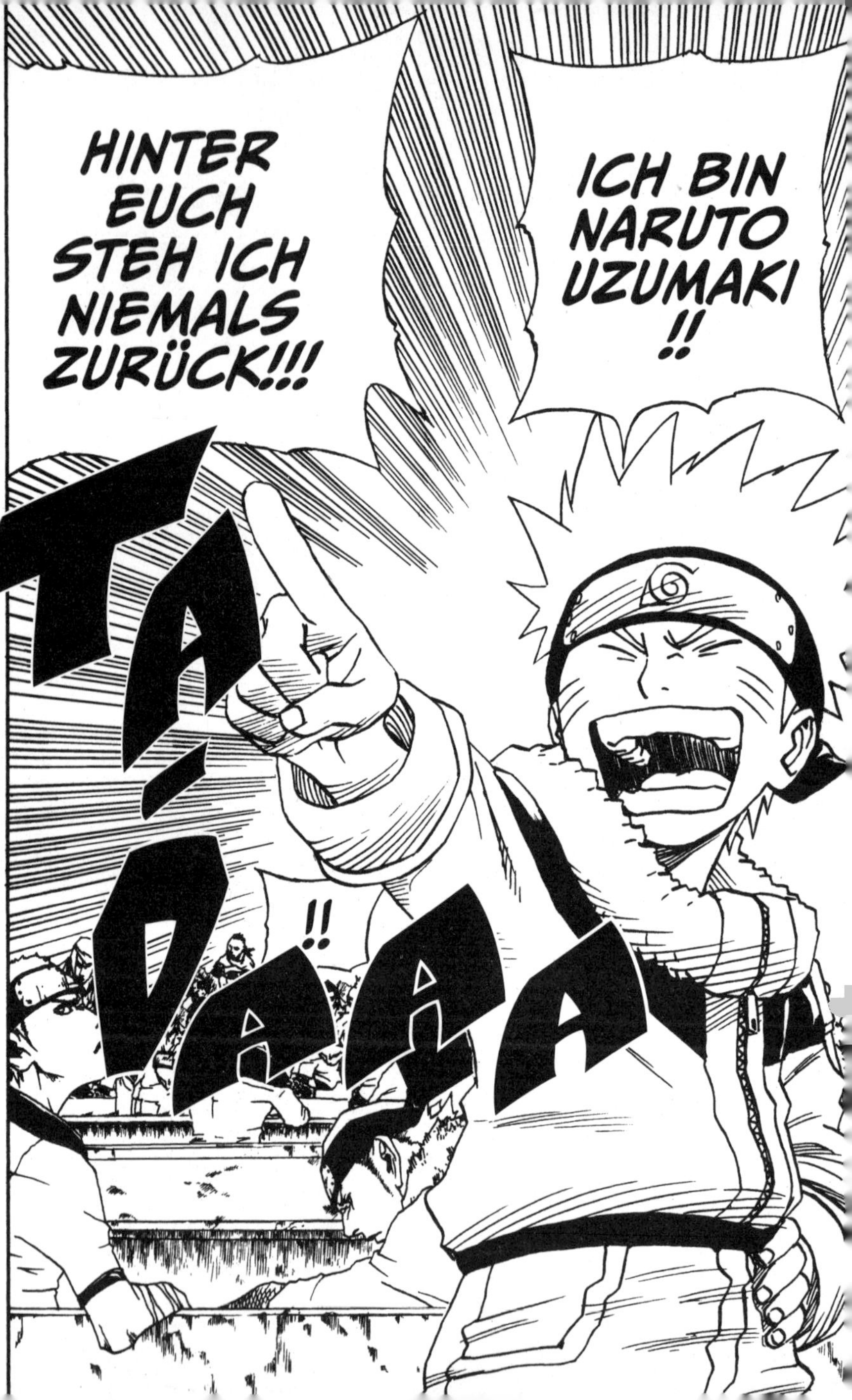

ICH BIN NARUTO UZUMAKI !!
HINTER EUCH STEH ICH NIEMALS ZURÜCK!!!
TA-DAAA !!

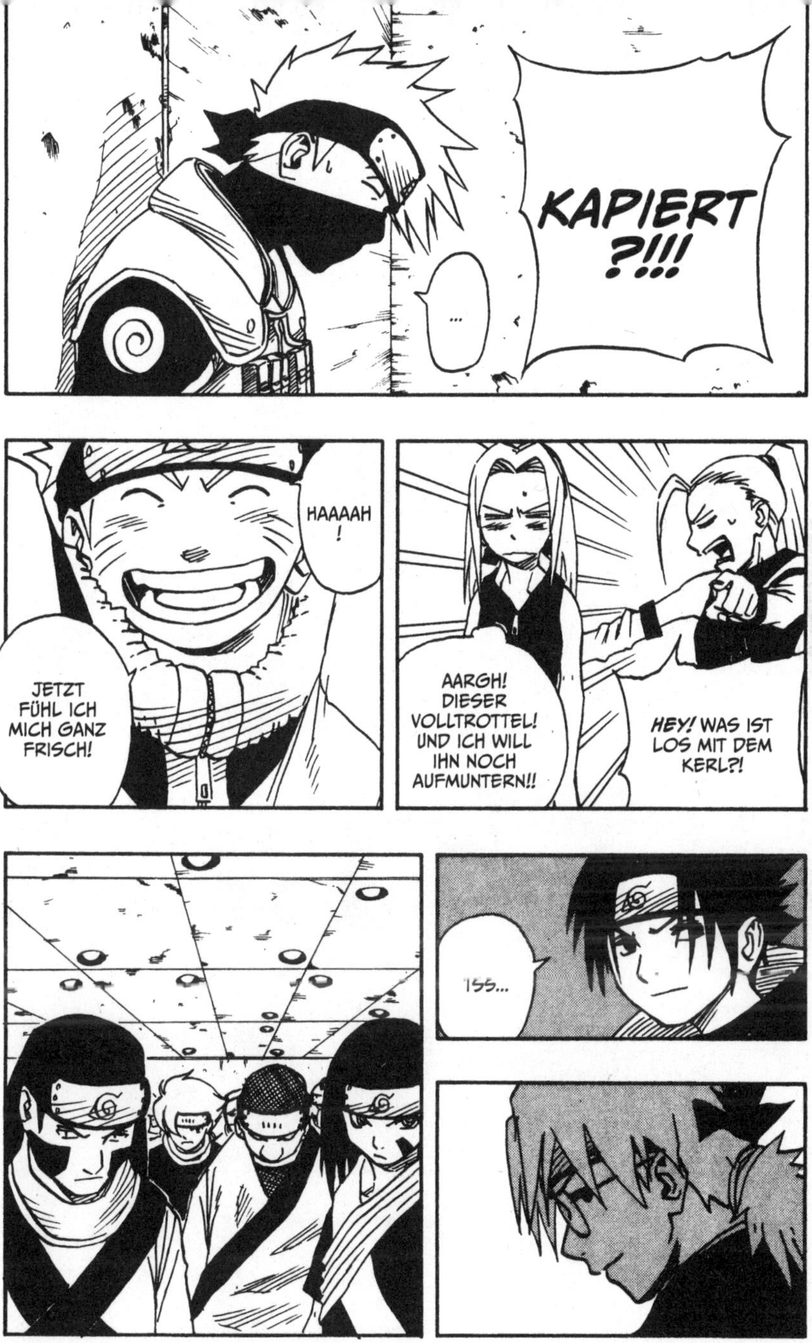
KAPIERT ?!!!
...
HEY! WAS IST LOS MIT DEM KERL?!
AARGH! DIESER VOLLTROTTEL! UND ICH WILL IHN NOCH AUFMUNTERN!!
HAAAAH!
JETZT FÜHL ICH MICH GANZ FRISCH!
TSS...

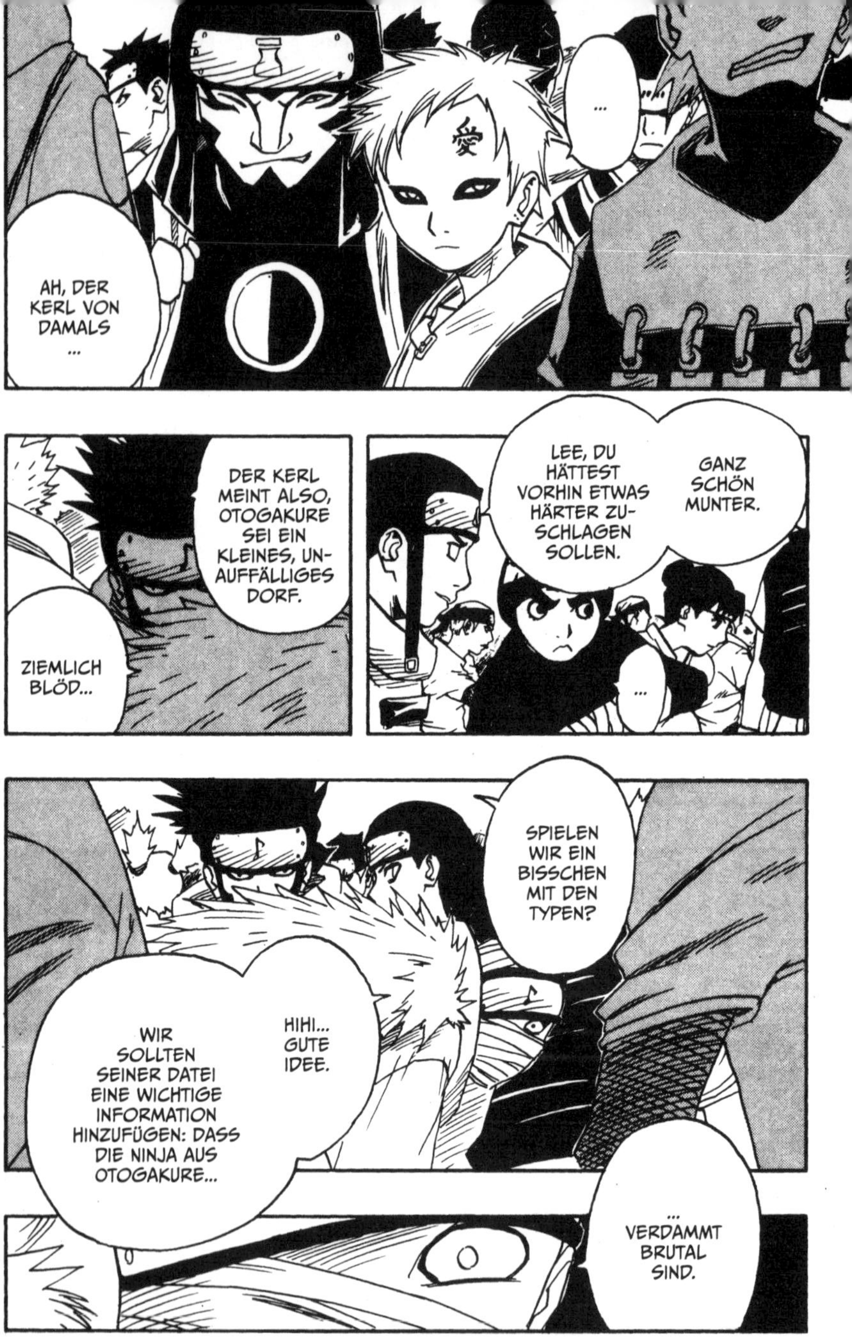
...
AH, DER KERL VON DAMALS ...
GANZ SCHÖN MUNTER.
LEE, DU HÄTTEST VORHIN ETWAS HÄRTER ZU-SCHLAGEN SOLLEN.
...
DER KERL MEINT ALSO, OTOGAKURE SEI EIN KLEINES, UN-AUFFÄLLIGES DORF.
ZIEMLICH BLÖD...
SPIELEN WIR EIN BISSCHEN MIT DEN TYPEN?
HIHI... GUTE IDEE.
WIR SOLLTEN SEINER DATEI EINE WICHTIGE INFORMATION HINZUFÜGEN: DASS DIE NINJA AUS OTOGAKURE...
... VERDAMMT BRUTAL SIND.

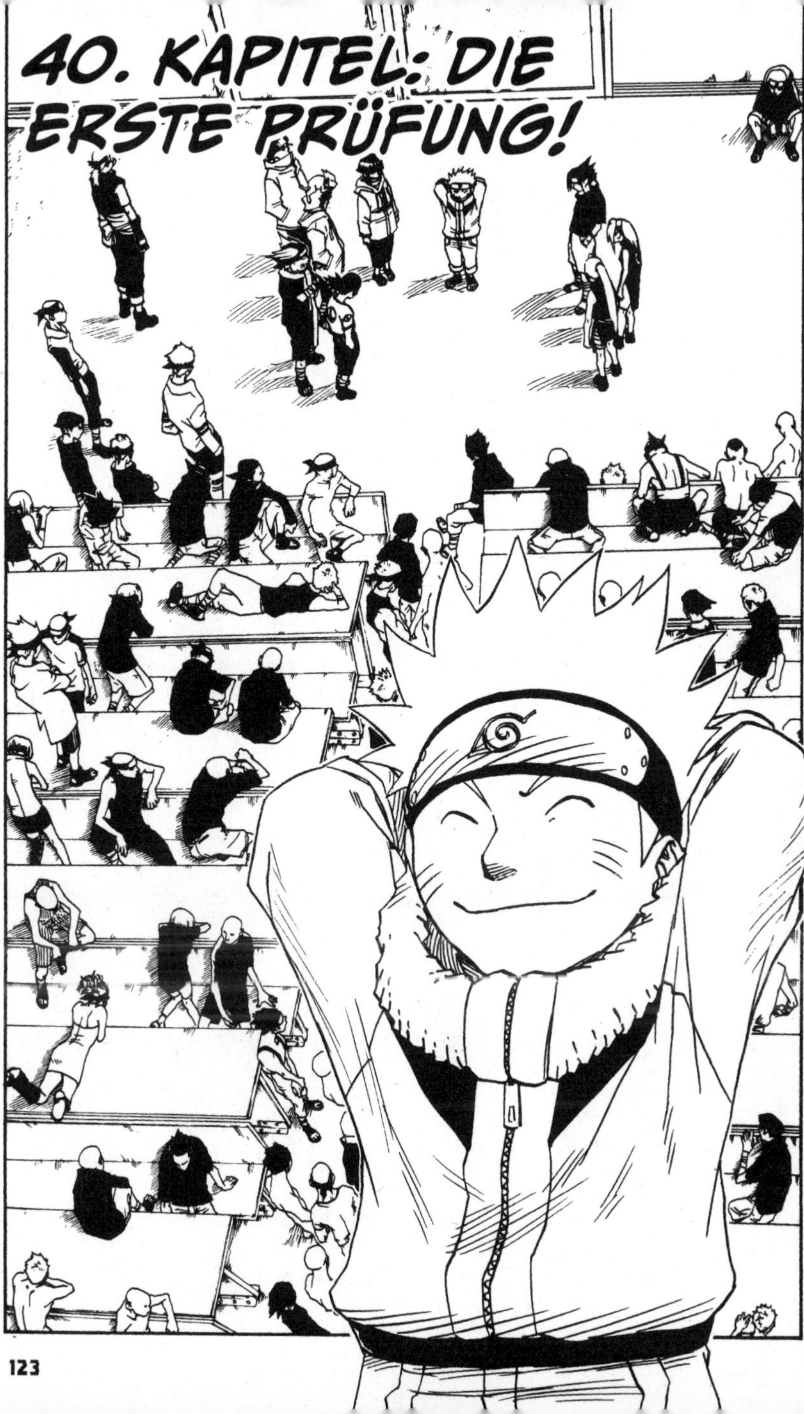
40. KAPITEL: DIE ERSTE PRÜFUNG!

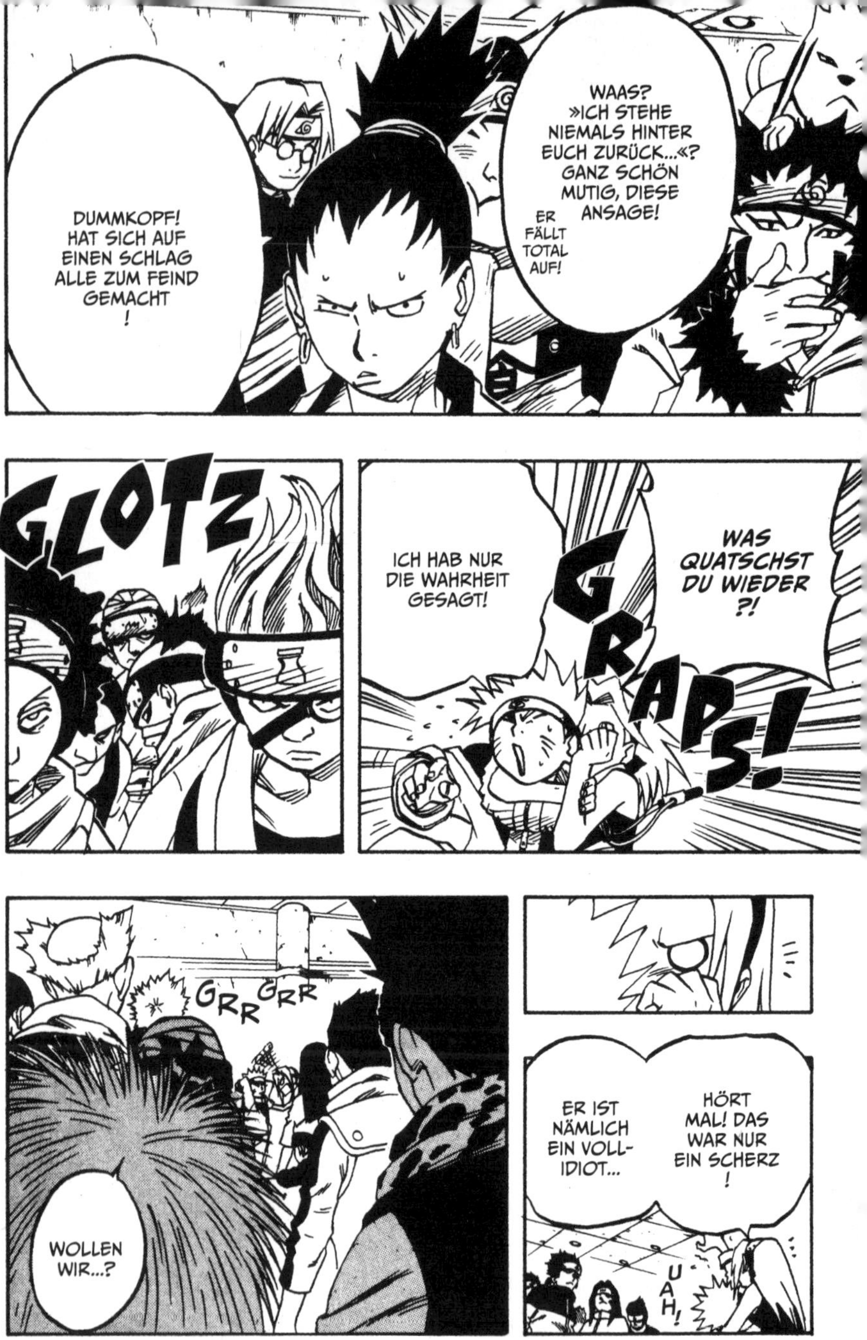
DUMMKOPF! HAT SICH AUF EINEN SCHLAG ALLE ZUM FEIND GEMACHT !
WAAS? »ICH STEHE NIEMALS HINTER EUCH ZURÜCK...«? GANZ SCHÖN MUTIG, DIESE ANSAGE!
ER FÄLLT TOTAL AUF!
GLOTZ
ICH HAB NUR DIE WAHRHEIT GESAGT!
GRAPS!
WAS QUATSCHST DU WIEDER ?!
GRR GRR
WOLLEN WIR...?
HÖRT MAL! DAS WAR NUR EIN SCHERZ !
ER IST NÄMLICH EIN VOLL-IDIOT...
UAH!

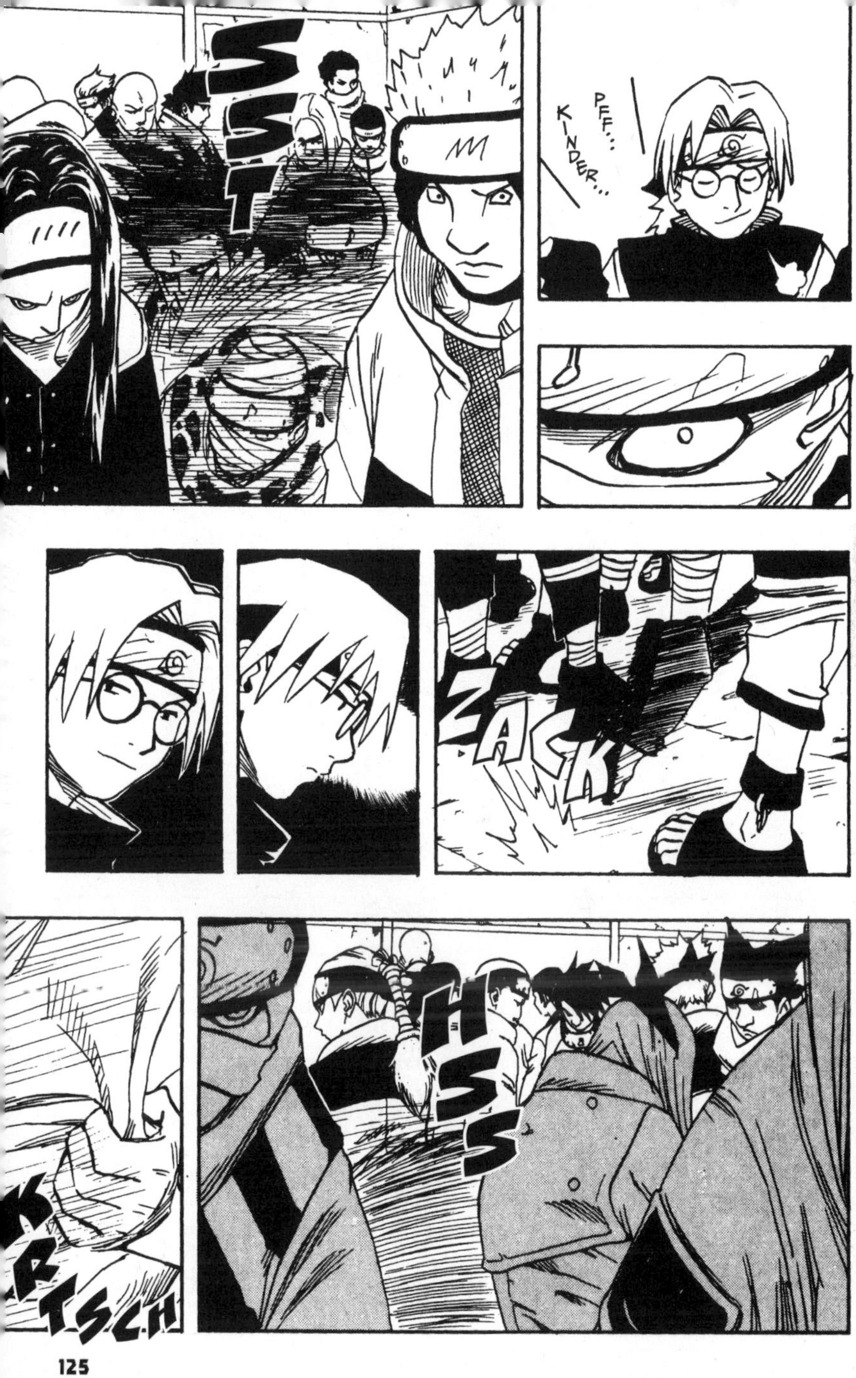
PFF... KINDER...
SST
ZACK
HSS
KRTSCH

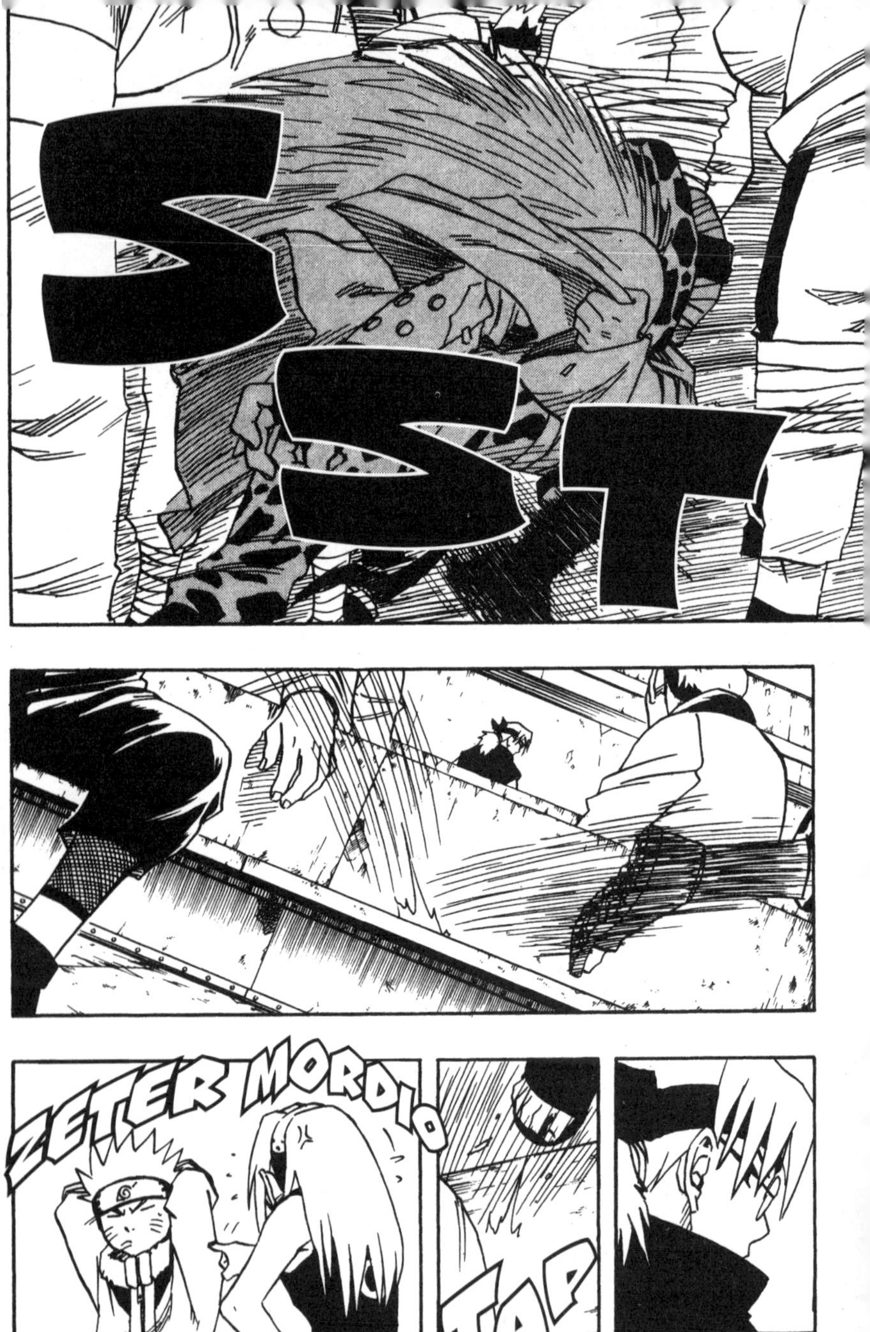
SST
ZETER MORDIO
TAP

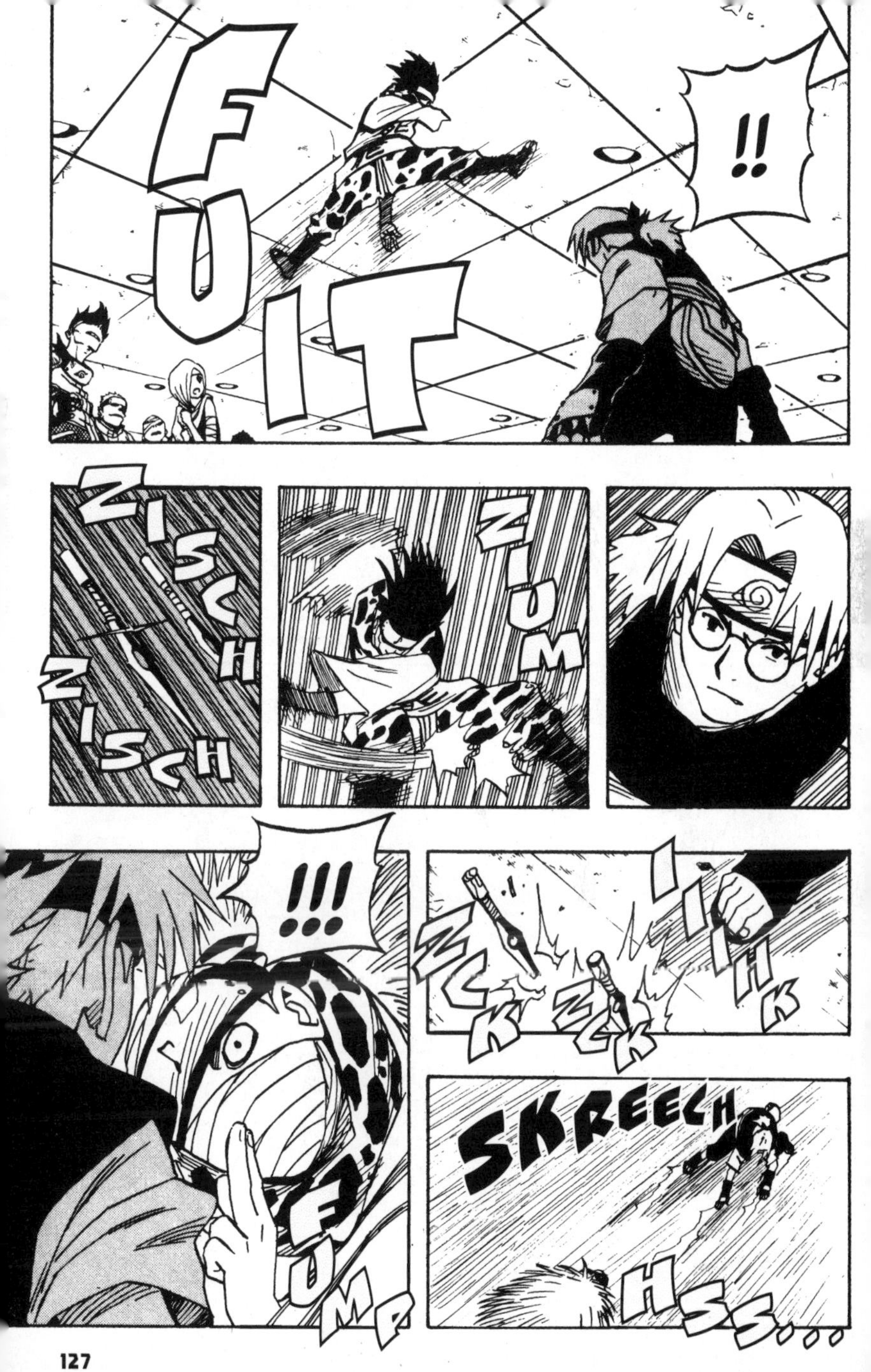

!!
FUIT
ZUM
ZISCH
ZISCH
ZICK
ZICK
IIHK
SKREECH
HSS...
!!!
FUMP

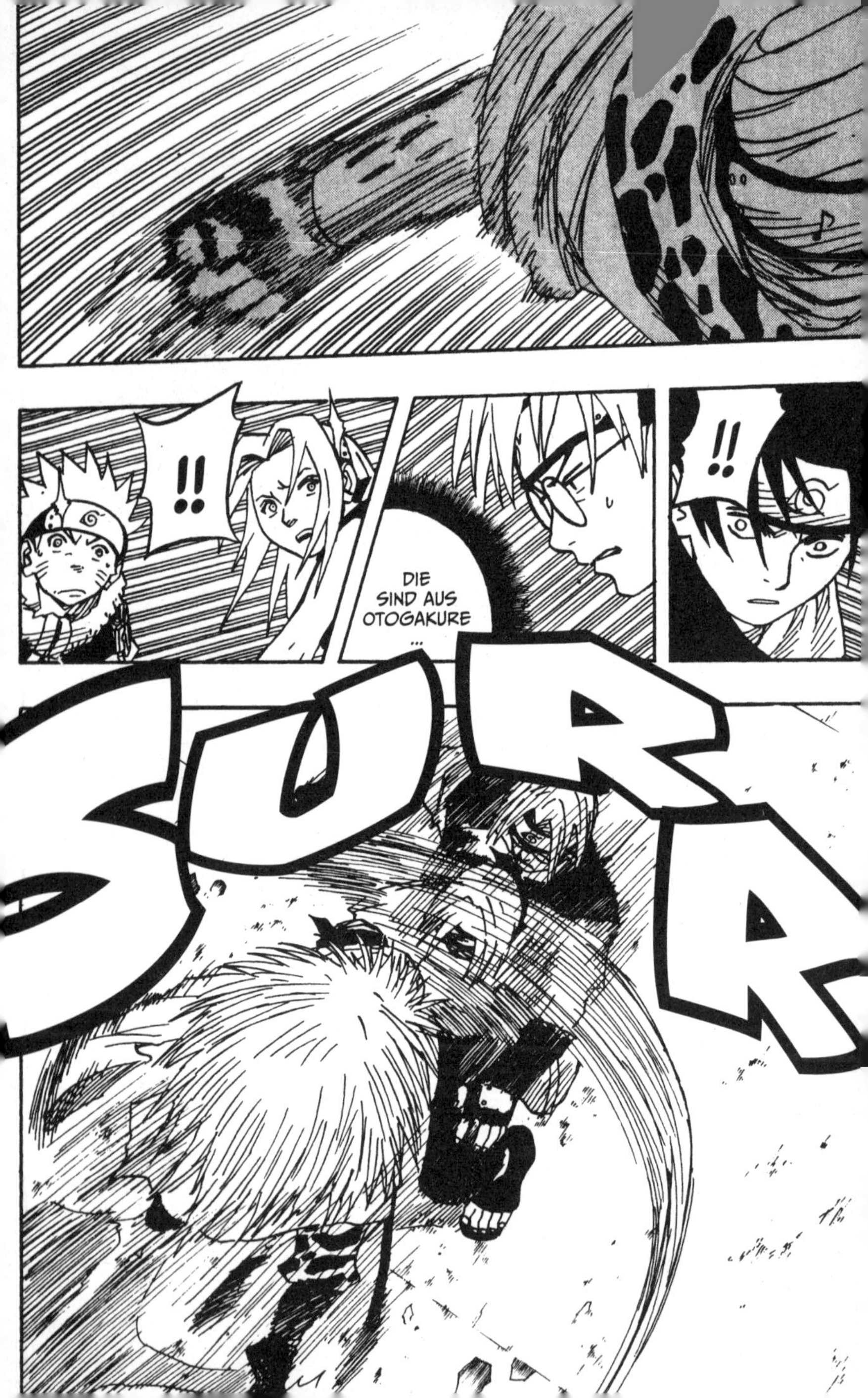
!!
DIE SIND AUS OTOGAKURE …
!!
SURR

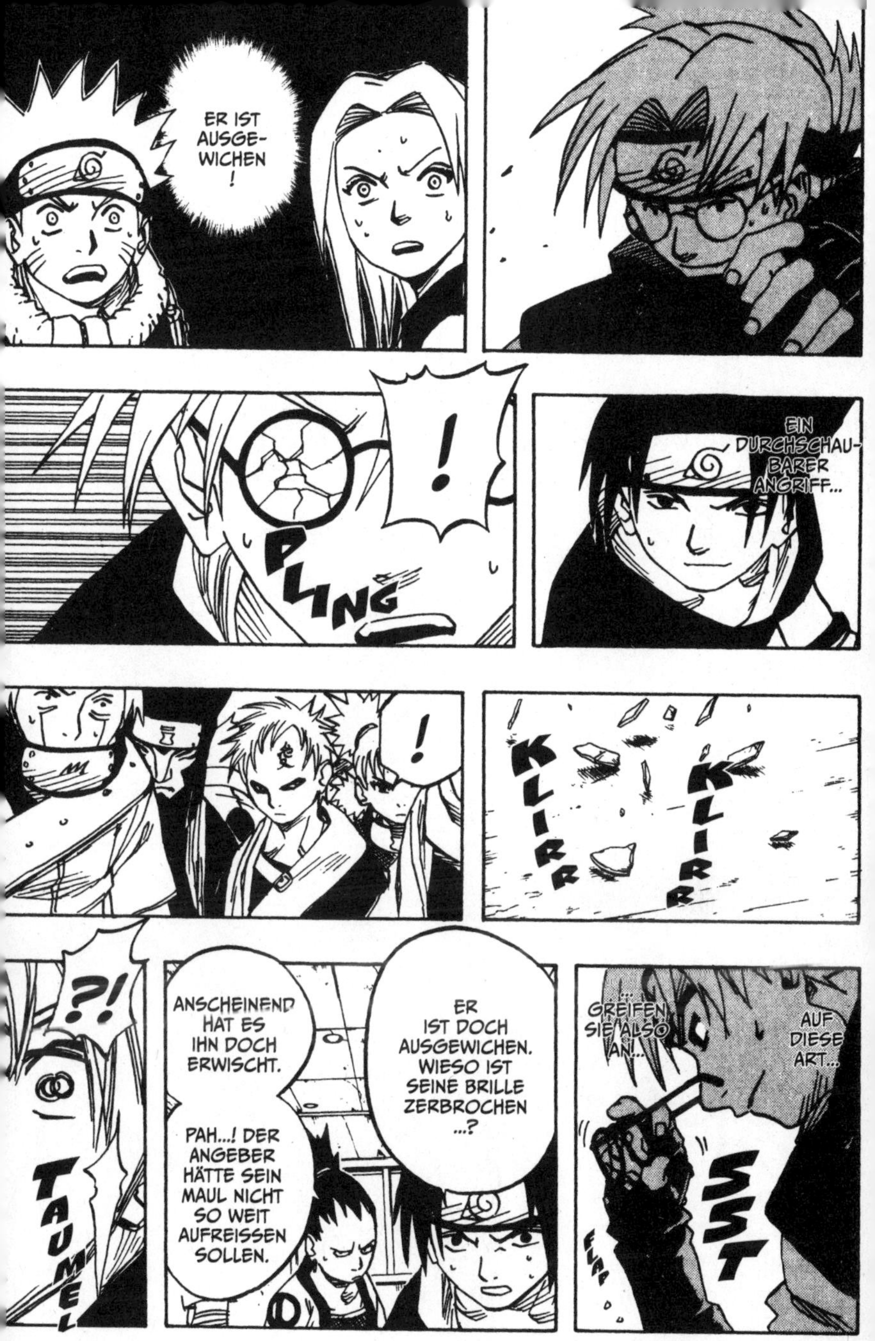
ER IST AUSGE-WICHEN !
EIN DURCHSCHAU-BARER ANGRIFF...
!
PLING
KLIRR
KLIRR
!
AUF DIESE ART...
...GREIFEN SIE ALSO AN!...
SST
FLAP
ER IST DOCH AUSGEWICHEN. WIESO IST SEINE BRILLE ZERBROCHEN ...?
ANSCHEINEND HAT ES IHN DOCH ERWISCHT.
PAH...! DER ANGEBER HÄTTE SEIN MAUL NICHT SO WEIT AUFREISSEN SOLLEN.
?!
TAUMEL

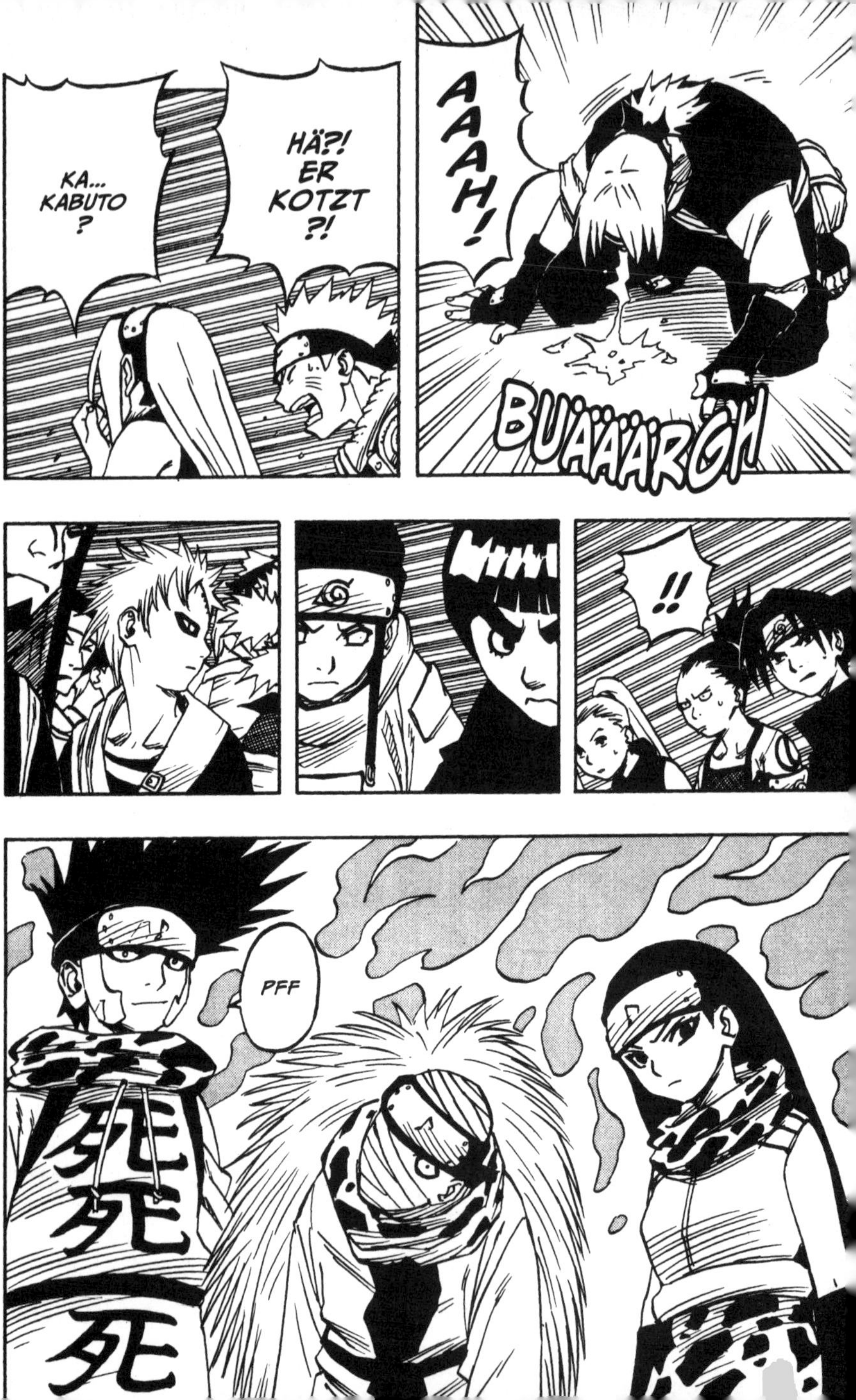
AAAAH!
BUÄÄÄRGH
HÄ?! ER KOTZT ?!
KA... KABUTO ?
!!
PFF

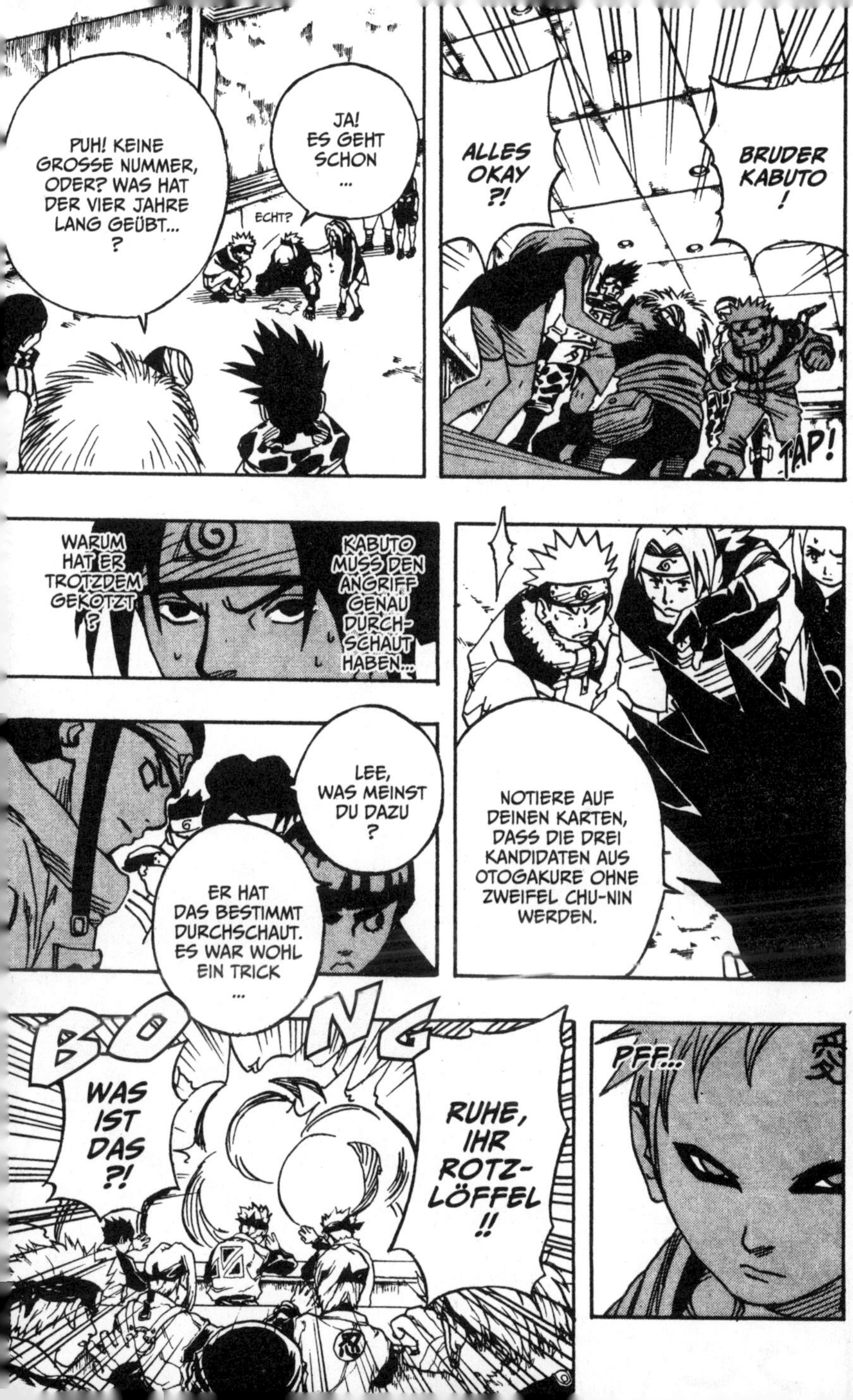
BRUDER KABUTO!
ALLES OKAY?!
TAP!
JA! ES GEHT SCHON ...
ECHT?
PUH! KEINE GROSSE NUMMER, ODER? WAS HAT DER VIER JAHRE LANG GEÜBT...?
NOTIERE AUF DEINEN KARTEN, DASS DIE DREI KANDIDATEN AUS OTOGAKURE OHNE ZWEIFEL CHU-NIN WERDEN.
KABUTO MUSS DEN ANGRIFF GENAU DURCH-SCHAUT HABEN...
WARUM HAT ER TROTZDEM GEKOTZT?
LEE, WAS MEINST DU DAZU?
ER HAT DAS BESTIMMT DURCHSCHAUT. ES WAR WOHL EIN TRICK ...
PFF...
BOING
RUHE, IHR ROTZ-LÖFFEL!!
WAS IST DAS?!

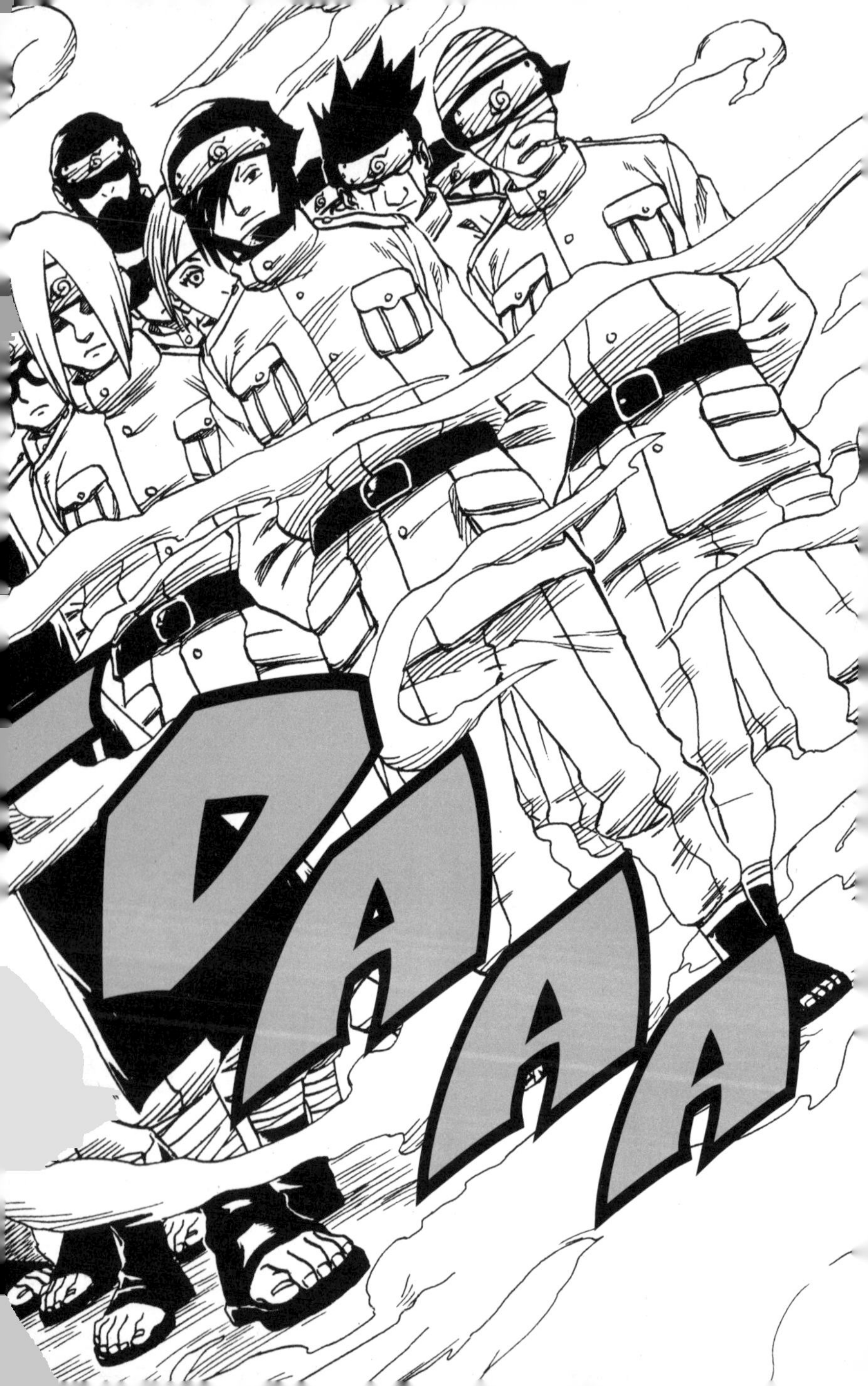
DAAA

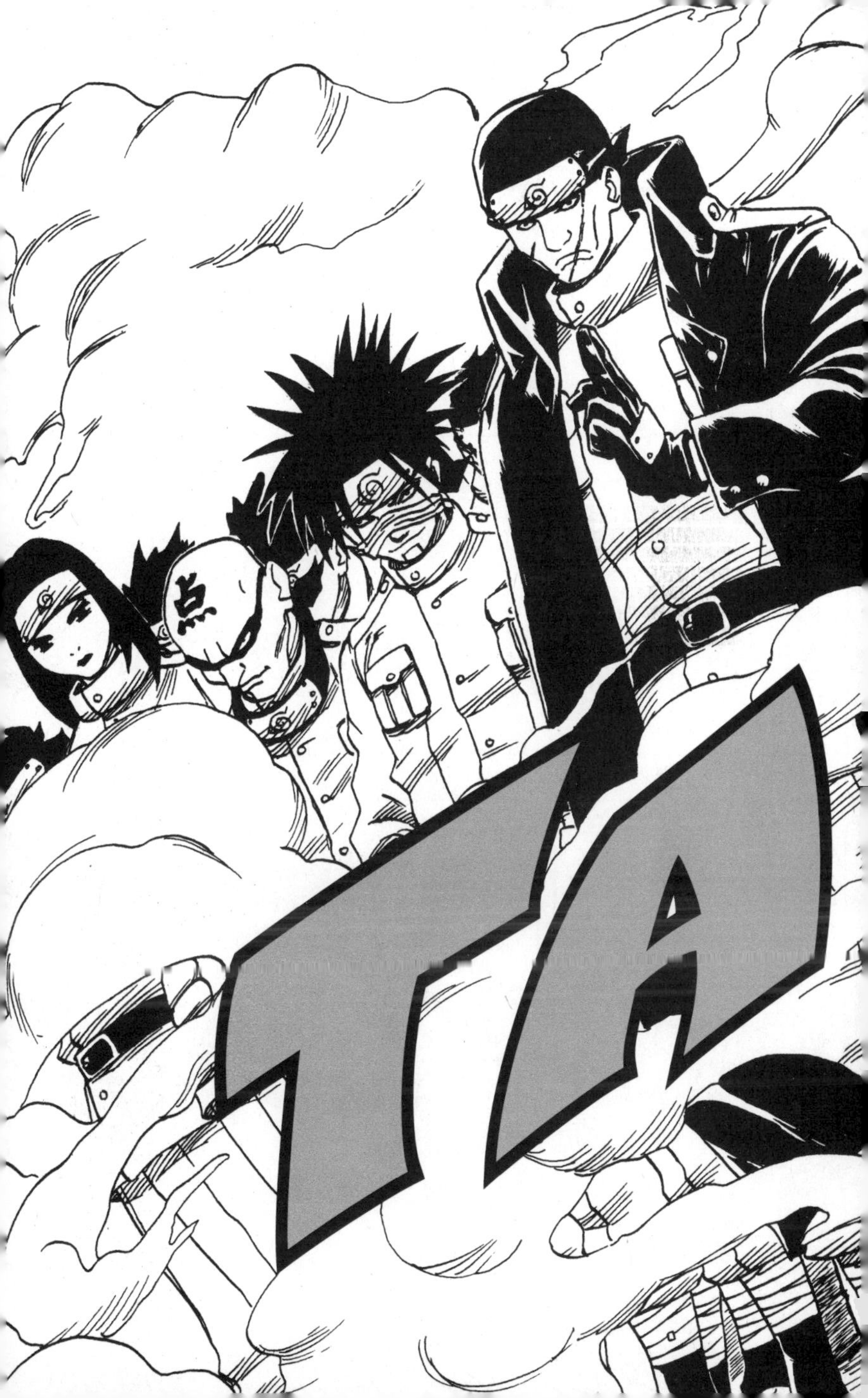
TA

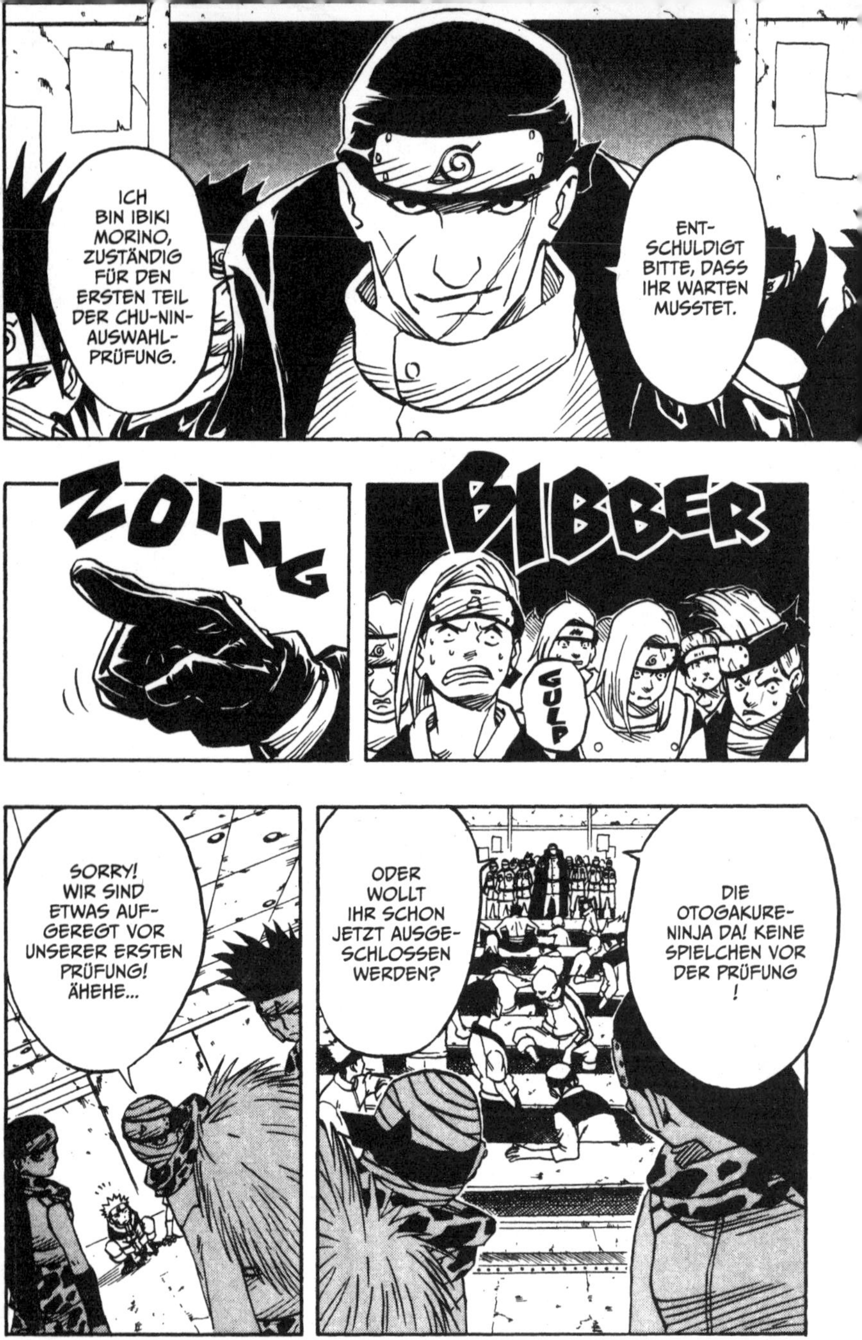
ENT-SCHULDIGT BITTE, DASS IHR WARTEN MUSSTET.
ICH BIN IBIKI MORINO, ZUSTÄNDIG FÜR DEN ERSTEN TEIL DER CHU-NIN-AUSWAHL-PRÜFUNG.
BIBBER
GULP
ZOING
DIE OTOGAKURE-NINJA DA! KEINE SPIELCHEN VOR DER PRÜFUNG!
ODER WOLLT IHR SCHON JETZT AUSGE-SCHLOSSEN WERDEN?
SORRY! WIR SIND ETWAS AUF-GEREGT VOR UNSERER ERSTEN PRÜFUNG! ÄHEHE...

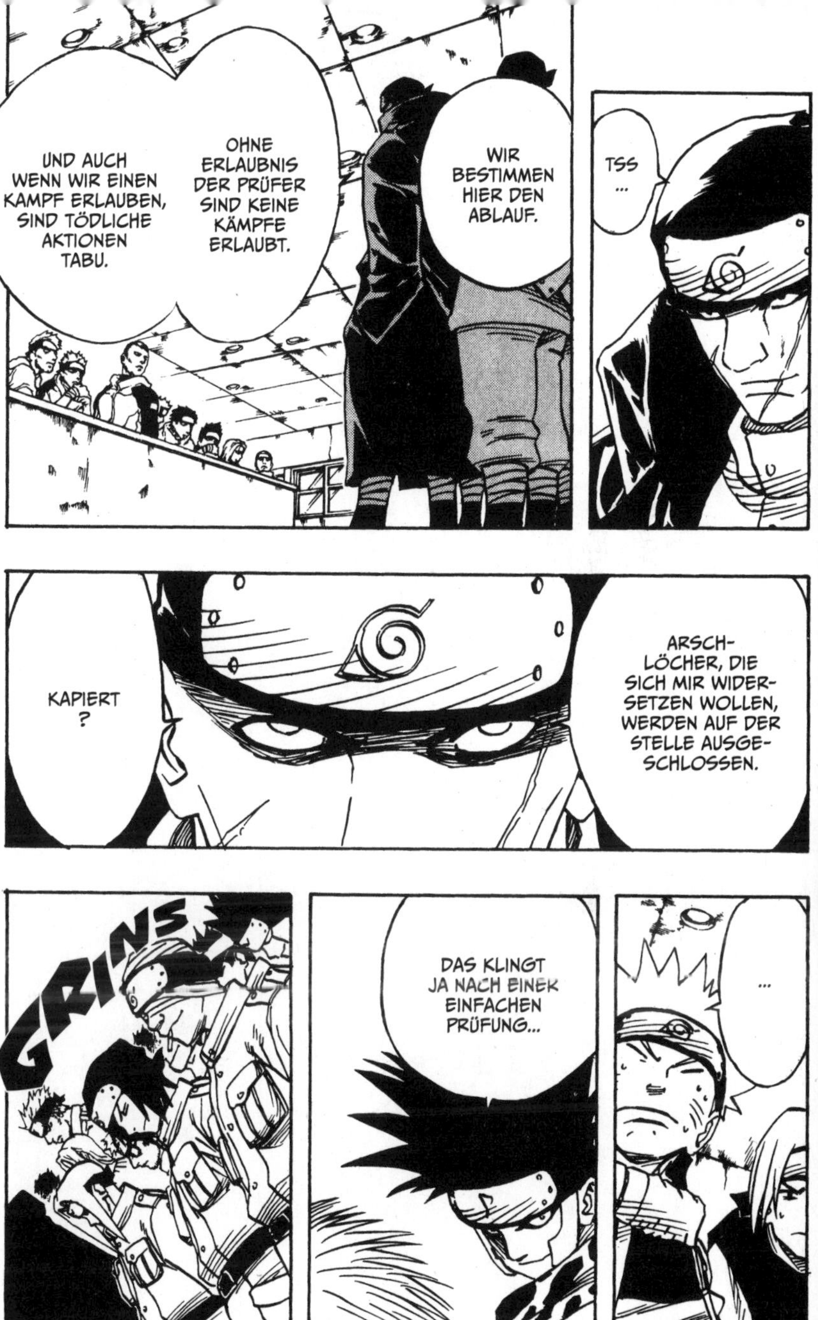
TSS ...
WIR BESTIMMEN HIER DEN ABLAUF.
OHNE ERLAUBNIS DER PRÜFER SIND KEINE KÄMPFE ERLAUBT.
UND AUCH WENN WIR EINEN KAMPF ERLAUBEN, SIND TÖDLICHE AKTIONEN TABU.
ARSCHLÖCHER, DIE SICH MIR WIDERSETZEN WOLLEN, WERDEN AUF DER STELLE AUSGESCHLOSSEN.
KAPIERT ?
...
DAS KLINGT JA NACH EINER EINFACHEN PRÜFUNG...
GRINS

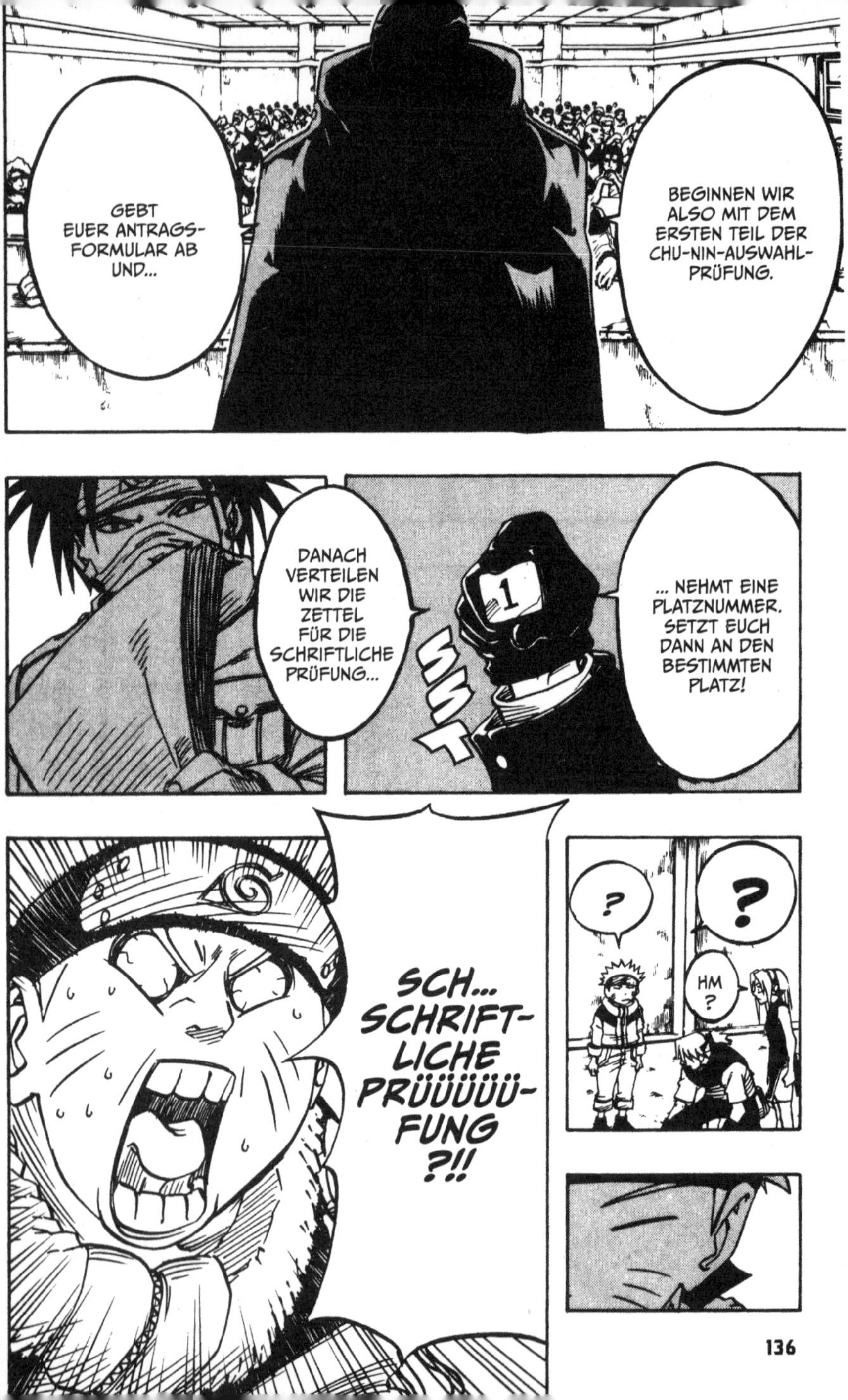
BEGINNEN WIR ALSO MIT DEM ERSTEN TEIL DER CHU-NIN-AUSWAHL-PRÜFUNG.
GEBT EUER ANTRAGS-FORMULAR AB UND...
... NEHMT EINE PLATZNUMMER. SETZT EUCH DANN AN DEN BESTIMMTEN PLATZ!
1
DANACH VERTEILEN WIR DIE ZETTEL FÜR DIE SCHRIFTLICHE PRÜFUNG...
?
?
HM ?
SCH... SCHRIFT-LICHE PRÜÜÜÜÜ-FUNG ?!!

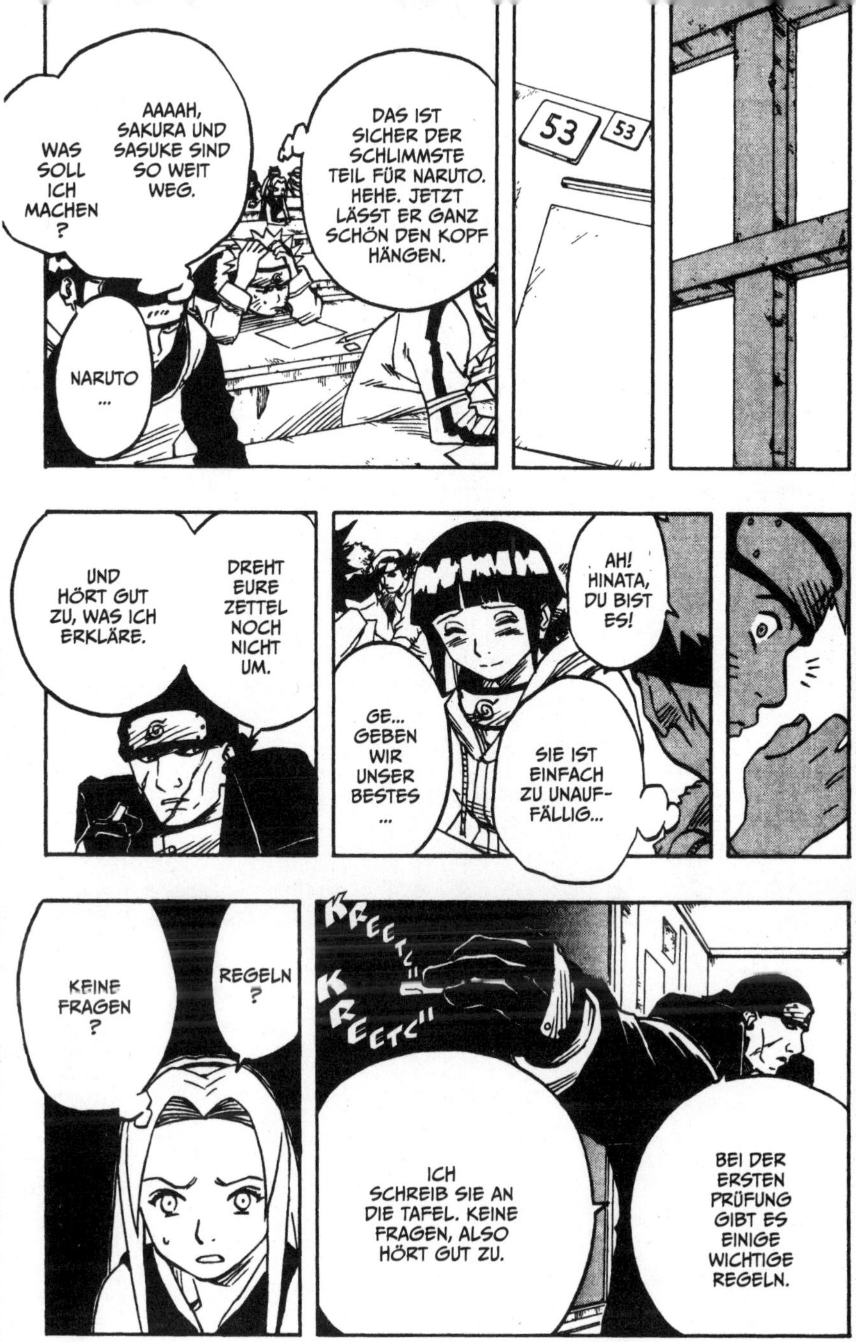
DAS IST SICHER DER SCHLIMMSTE TEIL FÜR NARUTO. HEHE. JETZT LÄSST ER GANZ SCHÖN DEN KOPF HÄNGEN.
AAAAH, SAKURA UND SASUKE SIND SO WEIT WEG.
WAS SOLL ICH MACHEN ?
NARUTO ...
AH! HINATA, DU BIST ES!
SIE IST EINFACH ZU UNAUF-FÄLLIG...
GE... GEBEN WIR UNSER BESTES ...
DREHT EURE ZETTEL NOCH NICHT UM.
UND HÖRT GUT ZU, WAS ICH ERKLÄRE.
BEI DER ERSTEN PRÜFUNG GIBT ES EINIGE WICHTIGE REGELN.
ICH SCHREIB SIE AN DIE TAFEL. KEINE FRAGEN, ALSO HÖRT GUT ZU.
KREETC!!
KREETC!!
REGELN ?
KEINE FRAGEN ?

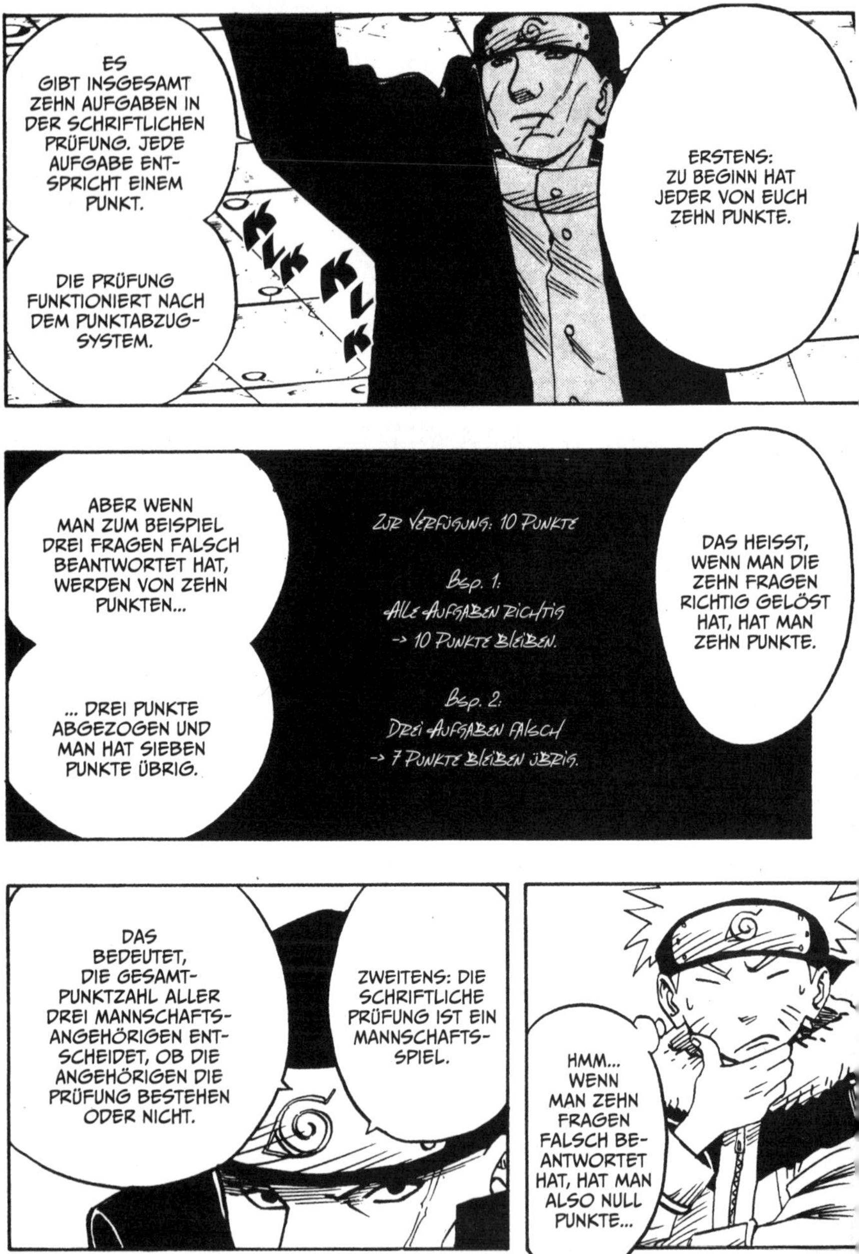
ERSTENS: ZU BEGINN HAT JEDER VON EUCH ZEHN PUNKTE.
ES GIBT INSGESAMT ZEHN AUFGABEN IN DER SCHRIFTLICHEN PRÜFUNG. JEDE AUFGABE ENT-SPRICHT EINEM PUNKT.
DIE PRÜFUNG FUNKTIONIERT NACH DEM PUNKTABZUG-SYSTEM.
KLK KLK
DAS HEISST, WENN MAN DIE ZEHN FRAGEN RICHTIG GELÖST HAT, HAT MAN ZEHN PUNKTE.
ZUR VERFÜGUNG: 10 PUNKTE
BSP. 1: ALLE AUFGABEN RICHTIG -> 10 PUNKTE BLEIBEN.
BSP. 2: DREI AUFGABEN FALSCH -> 7 PUNKTE BLEIBEN ÜBRIG.
ABER WENN MAN ZUM BEISPIEL DREI FRAGEN FALSCH BEANTWORTET HAT, WERDEN VON ZEHN PUNKTEN...
... DREI PUNKTE ABGEZOGEN UND MAN HAT SIEBEN PUNKTE ÜBRIG.
HMM... WENN MAN ZEHN FRAGEN FALSCH BE-ANTWORTET HAT, HAT MAN ALSO NULL PUNKTE...
ZWEITENS: DIE SCHRIFTLICHE PRÜFUNG IST EIN MANNSCHAFTS-SPIEL.
DAS BEDEUTET, DIE GESAMT-PUNKTZAHL ALLER DREI MANNSCHAFTS-ANGEHÖRIGEN ENT-SCHEIDET, OB DIE ANGEHÖRIGEN DIE PRÜFUNG BESTEHEN ODER NICHT.

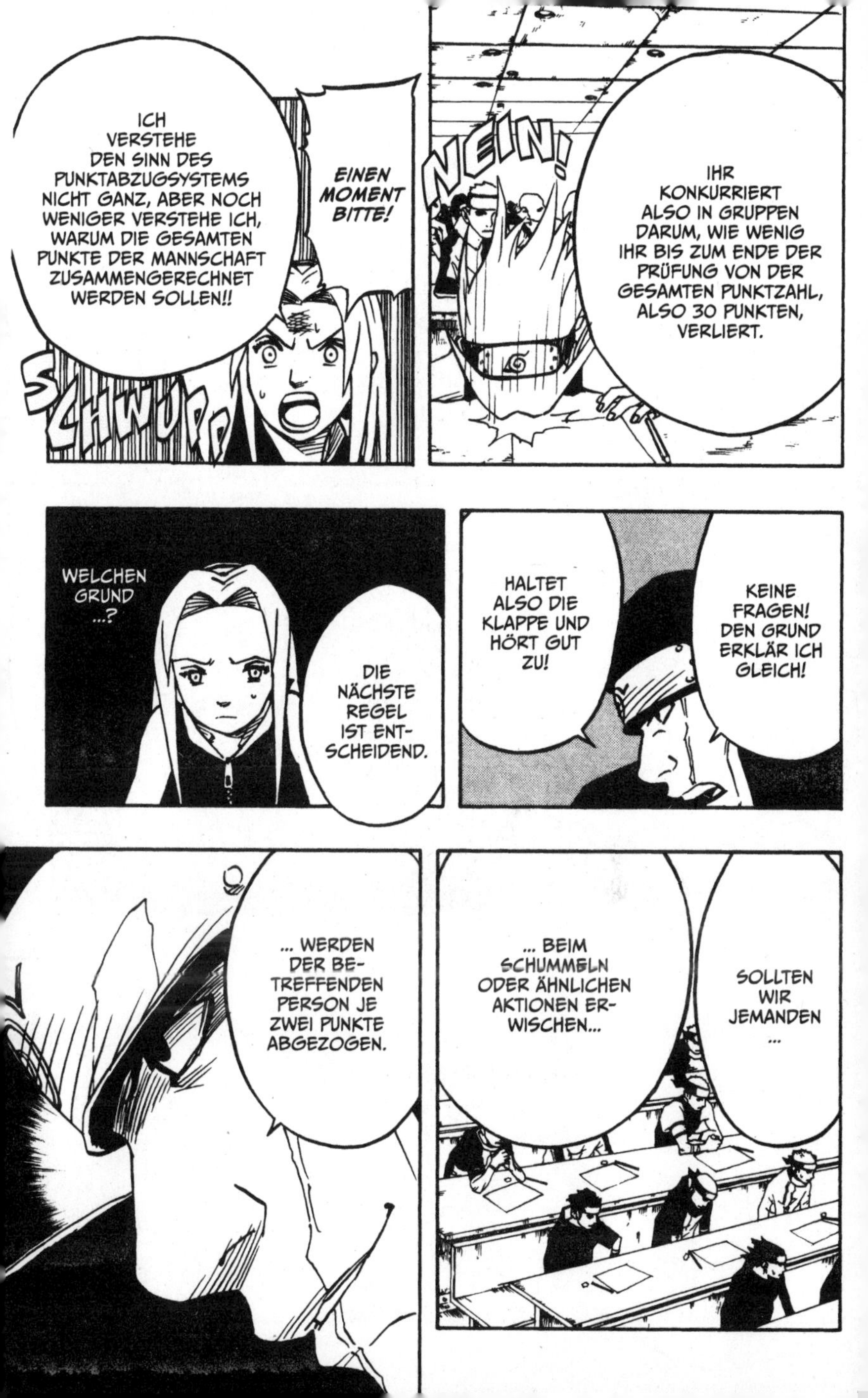
IHR KONKURRIERT ALSO IN GRUPPEN DARUM, WIE WENIG IHR BIS ZUM ENDE DER PRÜFUNG VON DER GESAMTEN PUNKTZAHL, ALSO 30 PUNKTEN, VERLIERT.
NEIN!
EINEN MOMENT BITTE!
ICH VERSTEHE DEN SINN DES PUNKTABZUGSYSTEMS NICHT GANZ, ABER NOCH WENIGER VERSTEHE ICH, WARUM DIE GESAMTEN PUNKTE DER MANNSCHAFT ZUSAMMENGERECHNET WERDEN SOLLEN!!
SCHWUPP
KEINE FRAGEN! DEN GRUND ERKLÄR ICH GLEICH!
HALTET ALSO DIE KLAPPE UND HÖRT GUT ZU!
DIE NÄCHSTE REGEL IST ENTSCHEIDEND.
WELCHEN GRUND ...?
SOLLTEN WIR JEMANDEN ...
... BEIM SCHUMMELN ODER ÄHNLICHEN AKTIONEN ERWISCHEN...
... WERDEN DER BETREFFENDEN PERSON JE ZWEI PUNKTE ABGEZOGEN.

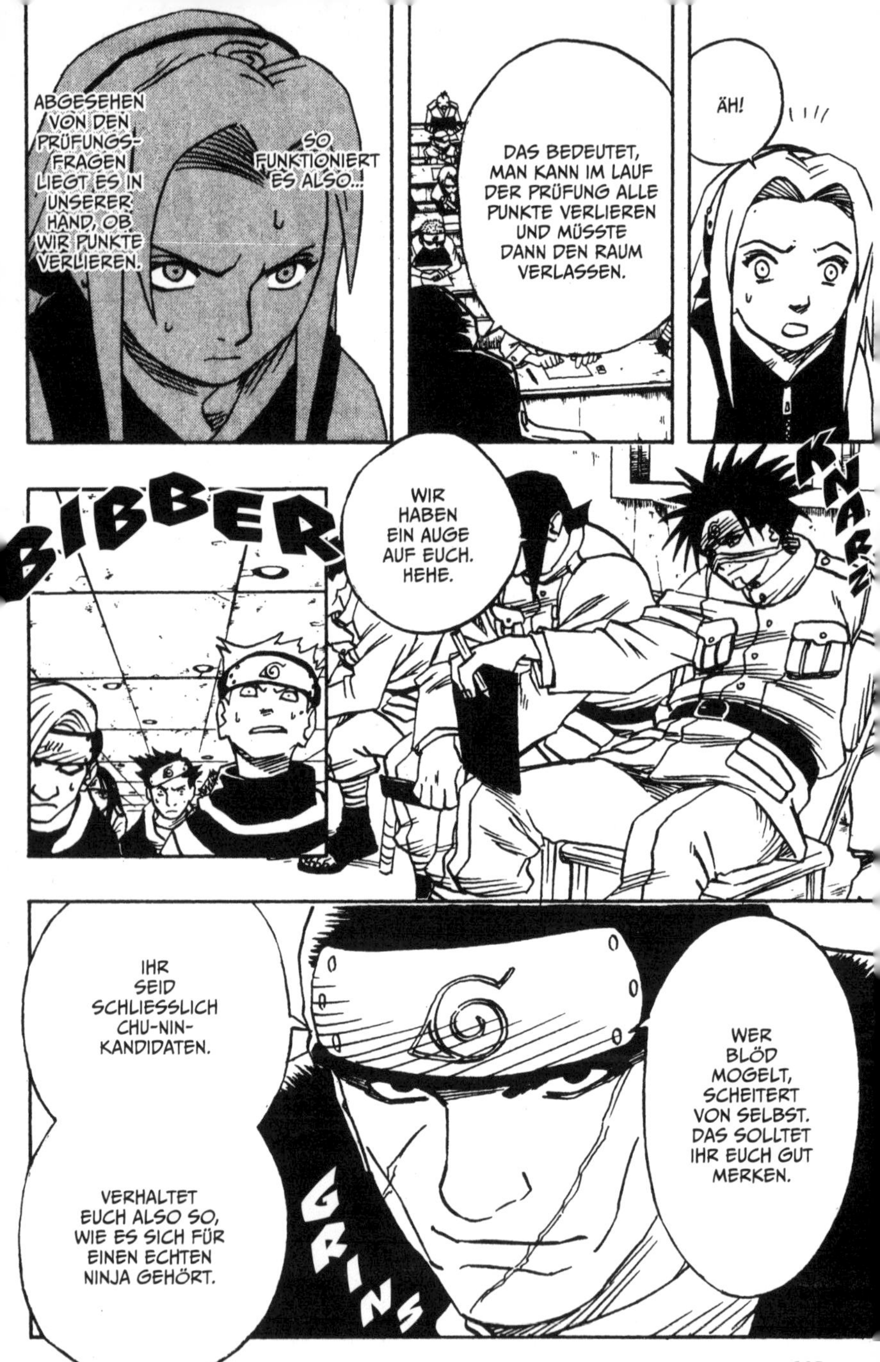
ÄH!
DAS BEDEUTET, MAN KANN IM LAUF DER PRÜFUNG ALLE PUNKTE VERLIEREN UND MÜSSTE DANN DEN RAUM VERLASSEN.
SO FUNKTIONIERT ES ALSO...
ABGESEHEN VON DEN PRÜFUNGS-FRAGEN LIEGT ES IN UNSERER HAND, OB WIR PUNKTE VERLIEREN.
KNARR
WIR HABEN EIN AUGE AUF EUCH. HEHE.
BIBBER
WER BLÖD MOGELT, SCHEITERT VON SELBST. DAS SOLLTET IHR EUCH GUT MERKEN.
GRINS
IHR SEID SCHLIESSLICH CHU-NIN-KANDIDATEN.
VERHALTET EUCH ALSO SO, WIE ES SICH FÜR EINEN ECHTEN NINJA GEHÖRT.

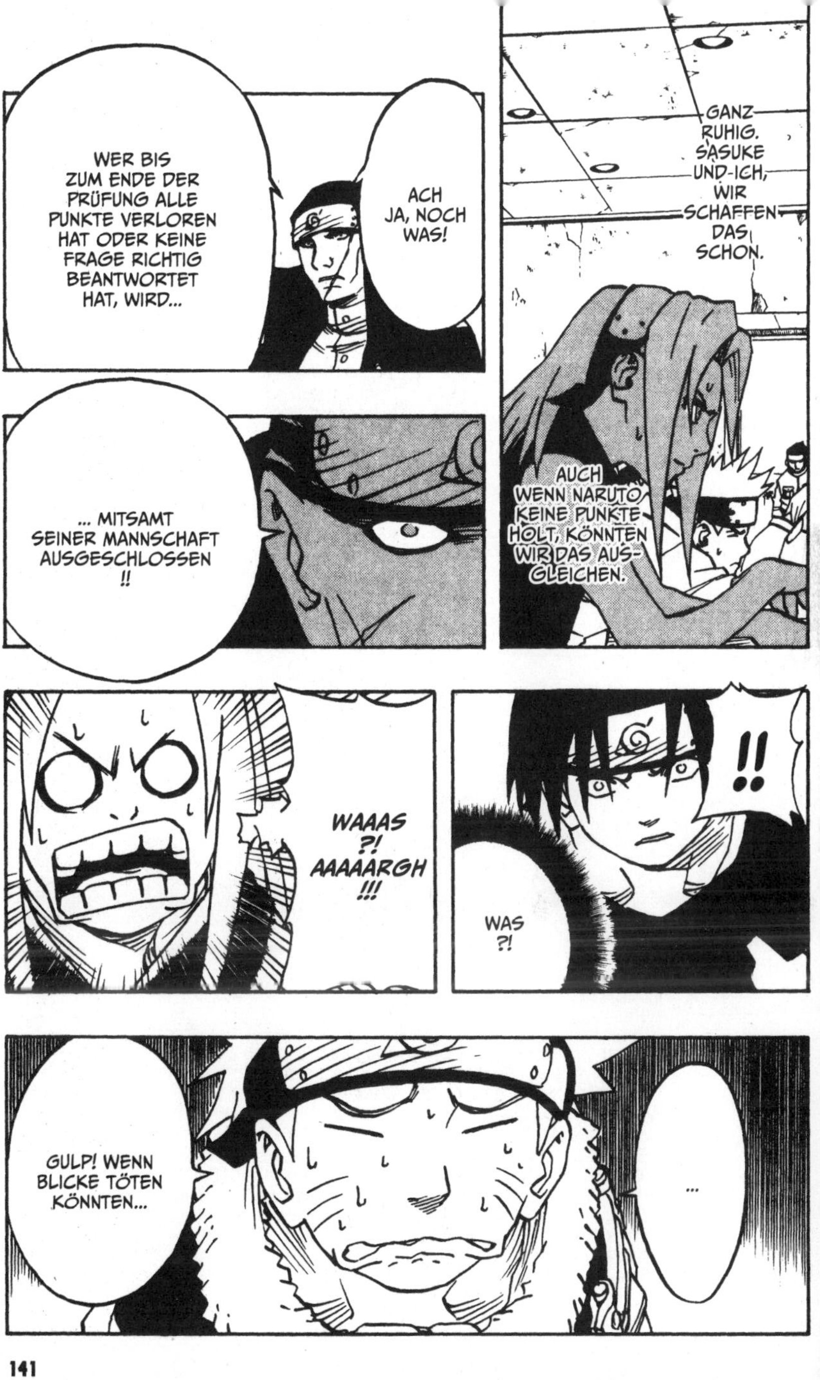
GANZ RUHIG. SASUKE UND ICH, WIR SCHAFFEN DAS SCHON.
AUCH WENN NARUTO KEINE PUNKTE HOLT, KÖNNTEN WIR DAS AUSGLEICHEN.
ACH JA, NOCH WAS!
WER BIS ZUM ENDE DER PRÜFUNG ALLE PUNKTE VERLOREN HAT ODER KEINE FRAGE RICHTIG BEANTWORTET HAT, WIRD...
... MITSAMT SEINER MANNSCHAFT AUSGESCHLOSSEN !!
!!
WAS ?!
WAAAS ?! AAAAARGH !!!
...
GULP! WENN BLICKE TÖTEN KÖNNTEN...

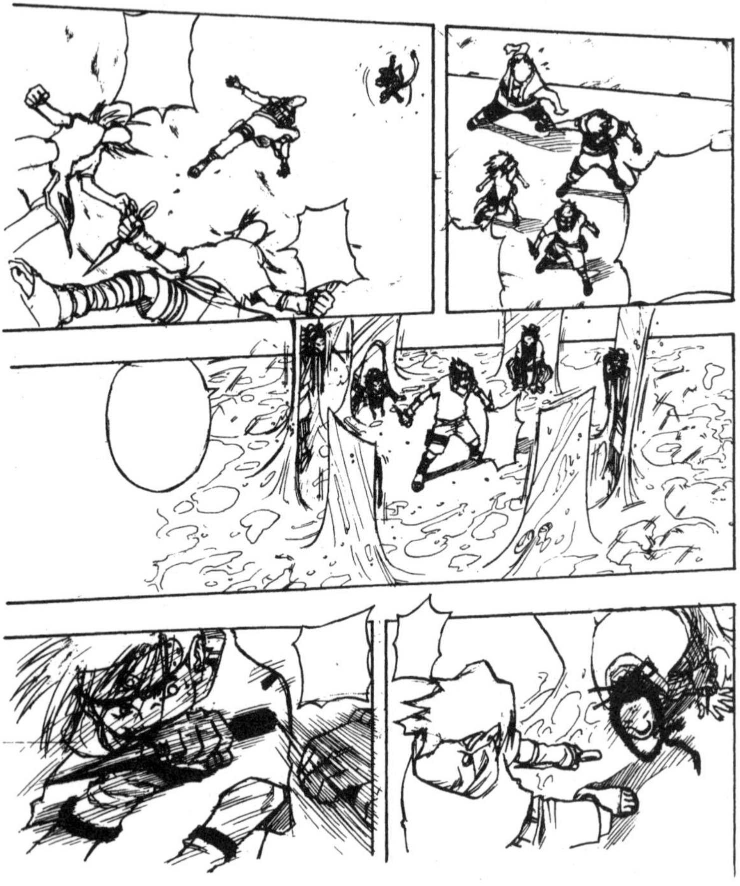

MASASHI KISHIMOTOS BOTSU-ECKE
HIER WILL ICH EUCH DAVON ÜBERZEUGEN, WIE SORGFÄLTIG ICH MANGA ZEICHNE!
TEIL 1

HIER SEHT IHR EINE SEITE AUS NARUTO, DIE BOTSU (AUSSCHUSS, ABGELEHNT) GEWORDEN IST. ICH HATTE DIESE SEITE SCHON IN PANELS UNTERTEILT, DIE EINZELNEN SZENEN GEZEICHNET UND AUCH DIE SOUNDWORDS REINGESCHRIEBEN. ABER DA DIE INSZENIERUNG NICHT WIRKLICH SPEKTAKULÄR WAR UND DIE WICHTIGSTE AKTION ZU KLEIN DARGESTELLT IST, HABE ICH SIE ZU BOTSU ERKLÄRT. EIGENTLICH IST BEI EINER WÖCHENTLICHEN FORTSETZUNG KEINE ZEIT FÜR SOLCHE FEINHEITEN, ABER WENN ICH WIRKLICH UNZUFRIEDEN BIN, ÄNDERE ICH ES GRUNDSÄTZLICH DOCH, DENN WAS BEIM LAYOUT GEPLANT IST, WIRKT OFT ANDERS, WENN DIE BILDER DANN TATSÄCHLICH GEZEICHNET SIND. HM... WAHRSCHEINLICH WERDEN DIE MANUSKRIPTE VON NARUTO DESHALB IMMER SO LANGSAM FERTIG!! WAR MIR BISHER NICHT SO BEWUSST...

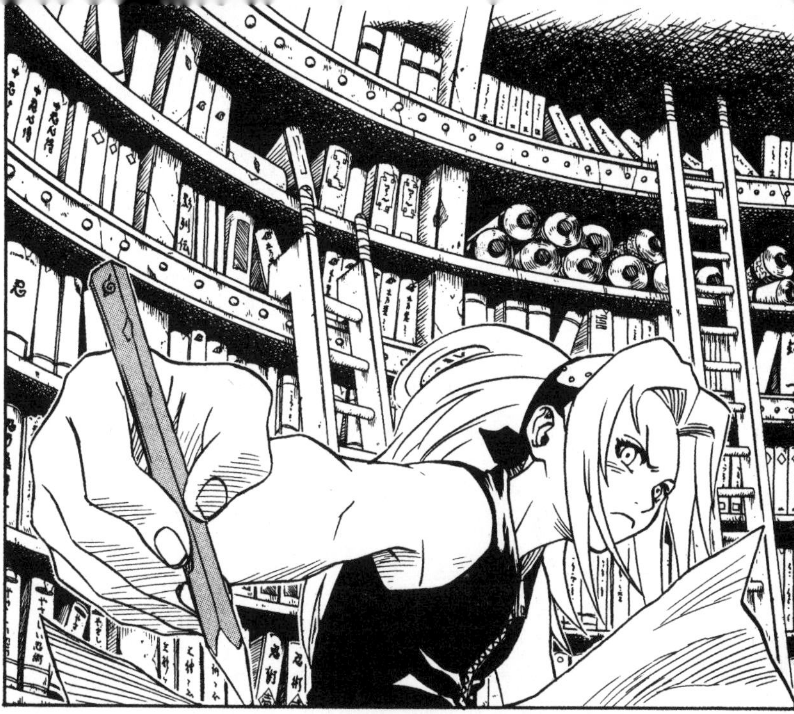

41. KAPITEL: TEUFLISCHES FLÜSTERN...!!

DIE REGELN DES ERSTEN TEILS DER CHU NIN-AUSWAHLPRÜFUNG

1) ZU BEGINN HAT JEDER KANDIDAT ZEHN PUNKTE ZUR VERFÜGUNG. ES GIBT ZEHN AUFGABEN IN DER PRÜFUNG, UND JEDE AUFGABE ENTSPRICHT EINEM PUNKT. SO VIELE PUNKTE, WIE MAN AUFGABEN FALSCH GELÖST HAT, WERDEN ABGEZOGEN (PUNKTABZUGSYSTEM).

2) DIE PRÜFUNG IST EIN MANNSCHAFTSSPIEL.
DAS BEDEUTET, DIE GESAMTPUNKTZAHL ALLER DREI MANNSCHAFTSANGEHÖRIGEN IST ENTSCHEIDEND (VOLLE PUNKZAHL: 30).

3) WENN DIE PRÜFER EINE MOGELEI ODER ANDERE AUFFÄLLIGKEITEN ENTDECKEN, WERDEN DER BETREFFENDEN PERSON JE ZWEI PUNKTE ABGEZOGEN.

4) WER BIS ZUM ENDE DER PRÜFUNG ALLE PUNKTE VERLOREN HAT ODER KEINE AUFGABE RICHTIG LÖSEN KONNTE, WIRD ZUSAMMEN MIT SEINER MANNSCHAFT AUSGESCHLOSSEN.

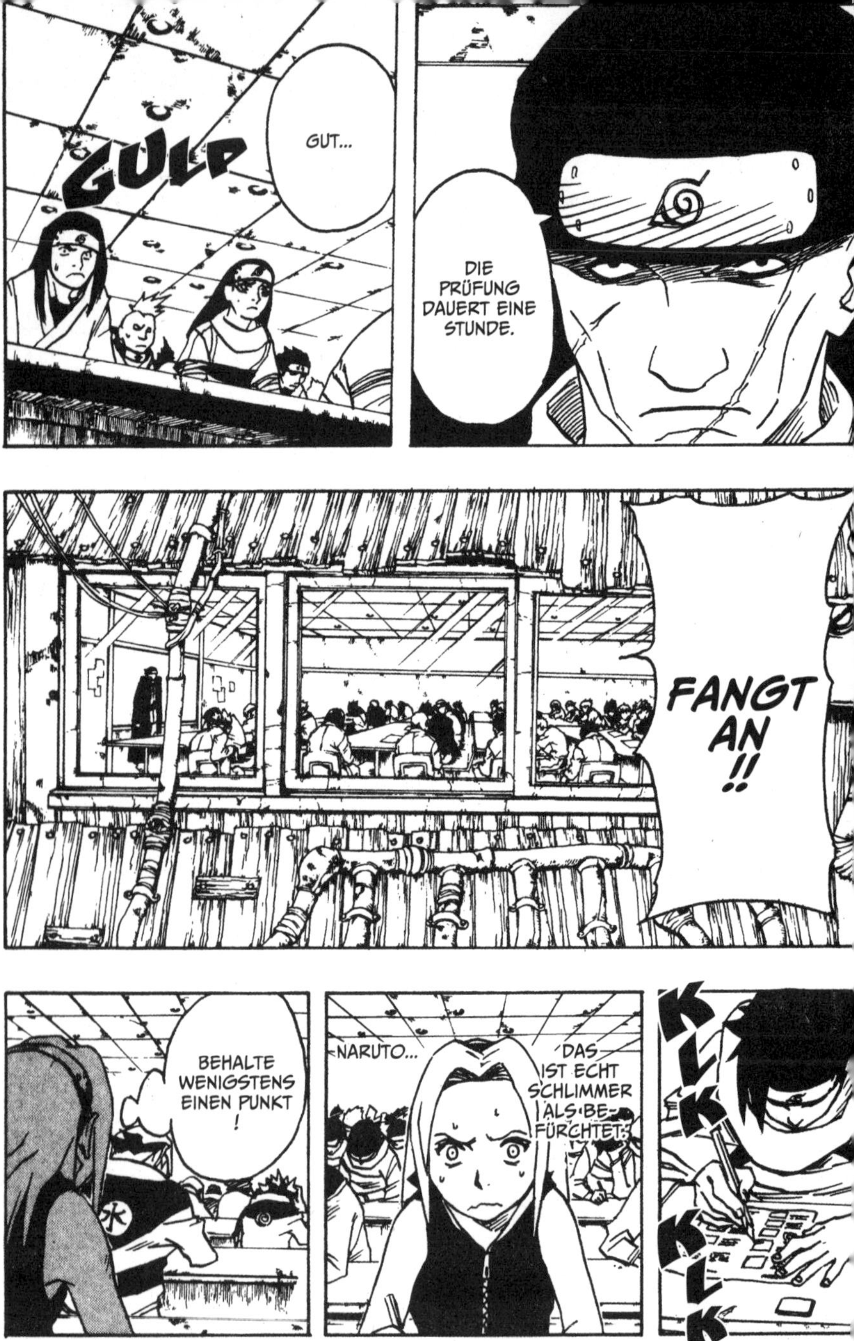
GUT...
GULP
DIE PRÜFUNG DAUERT EINE STUNDE.
FANGT AN!!
DAS IST ECHT SCHLIMMER ALS BEFÜRCHTET.
NARUTO...
BEHALTE WENIGSTENS EINEN PUNKT!
KLIK KLIK

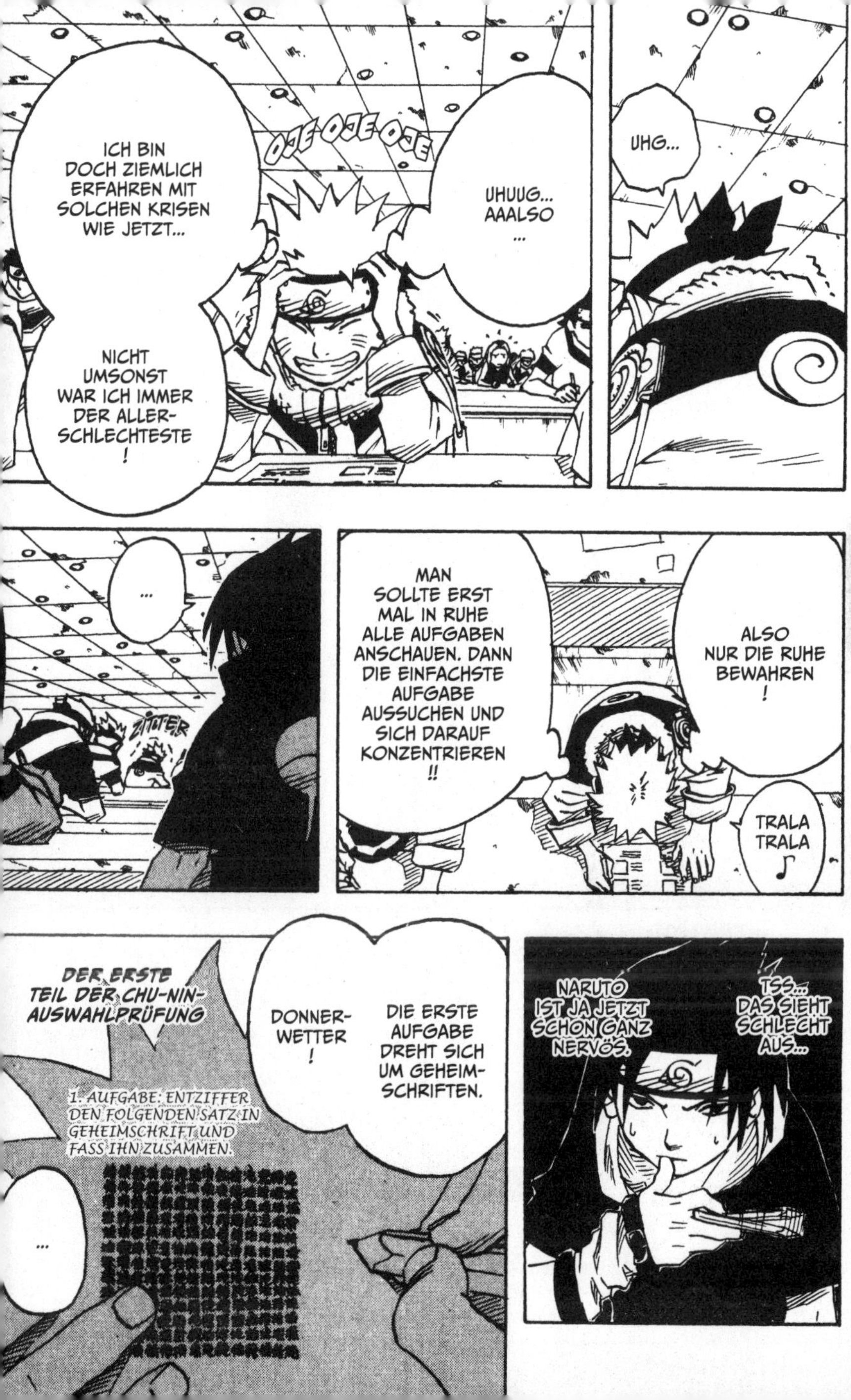
UHG...
UHUUG... AAALSO ...
ICH BIN DOCH ZIEMLICH ERFAHREN MIT SOLCHEN KRISEN WIE JETZT...
NICHT UMSONST WAR ICH IMMER DER ALLER-SCHLECHTESTE!
ALSO NUR DIE RUHE BEWAHREN!
MAN SOLLTE ERST MAL IN RUHE ALLE AUFGABEN ANSCHAUEN. DANN DIE EINFACHSTE AUFGABE AUSSUCHEN UND SICH DARAUF KONZENTRIEREN!!
TRALA TRALA ♪
ZITTER
...
TSS... DAS SIEHT SCHLECHT AUS...
NARUTO IST JA JETZT SCHON GANZ NERVÖS.
DIE ERSTE AUFGABE DREHT SICH UM GEHEIM-SCHRIFTEN.
DONNER-WETTER!
DER ERSTE TEIL DER CHU-NIN-AUSWAHLPRÜFUNG
1. AUFGABE: ENTZIFFER DEN FOLGENDEN SATZ IN GEHEIMSCHRIFT UND FASS IHN ZUSAMMEN.
...

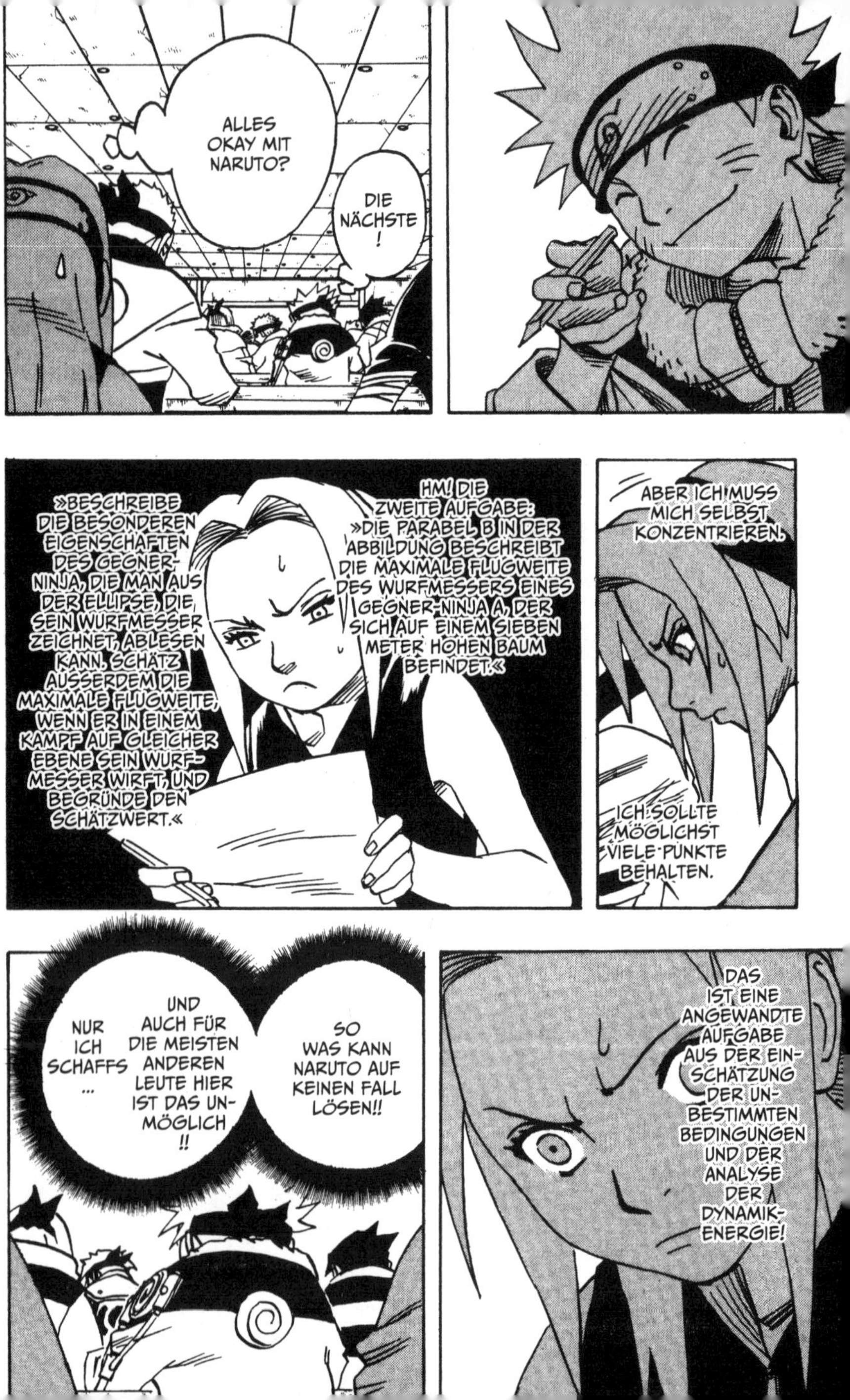
ALLES OKAY MIT NARUTO?
DIE NÄCHSTE!
ABER ICH MUSS MICH SELBST KONZENTRIEREN.
ICH SOLLTE MÖGLICHST VIELE PUNKTE BEHALTEN.
HM! DIE ZWEITE AUFGABE: »DIE PARABEL B IN DER ABBILDUNG BESCHREIBT DIE MAXIMALE FLUGWEITE DES WURFMESSERS EINES GEGNER-NINJA A, DER SICH AUF EINEM SIEBEN METER HOHEN BAUM BEFINDET.«
»BESCHREIBE DIE BESONDEREN EIGENSCHAFTEN DES GEGNER-NINJA, DIE MAN AUS DER ELLIPSE, DIE SEIN WURFMESSER ZEICHNET, ABLESEN KANN. SCHÄTZ AUSSERDEM DIE MAXIMALE FLUGWEITE, WENN ER IN EINEM KAMPF AUF GLEICHER EBENE SEIN WURF-MESSER WIRFT, UND BEGRÜNDE DEN SCHÄTZWERT.«
DAS IST EINE ANGEWANDTE AUFGABE AUS DER EIN-SCHÄTZUNG DER UN-BESTIMMTEN BEDINGUNGEN UND DER ANALYSE DER DYNAMIK-ENERGIE!
SO WAS KANN NARUTO AUF KEINEN FALL LÖSEN!!
UND AUCH FÜR DIE MEISTEN ANDEREN LEUTE HIER IST DAS UN-MÖGLICH!!
NUR ICH SCHAFFS ...

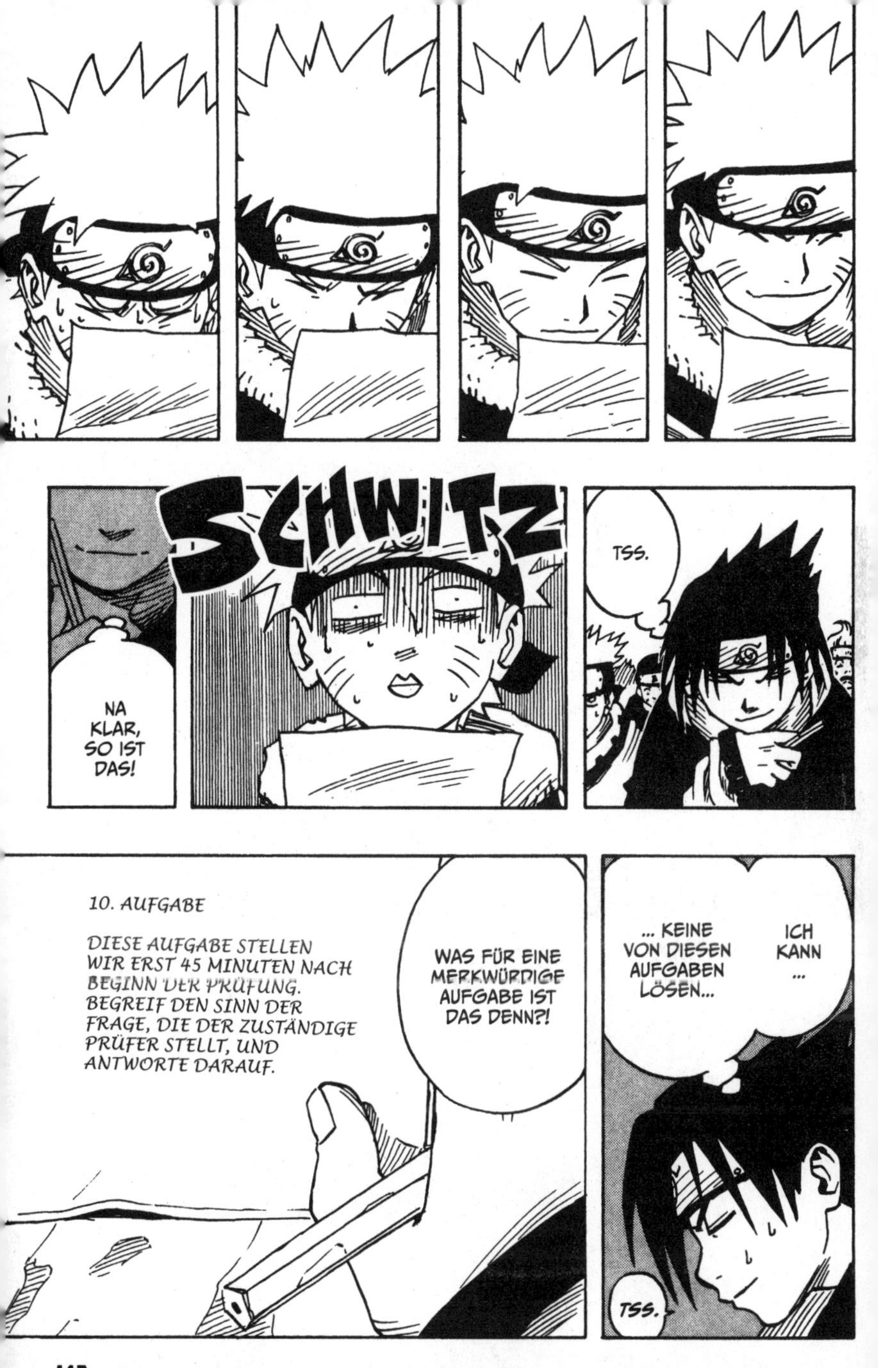
SCHWITZ
NA KLAR, SO IST DAS!
TSS.
10. AUFGABE
DIESE AUFGABE STELLEN WIR ERST 45 MINUTEN NACH BEGINN DER PRÜFUNG. BEGREIF DEN SINN DER FRAGE, DIE DER ZUSTÄNDIGE PRÜFER STELLT, UND ANTWORTE DARAUF.
WAS FÜR EINE MERKWÜRDIGE AUFGABE IST DAS DENN?!
ICH KANN ...
... KEINE VON DIESEN AUFGABEN LÖSEN...
TSS.

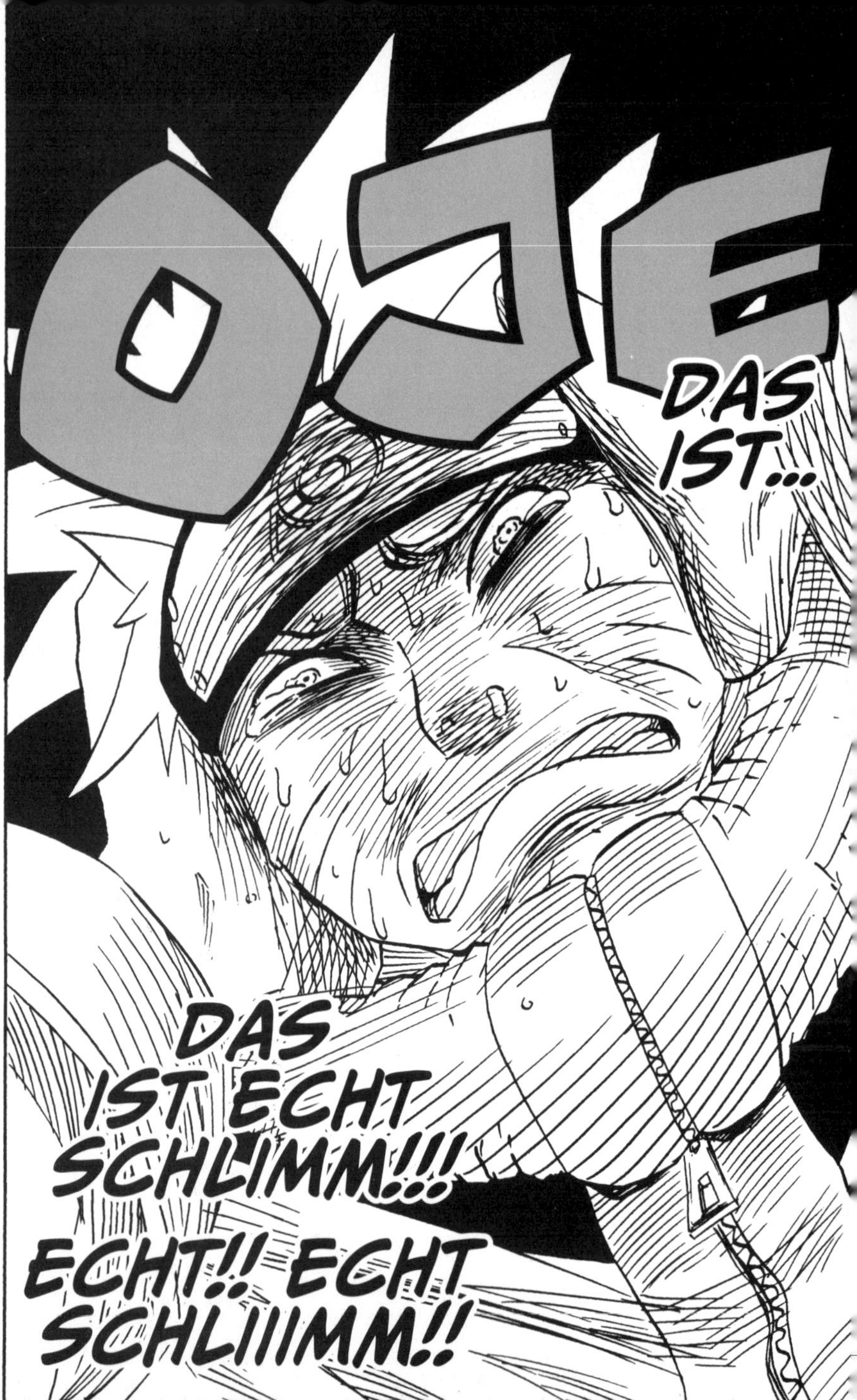
OJE
DAS IST...
DAS IST ECHT SCHLIMM!!!
ECHT!! ECHT SCHLIIIMM!!

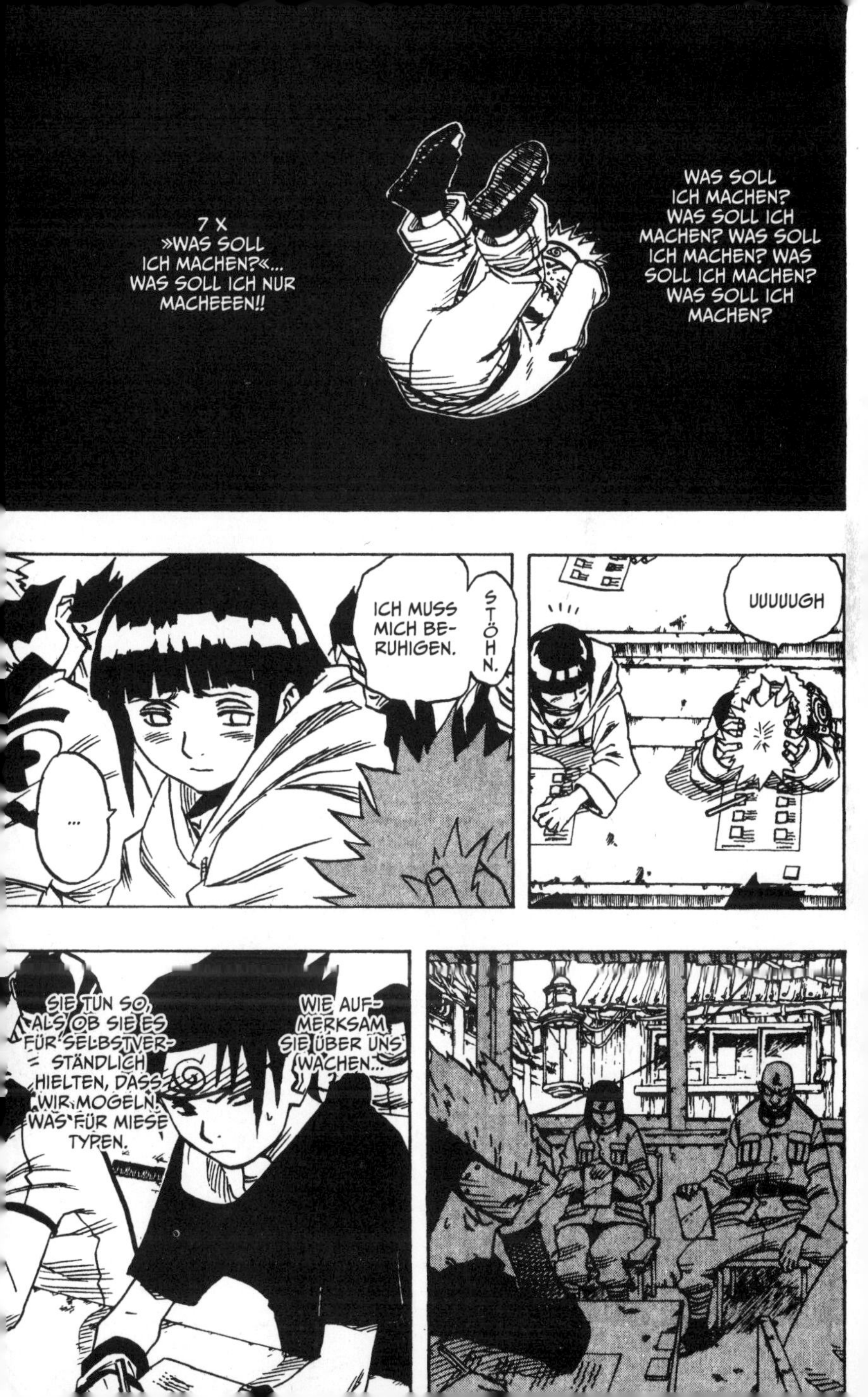
WAS SOLL ICH MACHEN? WAS SOLL ICH MACHEN? WAS SOLL ICH MACHEN? WAS SOLL ICH MACHEN? WAS SOLL ICH MACHEN?
7 X »WAS SOLL ICH MACHEN?«... WAS SOLL ICH NUR MACHEEEN!!
UUUUUGH
STÖHN.
ICH MUSS MICH BE-RUHIGEN.
...
WIE AUF-MERKSAM SIE ÜBER UNS WACHEN...
SIE TUN SO, ALS OB SIE ES FÜR SELBSTVER-STÄNDLICH HIELTEN, DASS WIR MOGELN. WAS FÜR MIESE TYPEN.

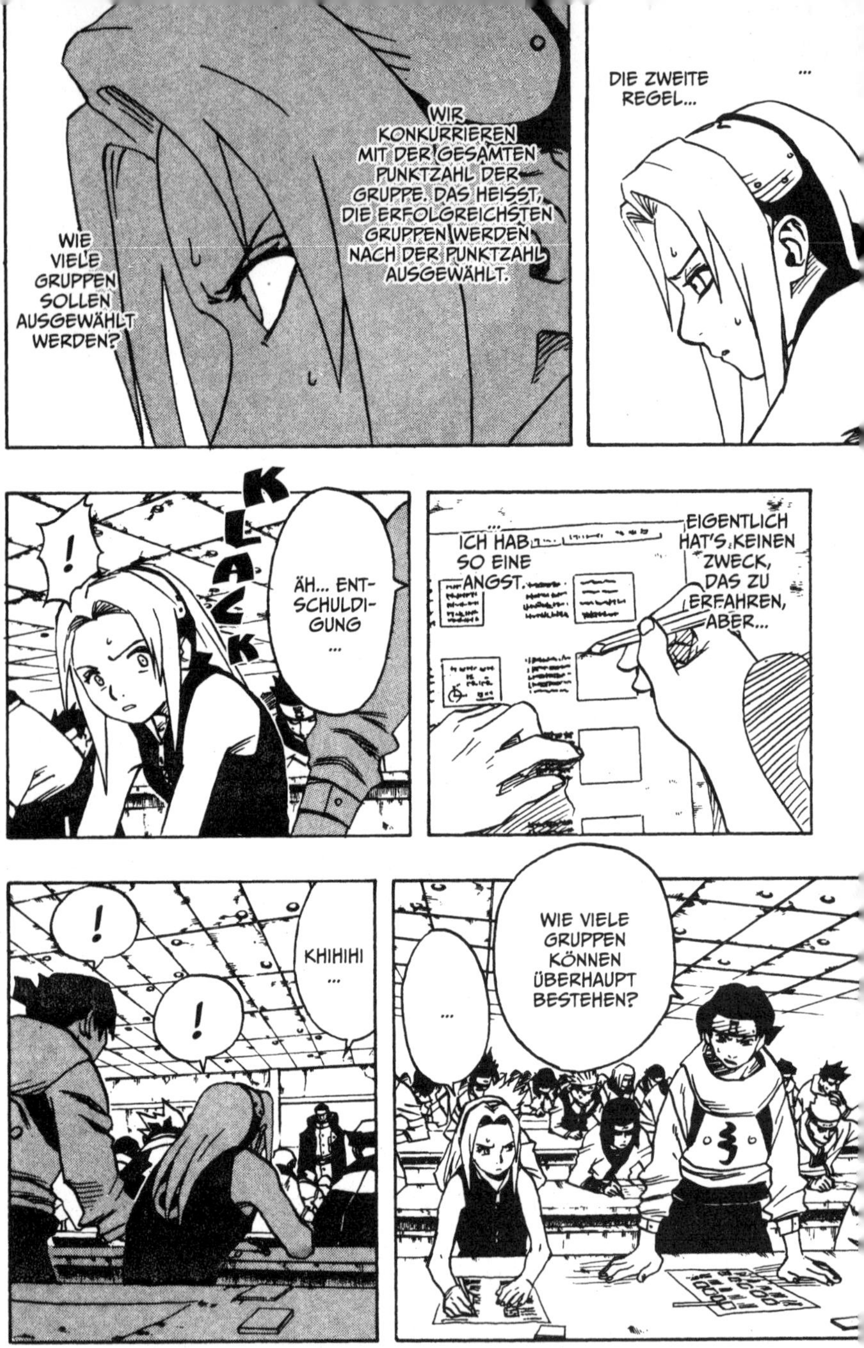
...
DIE ZWEITE REGEL...
WIR KONKURRIEREN MIT DER GESAMTEN PUNKTZAHL DER GRUPPE. DAS HEISST, DIE ERFOLGREICHSTEN GRUPPEN WERDEN NACH DER PUNKTZAHL AUSGEWÄHLT.
WIE VIELE GRUPPEN SOLLEN AUSGEWÄHLT WERDEN?
EIGENTLICH HAT'S KEINEN ZWECK, DAS ZU ERFAHREN, ABER...
ICH HAB SO EINE ANGST.
ÄH... ENT-SCHULDI-GUNG ...
KLACK
!
WIE VIELE GRUPPEN KÖNNEN ÜBERHAUPT BESTEHEN?
...
KHIHIHI ...
!
!

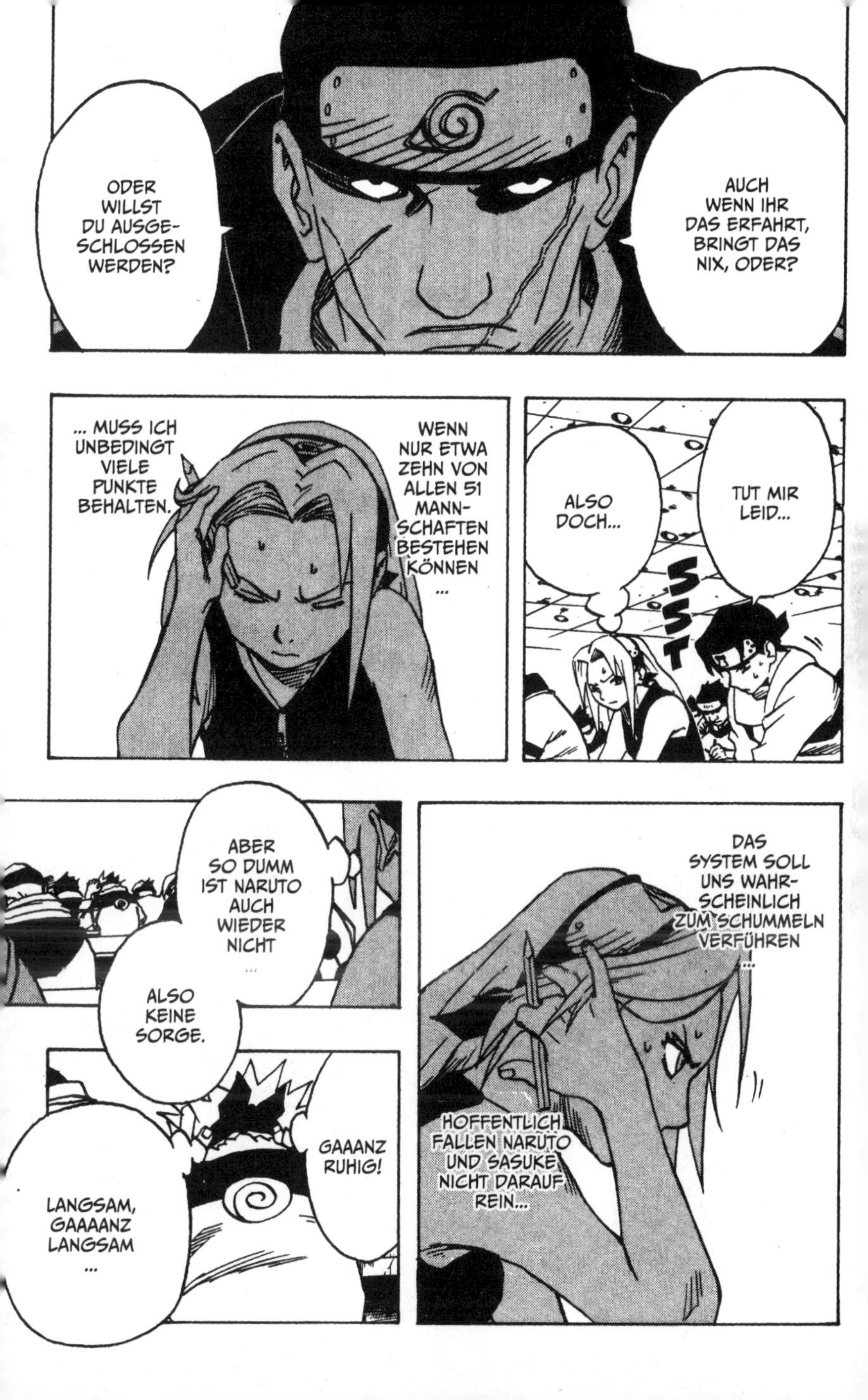
AUCH WENN IHR DAS ERFAHRT, BRINGT DAS NIX, ODER?
ODER WILLST DU AUSGE-SCHLOSSEN WERDEN?
TUT MIR LEID...
ALSO DOCH...
SSST
WENN NUR ETWA ZEHN VON ALLEN 51 MANN-SCHAFTEN BESTEHEN KÖNNEN ...
... MUSS ICH UNBEDINGT VIELE PUNKTE BEHALTEN.
DAS SYSTEM SOLL UNS WAHR-SCHEINLICH ZUM SCHUMMELN VERFÜHREN ...
HOFFENTLICH FALLEN NARUTO UND SASUKE NICHT DARAUF REIN...
ABER SO DUMM IST NARUTO AUCH WIEDER NICHT ...
ALSO KEINE SORGE.
GAAAANZ RUHIG!
LANGSAM, GAAAANZ LANGSAM ...

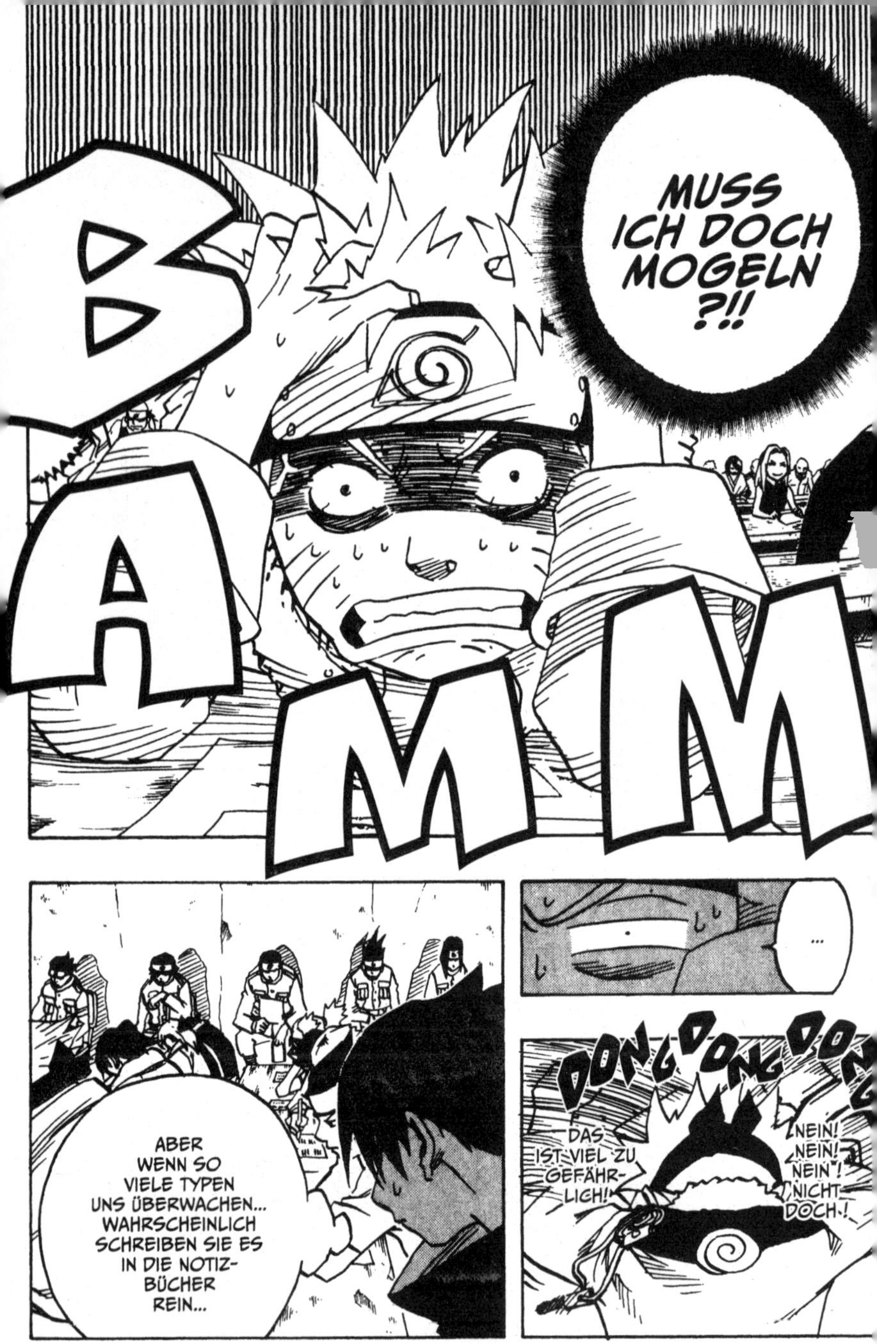
BAMM
MUSS ICH DOCH MOGELN ?!!
...
DONG DONG DONG
NEIN! NEIN! NEIN! NICHT DOCH!
DAS IST VIEL ZU GEFÄHRLICH!
ABER WENN SO VIELE TYPEN UNS ÜBERWACHEN... WAHRSCHEINLICH SCHREIBEN SIE ES IN DIE NOTIZBÜCHER REIN...

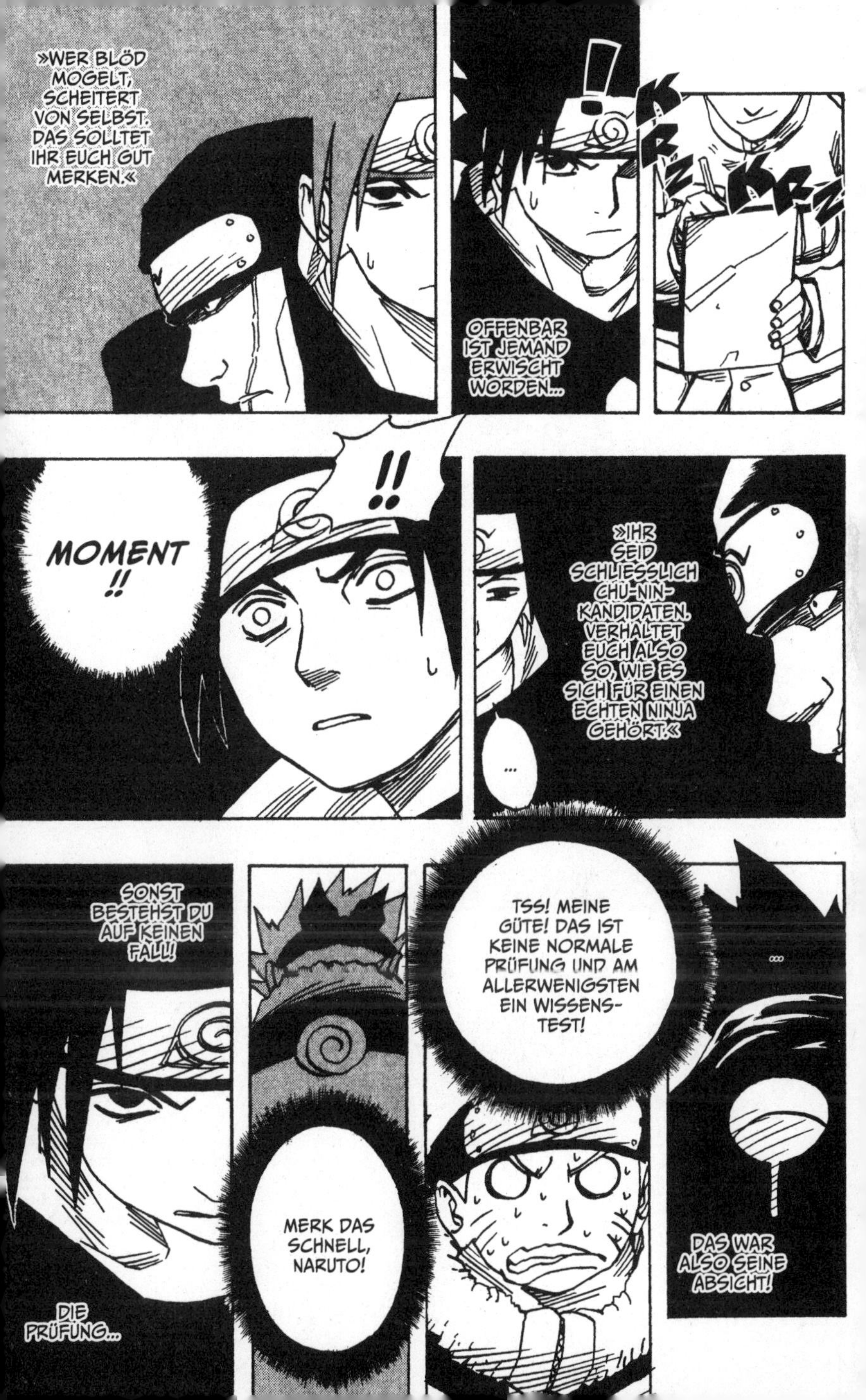
!
OFFENBAR IST JEMAND ERWISCHT WORDEN...
»WER BLÖD MOGELT, SCHEITERT VON SELBST. DAS SOLLTET IHR EUCH GUT MERKEN.«
»IHR SEID SCHLIESSLICH CHU-NIN-KANDIDATEN. VERHALTET EUCH ALSO SO, WIE ES SICH FÜR EINEN ECHTEN NINJA GEHÖRT.«
...
!!
MOMENT !!
...
DAS WAR ALSO SEINE ABSICHT!
TSS! MEINE GÜTE! DAS IST KEINE NORMALE PRÜFUNG UND AM ALLERWENIGSTEN EIN WISSENS-TEST!
MERK DAS SCHNELL, NARUTO!
SONST BESTEHST DU AUF KEINEN FALL!
DIE PRÜFUNG...

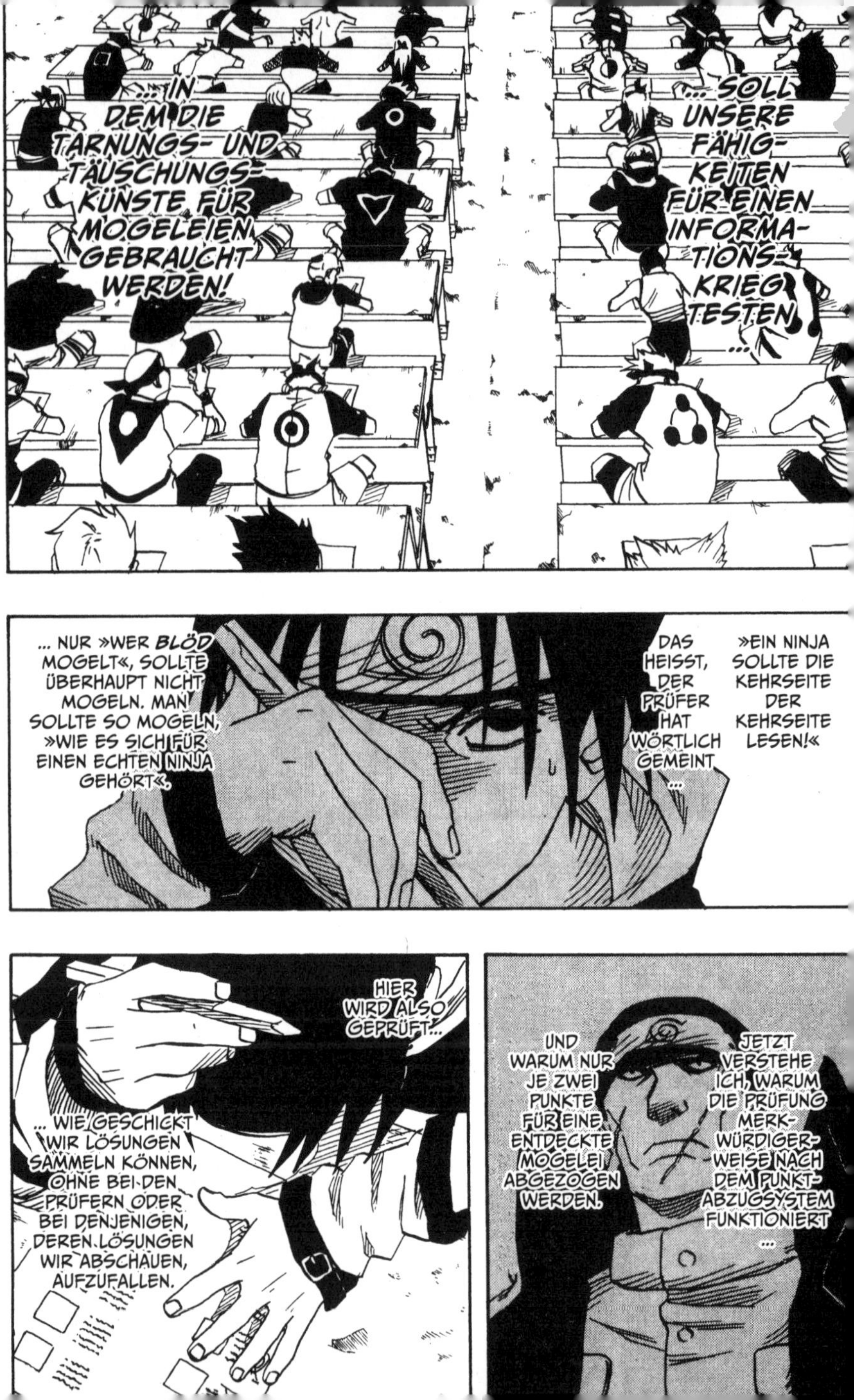
... SOLL UNSERE FÄHIGKEITEN FÜR EINEN INFORMATIONSKRIEG TESTEN ...
... IN DEM DIE TARNUNGS- UND TÄUSCHUNGSKÜNSTE FÜR MOGELEIEN GEBRAUCHT WERDEN!
»EIN NINJA SOLLTE DIE KEHRSEITE DER KEHRSEITE LESEN!«
DAS HEISST, DER PRÜFER HAT WÖRTLICH GEMEINT ...
... NUR »WER BLÖD MOGELT«, SOLLTE ÜBERHAUPT NICHT MOGELN. MAN SOLLTE SO MOGELN, »WIE ES SICH FÜR EINEN ECHTEN NINJA GEHÖRT«.
JETZT VERSTEHE ICH, WARUM DIE PRÜFUNG MERKWÜRDIGERWEISE NACH DEM PUNKTABZUGSYSTEM FUNKTIONIERT ...
UND WARUM NUR JE ZWEI PUNKTE FÜR EINE ENTDECKTE MOGELEI ABGEZOGEN WERDEN.
HIER WIRD ALSO GEPRÜFT ...
... WIE GESCHICKT WIR LÖSUNGEN SAMMELN KÖNNEN, OHNE BEI DEN PRÜFERN ODER BEI DENJENIGEN, DEREN LÖSUNGEN WIR ABSCHAUEN, AUFZUFALLEN.

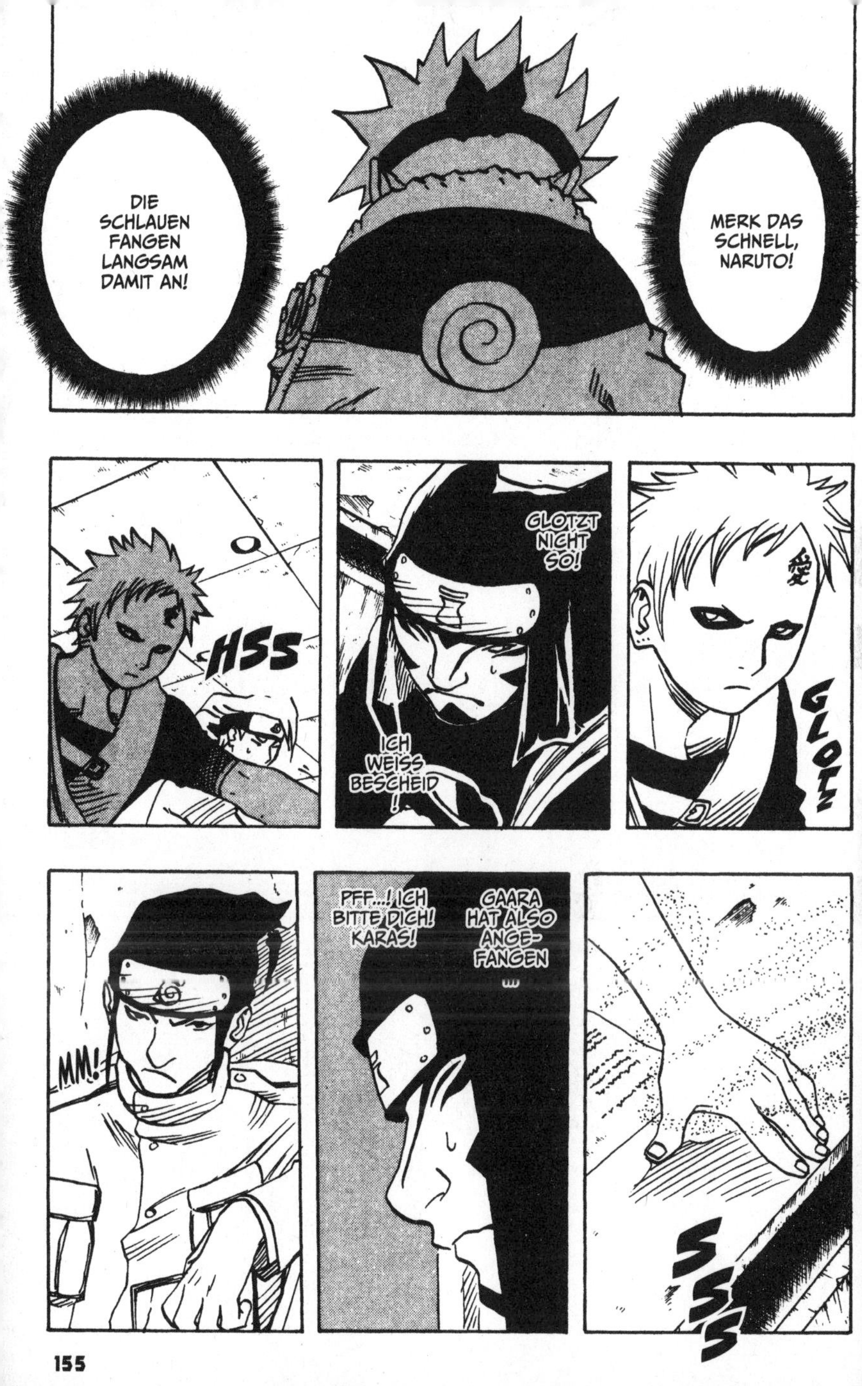
MERK DAS SCHNELL, NARUTO!
DIE SCHLAUEN FANGEN LANGSAM DAMIT AN!
GLOTZ
GLOTZT NICHT SO!
ICH WEISS BESCHEID!
HSS
SSS
GAARA HAT ALSO ANGE-FANGEN ...
PFF...! ICH BITTE DICH! KARAS!
MM!

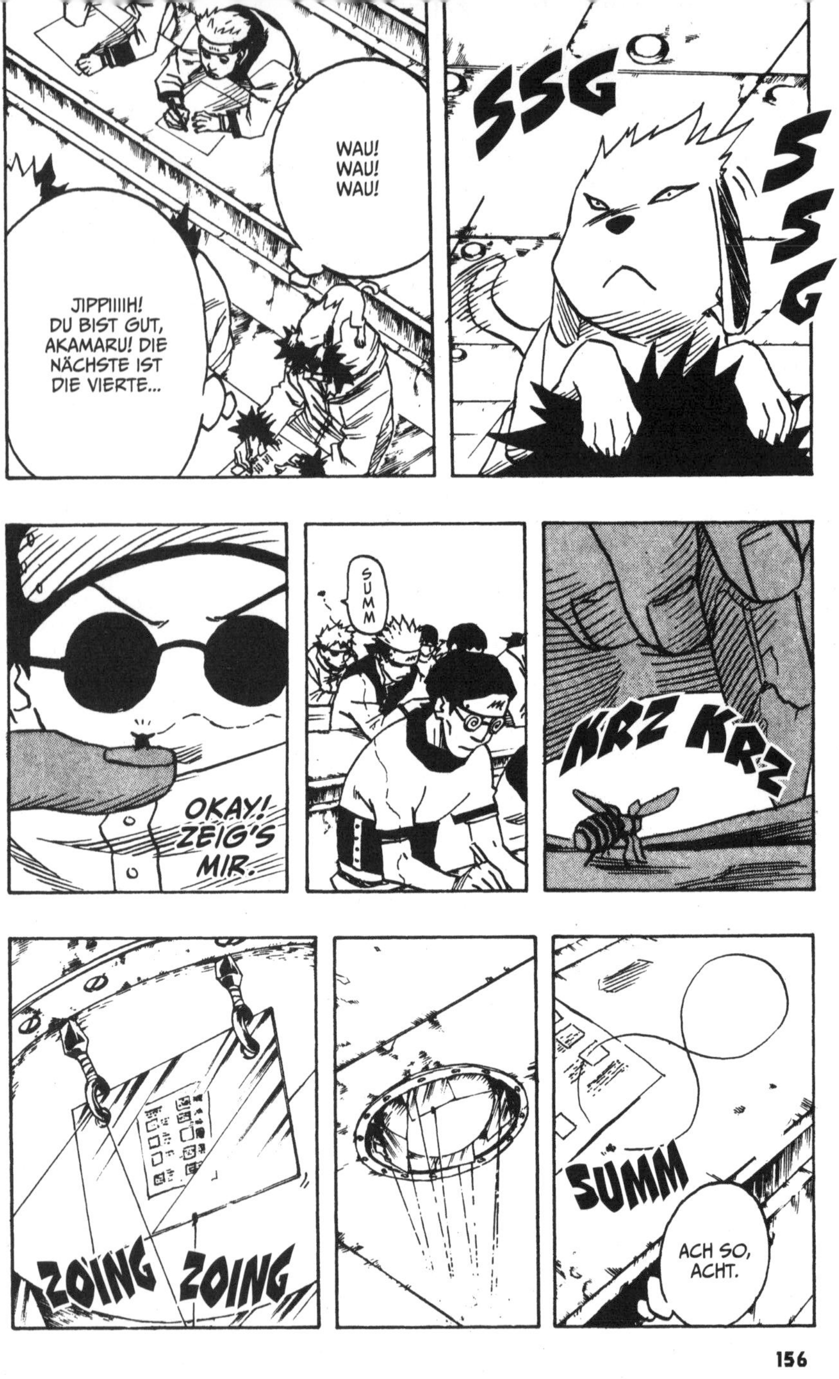
WAU! WAU! WAU!
JIPPIIIIH! DU BIST GUT, AKAMARU! DIE NÄCHSTE IST DIE VIERTE...
SSG
SSG
OKAY! ZEIG'S MIR.
SUMM
KRZ KRZ
ZOING ZOING
SUMM
ACH SO, ACHT.

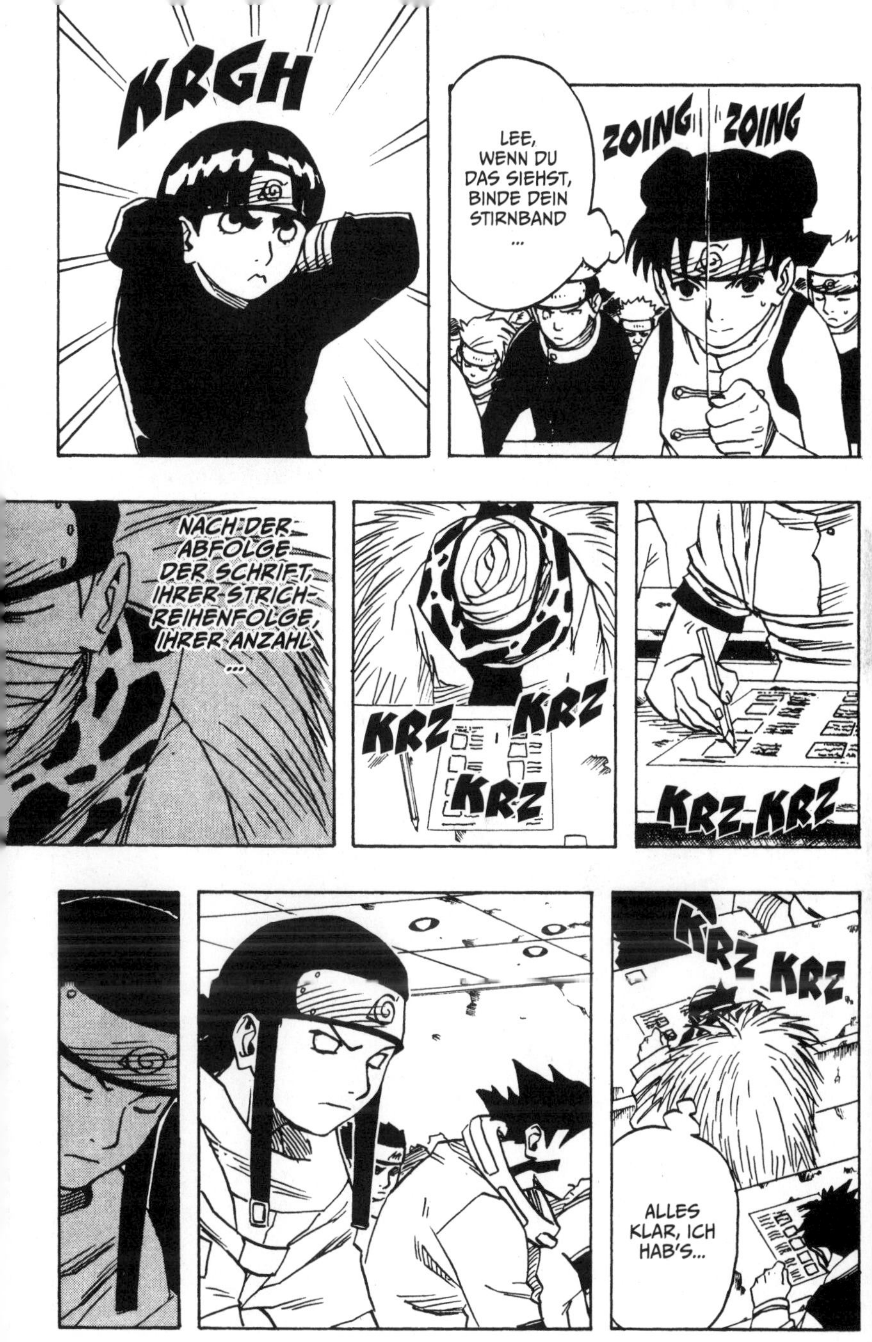
ZOING ZOING
LEE, WENN DU DAS SIEHST, BINDE DEIN STIRNBAND ...
KRGH
KRZ KRZ
KRZ KRZ KRZ
NACH DER ABFOLGE DER SCHRIFT, IHRER STRICH-REIHENFOLGE, IHRER ANZAHL ...
KRZ KRZ
ALLES KLAR, ICH HAB'S...

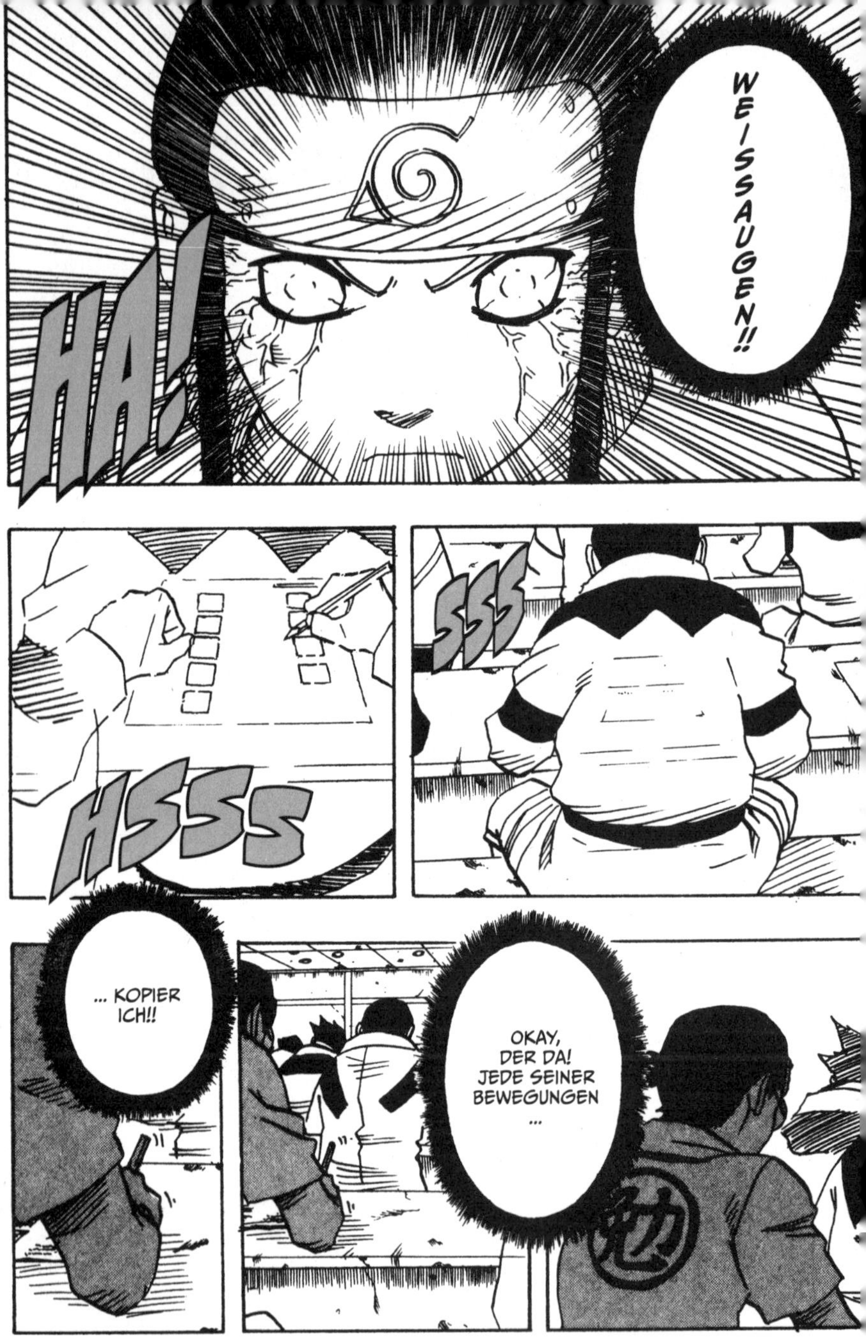
WEISSAUGEN!!
HA!
HSSS
SSS
... KOPIER ICH!!
OKAY, DER DA! JEDE SEINER BEWEGUNGEN ...

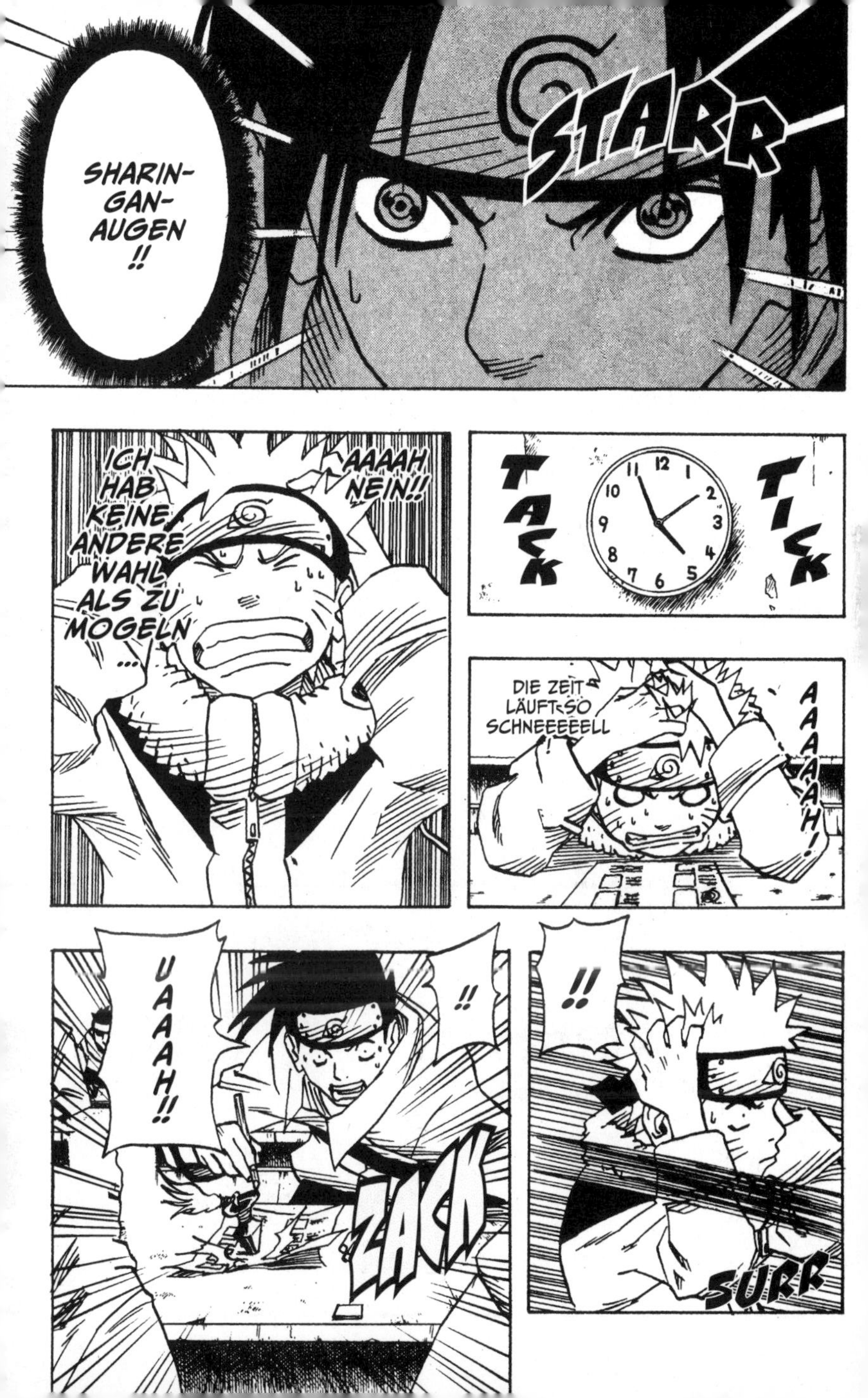
STARR
SHARIN-GAN-AUGEN !!
TICK
TACK
AAAAH NEIN!!
ICH HAB KEINE ANDERE WAHL ALS ZU MOGELN ...
AAAAAAAH!
DIE ZEIT LÄUFT SO SCHNEEEEEELL!
!!
SURR
!!
UAAAAH!!
ZACK

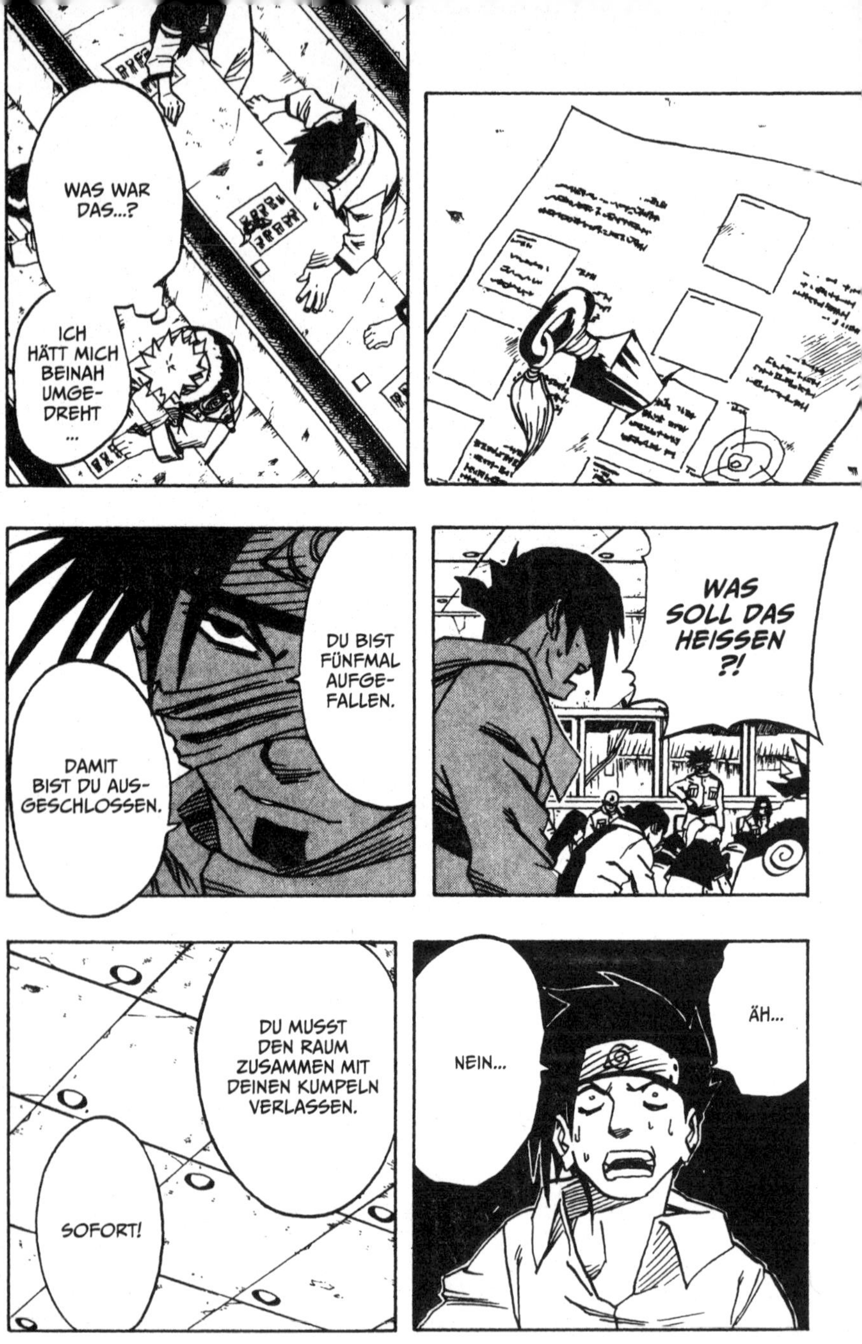
WAS WAR DAS...?
ICH HÄTT MICH BEINAH UMGE-DREHT ...
DU BIST FÜNFMAL AUFGE-FALLEN.
DAMIT BIST DU AUS-GESCHLOSSEN.
WAS SOLL DAS HEISSEN ?!
DU MUSST DEN RAUM ZUSAMMEN MIT DEINEN KUMPELN VERLASSEN.
SOFORT!
ÄH...
NEIN...

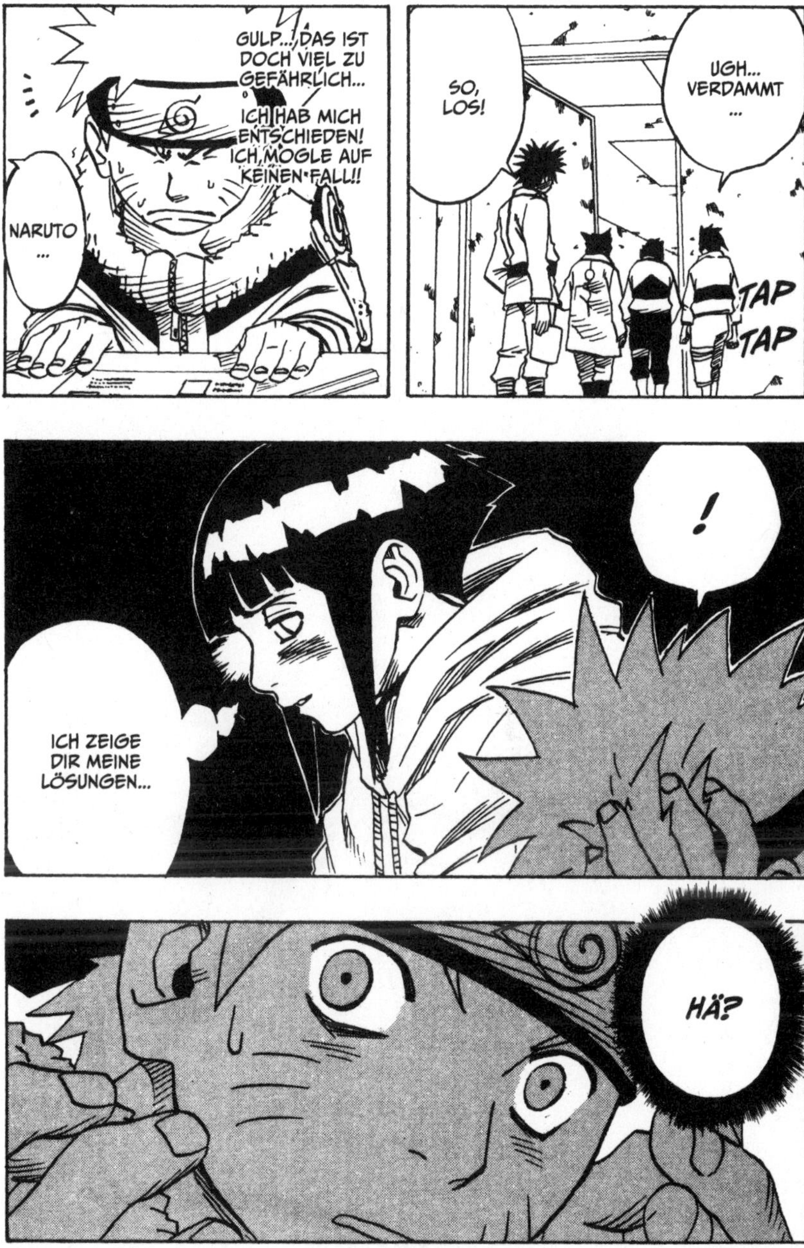
UGH... VERDAMMT ...
SO, LOS!
TAP TAP
GULP...! DAS IST DOCH VIEL ZU GEFÄHRLICH...
ICH HAB MICH ENTSCHIEDEN! ICH MOGLE AUF KEINEN FALL!!
NARUTO ...
!
ICH ZEIGE DIR MEINE LÖSUNGEN...
HÄ?

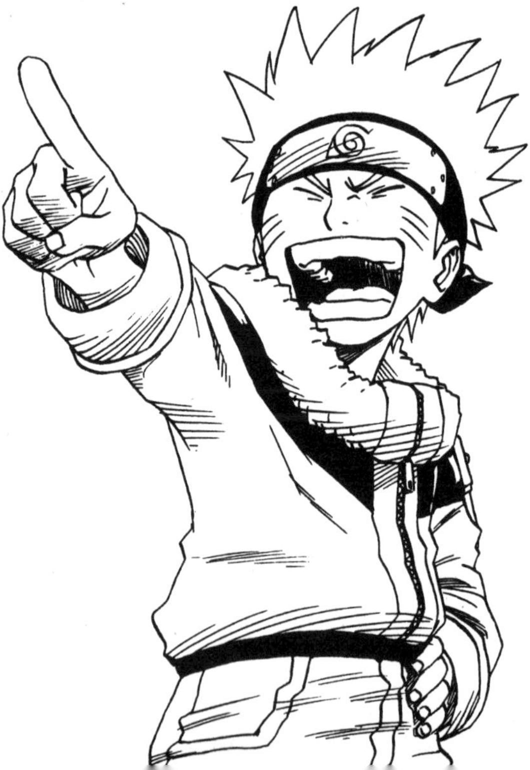

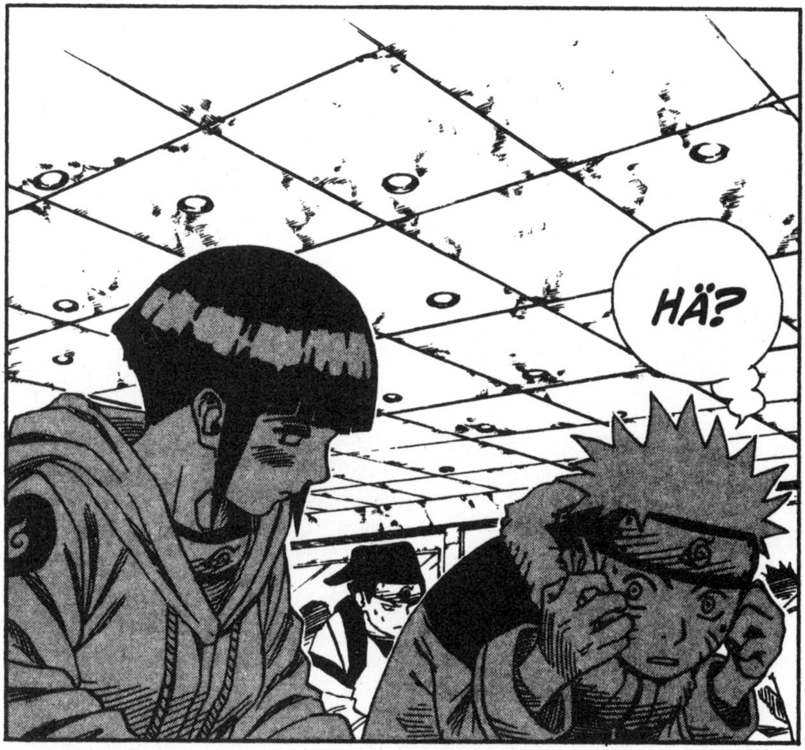

42. KAPITEL: JEDER KÄMPFT...!

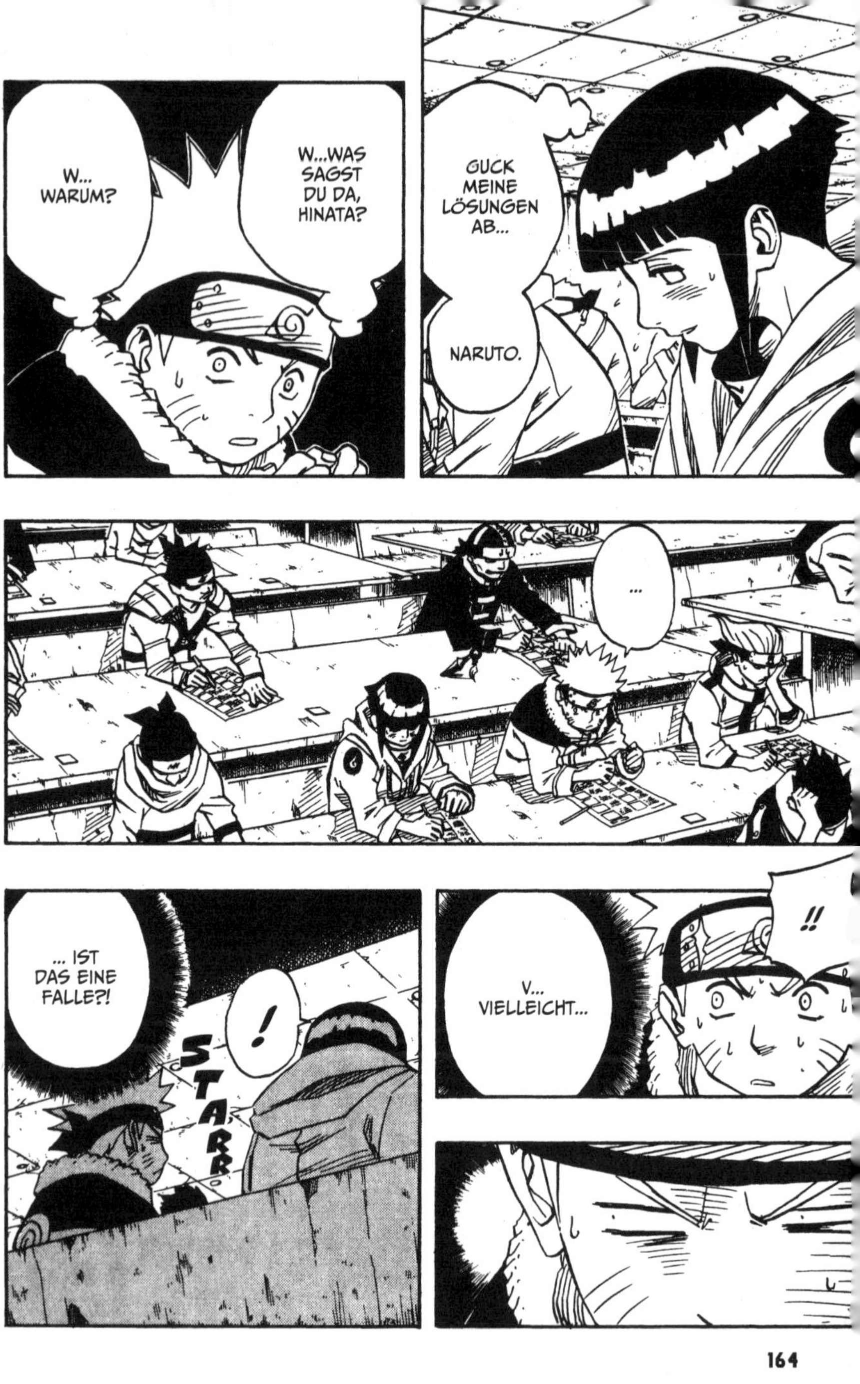
GUCK MEINE LÖSUNGEN AB...
NARUTO.
W...WAS SAGST DU DA, HINATA?
W... WARUM?
...
!!
V... VIELLEICHT...
... IST DAS EINE FALLE?!
!
STARR

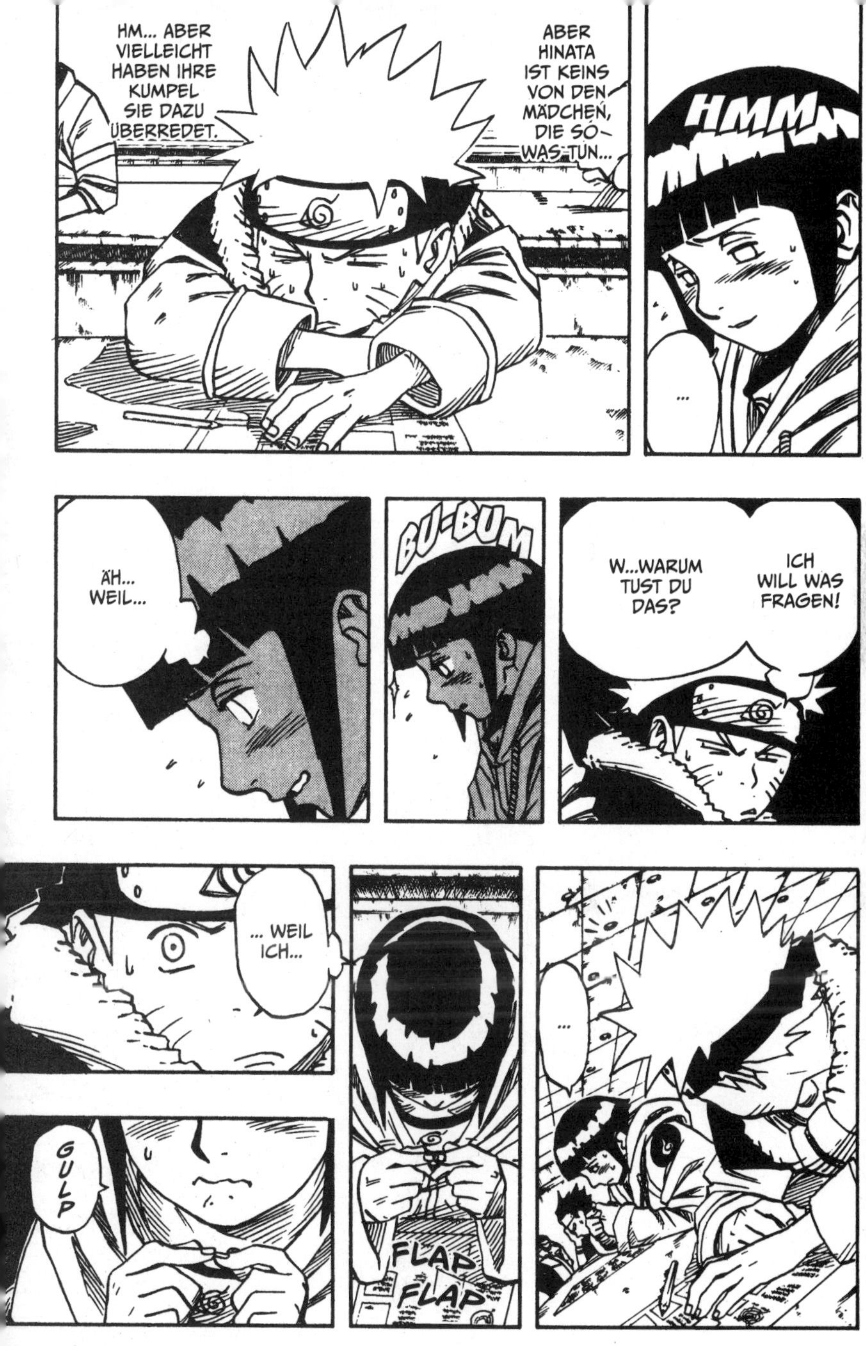

HMM
...
ABER HINATA IST KEINS VON DEN MÄDCHEN, DIE SO-WAS TUN...
HM... ABER VIELLEICHT HABEN IHRE KUMPEL SIE DAZU ÜBERREDET.
ICH WILL WAS FRAGEN!
W...WARUM TUST DU DAS?
BU-BUM
ÄH... WEIL...
...
FLAP FLAP
... WEIL ICH...
GULP

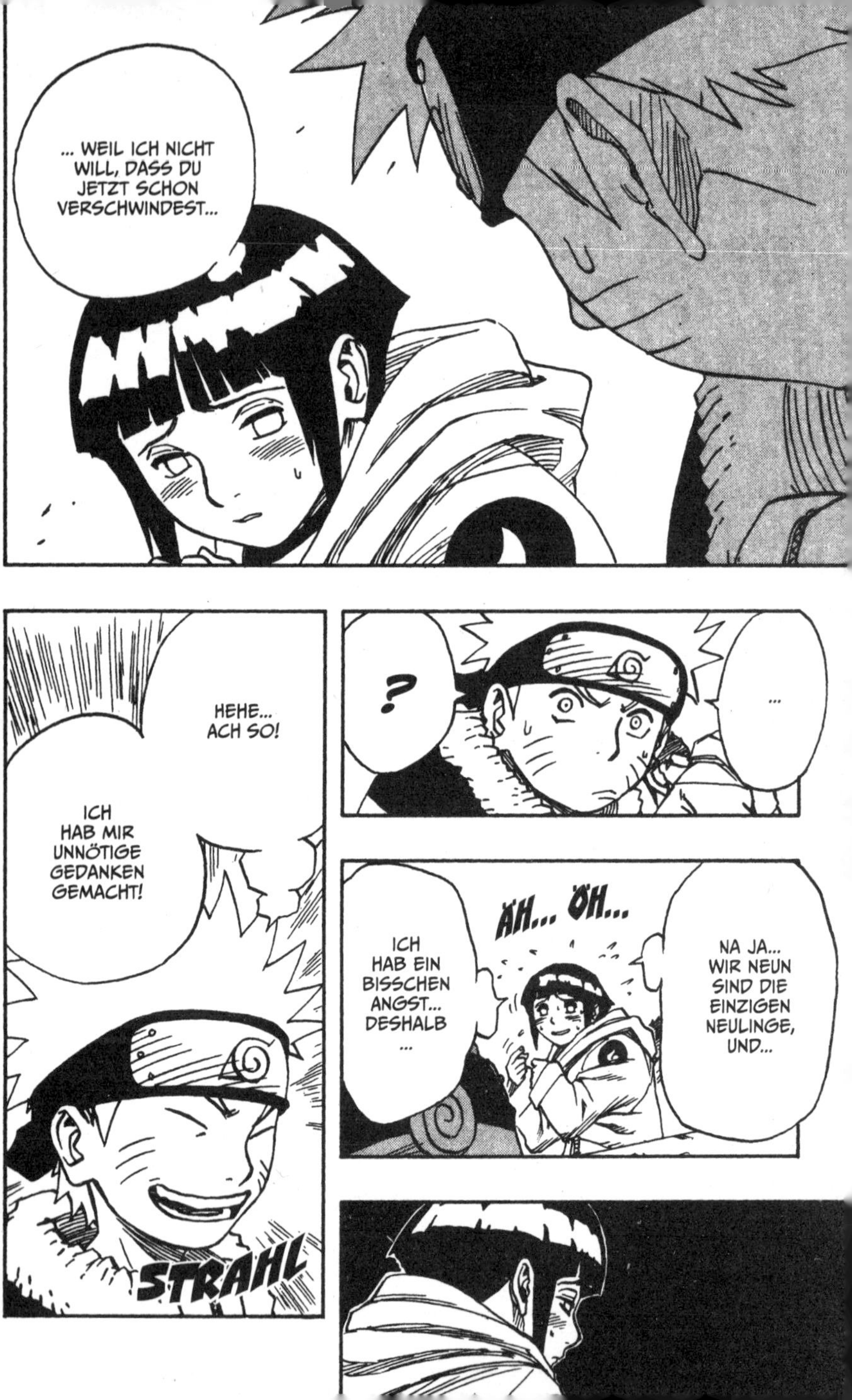

... WEIL ICH NICHT WILL, DASS DU JETZT SCHON VERSCHWINDEST...
...
?
NA JA... WIR NEUN SIND DIE EINZIGEN NEULINGE, UND...
ÄH... ÖH...
ICH HAB EIN BISSCHEN ANGST... DESHALB ...
HEHE... ACH SO!
ICH HAB MIR UNNÖTIGE GEDANKEN GEMACHT!
STRAHL

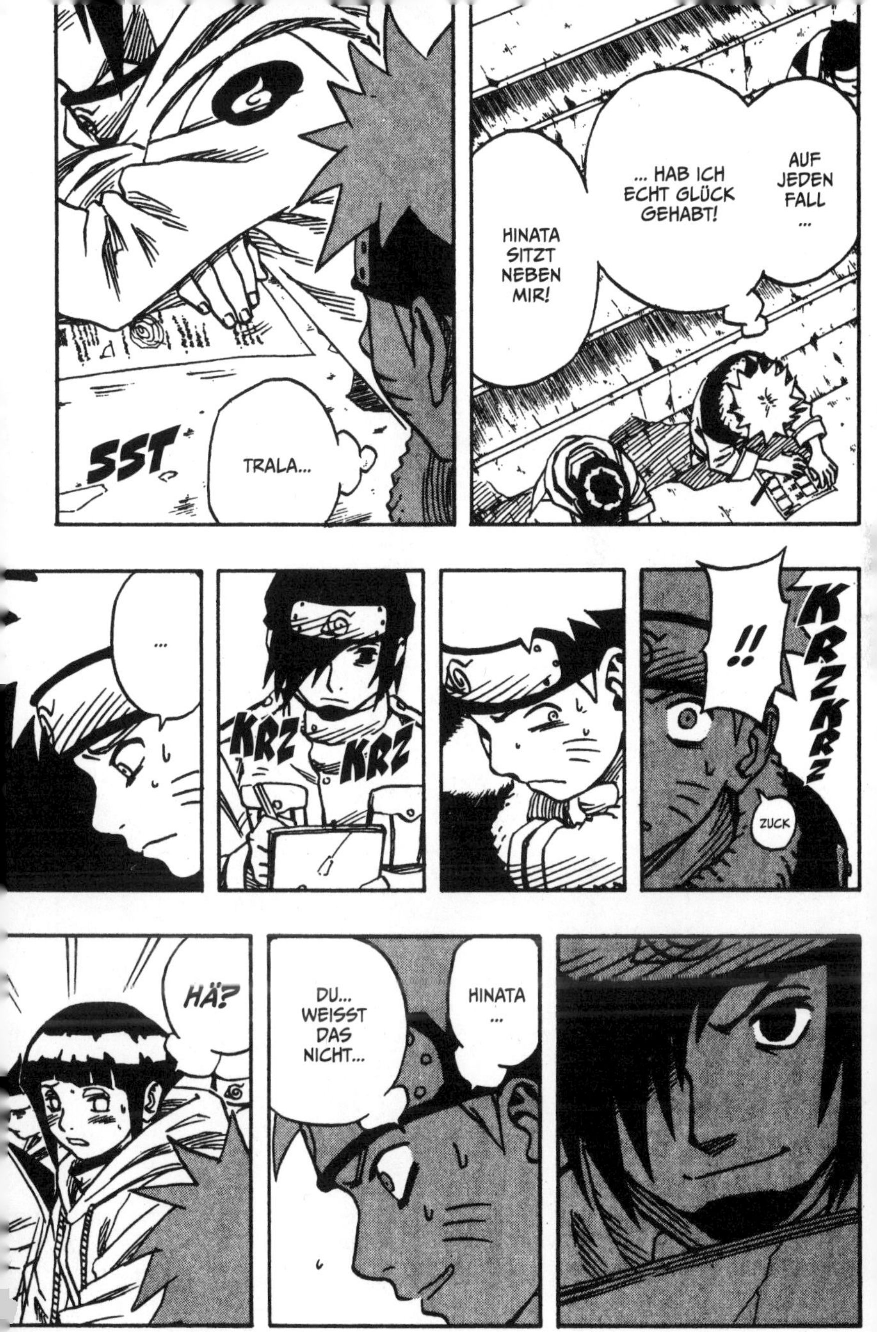
AUF JEDEN FALL ...
... HAB ICH ECHT GLÜCK GEHABT!
HINATA SITZT NEBEN MIR!
SST
TRALA...
!!
KRZKRZ
ZUCK
KRZ
KRZ
...
HINATA ...
DU... WEISST DAS NICHT...
HÄ?

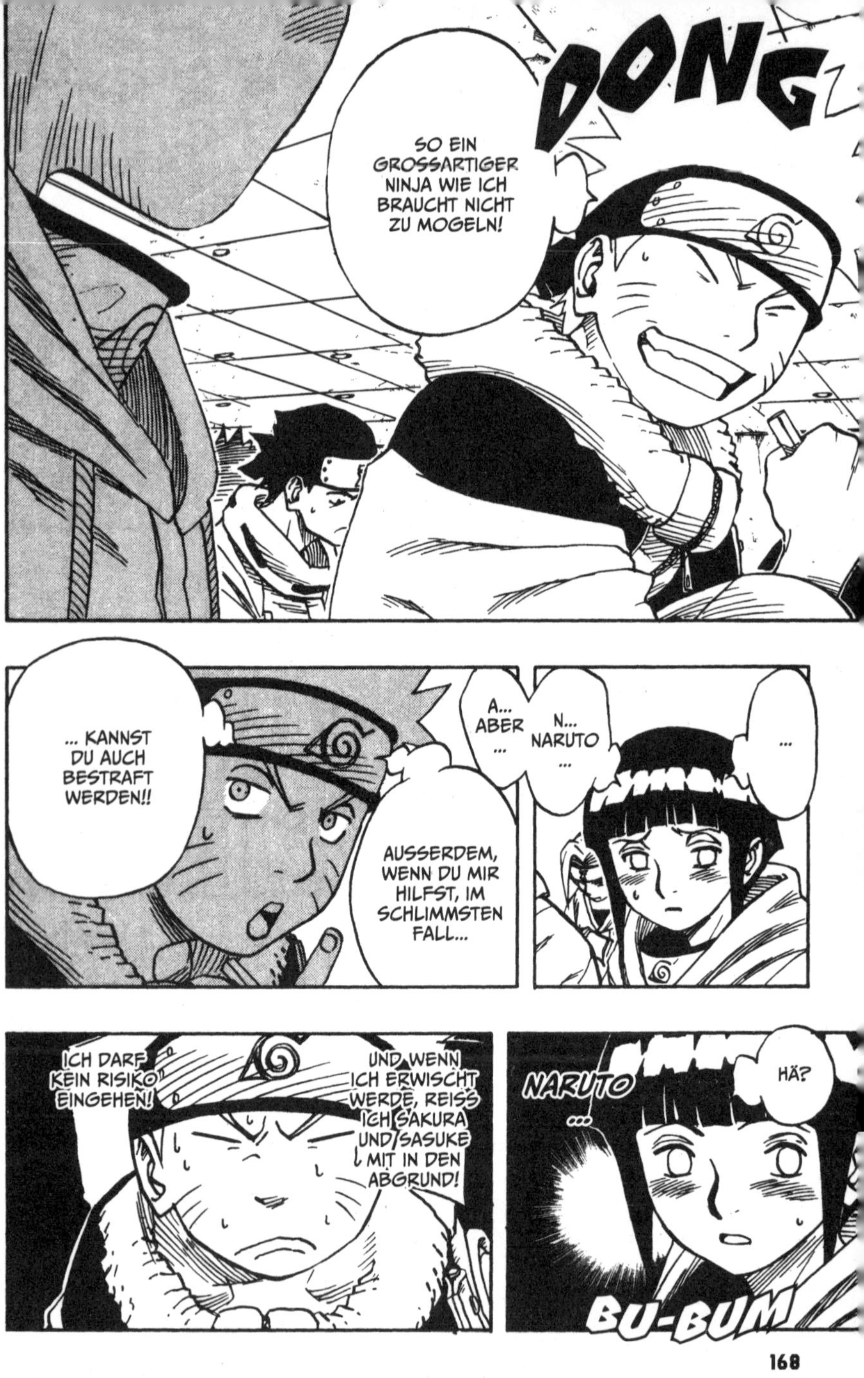
DONG
SO EIN GROSSARTIGER NINJA WIE ICH BRAUCHT NICHT ZU MOGELN!
...
N... NARUTO ...
A... ABER ...
AUSSERDEM, WENN DU MIR HILFST, IM SCHLIMMSTEN FALL...
... KANNST DU AUCH BESTRAFT WERDEN!!
HÄ?
NARUTO ...
BU-BUM
UND WENN ICH ERWISCHT WERDE, REISS ICH SAKURA UND SASUKE MIT IN DEN ABGRUND!
ICH DARF KEIN RISIKO EINGEHEN!

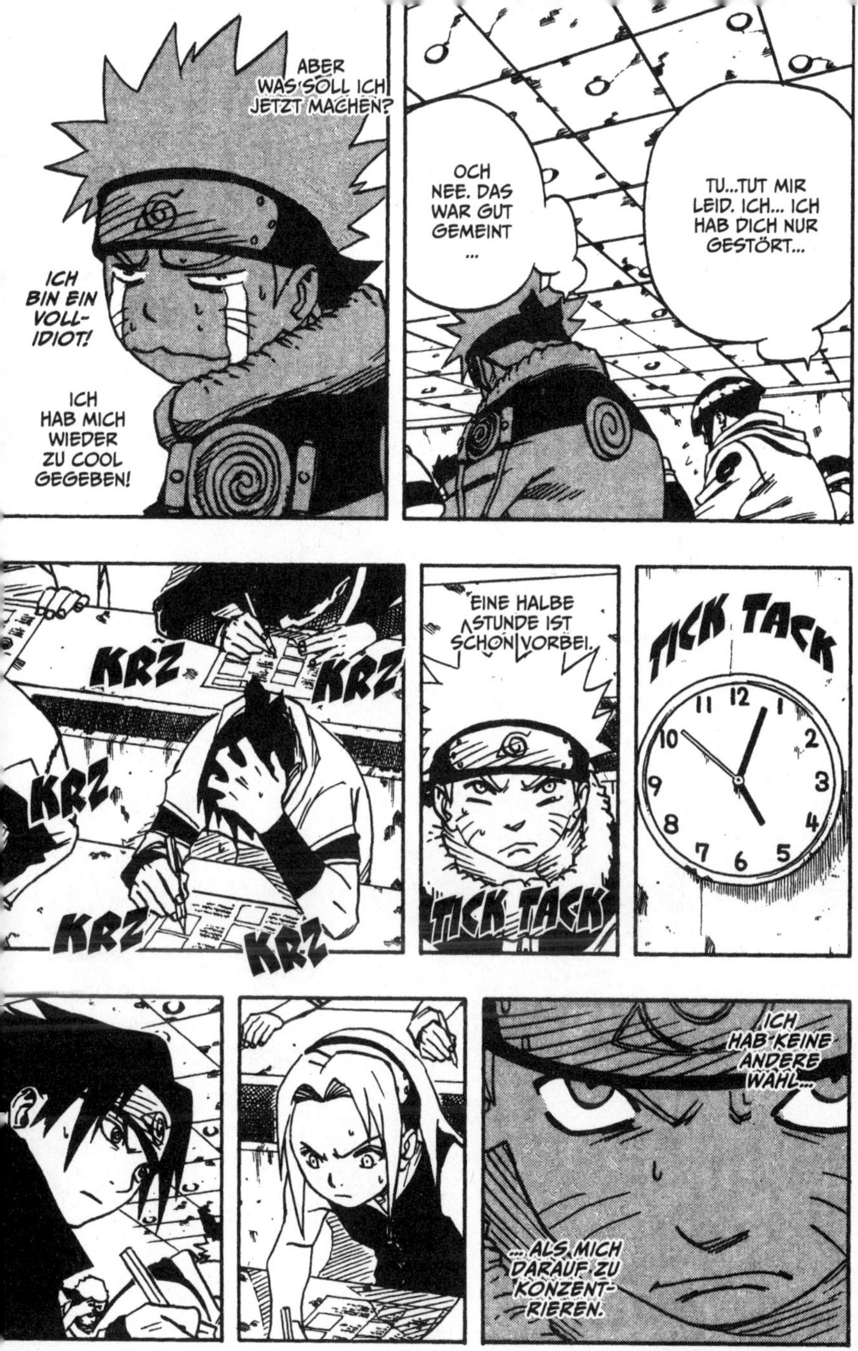
TU...TUT MIR LEID. ICH... ICH HAB DICH NUR GESTÖRT...
OCH NEE. DAS WAR GUT GEMEINT ...
ABER WAS SOLL ICH JETZT MACHEN?
ICH BIN EIN VOLL-IDIOT!
ICH HAB MICH WIEDER ZU COOL GEGEBEN!
TICK TACK
EINE HALBE STUNDE IST SCHON VORBEI.
TICK TACK
KRZ
KRZ
KRZ
KRZ
KRZ
ICH HAB KEINE ANDERE WAHL...
...ALS MICH DARAUF ZU KONZENT-RIEREN.

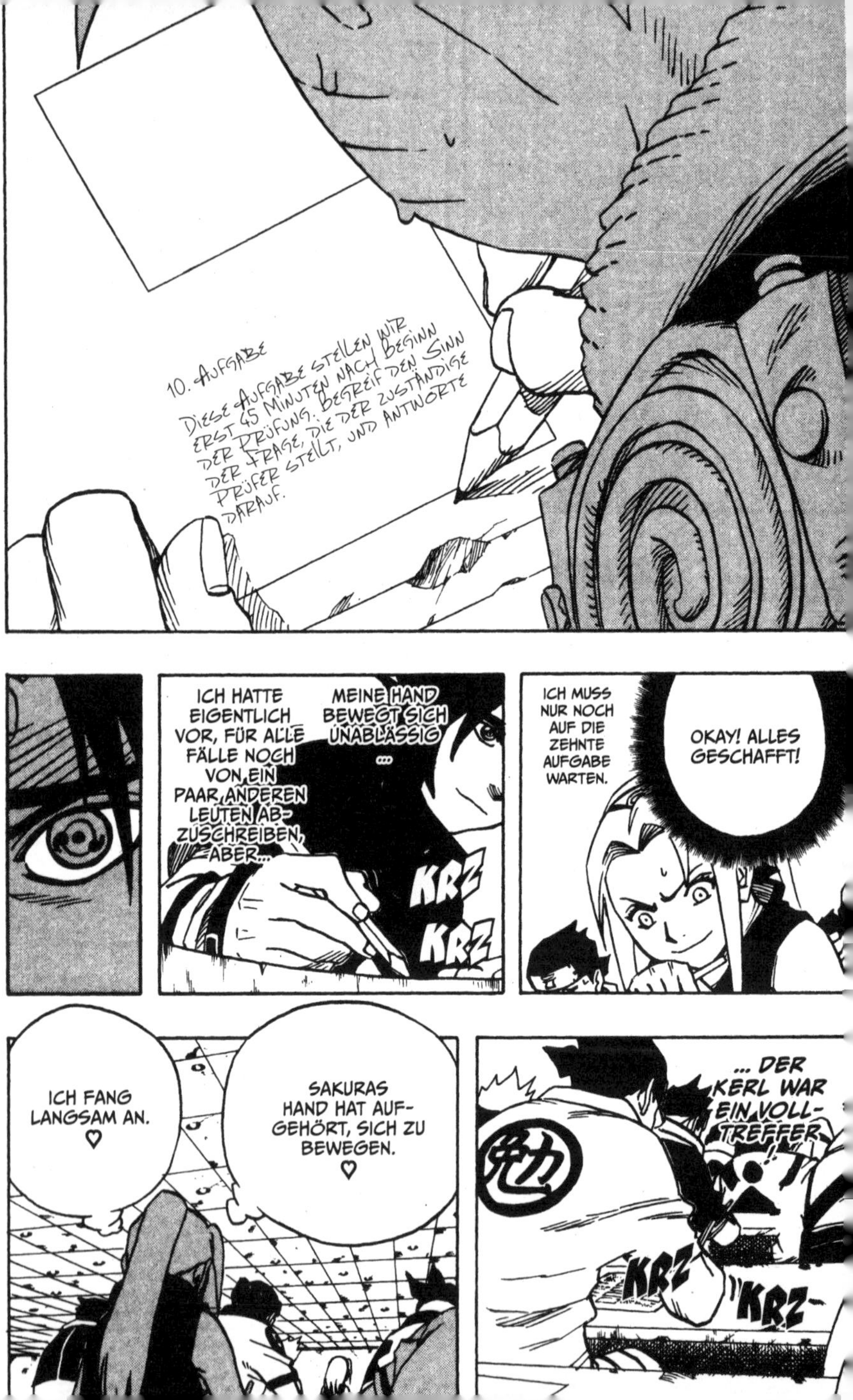
10. AUFGABE
DIESE AUFGABE STELLEN WIR ERST 45 MINUTEN NACH BEGINN DER PRÜFUNG. BEGREIF DEN SINN DER FRAGE, DIE DER ZUSTÄNDIGE PRÜFER STELLT, UND ANTWORTE DARAUF.
OKAY! ALLES GESCHAFFT!
ICH MUSS NUR NOCH AUF DIE ZEHNTE AUFGABE WARTEN.
MEINE HAND BEWEGT SICH UNABLÄSSIG …
ICH HATTE EIGENTLICH VOR, FÜR ALLE FÄLLE NOCH VON EIN PAAR ANDEREN LEUTEN ABZUSCHREIBEN, ABER …
KRZ
KRZ
… DER KERL WAR EIN VOLLTREFFER!!
KRZ
KRZ
SAKURAS HAND HAT AUFGEHÖRT, SICH ZU BEWEGEN. ♡
ICH FANG LANGSAM AN. ♡

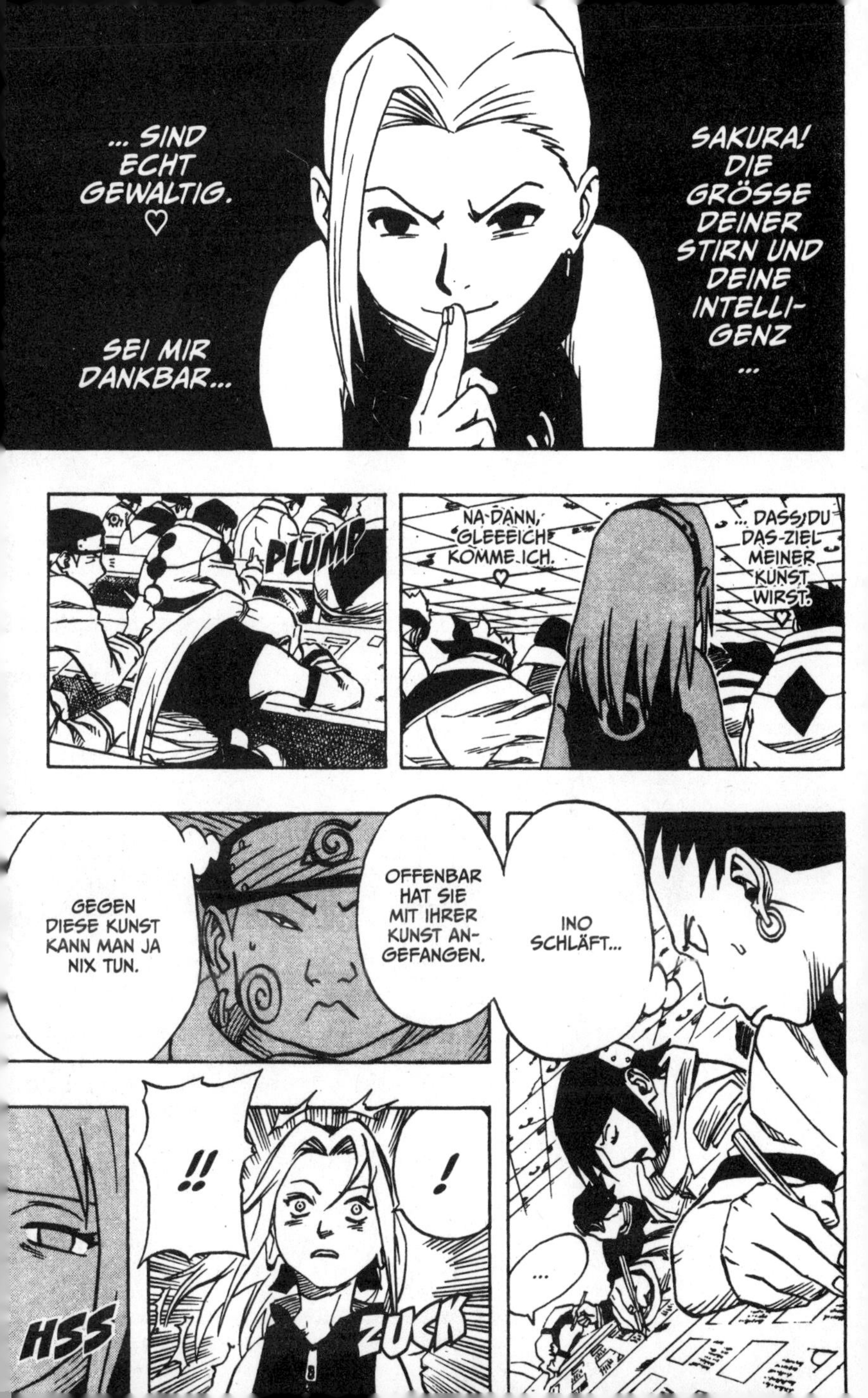

SAKURA! DIE GRÖSSE DEINER STIRN UND DEINE INTELLIGENZ ...
... SIND ECHT GEWALTIG. ♡
SEI MIR DANKBAR...
... DASS DU DAS ZIEL MEINER KUNST WIRST. ♡
NA DANN, GLEEEICH KOMME ICH. ♡
PLUMP
INO SCHLÄFT...
OFFENBAR HAT SIE MIT IHRER KUNST ANGEFANGEN.
GEGEN DIESE KUNST KANN MAN JA NIX TUN.
...
!
!!
ZUCK
HSS

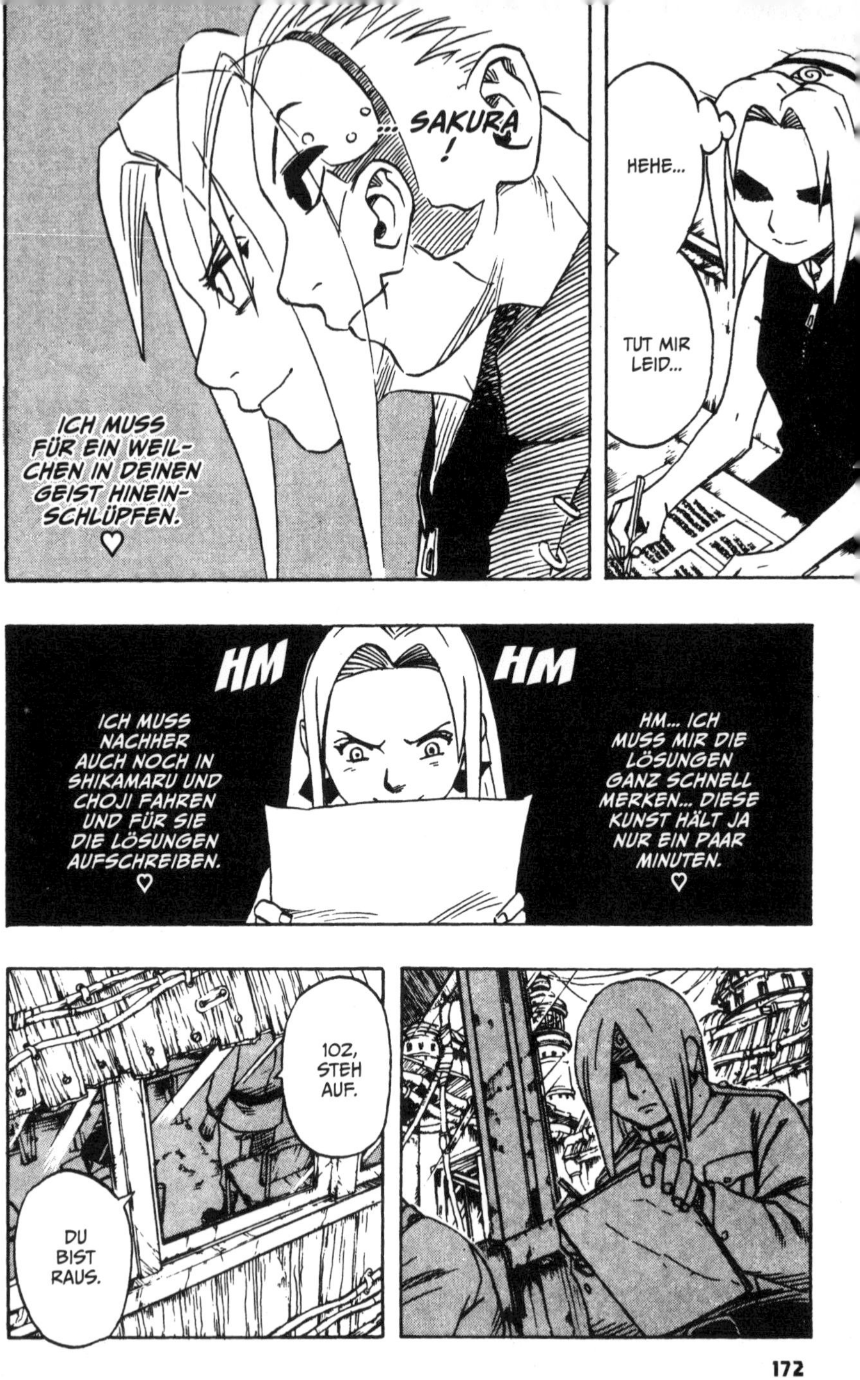
HEHE...
TUT MIR LEID...
... SAKURA!
ICH MUSS FÜR EIN WEIL-CHEN IN DEINEN GEIST HINEIN-SCHLÜPFEN. ♡
HM
HM
HM... ICH MUSS MIR DIE LÖSUNGEN GANZ SCHNELL MERKEN... DIESE KUNST HÄLT JA NUR EIN PAAR MINUTEN. ♡
ICH MUSS NACHHER AUCH NOCH IN SHIKAMARU UND CHOJI FAHREN UND FÜR SIE DIE LÖSUNGEN AUFSCHREIBEN. ♡
102, STEH AUF.
DU BIST RAUS.

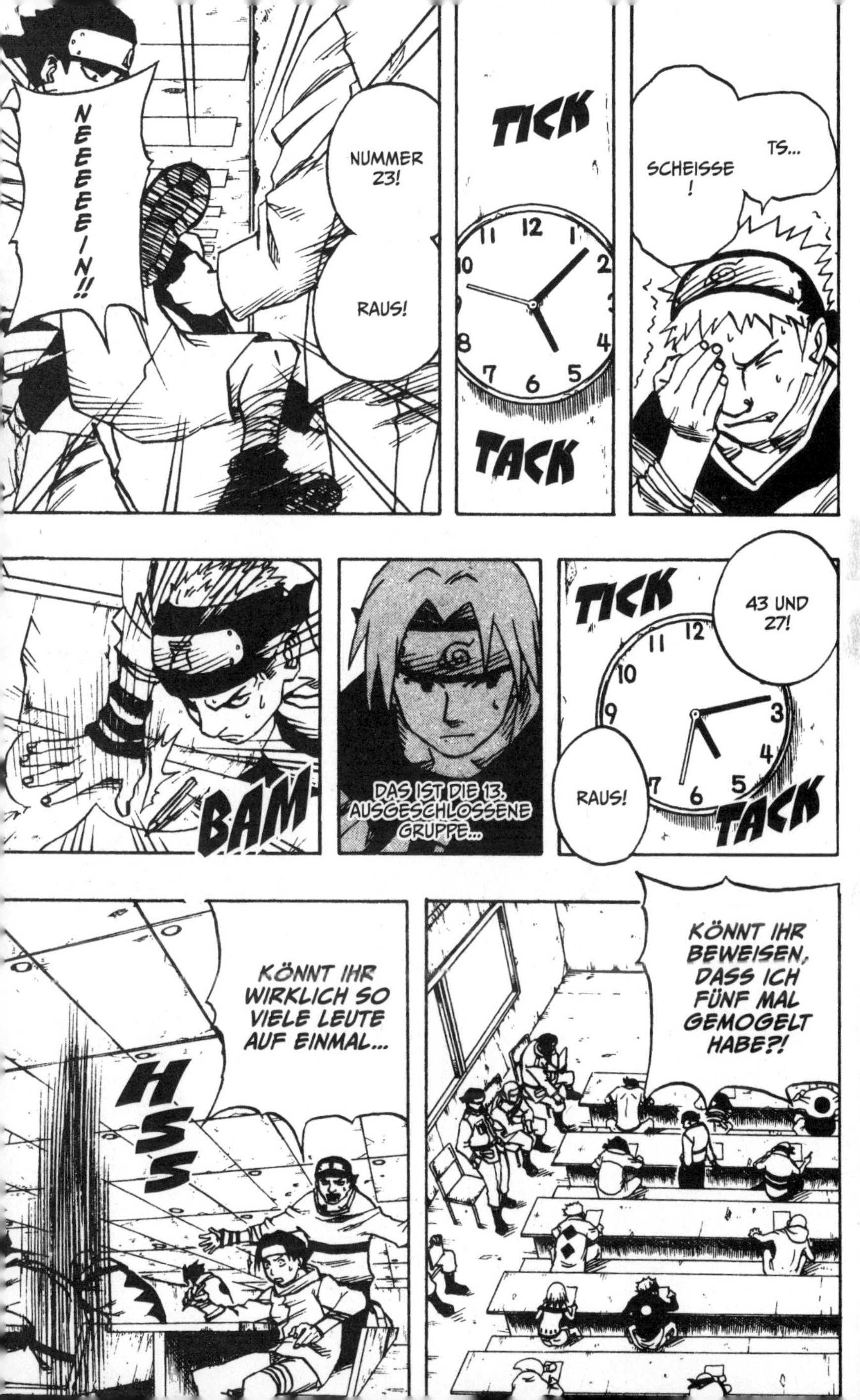
TS...
SCHEISSE!
TICK
TACK
NUMMER 23!
RAUS!
NEEEEEEIN!!
43 UND 27!
RAUS!
TICK
TACK
DAS IST DIE 13. AUSGESCHLOSSENE GRUPPE...
BAM
KÖNNT IHR BEWEISEN, DASS ICH FÜNF MAL GEMOGELT HABE?!
KÖNNT IHR WIRKLICH SO VIELE LEUTE AUF EINMAL...
HSS

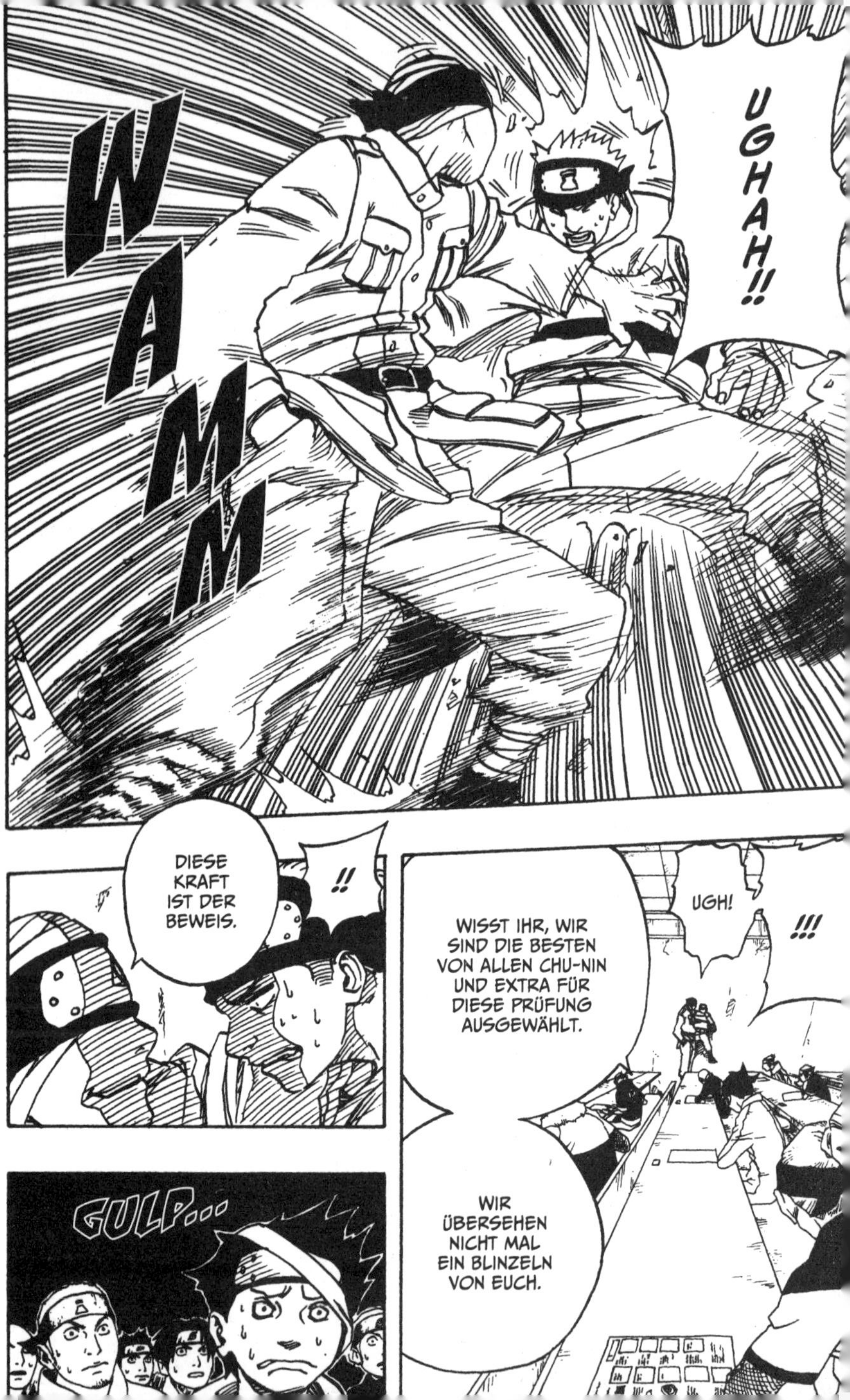
UGHAH!!
WAMM
!!
DIESE KRAFT IST DER BEWEIS.
!!!
UGH!
WISST IHR, WIR SIND DIE BESTEN VON ALLEN CHU-NIN UND EXTRA FÜR DIESE PRÜFUNG AUSGEWÄHLT.
WIR ÜBERSEHEN NICHT MAL EIN BLINZELN VON EUCH.
GULP...

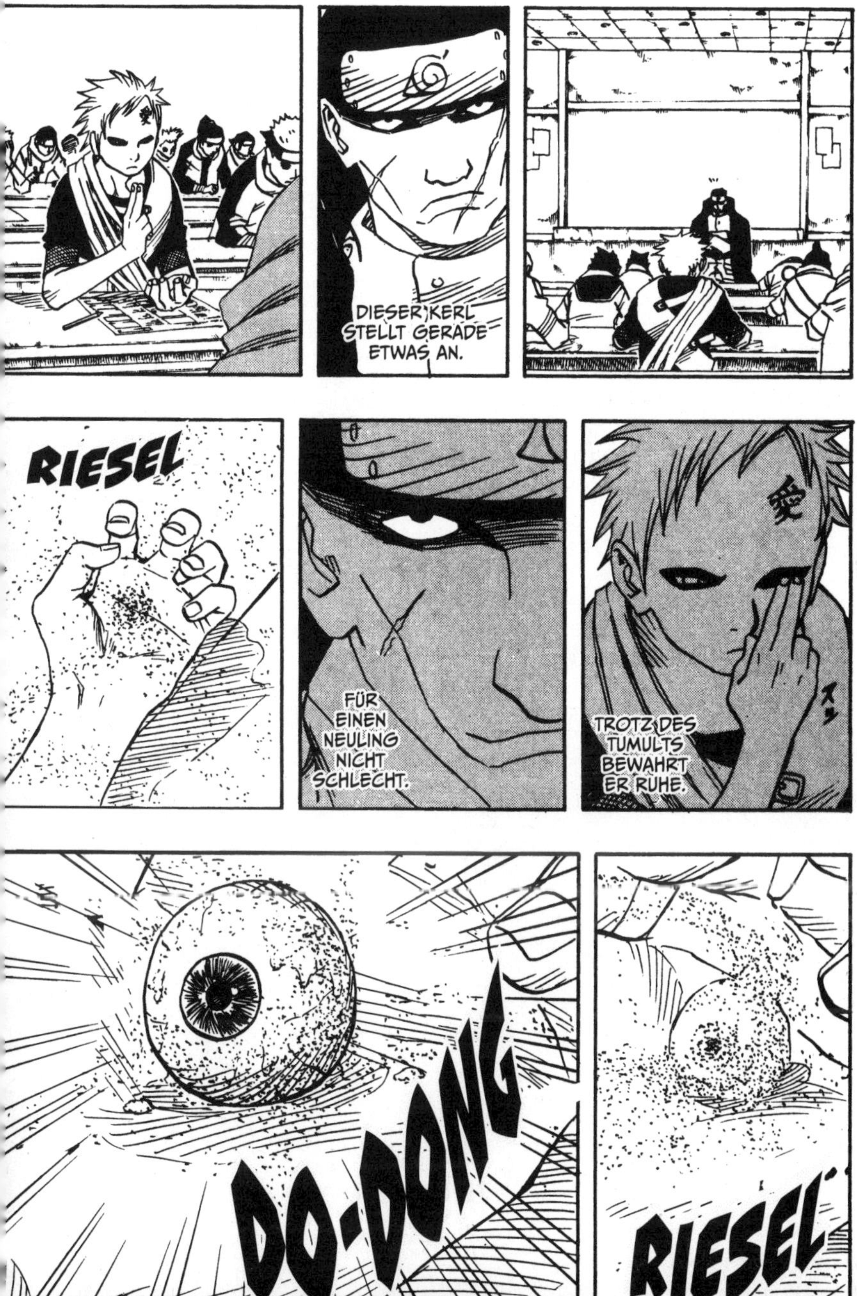
DIESER KERL STELLT GERADE ETWAS AN.
RIESEL
FÜR EINEN NEULING NICHT SCHLECHT.
TROTZ DES TUMULTS BEWAHRT ER RUHE.
DO-DONG
RIESEL

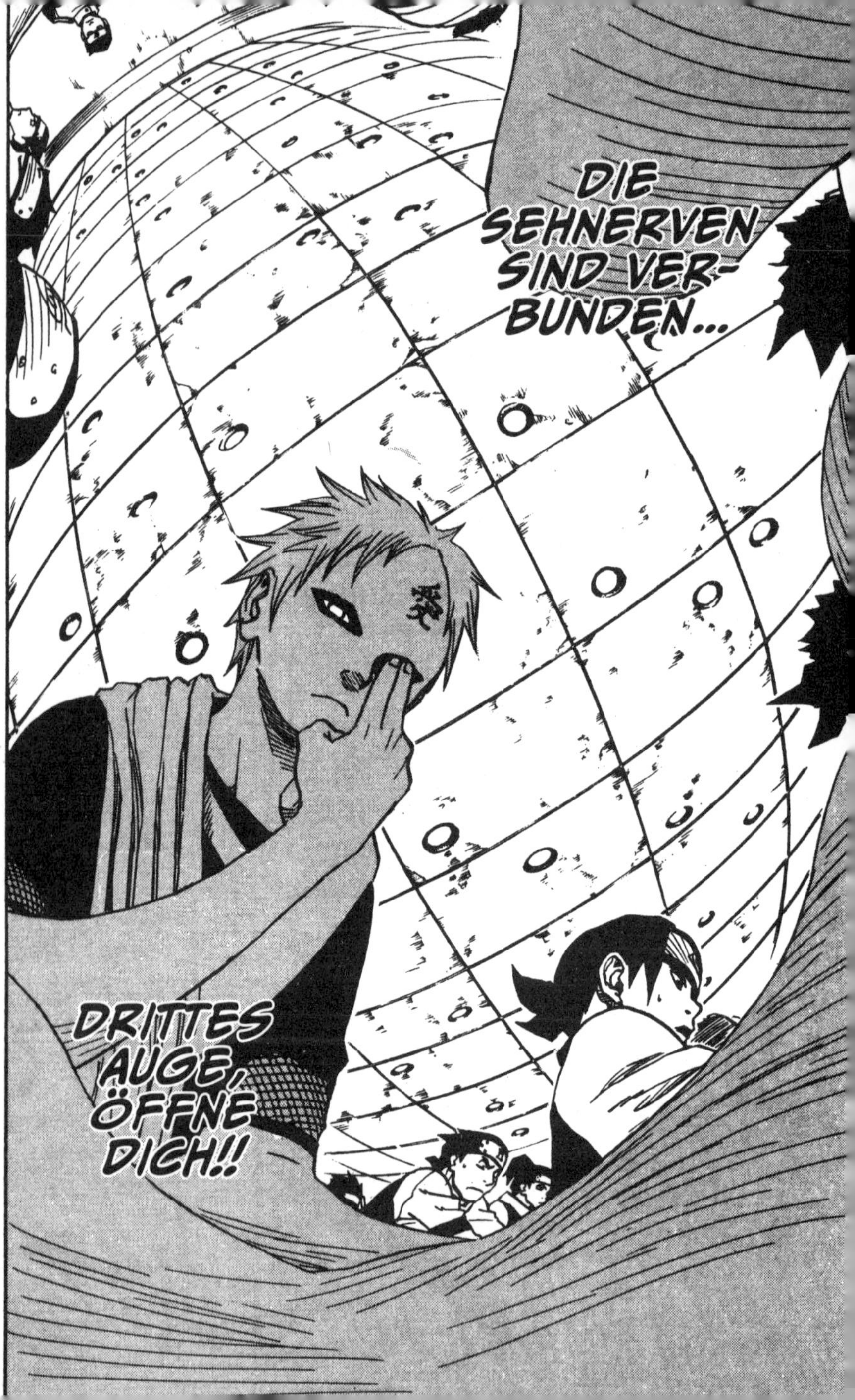
DIE SEHNERVEN SIND VER-BUNDEN...
DRITTES AUGE, ÖFFNE DICH!!

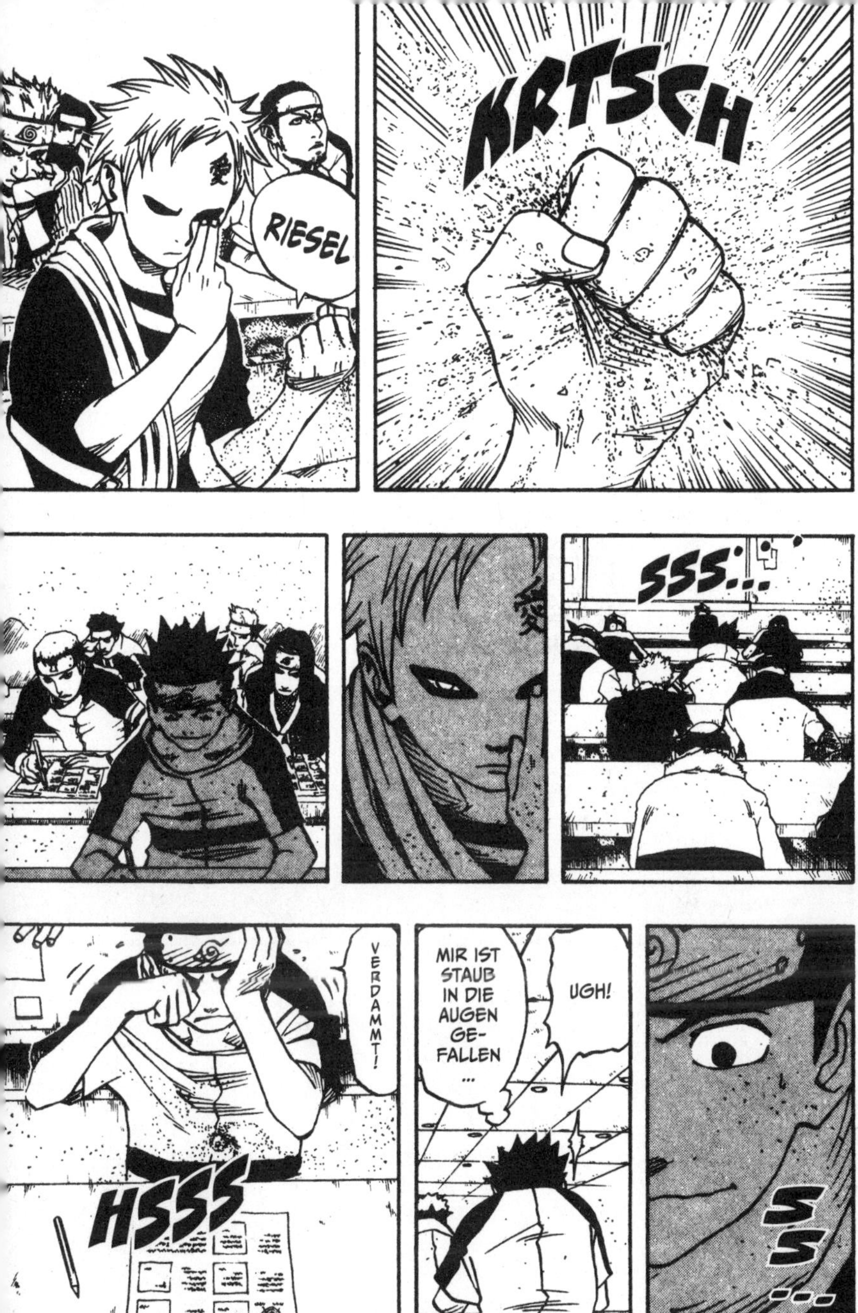
KRTSCH
RIESEL
SSS...
VERDAMMT!
UGH!
MIR IST STAUB IN DIE AUGEN GE-FALLEN ...
HSSS
SS...

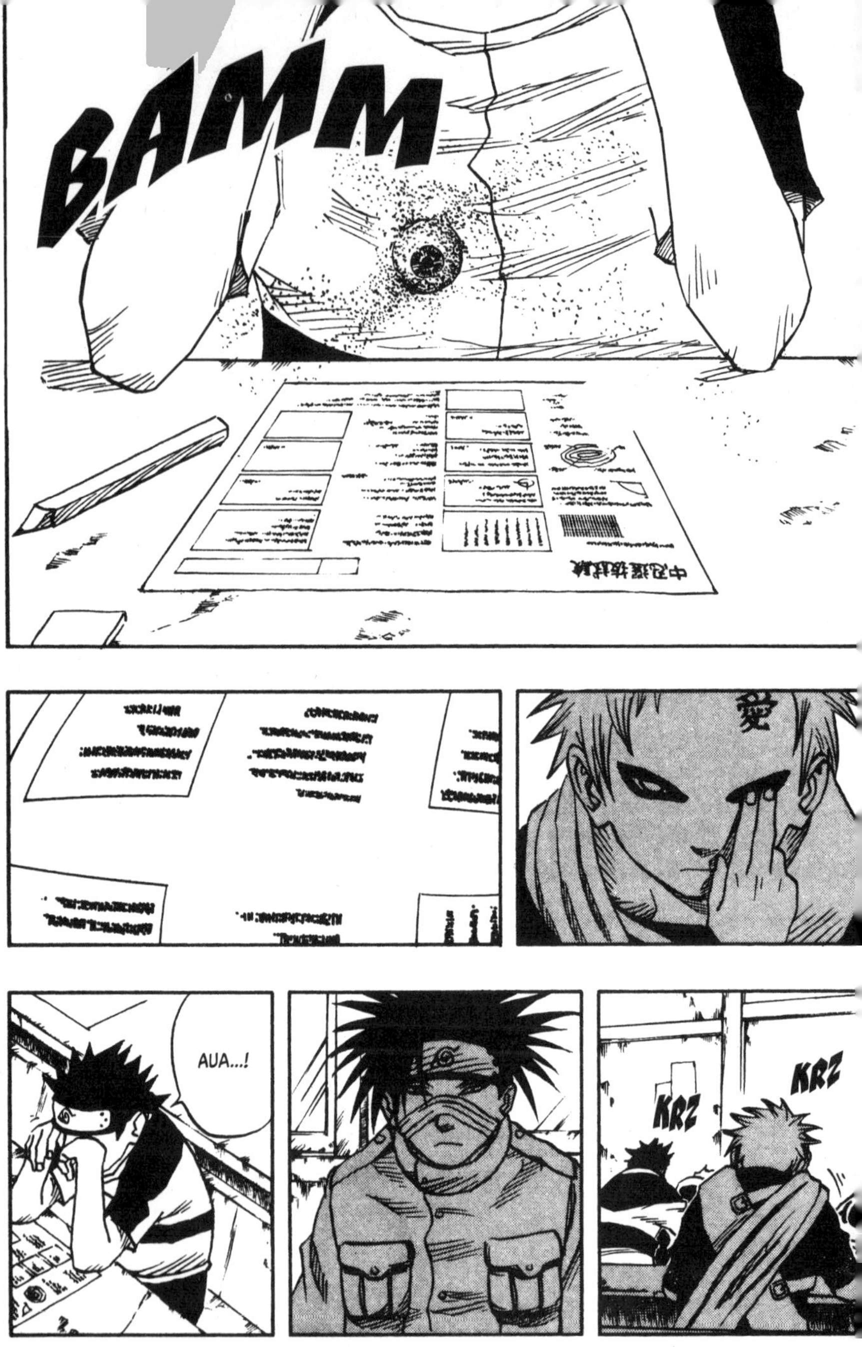
BAMM
AUA...!
KRZ
KRZ

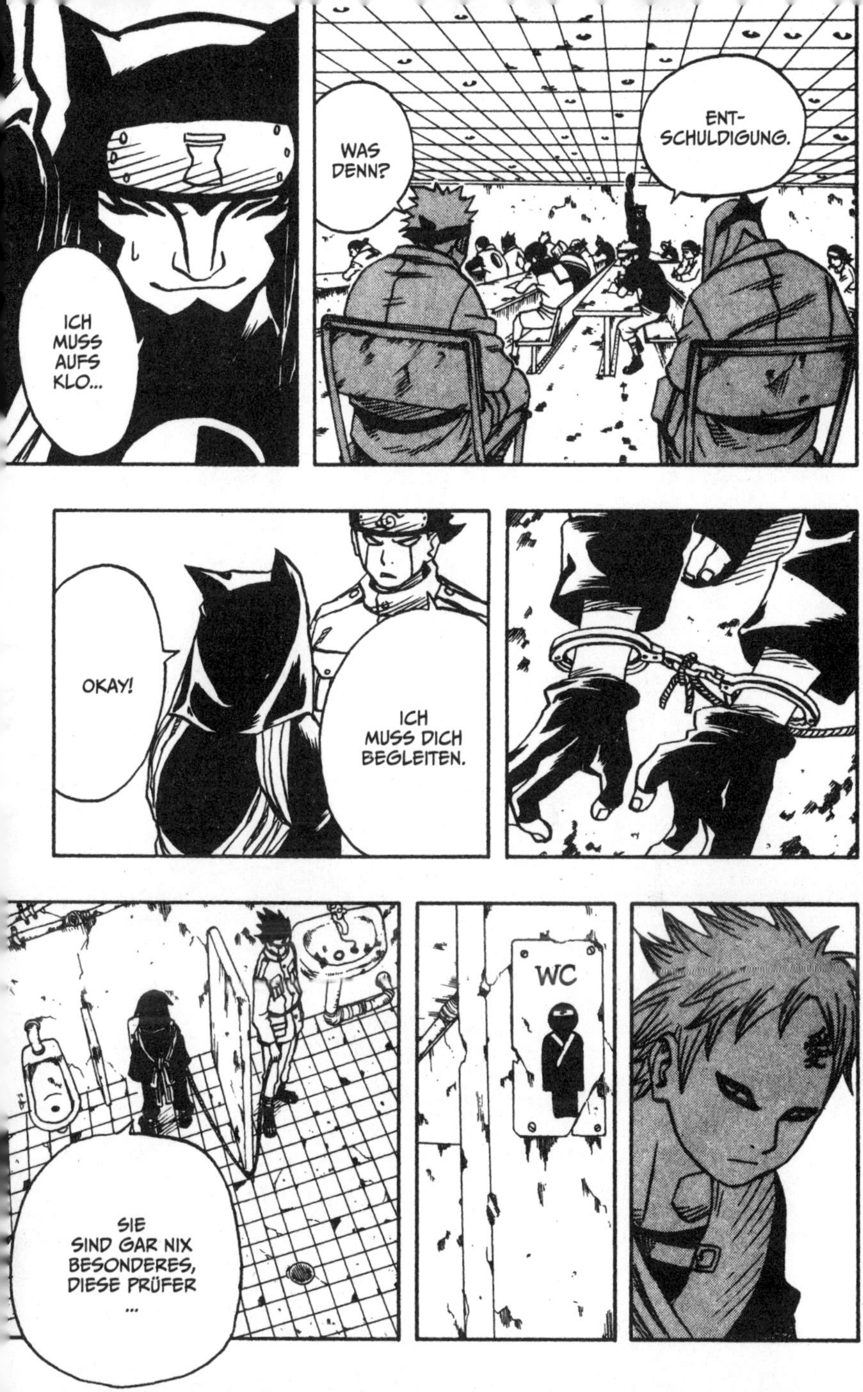
ENT-
SCHULDIGUNG.
WAS
DENN?
ICH
MUSS
AUFS
KLO...
ICH
MUSS DICH
BEGLEITEN.
OKAY!
WC
SIE
SIND GAR NIX
BESONDERES,
DIESE PRÜFER
...

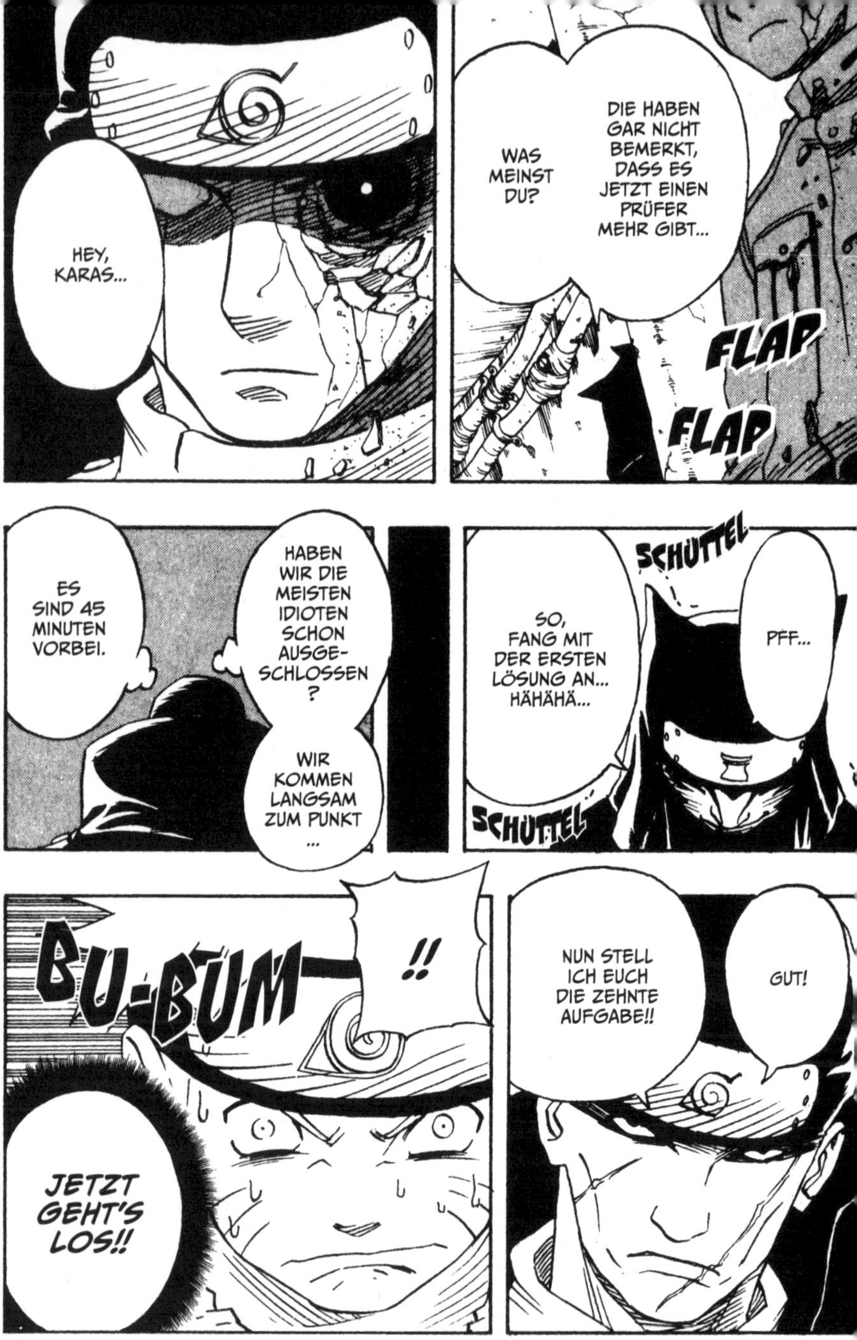
HEY, KARAS...
WAS MEINST DU?
DIE HABEN GAR NICHT BEMERKT, DASS ES JETZT EINEN PRÜFER MEHR GIBT...
FLAP
FLAP
ES SIND 45 MINUTEN VORBEI.
HABEN WIR DIE MEISTEN IDIOTEN SCHON AUSGE-SCHLOSSEN?
WIR KOMMEN LANGSAM ZUM PUNKT...
SO, FANG MIT DER ERSTEN LÖSUNG AN... HÄHÄHÄ...
SCHÜTTEL
PFF...
SCHÜTTEL
BU-BUM
!!
JETZT GEHT'S LOS!!
GUT!
NUN STELL ICH EUCH DIE ZEHNTE AUFGABE!!

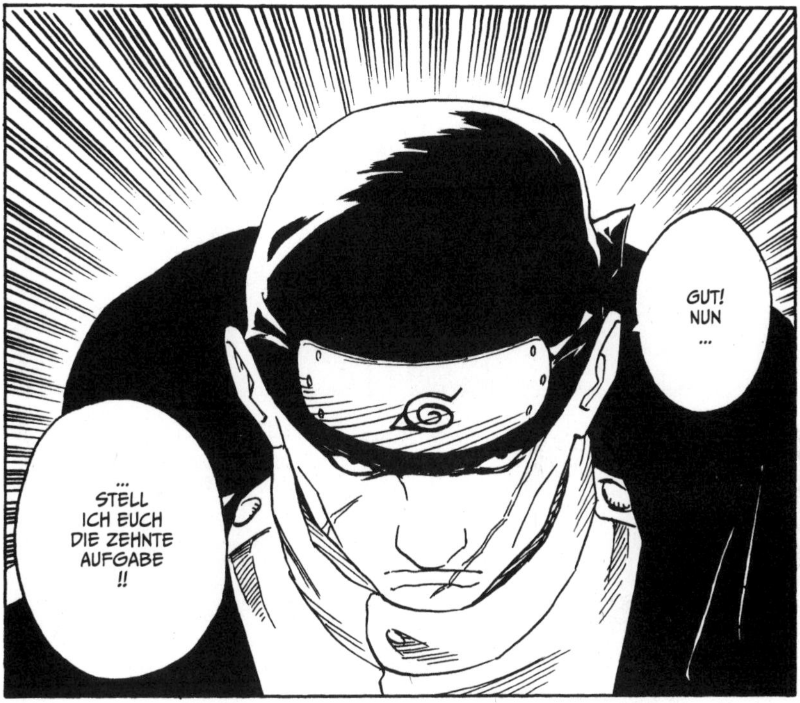

43. KAPITEL: DIE ZEHNTE AUFGABE...!

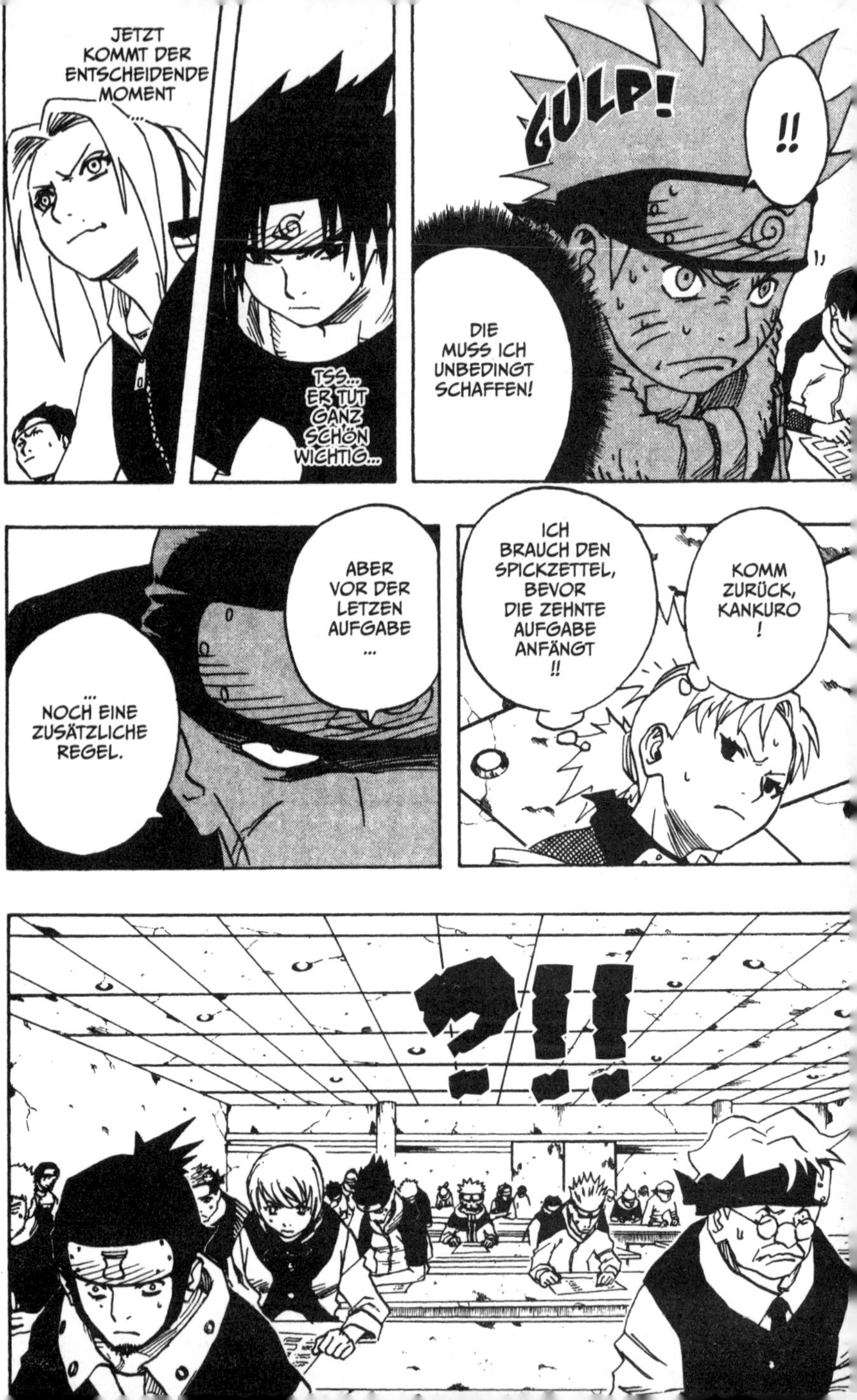

GULP!
!!
DIE MUSS ICH UNBEDINGT SCHAFFEN!
TSS... ER TUT GANZ SCHÖN WICHTIG...
JETZT KOMMT DER ENTSCHEIDENDE MOMENT ...
KOMM ZURÜCK, KANKURO !
ICH BRAUCH DEN SPICKZETTEL, BEVOR DIE ZEHNTE AUFGABE ANFÄNGT !!
ABER VOR DER LETZEN AUFGABE ...
... NOCH EINE ZUSÄTZLICHE REGEL.
?!!

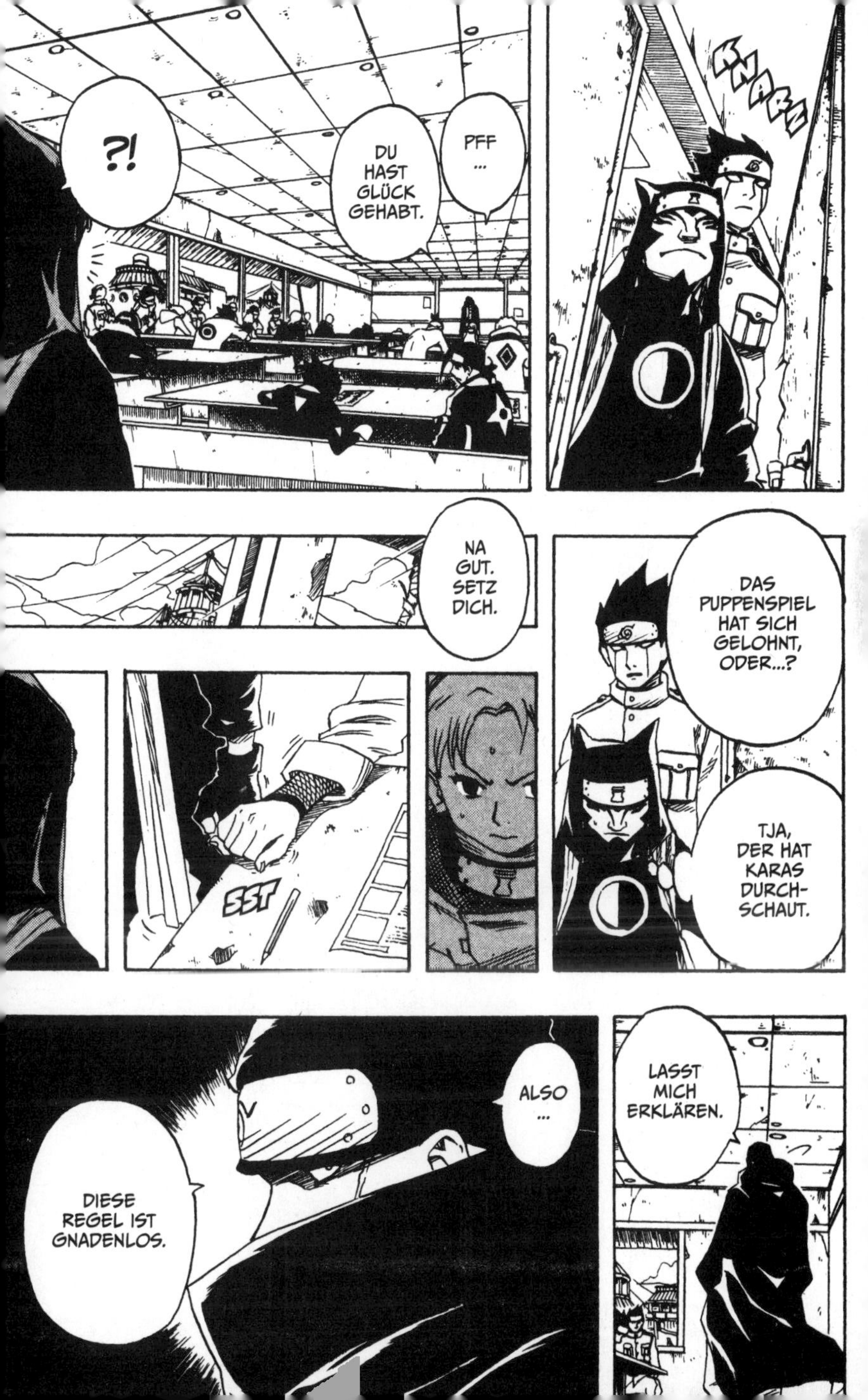
KNARZ
PFF ...
DU HAST GLÜCK GEHABT.
?!
DAS PUPPENSPIEL HAT SICH GELOHNT, ODER...?
TJA, DER HAT KARAS DURCHSCHAUT.
NA GUT. SETZ DICH.
SST
LASST MICH ERKLÄREN.
ALSO ...
DIESE REGEL IST GNADENLOS.

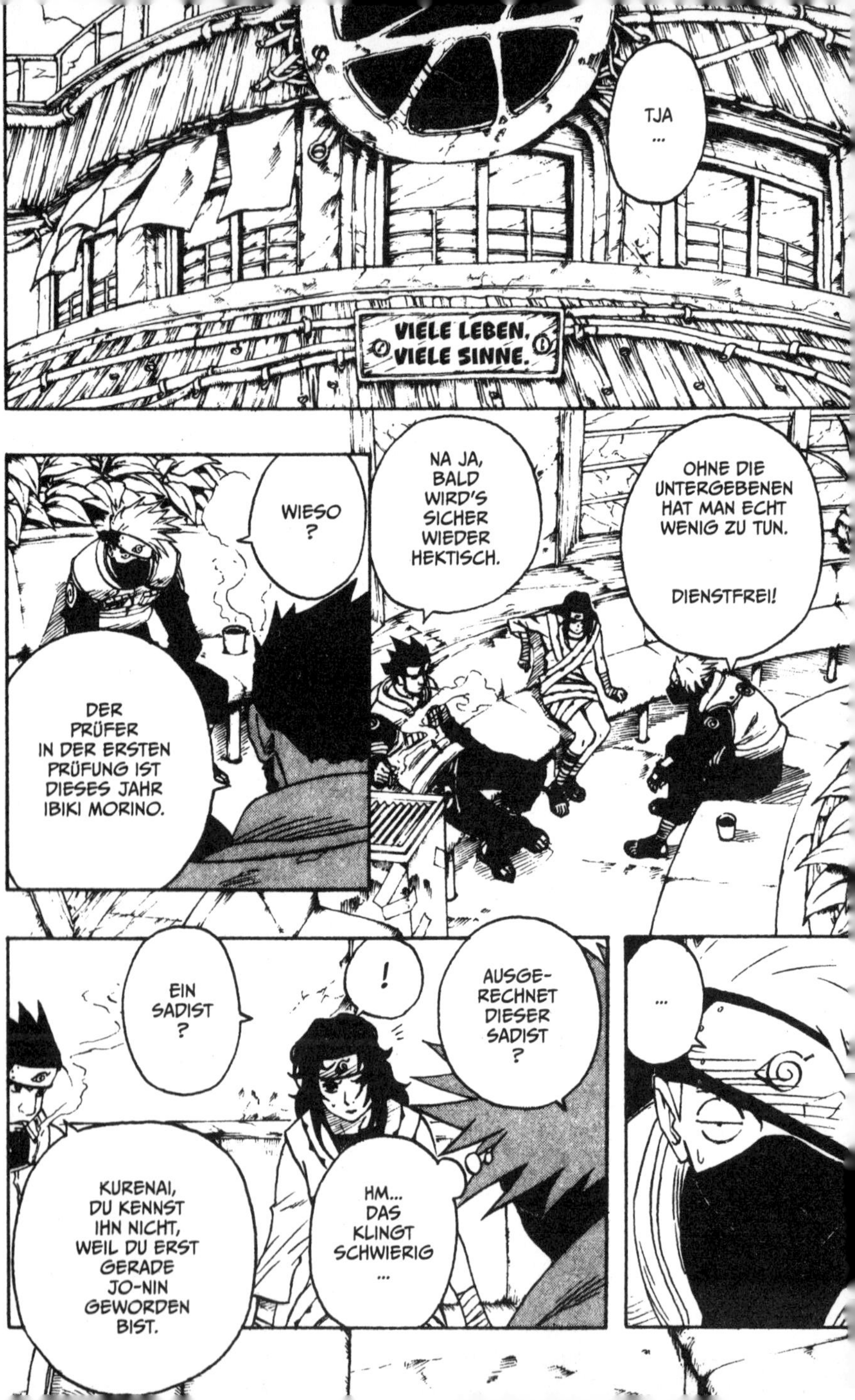
TJA ...
VIELE LEBEN, VIELE SINNE.
OHNE DIE UNTERGEBENEN HAT MAN ECHT WENIG ZU TUN.
DIENSTFREI!
NA JA, BALD WIRD'S SICHER WIEDER HEKTISCH.
WIESO ?
DER PRÜFER IN DER ERSTEN PRÜFUNG IST DIESES JAHR IBIKI MORINO.
...
AUSGE-RECHNET DIESER SADIST ?
!
EIN SADIST ?
HM... DAS KLINGT SCHWIERIG ...
KURENAI, DU KENNST IHN NICHT, WEIL DU ERST GERADE JO-NIN GEWORDEN BIST.

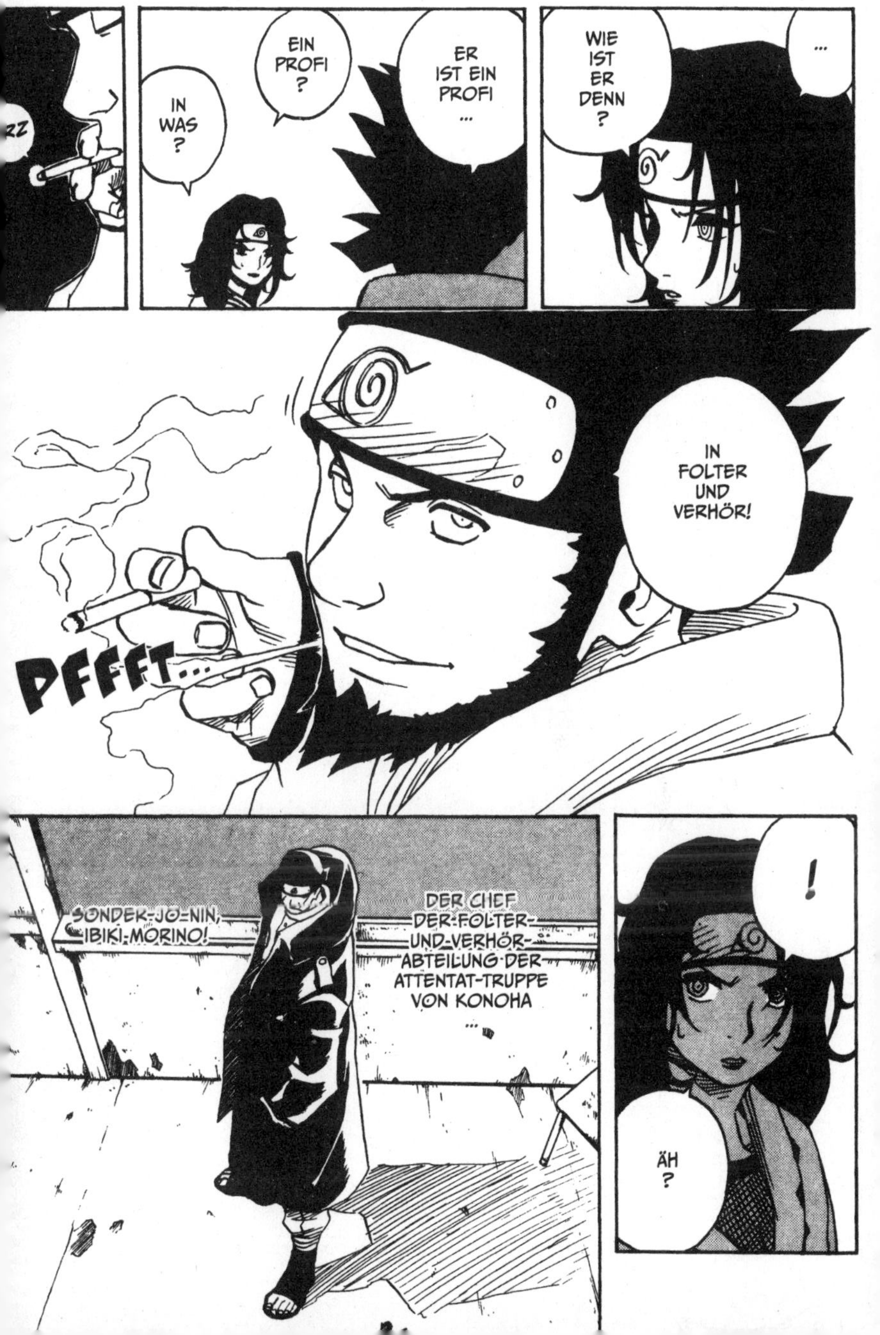
...
WIE IST ER DENN ?
ER IST EIN PROFI ...
EIN PROFI ?
IN WAS ?
RZ
IN FOLTER UND VERHÖR!
PFFFT...
!
ÄH ?
DER CHEF DER FOLTER- UND VERHÖR-ABTEILUNG DER ATTENTAT-TRUPPE VON KONOHA ...
SONDER-JÔ-NIN, IBIKI MORINO!

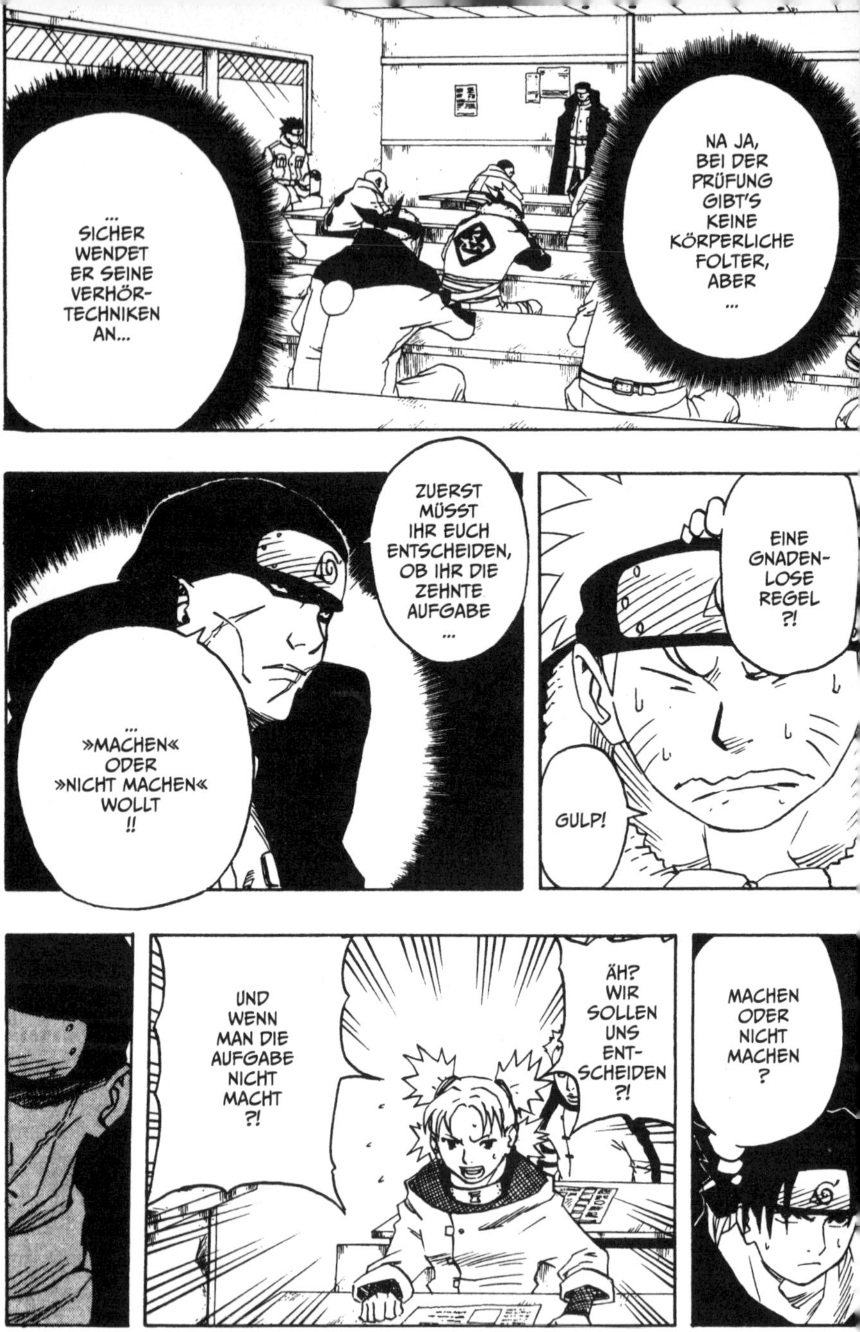
NA JA, BEI DER PRÜFUNG GIBT'S KEINE KÖRPERLICHE FOLTER, ABER ...
... SICHER WENDET ER SEINE VERHÖR-TECHNIKEN AN...
EINE GNADEN-LOSE REGEL ?!
GULP!
ZUERST MÜSST IHR EUCH ENTSCHEIDEN, OB IHR DIE ZEHNTE AUFGABE ...
... »MACHEN« ODER »NICHT MACHEN« WOLLT !!
MACHEN ODER NICHT MACHEN ?
ÄH? WIR SOLLEN UNS ENT-SCHEIDEN ?!
UND WENN MAN DIE AUFGABE NICHT MACHT ?!

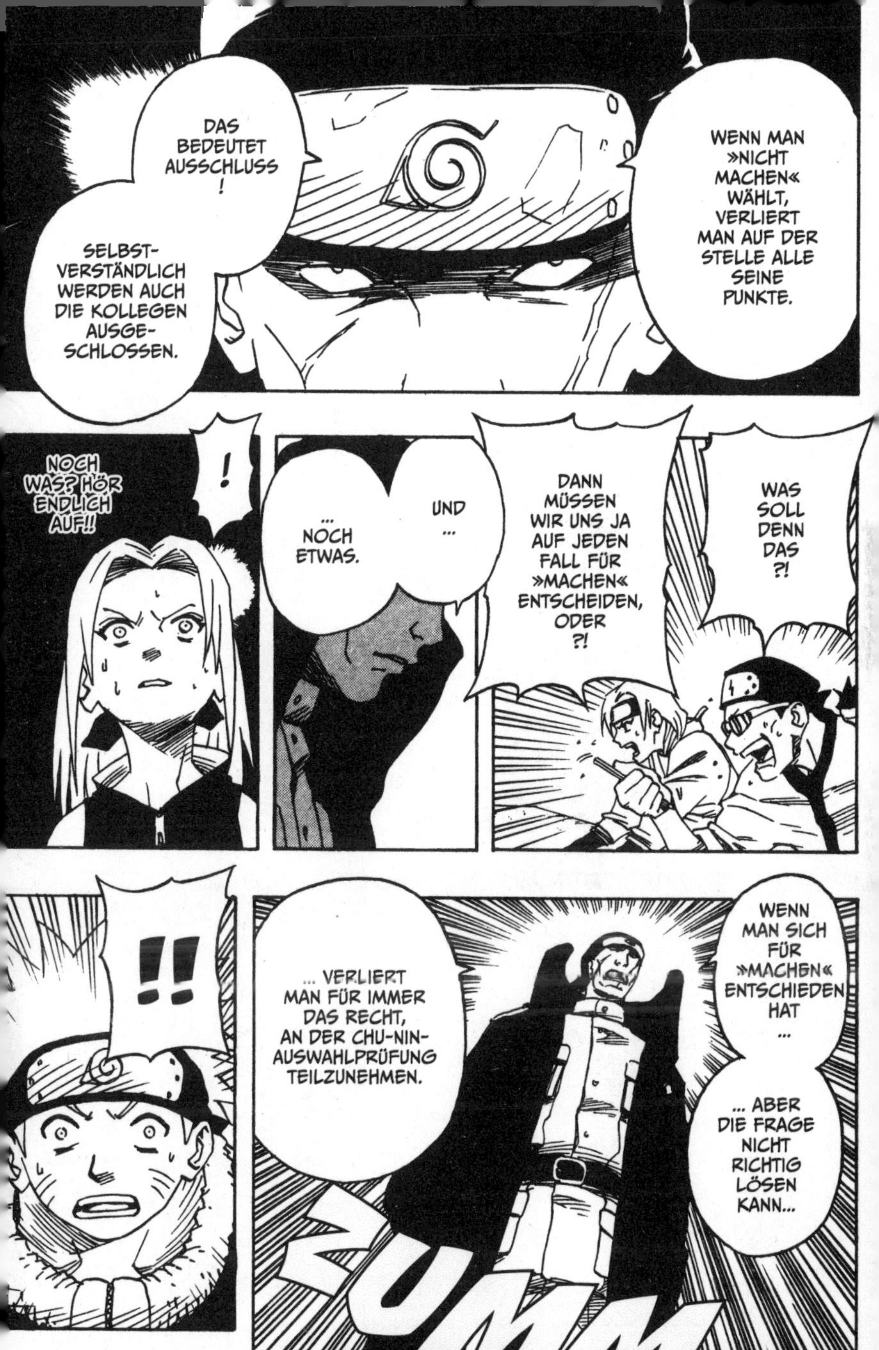
WENN MAN »NICHT MACHEN« WÄHLT, VERLIERT MAN AUF DER STELLE ALLE SEINE PUNKTE.
DAS BEDEUTET AUSSCHLUSS!
SELBSTVERSTÄNDLICH WERDEN AUCH DIE KOLLEGEN AUSGESCHLOSSEN.
WAS SOLL DENN DAS?!
DANN MÜSSEN WIR UNS JA AUF JEDEN FALL FÜR »MACHEN« ENTSCHEIDEN, ODER?!
UND ...
... NOCH ETWAS.
!
NOCH WAS? HÖR ENDLICH AUF!!
WENN MAN SICH FÜR »MACHEN« ENTSCHIEDEN HAT ...
... ABER DIE FRAGE NICHT RICHTIG LÖSEN KANN...
... VERLIERT MAN FÜR IMMER DAS RECHT, AN DER CHU-NIN-AUSWAHLPRÜFUNG TEILZUNEHMEN.
!!
ZUMM

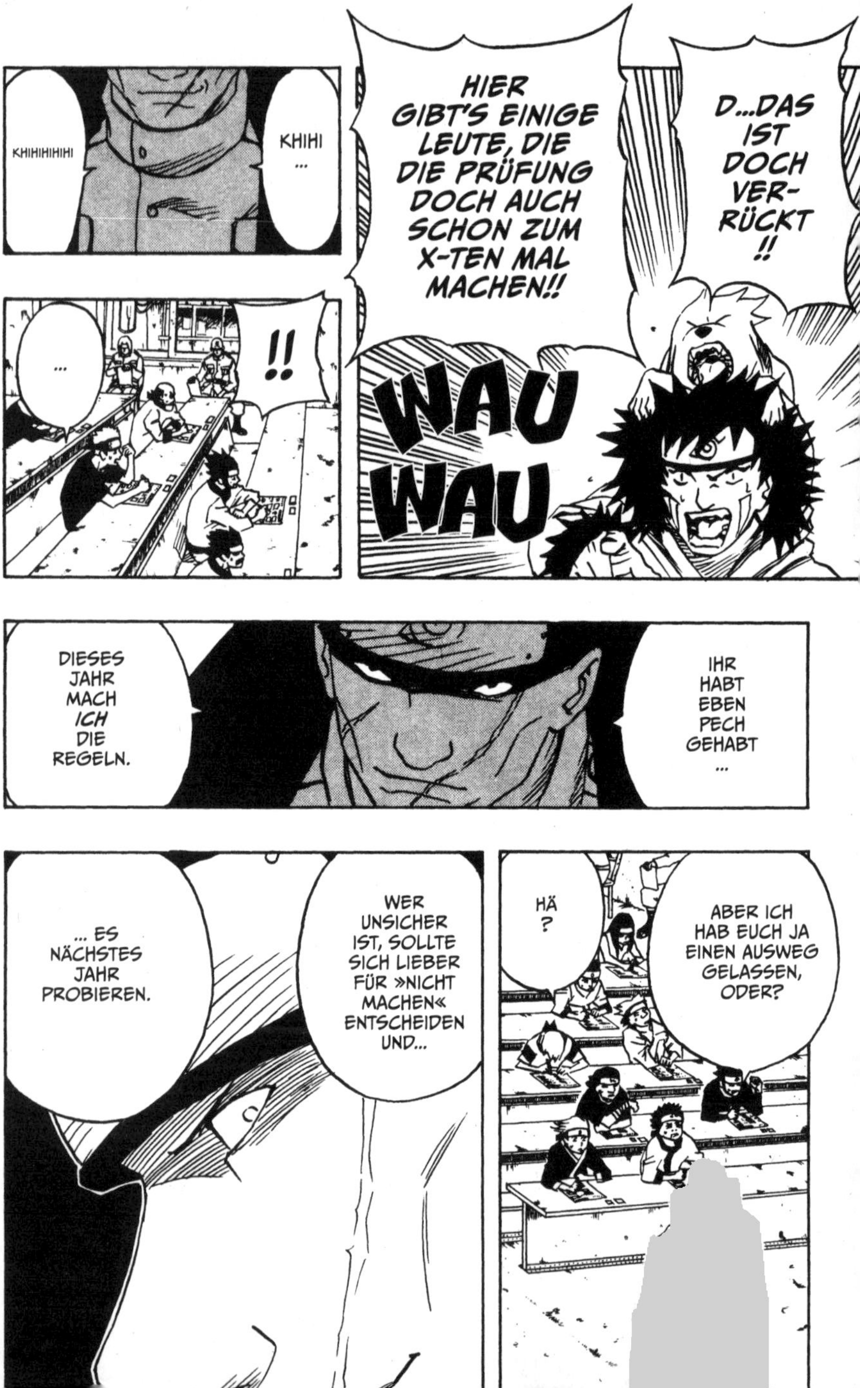
D...DAS IST DOCH VER-RÜCKT !!
HIER GIBT'S EINIGE LEUTE, DIE DIE PRÜFUNG DOCH AUCH SCHON ZUM X-TEN MAL MACHEN!!
KHIHI ...
KHIHIHIHIHI
WAU WAU
!!
...
IHR HABT EBEN PECH GEHABT ...
DIESES JAHR MACH *ICH* DIE REGELN.
ABER ICH HAB EUCH JA EINEN AUSWEG GELASSEN, ODER?
HÄ ?
WER UNSICHER IST, SOLLTE SICH LIEBER FÜR »NICHT MACHEN« ENTSCHEIDEN UND...
... ES NÄCHSTES JAHR PROBIEREN.

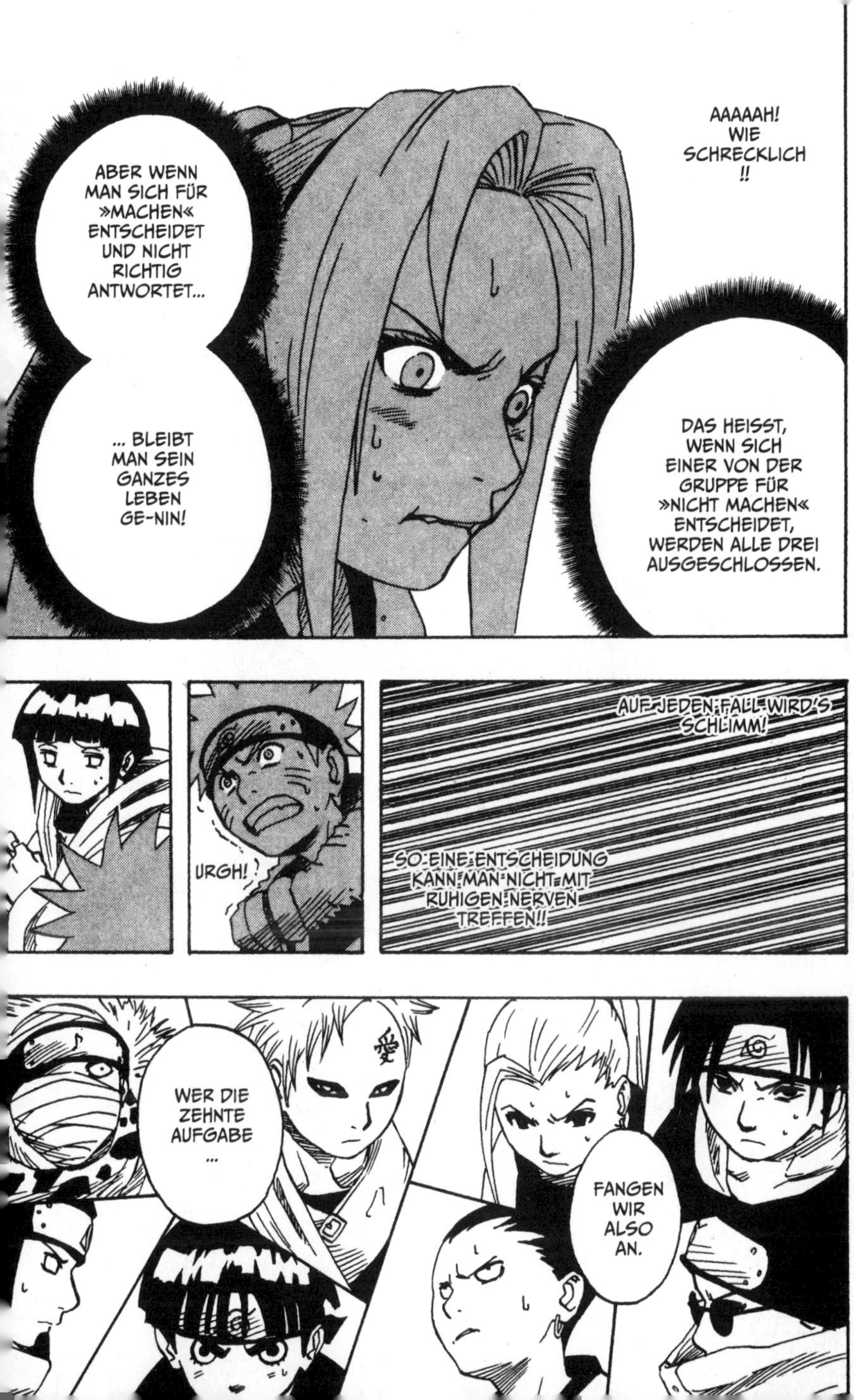
AAAAAH! WIE SCHRECKLICH !!
ABER WENN MAN SICH FÜR »MACHEN« ENTSCHEIDET UND NICHT RICHTIG ANTWORTET...
DAS HEISST, WENN SICH EINER VON DER GRUPPE FÜR »NICHT MACHEN« ENTSCHEIDET, WERDEN ALLE DREI AUSGESCHLOSSEN.
... BLEIBT MAN SEIN GANZES LEBEN GE-NIN!
AUF JEDEN FALL WIRD'S SCHLIMM!
SO EINE ENTSCHEIDUNG KANN MAN NICHT MIT RUHIGEN NERVEN TREFFEN!!
URGH!
FANGEN WIR ALSO AN.
WER DIE ZEHNTE AUFGABE ...

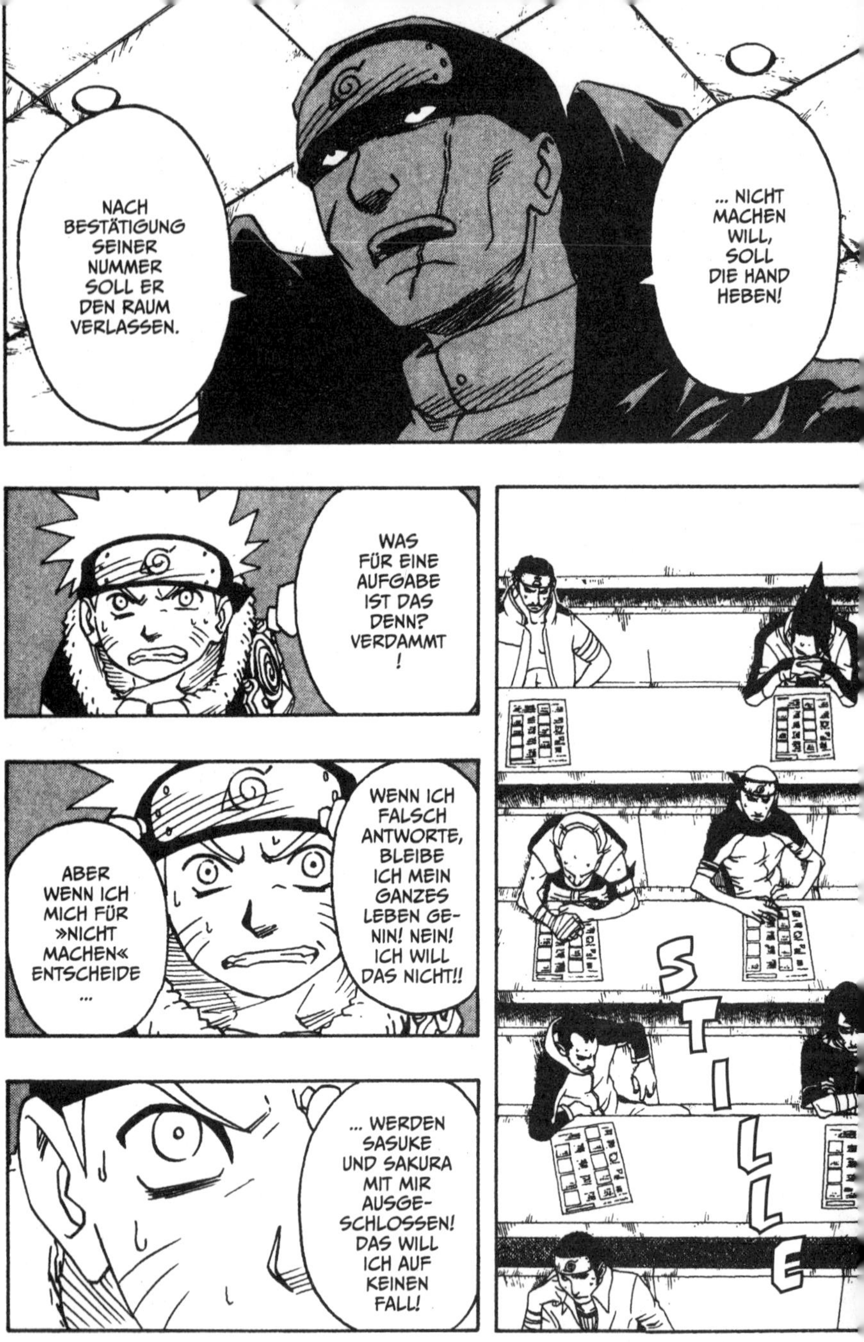

... NICHT MACHEN WILL, SOLL DIE HAND HEBEN!
NACH BESTÄTIGUNG SEINER NUMMER SOLL ER DEN RAUM VERLASSEN.
STILLE
WAS FÜR EINE AUFGABE IST DAS DENN? VERDAMMT!
WENN ICH FALSCH ANTWORTE, BLEIBE ICH MEIN GANZES LEBEN GE-NIN! NEIN! ICH WILL DAS NICHT!!
ABER WENN ICH MICH FÜR »NICHT MACHEN« ENTSCHEIDE ...
... WERDEN SASUKE UND SAKURA MIT MIR AUSGE-SCHLOSSEN! DAS WILL ICH AUF KEINEN FALL!

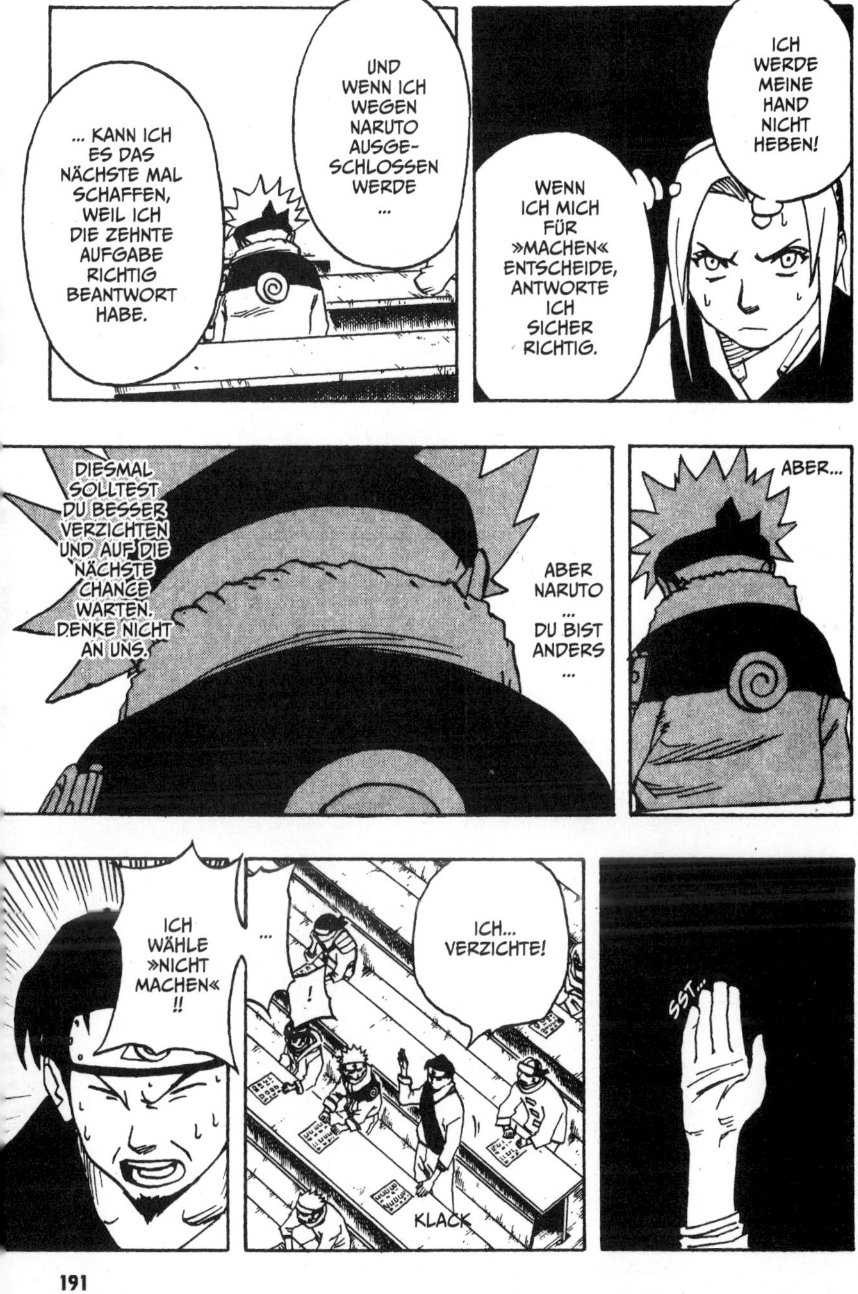
ICH WERDE MEINE HAND NICHT HEBEN!
WENN ICH MICH FÜR »MACHEN« ENTSCHEIDE, ANTWORTE ICH SICHER RICHTIG.
UND WENN ICH WEGEN NARUTO AUSGE-SCHLOSSEN WERDE ...
... KANN ICH ES DAS NÄCHSTE MAL SCHAFFEN, WEIL ICH DIE ZEHNTE AUFGABE RICHTIG BEANTWORT HABE.
ABER...
ABER NARUTO ... DU BIST ANDERS ...
DIESMAL SOLLTEST DU BESSER VERZICHTEN UND AUF DIE NÄCHSTE CHANCE WARTEN. DENKE NICHT AN UNS.
SST...
ICH... VERZICHTE!
...
KLACK
ICH WÄHLE »NICHT MACHEN« !!

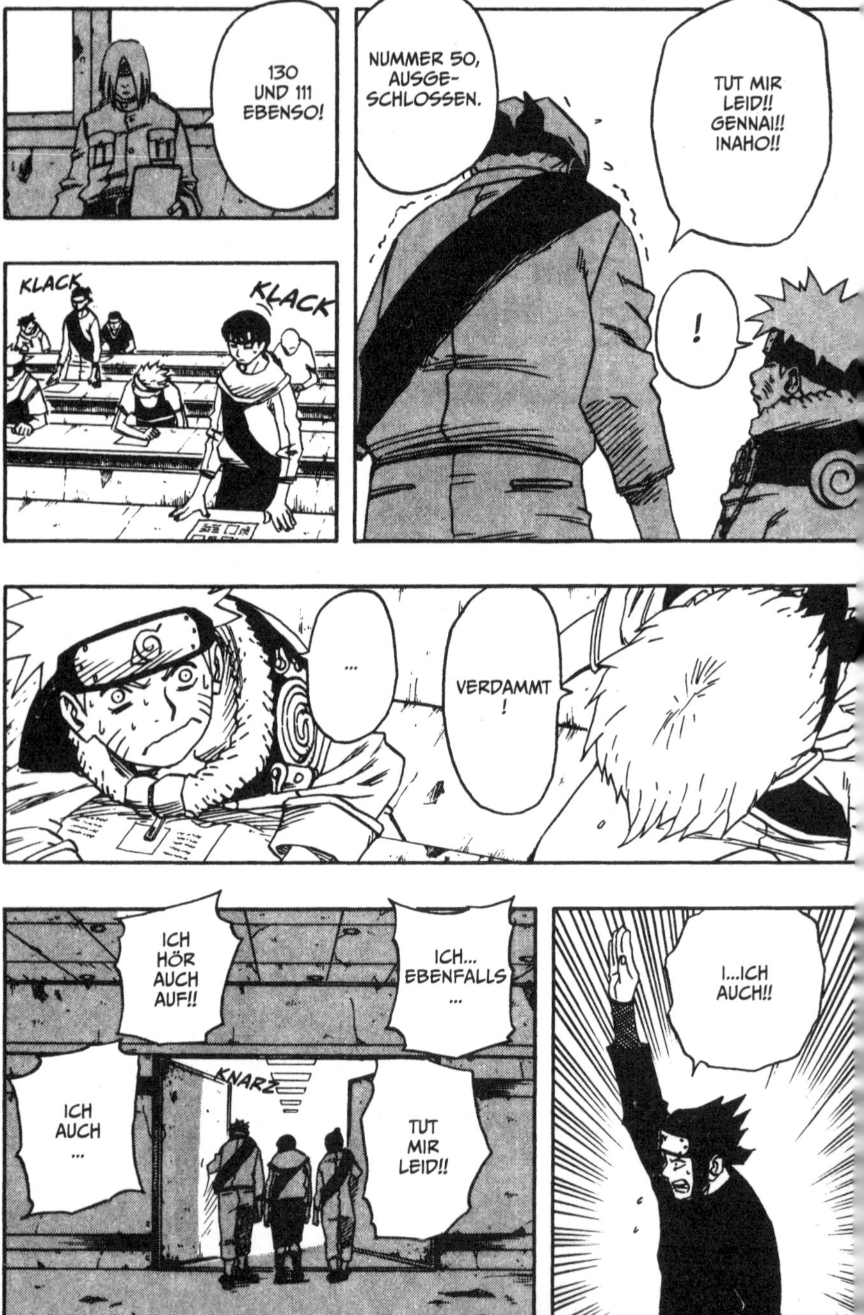
TUT MIR LEID!! GENNAI!! INAHO!!
NUMMER 50, AUSGE-SCHLOSSEN.
130 UND 111 EBENSO!
KLACK
KLACK
!
VERDAMMT!
...
I...ICH AUCH!!
ICH... EBENFALLS...
ICH HÖR AUCH AUF!!
KNARZ
TUT MIR LEID!!
ICH AUCH...

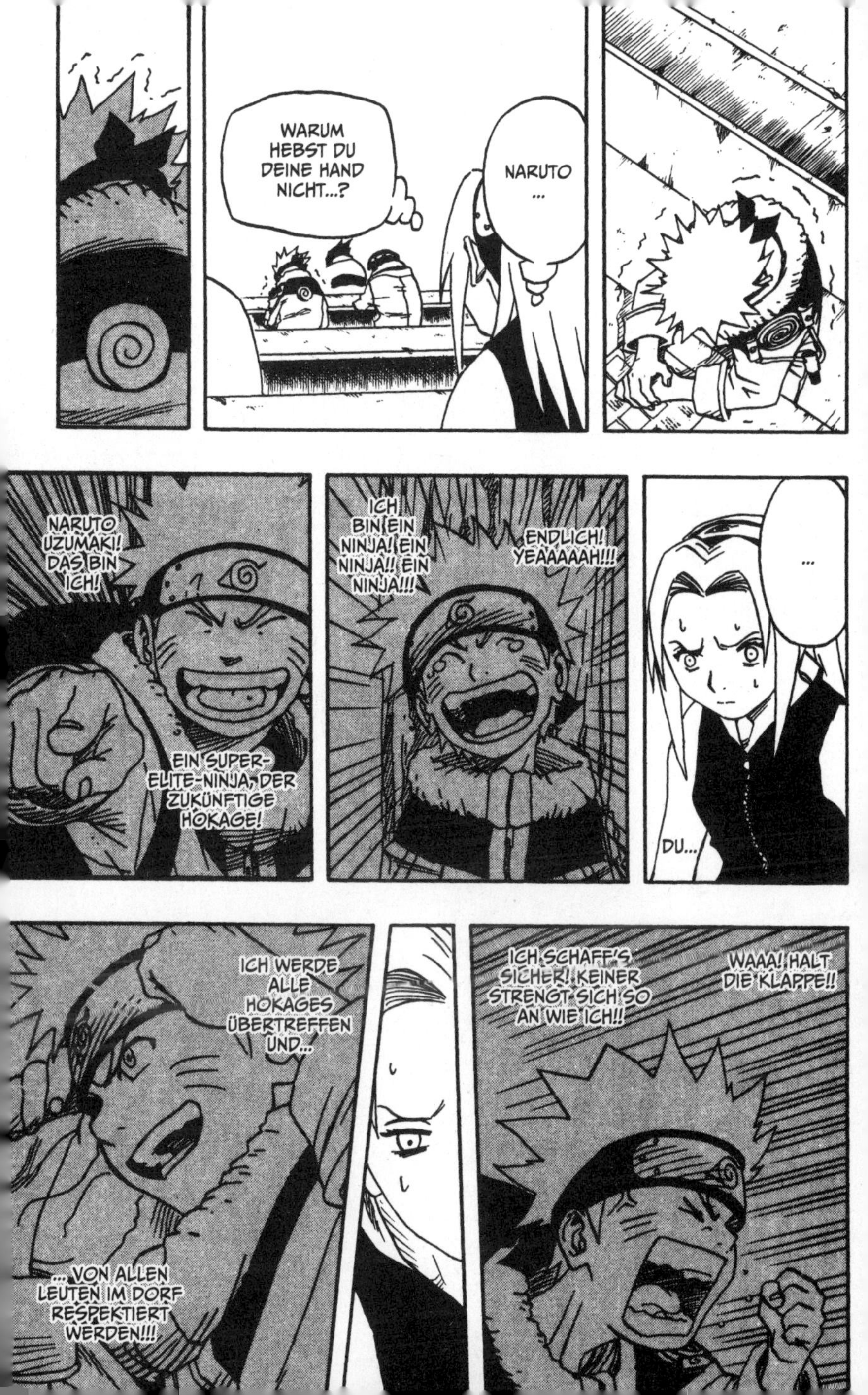
NARUTO ...
WARUM HEBST DU DEINE HAND NICHT...?
ENDLICH! YEAAAAAH!!!
ICH BIN EIN NINJA! EIN NINJA!! EIN NINJA!!!
NARUTO UZUMAKI! DAS BIN ICH!
EIN SUPER-ELITE-NINJA, DER ZUKÜNFTIGE HOKAGE!
...
DU...
WAAA! HALT DIE KLAPPE!!
ICH SCHAFF'S SICHER! KEINER STRENGT SICH SO AN WIE ICH!!
ICH WERDE ALLE HOKAGES ÜBERTREFFEN UND...
... VON ALLEN LEUTEN IM DORF RESPEKTIERT WERDEN!!!

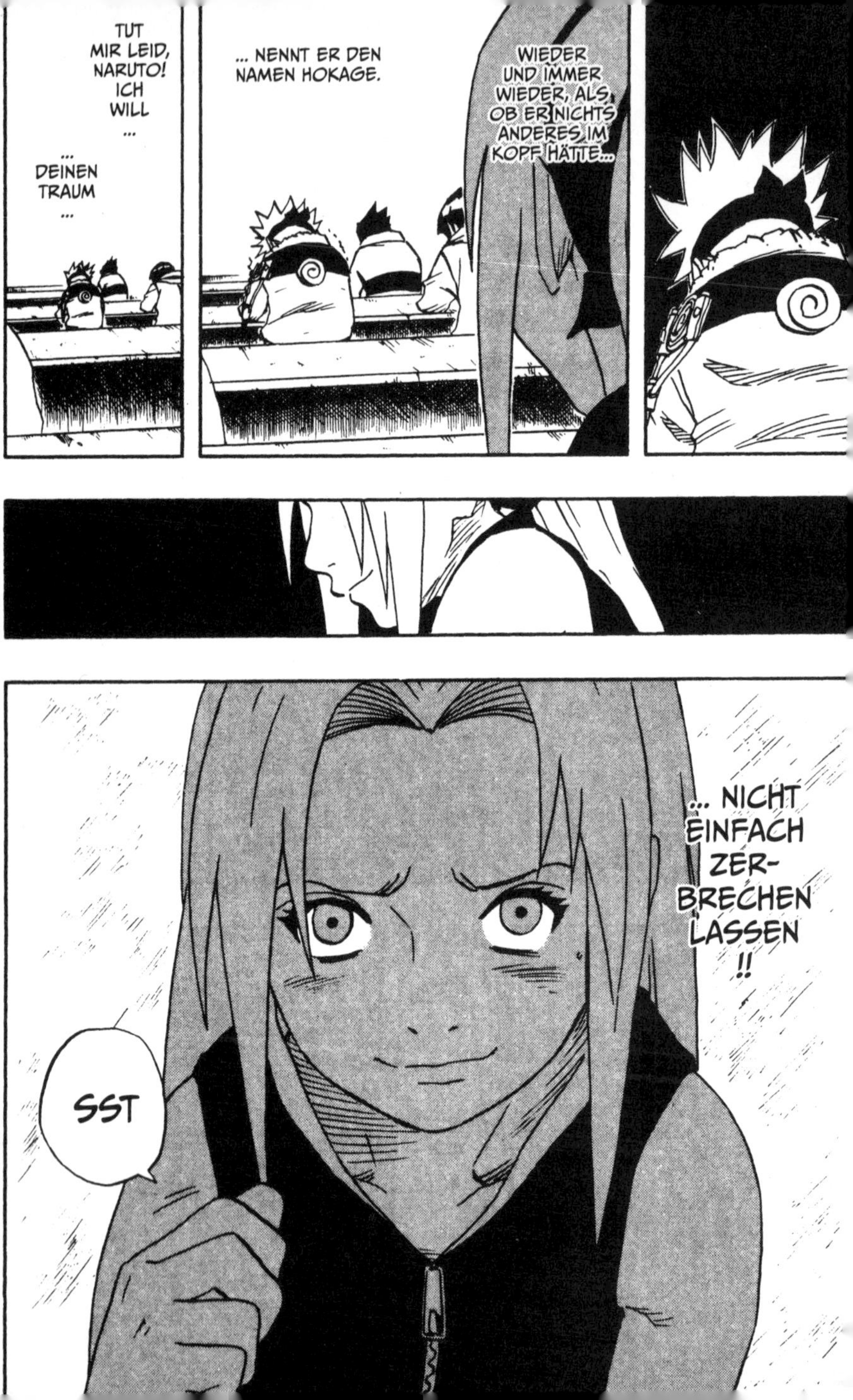
WIEDER UND IMMER WIEDER, ALS OB ER NICHTS ANDERES IM KOPF HÄTTE...
... NENNT ER DEN NAMEN HOKAGE.
TUT MIR LEID, NARUTO! ICH WILL ...
... DEINEN TRAUM ...
... NICHT EINFACH ZER-BRECHEN LASSEN !!
SST

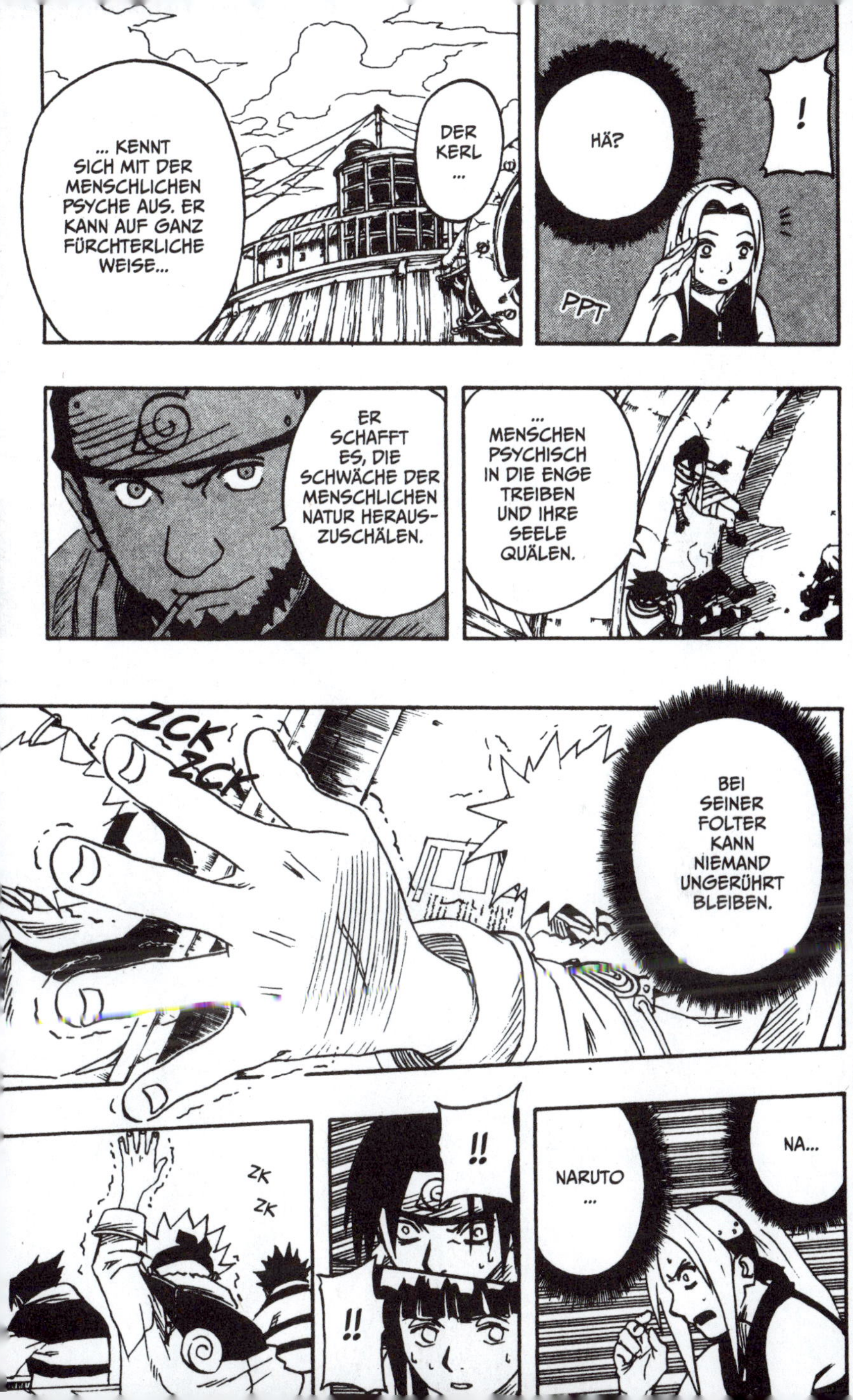
!
HÄ?
PPT
DER KERL ...
... KENNT SICH MIT DER MENSCHLICHEN PSYCHE AUS. ER KANN AUF GANZ FÜRCHTERLICHE WEISE...
... MENSCHEN PSYCHISCH IN DIE ENGE TREIBEN UND IHRE SEELE QUÄLEN.
ER SCHAFFT ES, DIE SCHWÄCHE DER MENSCHLICHEN NATUR HERAUSZUSCHÄLEN.
BEI SEINER FOLTER KANN NIEMAND UNGERÜHRT BLEIBEN.
ZCK ZCK
NA...
NARUTO ...
!!
!!
ZK ZK

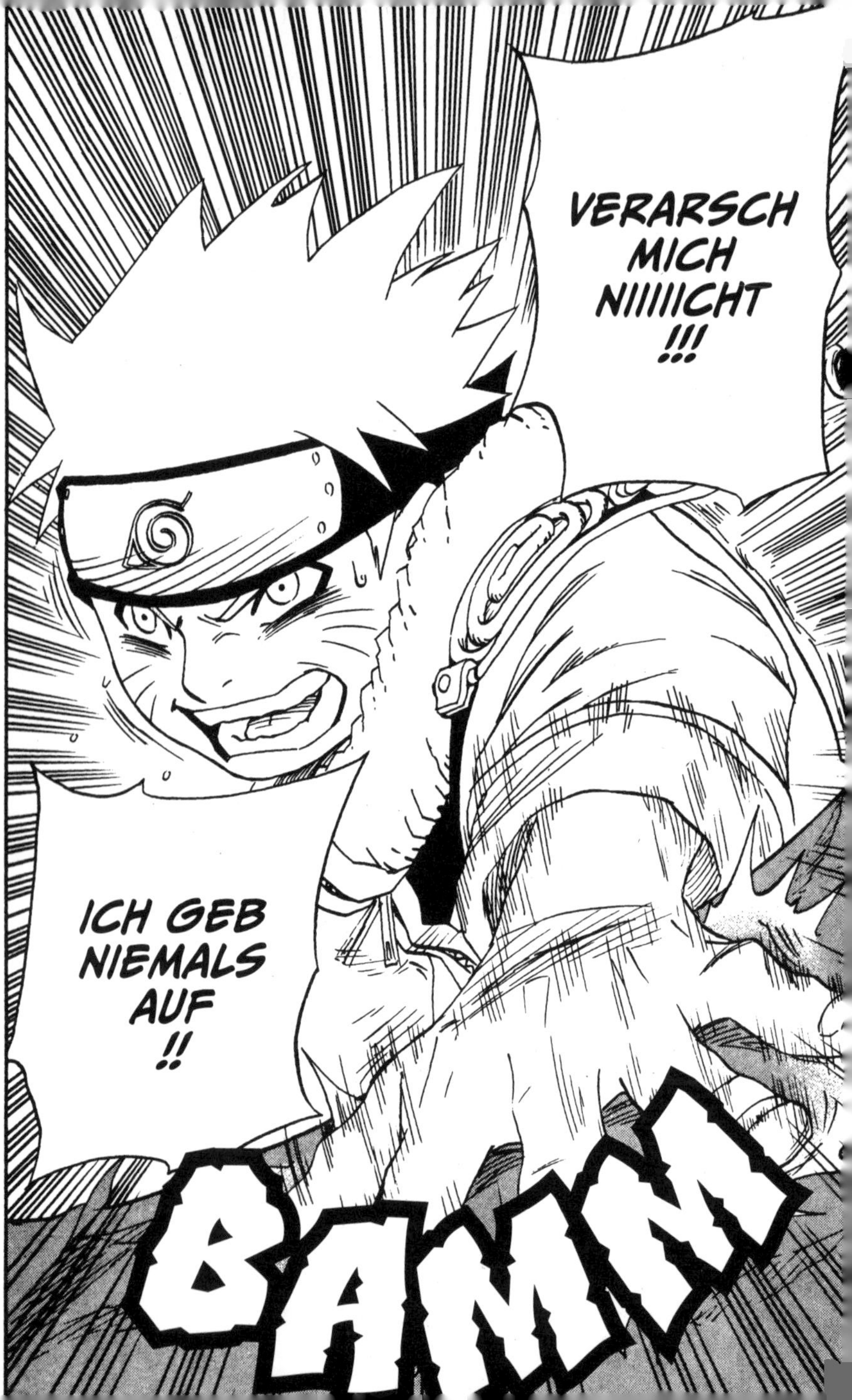
VERARSCH MICH NIIIIICHT !!!
ICH GEB NIEMALS AUF !!
BAM!

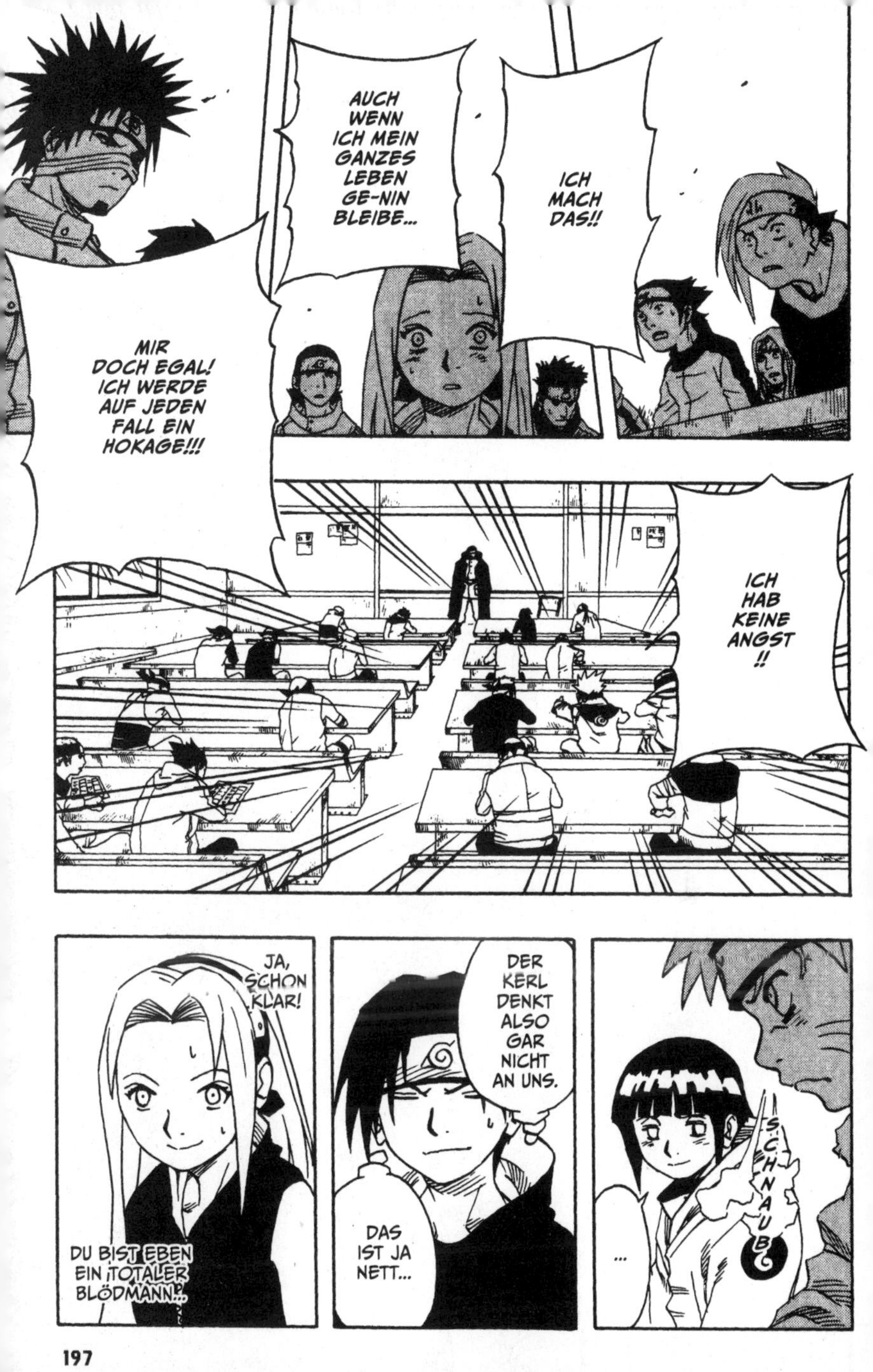
AUCH WENN ICH MEIN GANZES LEBEN GE-NIN BLEIBE...
ICH MACH DAS!!
MIR DOCH EGAL! ICH WERDE AUF JEDEN FALL EIN HOKAGE!!!
ICH HAB KEINE ANGST !!
S.C.H.N.A.U.B
...
DER KERL DENKT ALSO GAR NICHT AN UNS.
DAS IST JA NETT...
JA, SCHON KLAR!
DU BIST EBEN EIN TOTALER BLÖDMANN...

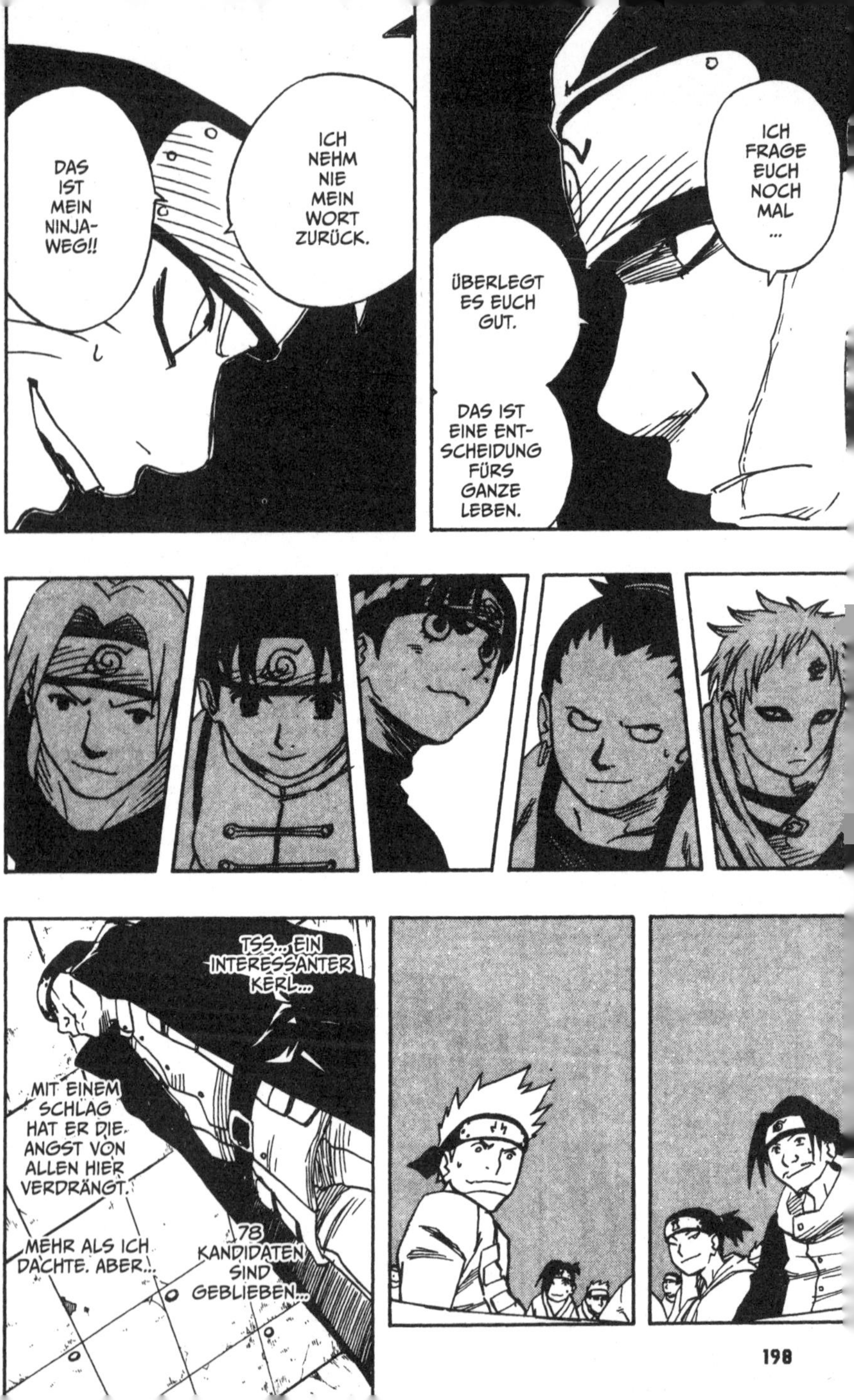

ICH FRAGE EUCH NOCHMAL ...
ÜBERLEGT ES EUCH GUT.
DAS IST EINE ENTSCHEIDUNG FÜRS GANZE LEBEN.
ICH NEHM NIE MEIN WORT ZURÜCK.
DAS IST MEIN NINJA-WEG!!
TSS... EIN INTERESSANTER KERL...
MIT EINEM SCHLAG HAT ER DIE ANGST VON ALLEN HIER VERDRÄNGT.
78 KANDIDATEN SIND GEBLIEBEN...
MEHR ALS ICH DACHTE. ABER...

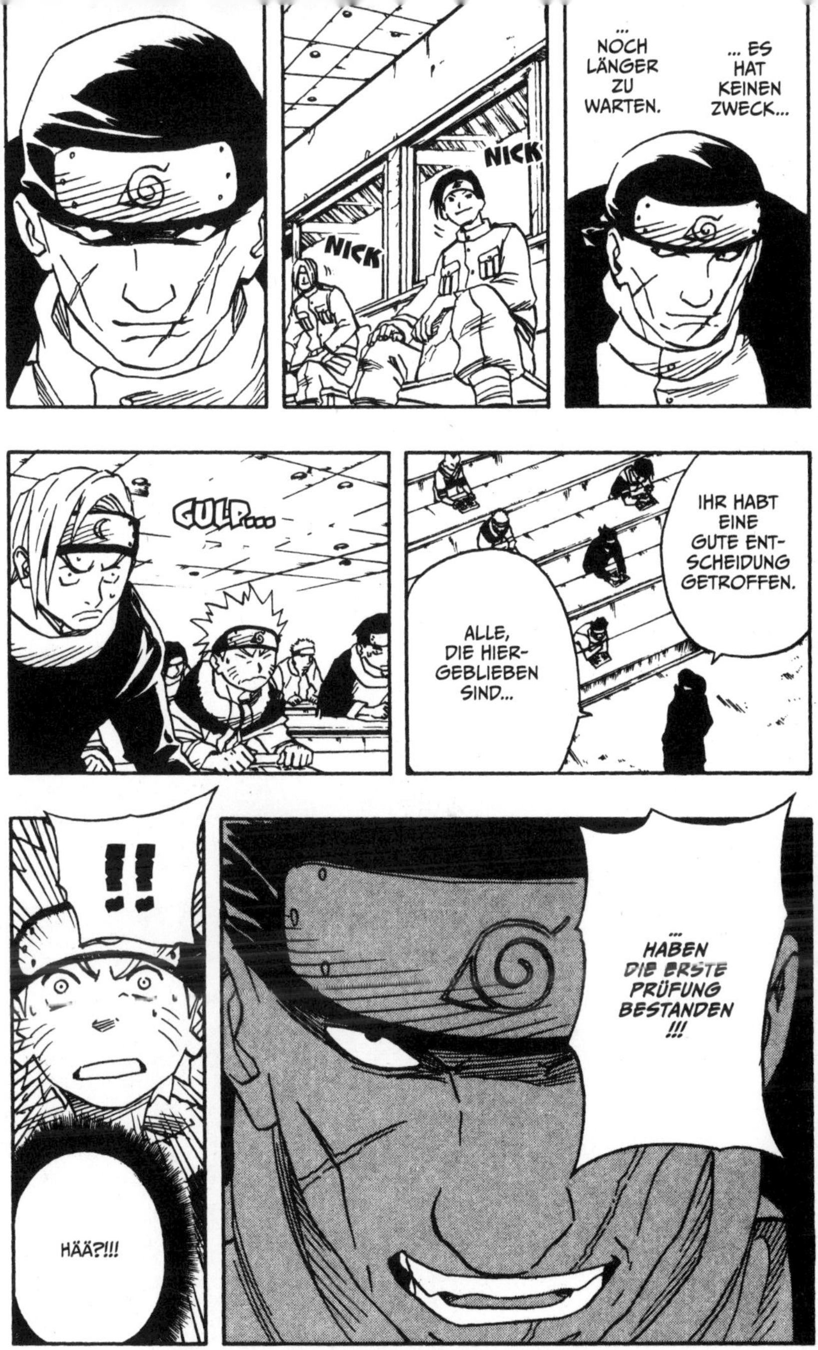

... ES HAT KEINEN ZWECK...
... NOCH LÄNGER ZU WARTEN.
NICK
NICK
IHR HABT EINE GUTE ENT-SCHEIDUNG GETROFFEN.
ALLE, DIE HIER-GEBLIEBEN SIND...
GULP...
... HABEN DIE ERSTE PRÜFUNG BESTANDEN !!!
!!
HÄÄ?!!!

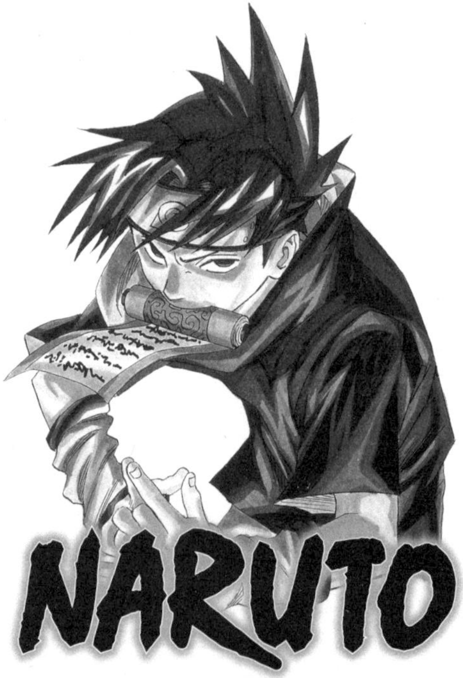
NARUTO

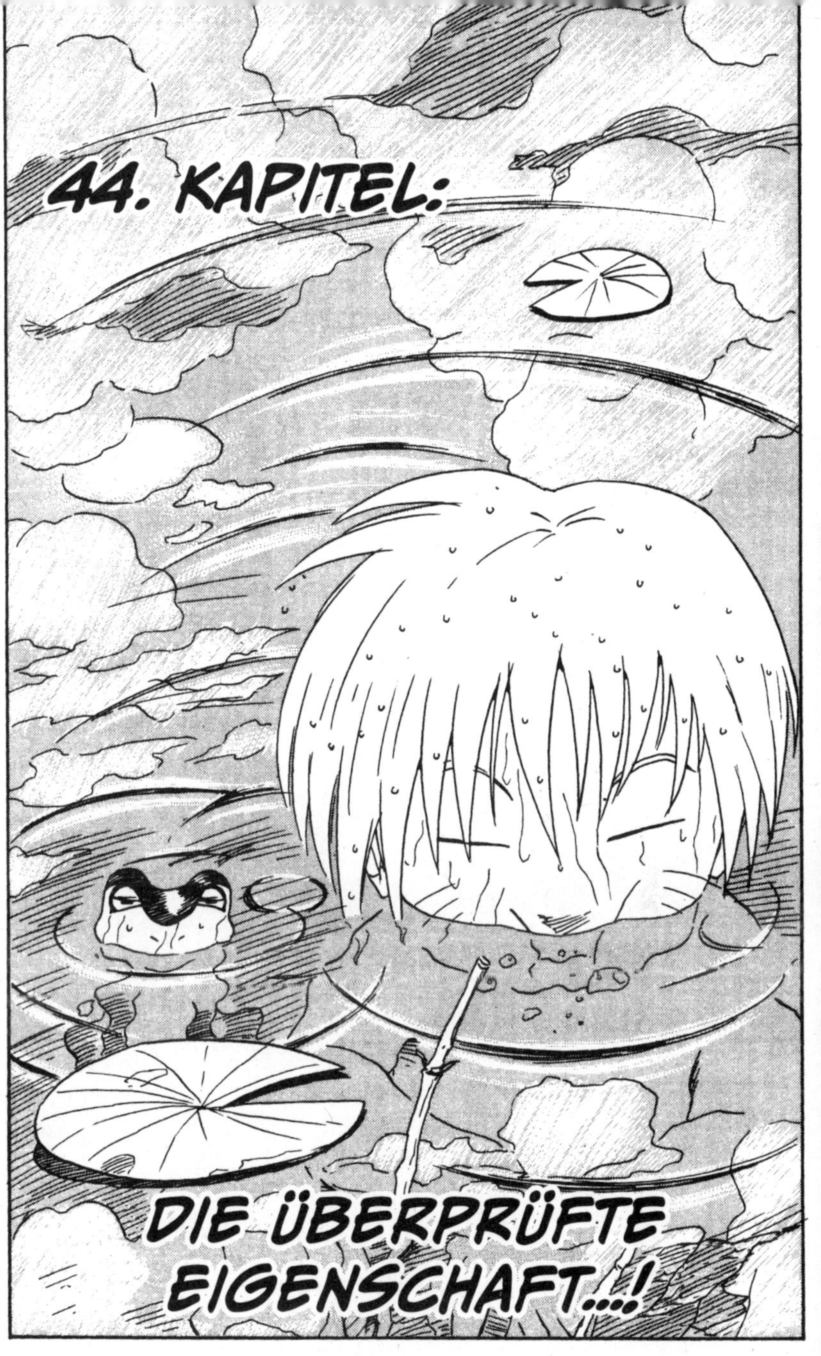
44. KAPITEL:
DIE ÜBERPRÜFTE EIGENSCHAFT...!

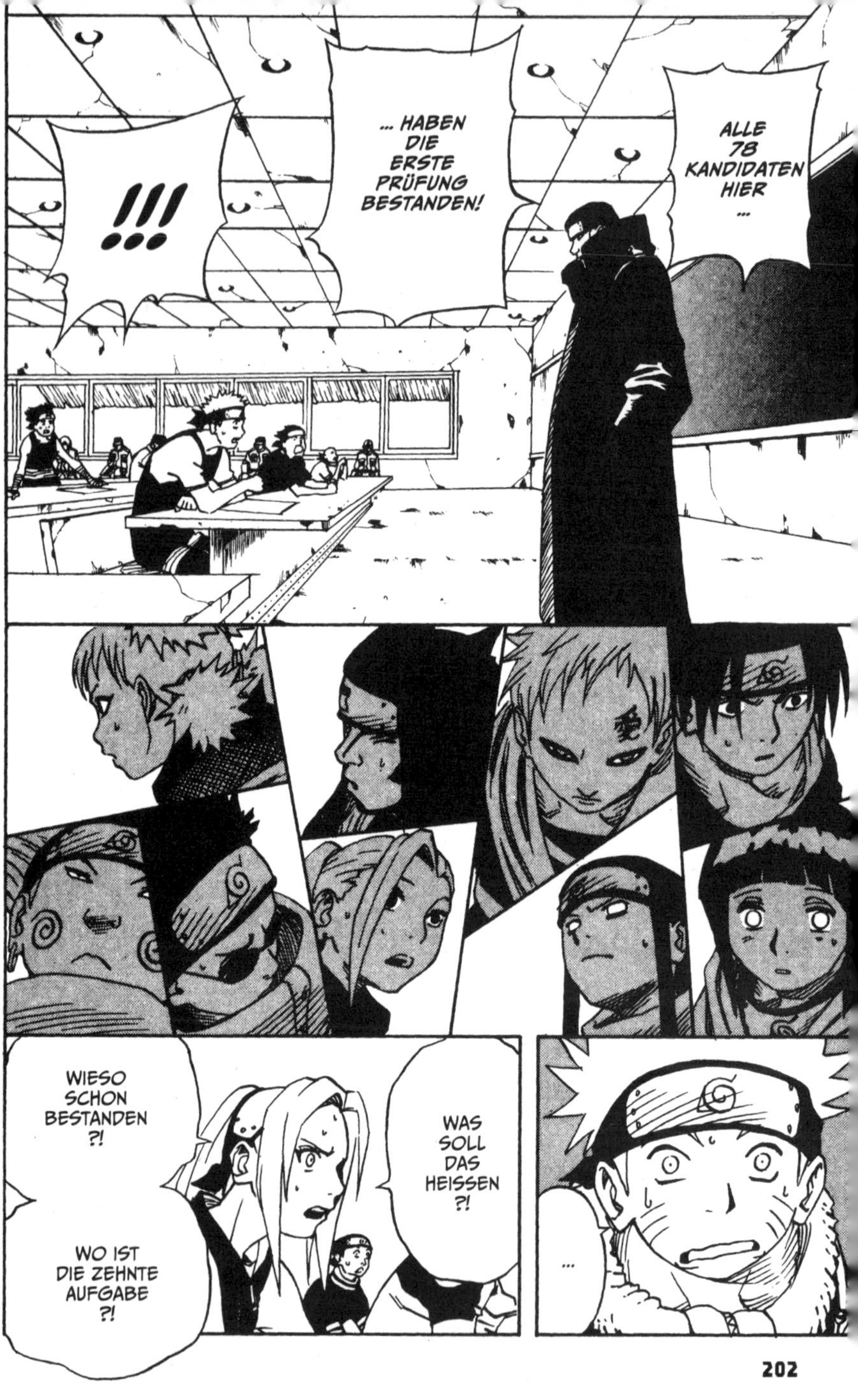

ALLE 78 KANDIDATEN HIER ...
... HABEN DIE ERSTE PRÜFUNG BESTANDEN!
!!!
...
WAS SOLL DAS HEISSEN ?!
WIESO SCHON BESTANDEN ?!
WO IST DIE ZEHNTE AUFGABE ?!

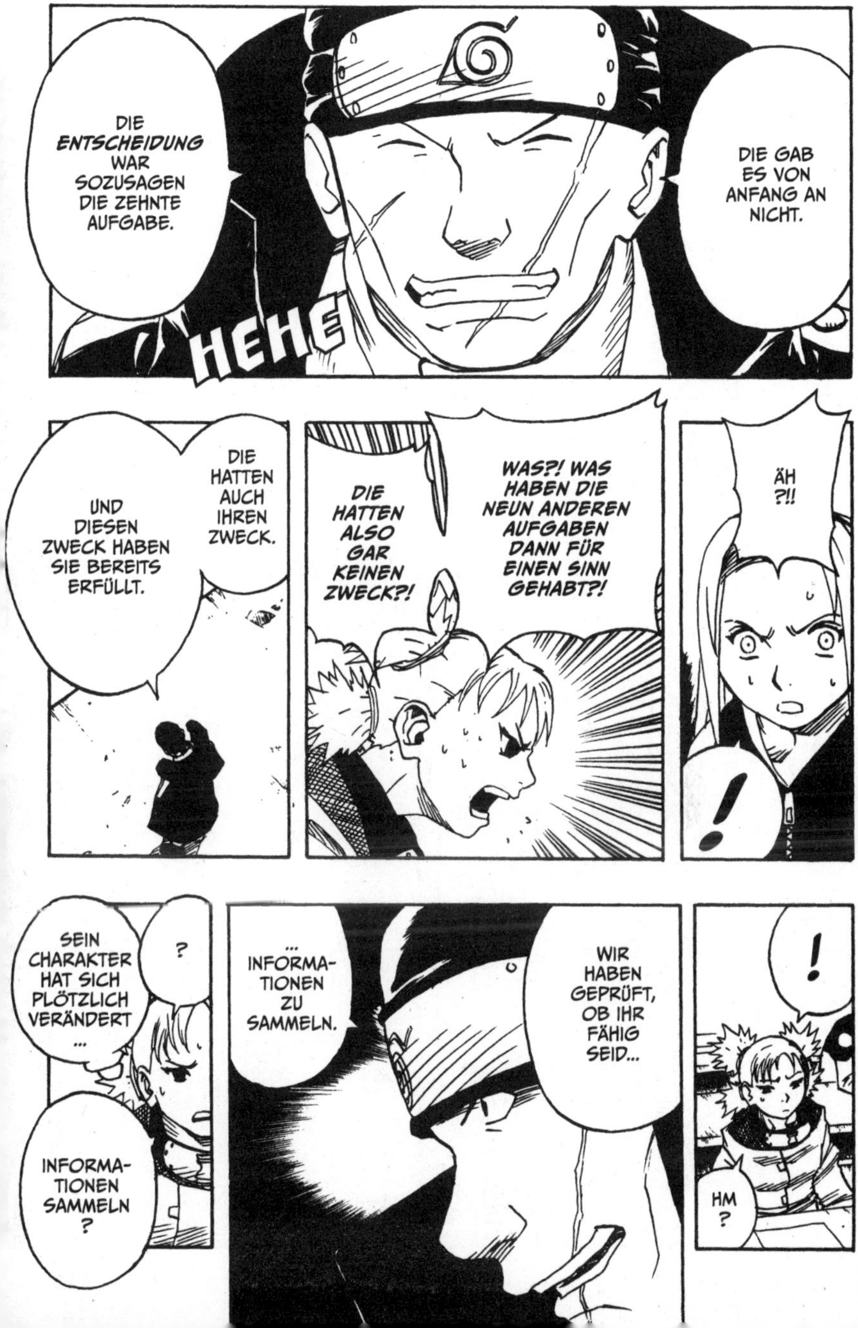
DIE GAB ES VON ANFANG AN NICHT.
DIE ENTSCHEIDUNG WAR SOZUSAGEN DIE ZEHNTE AUFGABE.
HEHE
ÄH ?!!
!
WAS?! WAS HABEN DIE NEUN ANDEREN AUFGABEN DANN FÜR EINEN SINN GEHABT?!
DIE HATTEN ALSO GAR KEINEN ZWECK?!
DIE HATTEN AUCH IHREN ZWECK.
UND DIESEN ZWECK HABEN SIE BEREITS ERFÜLLT.
!
HM ?
WIR HABEN GEPRÜFT, OB IHR FÄHIG SEID...
... INFORMATIONEN ZU SAMMELN.
?
SEIN CHARAKTER HAT SICH PLÖTZLICH VERÄNDERT ...
INFORMATIONEN SAMMELN ?

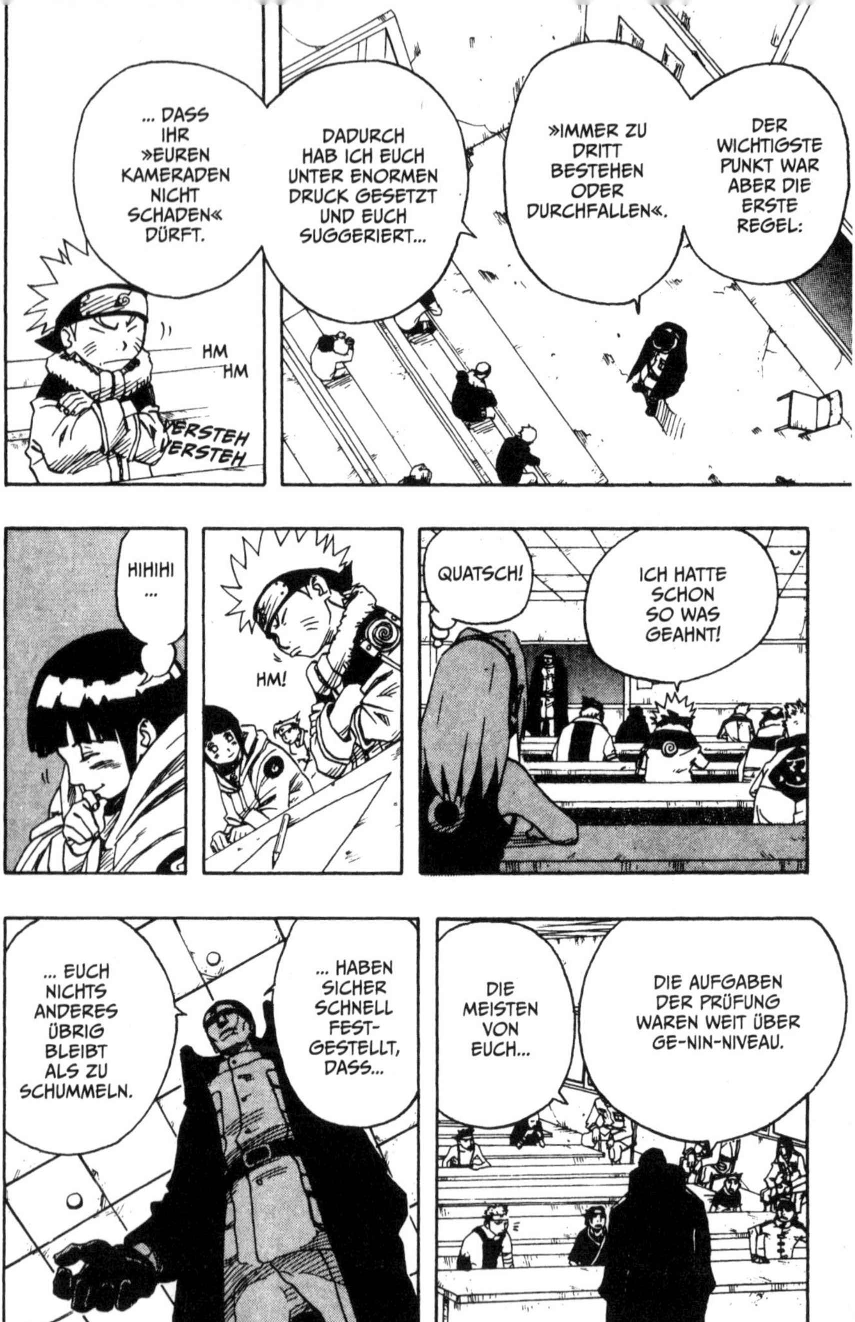
DER WICHTIGSTE PUNKT WAR ABER DIE ERSTE REGEL:
»IMMER ZU DRITT BESTEHEN ODER DURCHFALLEN«.
DADURCH HAB ICH EUCH UNTER ENORMEN DRUCK GESETZT UND EUCH SUGGERIERT...
... DASS IHR »EUREN KAMERADEN NICHT SCHADEN« DÜRFT.
HM HM
VERSTEH VERSTEH
ICH HATTE SCHON SO WAS GEAHNT!
QUATSCH!
HM!
HIHIHI ...
DIE AUFGABEN DER PRÜFUNG WAREN WEIT ÜBER GE-NIN-NIVEAU.
DIE MEISTEN VON EUCH...
... HABEN SICHER SCHNELL FEST-GESTELLT, DASS...
... EUCH NICHTS ANDERES ÜBRIG BLEIBT ALS ZU SCHUMMELN.

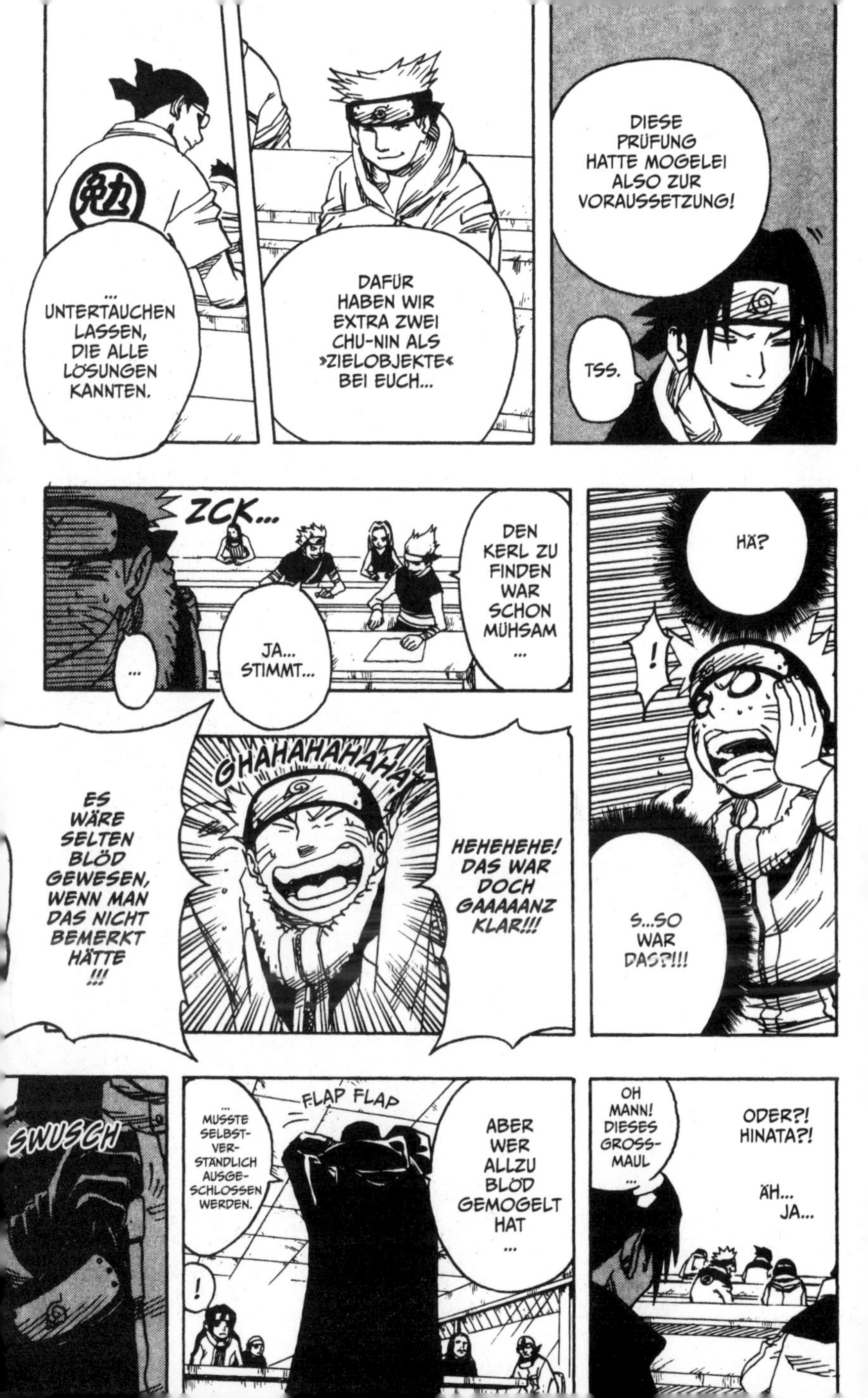
DIESE PRÜFUNG HATTE MOGELEI ALSO ZUR VORAUSSETZUNG!
TSS.
DAFÜR HABEN WIR EXTRA ZWEI CHU-NIN ALS »ZIELOBJEKTE« BEI EUCH...
... UNTERTAUCHEN LASSEN, DIE ALLE LÖSUNGEN KANNTEN.
HÄ?
!
S...SO WAR DAS?!!!
ZCK...
DEN KERL ZU FINDEN WAR SCHON MÜHSAM ...
JA... STIMMT...
...
GHAHAHAHAHA
HEHEHEHE! DAS WAR DOCH GAAAAANZ KLAR!!!
ES WÄRE SELTEN BLÖD GEWESEN, WENN MAN DAS NICHT BEMERKT HÄTTE !!!
OH MANN! DIESES GROSS-MAUL ...
ODER?! HINATA?!
ÄH... JA...
FLAP FLAP
ABER WER ALLZU BLÖD GEMOGELT HAT ...
... MUSSTE SELBST-VERSTÄNDLICH AUSGE-SCHLOSSEN WERDEN.
!
SWUSCH

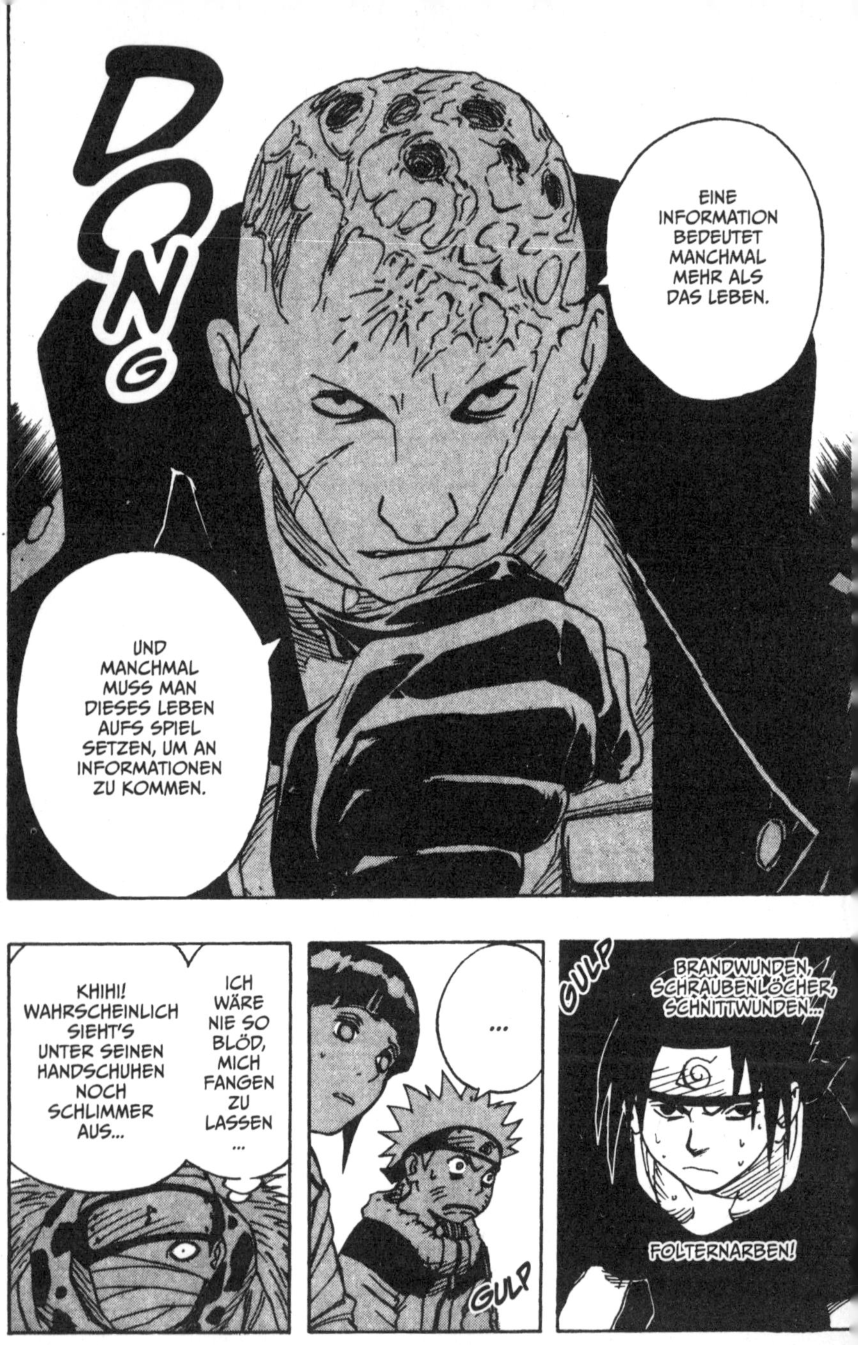
DONG
EINE INFORMATION BEDEUTET MANCHMAL MEHR ALS DAS LEBEN.
UND MANCHMAL MUSS MAN DIESES LEBEN AUFS SPIEL SETZEN, UM AN INFORMATIONEN ZU KOMMEN.
GULP
BRANDWUNDEN, SCHRAUBENLÖCHER, SCHNITTWUNDEN...
FOLTERNARBEN!
...
GULP
ICH WÄRE NIE SO BLÖD, MICH FANGEN ZU LASSEN ...
KHIHI! WAHRSCHEINLICH SIEHT'S UNTER SEINEN HANDSCHUHEN NOCH SCHLIMMER AUS...

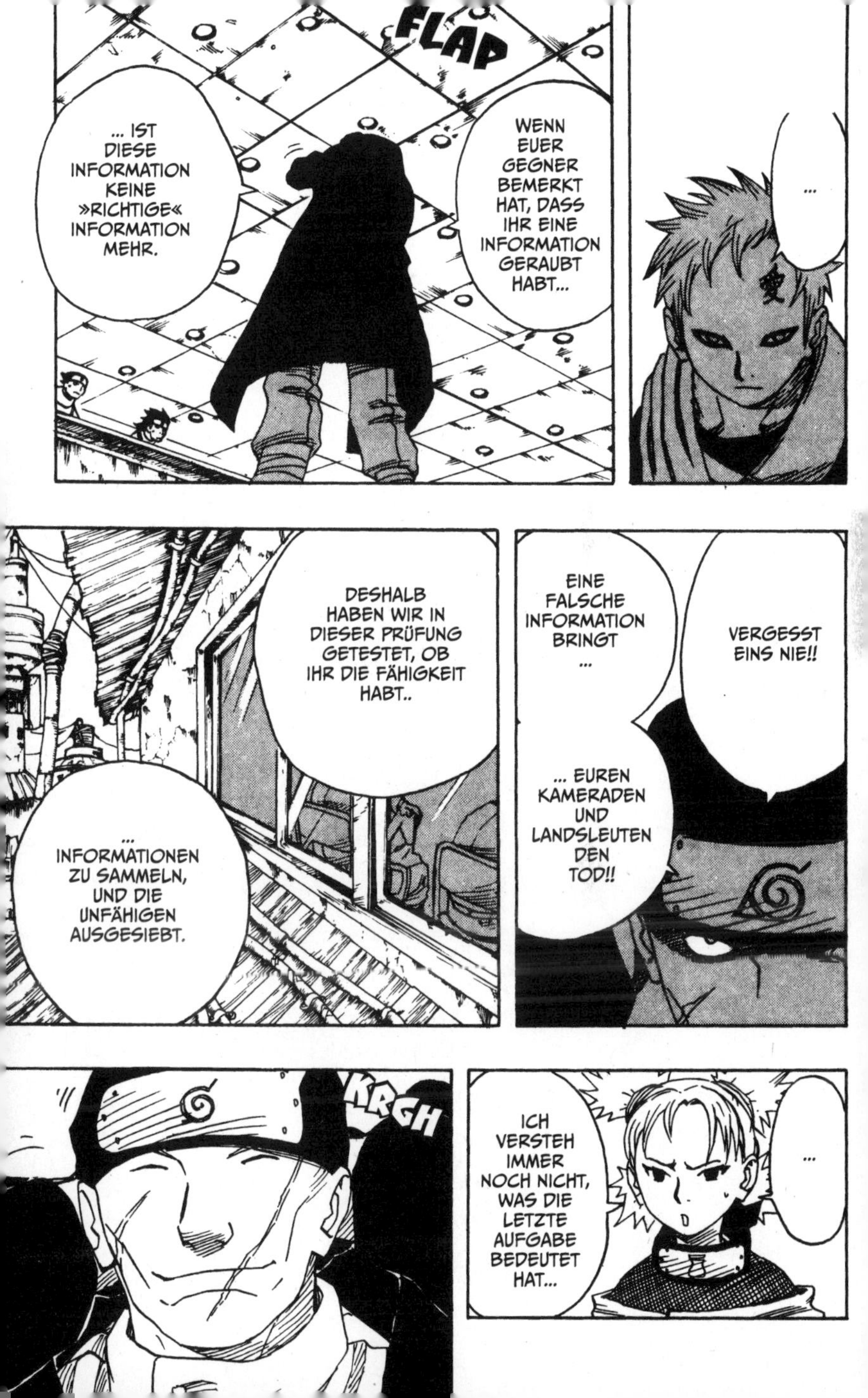
...
FLAP
WENN EUER GEGNER BEMERKT HAT, DASS IHR EINE INFORMATION GERAUBT HABT...
... IST DIESE INFORMATION KEINE »RICHTIGE« INFORMATION MEHR.
VERGESST EINS NIE!!
EINE FALSCHE INFORMATION BRINGT ...
... EUREN KAMERADEN UND LANDSLEUTEN DEN TOD!!
DESHALB HABEN WIR IN DIESER PRÜFUNG GETESTET, OB IHR DIE FÄHIGKEIT HABT..
... INFORMATIONEN ZU SAMMELN, UND DIE UNFÄHIGEN AUSGESIEBT.
...
ICH VERSTEH IMMER NOCH NICHT, WAS DIE LETZTE AUFGABE BEDEUTET HAT...
KRGH

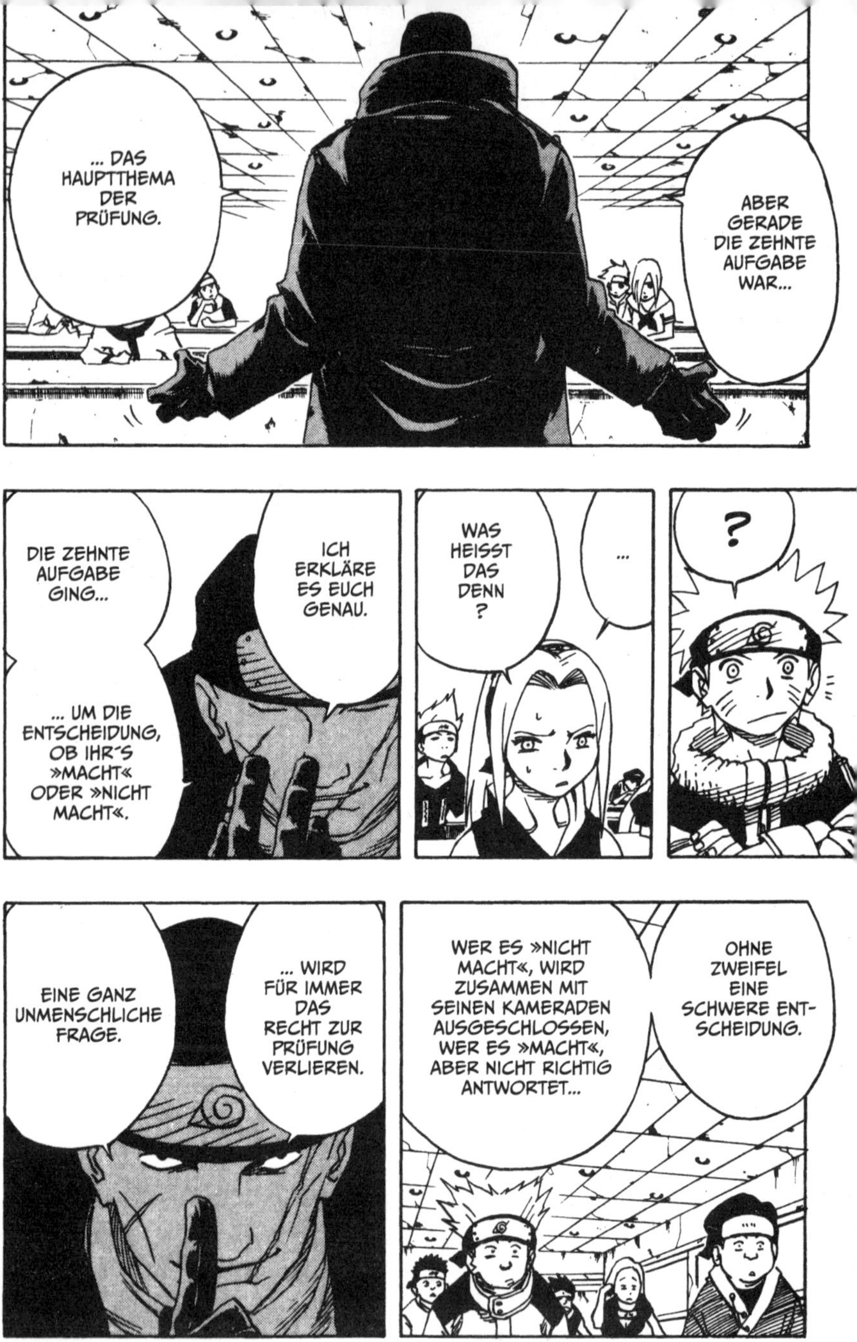
ABER GERADE DIE ZEHNTE AUFGABE WAR...
... DAS HAUPTTHEMA DER PRÜFUNG.
?
...
WAS HEISST DAS DENN ?
ICH ERKLÄRE ES EUCH GENAU.
DIE ZEHNTE AUFGABE GING...
... UM DIE ENTSCHEIDUNG, OB IHR´S »MACHT« ODER »NICHT MACHT«.
OHNE ZWEIFEL EINE SCHWERE ENT-SCHEIDUNG.
WER ES »NICHT MACHT«, WIRD ZUSAMMEN MIT SEINEN KAMERADEN AUSGESCHLOSSEN, WER ES »MACHT«, ABER NICHT RICHTIG ANTWORTET...
... WIRD FÜR IMMER DAS RECHT ZUR PRÜFUNG VERLIEREN.
EINE GANZ UNMENSCHLICHE FRAGE.

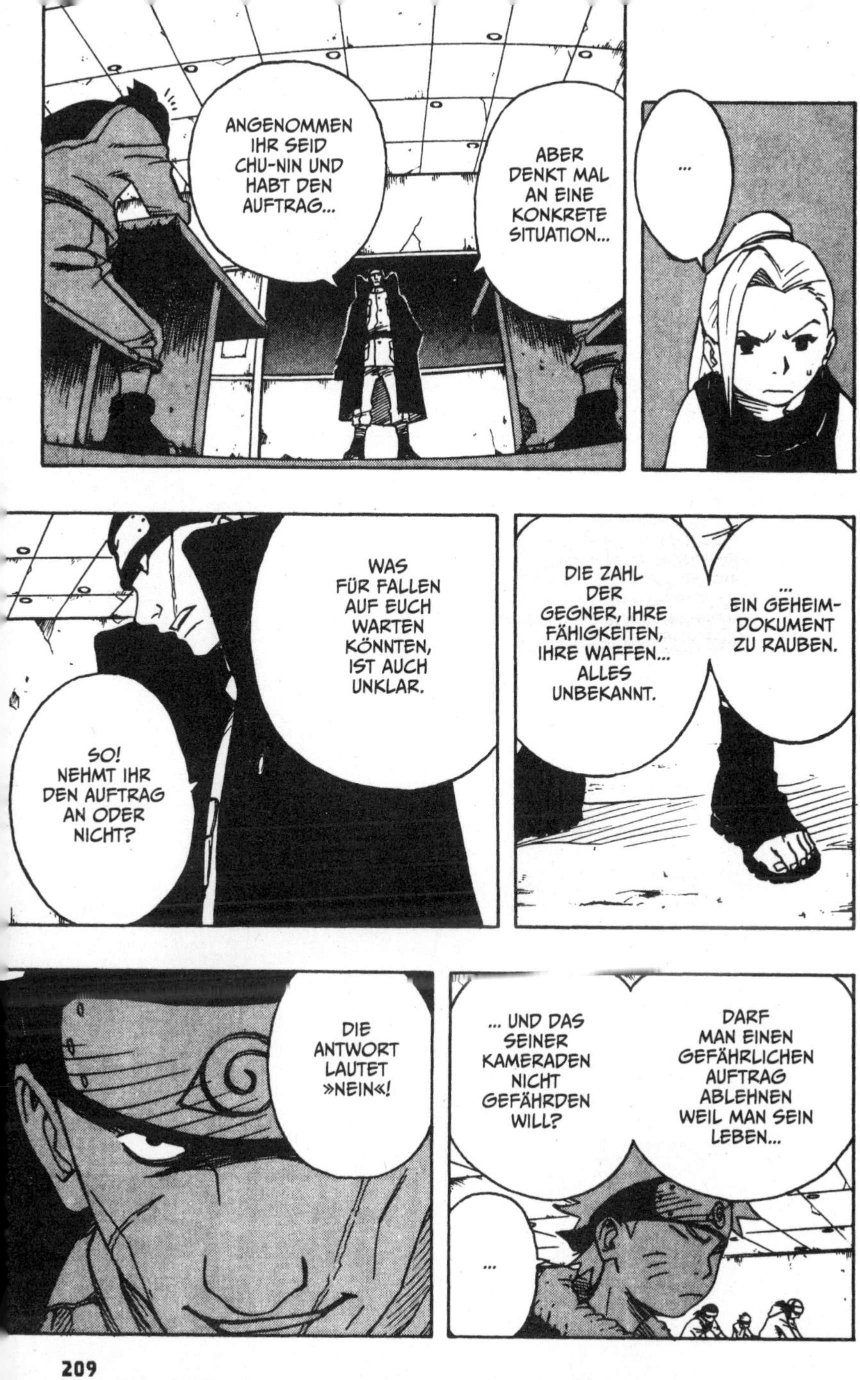
...
ABER DENKT MAL AN EINE KONKRETE SITUATION...
ANGENOMMEN IHR SEID CHU-NIN UND HABT DEN AUFTRAG...
... EIN GEHEIM-DOKUMENT ZU RAUBEN.
DIE ZAHL DER GEGNER, IHRE FÄHIGKEITEN, IHRE WAFFEN... ALLES UNBEKANNT.
WAS FÜR FALLEN AUF EUCH WARTEN KÖNNTEN, IST AUCH UNKLAR.
SO! NEHMT IHR DEN AUFTRAG AN ODER NICHT?
DARF MAN EINEN GEFÄHRLICHEN AUFTRAG ABLEHNEN WEIL MAN SEIN LEBEN...
... UND DAS SEINER KAMERADEN NICHT GEFÄHRDEN WILL?
...
DIE ANTWORT LAUTET »NEIN«!

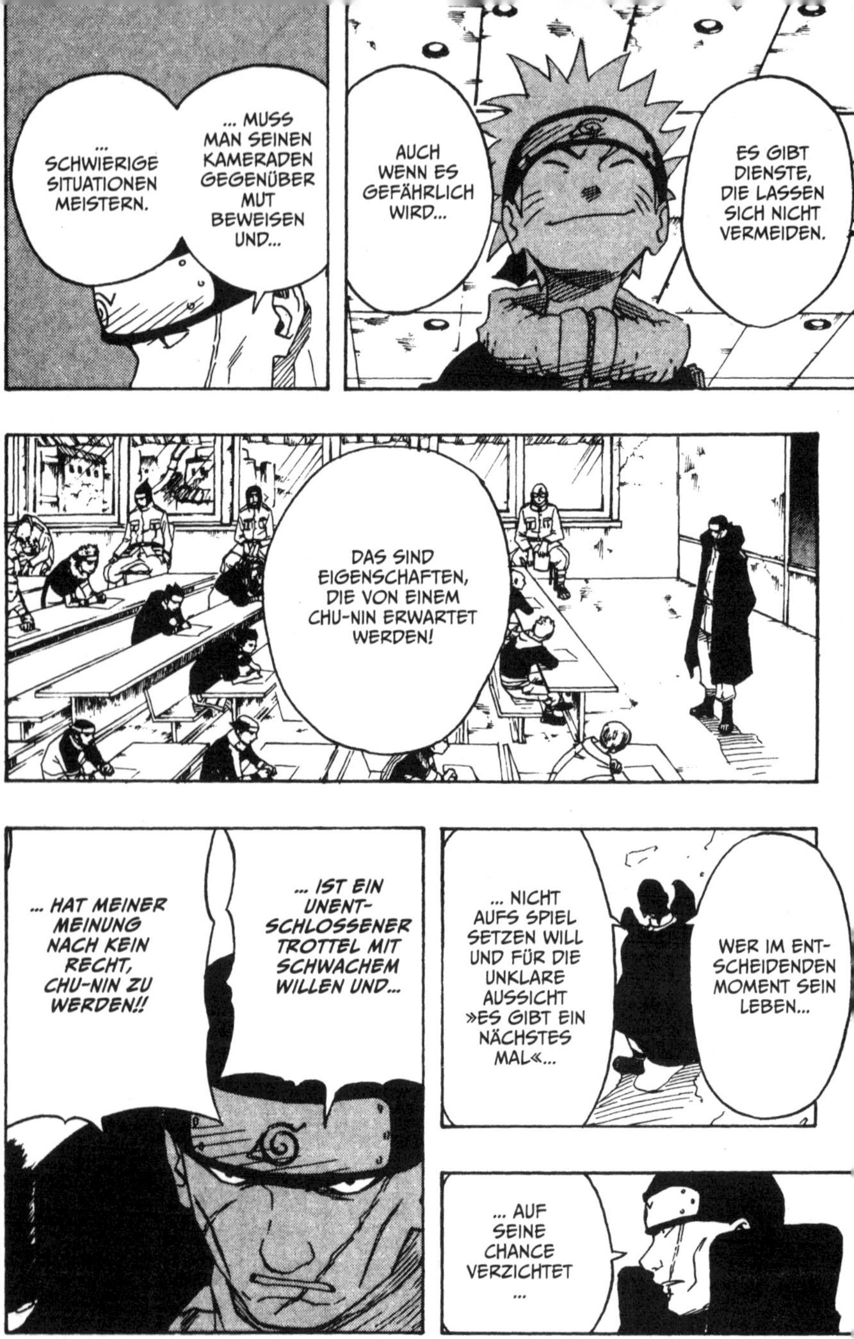
ES GIBT DIENSTE, DIE LASSEN SICH NICHT VERMEIDEN.
AUCH WENN ES GEFÄHRLICH WIRD...
... MUSS MAN SEINEN KAMERADEN GEGENÜBER MUT BEWEISEN UND...
... SCHWIERIGE SITUATIONEN MEISTERN.
DAS SIND EIGENSCHAFTEN, DIE VON EINEM CHU-NIN ERWARTET WERDEN!
WER IM ENT-SCHEIDENDEN MOMENT SEIN LEBEN...
... NICHT AUFS SPIEL SETZEN WILL UND FÜR DIE UNKLARE AUSSICHT »ES GIBT EIN NÄCHSTES MAL«...
... AUF SEINE CHANCE VERZICHTET ...
... IST EIN UNENT-SCHLOSSENER TROTTEL MIT SCHWACHEM WILLEN UND...
... HAT MEINER MEINUNG NACH KEIN RECHT, CHU-NIN ZU WERDEN!!

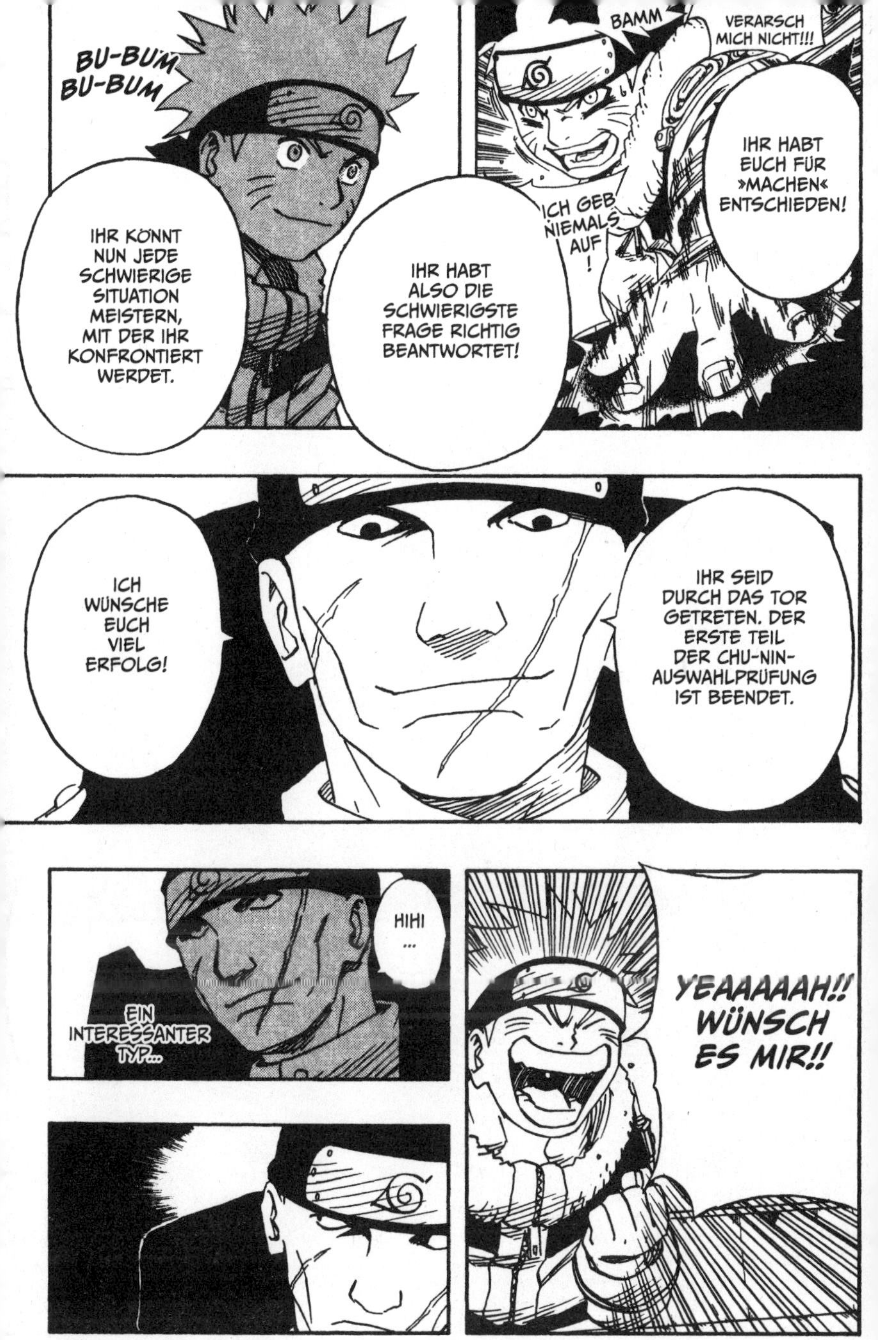
VERARSCH MICH NICHT!!!
BAMM
IHR HABT EUCH FÜR »MACHEN« ENTSCHIEDEN!
ICH GEB NIEMALS AUF!
BU-BUM BU-BUM
IHR HABT ALSO DIE SCHWIERIGSTE FRAGE RICHTIG BEANTWORTET!
IHR KÖNNT NUN JEDE SCHWIERIGE SITUATION MEISTERN, MIT DER IHR KONFRONTIERT WERDET.
IHR SEID DURCH DAS TOR GETRETEN. DER ERSTE TEIL DER CHU-NIN-AUSWAHLPRÜFUNG IST BEENDET.
ICH WÜNSCHE EUCH VIEL ERFOLG!
YEAAAAAH!! WÜNSCH ES MIR!!
HIHI ...
EIN INTERESSANTER TYP...

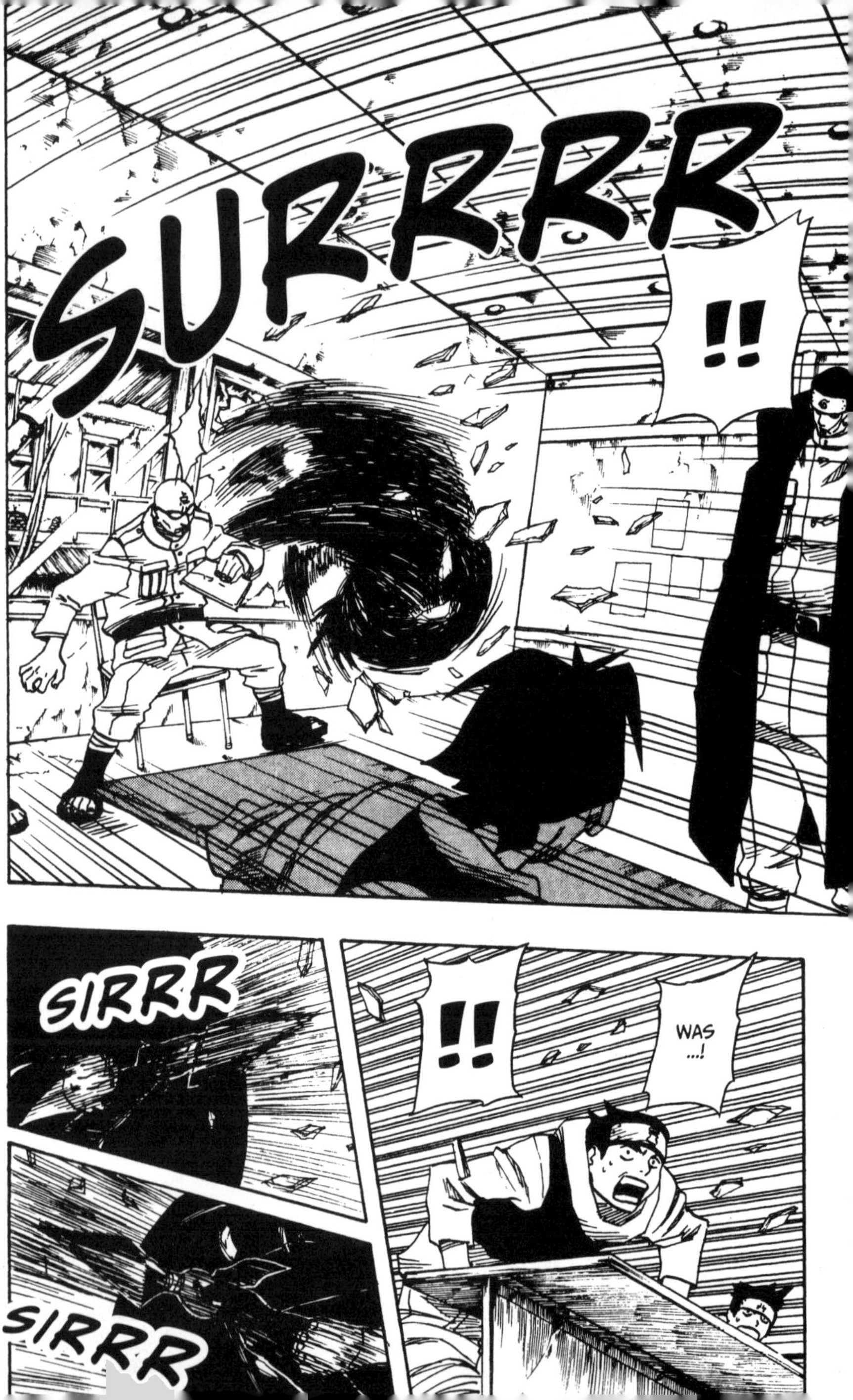
SURRRRR
!!
!!
WAS ...!
SIRRR
SIRRR

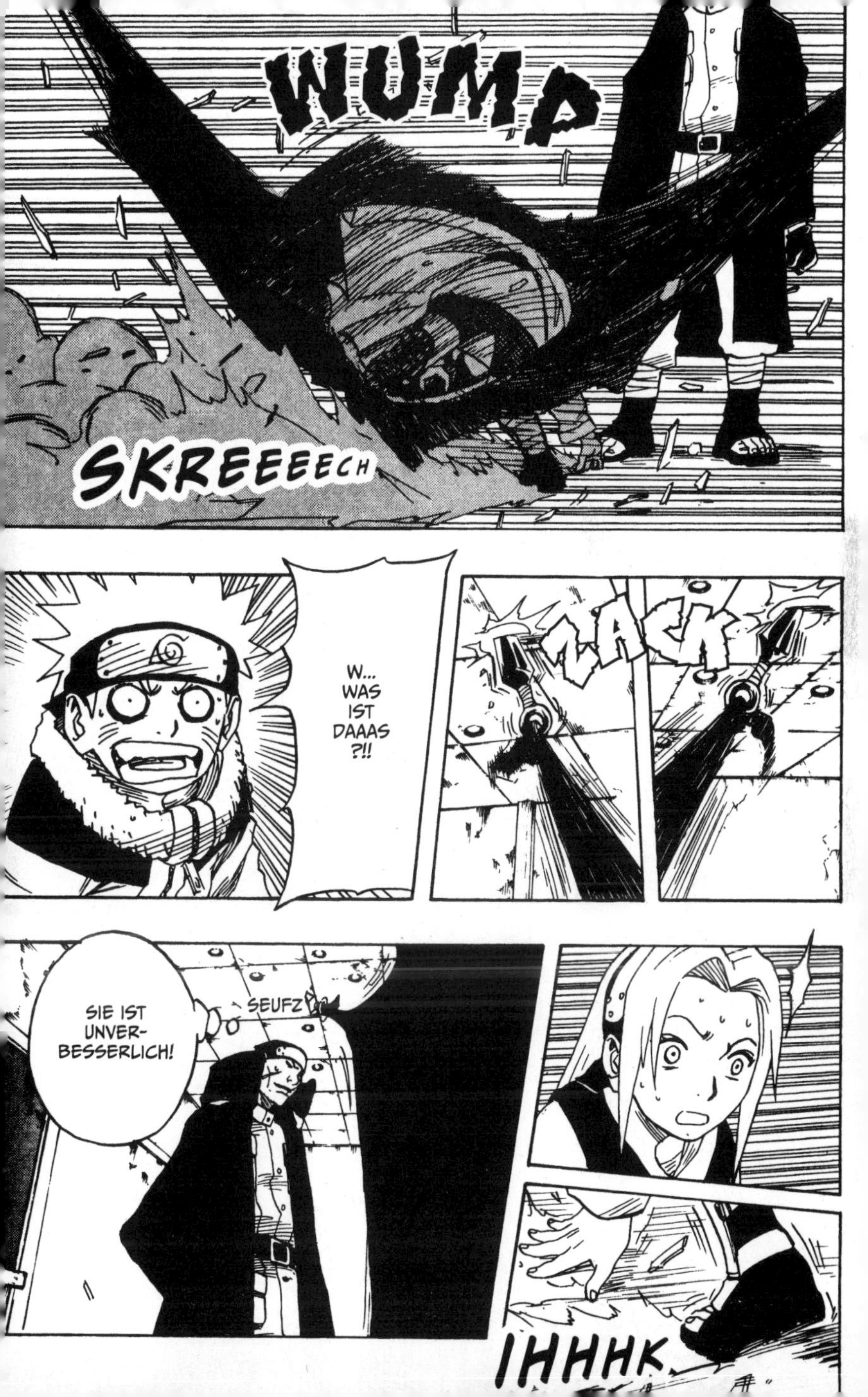
WUMP
SKREEEEECH
ZACK
W... WAS IST DAAAS ?!!
IHHHK
SEUFZ
SIE IST UNVER-BESSERLICH!

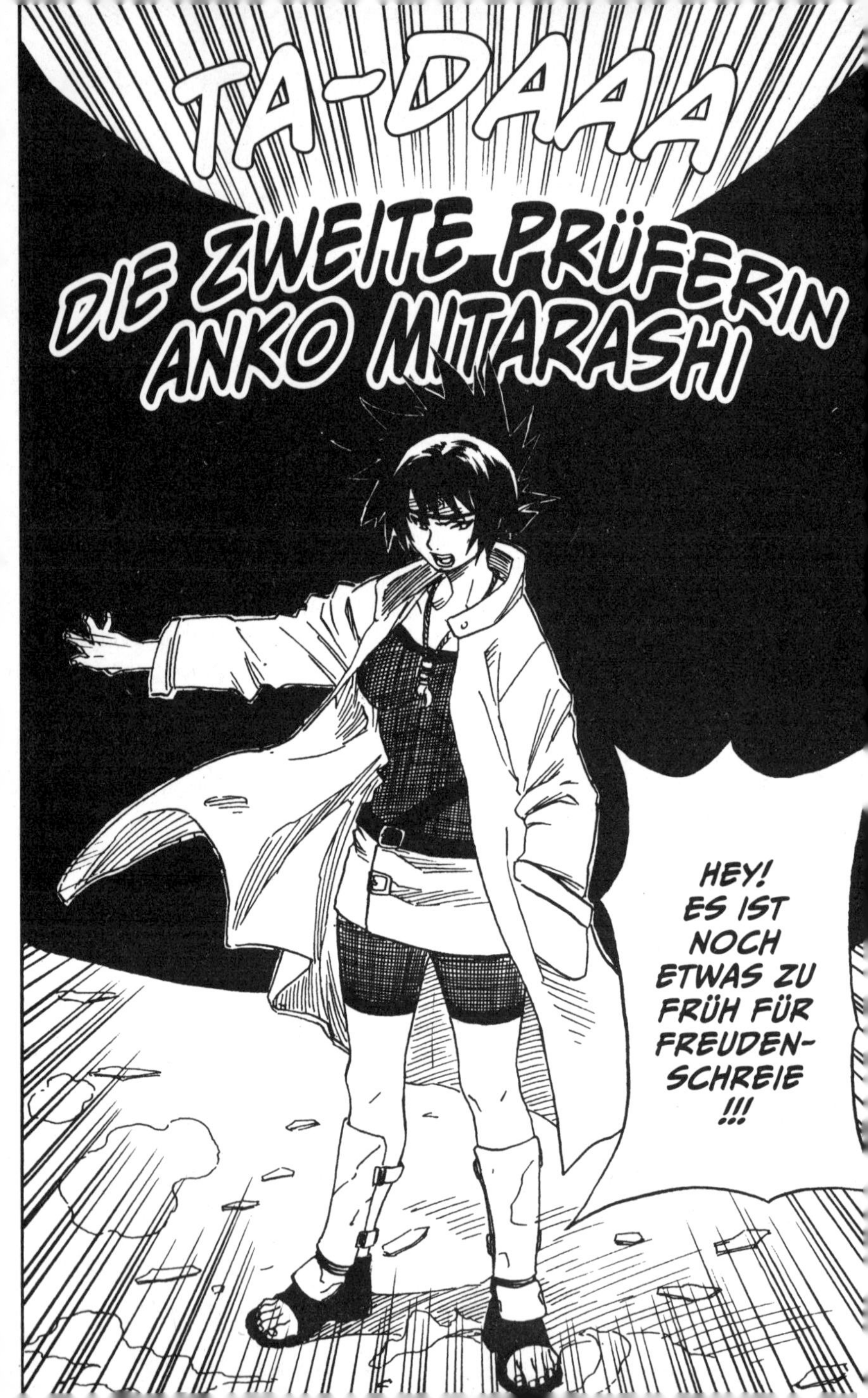
TA-DAAA
DIE ZWEITE PRÜFERIN ANKO MITARASHI
HEY! ES IST NOCH ETWAS ZU FRÜH FÜR FREUDEN-SCHREIE !!!

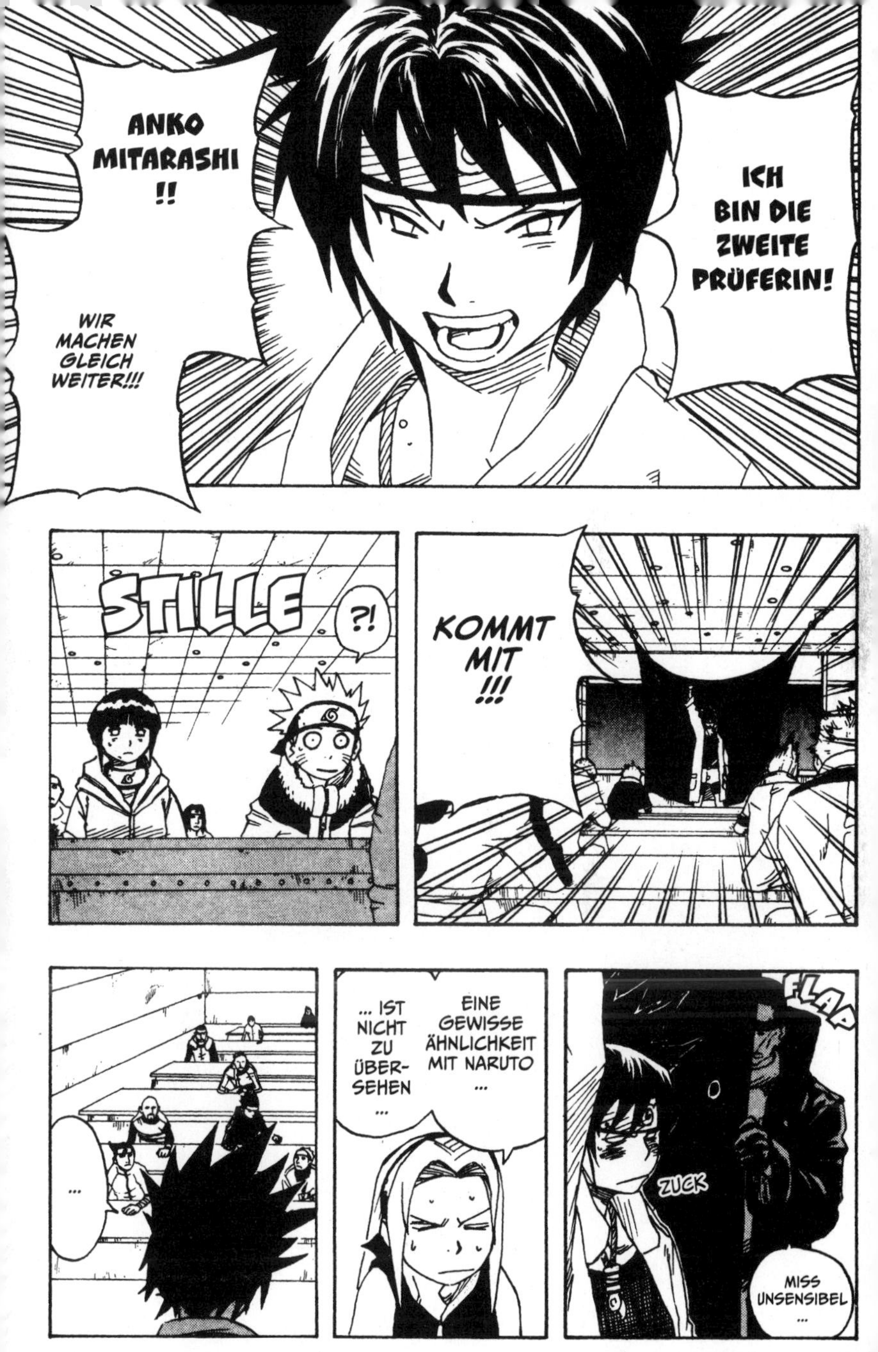
ICH BIN DIE ZWEITE PRÜFERIN!
ANKO MITARASHI !!
WIR MACHEN GLEICH WEITER!!!
KOMMT MIT !!!
?!
STILLE
FLAP
ZUCK
MISS UNSENSIBEL ...
EINE GEWISSE ÄHNLICHKEIT MIT NARUTO ...
... IST NICHT ZU ÜBER-SEHEN ...
...

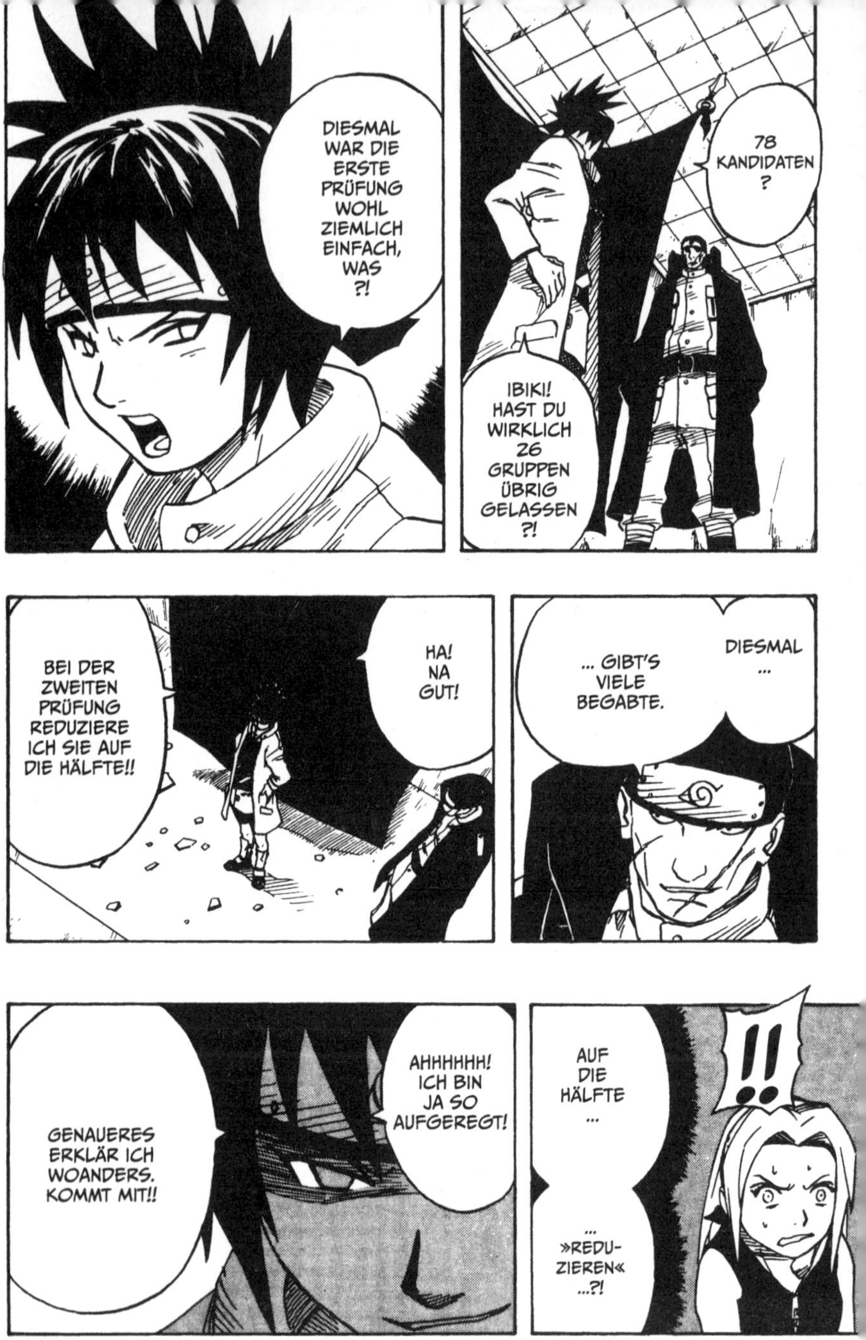
IBIKI! HAST DU WIRKLICH 26 GRUPPEN ÜBRIG GELASSEN ?!
78 KANDIDATEN ?
DIESMAL WAR DIE ERSTE PRÜFUNG WOHL ZIEMLICH EINFACH, WAS ?!
DIESMAL ...
... GIBT'S VIELE BEGABTE.
HA! NA GUT!
BEI DER ZWEITEN PRÜFUNG REDUZIERE ICH SIE AUF DIE HÄLFTE!!
!!
AUF DIE HÄLFTE ...
... »REDU-ZIEREN« ...?!
AHHHHHH! ICH BIN JA SO AUFGEREGT!
GENAUERES ERKLÄR ICH WOANDERS. KOMMT MIT!!

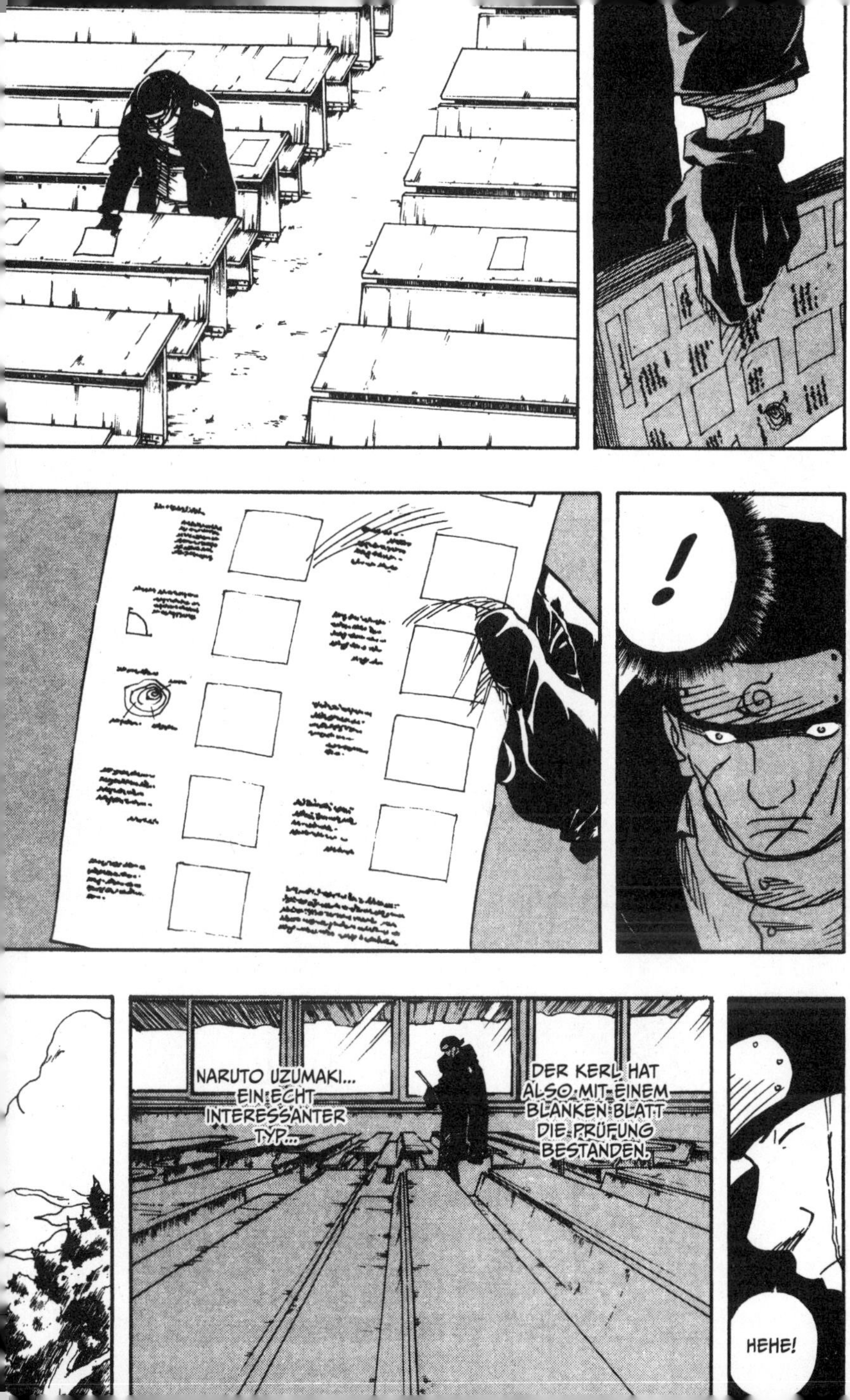
!
DER KERL HAT ALSO MIT EINEM BLANKEN BLATT DIE PRÜFUNG BESTANDEN.
NARUTO UZUMAKI... EIN ECHT INTERESSANTER TYP...
HEHE!

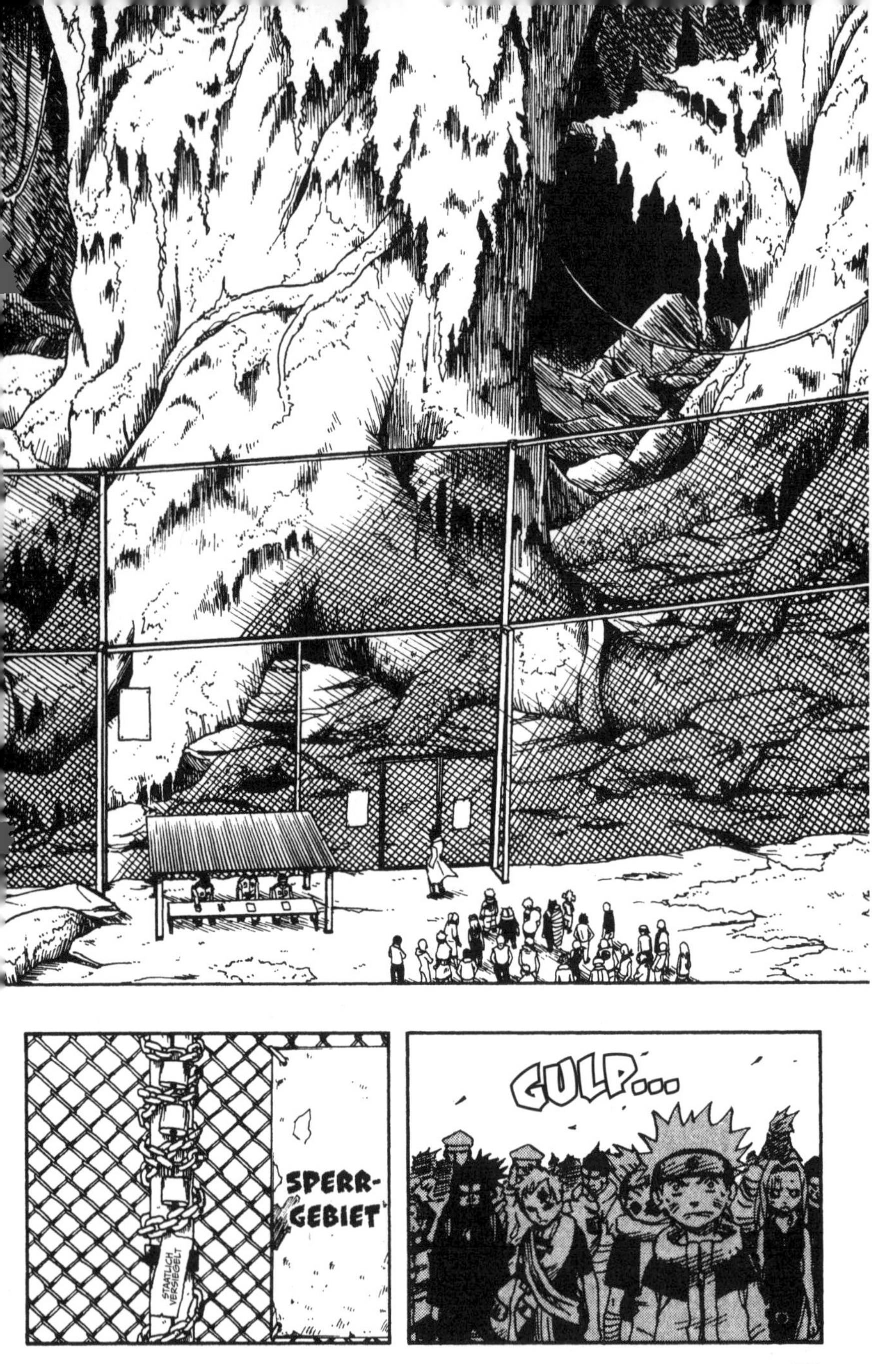
GULP...
SPERR-GEBIET
STAATLICH VERSIEGELT

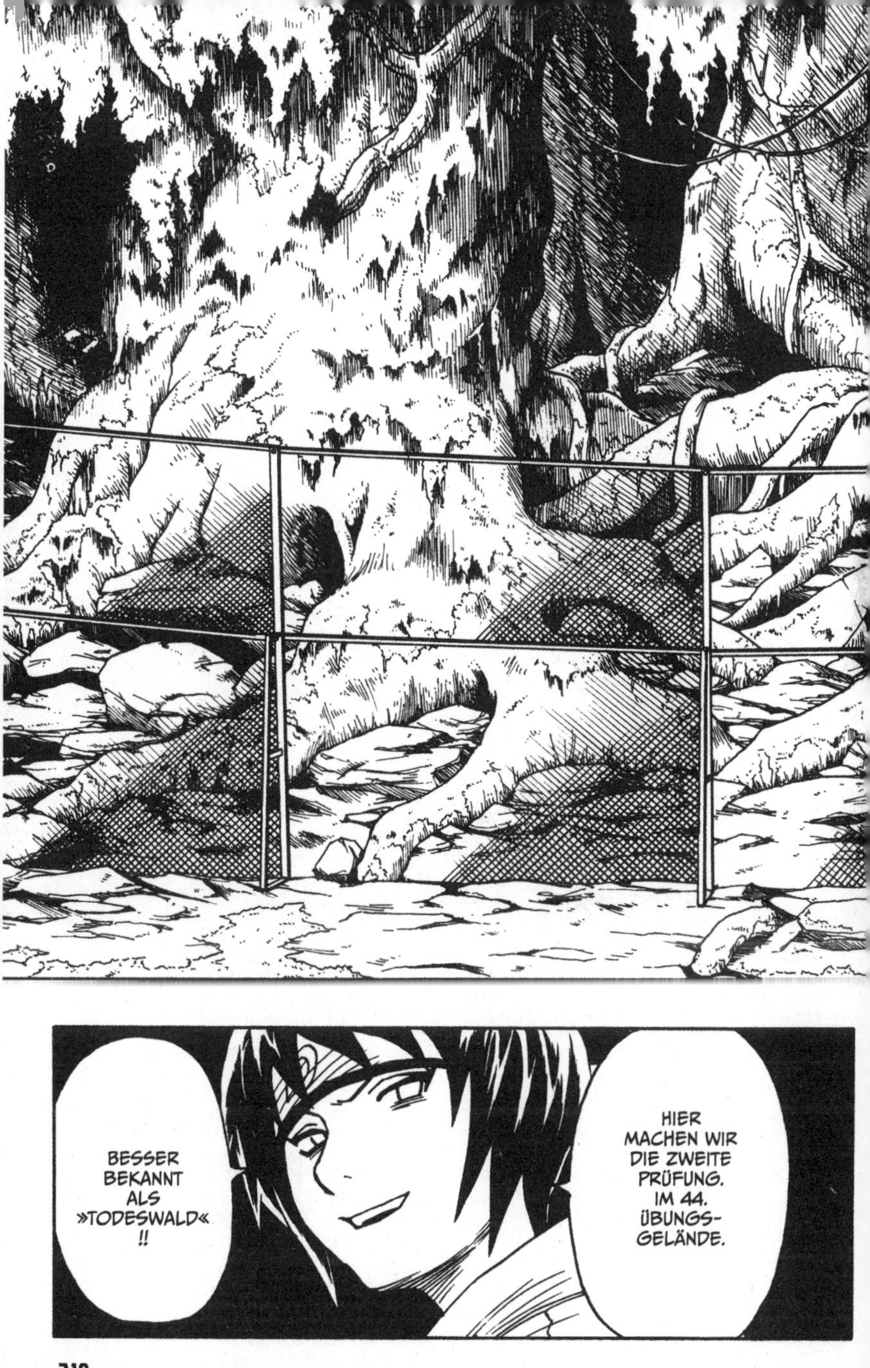
HIER MACHEN WIR DIE ZWEITE PRÜFUNG. IM 44. ÜBUNGS-GELÄNDE.
BESSER BEKANNT ALS »TODESWALD« !!

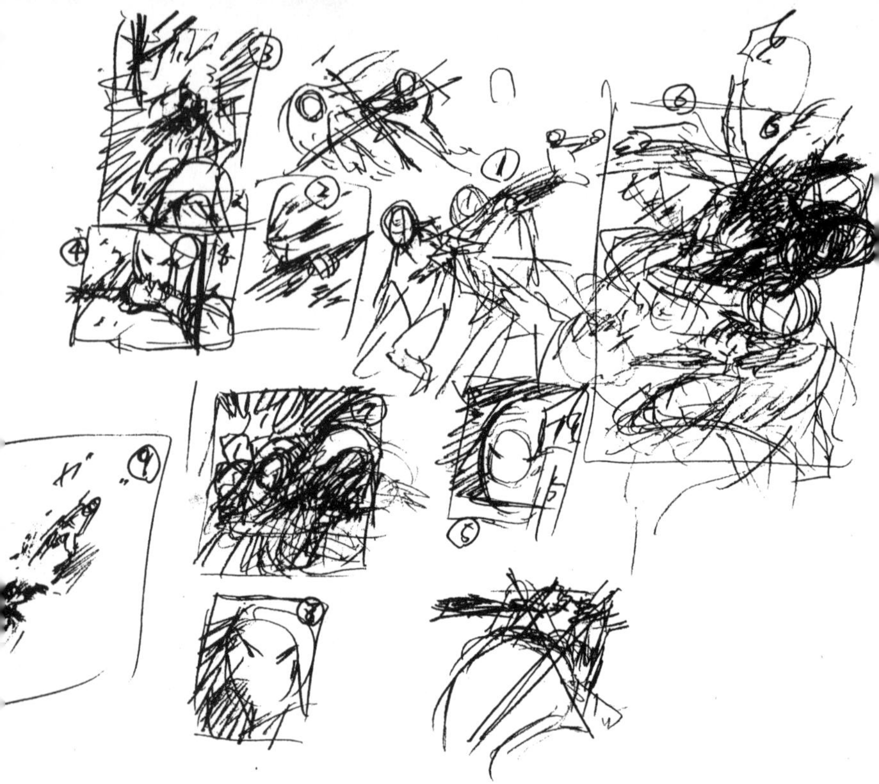

MASAHI KISHIMOTOS BOTSU-ECKE
HIER WILL ICH EUCH DAVON ÜBERZEUGEN, WIE SORGFÄLTIG ICH MANGA ZEICHNE!
TEIL 2

SOLCHE CHAOTISCHEN ZEICHNUNGEN ENTSTEHEN, WENN ICH DEN ABLAUF EINER AKTION GANZ GROB SKIZZIERE. WENN ICH AKTIONEN FÜR NARUTO GESTALTE, ACHTE ICH ZUERST VOR ALLEM AUF IHREN ABLAUF. ICH SKIZZIERE ALSO IMMER ERST AUF EIN A3-KOPIERPAPIER DEN GROBEN ABLAUF. AUF DIE SEITENZAHL WIRD GEACHTET, ABER UNGEACHTET DER PANELANZAHL ZEICHNE ICH ERST MAL ALLES, WAS MIR EINFÄLLT, INDEM ICH COOLE KONSTRUKTIONEN UND PERSPEKTIVEN AUSSUCHE. DANN NUMMERIERE ICH ALLE AUSSCHNITTE EINZELN NACH DEM ABLAUF DER AKTION, SUCHE DIE WENDEPUNKTE AUS UND GESTALTE DIE SEITEN SO, DASS DIESE AUF DIE AUFGESCHLAGENEN, GERADEN SEITEN KOMMEN. ERST DANN BESTIMME ICH DIE GENAUE REIHENFOLGE UND VERTEILE DIE PANELS. ICH ZEICHNE IMMER SO VIELE SZENEN, DASS SIE NICHT AUF EINE SEITE GEPACKT WERDEN KÖNNEN UND OFT MUSS ICH AUCH GUTE SZENEN WEGLASSEN.
HM... WAHRSCHEINLICH WIRD DAS LAYOUT FÜR NARUTO DESHALB IMMER SO LANGSAM FERTIG! AUCH DAS WAR MIR BISHER NICHT SO BEWUSST...

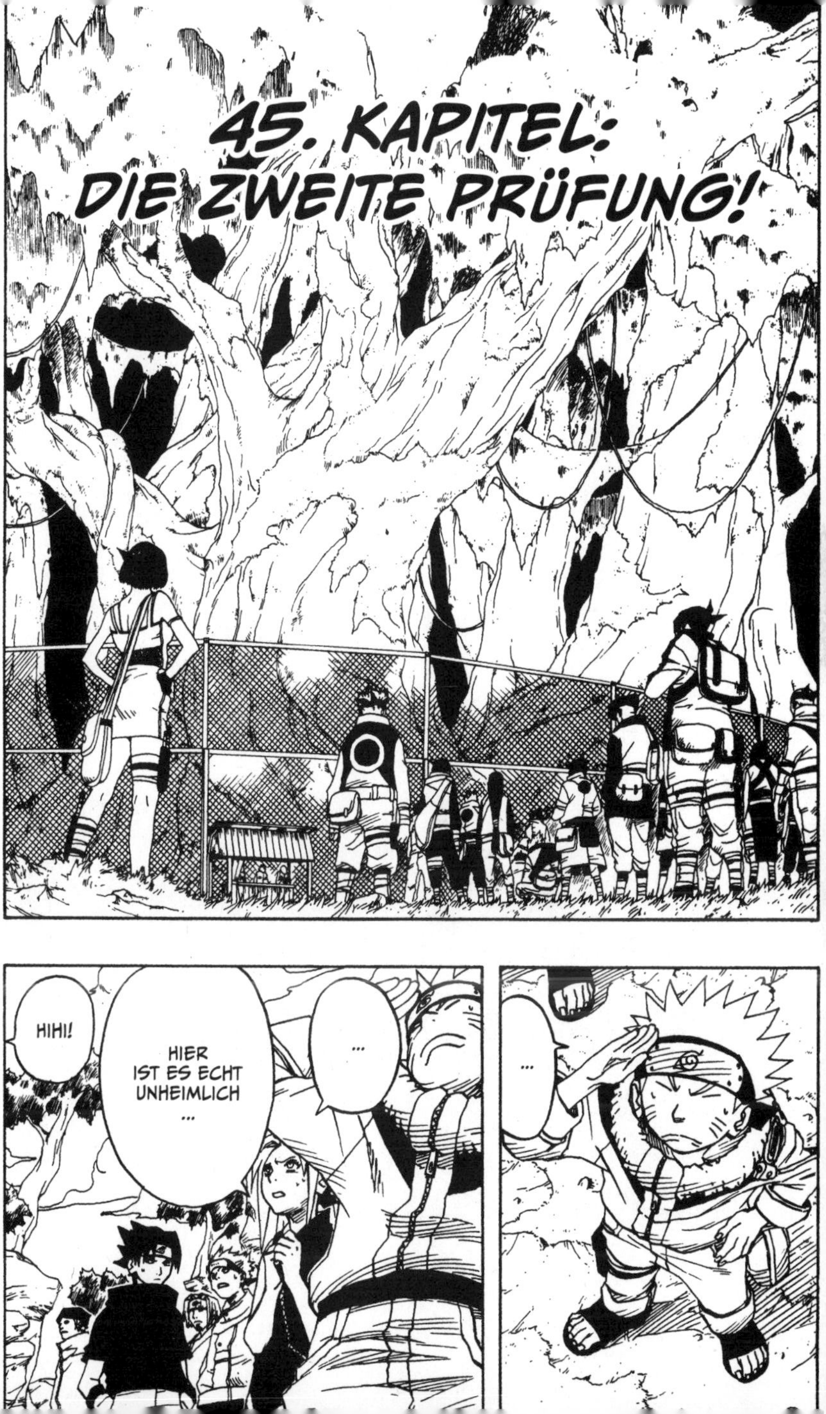
45. KAPITEL:
DIE ZWEITE PRÜFUNG!
...
HIER IST ES ECHT UNHEIMLICH ...
HIHI!
...

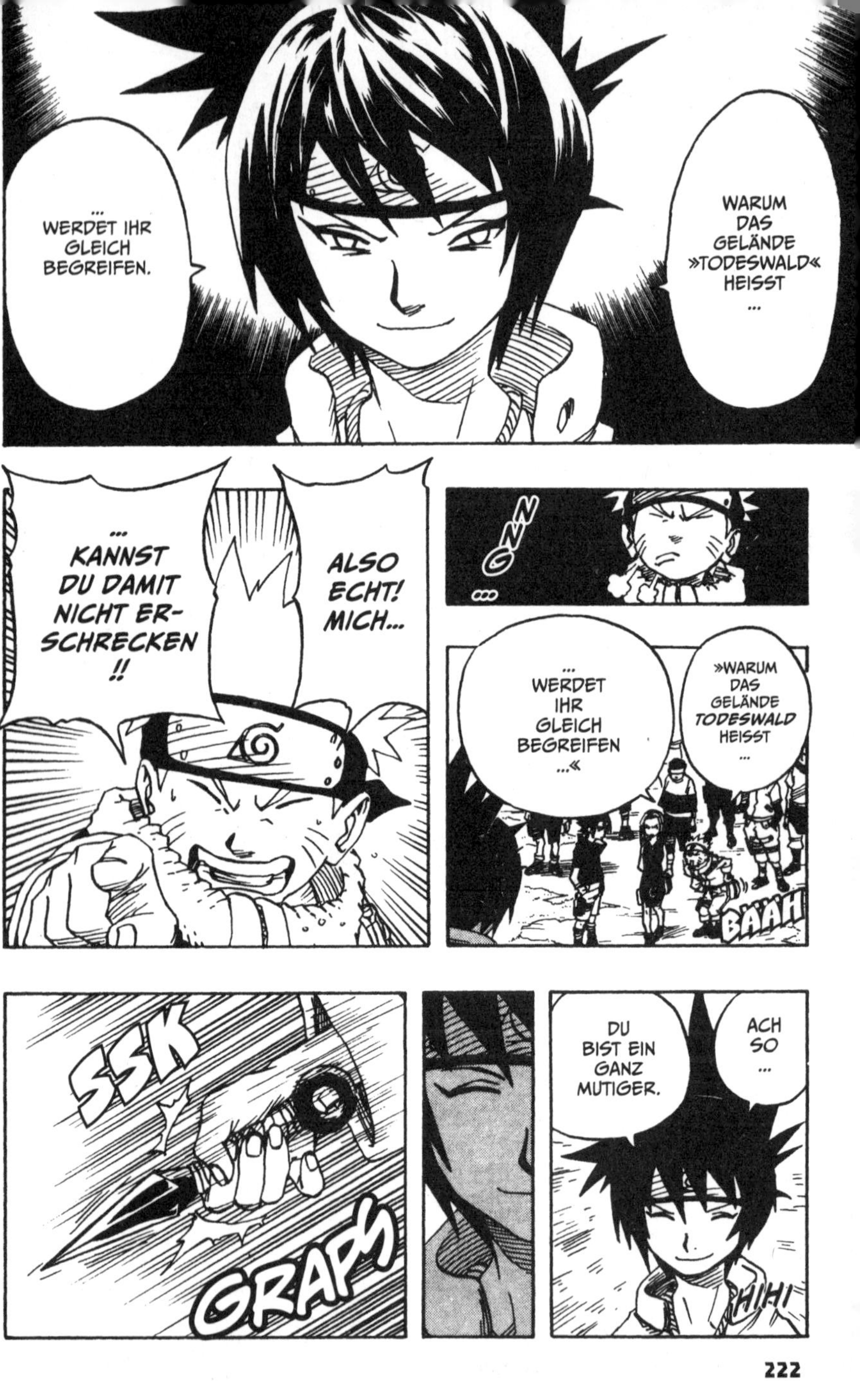
WARUM DAS GELÄNDE »TODESWALD« HEISST ...
... WERDET IHR GLEICH BEGREIFEN.
NNG ...
»WARUM DAS GELÄNDE TODESWALD HEISST ...
... WERDET IHR GLEICH BEGREIFEN ...«
BÄÄH
ALSO ECHT! MICH...
... KANNST DU DAMIT NICHT ER-SCHRECKEN !!
ACH SO ...
DU BIST EIN GANZ MUTIGER.
HIHI
SSK
GRAPS

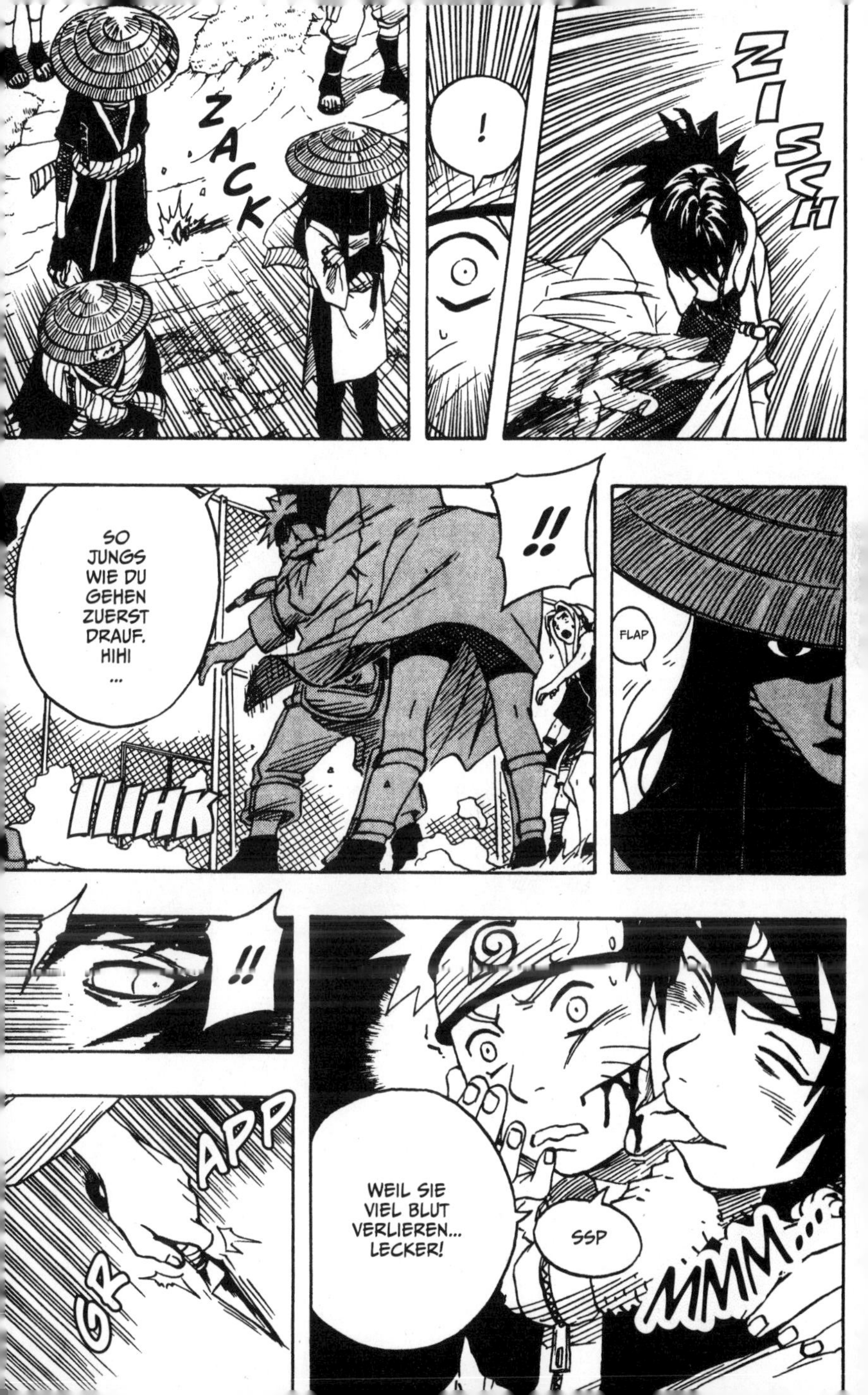
ZISCH
!
ZACK
FLAP
!!
SO JUNGS WIE DU GEHEN ZUERST DRAUF. HIHI ...
IIIHK
WEIL SIE VIEL BLUT VERLIEREN... LECKER!
SSP
MMM...
!!
GR
APP

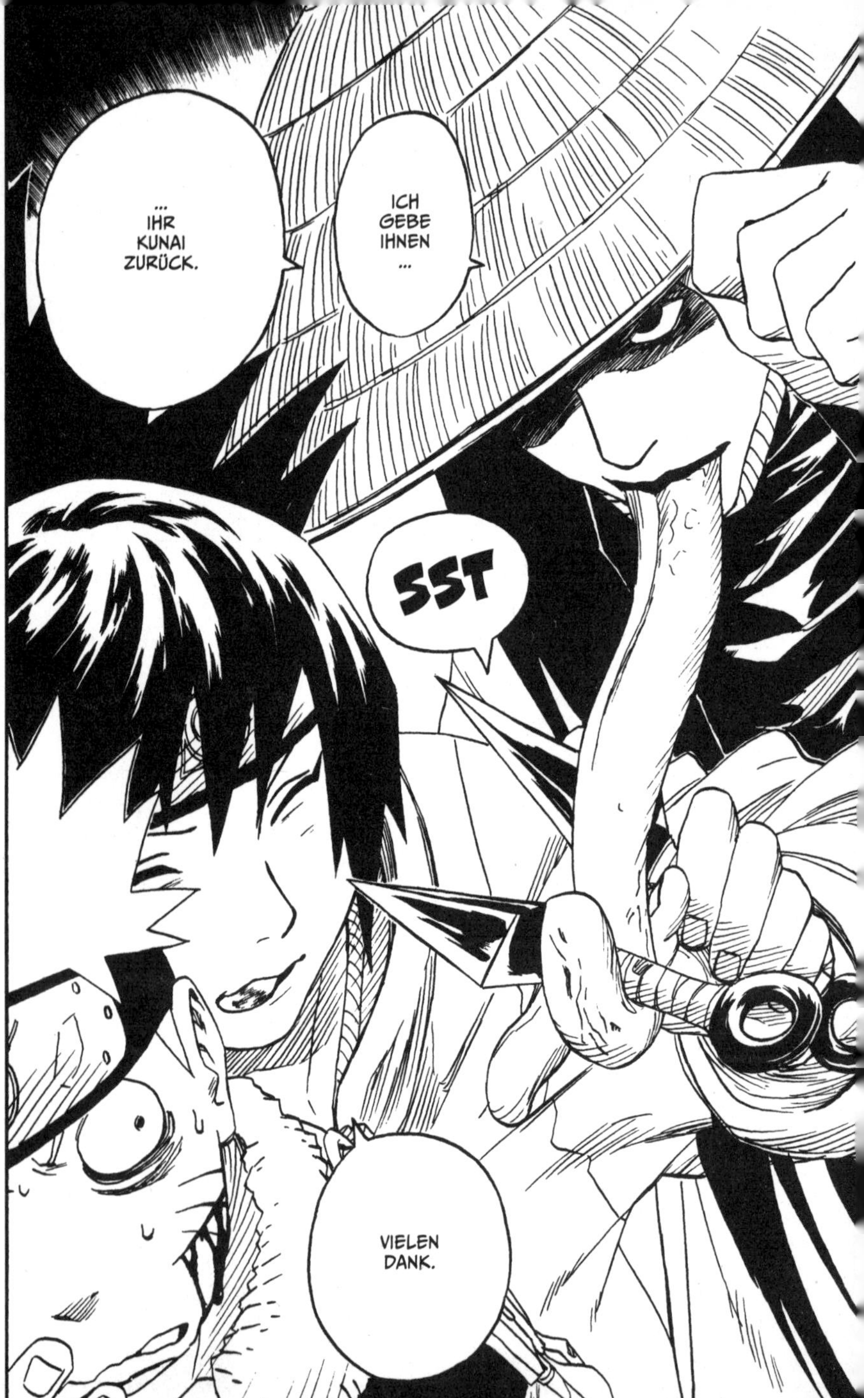
ICH GEBE IHNEN ...
... IHR KUNAI ZURÜCK.
SST
VIELEN DANK.

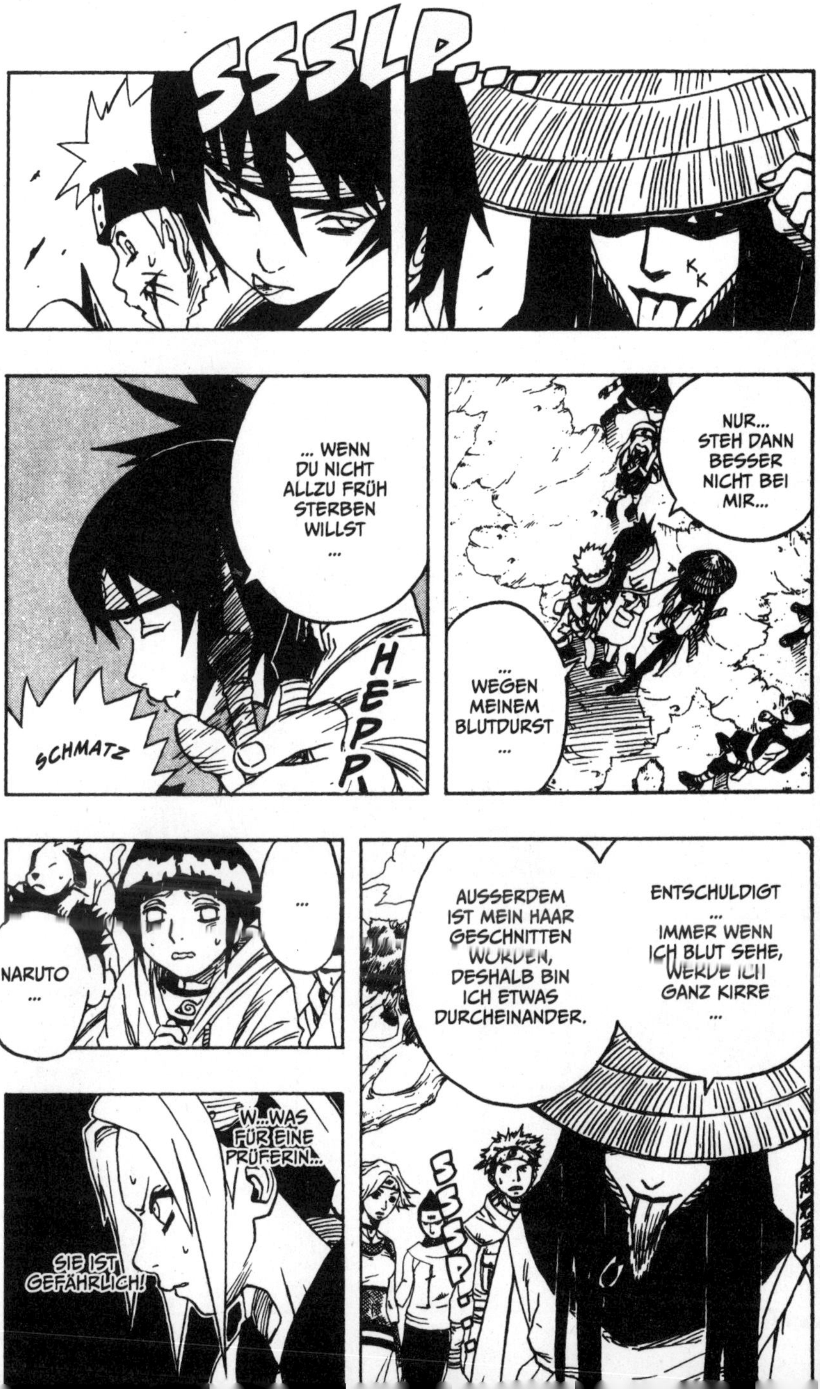

SSSLP...
KK
NUR... STEH DANN BESSER NICHT BEI MIR...
... WEGEN MEINEM BLUTDURST ...
... WENN DU NICHT ALLZU FRÜH STERBEN WILLST ...
HEPP
SCHMATZ
ENTSCHULDIGT ... IMMER WENN ICH BLUT SEHE, WERDE ICH GANZ KIRRE ...
AUSSERDEM IST MEIN HAAR GESCHNITTEN WORDEN, DESHALB BIN ICH ETWAS DURCHEINANDER.
SSSP...
...
NARUTO ...
W...WAS FÜR EINE PRÜFERIN...
SIE IST GEFÄHRLICH!

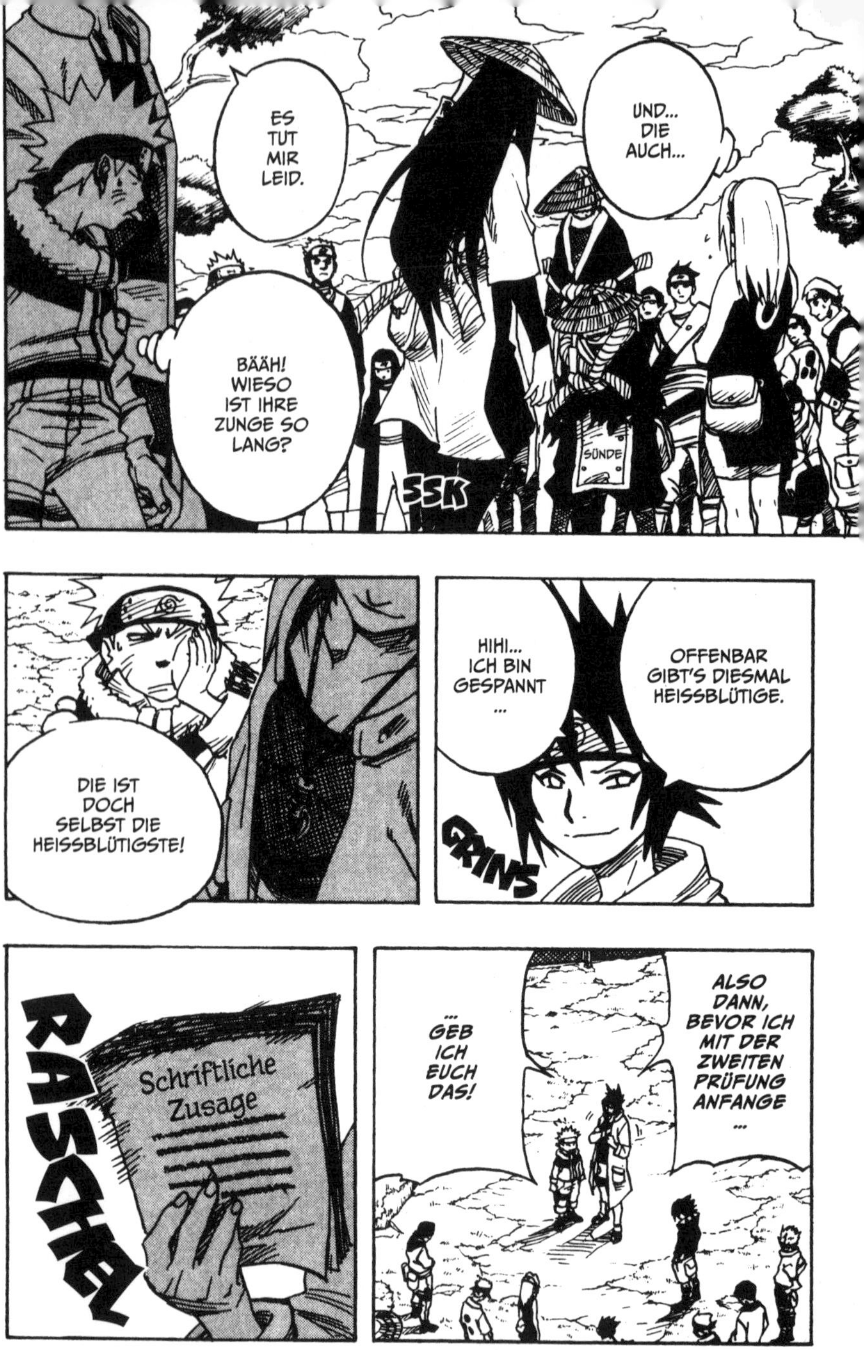
UND... DIE AUCH...
ES TUT MIR LEID.
SÜNDE
SSK
BÄÄH! WIESO IST IHRE ZUNGE SO LANG?
OFFENBAR GIBT'S DIESMAL HEISSBLÜTIGE.
HIHI... ICH BIN GESPANNT ...
GRINS
DIE IST DOCH SELBST DIE HEISSBLÜTIGSTE!
ALSO DANN, BEVOR ICH MIT DER ZWEITEN PRÜFUNG ANFANGE ...
... GEB ICH EUCH DAS!
Schriftliche Zusage
RASCHEL

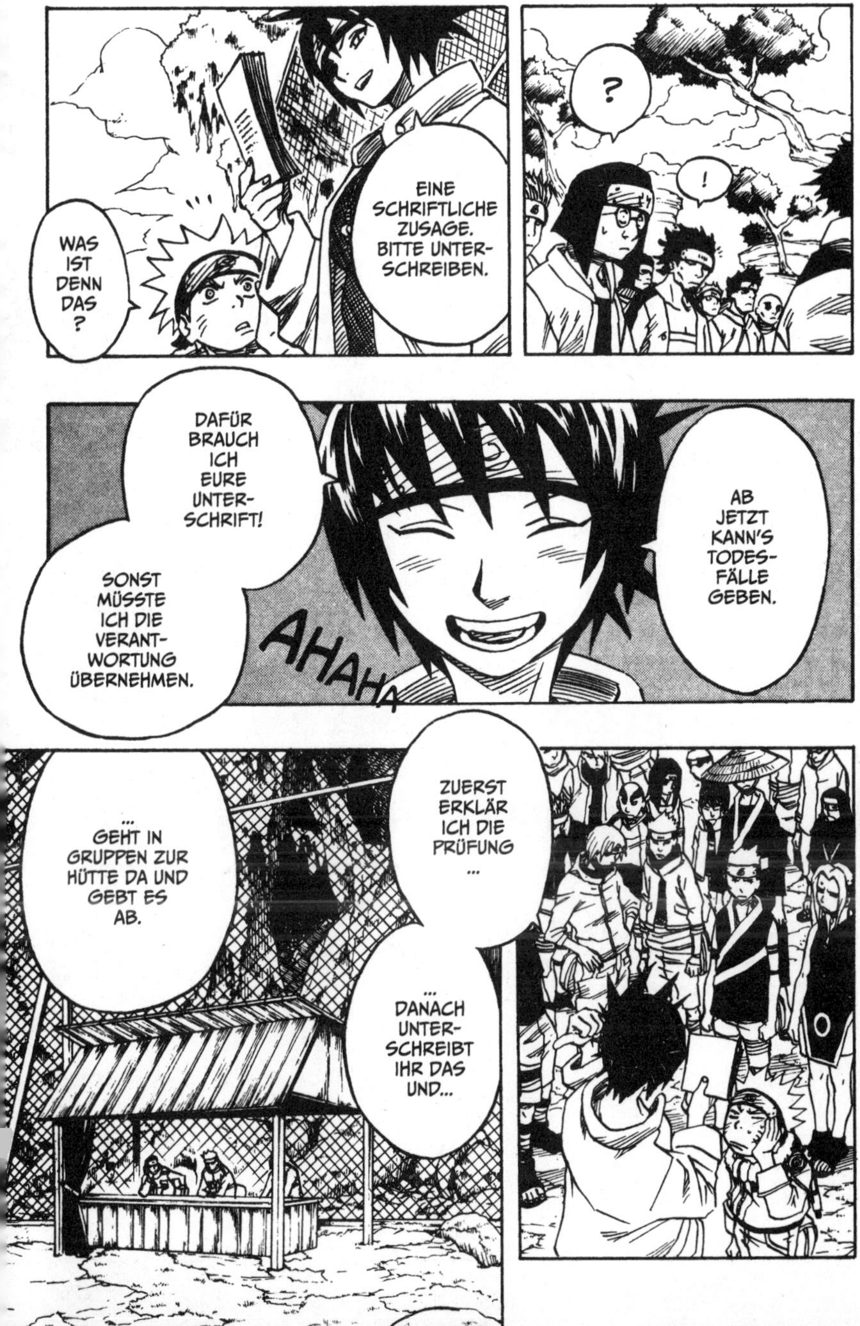
?
!
EINE SCHRIFTLICHE ZUSAGE. BITTE UNTERSCHREIBEN.
...
WAS IST DENN DAS?
AB JETZT KANN'S TODESFÄLLE GEBEN.
AHAHA
DAFÜR BRAUCH ICH EURE UNTERSCHRIFT!
SONST MÜSSTE ICH DIE VERANTWORTUNG ÜBERNEHMEN.
ZUERST ERKLÄR ICH DIE PRÜFUNG ...
... DANACH UNTERSCHREIBT IHR DAS UND...
... GEHT IN GRUPPEN ZUR HÜTTE DA UND GEBT ES AB.

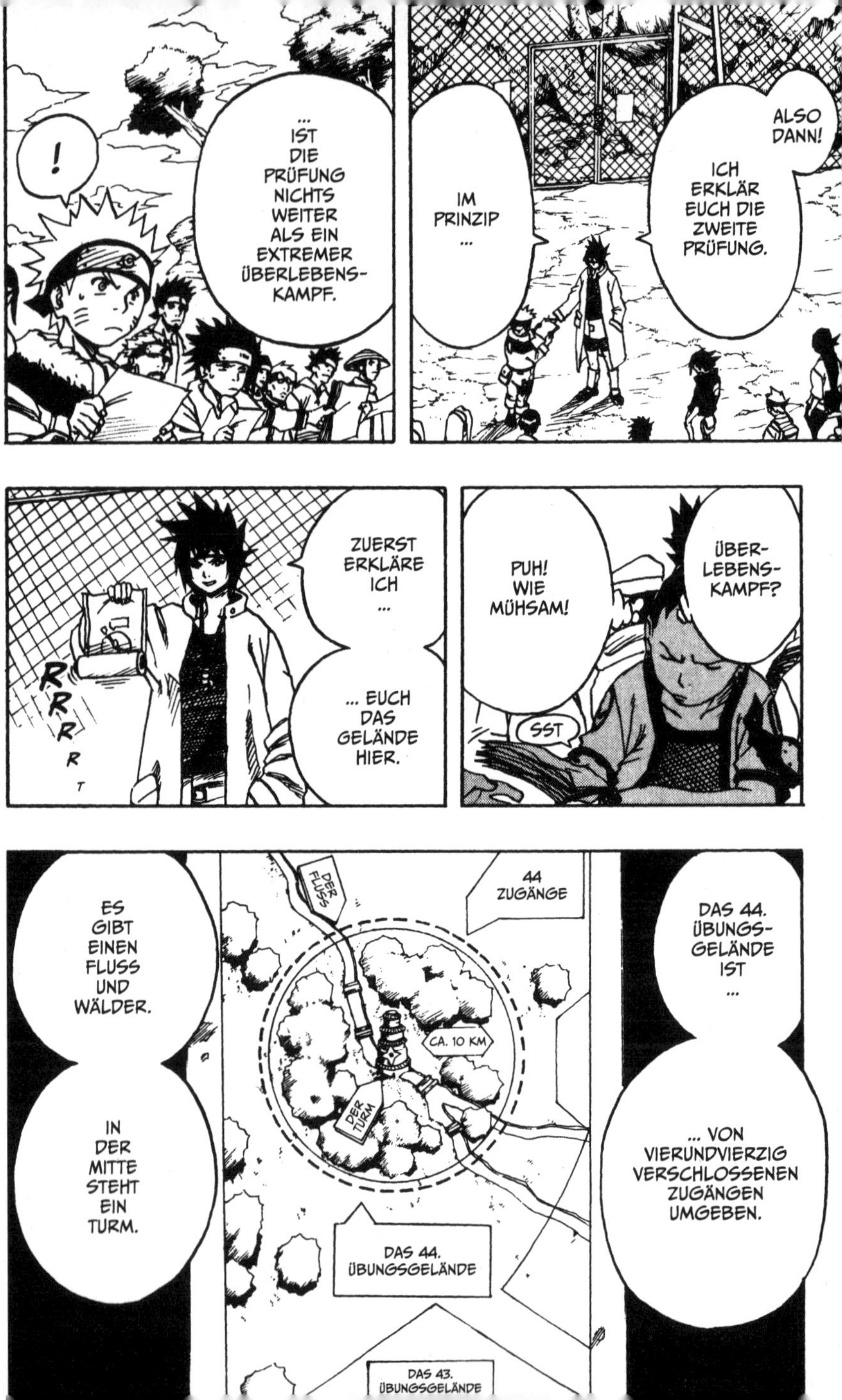
ALSO DANN!
ICH ERKLÄR EUCH DIE ZWEITE PRÜFUNG.
IM PRINZIP ...
... IST DIE PRÜFUNG NICHTS WEITER ALS EIN EXTREMER ÜBERLEBENSKAMPF.
!
ÜBERLEBENSKAMPF?
PUH! WIE MÜHSAM!
SST
ZUERST ERKLÄRE ICH ...
... EUCH DAS GELÄNDE HIER.
RRRRT
DAS 44. ÜBUNGSGELÄNDE IST ...
... VON VIERUNDVIERZIG VERSCHLOSSENEN ZUGÄNGEN UMGEBEN.
44 ZUGÄNGE
DER FLUSS
CA. 10 KM
DER TURM
DAS 44. ÜBUNGSGELÄNDE
DAS 43. ÜBUNGSGELÄNDE
ES GIBT EINEN FLUSS UND WÄLDER.
IN DER MITTE STEHT EIN TURM.

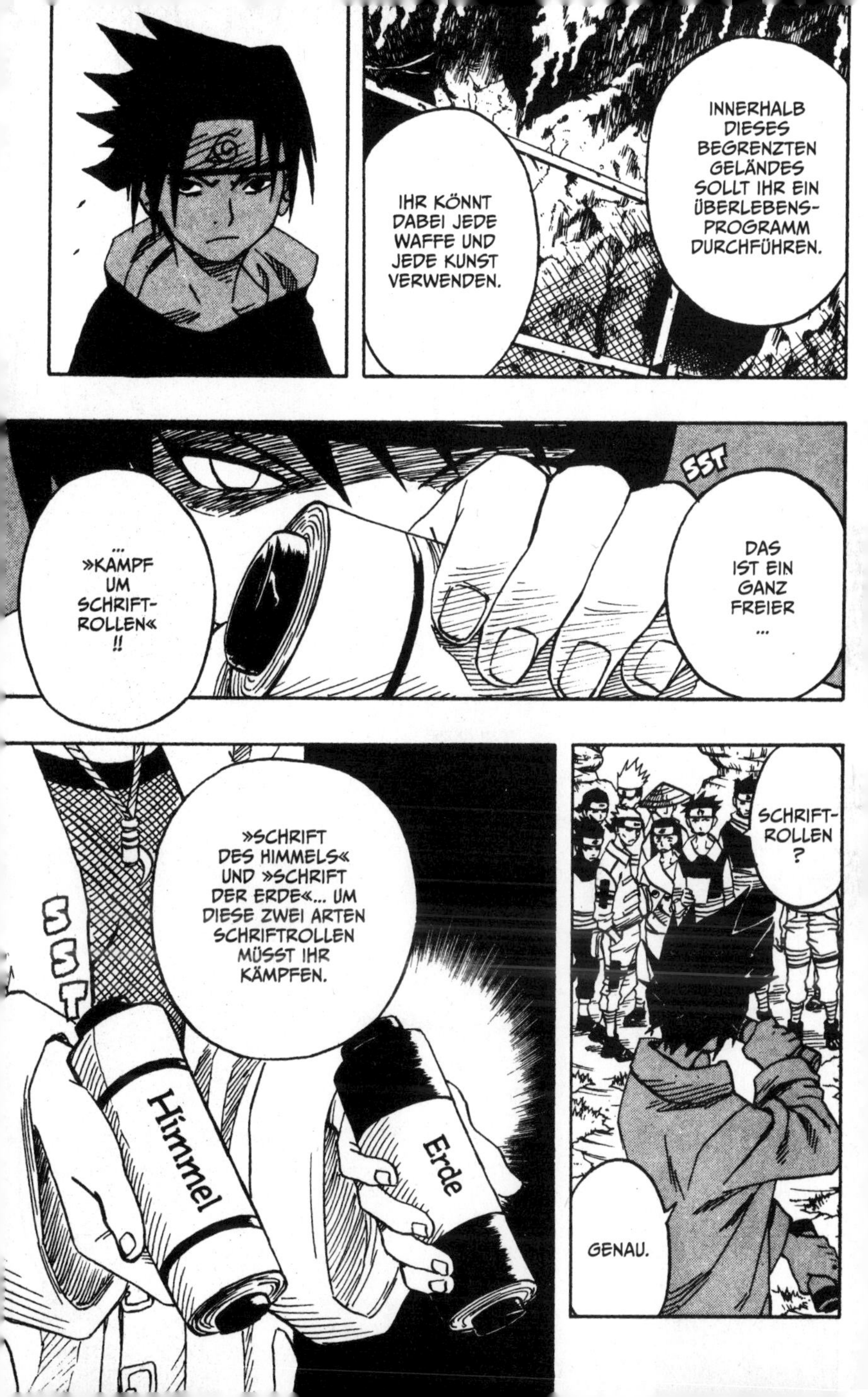

INNERHALB DIESES BEGRENZTEN GELÄNDES SOLLT IHR EIN ÜBERLEBENS-PROGRAMM DURCHFÜHREN.
IHR KÖNNT DABEI JEDE WAFFE UND JEDE KUNST VERWENDEN.
SST
DAS IST EIN GANZ FREIER ...
... »KAMPF UM SCHRIFT-ROLLEN« !!
SCHRIFT-ROLLEN ?
GENAU.
»SCHRIFT DES HIMMELS« UND »SCHRIFT DER ERDE«... UM DIESE ZWEI ARTEN SCHRIFTROLLEN MÜSST IHR KÄMPFEN.
SST
Himmel
Erde

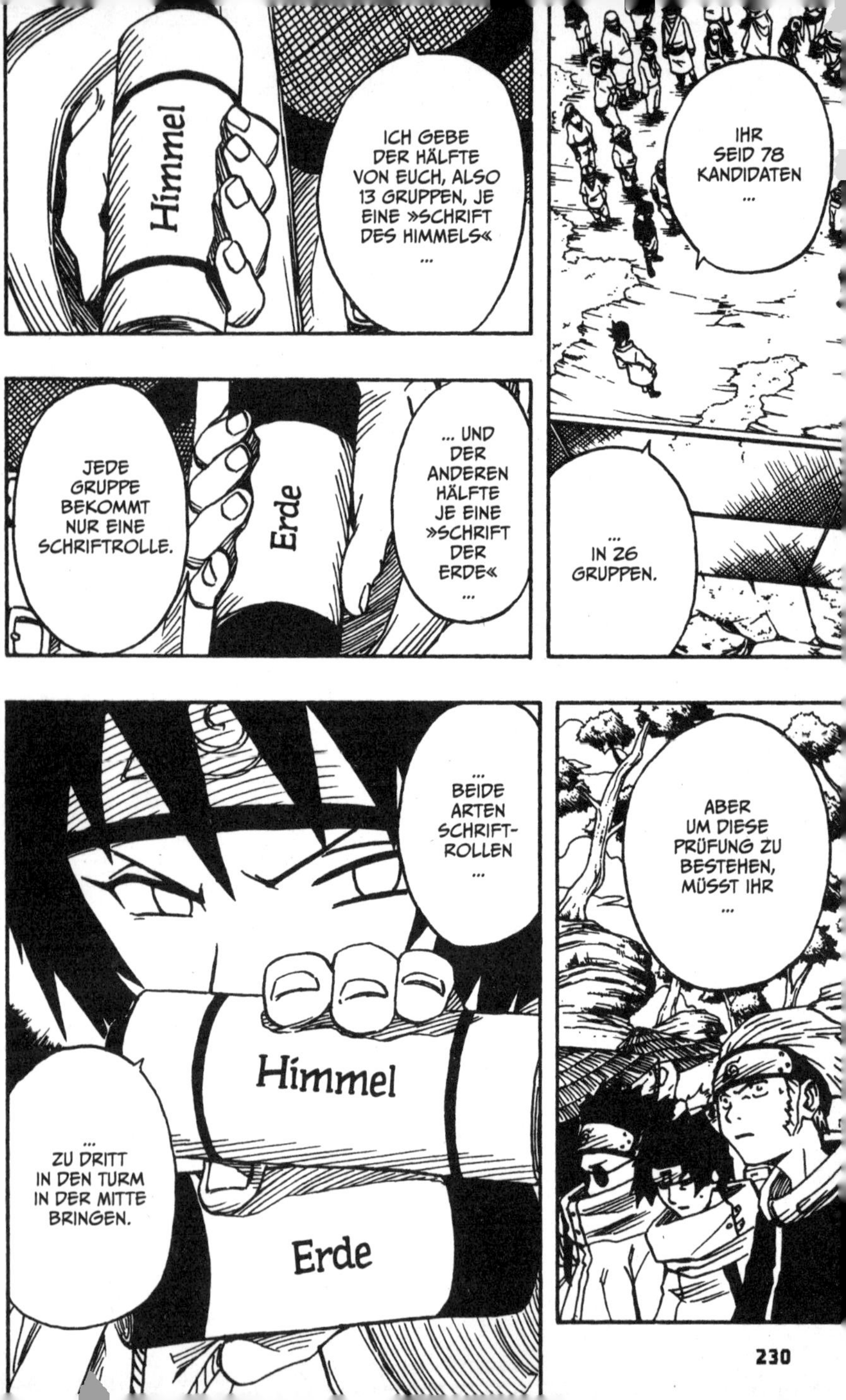
IHR SEID 78 KANDIDATEN ...
... IN 26 GRUPPEN.
ICH GEBE DER HÄLFTE VON EUCH, ALSO 13 GRUPPEN, JE EINE »SCHRIFT DES HIMMELS« ...
Himmel
... UND DER ANDEREN HÄLFTE JE EINE »SCHRIFT DER ERDE« ...
Erde
JEDE GRUPPE BEKOMMT NUR EINE SCHRIFTROLLE.
ABER UM DIESE PRÜFUNG ZU BESTEHEN, MÜSST IHR ...
... BEIDE ARTEN SCHRIFT-ROLLEN ...
Himmel
Erde
... ZU DRITT IN DEN TURM IN DER MITTE BRINGEN.

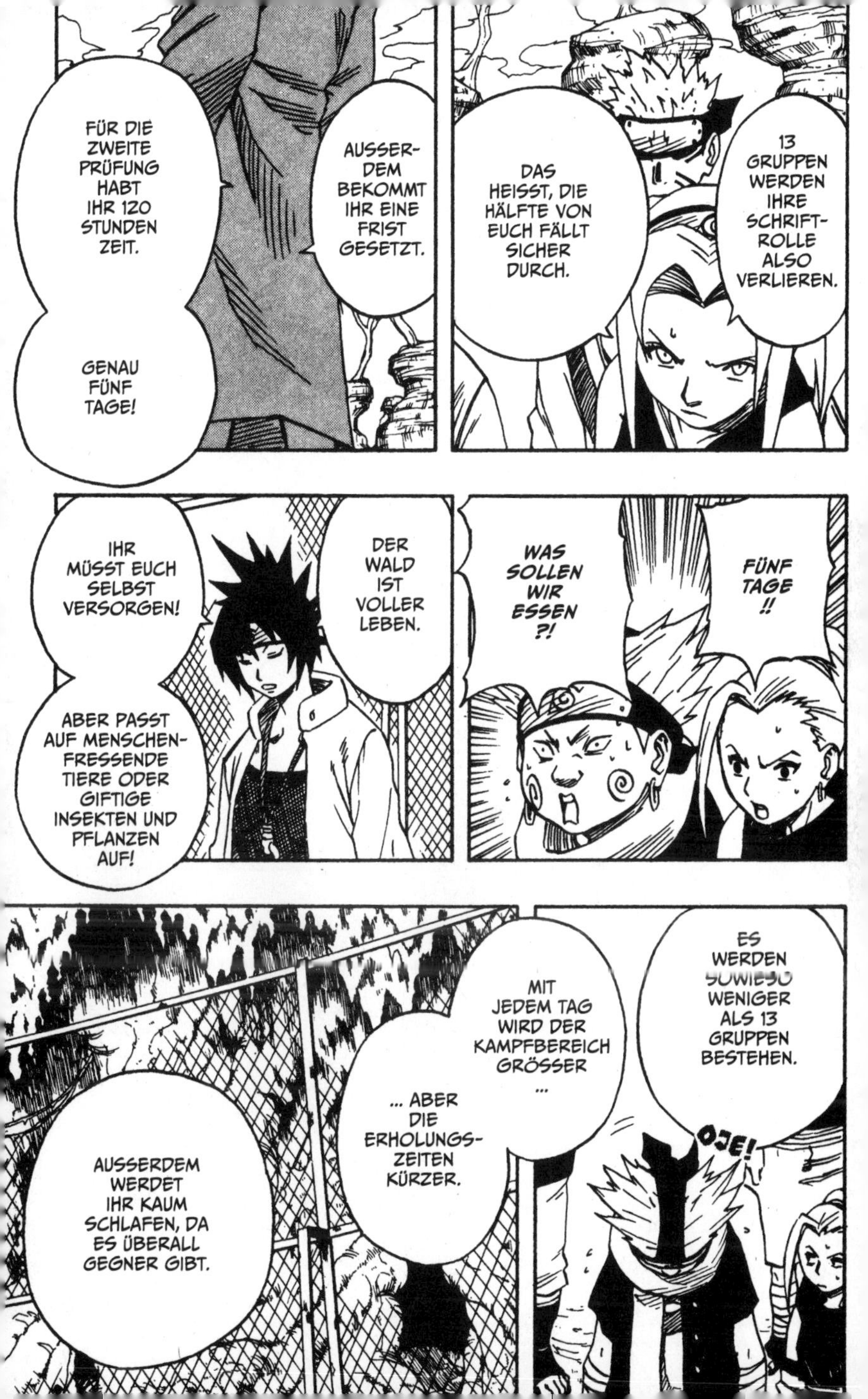
13 GRUPPEN WERDEN IHRE SCHRIFTROLLE ALSO VERLIEREN.
DAS HEISST, DIE HÄLFTE VON EUCH FÄLLT SICHER DURCH.
AUSSERDEM BEKOMMT IHR EINE FRIST GESETZT.
FÜR DIE ZWEITE PRÜFUNG HABT IHR 120 STUNDEN ZEIT.
GENAU FÜNF TAGE!
FÜNF TAGE !!
WAS SOLLEN WIR ESSEN ?!
DER WALD IST VOLLER LEBEN.
IHR MÜSST EUCH SELBST VERSORGEN!
ABER PASST AUF MENSCHENFRESSENDE TIERE ODER GIFTIGE INSEKTEN UND PFLANZEN AUF!
ES WERDEN SOWIESO WENIGER ALS 13 GRUPPEN BESTEHEN.
OJE!
MIT JEDEM TAG WIRD DER KAMPFBEREICH GRÖSSER ...
... ABER DIE ERHOLUNGSZEITEN KÜRZER.
AUSSERDEM WERDET IHR KAUM SCHLAFEN, DA ES ÜBERALL GEGNER GIBT.

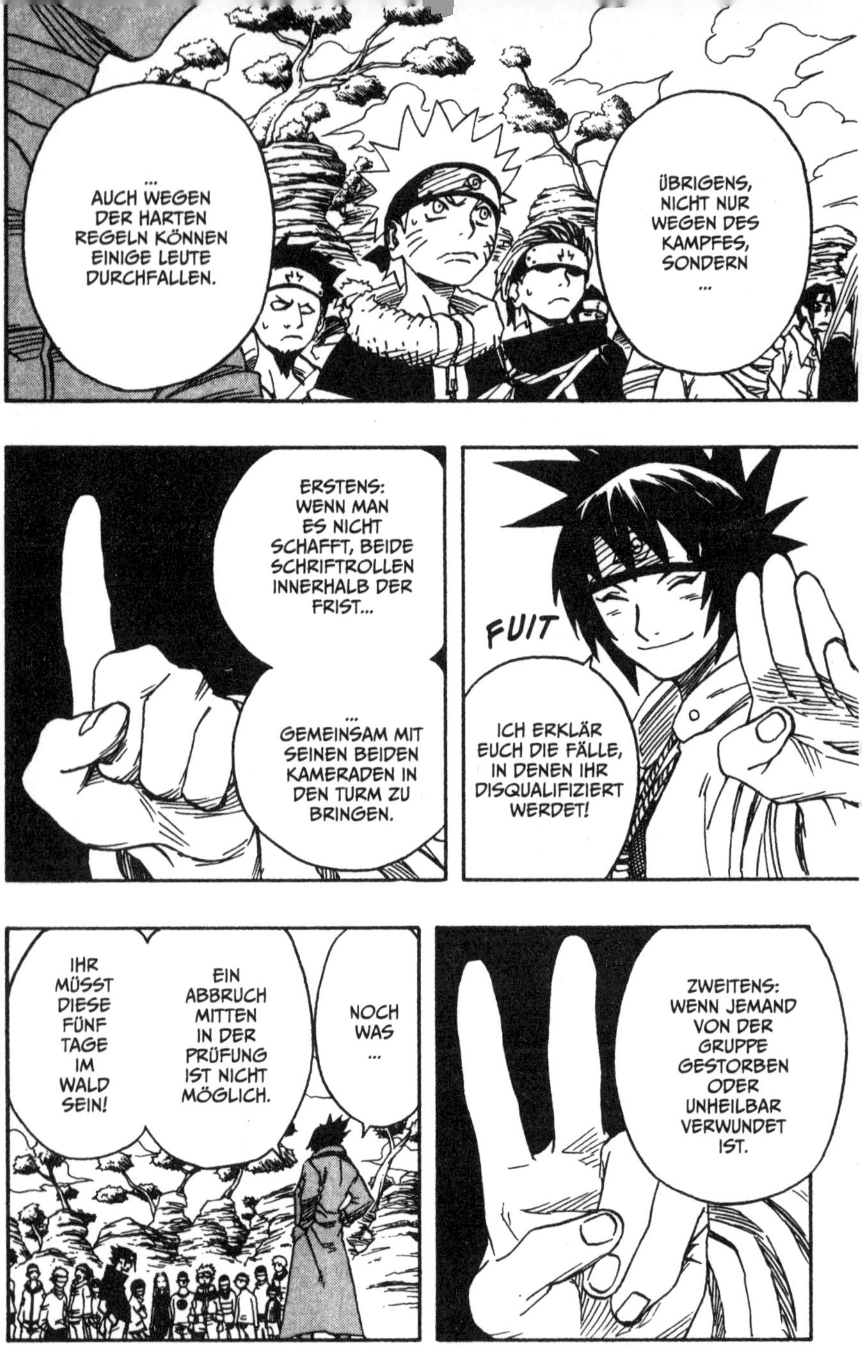
ÜBRIGENS, NICHT NUR WEGEN DES KAMPFES, SONDERN ...
... AUCH WEGEN DER HARTEN REGELN KÖNNEN EINIGE LEUTE DURCHFALLEN.
FUIT
ICH ERKLÄR EUCH DIE FÄLLE, IN DENEN IHR DISQUALIFIZIERT WERDET!
ERSTENS: WENN MAN ES NICHT SCHAFFT, BEIDE SCHRIFTROLLEN INNERHALB DER FRIST...
... GEMEINSAM MIT SEINEN BEIDEN KAMERADEN IN DEN TURM ZU BRINGEN.
ZWEITENS: WENN JEMAND VON DER GRUPPE GESTORBEN ODER UNHEILBAR VERWUNDET IST.
NOCH WAS ...
EIN ABBRUCH MITTEN IN DER PRÜFUNG IST NICHT MÖGLICH.
IHR MÜSST DIESE FÜNF TAGE IM WALD SEIN!

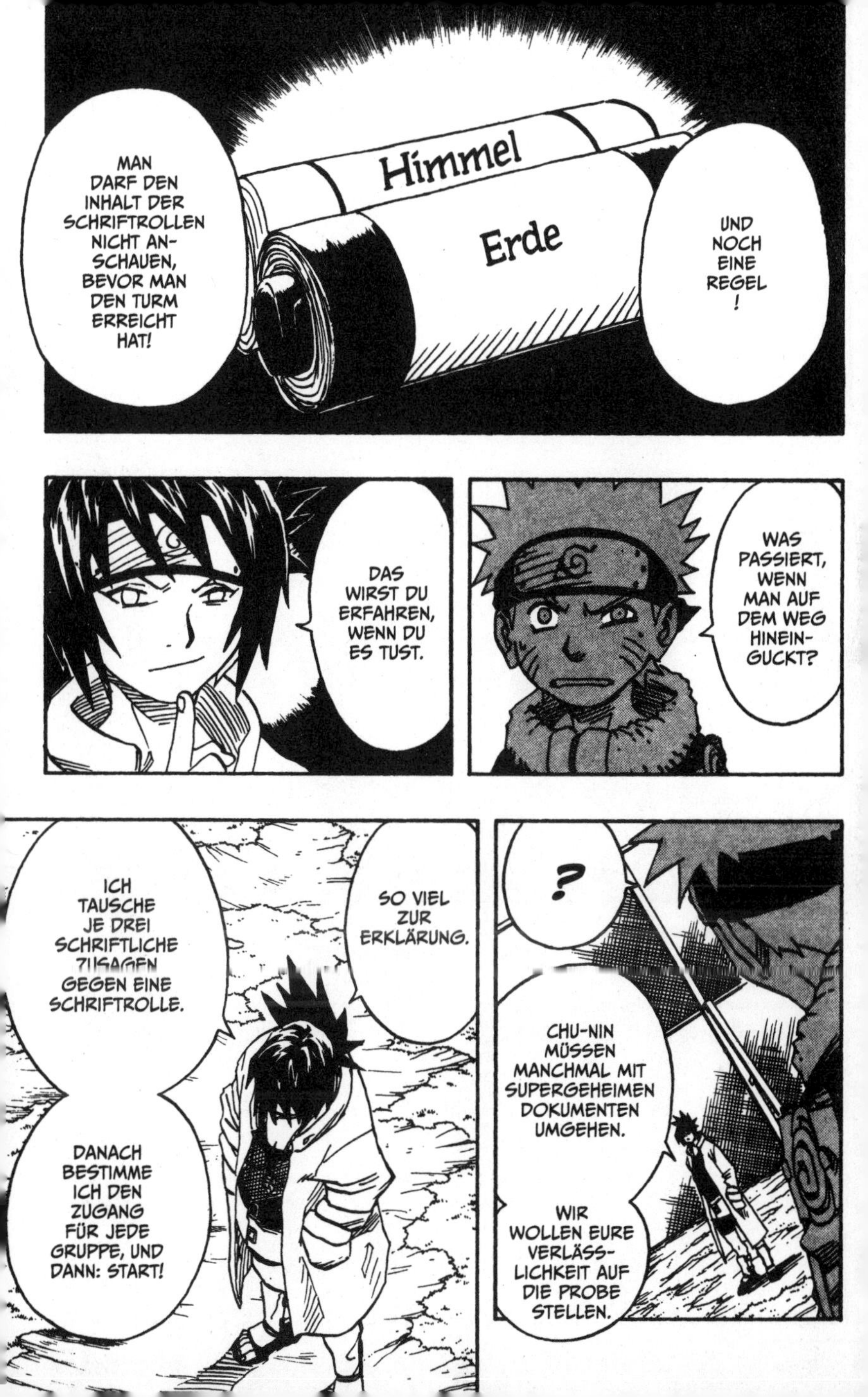
UND NOCH EINE REGEL!
MAN DARF DEN INHALT DER SCHRIFTROLLEN NICHT AN-SCHAUEN, BEVOR MAN DEN TURM ERREICHT HAT!
Himmel
Erde
WAS PASSIERT, WENN MAN AUF DEM WEG HINEIN-GUCKT?
DAS WIRST DU ERFAHREN, WENN DU ES TUST.
?
CHU-NIN MÜSSEN MANCHMAL MIT SUPERGEHEIMEN DOKUMENTEN UMGEHEN.
WIR WOLLEN EURE VERLÄSS-LICHKEIT AUF DIE PROBE STELLEN.
SO VIEL ZUR ERKLÄRUNG.
ICH TAUSCHE JE DREI SCHRIFTLICHE ZUSAGEN GEGEN EINE SCHRIFTROLLE.
DANACH BESTIMME ICH DEN ZUGANG FÜR JEDE GRUPPE, UND DANN: START!

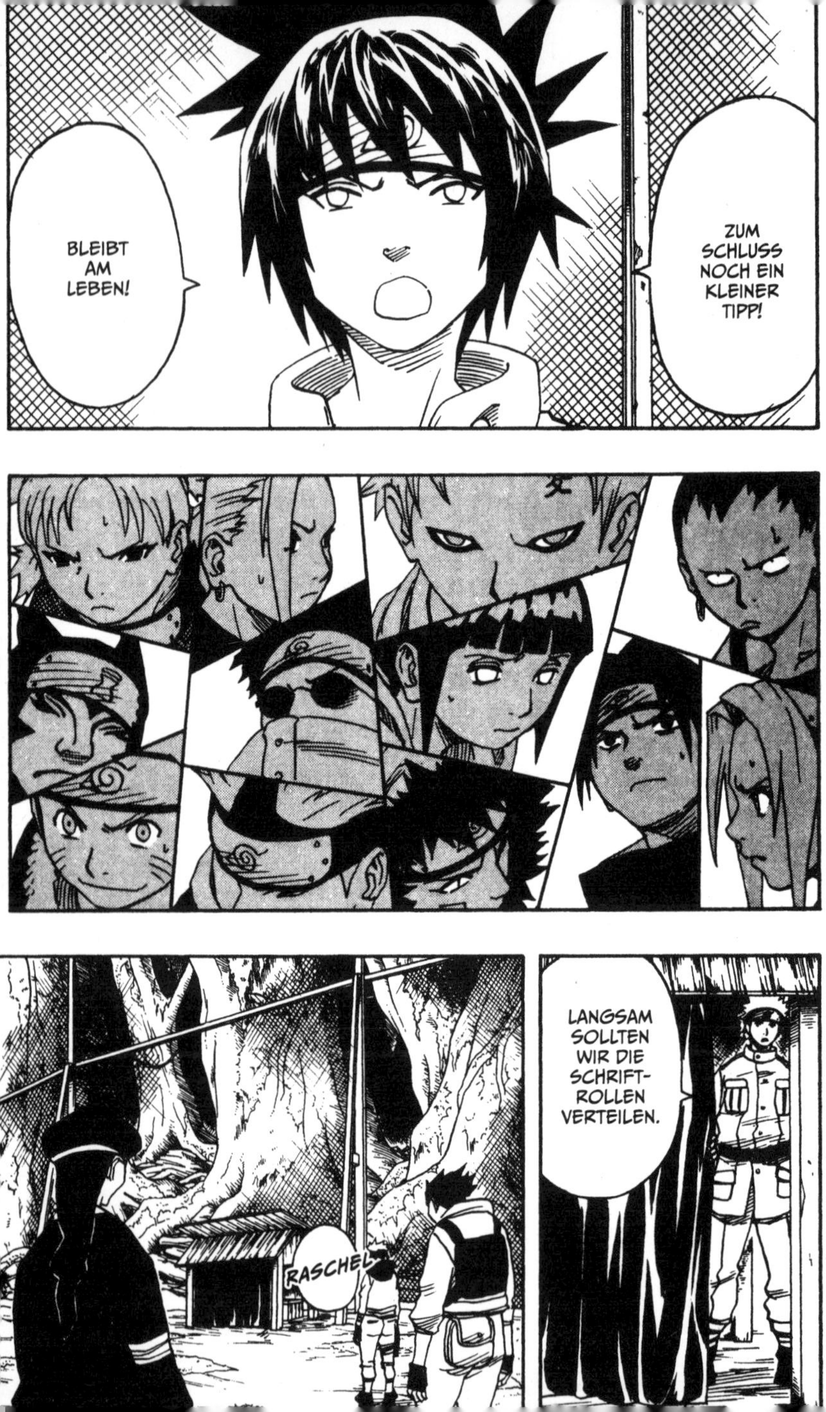
ZUM SCHLUSS NOCH EIN KLEINER TIPP!
BLEIBT AM LEBEN!
LANGSAM SOLLTEN WIR DIE SCHRIFT-ROLLEN VERTEILEN.
RASCHEL

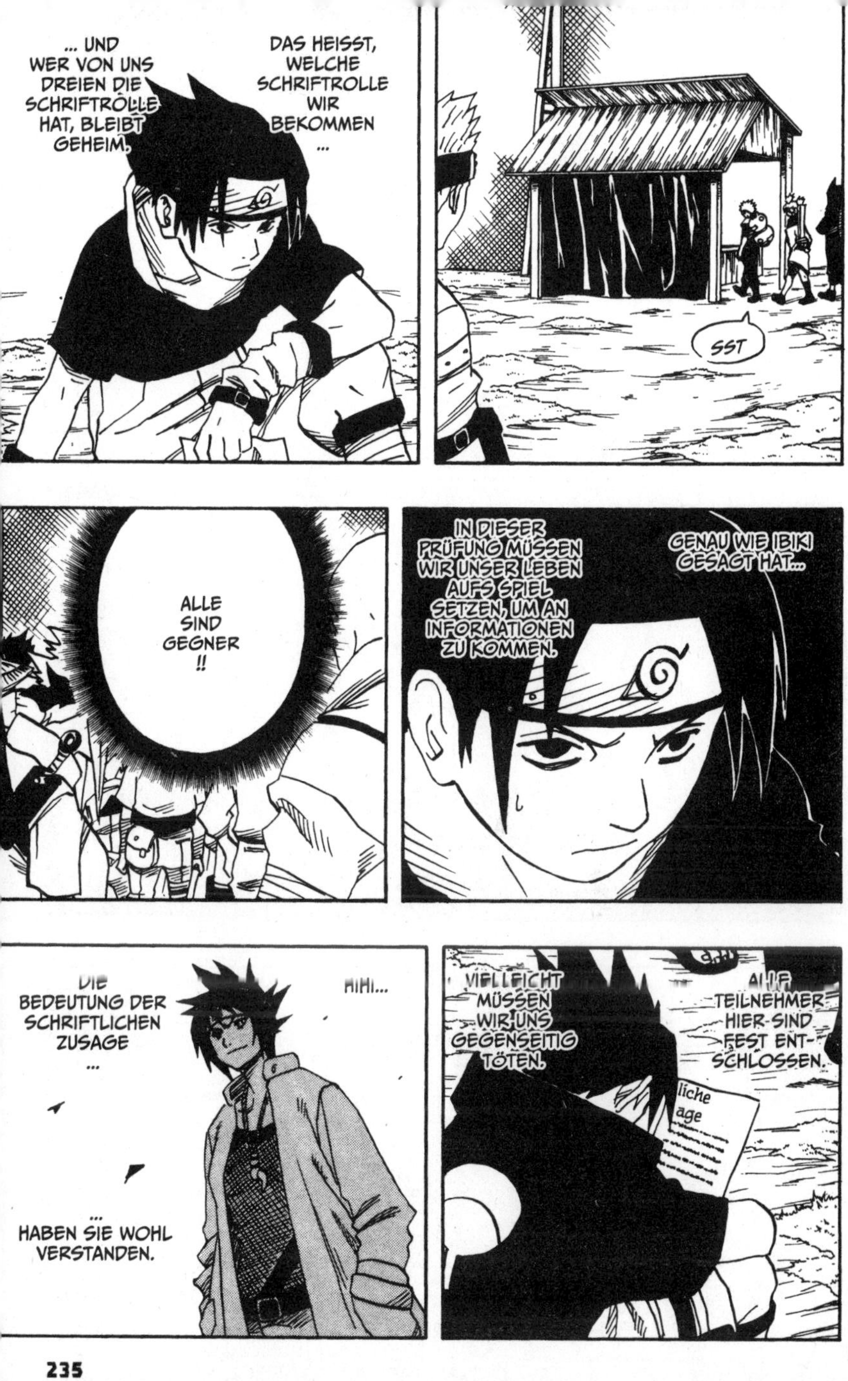
SST
DAS HEISST, WELCHE SCHRIFTROLLE WIR BEKOMMEN ...
... UND WER VON UNS DREIEN DIE SCHRIFTROLLE HAT, BLEIBT GEHEIM.
GENAU WIE IBIKI GESAGT HAT...
IN DIESER PRÜFUNG MÜSSEN WIR UNSER LEBEN AUFS SPIEL SETZEN, UM AN INFORMATIONEN ZU KOMMEN.
ALLE SIND GEGNER !!
ALLE TEILNEHMER HIER SIND FEST ENT-SCHLOSSEN.
VIELLEICHT MÜSSEN WIR UNS GEGENSEITIG TÖTEN.
HIHI...
DIE BEDEUTUNG DER SCHRIFTLICHEN ZUSAGE ...
... HABEN SIE WOHL VERSTANDEN.

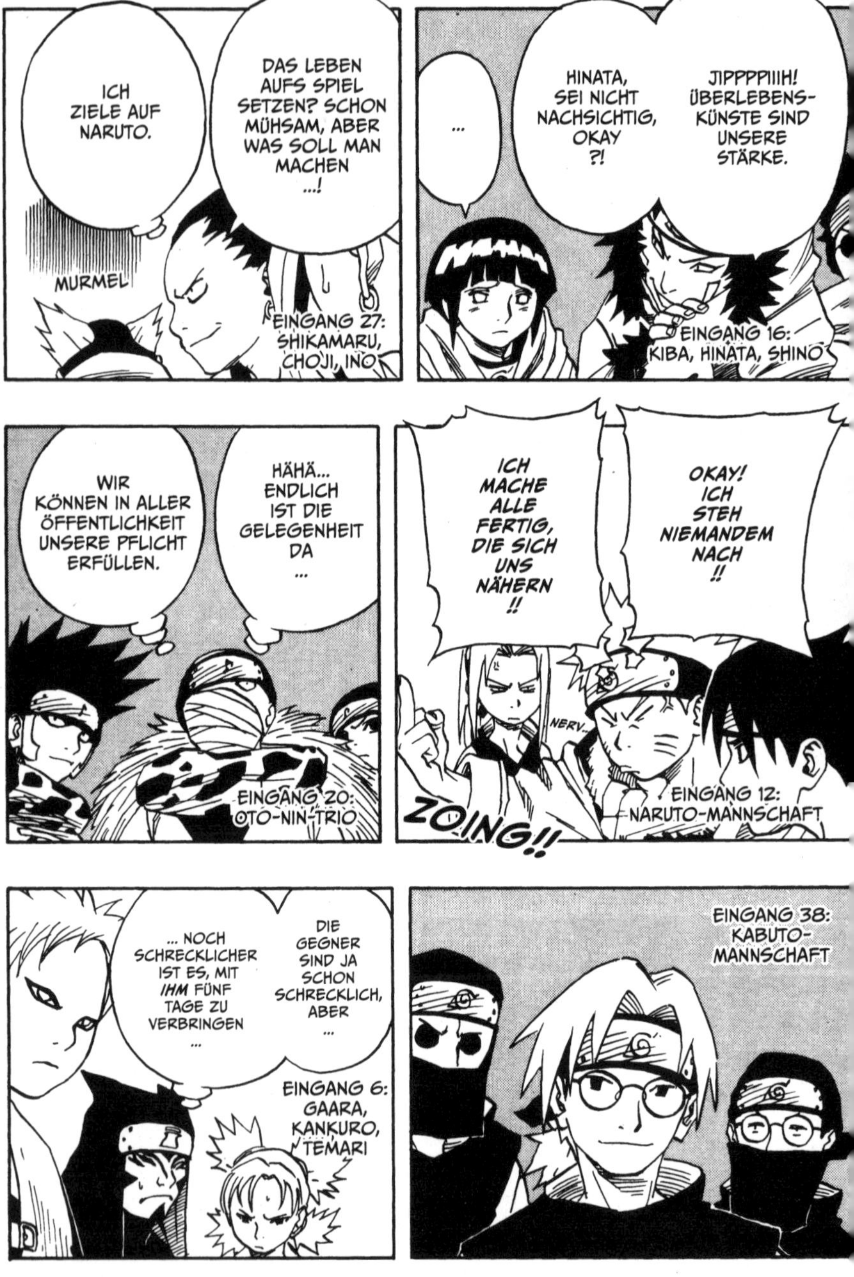
JIPPPPIIIH! ÜBERLEBENSKÜNSTE SIND UNSERE STÄRKE.
HINATA, SEI NICHT NACHSICHTIG, OKAY ?!
...
EINGANG 16: KIBA, HINATA, SHINO
DAS LEBEN AUFS SPIEL SETZEN? SCHON MÜHSAM, ABER WAS SOLL MAN MACHEN ...!
ICH ZIELE AUF NARUTO.
MURMEL
EINGANG 27: SHIKAMARU, CHOJI, INO
OKAY! ICH STEH NIEMANDEM NACH !!
ICH MACHE ALLE FERTIG, DIE SICH UNS NÄHERN !!
NERV..
ZOING!!
EINGANG 12: NARUTO-MANNSCHAFT
HÄHÄ... ENDLICH IST DIE GELEGENHEIT DA ...
WIR KÖNNEN IN ALLER ÖFFENTLICHKEIT UNSERE PFLICHT ERFÜLLEN.
EINGANG 20: OTO-NIN-TRIO
EINGANG 38: KABUTO-MANNSCHAFT
DIE GEGNER SIND JA SCHON SCHRECKLICH, ABER ...
... NOCH SCHRECKLICHER IST ES, MIT IHM FÜNF TAGE ZU VERBRINGEN ...
EINGANG 6: GAARA, KANKURO, TEMARI

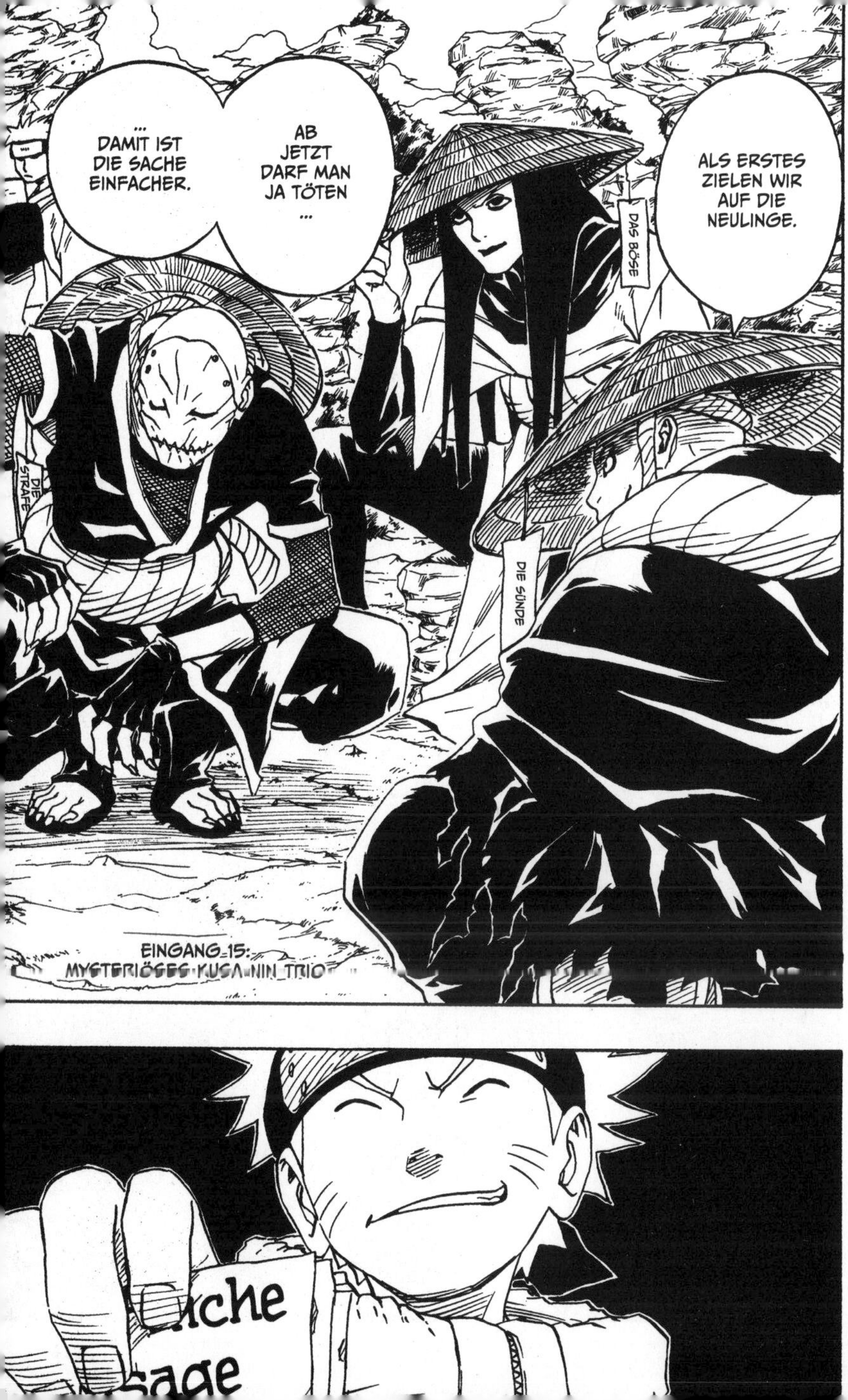
ALS ERSTES ZIELEN WIR AUF DIE NEULINGE.
DAS BÖSE
AB JETZT DARF MAN JA TÖTEN ...
... DAMIT IST DIE SACHE EINFACHER.
DIE SÜNDE
DIE STRAFE
EINGANG 15: MYSTERIÖSES KUSA-NIN-TRIO

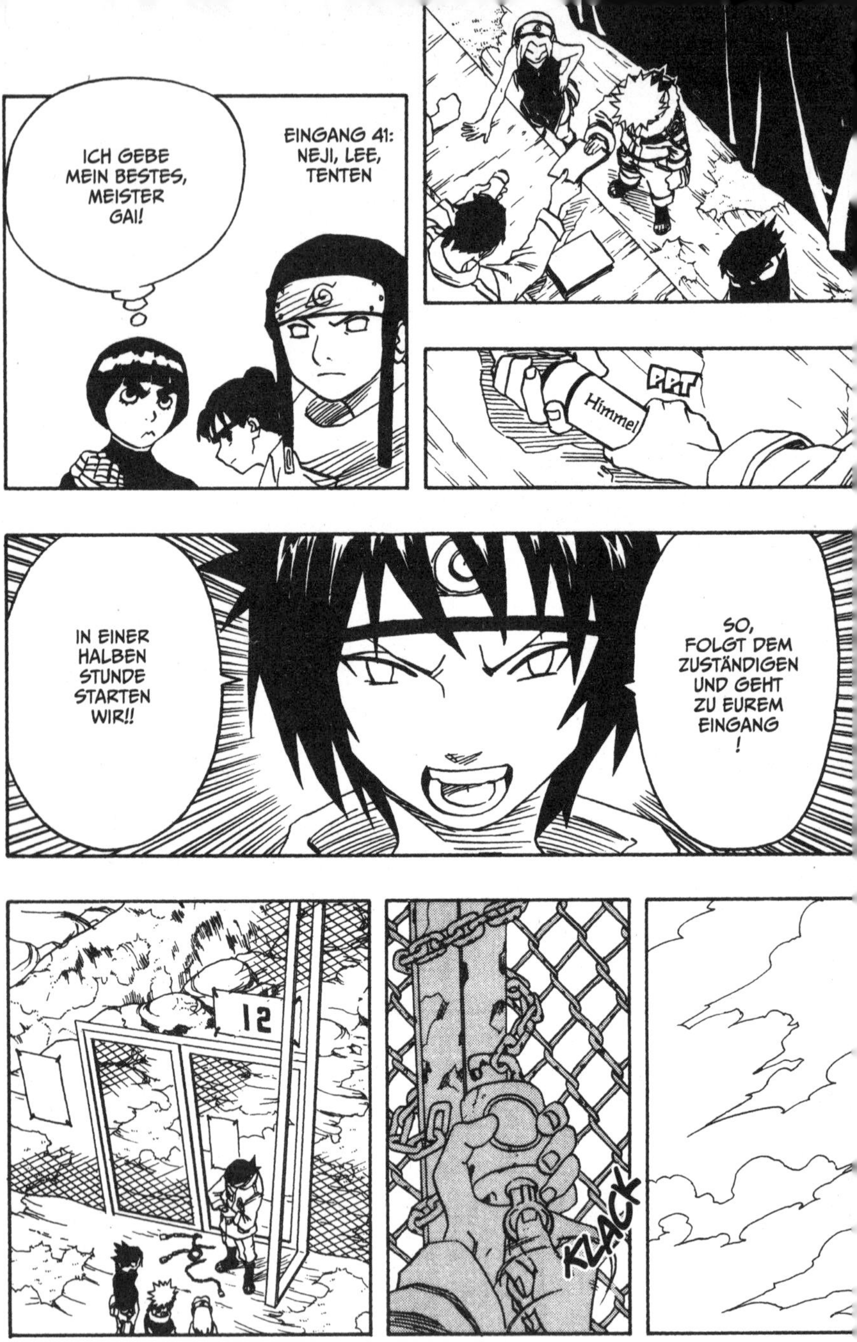
EINGANG 41: NEJI, LEE, TENTEN
ICH GEBE MEIN BESTES, MEISTER GAI!
PPT
Himmel
SO, FOLGT DEM ZUSTÄNDIGEN UND GEHT ZU EUREM EINGANG!
IN EINER HALBEN STUNDE STARTEN WIR!!
12
KLACK

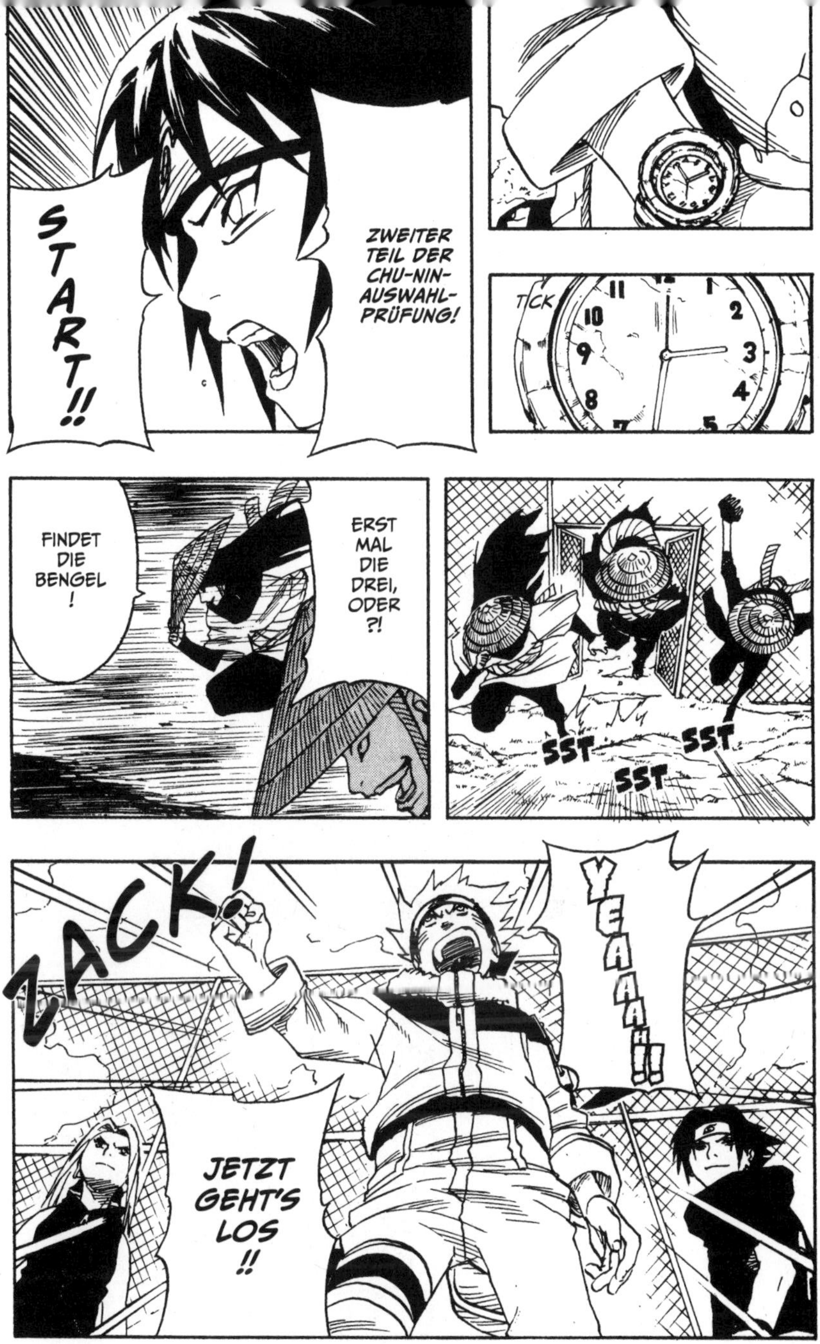
ZWEITER TEIL DER CHU-NIN-AUSWAHLPRÜFUNG!
START!!
TICK
ERST MAL DIE DREI, ODER ?!
FINDET DIE BENGEL !
SST
SST
SST
YEAAAAH!!
ZACK!
JETZT GEHT'S LOS !!

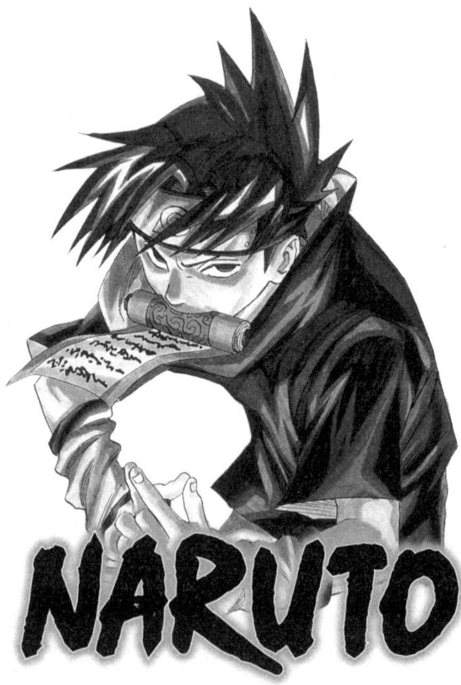
NARUTO

46. Kapitel: Gib die Losung aus...!

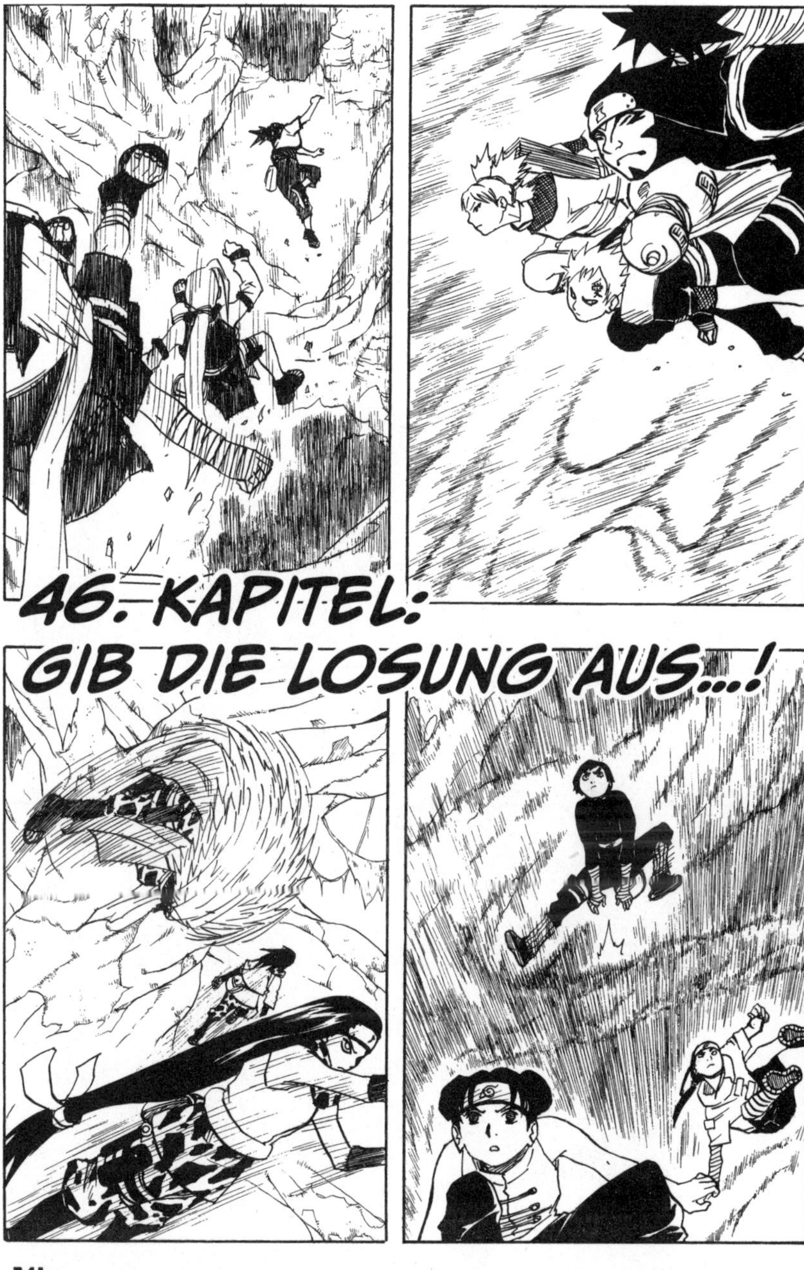

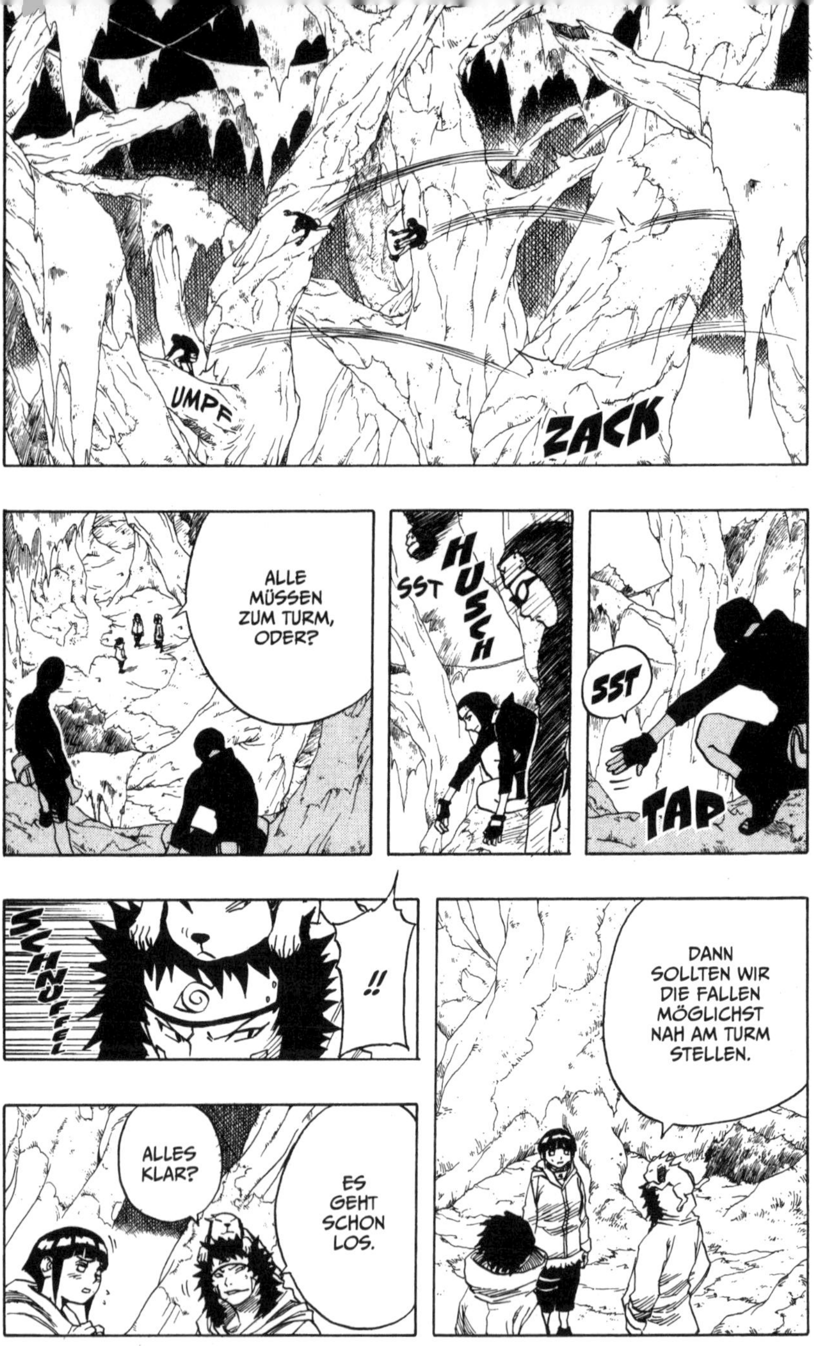
UMPF
ZACK
ALLE MÜSSEN ZUM TURM, ODER?
HUSCH
SST
SST
TAP
!!
SCHNÜFFEL
DANN SOLLTEN WIR DIE FALLEN MÖGLICHST NAH AM TURM STELLEN.
ES GEHT SCHON LOS.
ALLES KLAR?

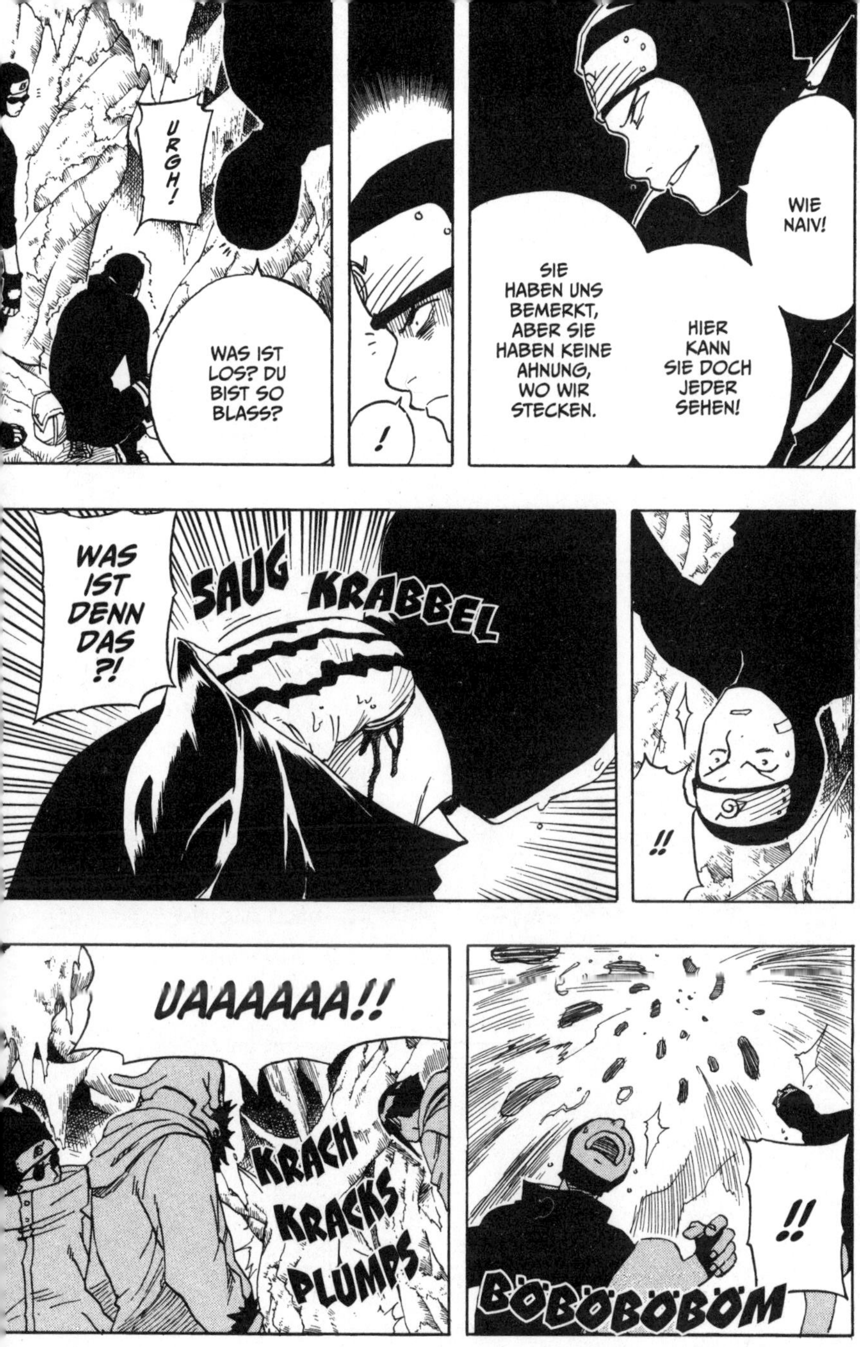

WIE NAIV!
HIER KANN SIE DOCH JEDER SEHEN!
SIE HABEN UNS BEMERKT, ABER SIE HABEN KEINE AHNUNG, WO WIR STECKEN.
!
URGH!
WAS IST LOS? DU BIST SO BLASS?
!!
WAS IST DENN DAS ?!
SAUG
KRABBEL
!!
BÖBÖBÖBÖM
UAAAAAA!!
KRACH
KRACKS
PLUMPS

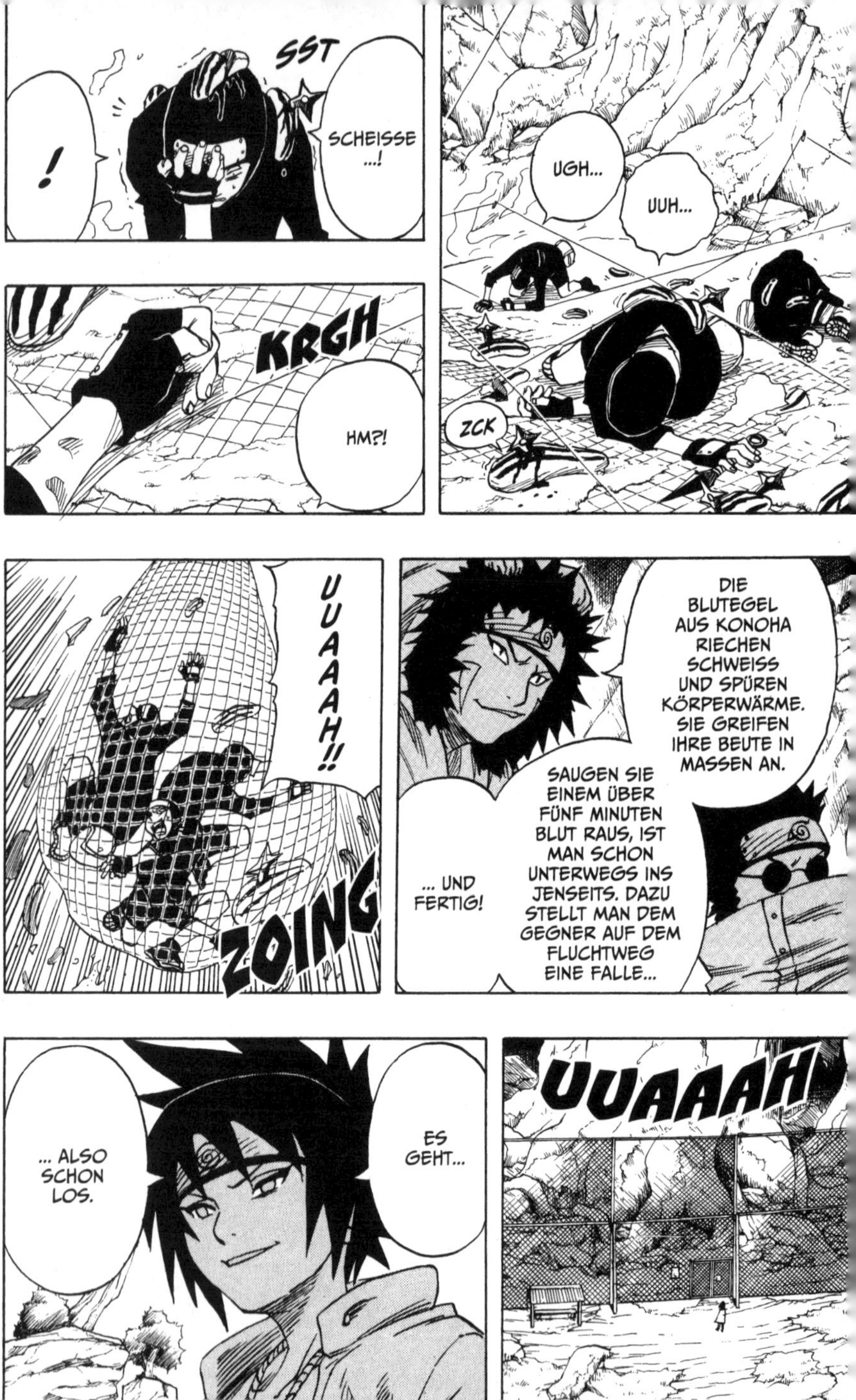
UGH...
UUH...
ZCK
SST
SCHEISSE ...!
!
KRGH
HM?!
DIE BLUTEGEL AUS KONOHA RIECHEN SCHWEISS UND SPÜREN KÖRPERWÄRME. SIE GREIFEN IHRE BEUTE IN MASSEN AN.
SAUGEN SIE EINEM ÜBER FÜNF MINUTEN BLUT RAUS, IST MAN SCHON UNTERWEGS INS JENSEITS. DAZU STELLT MAN DEM GEGNER AUF DEM FLUCHTWEG EINE FALLE...
... UND FERTIG!
UUAAAAH!!
ZOING
UUAAAH
ES GEHT...
... ALSO SCHON LOS.

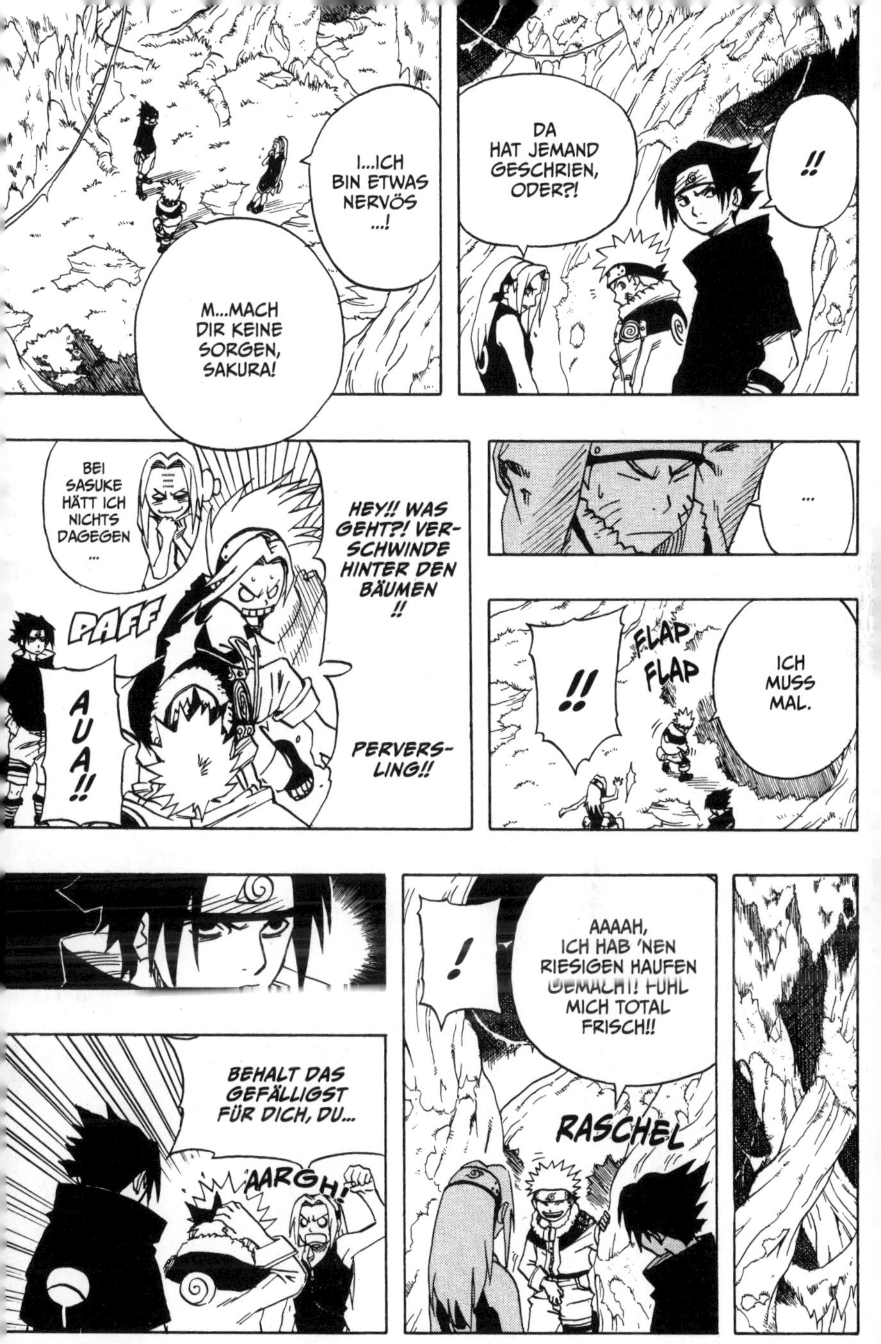
!!
DA HAT JEMAND GESCHRIEN, ODER?!
I...ICH BIN ETWAS NERVÖS ...!
M...MACH DIR KEINE SORGEN, SAKURA!
...
ICH MUSS MAL.
FLAP FLAP
!!
HEY!! WAS GEHT?! VERSCHWINDE HINTER DEN BÄUMEN !!
PERVERSLING!!
PAFF
AUA!!
BEI SASUKE HÄTT ICH NICHTS DAGEGEN ...
!
AAAAH, ICH HAB 'NEN RIESIGEN HAUFEN GEMACHT! FÜHL MICH TOTAL FRISCH!!
RASCHEL
BEHALT DAS GEFÄLLIGST FÜR DICH, DU...
AARGH!

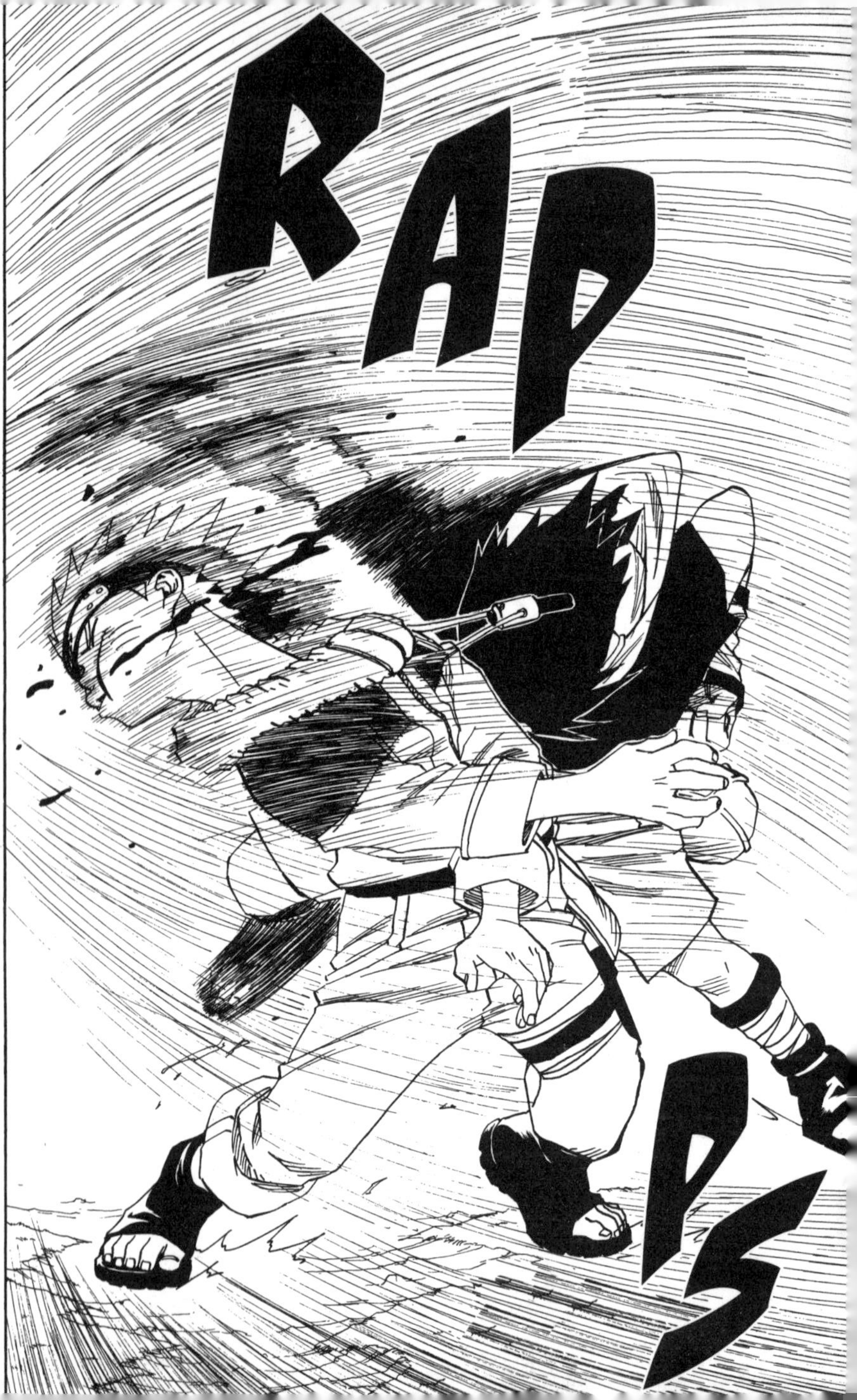
RAP
PS

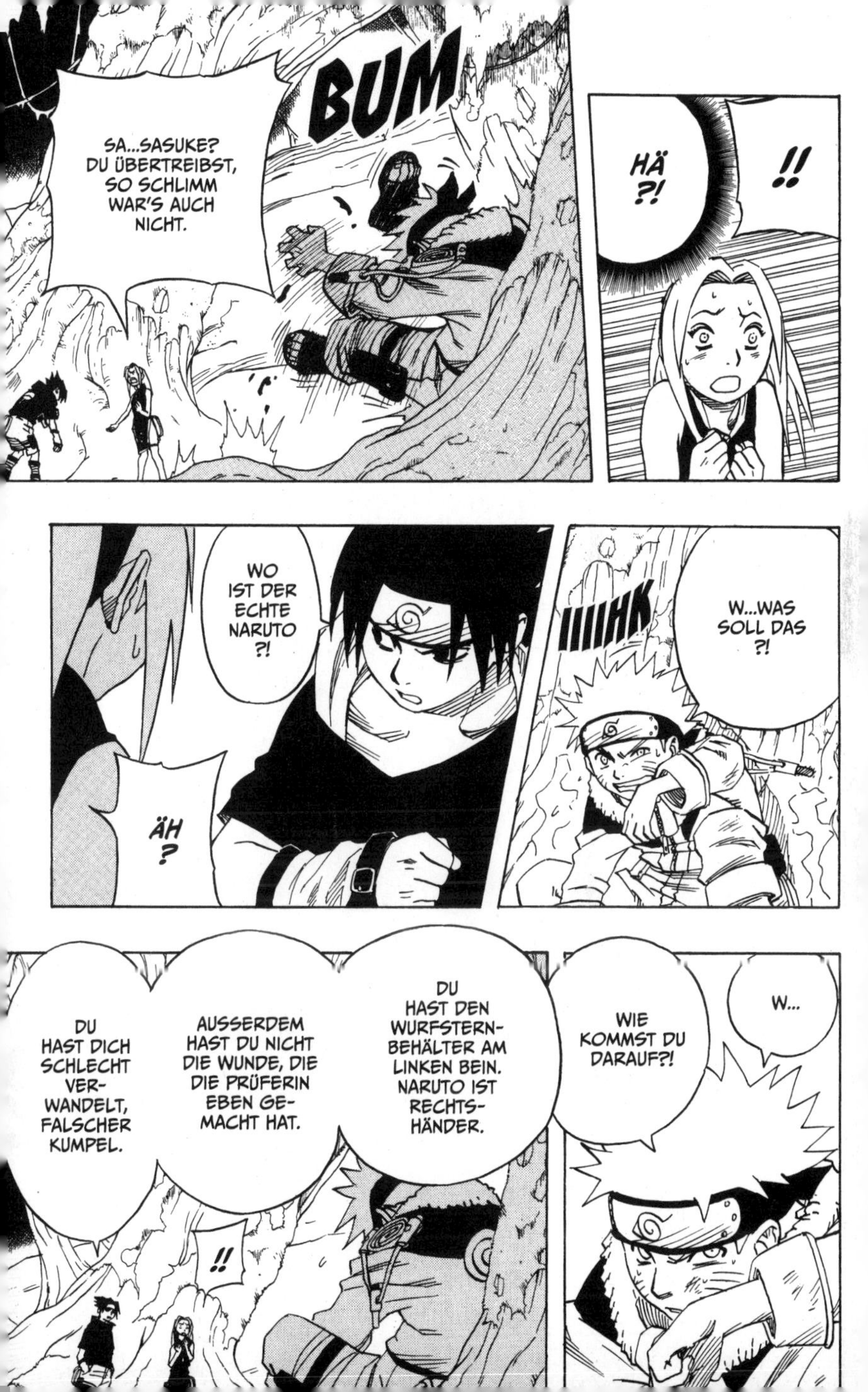
!!
HÄ ?!
BUM
SA...SASUKE? DU ÜBERTREIBST, SO SCHLIMM WAR'S AUCH NICHT.
W...WAS SOLL DAS ?!
IIIIIHK
WO IST DER ECHTE NARUTO ?!
ÄH ?
W...
WIE KOMMST DU DARAUF?!
DU HAST DEN WURFSTERN-BEHÄLTER AM LINKEN BEIN. NARUTO IST RECHTS-HÄNDER.
AUSSERDEM HAST DU NICHT DIE WUNDE, DIE DIE PRÜFERIN EBEN GE-MACHT HAT.
DU HAST DICH SCHLECHT VER-WANDELT, FALSCHER KUMPEL.
!!

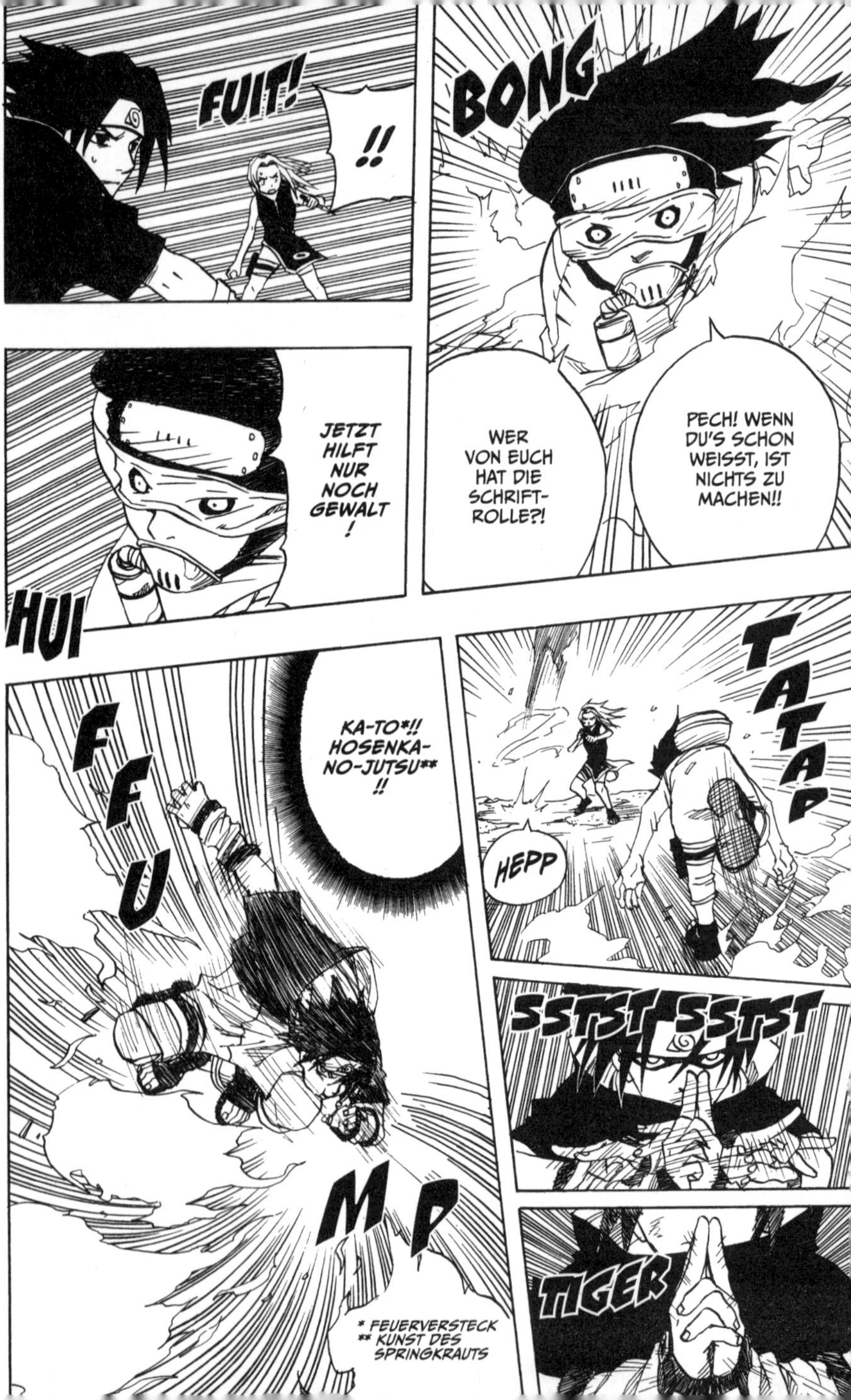

* FEUERVERSTECK
** KUNST DES SPRINGKRAUTS

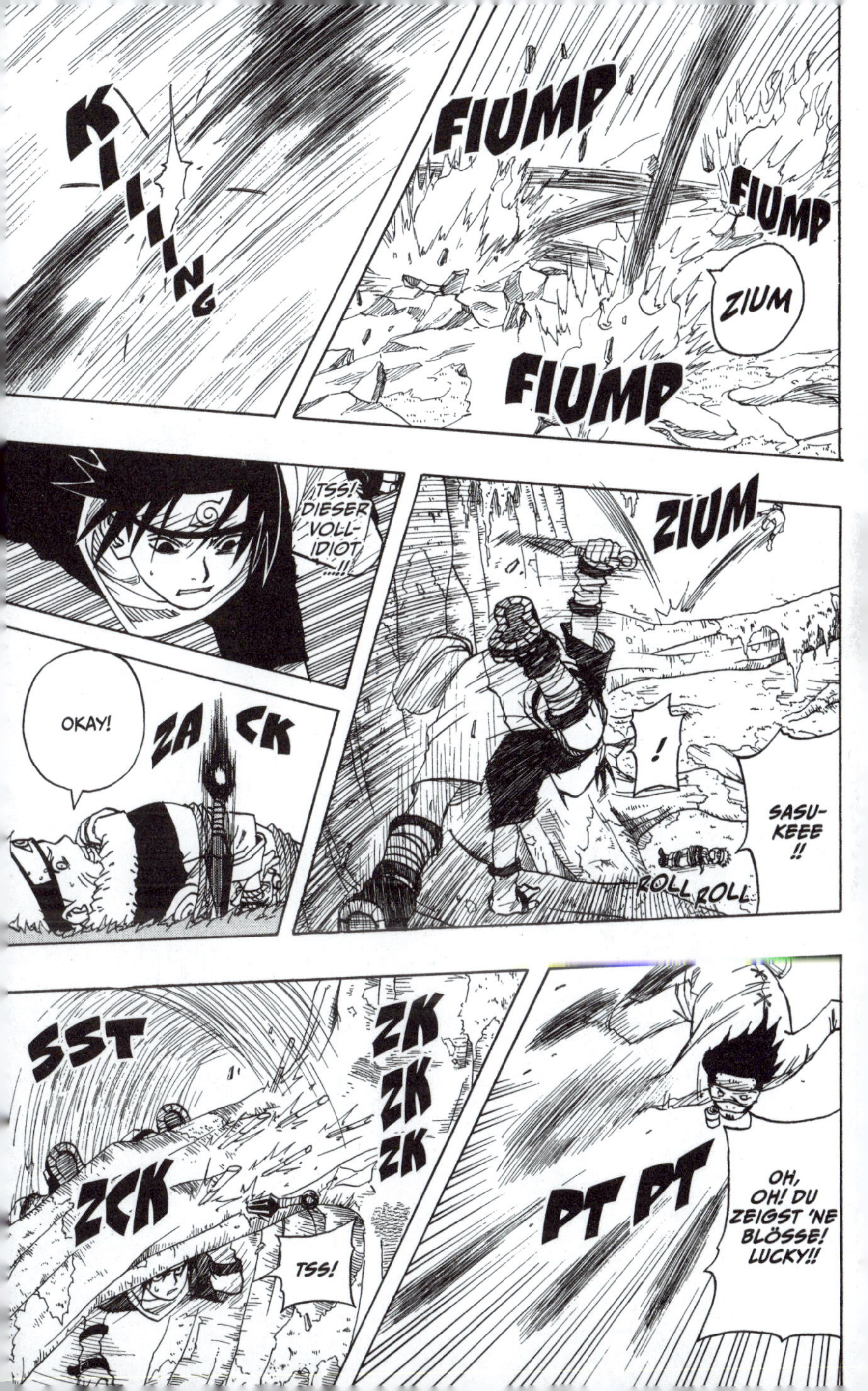
FIUMP
FIUMP
ZIUM
FIUMP
KIIIING
ZIUM
!
SASUKEEE!!
ROLL ROLL
TSS! DIESER VOLLIDIOT ...!!
OKAY!
ZACK
OH, OH! DU ZEIGST 'NE BLÖSSE! LUCKY!!
PT PT
ZK ZK ZK
SST
ZCK
TSS!

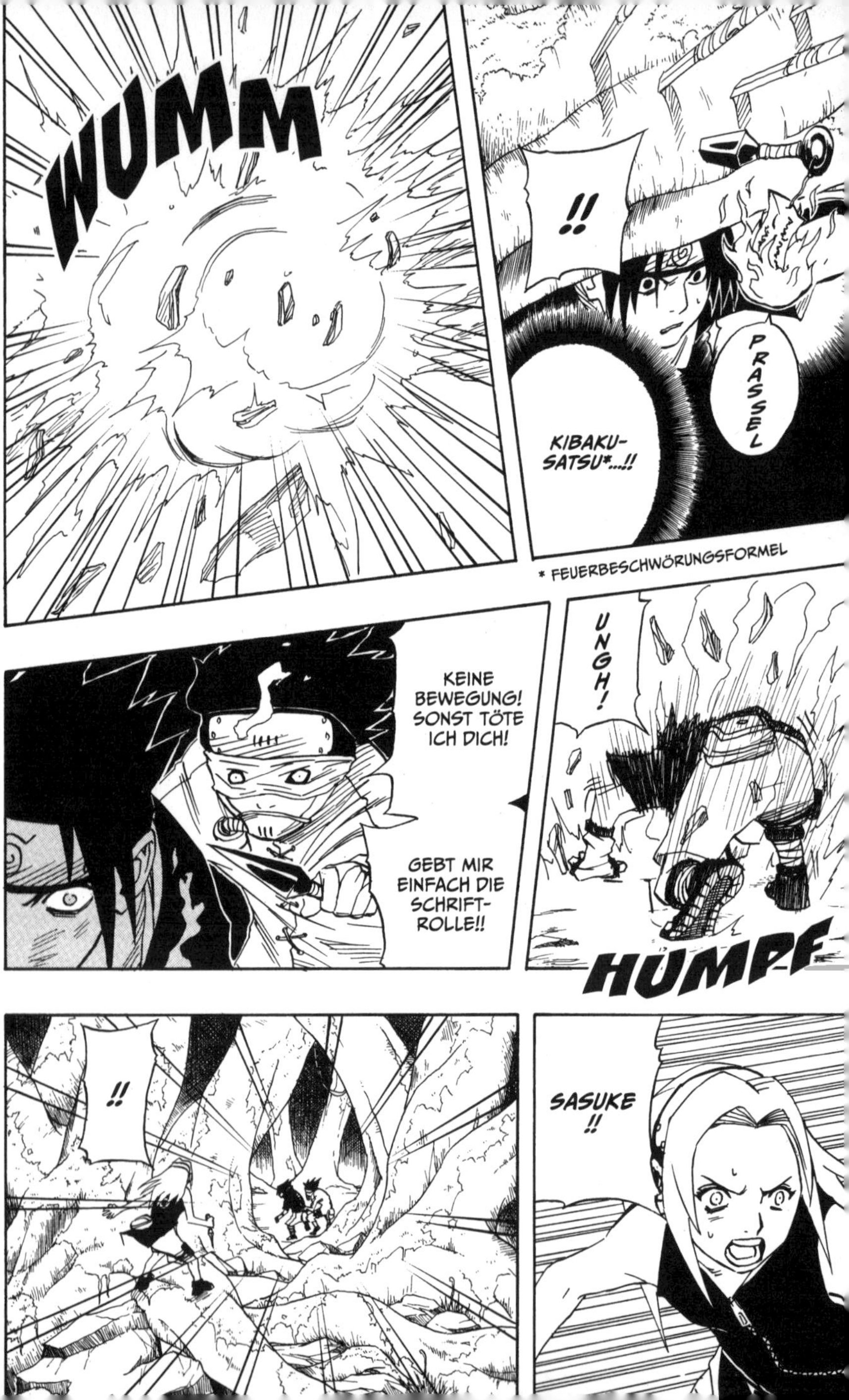
!!
PRASSEL
KIBAKU-SATSU*...!!
WUMM
* FEUERBESCHWÖRUNGSFORMEL
UNGH!
HUMPF
KEINE BEWEGUNG! SONST TÖTE ICH DICH!
GEBT MIR EINFACH DIE SCHRIFT-ROLLE!!
SASUKE!!
!!

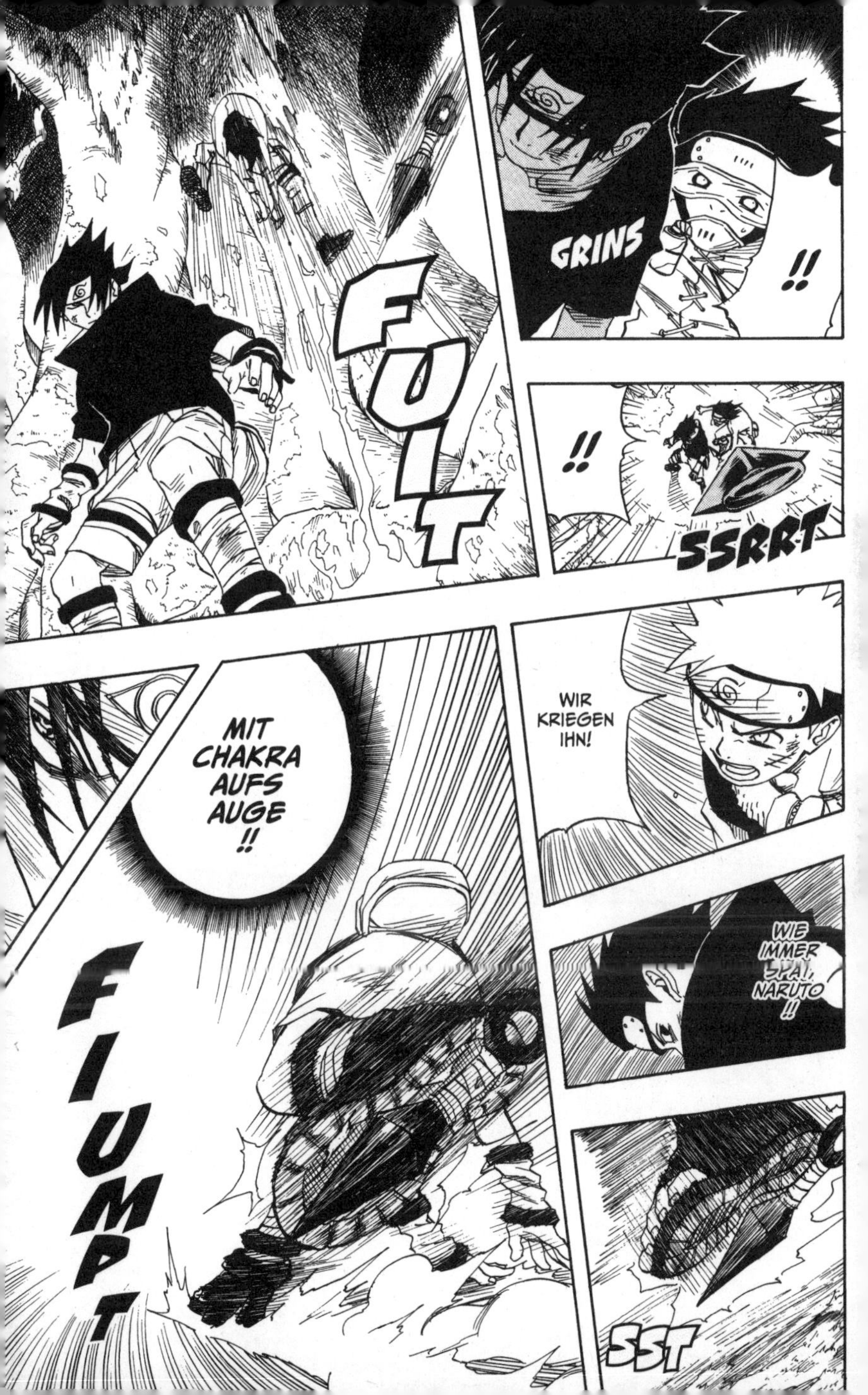
GRINS
!!
!!
SSRRT
FUIT
WIR KRIEGEN IHN!
MIT CHAKRA AUFS AUGE !!
WIE IMMER NARUTO !!
FIUMPT
SST

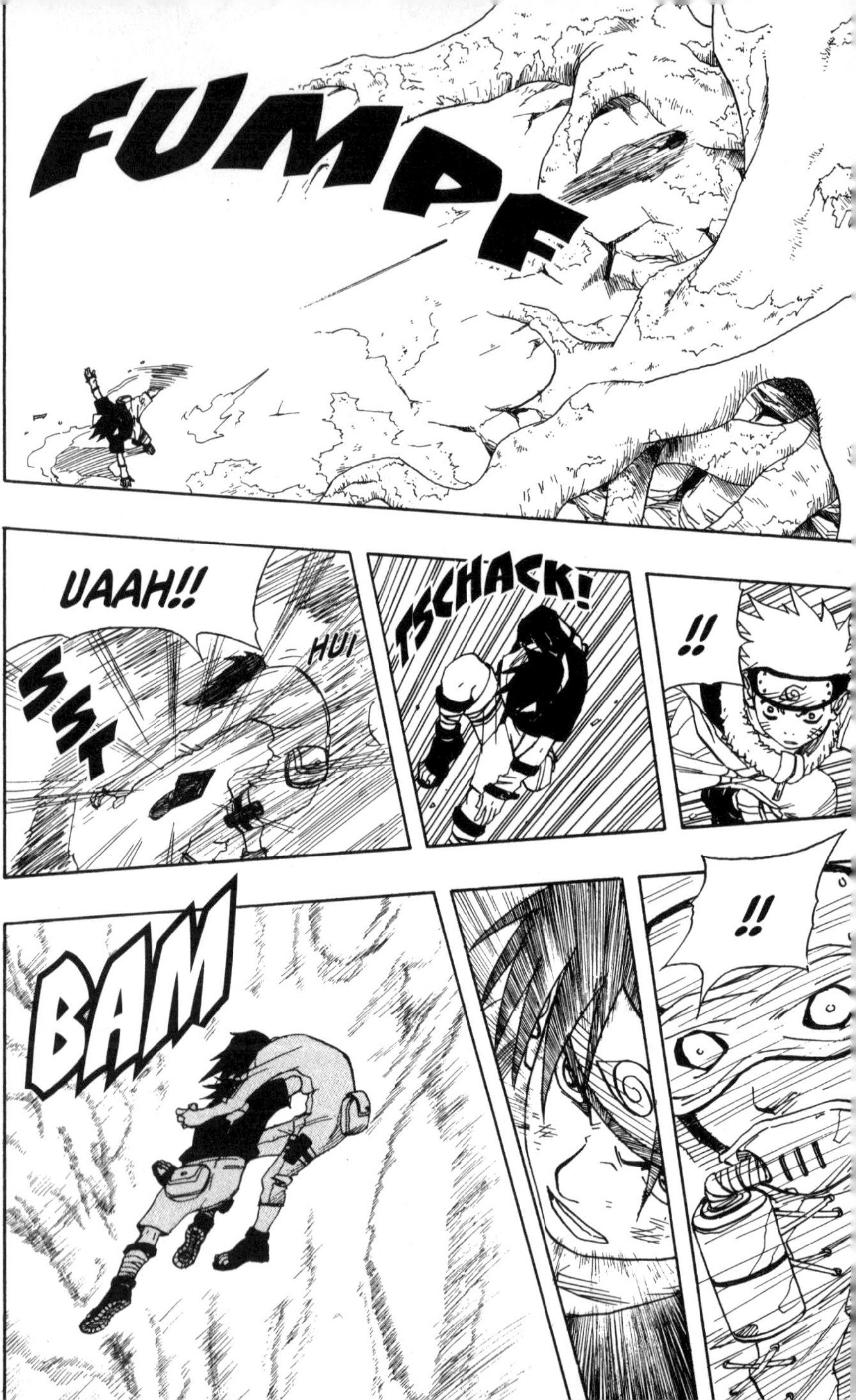
FUMPF
!!
TSCHACK!
UAAH!!
HUI
SST
!!
BAM

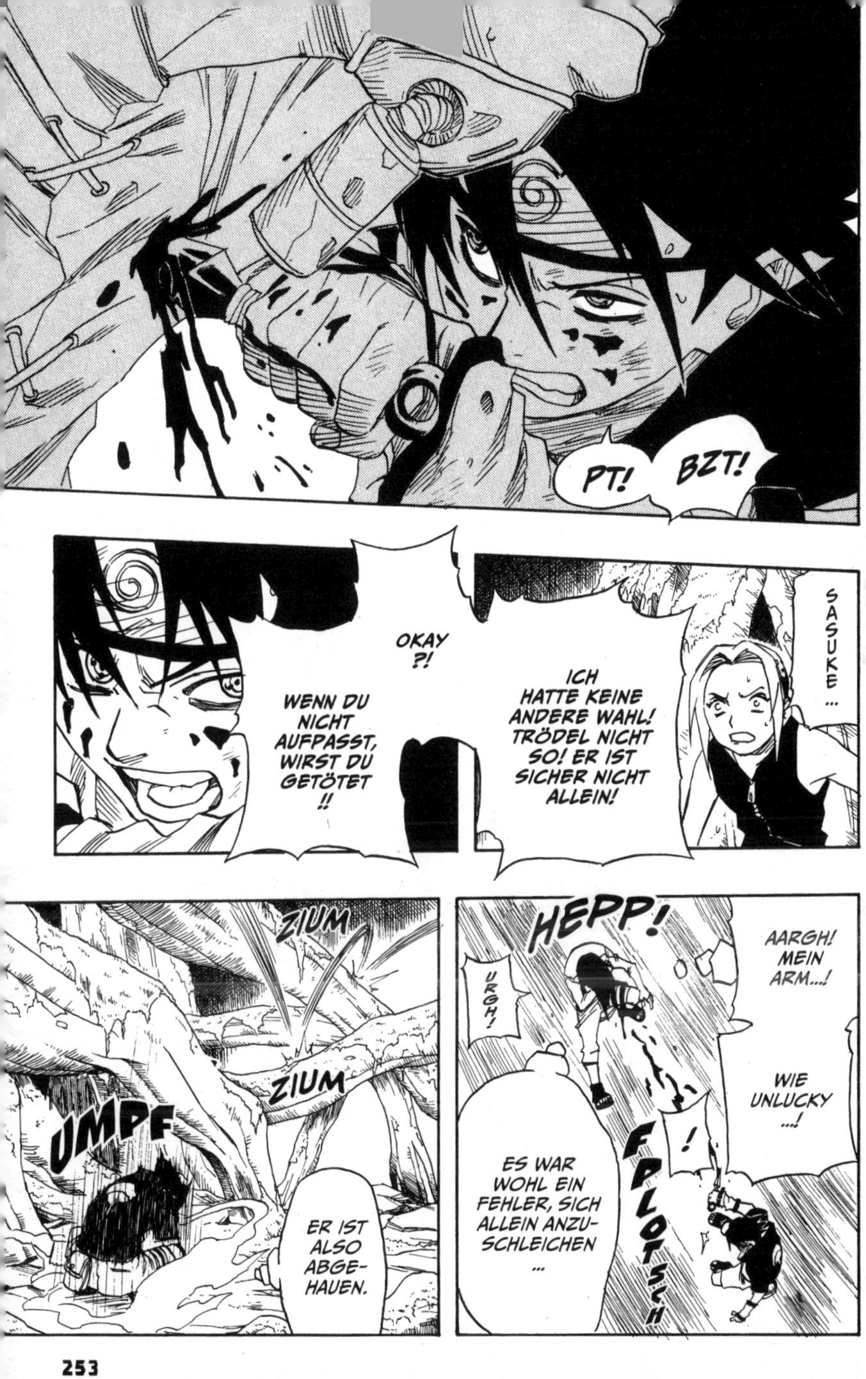

BZT!
PT!
SASUKE ...
ICH HATTE KEINE ANDERE WAHL! TRÖDEL NICHT SO! ER IST SICHER NICHT ALLEIN!
OKAY ?!
WENN DU NICHT AUFPASST, WIRST DU GETÖTET !!
AARGH! MEIN ARM...!
HEPP!
URGH!
WIE UNLUCKY ...!
!
FPLOTSCH
ES WAR WOHL EIN FEHLER, SICH ALLEIN ANZU-SCHLEICHEN ...
ZIUM
ZIUM
UMPF
ER IST ALSO ABGE-HAUEN.

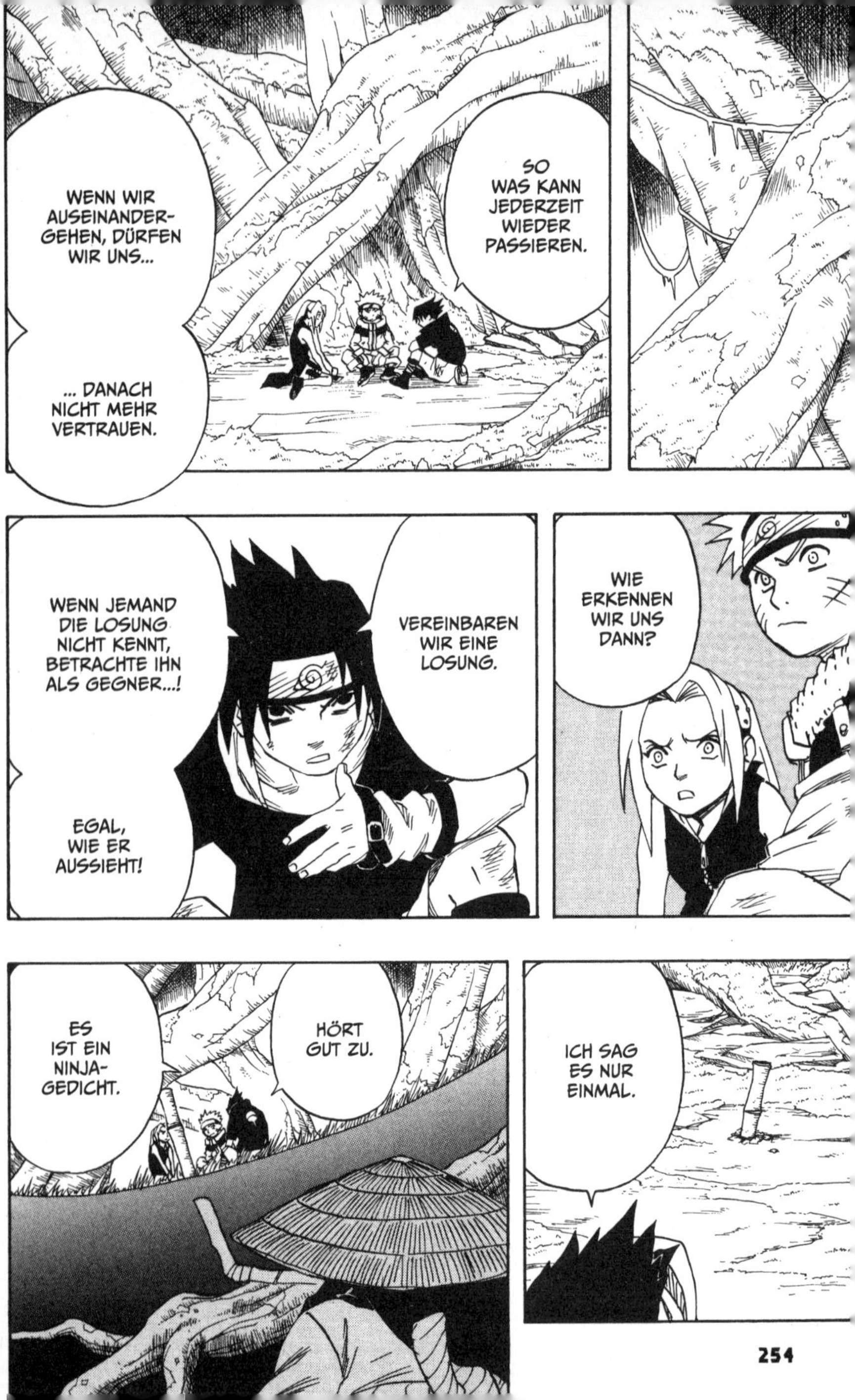
SO WAS KANN JEDERZEIT WIEDER PASSIEREN.
WENN WIR AUSEINANDER-GEHEN, DÜRFEN WIR UNS...
... DANACH NICHT MEHR VERTRAUEN.
WIE ERKENNEN WIR UNS DANN?
VEREINBAREN WIR EINE LOSUNG.
WENN JEMAND DIE LOSUNG NICHT KENNT, BETRACHTE IHN ALS GEGNER...!
EGAL, WIE ER AUSSIEHT!
ICH SAG ES NUR EINMAL.
HÖRT GUT ZU.
ES IST EIN NINJA-GEDICHT.

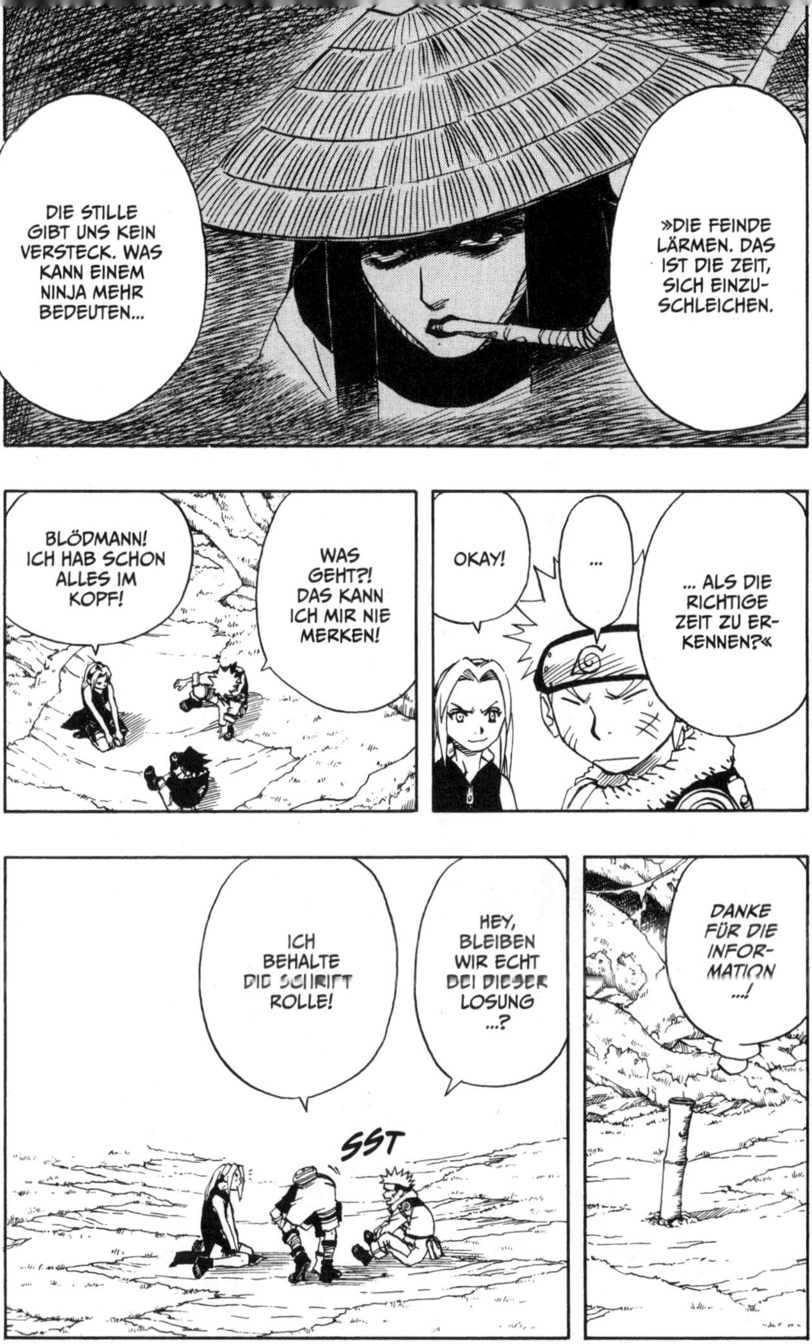
»DIE FEINDE LÄRMEN. DAS IST DIE ZEIT, SICH EINZU-SCHLEICHEN.
DIE STILLE GIBT UNS KEIN VERSTECK. WAS KANN EINEM NINJA MEHR BEDEUTEN...
... ALS DIE RICHTIGE ZEIT ZU ER-KENNEN?«
...
OKAY!
WAS GEHT?! DAS KANN ICH MIR NIE MERKEN!
BLÖDMANN! ICH HAB SCHON ALLES IM KOPF!
DANKE FÜR DIE INFOR-MATION ...!
HEY, BLEIBEN WIR ECHT BEI DIESER LOSUNG ...?
ICH BEHALTE DIE SCHRIFT ROLLE!
SST

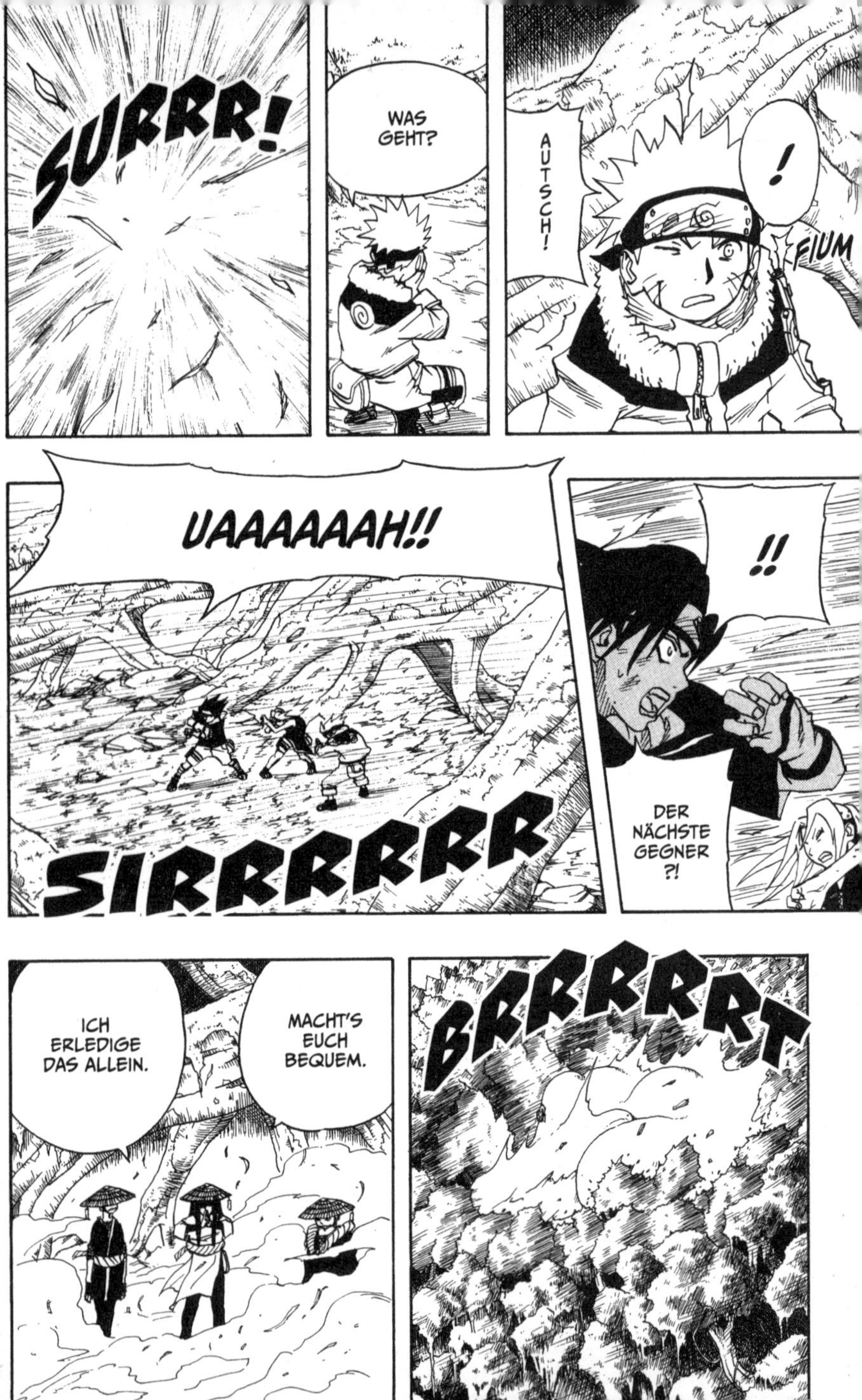
SURRR!
WAS GEHT?
AUTSCH!
!
FIUM
UAAAAAAH!!
SIRRRRRR
!!
DER NÄCHSTE GEGNER ?!
MACHT'S EUCH BEQUEM.
ICH ERLEDIGE DAS ALLEIN.
BRRRRRT

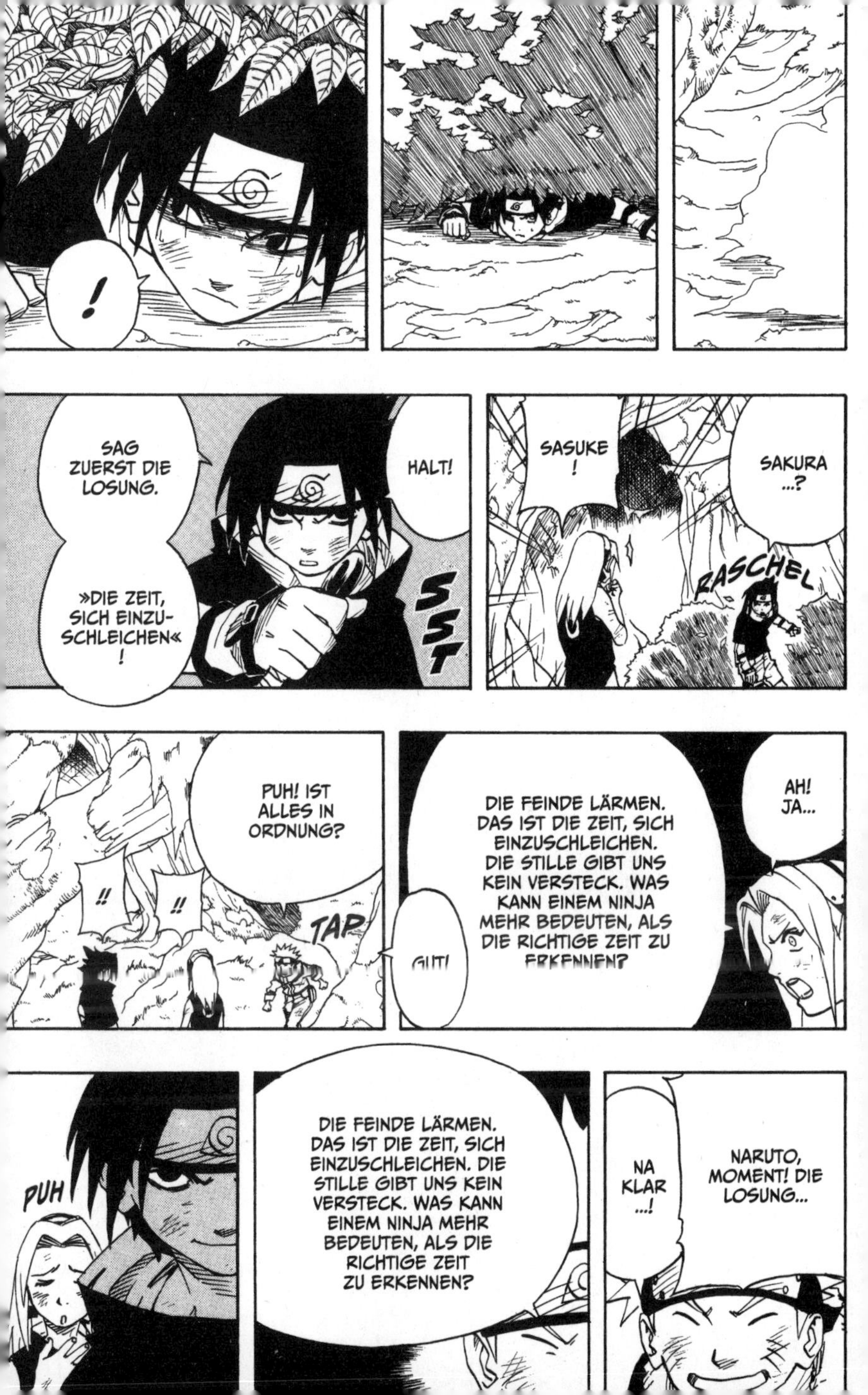
!
HALT!
SAG ZUERST DIE LOSUNG.
SST
»DIE ZEIT, SICH EINZUSCHLEICHEN« !
SAKURA ...?
SASUKE !
RASCHEL
PUH! IST ALLES IN ORDNUNG?
!!
!!
TAP
AH! JA...
DIE FEINDE LÄRMEN. DAS IST DIE ZEIT, SICH EINZUSCHLEICHEN. DIE STILLE GIBT UNS KEIN VERSTECK. WAS KANN EINEM NINJA MEHR BEDEUTEN, ALS DIE RICHTIGE ZEIT ZU ERKENNEN?
GUT!
NARUTO, MOMENT! DIE LOSUNG...
NA KLAR ...!
DIE FEINDE LÄRMEN. DAS IST DIE ZEIT, SICH EINZUSCHLEICHEN. DIE STILLE GIBT UNS KEIN VERSTECK. WAS KANN EINEM NINJA MEHR BEDEUTEN, ALS DIE RICHTIGE ZEIT ZU ERKENNEN?
PUH

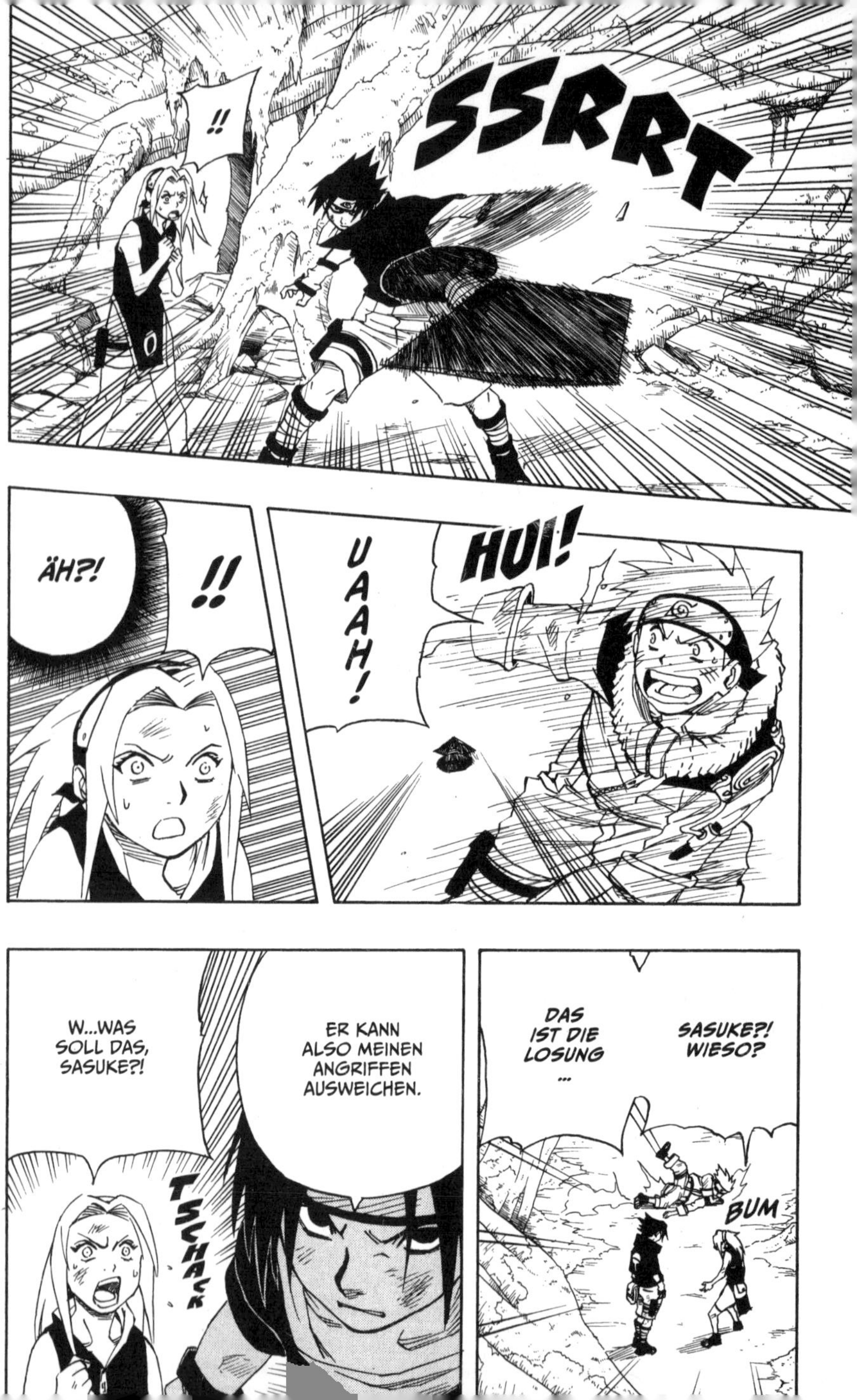

SSRRT
!!
HUI!
UAAAH!
ÄH?!
!!
SASUKE?! WIESO?
DAS IST DIE LOSUNG ...
BUM
ER KANN ALSO MEINEN ANGRIFFEN AUSWEICHEN.
W...WAS SOLL DAS, SASUKE?!
TSCHACK

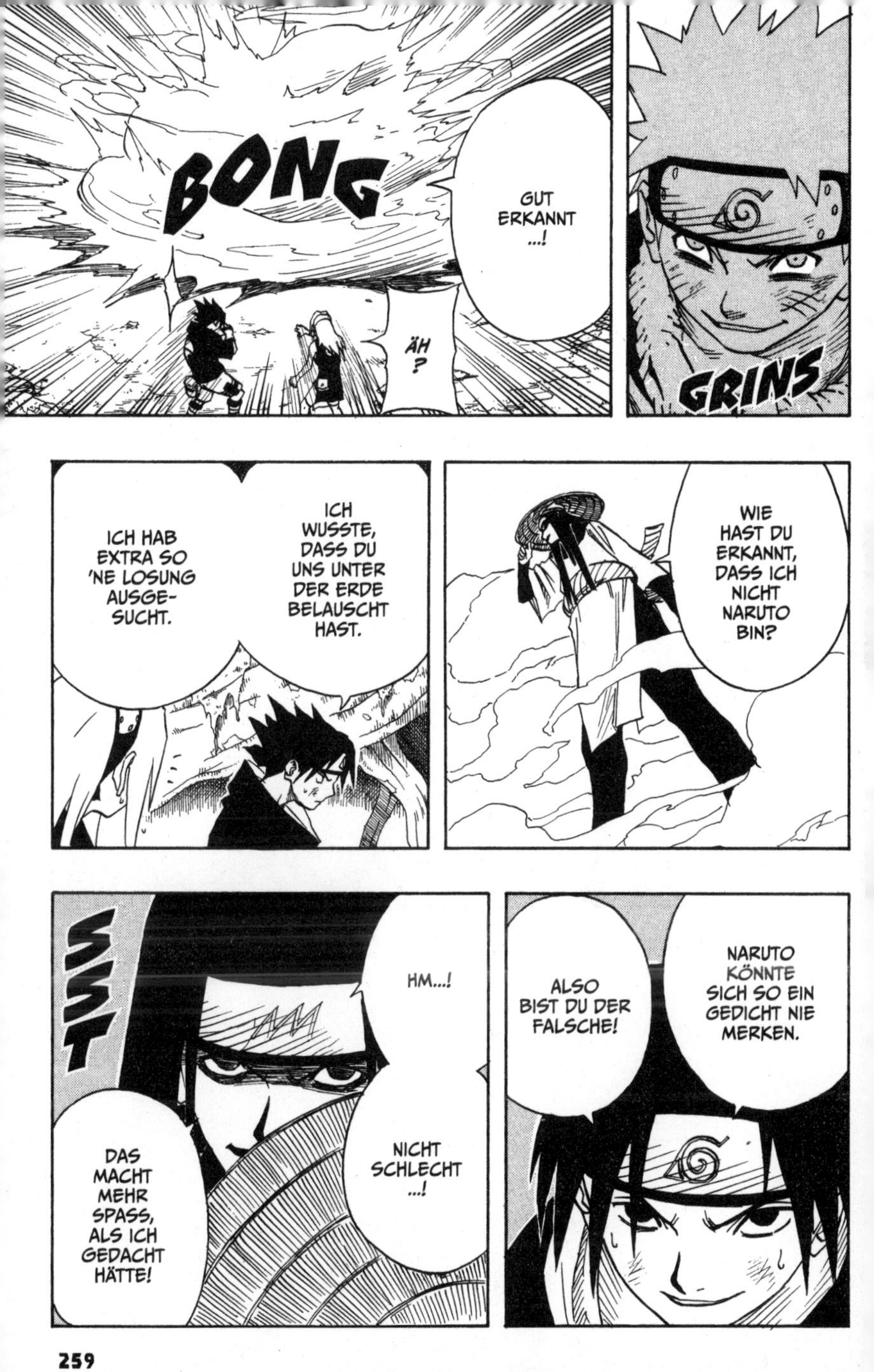
GRINS
GUT ERKANNT ...!
BONG
ÄH ?
WIE HAST DU ERKANNT, DASS ICH NICHT NARUTO BIN?
ICH WUSSTE, DASS DU UNS UNTER DER ERDE BELAUSCHT HAST.
ICH HAB EXTRA SO 'NE LOSUNG AUSGE-SUCHT.
NARUTO KÖNNTE SICH SO EIN GEDICHT NIE MERKEN.
ALSO BIST DU DER FALSCHE!
SST
HM...!
NICHT SCHLECHT ...!
DAS MACHT MEHR SPASS, ALS ICH GEDACHT HÄTTE!

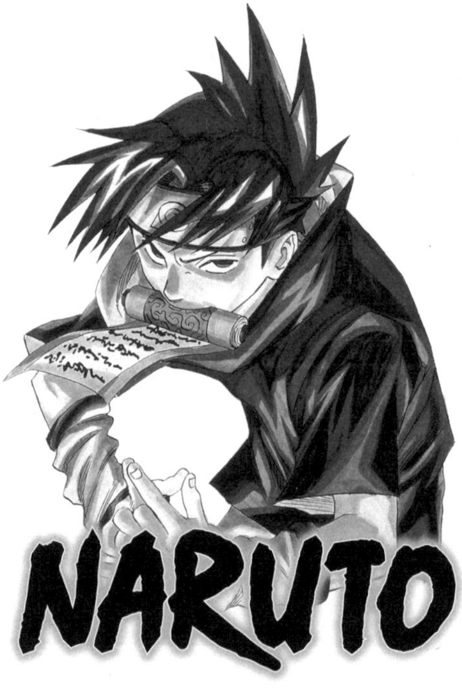
NARUTO

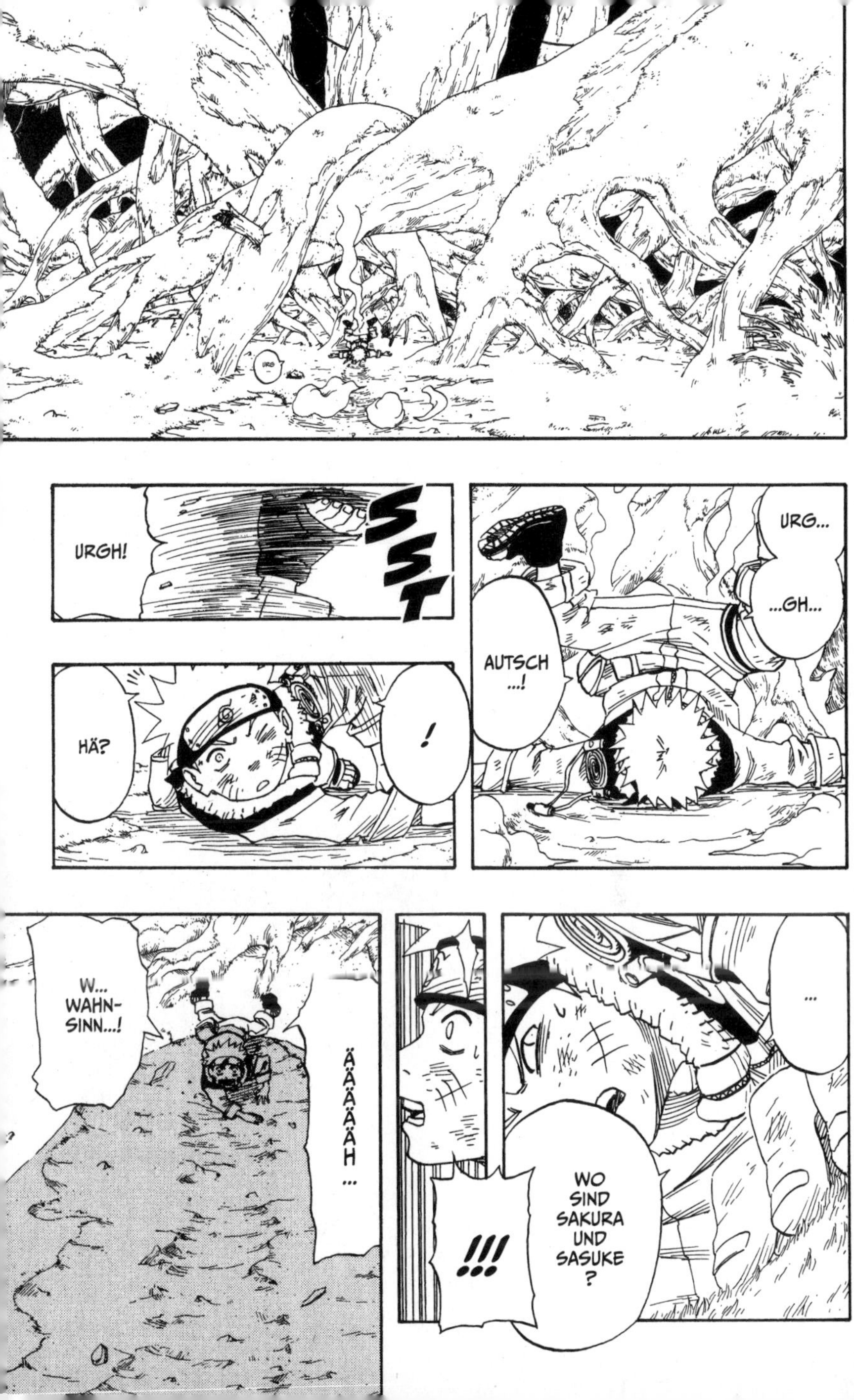
URG
URG...
...GH...
AUTSCH ...!
SST
URGH!
!
HÄ?
...
WO SIND SAKURA UND SASUKE?
!!!
ÄÄÄÄÄH ...
W... WAHNSINN...!

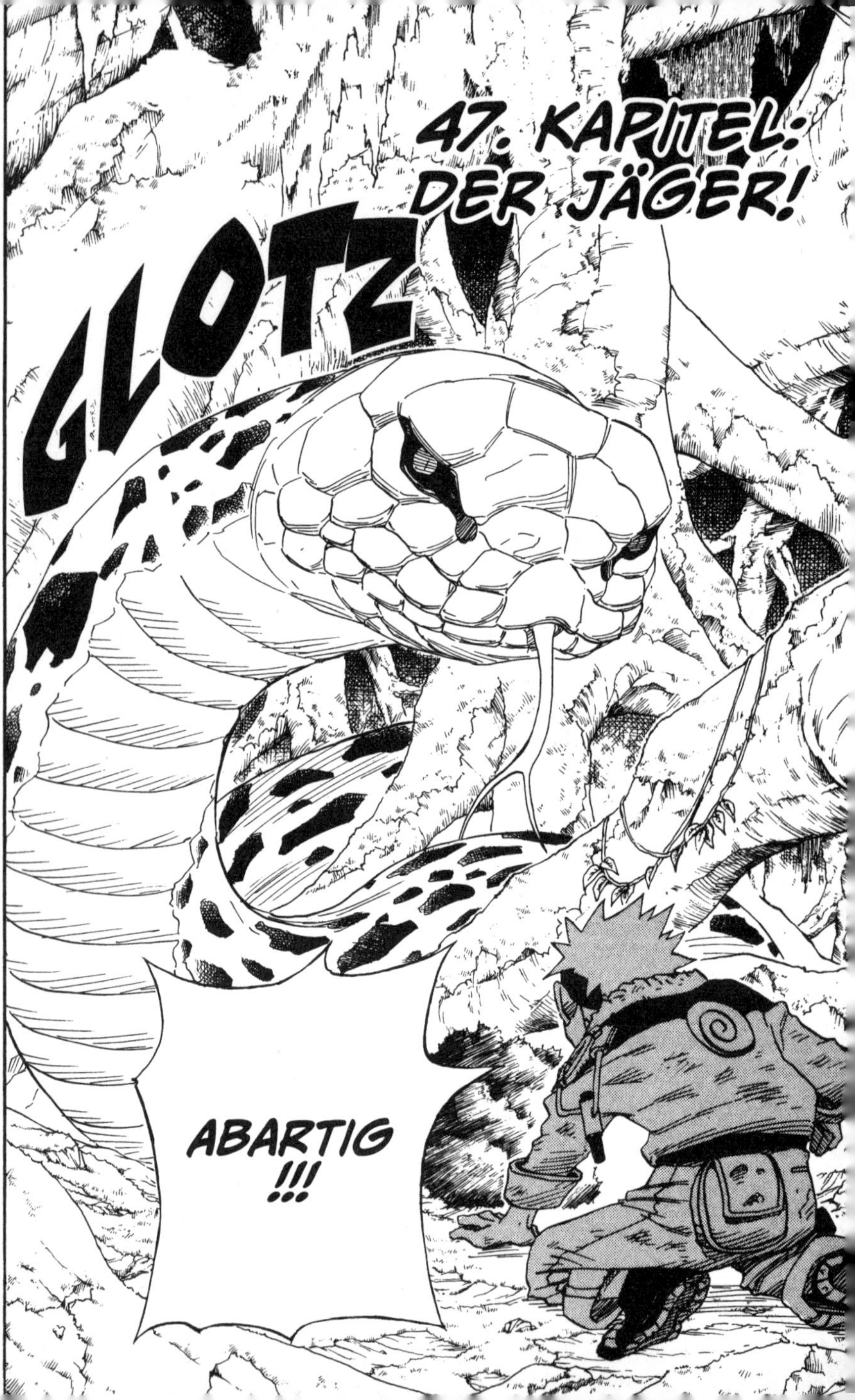
47. KAPITEL:
DER JÄGER!
GLOTZ
ABARTIG
!!!

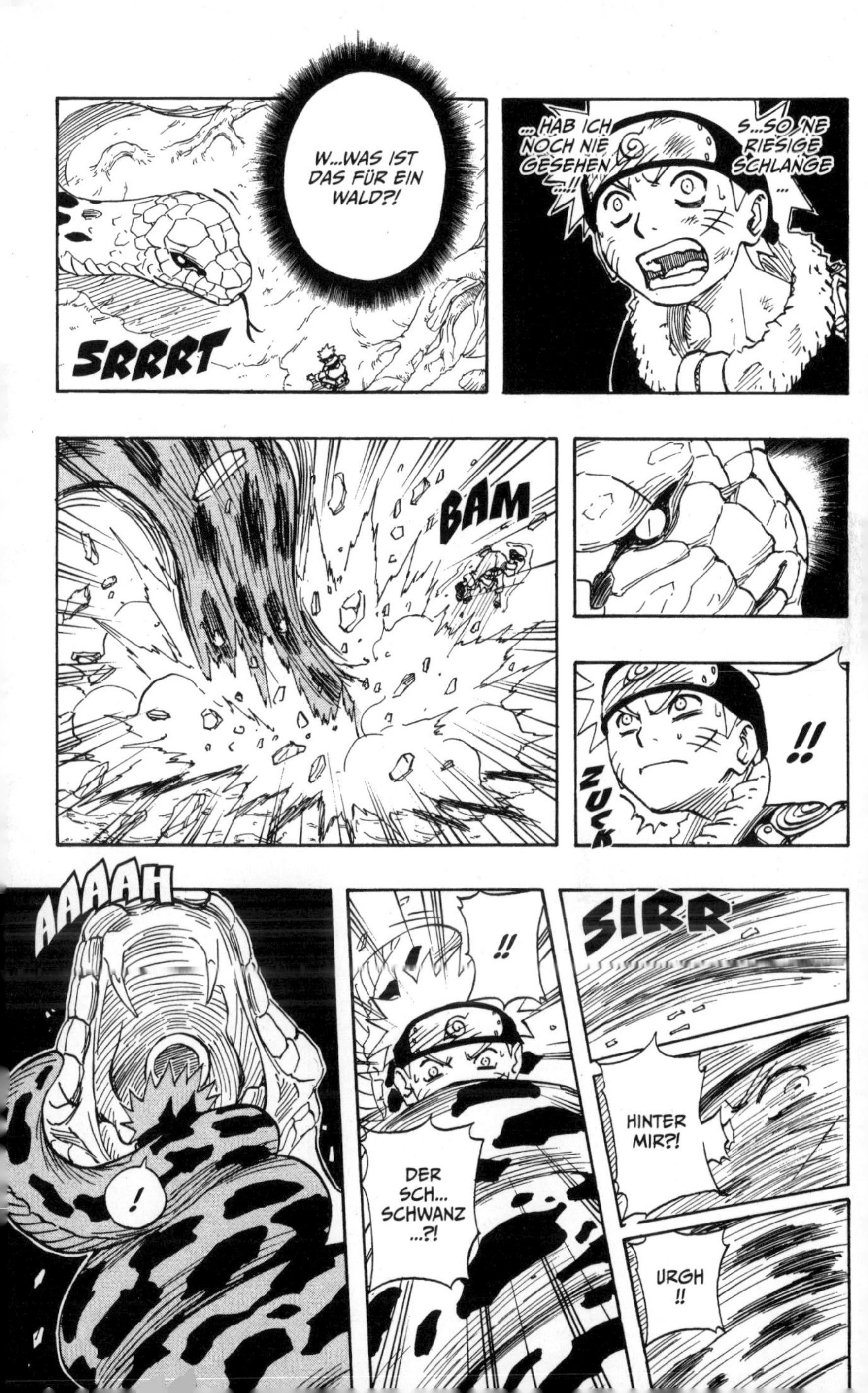

S...SO 'NE RIESIGE SCHLANGE ...
... HAB ICH NOCH NIE GESEHEN ...!!
W...WAS IST DAS FÜR EIN WALD?!
SRRRT
BAM
!!
ZUCK
SIRR
!!
HINTER MIR?!
DER SCH... SCHWANZ ...?!
URGH !!
AAAAH
!

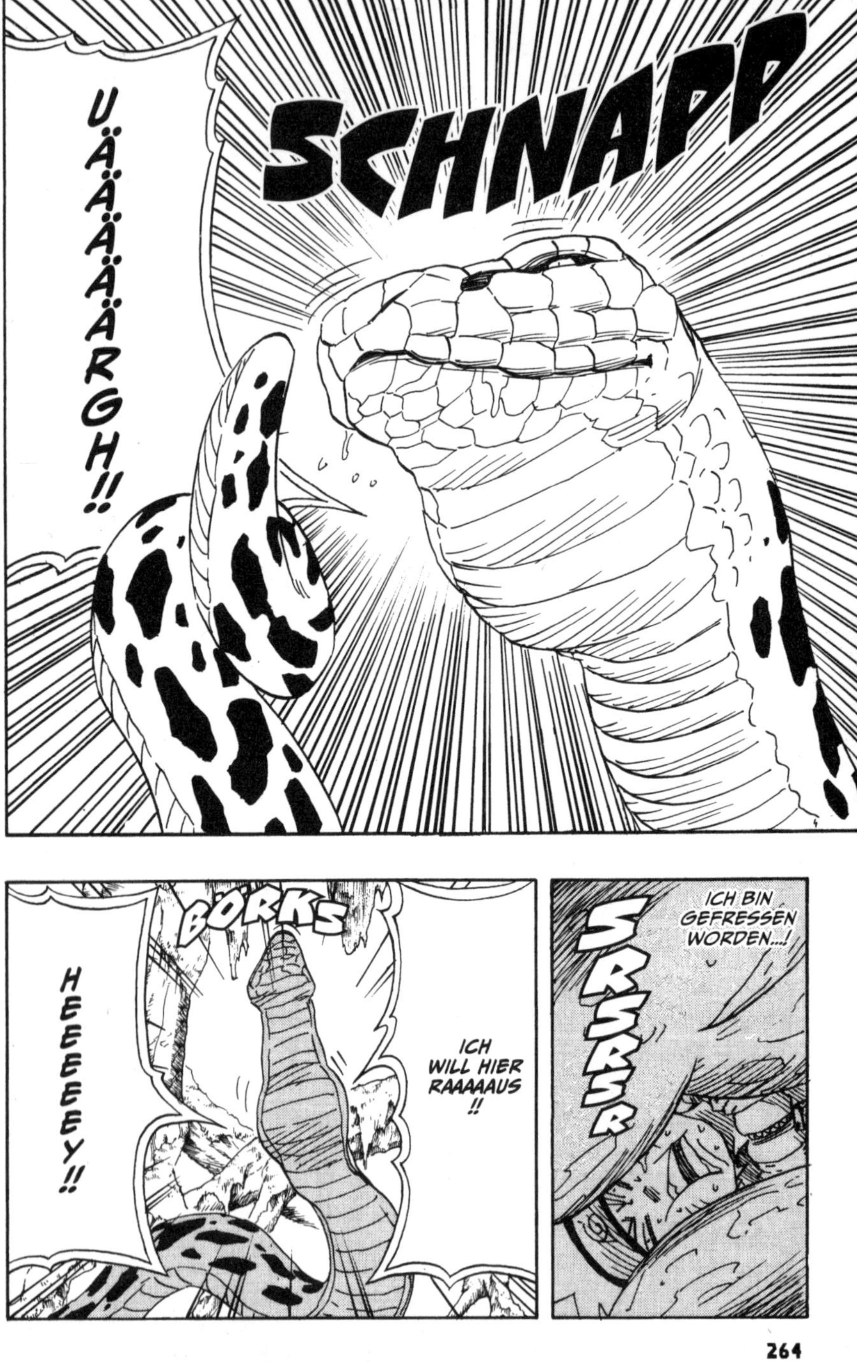
SCHNAPP
UÄÄÄÄÄRGH!!
SRSRSR
ICH BIN GEFRESSEN WORDEN...!
BÖRKS
ICH WILL HIER RAAAAAUS!!
HEEEEEY!!

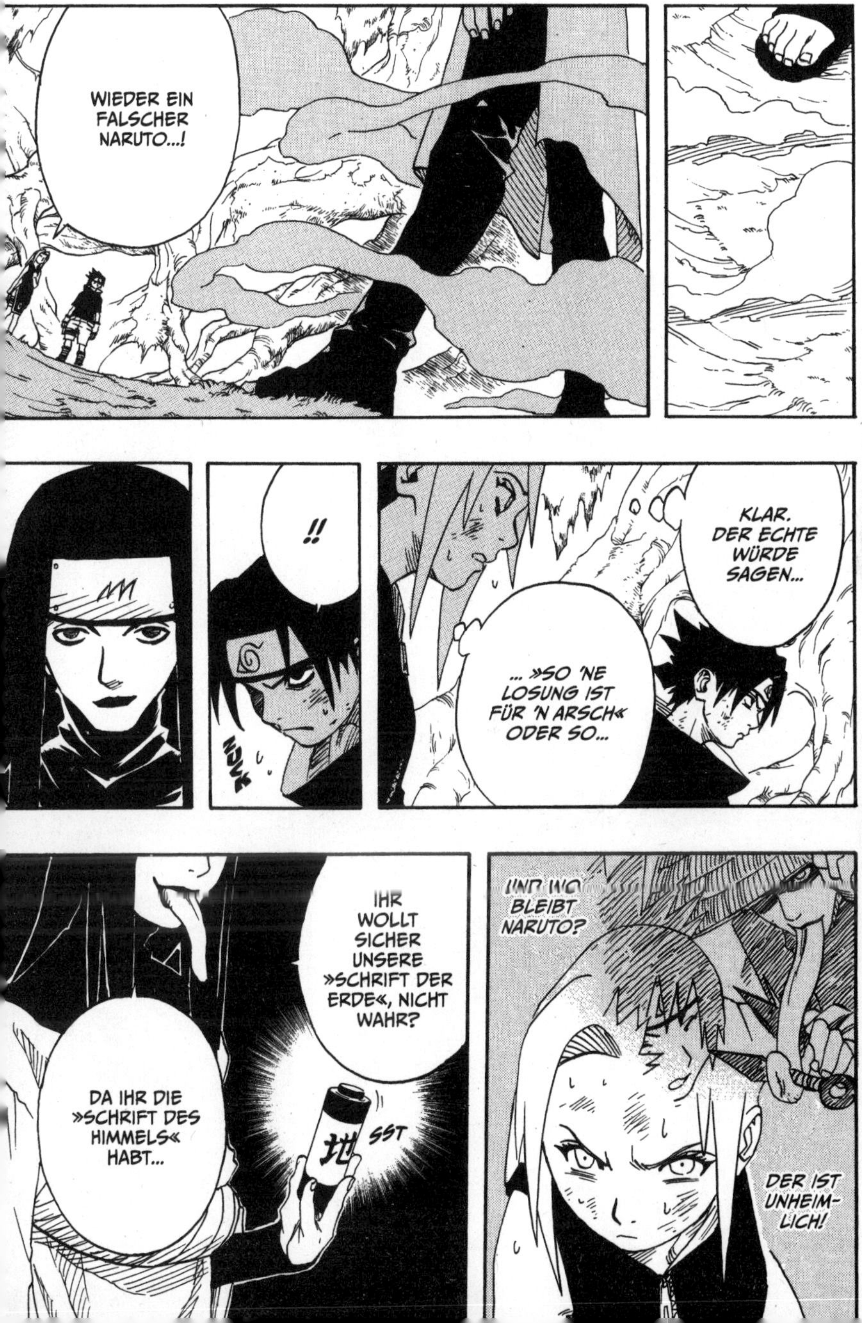
WIEDER EIN FALSCHER NARUTO...!
KLAR. DER ECHTE WÜRDE SAGEN...
... »SO 'NE LOSUNG IST FÜR 'N ARSCH« ODER SO...
!!
UND WO BLEIBT NARUTO?
DER IST UNHEIM-LICH!
IHR WOLLT SICHER UNSERE »SCHRIFT DER ERDE«, NICHT WAHR?
DA IHR DIE »SCHRIFT DES HIMMELS« HABT...
SST

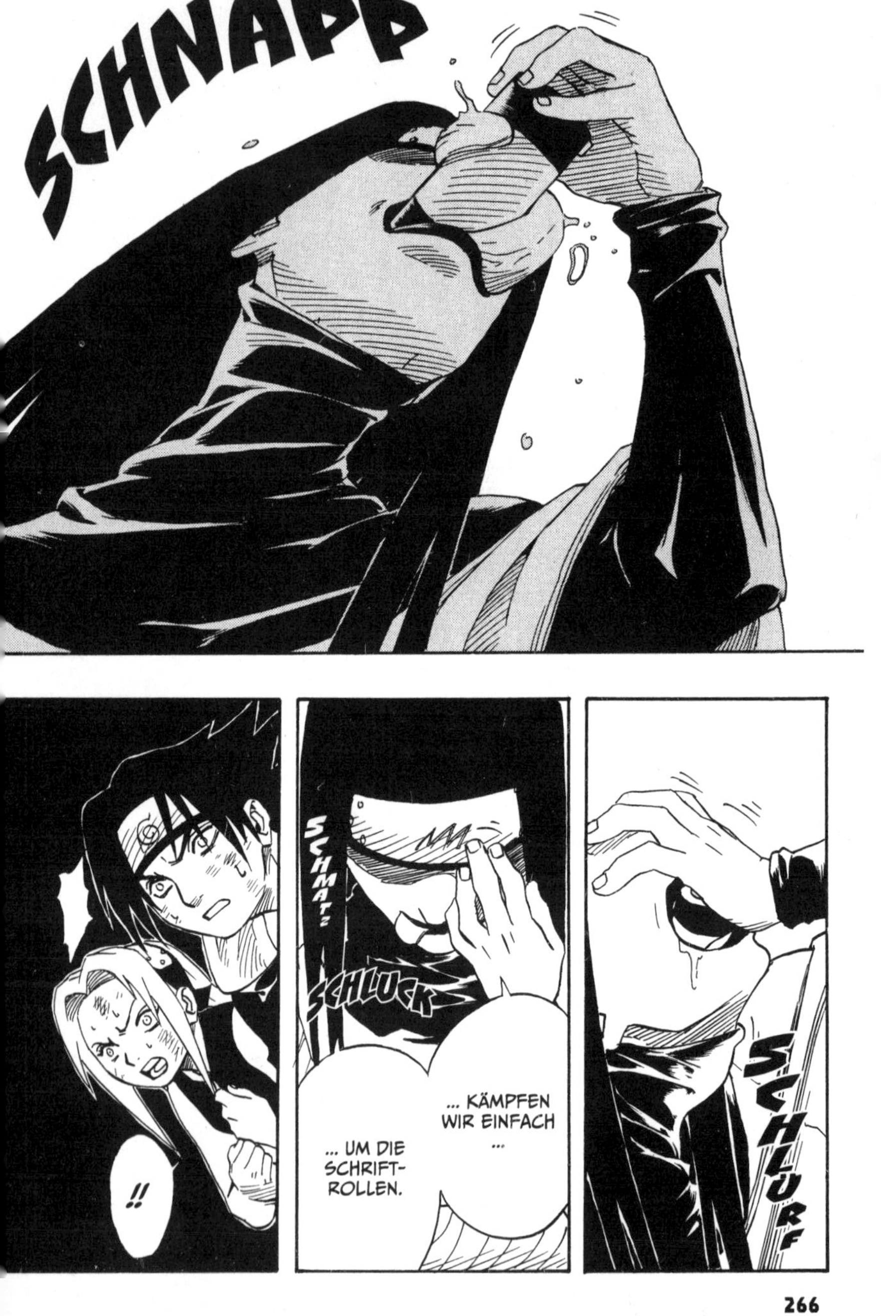
SCHNAPP
SCHMATZ
SCHLUCK
... KÄMPFEN WIR EINFACH ...
... UM DIE SCHRIFT-ROLLEN.
SCHLÜRF
!!

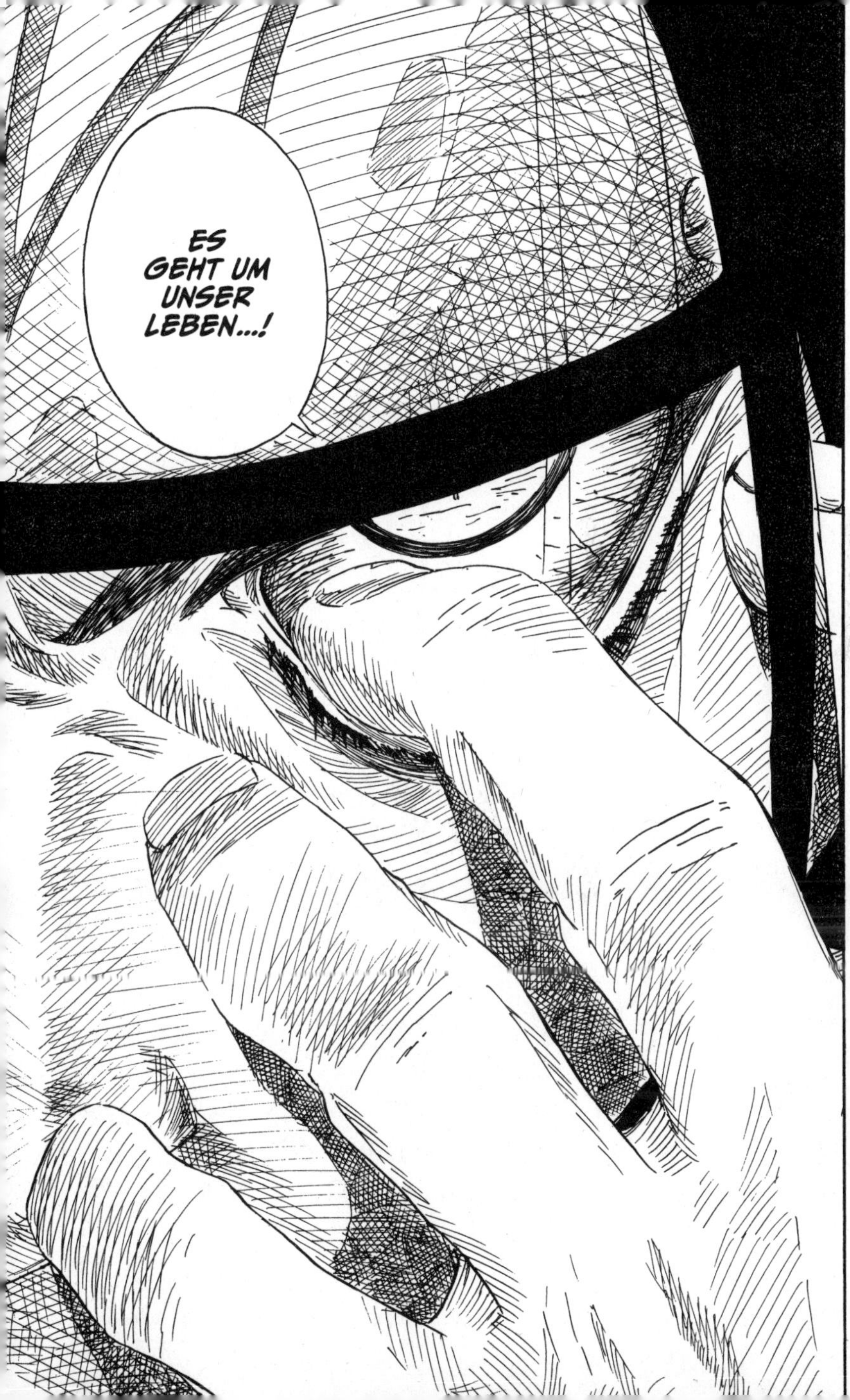
ES GEHT UM UNSER LEBEN...!

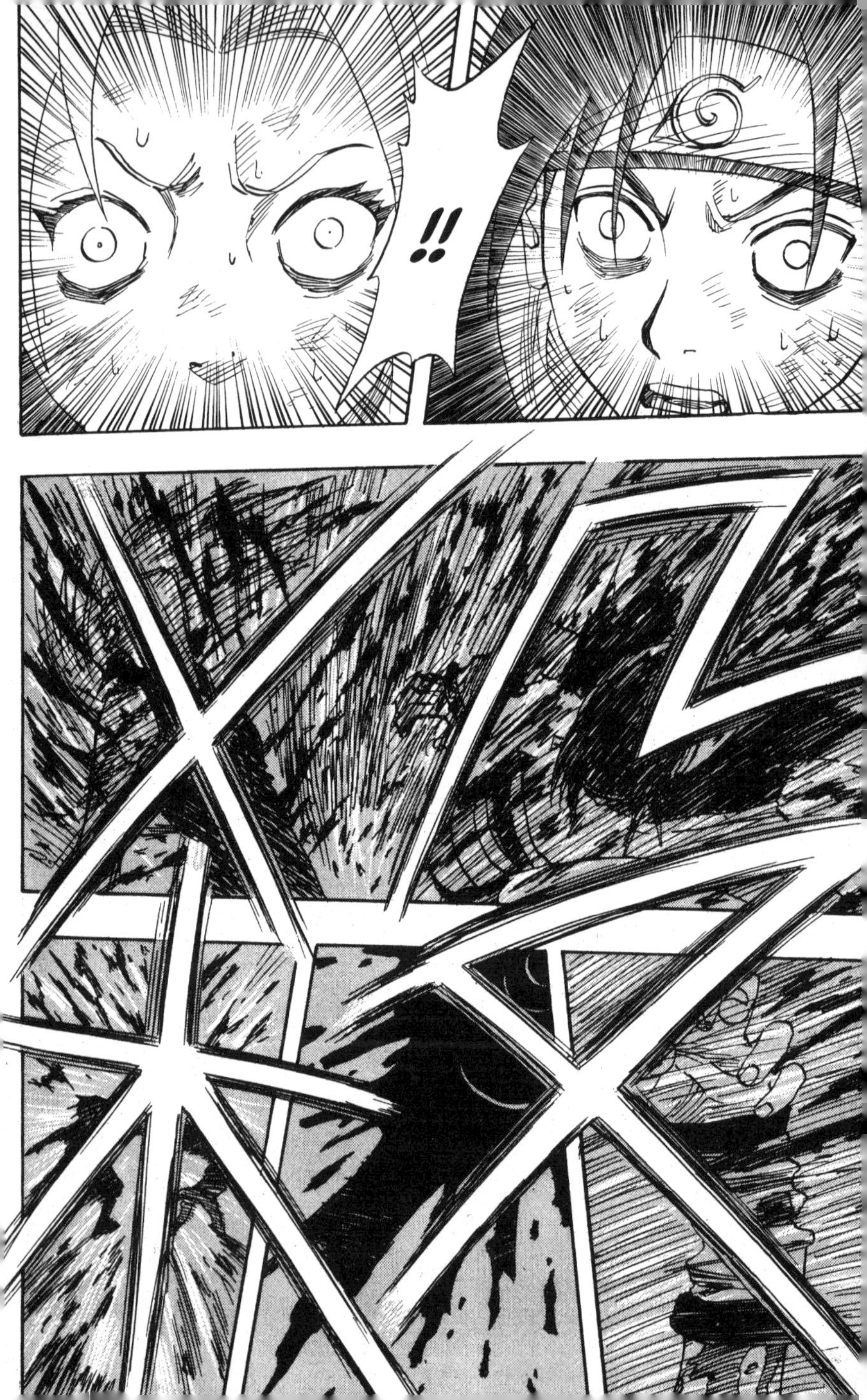

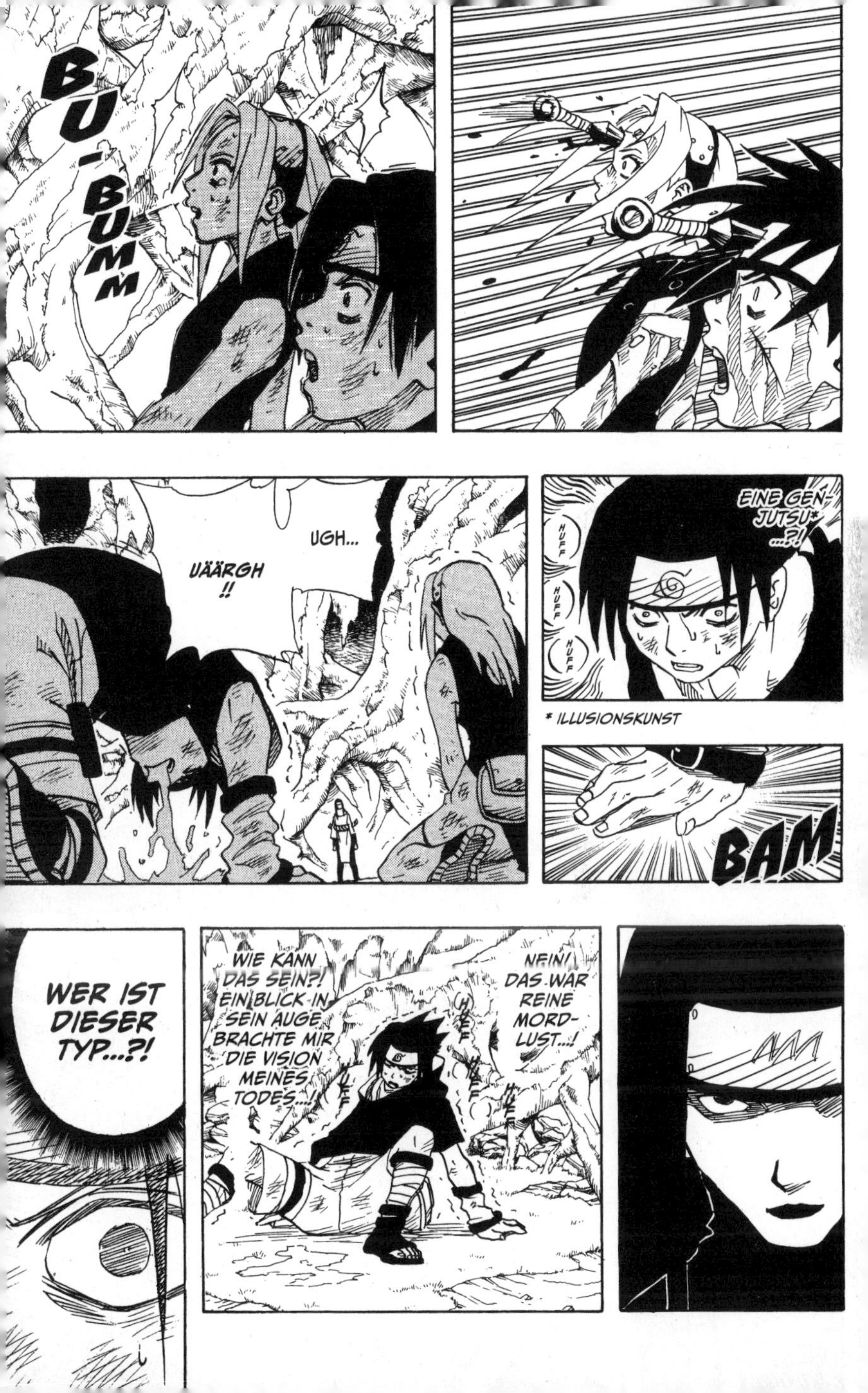
BU-BUMM
UGH...
UÄÄRGH !!
EINE GEN-JUTSU* ...?!
HUFF HUFF HUFF
* ILLUSIONSKUNST
BAM
NEIN! DAS WAR REINE MORD-LUST...!
WIE KANN DAS SEIN?! EIN BLICK IN SEIN AUGE BRACHTE MIR DIE VISION MEINES TODES...!
HUFF HUFF HUFF
WER IST DIESER TYP...?!

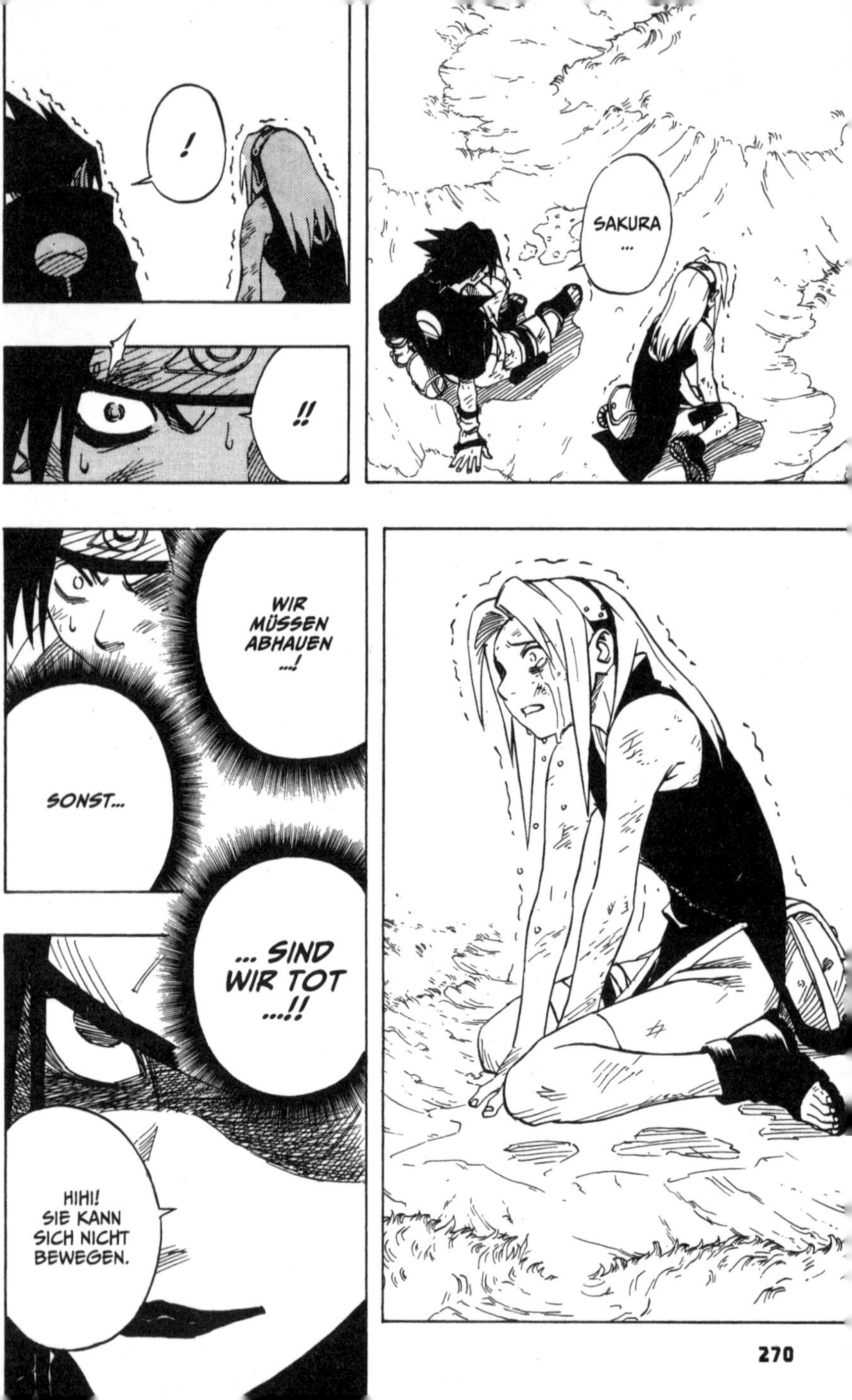
SAKURA ...
!
!!
WIR MÜSSEN ABHAUEN ...!
SONST...
... SIND WIR TOT ...!!
HIHI! SIE KANN SICH NICHT BEWEGEN.

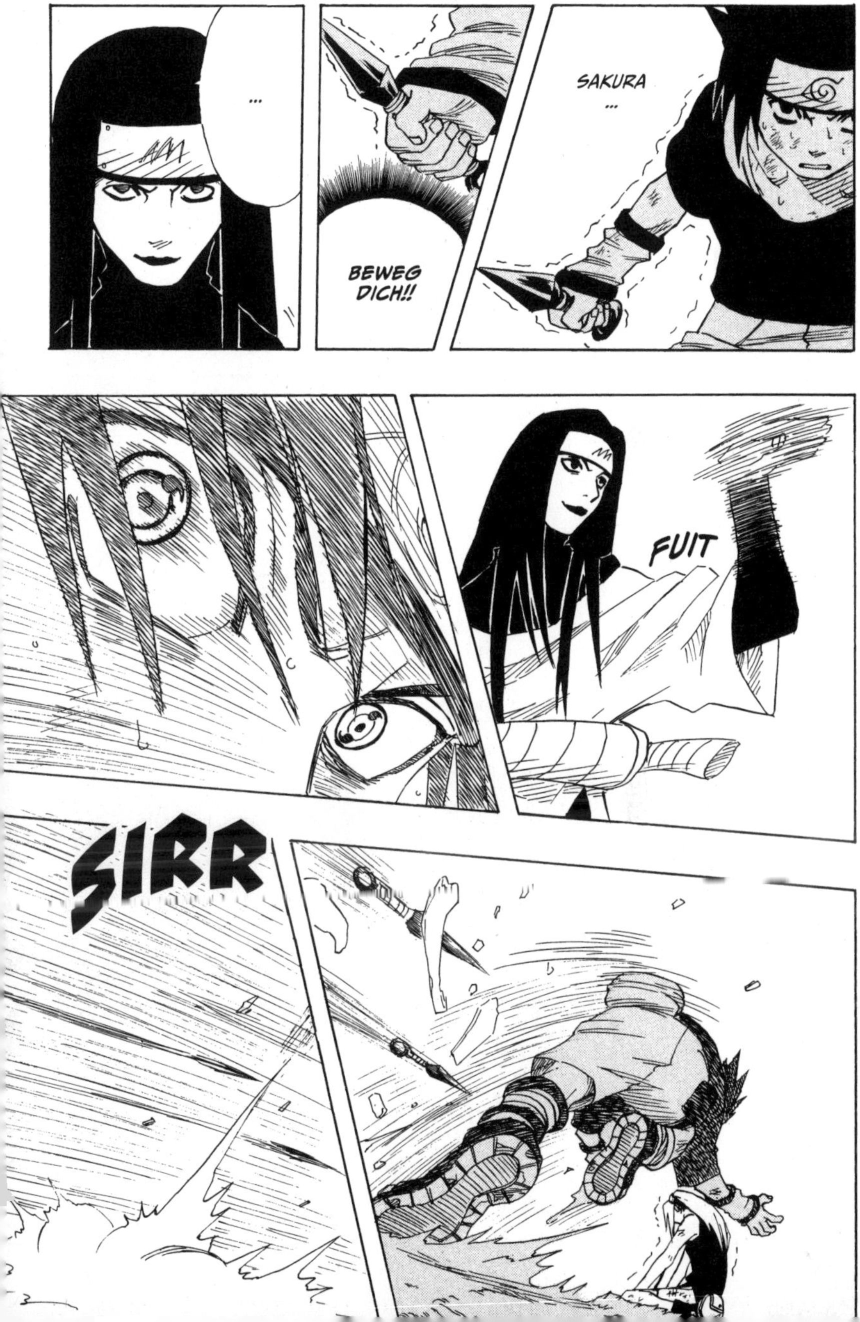

SAKURA ...
BEWEG DICH!!
...
FUIT
SIRR

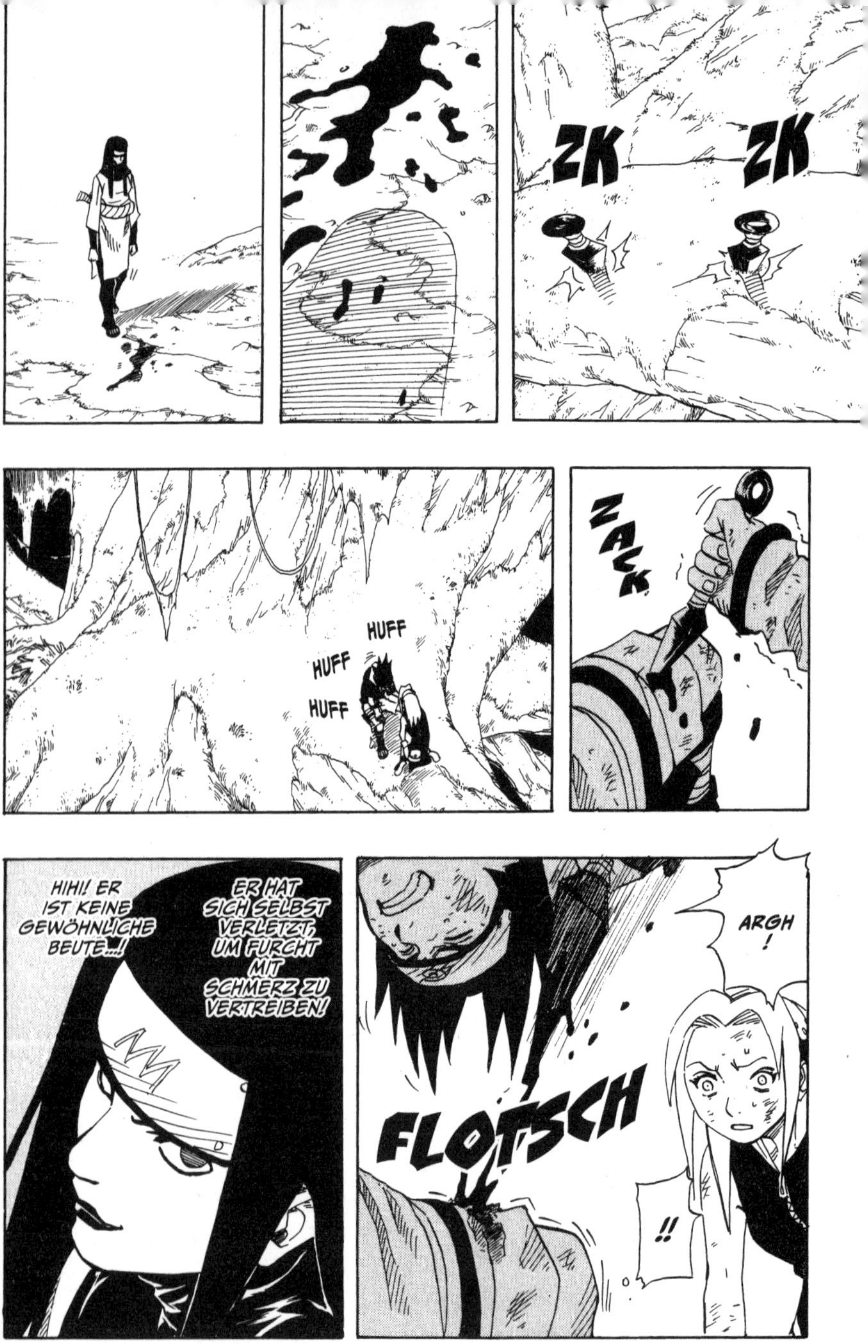
ZK ZK
HUFF
HUFF
HUFF
ZACK
ER HAT SICH SELBST VERLETZT, UM FURCHT MIT SCHMERZ ZU VERTREIBEN!
HIHI! ER IST KEINE GEWÖHNLICHE BEUTE...!
ARGH!
FLOTSCH
!!

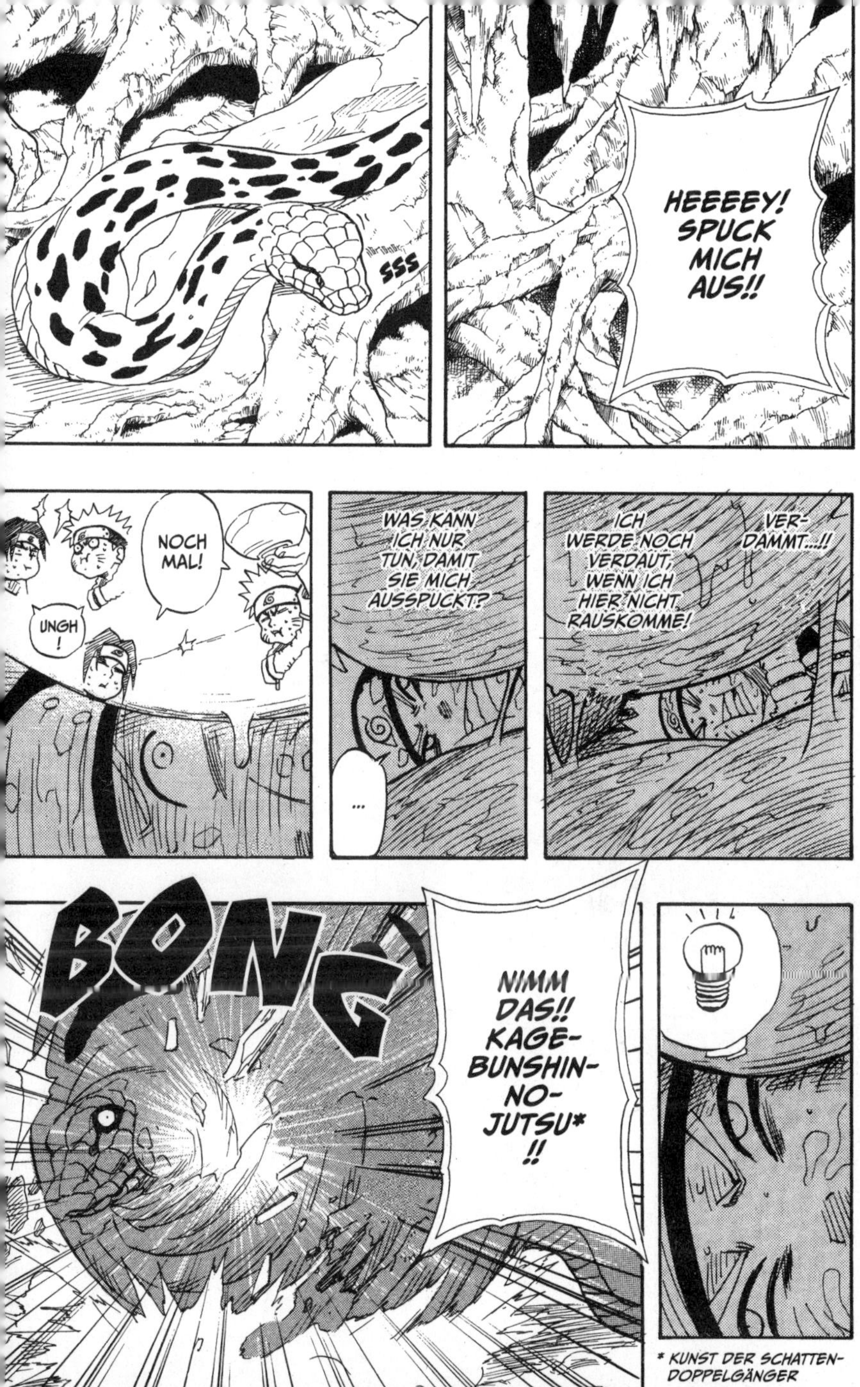

* KUNST DER SCHATTEN-DOPPELGÄNGER

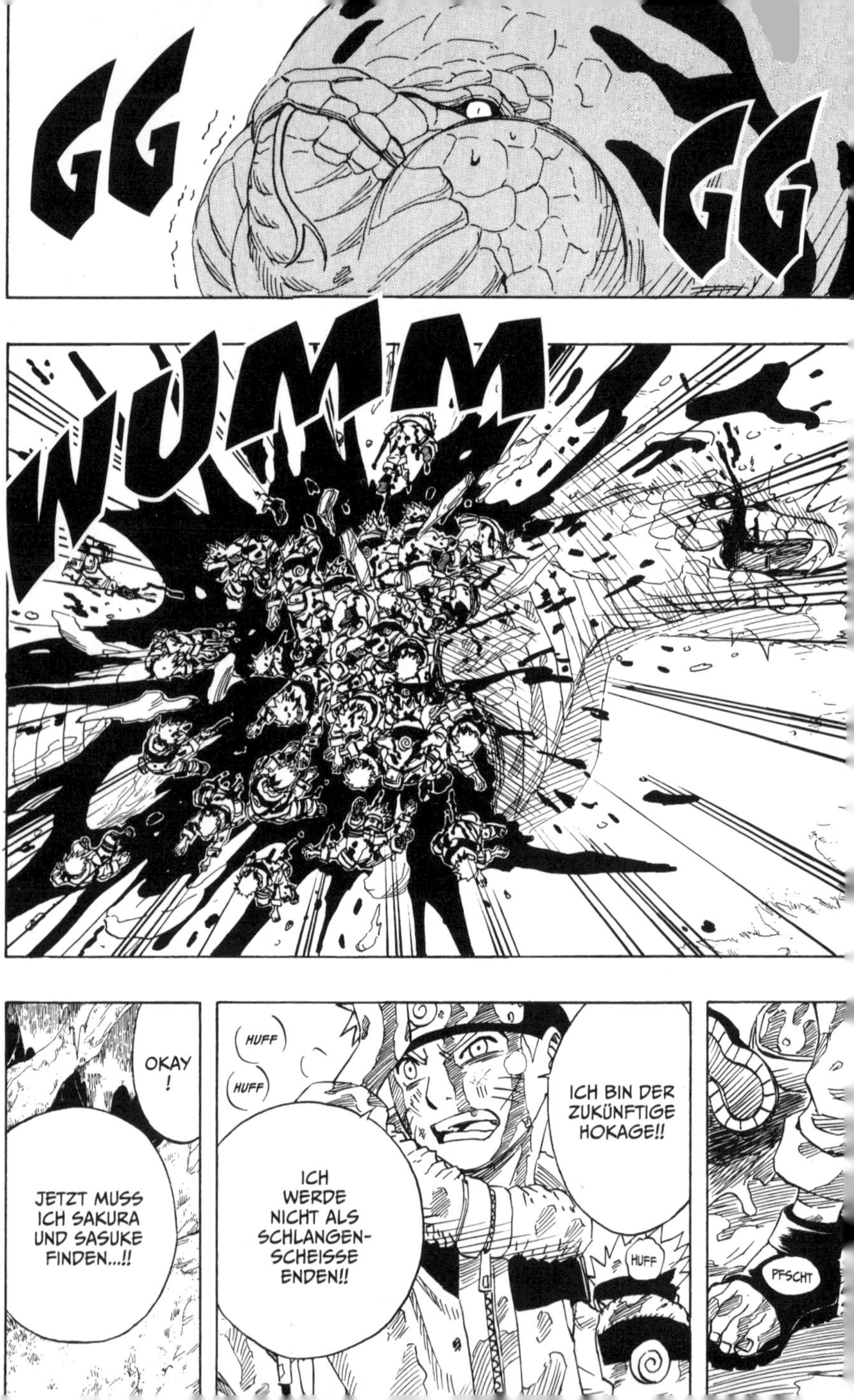
GG
GG
WUMM
PFSCHT
HUFF
HUFF
HUFF
ICH BIN DER ZUKÜNFTIGE HOKAGE!!
ICH WERDE NICHT ALS SCHLANGEN-SCHEISSE ENDEN!!
OKAY!
JETZT MUSS ICH SAKURA UND SASUKE FINDEN...!!

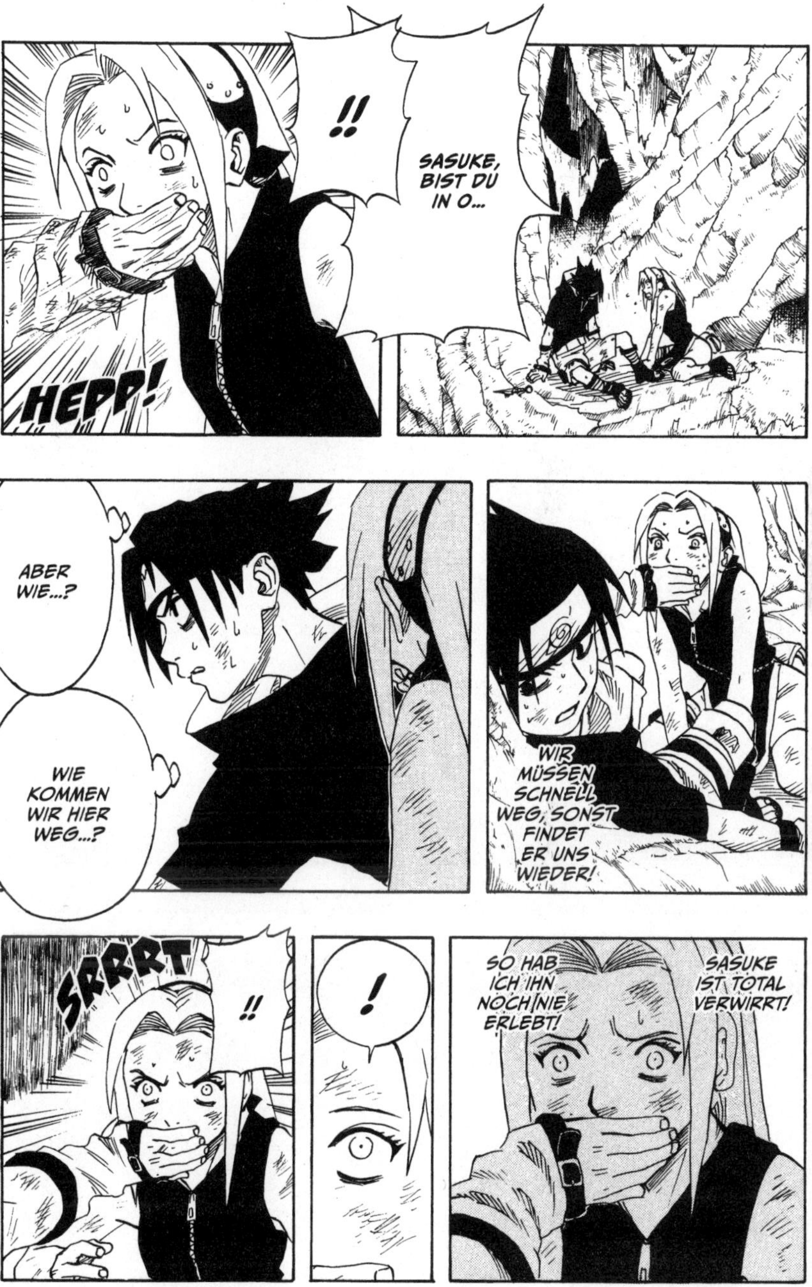
SASUKE, BIST DU IN O...
!!
HEPP!
WIR MÜSSEN SCHNELL WEG, SONST FINDET ER UNS WIEDER!
ABER WIE...?
WIE KOMMEN WIR HIER WEG...?
SASUKE IST TOTAL VERWIRRT!
SO HAB ICH IHN NOCH NIE ERLEBT!
!
!!
SRRRT

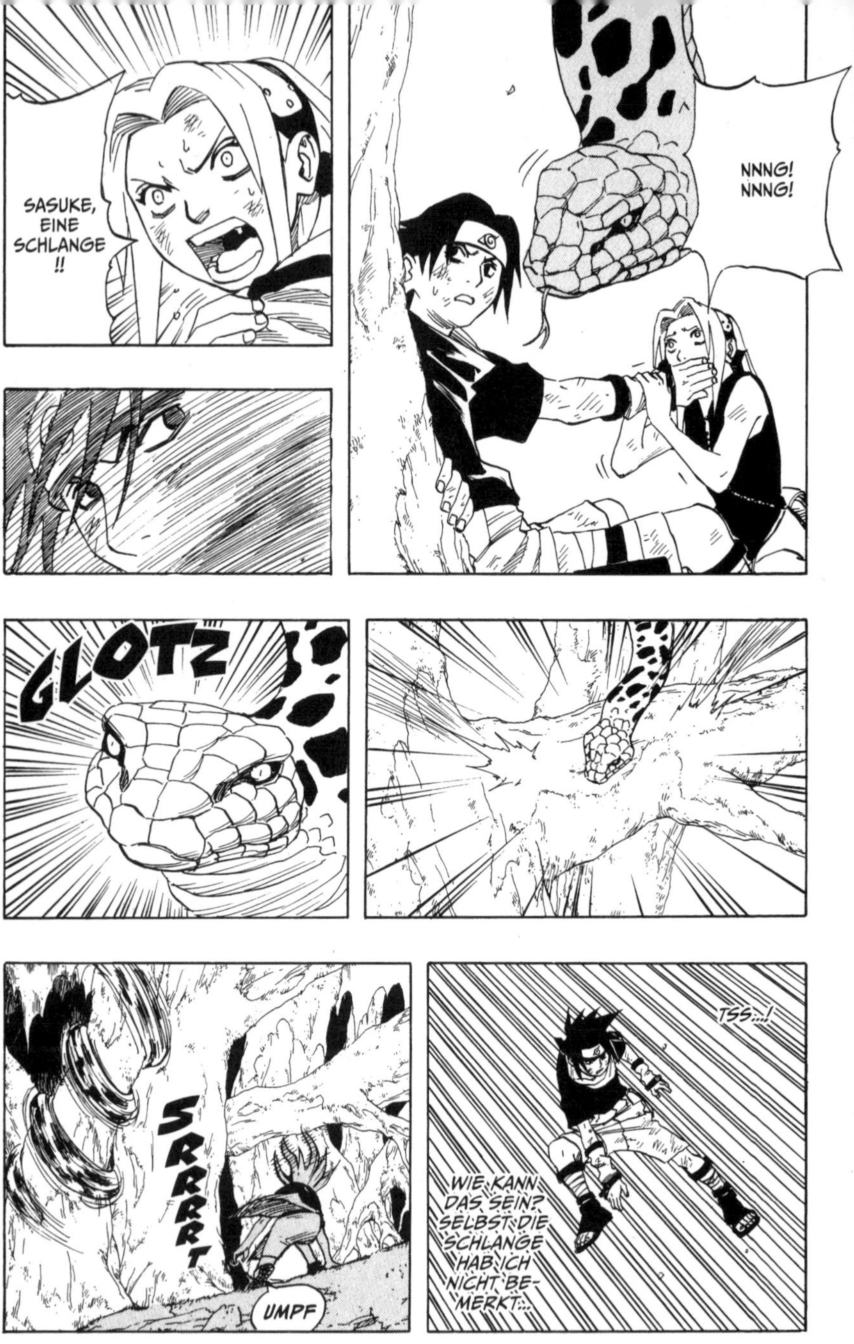
NNNG! NNNG!
SASUKE, EINE SCHLANGE !!
GLOTZ
TSS...!
WIE KANN DAS SEIN? SELBST DIE SCHLANGE HAB ICH NICHT BE-MERKT...
SRRRT
UMPF

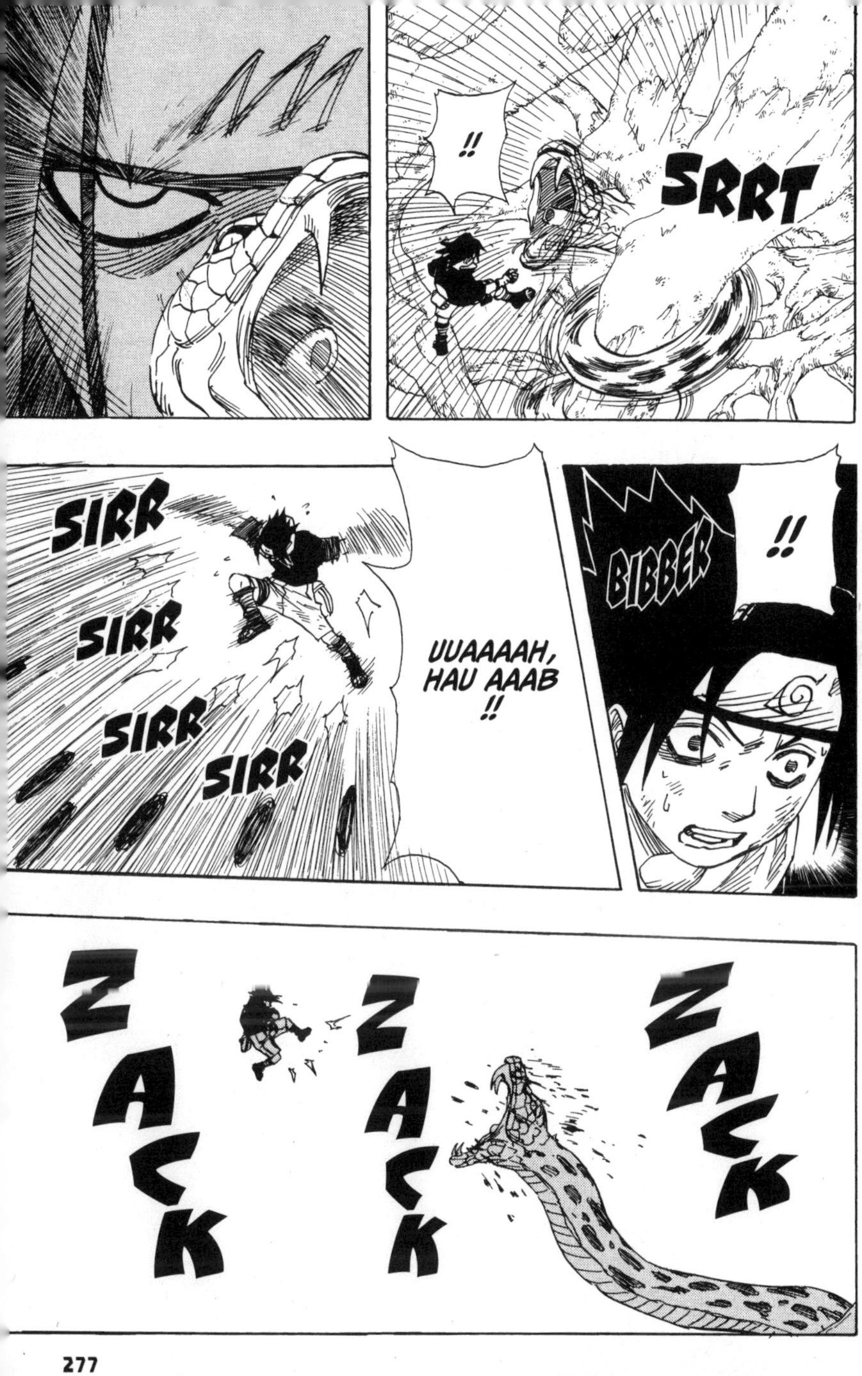
!!
SRRT
!!
BIBBER
UUAAAAH, HAU AAAB !!
SIRR
SIRR
SIRR
SIRR
ZACK
ZACK
ZACK

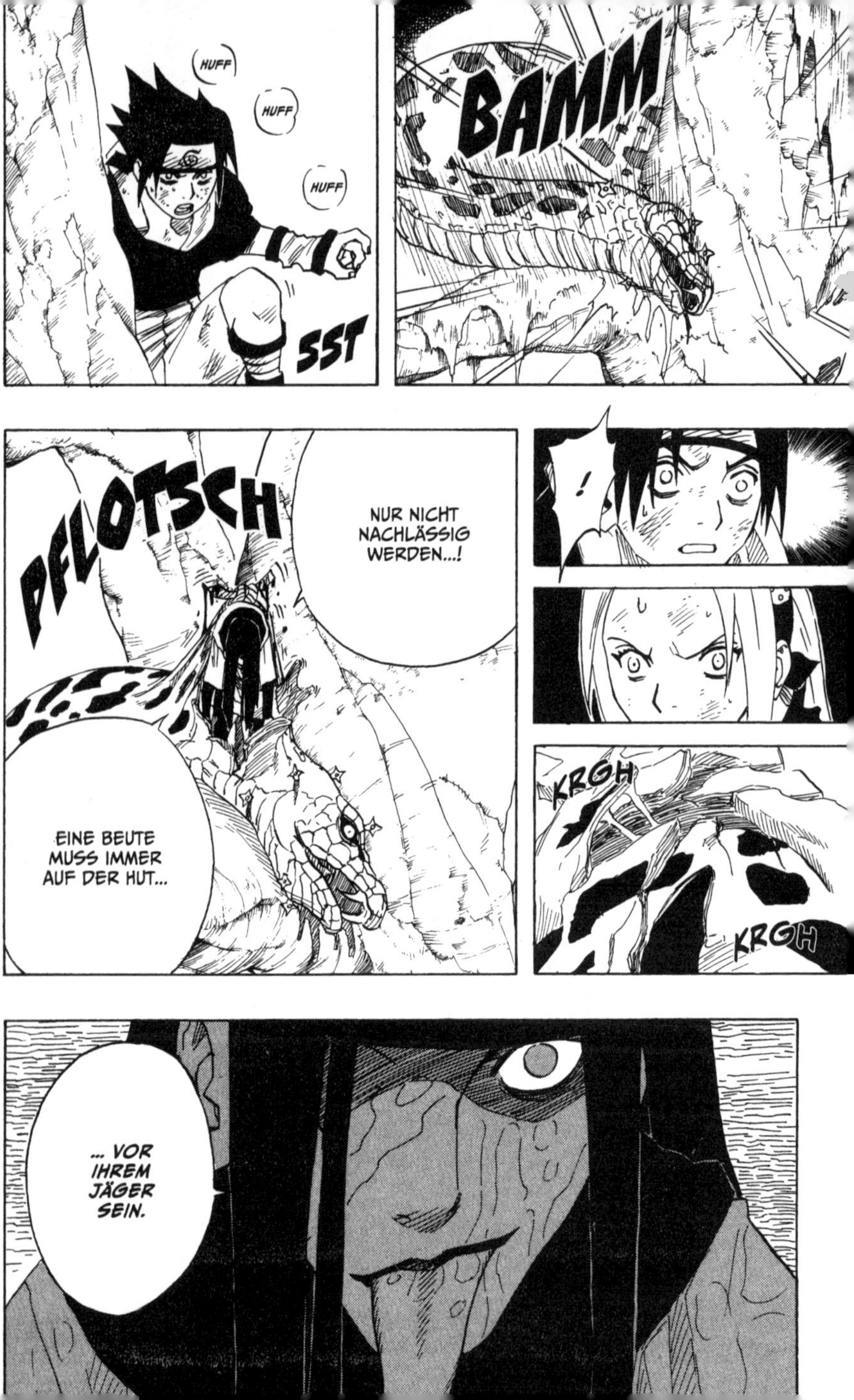
BAMM
HUFF
HUFF
HUFF
SST
!
NUR NICHT NACHLÄSSIG WERDEN...!
PFLOTSCH
EINE BEUTE MUSS IMMER AUF DER HUT...
KRGH
KRGH
... VOR IHREM JÄGER SEIN.

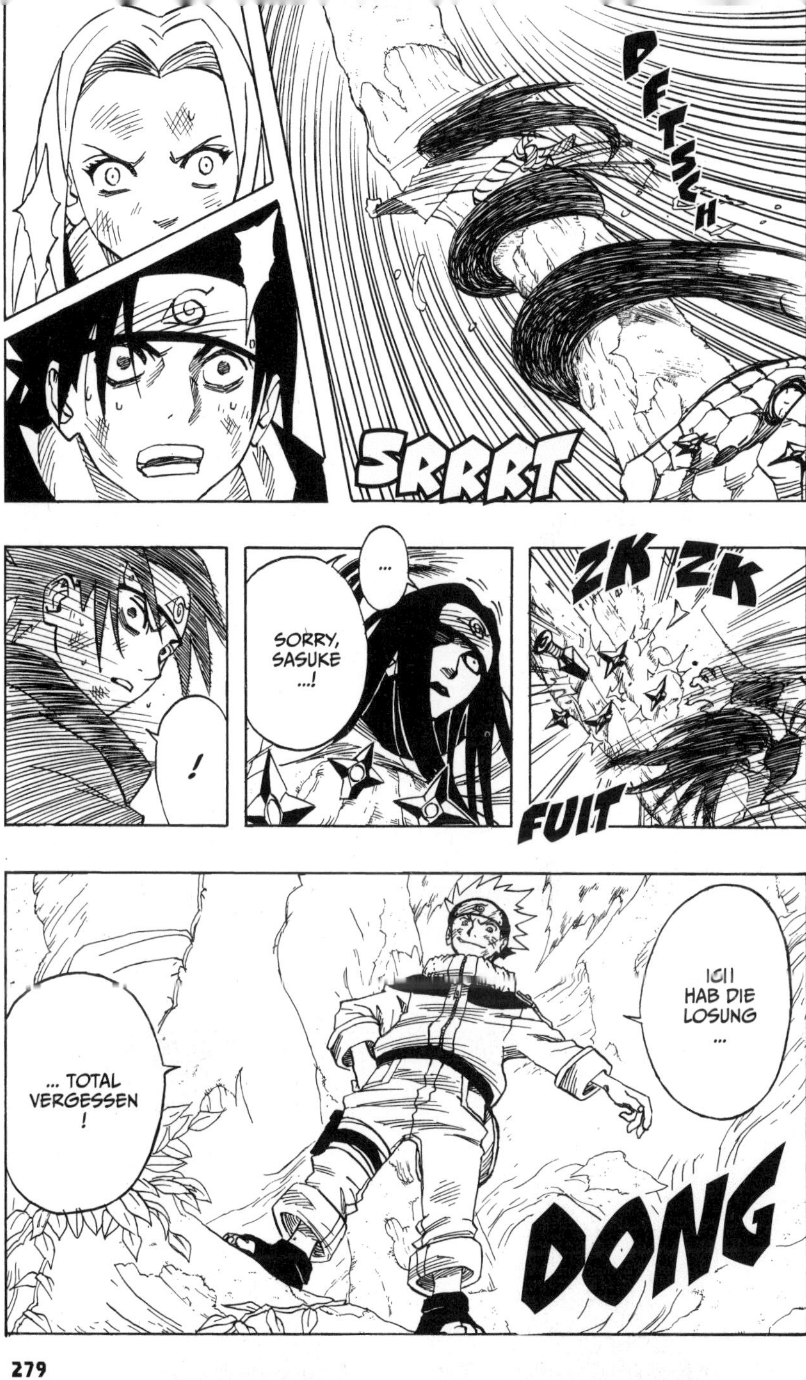
PFTSCH
SRRRT
ZK ZK
FUIT
...
SORRY, SASUKE ...!
!
ICH HAB DIE LOSUNG ...
... TOTAL VERGESSEN !
DONG

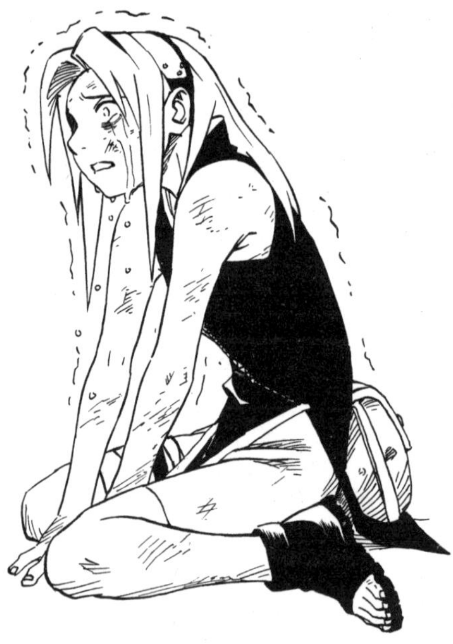

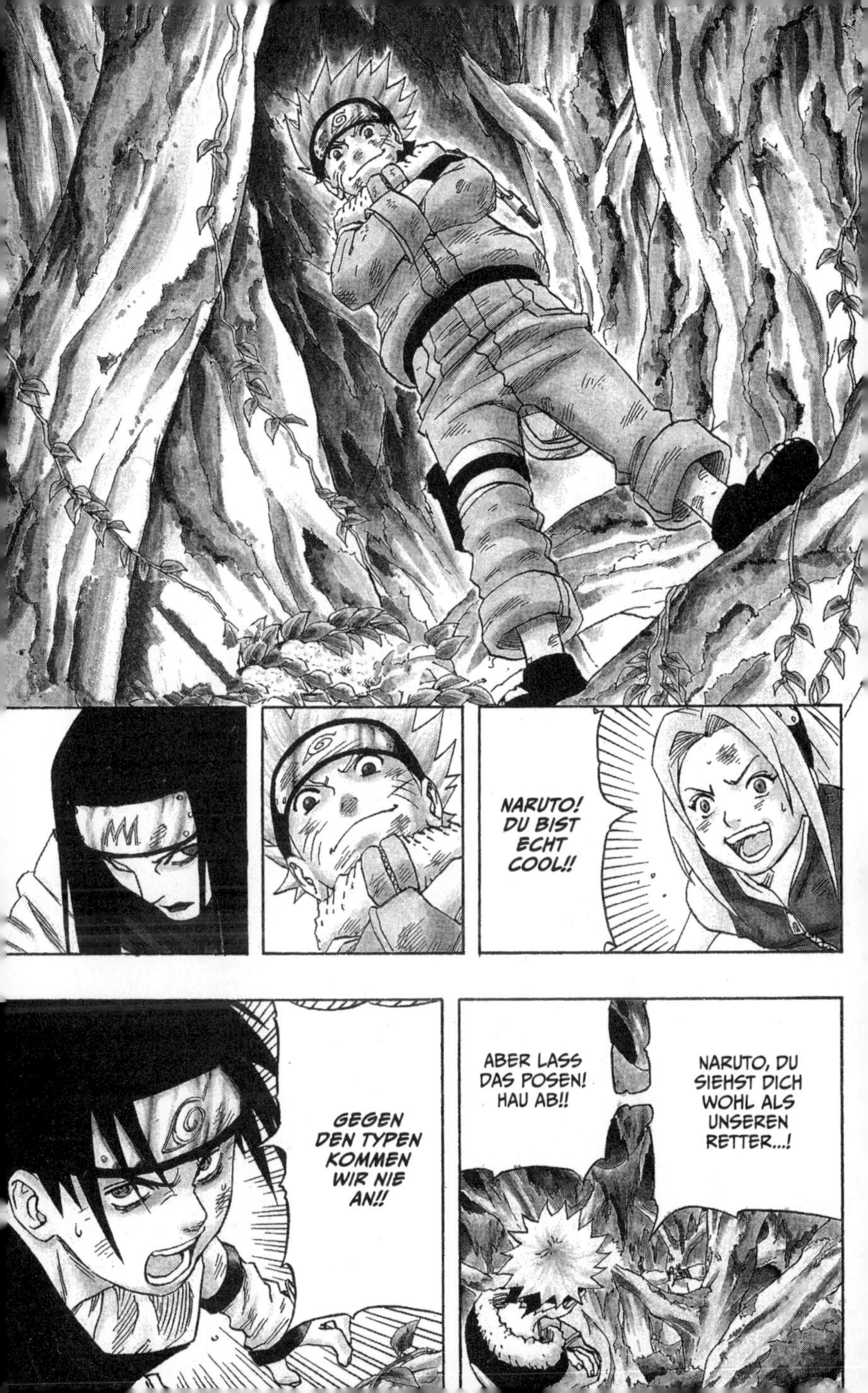
NARUTO! DU BIST ECHT COOL!!
NARUTO, DU SIEHST DICH WOHL ALS UNSEREN RETTER...!
ABER LASS DAS POSEN! HAU AB!!
GEGEN DEN TYPEN KOMMEN WIR NIE AN!!

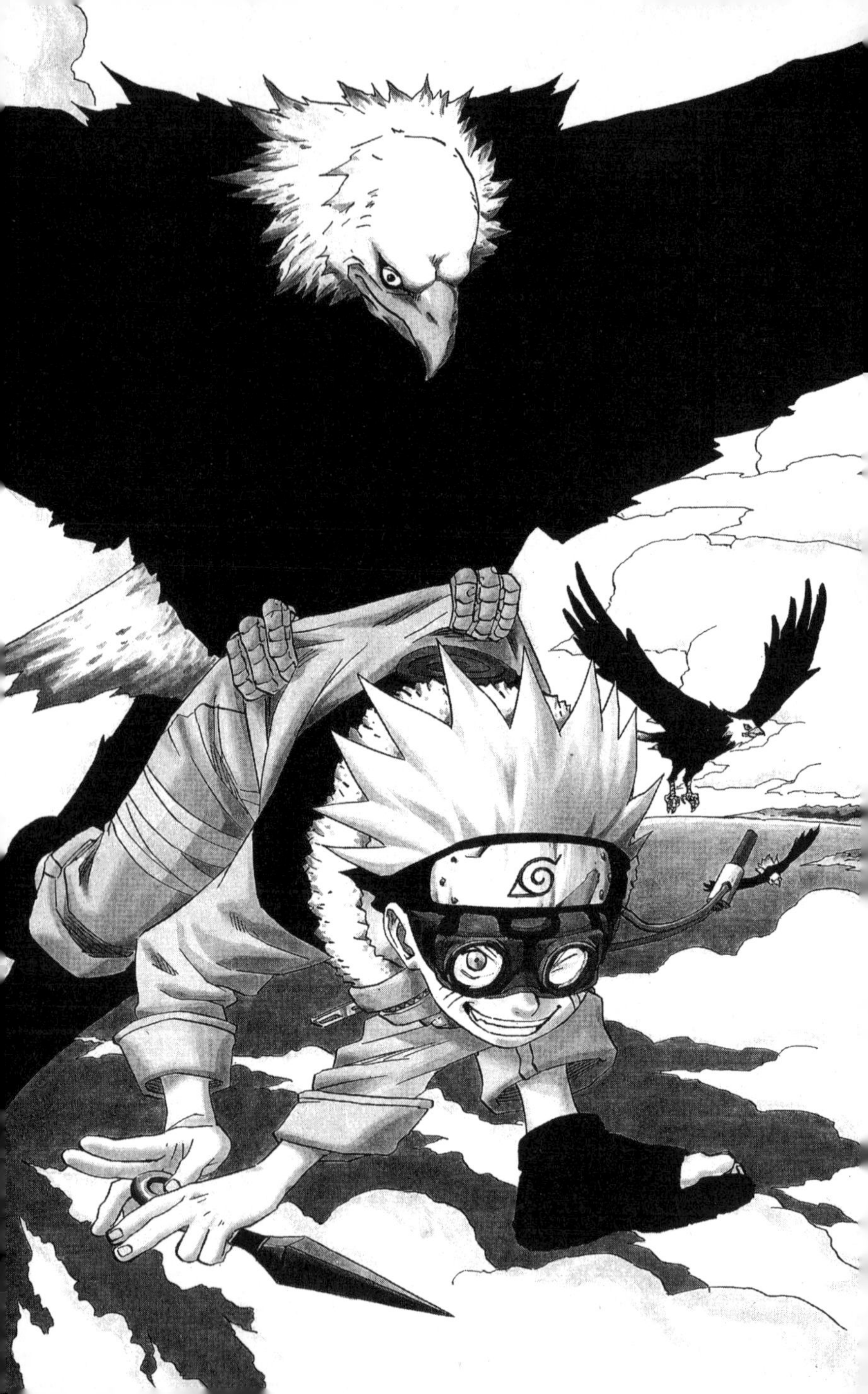

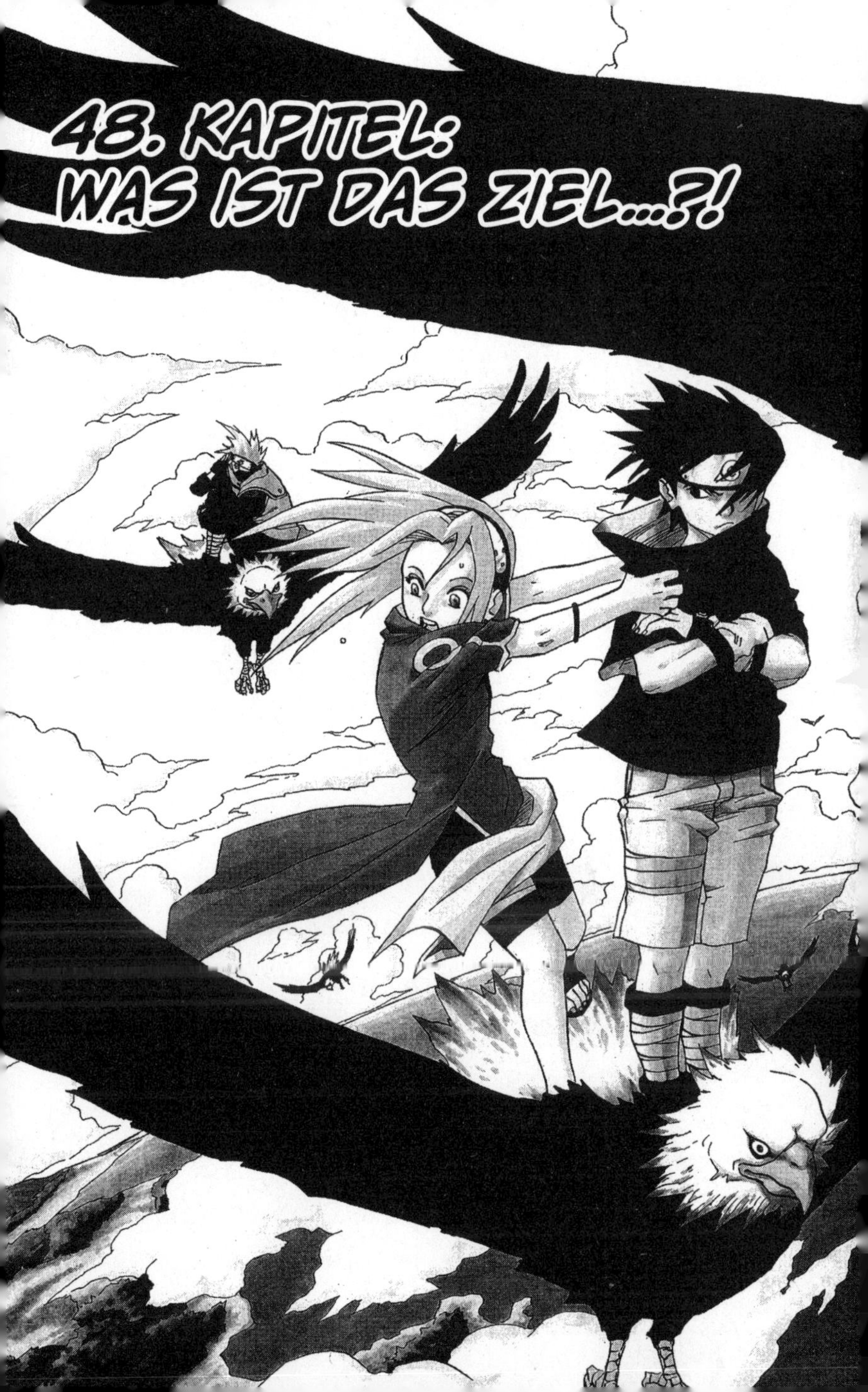
48. KAPITEL:
WAS IST DAS ZIEL...?!

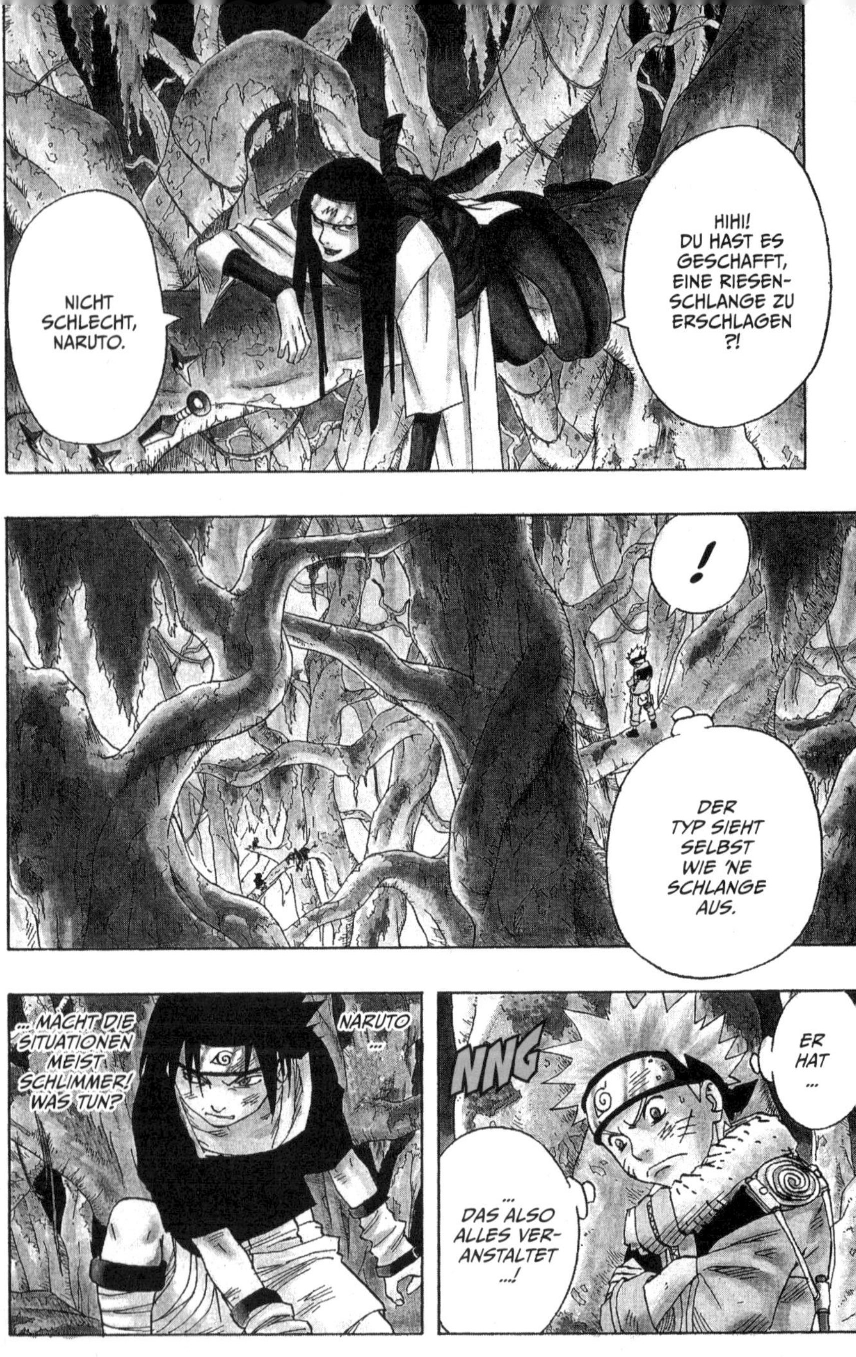
HIHI!
DU HAST ES GESCHAFFT, EINE RIESEN-SCHLANGE ZU ERSCHLAGEN ?!
NICHT SCHLECHT, NARUTO.
!
DER TYP SIEHT SELBST WIE 'NE SCHLANGE AUS.
ER HAT ...
... DAS ALSO ALLES VER-ANSTALTET ...!
NNG
NARUTO ...
... MACHT DIE SITUATIONEN MEIST SCHLIMMER! WAS TUN?

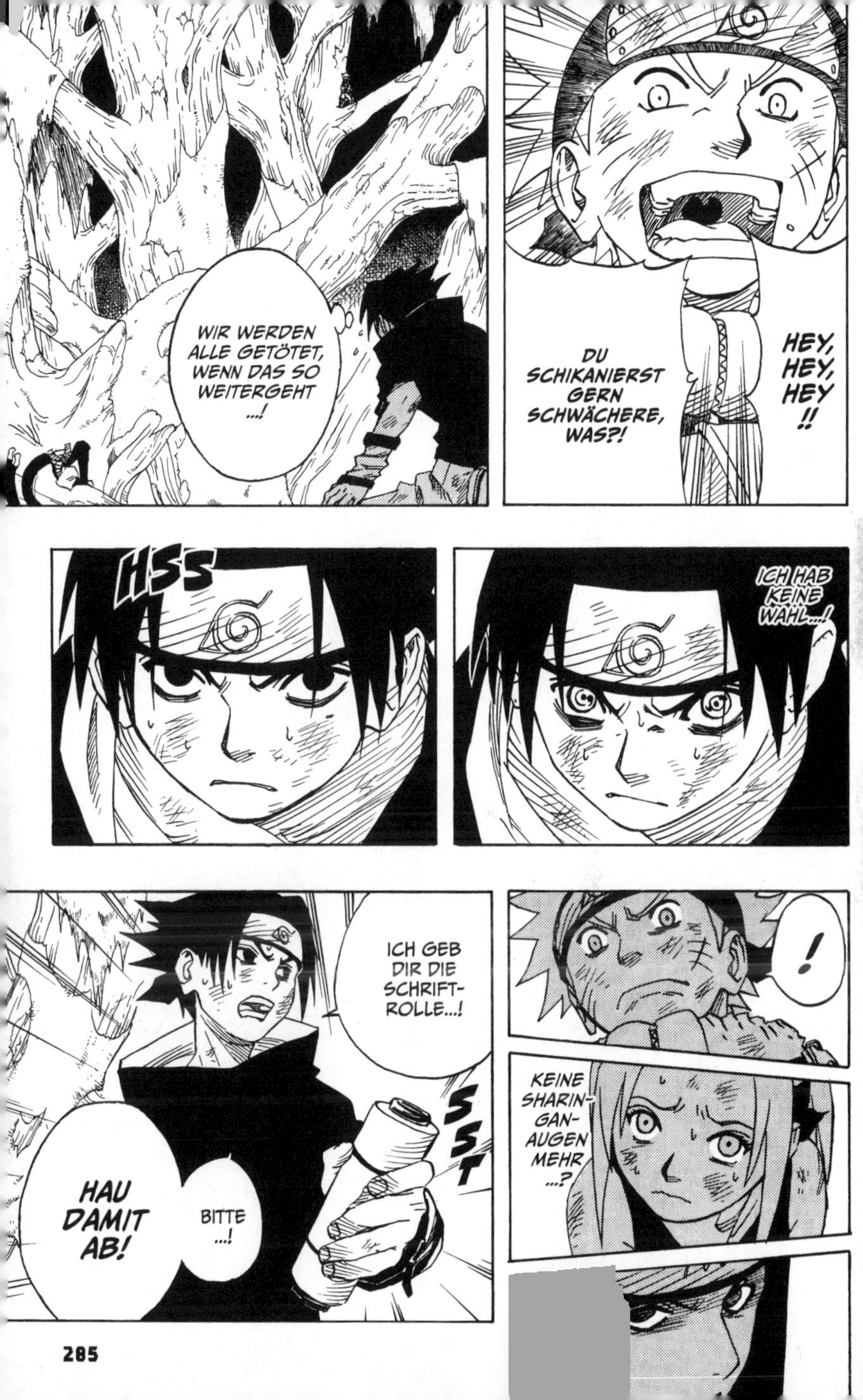
HEY, HEY, HEY!!
DU SCHIKANIERST GERN SCHWÄCHERE, WAS?!
WIR WERDEN ALLE GETÖTET, WENN DAS SO WEITERGEHT ...!
ICH HAB KEINE WAHL...!
HSS
!
KEINE SHARINGAN-AUGEN MEHR ...?
ICH GEB DIR DIE SCHRIFTROLLE...!
SST
BITTE ...!
HAU DAMIT AB!

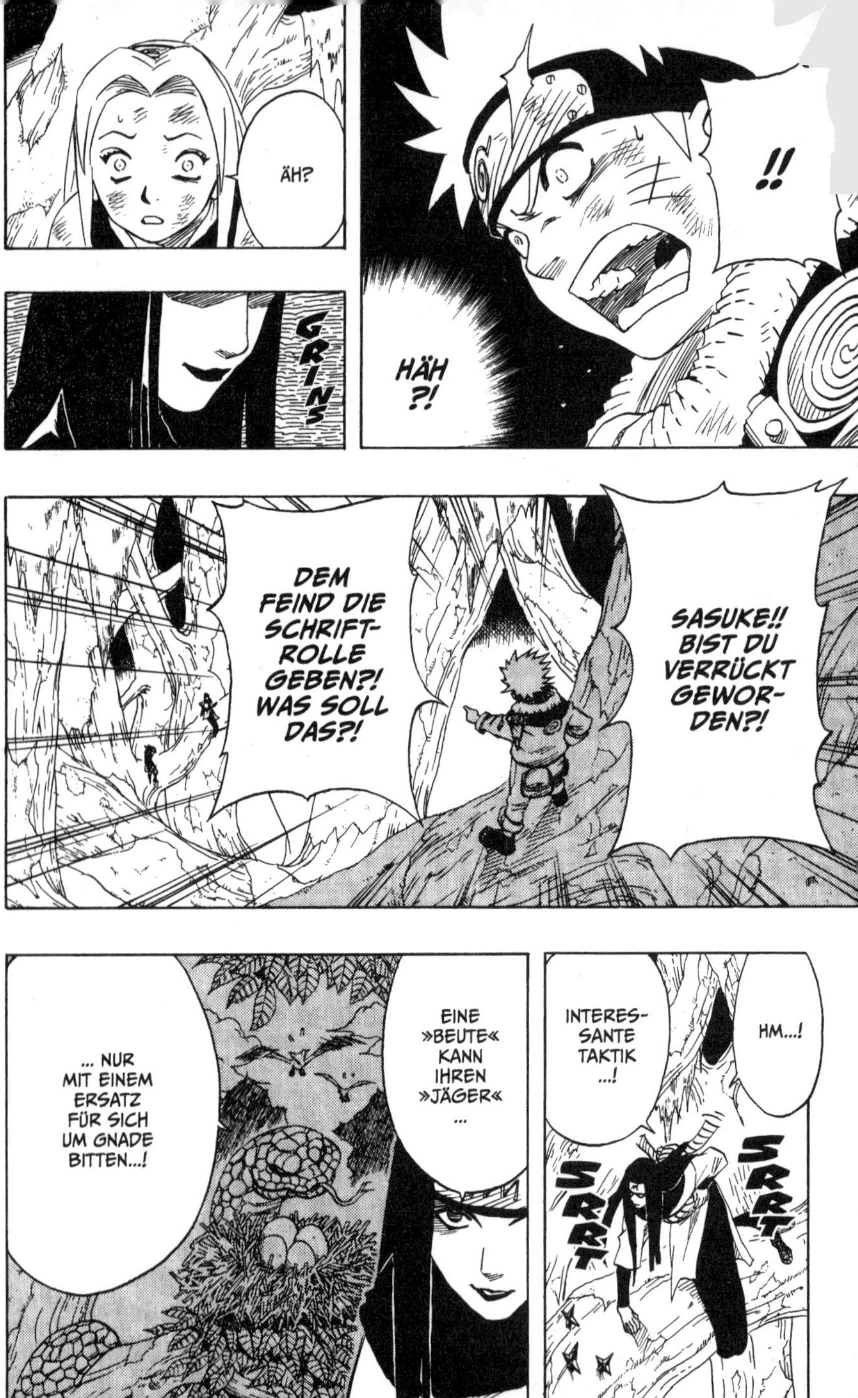
!!
HÄH ?!
ÄH?
GRINS
SASUKE!! BIST DU VERRÜCKT GEWOR-DEN?!
DEM FEIND DIE SCHRIFT-ROLLE GEBEN?! WAS SOLL DAS?!
HM...!
INTERES-SANTE TAKTIK ...!
SRRT
SRRT
EINE »BEUTE« KANN IHREN »JÄGER« ...
... NUR MIT EINEM ERSATZ FÜR SICH UM GNADE BITTEN...!

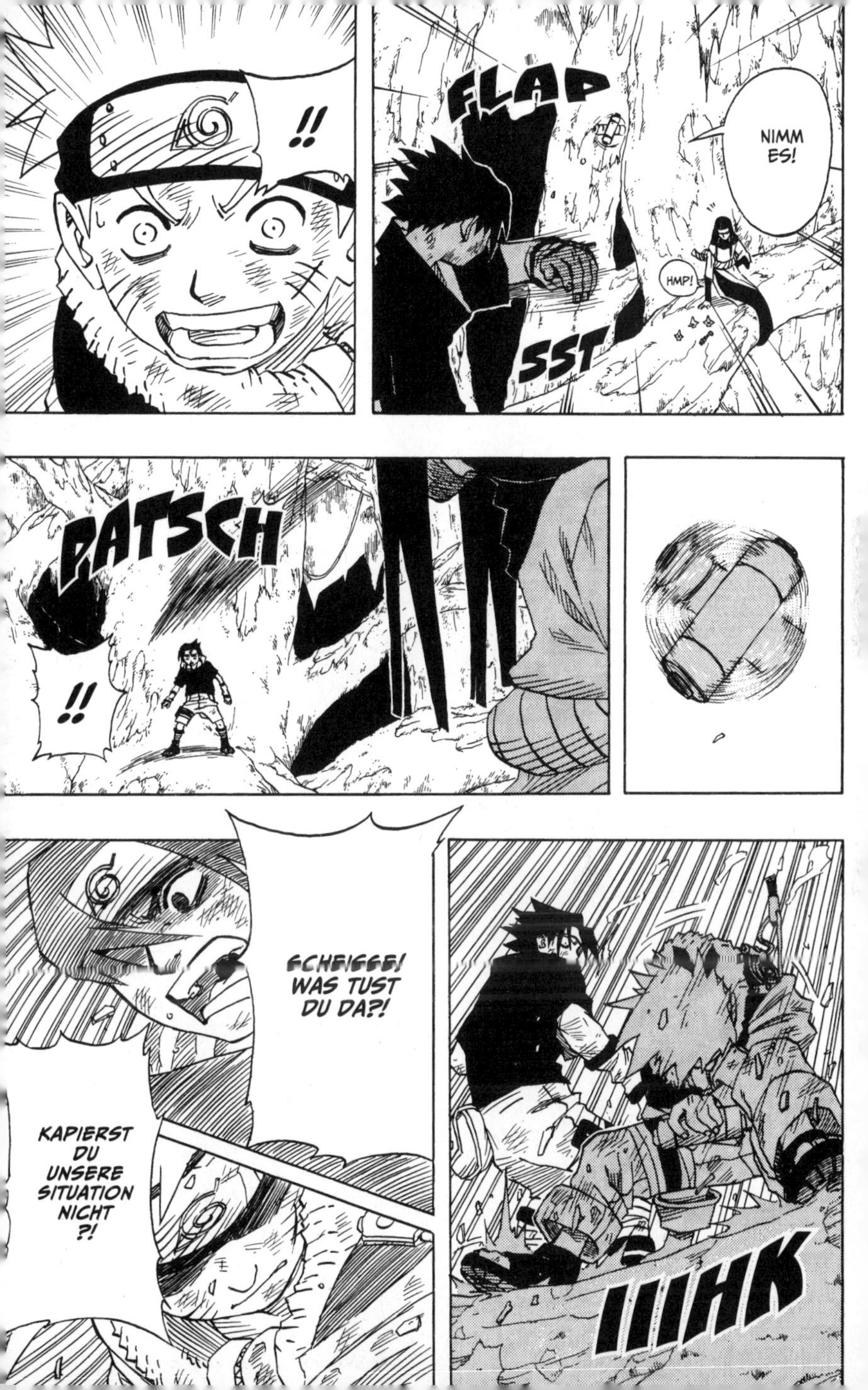
NIMM ES!
HMP!
FLAP
SST
!!
PATSCH
!!
SCHEISSE! WAS TUST DU DA?!
KAPIERST DU UNSERE SITUATION NICHT ?!
IIIHK

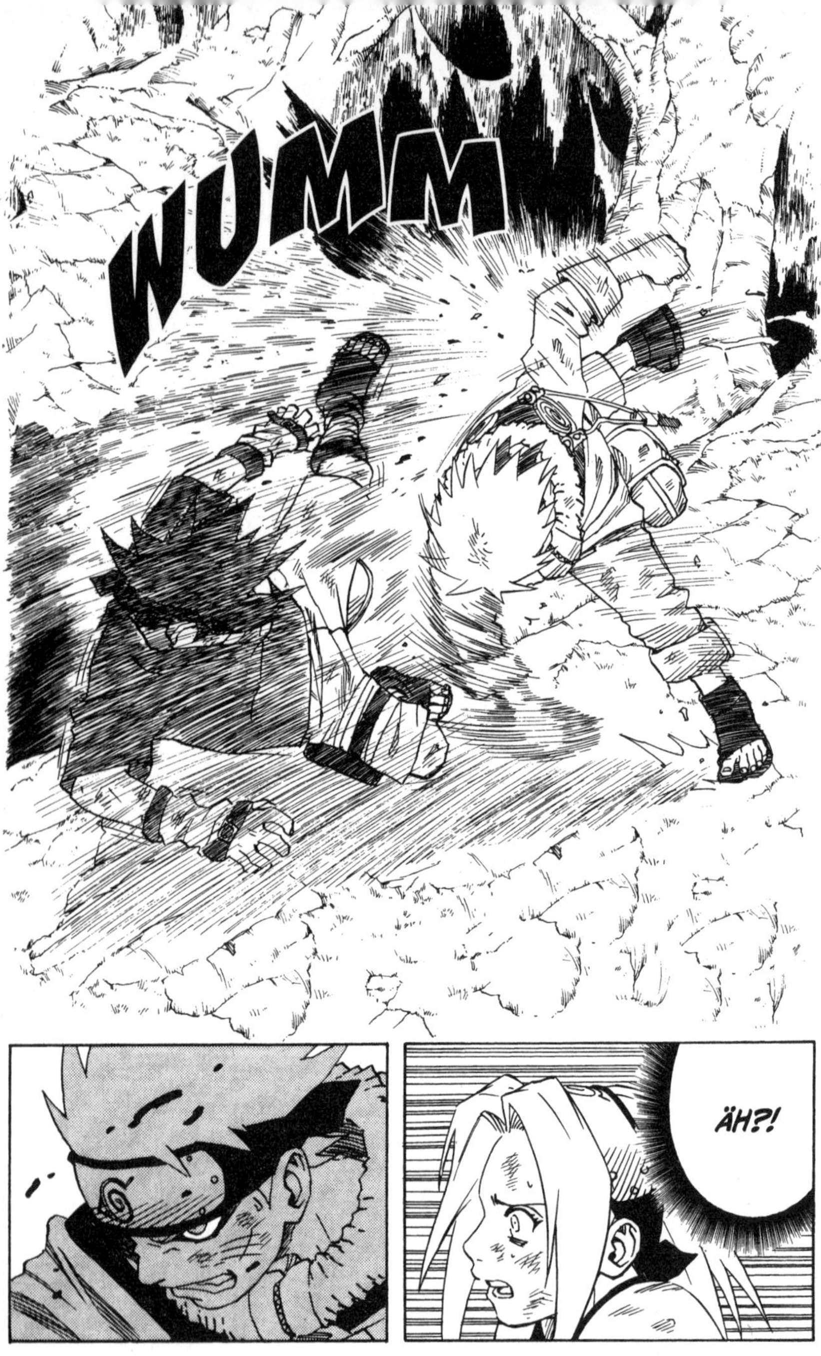
WUMM
ÄH?!

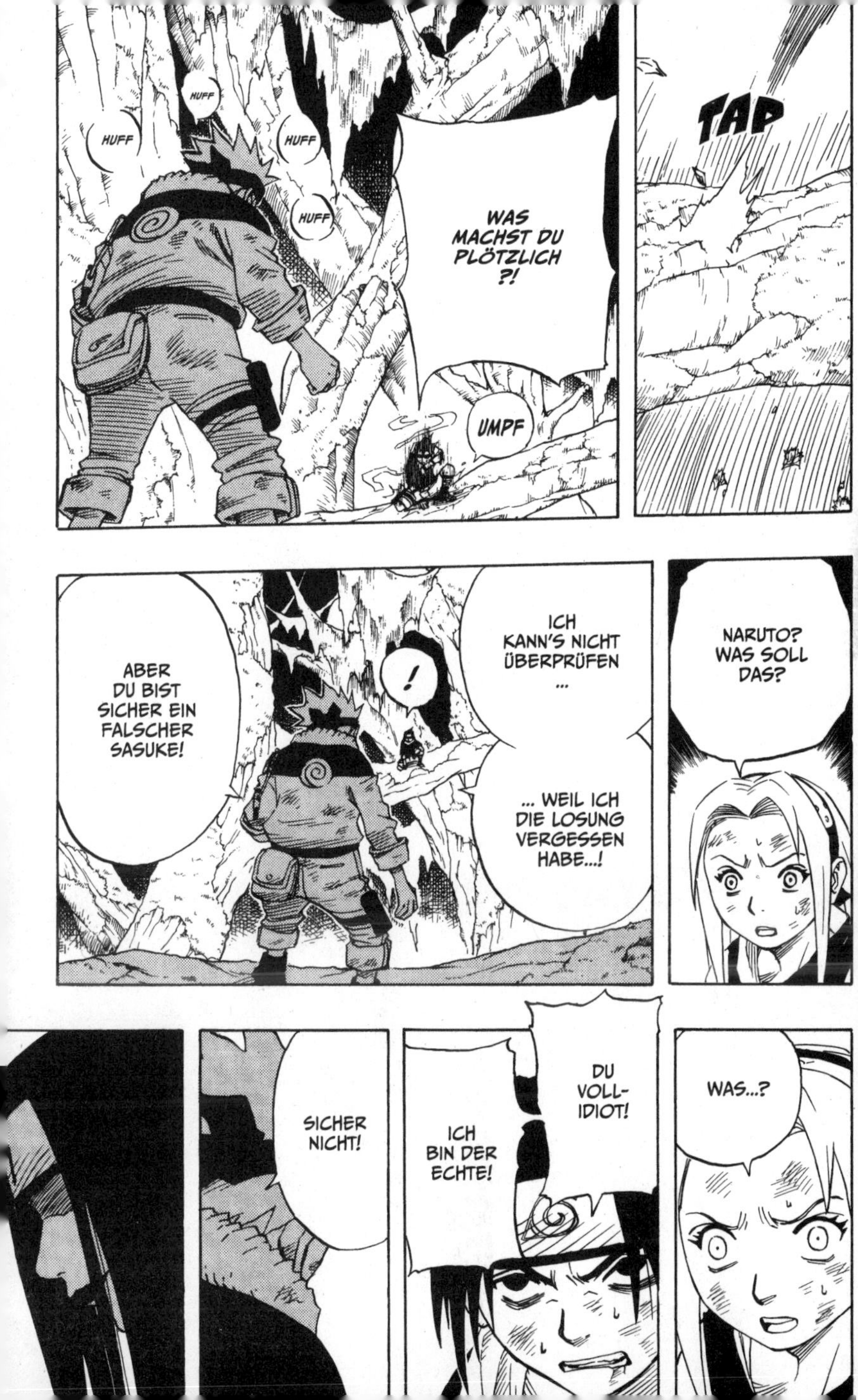
TAP
HUFF
HUFF
HUFF
HUFF
WAS MACHST DU PLÖTZLICH ?!
UMPF
NARUTO? WAS SOLL DAS?
ICH KANN'S NICHT ÜBERPRÜFEN ...
... WEIL ICH DIE LOSUNG VERGESSEN HABE...!
!
ABER DU BIST SICHER EIN FALSCHER SASUKE!
WAS...?
DU VOLL-IDIOT!
ICH BIN DER ECHTE!
SICHER NICHT!

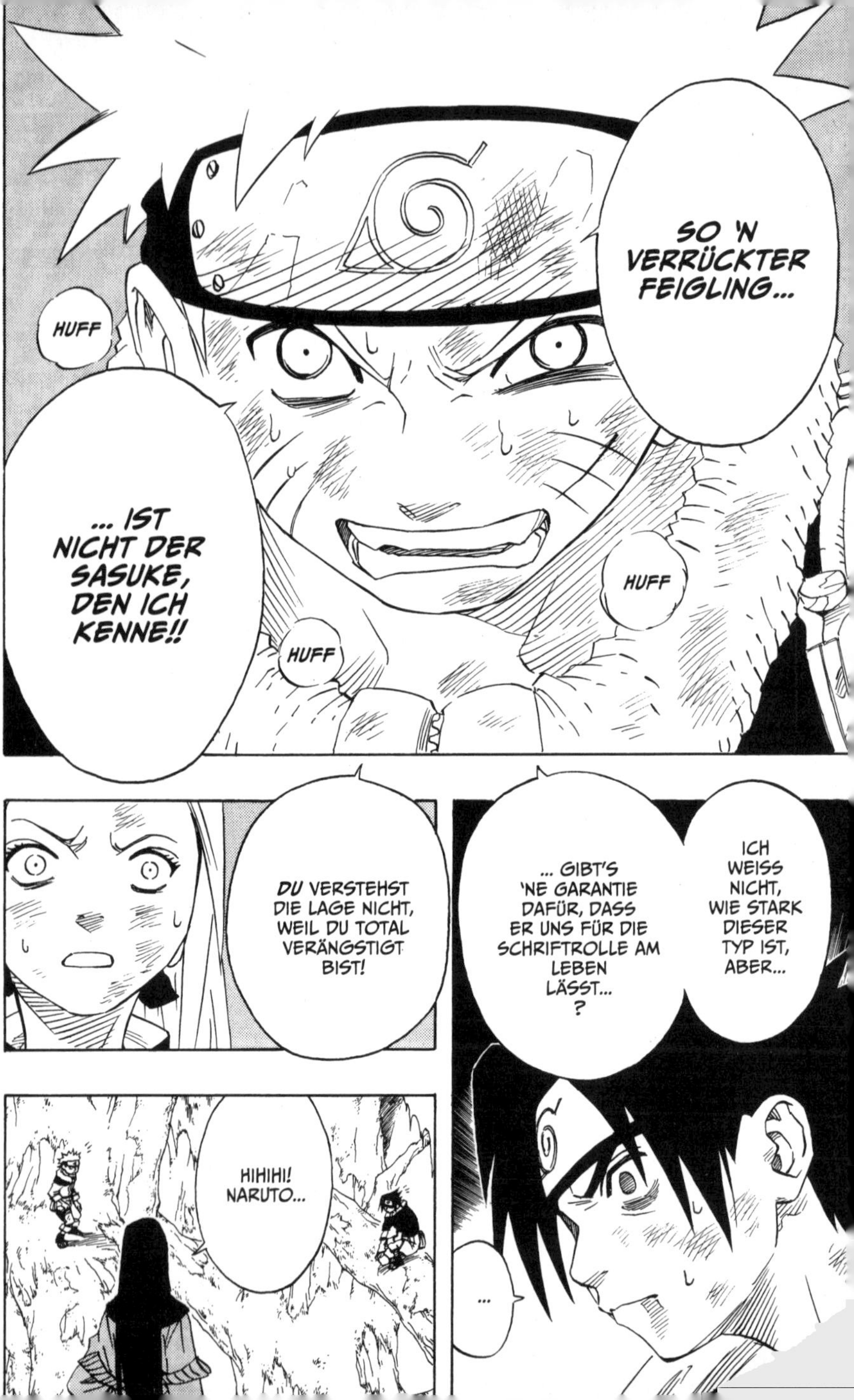
SO 'N VERRÜCKTER FEIGLING...
HUFF
... IST NICHT DER SASUKE, DEN ICH KENNE!!
HUFF
HUFF
ICH WEISS NICHT, WIE STARK DIESER TYP IST, ABER...
... GIBT'S 'NE GARANTIE DAFÜR, DASS ER UNS FÜR DIE SCHRIFTROLLE AM LEBEN LÄSST... ?
DU VERSTEHST DIE LAGE NICHT, WEIL DU TOTAL VERÄNGSTIGT BIST!
...
HIHIHI! NARUTO...

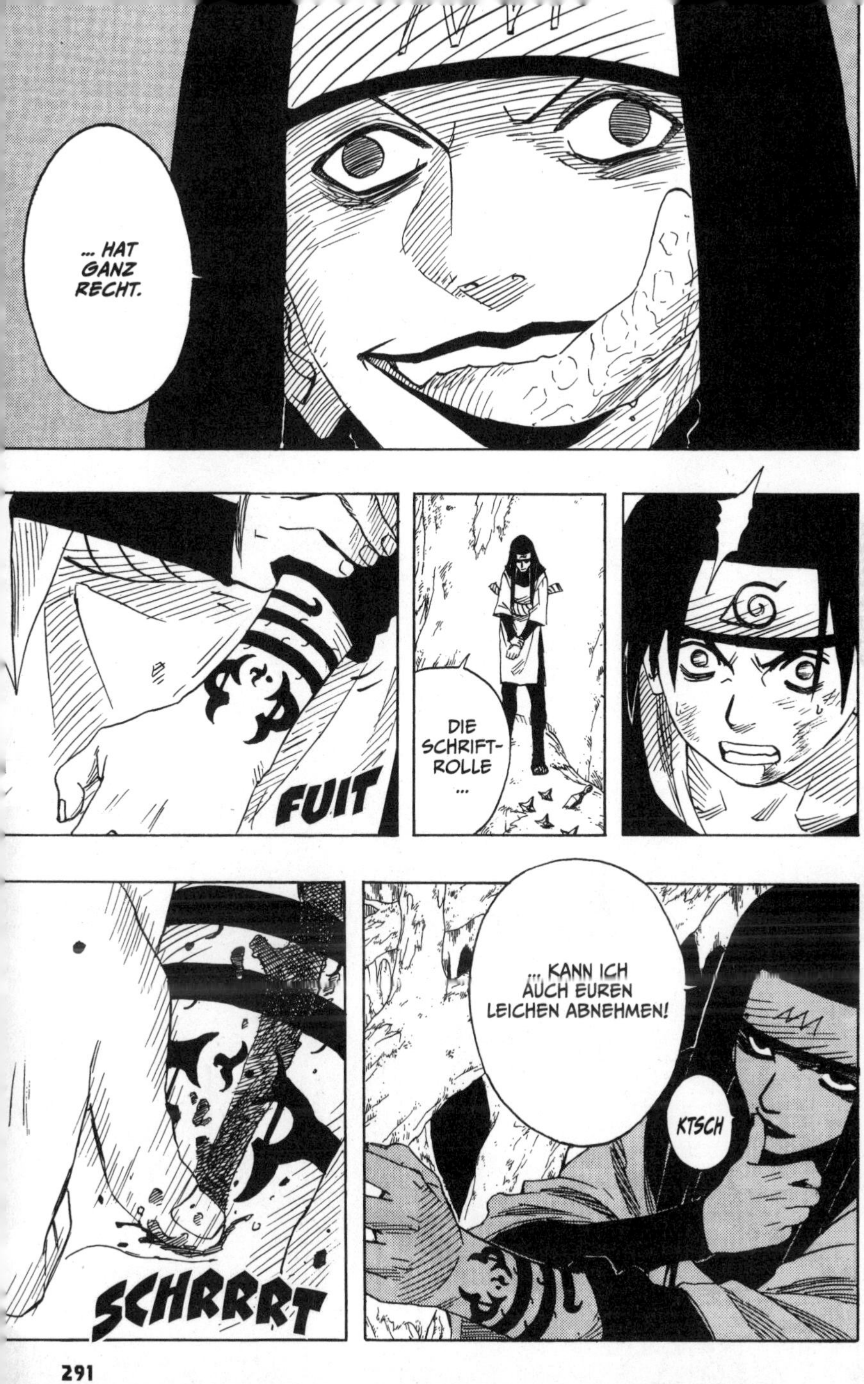
... HAT GANZ RECHT.
DIE SCHRIFT-ROLLE ...
FUIT
... KANN ICH AUCH EUREN LEICHEN ABNEHMEN!
KTSCH
SCHRRRT

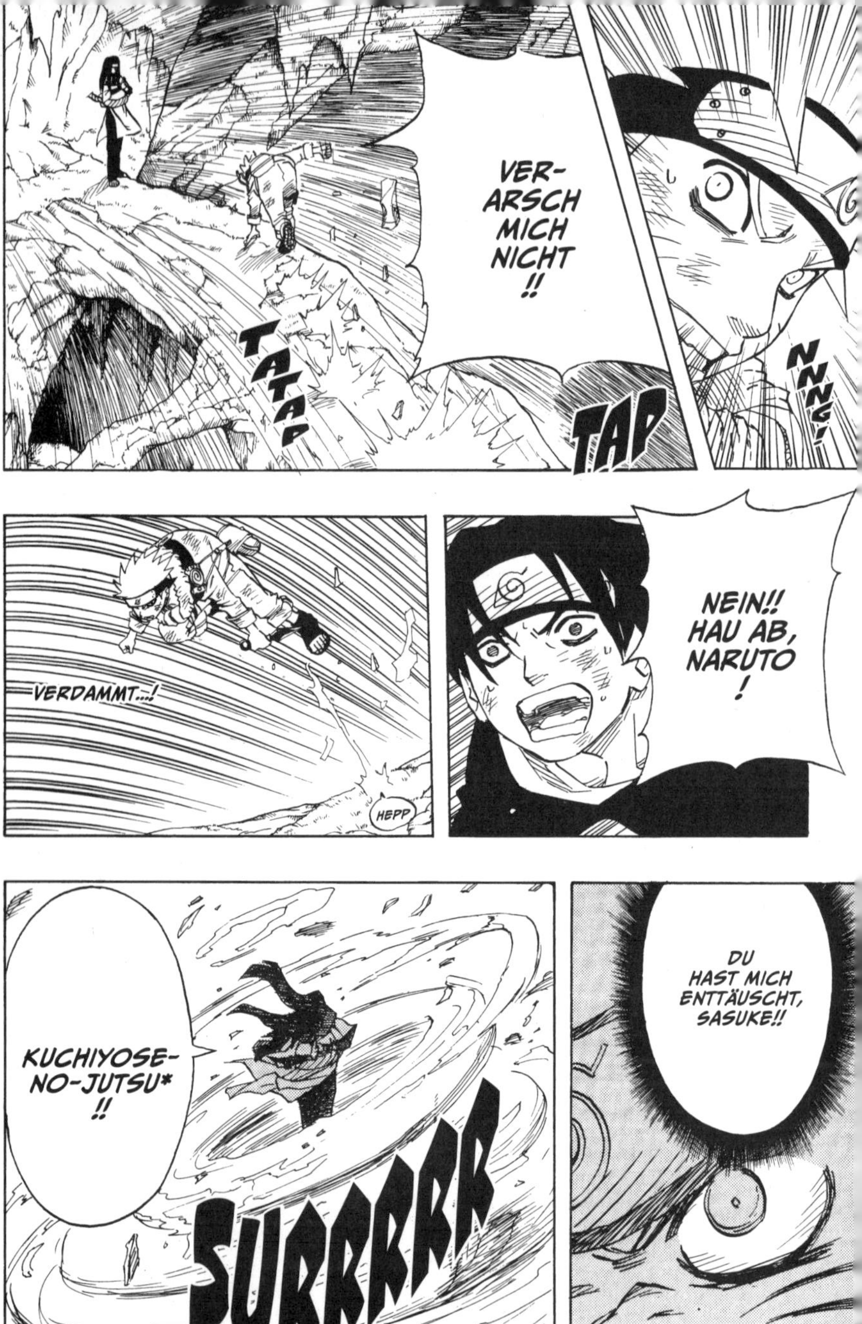

* KUNST DER GEISTER-BESCHWÖRUNG

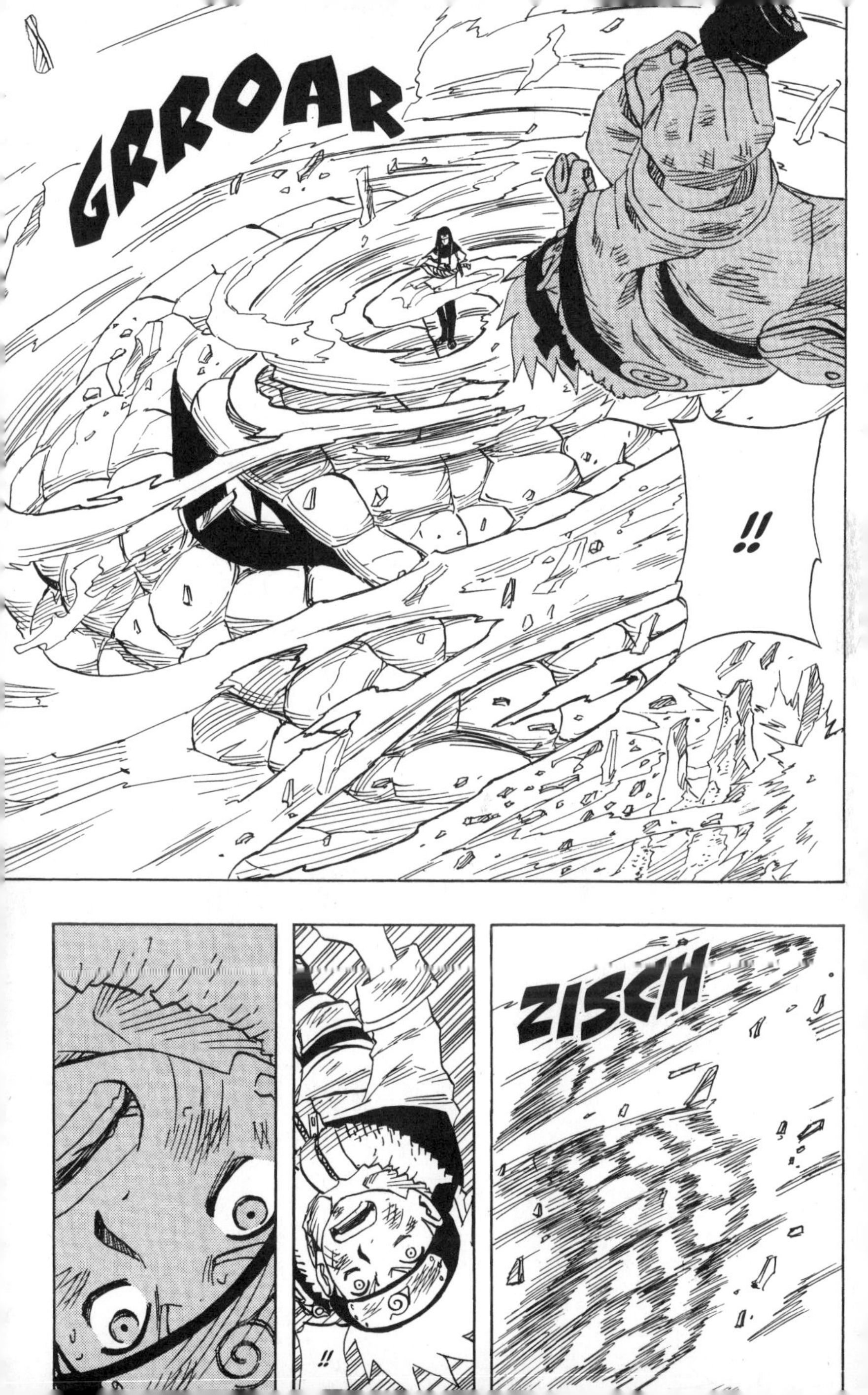
GRROAR
!!
!!
ZISCH

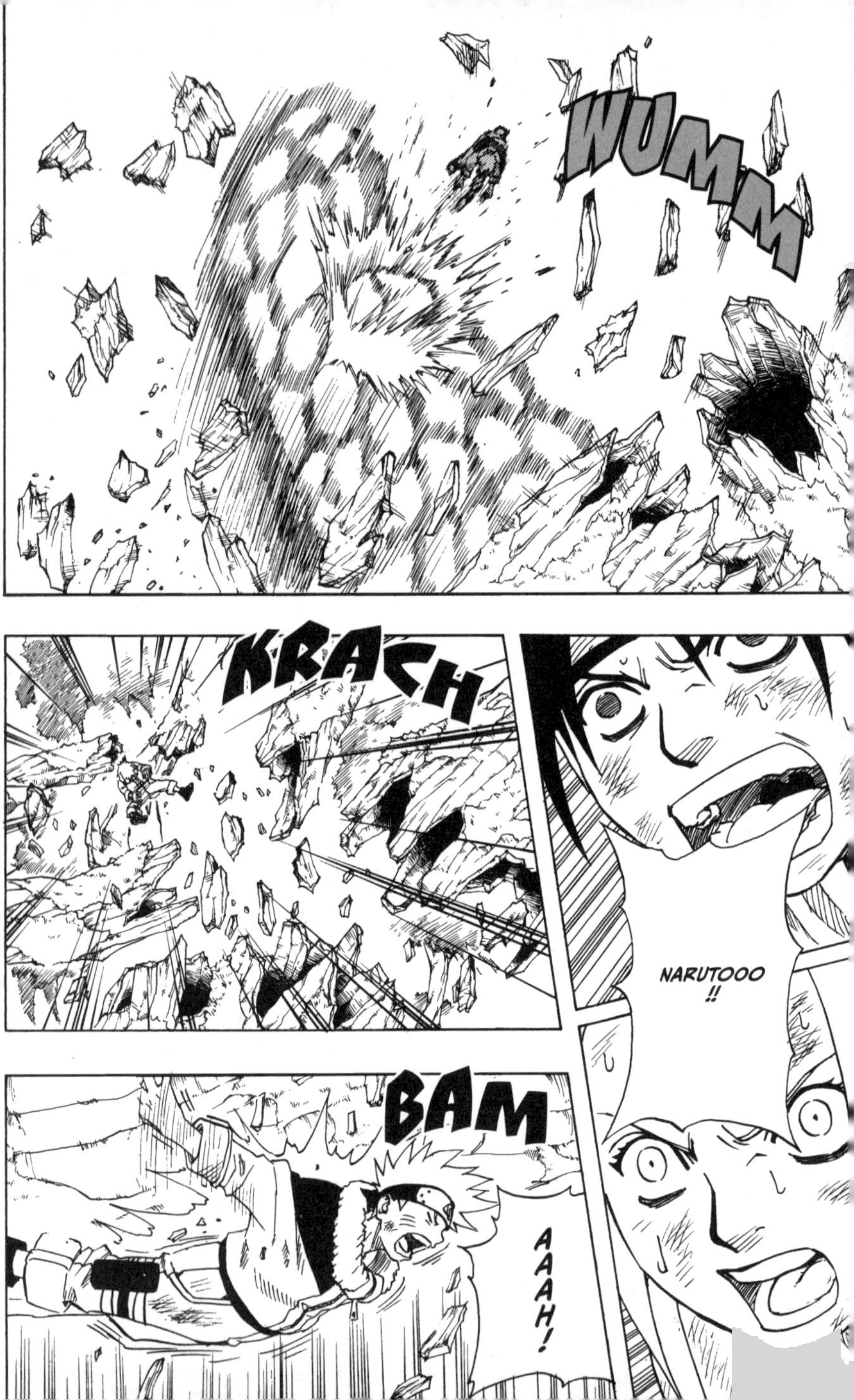
WUMM
KRACH
NARUTOOO
!!
BAM
AAAAH!

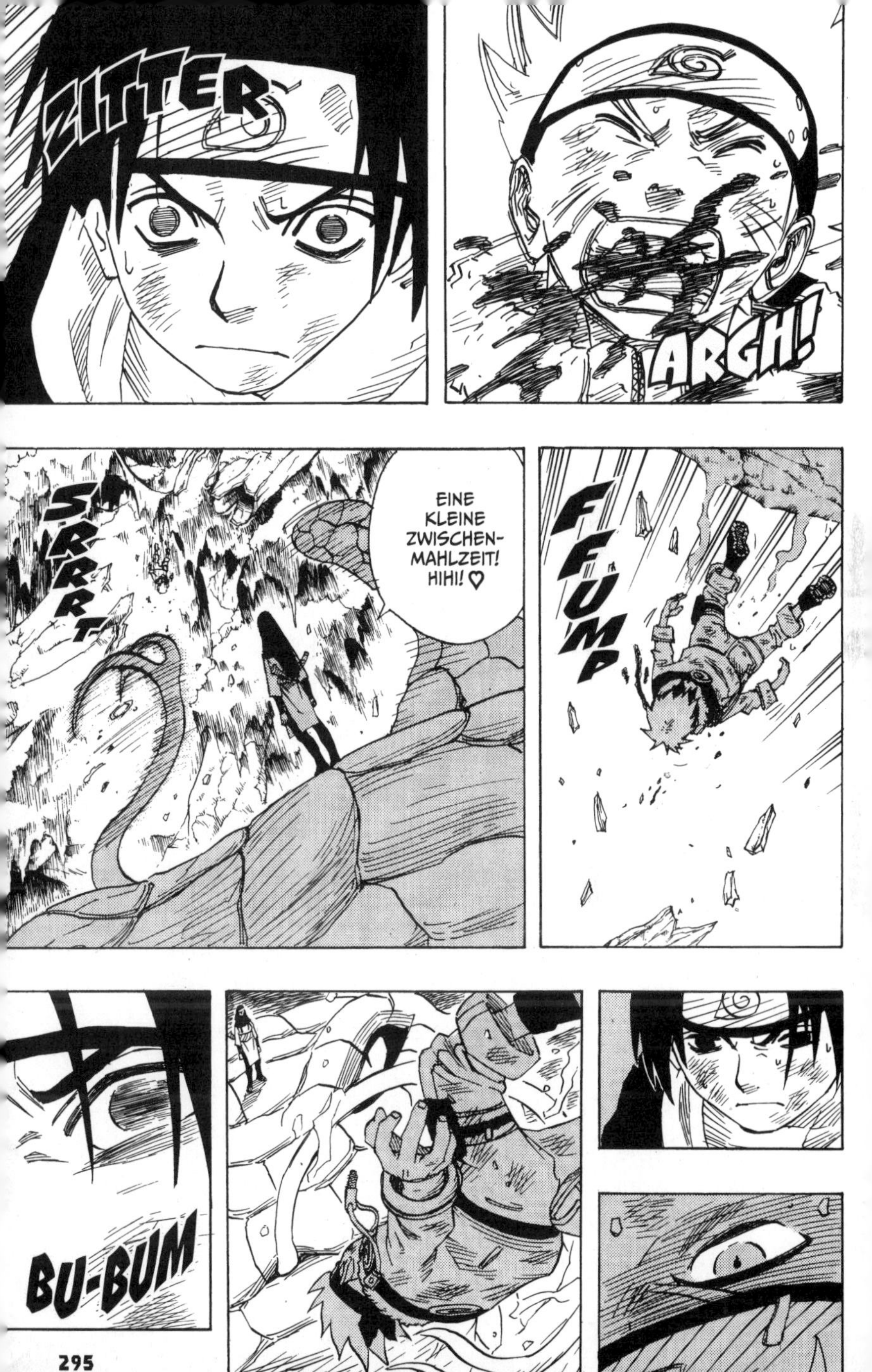
ARGH!
ZITTER
FFUMP
EINE KLEINE ZWISCHEN-MAHLZEIT! HIHI! ♡
SRRRT
BU-BUM

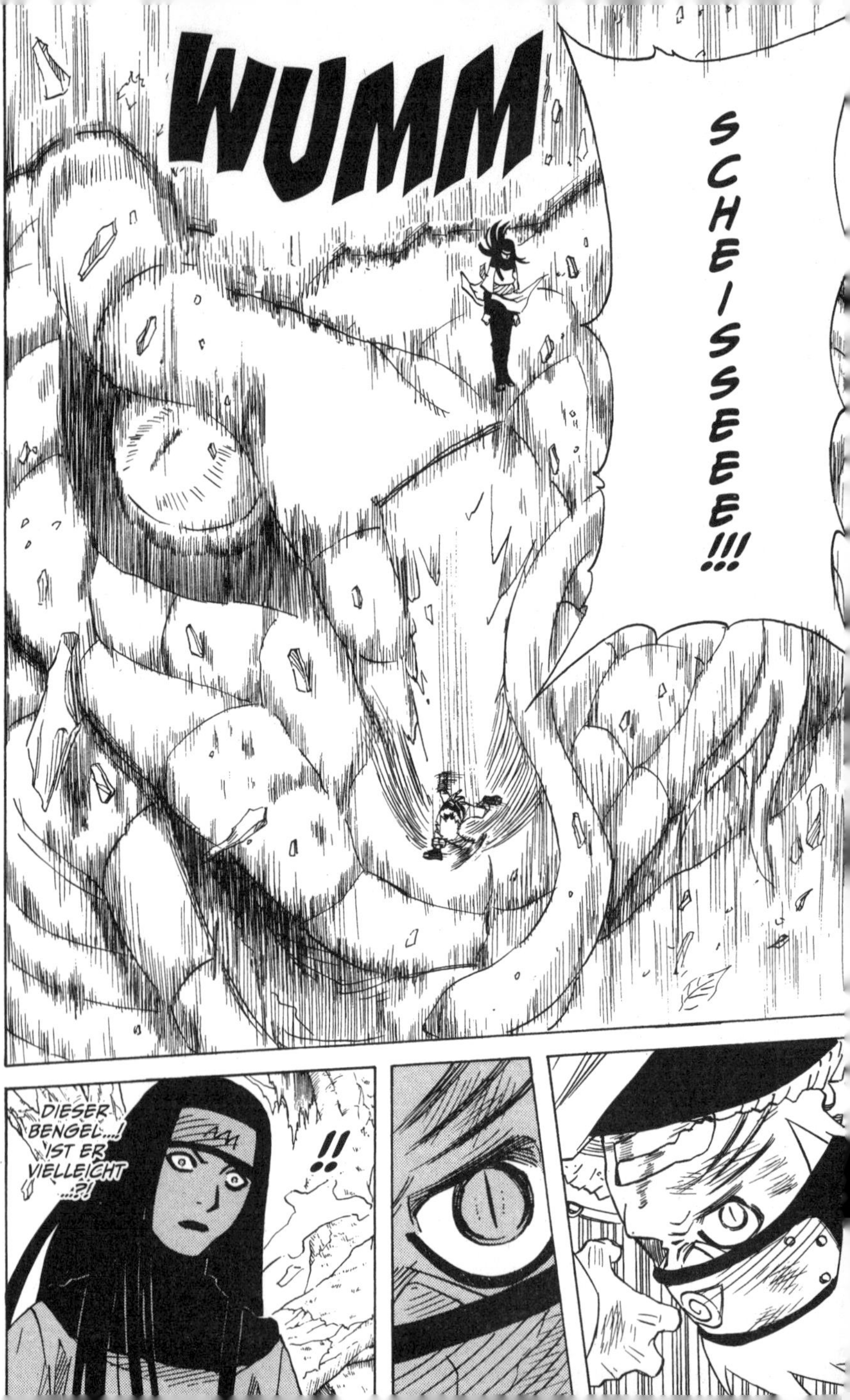
SCHEISSSEEEE!!!
WUMM
!!
DIESER BENGEL...! IST ER VIELLEICHT ...?!

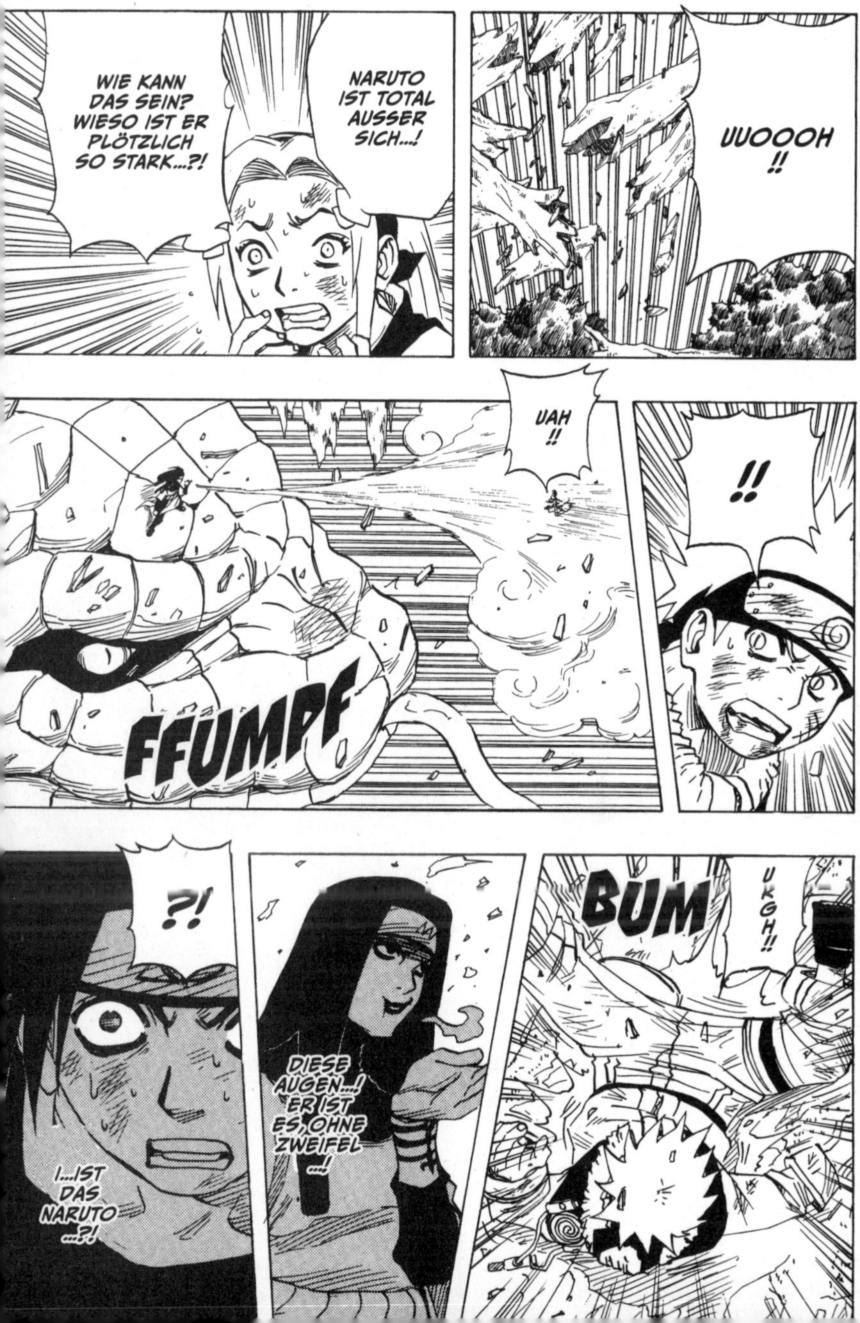
UUOOOH !!
NARUTO IST TOTAL AUSSER SICH...!
WIE KANN DAS SEIN? WIESO IST ER PLÖTZLICH SO STARK...?!
!!
UAH !!
FFUMPF
UKGH!!
BUM
DIESE AUGEN...! ER IST ES, OHNE ZWEIFEL ...!
?!
I...IST DAS NARUTO ...?!

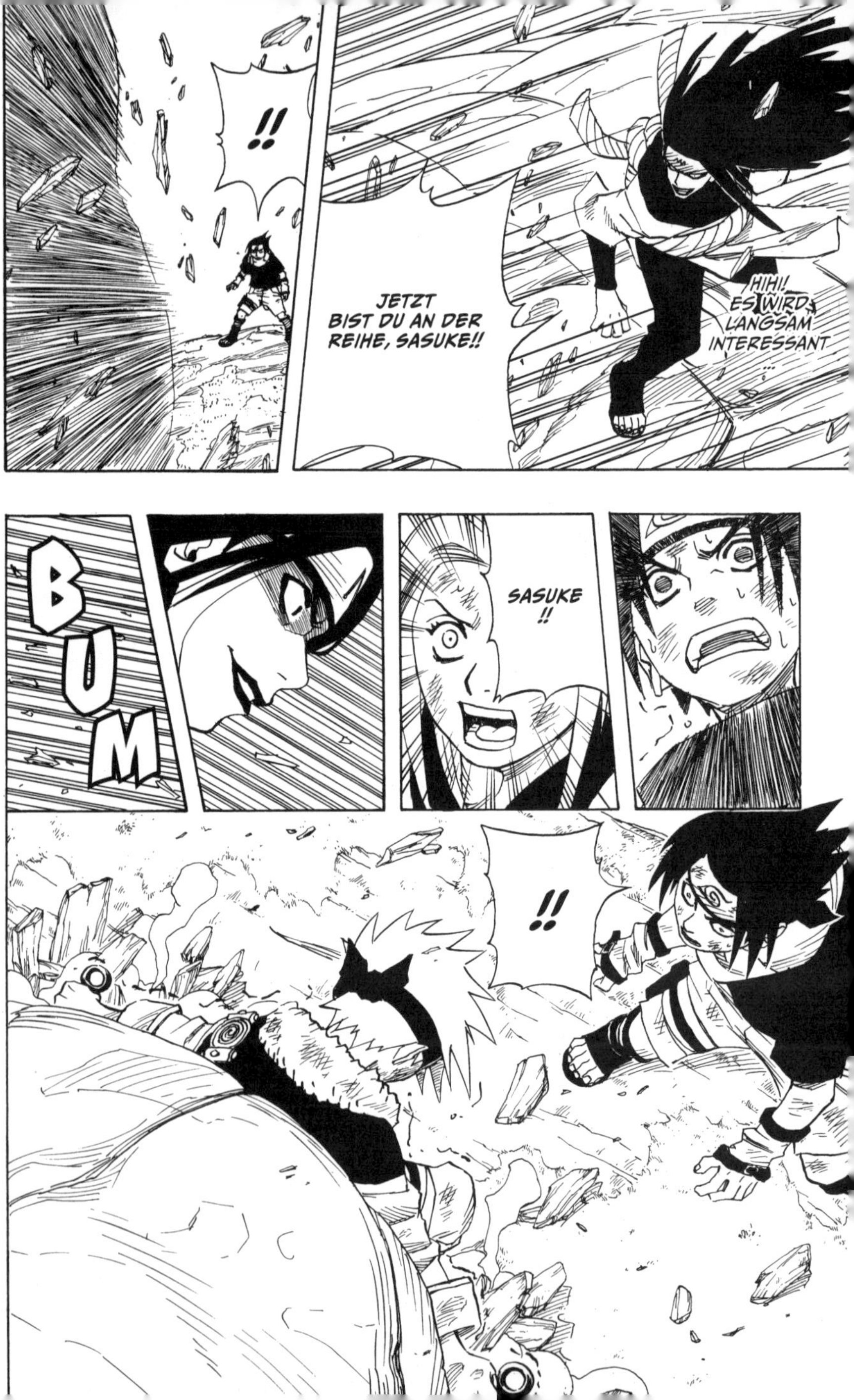
HIHI! ES WIRD LANGSAM INTERESSANT ...
JETZT BIST DU AN DER REIHE, SASUKE!!
!!
SASUKE !!
BUM
!!

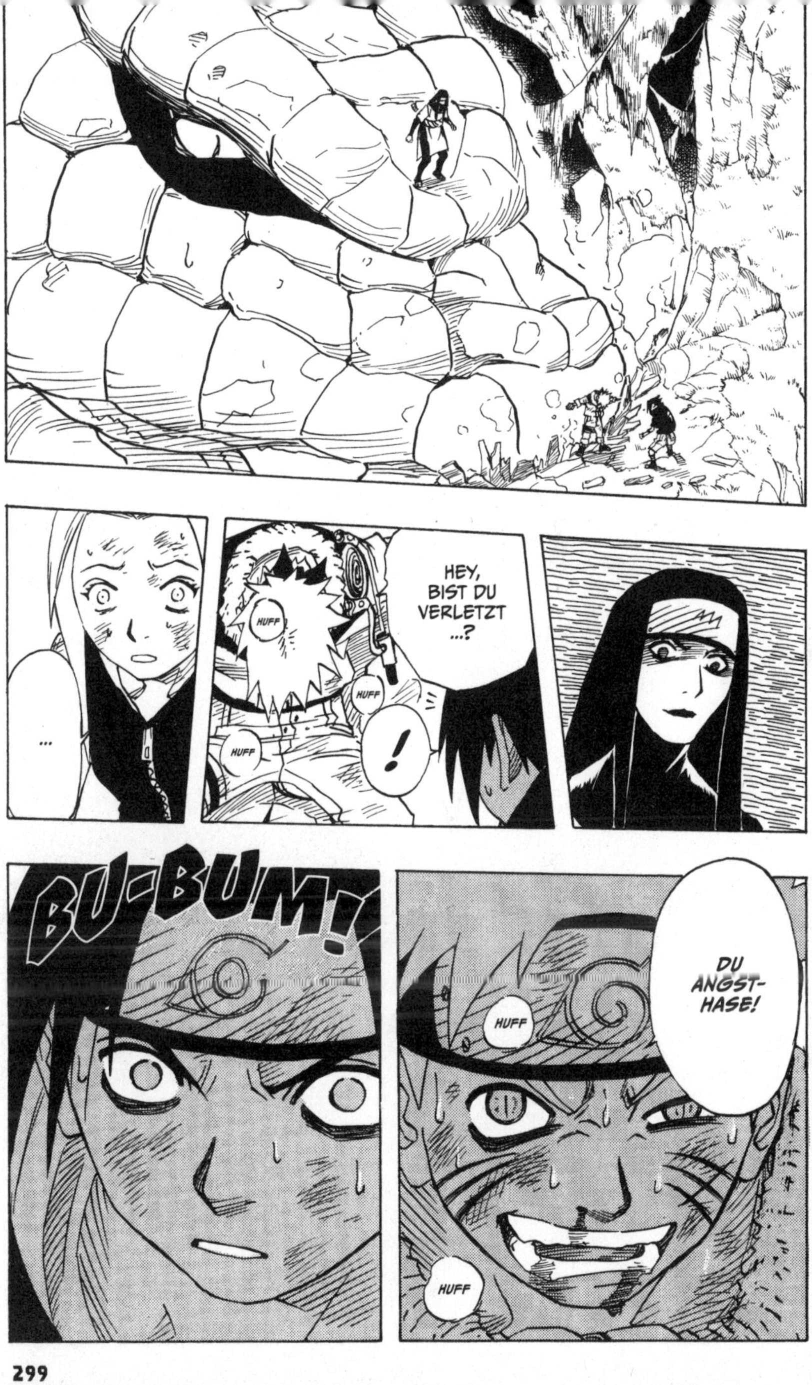

HEY, BIST DU VERLETZT ...?
HUFF
HUFF
HUFF
!
...
DU ANGST-HASE!
HUFF
HUFF
BU-BUM!!

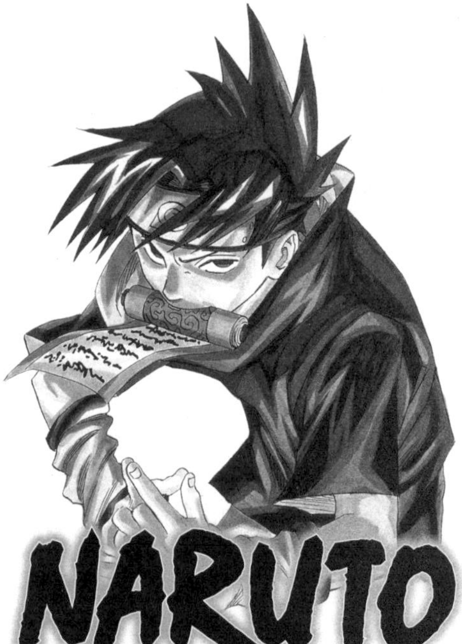
NARUTO

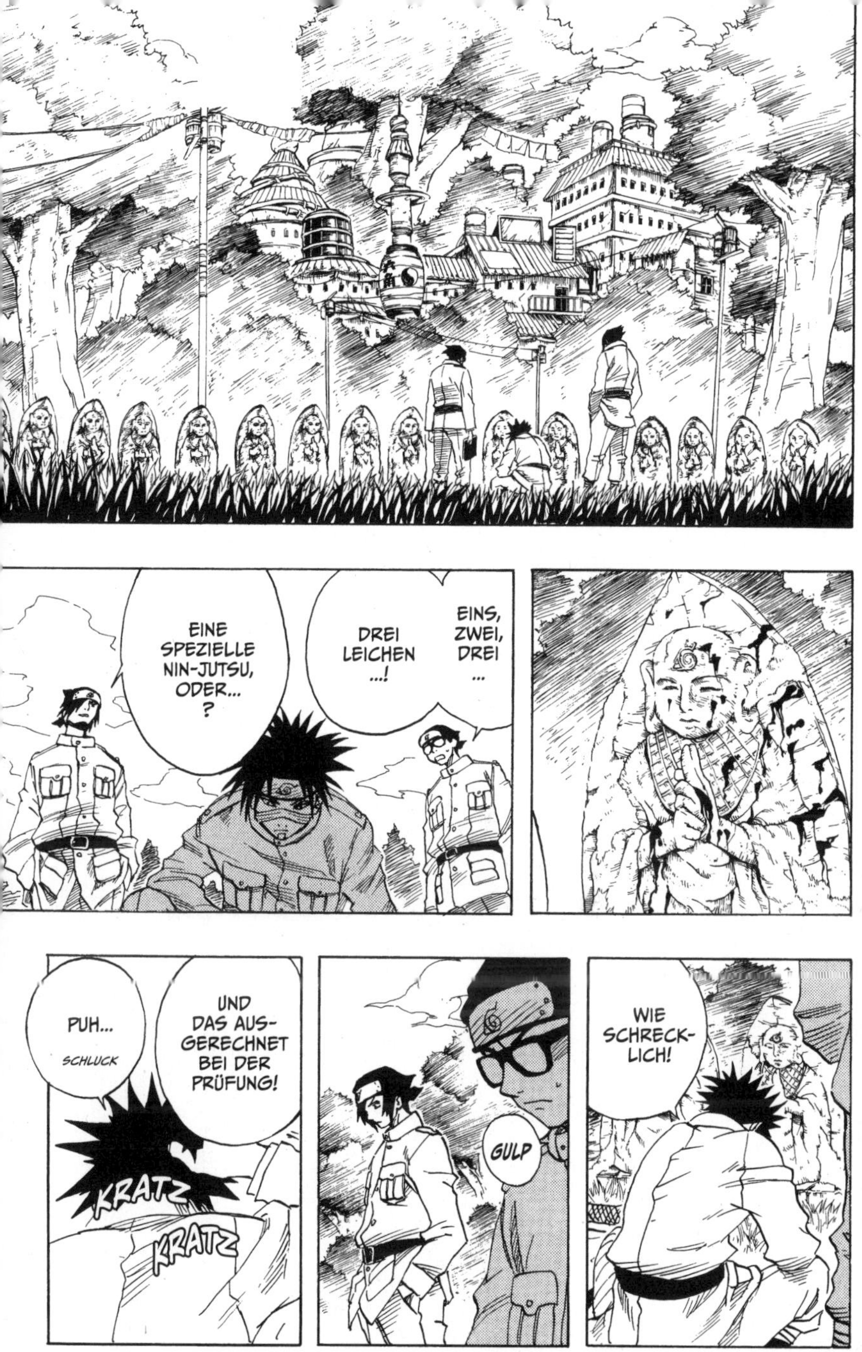
EINS, ZWEI, DREI ...
DREI LEICHEN ...!
EINE SPEZIELLE NIN-JUTSU, ODER... ?
WIE SCHRECK-LICH!
GULP
UND DAS AUS-GERECHNET BEI DER PRÜFUNG!
PUH... SCHLUCK
KRATZ
KRATZ

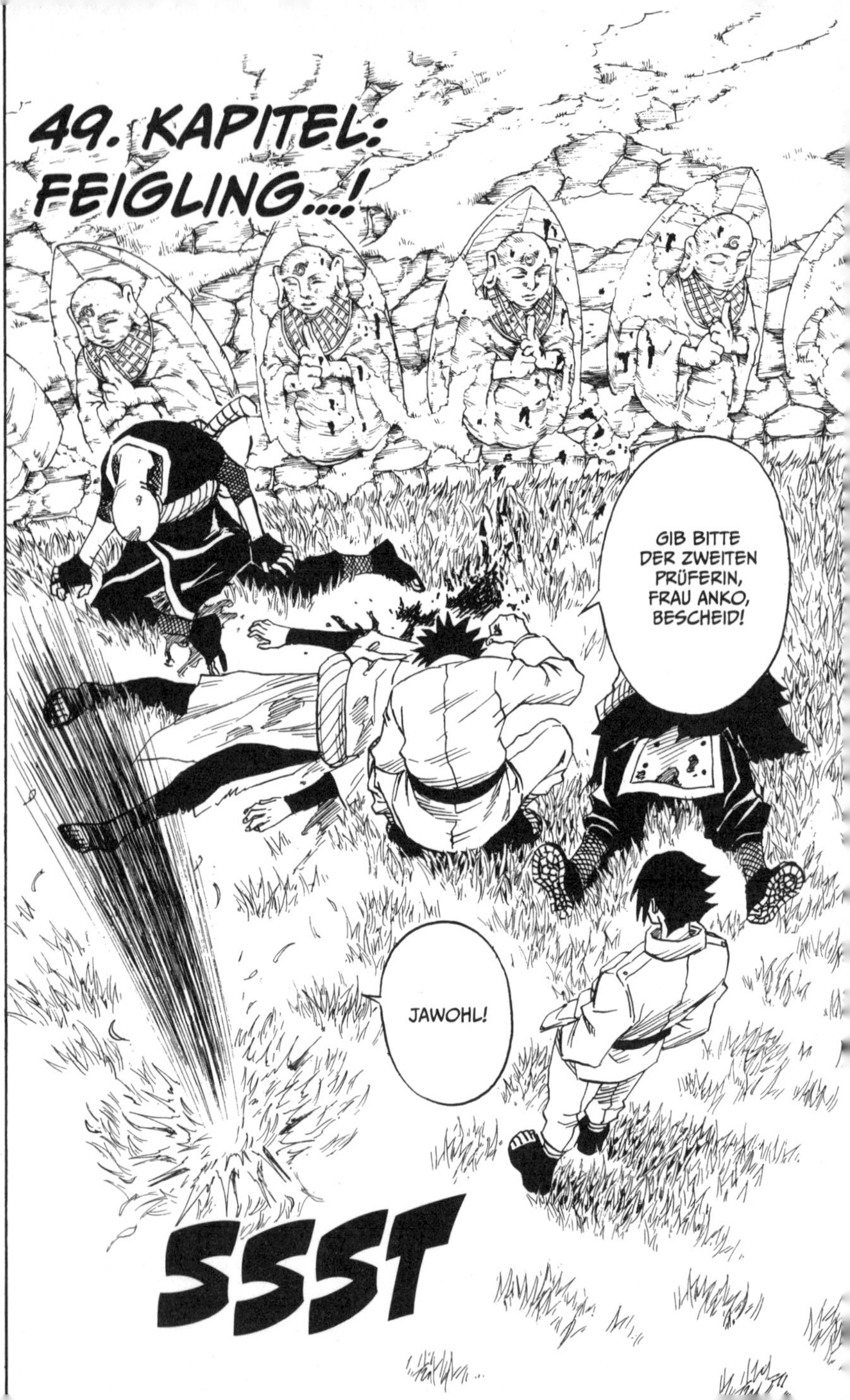
49. KAPITEL: FEIGLING...!
GIB BITTE DER ZWEITEN PRÜFERIN, FRAU ANKO, BESCHEID!
JAWOHL!
SSST

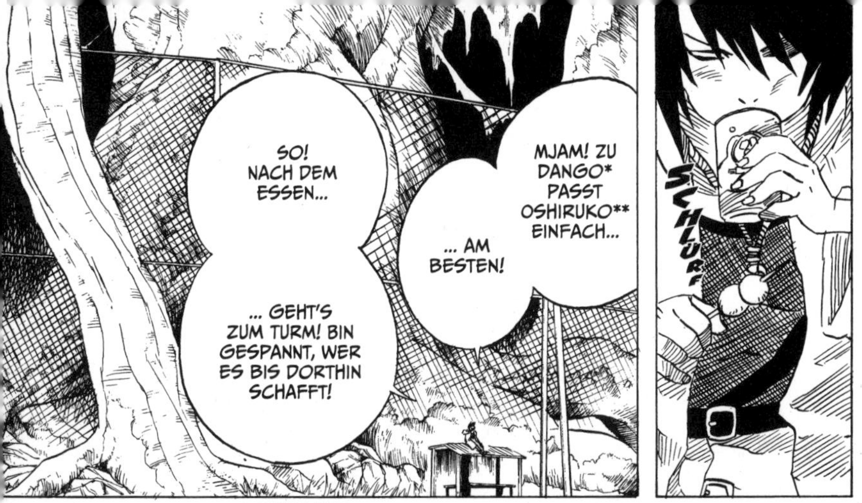

* KLÖSSCHEN
** EINE DICKE SÜSSE SUPPE AUS ROTEN BOHNEN

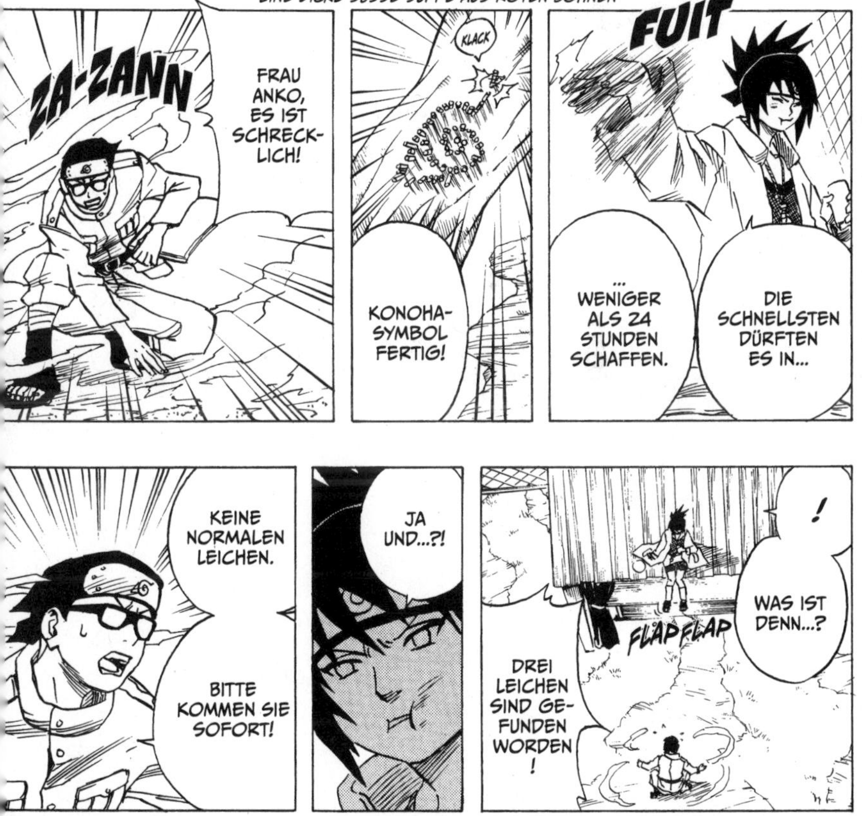

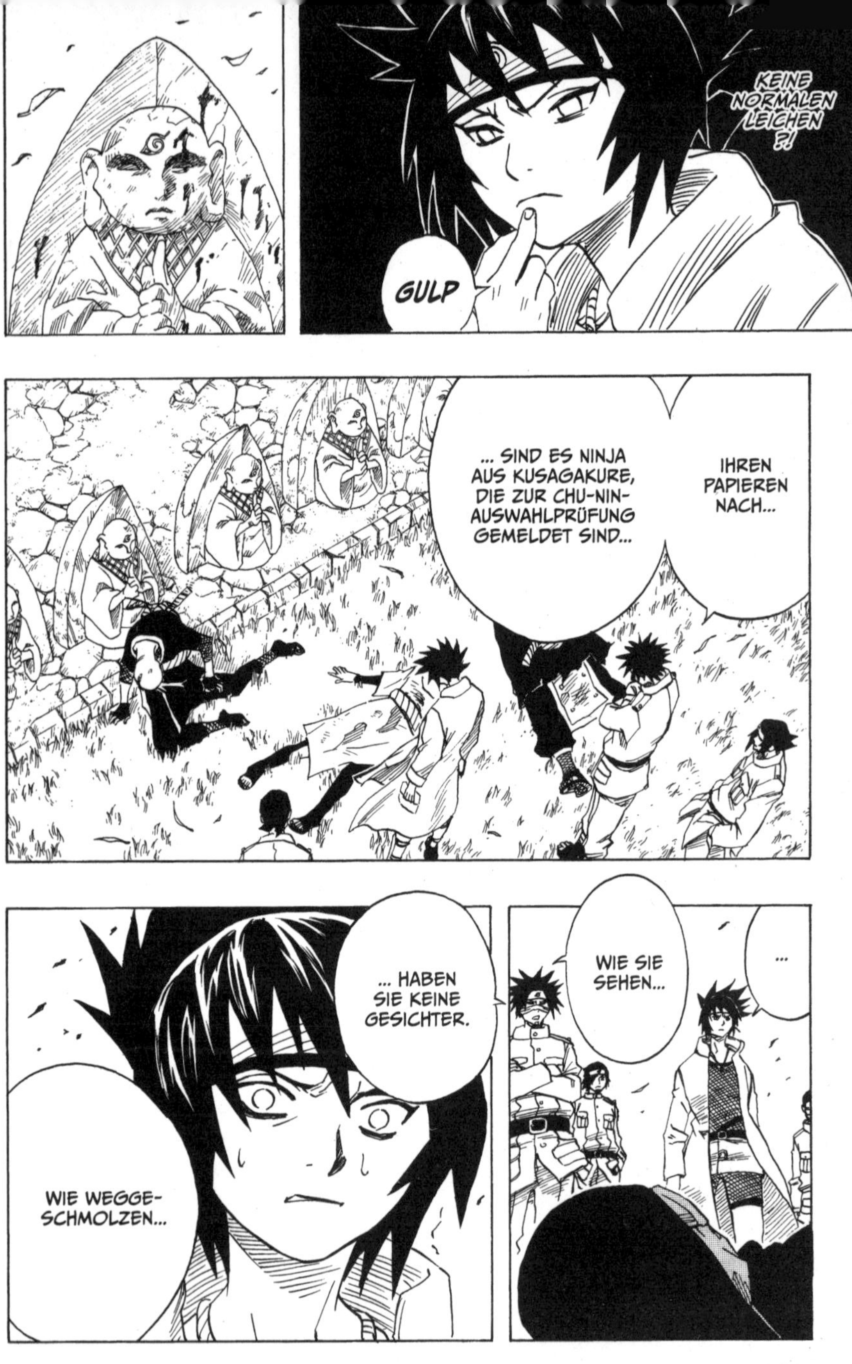
KEINE NORMALEN LEICHEN ?!
GULP
IHREN PAPIEREN NACH...
... SIND ES NINJA AUS KUSAGAKURE, DIE ZUR CHU-NIN-AUSWAHLPRÜFUNG GEMELDET SIND...
...
WIE SIE SEHEN...
... HABEN SIE KEINE GESICHTER.
WIE WEGGE-SCHMOLZEN...

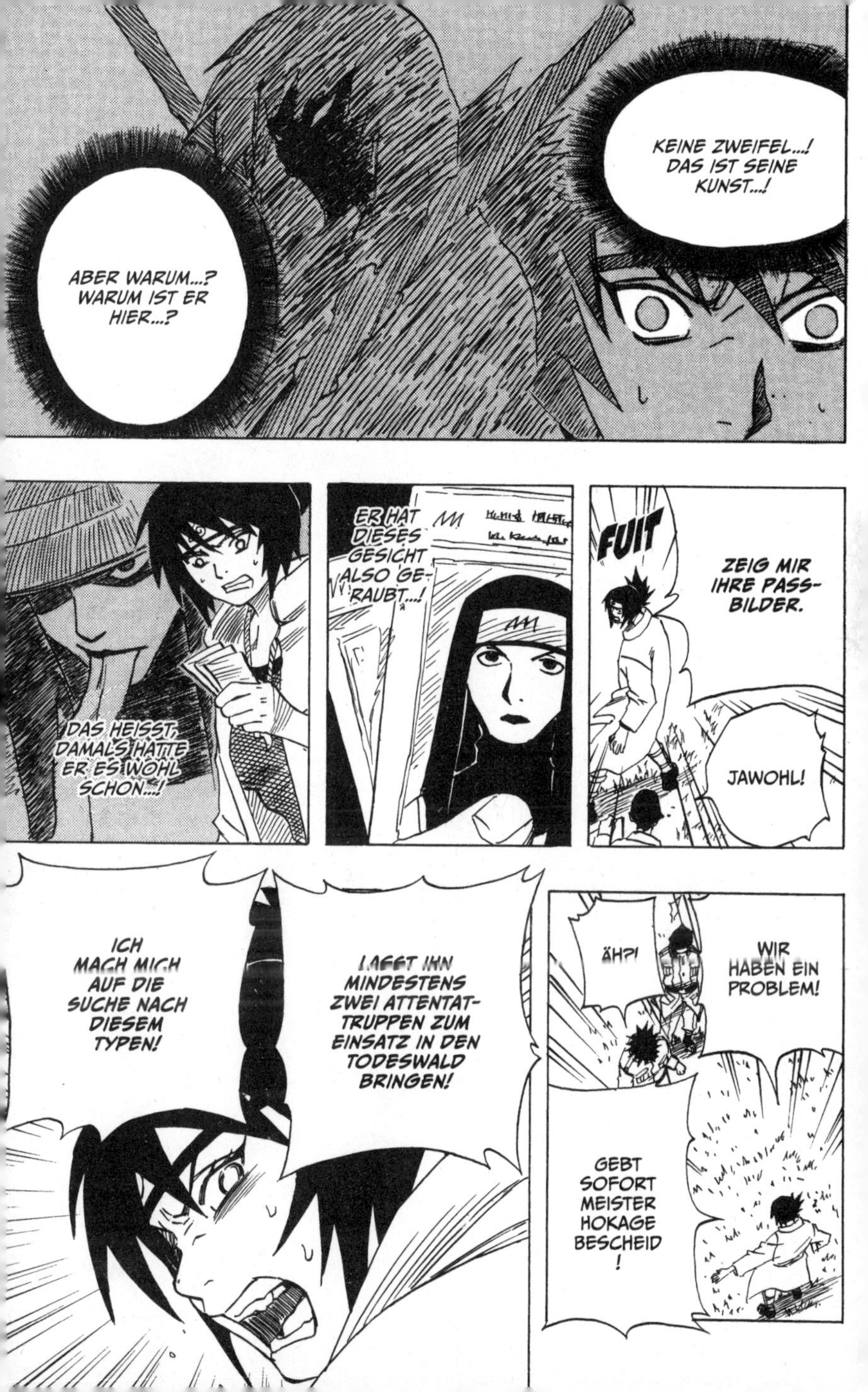
KEINE ZWEIFEL...! DAS IST SEINE KUNST...!
ABER WARUM...? WARUM IST ER HIER...?
FUIT
ZEIG MIR IHRE PASS-BILDER.
JAWOHL!
ER HAT DIESES GESICHT ALSO GE-RAUBT...!
DAS HEISST, DAMALS HATTE ER ES WOHL SCHON...!
ÄH?!
WIR HABEN EIN PROBLEM!
GEBT SOFORT MEISTER HOKAGE BESCHEID!
LASST IHN MINDESTENS ZWEI ATTENTAT-TRUPPEN ZUM EINSATZ IN DEN TODESWALD BRINGEN!
ICH MACH MICH AUF DIE SUCHE NACH DIESEM TYPEN!

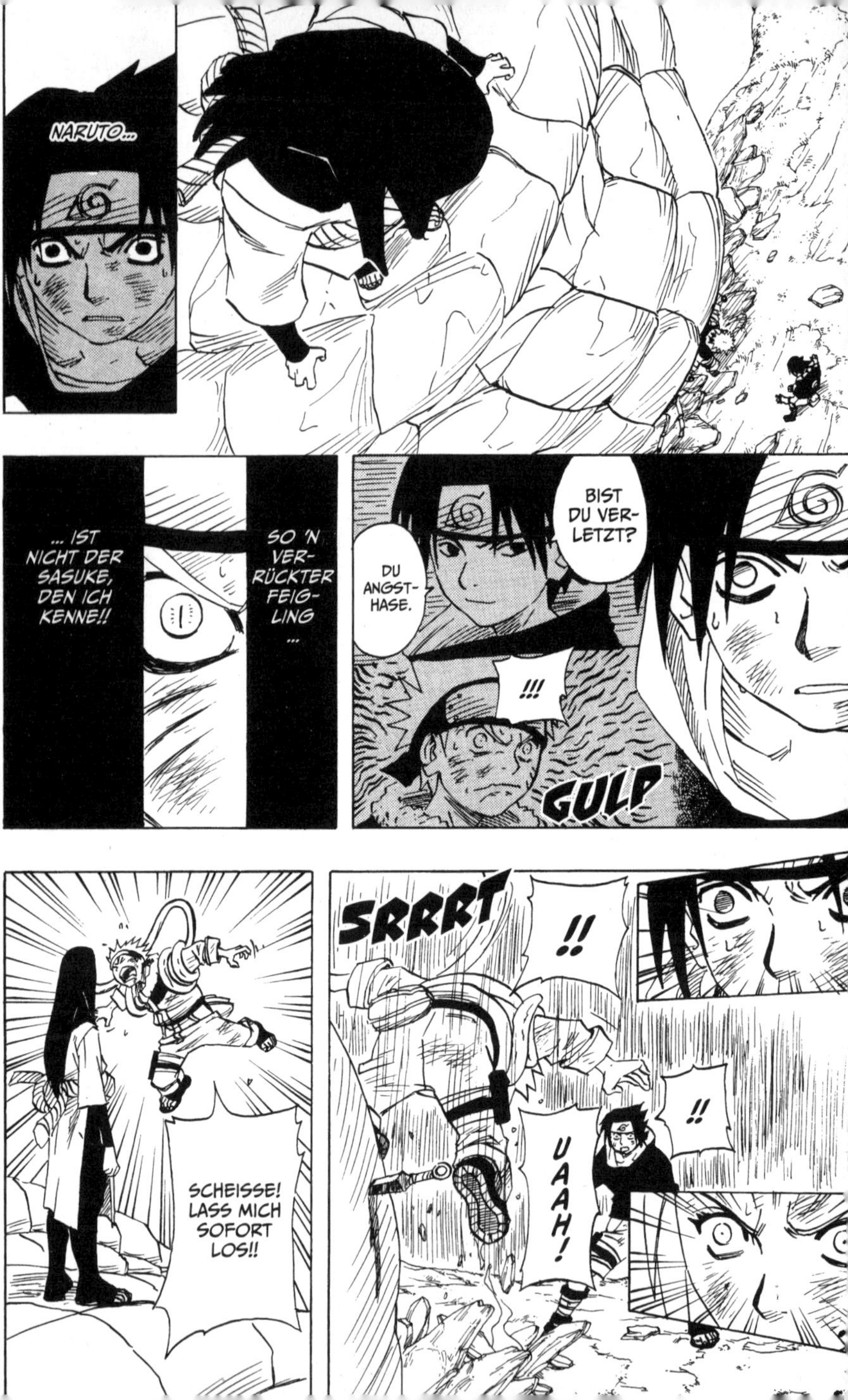
NARUTO...
BIST DU VERLETZT?
DU ANGST-HASE.
!!!
GULP
SO 'N VERRÜCKTER FEIG-LING ...
... IST NICHT DER SASUKE, DEN ICH KENNE!!
SRRRT
!!
!!
UAAAH!
SCHEISSE! LASS MICH SOFORT LOS!!

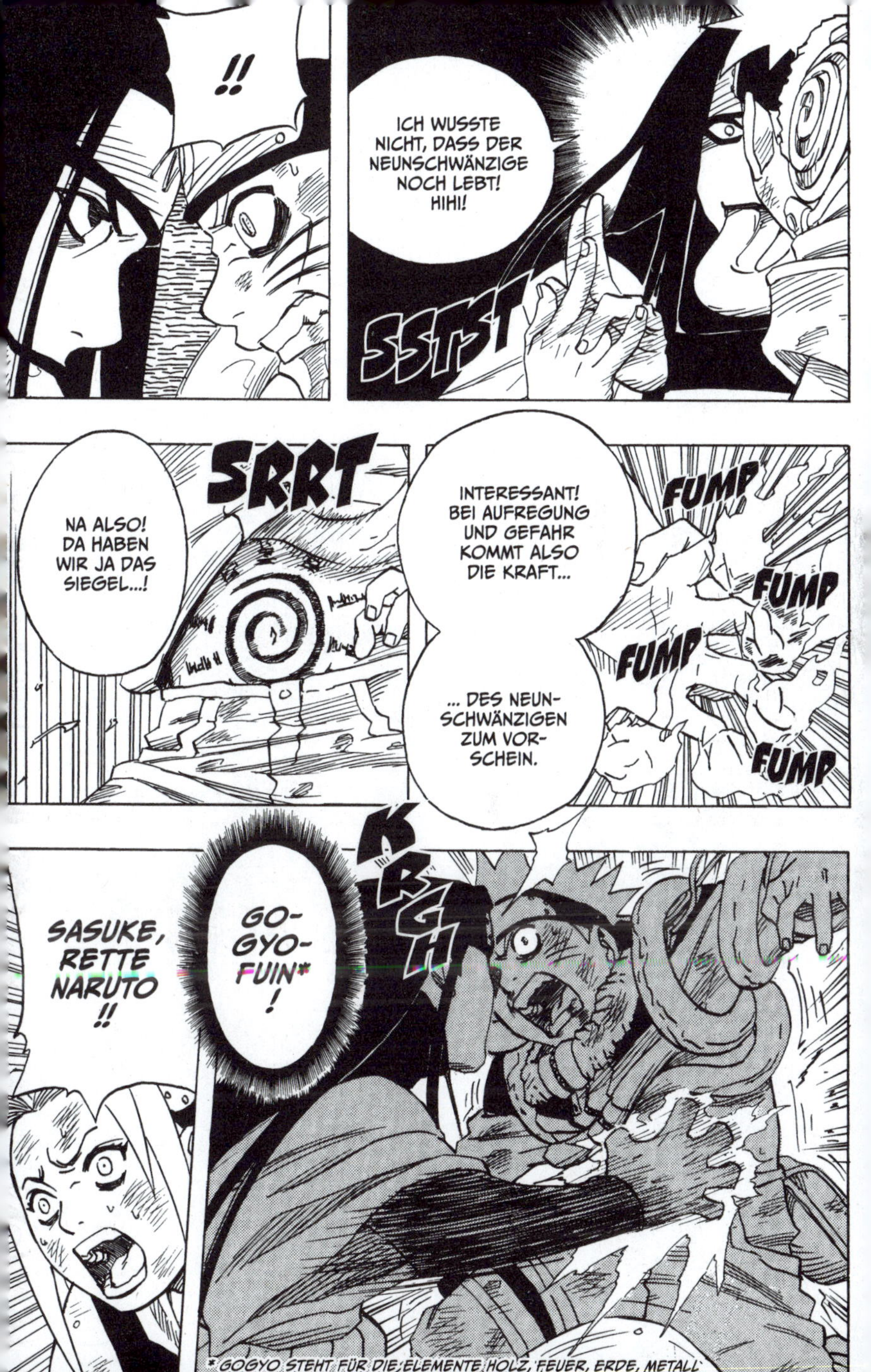

* GOGYO STEHT FÜR DIE ELEMENTE HOLZ, FEUER, ERDE, METALL UND WASSER, FUIN BEDEUTET VERSIEGELN.

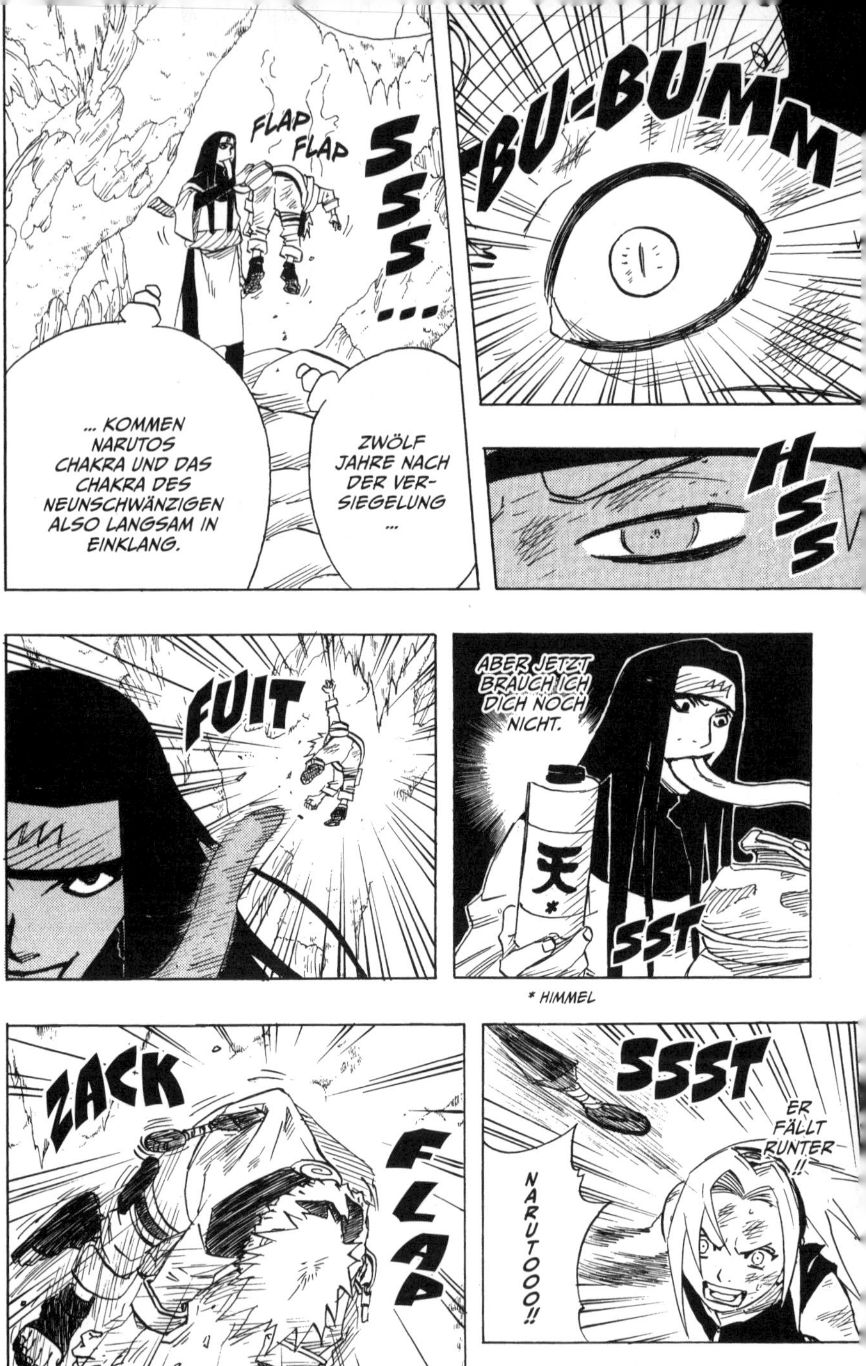
BU-BUMM
HSS
FLAP FLAP
SSS ...
ZWÖLF JAHRE NACH DER VER-SIEGELUNG ...
... KOMMEN NARUTOS CHAKRA UND DAS CHAKRA DES NEUNSCHWÄNZIGEN ALSO LANGSAM IN EINKLANG.
ABER JETZT BRAUCH ICH DICH NOCH NICHT.
天*
SST
* HIMMEL
FUIT
SSST
ER FÄLLT RUNTER !!
NARUTOOO!!
ZACK
FLAP

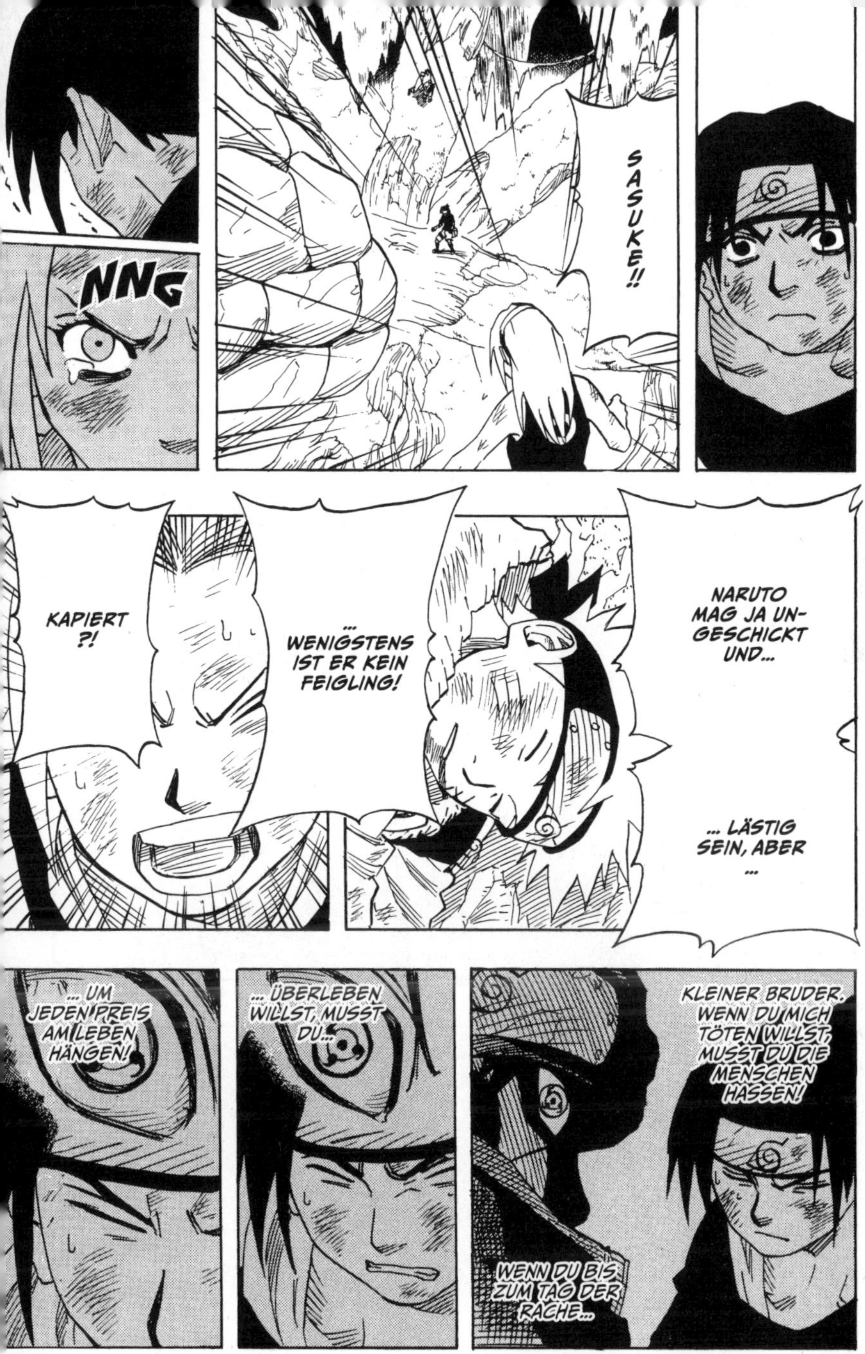
SASUKE!!
NNG
NARUTO MAG JA UN-GESCHICKT UND...
... LÄSTIG SEIN, ABER ...
... WENIGSTENS IST ER KEIN FEIGLING!
KAPIERT ?!
KLEINER BRUDER. WENN DU MICH TÖTEN WILLST, MUSST DU DIE MENSCHEN HASSEN!
WENN DU BIS ZUM TAG DER RACHE...
... ÜBERLEBEN WILLST, MUSST DU...
... UM JEDEN PREIS AM LEBEN HÄNGEN!

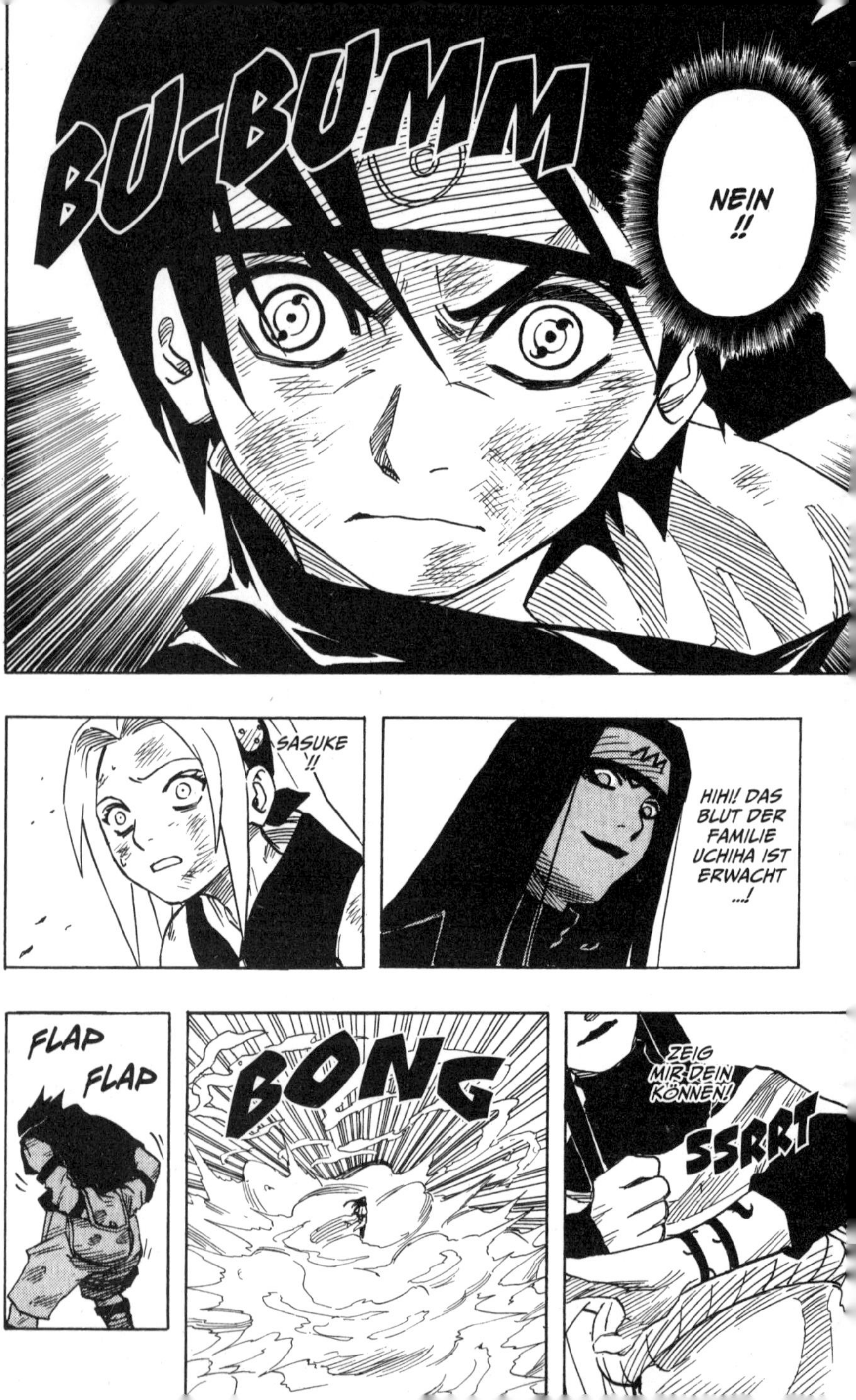
BU-BUMM
NEIN !!
SASUKE !!
HIHI! DAS BLUT DER FAMILIE UCHIHA IST ERWACHT ...!
ZEIG MIR DEIN KÖNNEN!
SSRRT
BONG
FLAP FLAP

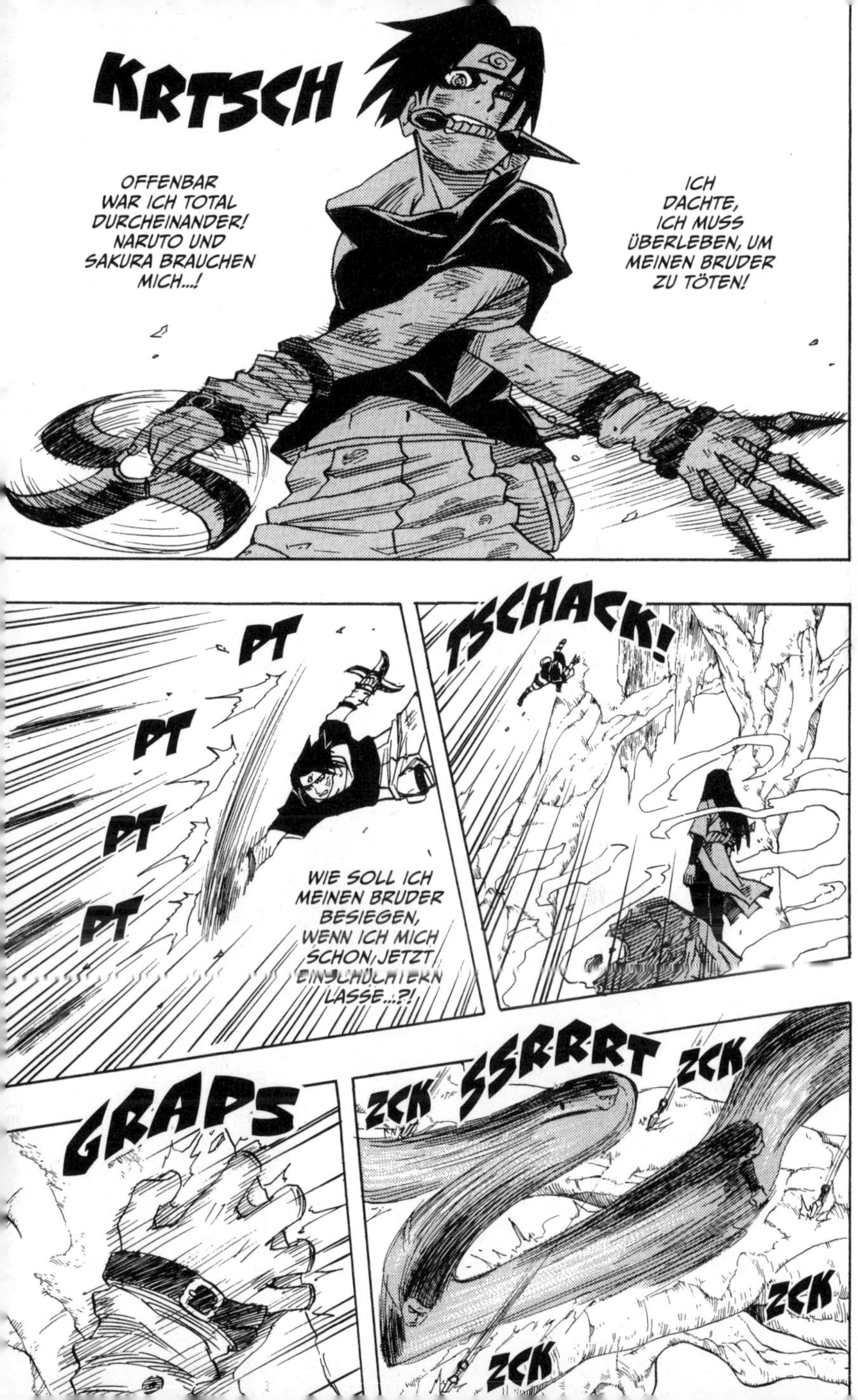
KRTSCH
ICH DACHTE, ICH MUSS ÜBERLEBEN, UM MEINEN BRUDER ZU TÖTEN!
OFFENBAR WAR ICH TOTAL DURCHEINANDER! NARUTO UND SAKURA BRAUCHEN MICH...!
TSCHACK!
PT
PT
PT
PT
WIE SOLL ICH MEINEN BRUDER BESIEGEN, WENN ICH MICH SCHON JETZT EINSCHÜCHTERN LASSE...?!
SSRRRT
ZCK
ZCK
ZCK
ZCK
GRAPS

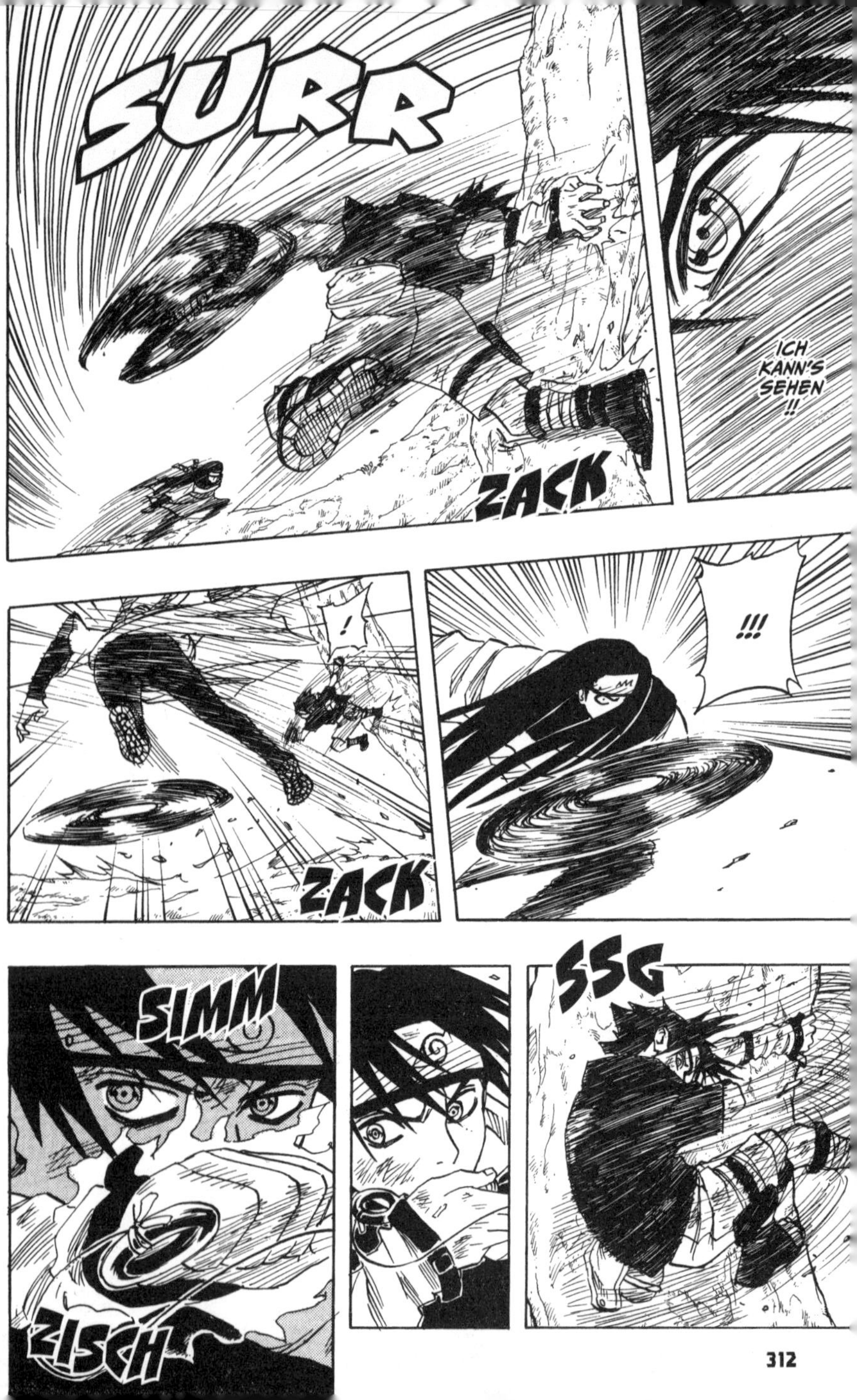
ICH KANN'S SEHEN !!
SURR
ZACK
!!!
!
ZACK
SSG
SIMM
ZISCH

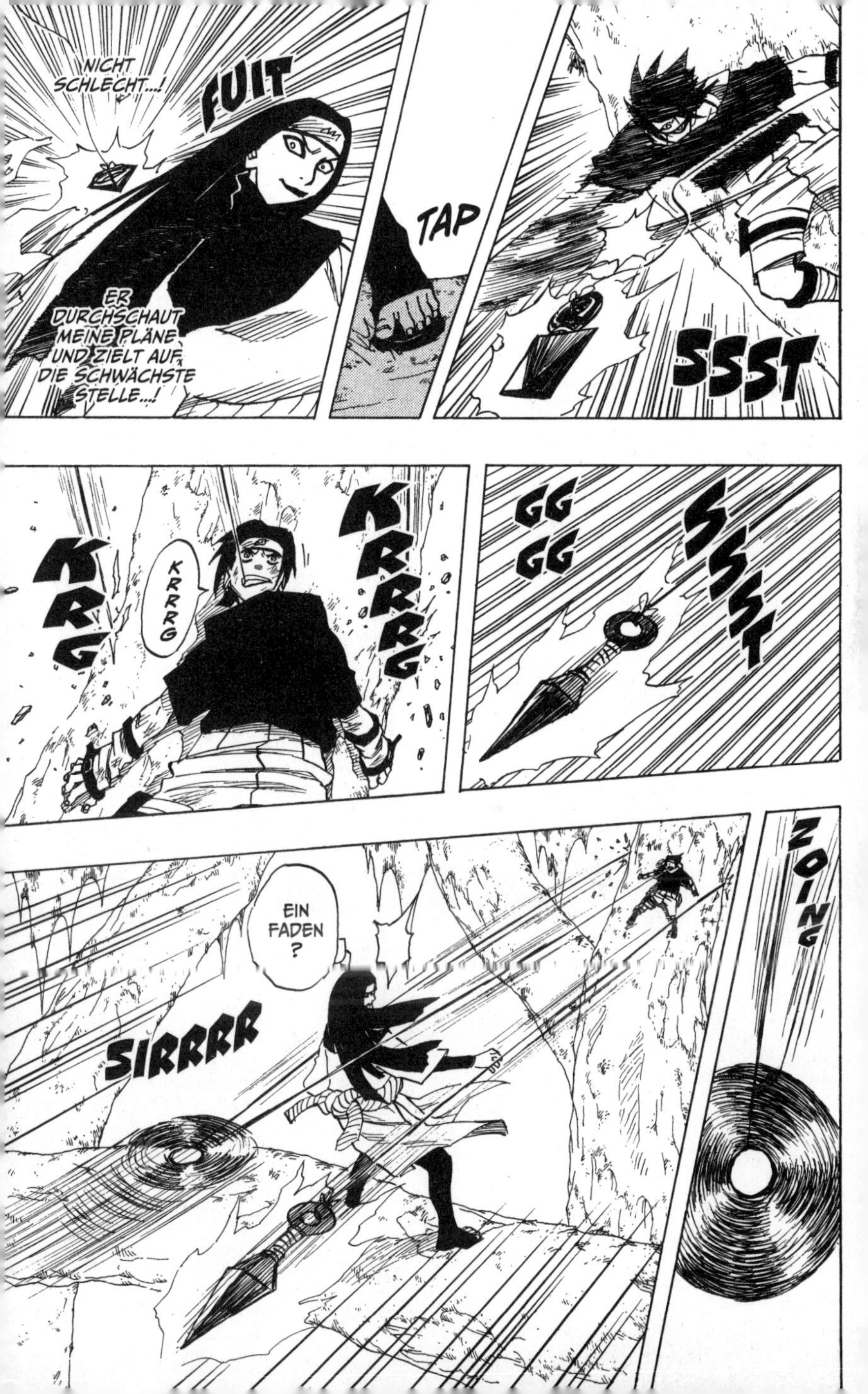
SSST
TAP
FUIT
NICHT SCHLECHT...!
ER DURCHSCHAUT MEINE PLÄNE UND ZIELT AUF DIE SCHWÄCHSTE STELLE...!
SSST
GG GG
KRRRG
KRRRG
KRG
ZOING
EIN FADEN ?
SIRRRR

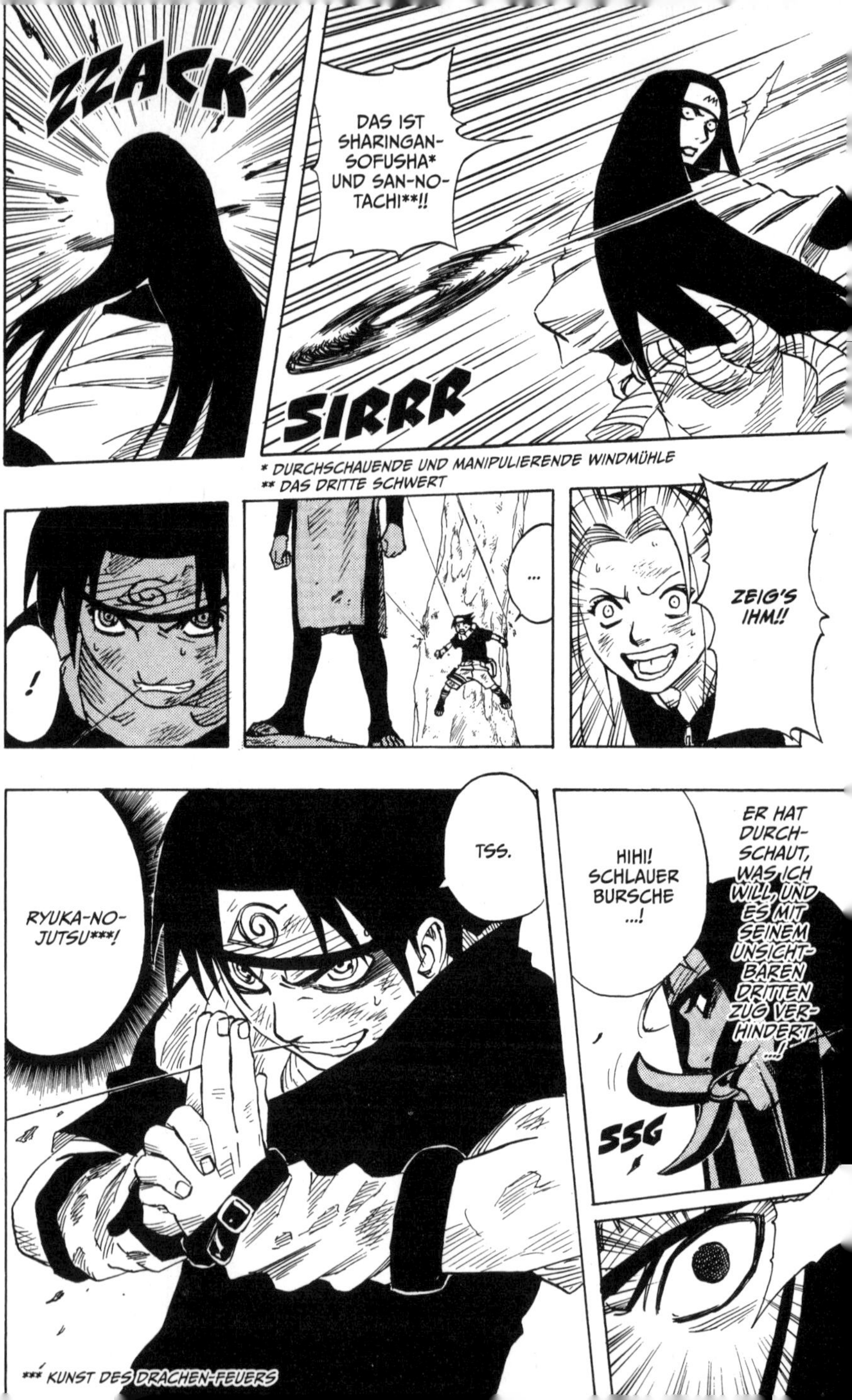
DAS IST SHARINGAN-SOFUSHA* UND SAN-NO-TACHI**!!
SIRRR
ZZACK
* DURCHSCHAUENDE UND MANIPULIERENDE WINDMÜHLE
** DAS DRITTE SCHWERT
ZEIG'S IHM!!
...
!
ER HAT DURCH-SCHAUT, WAS ICH WILL, UND ES MIT SEINEM UNSICHT-BAREN DRITTEN ZUG VER-HINDERT ...!
HIHI! SCHLAUER BURSCHE ...!
SSG
TSS.
RYUKA-NO-JUTSU***!
*** KUNST DES DRACHEN-FEUERS

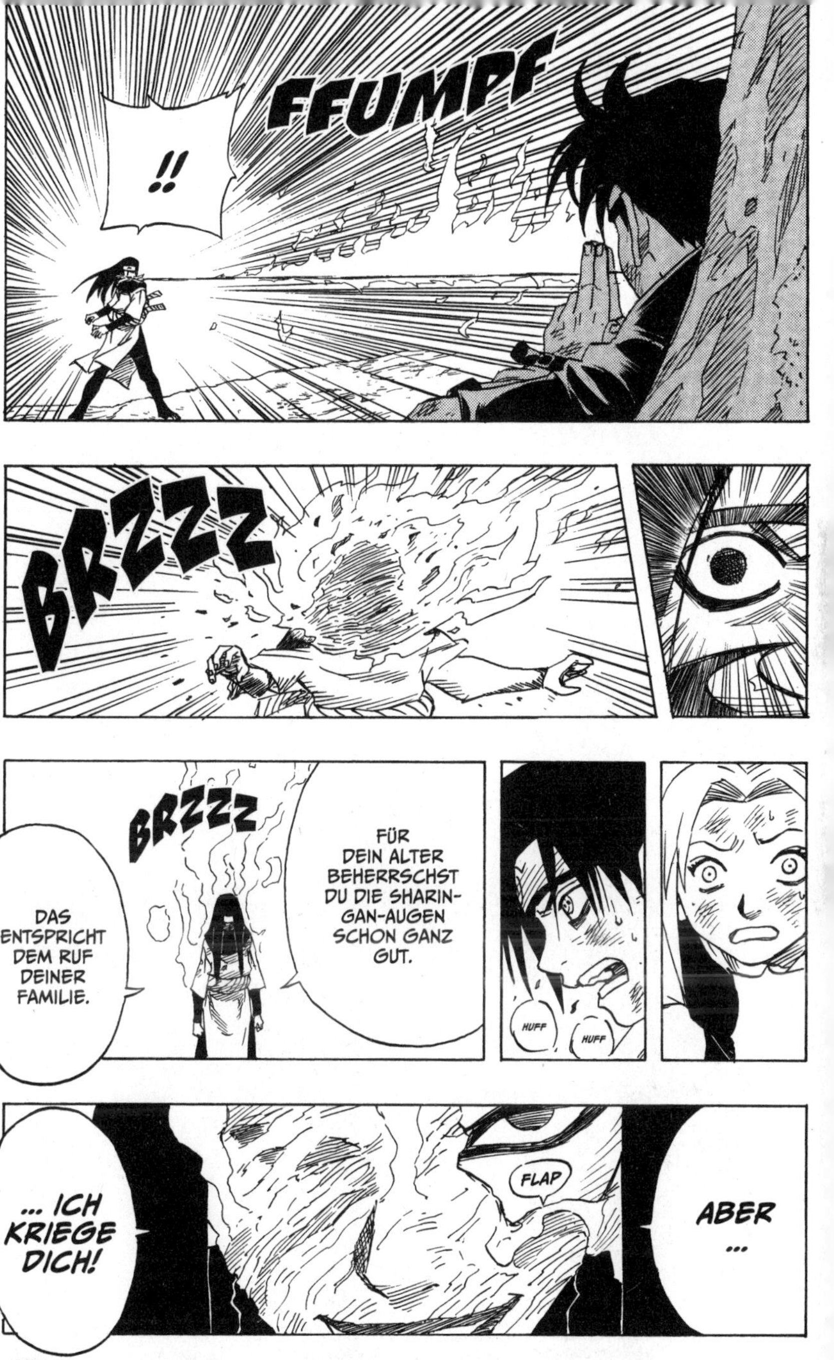
FFUMPF
!!
BRZZZ
BRZZZ
FÜR DEIN ALTER BEHERRSCHST DU DIE SHARIN-GAN-AUGEN SCHON GANZ GUT.
DAS ENTSPRICHT DEM RUF DEINER FAMILIE.
HUFF
HUFF
ABER ...
FLAP
... ICH KRIEGE DICH!

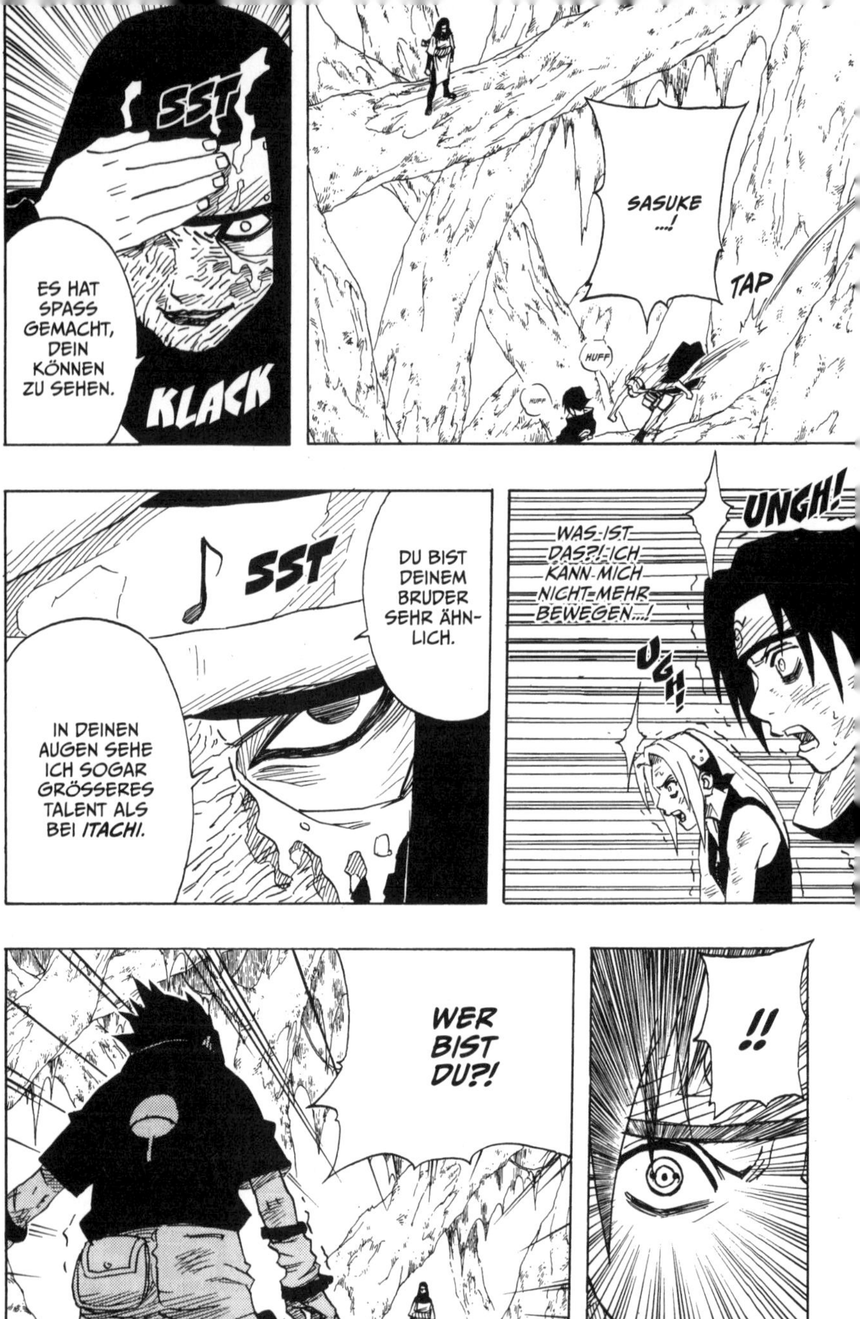
SASUKE ...!
TAP
HUFF
HUFF
SST
ES HAT SPASS GEMACHT, DEIN KÖNNEN ZU SEHEN.
KLACK
UNGH!
WAS IST DAS?! ICH KANN MICH NICHT MEHR BEWEGEN...!
UGH!
DU BIST DEINEM BRUDER SEHR ÄHNLICH.
SST
IN DEINEN AUGEN SEHE ICH SOGAR GRÖSSERES TALENT ALS BEI *ITACHI*.
!!
WER BIST DU?!

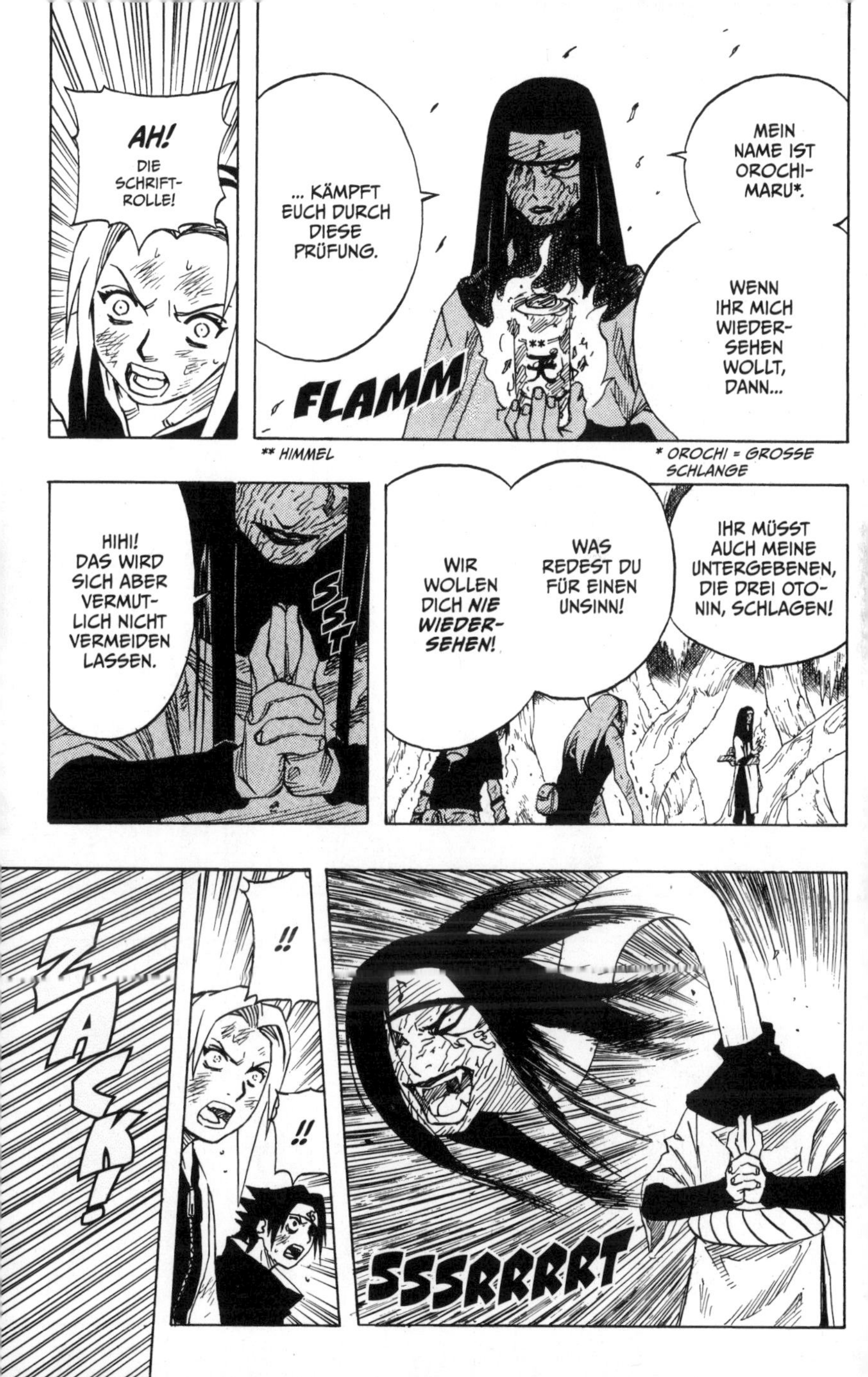

* OROCHI = GROSSE SCHLANGE

** HIMMEL

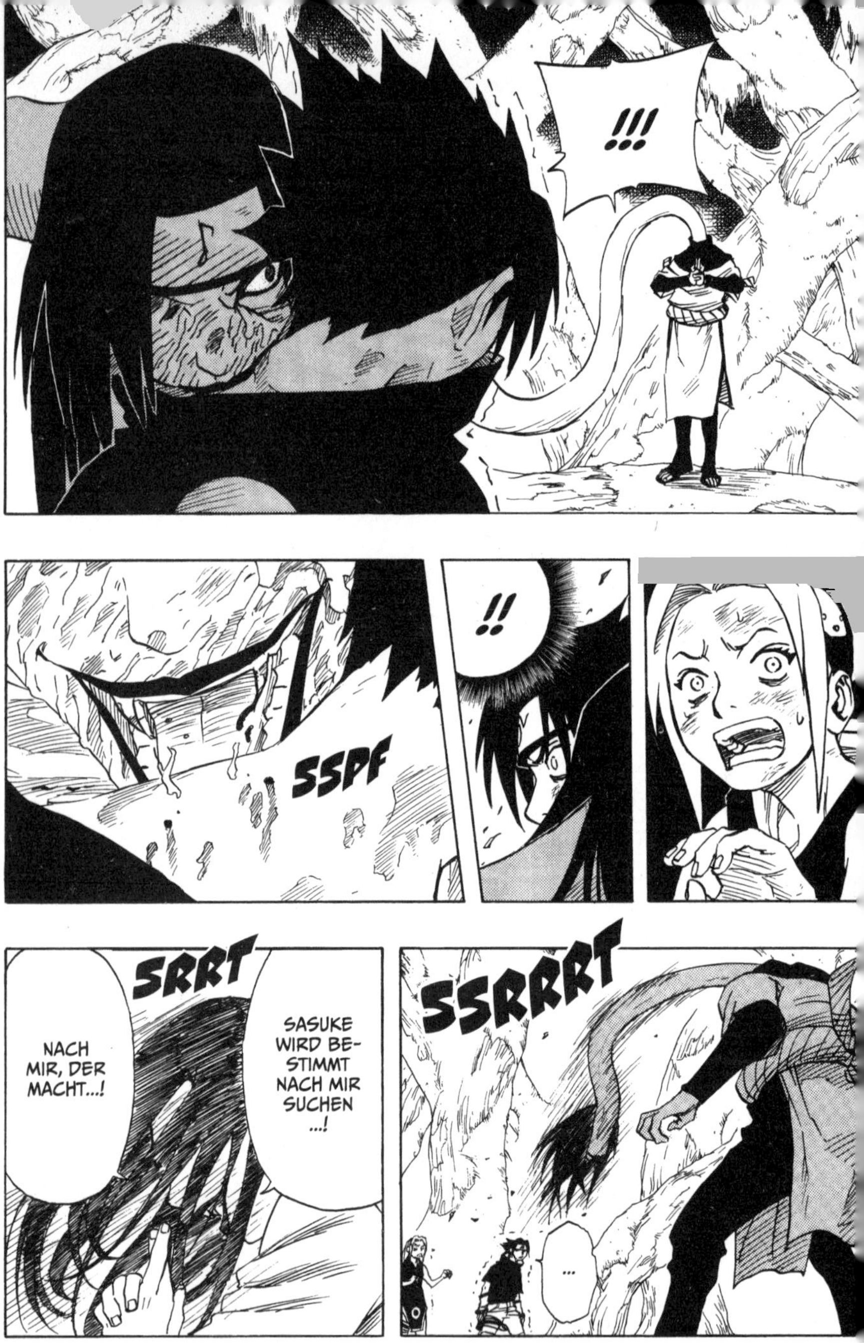
!!!
SSPF
!!
SASUKE WIRD BE- STIMMT NACH MIR SUCHEN ...!
SRRT
NACH MIR, DER MACHT...!
SSRRRT
...

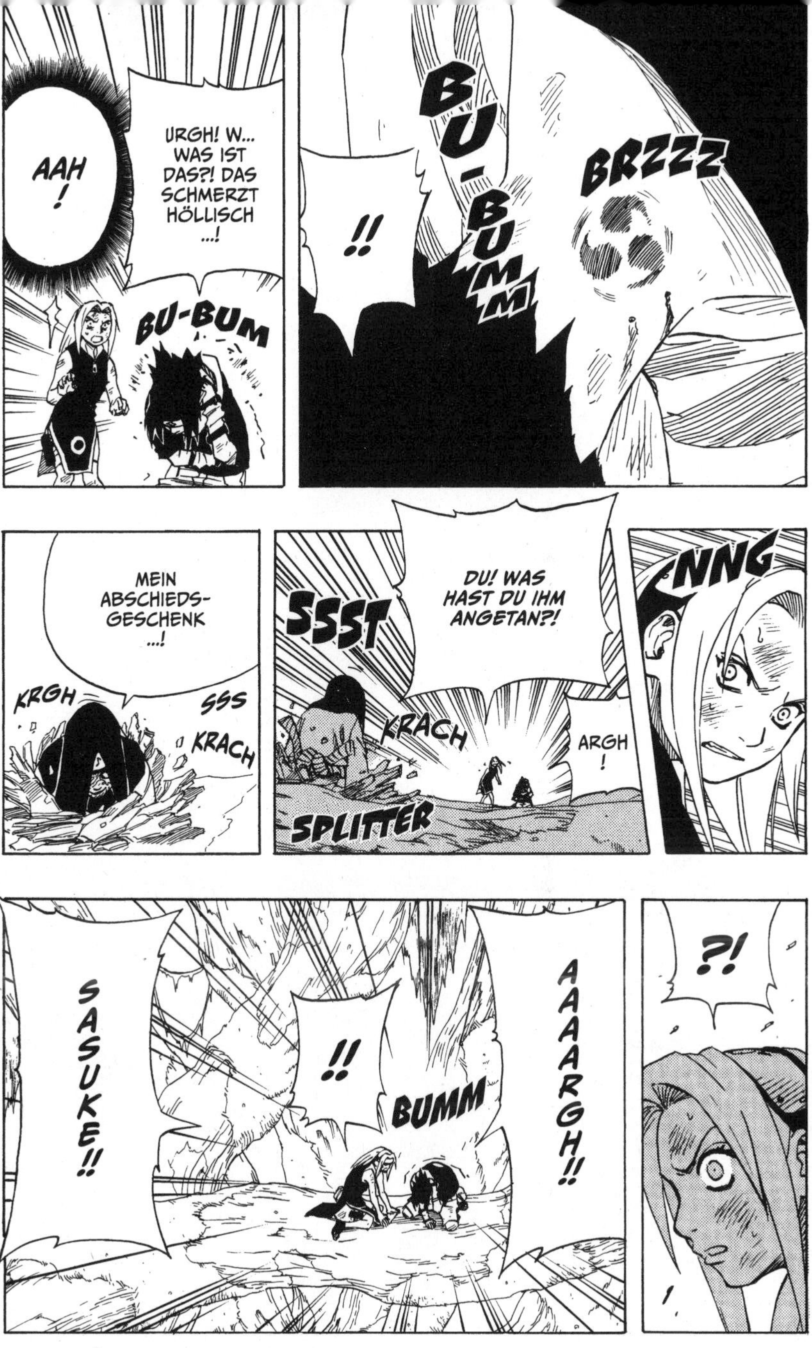
BRZZZ
BU-BUMM
!!
AAH!
URGH! W... WAS IST DAS?! DAS SCHMERZT HÖLLISCH ...!
BU-BUM
NNG
DU! WAS HAST DU IHM ANGETAN?!
ARGH!
SSST
KRACH
SPLITTER
MEIN ABSCHIEDS-GESCHENK ...!
KRGH
SSS
KRACH
?!
AAAARGH!!
BUMM
!!
SASUKE!!

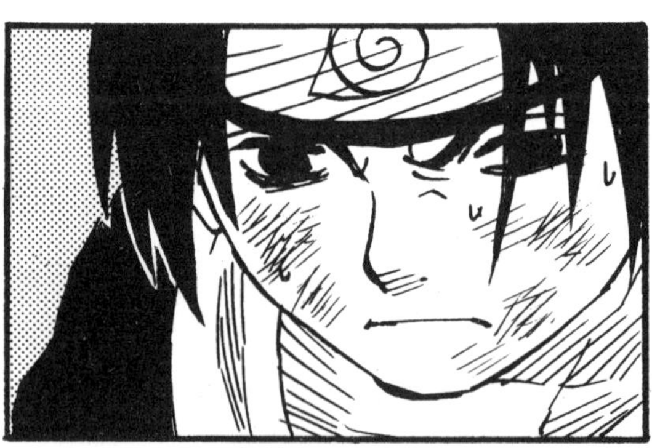

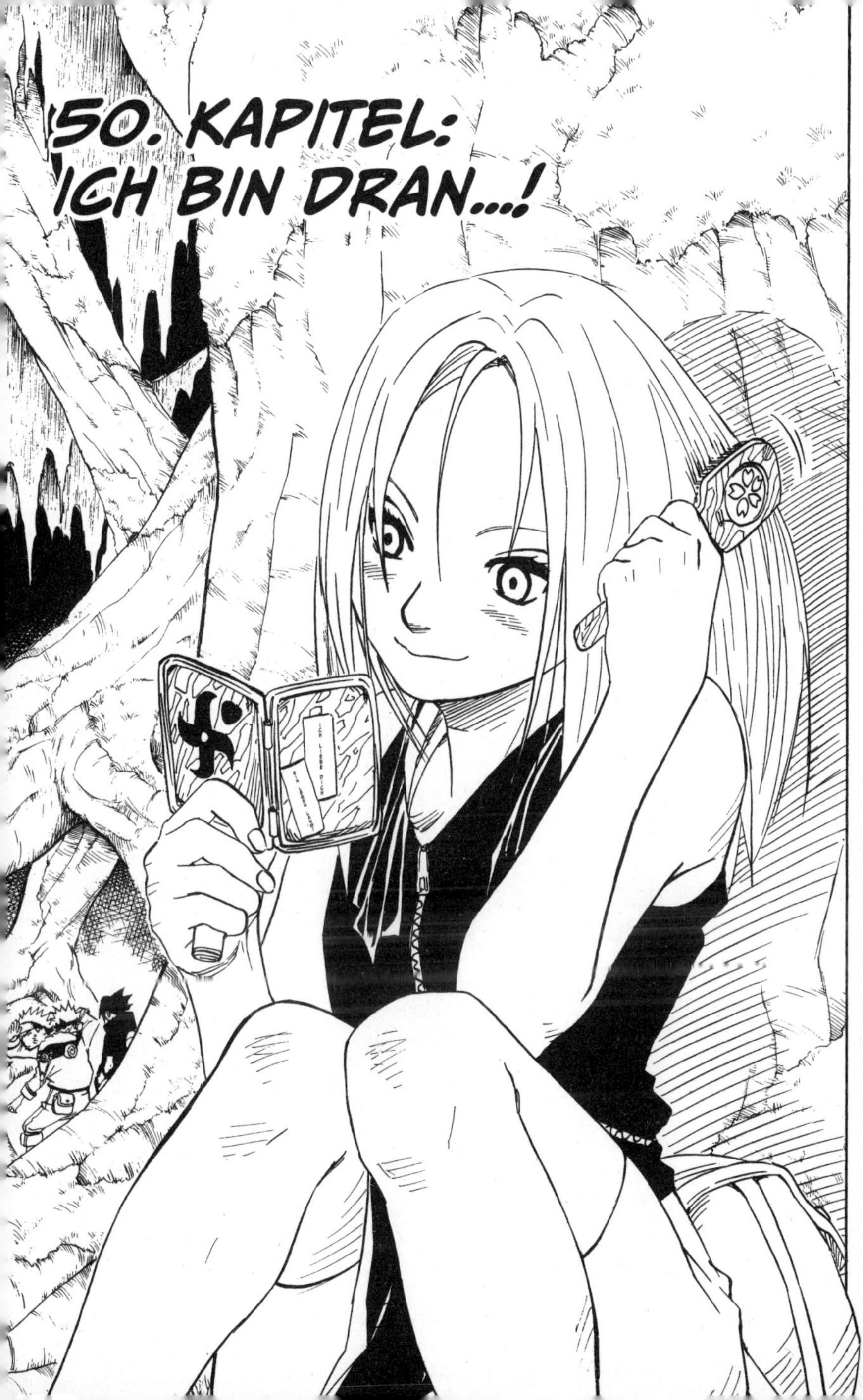
50. KAPITEL:
ICH BIN DRAN...!

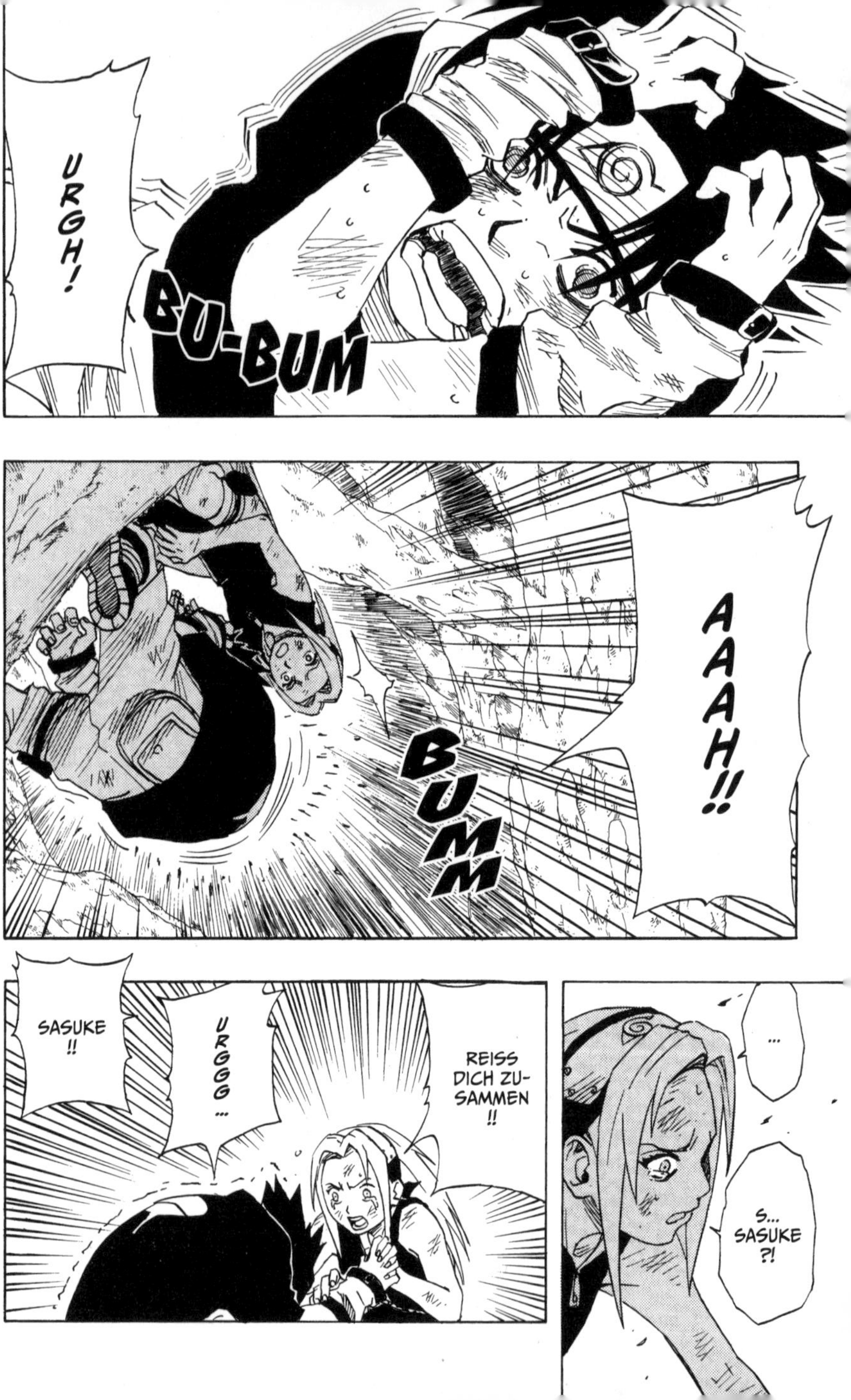

URGH!
BU-BUM
AAAAH!!
BUMM
...
S... SASUKE ?!
REISS DICH ZU-SAMMEN !!
URGGG ...
SASUKE !!

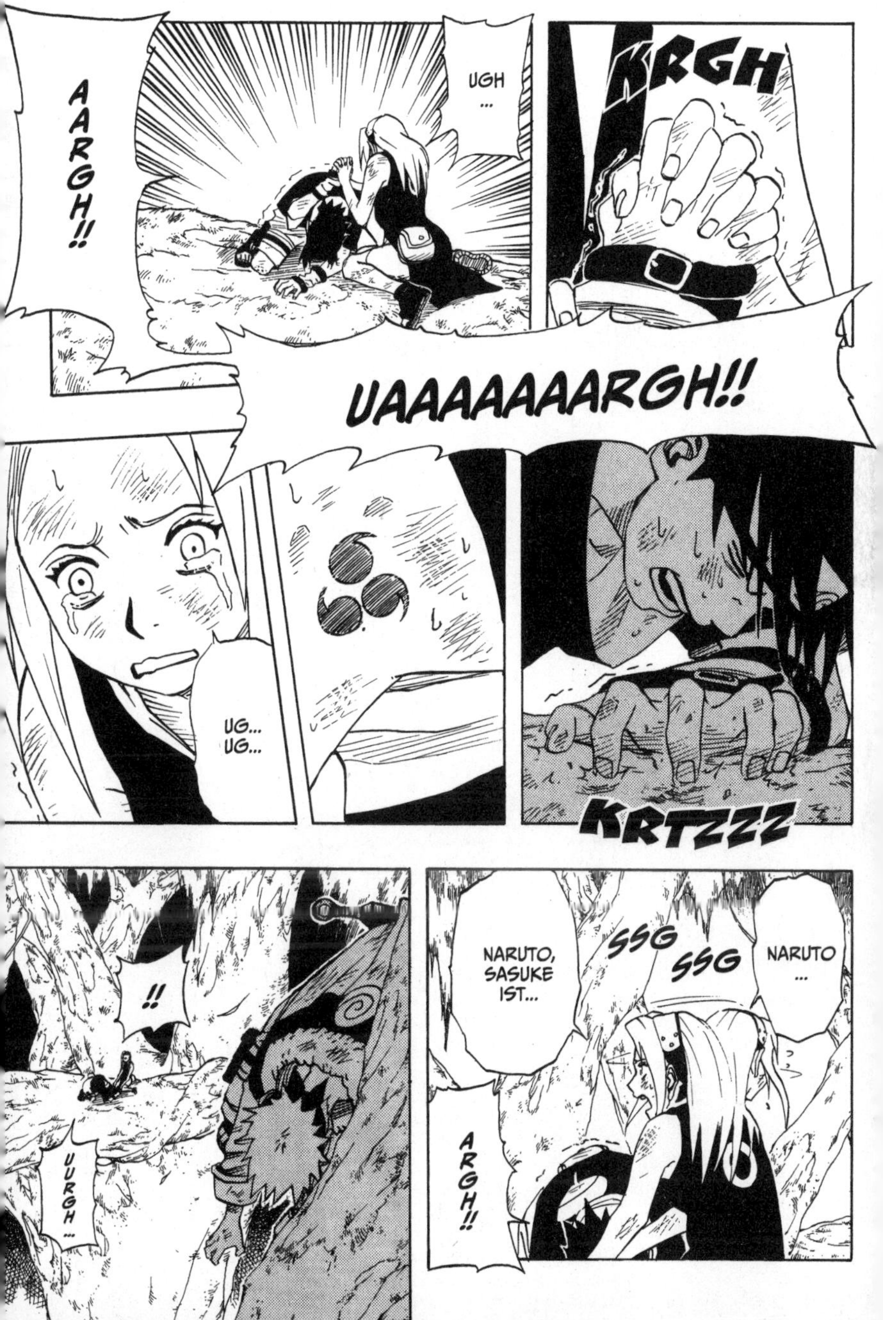
KRGH
UGH ...
AARGH!!
UAAAAAAAARGH!!
KRTZZZ
UG... UG...
NARUTO ...
SSG SSG
NARUTO, SASUKE IST...
ARGH!!
!!
UURGH ...

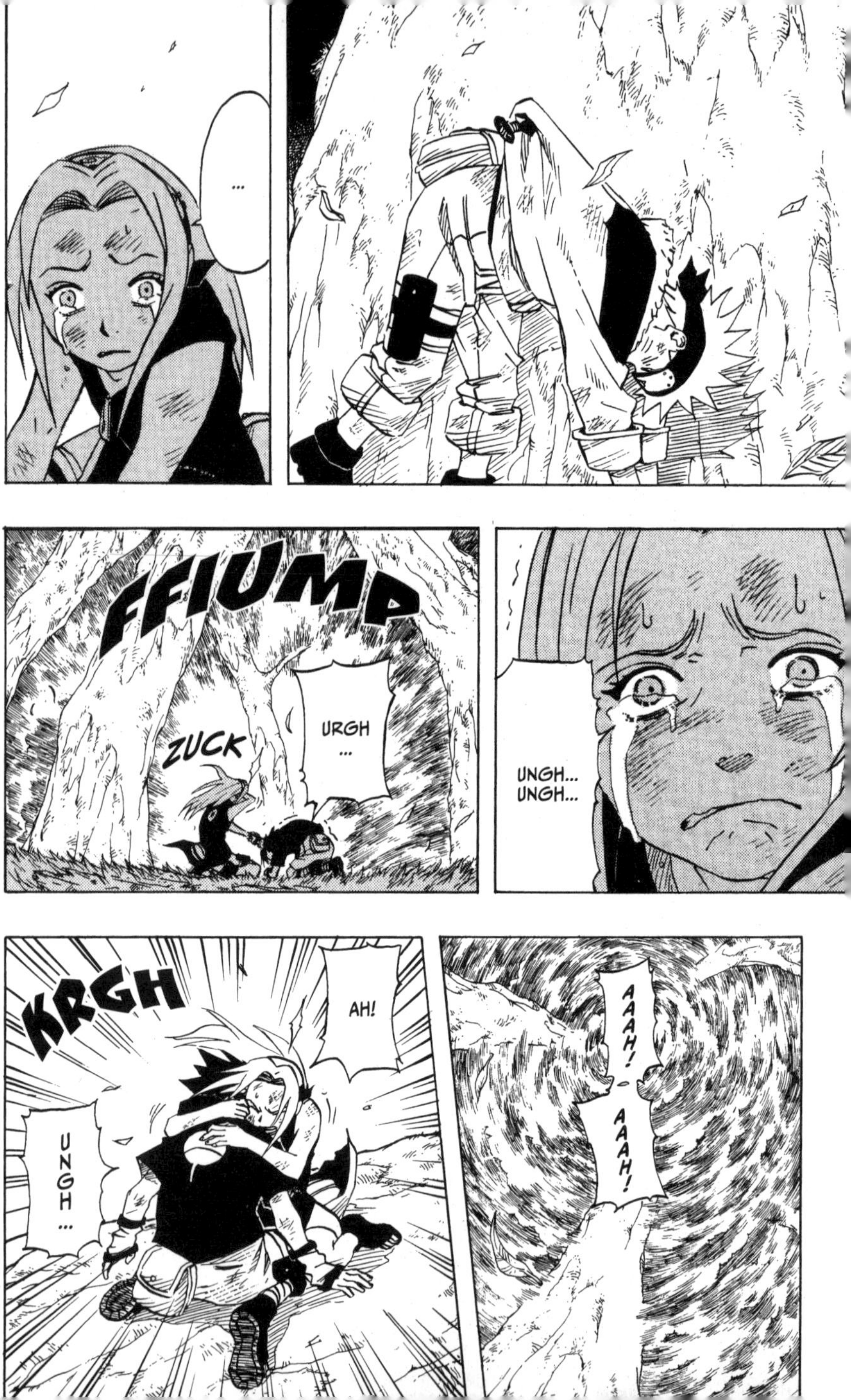
...
UNGH...
UNGH...
FFIUMP
URGH
...
ZUCK
AAAH!
AAAH!
AH!
KRGH
UNGH
...

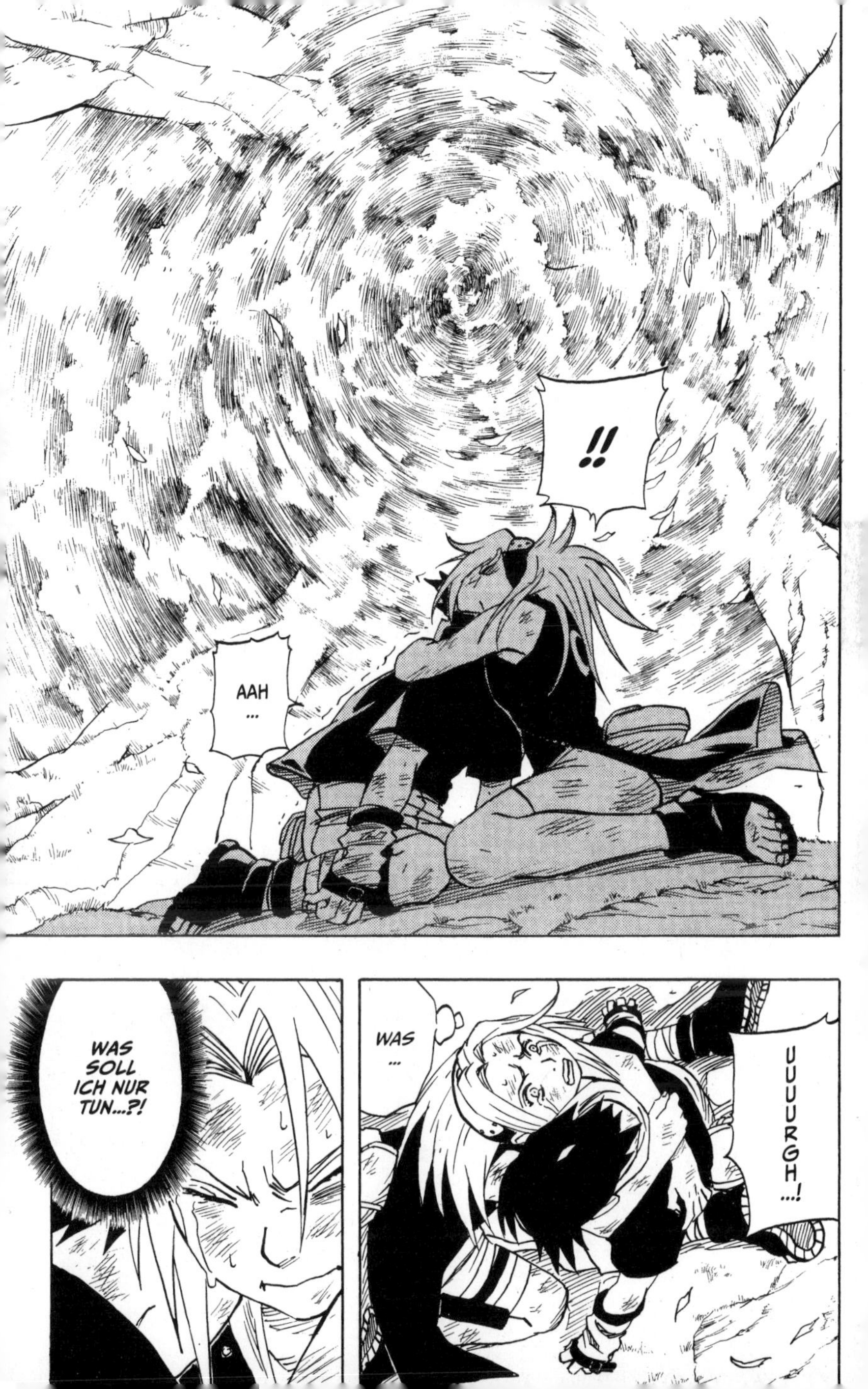
!!
AAH ...
UUUURGH ...!
WAS ...
WAS SOLL ICH NUR TUN...?!

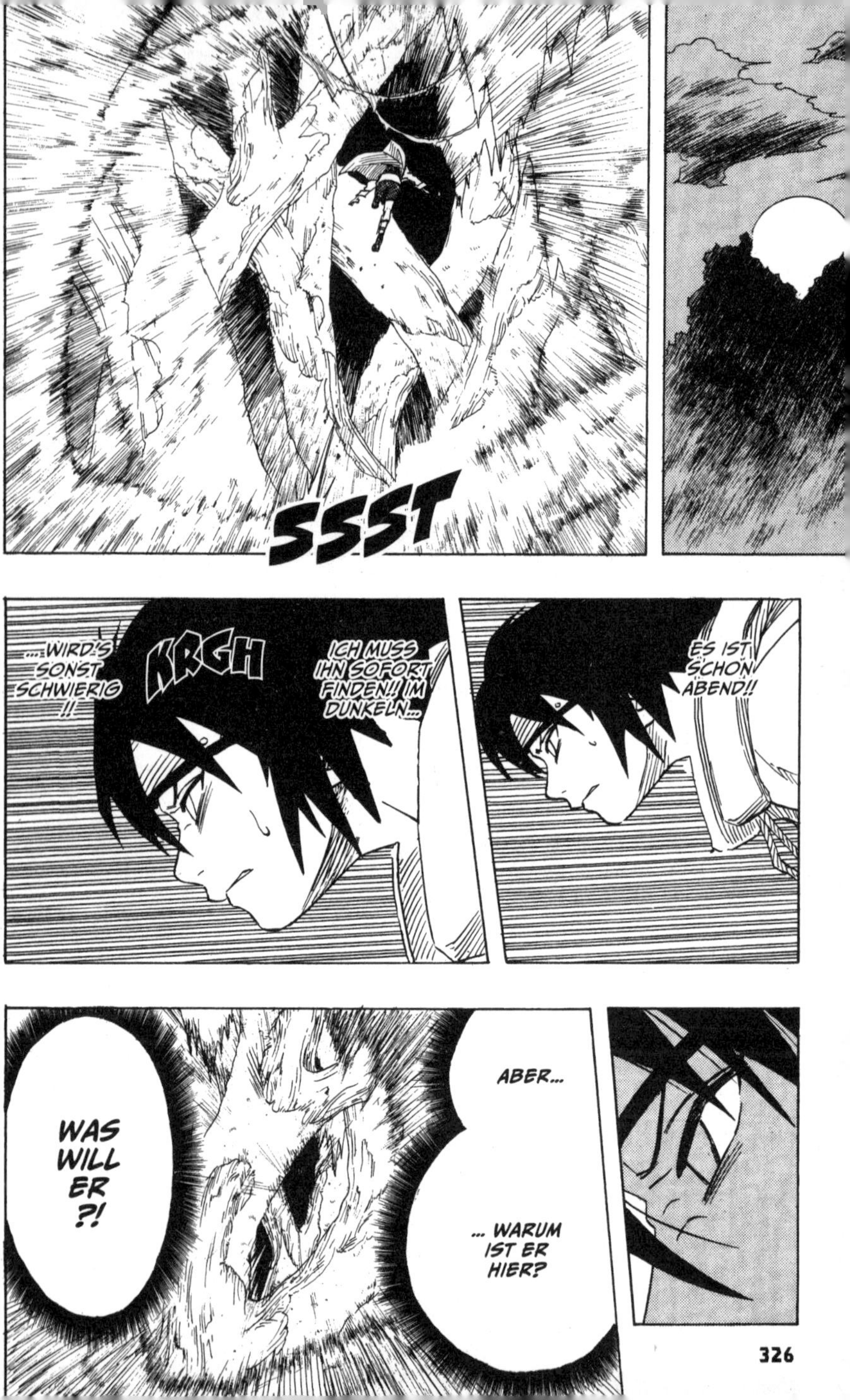
SSST
ES IST SCHON ABEND!!
ICH MUSS IHN SOFORT FINDEN!! IM DUNKELN...
KRGH
...WIRD'S SONST SCHWIERIG !!
ABER...
... WARUM IST ER HIER?
WAS WILL ER ?!

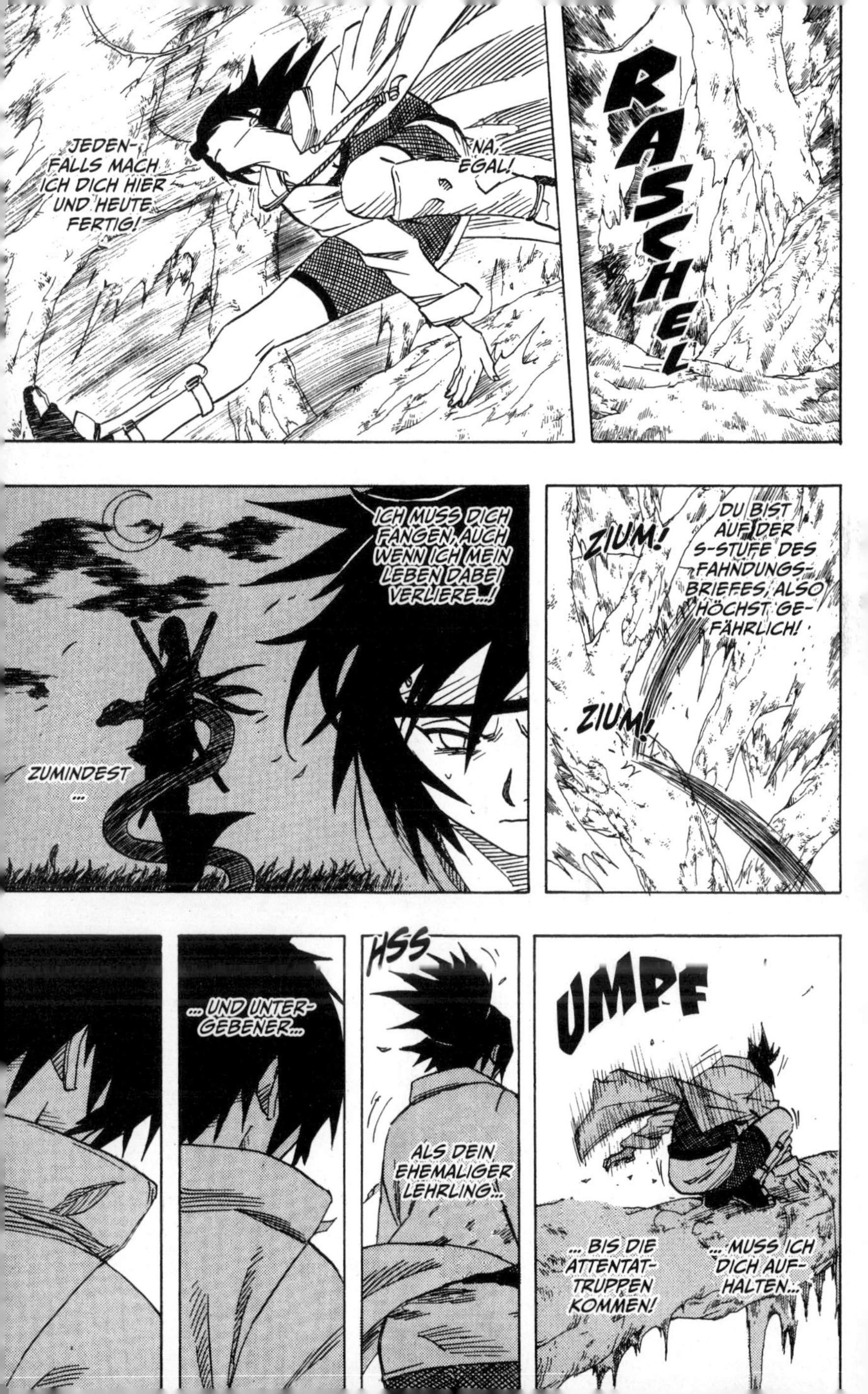
RASCHEL
NA, EGAL!
JEDEN-FALLS MACH ICH DICH HIER UND HEUTE FERTIG!
ZIUM!
DU BIST AUF DER S-STUFE DES FAHNDUNGS-BRIEFES, ALSO HÖCHST GE-FÄHRLICH!
ZIUM!
ICH MUSS DICH FANGEN, AUCH WENN ICH MEIN LEBEN DABEI VERLIERE...!
ZUMINDEST ...
UMPF
... MUSS ICH DICH AUF-HALTEN...
... BIS DIE ATTENTAT-TRUPPEN KOMMEN!
HSS
ALS DEIN EHEMALIGER LEHRLING...
... UND UNTER-GEBENER...

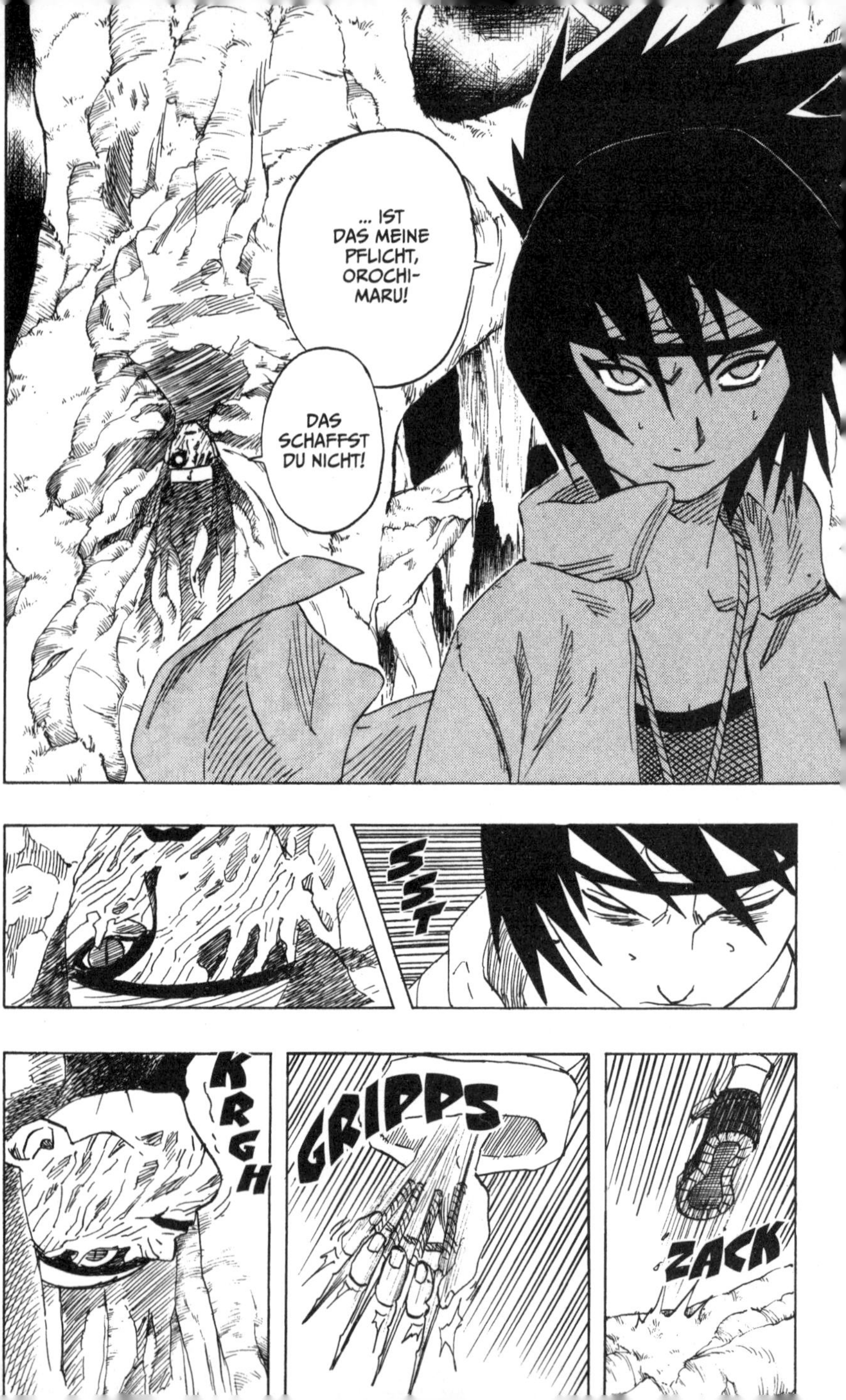
... IST DAS MEINE PFLICHT, OROCHI-MARU!
DAS SCHAFFST DU NICHT!
SST
KRGH
GRIPPS
ZACK

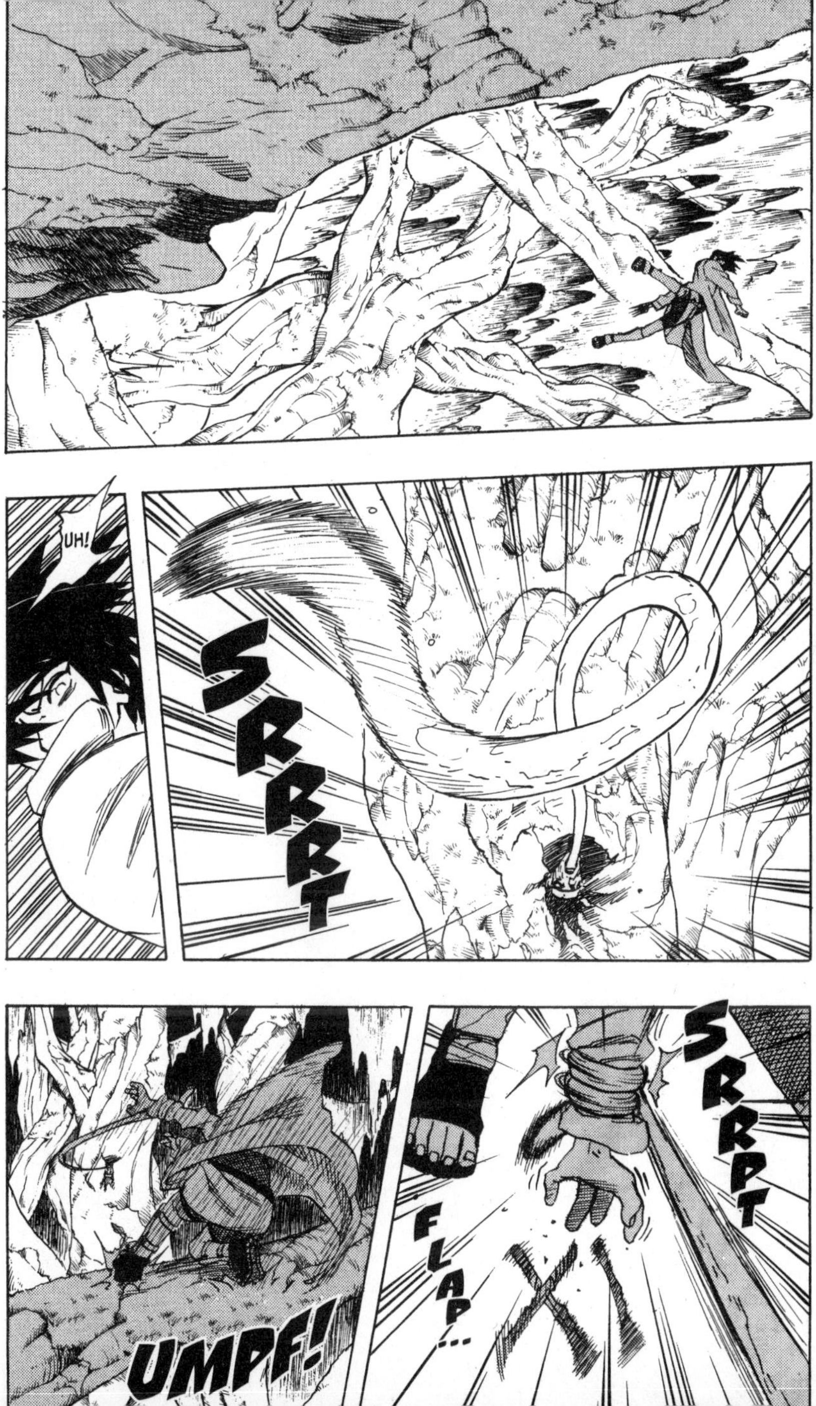
UH!
SRRRT
SRRPT
FLAP...
UMPF!

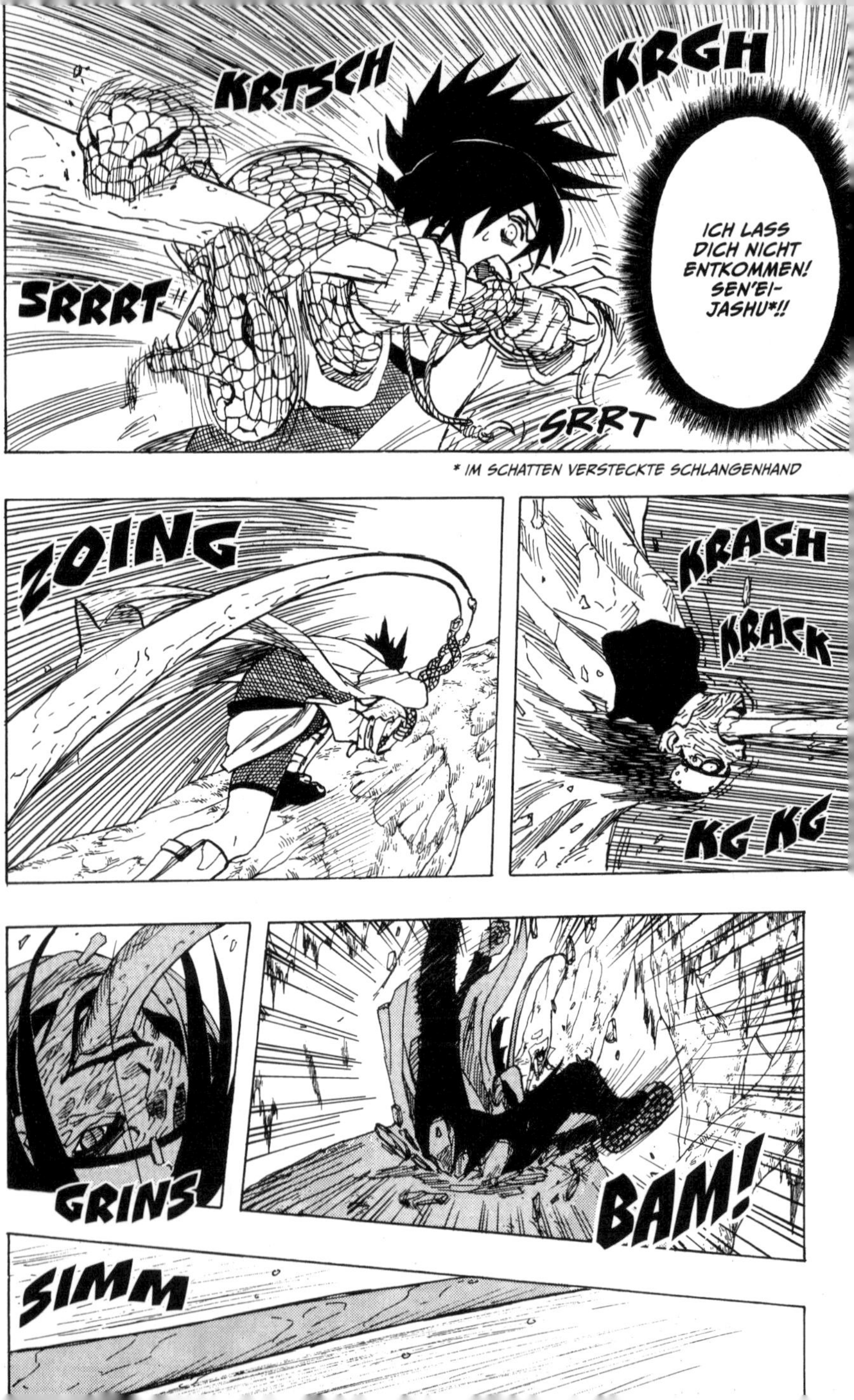
KRGH
ICH LASS DICH NICHT ENTKOMMEN! SEN'EI-JASHU*!!
KRTSCH
SRRRT
SRRT
* IM SCHATTEN VERSTECKTE SCHLANGENHAND
KRAGH
KRACK
KG KG
ZOING
BAM!
GRINS
SIMM

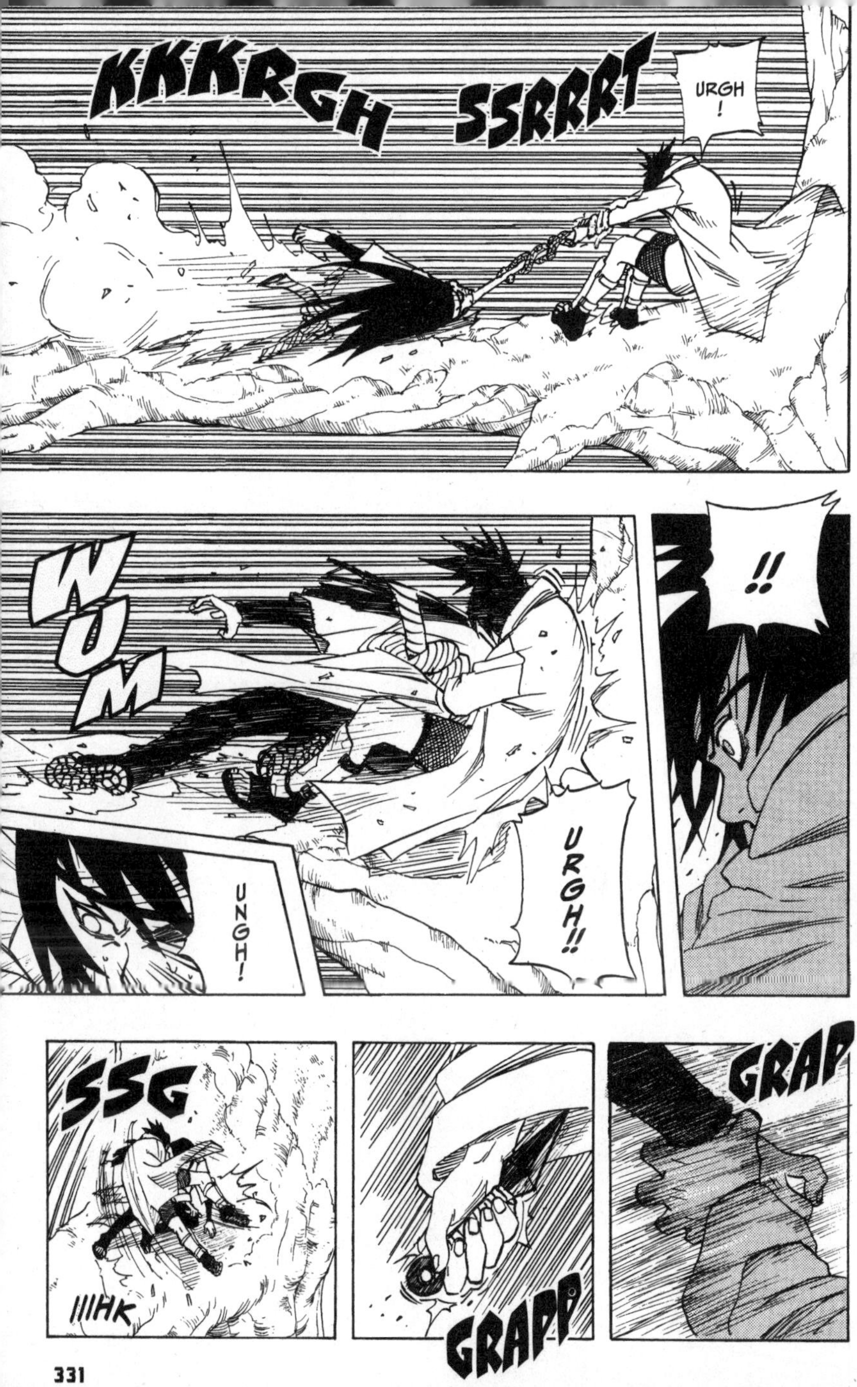
URGH!
SSRRRT
KKKRGH
!!
WUM
URGH!!
UNGH!
GRAP
GRAPP
SSG
IIIHK

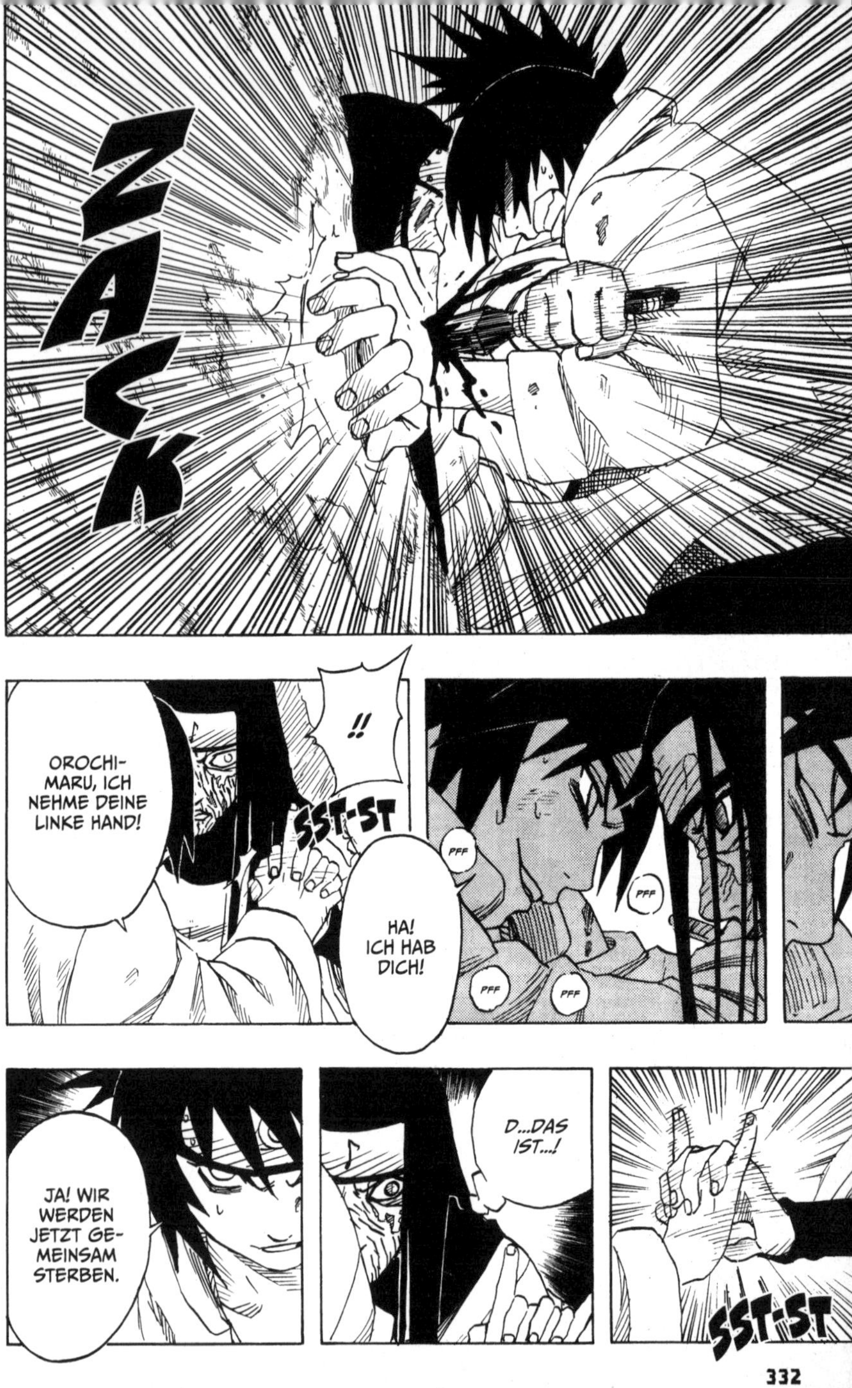
ZACK
!!
OROCHI-
MARU, ICH
NEHME DEINE
LINKE HAND!
SST-ST
HA!
ICH HAB
DICH!
PFF
PFF
PFF
PFF
D...DAS
IST...!
JA! WIR
WERDEN
JETZT GE-
MEINSAM
STERBEN.
SST-ST

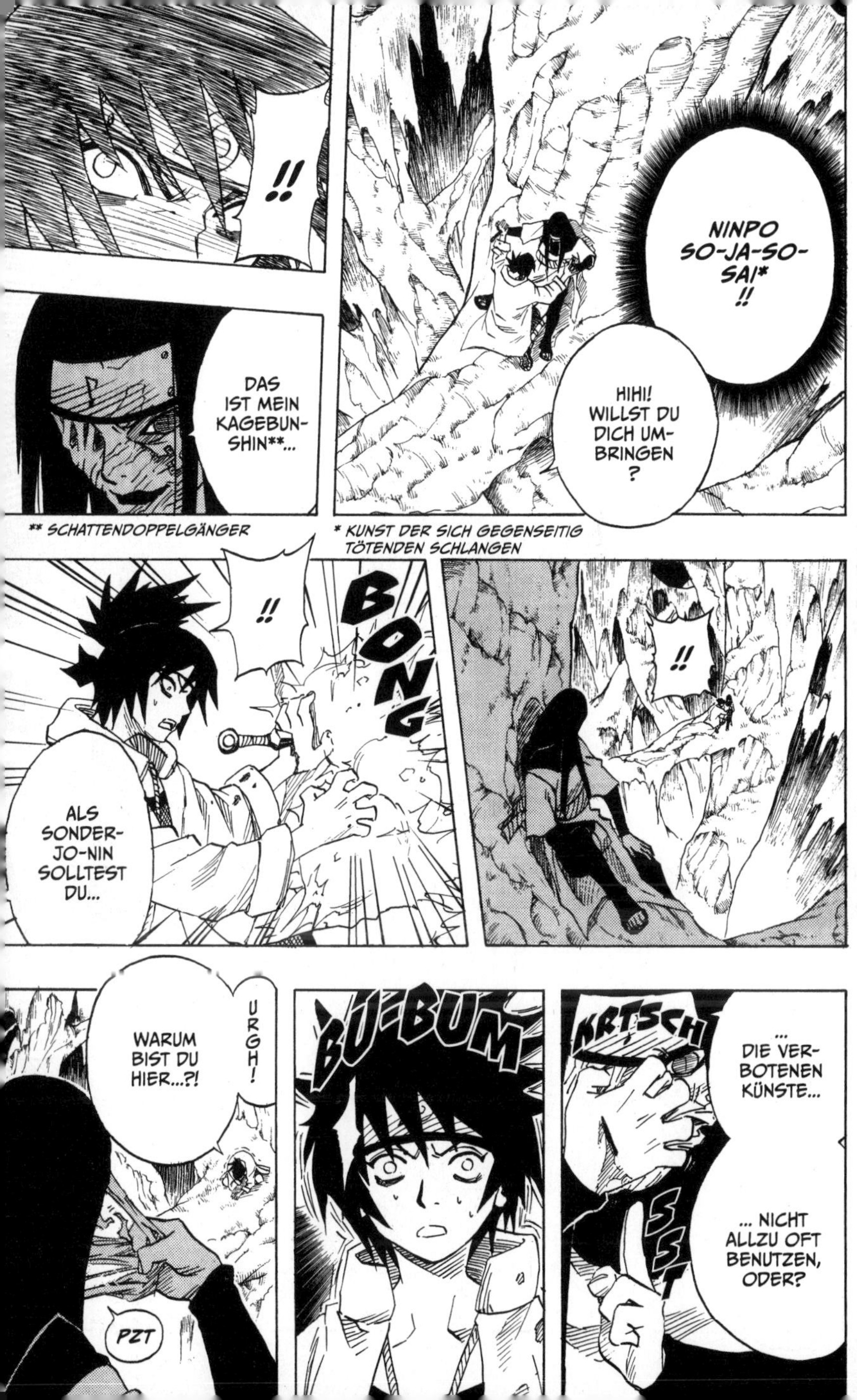

** SCHATTENDOPPELGÄNGER

* KUNST DER SICH GEGENSEITIG TÖTENDEN SCHLANGEN

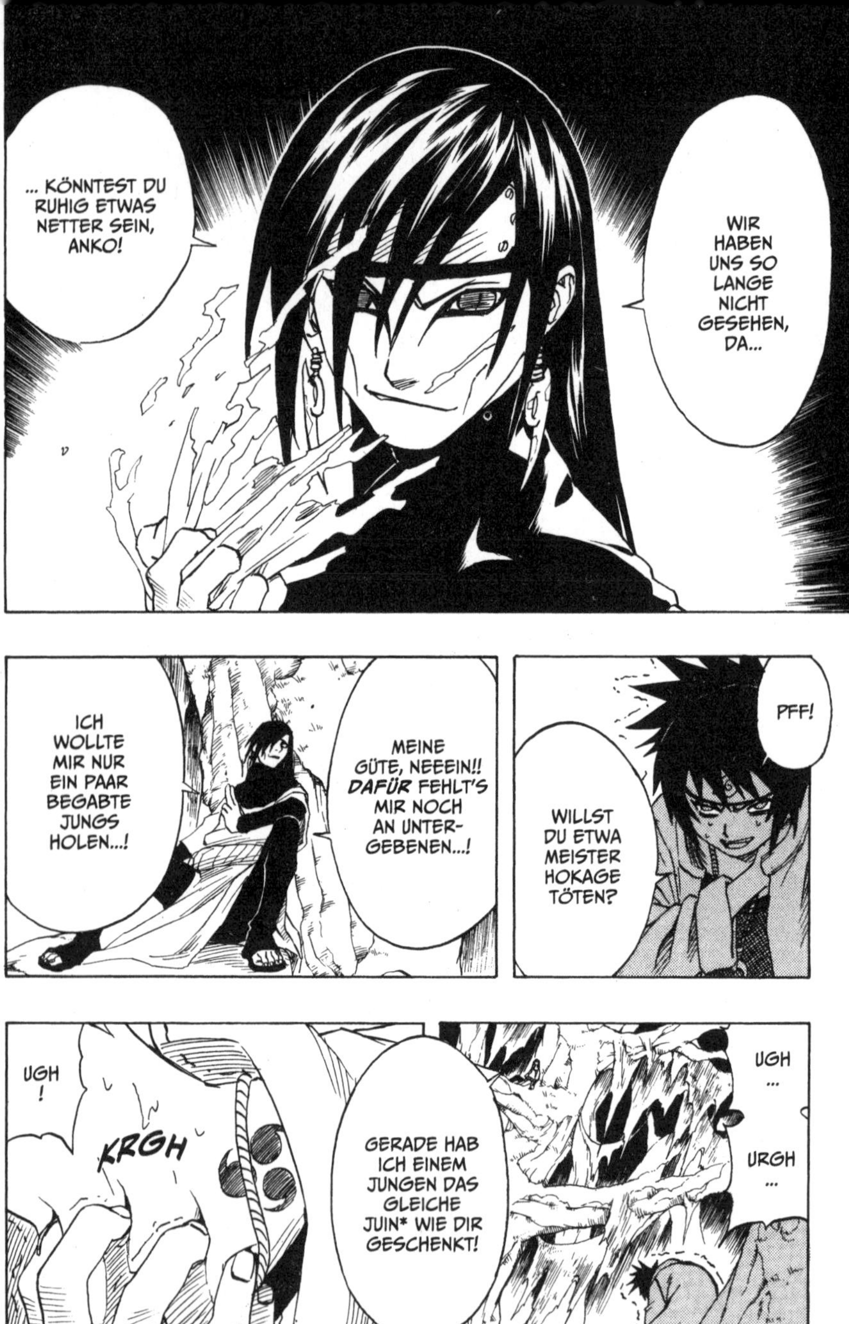
WIR HABEN UNS SO LANGE NICHT GESEHEN, DA...
... KÖNNTEST DU RUHIG ETWAS NETTER SEIN, ANKO!
PFF!
WILLST DU ETWA MEISTER HOKAGE TÖTEN?
MEINE GÜTE, NEEEIN!! DAFÜR FEHLT'S MIR NOCH AN UNTER-GEBENEN...!
ICH WOLLTE MIR NUR EIN PAAR BEGABTE JUNGS HOLEN...!
UGH ...
URGH ...
GERADE HAB ICH EINEM JUNGEN DAS GLEICHE JUIN* WIE DIR GESCHENKT!
KRGH
UGH !

* BANN-MAL

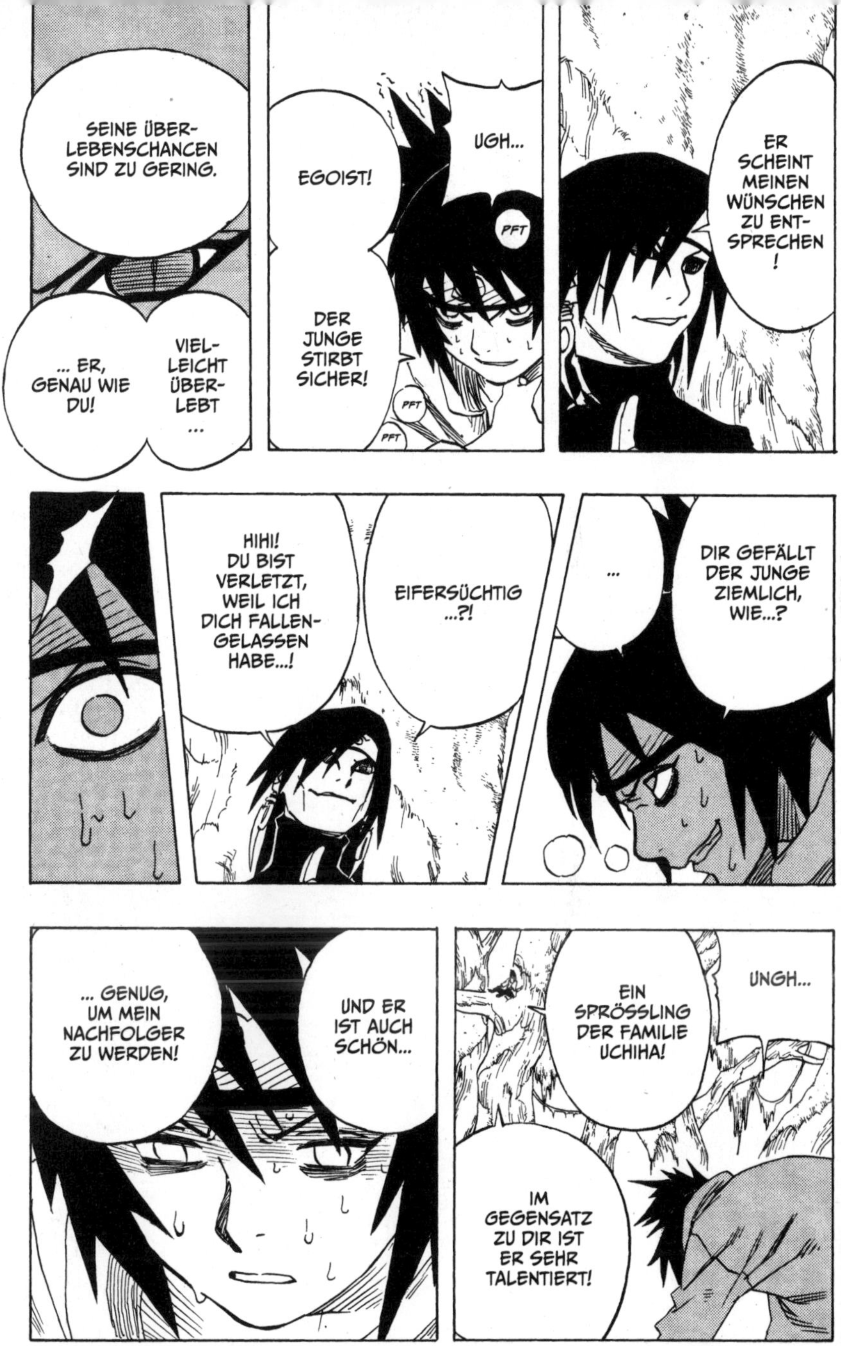
ER SCHEINT MEINEN WÜNSCHEN ZU ENT-SPRECHEN !
UGH...
EGOIST!
PFT
DER JUNGE STIRBT SICHER!
PFT
PFT
SEINE ÜBER-LEBENSCHANCEN SIND ZU GERING.
VIEL-LEICHT ÜBER-LEBT ...
... ER, GENAU WIE DU!
DIR GEFÄLLT DER JUNGE ZIEMLICH, WIE...?
...
EIFERSÜCHTIG ...?!
HIHI! DU BIST VERLETZT, WEIL ICH DICH FALLEN-GELASSEN HABE...!
UNGH...
EIN SPRÖSSLING DER FAMILIE UCHIHA!
IM GEGENSATZ ZU DIR IST ER SEHR TALENTIERT!
UND ER IST AUCH SCHÖN...
... GENUG, UM MEIN NACHFOLGER ZU WERDEN!

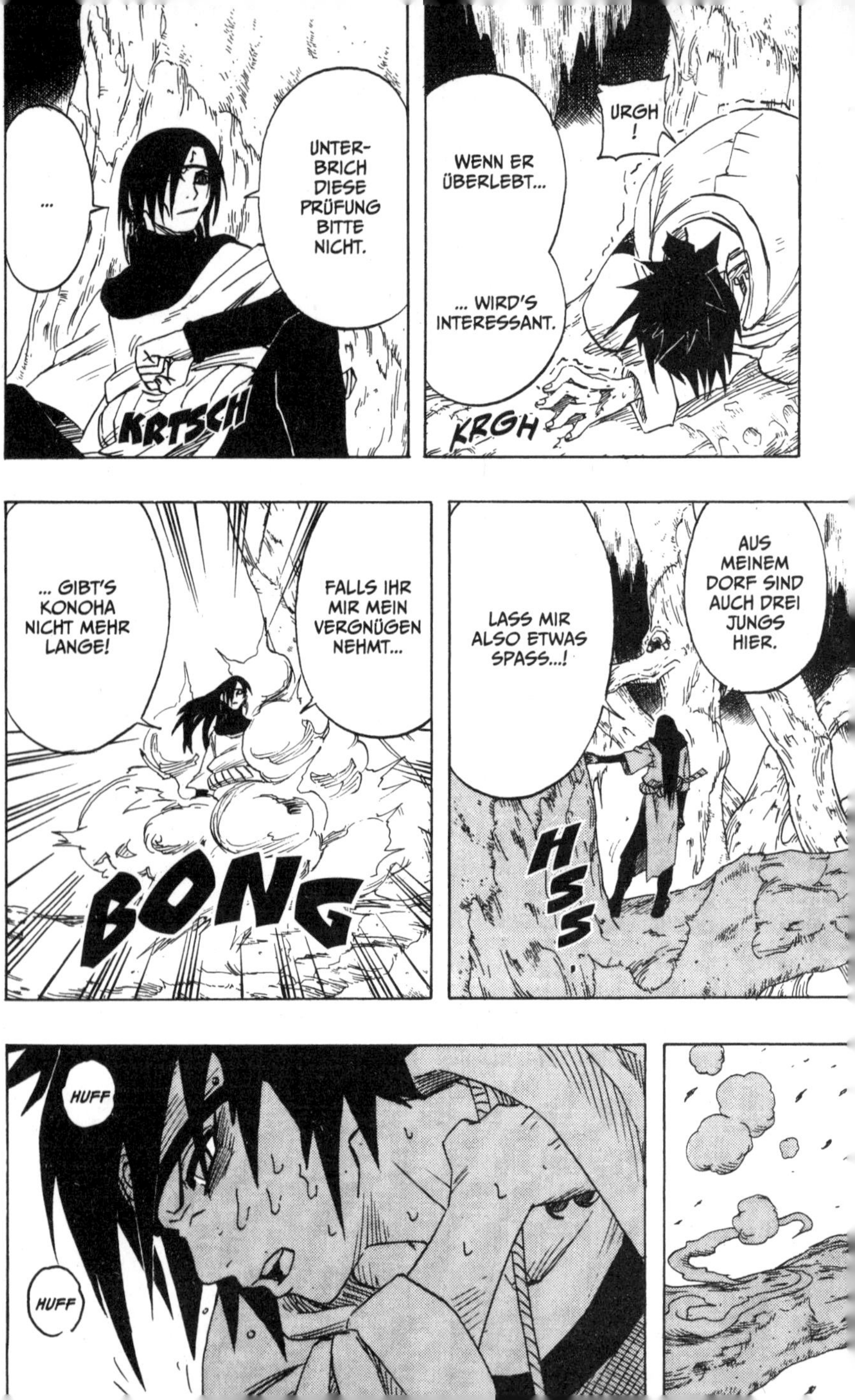
URGH!
WENN ER ÜBERLEBT...
... WIRD'S INTERESSANT.
KRGH
UNTER-BRICH DIESE PRÜFUNG BITTE NICHT.
...
KRTSCH
AUS MEINEM DORF SIND AUCH DREI JUNGS HIER.
LASS MIR ALSO ETWAS SPASS...!
HSS
FALLS IHR MIR MEIN VERGNÜGEN NEHMT...
... GIBT'S KONOHA NICHT MEHR LANGE!
BONG
HUFF
HUFF

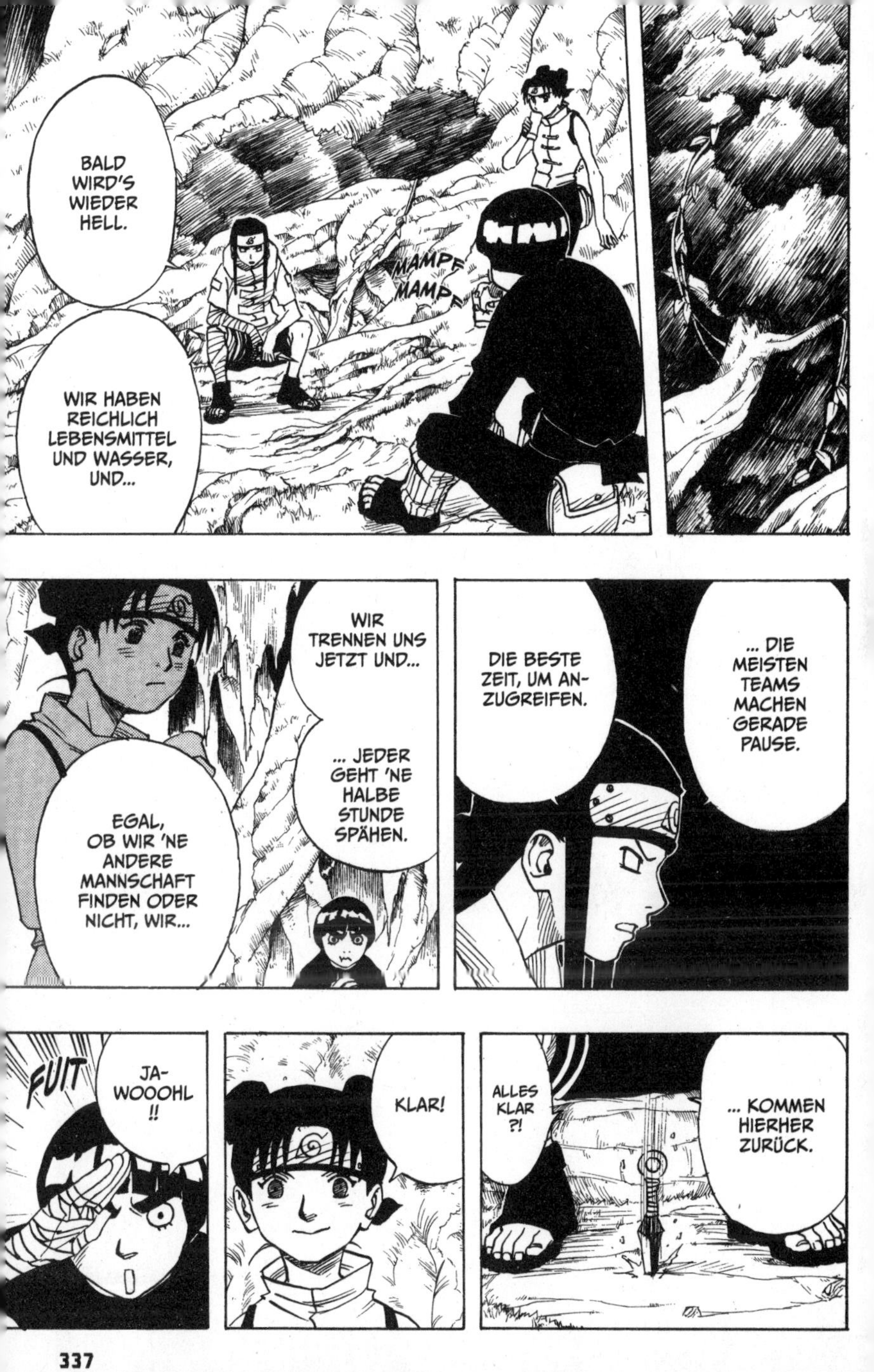
BALD WIRD'S WIEDER HELL.
WIR HABEN REICHLICH LEBENSMITTEL UND WASSER, UND...
MAMPF MAMPF
... DIE MEISTEN TEAMS MACHEN GERADE PAUSE.
DIE BESTE ZEIT, UM ANZUGREIFEN.
WIR TRENNEN UNS JETZT UND...
... JEDER GEHT 'NE HALBE STUNDE SPÄHEN.
EGAL, OB WIR 'NE ANDERE MANNSCHAFT FINDEN ODER NICHT, WIR...
... KOMMEN HIERHER ZURÜCK.
ALLES KLAR ?!
KLAR!
JA-WOOOHL !!
FUIT

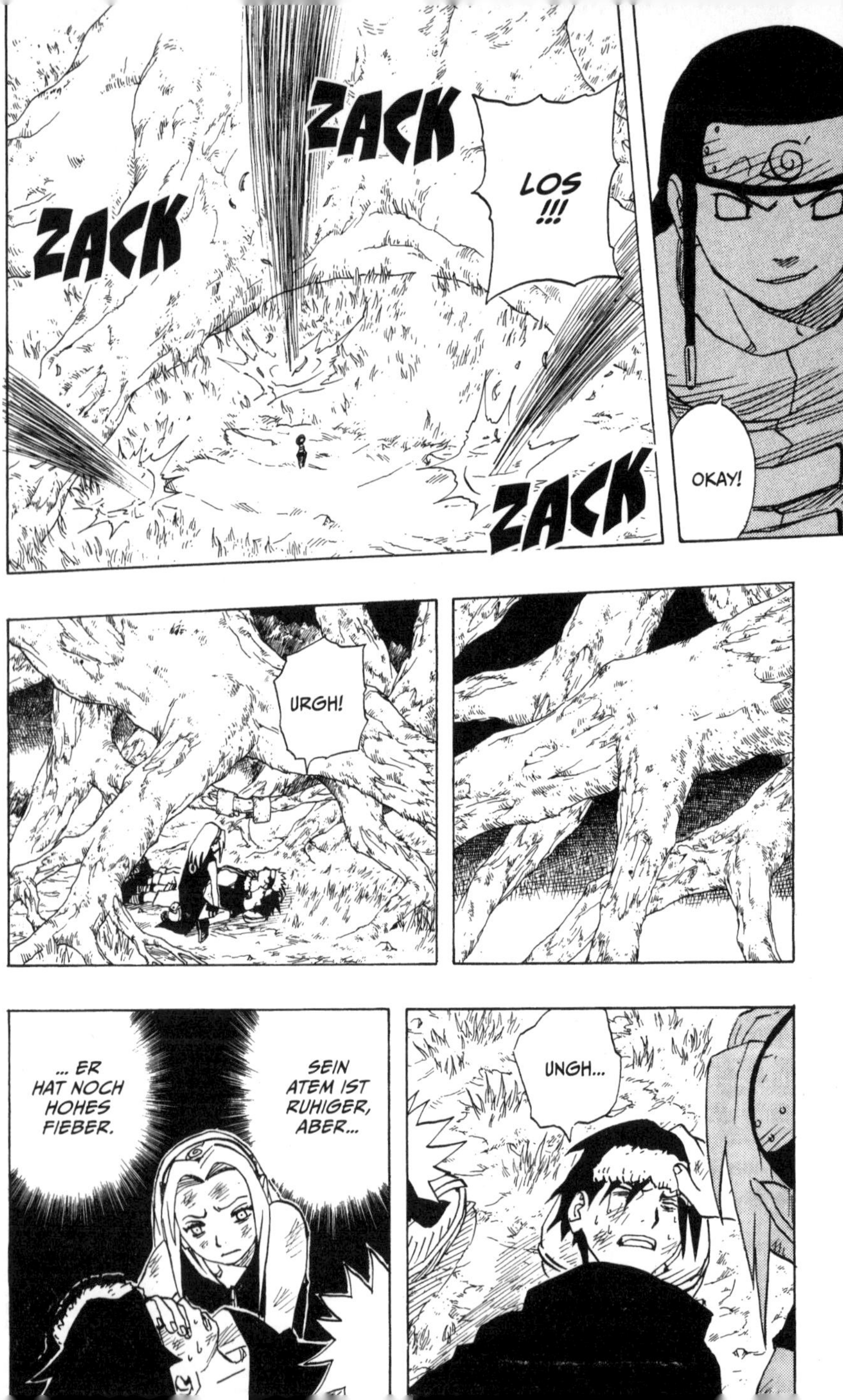
OKAY!
LOS !!!
ZACK
ZACK
ZACK
URGH!
UNGH...
SEIN ATEM IST RUHIGER, ABER...
... ER HAT NOCH HOHES FIEBER.

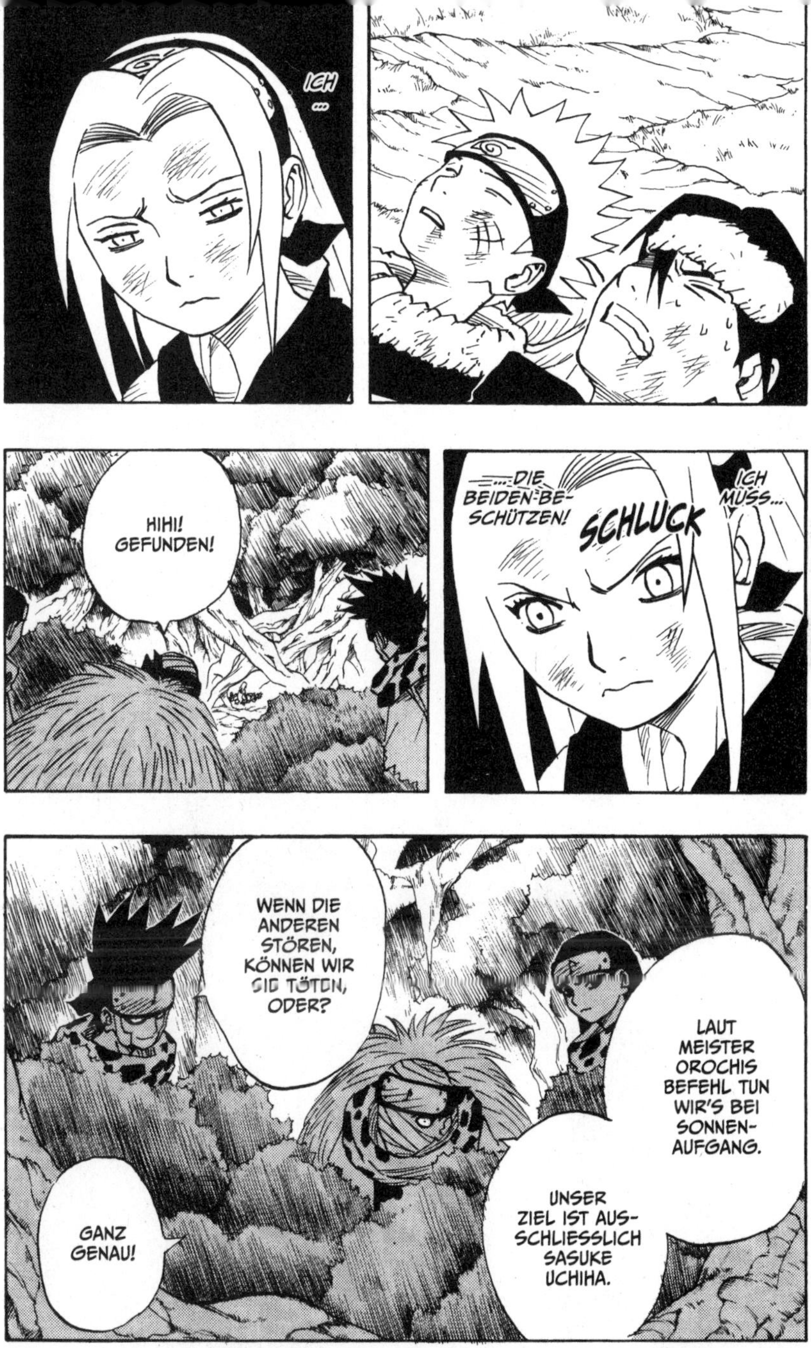
ICH ...
ICH MUSS...
...DIE BEIDEN BESCHÜTZEN!
SCHLUCK
HIHI! GEFUNDEN!
LAUT MEISTER OROCHIS BEFEHL TUN WIR'S BEI SONNENAUFGANG.
UNSER ZIEL IST AUSSCHLIESSLICH SASUKE UCHIHA.
WENN DIE ANDEREN STÖREN, KÖNNEN WIR SIE TÖTEN, ODER?
GANZ GENAU!

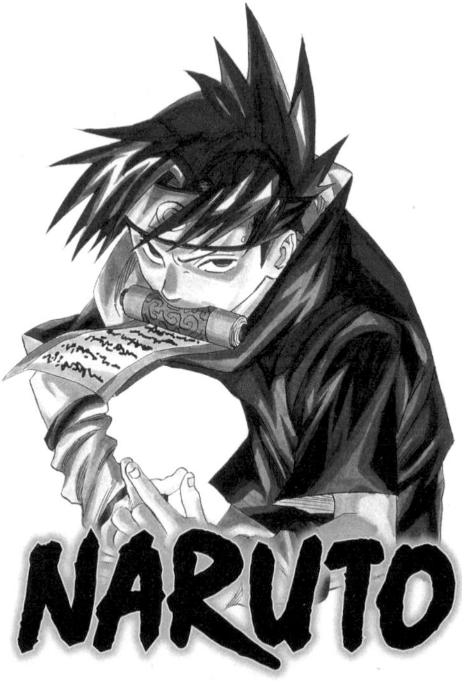
NARUTO

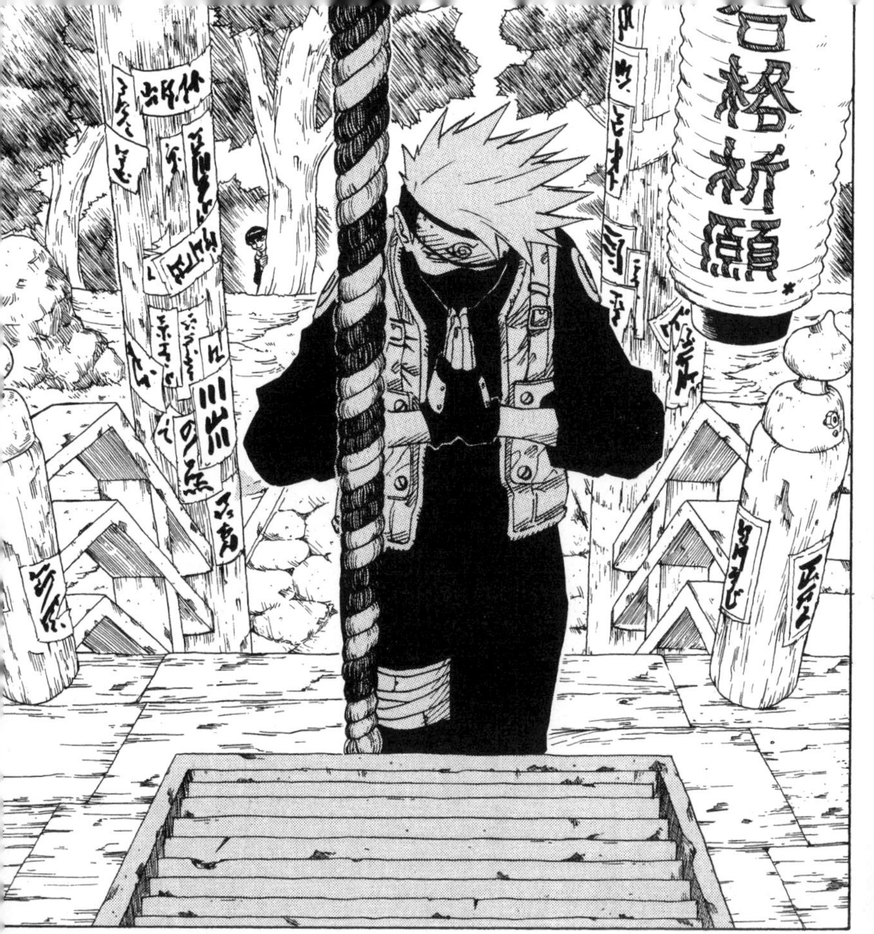

* PRÜFUNGSGOTT

51. KAPITEL: DAS SCHÖNE BIEST...!

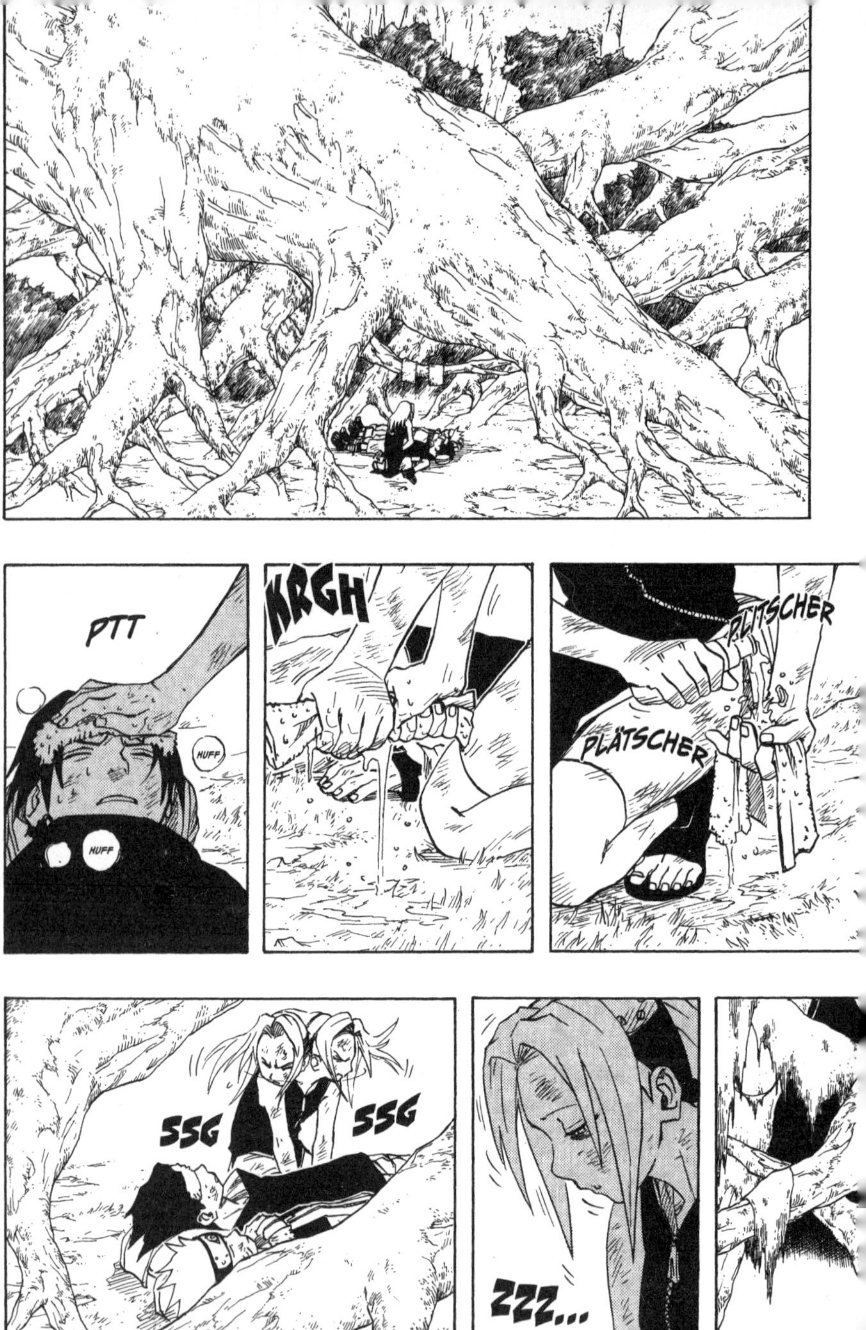
PTT
HUFF
HUFF
KRGH
PLITSCHER
PLÄTSCHER
SSG
SSG
ZZZ...

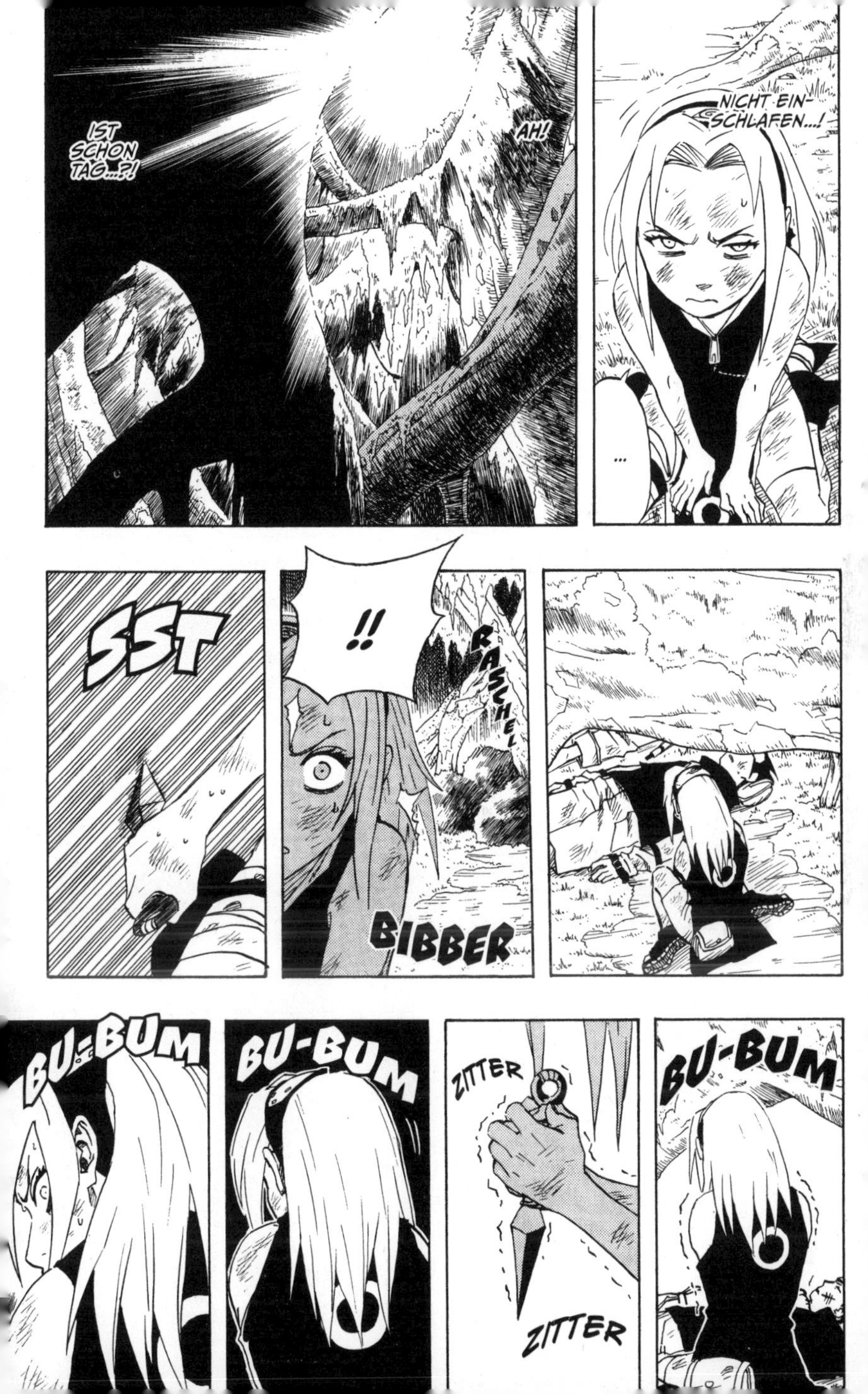
NICHT EIN-SCHLAFEN...!
...
AH!
IST SCHON TAG...?!
!!
RASCHEL
BIBBER
SST
BU-BUM
ZITTER
ZITTER
BU-BUM
BU-BUM

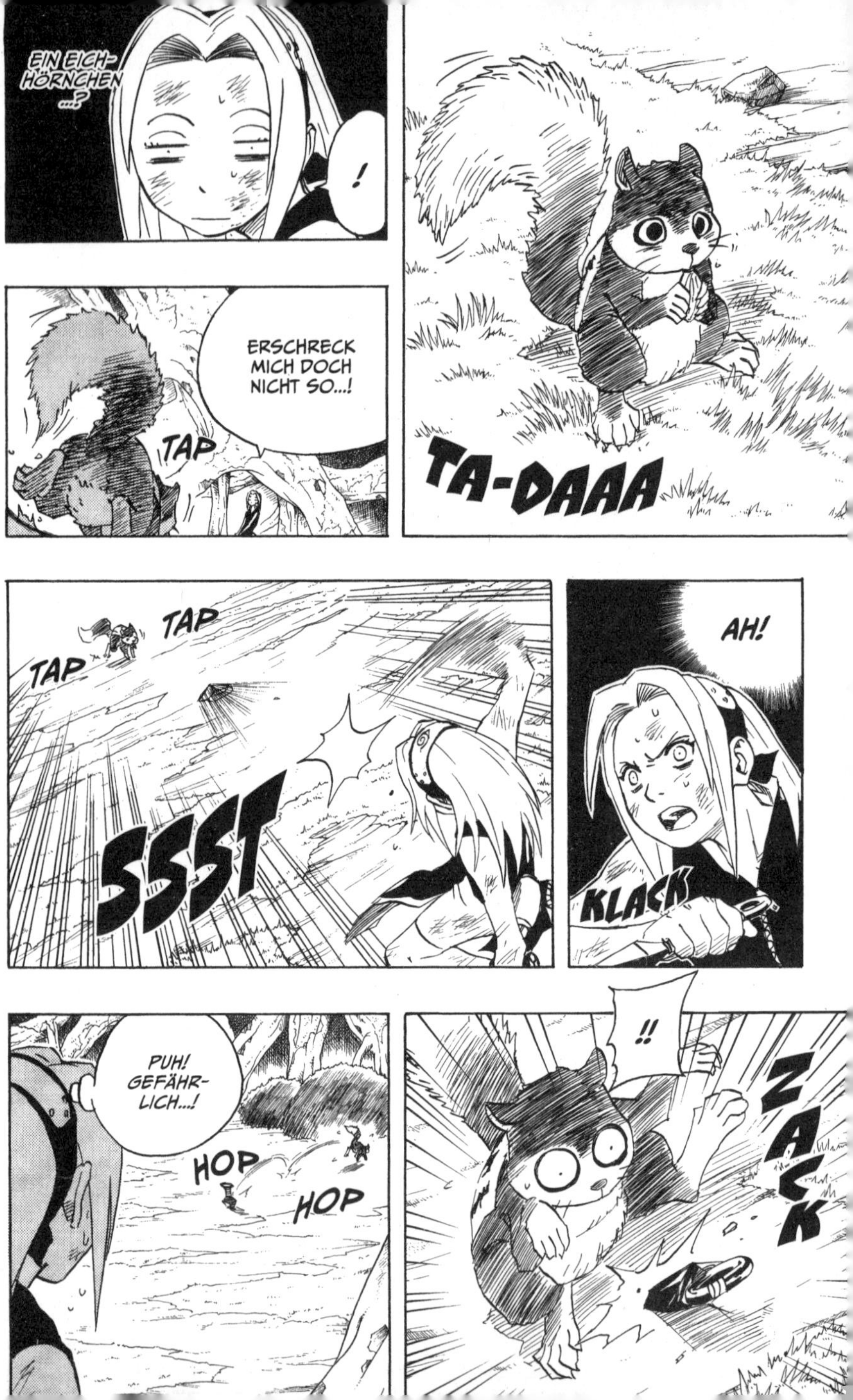
TA-DAAA
EIN EICH-HÖRNCHEN ...?
!
ERSCHRECK MICH DOCH NICHT SO...!
TAP
AH!
KLACK
TAP
TAP
SSST
!!
ZACK
PUH! GEFÄHR-LICH...!
HOP
HOP

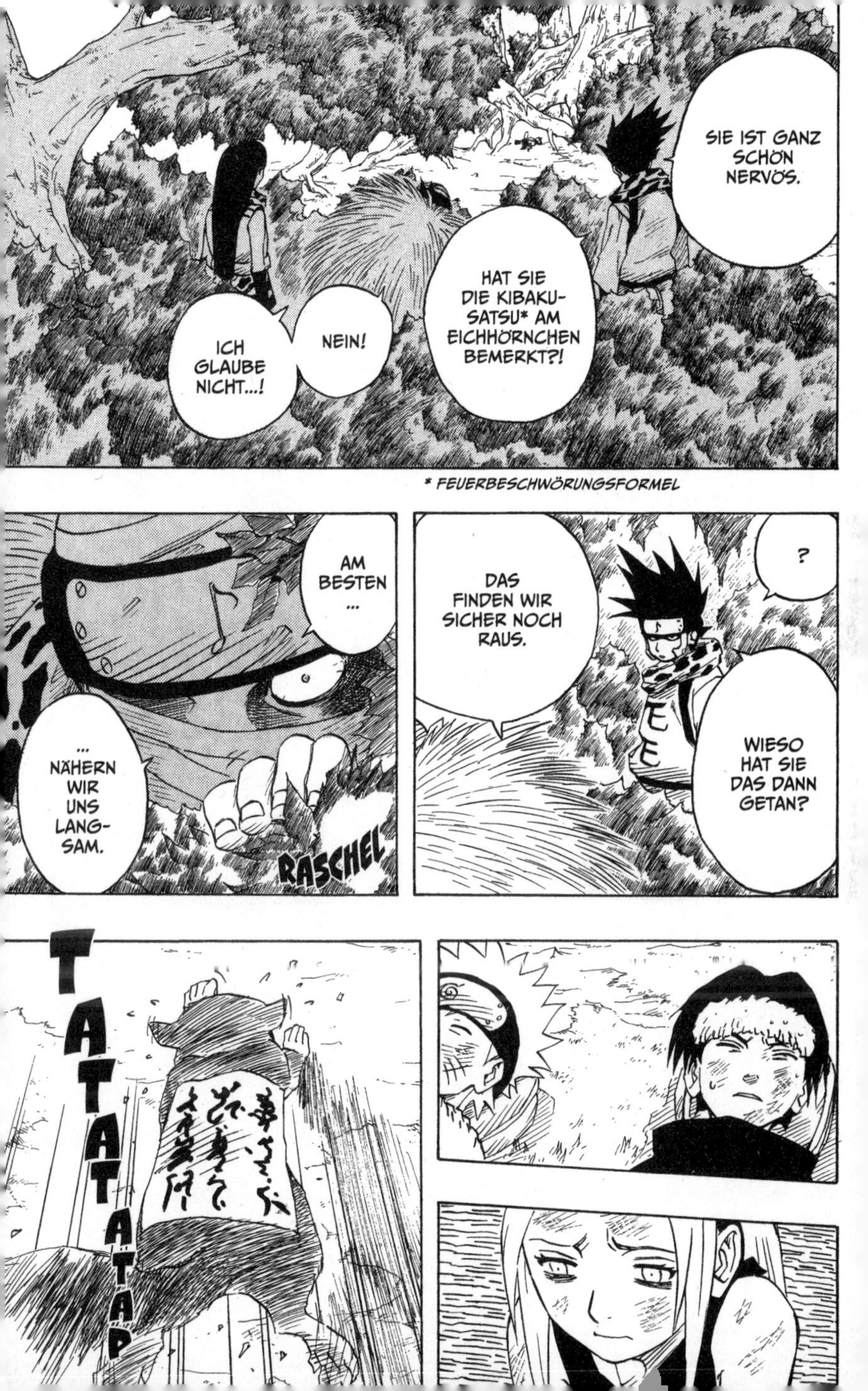
SIE IST GANZ SCHÖN NERVÖS.
HAT SIE DIE KIBAKU-SATSU* AM EICHHÖRNCHEN BEMERKT?!
NEIN!
ICH GLAUBE NICHT...!
* FEUERBESCHWÖRUNGSFORMEL
?
WIESO HAT SIE DAS DANN GETAN?
DAS FINDEN WIR SICHER NOCH RAUS.
AM BESTEN ...
... NÄHERN WIR UNS LANG-SAM.
RASCHEL
TATATATATAP

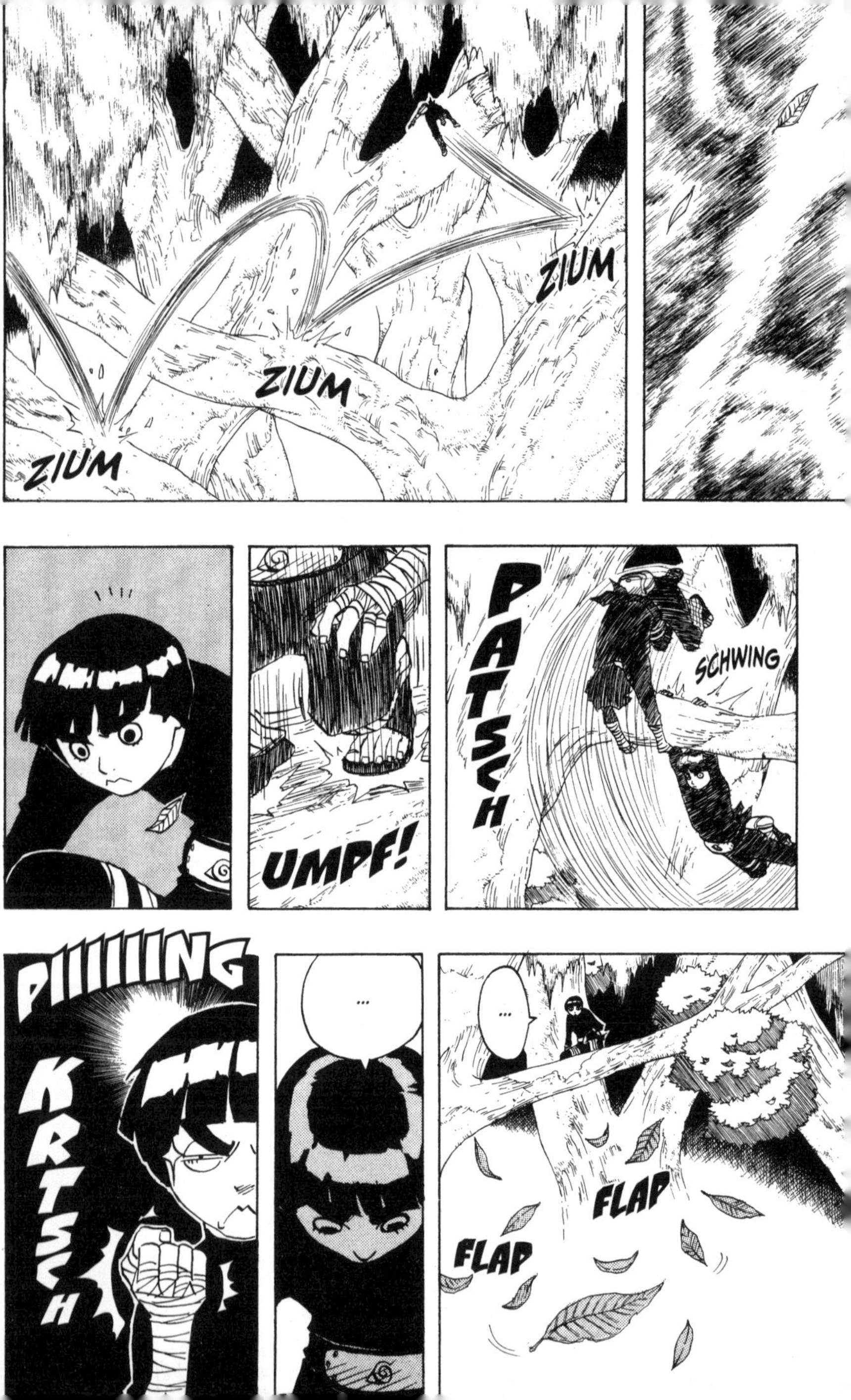
ZIUM
ZIUM
ZIUM
PATSCH
SCHWING
UMPF!
...
...
PIIIIIING
KRTSCH
FLAP
FLAP

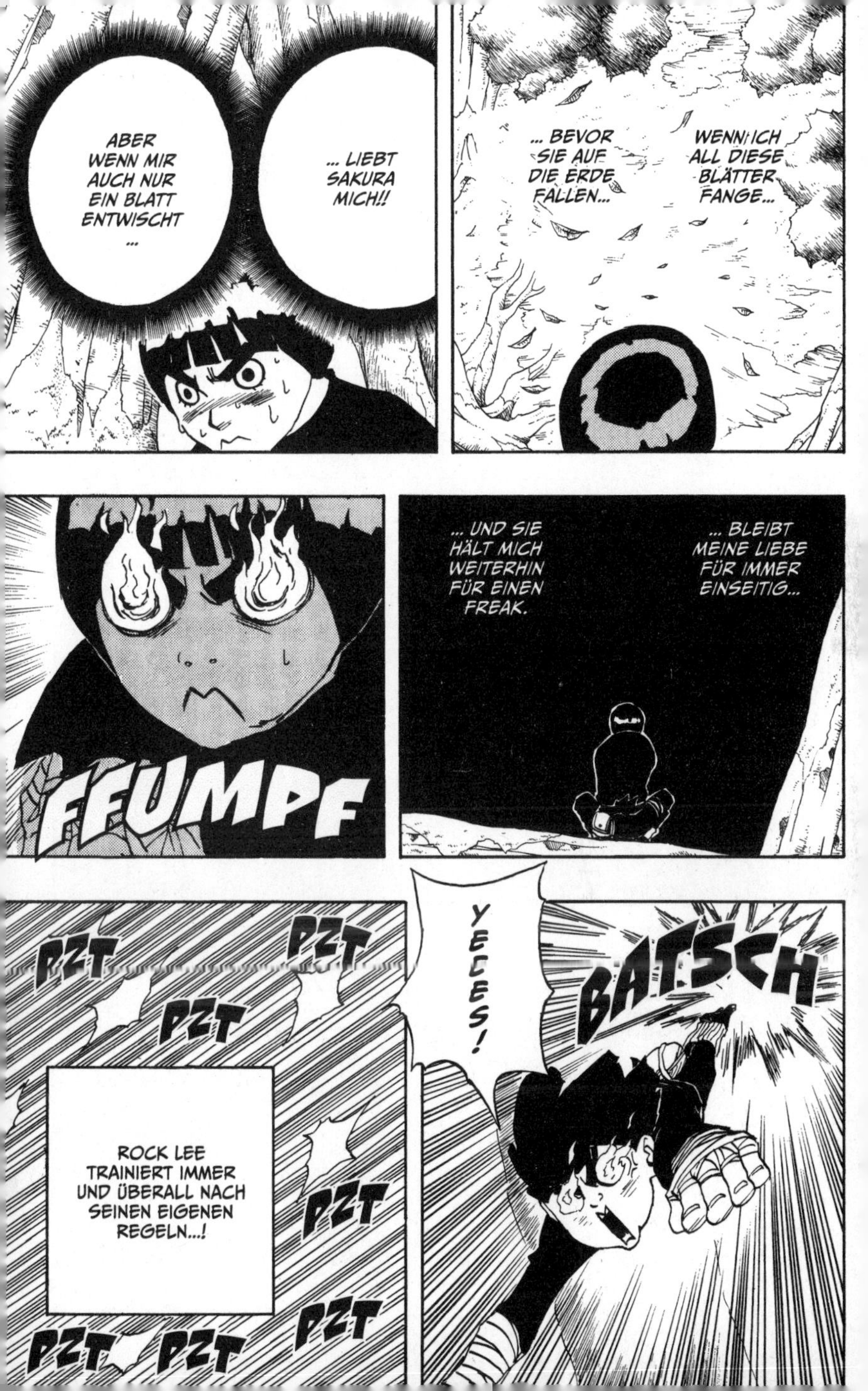
... BEVOR SIE AUF DIE ERDE FALLEN...
WENN ICH ALL DIESE BLÄTTER FANGE...
... LIEBT SAKURA MICH!!
ABER WENN MIR AUCH NUR EIN BLATT ENTWISCHT ...
... BLEIBT MEINE LIEBE FÜR IMMER EINSEITIG...
... UND SIE HÄLT MICH WEITERHIN FÜR EINEN FREAK.
FFUMPF
YEEES!
BATSCH
PZT
PZT
PZT
PZT
PZT
PZT
PZT
ROCK LEE TRAINIERT IMMER UND ÜBERALL NACH SEINEN EIGENEN REGELN...!

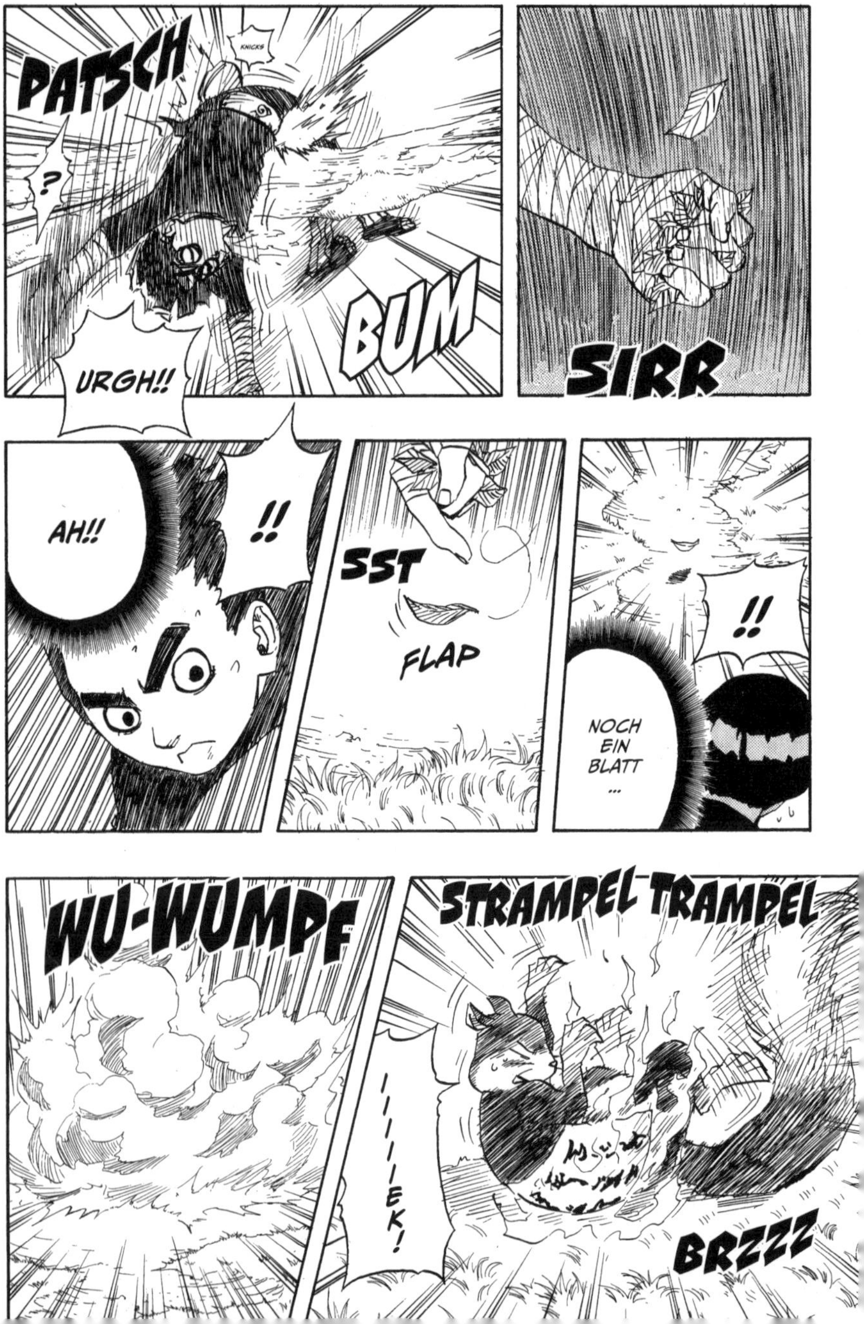
SIRR
PATSCH
KNICKS
?
BUM
URGH!!
!!
NOCH EIN BLATT ...
SST
FLAP
AH!!
!!
STRAMPEL TRAMPEL
IIIIIEK!
BRZZZ
WU-WUMPF

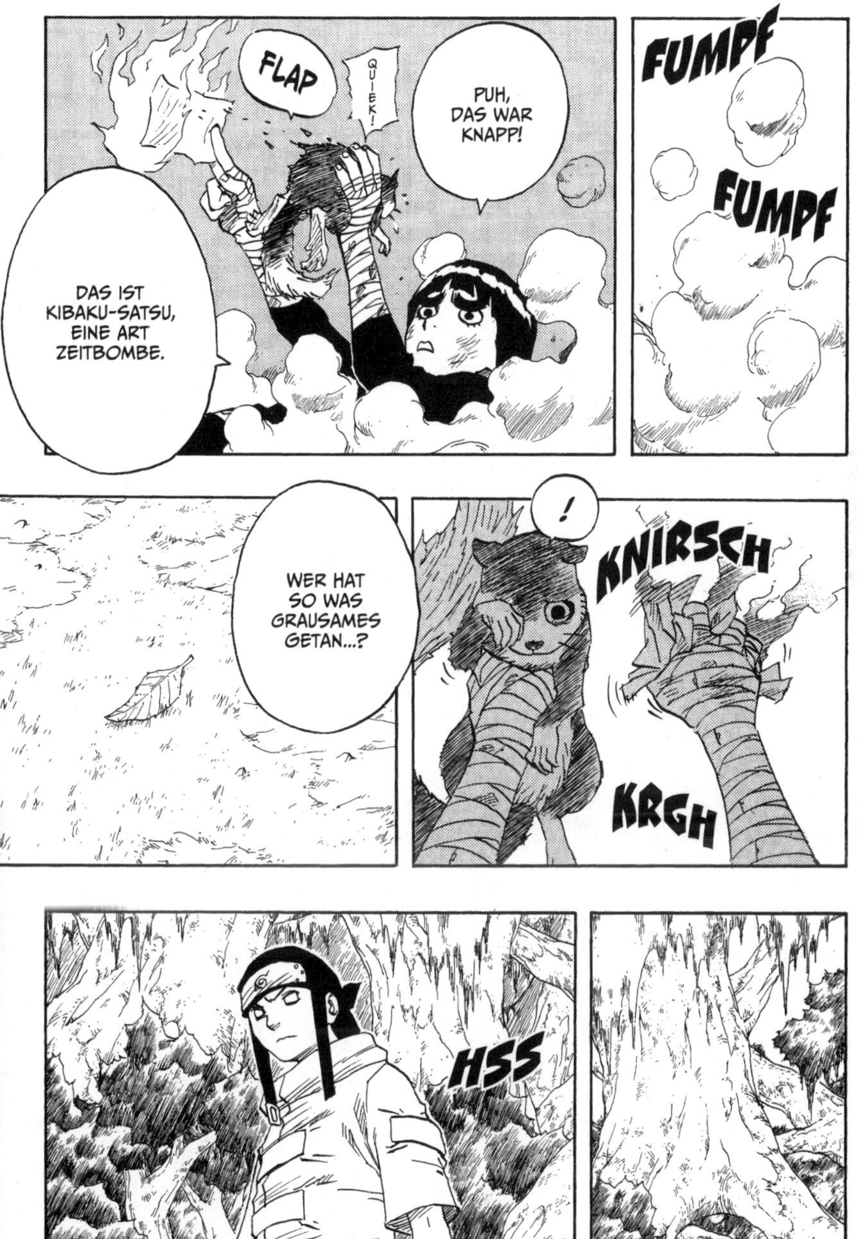
FUMPF
FUMPF
PUH, DAS WAR KNAPP!
QUIEK!
FLAP
DAS IST KIBAKU-SATSU, EINE ART ZEITBOMBE.
!
KNIRSCH
KRGH
WER HAT SO WAS GRAUSAMES GETAN...?
HSS

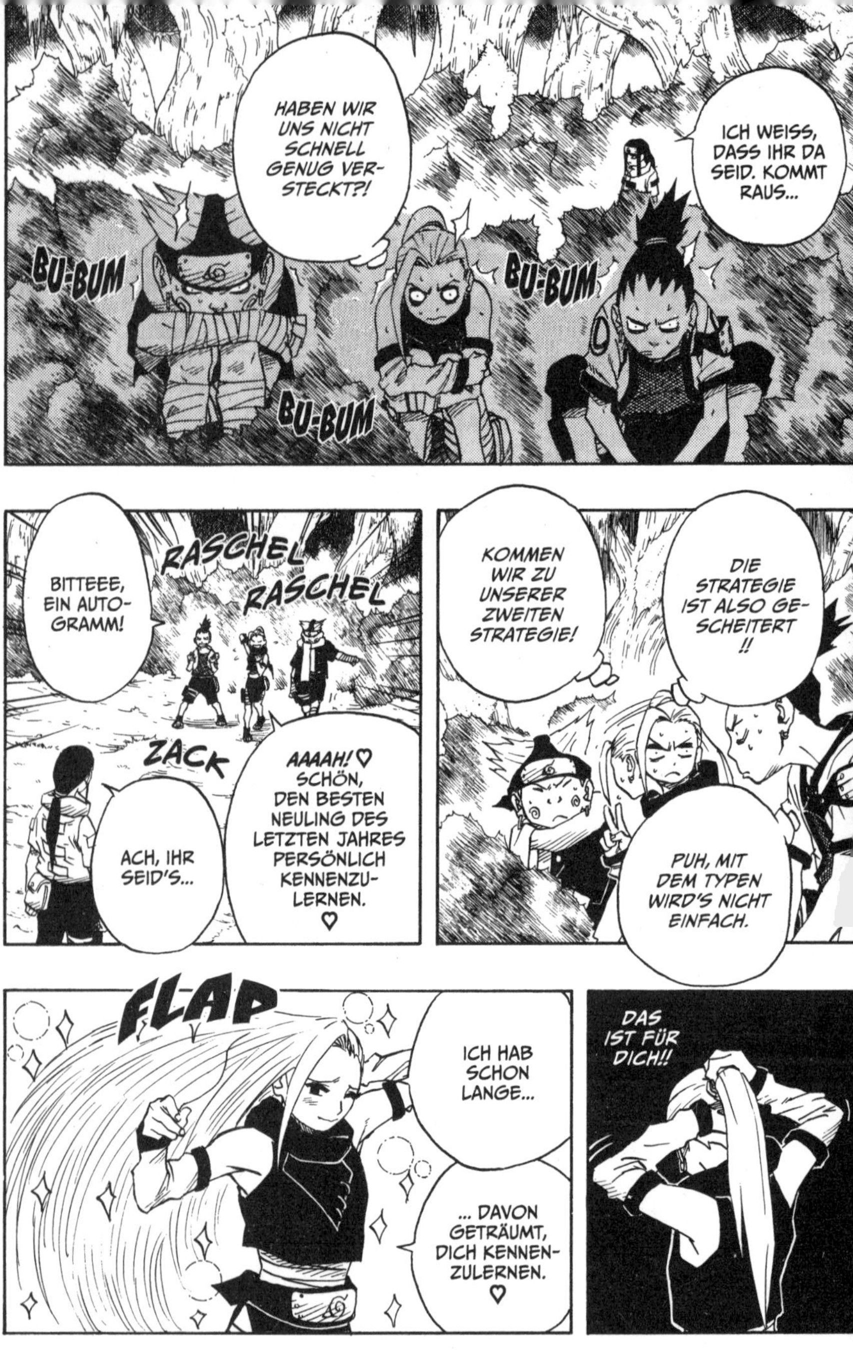
ICH WEISS, DASS IHR DA SEID. KOMMT RAUS...
HABEN WIR UNS NICHT SCHNELL GENUG VER-STECKT?!
BU-BUM
BU-BUM
BU-BUM
DIE STRATEGIE IST ALSO GE-SCHEITERT !!
KOMMEN WIR ZU UNSERER ZWEITEN STRATEGIE!
PUH, MIT DEM TYPEN WIRD'S NICHT EINFACH.
RASCHEL
RASCHEL
BITTEEE, EIN AUTO-GRAMM!
AAAAH! ♡ SCHÖN, DEN BESTEN NEULING DES LETZTEN JAHRES PERSÖNLICH KENNENZU-LERNEN. ♡
ZACK
ACH, IHR SEID'S...
DAS IST FÜR DICH!!
ICH HAB SCHON LANGE...
... DAVON GETRÄUMT, DICH KENNEN-ZULERNEN. ♡
FLAP

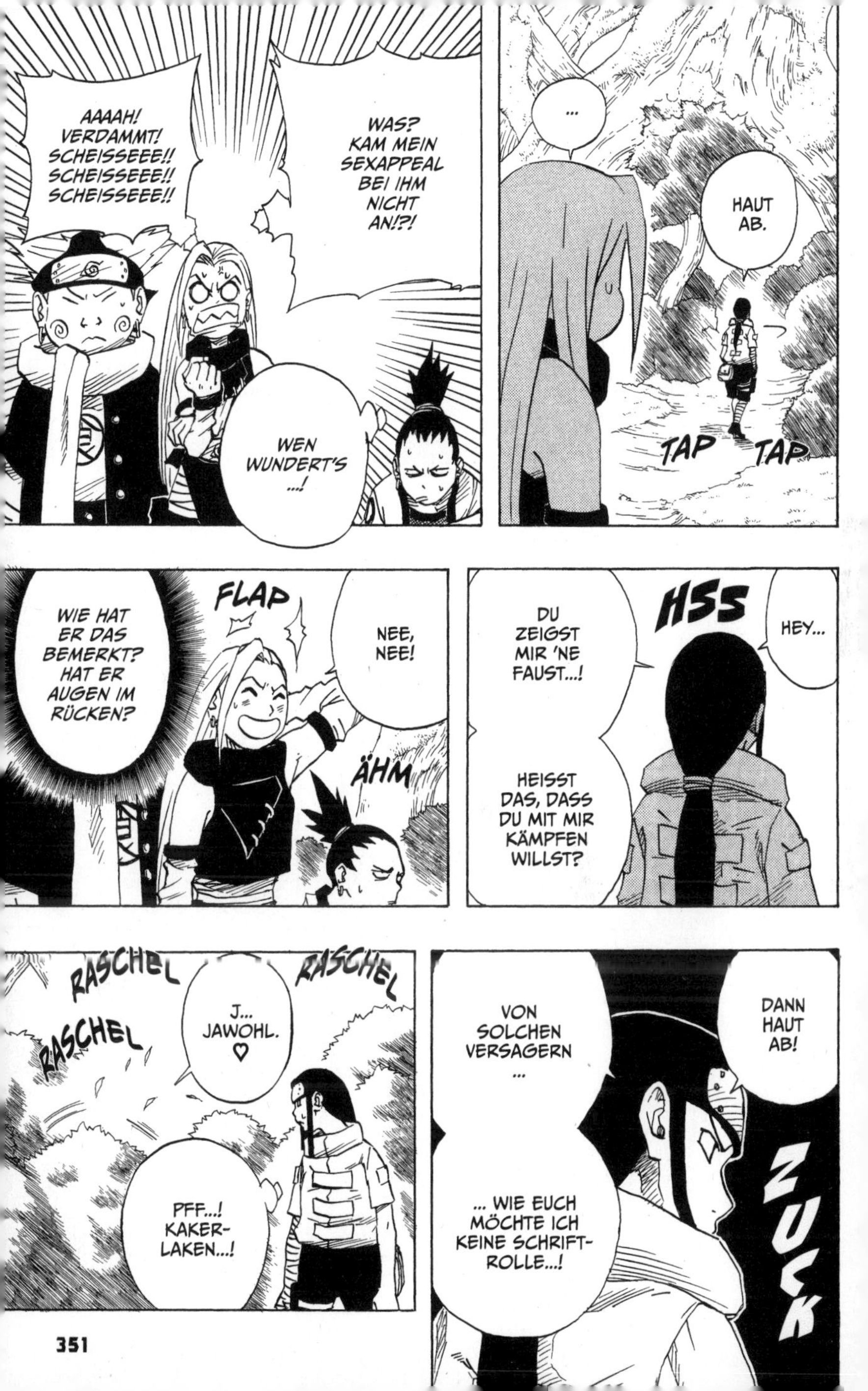
...
HAUT AB.
TAP TAP
WAS? KAM MEIN SEXAPPEAL BEI IHM NICHT AN!?!
AAAAH! VERDAMMT! SCHEISSEEE!! SCHEISSEEE!! SCHEISSEEE!!
WEN WUNDERT'S ...!
HEY...
HSS
DU ZEIGST MIR 'NE FAUST...!
HEISST DAS, DASS DU MIT MIR KÄMPFEN WILLST?
NEE, NEE!
FLAP
WIE HAT ER DAS BEMERKT? HAT ER AUGEN IM RÜCKEN?
ÄHM
DANN HAUT AB!
VON SOLCHEN VERSAGERN ...
... WIE EUCH MÖCHTE ICH KEINE SCHRIFT-ROLLE...!
ZUCK
J... JAWOHL. ♡
RASCHEL
RASCHEL
RASCHEL
PFF...! KAKER-LAKEN...!

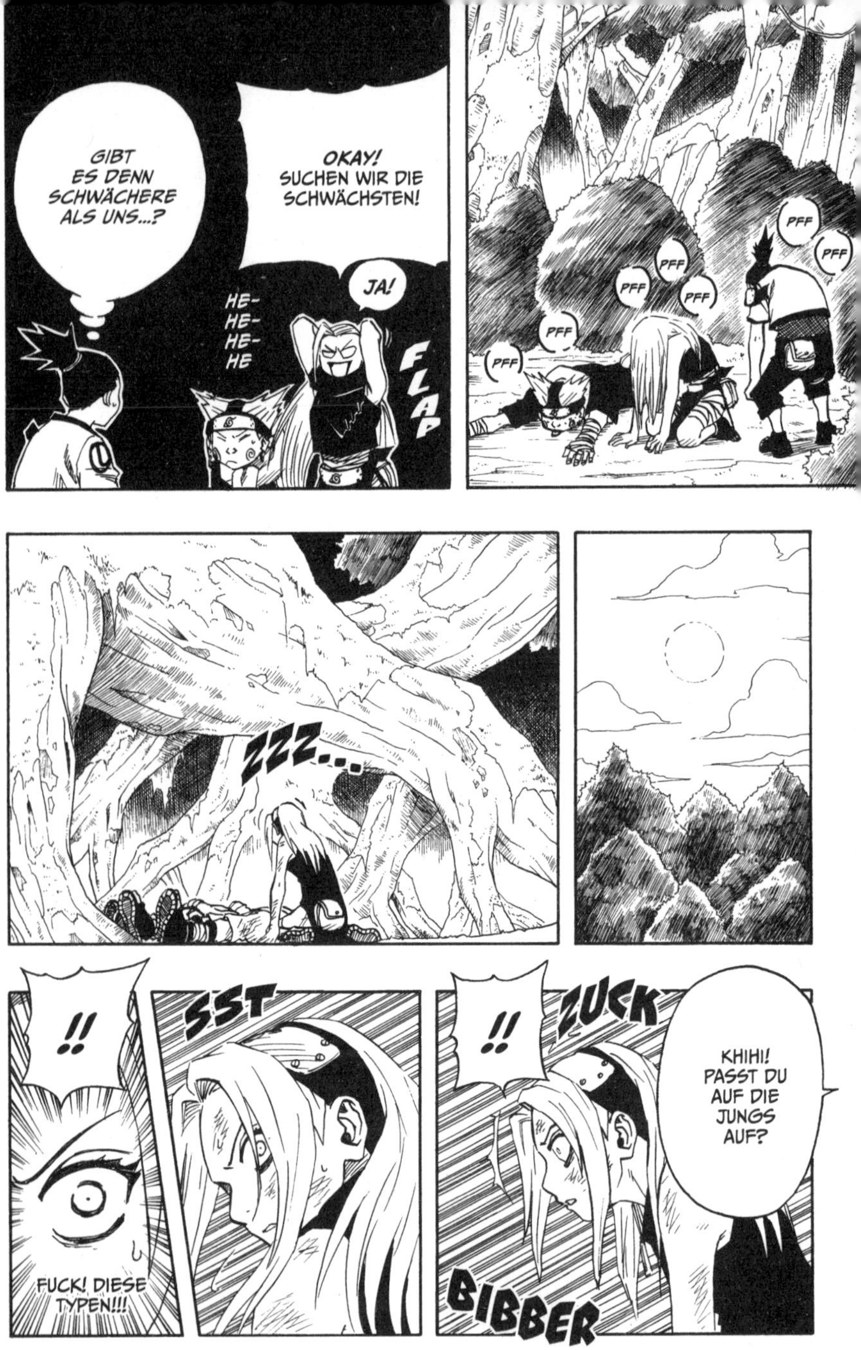
OKAY! SUCHEN WIR DIE SCHWÄCHSTEN!
GIBT ES DENN SCHWÄCHERE ALS UNS...?
JA!
HE-HE-HE-HE
FLAP
PFF
PFF
PFF
PFF
PFF
PFF
PFF
ZZZ...
!!
ZUCK
KHIHI! PASST DU AUF DIE JUNGS AUF?
BIBBER
SST
!!
FUCK! DIESE TYPEN!!!

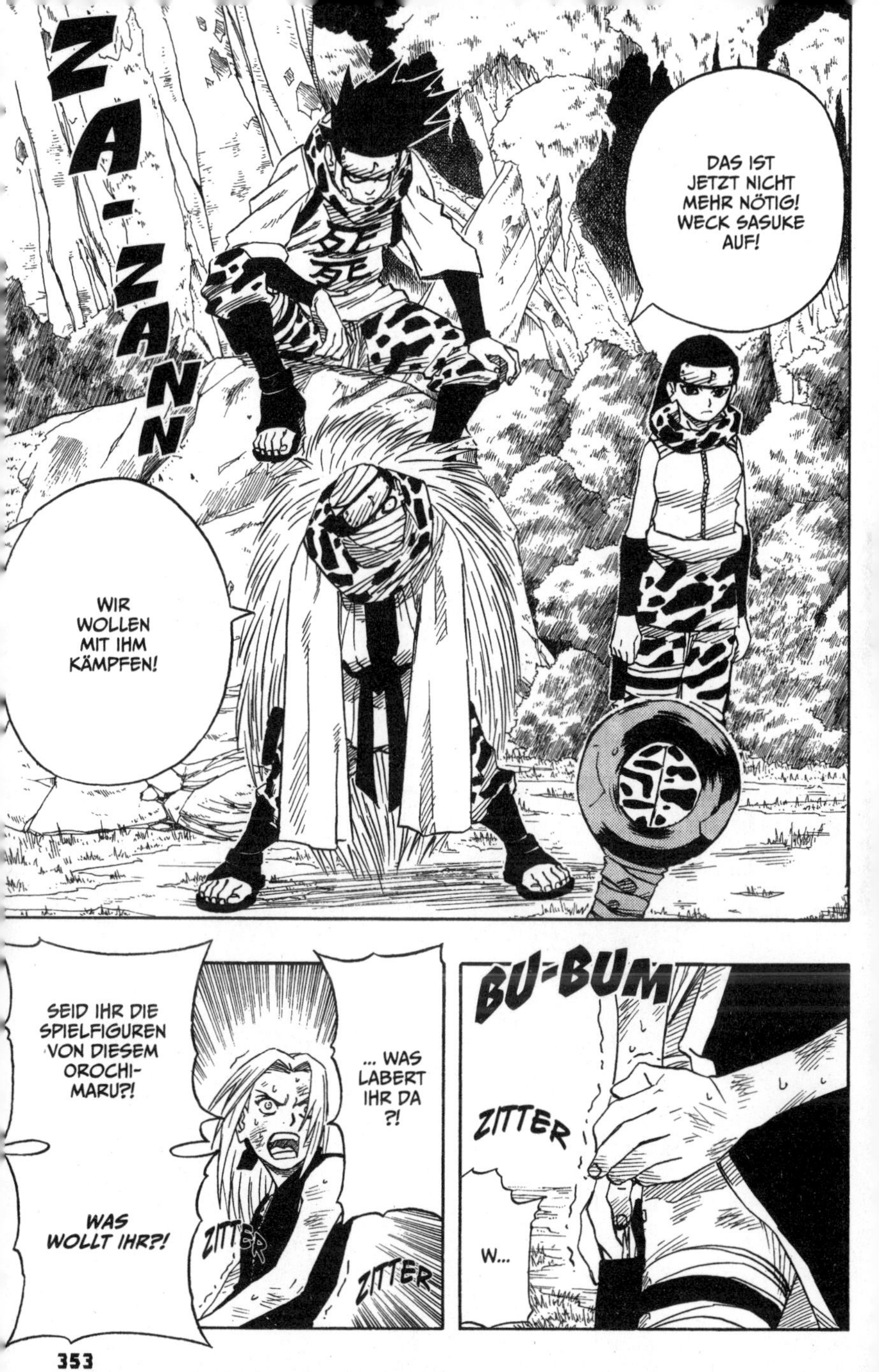
ZA-ZANN
DAS IST JETZT NICHT MEHR NÖTIG! WECK SASUKE AUF!
WIR WOLLEN MIT IHM KÄMPFEN!
BU-BUM
ZITTER
W...
... WAS LABERT IHR DA ?!
SEID IHR DIE SPIELFIGUREN VON DIESEM OROCHI-MARU?!
WAS WOLLT IHR?!
ZITTER
ZITTER

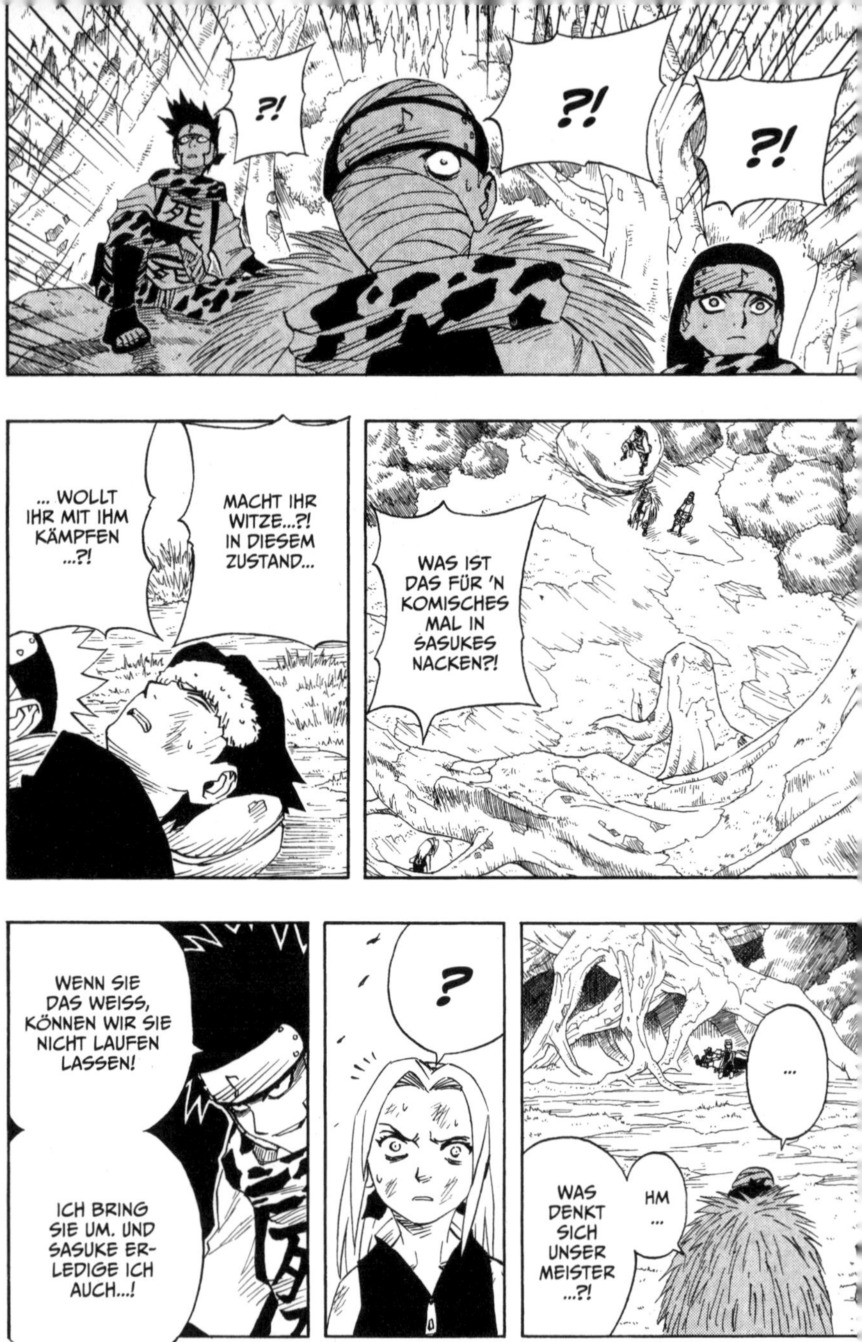
?!
?!
?!
WAS IST DAS FÜR 'N KOMISCHES MAL IN SASUKES NACKEN?!
MACHT IHR WITZE...?! IN DIESEM ZUSTAND...
... WOLLT IHR MIT IHM KÄMPFEN ...?!
...
HM ...
WAS DENKT SICH UNSER MEISTER ...?!
?
WENN SIE DAS WEISS, KÖNNEN WIR SIE NICHT LAUFEN LASSEN!
ICH BRING SIE UM. UND SASUKE ERLEDIGE ICH AUCH...!

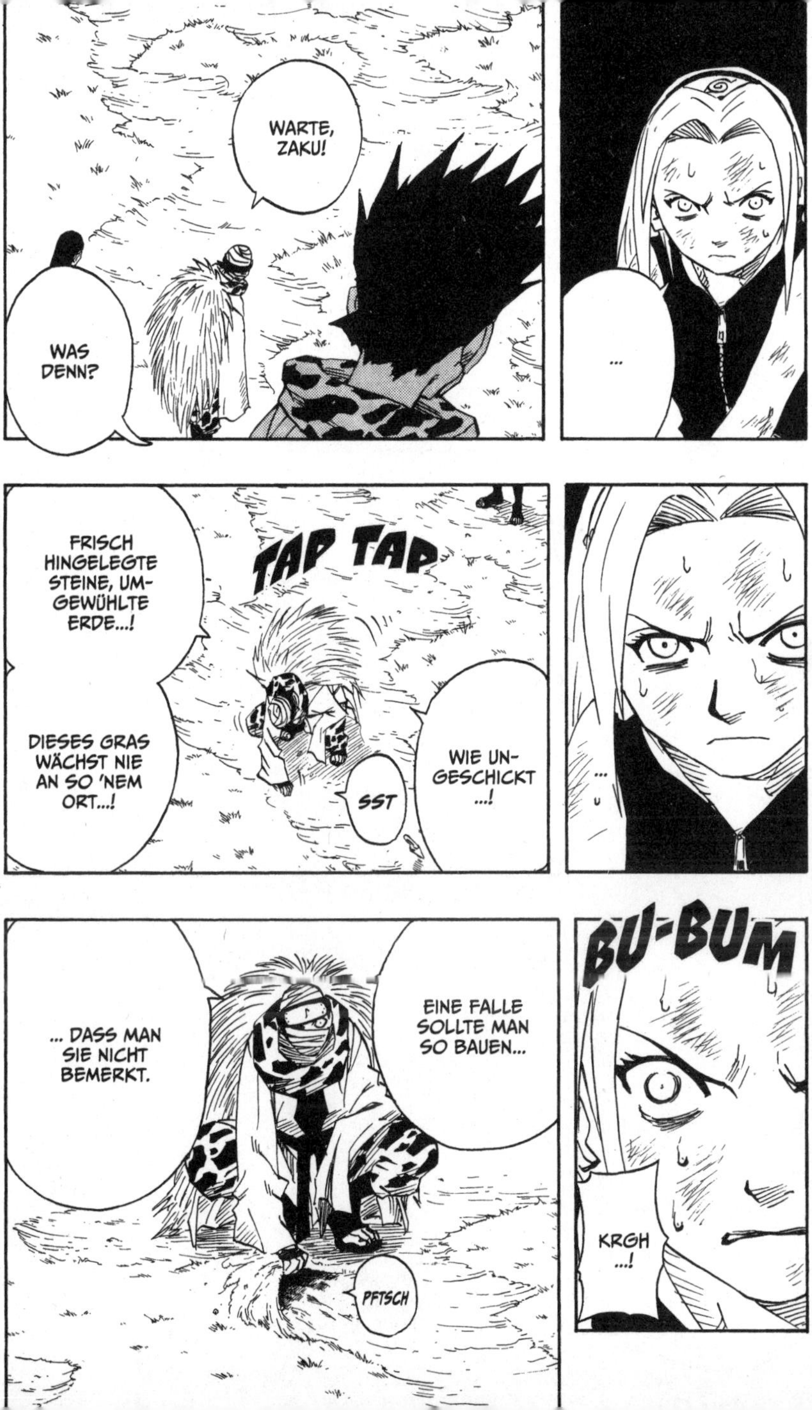
...
WARTE, ZAKU!
WAS DENN?
...
TAP TAP
SST
WIE UNGESCHICKT ...!
FRISCH HINGELEGTE STEINE, UMGEWÜHLTE ERDE...!
DIESES GRAS WÄCHST NIE AN SO 'NEM ORT...!
BU-BUM
KRGH ...!
EINE FALLE SOLLTE MAN SO BAUEN...
PFTSCH
... DASS MAN SIE NICHT BEMERKT.

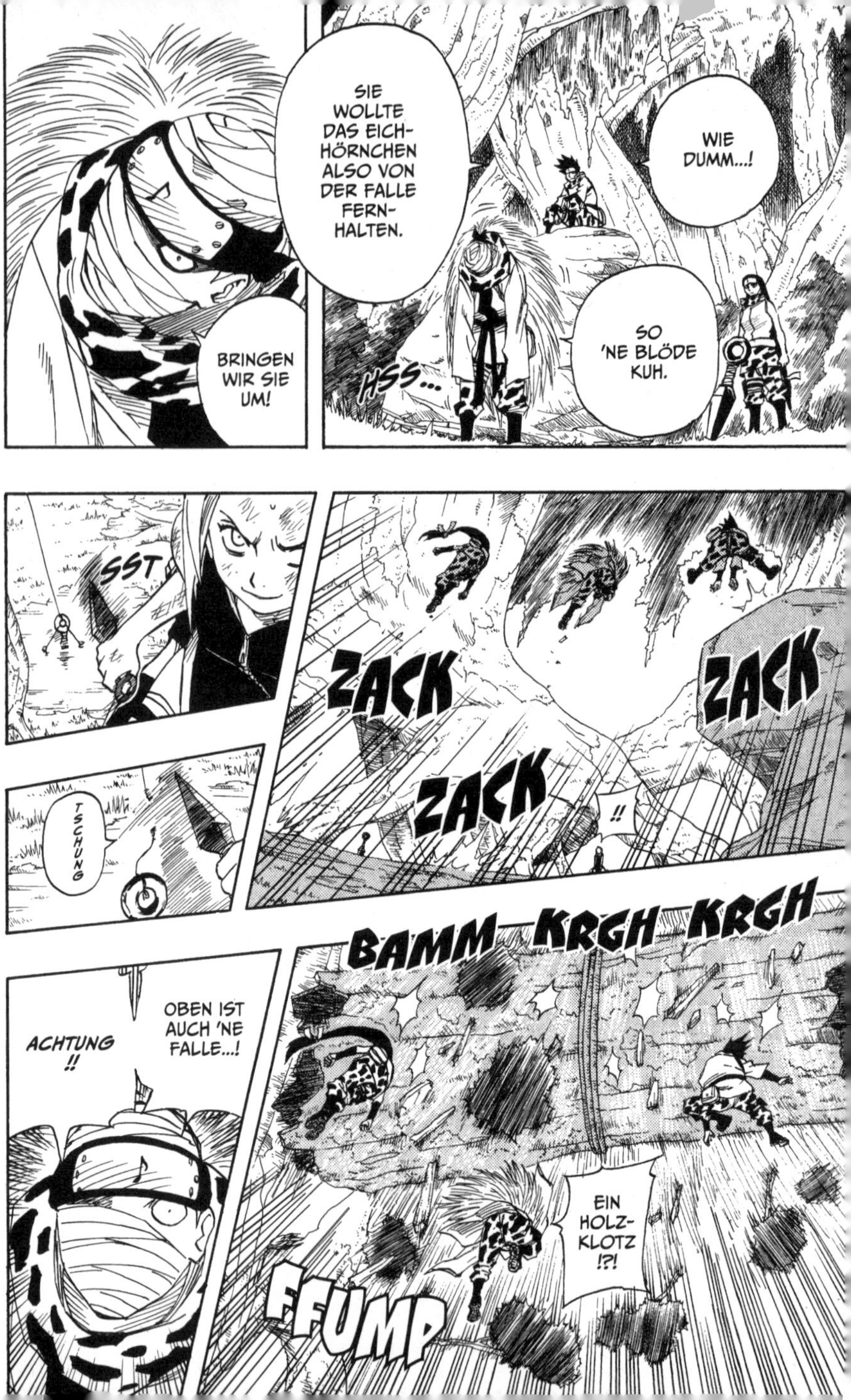
WIE DUMM...!
SIE WOLLTE DAS EICH-HÖRNCHEN ALSO VON DER FALLE FERN-HALTEN.
SO 'NE BLÖDE KUH.
HSS...
BRINGEN WIR SIE UM!
ZACK
ZACK
ZACK
!!
SST
TSCHUNG
BAMM KRGH KRGH
EIN HOLZ-KLOTZ !?!
FFUMP
OBEN IST AUCH 'NE FALLE...!
ACHTUNG !!

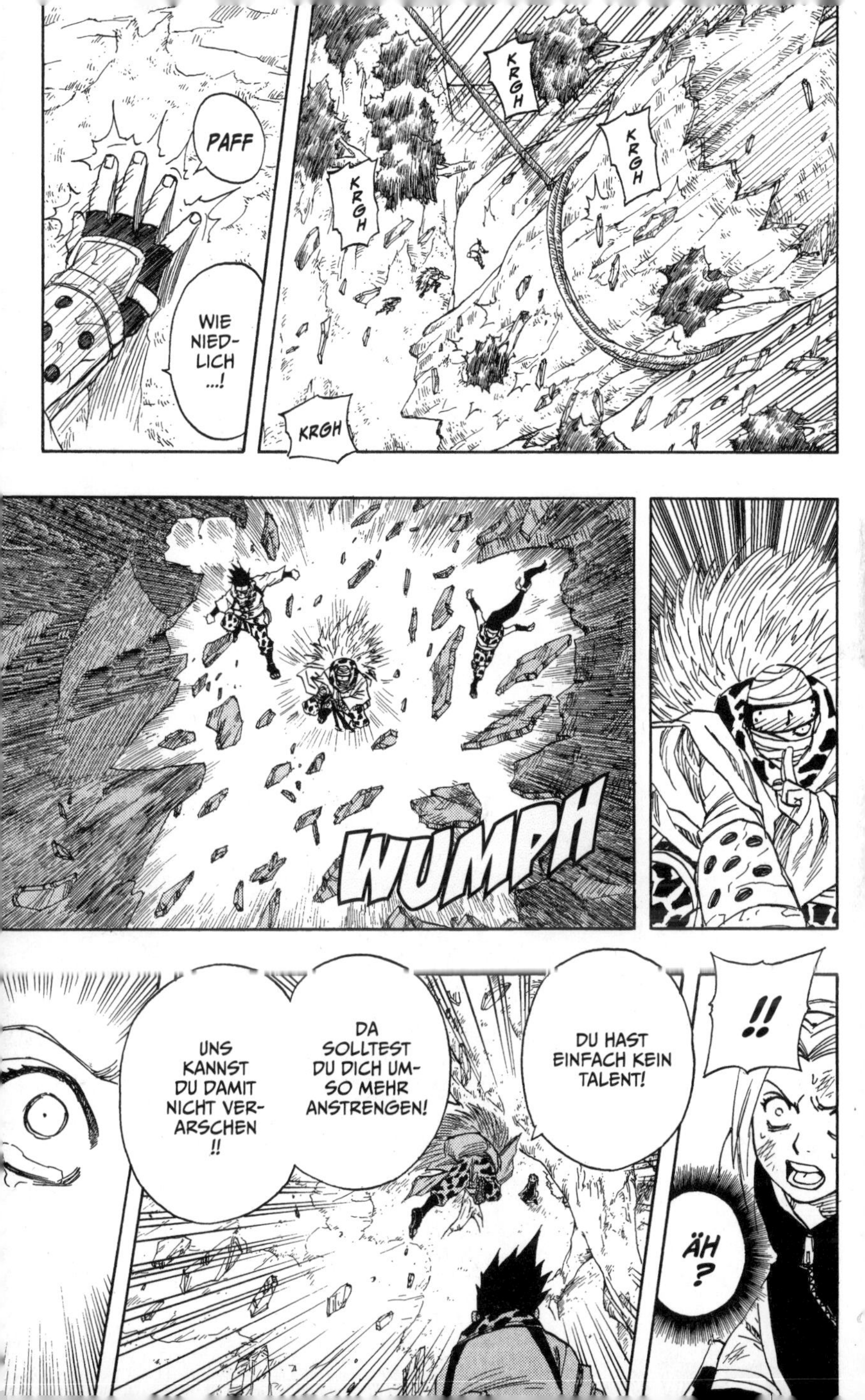
KRGH
KRGH
KRGH
KRGH
PAFF
WIE NIED-LICH ...!
WUMPH
!!
ÄH ?
DU HAST EINFACH KEIN TALENT!
DA SOLLTEST DU DICH UM-SO MEHR ANSTRENGEN!
UNS KANNST DU DAMIT NICHT VER-ARSCHEN !!

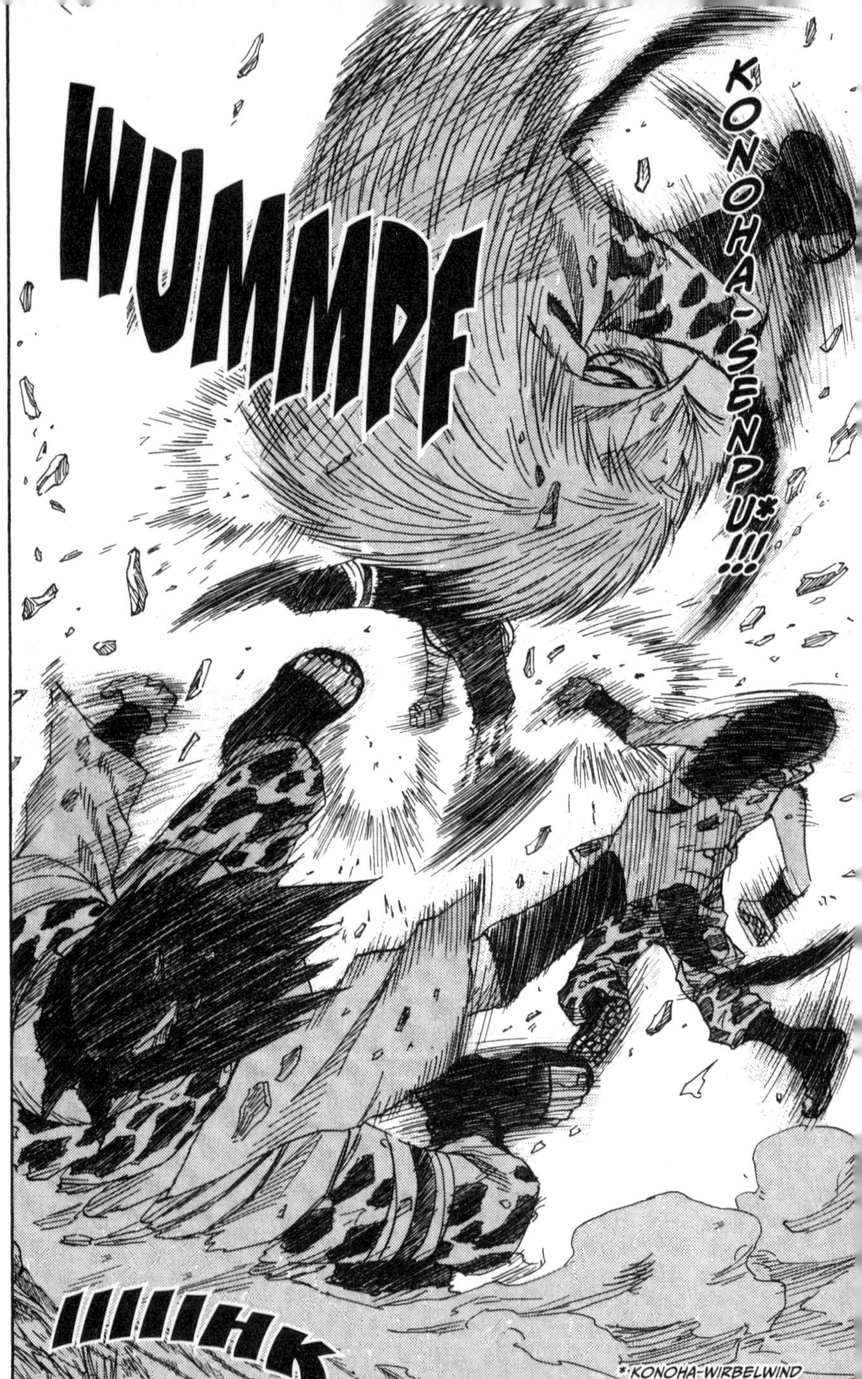

*: KONOHA-WIRBELWIND

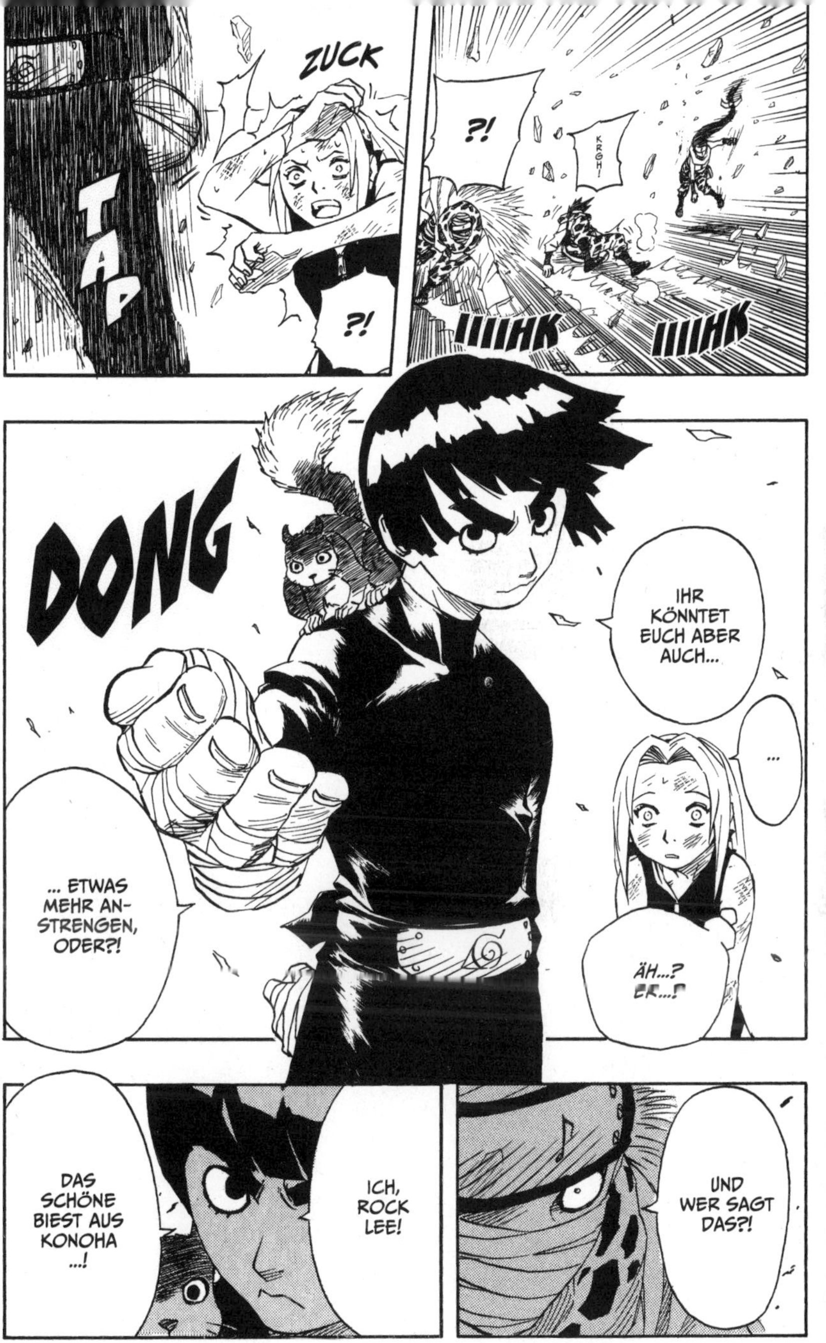
?!
KRGH!
IIIIHK
IIIIHK
ZUCK
TAP
?!
DONG
IHR KÖNNTET EUCH ABER AUCH...
... ETWAS MEHR AN-STRENGEN, ODER?!
...
ÄH...?
UND WER SAGT DAS?!
ICH, ROCK LEE!
DAS SCHÖNE BIEST AUS KONOHA ...!

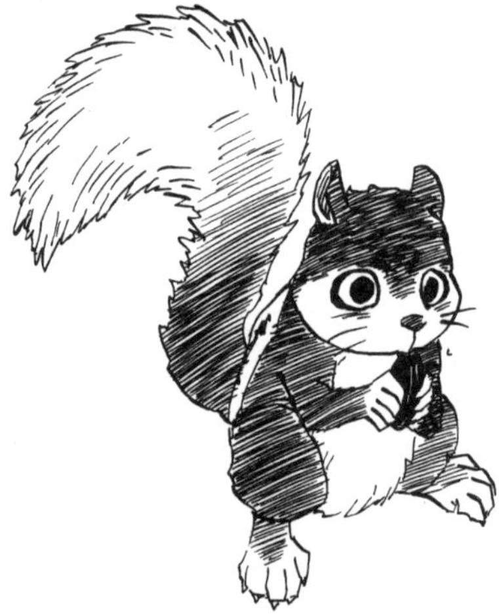

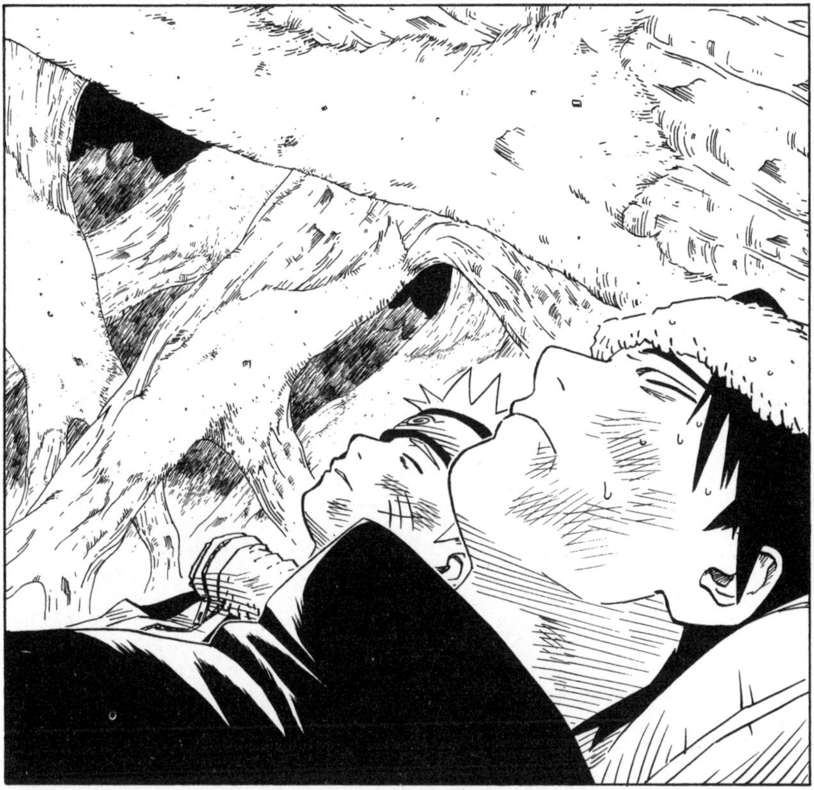

52. KAPITEL: NUR UNTER EINER BEDINGUNG GEBRAUCHEN!

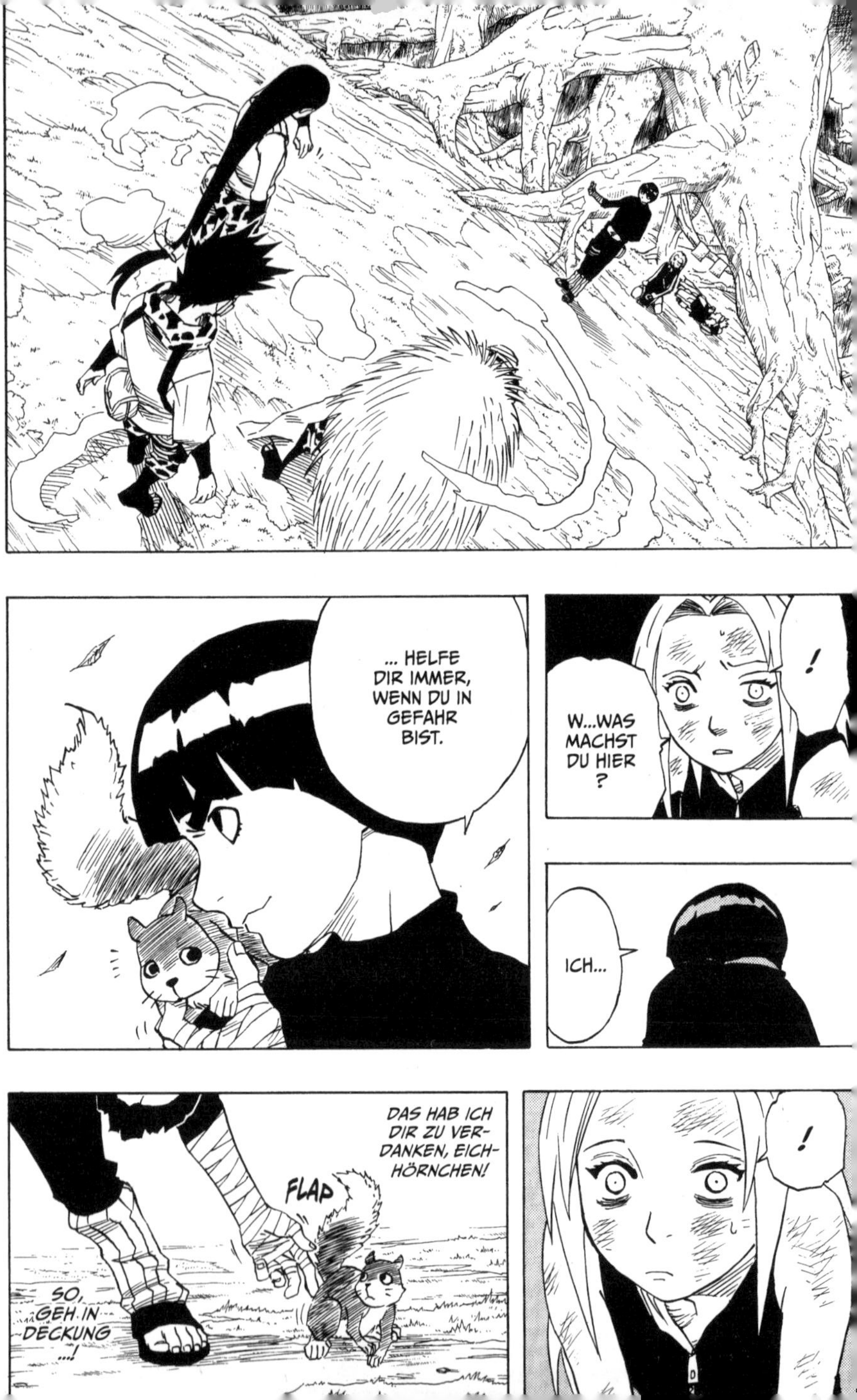
!
W...WAS MACHST DU HIER?
ICH...
... HELFE DIR IMMER, WENN DU IN GEFAHR BIST.
!
DAS HAB ICH DIR ZU VER-DANKEN, EICH-HÖRNCHEN!
FLAP
SO, GEH IN DECKUNG ...!

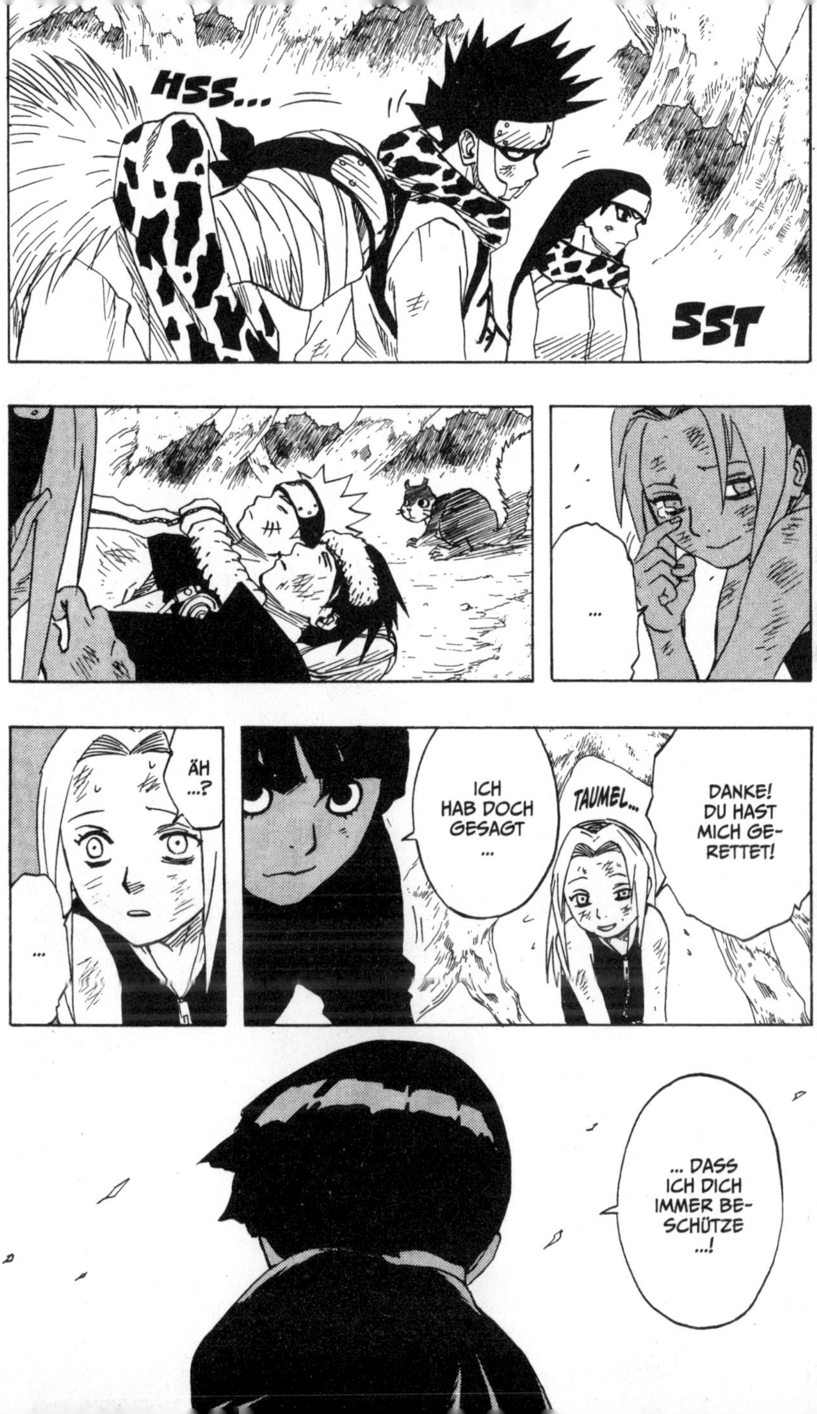
HSS...
SST
...
DANKE! DU HAST MICH GE-RETTET!
TAUMEL...
ICH HAB DOCH GESAGT ...
ÄH ...?
...
... DASS ICH DICH IMMER BE-SCHÜTZE ...!

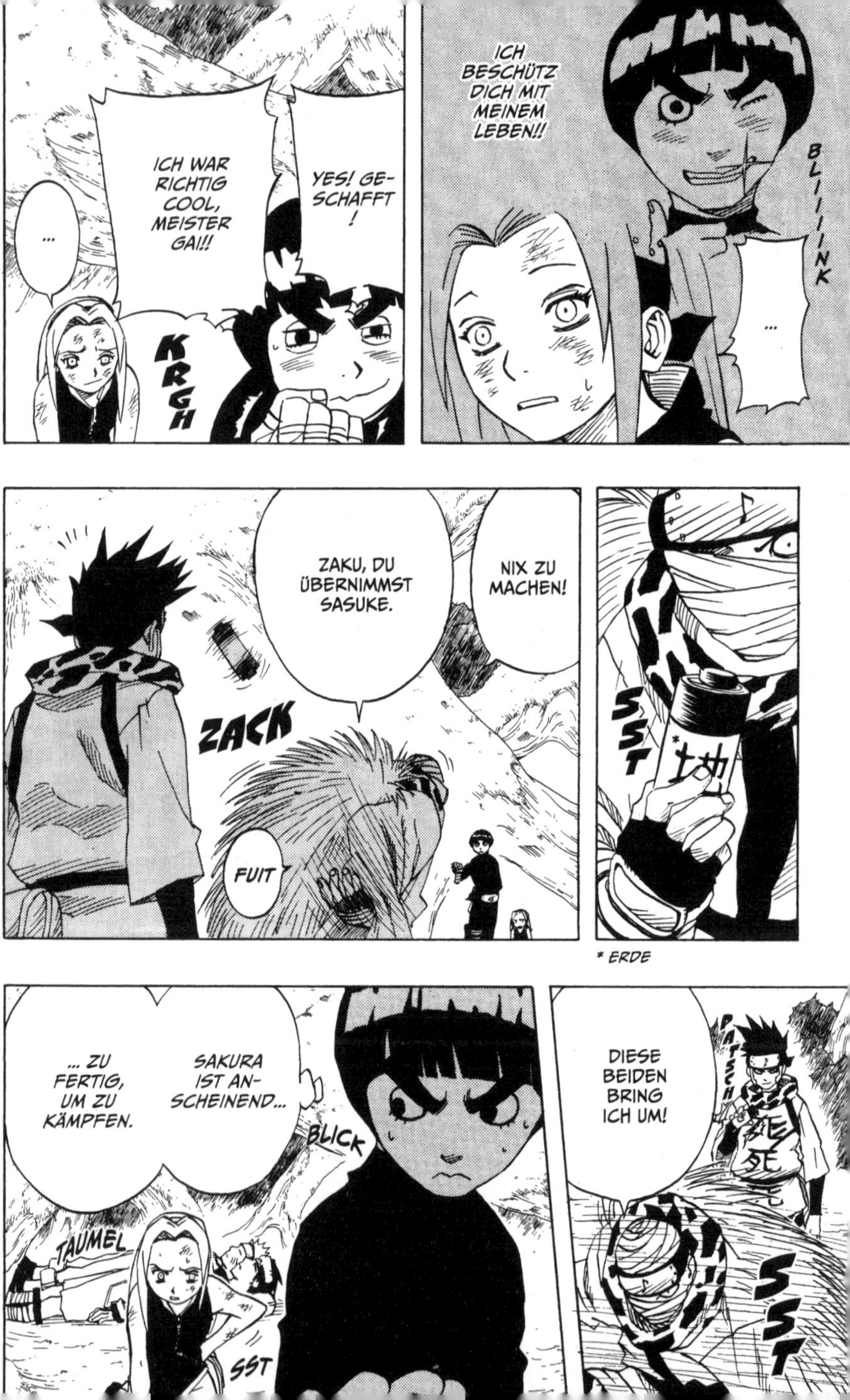
ICH BESCHÜTZ DICH MIT MEINEM LEBEN!!
BLIIIINK
...
YES! GE-SCHAFFT!
ICH WAR RICHTIG COOL, MEISTER GAI!!
KRGH
...
SST
*地
NIX ZU MACHEN!
ZAKU, DU ÜBERNIMMST SASUKE.
ZACK
FUIT
DIESE BEIDEN BRING ICH UM!
PATSCH
SST
SAKURA IST AN-SCHEINEND...
... ZU FERTIG, UM ZU KÄMPFEN.
BLICK
TAUMEL
SST

* ERDE

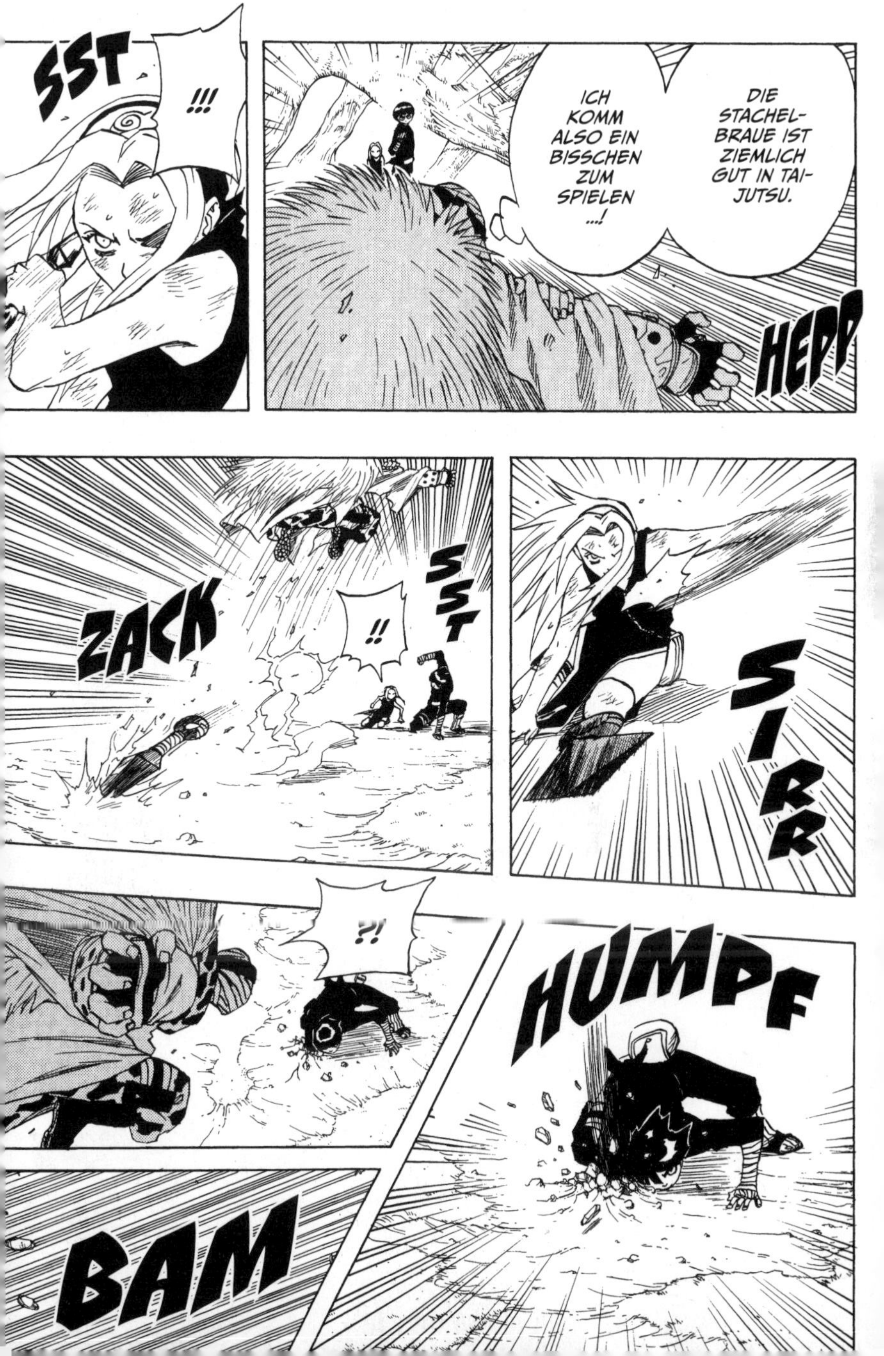

DIE STACHELBRAUE IST ZIEMLICH GUT IN TAIJUTSU.
ICH KOMM ALSO EIN BISSCHEN ZUM SPIELEN ...!
HEPP
SST
!!!
SIRR
SST
!!
ZACK
HUMPF
?!
BAM

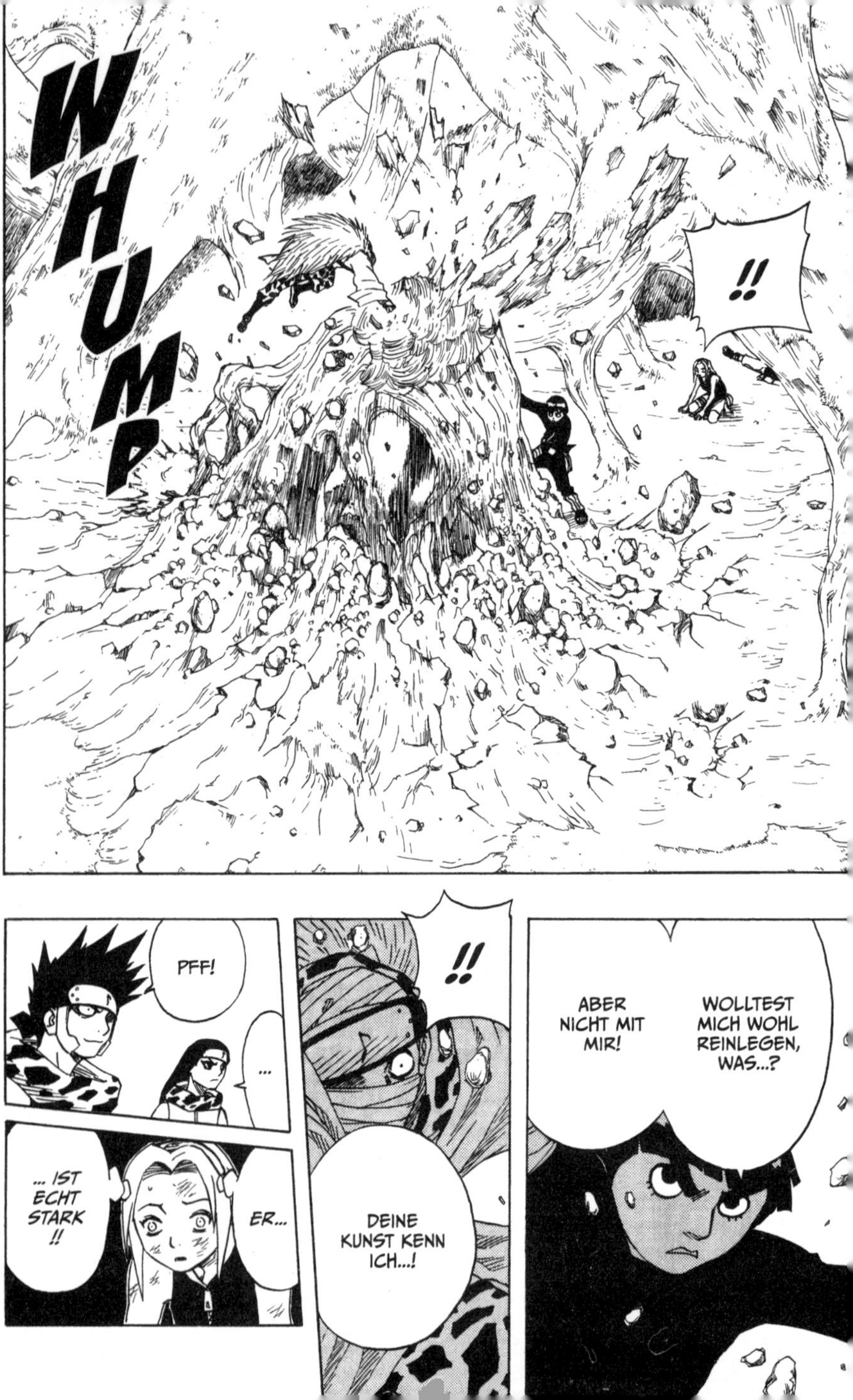
WHUMP
!!
WOLLTEST MICH WOHL REINLEGEN, WAS...?
ABER NICHT MIT MIR!
!!
DEINE KUNST KENN ICH...!
PFF!
...
ER...
... IST ECHT STARK !!

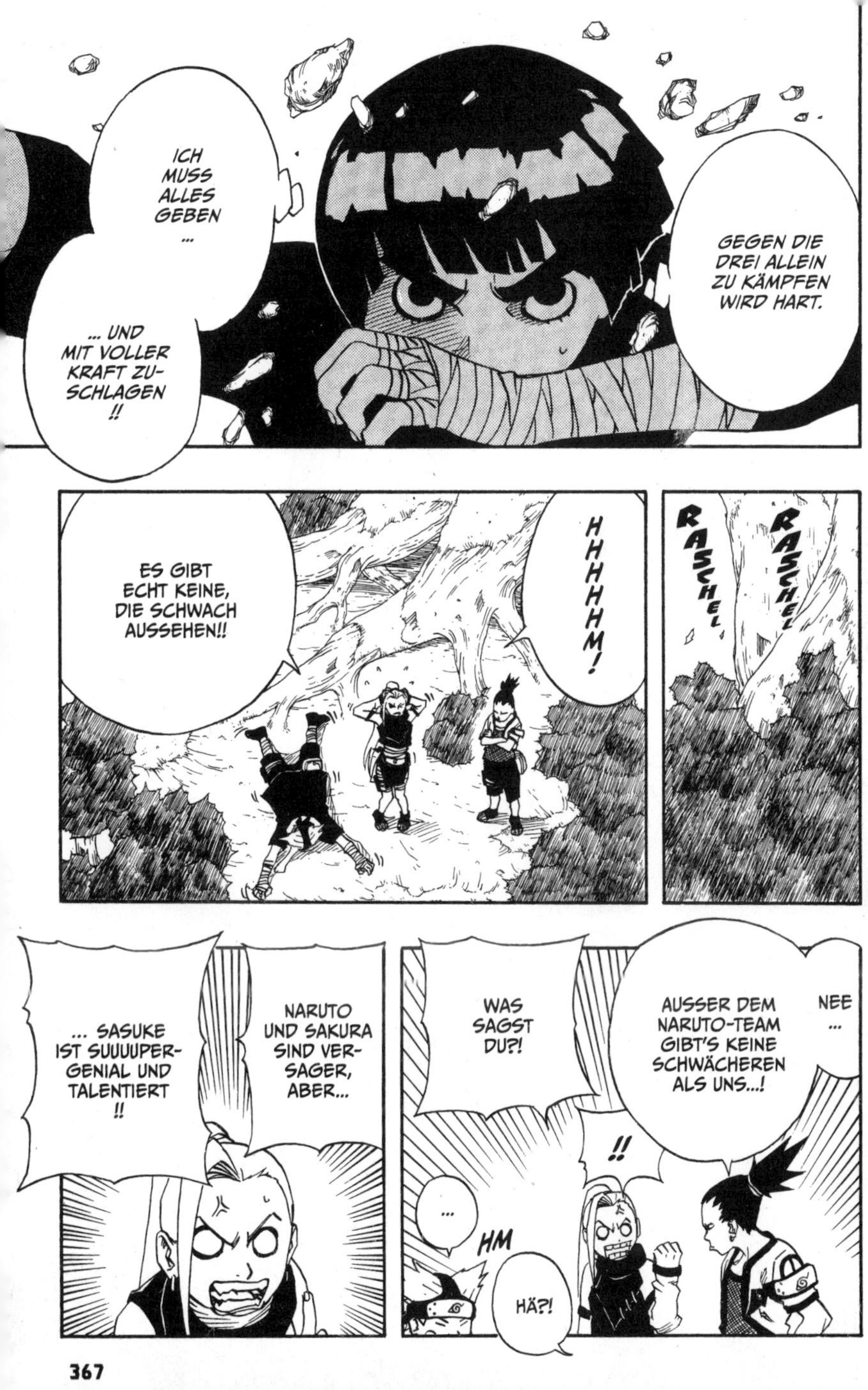
GEGEN DIE DREI ALLEIN ZU KÄMPFEN WIRD HART.
ICH MUSS ALLES GEBEN ...
... UND MIT VOLLER KRAFT ZU-SCHLAGEN !!
RASCHEL
RASCHEL
HHHHHHM!
ES GIBT ECHT KEINE, DIE SCHWACH AUSSEHEN!!
NEE ...
AUSSER DEM NARUTO-TEAM GIBT'S KEINE SCHWÄCHEREN ALS UNS...!
!!
WAS SAGST DU?!
...
HM
HÄ?!
NARUTO UND SAKURA SIND VER-SAGER, ABER...
... SASUKE IST SUUUUPER-GENIAL UND TALENTIERT !!

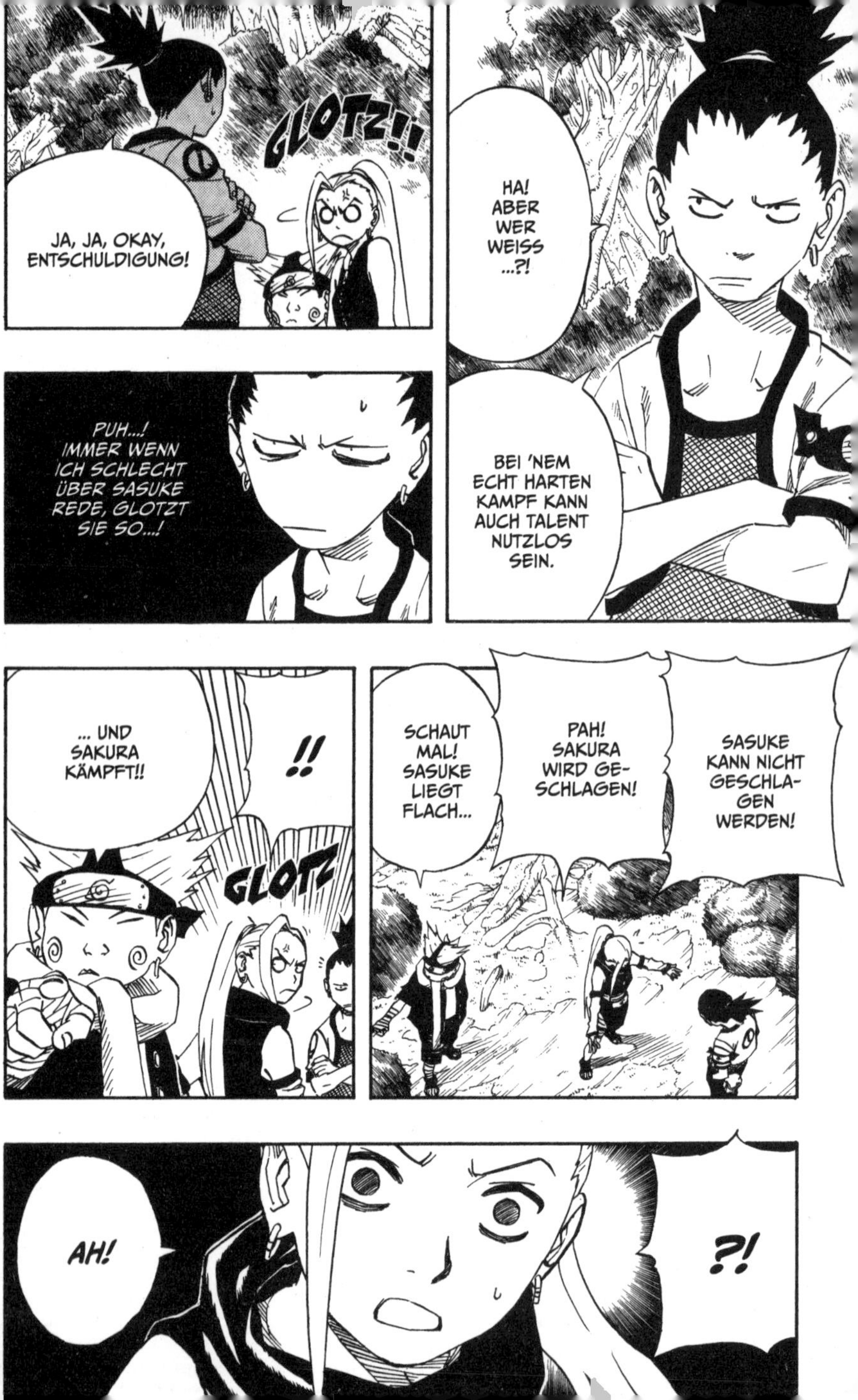
HA! ABER WER WEISS ...?!
BEI 'NEM ECHT HARTEN KAMPF KANN AUCH TALENT NUTZLOS SEIN.
GLOTZ!!
JA, JA, OKAY, ENTSCHULDIGUNG!
PUH...! IMMER WENN ICH SCHLECHT ÜBER SASUKE REDE, GLOTZT SIE SO...!
SASUKE KANN NICHT GESCHLAGEN WERDEN!
PAH! SAKURA WIRD GESCHLAGEN!
SCHAUT MAL! SASUKE LIEGT FLACH...
!!
... UND SAKURA KÄMPFT!!
GLOTZ
?!
AH!

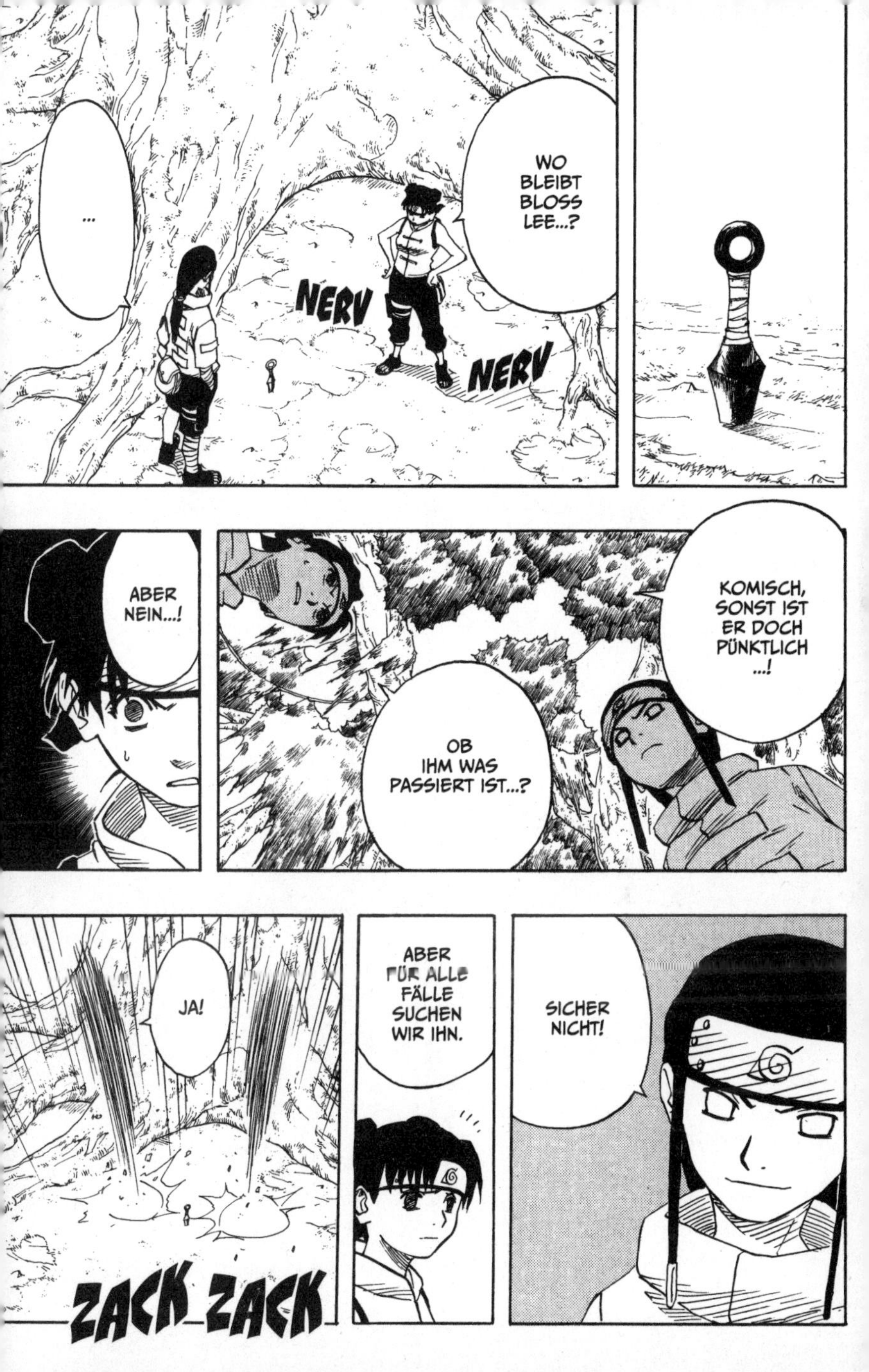
WO BLEIBT BLOSS LEE...?
...
NERV
NERV
KOMISCH, SONST IST ER DOCH PÜNKTLICH ...!
OB IHM WAS PASSIERT IST...?
ABER NEIN...!
SICHER NICHT!
ABER FÜR ALLE FÄLLE SUCHEN WIR IHN.
JA!
ZACK ZACK

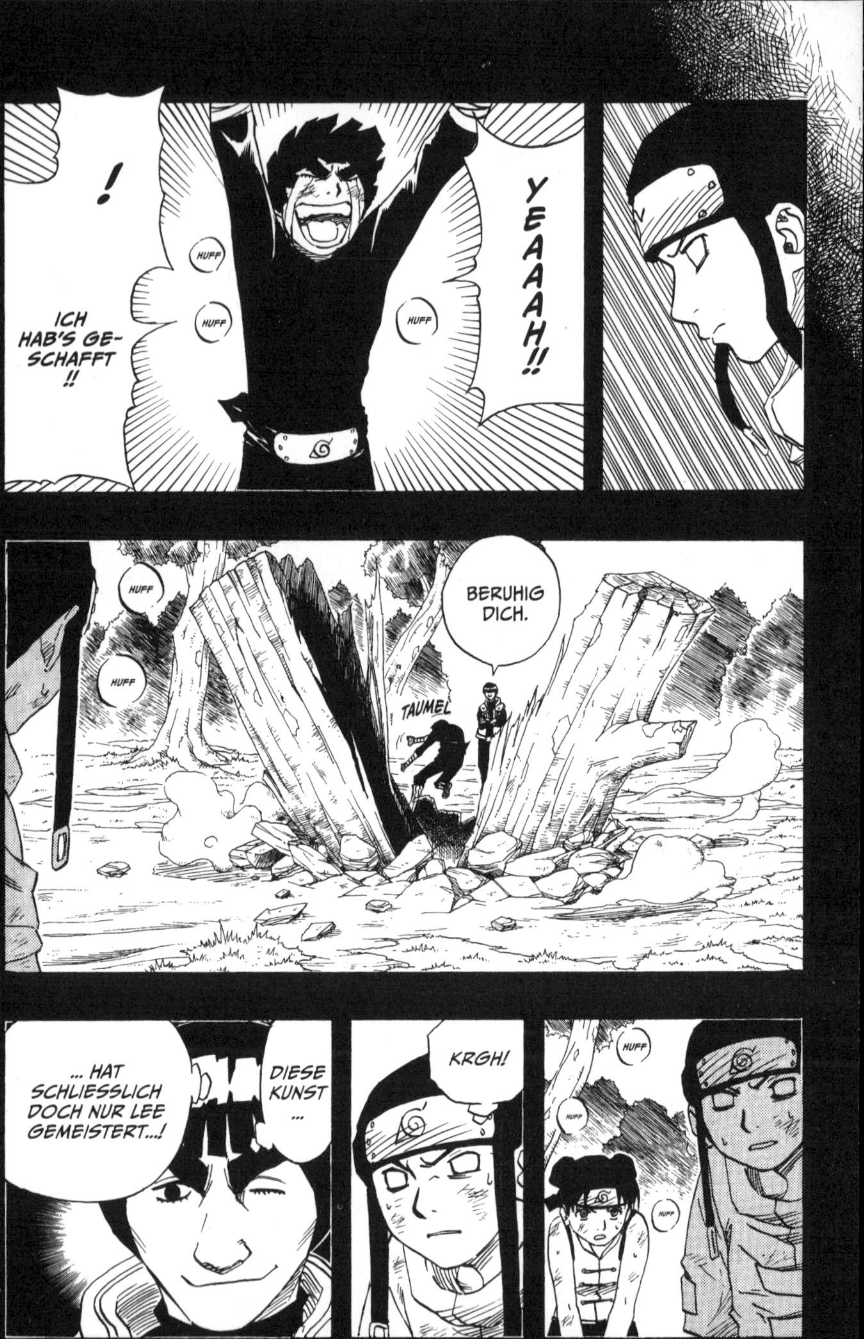
YEAAAAH!!
!
HUFF
HUFF
HUFF
ICH HAB'S GE-SCHAFFT!!
BERUHIG DICH.
TAUMEL
HUFF
HUFF
HUFF
HUFF
HUFF
KRGH!
DIESE KUNST ...
... HAT SCHLIESSLICH DOCH NUR LEE GEMEISTERT...!

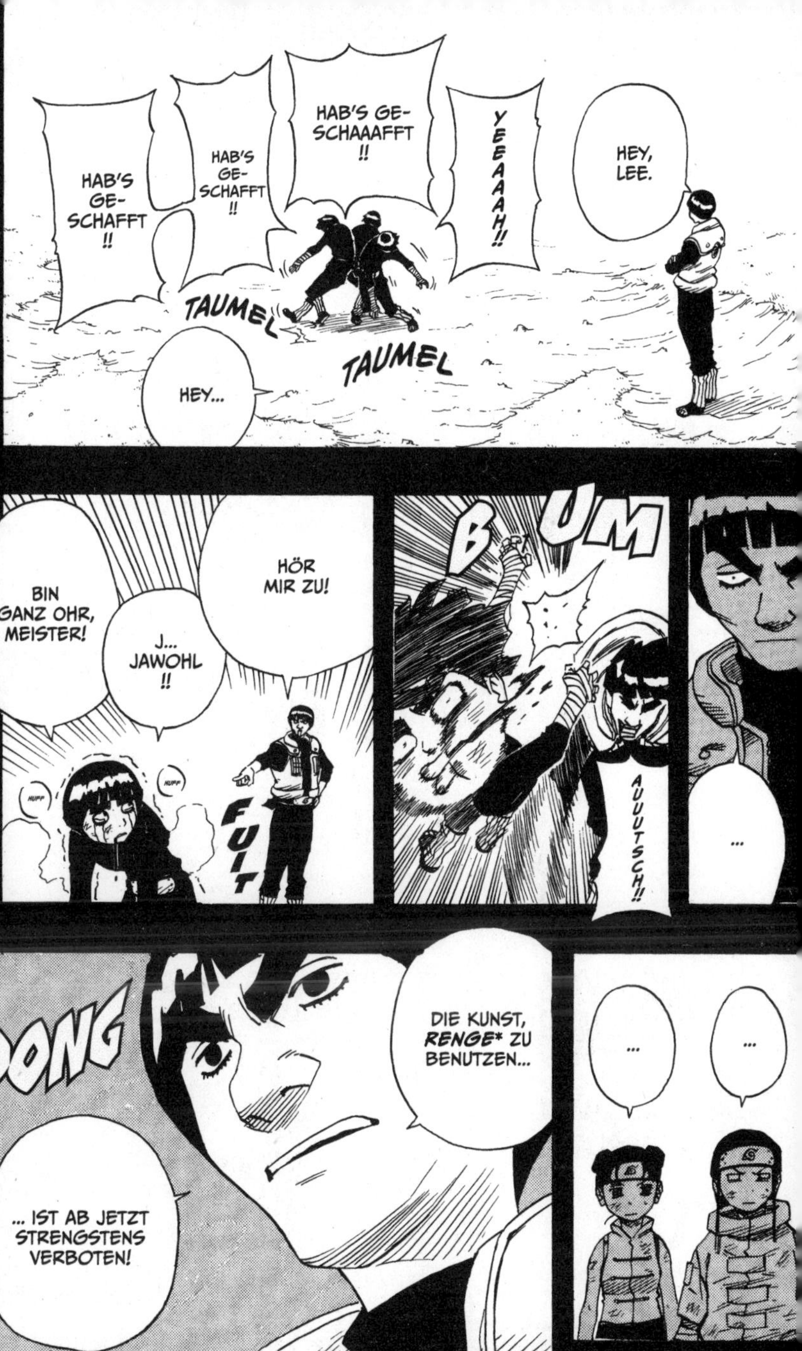

HEY, LEE.
YEEAAAAH!!
HAB'S GE-SCHAAAFFT!!
HAB'S GE-SCHAFFT!!
HAB'S GE-SCHAFFT!!
TAUMEL
TAUMEL
HEY...
...
BUM
AUUUTSCH!!
HÖR MIR ZU!
J... JAWOHL!!
BIN GANZ OHR, MEISTER!
FUIT
HUFF
HUFF
...
...
DIE KUNST, RENGE* ZU BENUTZEN...
DONG
... IST AB JETZT STRENGSTENS VERBOTEN!

* LOTUS

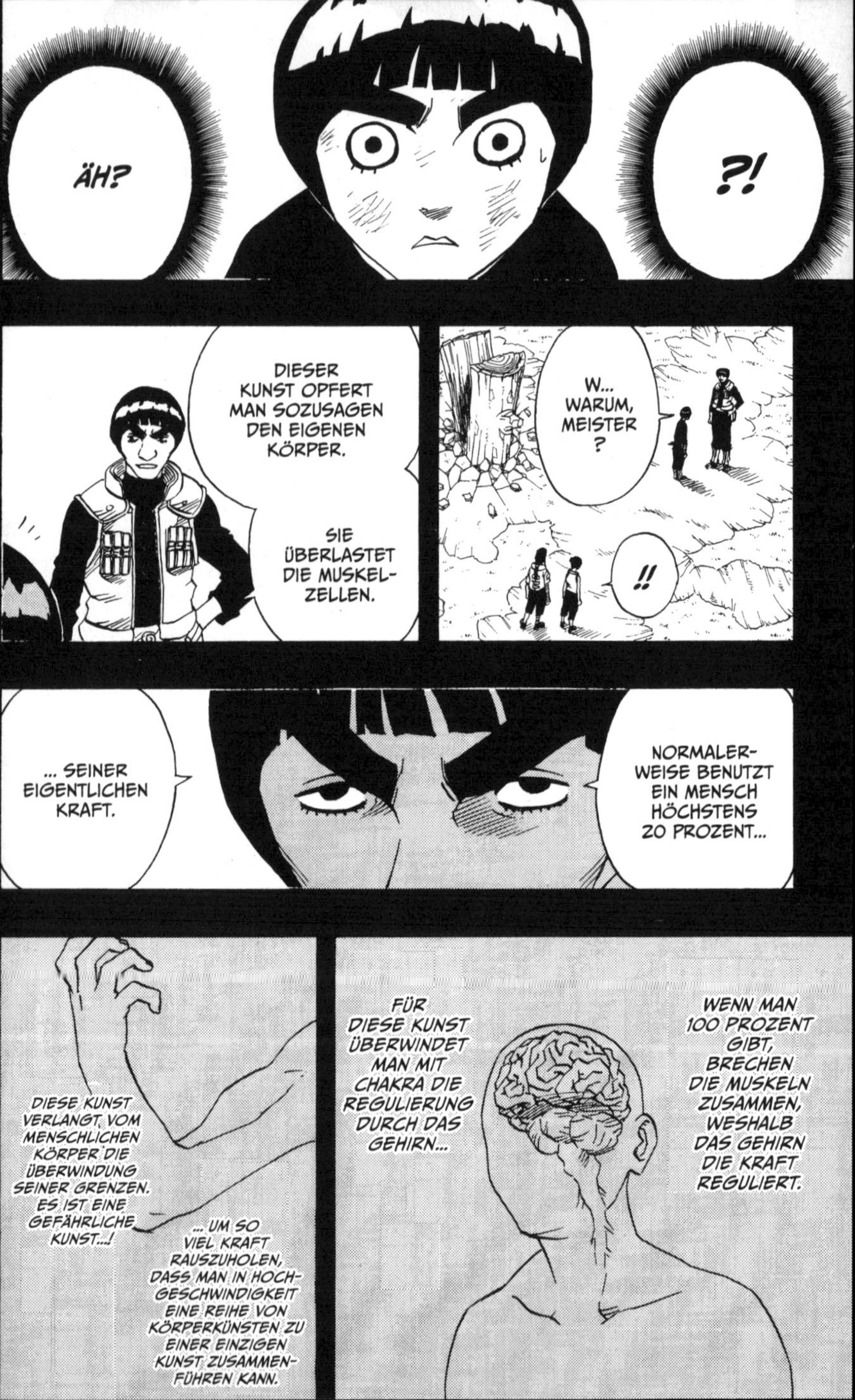
?!
ÄH?
W... WARUM, MEISTER?
!!
DIESER KUNST OPFERT MAN SOZUSAGEN DEN EIGENEN KÖRPER.
SIE ÜBERLASTET DIE MUSKEL-ZELLEN.
NORMALER-WEISE BENUTZT EIN MENSCH HÖCHSTENS 20 PROZENT...
... SEINER EIGENTLICHEN KRAFT.
WENN MAN 100 PROZENT GIBT, BRECHEN DIE MUSKELN ZUSAMMEN, WESHALB DAS GEHIRN DIE KRAFT REGULIERT.
FÜR DIESE KUNST ÜBERWINDET MAN MIT CHAKRA DIE REGULIERUNG DURCH DAS GEHIRN...
... UM SO VIEL KRAFT RAUSZUHOLEN, DASS MAN IN HOCH-GESCHWINDIGKEIT EINE REIHE VON KÖRPERKÜNSTEN ZU EINER EINZIGEN KUNST ZUSAMMEN-FÜHREN KANN.
DIESE KUNST VERLANGT VOM MENSCHLICHEN KÖRPER DIE ÜBERWINDUNG SEINER GRENZEN. ES IST EINE GEFÄHRLICHE KUNST...!

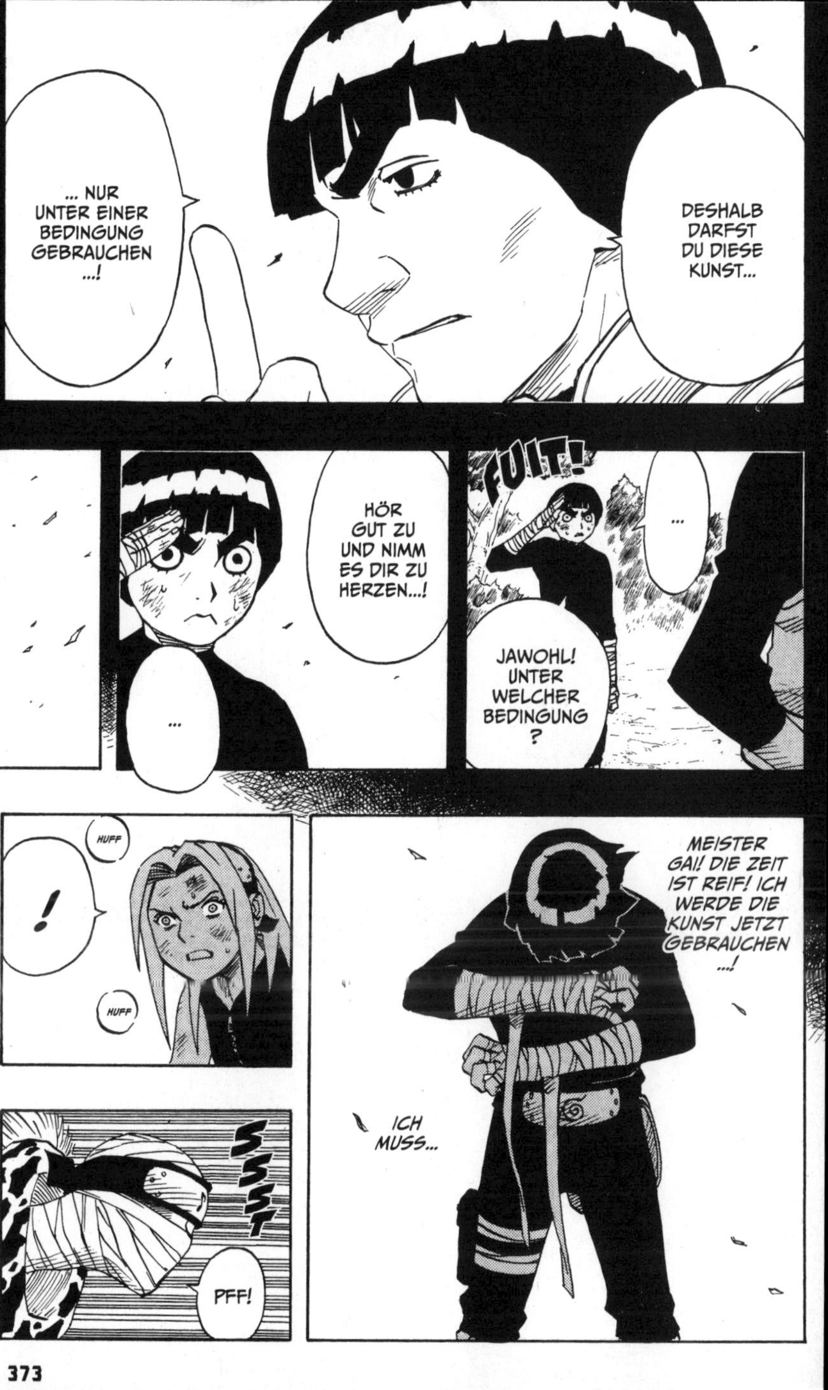
DESHALB DARFST DU DIESE KUNST...
... NUR UNTER EINER BEDINGUNG GEBRAUCHEN ...!
FUIT!
...
JAWOHL! UNTER WELCHER BEDINGUNG ?
HÖR GUT ZU UND NIMM ES DIR ZU HERZEN...!
...
MEISTER GAI! DIE ZEIT IST REIF! ICH WERDE DIE KUNST JETZT GEBRAUCHEN ...!
ICH MUSS...
HUFF
!
HUFF
SSST
PFF!

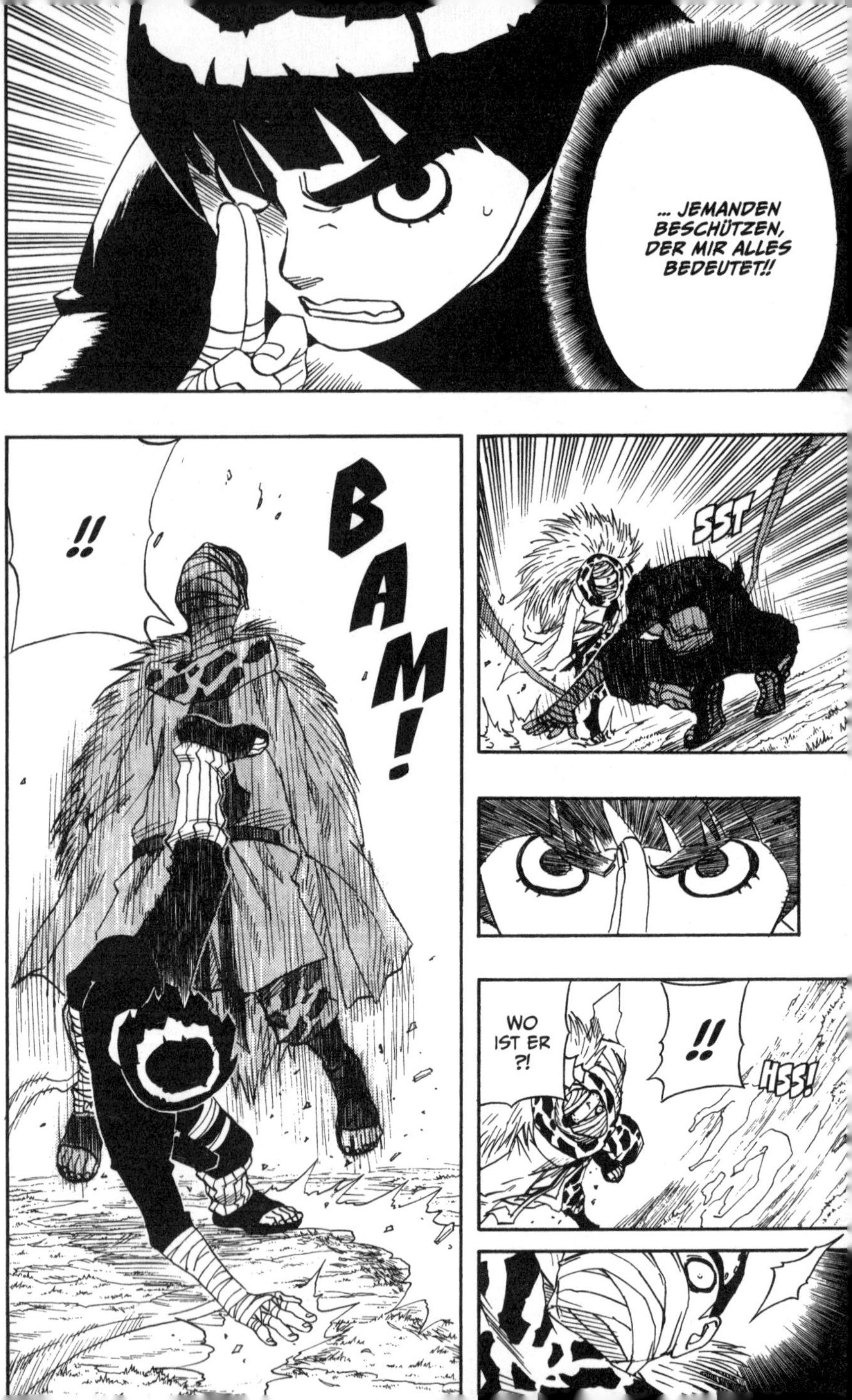
... JEMANDEN BESCHÜTZEN, DER MIR ALLES BEDEUTET!!
SST
!!
BAM!
WO IST ER ?!
!!
HSS!

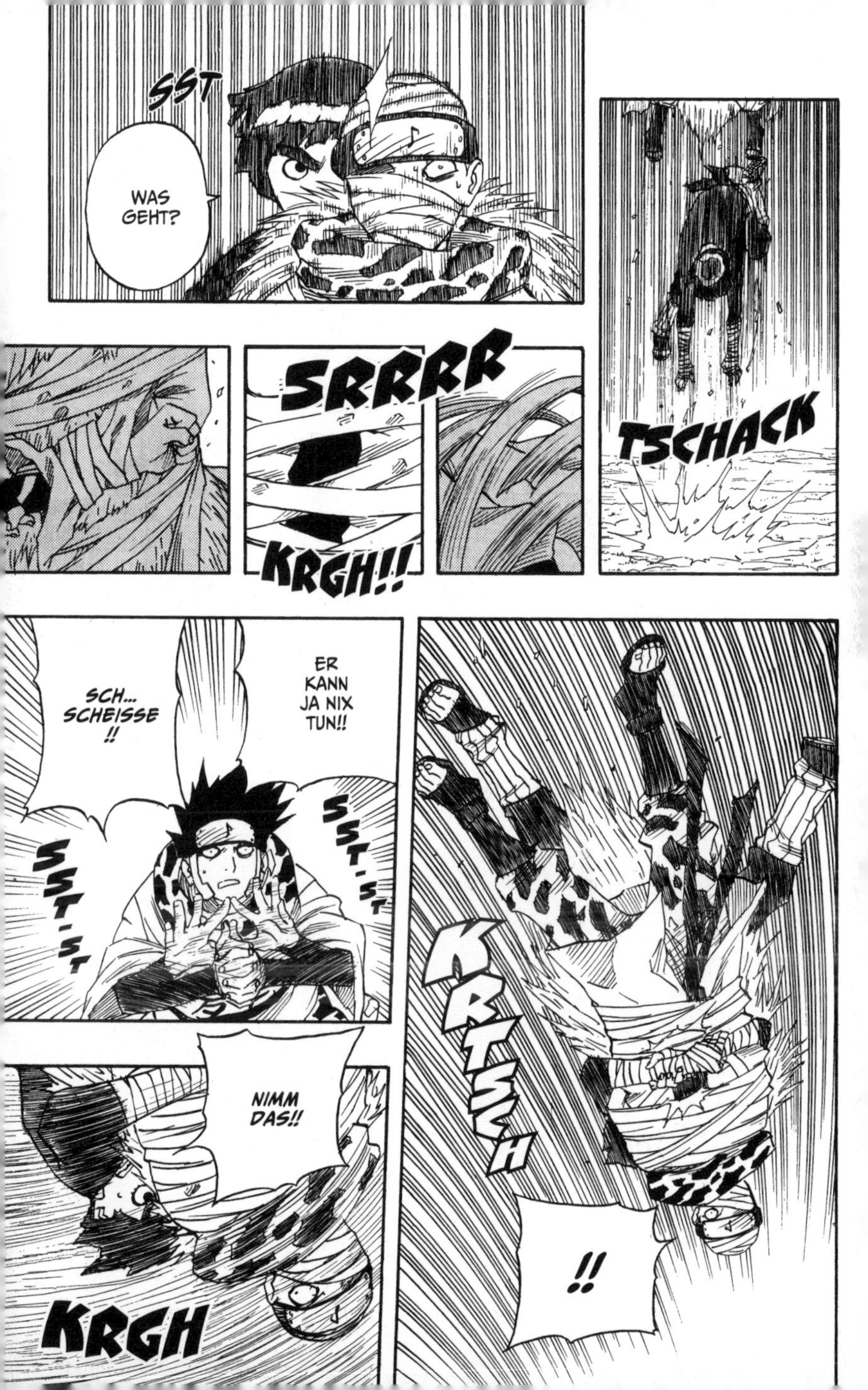
SST
WAS GEHT?
TSCHACK
SRRRR
KRGH!!
ER KANN JA NIX TUN!!
SCH... SCHEISSE !!
SST-ST
SST-ST
KRTSCH
!!
NIMM DAS!!
KRGH

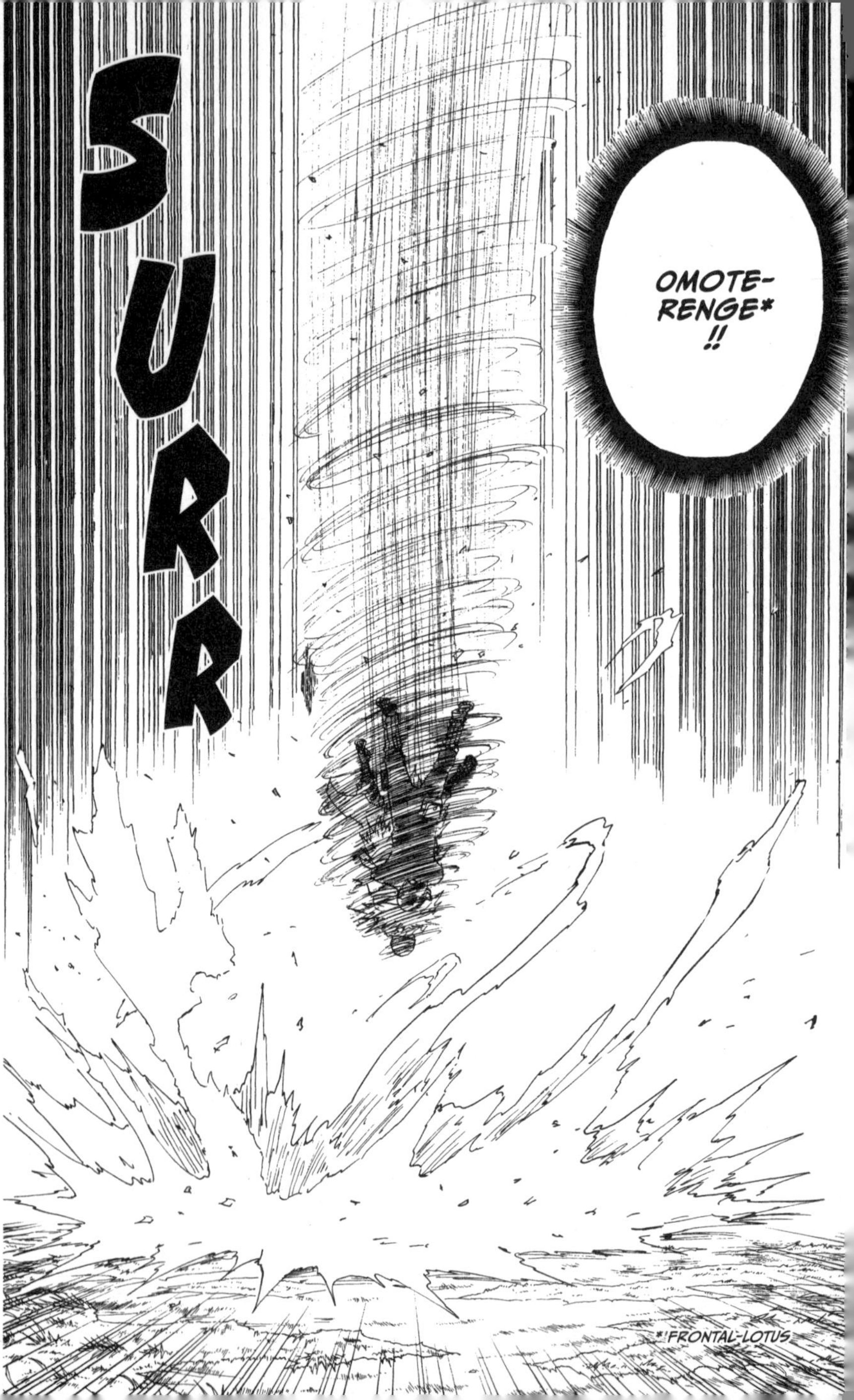
OMOTE-
RENGE*
!!
SURR
*FRONTAL-LOTUS

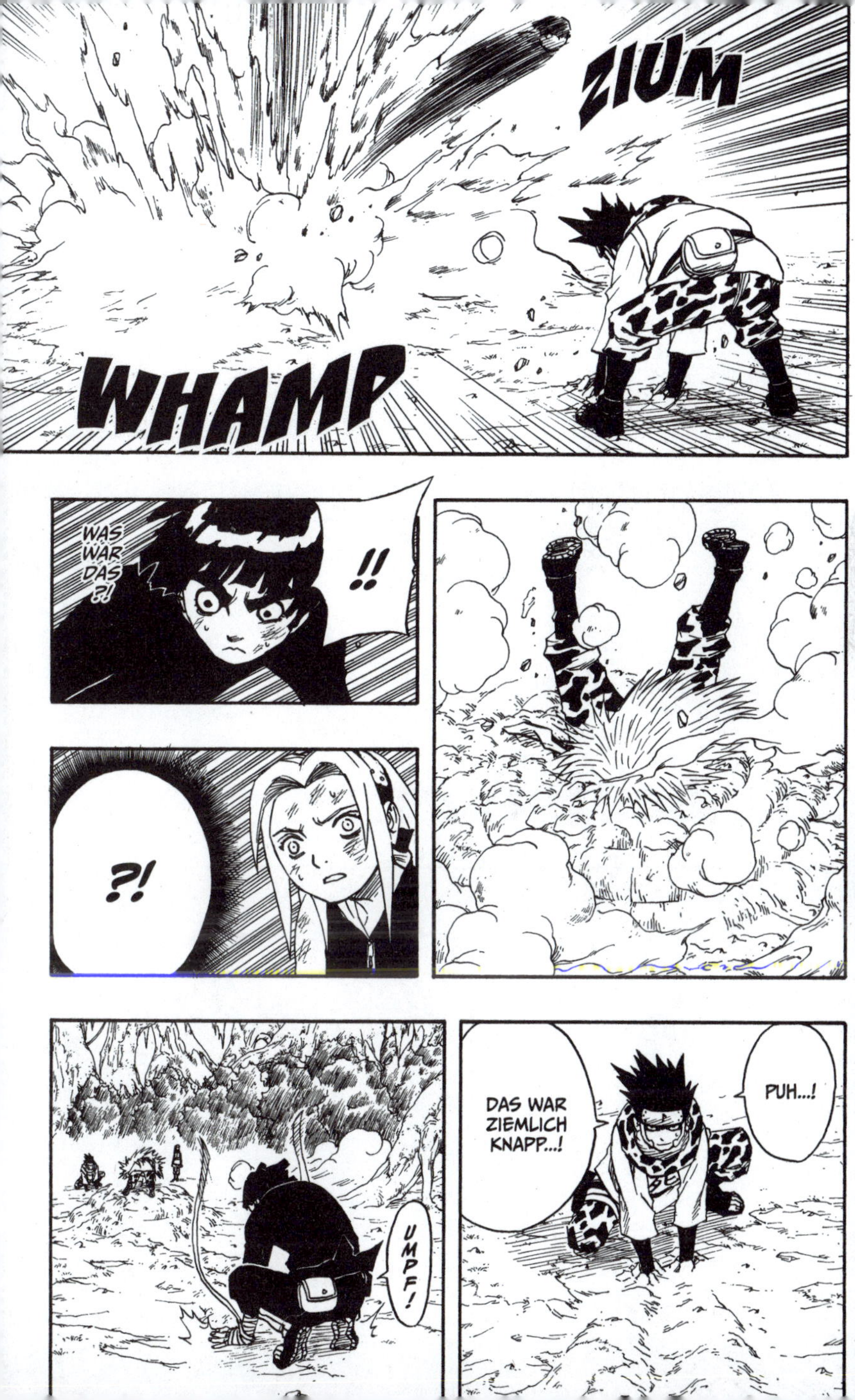
ZIUM
WHAMP
!!
WAS WAR DAS ?!
?!
PUH...!
DAS WAR ZIEMLICH KNAPP...!
UMPF!

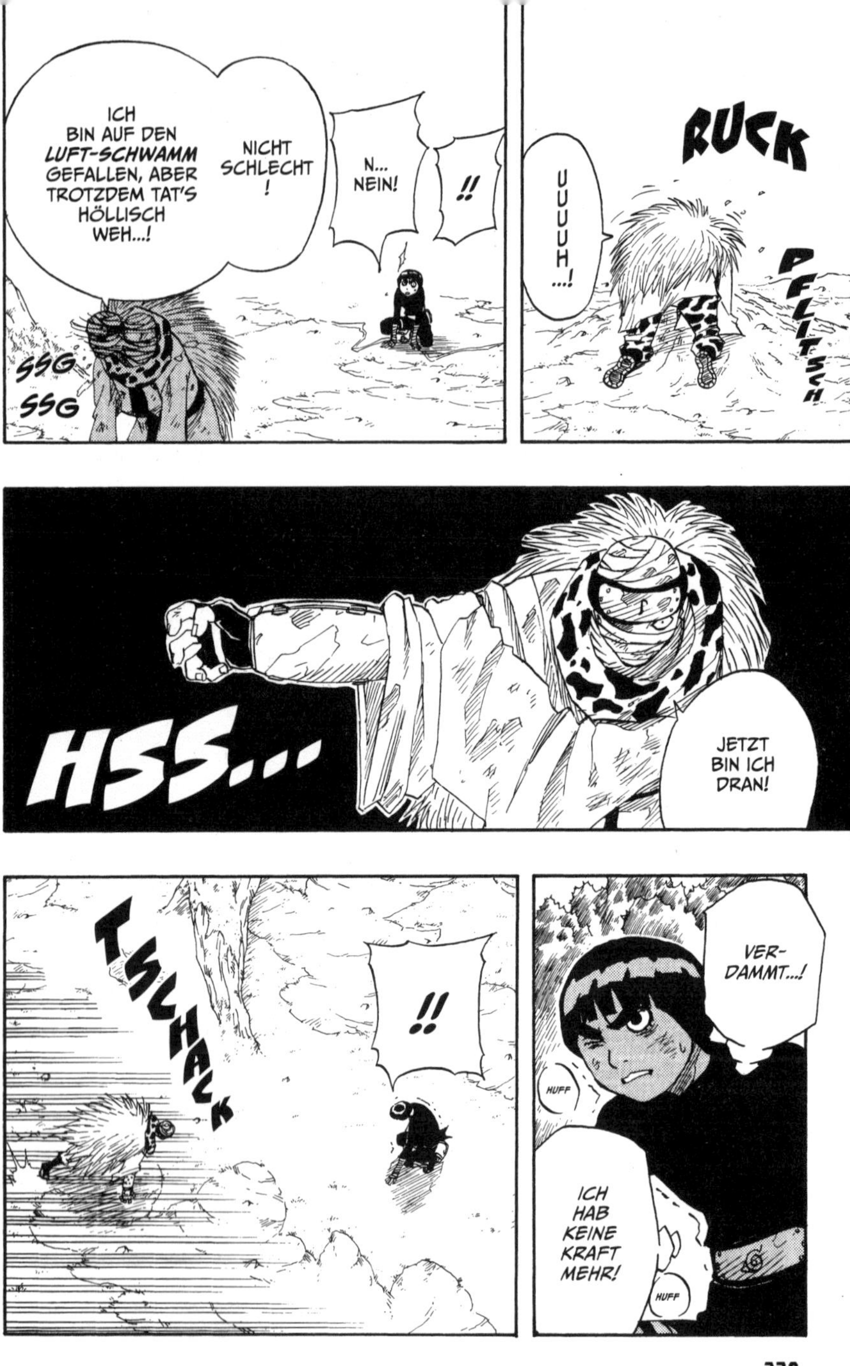
UUUUH ...!
RUCK
PFLITSCH
!!
N... NEIN!
NICHT SCHLECHT!
ICH BIN AUF DEN LUFT-SCHWAMM GEFALLEN, ABER TROTZDEM TAT'S HÖLLISCH WEH...!
SSG SSG
JETZT BIN ICH DRAN!
HSS...
VER-DAMMT...!
HUFF
ICH HAB KEINE KRAFT MEHR!
HUFF
!!
TSCHACK

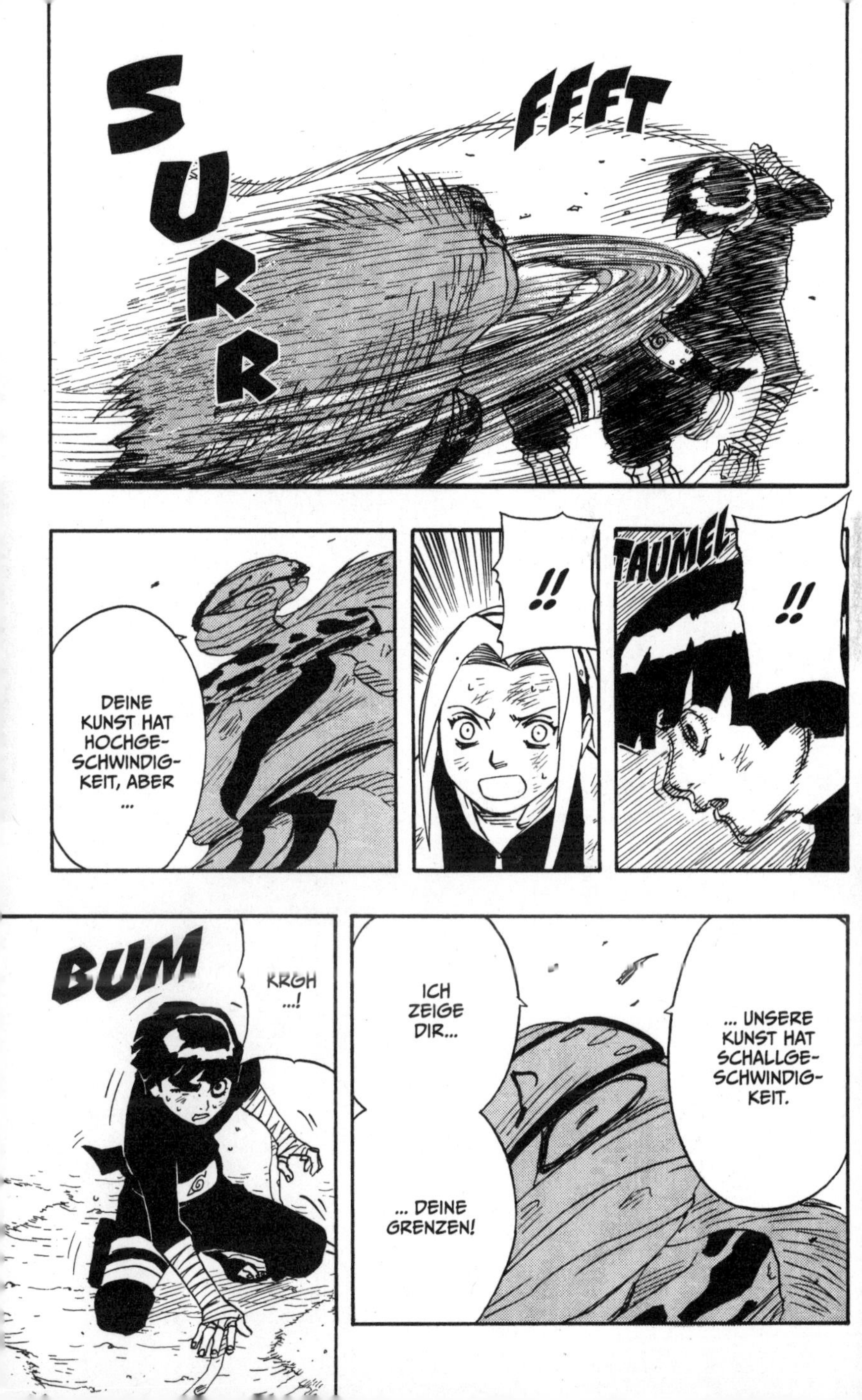
FFFT
SURR
TAUMEL
!!
!!
DEINE KUNST HAT HOCHGE-SCHWINDIG-KEIT, ABER ...
... UNSERE KUNST HAT SCHALLGE-SCHWINDIG-KEIT.
ICH ZEIGE DIR...
... DEINE GRENZEN!
KRGH ...!
BUM

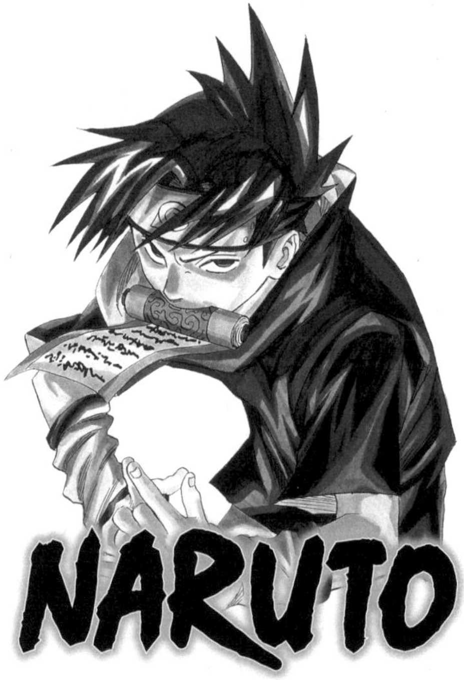
NARUTO

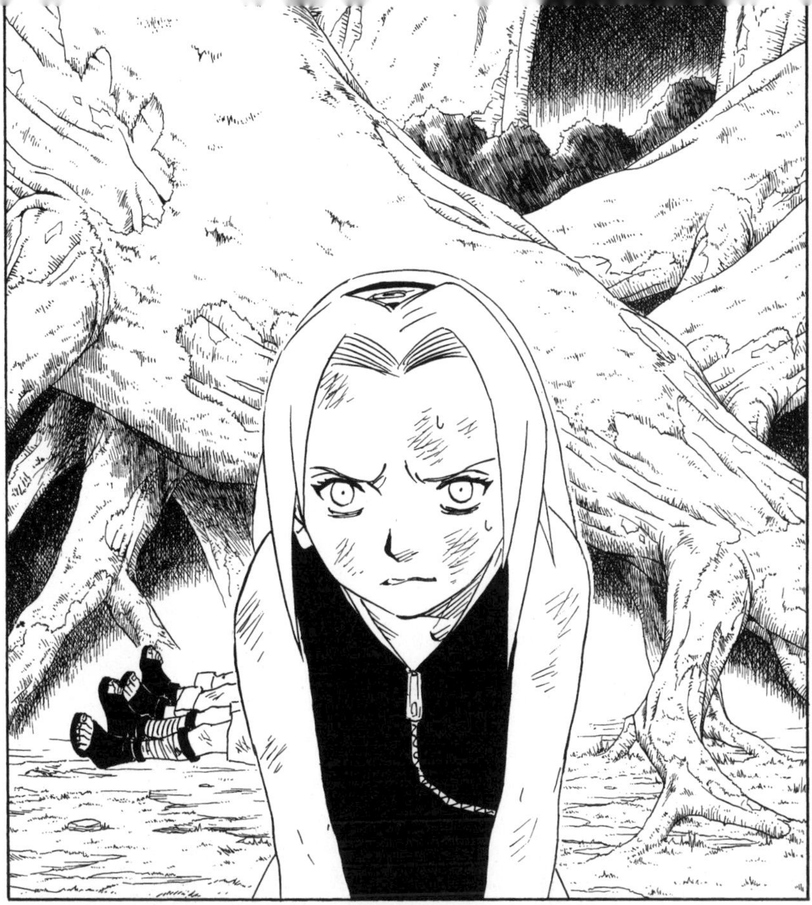

53. KAPITEL: SAKURAS ENTSCHLUSS!

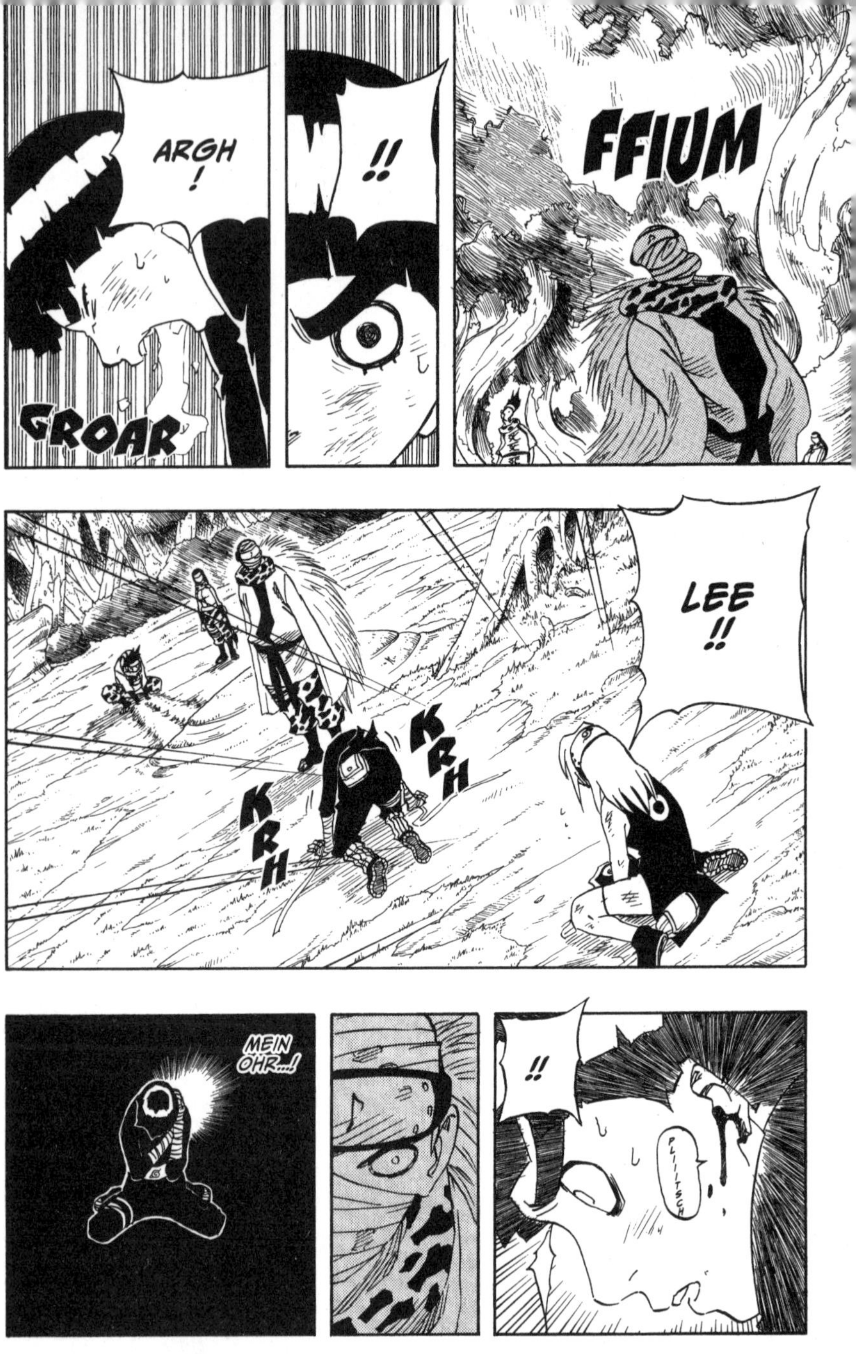
FFIUM
!!
ARGH !
GROAR
LEE !!
KRH
KRH
!!
PLIITSCH
MEIN OHR...!

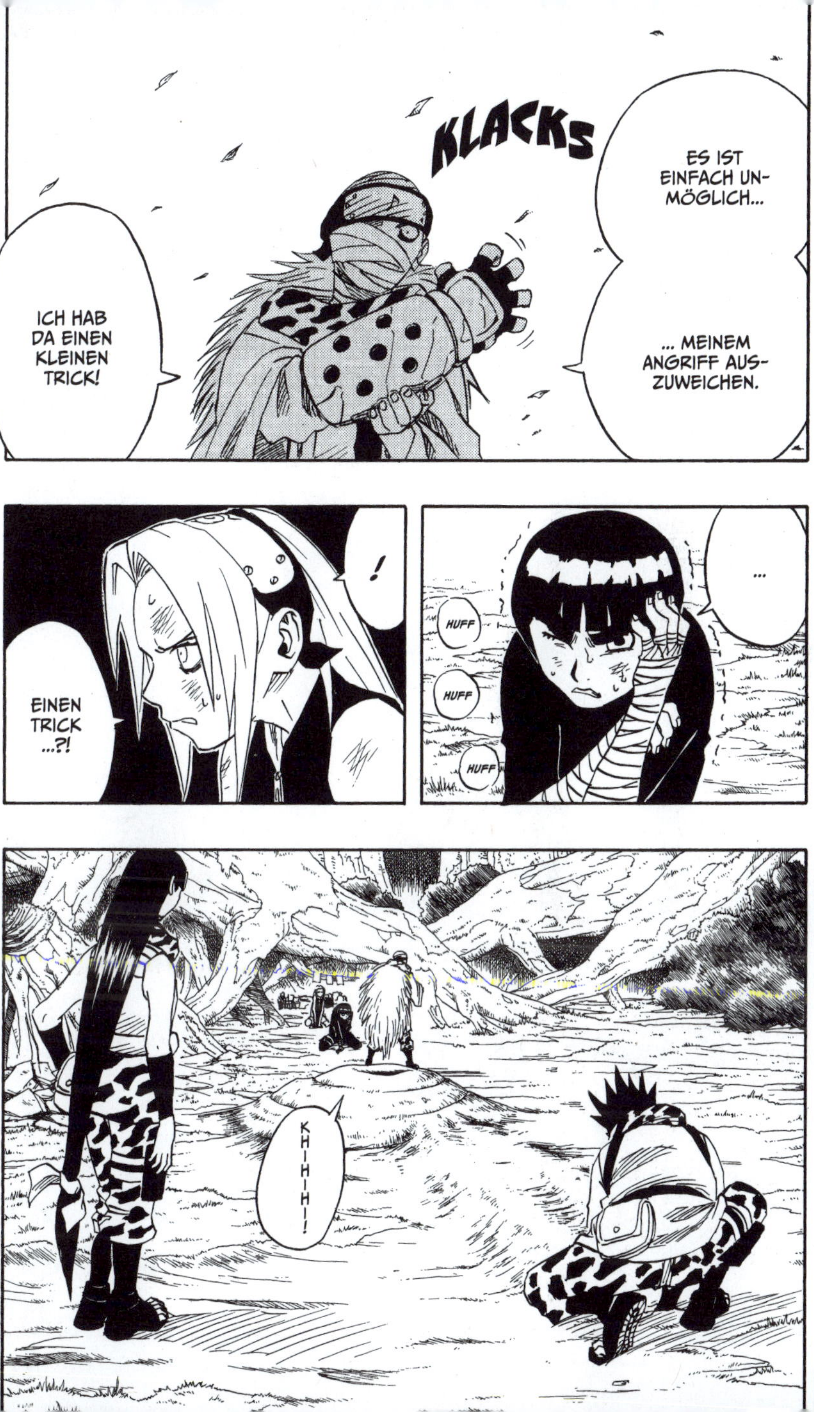
ES IST EINFACH UNMÖGLICH...
KLACKS
... MEINEM ANGRIFF AUSZUWEICHEN.
ICH HAB DA EINEN KLEINEN TRICK!
...
HUFF
HUFF
HUFF
!
EINEN TRICK ...?!
KHIHIHI!

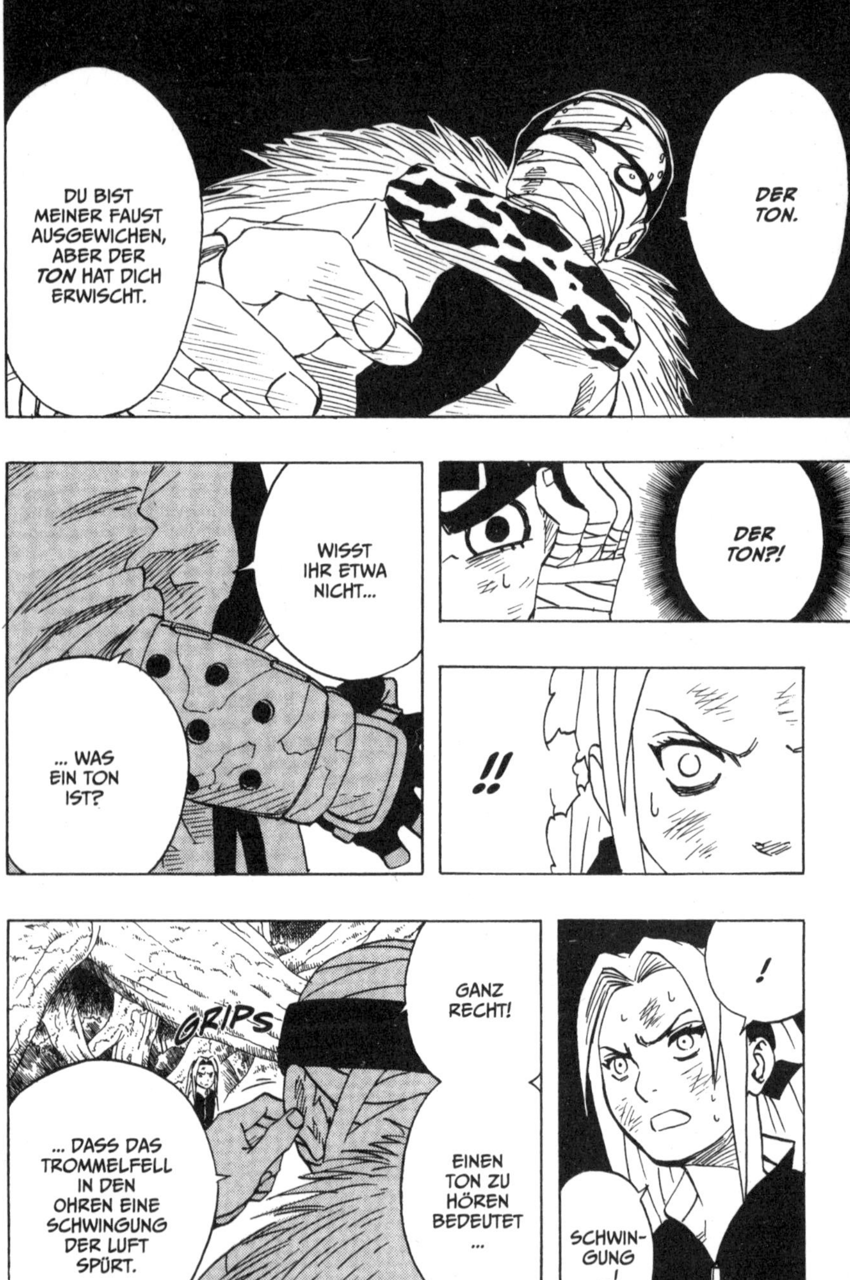
DER TON.
DU BIST MEINER FAUST AUSGEWICHEN, ABER DER *TON* HAT DICH ERWISCHT.
DER TON?!
WISST IHR ETWA NICHT...
... WAS EIN TON IST?
!!
!
GANZ RECHT!
EINEN TON ZU HÖREN BEDEUTET ...
... DASS DAS TROMMELFELL IN DEN OHREN EINE SCHWINGUNG DER LUFT SPÜRT.
GRIPS
SCHWIN-GUNG ...!

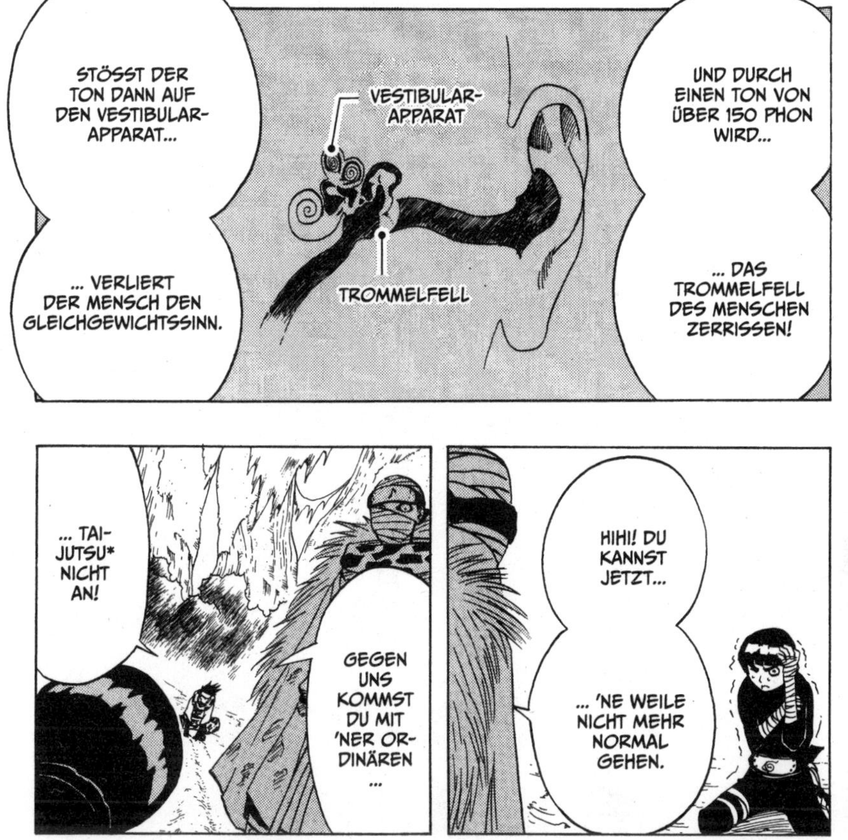

* KÖRPERKUNST

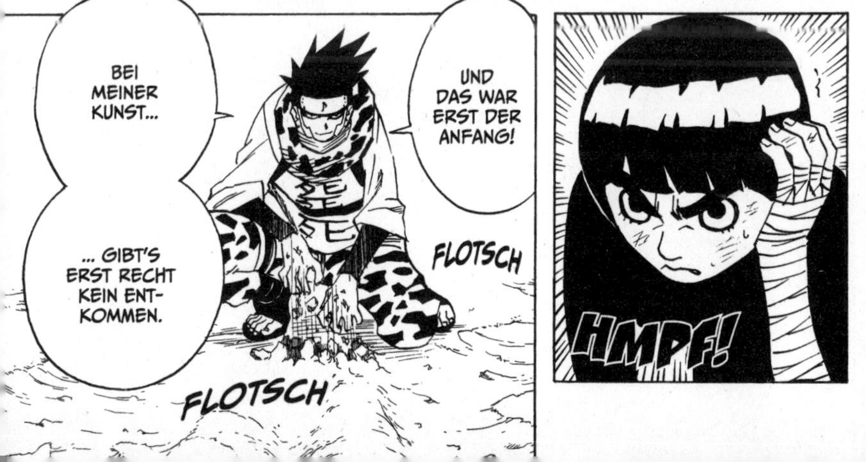

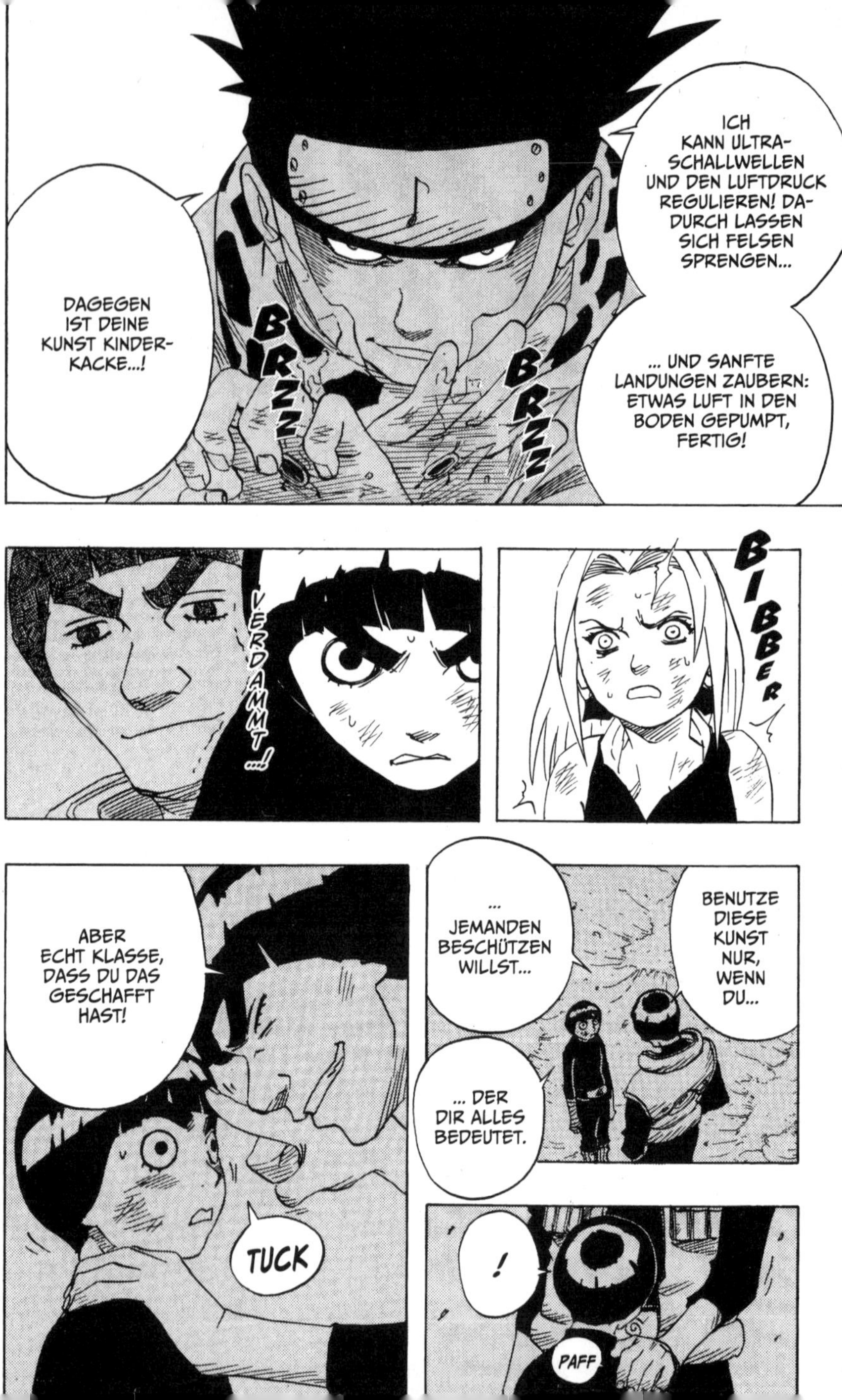
ICH KANN ULTRA-SCHALLWELLEN UND DEN LUFTDRUCK REGULIEREN! DADURCH LASSEN SICH FELSEN SPRENGEN...
... UND SANFTE LANDUNGEN ZAUBERN: ETWAS LUFT IN DEN BODEN GEPUMPT, FERTIG!
BRZZ
BRZZ
DAGEGEN IST DEINE KUNST KINDER-KACKE...!
BIBBER
VERDAMMT...!
BENUTZE DIESE KUNST NUR, WENN DU...
... JEMANDEN BESCHÜTZEN WILLST...
... DER DIR ALLES BEDEUTET.
ABER ECHT KLASSE, DASS DU DAS GESCHAFFT HAST!
TUCK
!
PAFF

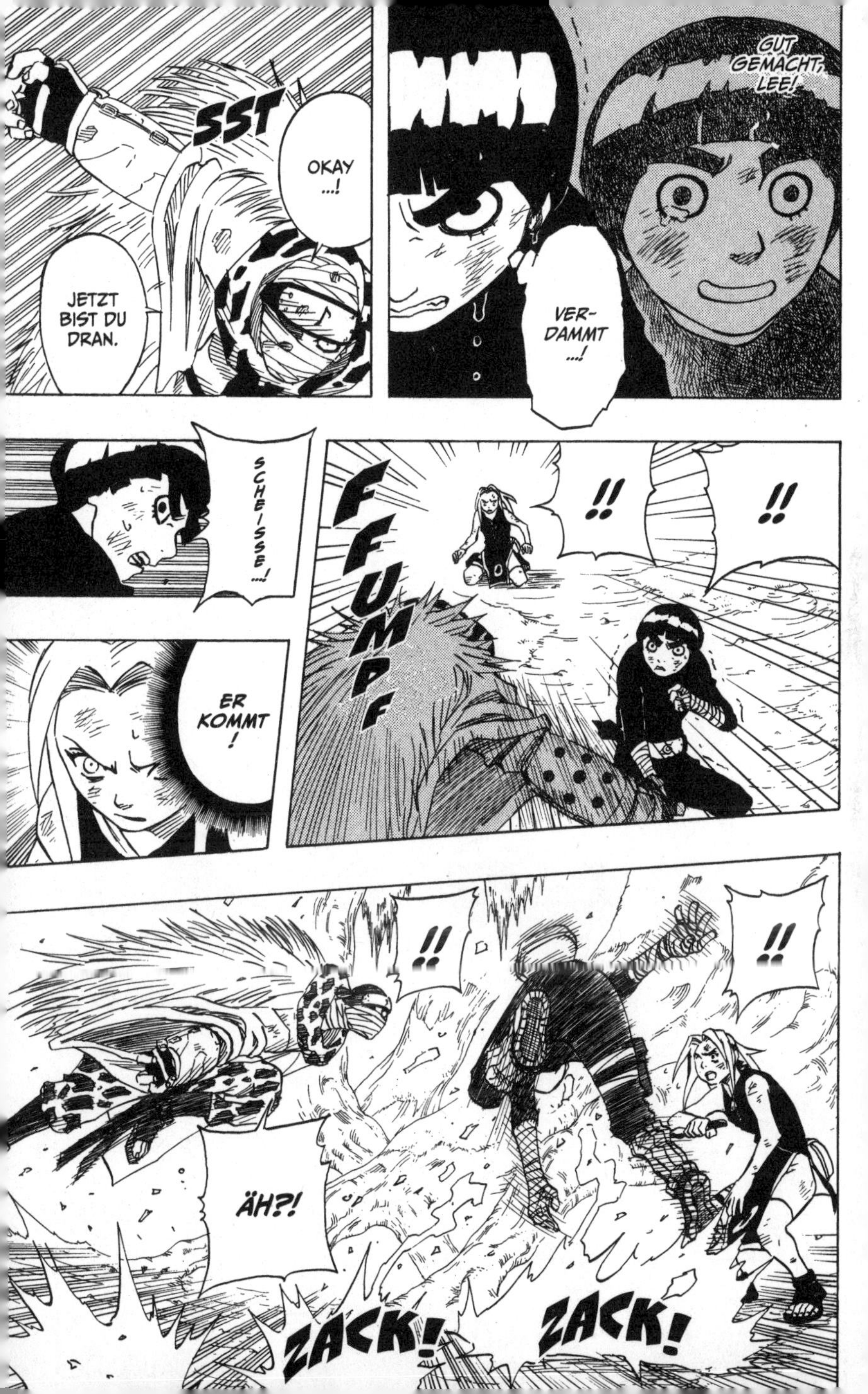

GUT GEMACHT, LEE!
VER-DAMMT ...!
OKAY ...!
SST
JETZT BIST DU DRAN.
!!
!!
FFUMPF
SCHEISSE ...!
ER KOMMT!
!!
!!
ÄH?!
ZACK!
ZACK!

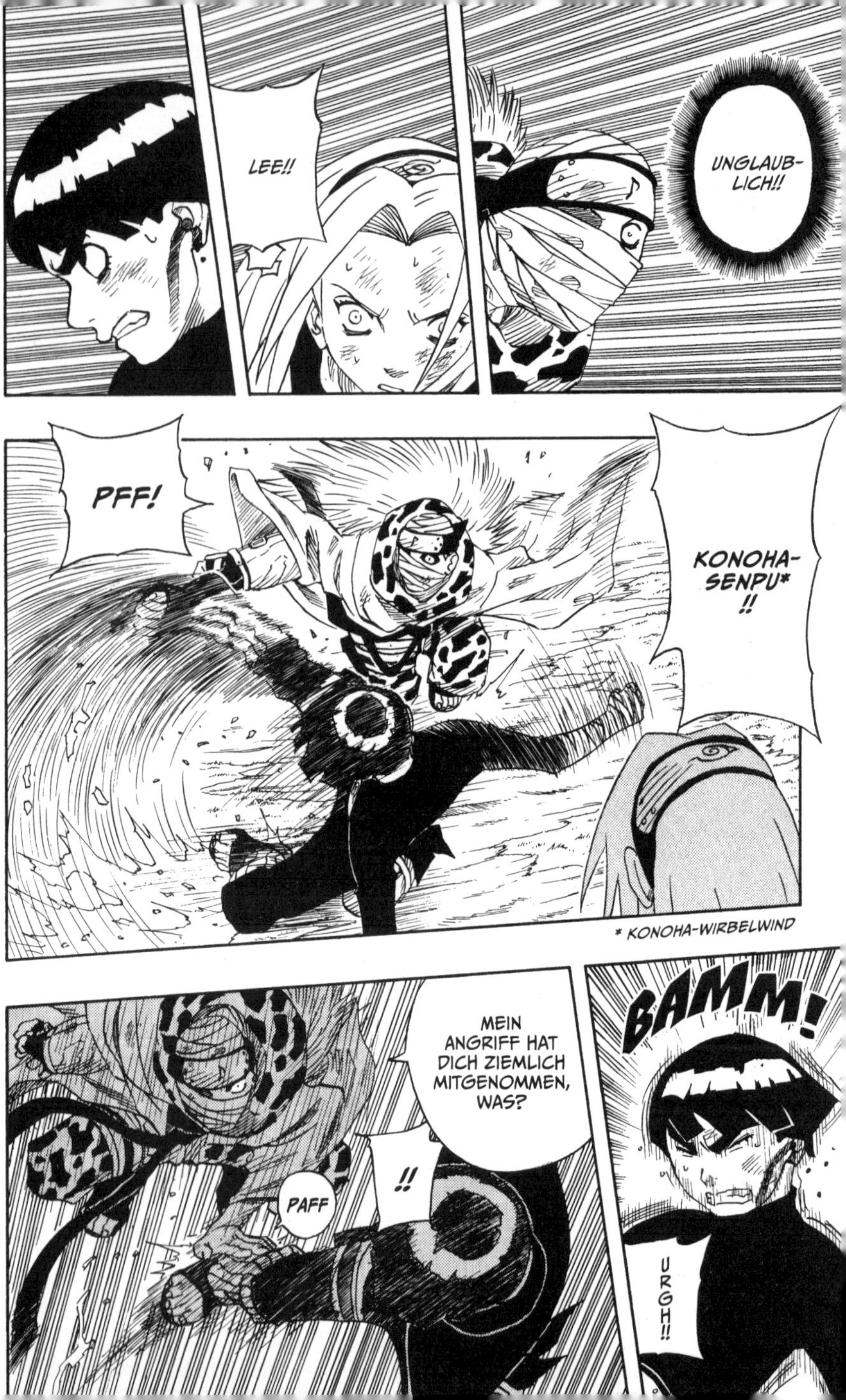

* KONOHA-WIRBELWIND

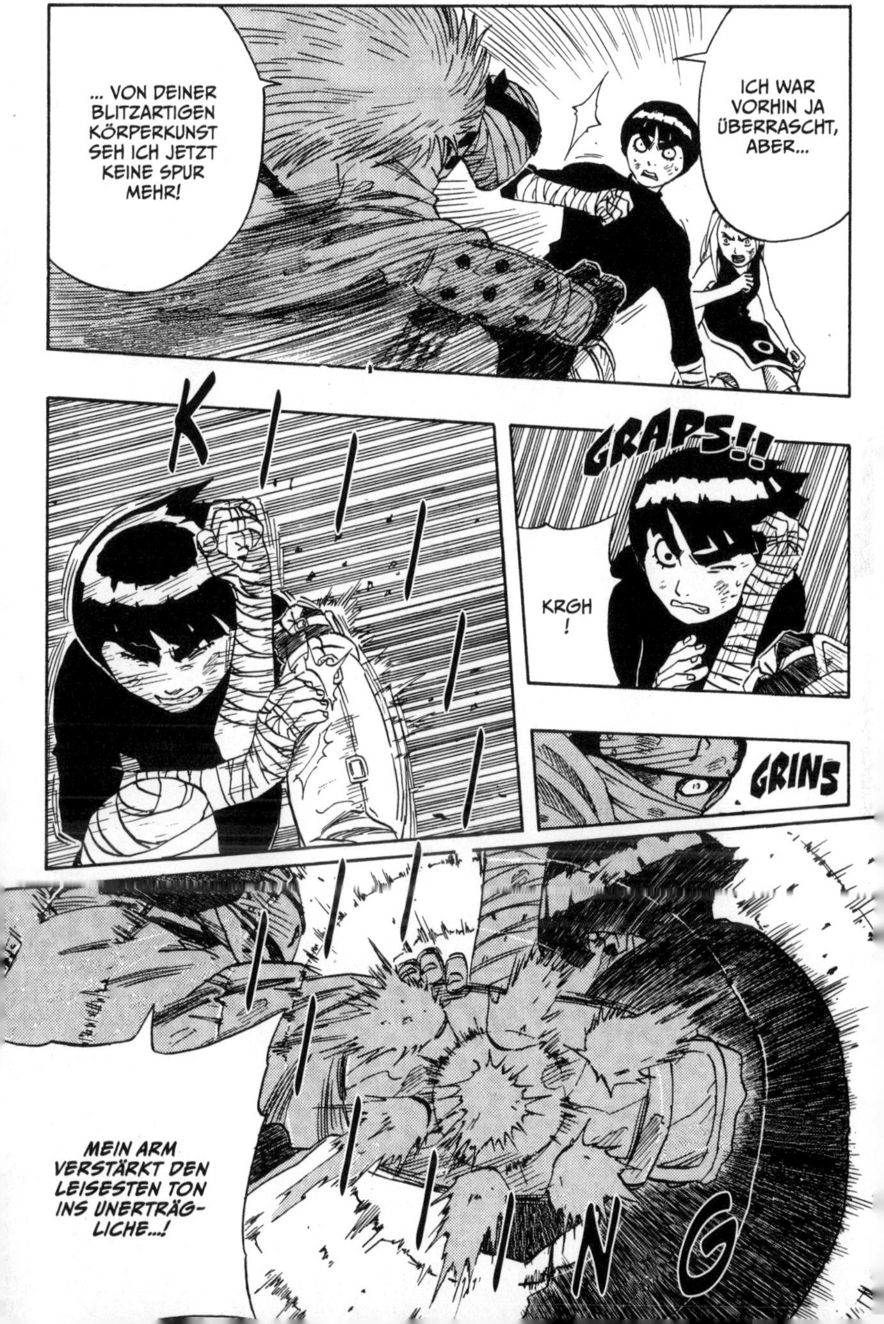
ICH WAR VORHIN JA ÜBERRASCHT, ABER...
... VON DEINER BLITZARTIGEN KÖRPERKUNST SEH ICH JETZT KEINE SPUR MEHR!
GRAPS!!
KRGH!
GRINS
K
MEIN ARM VERSTÄRKT DEN LEISESTEN TON INS UNERTRÄG-LICHE...!
N G

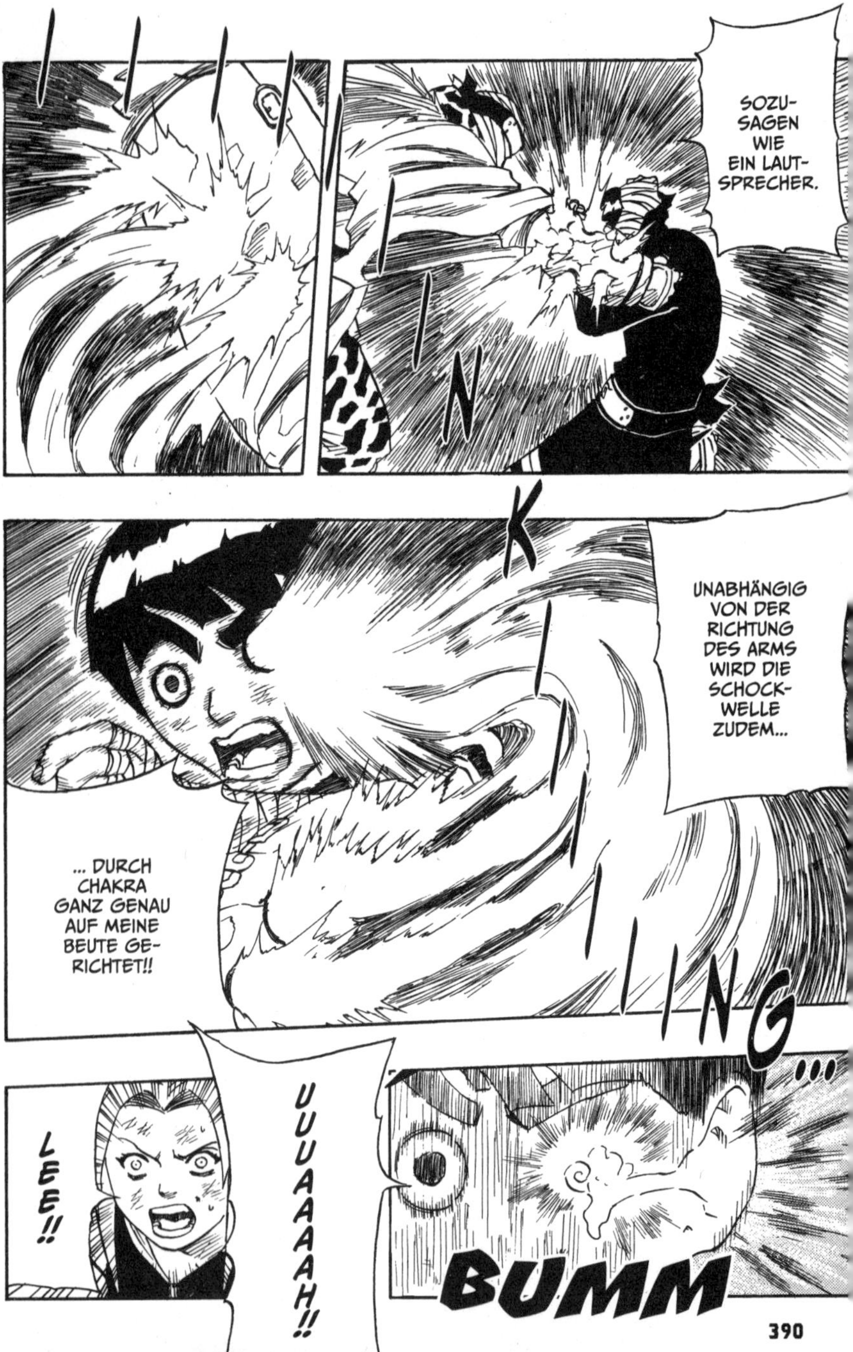
SOZU-SAGEN WIE EIN LAUT-SPRECHER.
KIIIIIIIIIIIIIIIIIING...
UNABHÄNGIG VON DER RICHTUNG DES ARMS WIRD DIE SCHOCK-WELLE ZUDEM...
... DURCH CHAKRA GANZ GENAU AUF MEINE BEUTE GE-RICHTET!!
BUMM
UUUAAAAAAH!!
LEEE!!

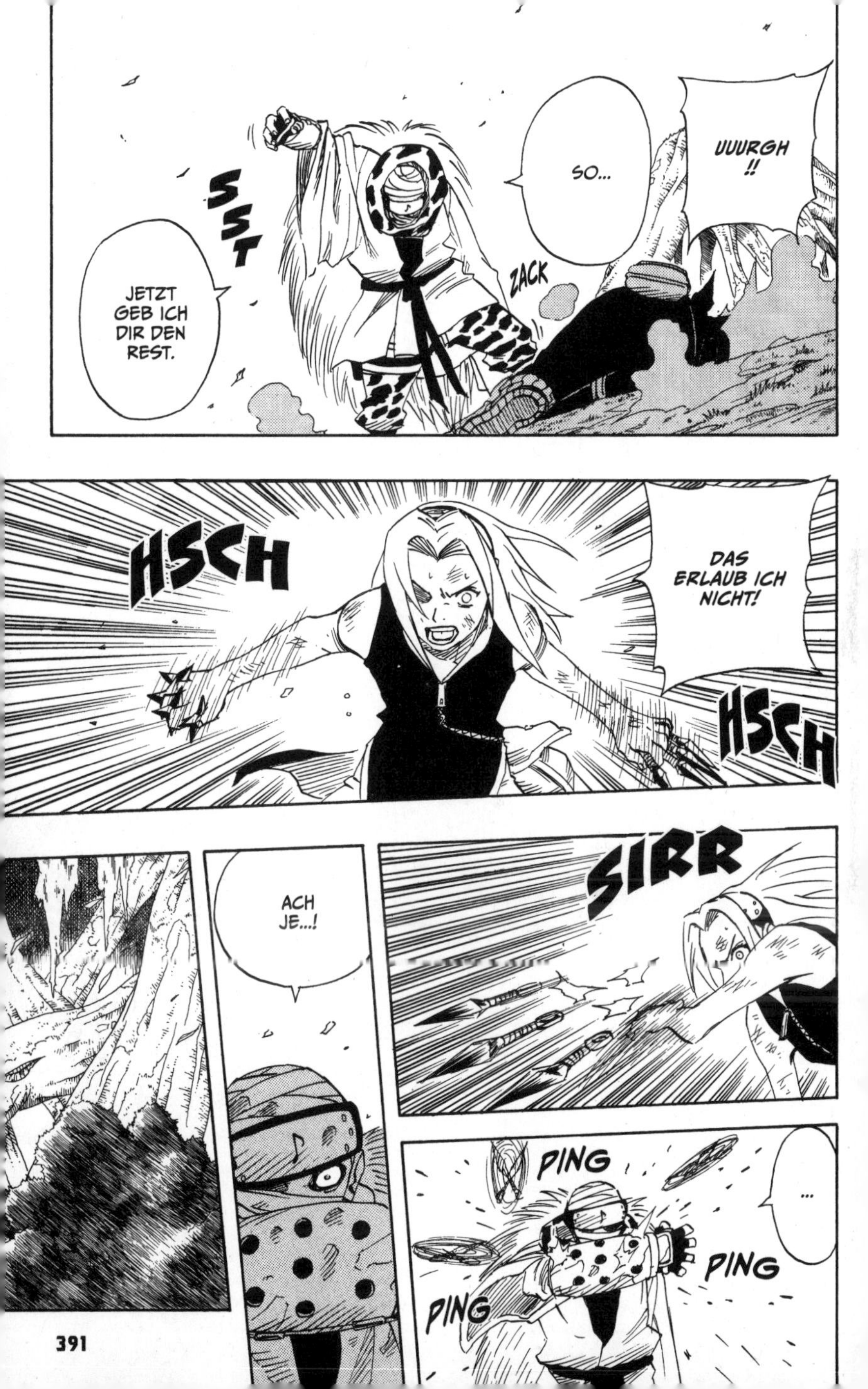
UUURGH !!
SO...
ZACK
SST
JETZT GEB ICH DIR DEN REST.
DAS ERLAUB ICH NICHT!
HSCH
HSCH
SIRR
ACH JE...!
...
PING
PING
PING

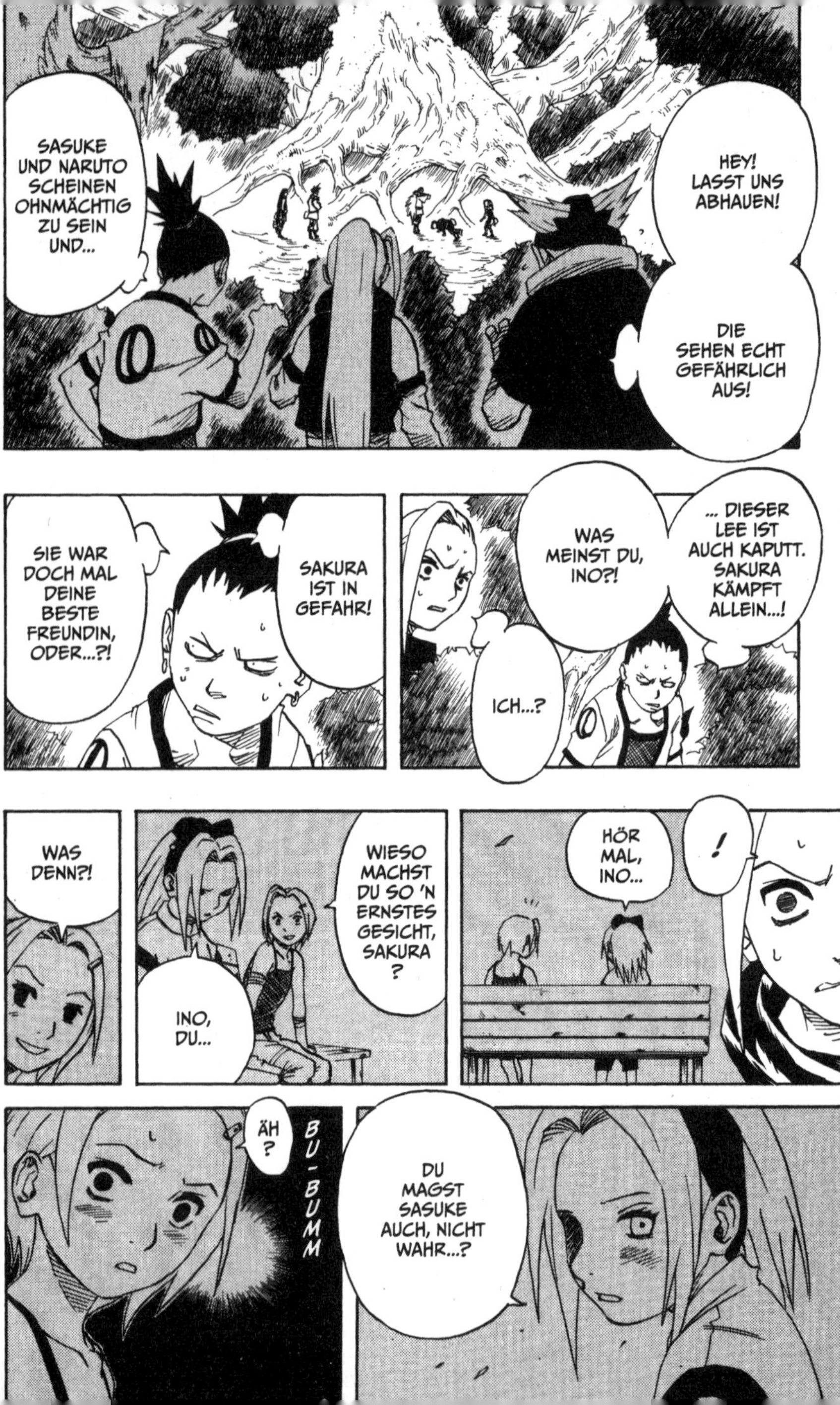
HEY! LASST UNS ABHAUEN!
DIE SEHEN ECHT GEFÄHRLICH AUS!
SASUKE UND NARUTO SCHEINEN OHNMÄCHTIG ZU SEIN UND...
... DIESER LEE IST AUCH KAPUTT. SAKURA KÄMPFT ALLEIN...!
WAS MEINST DU, INO?!
ICH...?
SAKURA IST IN GEFAHR!
SIE WAR DOCH MAL DEINE BESTE FREUNDIN, ODER...?!
!
HÖR MAL, INO...
WIESO MACHST DU SO 'N ERNSTES GESICHT, SAKURA?
INO, DU...
WAS DENN?!
DU MAGST SASUKE AUCH, NICHT WAHR...?
ÄH?
BU-BUMM

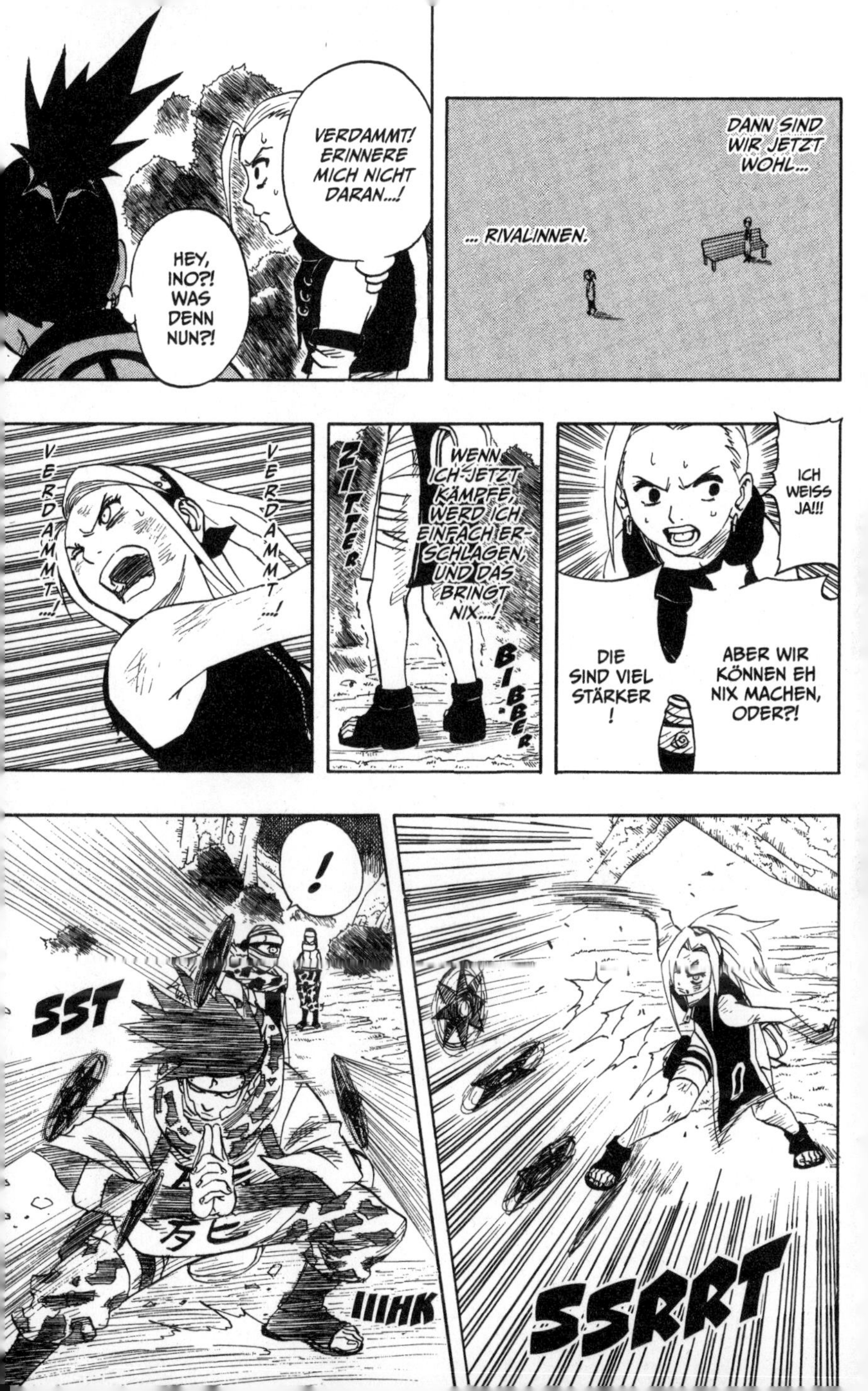
DANN SIND WIR JETZT WOHL...
... RIVALINNEN.
VERDAMMT! ERINNERE MICH NICHT DARAN...!
HEY, INO?! WAS DENN NUN?!
ICH WEISS JA!!!
ABER WIR KÖNNEN EH NIX MACHEN, ODER?!
DIE SIND VIEL STÄRKER!
WENN ICH JETZT KÄMPFE, WERD ICH EINFACH ER-SCHLAGEN, UND DAS BRINGT NIX...!
ZITTER
BIBBER
VERDAMMT...!
VERDAMMT...!
SSRRT
!
SST
IIIHK

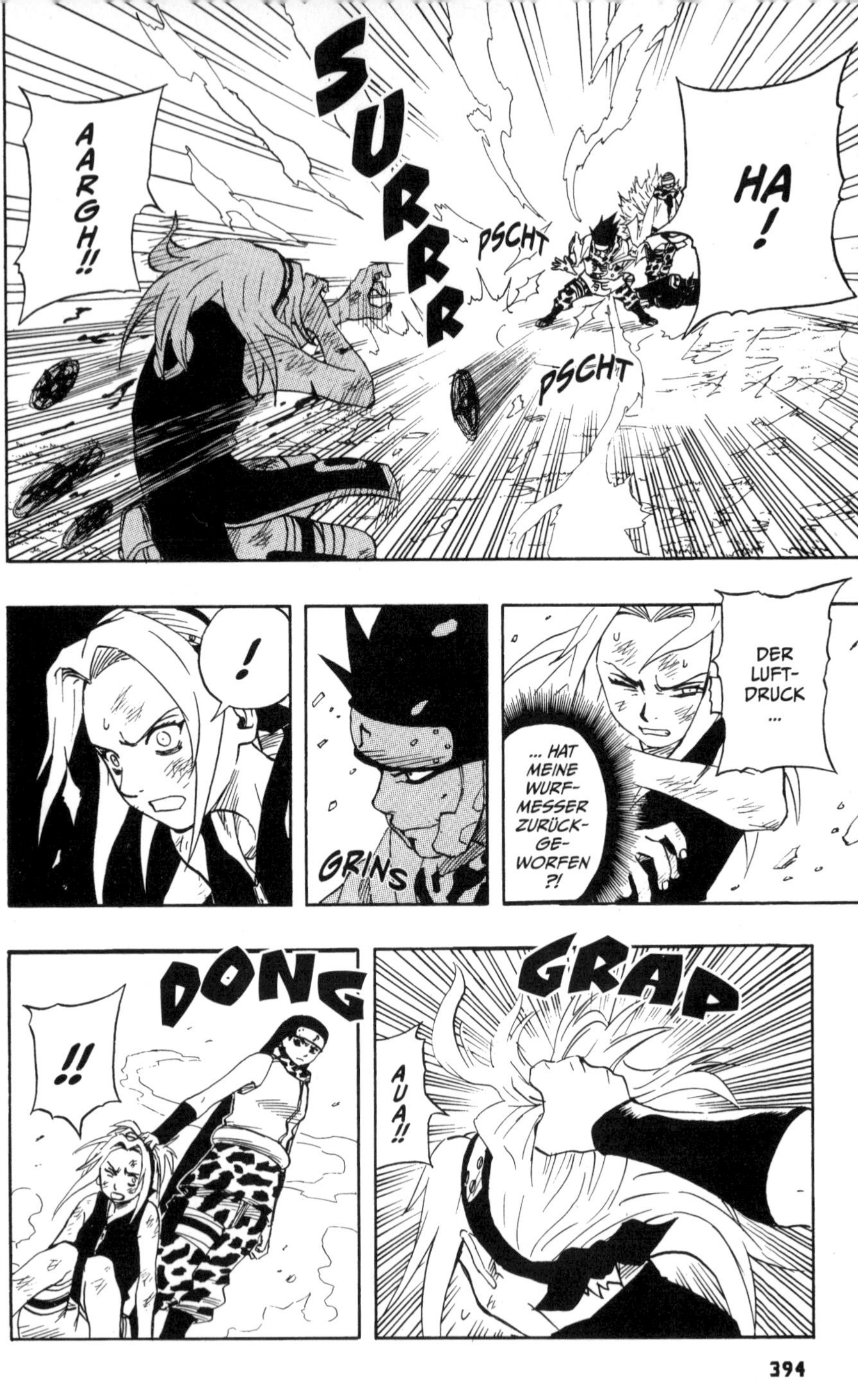
HA!
SURRR
PSCHT
PSCHT
AARGH!!
!
GRINS
DER LUFT-DRUCK ...
... HAT MEINE WURF-MESSER ZURÜCK-GE-WORFEN?!
GRAP
AUA!!
DONG
!!

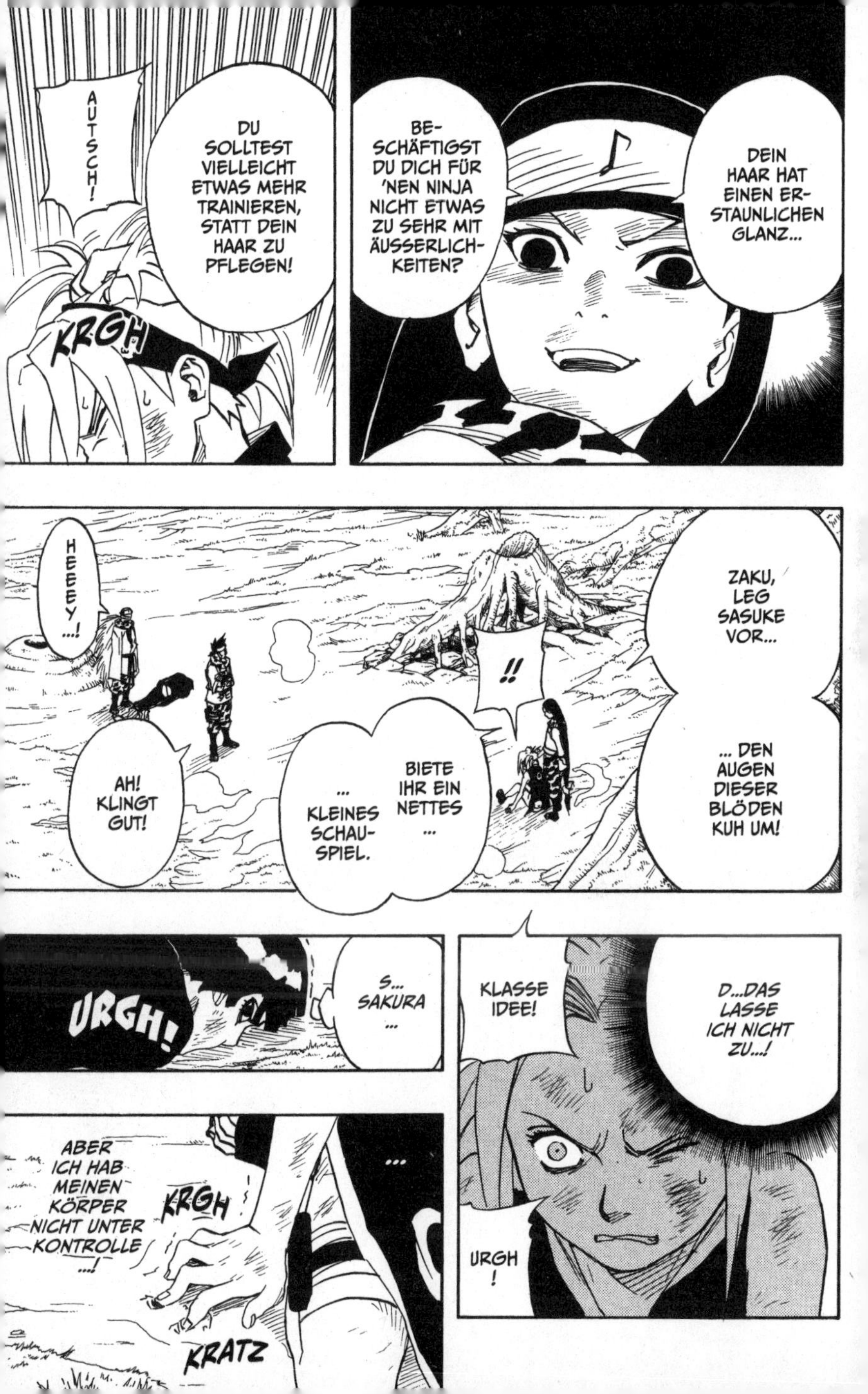

DEIN HAAR HAT EINEN ERSTAUNLICHEN GLANZ...
BESCHÄFTIGST DU DICH FÜR 'NEN NINJA NICHT ETWAS ZU SEHR MIT ÄUSSERLICHKEITEN?
DU SOLLTEST VIELLEICHT ETWAS MEHR TRAINIEREN, STATT DEIN HAAR ZU PFLEGEN!
AUTSCH!
KRGH
ZAKU, LEG SASUKE VOR...
... DEN AUGEN DIESER BLÖDEN KUH UM!
!!
BIETE IHR EIN NETTES ...
... KLEINES SCHAUSPIEL.
AH! KLINGT GUT!
HEEEY ...!
D...DAS LASSE ICH NICHT ZU...!
KLASSE IDEE!
S... SAKURA ...
URGH!
URGH !
...
ABER ICH HAB MEINEN KÖRPER NICHT UNTER KONTROLLE ...!
KRGH
KRATZ

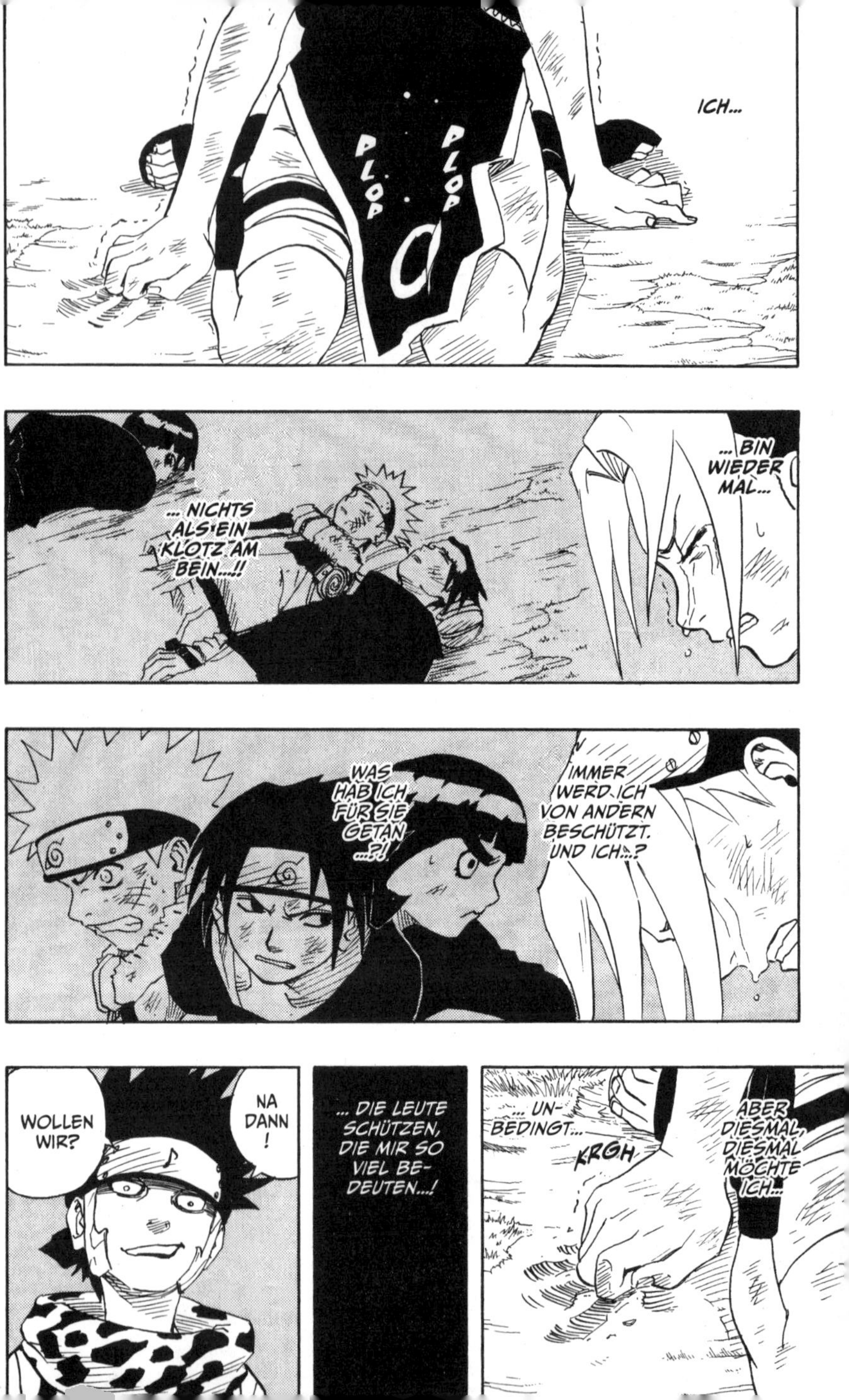
ICH...
PLOP
PLOP
... BIN WIEDER MAL...
... NICHTS ALS EIN KLOTZ AM BEIN...!!
IMMER WERD ICH VON ANDERN BESCHÜTZT. UND ICH...?
WAS HAB ICH FÜR SIE GETAN ...?!
ABER DIESMAL, DIESMAL MÖCHTE ICH...
... UN-BEDINGT...
KRGH
... DIE LEUTE SCHÜTZEN, DIE MIR SO VIEL BE-DEUTEN...!
NA DANN!
WOLLEN WIR?

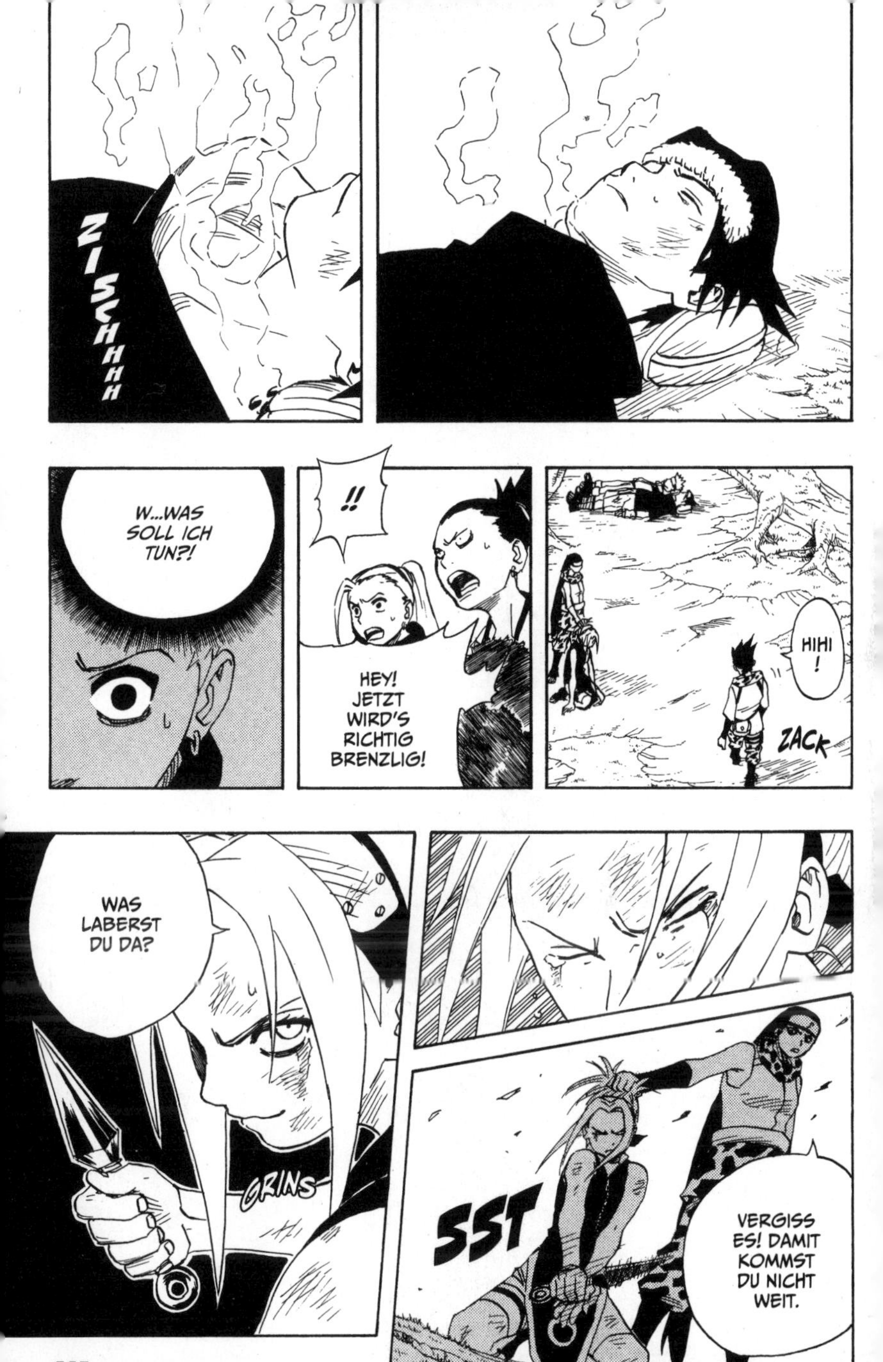
ZISCHHHH
HIHI!
ZACK
!!
HEY! JETZT WIRD'S RICHTIG BRENZLIG!
W...WAS SOLL ICH TUN?!
WAS LABERST DU DA?
GRINS
VERGISS ES! DAMIT KOMMST DU NICHT WEIT.
SST

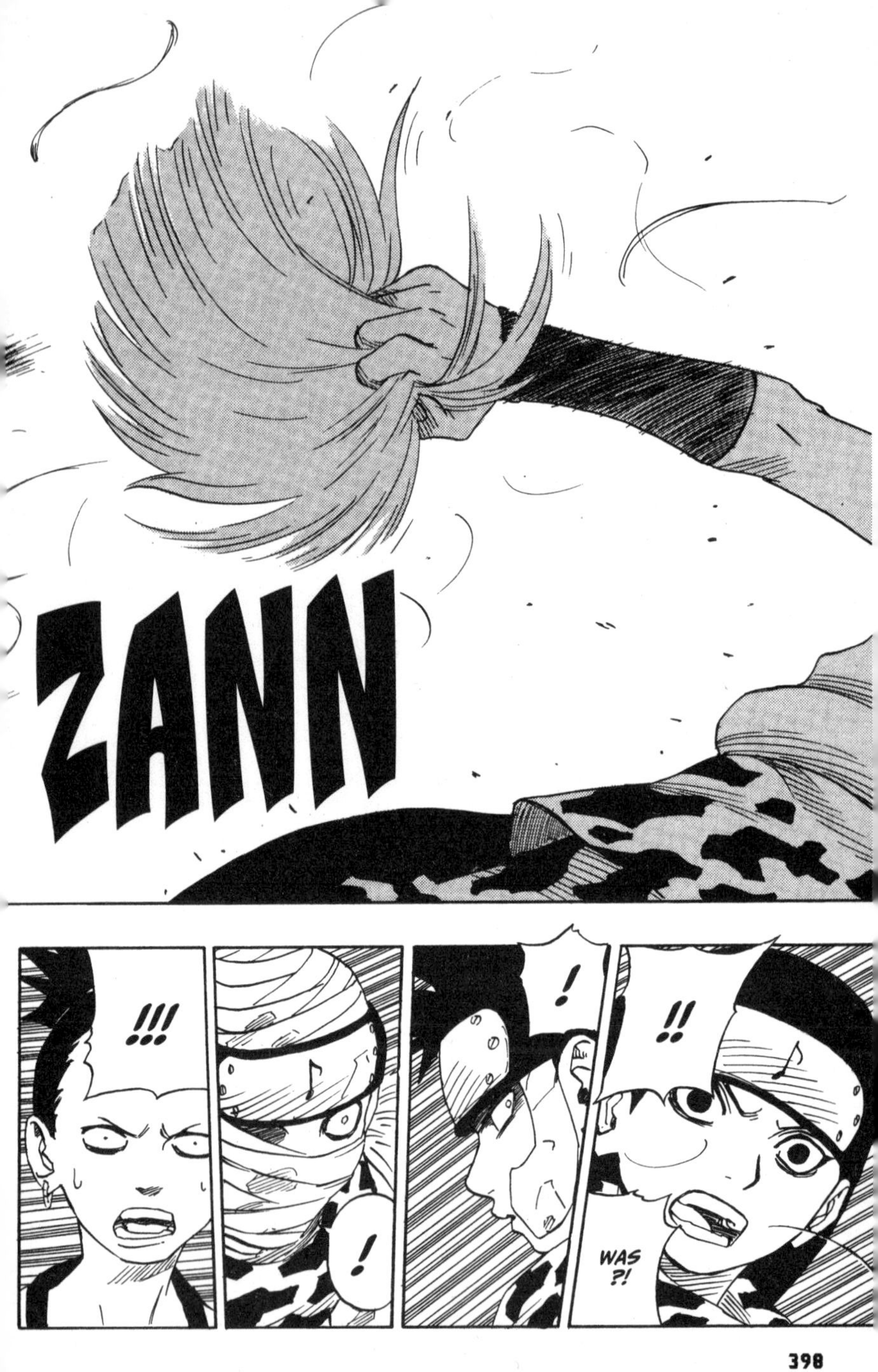
ZANN
!!
WAS ?!
!
!
!!!

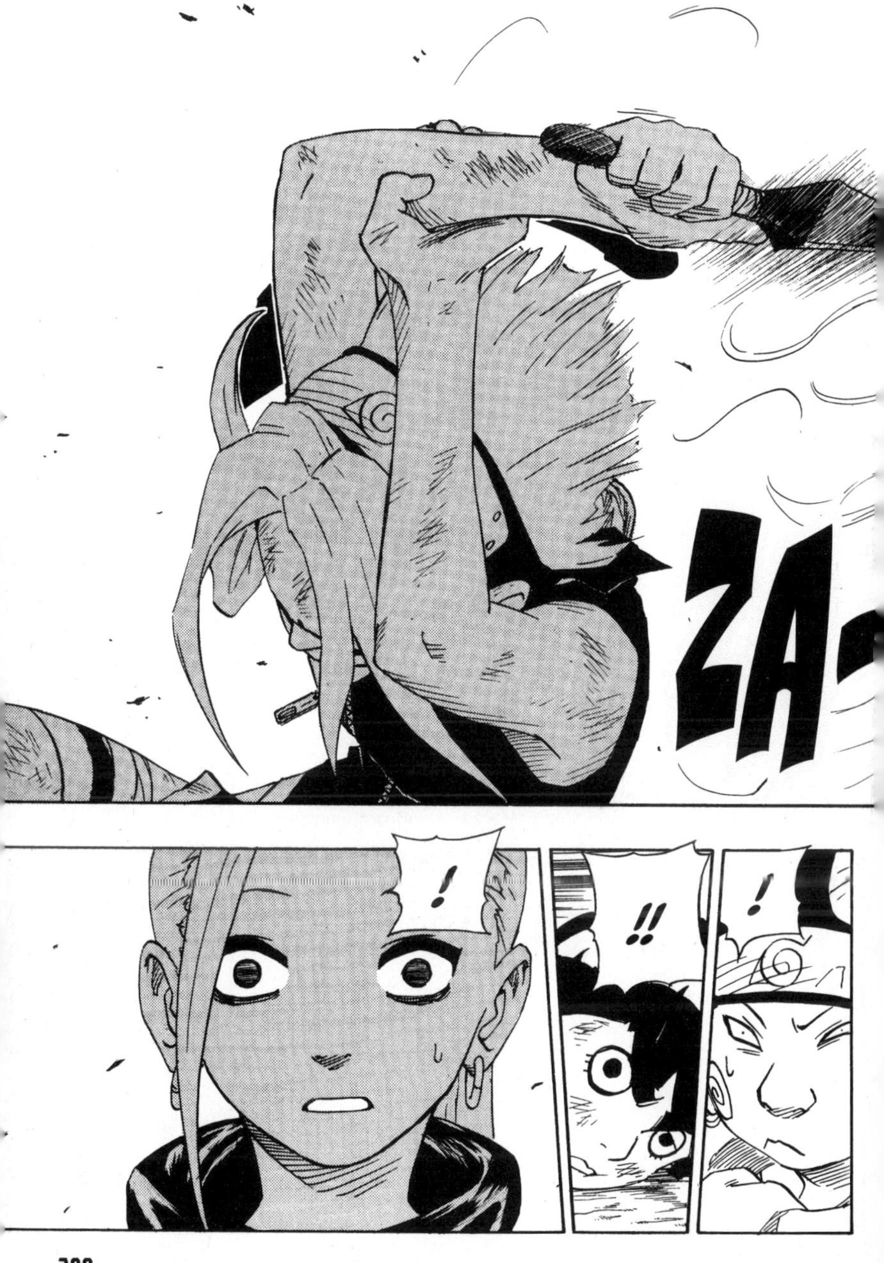
ZA
!
!!
!

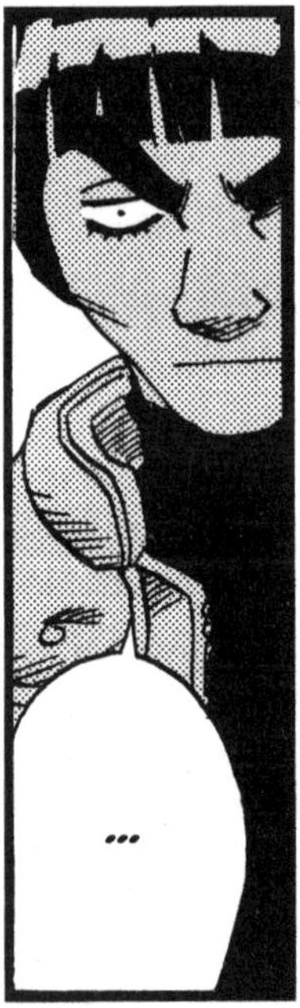

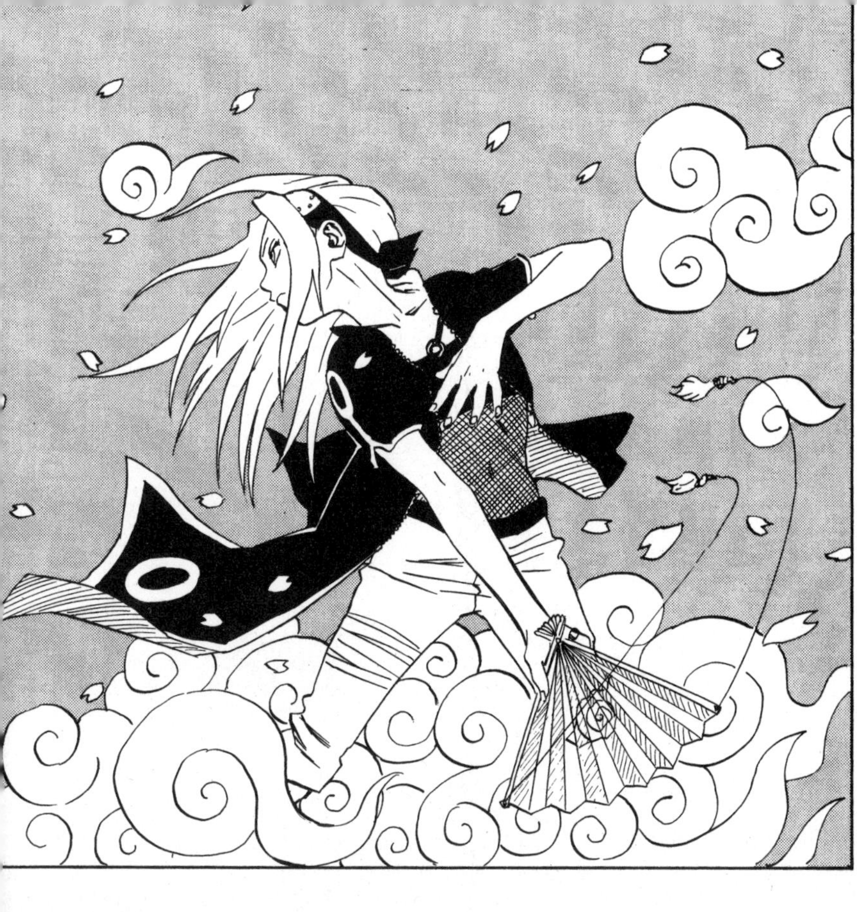

54. KAPITEL: SAKURA UND INO!

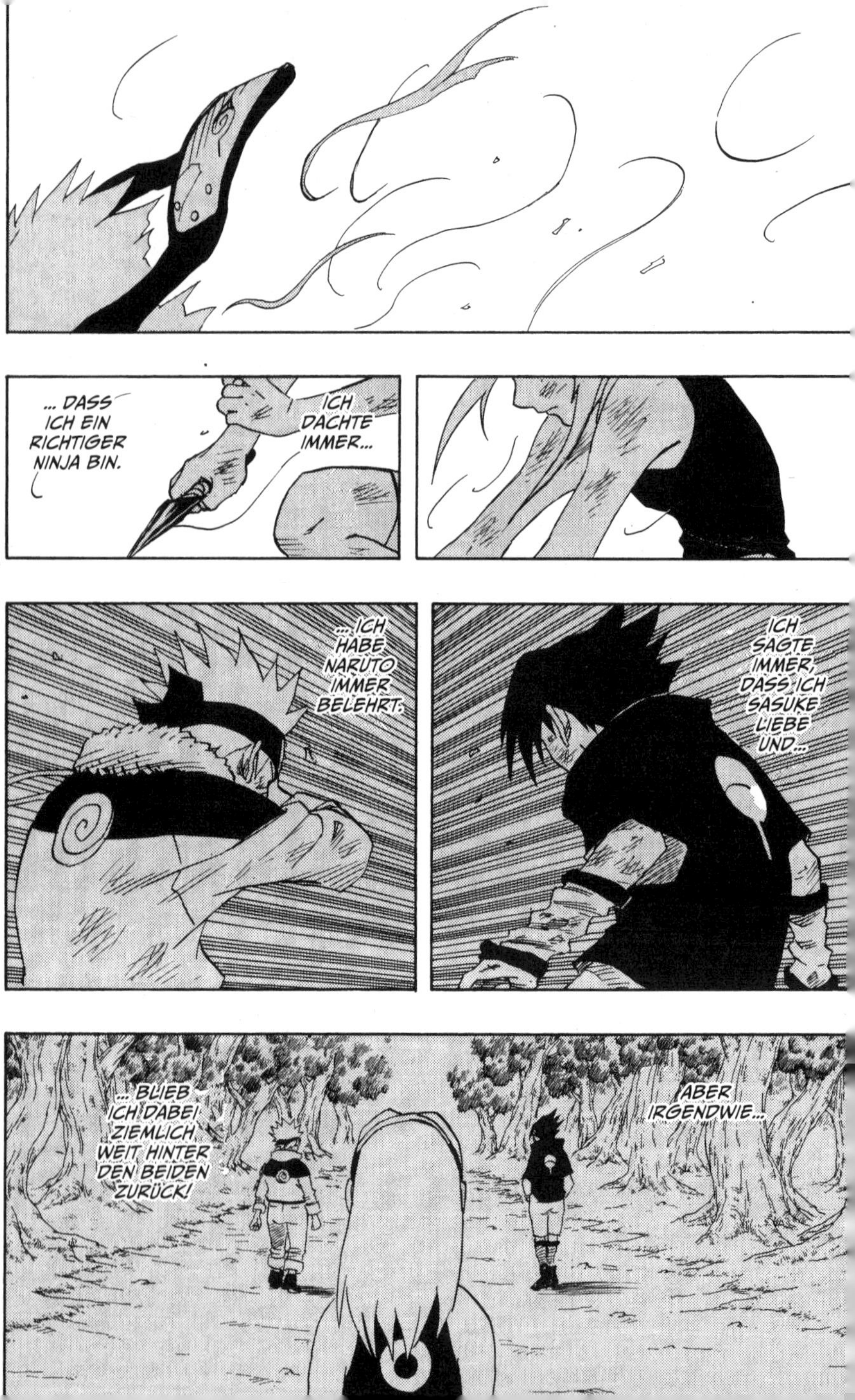
ICH DACHTE IMMER...
... DASS ICH EIN RICHTIGER NINJA BIN.
ICH SAGTE IMMER, DASS ICH SASUKE LIEBE UND...
... ICH HABE NARUTO IMMER BELEHRT.
ABER IRGENDWIE...
... BLIEB ICH DABEI ZIEMLICH WEIT HINTER DEN BEIDEN ZURÜCK!

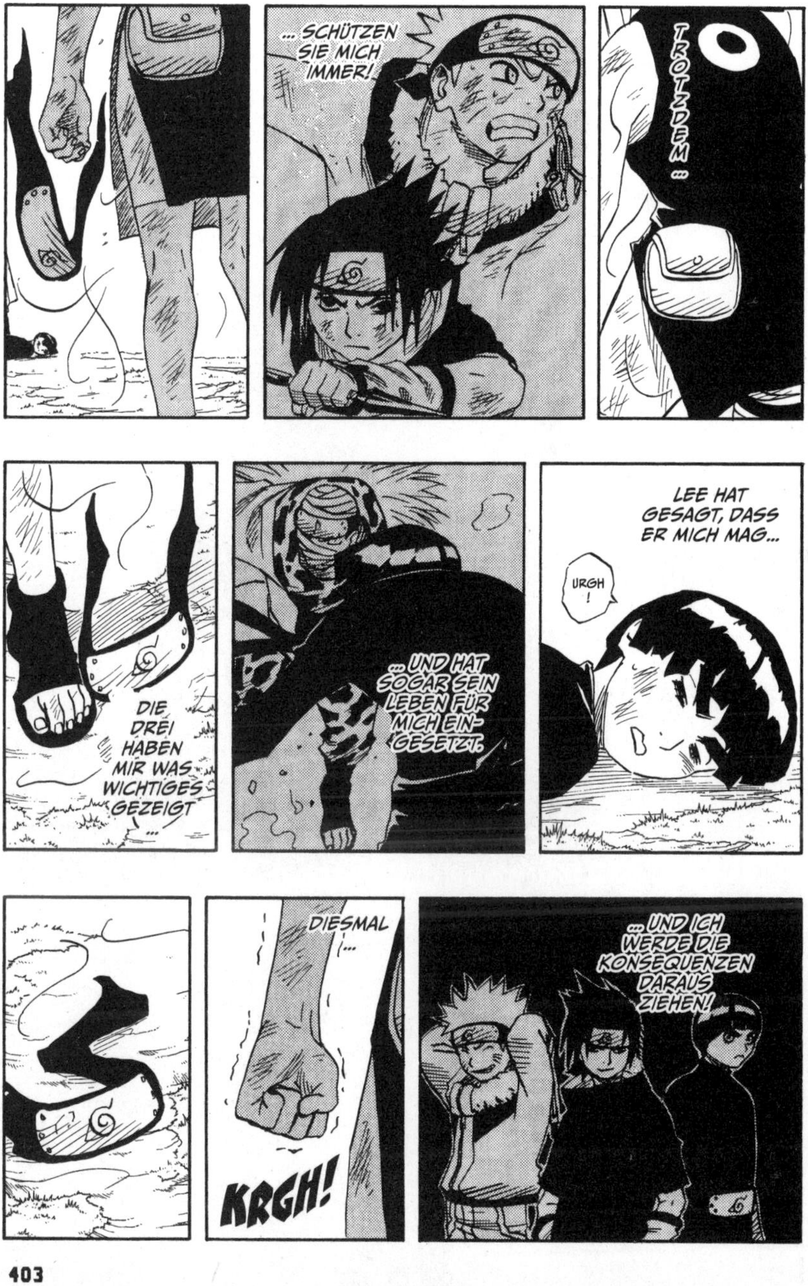
... SCHÜTZEN SIE MICH IMMER!
TROTZDEM ...
LEE HAT GESAGT, DASS ER MICH MAG...
URGH!
... UND HAT SOGAR SEIN LEBEN FÜR MICH EINGESETZT.
DIE DREI HABEN MIR WAS WICHTIGES GEZEIGT ...
DIESMAL ...
KRGH!
... UND ICH WERDE DIE KONSEQUENZEN DARAUS ZIEHEN!

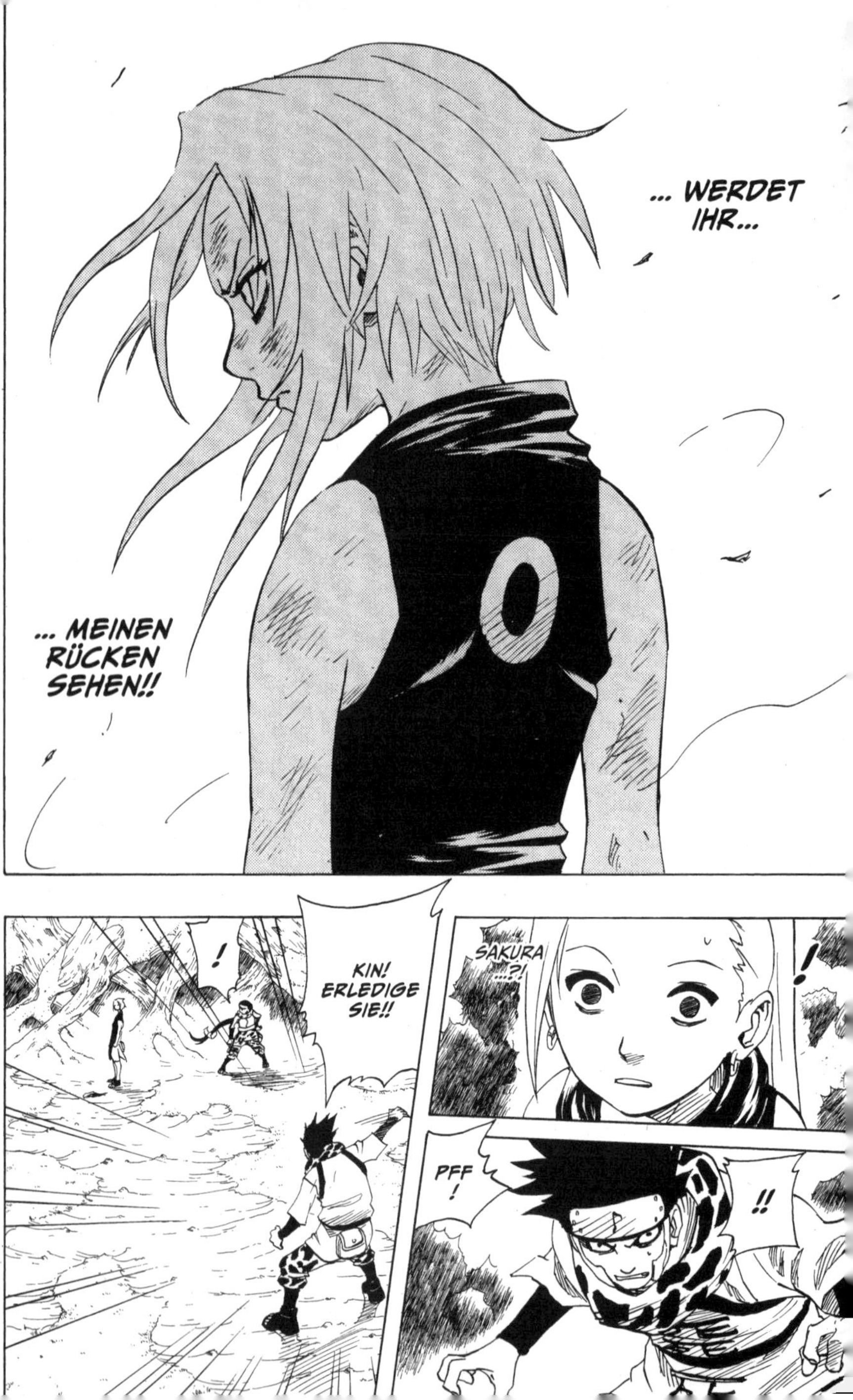
... WERDET IHR...
... MEINEN RÜCKEN SEHEN!!
!
SAKURA ...?!
KIN! ERLEDIGE SIE!!
!
!!
PFF !

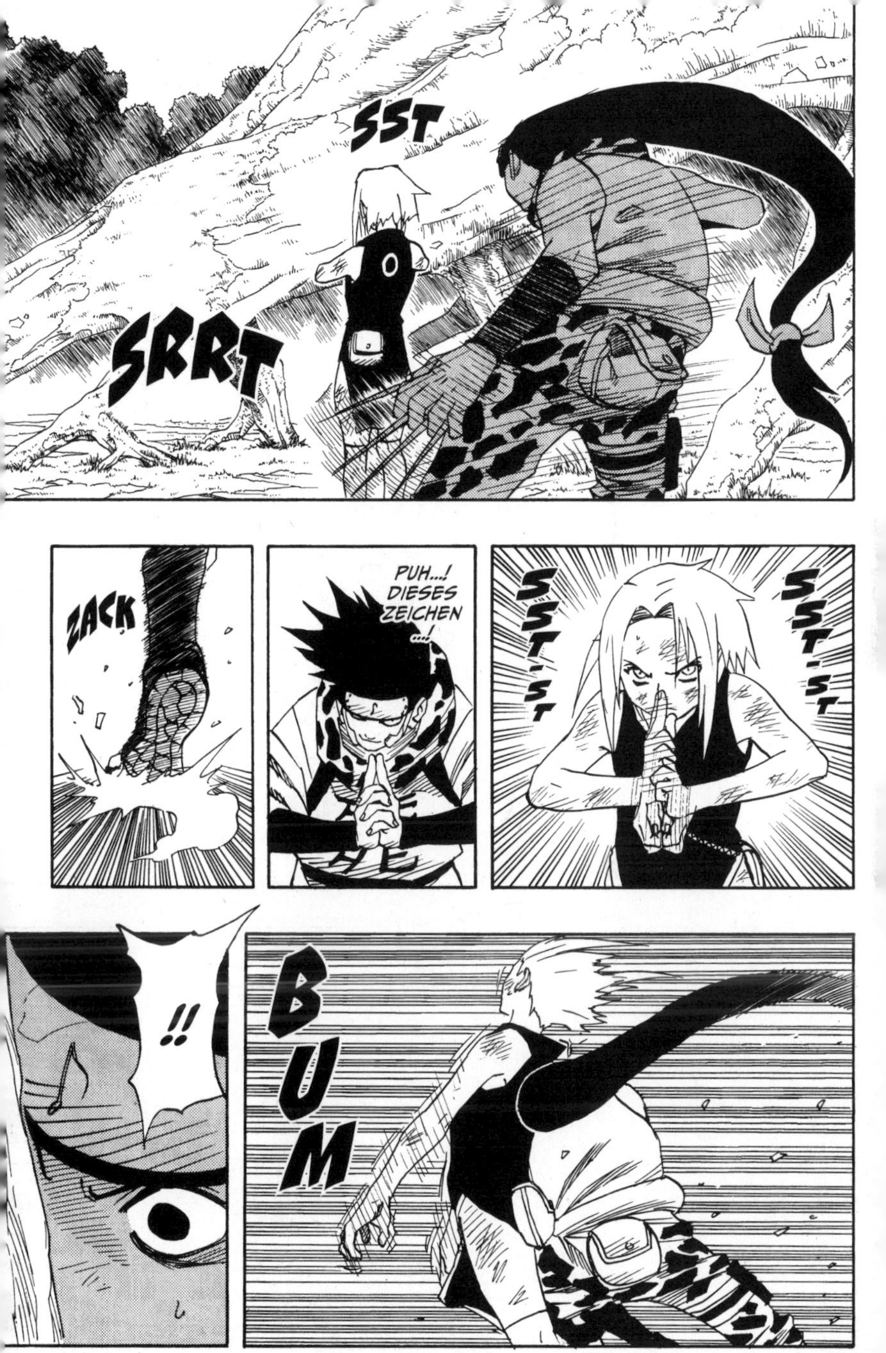
SST
SRRT
SST-ST
SST-ST
PUH...! DIESES ZEICHEN ...!
ZACK
BUM
!!

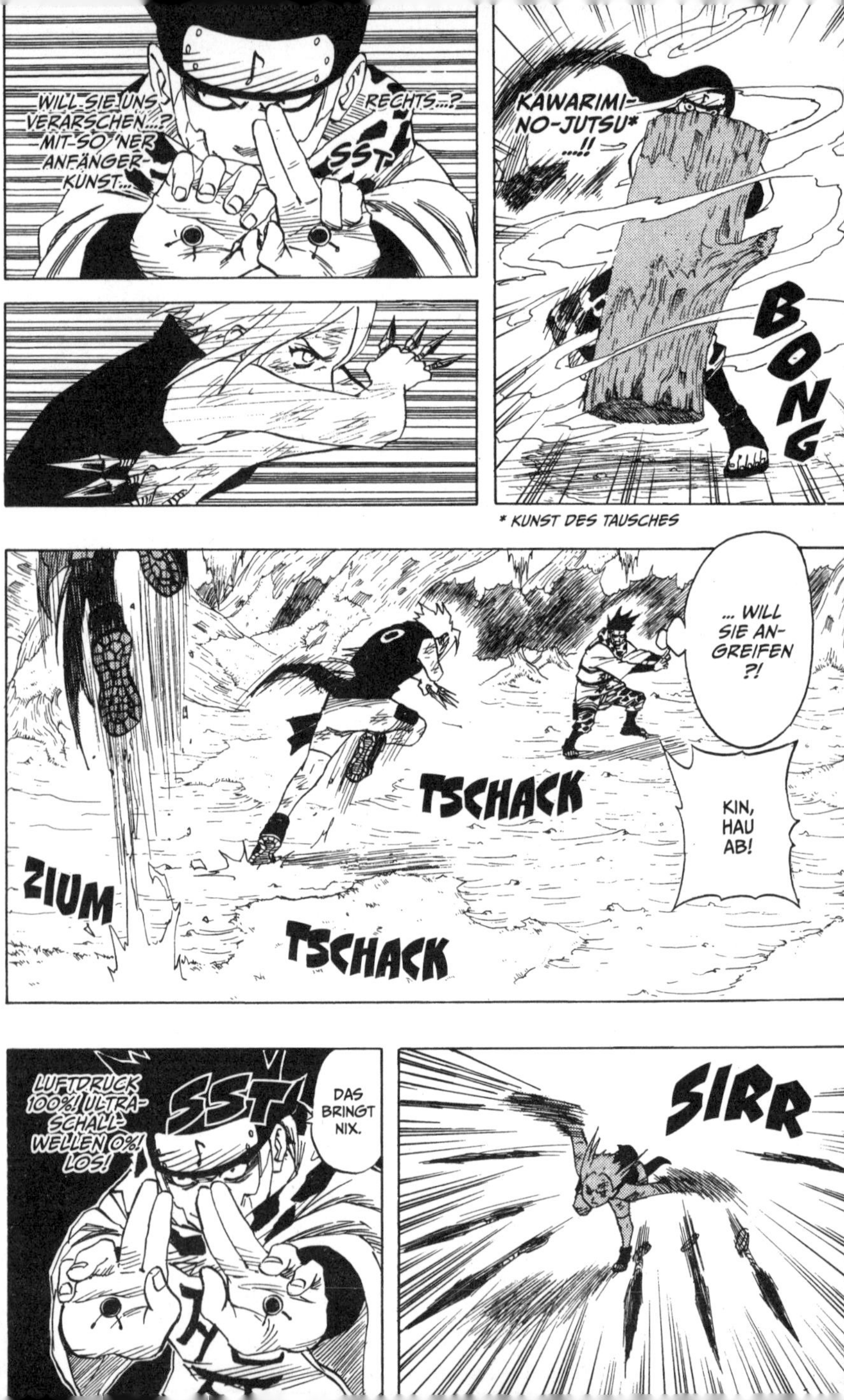

* KUNST DES TAUSCHES

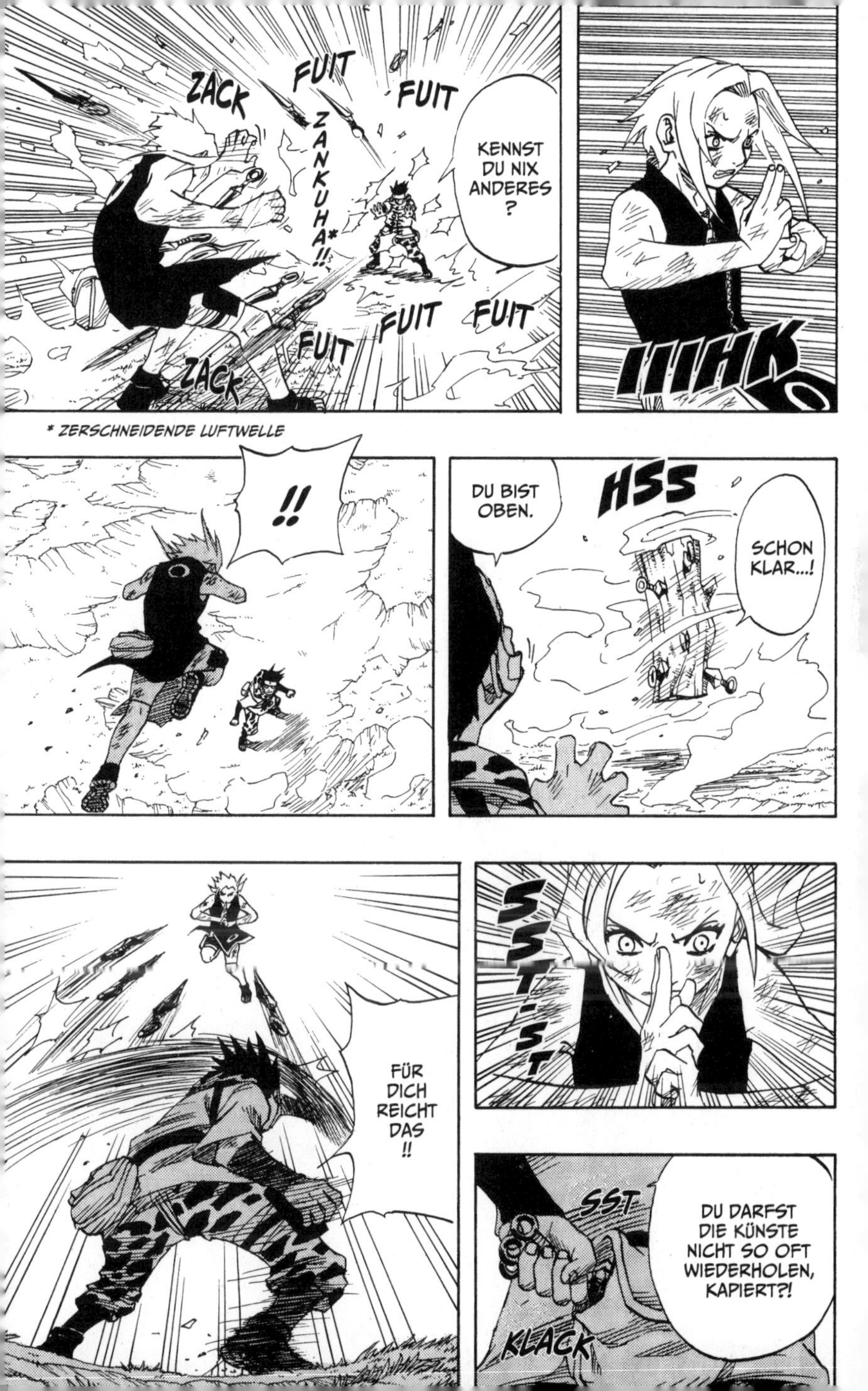

* ZERSCHNEIDENDE LUFTWELLE

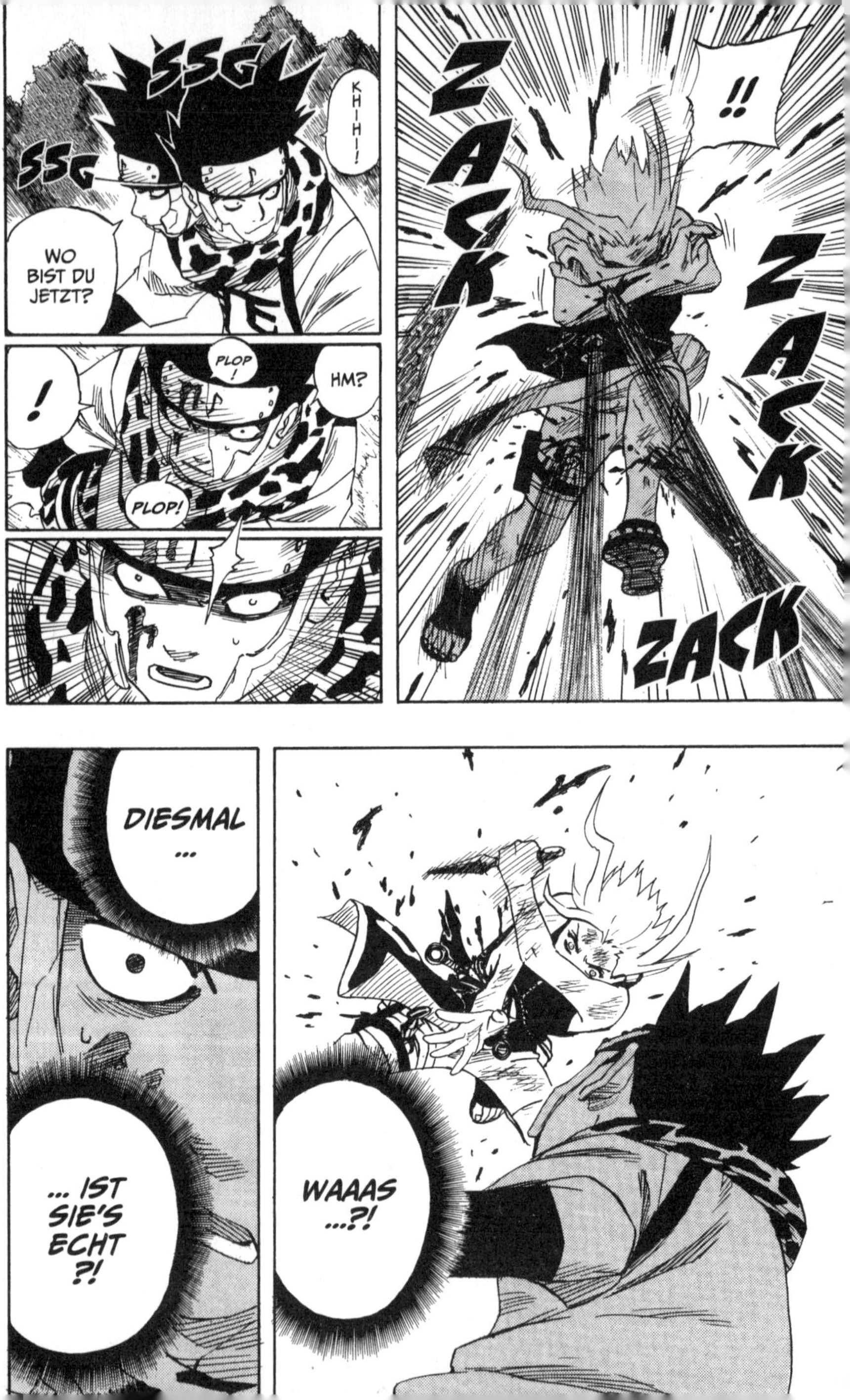

ZACK
ZACK
!!
ZACK
KHIHI!
SSG
SSG
WO BIST DU JETZT?
HM?
PLOP!
!
PLOP!
WAAAS ...?!
DIESMAL ...
... IST SIE'S ECHT ?!

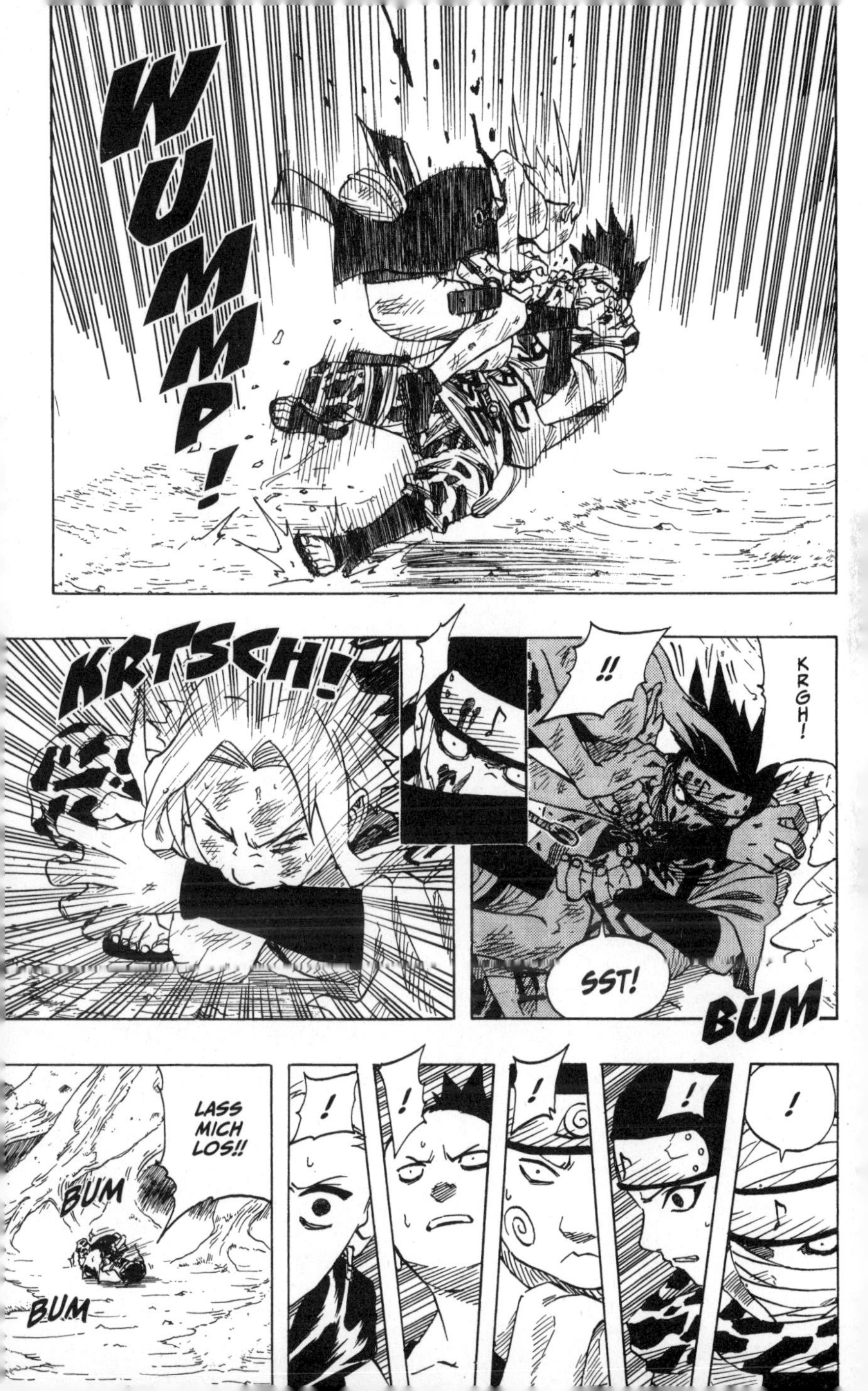
WUMMP!
KRGH!
!!
SST!
BUM
KRTSCH!
!
!
!
!
!
LASS MICH LOS!!
BUM
BUM

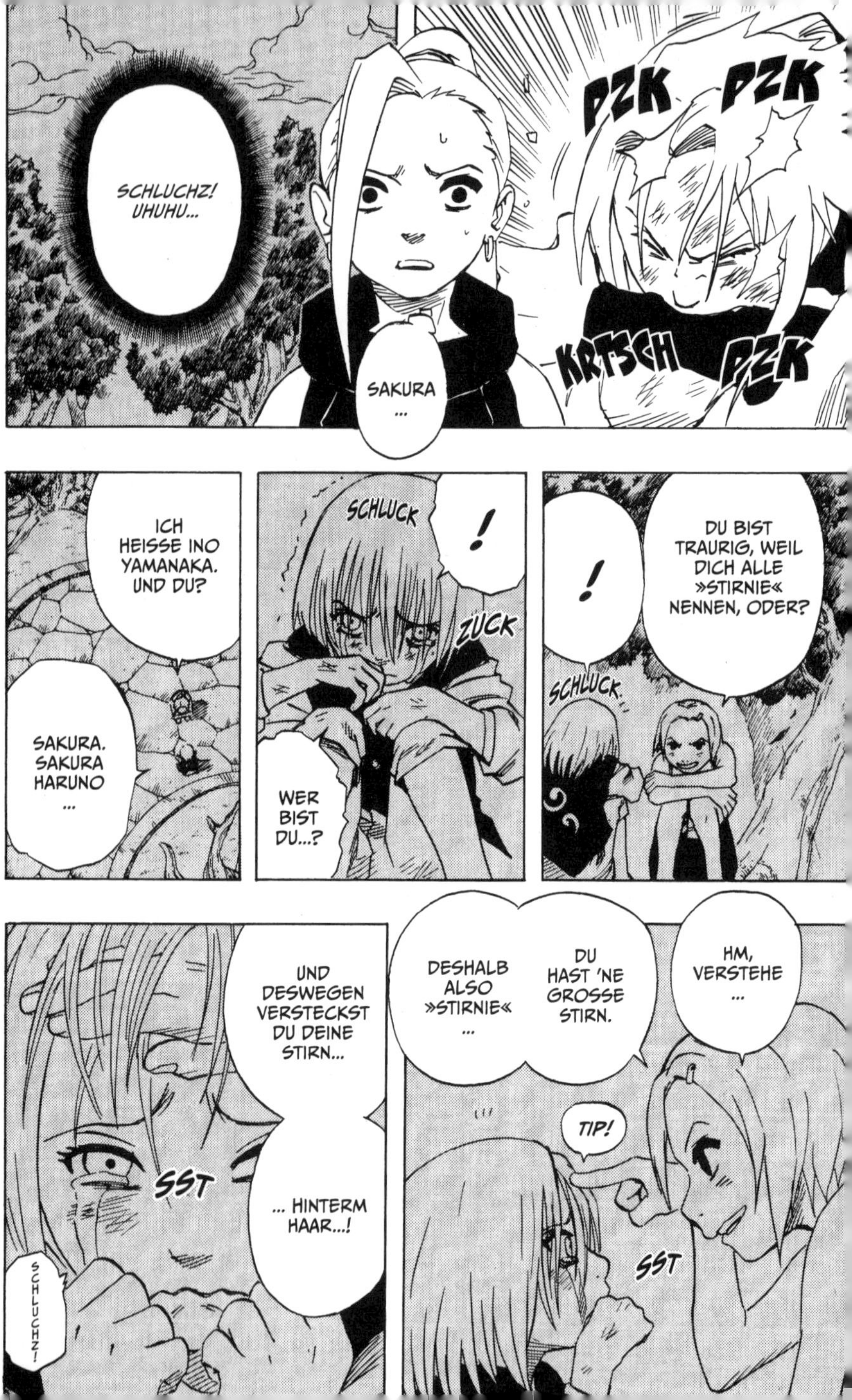
PZK PZK
KRTSCH
PZK
SCHLUCHZ! UHUHU...
SAKURA ...
DU BIST TRAURIG, WEIL DICH ALLE »STIRNIE« NENNEN, ODER?
!
SCHLUCK.
SCHLUCK
!
ZUCK
WER BIST DU...?
ICH HEISSE INO YAMANAKA. UND DU?
SAKURA. SAKURA HARUNO ...
HM, VERSTEHE ...
DU HAST 'NE GROSSE STIRN.
DESHALB ALSO »STIRNIE« ...
TIP!
SST
UND DESWEGEN VERSTECKST DU DEINE STIRN...
... HINTERM HAAR...!
SST
SCHLUCHZ!

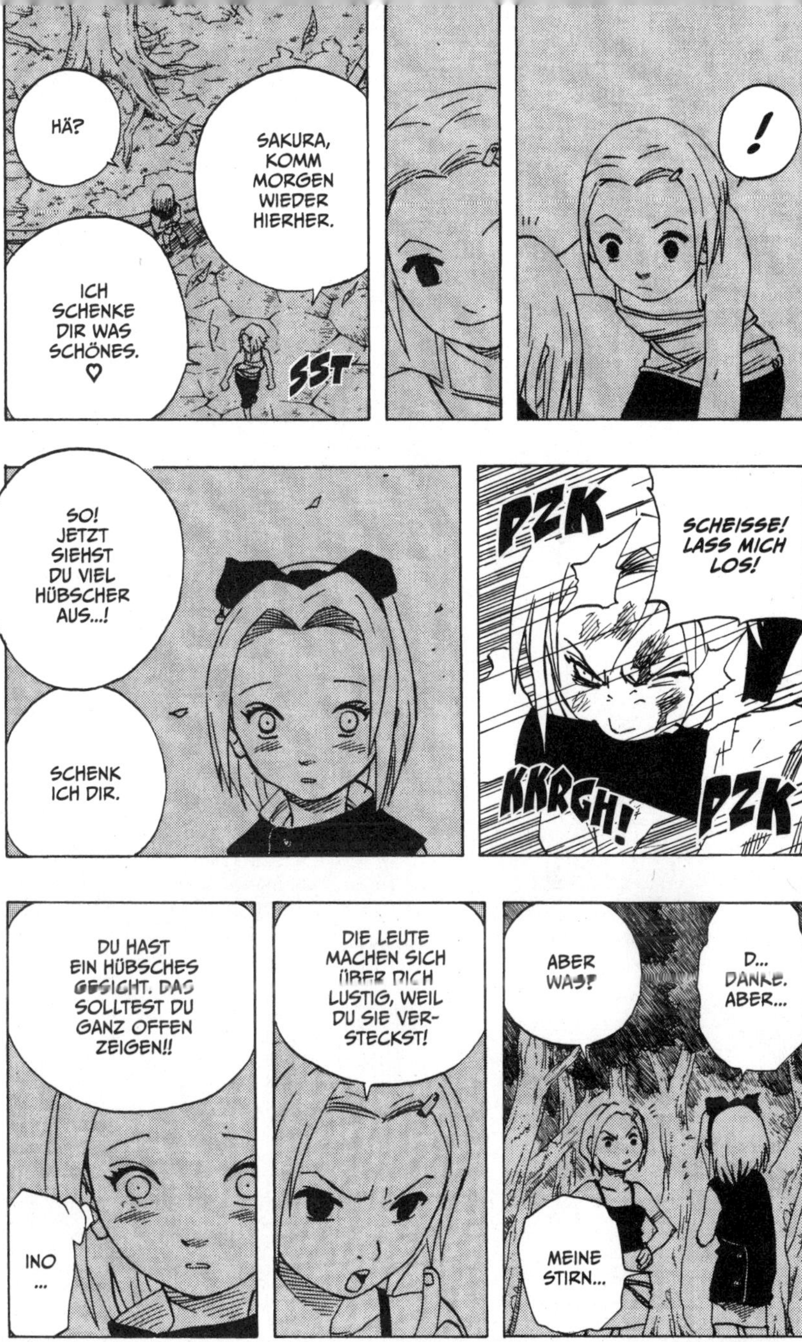
!
SAKURA, KOMM MORGEN WIEDER HIERHER.
HÄ?
ICH SCHENKE DIR WAS SCHÖNES. ♡
SST
SCHEISSE! LASS MICH LOS!
PZK
KKRGH!
PZK
SO! JETZT SIEHST DU VIEL HÜBSCHER AUS...!
SCHENK ICH DIR.
D... DANKE. ABER...
ABER WAS?
MEINE STIRN...
DIE LEUTE MACHEN SICH ÜBER DICH LUSTIG, WEIL DU SIE VERSTECKST!
DU HAST EIN HÜBSCHES GESICHT. DAS SOLLTEST DU GANZ OFFEN ZEIGEN!!
INO ...

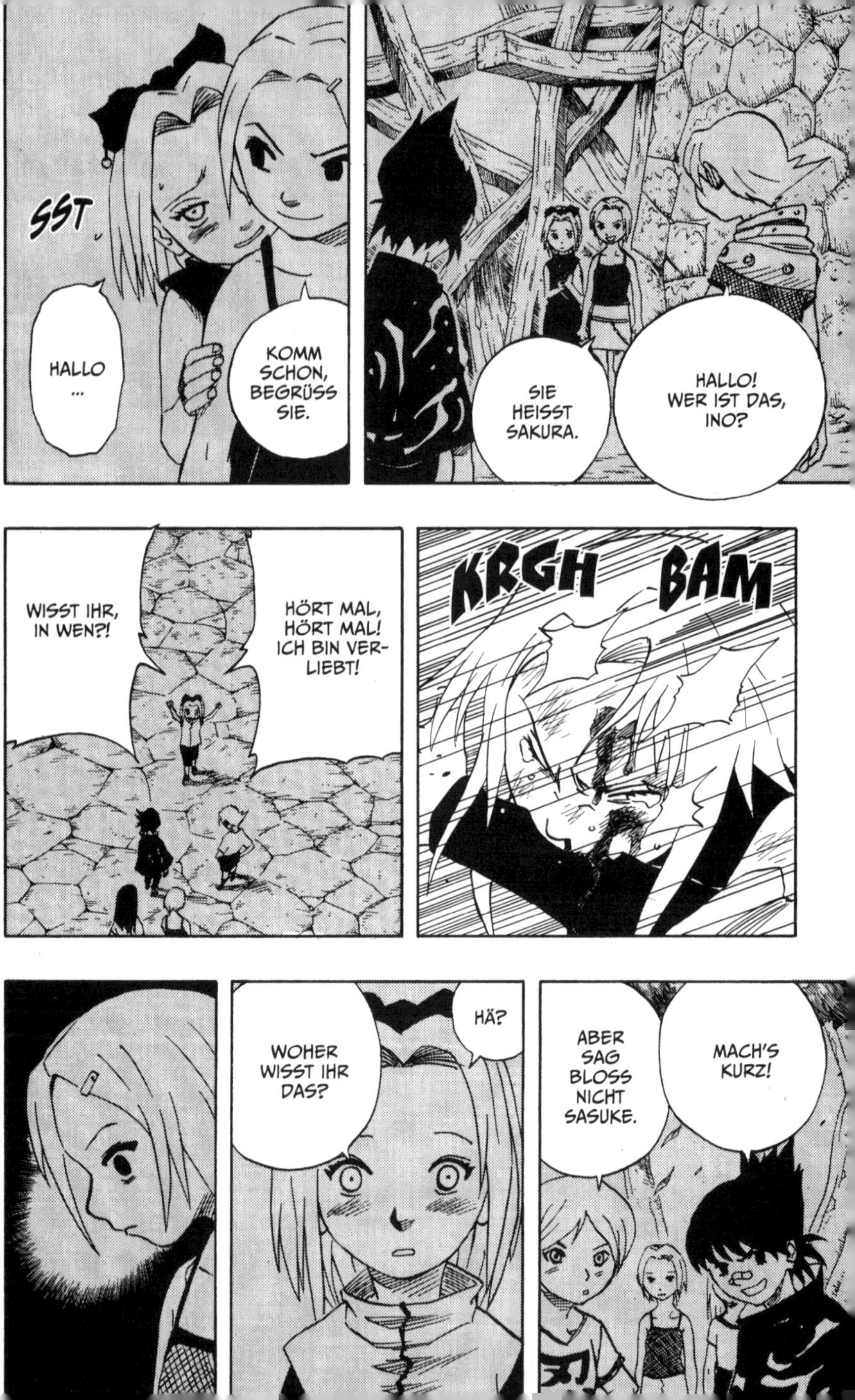
HALLO! WER IST DAS, INO?
SIE HEISST SAKURA.
KOMM SCHON, BEGRÜSS SIE.
SST
HALLO ...
KRGH
BAM
HÖRT MAL, HÖRT MAL! ICH BIN VER-LIEBT!
WISST IHR, IN WEN?!
MACH'S KURZ!
ABER SAG BLOSS NICHT SASUKE.
HÄ?
WOHER WISST IHR DAS?

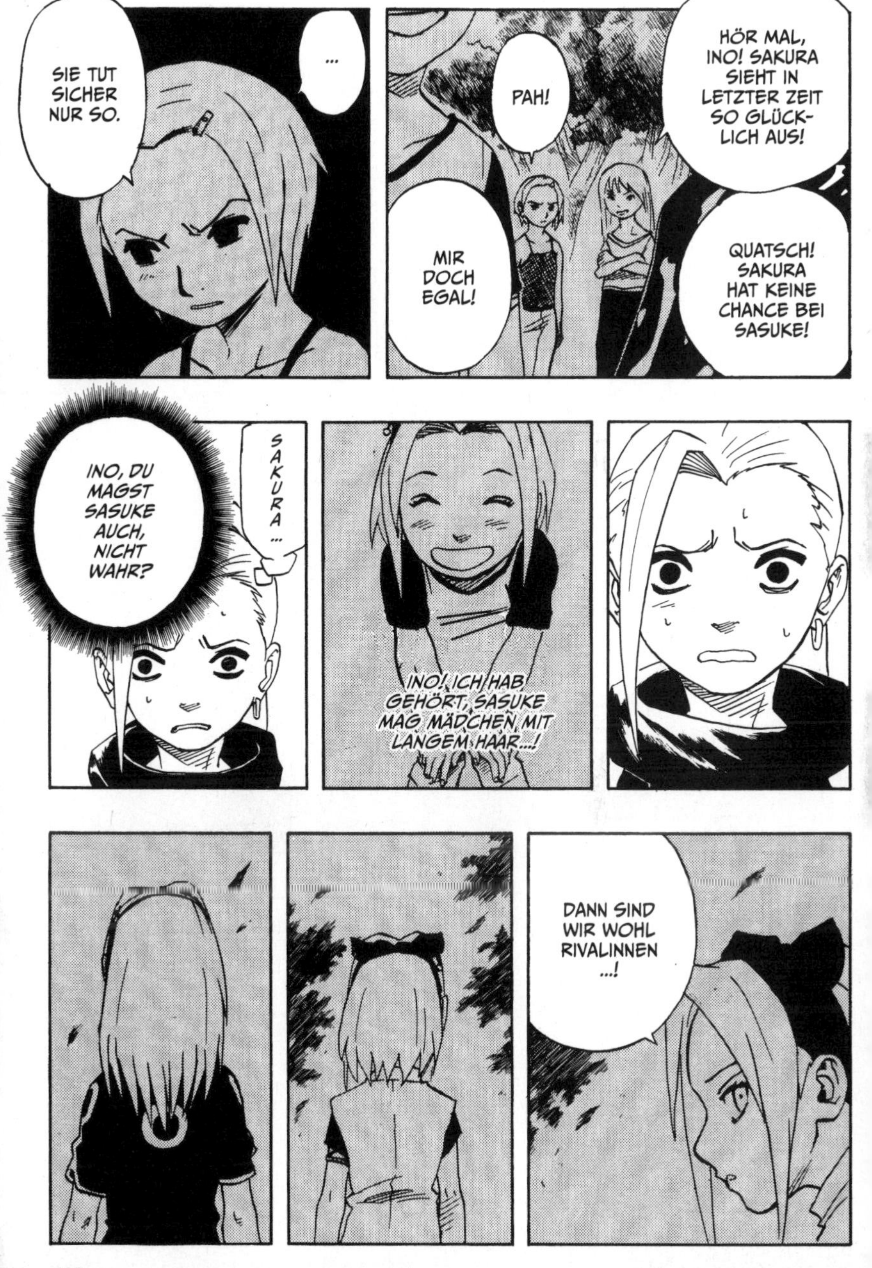
HÖR MAL, INO! SAKURA SIEHT IN LETZTER ZEIT SO GLÜCKLICH AUS!
PAH!
QUATSCH! SAKURA HAT KEINE CHANCE BEI SASUKE!
MIR DOCH EGAL!
...
SIE TUT SICHER NUR SO.
INO! ICH HAB GEHÖRT, SASUKE MAG MÄDCHEN MIT LANGEM HAAR...!
SAKURA...
INO, DU MAGST SASUKE AUCH, NICHT WAHR?
DANN SIND WIR WOHL RIVALINNEN ...!

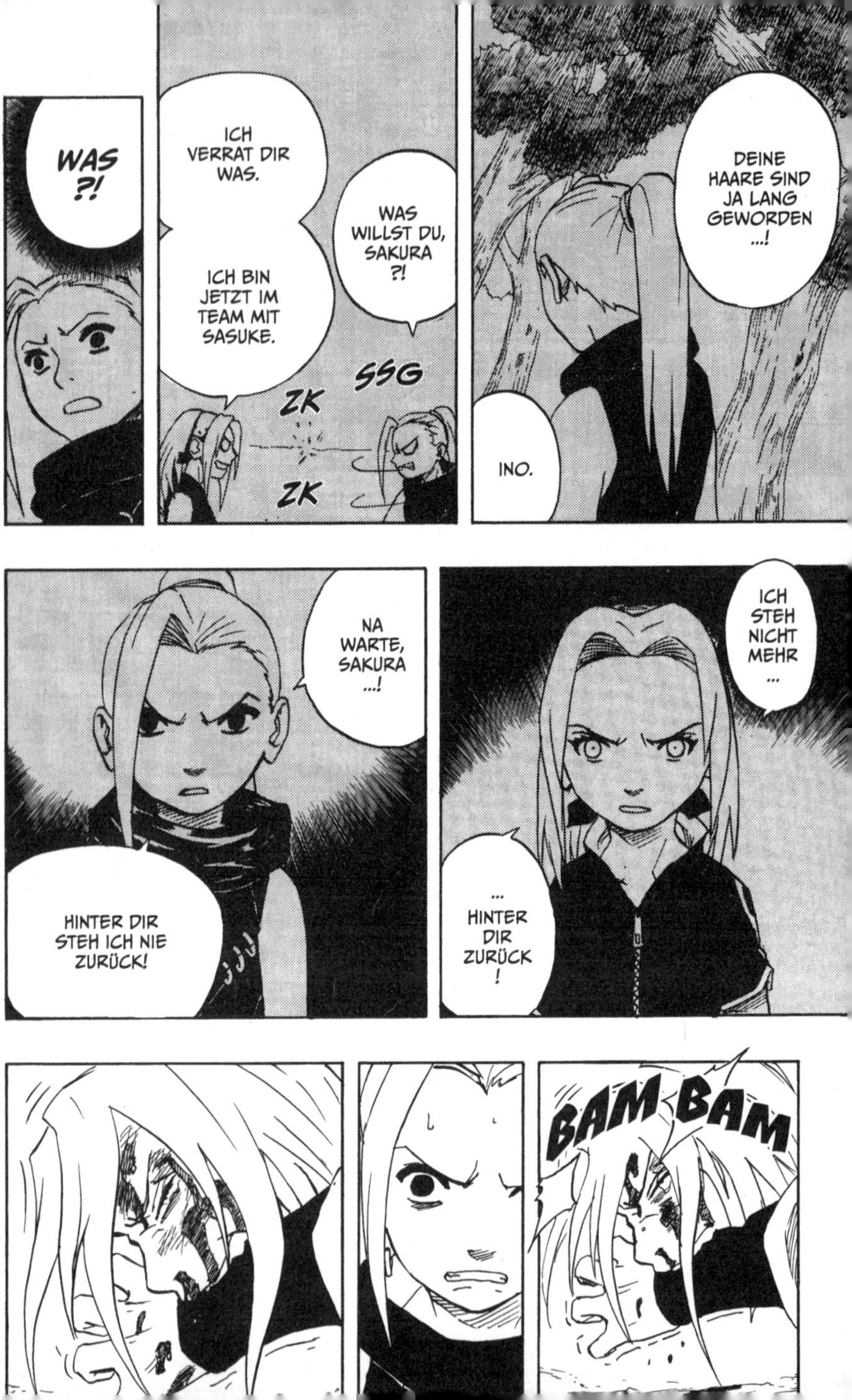
DEINE HAARE SIND JA LANG GEWORDEN ...!
INO.
WAS WILLST DU, SAKURA ?!
SSG
ICH VERRAT DIR WAS.
ICH BIN JETZT IM TEAM MIT SASUKE.
ZK
ZK
WAS ?!
ICH STEH NICHT MEHR ...
... HINTER DIR ZURÜCK !
NA WARTE, SAKURA ...!
HINTER DIR STEH ICH NIE ZURÜCK!
BAM BAM

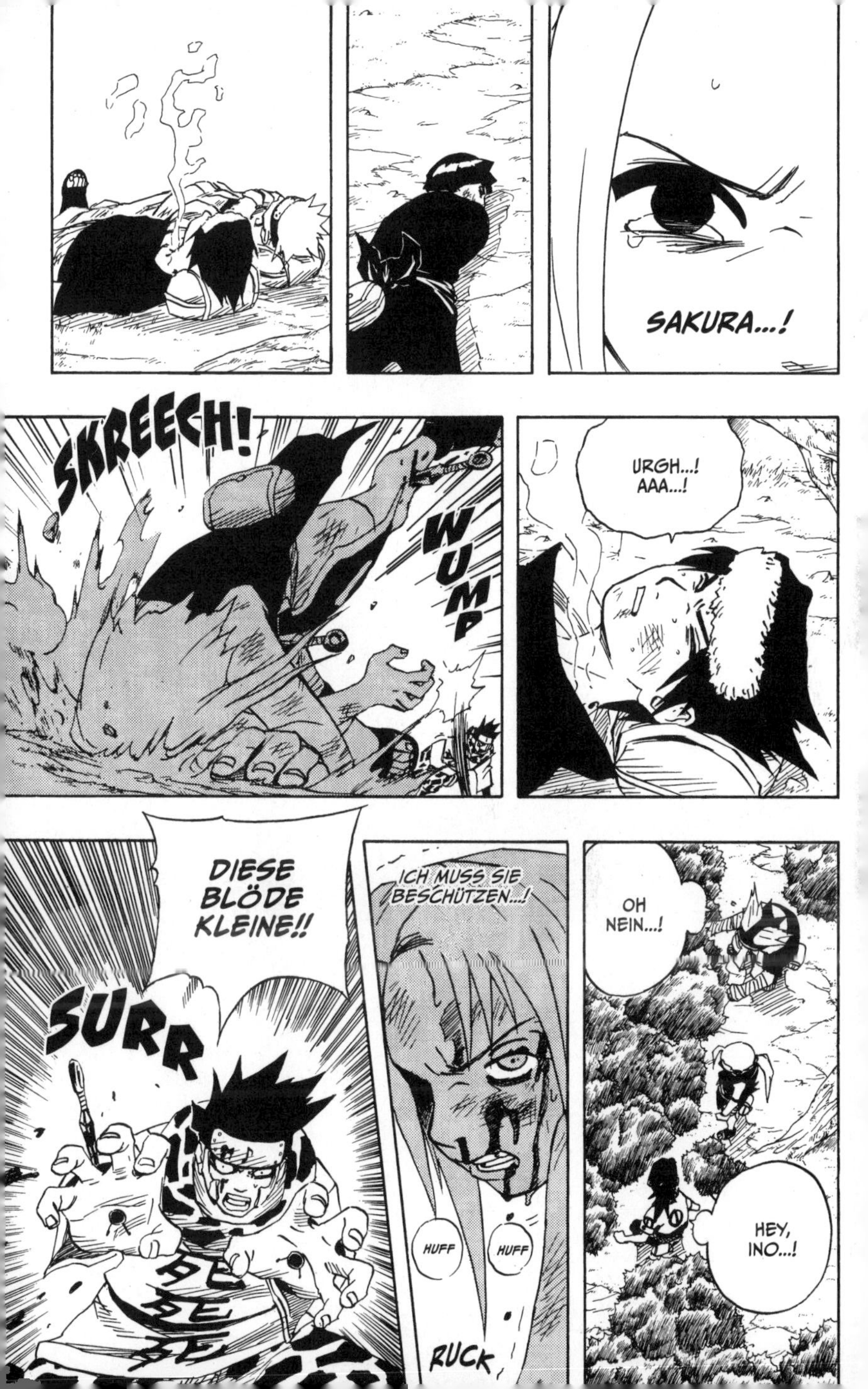
SAKURA...!
URGH...! AAA...!
SKREECH!
WUMP
OH NEIN...!
HEY, INO...!
ICH MUSS SIE BESCHÜTZEN...!
HUFF
HUFF
RUCK
DIESE BLÖDE KLEINE!!
SURR

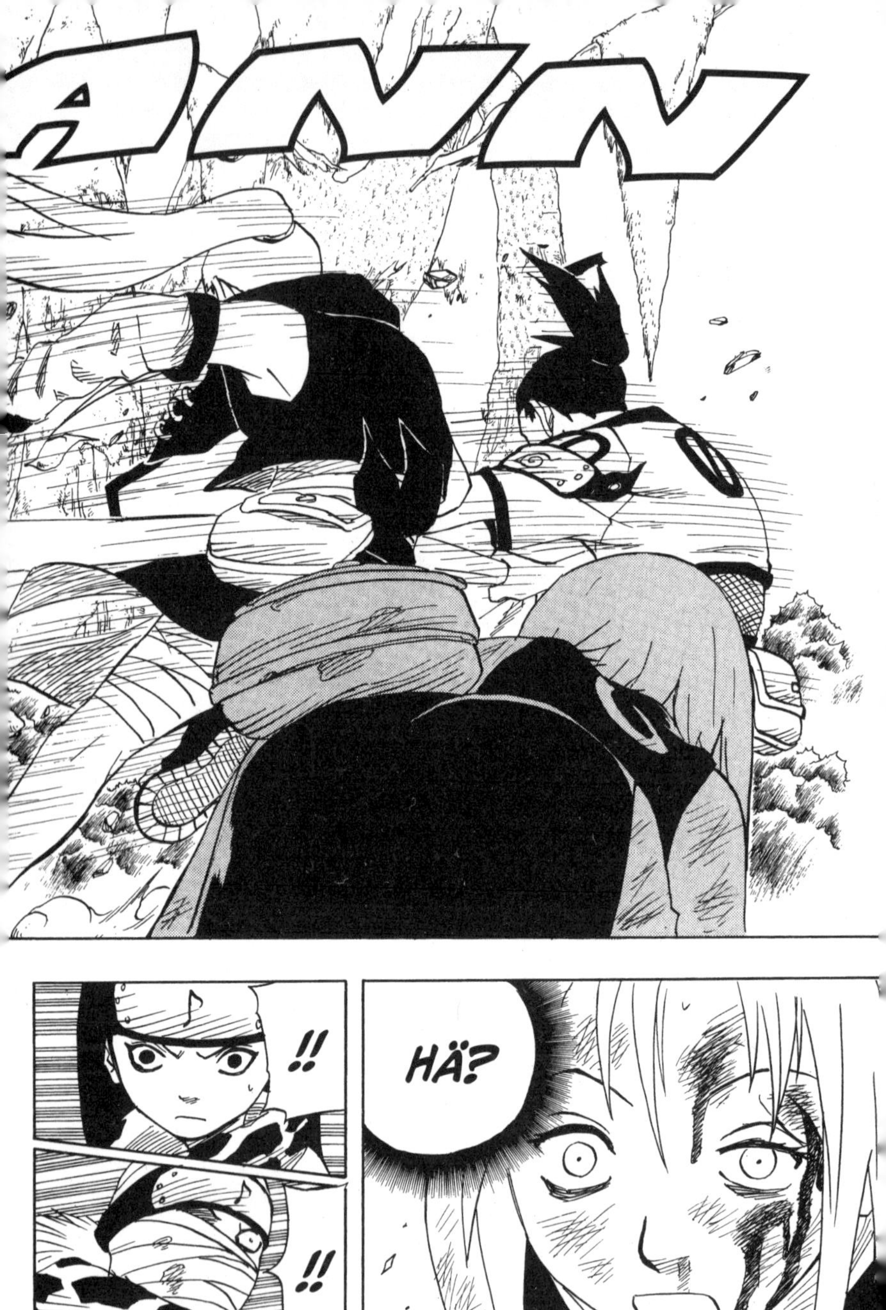
ZANN
!!
!!
HÄ?

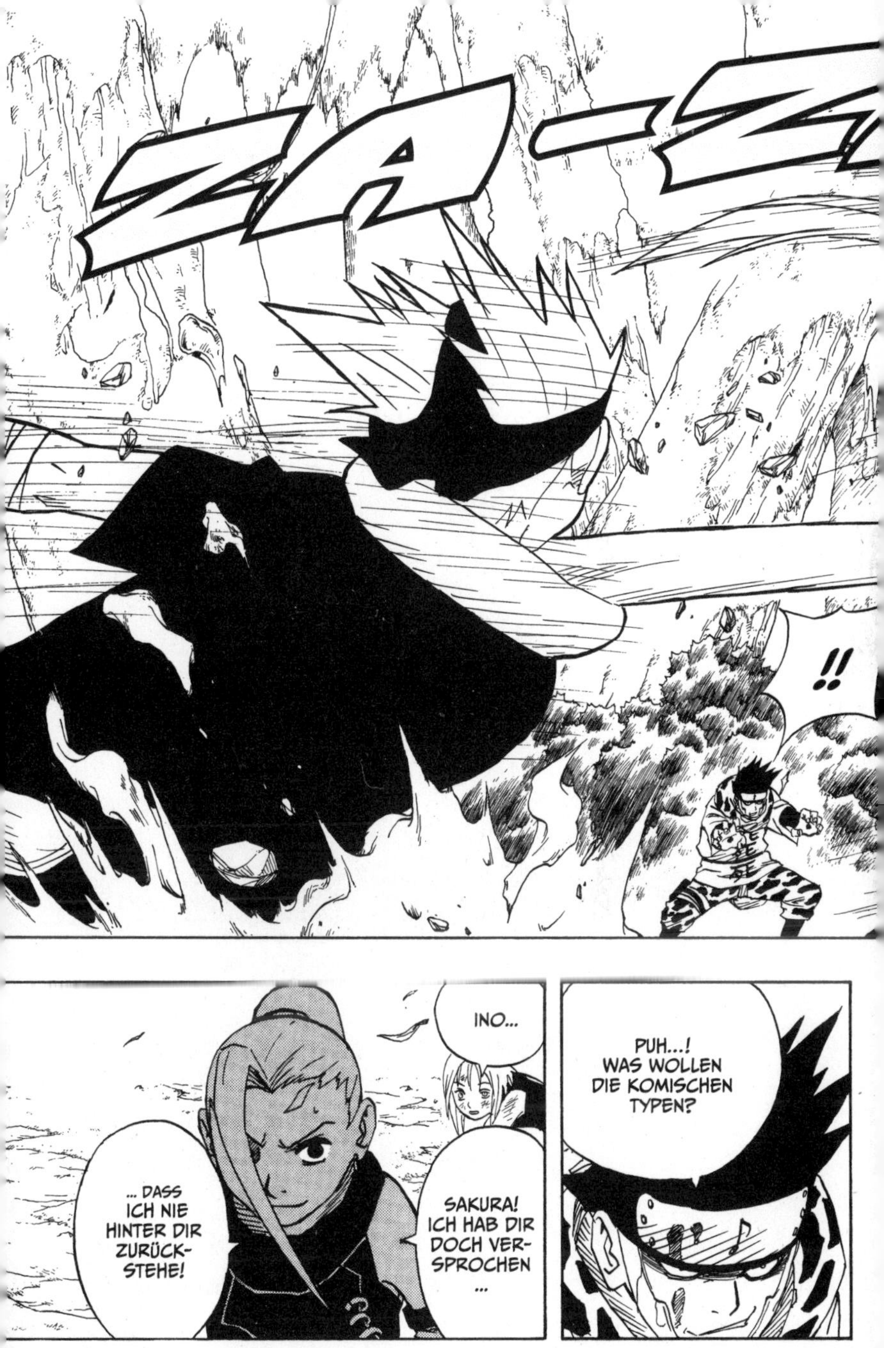

ZA-Z
!!
PUH...! WAS WOLLEN DIE KOMISCHEN TYPEN?
INO...
SAKURA! ICH HAB DIR DOCH VER-SPROCHEN ...
... DASS ICH NIE HINTER DIR ZURÜCK-STEHE!

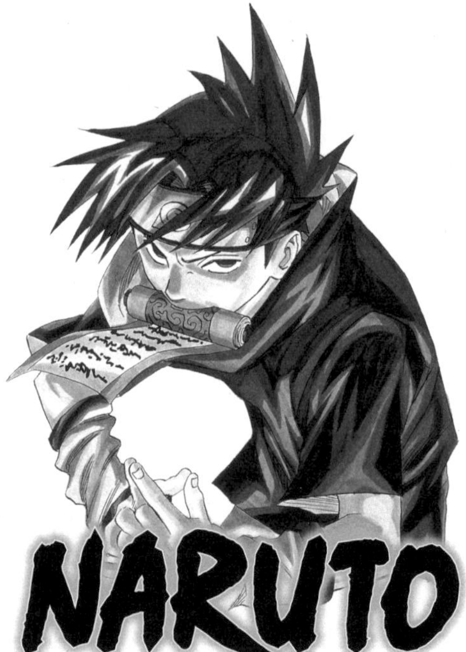
NARUTO

55. KAPITEL: KAMPF...!!

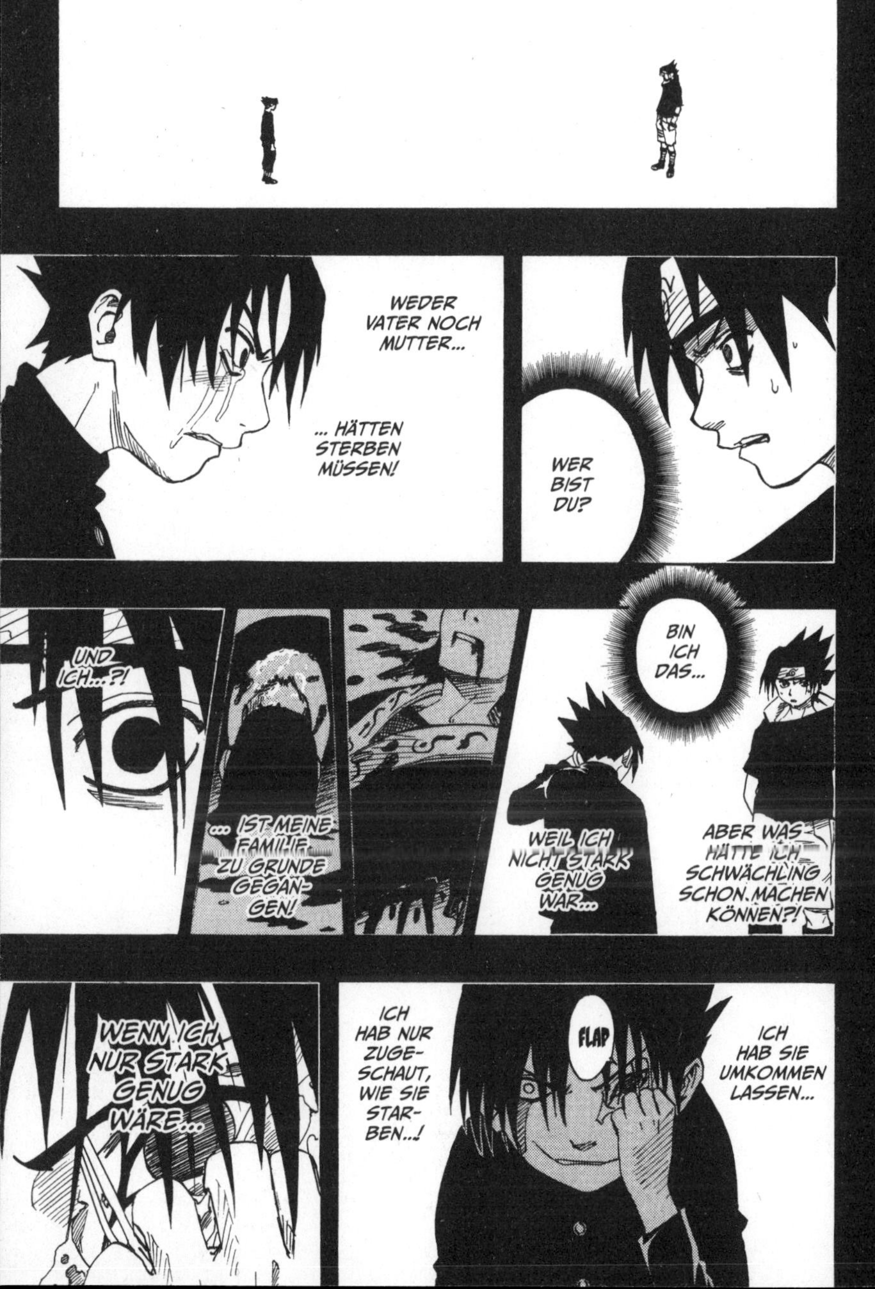

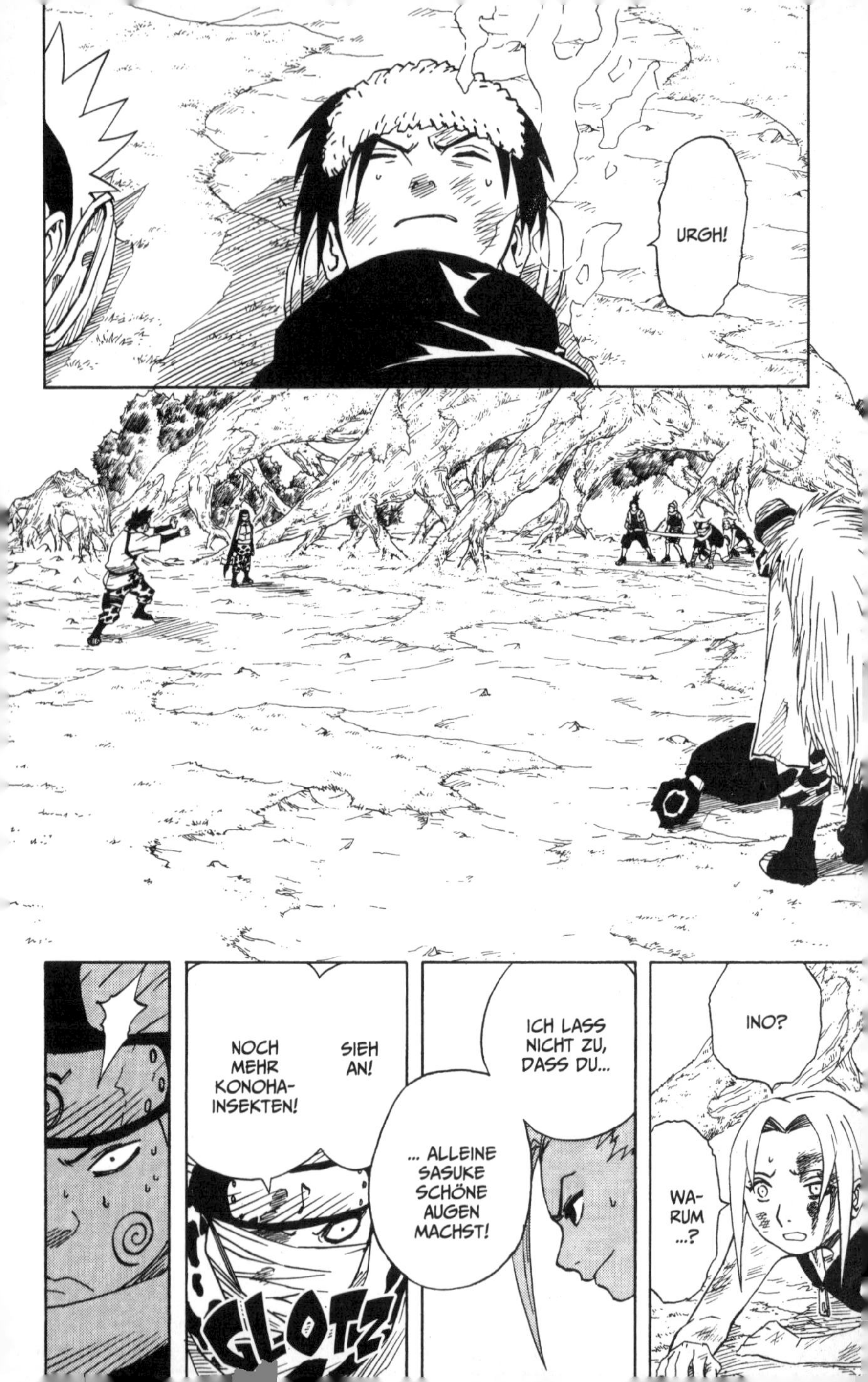
URGH!
INO?
WA-RUM ...?
ICH LASS NICHT ZU, DASS DU...
... ALLEINE SASUKE SCHÖNE AUGEN MACHST!
SIEH AN!
NOCH MEHR KONOHA-INSEKTEN!
GLOTZ

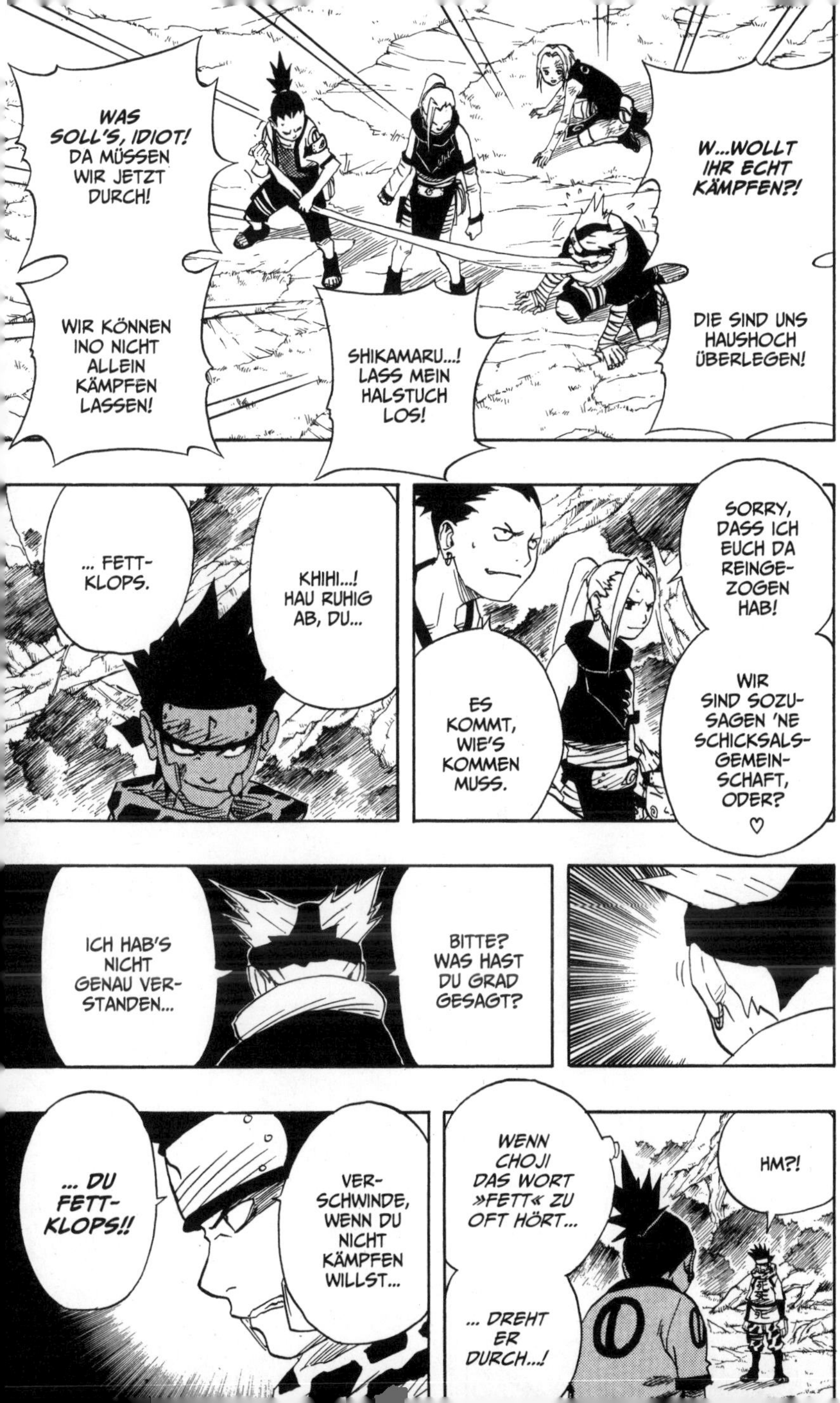
W...WOLLT IHR ECHT KÄMPFEN?!
DIE SIND UNS HAUSHOCH ÜBERLEGEN!
WAS SOLL'S, IDIOT! DA MÜSSEN WIR JETZT DURCH!
SHIKAMARU...! LASS MEIN HALSTUCH LOS!
WIR KÖNNEN INO NICHT ALLEIN KÄMPFEN LASSEN!
SORRY, DASS ICH EUCH DA REINGEZOGEN HAB!
WIR SIND SOZUSAGEN 'NE SCHICKSALSGEMEINSCHAFT, ODER? ♡
ES KOMMT, WIE'S KOMMEN MUSS.
KHIHI...! HAU RUHIG AB, DU...
... FETTKLOPS.
BITTE? WAS HAST DU GRAD GESAGT?
ICH HAB'S NICHT GENAU VERSTANDEN...
HM?!
WENN CHOJI DAS WORT »FETT« ZU OFT HÖRT...
... DREHT ER DURCH...!
VERSCHWINDE, WENN DU NICHT KÄMPFEN WILLST...
... DU FETTKLOPS!!

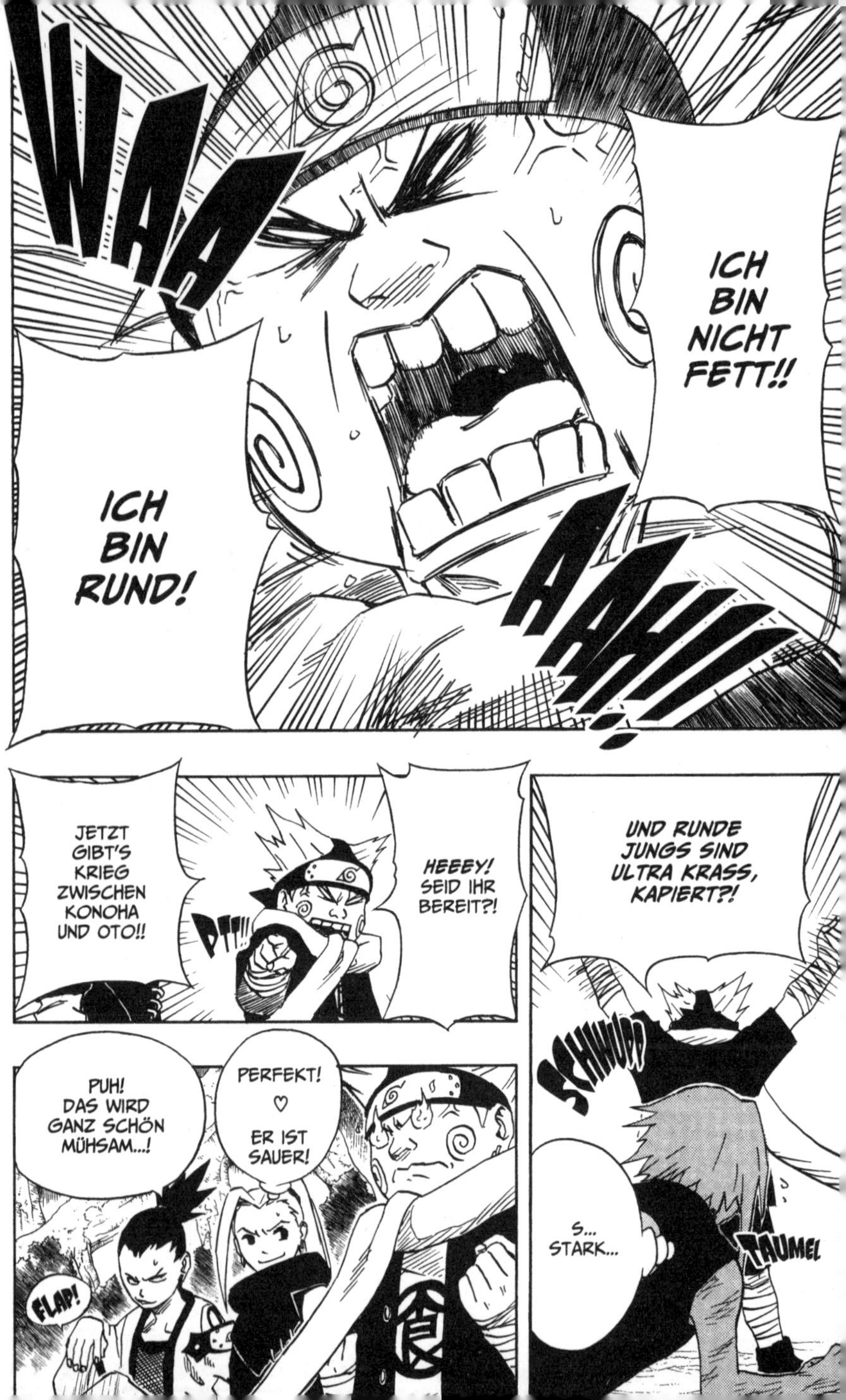
WAA
ICH BIN NICHT FETT!!
ICH BIN RUND!
AAH!!
UND RUNDE JUNGS SIND ULTRA KRASS, KAPIERT?!
HEEEY! SEID IHR BEREIT?!
JETZT GIBT'S KRIEG ZWISCHEN KONOHA UND OTO!!
SCHWUPP
TAUMEL
S... STARK...
PERFEKT! ♡ ER IST SAUER!
PUH! DAS WIRD GANZ SCHÖN MÜHSAM...!
FLAP!

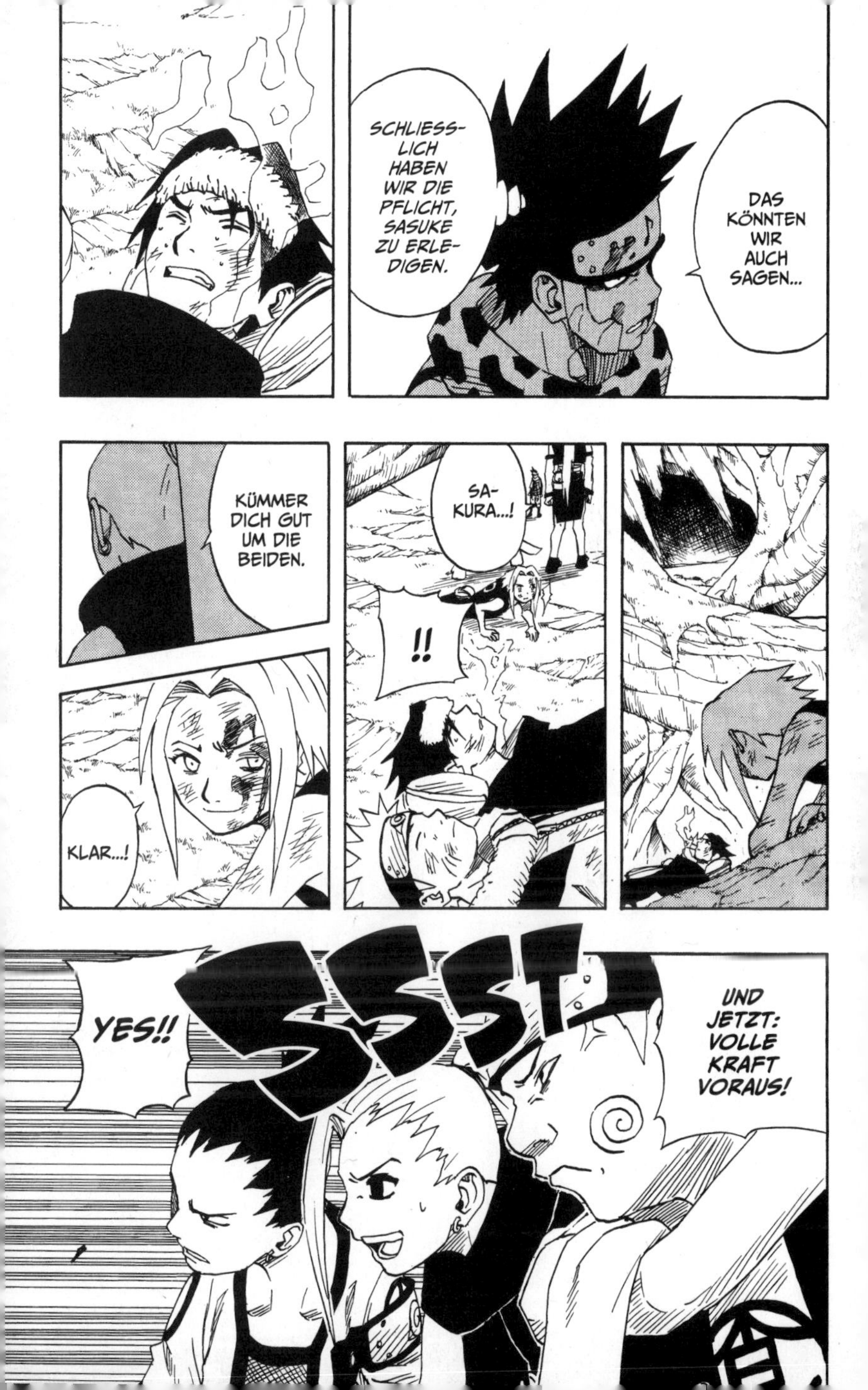
DAS KÖNNTEN WIR AUCH SAGEN...
SCHLIESS-LICH HABEN WIR DIE PFLICHT, SASUKE ZU ERLE-DIGEN.
SA-KURA...!
!!
KÜMMER DICH GUT UM DIE BEIDEN.
KLAR...!
UND JETZT: VOLLE KRAFT VORAUS!
SSST!
YES!!

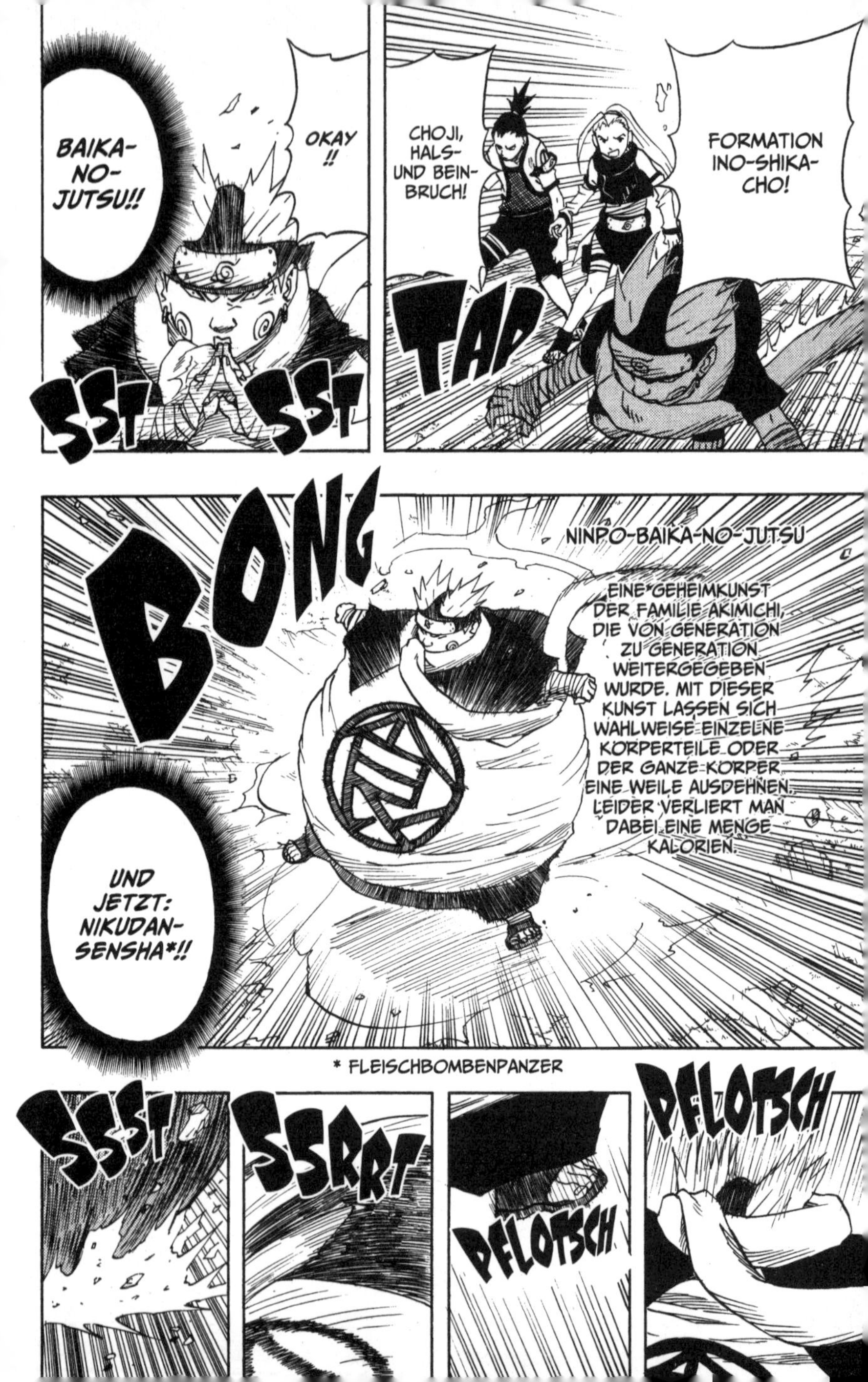
FORMATION INO-SHIKA-CHO!
CHOJI, HALS- UND BEIN-BRUCH!
OKAY !!
BAIKA-NO-JUTSU!!
TAP
SST SST
BONG
NINPO-BAIKA-NO-JUTSU
EINE GEHEIMKUNST DER FAMILIE AKIMICHI, DIE VON GENERATION ZU GENERATION WEITERGEGEBEN WURDE. MIT DIESER KUNST LASSEN SICH WAHLWEISE EINZELNE KÖRPERTEILE ODER DER GANZE KÖRPER EINE WEILE AUSDEHNEN. LEIDER VERLIERT MAN DABEI EINE MENGE KALORIEN.
UND JETZT: NIKUDAN-SENSHA*!!
* FLEISCHBOMBENPANZER
PFLOTSCH
PFLOTSCH
SSRRT
SSST

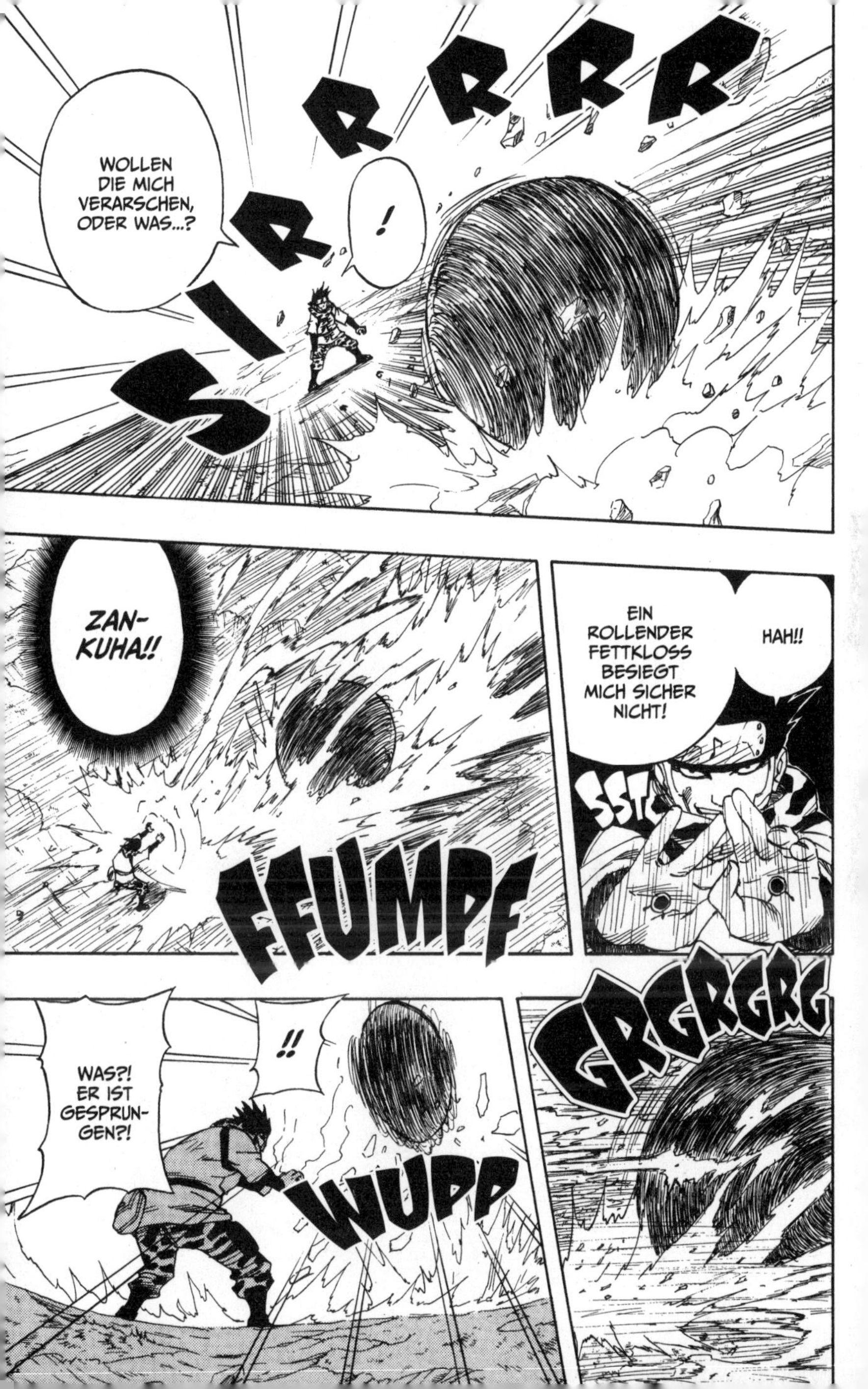
SRRRRR
!
WOLLEN DIE MICH VERARSCHEN, ODER WAS...?
HAH!!
EIN ROLLENDER FETTKLOSS BESIEGT MICH SICHER NICHT!
ZAN-KUHA!!
FFUMPF
GRGRGRG
!!
WAS?! ER IST GESPRUN-GEN?!
WUPP

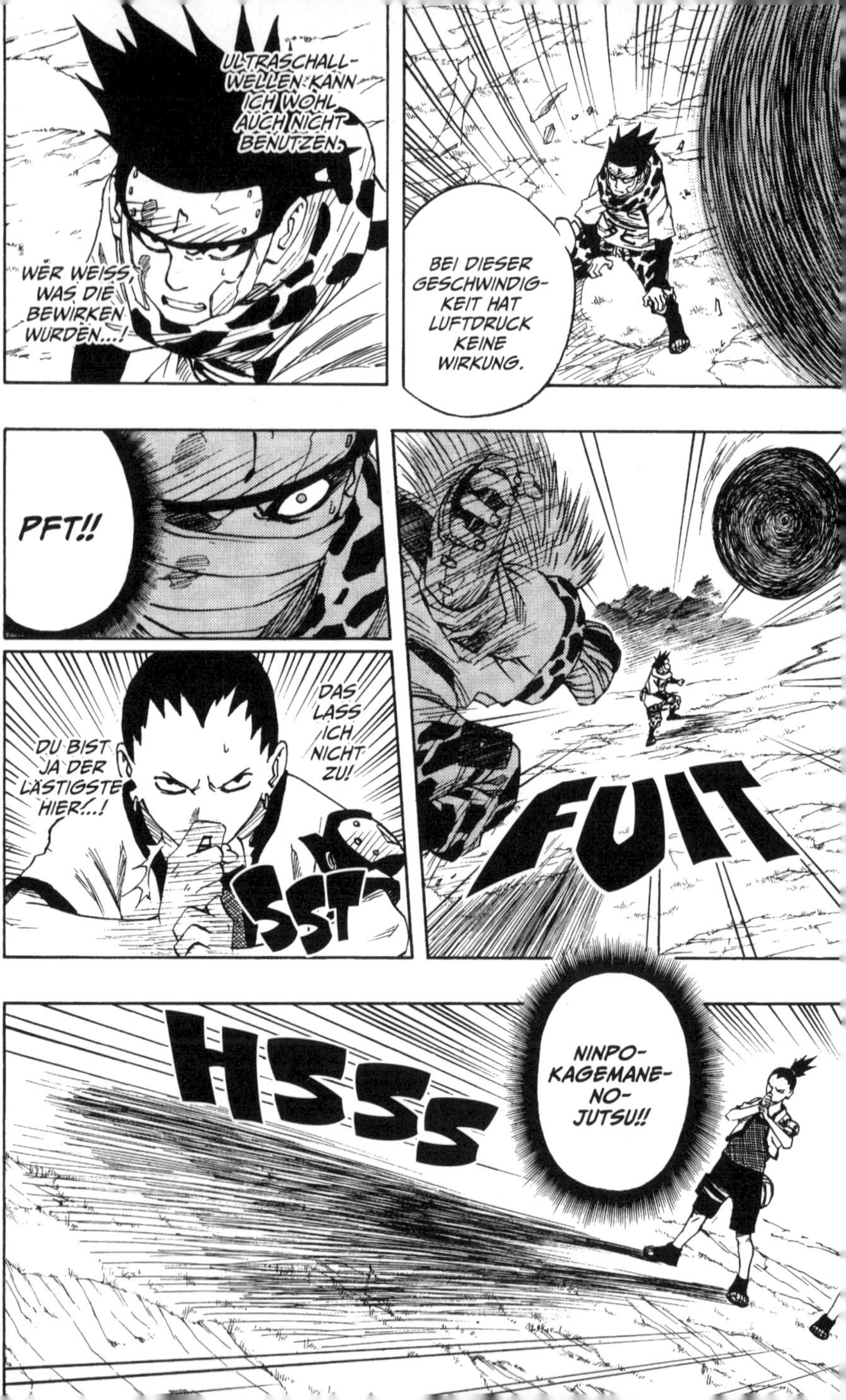
BEI DIESER GESCHWINDIGKEIT HAT LUFTDRUCK KEINE WIRKUNG.
ULTRASCHALLWELLEN KANN ICH WOHL AUCH NICHT BENUTZEN.
WER WEISS, WAS DIE BEWIRKEN WÜRDEN...!
FUIT
PFT!!
DAS LASS ICH NICHT ZU!
DU BIST JA DER LÄSTIGSTE HIER...!
SST
NINPO-KAGEMANE-NO-JUTSU!!
HSSS

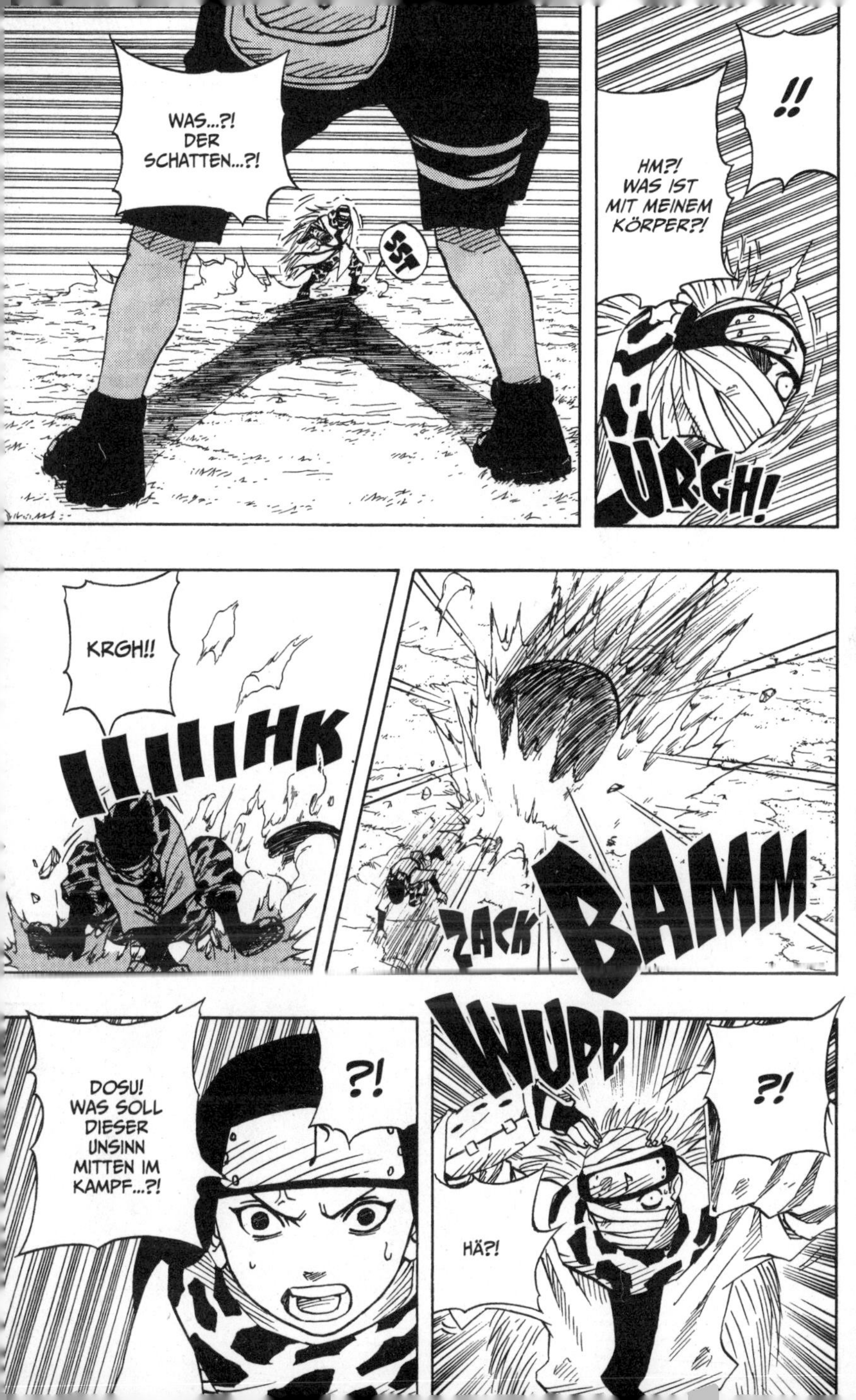
!!
HM?! WAS IST MIT MEINEM KÖRPER?!
URGH!
WAS...?! DER SCHATTEN...?!
SST
BAMM
ZACK
KRGH!!
IIIIIHK
WUPP
?!
HÄ?!
?!
DOSU! WAS SOLL DIESER UNSINN MITTEN IM KAMPF...?!

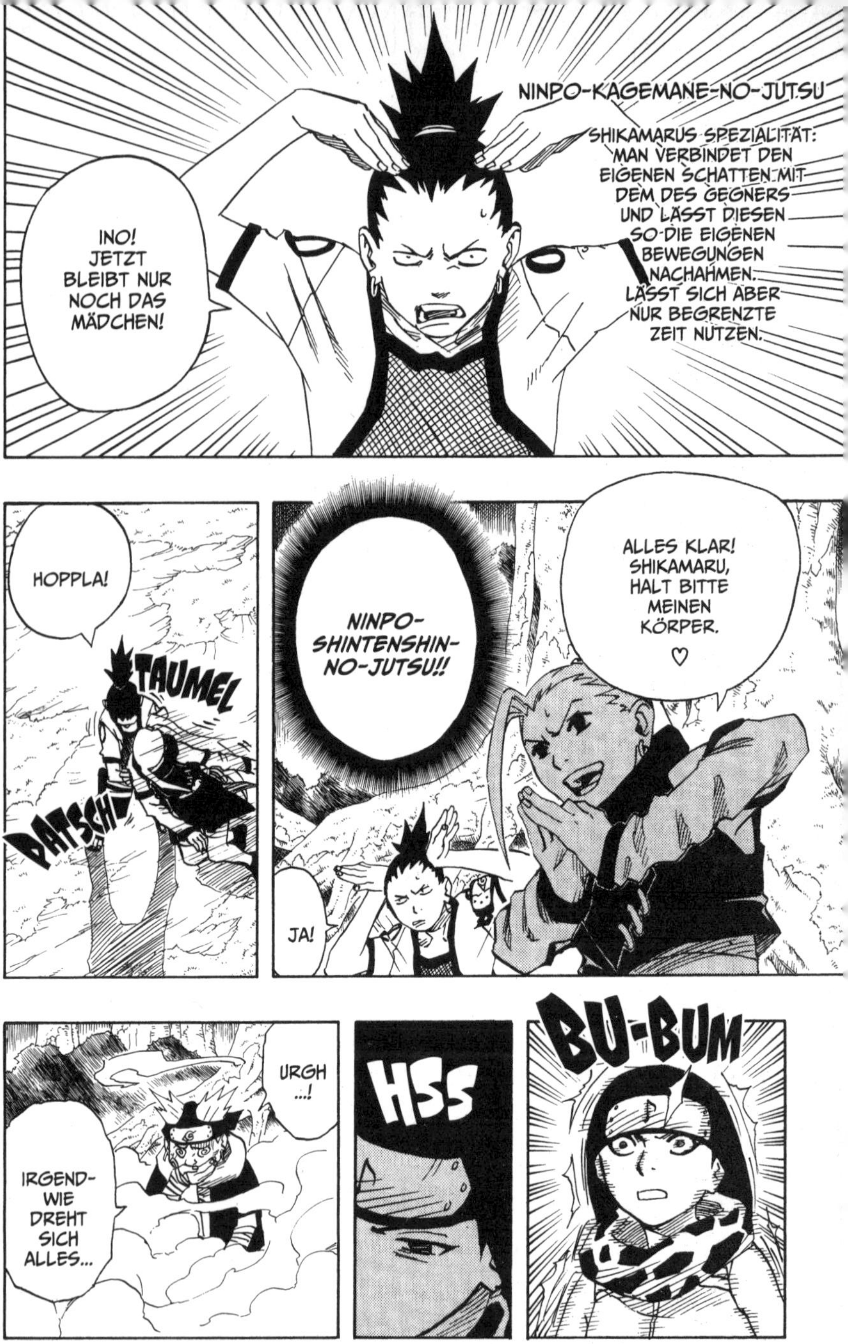
NINPO-KAGEMANE-NO-JUTSU
SHIKAMARUS SPEZIALITÄT: MAN VERBINDET DEN EIGENEN SCHATTEN MIT DEM DES GEGNERS UND LÄSST DIESEN SO DIE EIGENEN BEWEGUNGEN NACHAHMEN. LÄSST SICH ABER NUR BEGRENZTE ZEIT NUTZEN.
INO! JETZT BLEIBT NUR NOCH DAS MÄDCHEN!
ALLES KLAR! SHIKAMARU, HALT BITTE MEINEN KÖRPER. ♡
JA!
NINPO-SHINTENSHIN-NO-JUTSU!!
HOPPLA!
TAUMEL
DATSCH
BU-BUM
HSS
URGH ...!
IRGEND-WIE DREHT SICH ALLES...

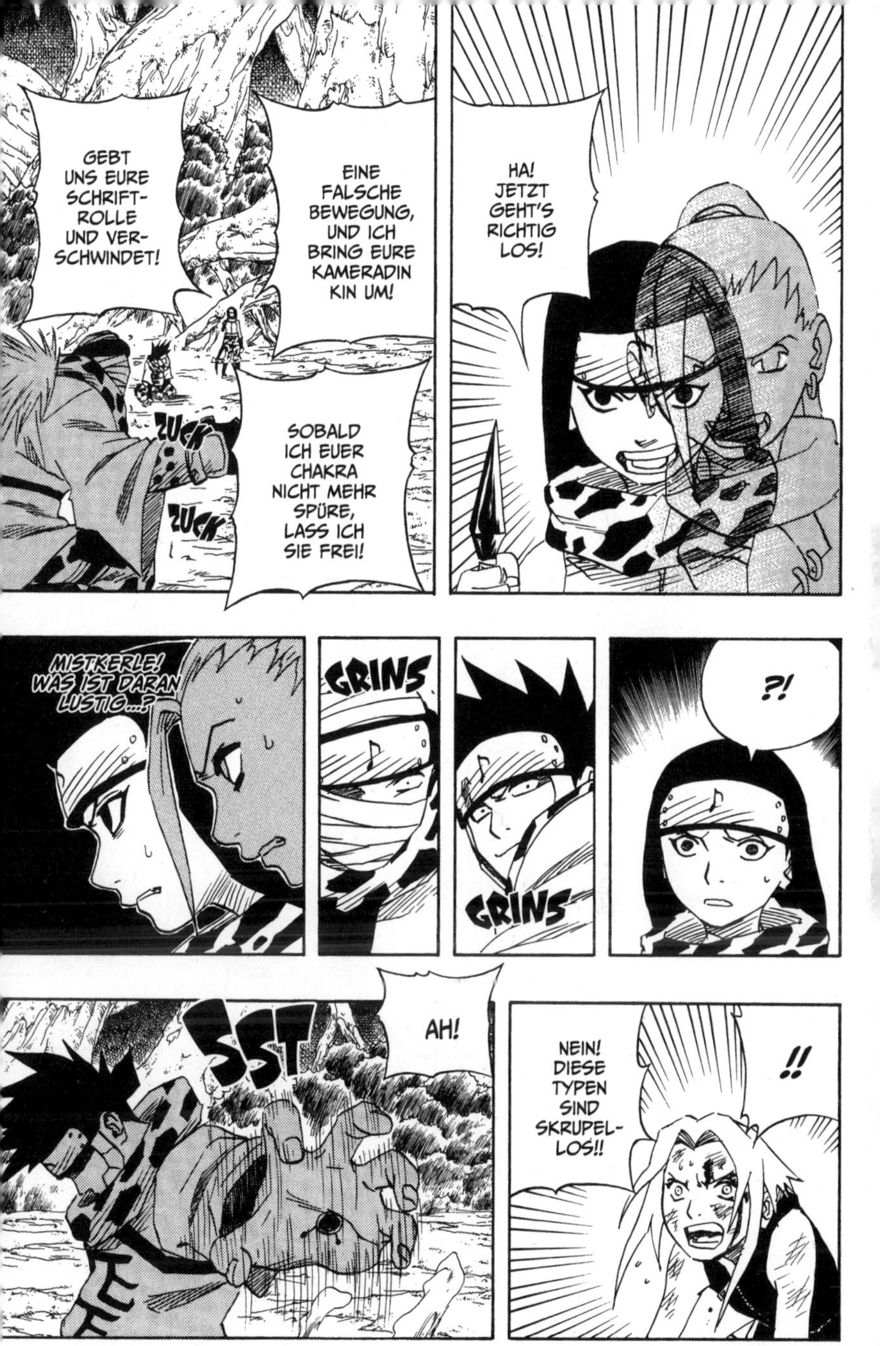
GEBT UNS EURE SCHRIFT-ROLLE UND VER-SCHWINDET!
EINE FALSCHE BEWEGUNG, UND ICH BRING EURE KAMERADIN KIN UM!
ZUCK
ZUCK
SOBALD ICH EUER CHAKRA NICHT MEHR SPÜRE, LASS ICH SIE FREI!
HA! JETZT GEHT'S RICHTIG LOS!
?!
GRINS
GRINS
MISTKERLE! WAS IST DARAN LUSTIG ...?
AH!
SST
!!
NEIN! DIESE TYPEN SIND SKRUPEL-LOS!!

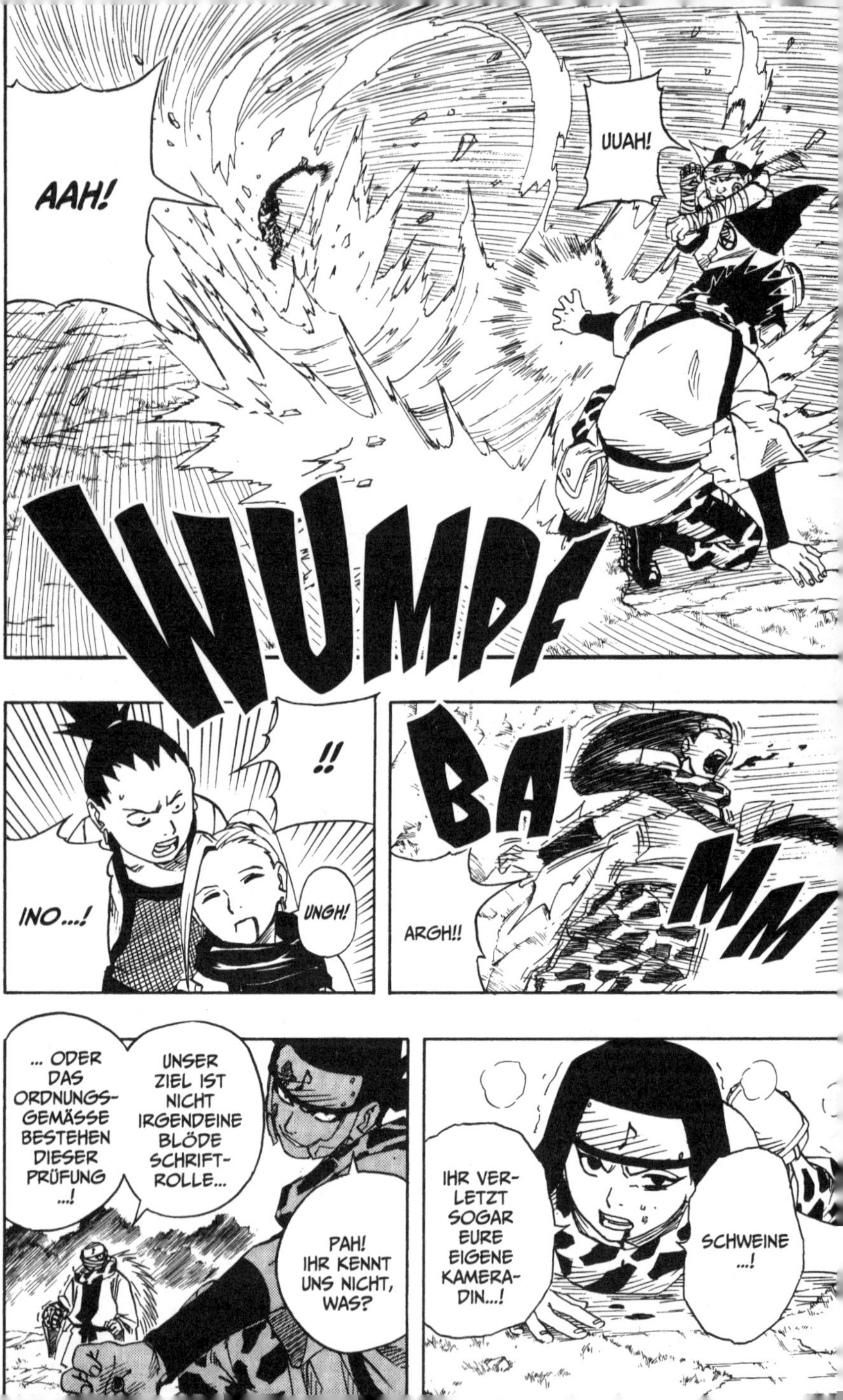
UUAH!
AAH!
WUMPF
!!
INO...!
UNGH!
BAMM
ARGH!!
SCHWEINE ...!
IHR VERLETZT SOGAR EURE EIGENE KAMERADIN...!
PAH! IHR KENNT UNS NICHT, WAS?
UNSER ZIEL IST NICHT IRGENDEINE BLÖDE SCHRIFTROLLE...
... ODER DAS ORDNUNGSGEMÄSSE BESTEHEN DIESER PRÜFUNG ...!

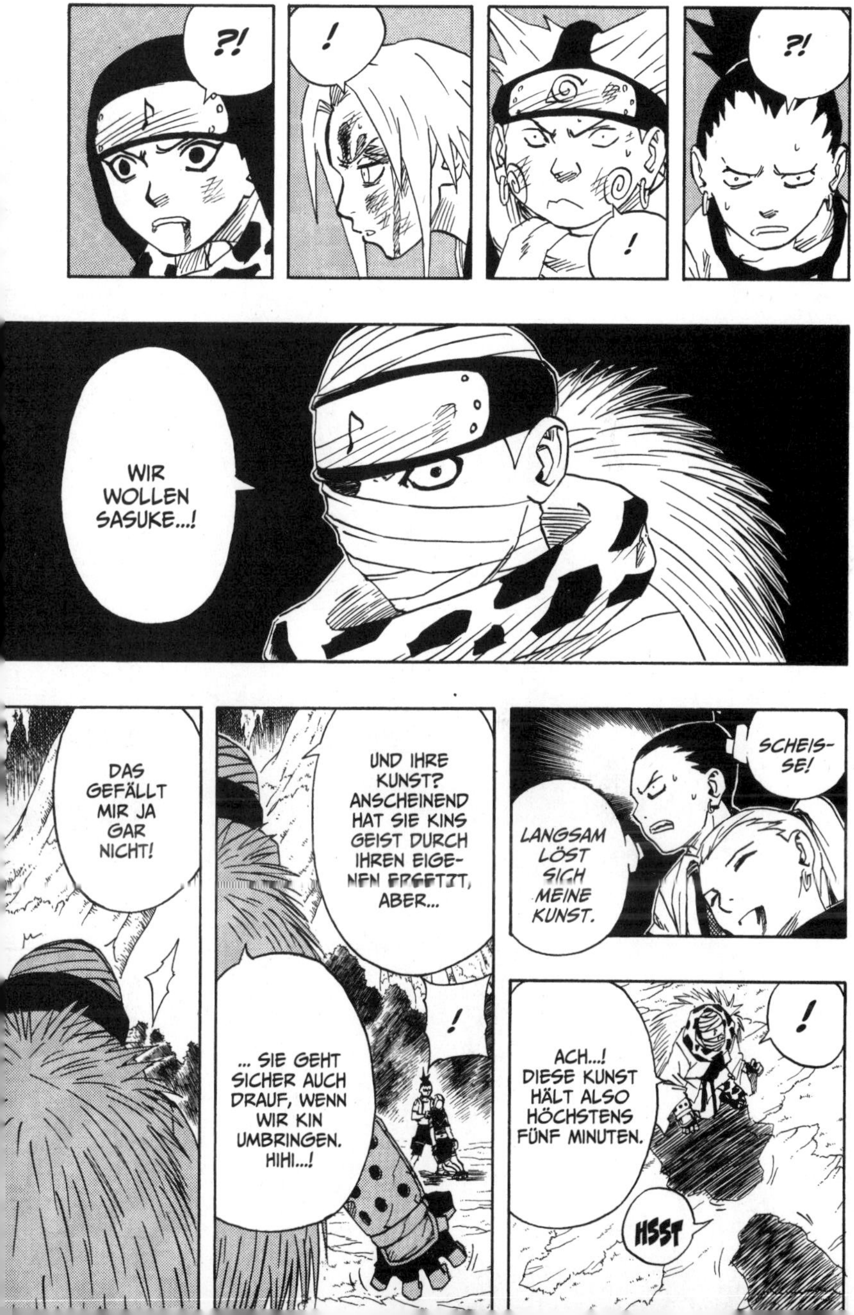
?!
!
!
?!
WIR WOLLEN SASUKE...!
SCHEIS-SE!
LANGSAM LÖST SICH MEINE KUNST.
UND IHRE KUNST? ANSCHEINEND HAT SIE KINS GEIST DURCH IHREN EIGE-NEN ERSETZT, ABER...
DAS GEFÄLLT MIR JA GAR NICHT!
!
ACH...! DIESE KUNST HÄLT ALSO HÖCHSTENS FÜNF MINUTEN.
HSST
!
... SIE GEHT SICHER AUCH DRAUF, WENN WIR KIN UMBRINGEN. HIHI...!

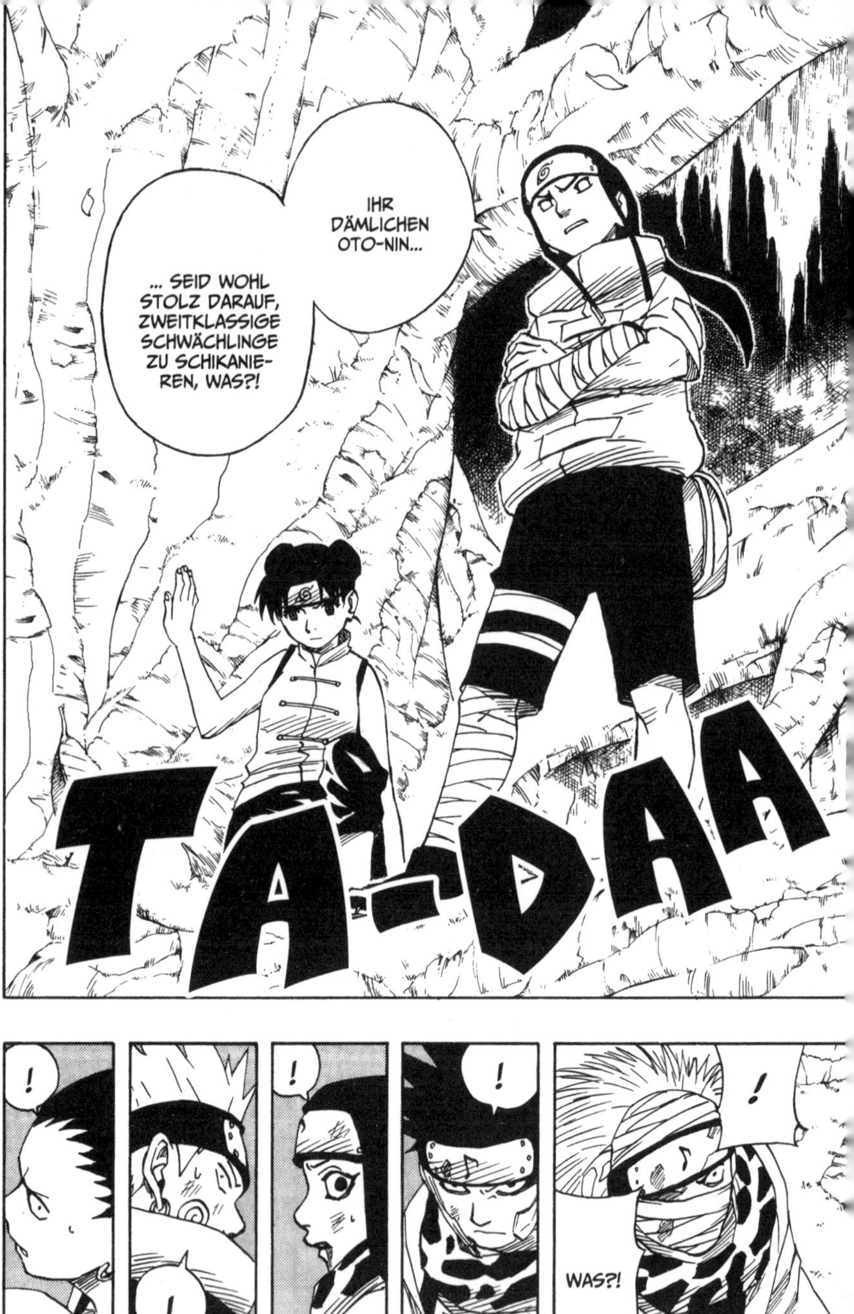
IHR DÄMLICHEN OTO-NIN...
... SEID WOHL STOLZ DARAUF, ZWEITKLASSIGE SCHWÄCHLINGE ZU SCHIKANIEREN, WAS?!
TA-DAA
!
!
!
!
!
!
WAS?!

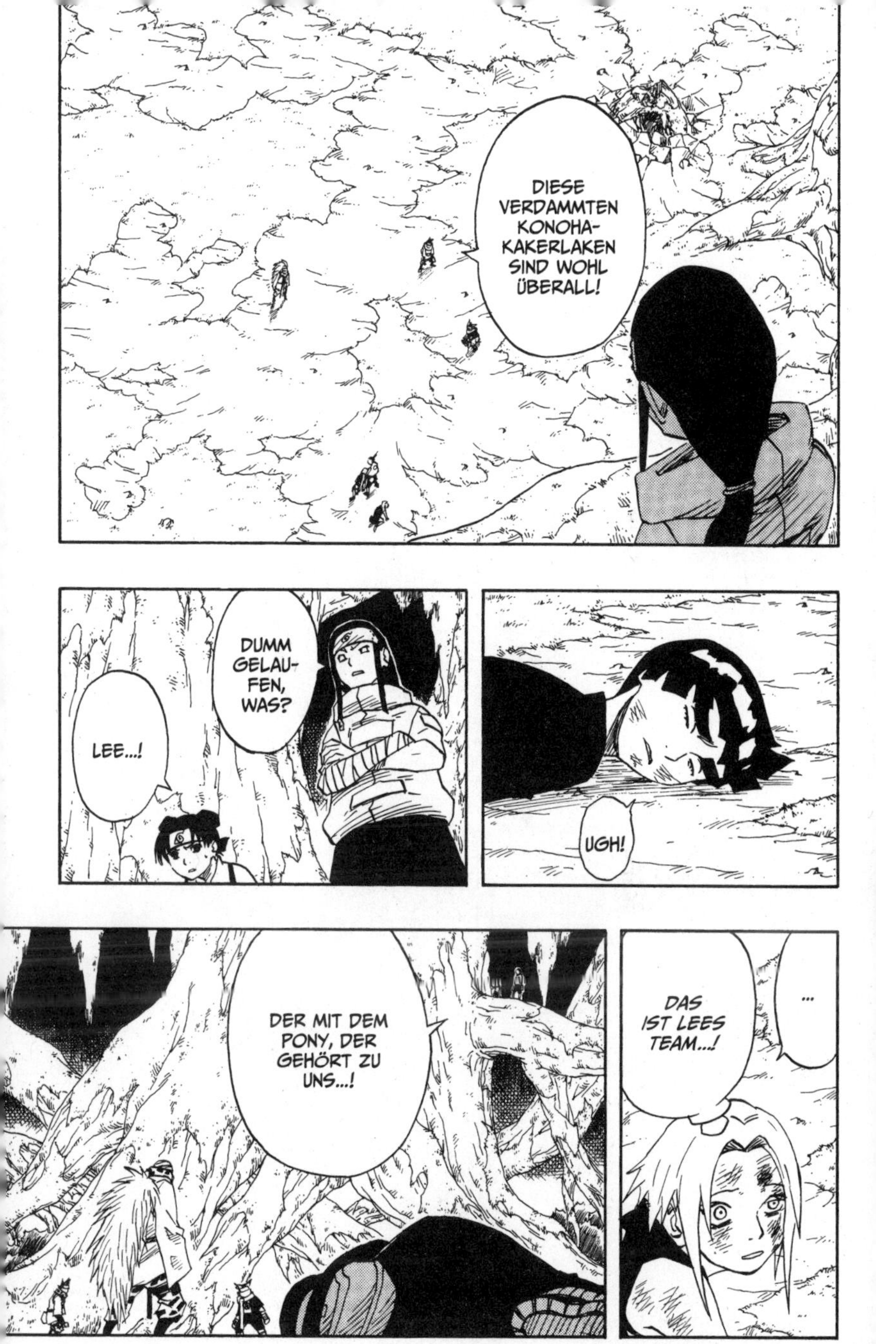
DIESE VERDAMMTEN KONOHA-KAKERLAKEN SIND WOHL ÜBERALL!
UGH!
DUMM GELAU-FEN, WAS?
LEE...!
...
DAS IST LEES TEAM...!
DER MIT DEM PONY, DER GEHÖRT ZU UNS...!

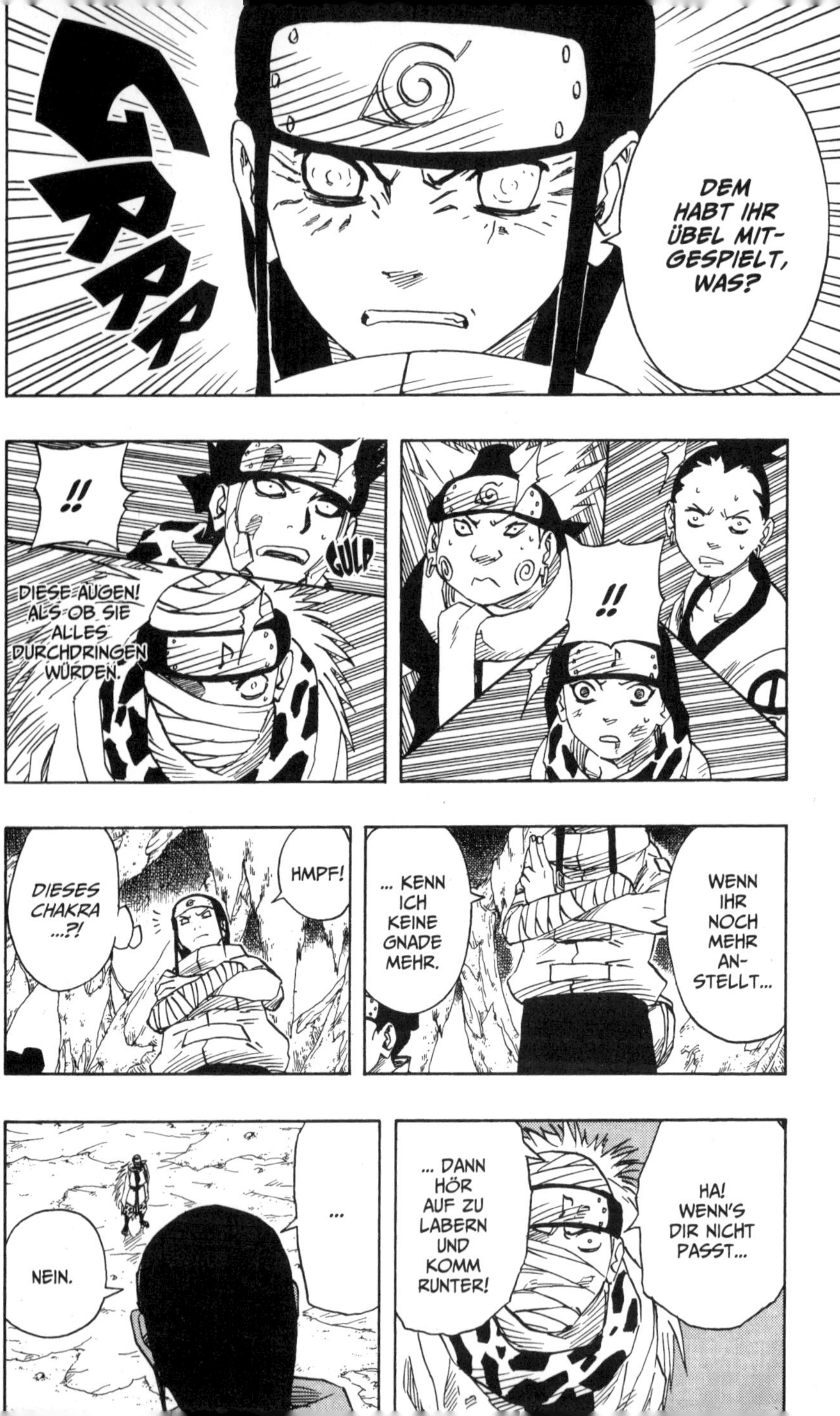
GRRR
DEM HABT IHR ÜBEL MIT-GESPIELT, WAS?
!!
GULP
DIESE AUGEN! ALS OB SIE ALLES DURCHDRINGEN WÜRDEN.
!!
WENN IHR NOCH MEHR AN-STELLT...
... KENN ICH KEINE GNADE MEHR.
HMPF!
DIESES CHAKRA ...?!
HA! WENN'S DIR NICHT PASST...
... DANN HÖR AUF ZU LABERN UND KOMM RUNTER!
...
NEIN.

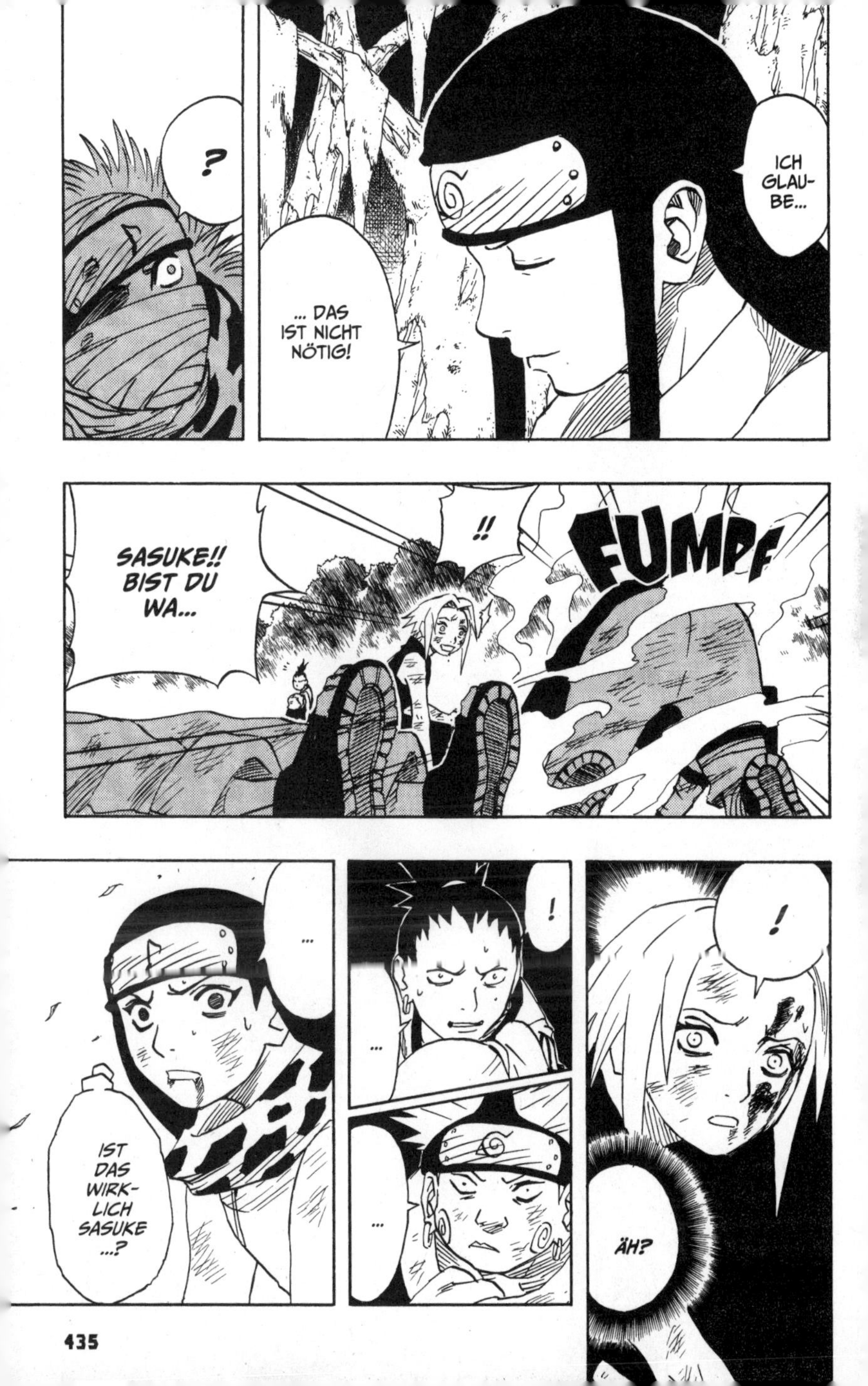
ICH GLAUBE...
... DAS IST NICHT NÖTIG!
?
FUMPF
!!
SASUKE!! BIST DU WA...
!
ÄH?
!
...
...
...
IST DAS WIRKLICH SASUKE ...?

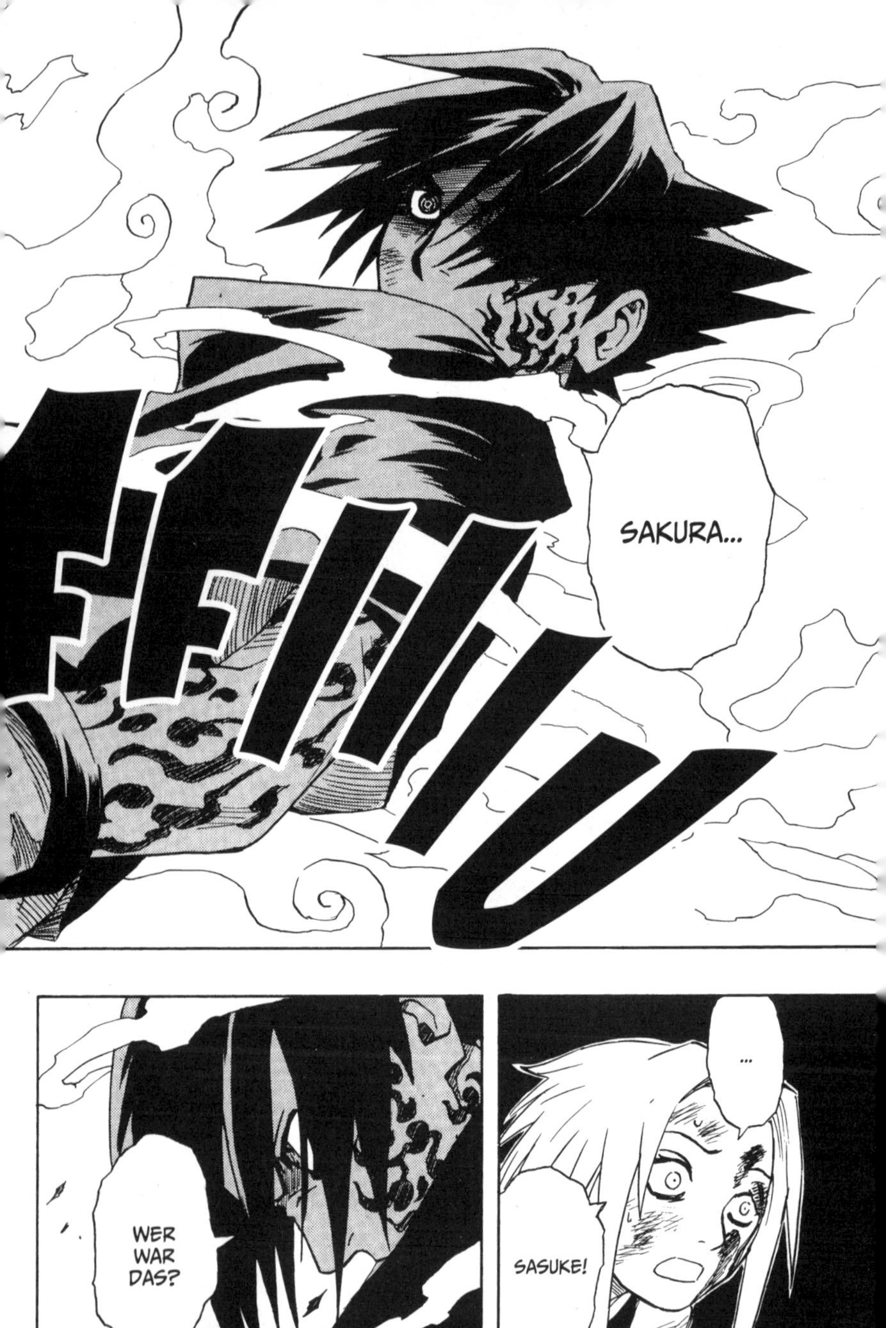
SAKURA...
...
SASUKE!
WER WAR DAS?

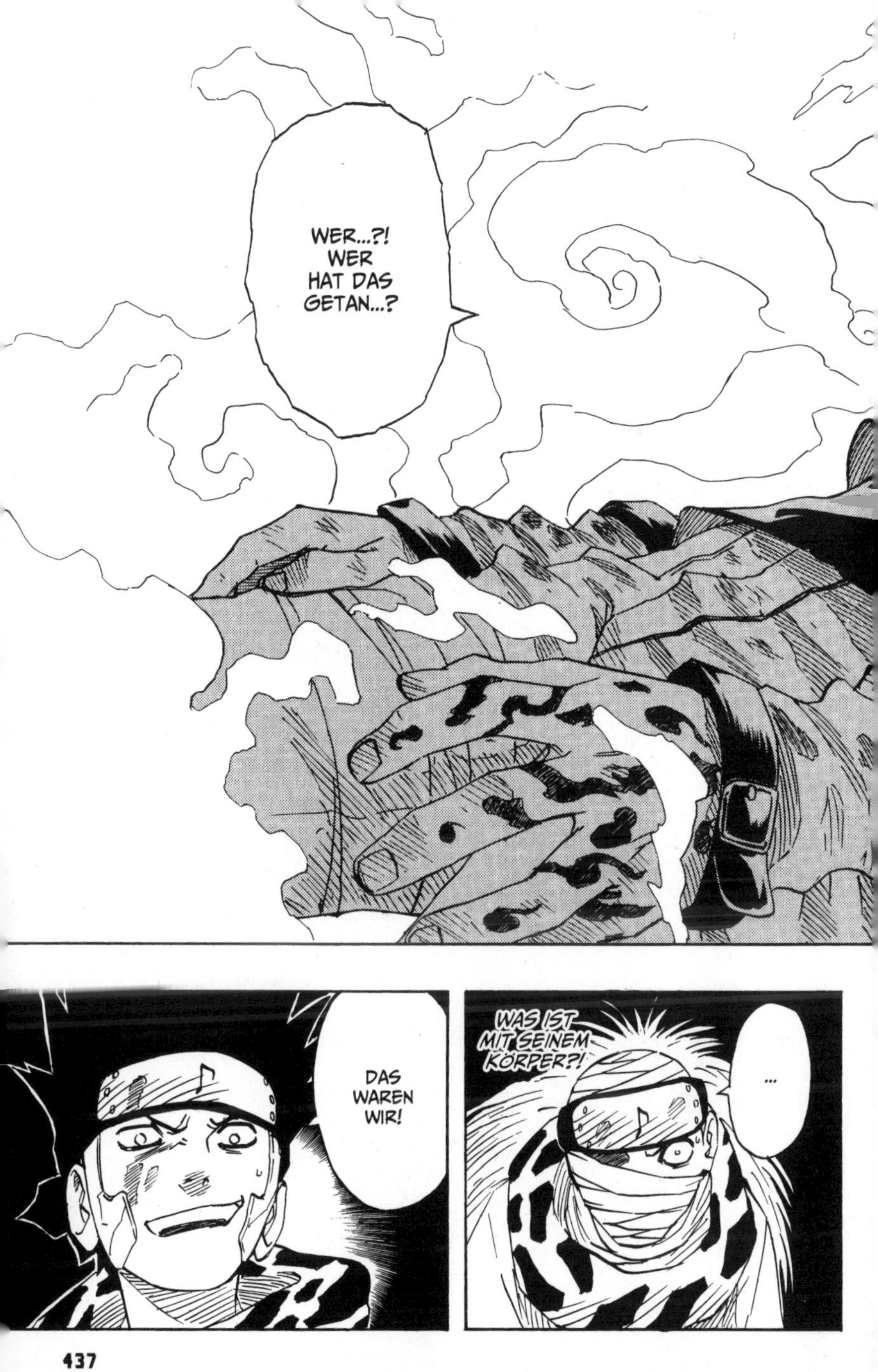
WER...?! WER HAT DAS GETAN...?
...
WAS IST MIT SEINEM KÖRPER?!
DAS WAREN WIR!

MASASHI KISHIMOTOS WELT
LEBENSGESCHICHTE – TEIL 1

ICH WURDE 1974 IN EINER STADT DER OKAYAMA-PRÄFEKTUR ALS ÄLTERER EINES ZWILLINGSBRÜDERPAARES GEBOREN. WIR WAREN FRÜHGEBURTEN UND WURDEN SOFORT IN BRUTKÄSTEN GESTECKT, OHNE DIE WIR KEINE ÜBERLEBENSCHANCE GEHABT HÄTTEN.
ZUM ERSTEN GEBURTSTAG LÄSST MAN KINDER IN MEINER HEIMAT EIN MOCHI* AUF DEM RÜCKEN TRAGEN UND LEGT IHNEN DREI SACHEN VOR. AN DEM VOM KIND AUSGEWÄHLTEN GEGENSTAND SOLL MAN DIE ZUKUNFT DES KINDES ERKENNEN KÖNNEN. UNSERE ELTERN LEGTEN MEINEM BRUDER UND MIR EINEN ABAKUS, EINEN PINSEL UND ETWAS GELD VOR. MEIN BRUDER SOLL NACH KURZEM ZÖGERN DEN PINSEL GENOMMEN HABEN. ICH SOLL OHNE JEDES ZÖGERN DAS GELD GENOMMEN UND GLÜCKLICH GELACHT HABEN. ICH WAR EIN ABSCHEULICHER BURSCHE. TROTZDEM INTERESSIERTE ICH MICH IM LAUFE DER ZEIT IMMER MEHR FÜRS ZEICHNEN, GENAU WIE MEIN BRUDER.
AN EINER WAND MEINES ELTERNHAUSES GIBT'S ZWEI GROSSE BRAUNE FLECKEN. IRGENDWANN HAB ICH MEINE MUTTER GEFRAGT, WAS DAS IST. DA ANTWORTETE SIE: „ACH, DAS SIND SPUREN EURER SCHMIEREREIEN! DA HABT IHR MIT EURER EIGENEN KACKE DIE WAND VOLLGESCHMIERT, ALS IHR BABIES WART. ICH HAB LANGE VERSUCHT, DAS WIEDER ABZUWISCHEN, ABER GANZ GING'S NIE WEG. SO SIND DIE FLECKEN GEBLIEBEN..." ANSCHEINEND MALTE ICH SCHON VON GEBURT AN GERNE BILDER...!

*MOCHI SIND KLÖSSCHEN AUS EINGEKOCHTEM UND NACHHER GESTAMPFTEM KLEBREIS.

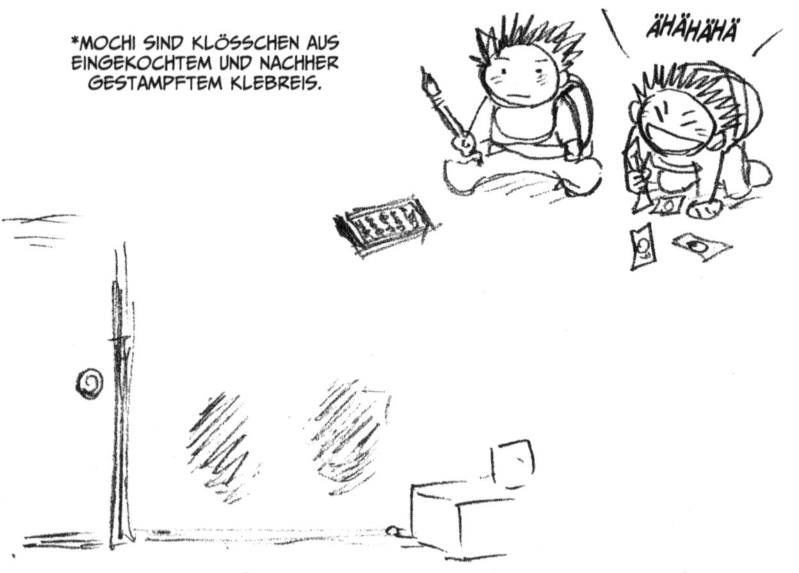

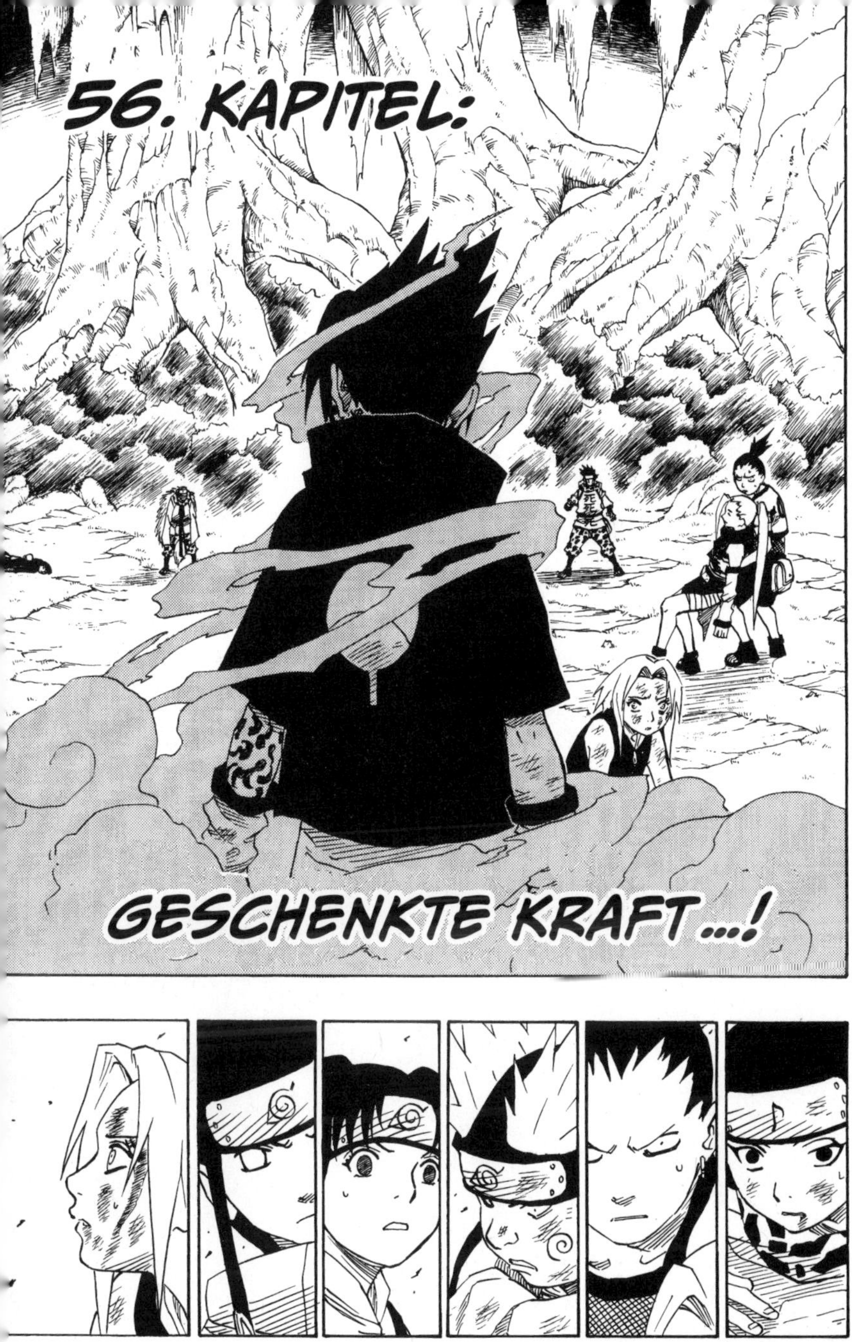
56. KAPITEL:
GESCHENKTE KRAFT ...!

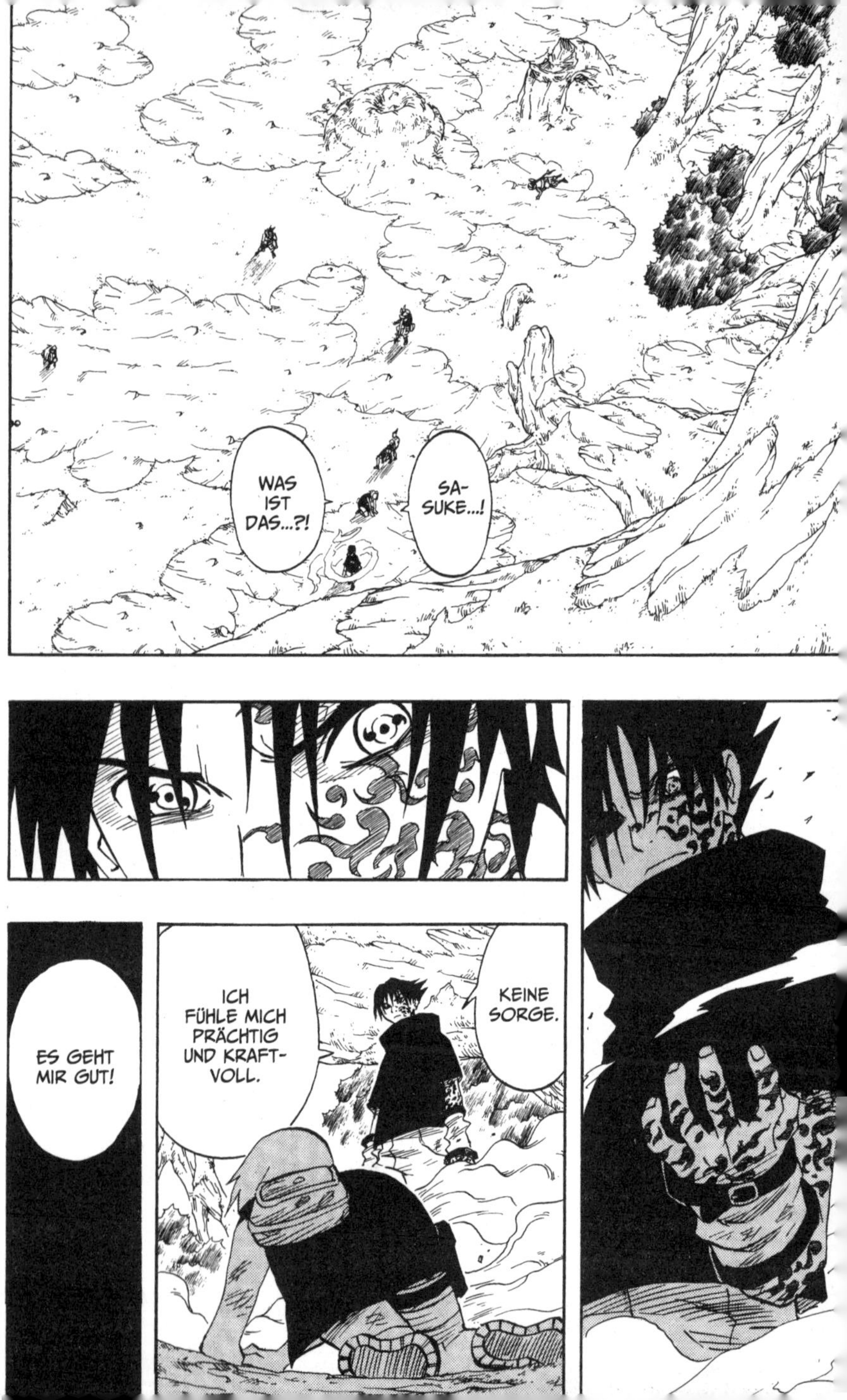
SA-SUKE...!
WAS IST DAS...?!
KEINE SORGE.
ICH FÜHLE MICH PRÄCHTIG UND KRAFT-VOLL.
ES GEHT MIR GUT!

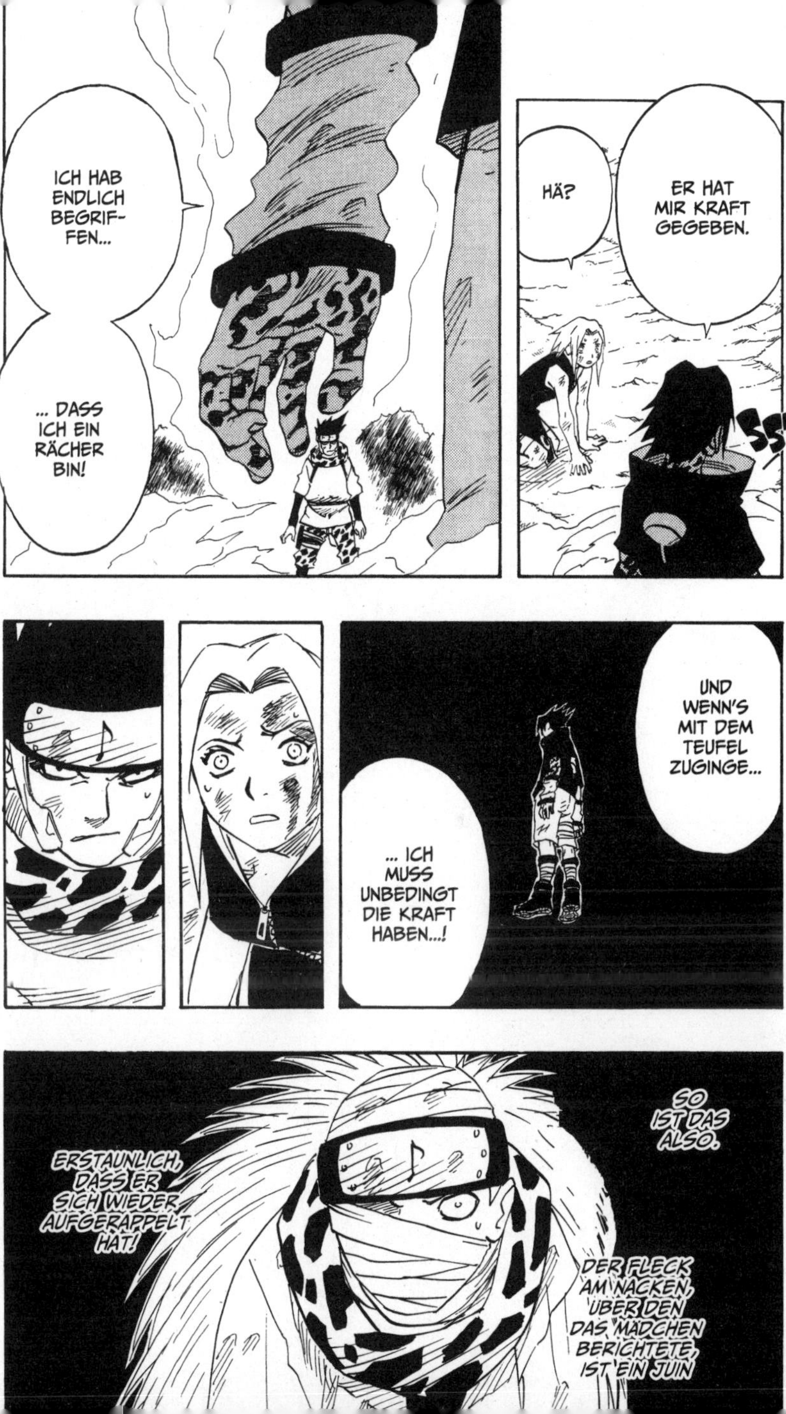
ER HAT MIR KRAFT GEGEBEN.
HÄ?
SST
ICH HAB ENDLICH BEGRIF-FEN...
... DASS ICH EIN RÄCHER BIN!
UND WENN'S MIT DEM TEUFEL ZUGINGE...
... ICH MUSS UNBEDINGT DIE KRAFT HABEN...!
SO IST DAS ALSO.
DER FLECK AM NACKEN, ÜBER DEN DAS MÄDCHEN BERICHTETE, IST EIN JUIN
ERSTAUNLICH, DASS ER SICH WIEDER AUFGERAPPELT HAT!

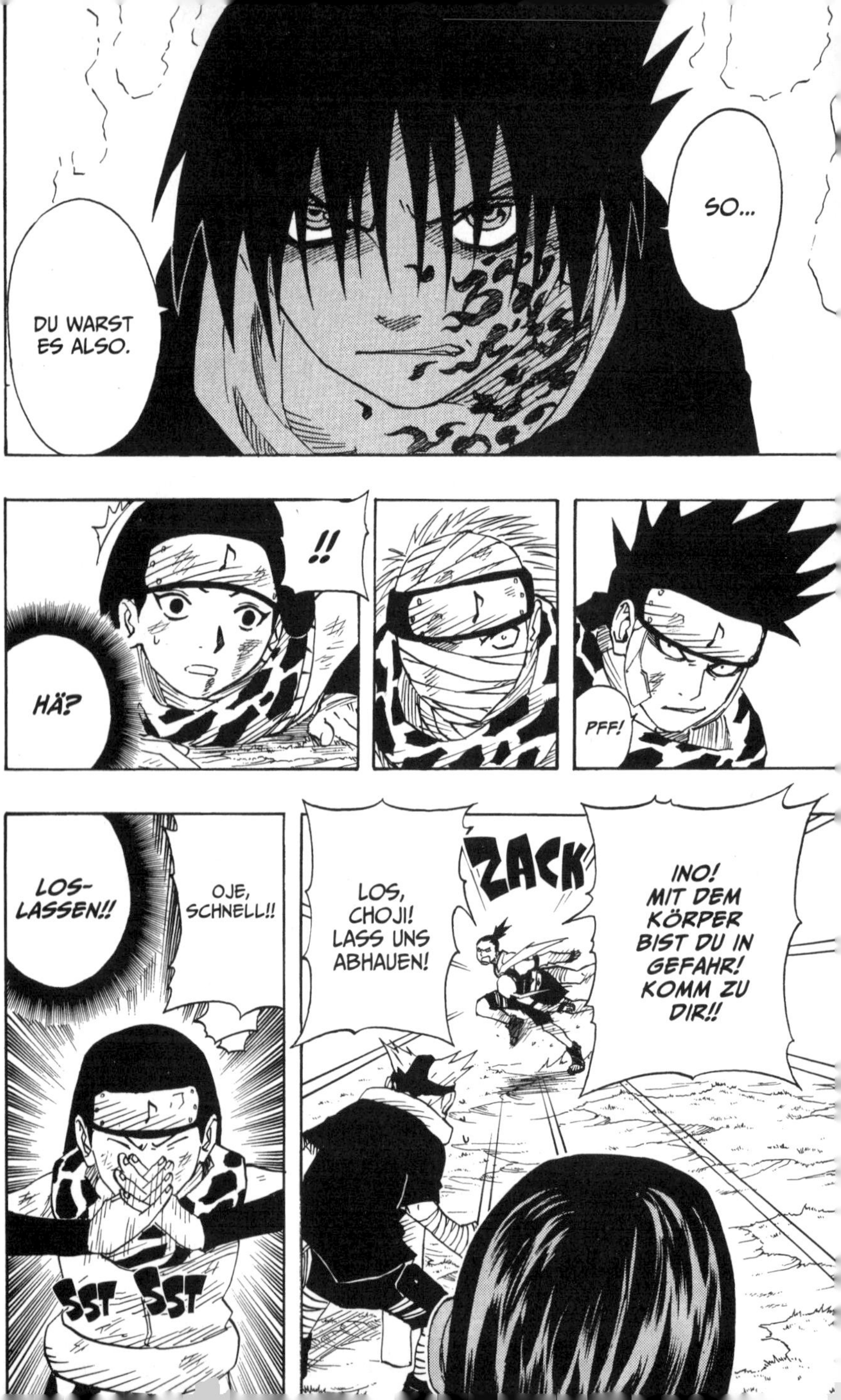
SO...
DU WARST ES ALSO.
PFF!
!!
HÄ?
INO! MIT DEM KÖRPER BIST DU IN GEFAHR! KOMM ZU DIR!!
ZACK
LOS, CHOJI! LASS UNS ABHAUEN!
OJE, SCHNELL!!
LOS-LASSEN!!
SST SST

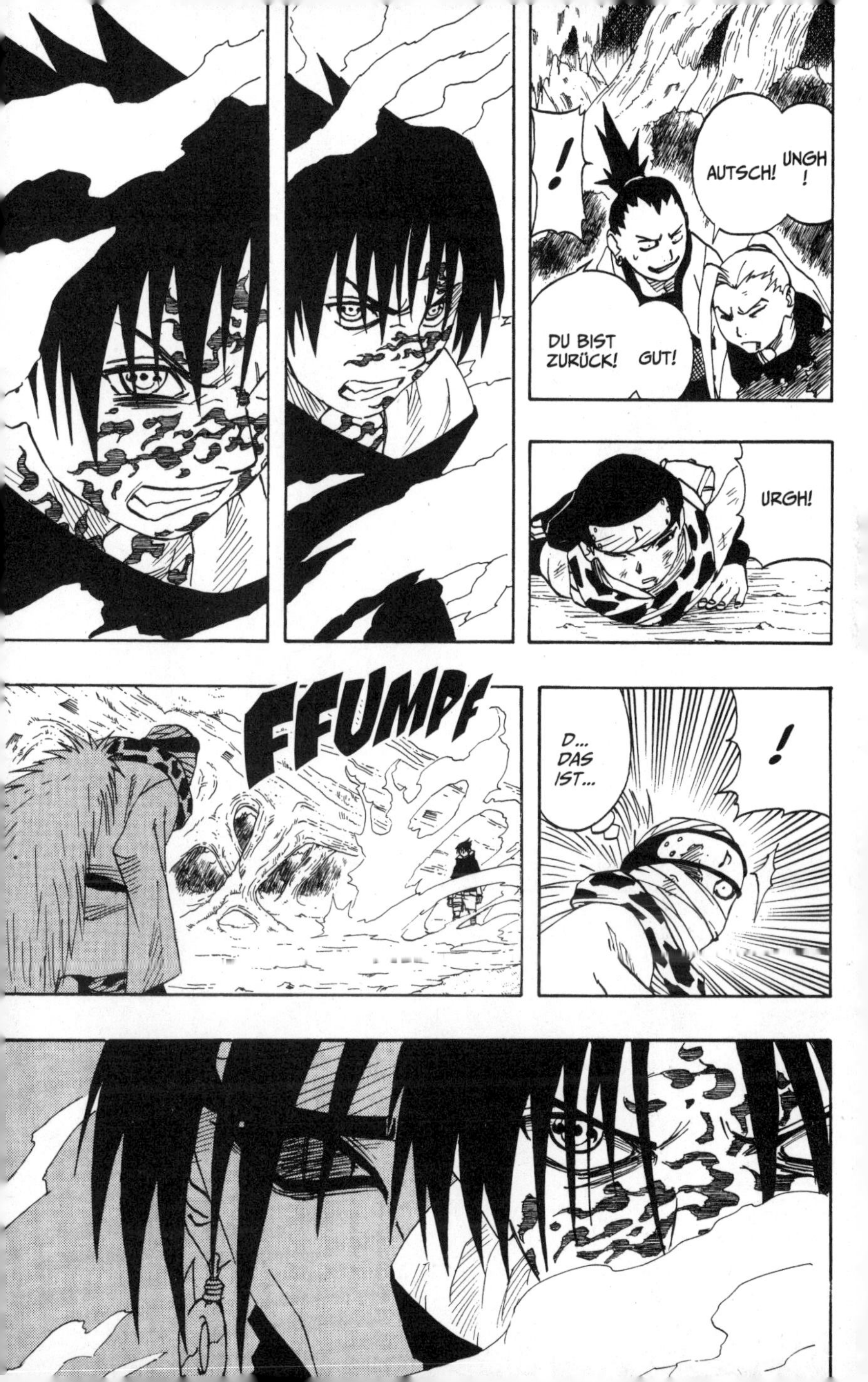
UNGH!
AUTSCH!
!
GUT!
DU BIST ZURÜCK!
URGH!
!
D... DAS IST...
FFUMPF

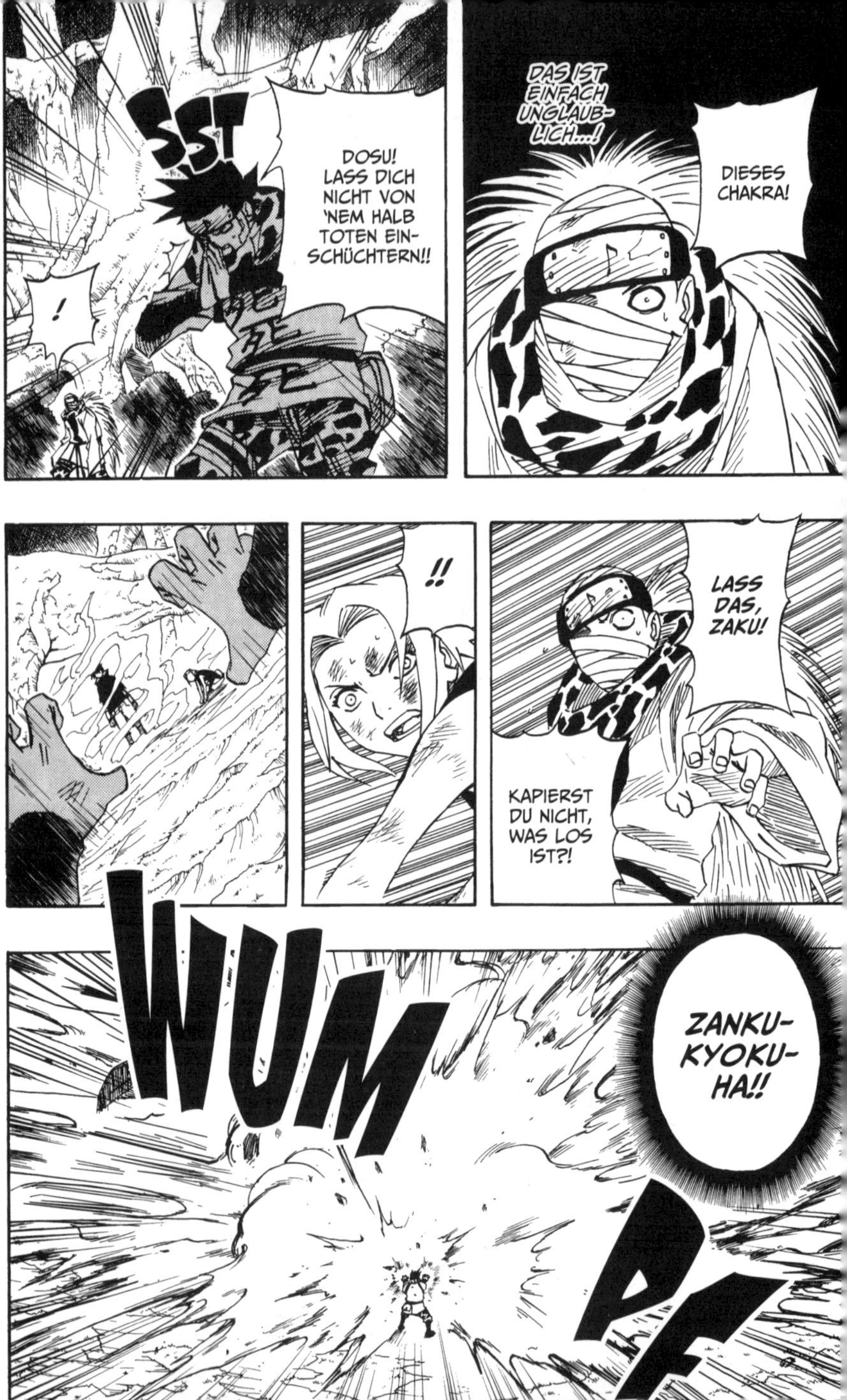
DAS IST EINFACH UNGLAUB-LICH...!
DIESES CHAKRA!
SST
DOSU! LASS DICH NICHT VON 'NEM HALB TOTEN EIN-SCHÜCHTERN!!
!
LASS DAS, ZAKU!
KAPIERST DU NICHT, WAS LOS IST?!
!!
ZANKU-KYOKU-HA!!
WUM

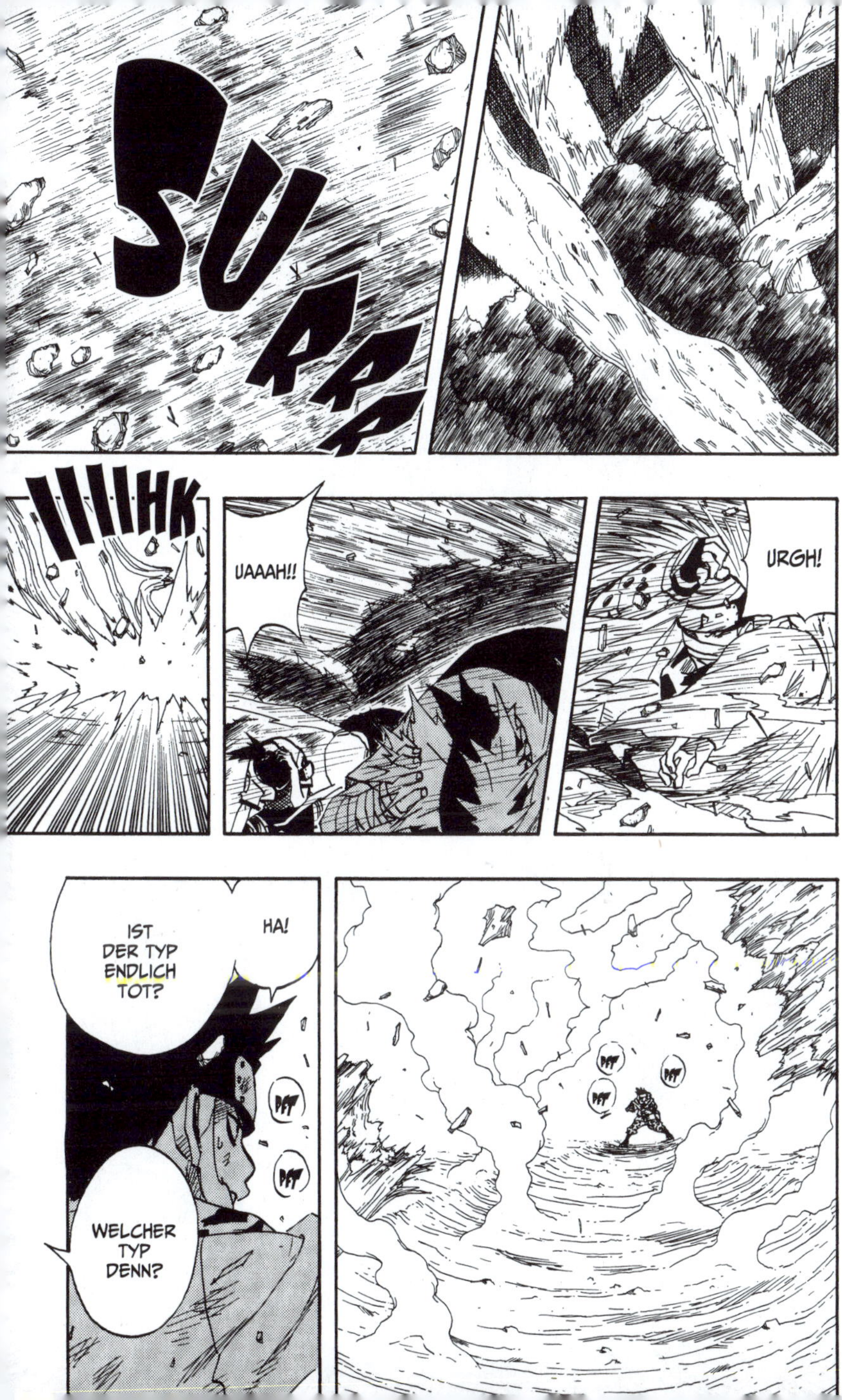
SURRR
IIIIIHK
UAAAH!!
URGH!
HA!
IST DER TYP ENDLICH TOT?
PFT
PFT
WELCHER TYP DENN?
PFT
PFT
PFT

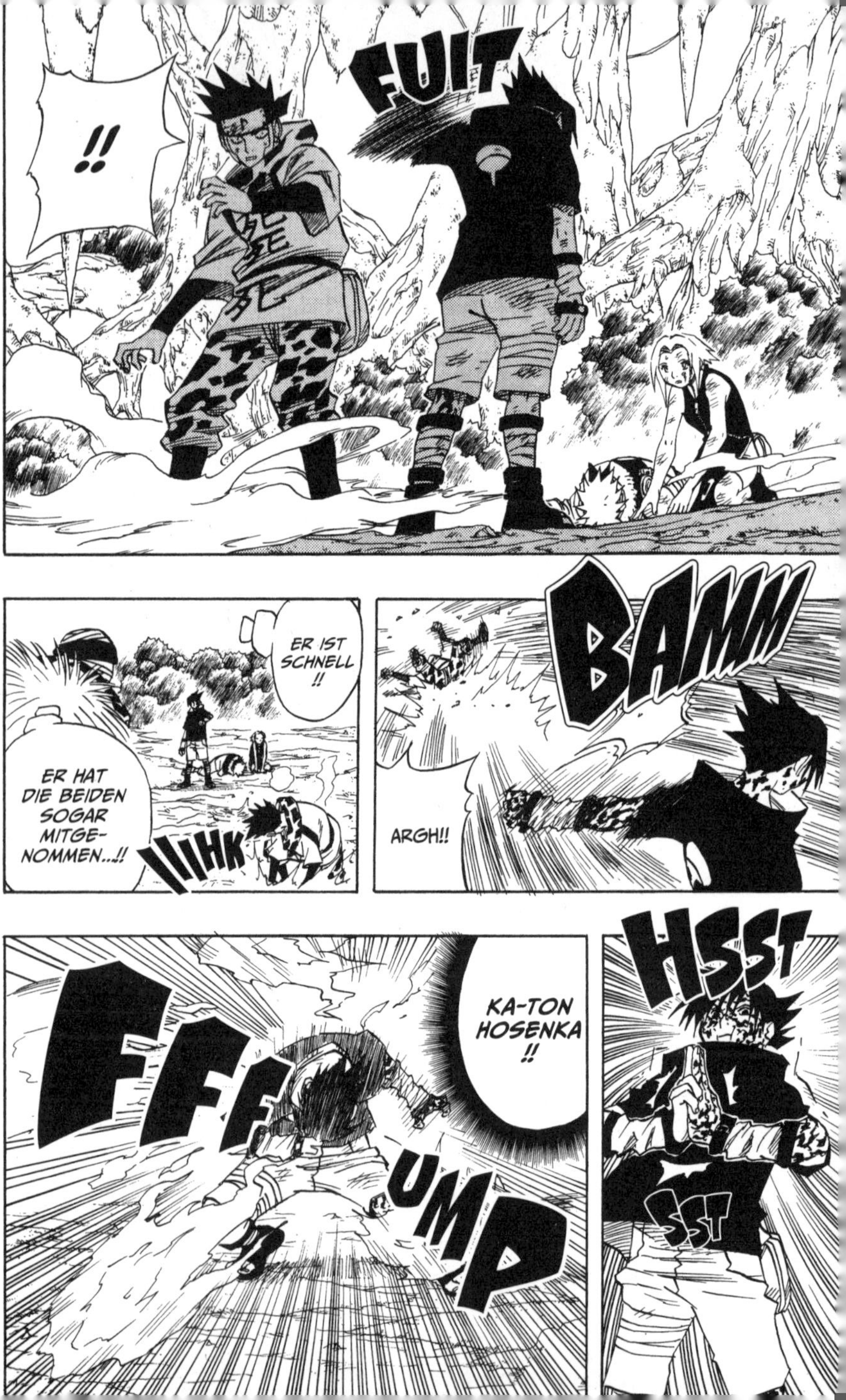
FUIT
!!
BAMM
ARGH!!
ER IST SCHNELL !!
ER HAT DIE BEIDEN SOGAR MITGE-NOMMEN..!!
IIIHK
HSST
SST
KA-TON HOSENKA !!
FFF
UMP

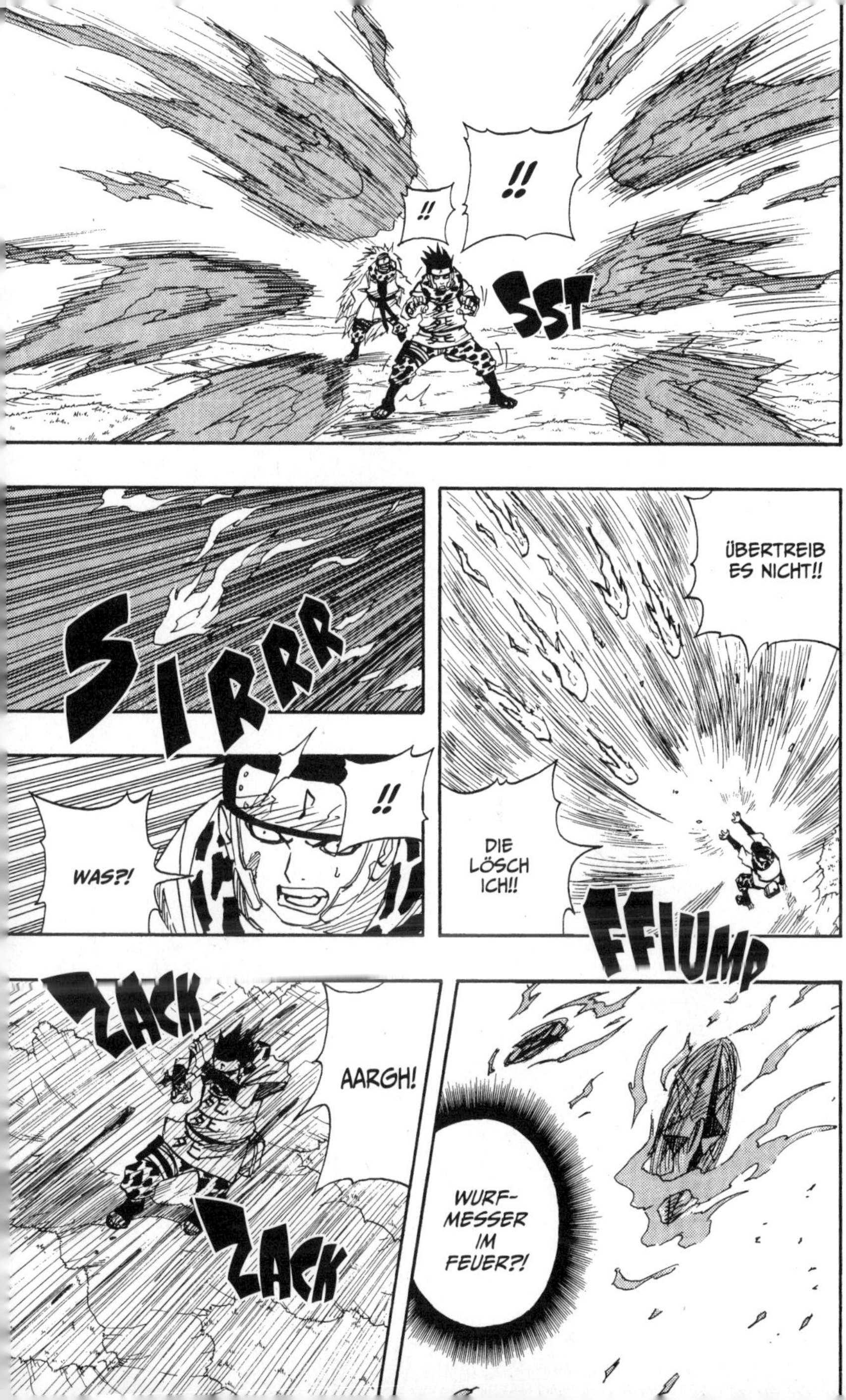
!!
!!
SST
ÜBERTREIB ES NICHT!!
DIE LÖSCH ICH!!
FFIUMP
SIRRR
!!
WAS?!
WURF-MESSER IM FEUER?!
AARGH!
ZACK
ZACK

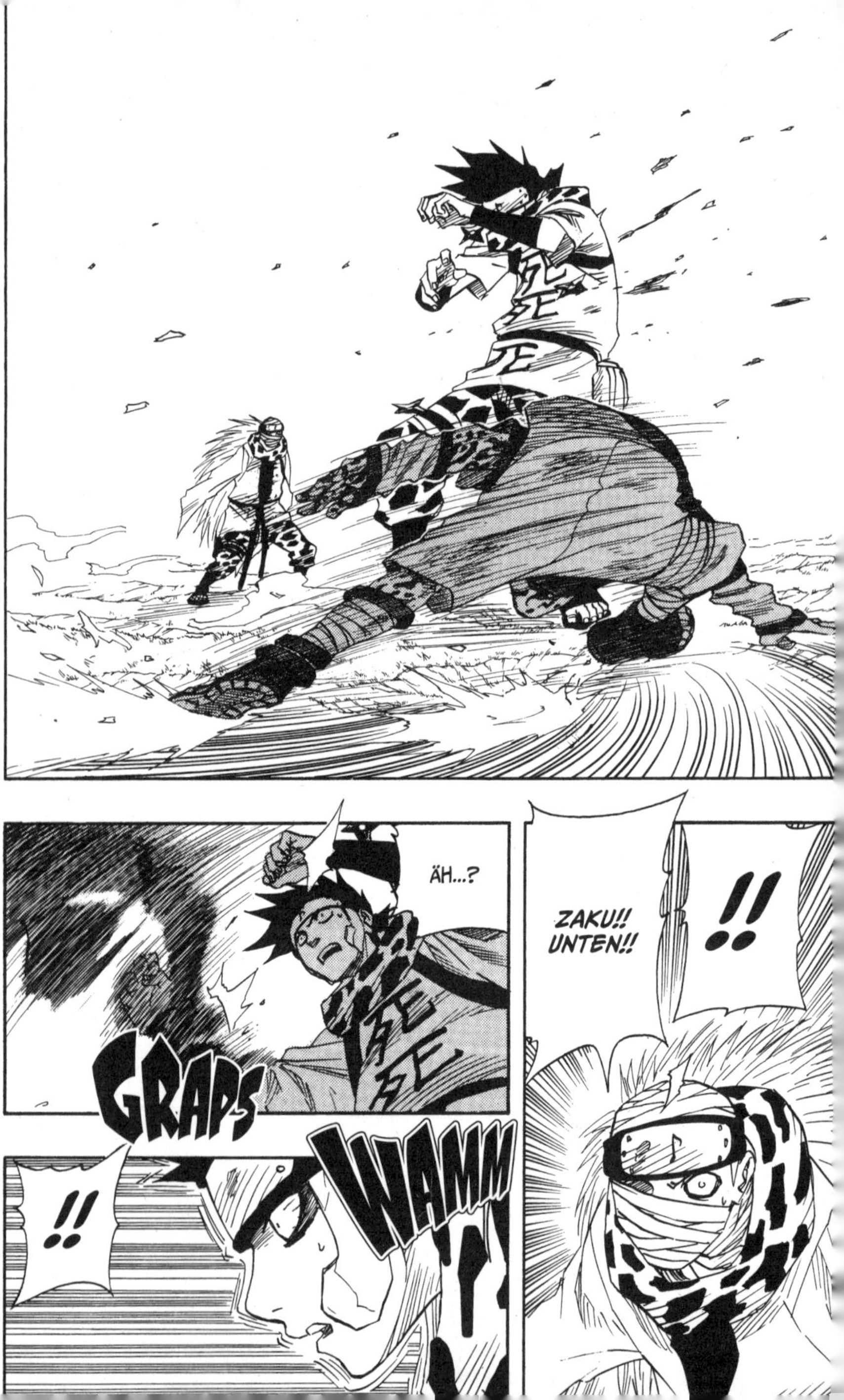
!!
ZAKU!!
UNTEN!!
ÄH...?
GRAPS
WAMM
!!

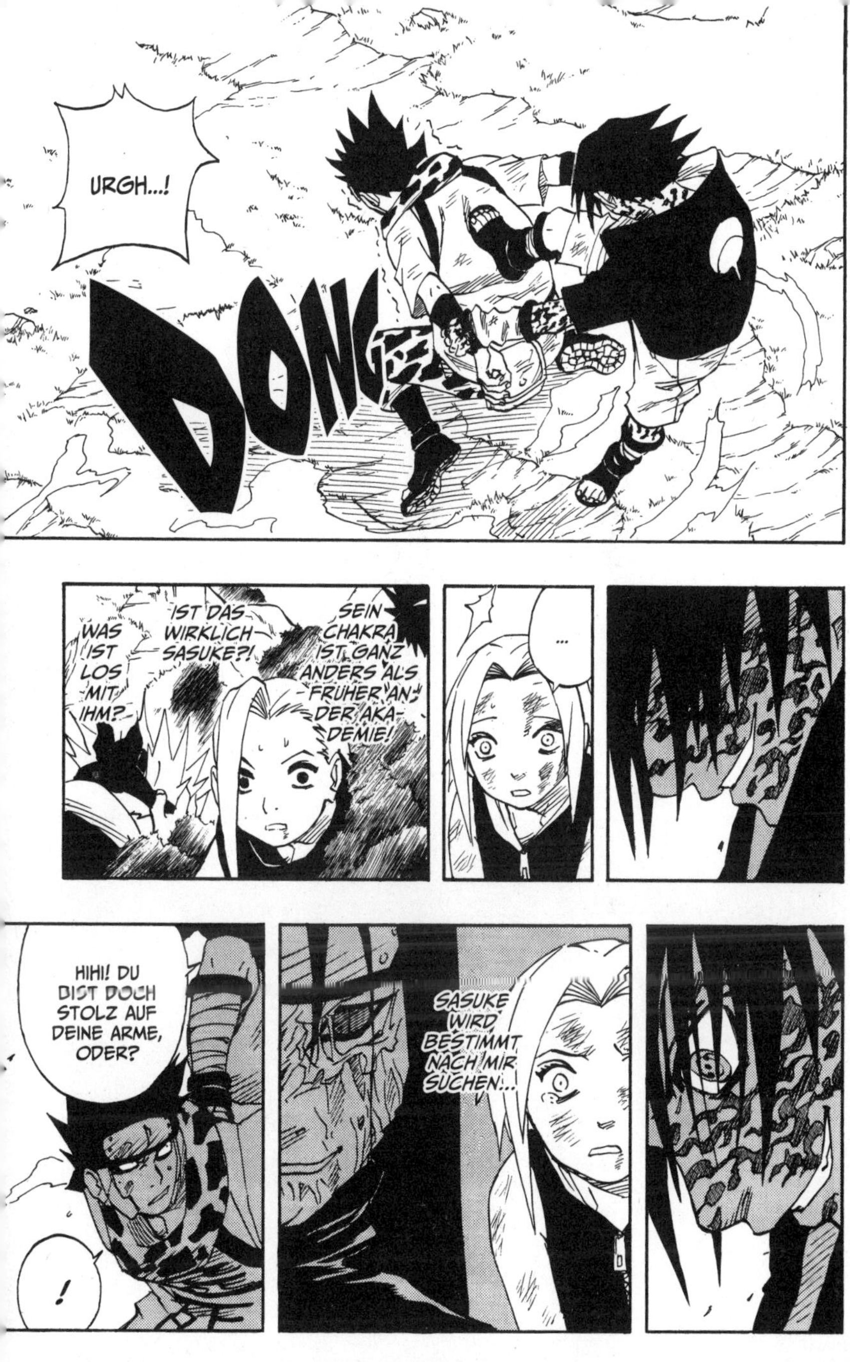

URGH...!
DONG
...
SEIN CHAKRA IST GANZ ANDERS ALS FRÜHER AN DER AKA-DEMIE!
IST DAS WIRKLICH SASUKE?!
WAS IST LOS MIT IHM?
SASUKE WIRD BESTIMMT NACH MIR SUCHEN...
HIHI! DU BIST DOCH STOLZ AUF DEINE ARME, ODER?
!

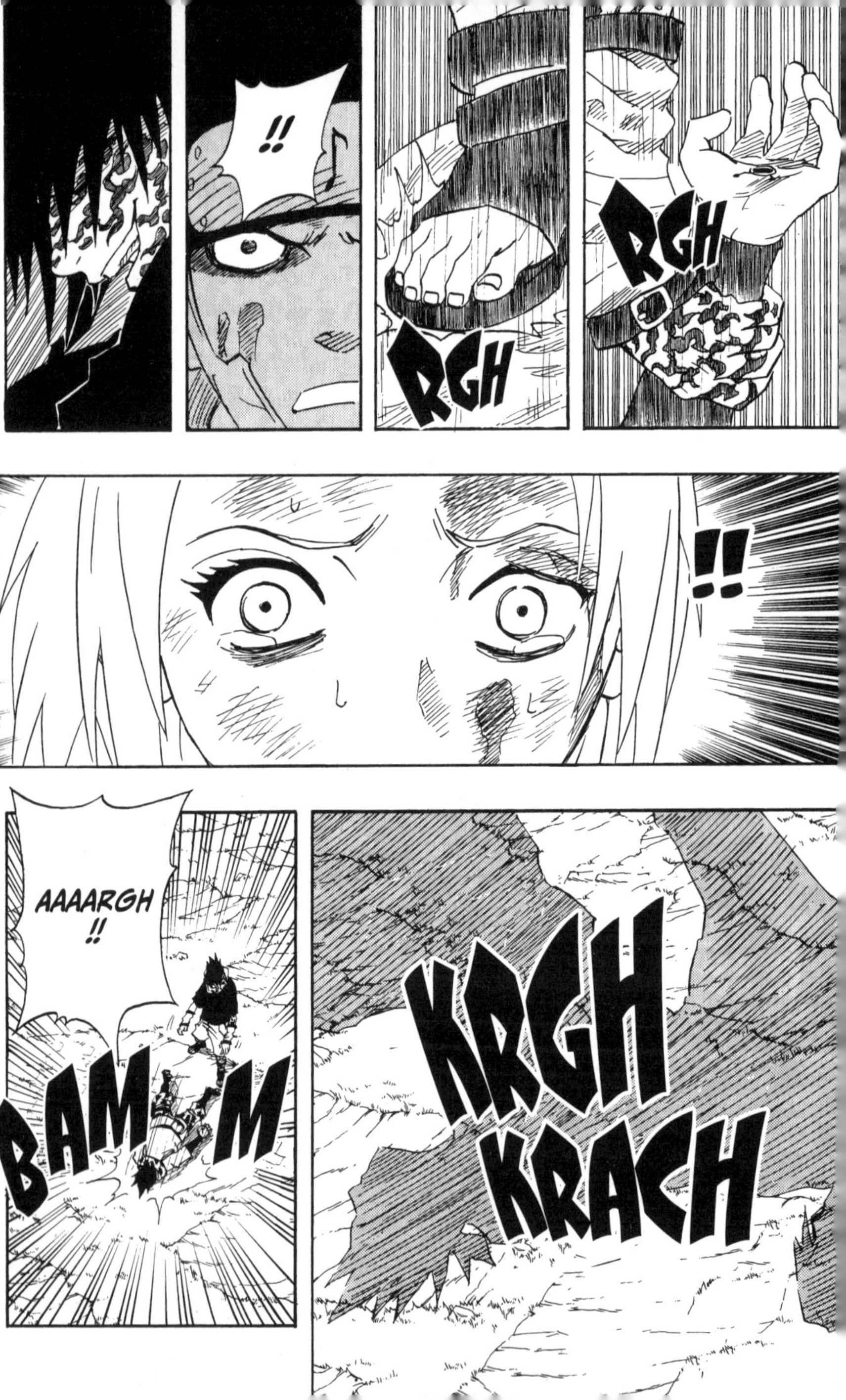
RGH
RGH
!!
!!
KRGH
KRACH
AAAARGH !!
BAMM

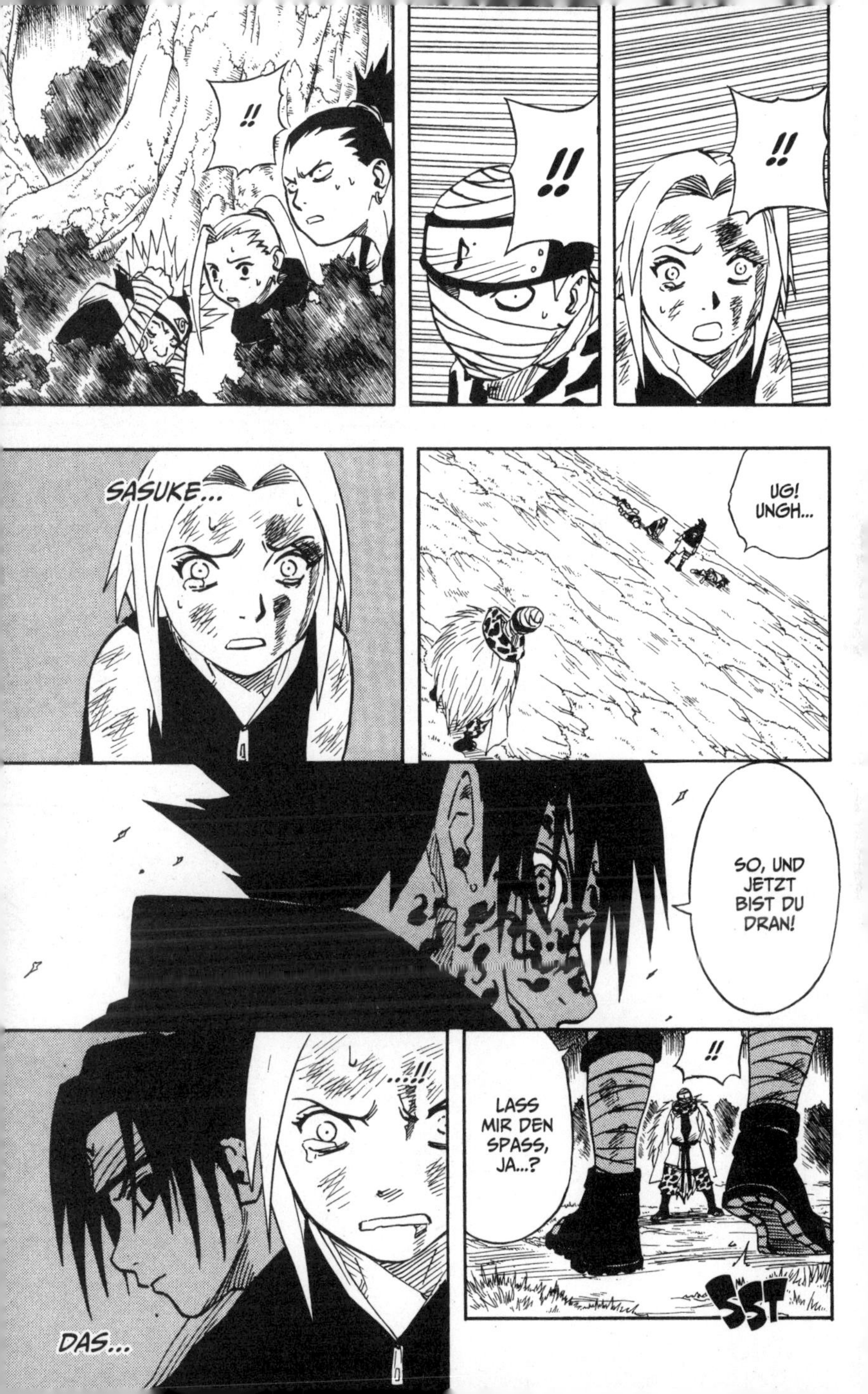
!!
!!
!!
SASUKE...
UG! UNGH...
SO, UND JETZT BIST DU DRAN!
!!
LASS MIR DEN SPASS, JA...?
SST
...!!
DAS...

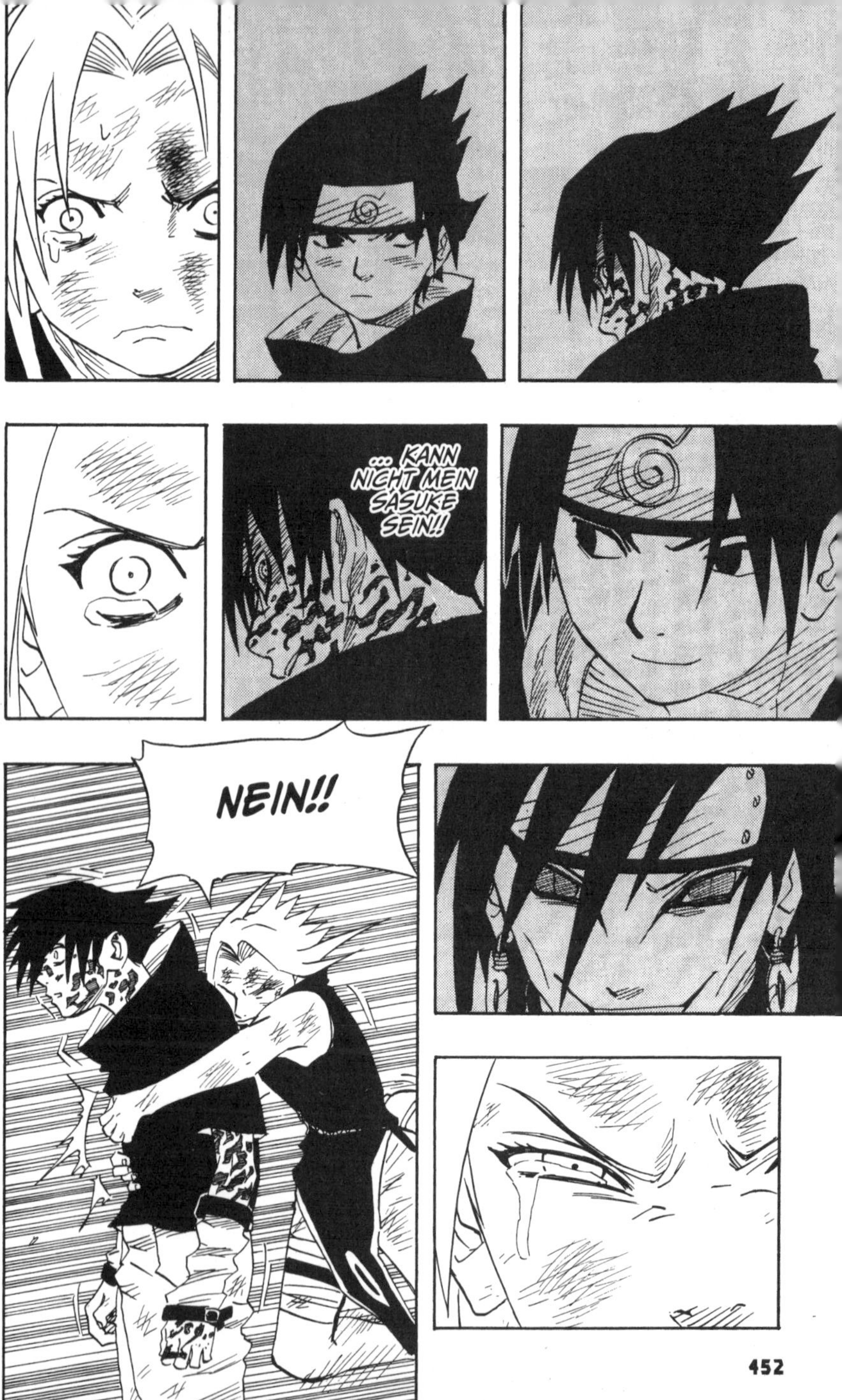
... KANN NICHT MEIN SASUKE SEIN!!
NEIN!!

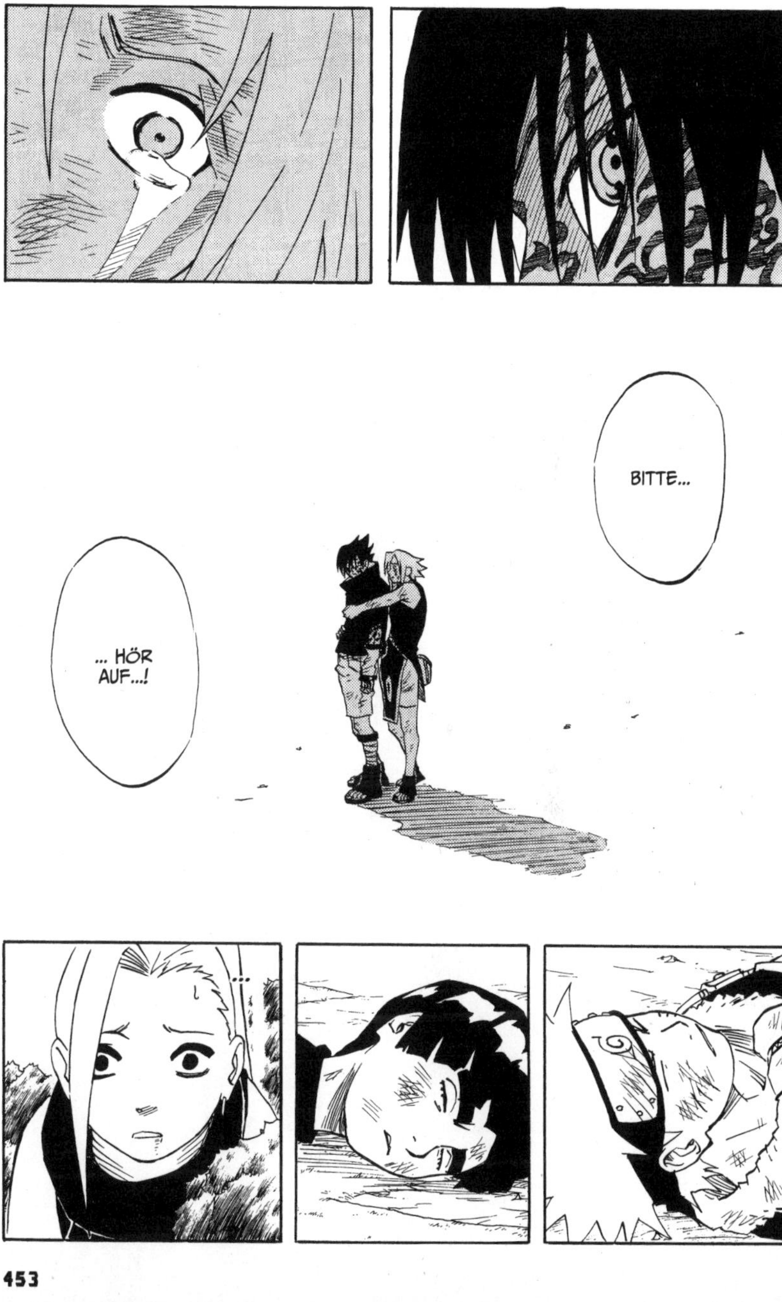
BITTE...
... HÖR AUF...!
...

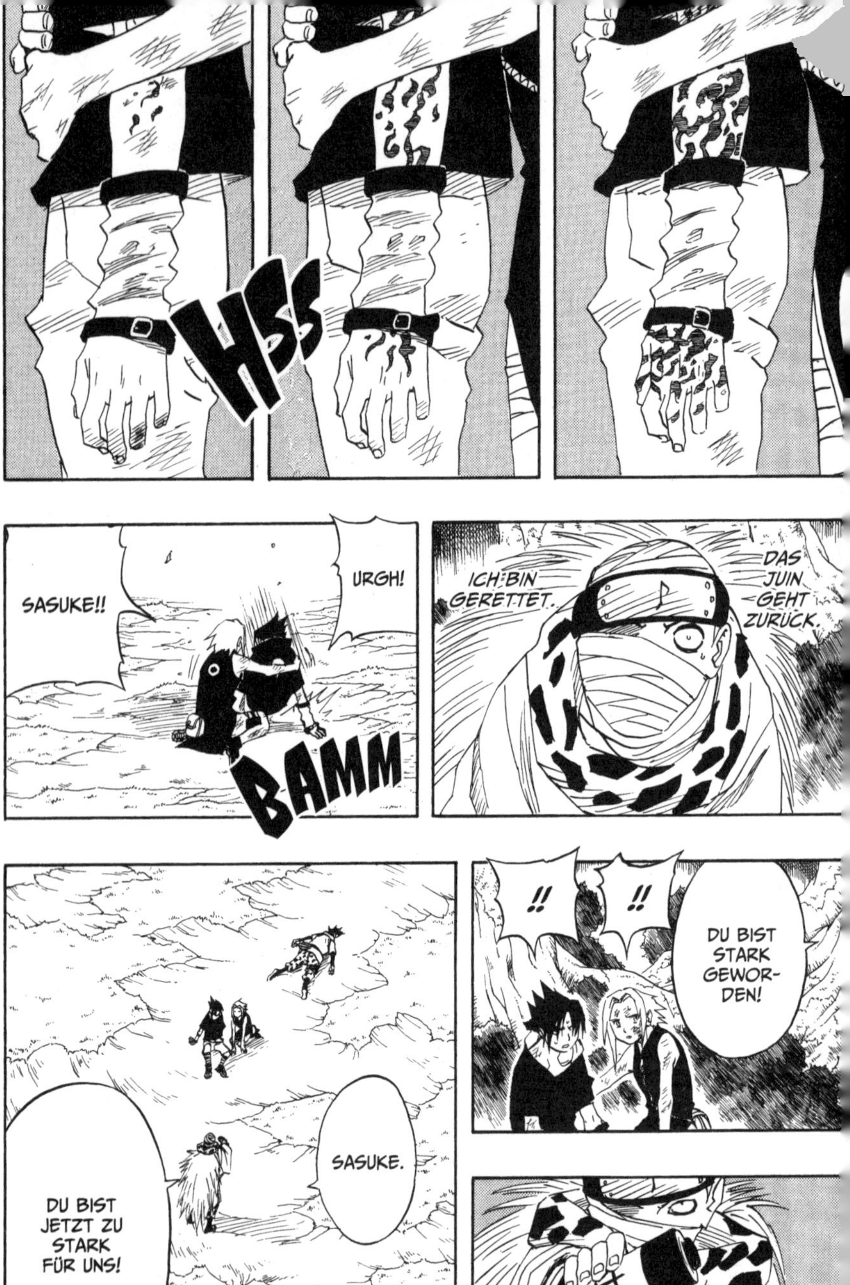
HSS
DAS JUIN GEHT ZURÜCK.
ICH BIN GERETTET.
URGH!
SASUKE!!
BAMM
!!
!!
DU BIST STARK GEWORDEN!
SST
SASUKE.
DU BIST JETZT ZU STARK FÜR UNS!

* ERDE

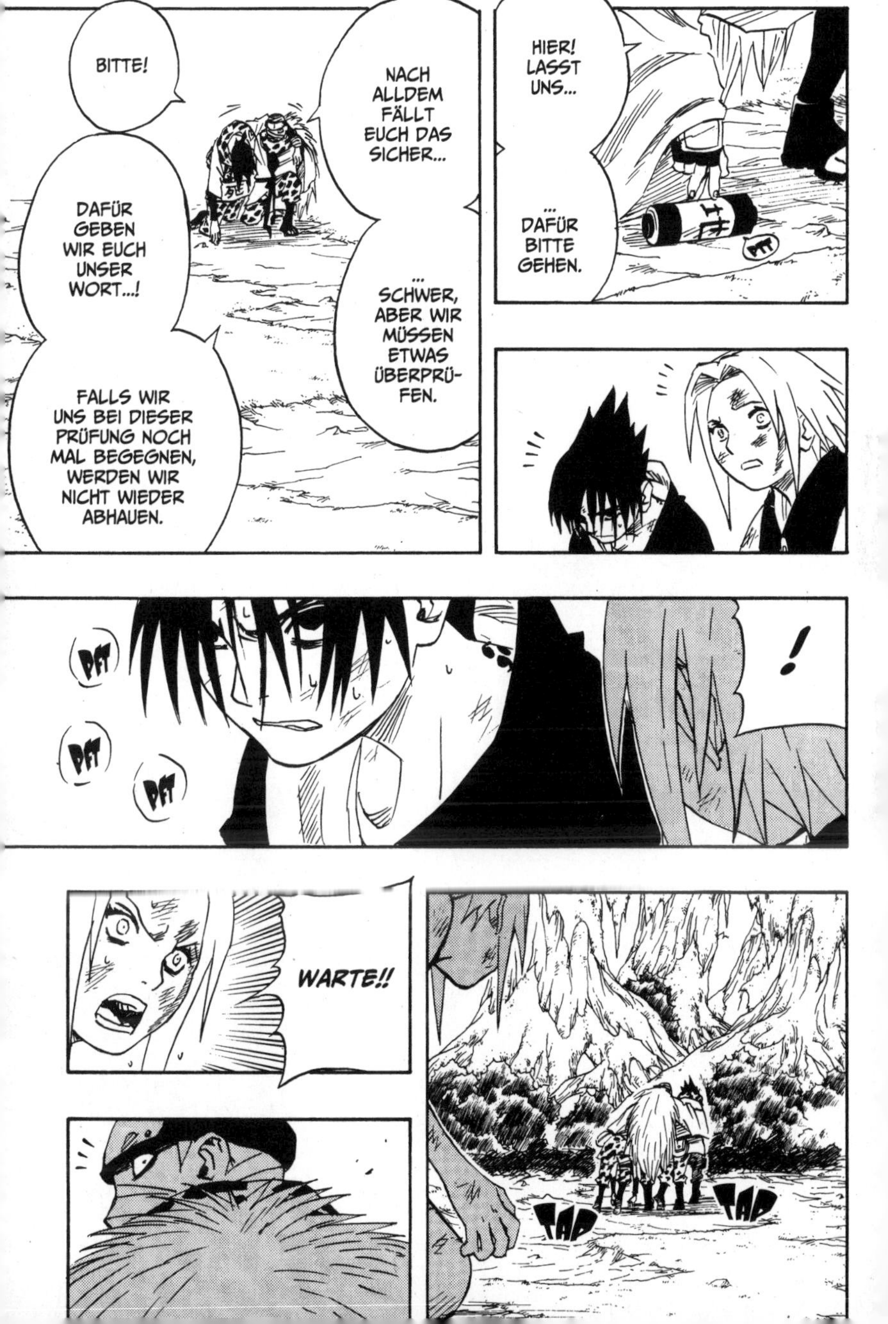

HIER! LASST UNS...
... DAFÜR BITTE GEHEN.
PFT
NACH ALLDEM FÄLLT EUCH DAS SICHER...
... SCHWER, ABER WIR MÜSSEN ETWAS ÜBERPRÜFEN.
BITTE!
DAFÜR GEBEN WIR EUCH UNSER WORT...!
FALLS WIR UNS BEI DIESER PRÜFUNG NOCH MAL BEGEGNEN, WERDEN WIR NICHT WIEDER ABHAUEN.
!
PFT
PFT
PFT
TAP
TAP
WARTE!!

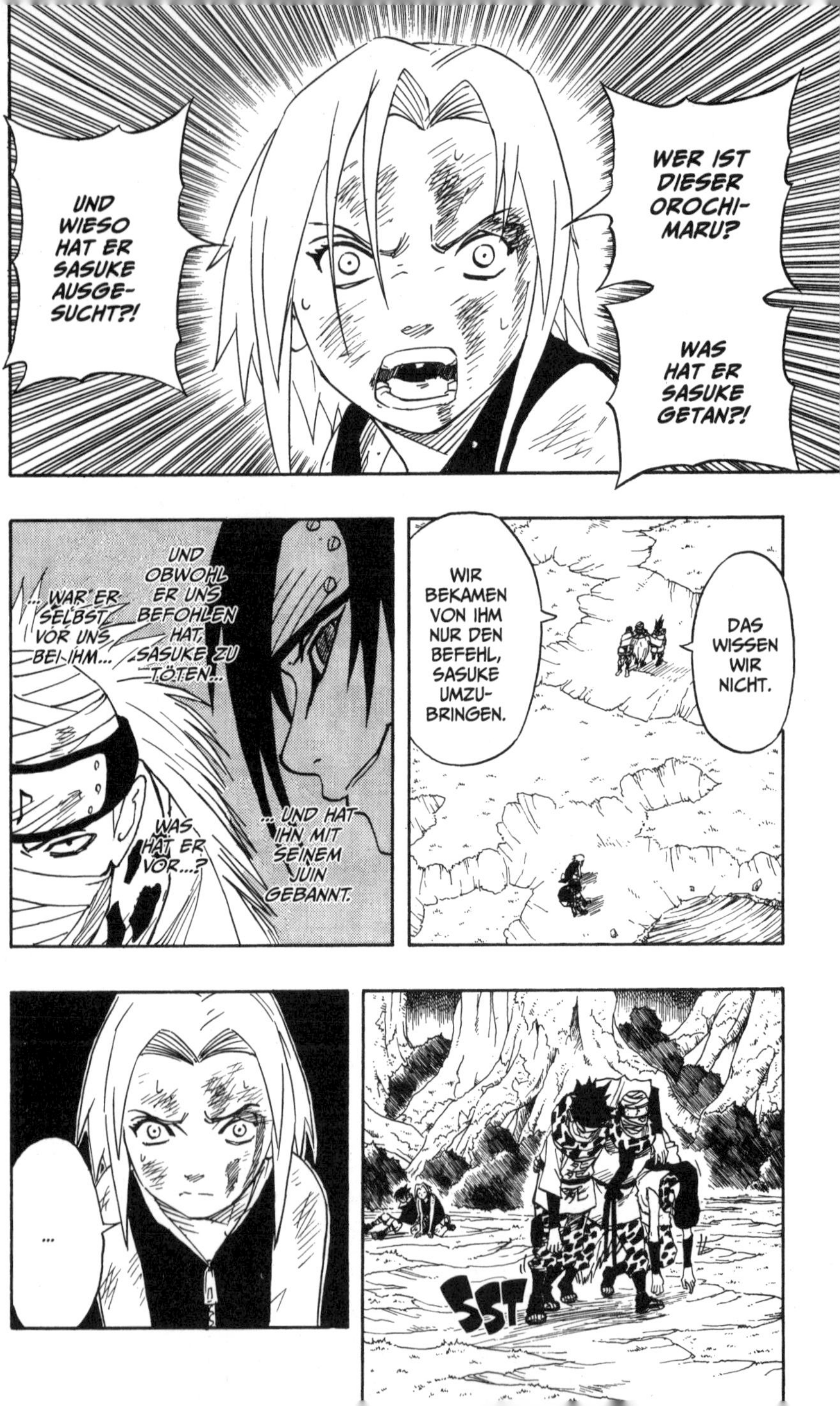
WER IST DIESER OROCHI-MARU?
WAS HAT ER SASUKE GETAN?!
UND WIESO HAT ER SASUKE AUSGE-SUCHT?!
DAS WISSEN WIR NICHT.
WIR BEKAMEN VON IHM NUR DEN BEFEHL, SASUKE UMZU-BRINGEN.
UND OBWOHL ER UNS BEFOHLEN HAT, SASUKE ZU TÖTEN...
... WAR ER SELBST VOR UNS BEI IHM...
... UND HAT IHN MIT SEINEM JUIN GEBANNT.
WAS HAT ER VOR...?
SST
...

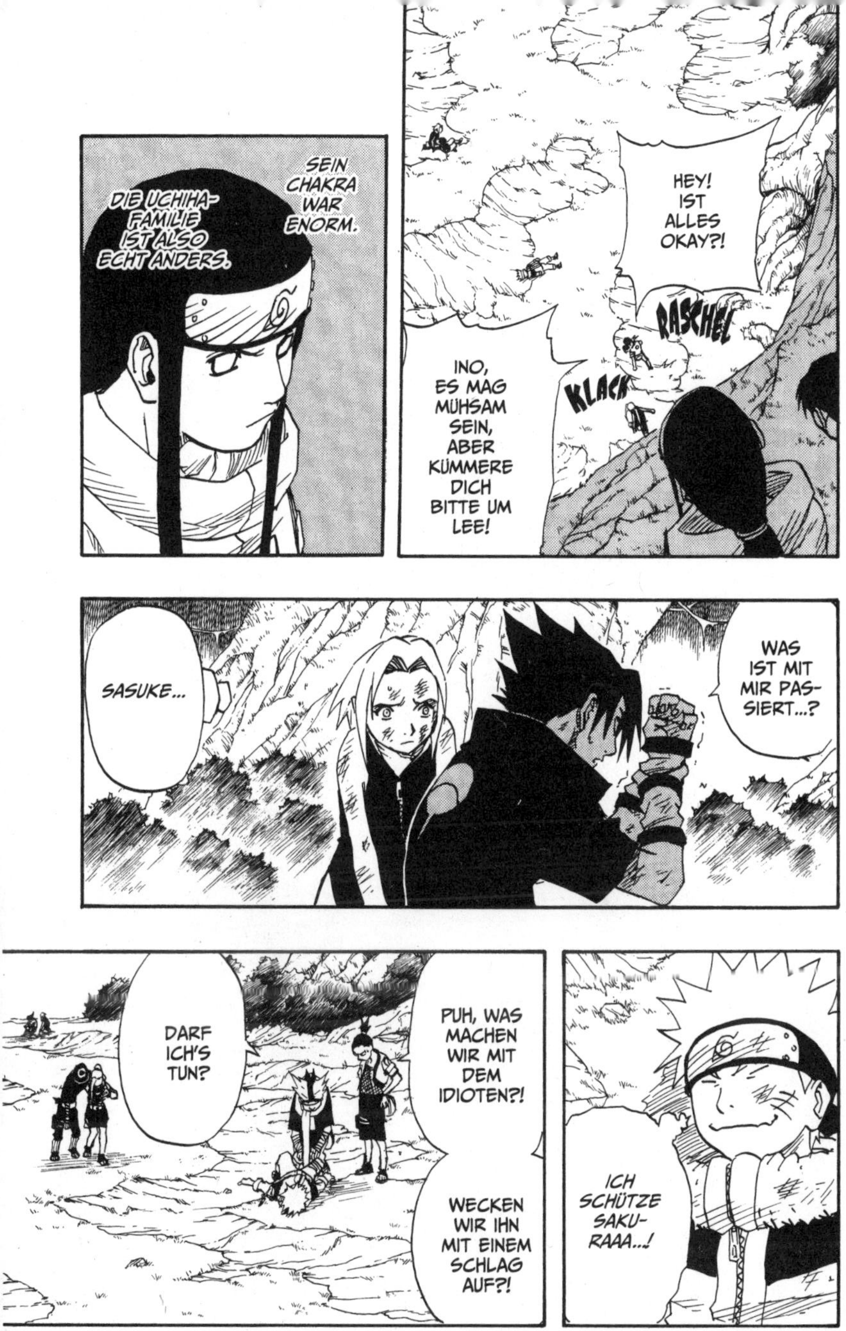
HEY! IST ALLES OKAY?!
RASCHEL
KLACK
INO, ES MAG MÜHSAM SEIN, ABER KÜMMERE DICH BITTE UM LEE!
SEIN CHAKRA WAR ENORM.
DIE UCHIHA-FAMILIE IST ALSO ECHT ANDERS.
WAS IST MIT MIR PAS-SIERT...?
SASUKE...
ICH SCHÜTZE SAKU-RAAA...!
PUH, WAS MACHEN WIR MIT DEM IDIOTEN?!
WECKEN WIR IHN MIT EINEM SCHLAG AUF?!
DARF ICH'S TUN?

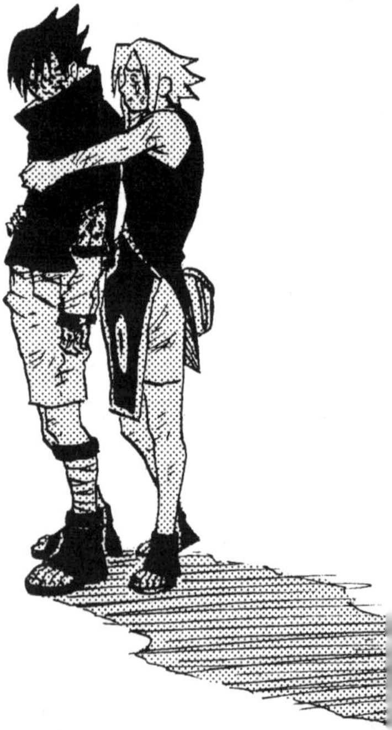

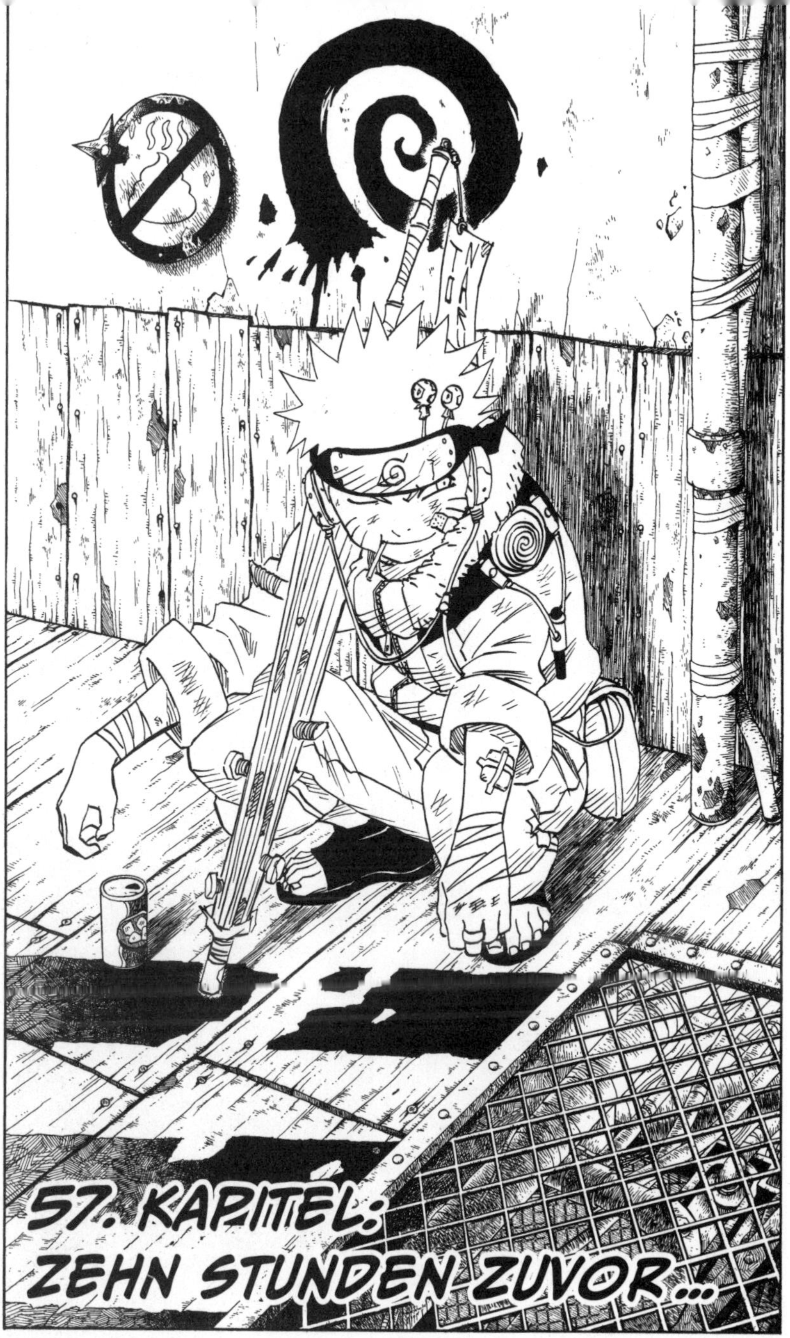
57. KAPITEL:
ZEHN STUNDEN ZUVOR ...

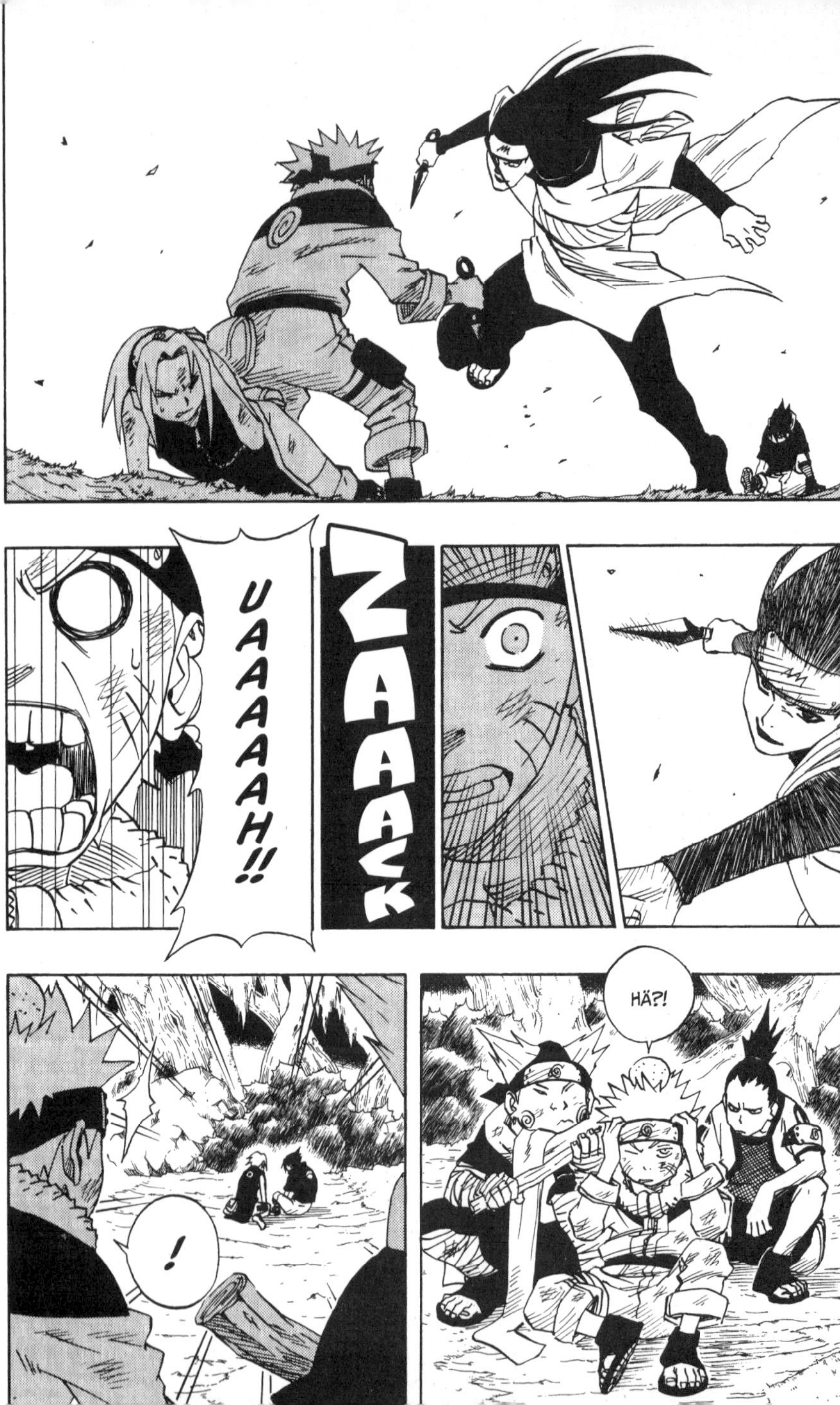
ZAAACK
UAAAAAAH!!
HÄ?!
!

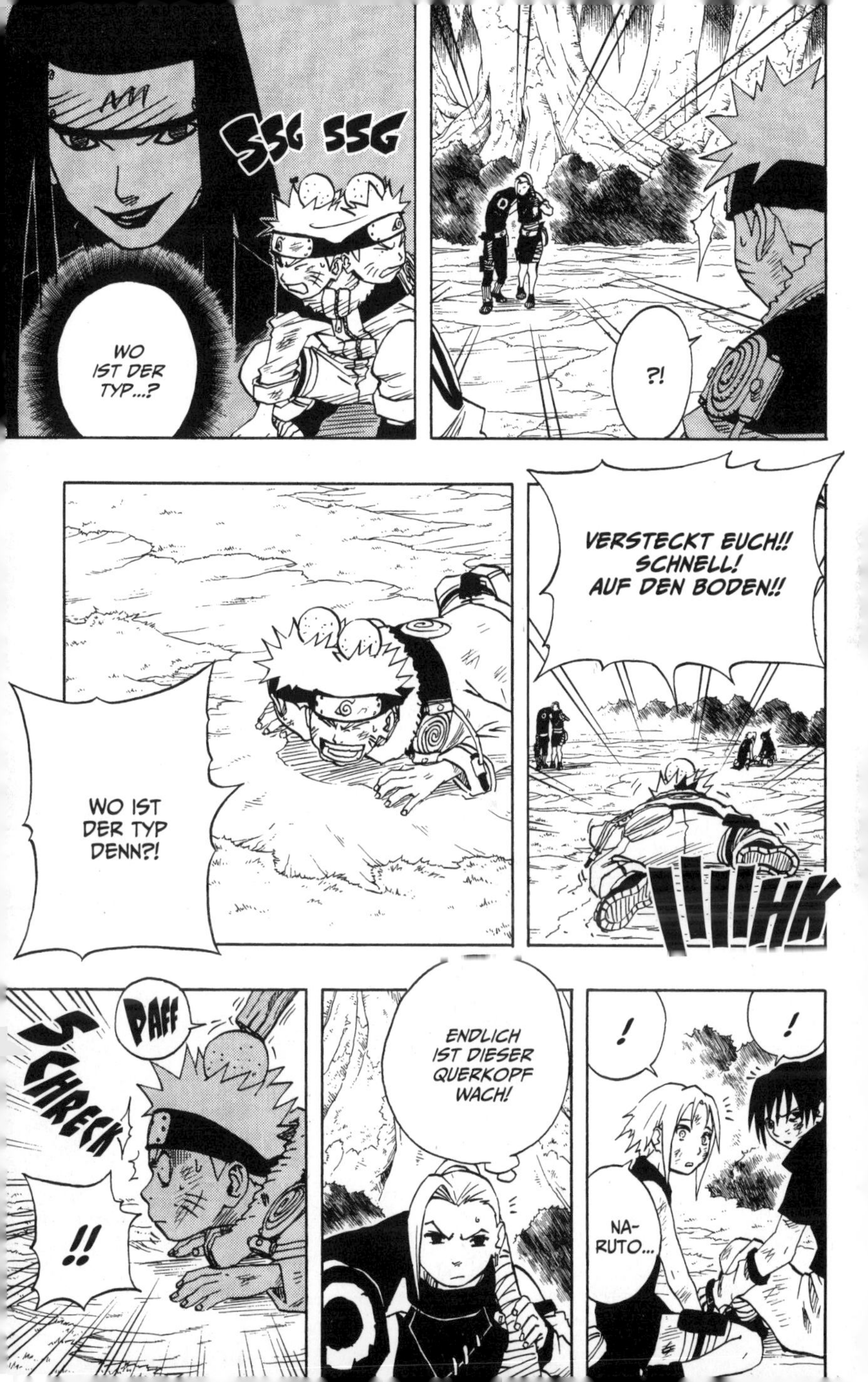
?!
SSG SSG
WO IST DER TYP...?
VERSTECKT EUCH!! SCHNELL! AUF DEN BODEN!!
WO IST DER TYP DENN?!
!
!
NA-RUTO...
ENDLICH IST DIESER QUERKOPF WACH!
PAFF
SCHRECK
!!

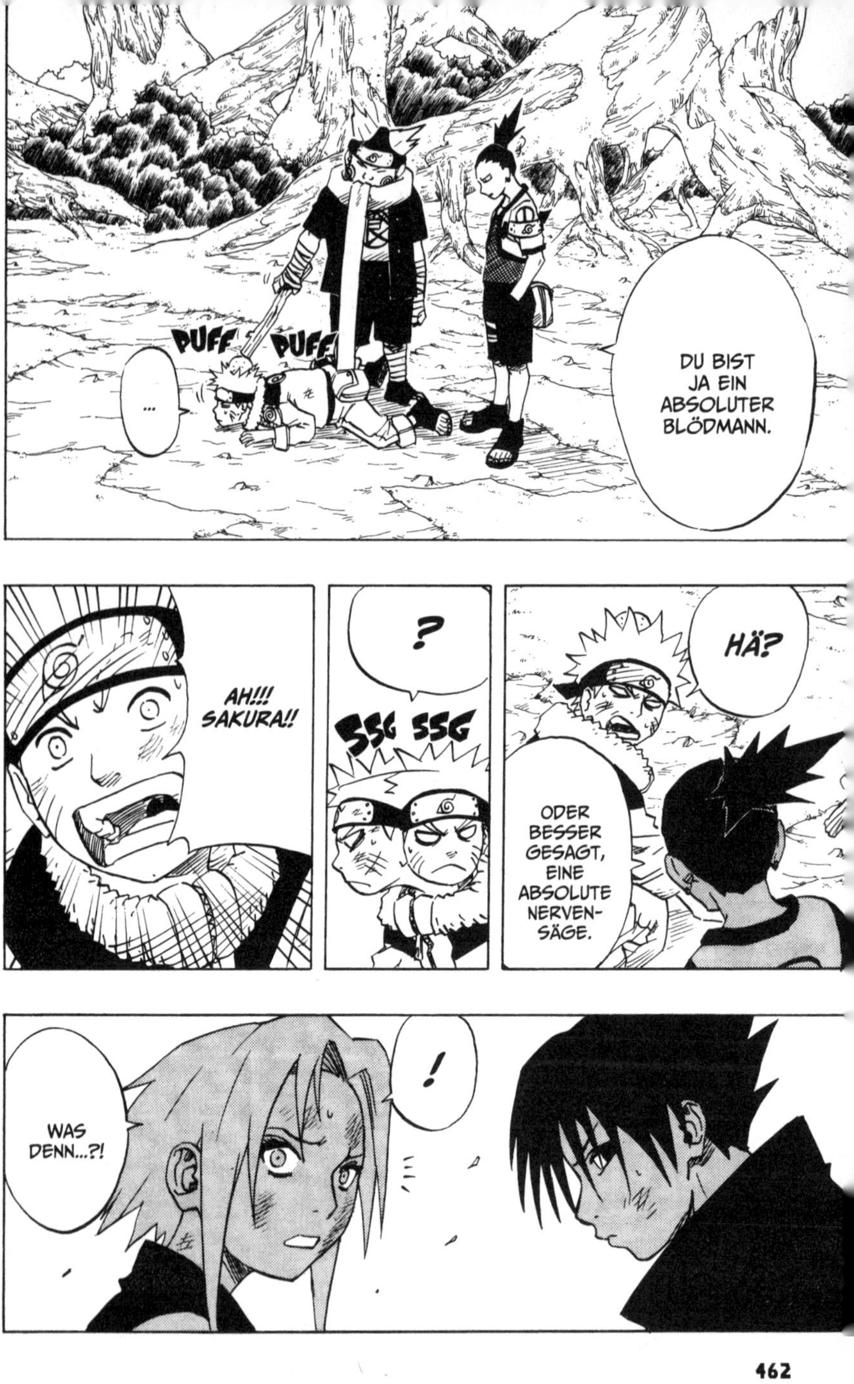
DU BIST JA EIN ABSOLUTER BLÖDMANN.
PUFF PUFF
...
HÄ?
ODER BESSER GESAGT, EINE ABSOLUTE NERVEN-SÄGE.
?
SSG SSG
AH!!! SAKURA!!
!
WAS DENN...?!

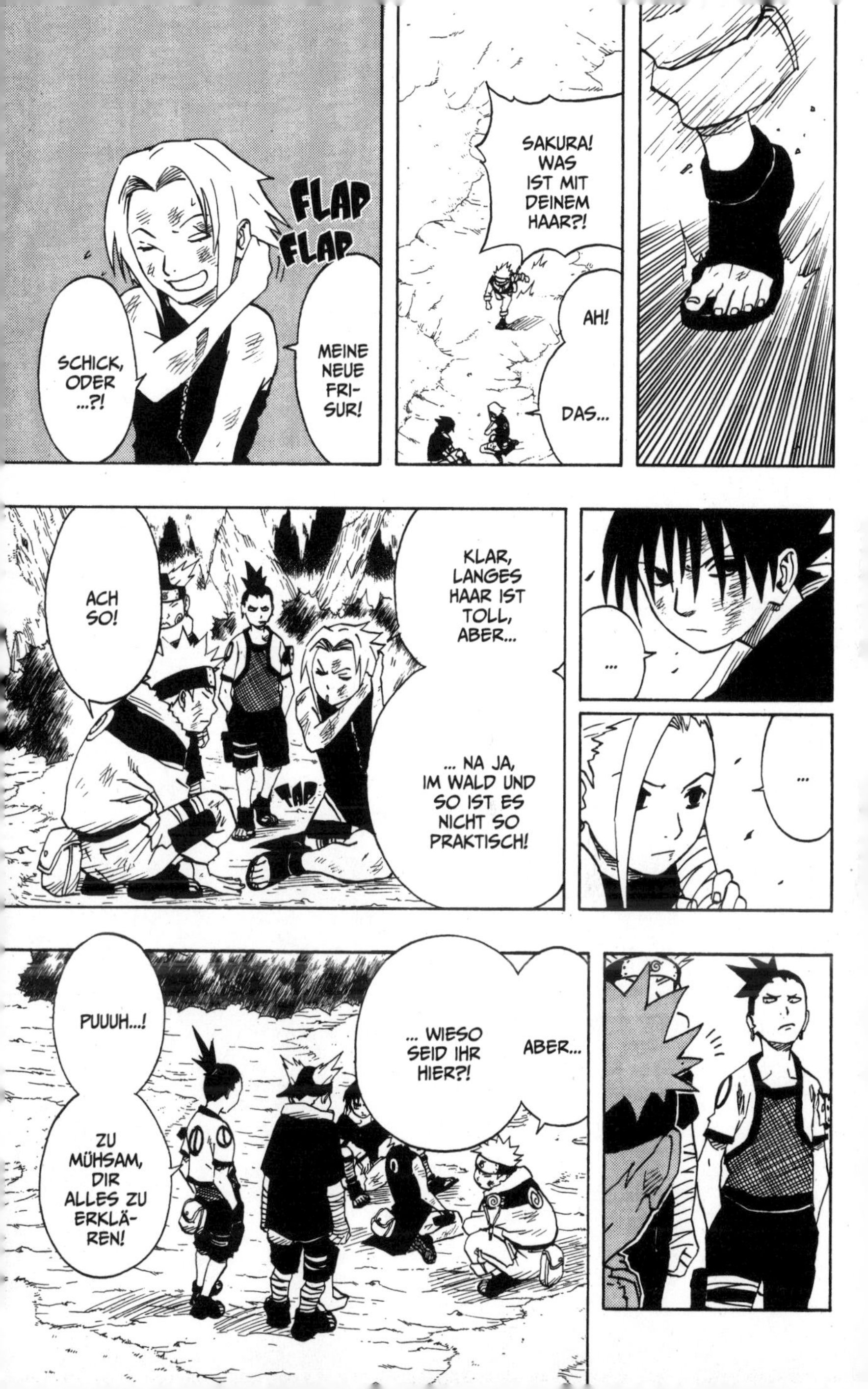

SAKURA! WAS IST MIT DEINEM HAAR?!
AH!
DAS...
FLAP FLAP
MEINE NEUE FRI-SUR!
SCHICK, ODER ...?!
...
...
KLAR, LANGES HAAR IST TOLL, ABER...
... NA JA, IM WALD UND SO IST ES NICHT SO PRAKTISCH!
TAP
ACH SO!
ABER...
... WIESO SEID IHR HIER?!
PUUUH...!
ZU MÜHSAM, DIR ALLES ZU ERKLÄ-REN!

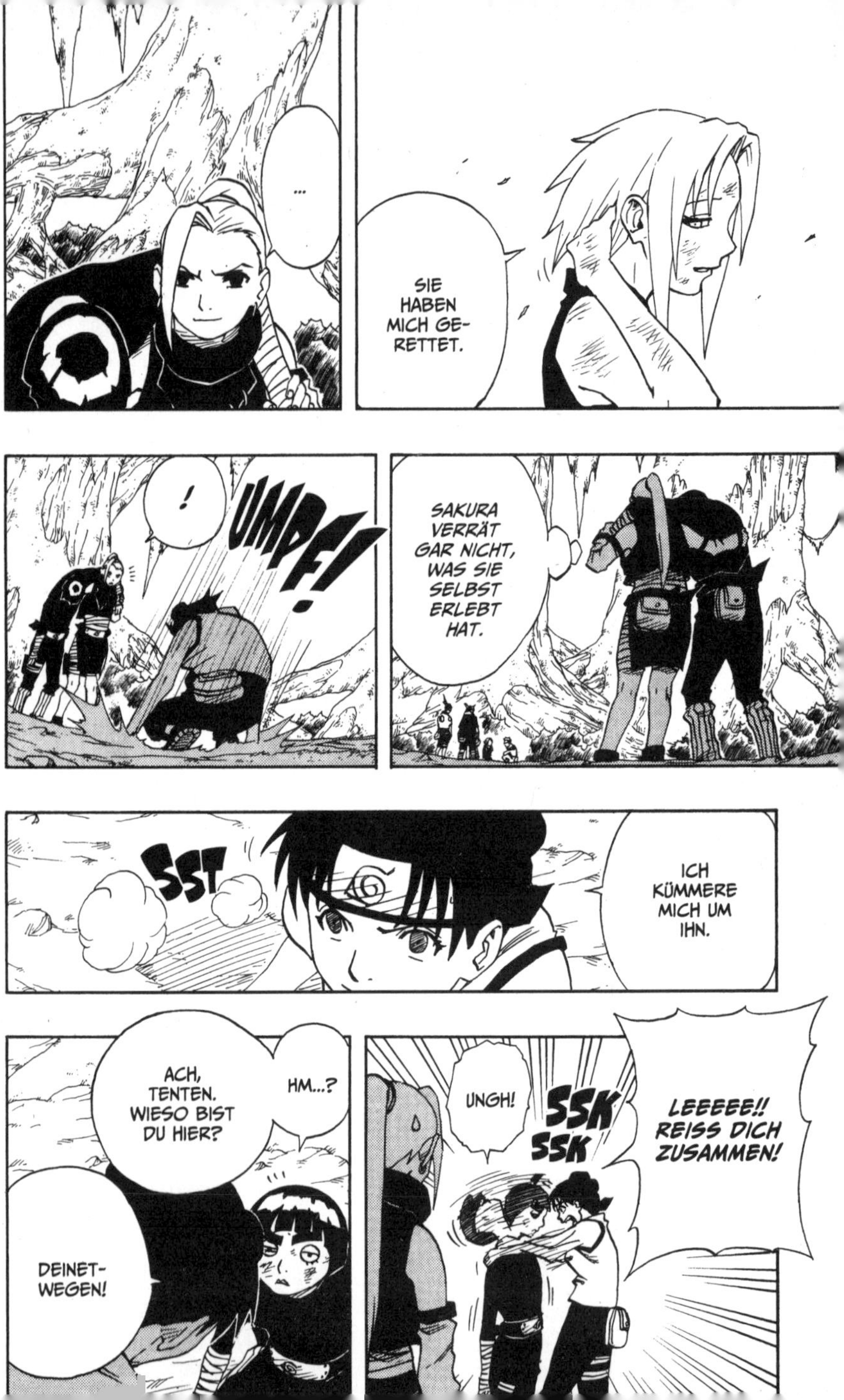
SIE HABEN MICH GE-RETTET.
...
SAKURA VERRÄT GAR NICHT, WAS SIE SELBST ERLEBT HAT.
!
UMPF!
ICH KÜMMERE MICH UM IHN.
SST
LEEEEE!! REISS DICH ZUSAMMEN!
SSK SSK
UNGH!
HM...?
ACH, TENTEN. WIESO BIST DU HIER?
DEINET-WEGEN!

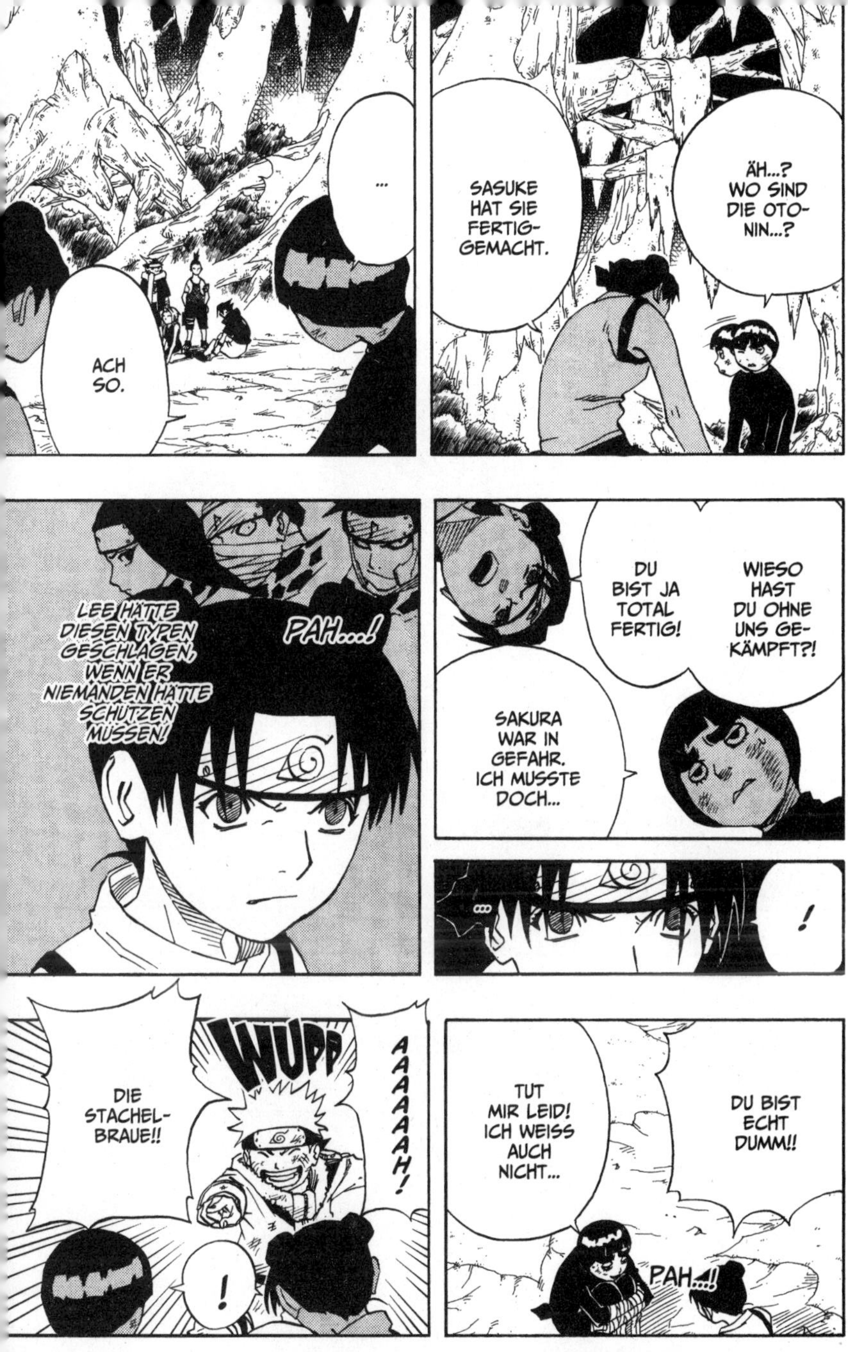
ÄH...? WO SIND DIE OTO-NIN...?
SASUKE HAT SIE FERTIG-GEMACHT.
...
ACH SO.
WIESO HAST DU OHNE UNS GE-KÄMPFT?!
DU BIST JA TOTAL FERTIG!
SAKURA WAR IN GEFAHR. ICH MUSSTE DOCH...
!
...
PAH...!
LEE HÄTTE DIESEN TYPEN GESCHLAGEN, WENN ER NIEMANDEN HÄTTE SCHÜTZEN MÜSSEN!
DU BIST ECHT DUMM!!
TUT MIR LEID! ICH WEISS AUCH NICHT...
PAH...!
AAAAAAH!
WUPP
DIE STACHEL-BRAUE!!
!

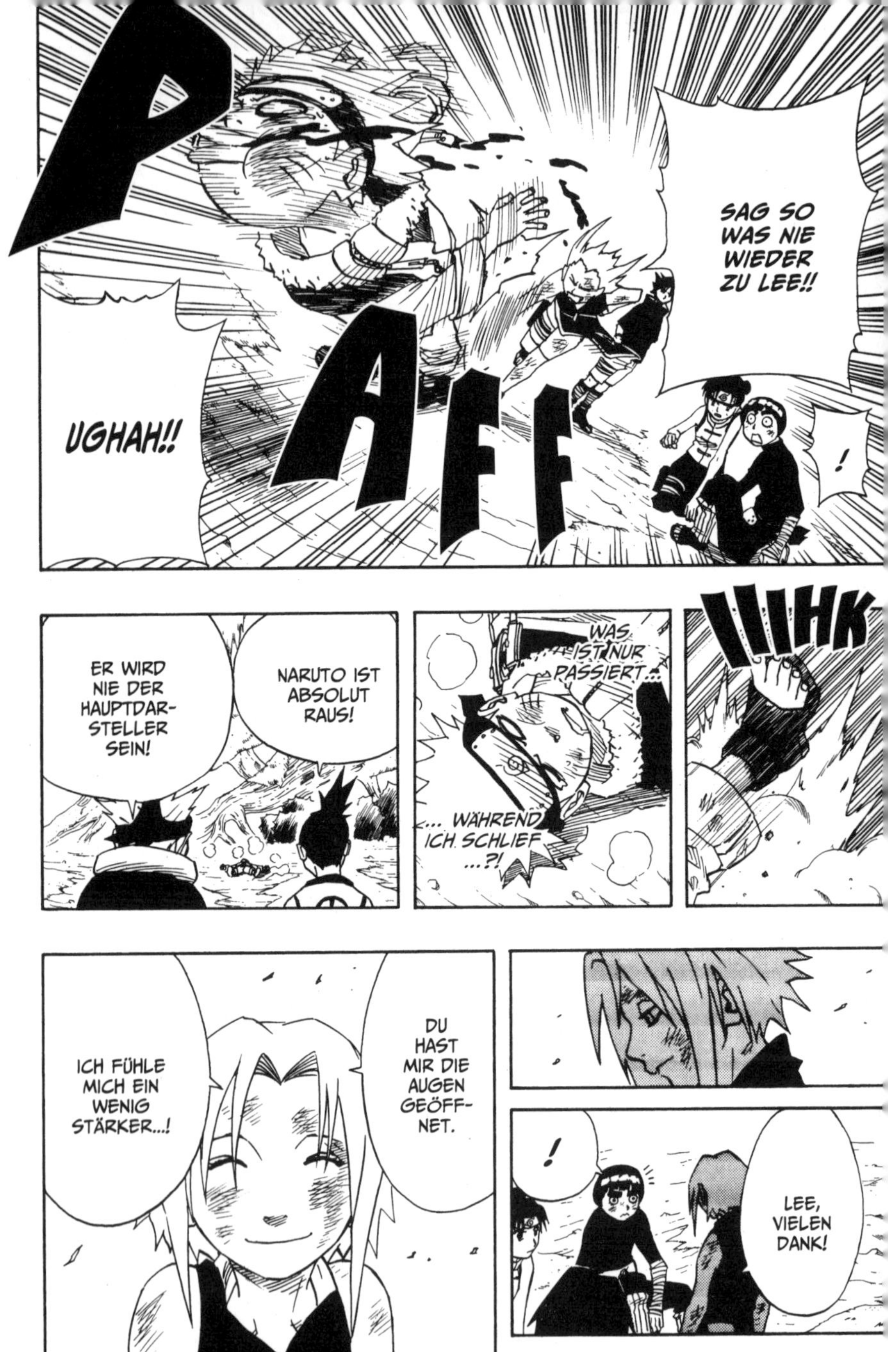

PAFF
SAG SO WAS NIE WIEDER ZU LEE!!
UGHAH!!
!
IIIIHK
WAS IST NUR PASSIERT...
... WÄHREND ICH SCHLIEF ...?!
NARUTO IST ABSOLUT RAUS!
ER WIRD NIE DER HAUPTDAR-STELLER SEIN!
LEE, VIELEN DANK!
!
DU HAST MIR DIE AUGEN GEÖFF-NET.
ICH FÜHLE MICH EIN WENIG STÄRKER...!

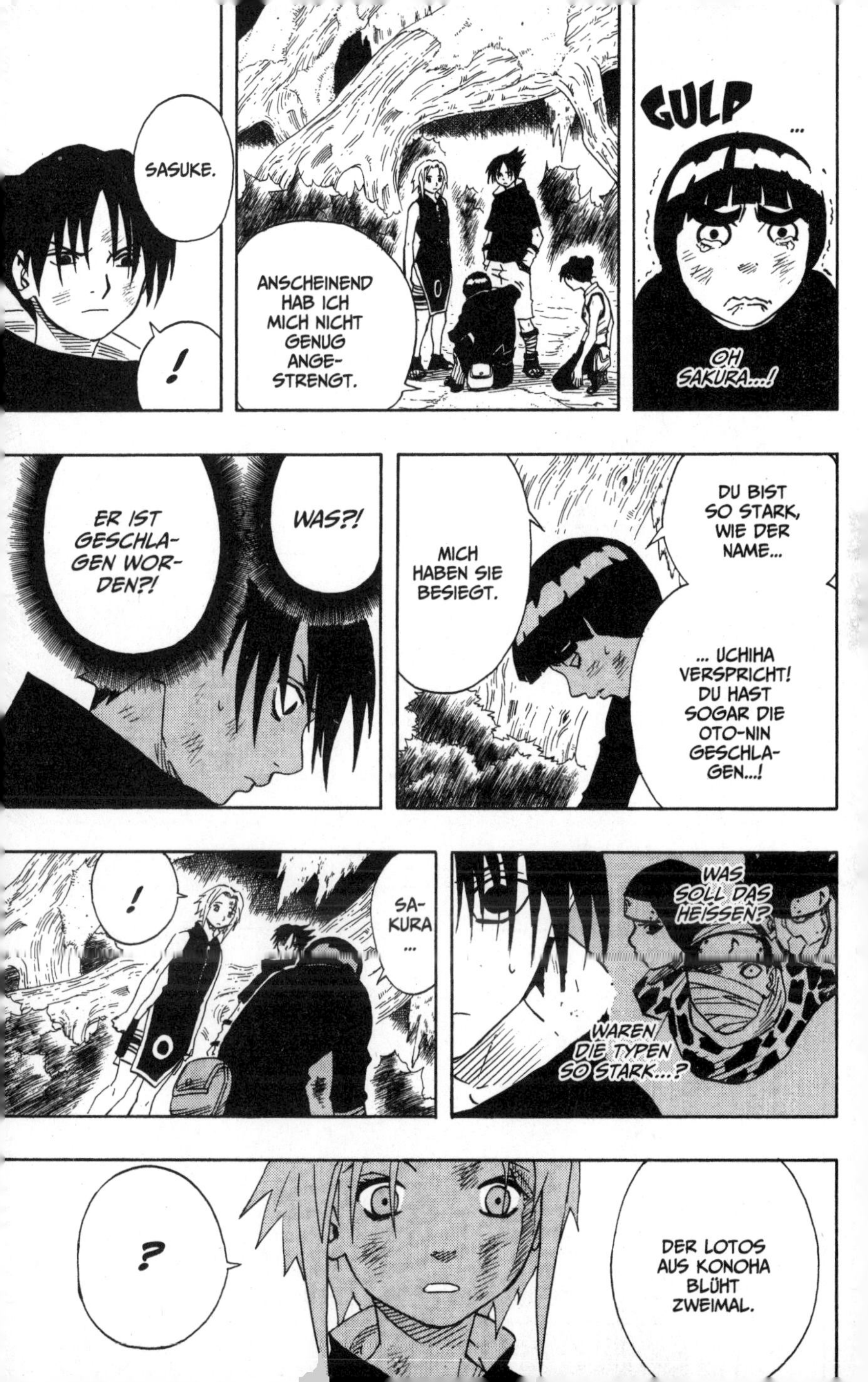
GULP
...
OH SAKURA...!
ANSCHEINEND HAB ICH MICH NICHT GENUG ANGE-STRENGT.
SASUKE.
!
DU BIST SO STARK, WIE DER NAME...
... UCHIHA VERSPRICHT! DU HAST SOGAR DIE OTO-NIN GESCHLA-GEN...!
MICH HABEN SIE BESIEGT.
WAS?!
ER IST GESCHLA-GEN WOR-DEN?!
WAS SOLL DAS HEISSEN?
WAREN DIE TYPEN SO STARK...?
SA-KURA ...
!
DER LOTOS AUS KONOHA BLÜHT ZWEIMAL.
?

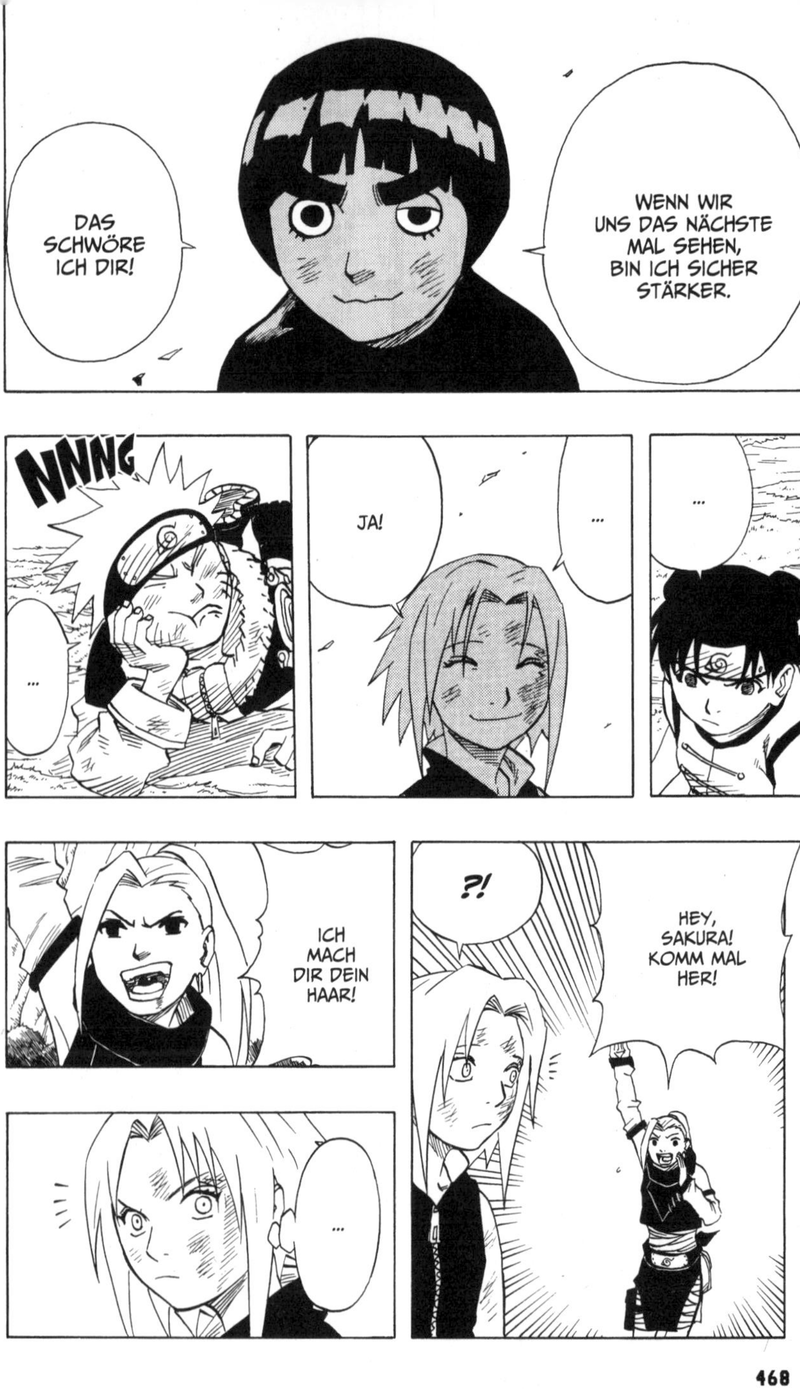
WENN WIR UNS DAS NÄCHSTE MAL SEHEN, BIN ICH SICHER STÄRKER.
DAS SCHWÖRE ICH DIR!
...
...
JA!
NNNG
...
HEY, SAKURA! KOMM MAL HER!
?!
ICH MACH DIR DEIN HAAR!
...

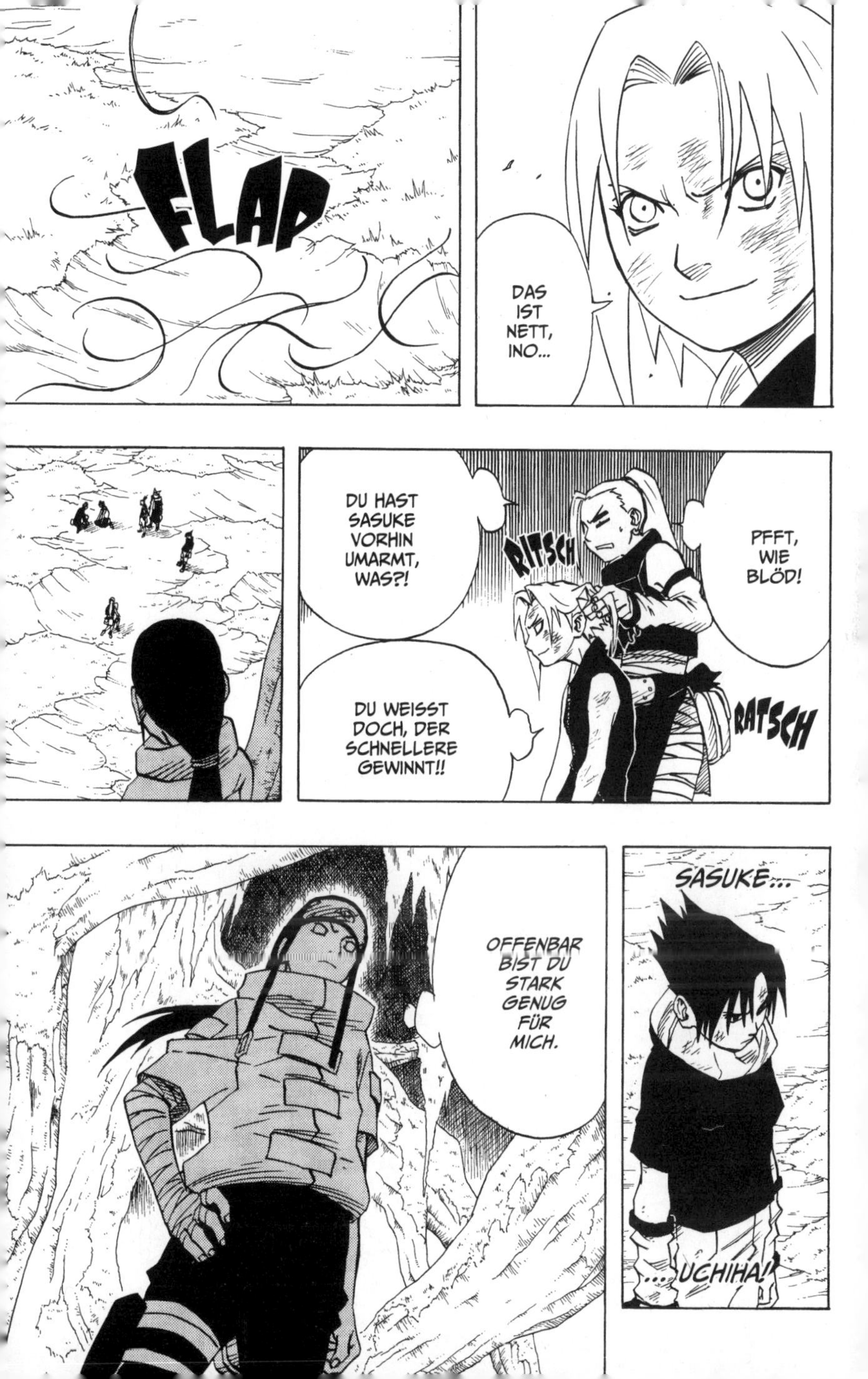
DAS IST NETT, INO...
FLAP
PFFT, WIE BLÖD!
RATSCH
DU HAST SASUKE VORHIN UMARMT, WAS?!
RATSCH
DU WEISST DOCH, DER SCHNELLERE GEWINNT!!
SASUKE...
...UCHIHA!
OFFENBAR BIST DU STARK GENUG FÜR MICH.

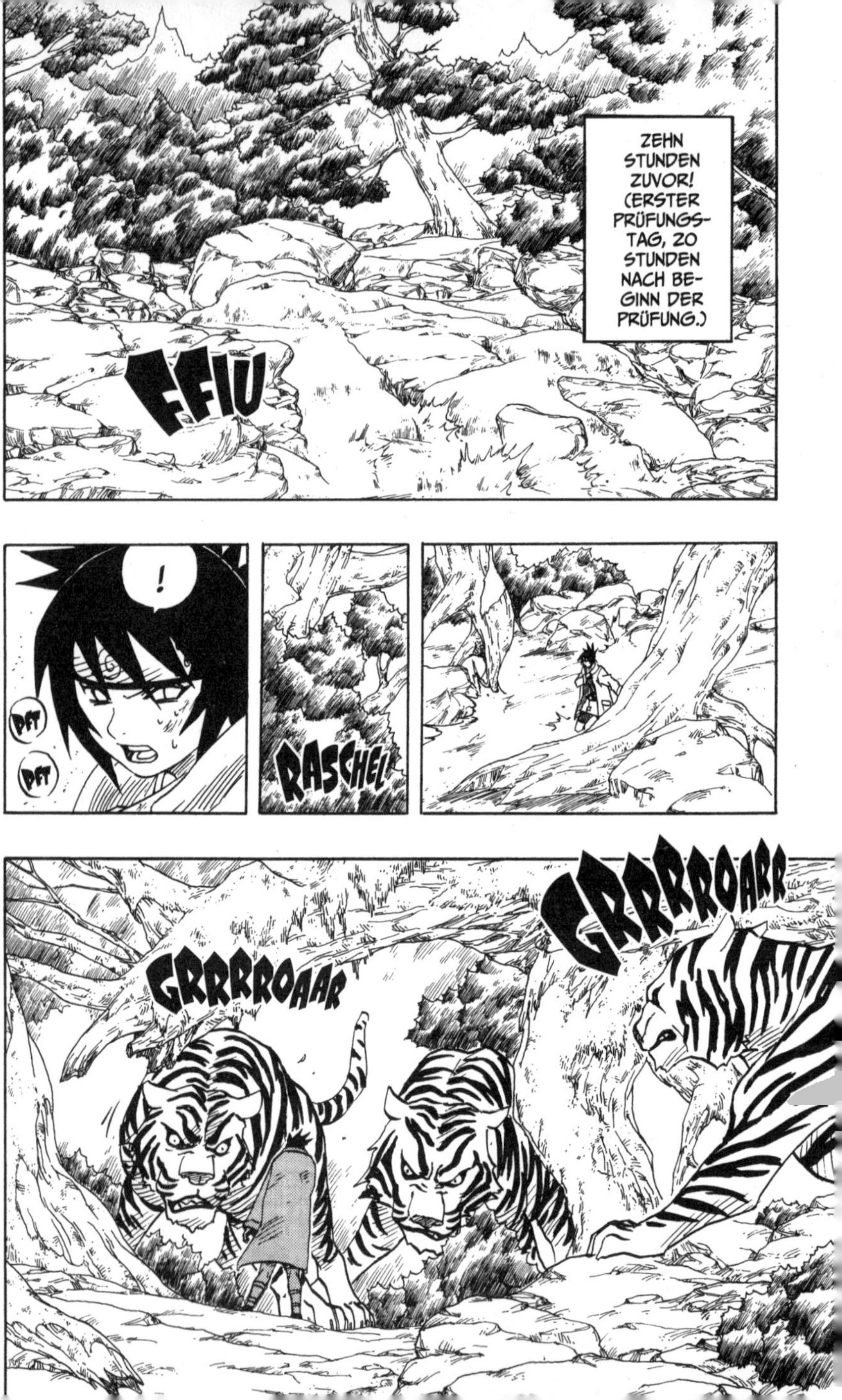

ZEHN STUNDEN ZUVOR! (ERSTER PRÜFUNGS-TAG, 20 STUNDEN NACH BE-GINN DER PRÜFUNG.)
FFIU
!
PFT
PFT
RASCHEL
GRRRROAAR
GRRRROARR

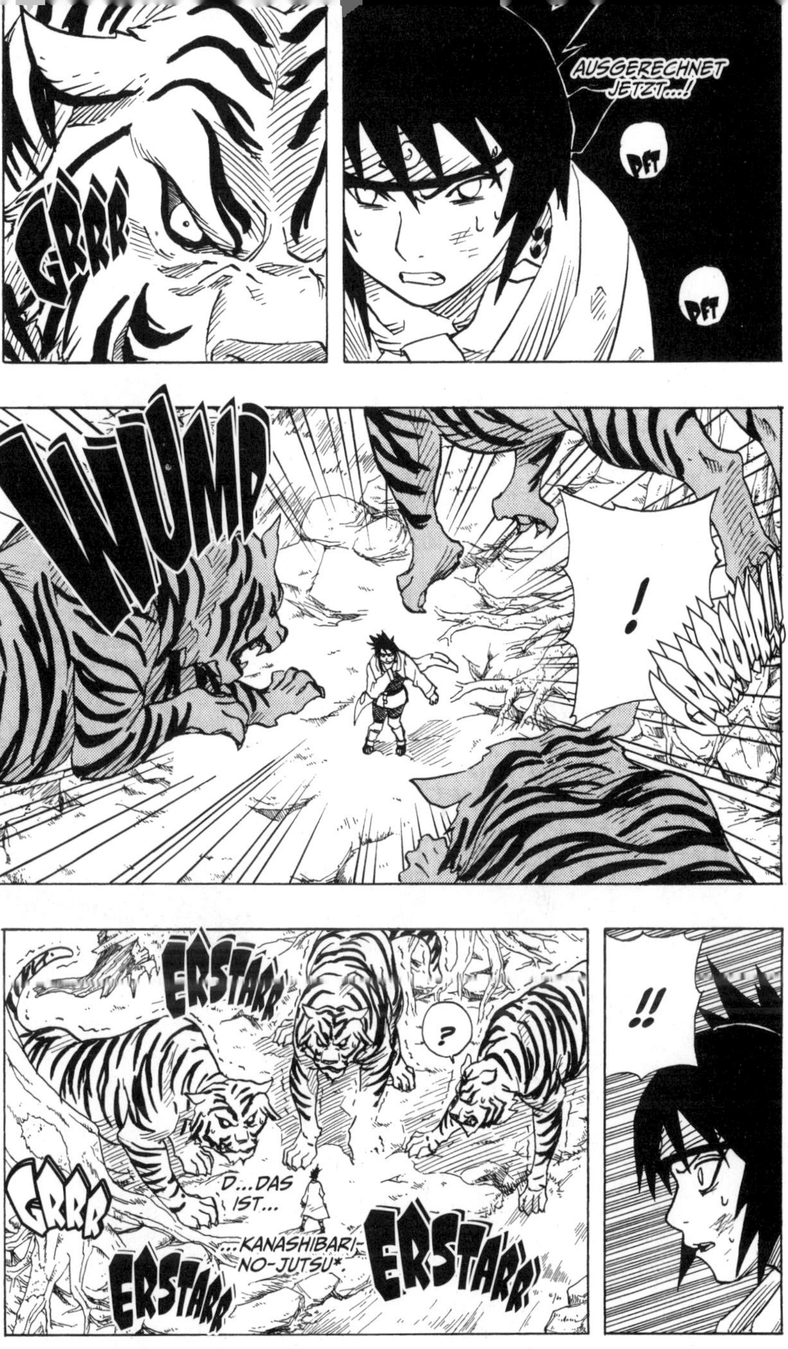

* KUNST DES FESSELNS

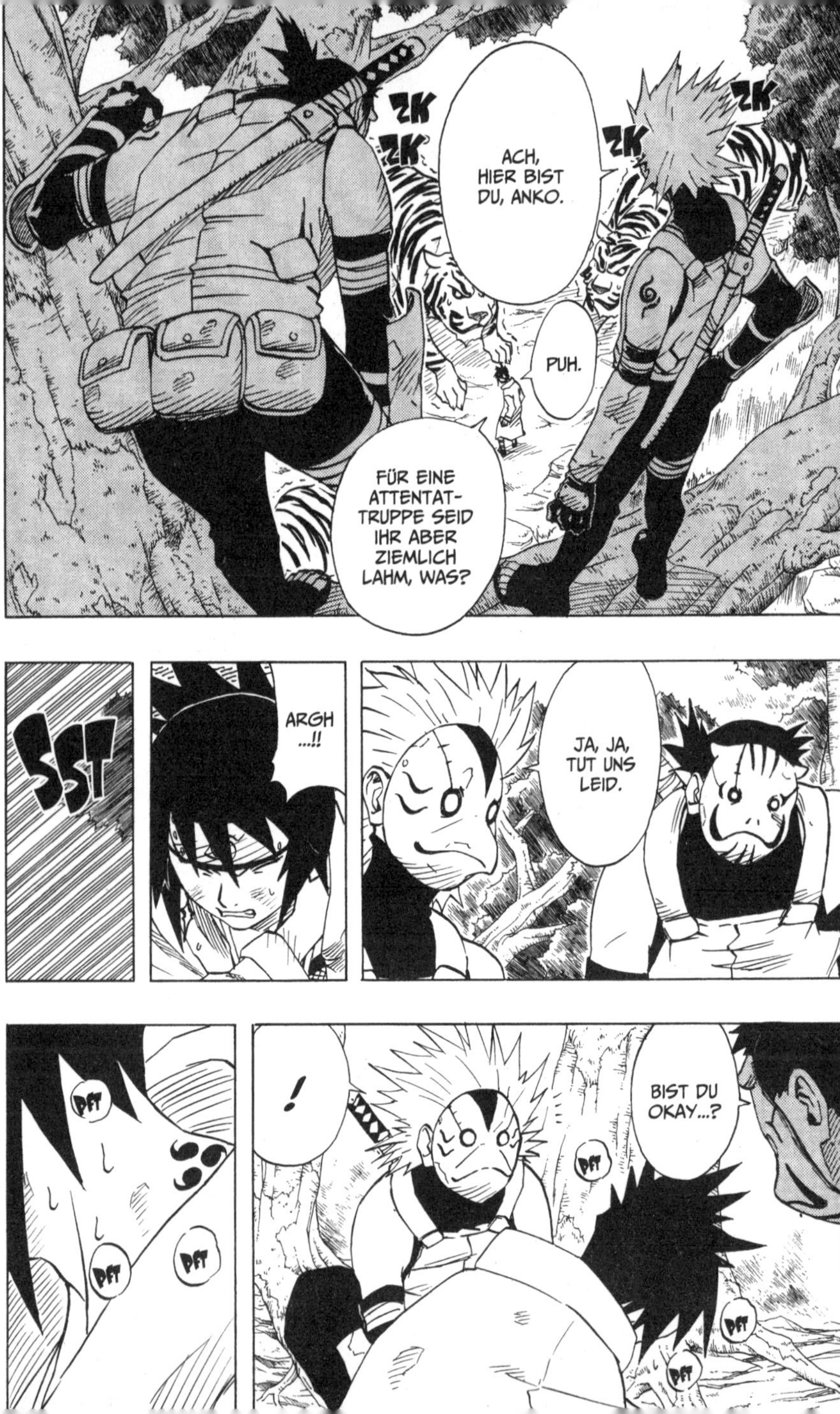
ZK
ZK
ZK
ZK
ACH, HIER BIST DU, ANKO.
PUH.
FÜR EINE ATTENTAT-TRUPPE SEID IHR ABER ZIEMLICH LAHM, WAS?
JA, JA, TUT UNS LEID.
ARGH ...!!
SST
BIST DU OKAY...?
!
PFT
PFT
PFT
PFT
PFT
PFT
PFT

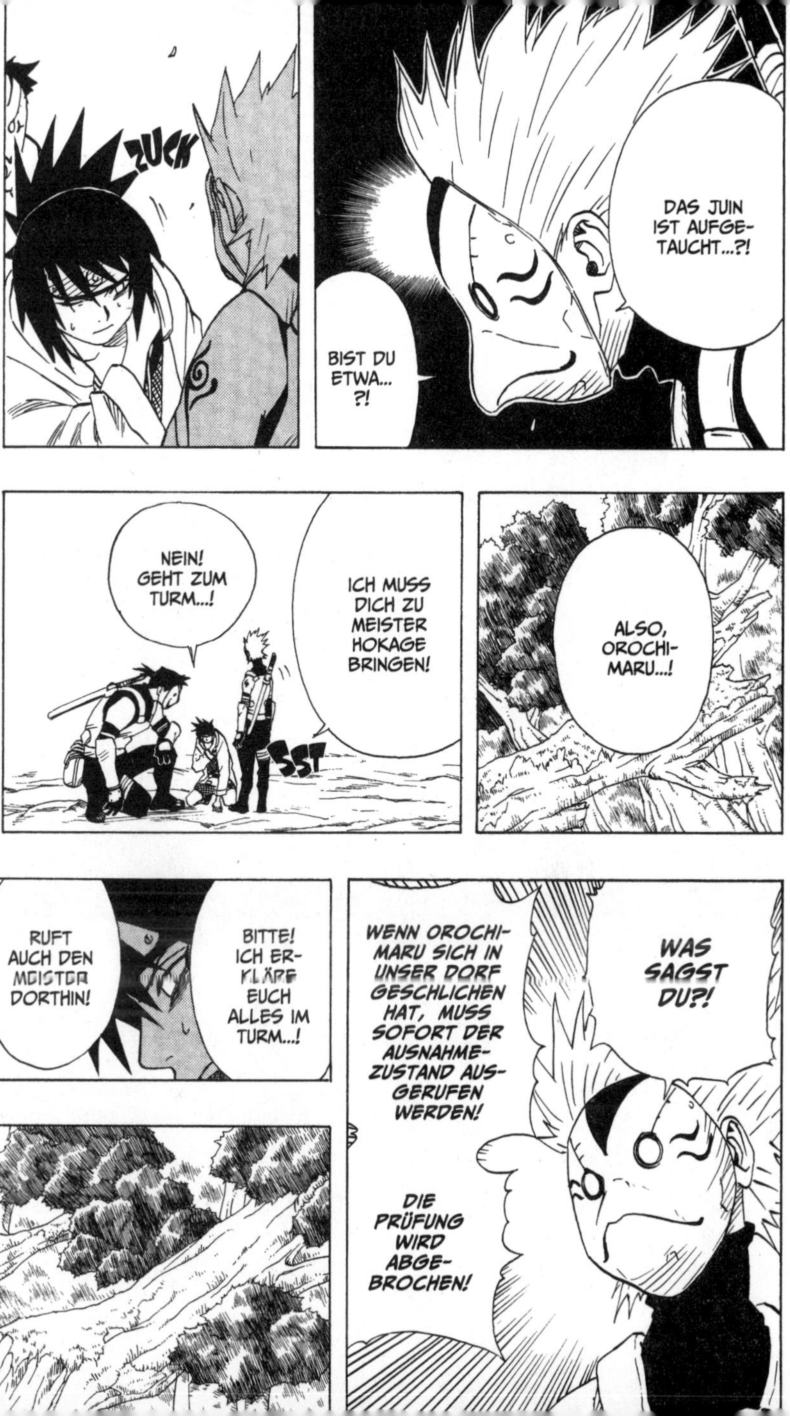
DAS JUIN IST AUFGETAUCHT...?!
BIST DU ETWA...?!
ZUCK
ALSO, OROCHIMARU...!
ICH MUSS DICH ZU MEISTER HOKAGE BRINGEN!
NEIN! GEHT ZUM TURM...!
SST
WAS SAGST DU?!
WENN OROCHIMARU SICH IN UNSER DORF GESCHLICHEN HAT, MUSS SOFORT DER AUSNAHMEZUSTAND AUSGERUFEN WERDEN!
DIE PRÜFUNG WIRD ABGEBROCHEN!
BITTE! ICH ERKLÄRE EUCH ALLES IM TURM...!
RUFT AUCH DEN MEISTER DORTHIN!

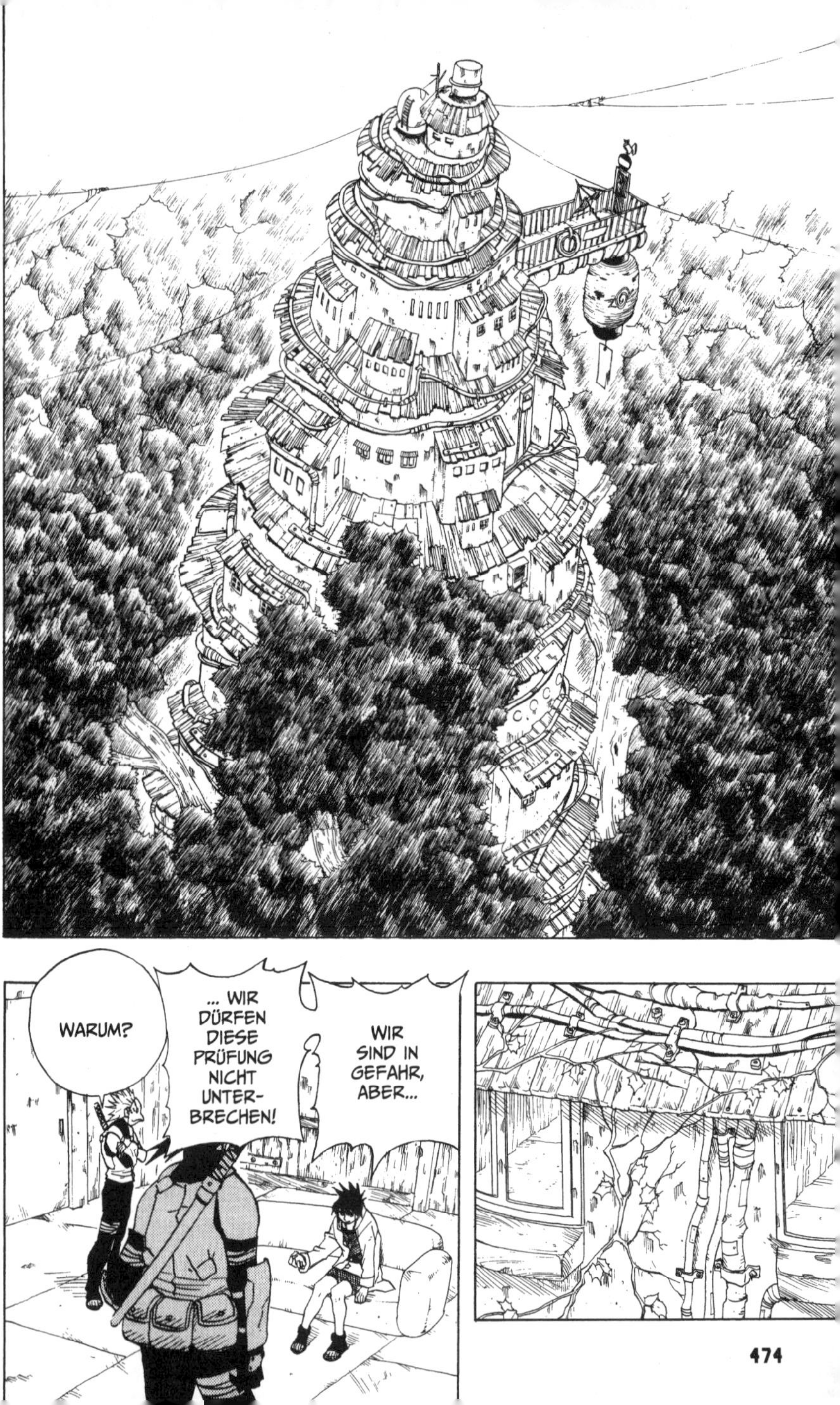
WIR SIND IN GEFAHR, ABER...
... WIR DÜRFEN DIESE PRÜFUNG NICHT UNTER-BRECHEN!
WARUM?

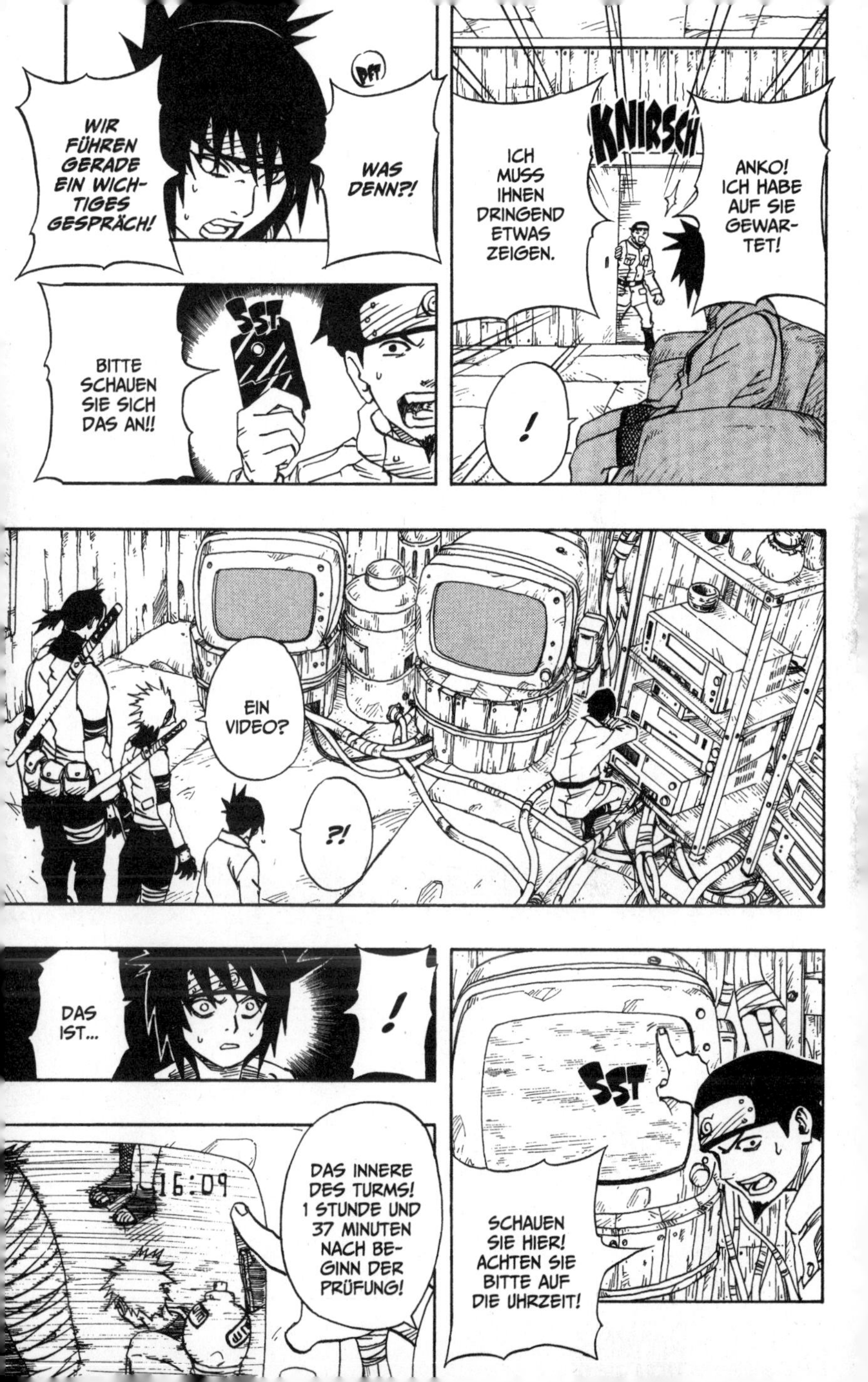
ANKO! ICH HABE AUF SIE GEWAR-TET!
KNIRSCH
ICH MUSS IHNEN DRINGEND ETWAS ZEIGEN.
!
WAS DENN?!
WIR FÜHREN GERADE EIN WICH-TIGES GESPRÄCH!
SST
BITTE SCHAUEN SIE SICH DAS AN!!
EIN VIDEO?
?!
SST
SCHAUEN SIE HIER! ACHTEN SIE BITTE AUF DIE UHRZEIT!
!
DAS IST...
16:09
DAS INNERE DES TURMS! 1 STUNDE UND 37 MINUTEN NACH BE-GINN DER PRÜFUNG!

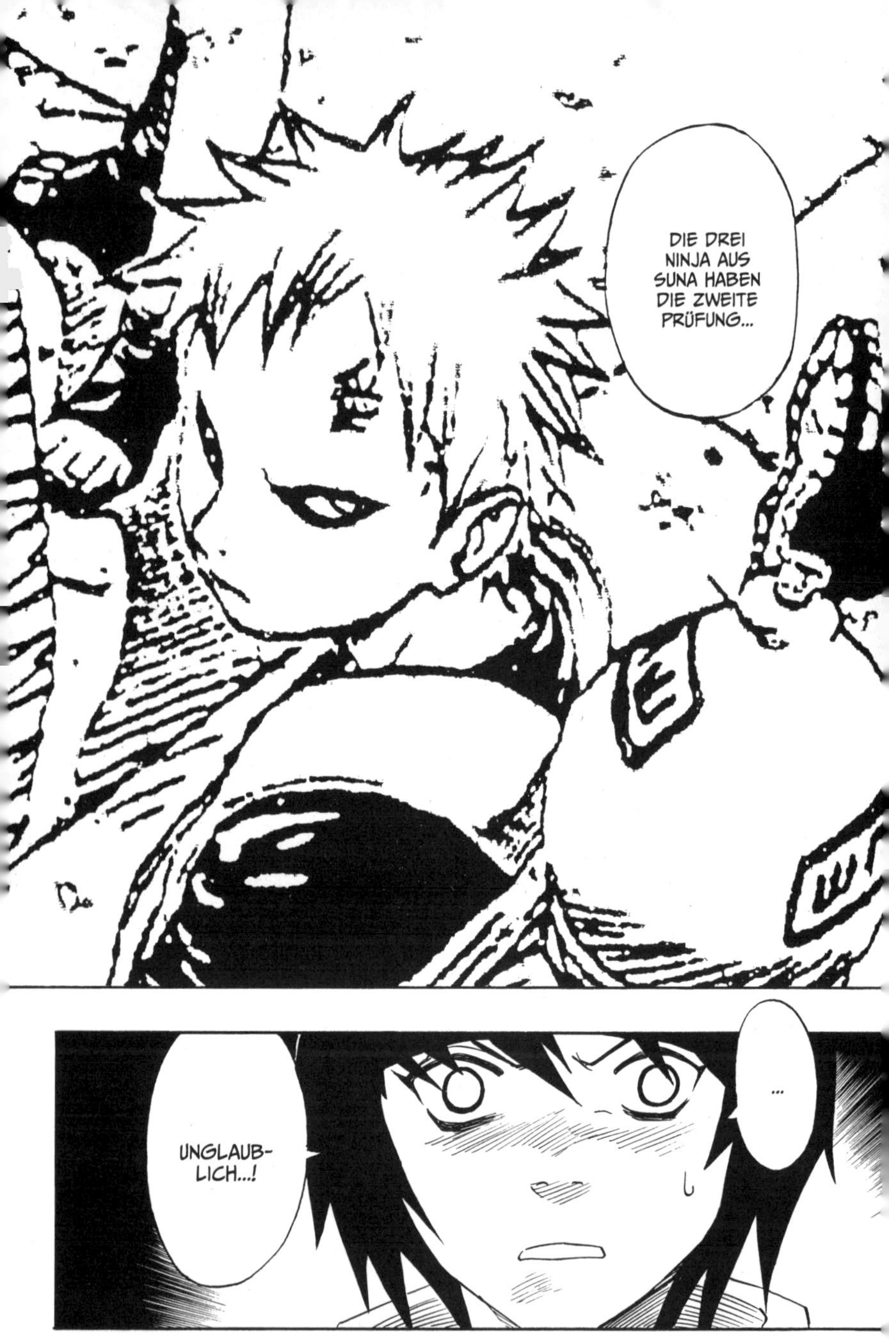

DIE DREI NINJA AUS SUNA HABEN DIE ZWEITE PRÜFUNG...
...
UNGLAUB-
LICH...!

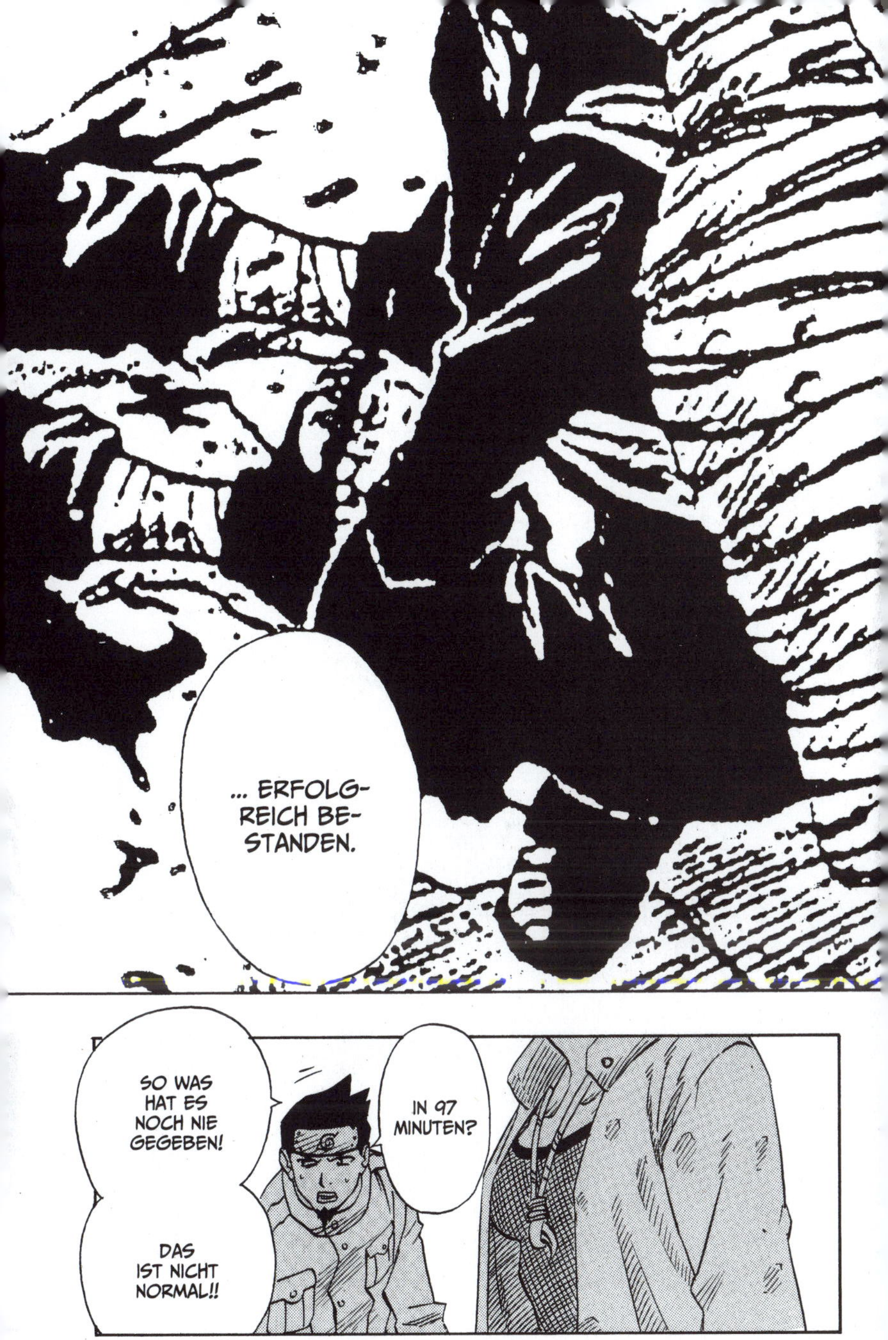
... ERFOLGREICH BESTANDEN.
IN 97 MINUTEN?
SO WAS HAT ES NOCH NIE GEGEBEN!
DAS IST NICHT NORMAL!!

MASASHI KISHIMOTOS WELT
LEBENSGESCHICHTE - TEIL 2

ALS ICH IN DEN KINDERGARTEN GING, INTERESSIERTE ICH MICH FÜR SOLCHE DINGE WIE INSEKTEN ODER DEN LAUF DES FLUSSWASSERS. WENN ICH ANFING, ETWAS ZU BEOBACHTEN, WAR ICH MUCKSMÄUSCHENSTILL UND WIE VERSTEINERT. OFT MUSSTEN MEINE KINDERGÄRTNERIN UND MEINE MUTTER MICH SUCHEN. ZU HAUSE HATTE ICH DIESE ANGEWOHNHEIT SPEZIELL, WENN ICH FERNSAH. MEIN VATER WAR MANCHMAL RICHTIGGEHEND EIFERSÜCHTIG AUF DEN FERNSEHER! DAMALS FESSELTEN MICH VIELE SENDUNGEN. EINE DAVON WAR »DORAEMON«. ICH WAR TOTAL FASZINIERT VON DIESEM CHARAKTER UND ZEICHNETE IHN IMMER UND ÜBERALL. AUCH MEINE KINDERGARTENKAMERADEN KANNTEN DORAEMON, ABER IHRE BILDER FAND ICH IMMER SCHLECHT, UND ZWAR WEGEN DORAEMONS AUGEN. (SCHAUT DIE BILDER UNTEN AN.) ALLE ZEICHNETEN IHN WIE BILD 2, ALSO FALSCH! NUR ICH ZEICHNETE IHN RICHTIG, ALSO WIE BILD 1. ICH BEHAUPTETE DAMALS DUMMERWEISE AUCH, DASS DIE ZEICHENANLEITUNG AUS DEM »DORAEMON-LIED« FALSCH SEI. ICH HATTE OFT STREIT MIT DEN ANDEREN...! ICH GLAUB, ICH WAR EIN GANZ SCHÖN NERVIGER BENGEL...!

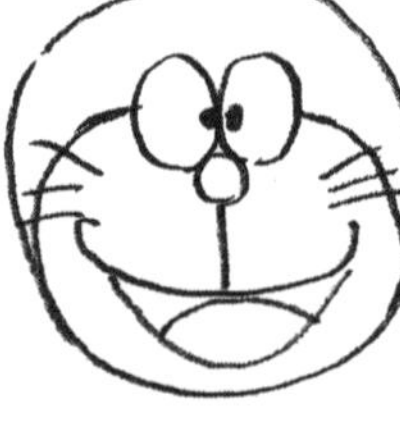
BILD 1

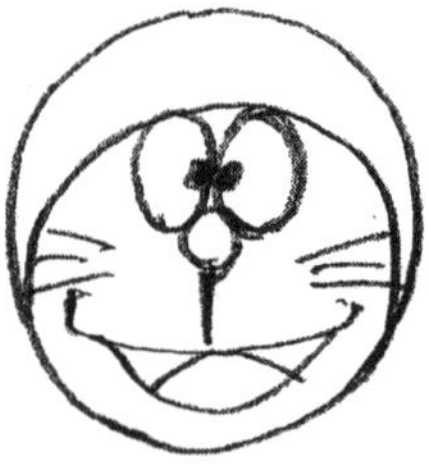
BILD 2

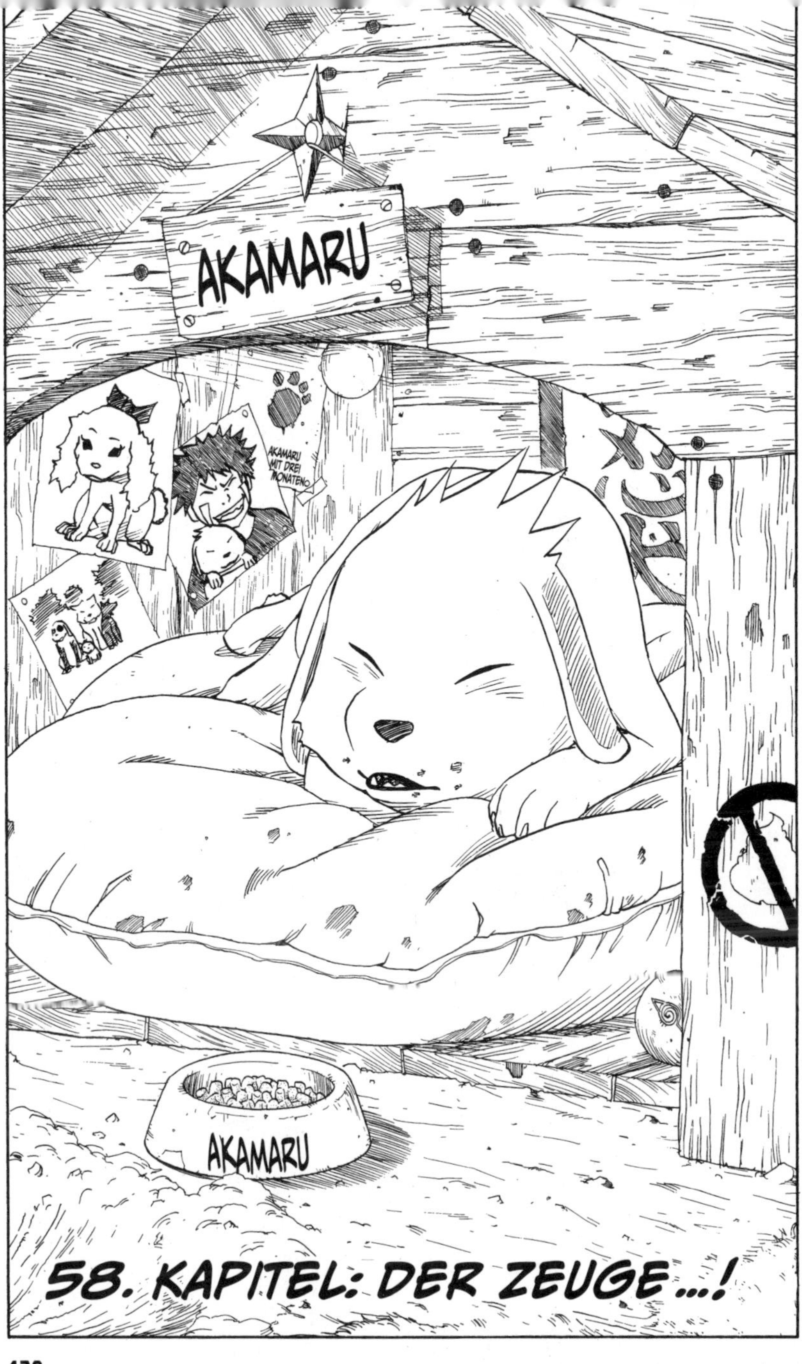
AKAMARU
AKAMARU MIT DREI MONATEN
AKAMARU
58. KAPITEL: DER ZEUGE ...!

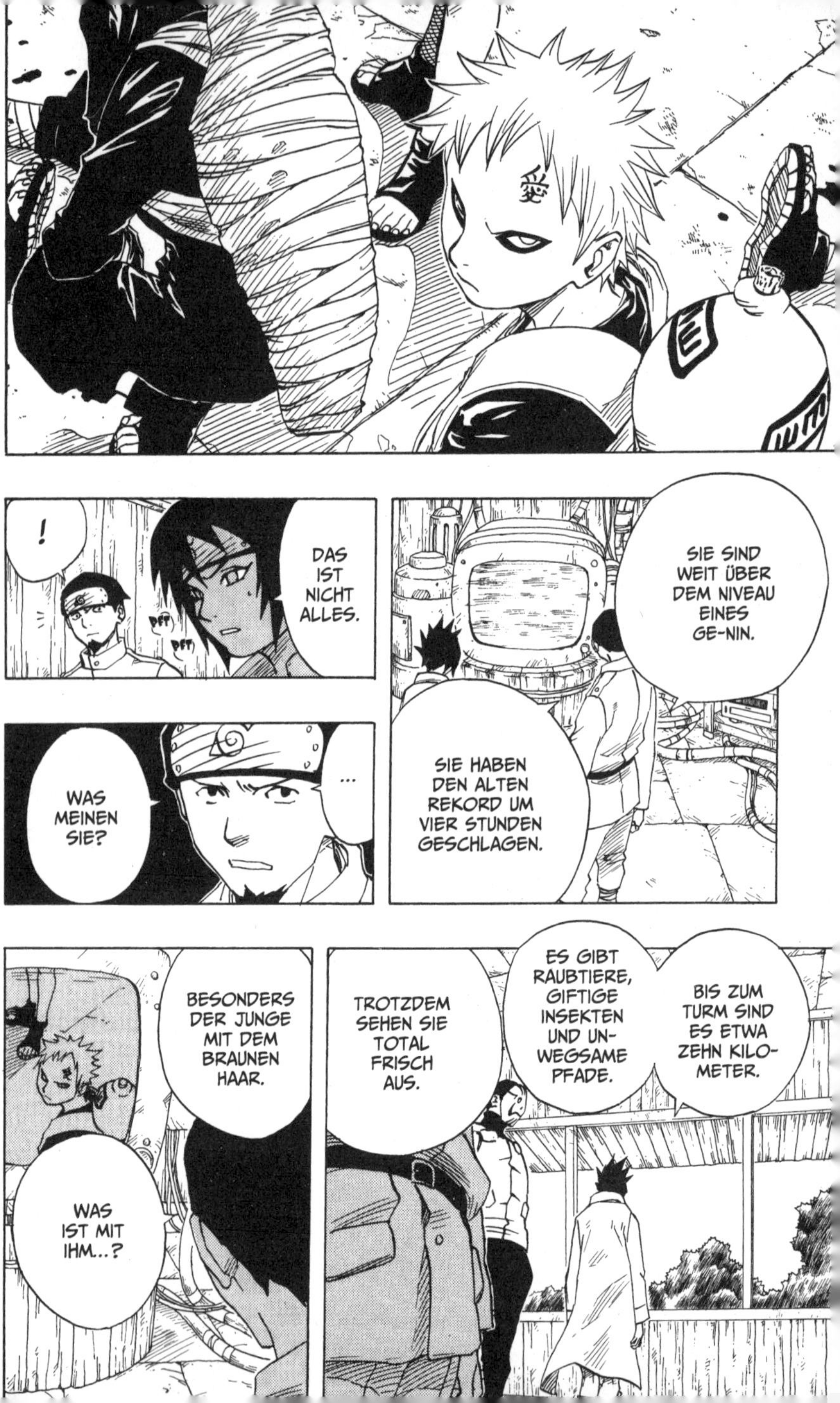

SIE SIND WEIT ÜBER DEM NIVEAU EINES GE-NIN.
SIE HABEN DEN ALTEN REKORD UM VIER STUNDEN GESCHLAGEN.
DAS IST NICHT ALLES.
!
PFF
PFF
...
WAS MEINEN SIE?
BIS ZUM TURM SIND ES ETWA ZEHN KILO-METER.
ES GIBT RAUBTIERE, GIFTIGE INSEKTEN UND UN-WEGSAME PFADE.
TROTZDEM SEHEN SIE TOTAL FRISCH AUS.
BESONDERS DER JUNGE MIT DEM BRAUNEN HAAR.
WAS IST MIT IHM...?

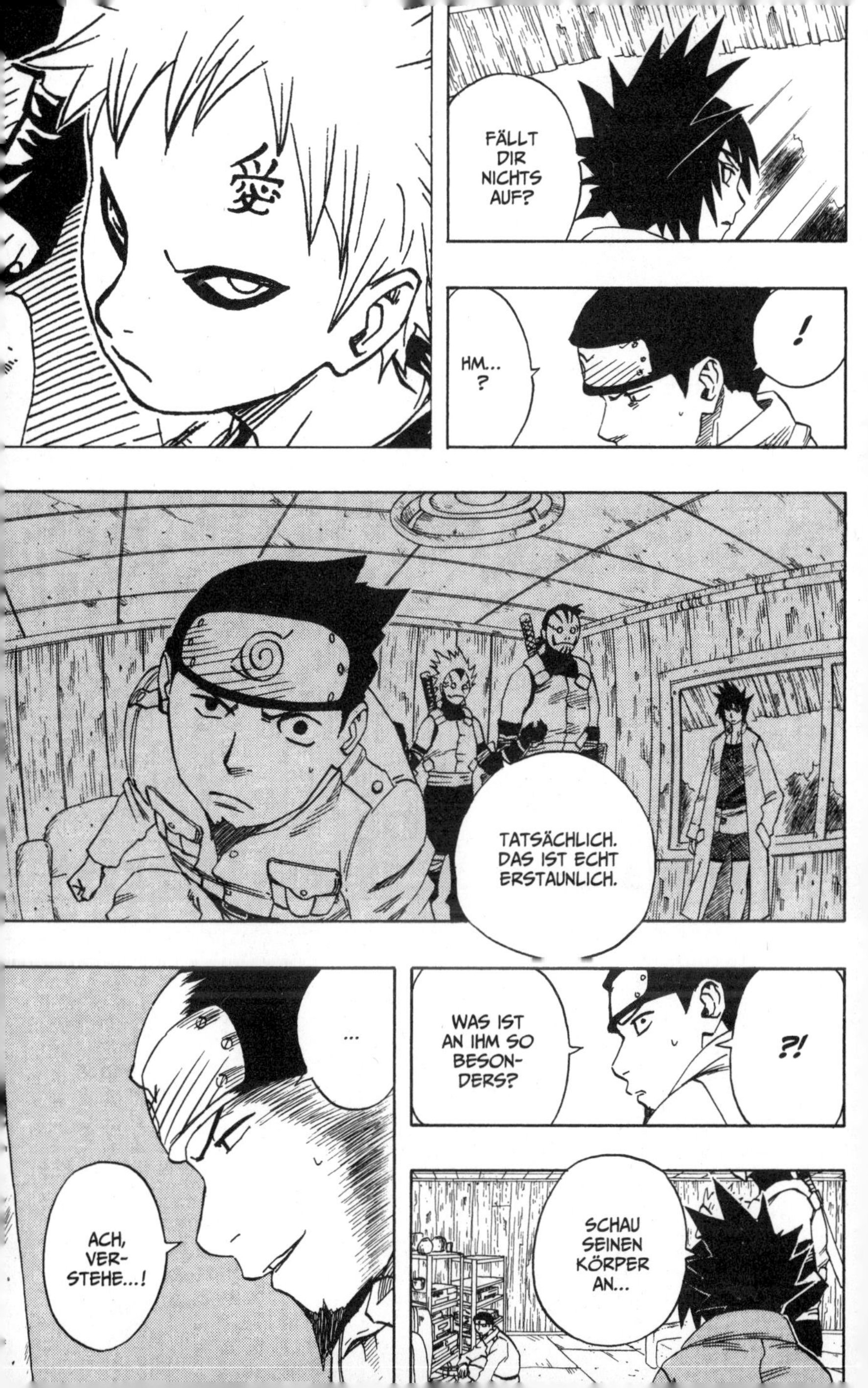
FÄLLT DIR NICHTS AUF?
!
HM.. ?
TATSÄCHLICH. DAS IST ECHT ERSTAUNLICH.
?!
WAS IST AN IHM SO BESON-DERS?
...
SCHAU SEINEN KÖRPER AN...
ACH, VER-STEHE...!

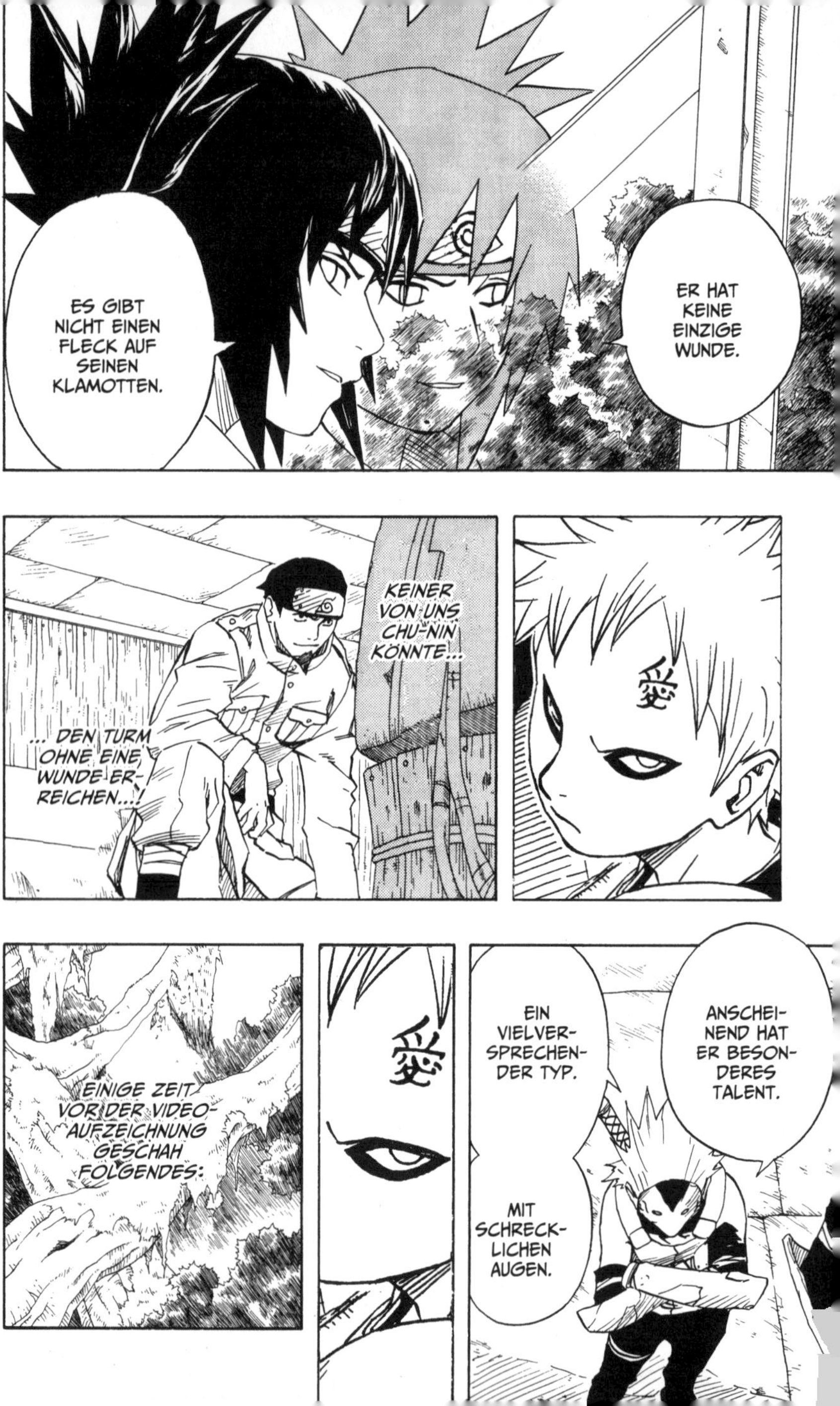
ER HAT KEINE EINZIGE WUNDE.
ES GIBT NICHT EINEN FLECK AUF SEINEN KLAMOTTEN.
KEINER VON UNS CHU-NIN KÖNNTE...
... DEN TURM OHNE EINE WUNDE ERREICHEN...!
ANSCHEINEND HAT ER BESONDERES TALENT.
EIN VIELVERSPRECHENDER TYP.
MIT SCHRECKLICHEN AUGEN.
EINIGE ZEIT VOR DER VIDEOAUFZEICHNUNG GESCHAH FOLGENDES:

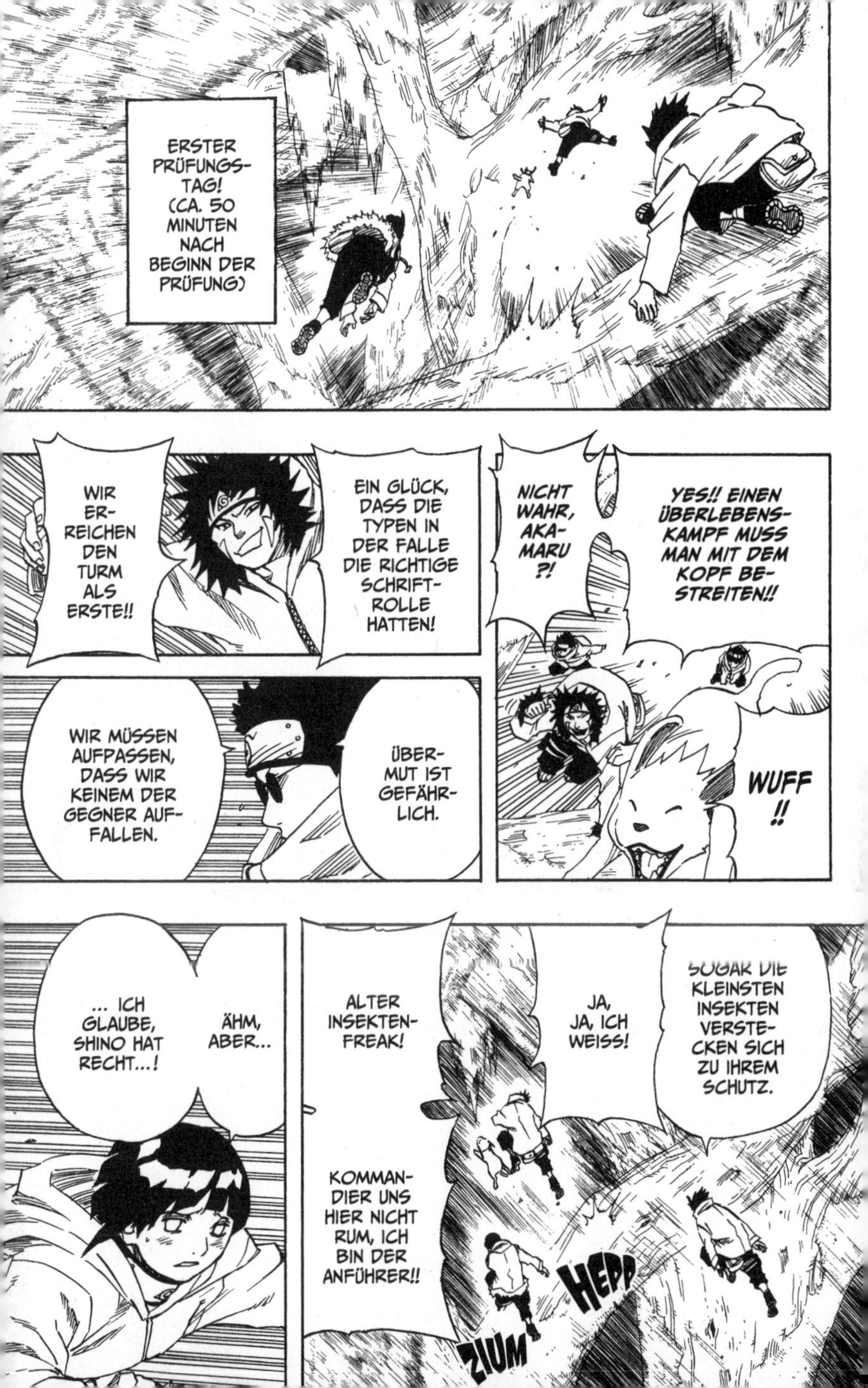
ERSTER PRÜFUNGS-TAG! (CA. 50 MINUTEN NACH BEGINN DER PRÜFUNG)
YES!! EINEN ÜBERLEBENS-KAMPF MUSS MAN MIT DEM KOPF BE-STREITEN!!
NICHT WAHR, AKA-MARU ?!
WUFF !!
EIN GLÜCK, DASS DIE TYPEN IN DER FALLE DIE RICHTIGE SCHRIFT-ROLLE HATTEN!
WIR ER-REICHEN DEN TURM ALS ERSTE!!
ÜBER-MUT IST GEFÄHR-LICH.
WIR MÜSSEN AUFPASSEN, DASS WIR KEINEM DER GEGNER AUF-FALLEN.
SOGAR DIE KLEINSTEN INSEKTEN VERSTE-CKEN SICH ZU IHREM SCHUTZ.
JA, JA, ICH WEISS!
ALTER INSEKTEN-FREAK!
KOMMAN-DIER UNS HIER NICHT RUM, ICH BIN DER ANFÜHRER!!
HEPP
ZIUM
ÄHM, ABER...
... ICH GLAUBE, SHINO HAT RECHT...!

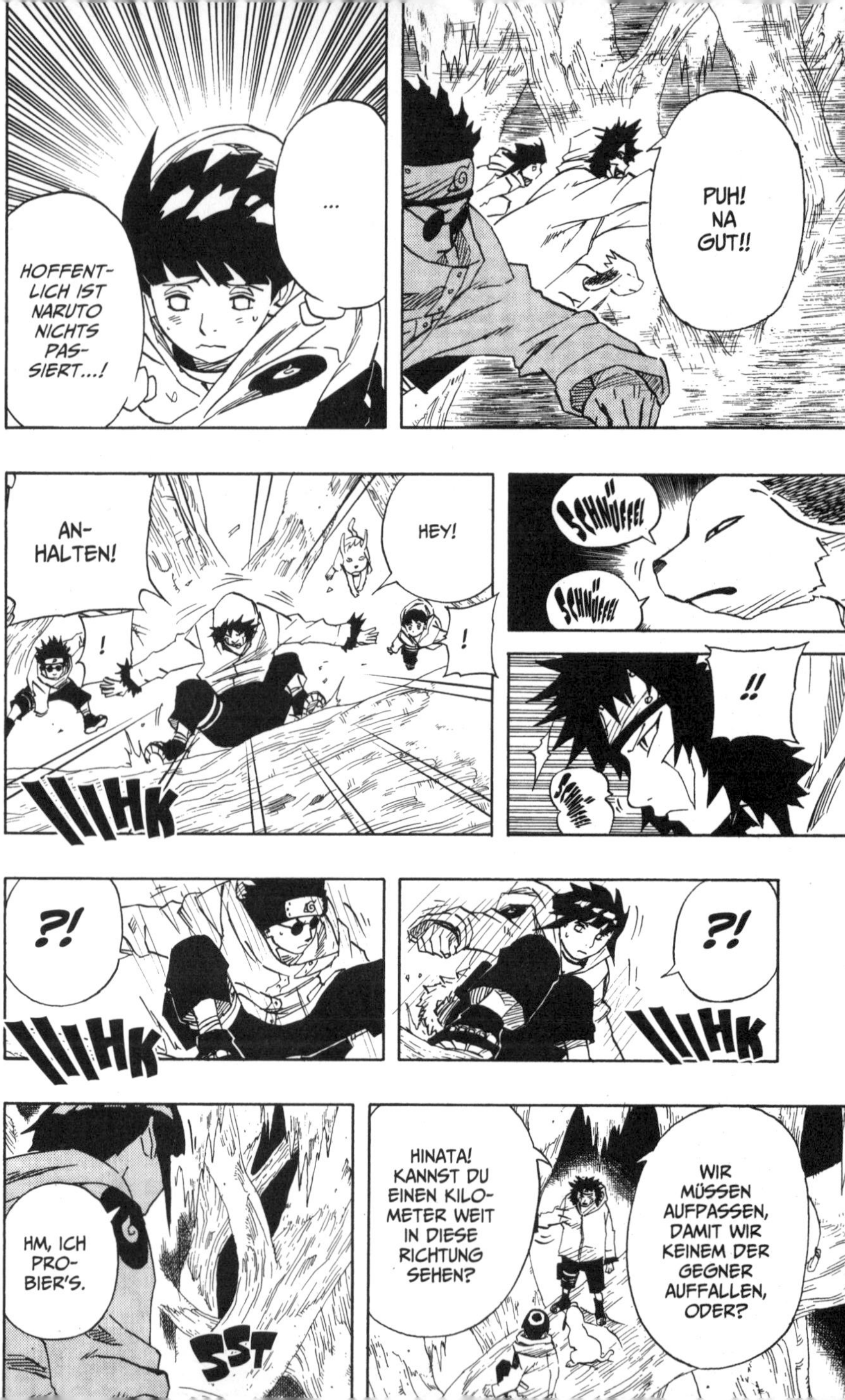
PUH! NA GUT!!
...
HOFFENT-LICH IST NARUTO NICHTS PAS-SIERT...!
SCHNÜFFEL
SCHNÜFFEL
!!
SCHNÜFFEL
HEY!
!
!
AN-HALTEN!
IIIHK
?!
IIIHK
?!
IIIHK
WIR MÜSSEN AUFPASSEN, DAMIT WIR KEINEM DER GEGNER AUFFALLEN, ODER?
HINATA! KANNST DU EINEN KILO-METER WEIT IN DIESE RICHTUNG SEHEN?
HM, ICH PRO-BIER'S.
SST

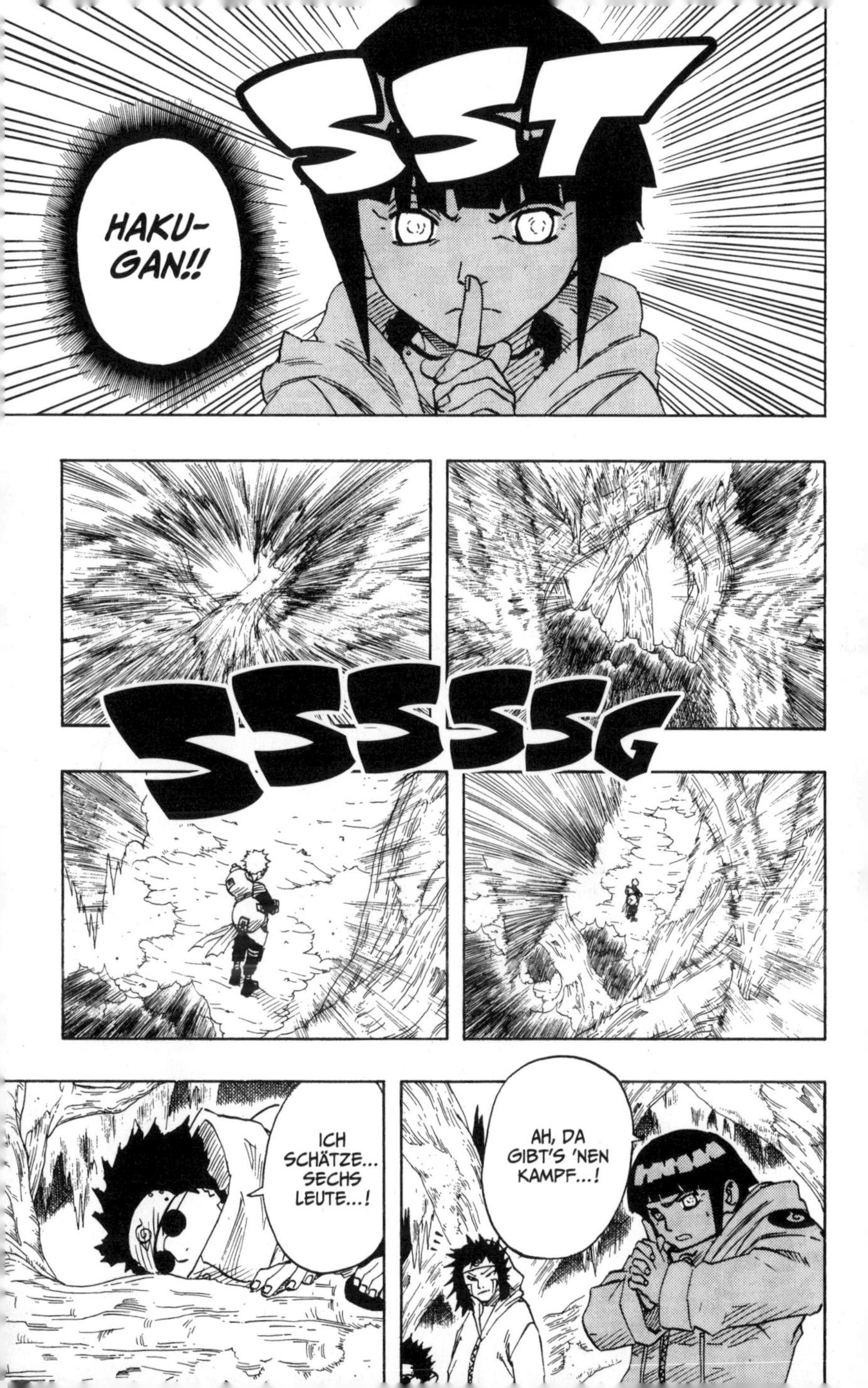
SST
HAKU-
GAN!!
SSSSSG
ICH SCHÄTZE... SECHS LEUTE...!
AH, DA GIBT'S 'NEN KAMPF...!

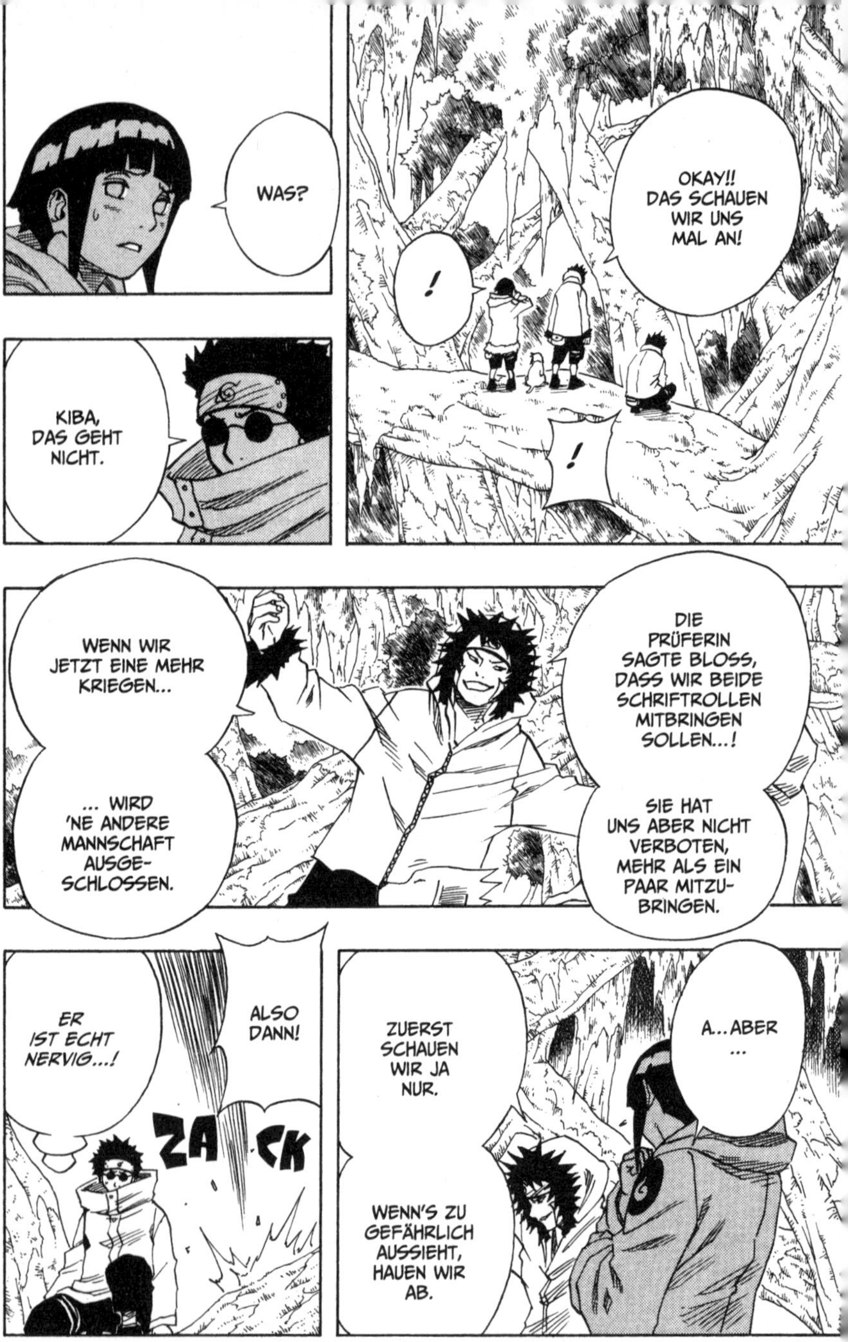
OKAY!! DAS SCHAUEN WIR UNS MAL AN!
!
!
WAS?
KIBA, DAS GEHT NICHT.
DIE PRÜFERIN SAGTE BLOSS, DASS WIR BEIDE SCHRIFTROLLEN MITBRINGEN SOLLEN...!
SIE HAT UNS ABER NICHT VERBOTEN, MEHR ALS EIN PAAR MITZU-BRINGEN.
WENN WIR JETZT EINE MEHR KRIEGEN...
... WIRD 'NE ANDERE MANNSCHAFT AUSGE-SCHLOSSEN.
A...ABER ...
ZUERST SCHAUEN WIR JA NUR.
WENN'S ZU GEFÄHRLICH AUSSIEHT, HAUEN WIR AB.
ALSO DANN!
ZACK
ER IST ECHT NERVIG...!

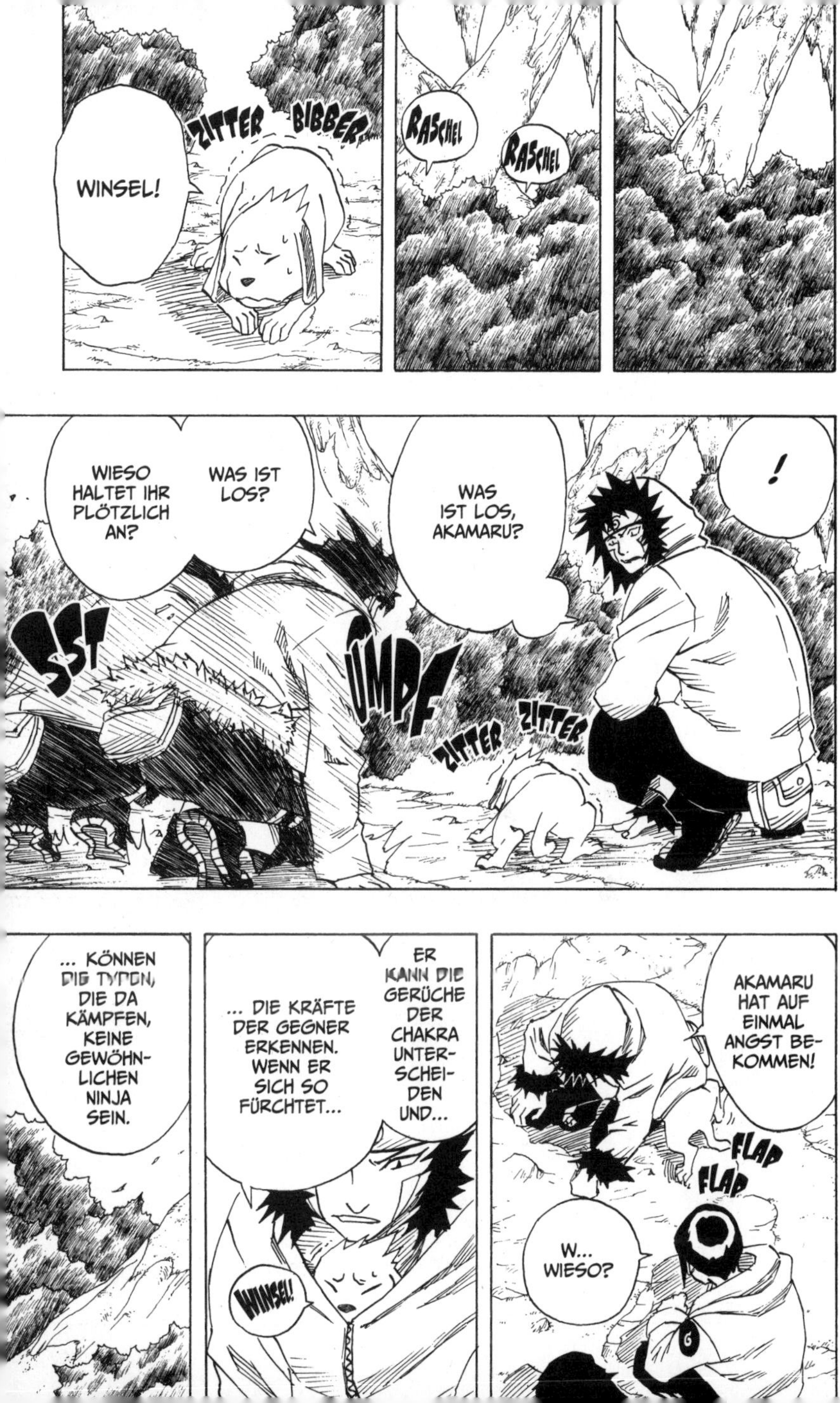
RASCHEL
RASCHEL
ZITTER BIBBER
WINSEL!
!
WAS IST LOS, AKAMARU?
ZITTER ZITTER
WAS IST LOS?
WIESO HALTET IHR PLÖTZLICH AN?
ÜMPF
SST
AKAMARU HAT AUF EINMAL ANGST BE-KOMMEN!
W... WIESO?
FLAP
FLAP
ER KANN DIE GERÜCHE DER CHAKRA UNTER-SCHEI-DEN UND...
... DIE KRÄFTE DER GEGNER ERKENNEN. WENN ER SICH SO FÜRCHTET...
WINSEL!
... KÖNNEN DIE TYPEN, DIE DA KÄMPFEN, KEINE GEWÖHN-LICHEN NINJA SEIN.

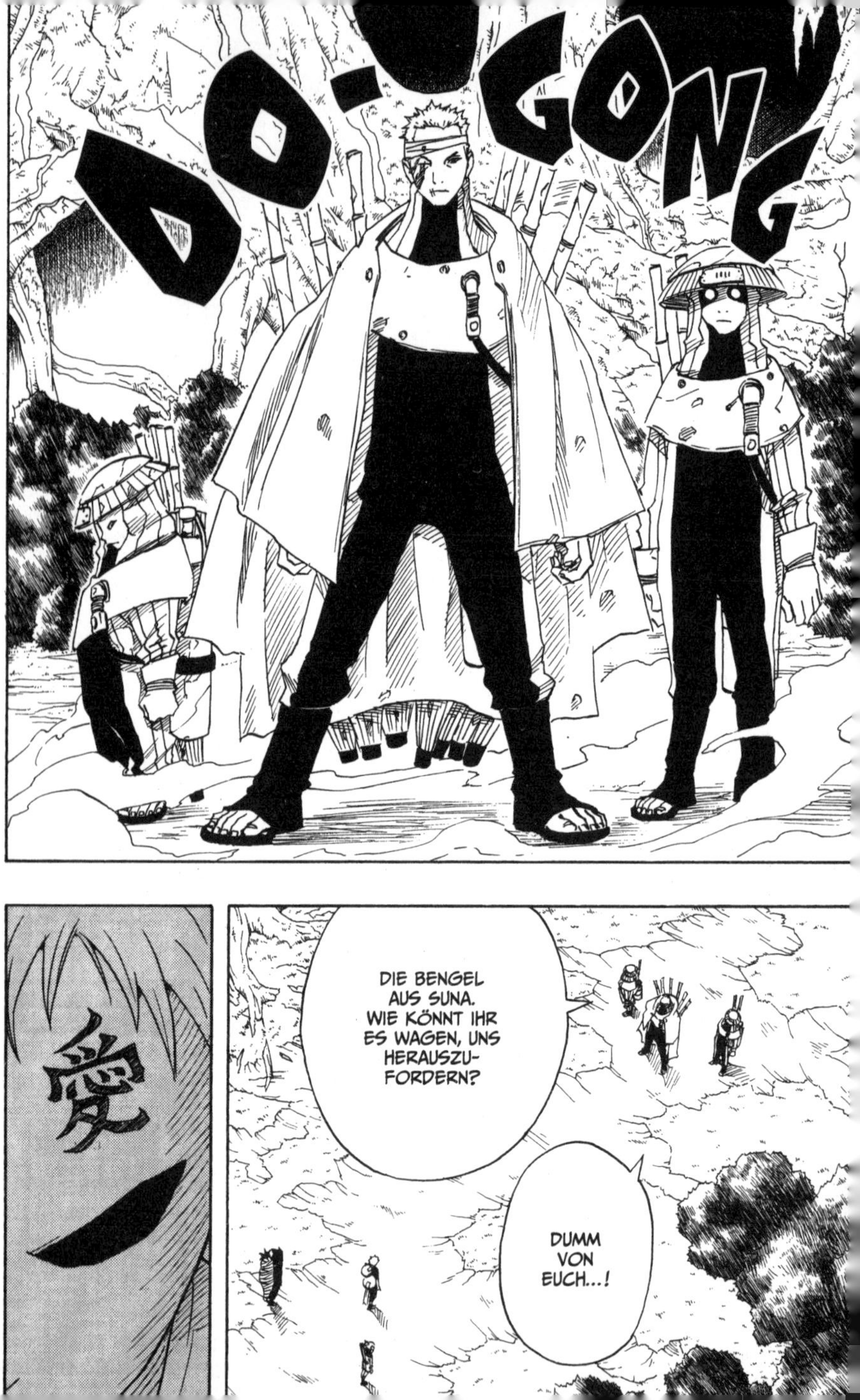
DO-GONG
DIE BENGEL AUS SUNA. WIE KÖNNT IHR ES WAGEN, UNS HERAUSZU-FORDERN?
DUMM VON EUCH...!

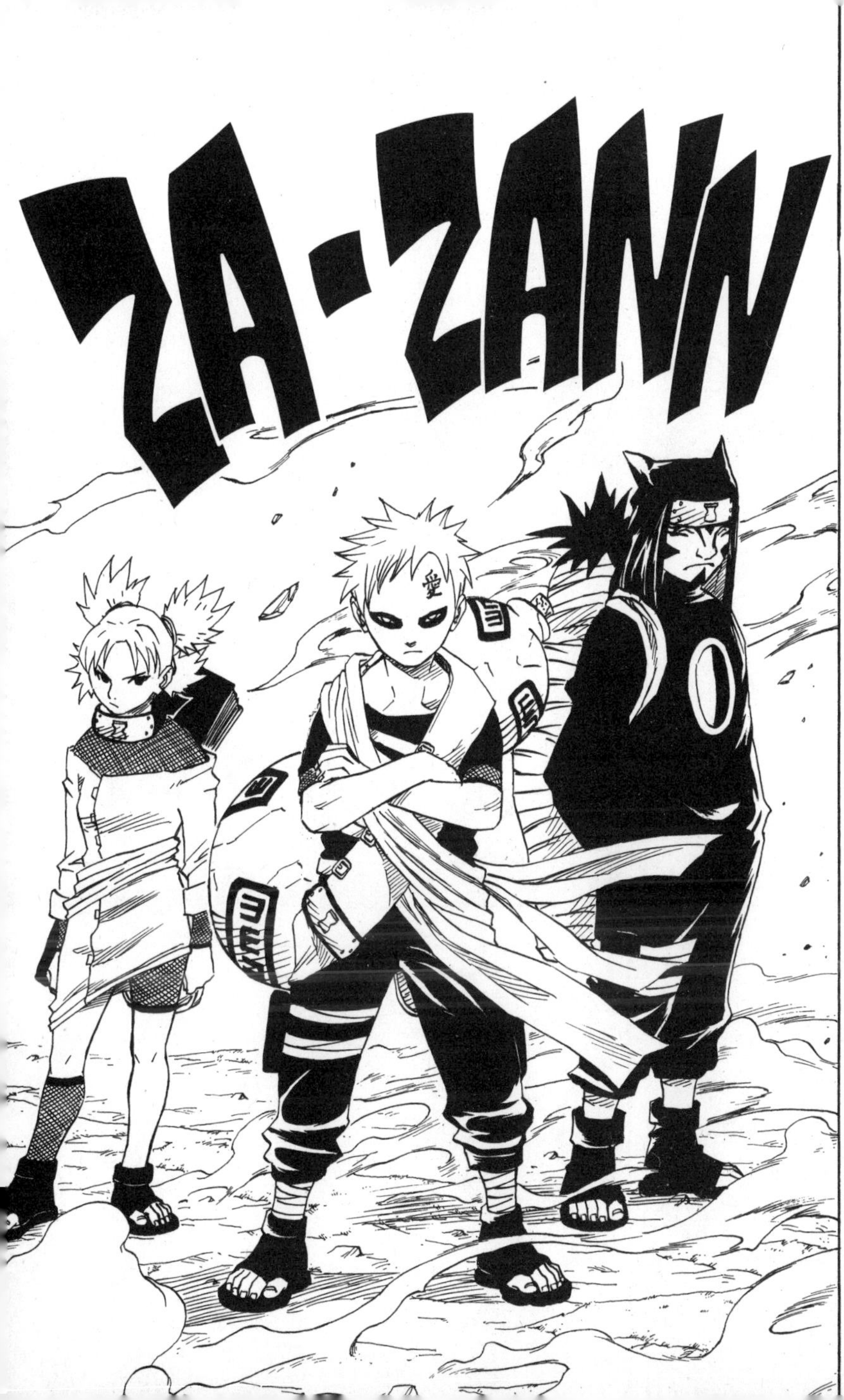
ZA-ZANN

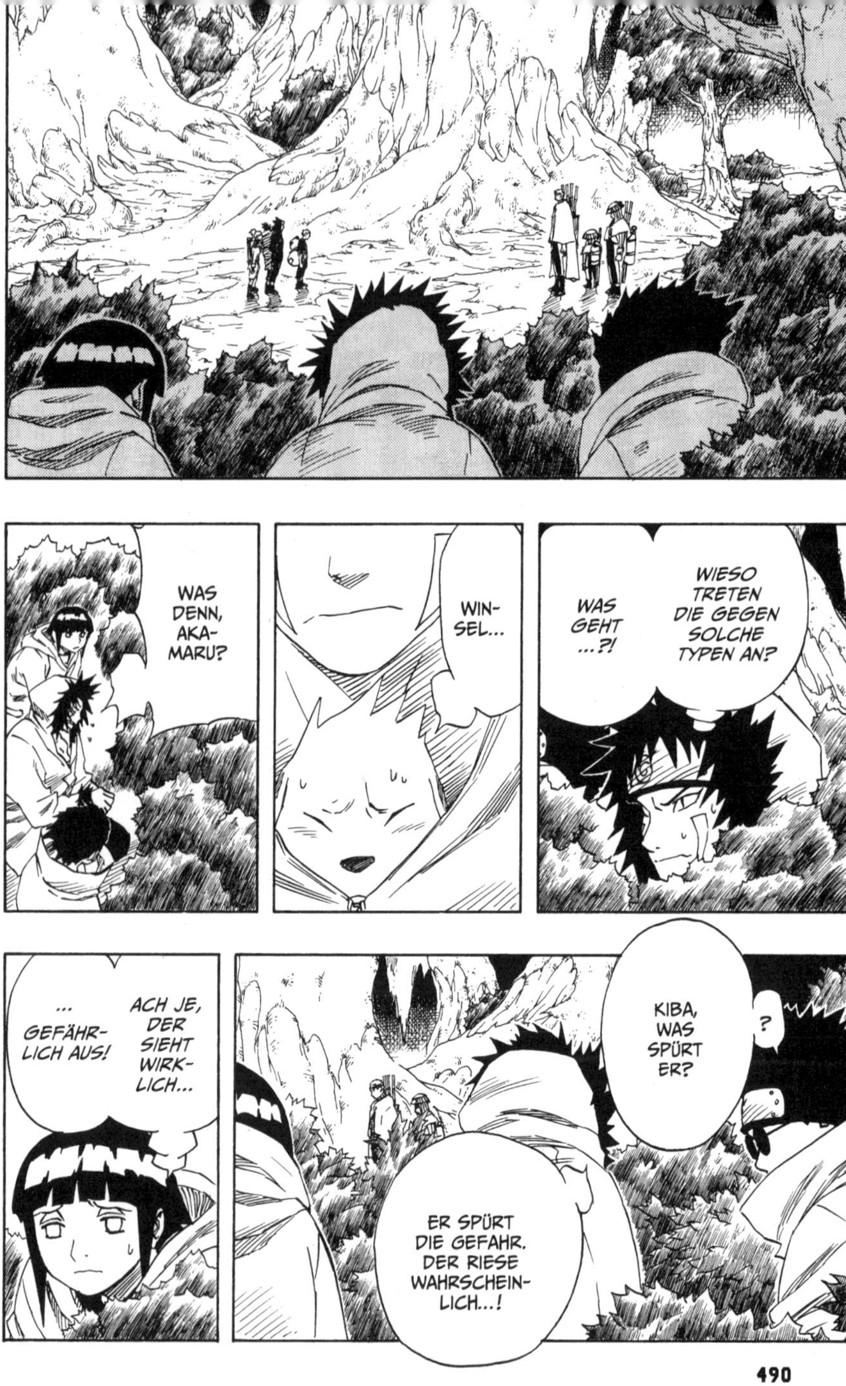
WIESO TRETEN DIE GEGEN SOLCHE TYPEN AN?
WAS GEHT ...?!
WIN-SEL...
WAS DENN, AKA-MARU?
?
KIBA, WAS SPÜRT ER?
ER SPÜRT DIE GEFAHR. DER RIESE WAHRSCHEIN-LICH...!
ACH JE, DER SIEHT WIRK-LICH...
... GEFÄHR-LICH AUS!

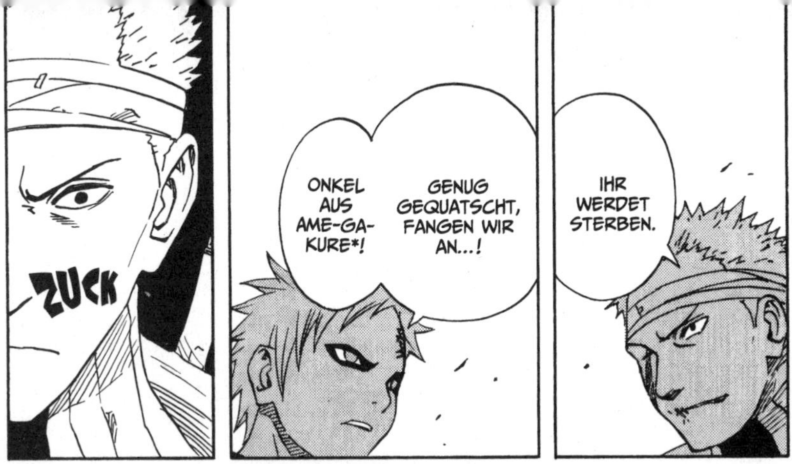
IHR WERDET STERBEN.
GENUG GEQUATSCHT, FANGEN WIR AN...!
ONKEL AUS AME-GAKURE*!
ZUCK

* AME = REGEN

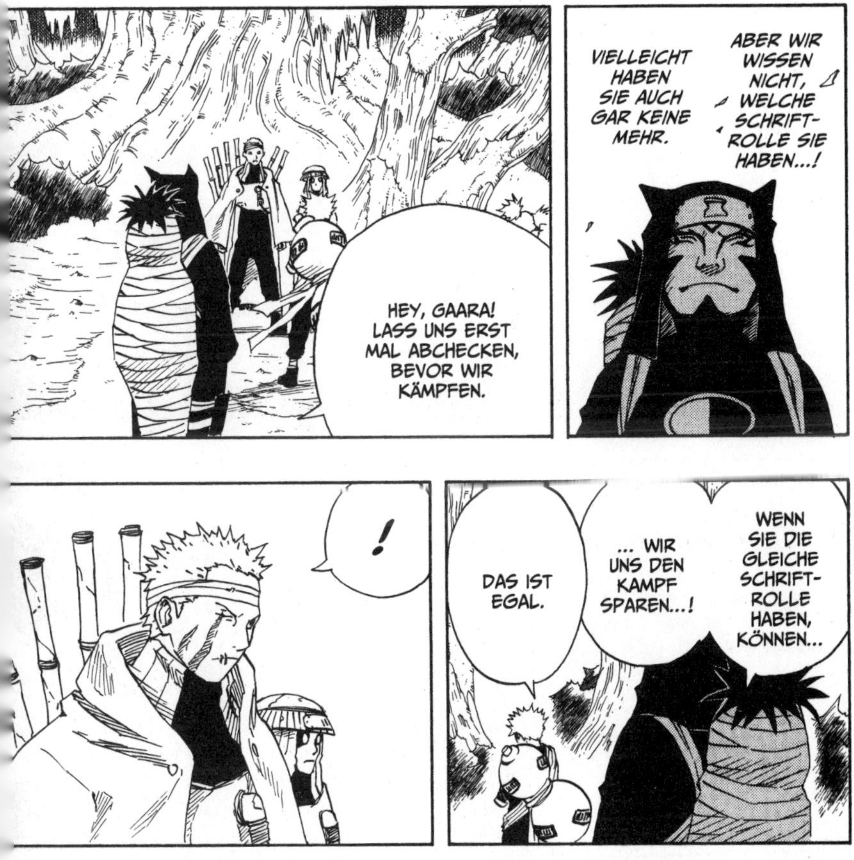
ABER WIR WISSEN NICHT, WELCHE SCHRIFT-ROLLE SIE HABEN...!
VIELLEICHT HABEN SIE AUCH GAR KEINE MEHR.
HEY, GAARA! LASS UNS ERST MAL ABCHECKEN, BEVOR WIR KÄMPFEN.
WENN SIE DIE GLEICHE SCHRIFT-ROLLE HABEN, KÖNNEN...
... WIR UNS DEN KAMPF SPAREN...!
DAS IST EGAL.
!

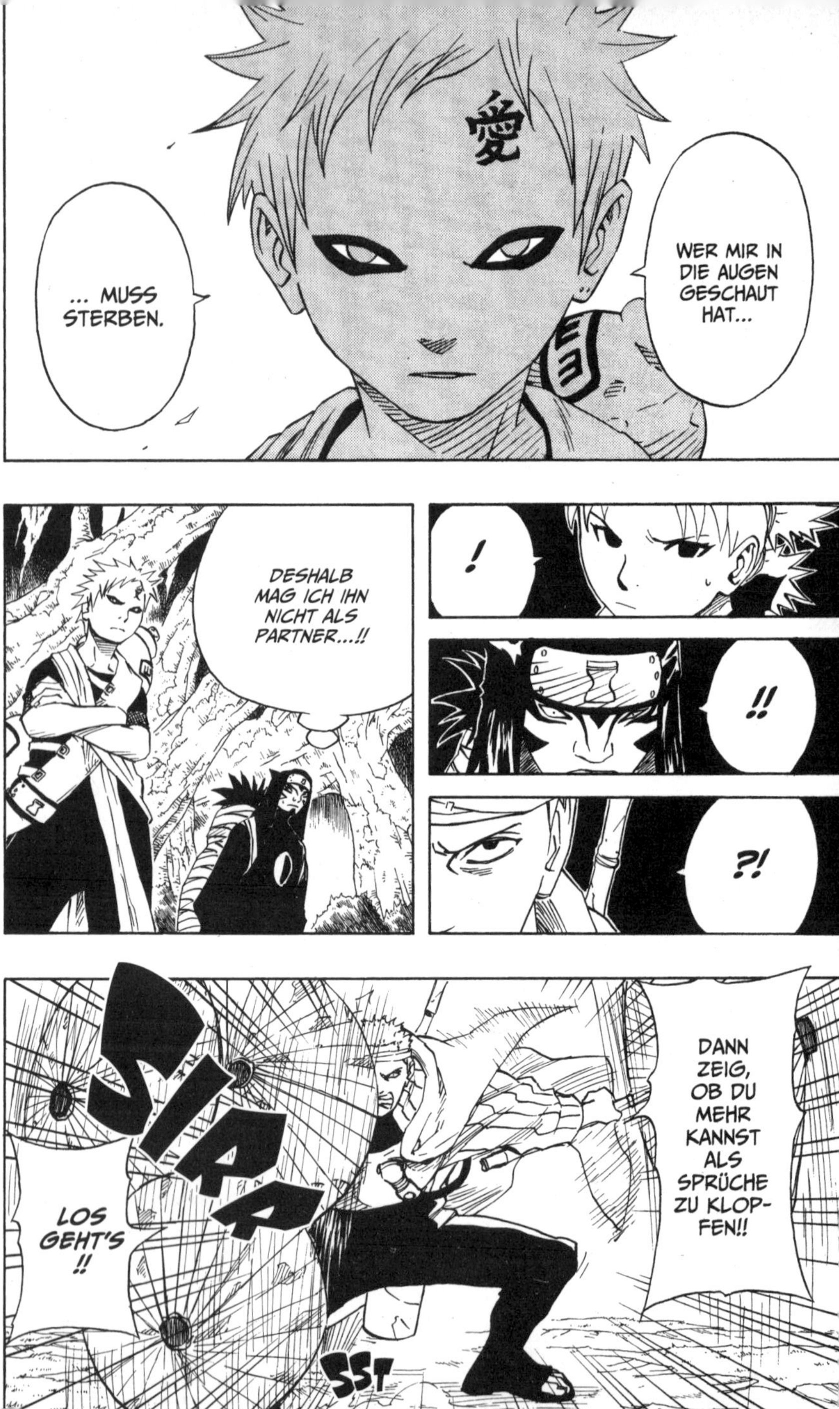

WER MIR IN DIE AUGEN GESCHAUT HAT...
... MUSS STERBEN.
DESHALB MAG ICH IHN NICHT ALS PARTNER...!!
!
!!
?!
DANN ZEIG, OB DU MEHR KANNST ALS SPRÜCHE ZU KLOP-FEN!!
SIRR
LOS GEHT'S !!
SST

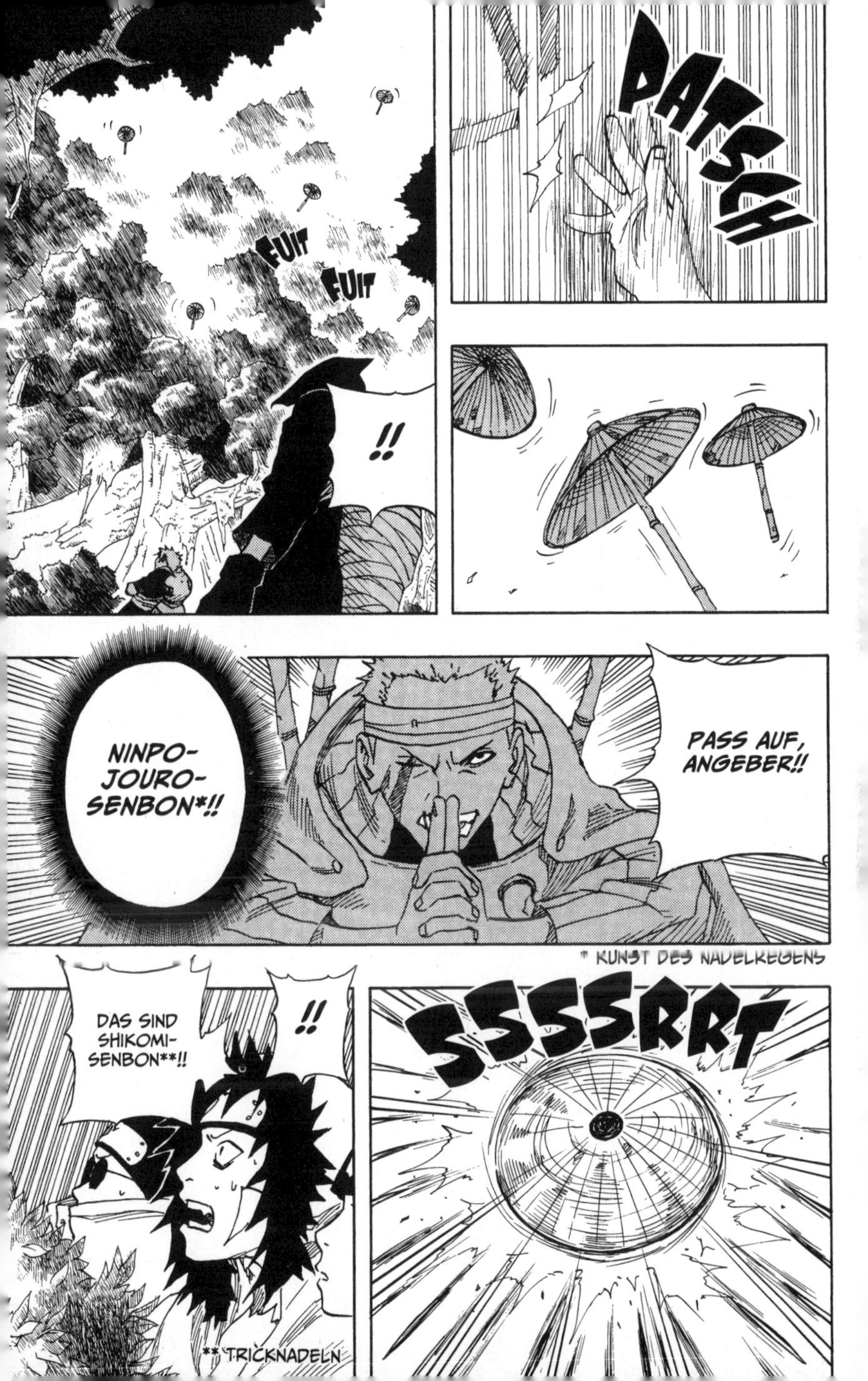

* KUNST DES NADELREGENS

** TRICKNADELN

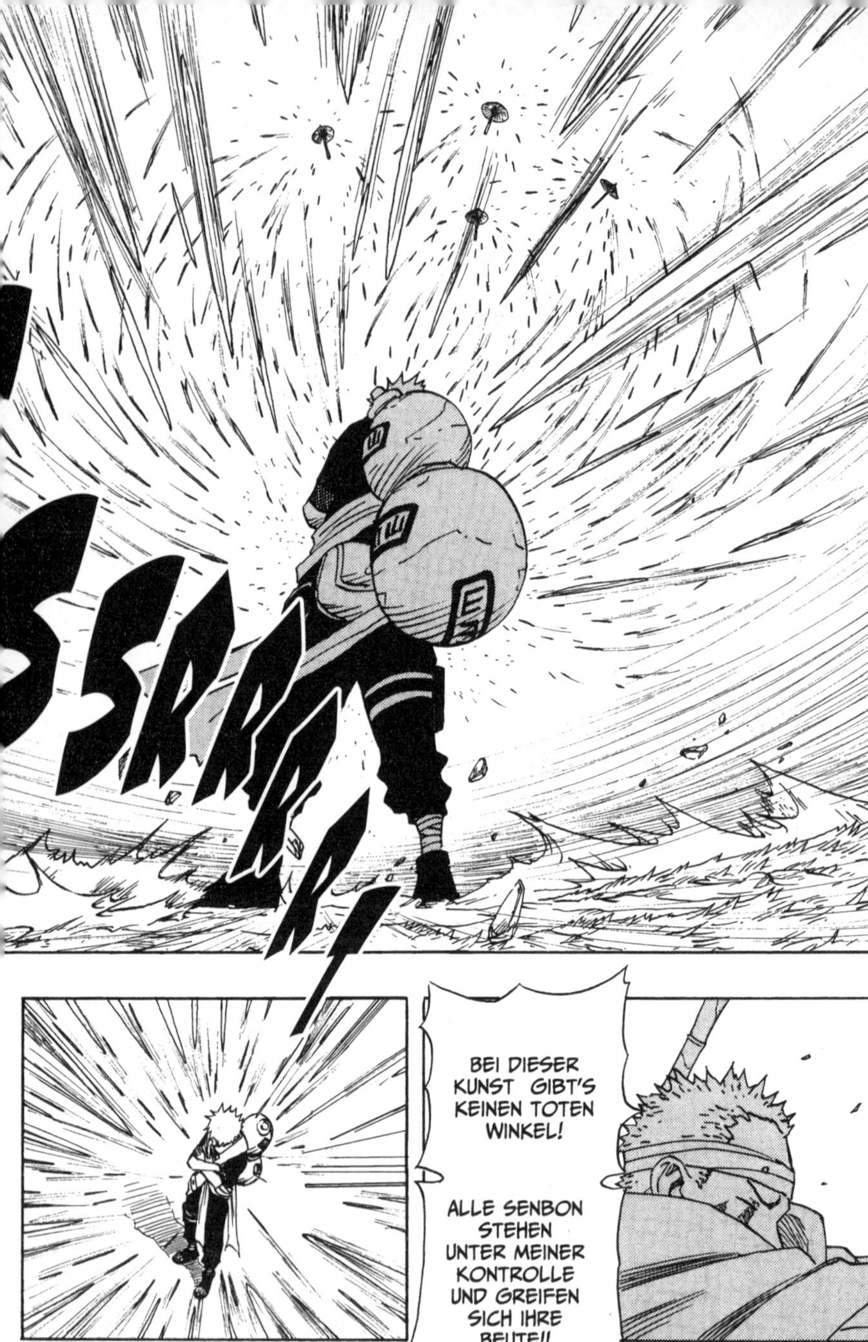
BEI DIESER KUNST GIBT'S KEINEN TOTEN WINKEL!
ALLE SENBON STEHEN UNTER MEINER KONTROLLE UND GREIFEN SICH IHRE BEUTE!!

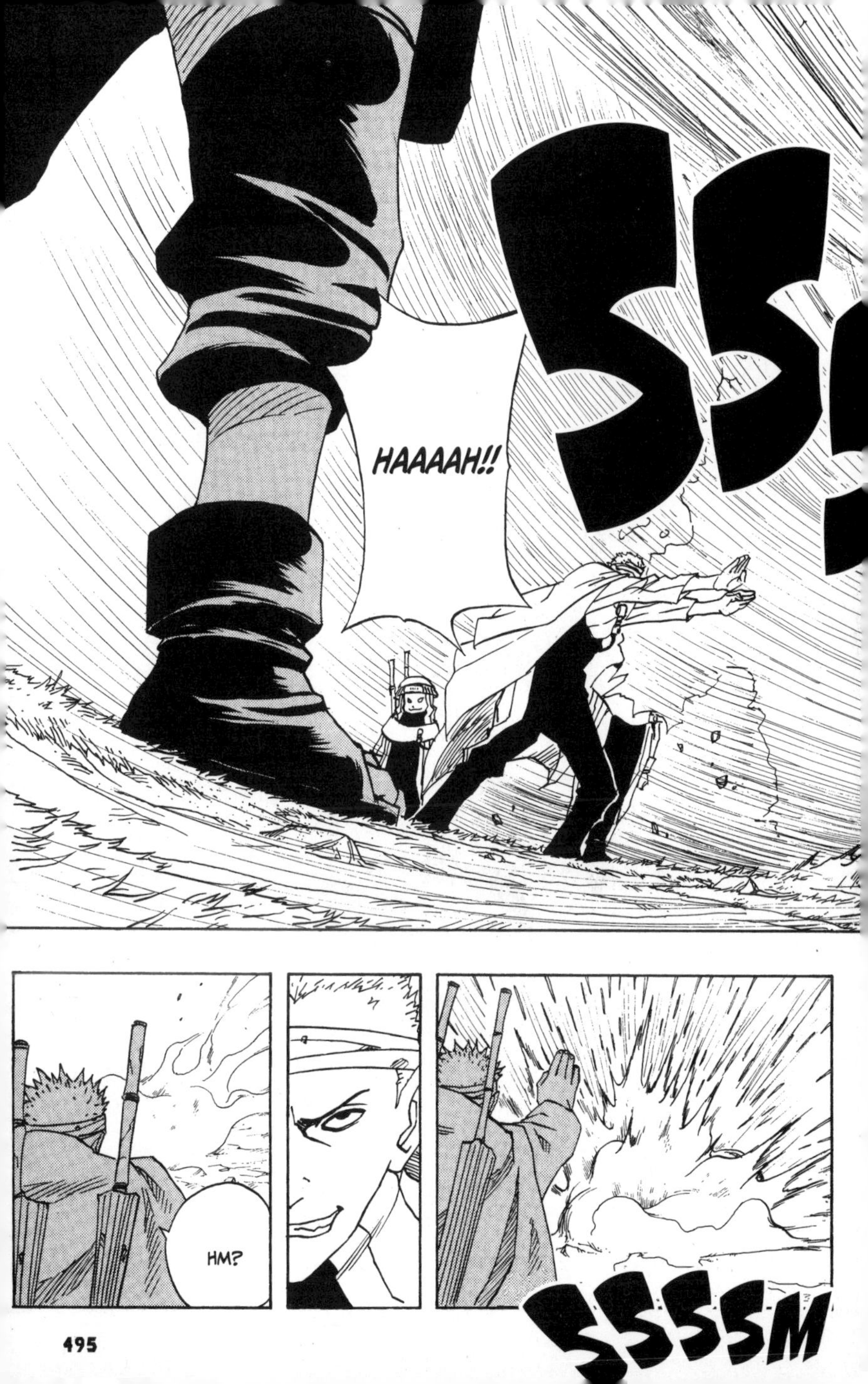
SSS
HAAAAH!!
SSSSM
HM?

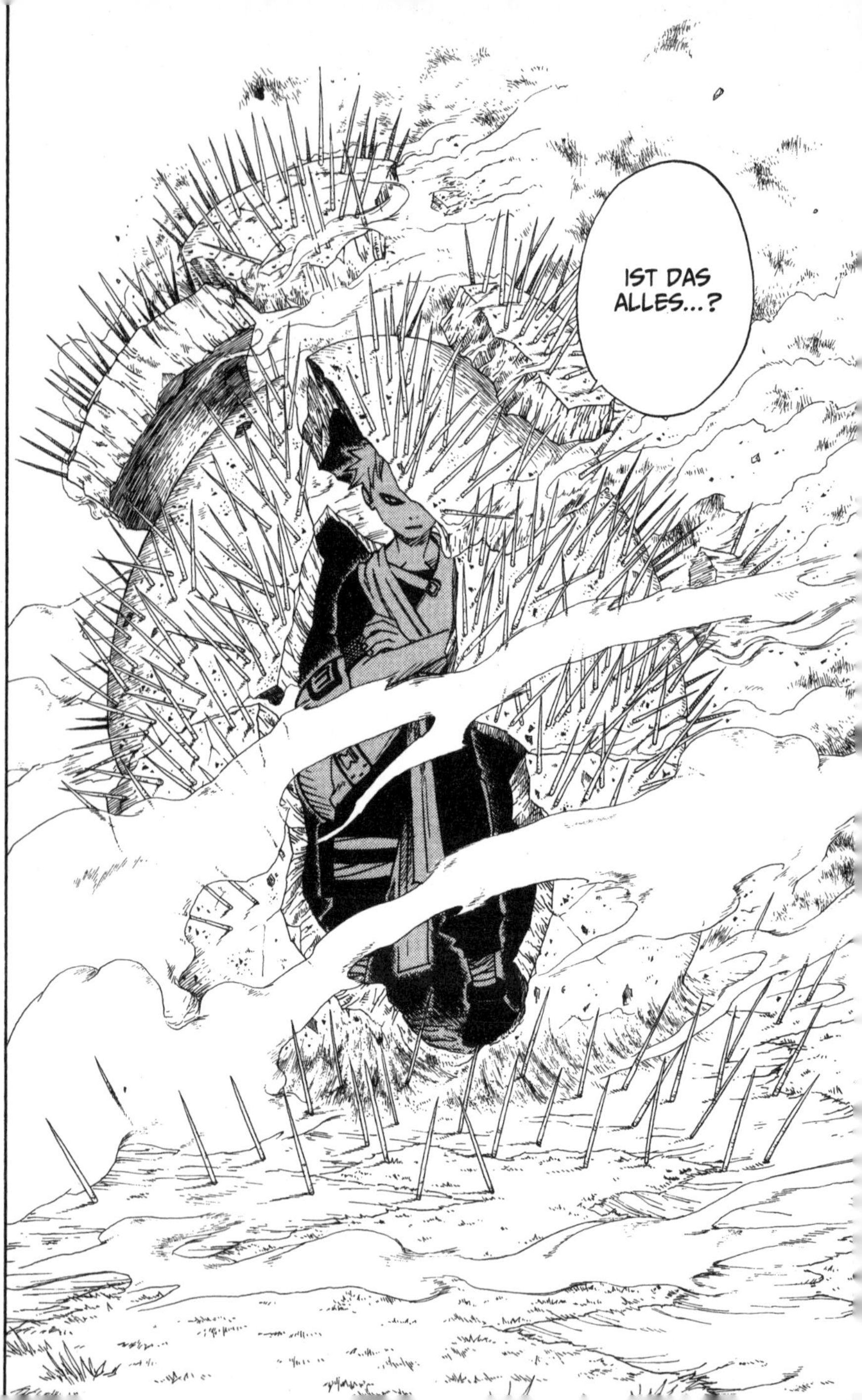
IST DAS ALLES...?

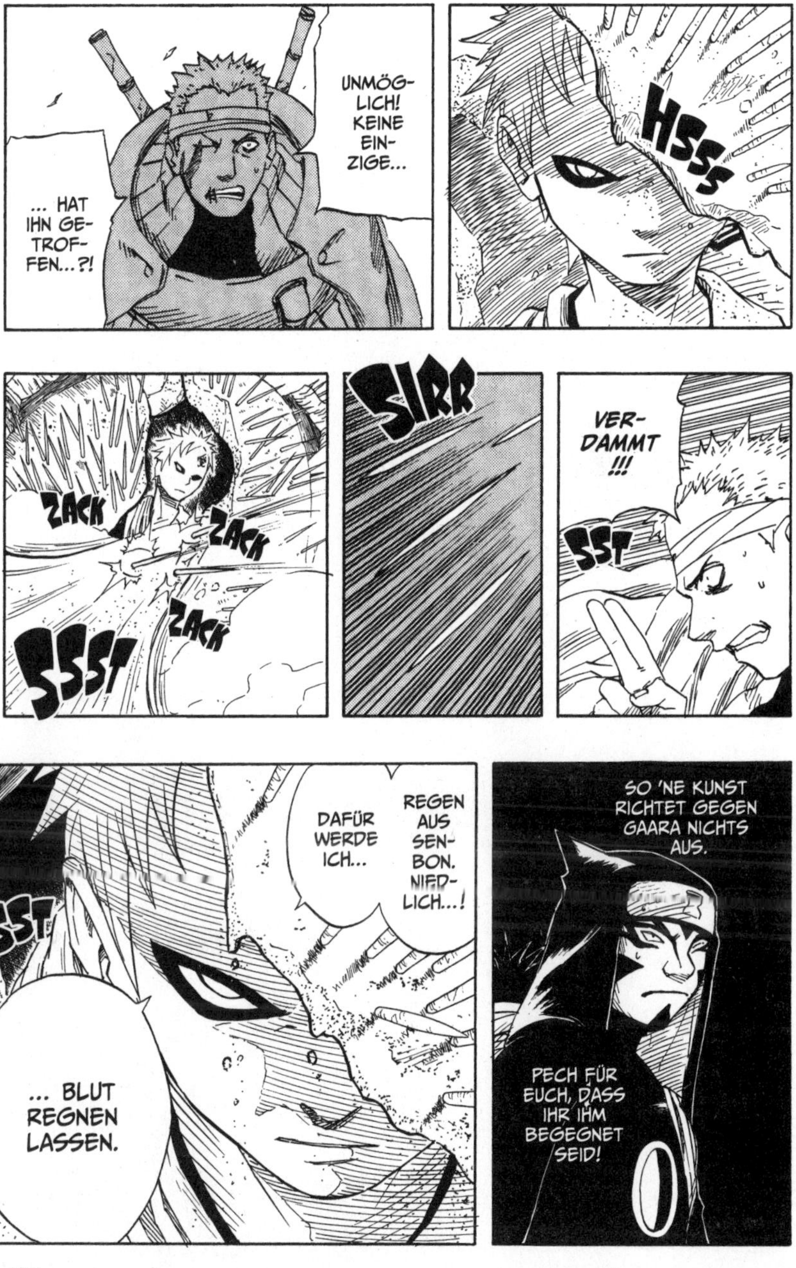
HSSS
UNMÖGLICH! KEINE EINZIGE...
... HAT IHN GETROFFEN...?!
VERDAMMT !!!
SST
SIRR
ZACK
ZACK
ZACK
SSST
SO 'NE KUNST RICHTET GEGEN GAARA NICHTS AUS.
PECH FÜR EUCH, DASS IHR IHM BEGEGNET SEID!
REGEN AUS SENBON. NIEDLICH...!
DAFÜR WERDE ICH...
SST
... BLUT REGNEN LASSEN.

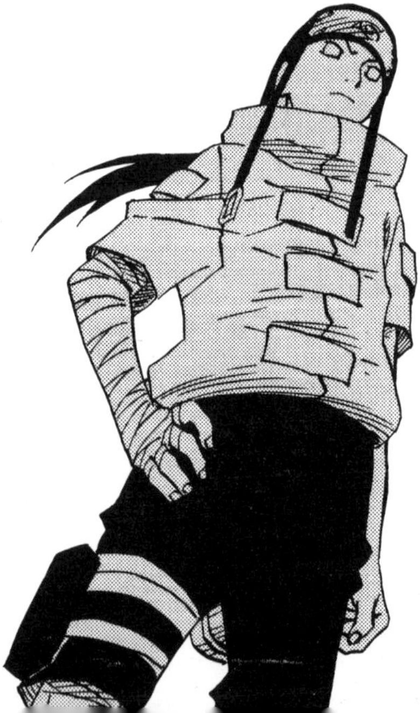

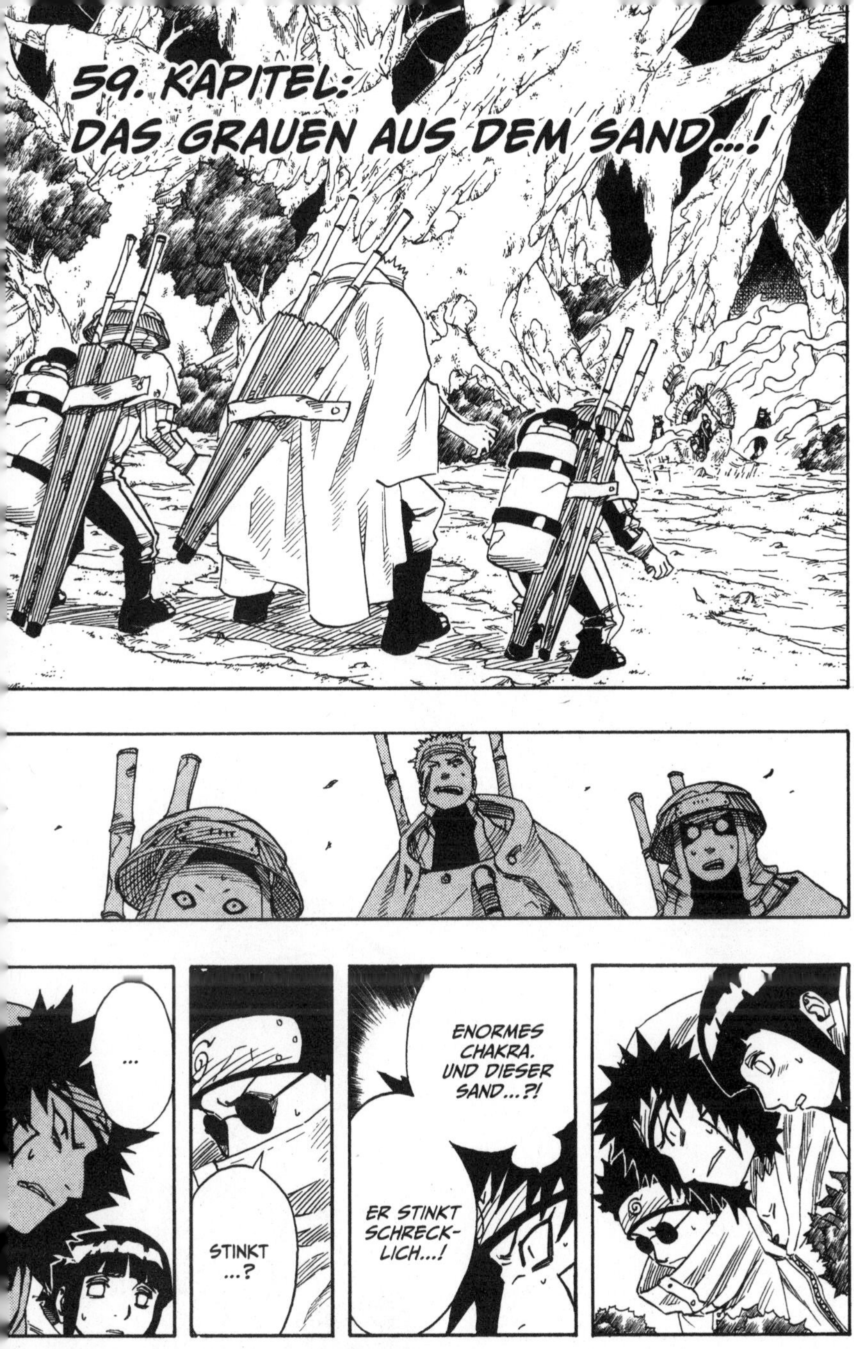
59. KAPITEL:
DAS GRAUEN AUS DEM SAND...!
ENORMES CHAKRA. UND DIESER SAND...?!
ER STINKT SCHRECKLICH...!
STINKT ...?
...

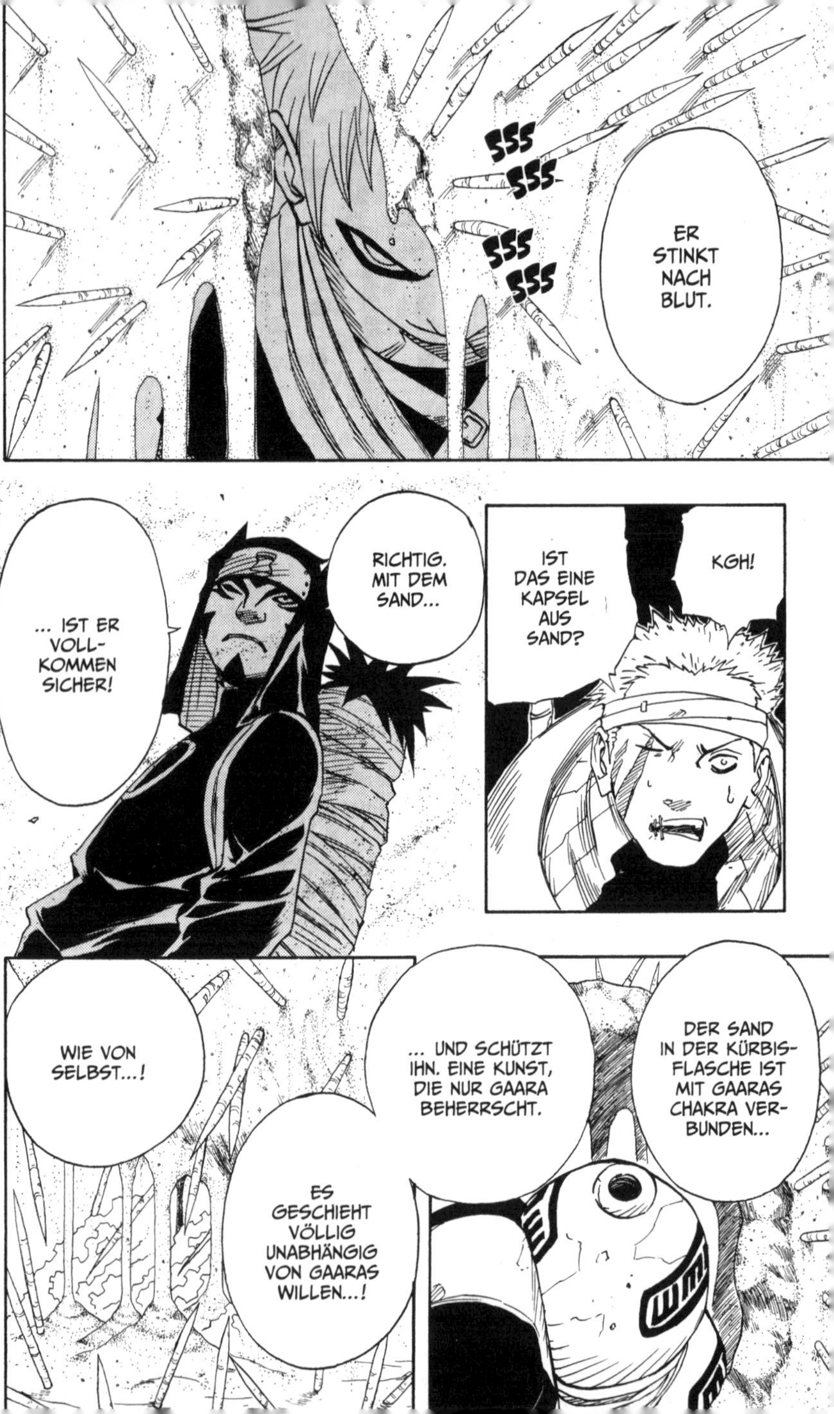
SSS
SSS
SSS
SSS
ER STINKT NACH BLUT.
KGH!
IST DAS EINE KAPSEL AUS SAND?
RICHTIG. MIT DEM SAND...
... IST ER VOLL-KOMMEN SICHER!
DER SAND IN DER KÜRBIS-FLASCHE IST MIT GAARAS CHAKRA VER-BUNDEN...
... UND SCHÜTZT IHN. EINE KUNST, DIE NUR GAARA BEHERRSCHT.
WIE VON SELBST...!
ES GESCHIEHT VÖLLIG UNABHÄNGIG VON GAARAS WILLEN...!

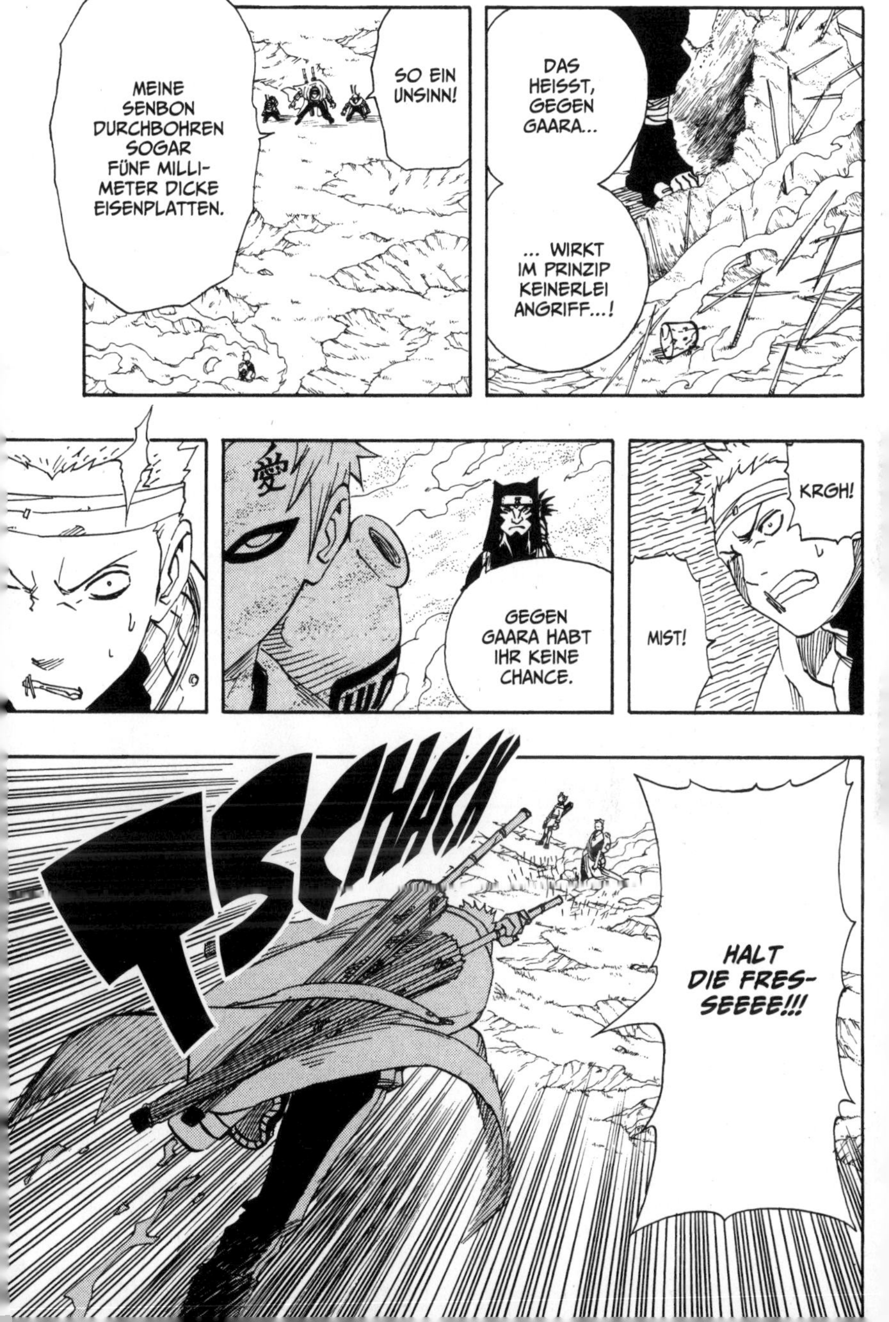
MEINE SENBON DURCHBOHREN SOGAR FÜNF MILLI-METER DICKE EISENPLATTEN.
SO EIN UNSINN!
DAS HEISST, GEGEN GAARA...
... WIRKT IM PRINZIP KEINERLEI ANGRIFF...!
愛
GEGEN GAARA HABT IHR KEINE CHANCE.
KRGH!
MIST!
TSCHACK
HALT DIE FRES-SEEEE!!!

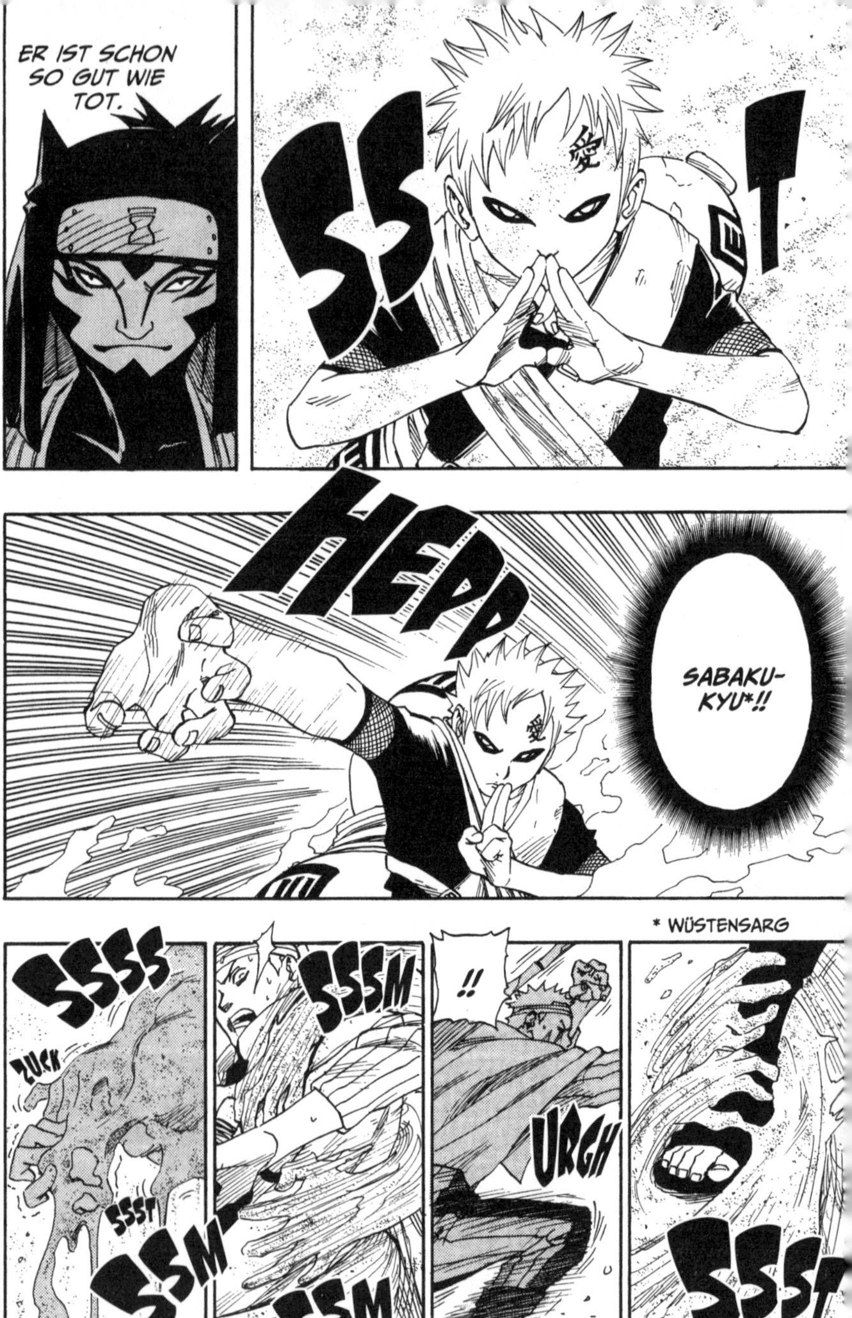
ER IST SCHON SO GUT WIE TOT.
SSST
HEPP
SABAKU-KYU*!!
SSSS
ZUCK
SSST
SSM
SSSM
SSM
!!
URGH
SSST

* WÜSTENSARG

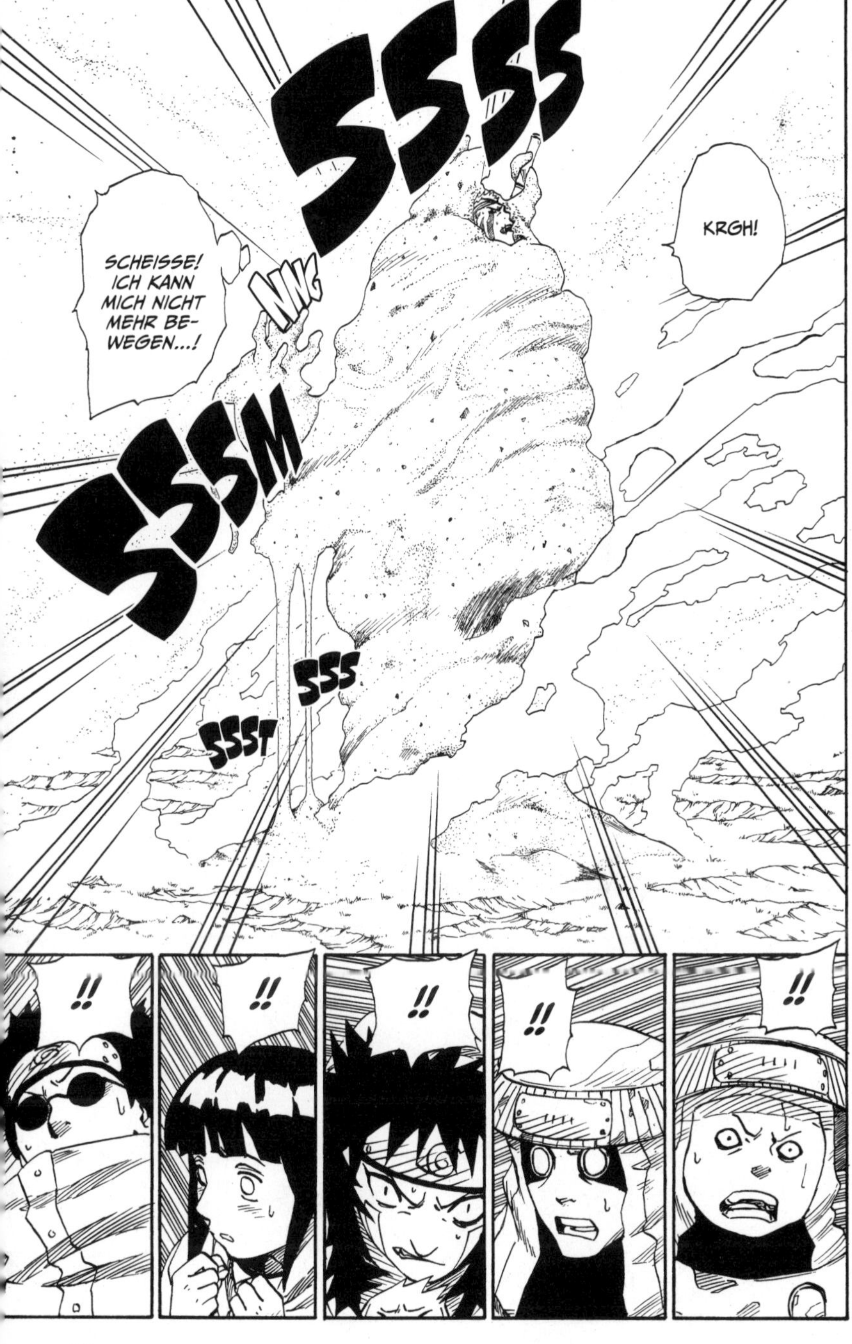
KRGH!
SSSS
NNG
SCHEISSE! ICH KANN MICH NICHT MEHR BE-WEGEN...!
SSSM
SSS
SSST
!!
!!
!!
!!
!!

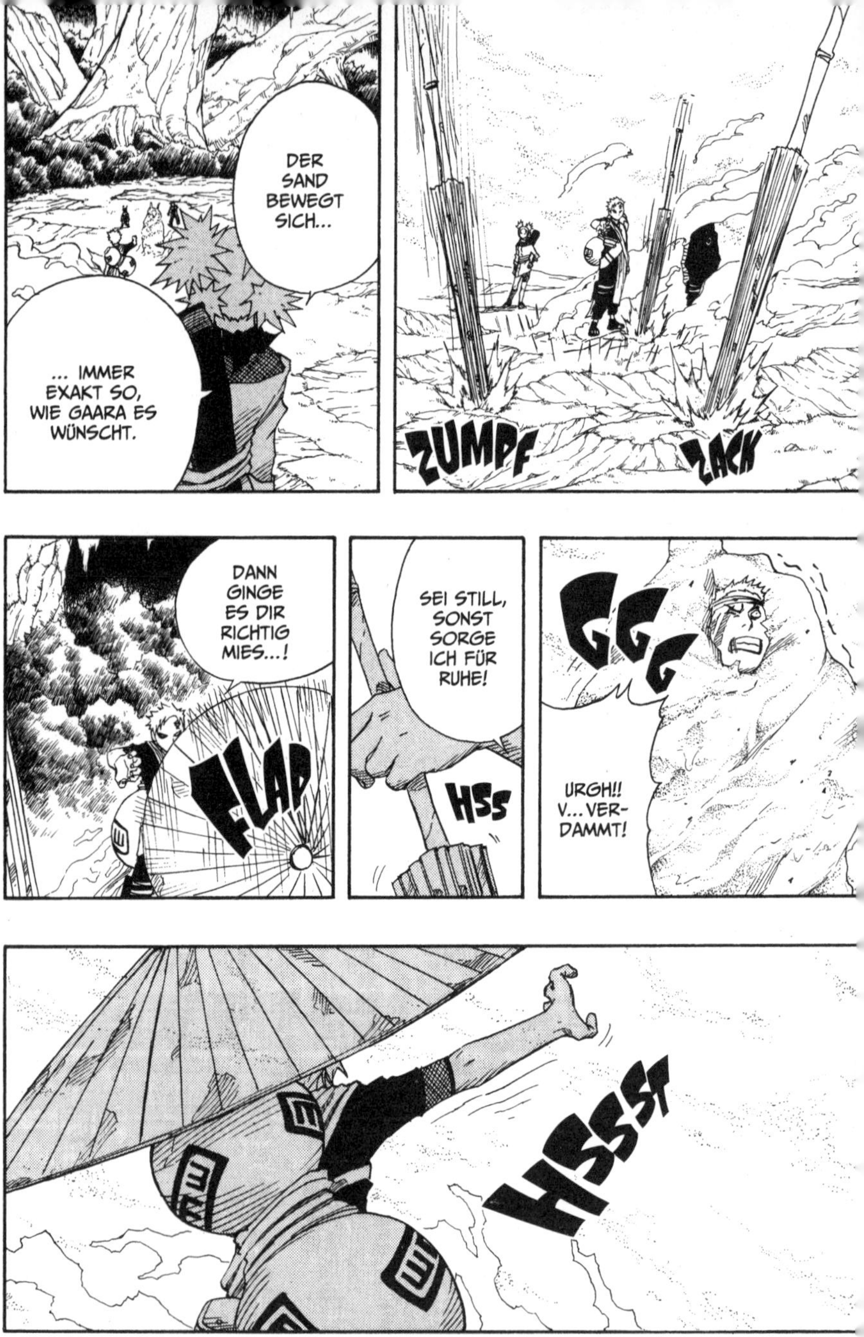
DER SAND BEWEGT SICH...
... IMMER EXAKT SO, WIE GAARA ES WÜNSCHT.
ZUMPF
ZACK
DANN GINGE ES DIR RICHTIG MIES...!
FLAP
SEI STILL, SONST SORGE ICH FÜR RUHE!
HSS
GGG
URGH!! V...VERDAMMT!
HSSST

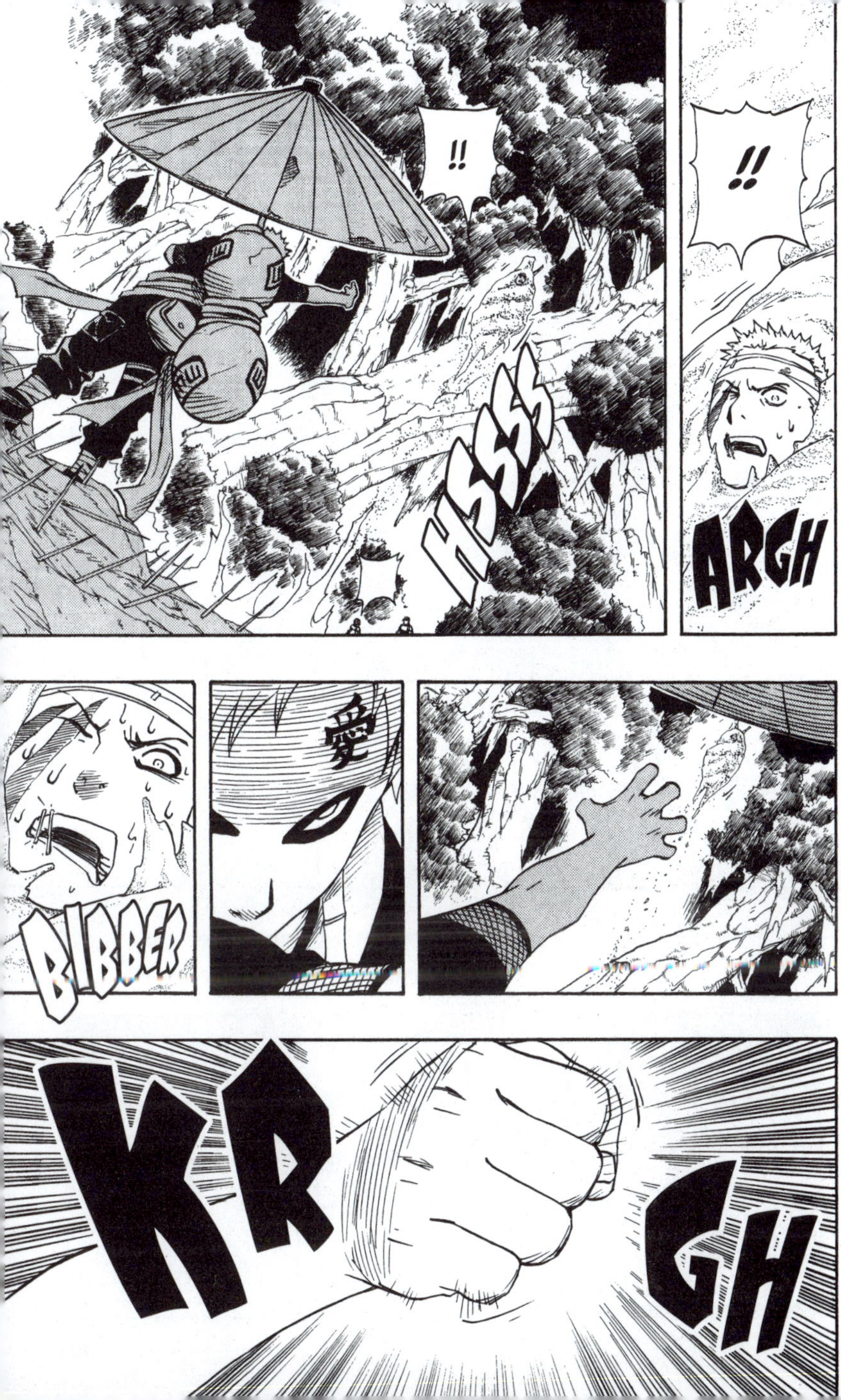
!!
ARGH
!!
HSSSS
愛
BIBBER
KR
GH

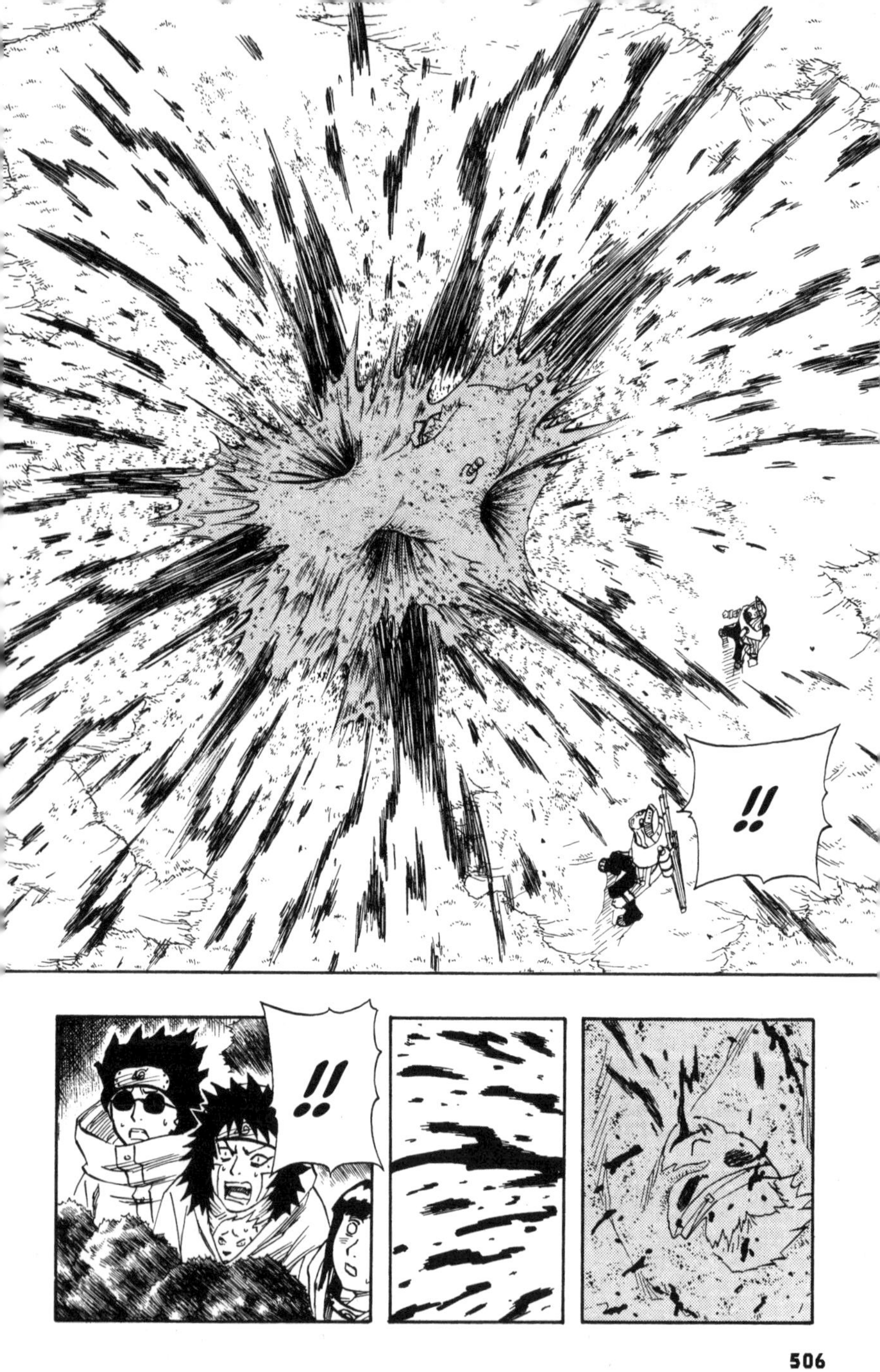

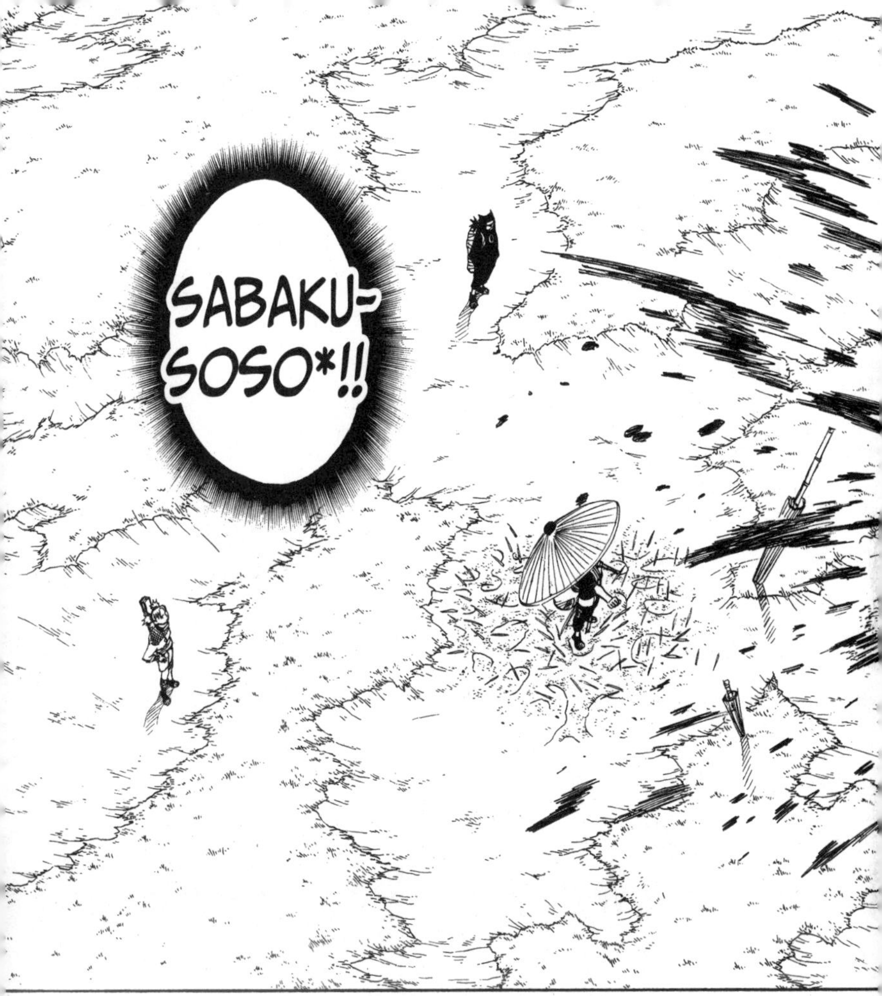

* TRAUERZUG DER WÜSTE

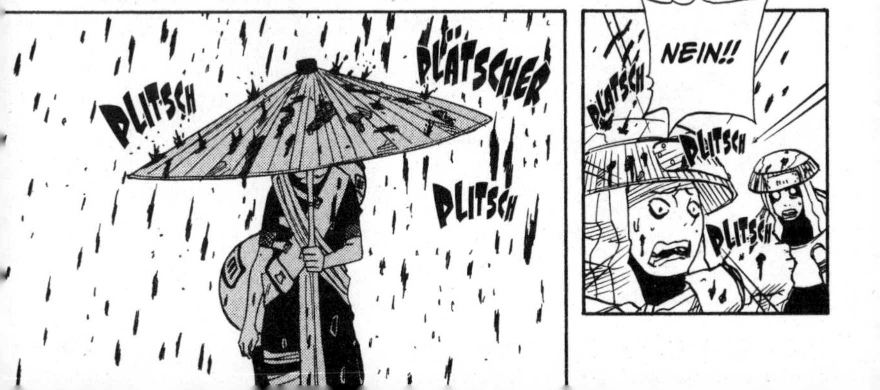

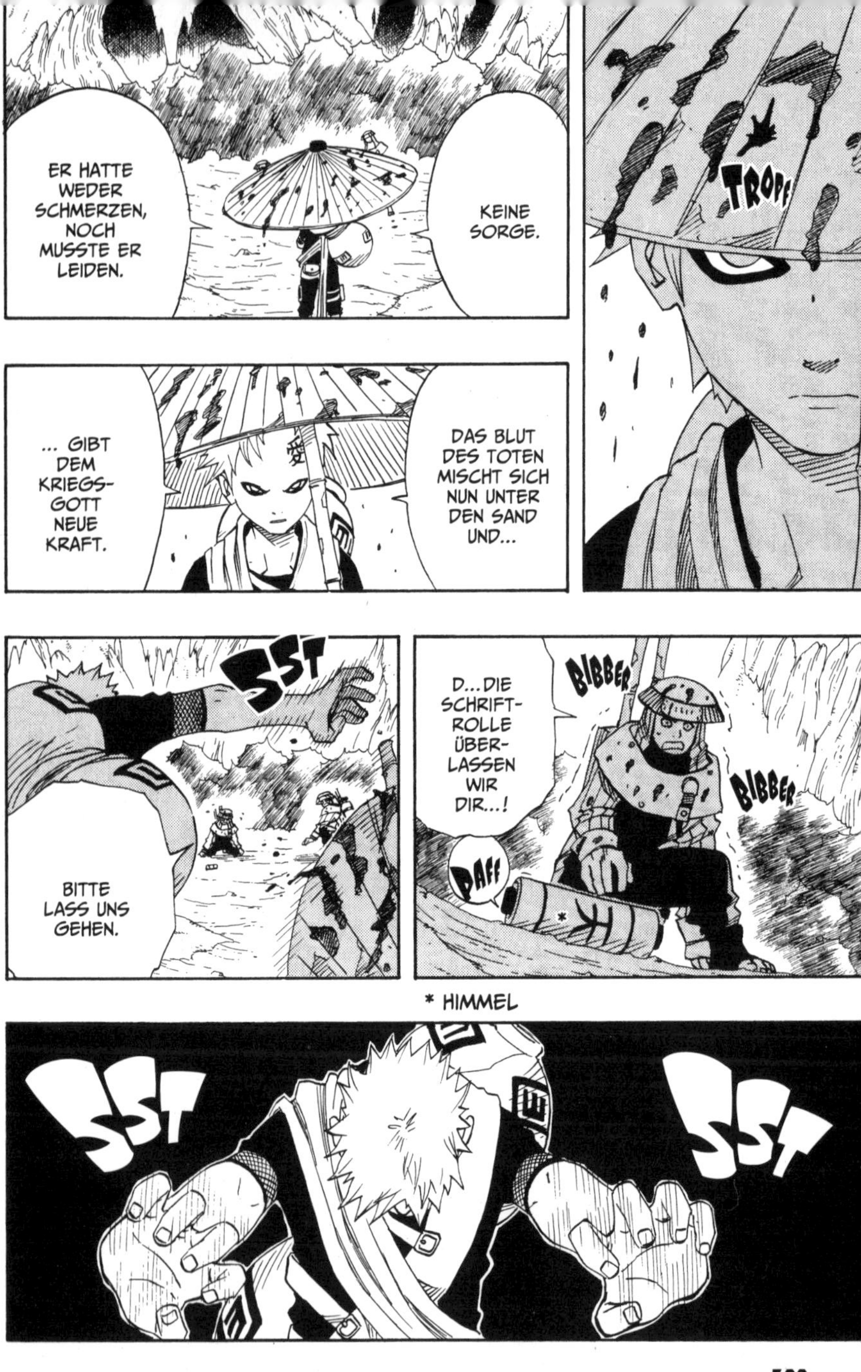
TROPF
KEINE SORGE.
ER HATTE WEDER SCHMERZEN, NOCH MUSSTE ER LEIDEN.
DAS BLUT DES TOTEN MISCHT SICH NUN UNTER DEN SAND UND...
... GIBT DEM KRIEGSGOTT NEUE KRAFT.
BIBBER
D...DIE SCHRIFTROLLE ÜBERLASSEN WIR DIR...!
BIBBER
PAFF
SST
BITTE LASS UNS GEHEN.
* HIMMEL
SST
SST

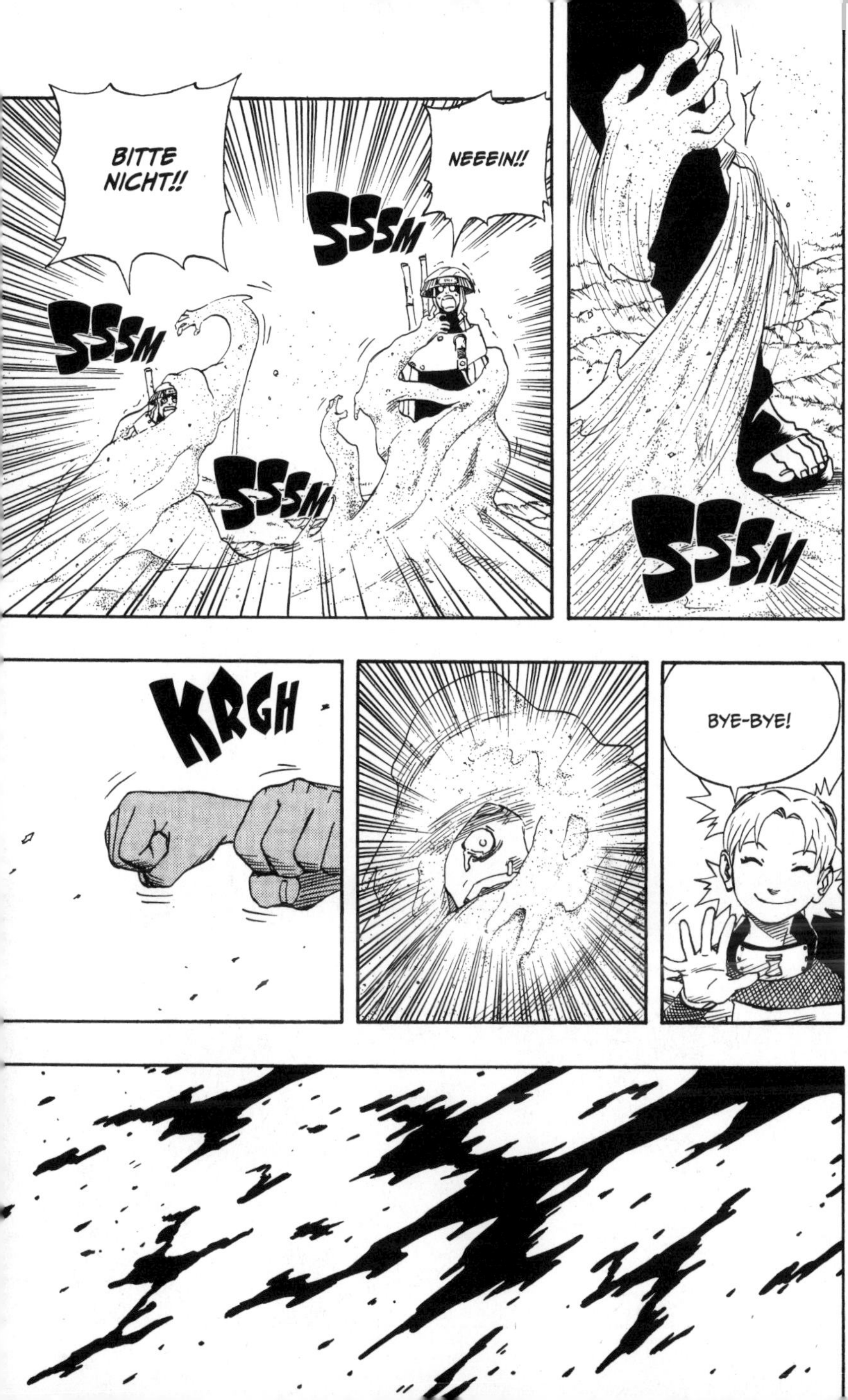
SSSM
NEEEIN!!
SSSM
BITTE NICHT!!
SSSM
SSSM
BYE-BYE!
KRGH

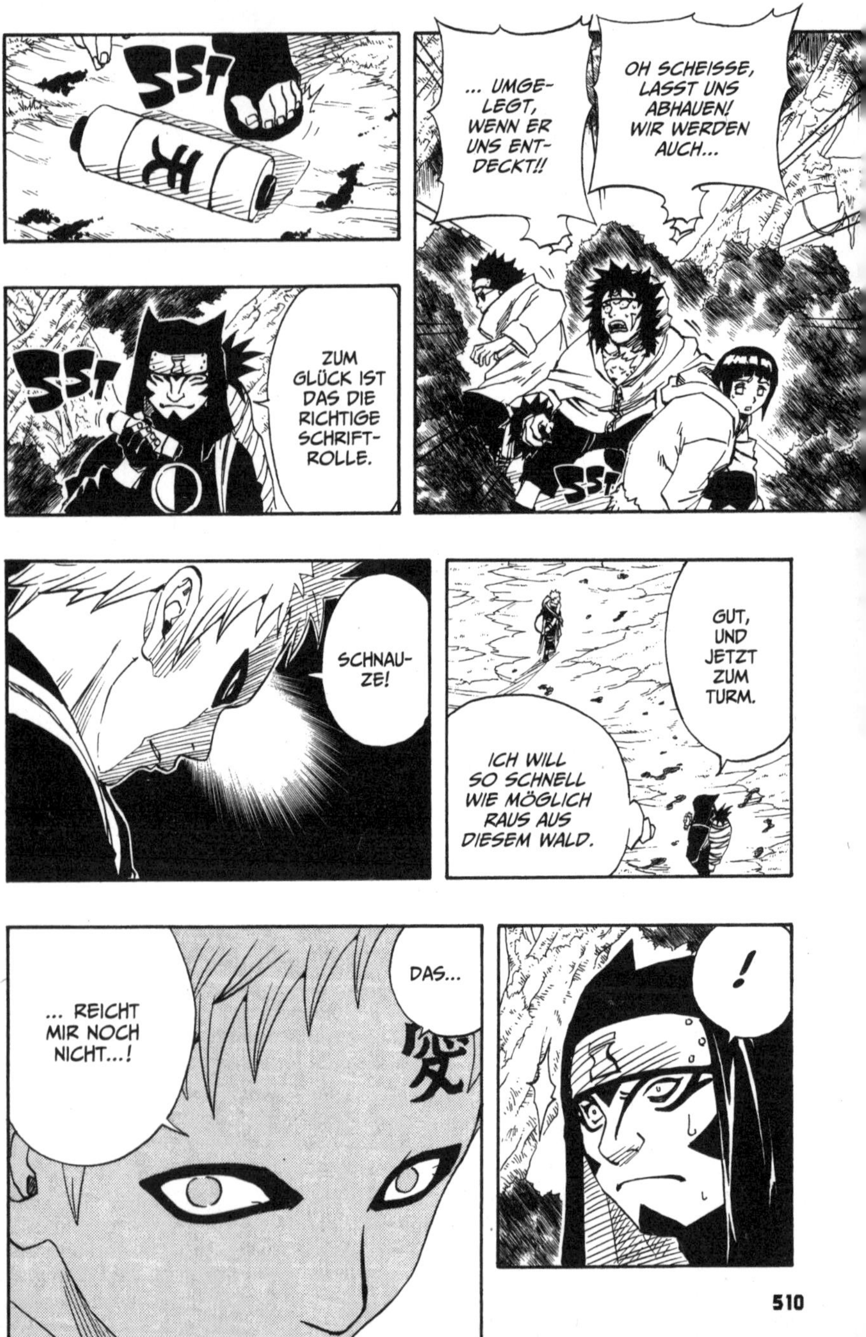
OH SCHEISSE, LASST UNS ABHAUEN! WIR WERDEN AUCH...
... UMGE-LEGT, WENN ER UNS ENT-DECKT!!
SST
SST
SST
ZUM GLÜCK IST DAS DIE RICHTIGE SCHRIFT-ROLLE.
GUT, UND JETZT ZUM TURM.
ICH WILL SO SCHNELL WIE MÖGLICH RAUS AUS DIESEM WALD.
SCHNAU-ZE!
!
DAS...
... REICHT MIR NOCH NICHT...!

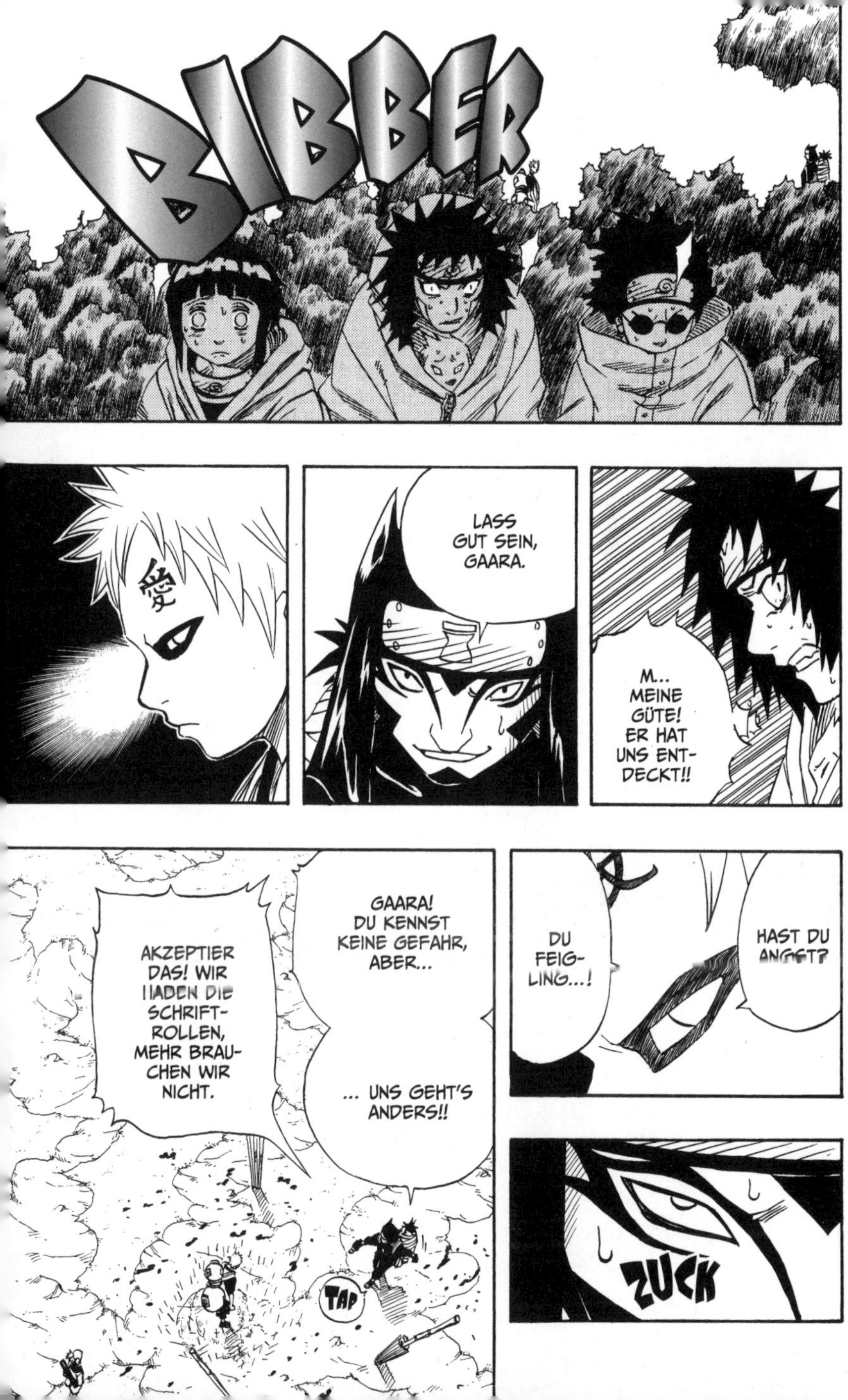
BIBBER
M... MEINE GÜTE! ER HAT UNS ENT-DECKT!!
LASS GUT SEIN, GAARA.
HAST DU ANGST?
DU FEIG-LING...!
ZUCK
GAARA! DU KENNST KEINE GEFAHR, ABER...
... UNS GEHT'S ANDERS!!
AKZEPTIER DAS! WIR HABEN DIE SCHRIFT-ROLLEN, MEHR BRAUCHEN WIR NICHT.
TAP

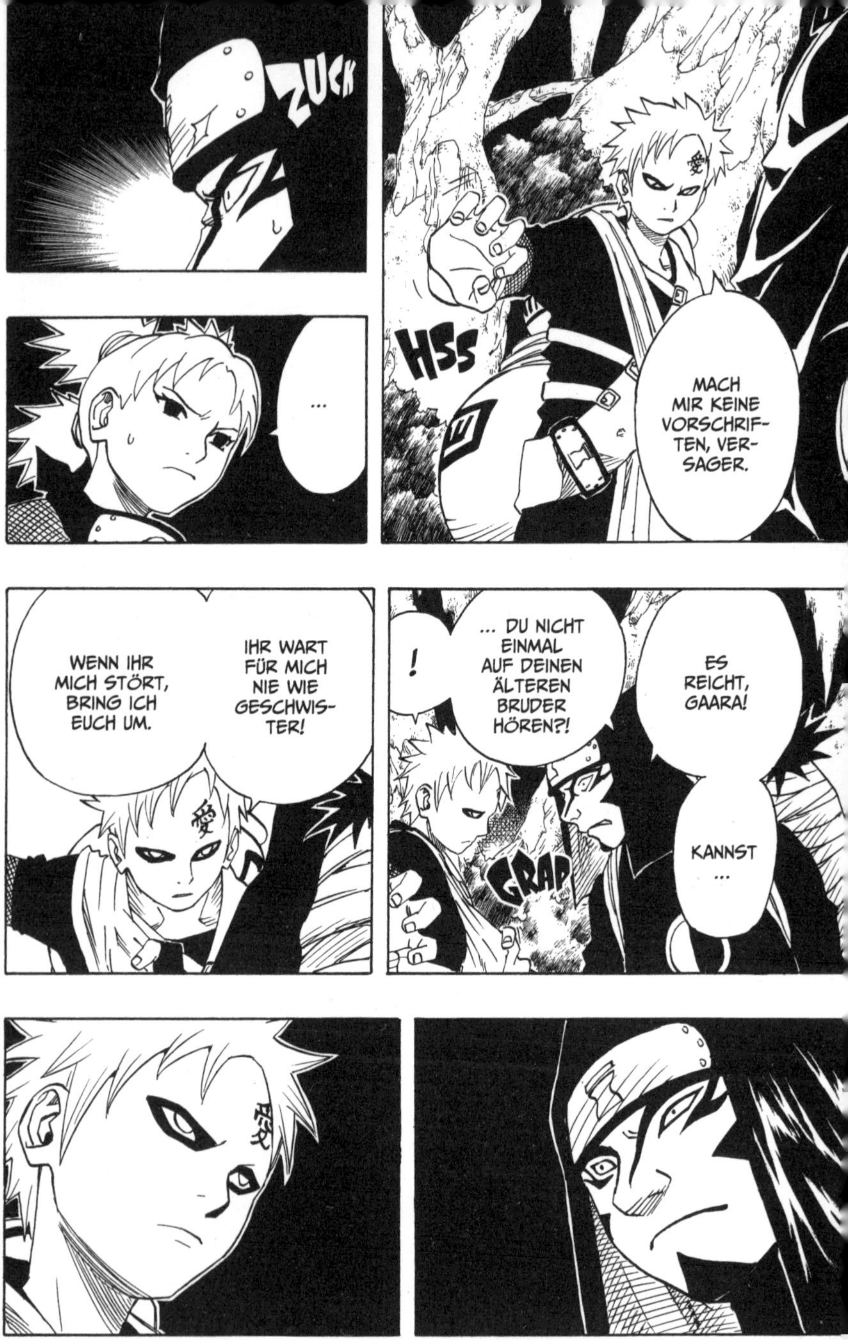
HSS
MACH MIR KEINE VORSCHRIF-TEN, VER-SAGER.
ZUCK
...
ES REICHT, GAARA!
KANNST ...
... DU NICHT EINMAL AUF DEINEN ÄLTEREN BRUDER HÖREN?!
!
GRAP
IHR WART FÜR MICH NIE WIE GESCHWIS-TER!
WENN IHR MICH STÖRT, BRING ICH EUCH UM.

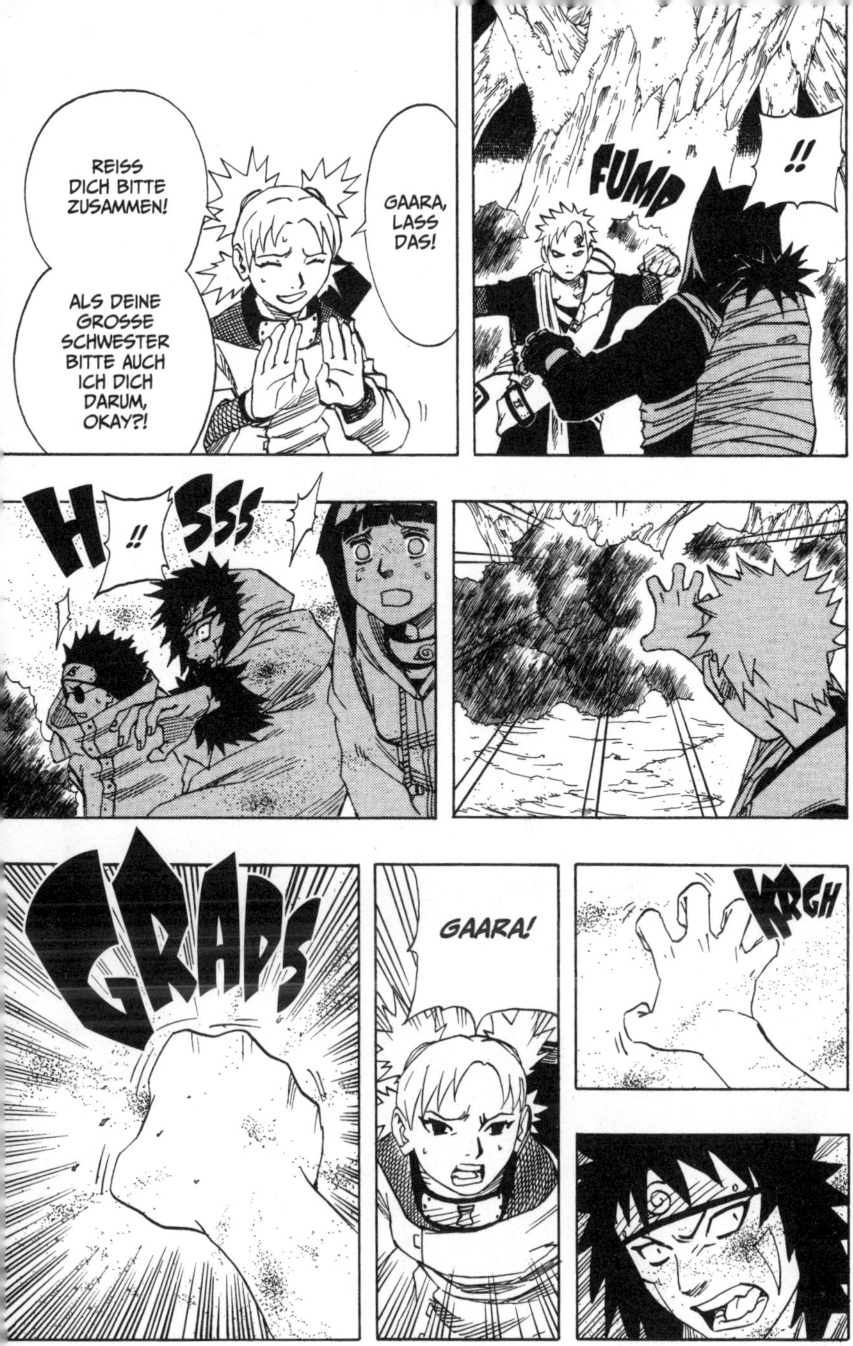
!!
FUMP
GAARA, LASS DAS!
REISS DICH BITTE ZUSAMMEN!
ALS DEINE GROSSE SCHWESTER BITTE AUCH ICH DICH DARUM, OKAY?!
!!
H
SSS
KRRGH
GAARA!
GRAPS

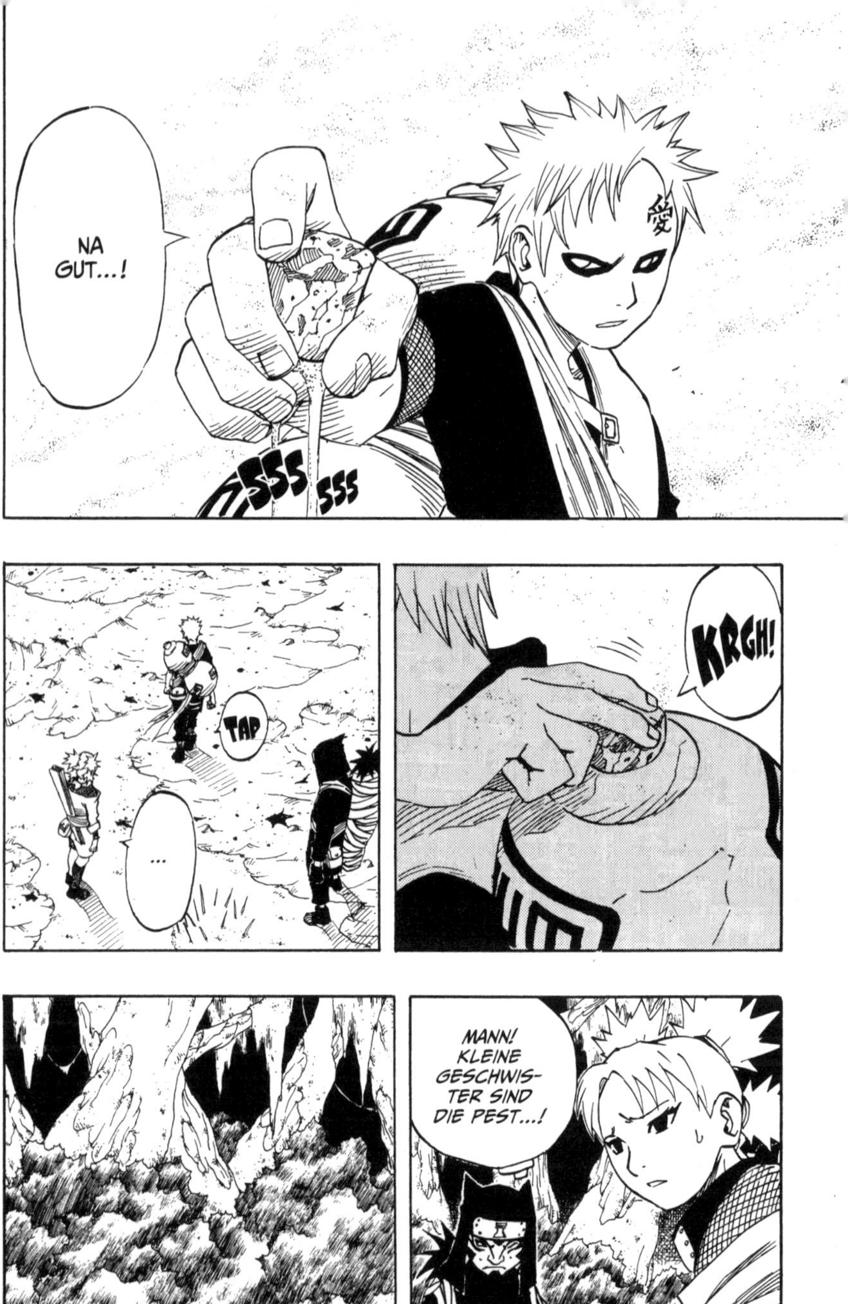
NA GUT...!
SSS SSS
TAP
...
KRGH!
MANN! KLEINE GESCHWISTER SIND DIE PEST...!

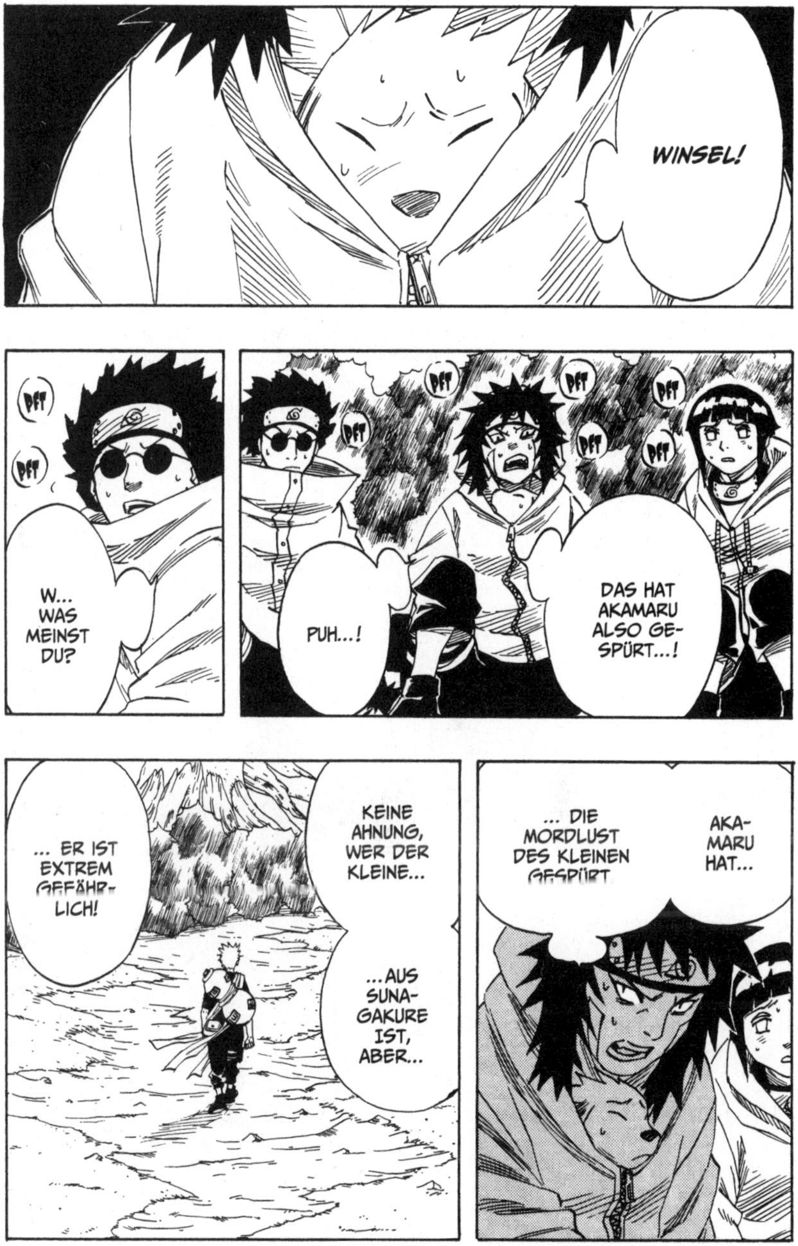
WINSEL!
DAS HAT AKAMARU ALSO GESPÜRT...!
PUH...!
PFT
W... WAS MEINST DU?
AKAMARU HAT...
... DIE MORDLUST DES KLEINEN GESPÜRT
KEINE AHNUNG, WER DER KLEINE...
...AUS SUNAGAKURE IST, ABER...
... ER IST EXTREM GEFÄHRLICH!

MASASHI KISHIMOTOS WELT

LEBENSGESCHICHTE – TEIL 3

ALS GRUNDSCHÜLER ZEICHNETE ICH JEDEN TAG IN EIN SCHMIERHEFT, DAS ICH »FREIES HEFT« NANNTE. ICH ZEICHNETE EIGENTLICH IMMER UND ÜBERALL. DORAEMON WURDE ABGELÖST, ALS ICH »KIDOSENSHI GANDAM« IM FERNSEHEN SAH UND VÖLLIG BEGEISTERT VON DEN TOLLEN BILDERN WAR. SEITDEM FÜLLTEN MEIN »FREIES HEFT« ZEICHNUNGEN VON ROBOTERN, DIE »MOBIL-SUITS« HIESSEN. MIT GROSSER LEIDENSCHAFT ZEICHNETE ICH ALLE CHARAKTERE VOM »GANDAM« IMMER UND IMMER WIEDER. ABER AUCH DIE LEIDENSCHAFT FÜR »GANDAM« WURDE EINES TAGES ABGELÖST, ALS EINE NEUE SENDUNG BEGEISTERUNGSSTÜRME BEI MIR HERVORRIEF: »S... SPITZE! WAHNSINNIG TOLLE BILDER. TOTAL GEIL!« JA, DIESES MAL WAR ES »DR. SLUMP«, UND SEITDEM ZEICHNETE ICH BESONDERS ARALE WIEDER UND WIEDER! FÜR EINEN SCHÜLERMALWETTBEWERB HABE ICH ARALE SOGAR MIT KREIDE GEMALT. IRGENDWANN PASSIERTE DANN JEDOCH ETWAS SCHRECKLICHES: MEINE MUTTER MALTE OHNE MEINE ERLAUBNIS ARALES LIPPEN ROT! SIE MEINTE, DASS ARALE DOCH EIN MÄDCHEN SEI, UND DESWEGEN SOLLTEN IHRE LIPPEN SCHÖN ROT GEMALT WERDEN. MANN, ICH ERINNERE MICH NOCH GENAU, WIE ICH DARAUFHIN ZUM ERSTEN MAL SO RICHTIG SAUER WAR!

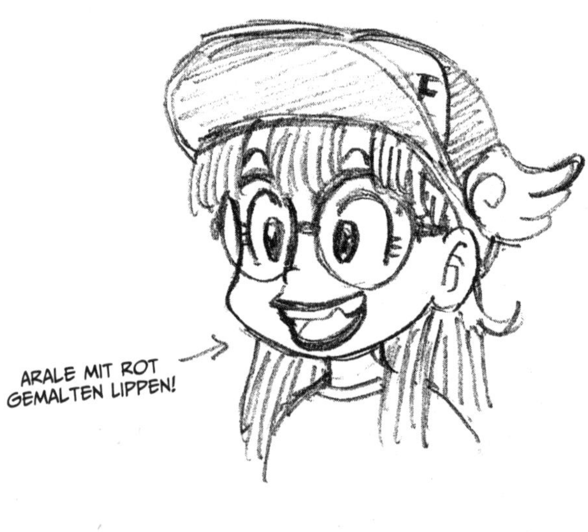

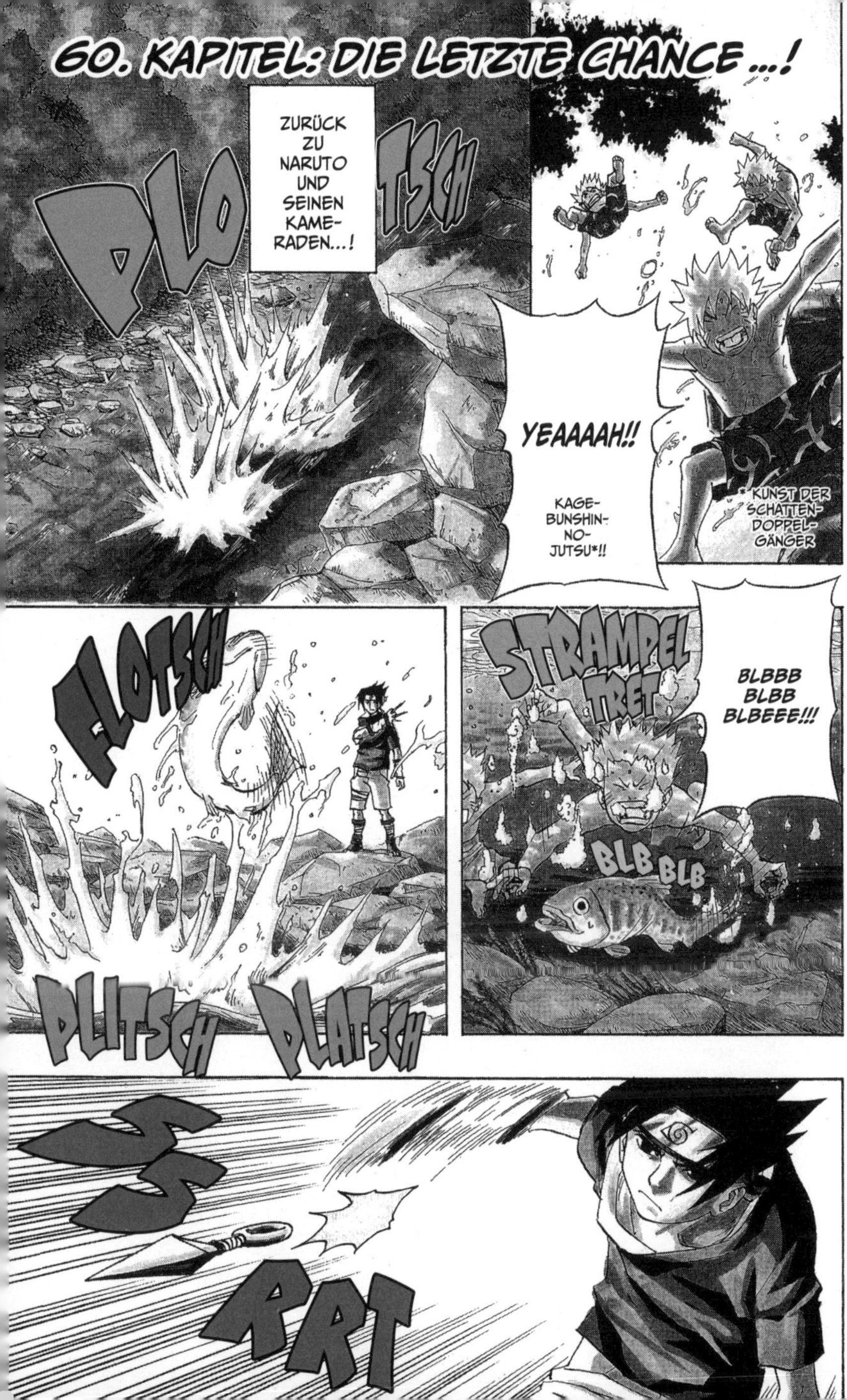
60. KAPITEL: DIE LETZTE CHANCE ...!
ZURÜCK ZU NARUTO UND SEINEN KAMERADEN...!
PLOTSCH
YEAAAAH!!
KAGE-BUNSHIN-NO-JUTSU*!!
* KUNST DER SCHATTEN-DOPPEL-GÄNGER
BLBBB BLBB BLBEEE!!!
STRAMPEL TRET
BLB BLB
FLOTSCH
PLITSCH PLATSCH
SSRRT

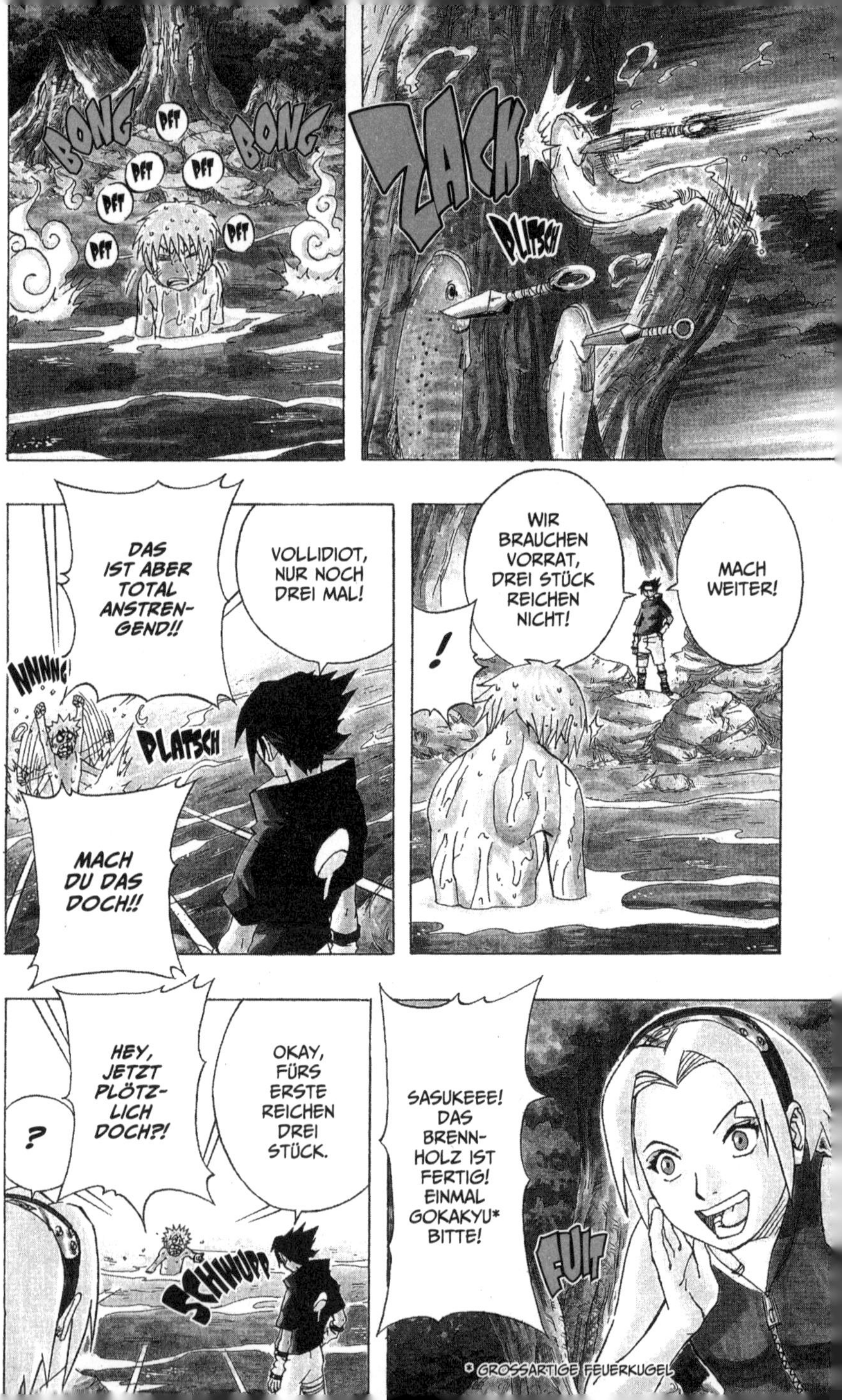
ZACK
PLITSCH
BONG
PFT
BONG
PFT
PFT
PFT
PFT
PFT
MACH WEITER!
WIR BRAUCHEN VORRAT, DREI STÜCK REICHEN NICHT!
!
VOLLIDIOT, NUR NOCH DREI MAL!
DAS IST ABER TOTAL ANSTREN-GEND!!
NNNNG
PLATSCH
MACH DU DAS DOCH!!
SASUKEEE! DAS BRENN-HOLZ IST FERTIG! EINMAL GOKAKYU* BITTE!
FUIT
OKAY, FÜRS ERSTE REICHEN DREI STÜCK.
HEY, JETZT PLÖTZ-LICH DOCH?!
?
SCHWUPP
* GROSSARTIGE FEUERKUGEL

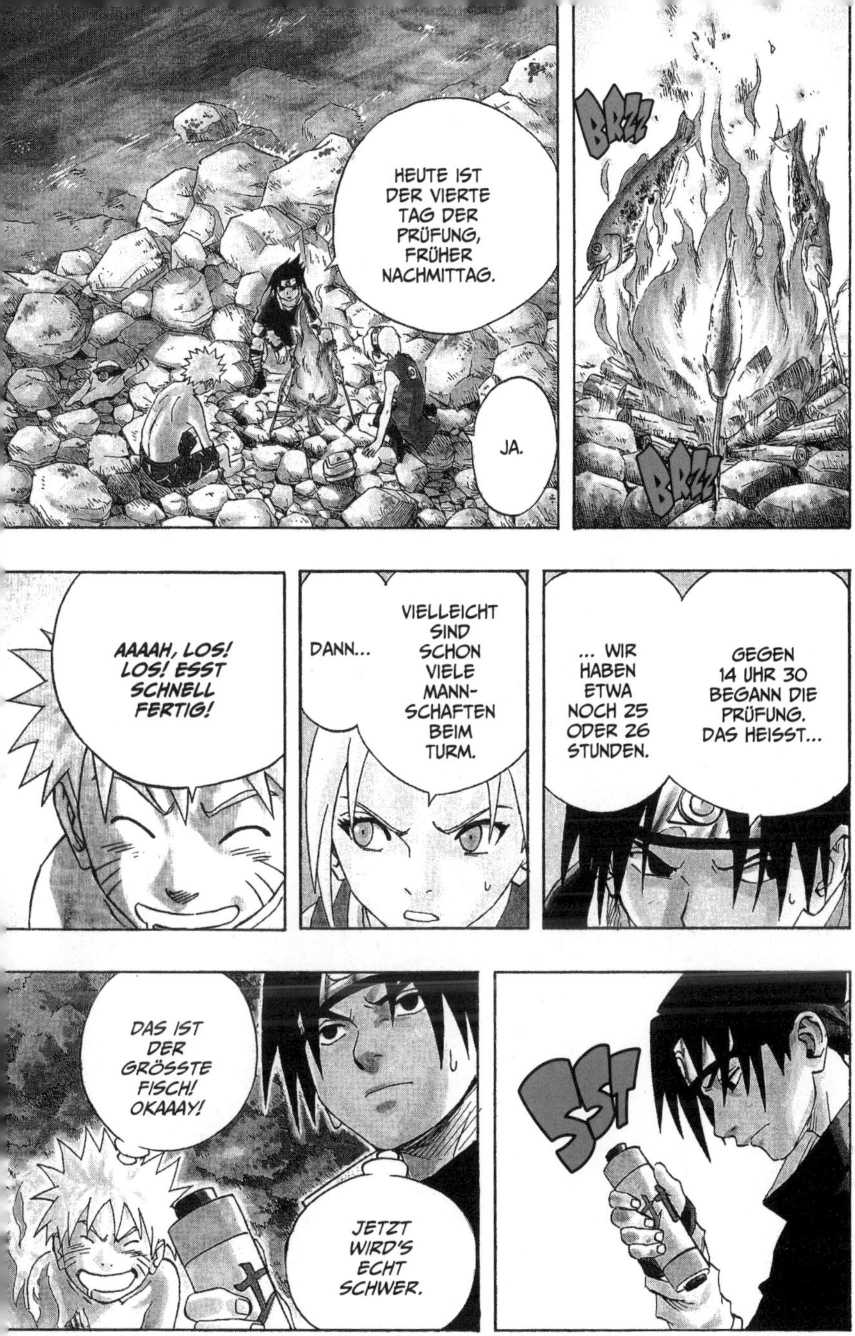
BRZZ
BRZZ
HEUTE IST DER VIERTE TAG DER PRÜFUNG, FRÜHER NACHMITTAG.
JA.
GEGEN 14 UHR 30 BEGANN DIE PRÜFUNG. DAS HEISST...
... WIR HABEN ETWA NOCH 25 ODER 26 STUNDEN.
VIELLEICHT SIND SCHON VIELE MANN-SCHAFTEN BEIM TURM.
DANN...
AAAAH, LOS! LOS! ESST SCHNELL FERTIG!
SST
JETZT WIRD'S ECHT SCHWER.
DAS IST DER GRÖSSTE FISCH! OKAAAY!

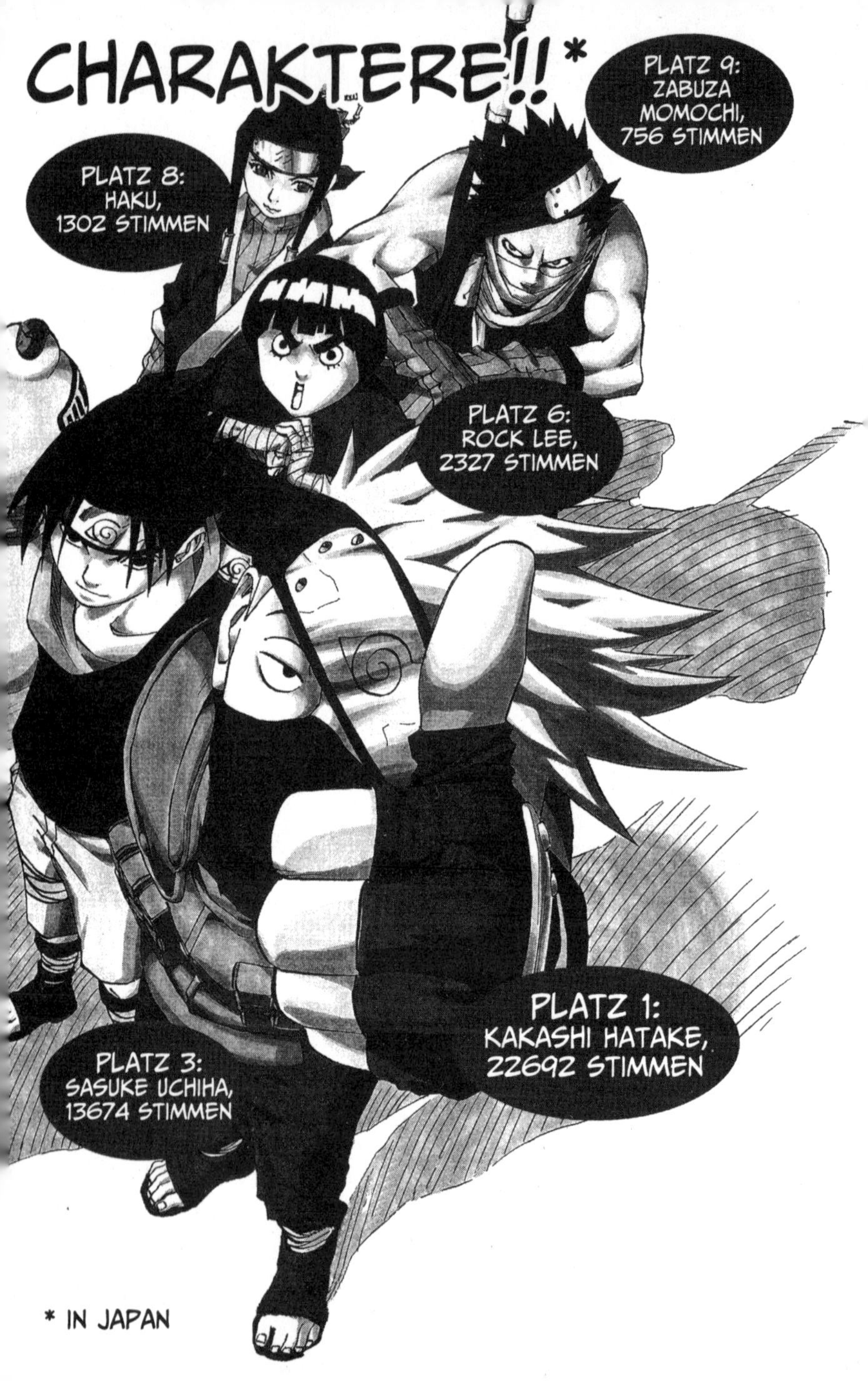
CHARAKTERE!!*
PLATZ 9: ZABUZA MOMOCHI, 756 STIMMEN
PLATZ 8: HAKU, 1302 STIMMEN
PLATZ 6: ROCK LEE, 2327 STIMMEN
PLATZ 1: KAKASHI HATAKE, 22692 STIMMEN
PLATZ 3: SASUKE UCHIHA, 13674 STIMMEN
* IN JAPAN

DIE POPULÄRSTEN

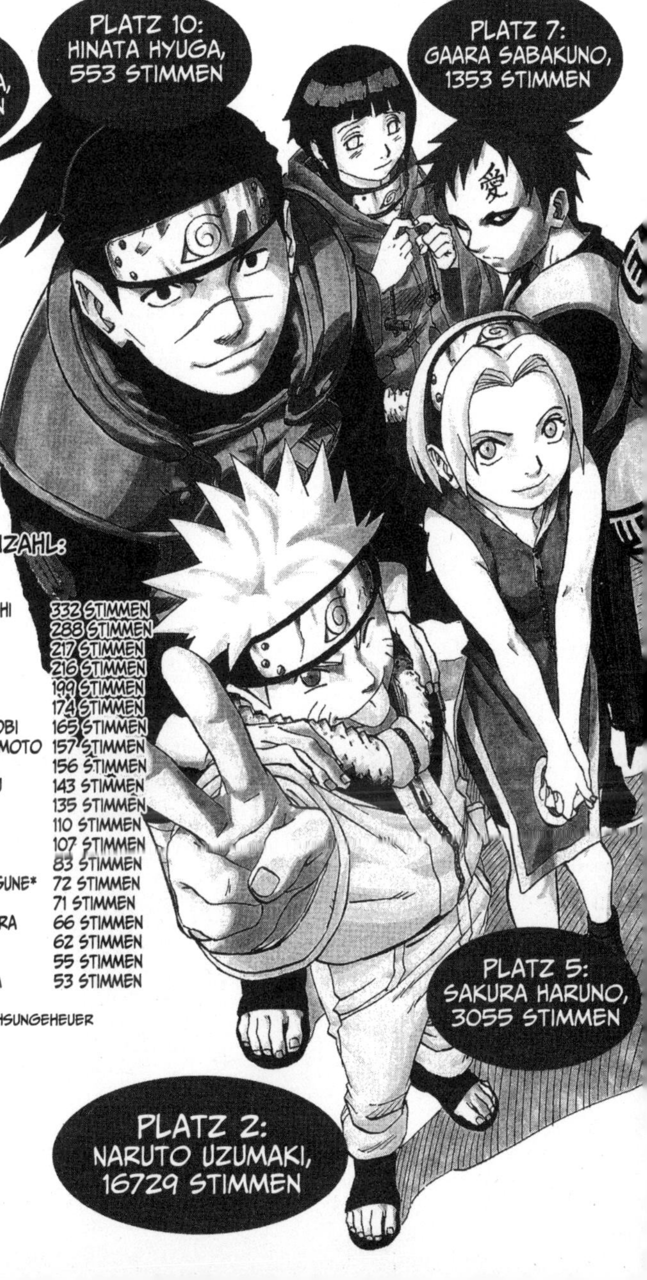

GESAMTSTIMMENZAHL:
72.733

PLATZ 11:	ANKO MITARASHI	332 STIMMEN
PLATZ 12:	NEJI HYUGA	288 STIMMEN
PLATZ 13:	KURENAI YUHI	217 STIMMEN
PLATZ 14:	MEISTER GAI	216 STIMMEN
PLATZ 15:	OROCHI-MARU	199 STIMMEN
PLATZ 16:	IBIKI MORINO	174 STIMMEN
PLATZ 17:	ASUMA SARUTOBI	165 STIMMEN
PLATZ 18:	MASASHI KISHIMOTO	157 STIMMEN
PLATZ 19:	INARI	156 STIMMEN
PLATZ 20:	KONOHA-MARU	143 STIMMEN
PLATZ 21:	KIBA INUZUKA	135 STIMMEN
PLATZ 22:	KABUTO	110 STIMMEN
PLATZ 23:	DIE OTO-NIN	107 STIMMEN
PLATZ 24:	TENTEN	83 STIMMEN
PLATZ 25:	KYUBI-NO-KITSUNE*	72 STIMMEN
PLATZ 26:	TEMARI	71 STIMMEN
PLATZ 27:	SHIKAMARU NARA	66 STIMMEN
PLATZ 28:	KANKURO	62 STIMMEN
PLATZ 29:	EBISU	55 STIMMEN
PLATZ 30:	INO YAMANAKA	53 STIMMEN

* NEUNSCHWÄNZIGES FUCHSUNGEHEUER

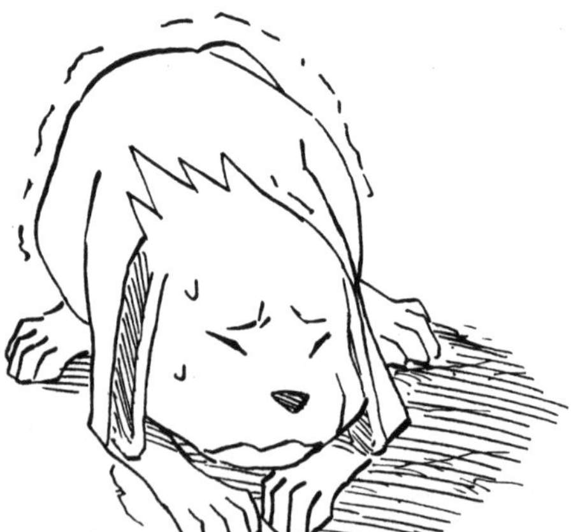

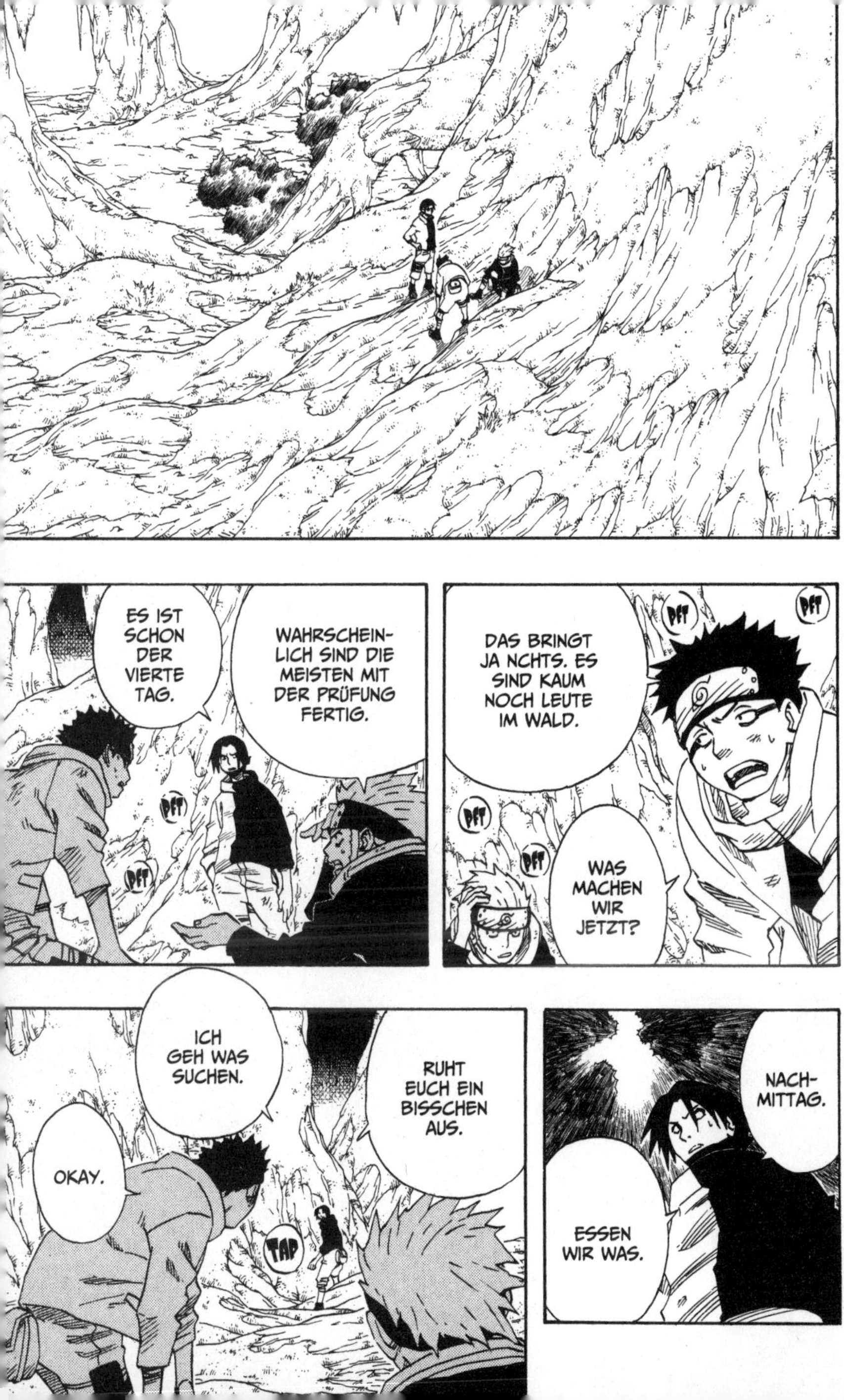

DAS BRINGT JA NCHTS. ES SIND KAUM NOCH LEUTE IM WALD.
PFT
PFT
PFT
PFT
WAS MACHEN WIR JETZT?
ES IST SCHON DER VIERTE TAG.
WAHRSCHEIN-LICH SIND DIE MEISTEN MIT DER PRÜFUNG FERTIG.
PFT
PFT
NACH-MITTAG.
ESSEN WIR WAS.
ICH GEH WAS SUCHEN.
RUHT EUCH EIN BISSCHEN AUS.
OKAY.
TAP

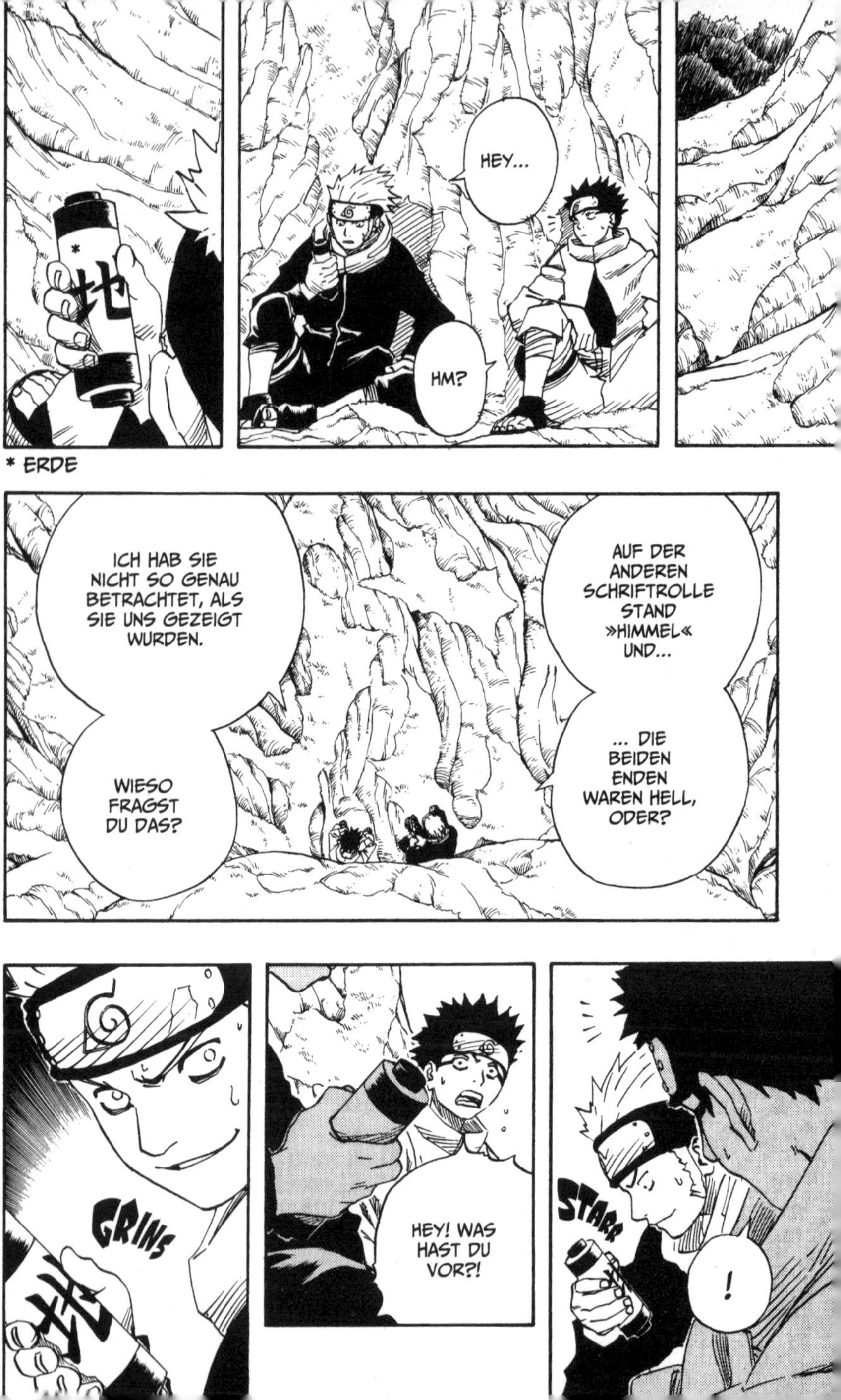
*
地
HEY...
HM?
* ERDE
AUF DER ANDEREN SCHRIFTROLLE STAND »HIMMEL« UND...
... DIE BEIDEN ENDEN WAREN HELL, ODER?
ICH HAB SIE NICHT SO GENAU BETRACHTET, ALS SIE UNS GEZEIGT WURDEN.
WIESO FRAGST DU DAS?
STARR
!
HEY! WAS HAST DU VOR?!
GRINS

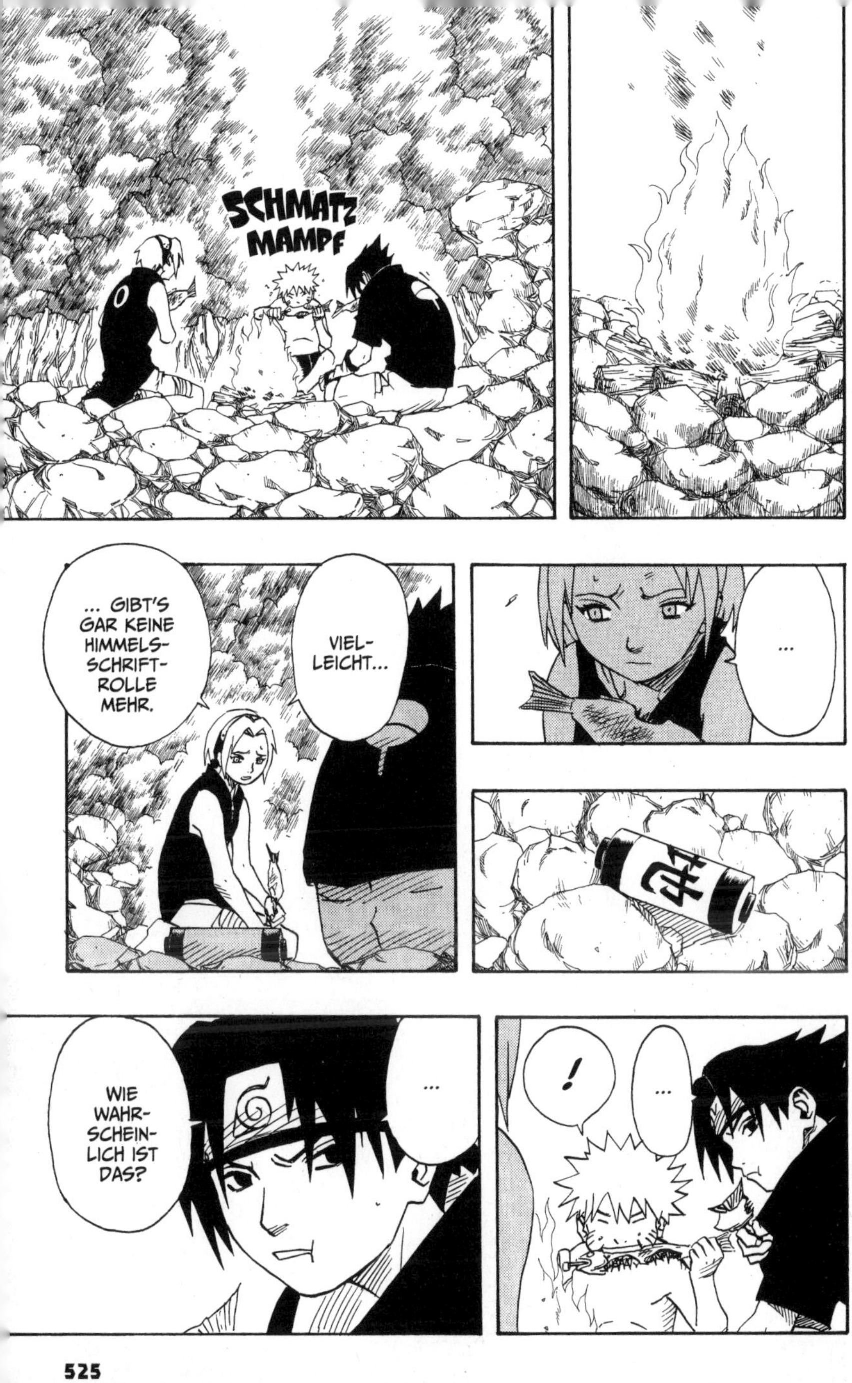
SCHMATZ
MAMPF
...
VIEL-LEICHT...
... GIBT'S GAR KEINE HIMMELS-SCHRIFT-ROLLE MEHR.
...
!
...
WIE WAHR-SCHEIN-LICH IST DAS?

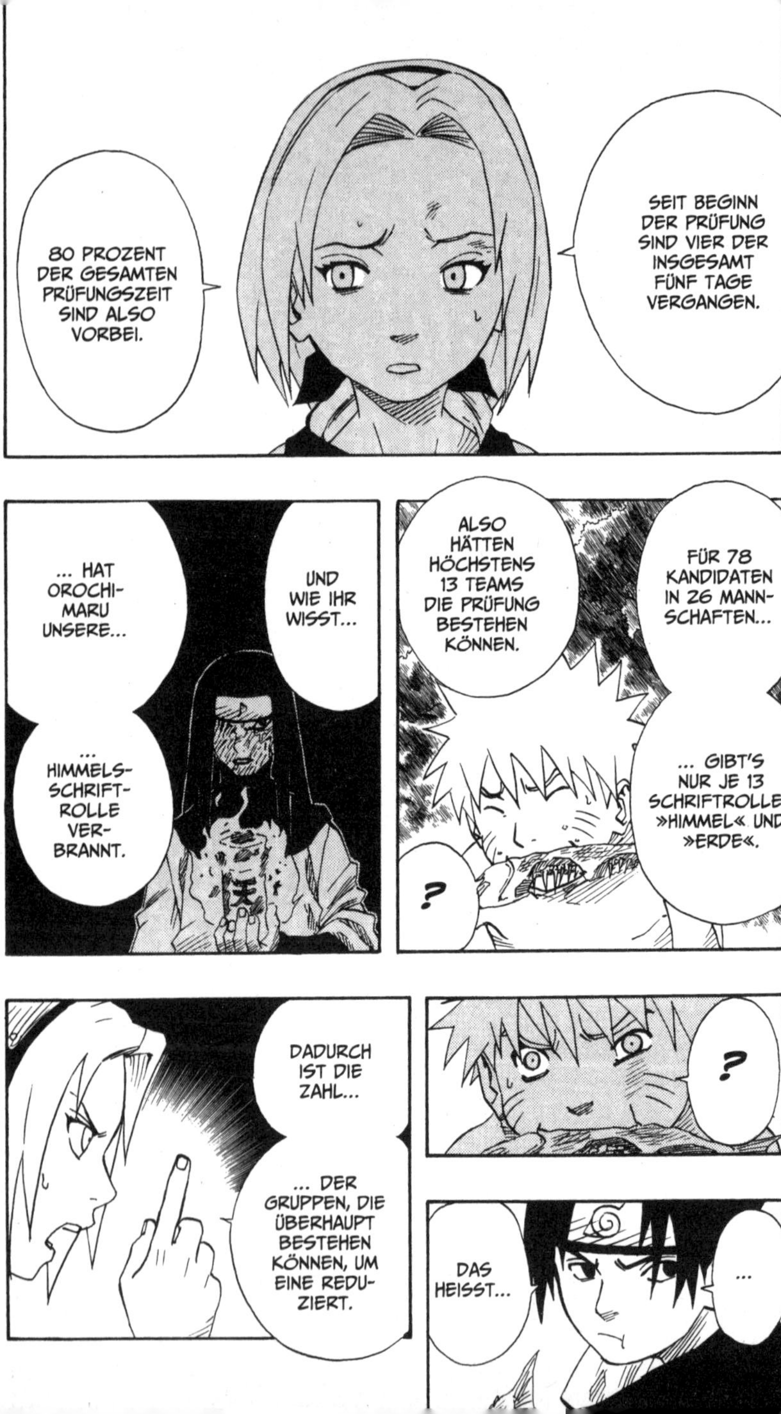
SEIT BEGINN DER PRÜFUNG SIND VIER DER INSGESAMT FÜNF TAGE VERGANGEN.
80 PROZENT DER GESAMTEN PRÜFUNGSZEIT SIND ALSO VORBEI.
FÜR 78 KANDIDATEN IN 26 MANN-SCHAFTEN...
... GIBT'S NUR JE 13 SCHRIFTROLLEN »HIMMEL« UND »ERDE«.
ALSO HÄTTEN HÖCHSTENS 13 TEAMS DIE PRÜFUNG BESTEHEN KÖNNEN.
?
UND WIE IHR WISST...
... HAT OROCHI-MARU UNSERE...
... HIMMELS-SCHRIFT-ROLLE VER-BRANNT.
?
DADURCH IST DIE ZAHL...
... DER GRUPPEN, DIE ÜBERHAUPT BESTEHEN KÖNNEN, UM EINE REDU-ZIERT.
...
DAS HEISST...

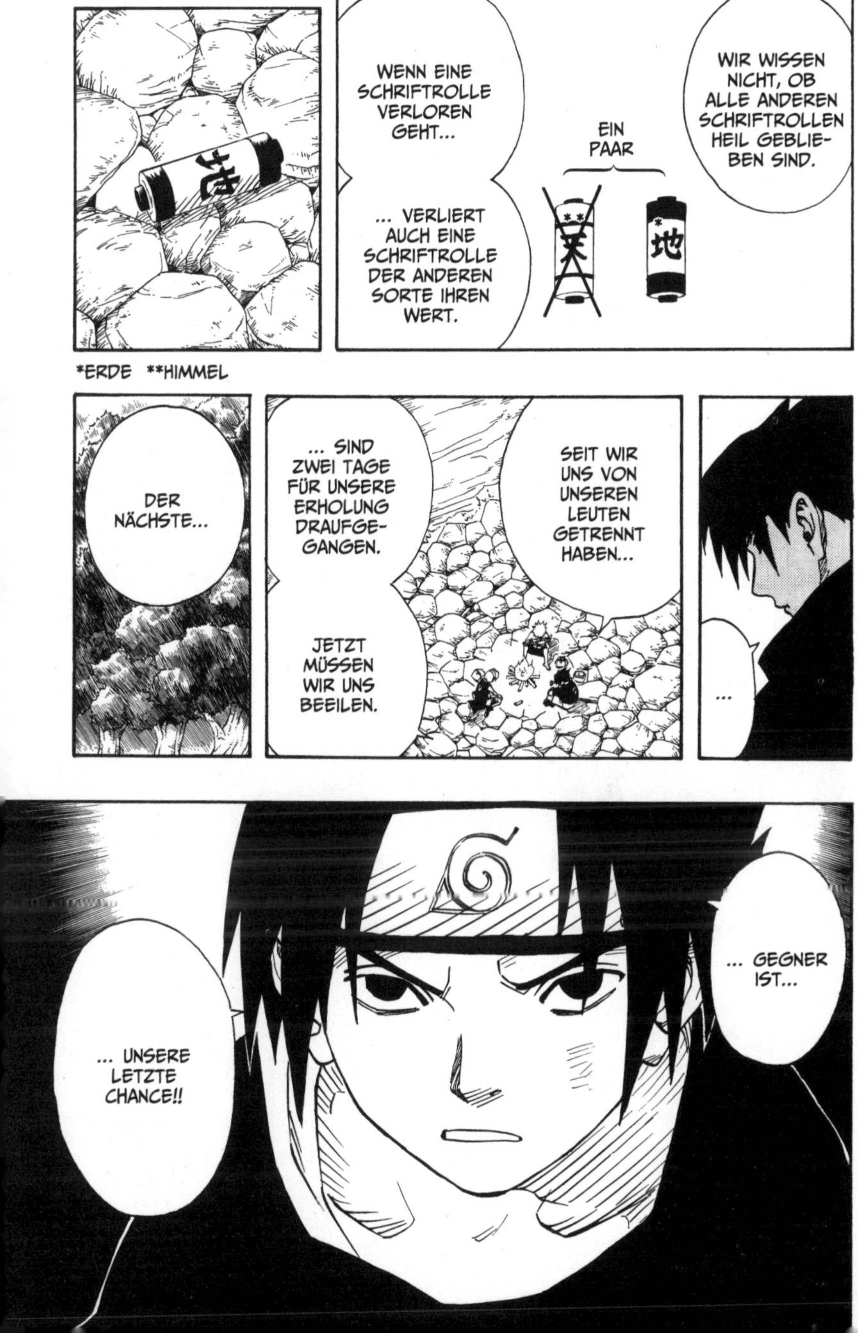
WIR WISSEN NICHT, OB ALLE ANDEREN SCHRIFTROLLEN HEIL GEBLIE- BEN SIND.
EIN PAAR
*
**
地
天
WENN EINE SCHRIFTROLLE VERLOREN GEHT...
... VERLIERT AUCH EINE SCHRIFTROLLE DER ANDEREN SORTE IHREN WERT.
*ERDE **HIMMEL
...
SEIT WIR UNS VON UNSEREN LEUTEN GETRENNT HABEN...
... SIND ZWEI TAGE FÜR UNSERE ERHOLUNG DRAUFGE- GANGEN.
JETZT MÜSSEN WIR UNS BEEILEN.
DER NÄCHSTE...
... GEGNER IST...
... UNSERE LETZTE CHANCE!!

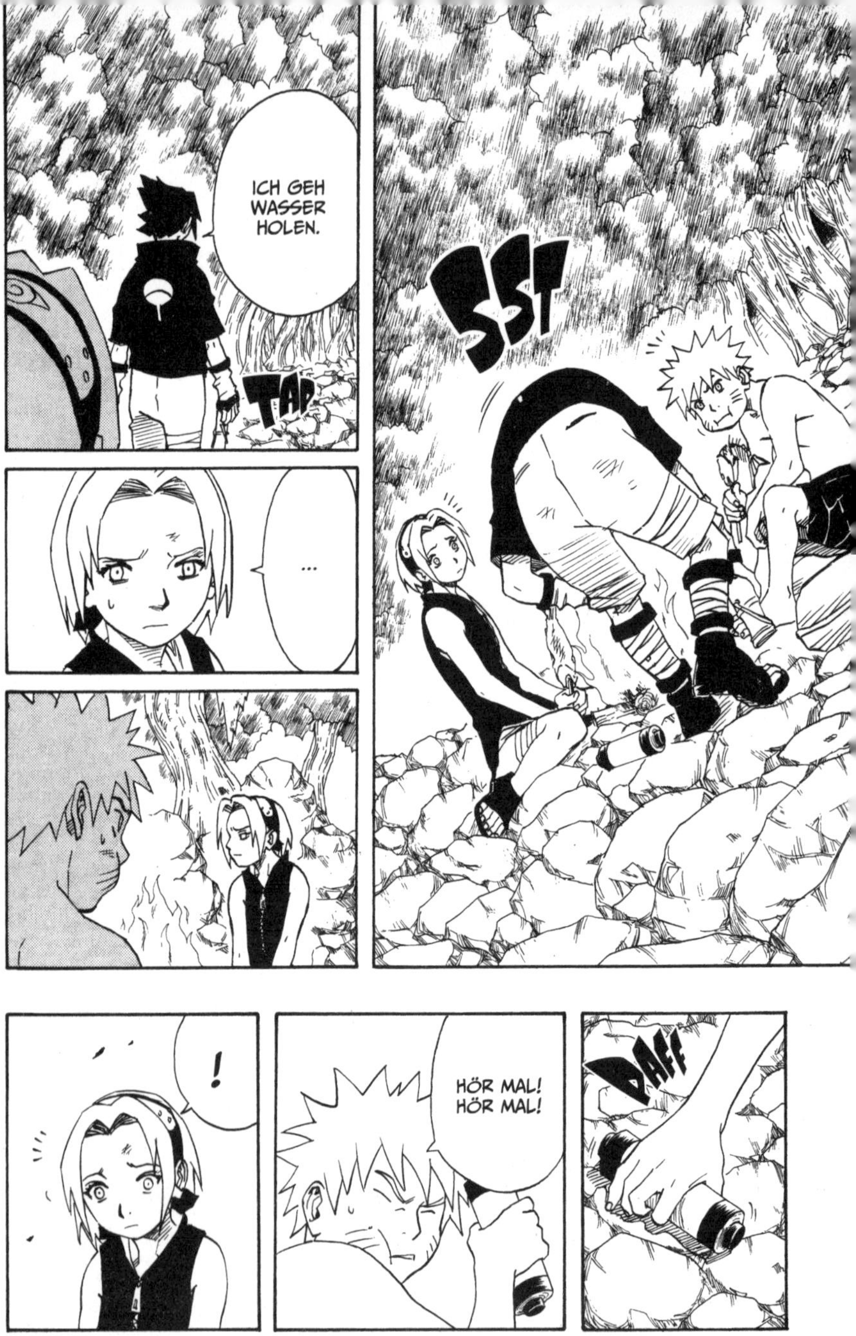
ICH GEH WASSER HOLEN.
TAP
SST
...
!
HÖR MAL! HÖR MAL!
BAFF

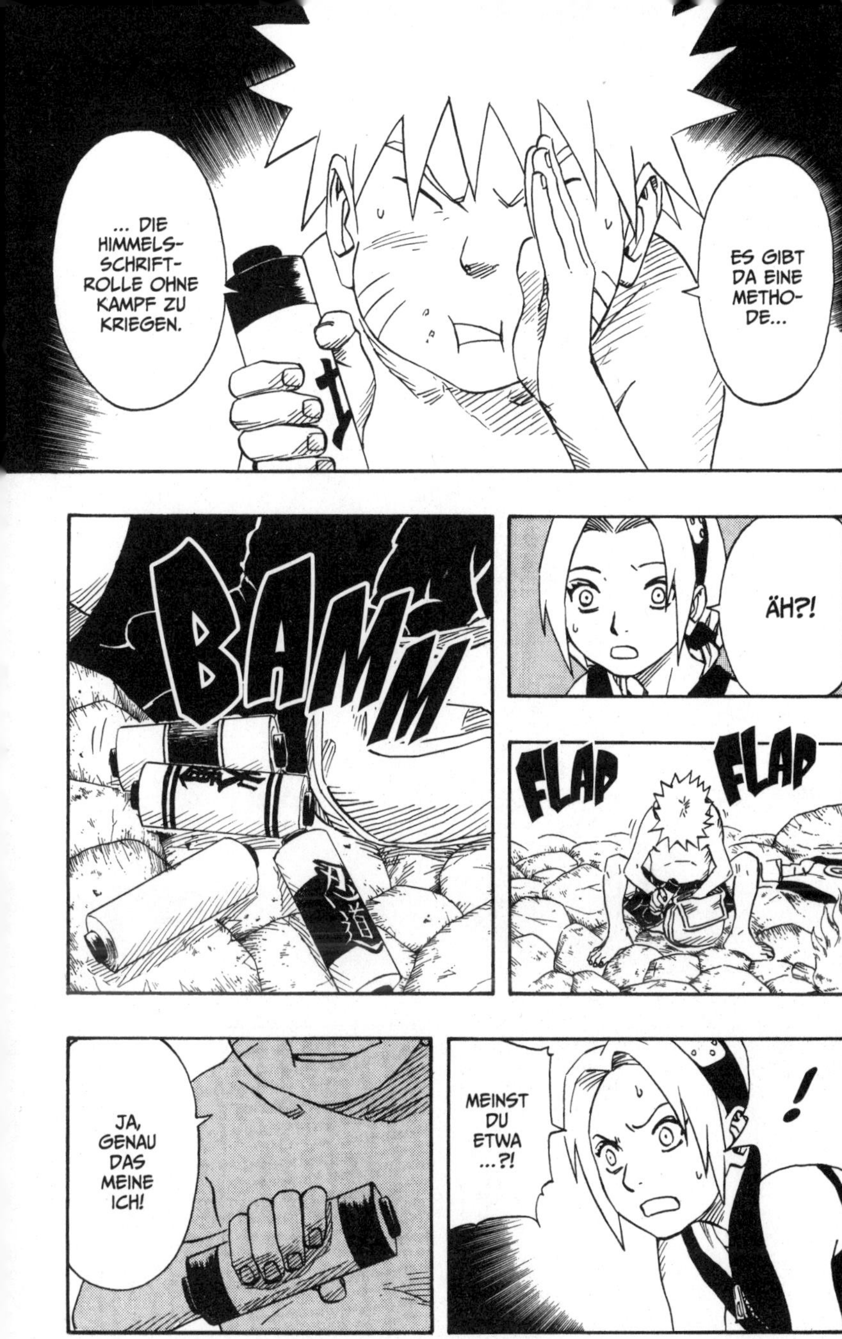
ES GIBT DA EINE METHODE...
... DIE HIMMELS-SCHRIFT-ROLLE OHNE KAMPF ZU KRIEGEN.
ÄH?!
BAMM
FLAP FLAP
!
MEINST DU ETWA ...?!
JA, GENAU DAS MEINE ICH!

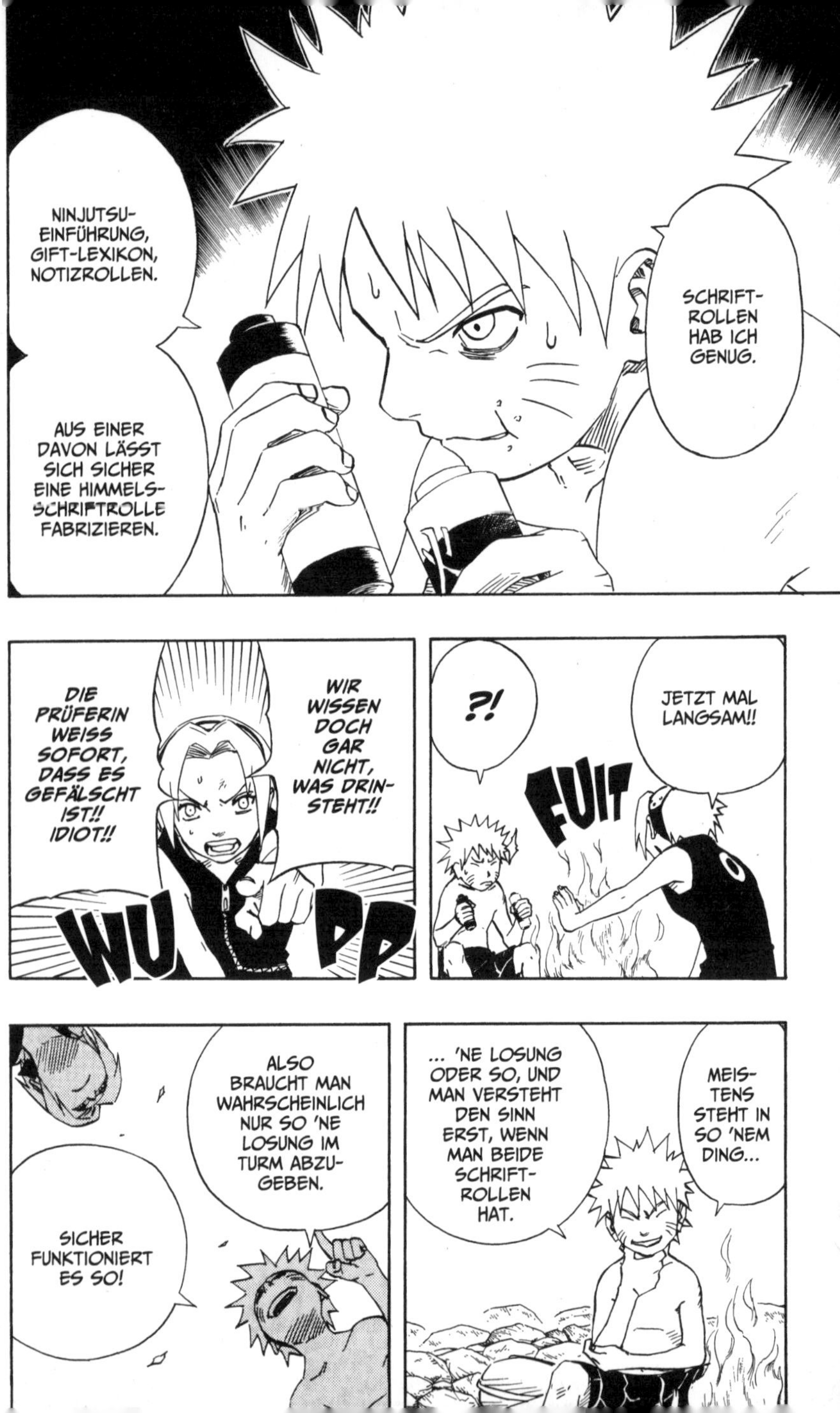
SCHRIFT-ROLLEN HAB ICH GENUG.
NINJUTSU-EINFÜHRUNG, GIFT-LEXIKON, NOTIZROLLEN.
AUS EINER DAVON LÄSST SICH SICHER EINE HIMMELS-SCHRIFTROLLE FABRIZIEREN.
JETZT MAL LANGSAM!!
?!
FUIT
WIR WISSEN DOCH GAR NICHT, WAS DRIN-STEHT!!
DIE PRÜFERIN WEISS SOFORT, DASS ES GEFÄLSCHT IST!! IDIOT!!
WUPP
MEIS-TENS STEHT IN SO 'NEM DING...
... 'NE LOSUNG ODER SO, UND MAN VERSTEHT DEN SINN ERST, WENN MAN BEIDE SCHRIFT-ROLLEN HAT.
ALSO BRAUCHT MAN WAHRSCHEINLICH NUR SO 'NE LOSUNG IM TURM ABZU-GEBEN.
SICHER FUNKTIONIERT ES SO!

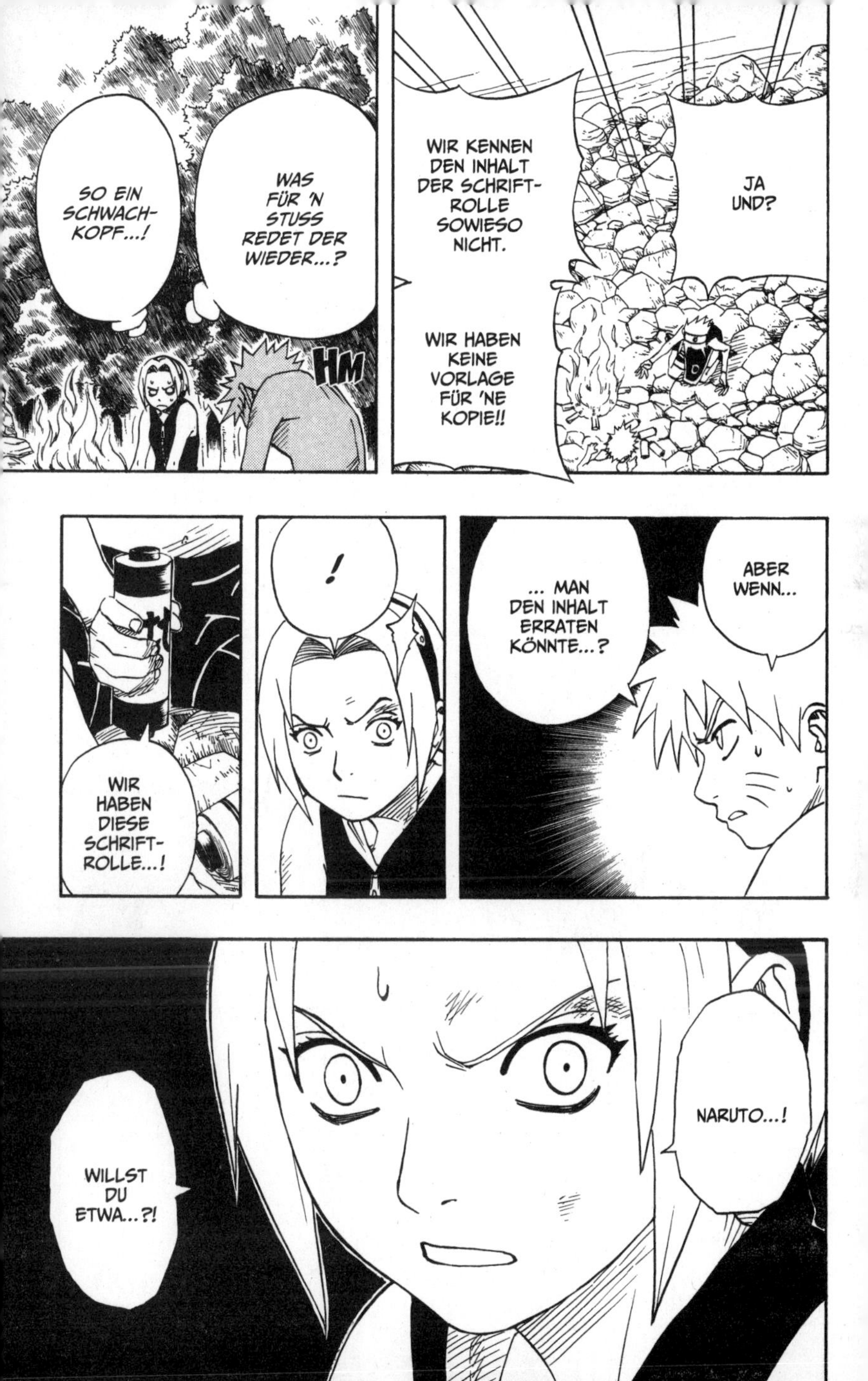
JA UND?
WIR KENNEN DEN INHALT DER SCHRIFTROLLE SOWIESO NICHT.
WIR HABEN KEINE VORLAGE FÜR 'NE KOPIE!!
WAS FÜR 'N STUSS REDET DER WIEDER...?
SO EIN SCHWACHKOPF...!
HM
ABER WENN...
... MAN DEN INHALT ERRATEN KÖNNTE...?
!
WIR HABEN DIESE SCHRIFTROLLE...!
NARUTO...!
WILLST DU ETWA...?!

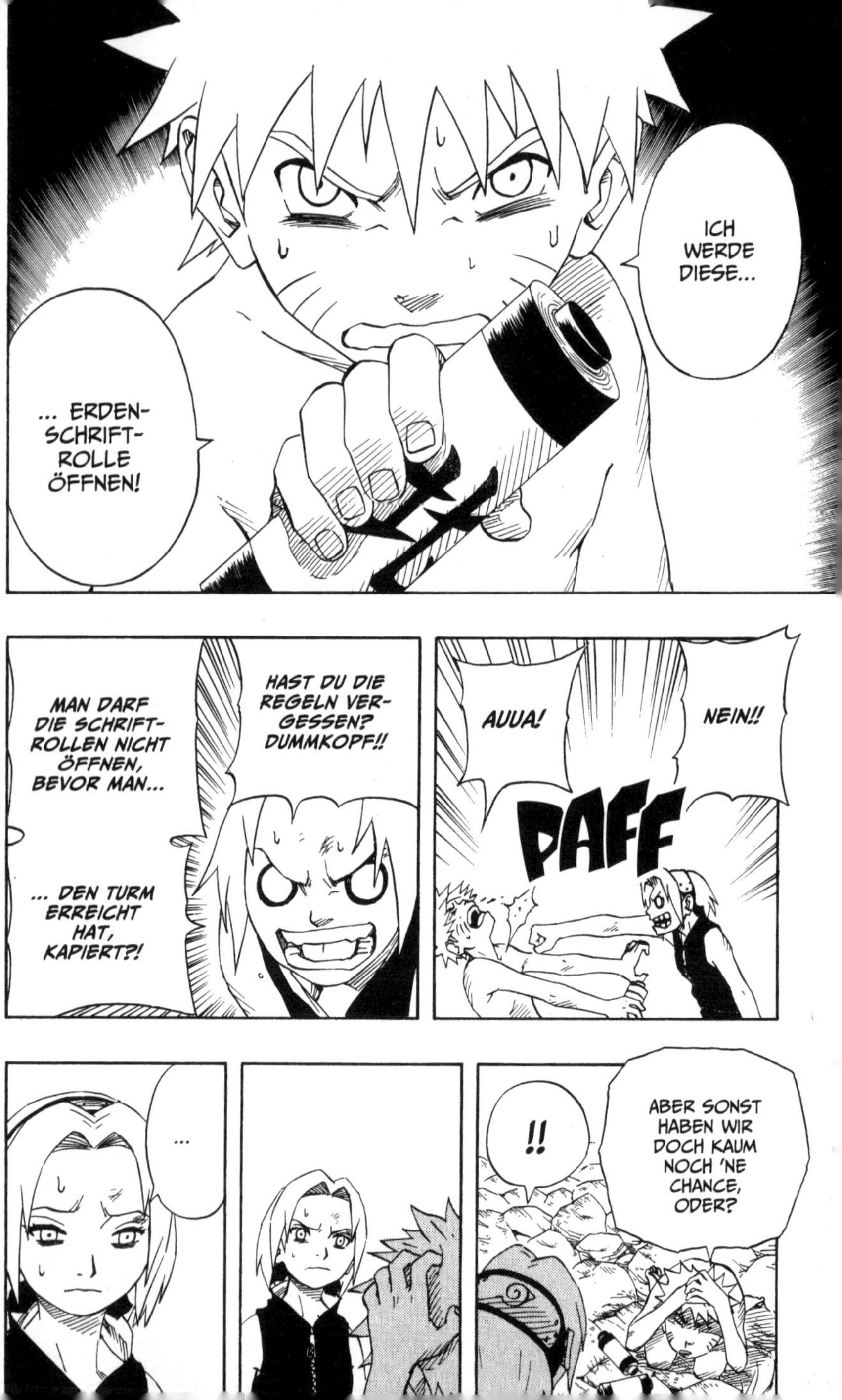
ICH WERDE DIESE...
... ERDEN-SCHRIFT-ROLLE ÖFFNEN!
NEIN!!
AUUA!
PAFF
HAST DU DIE REGELN VER-GESSEN? DUMMKOPF!!
MAN DARF DIE SCHRIFT-ROLLEN NICHT ÖFFNEN, BEVOR MAN...
... DEN TURM ERREICHT HAT, KAPIERT?!
ABER SONST HABEN WIR DOCH KAUM NOCH 'NE CHANCE, ODER?
!!
...

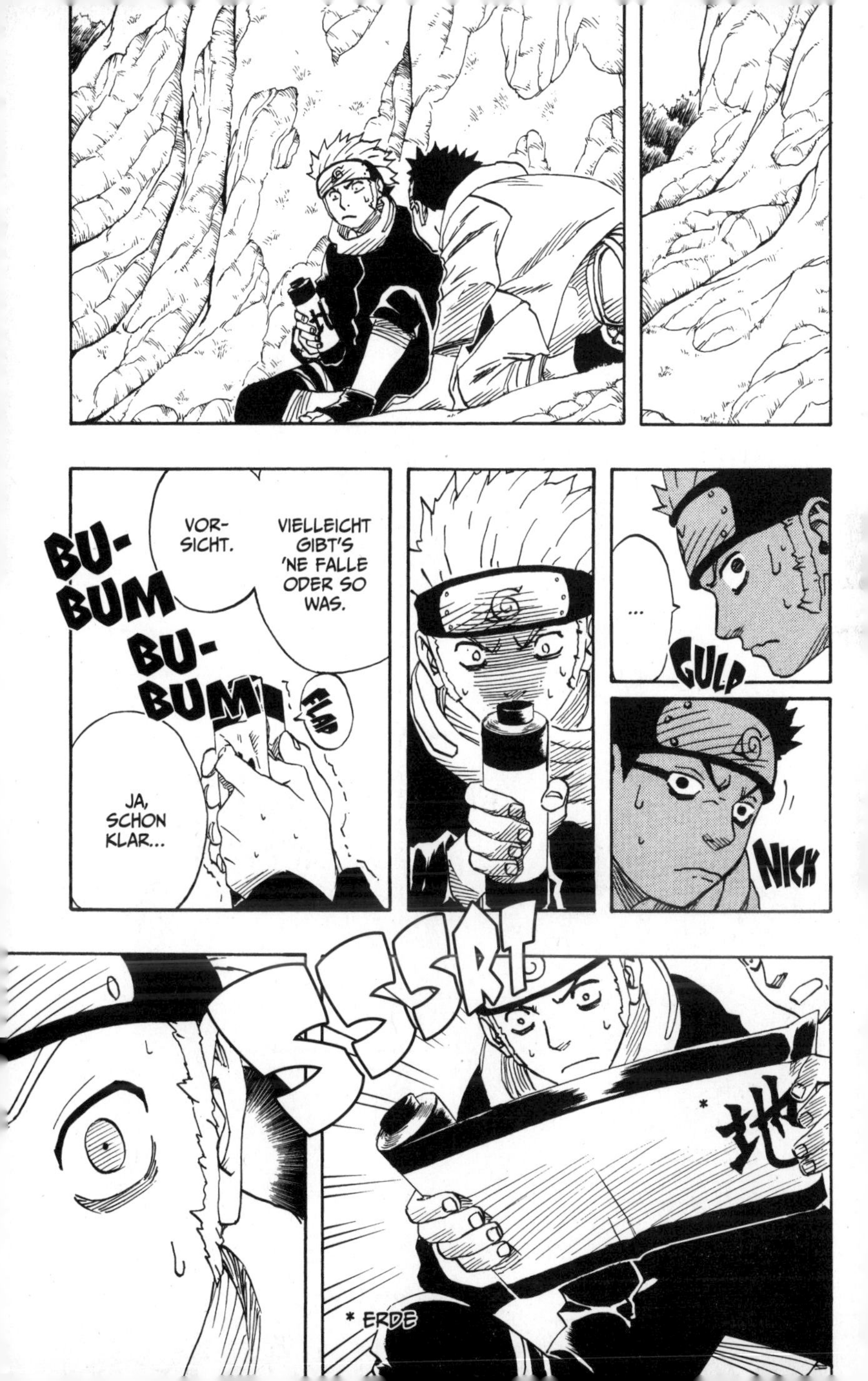

...
GULP
NICK
VORSICHT.
VIELLEICHT GIBT'S 'NE FALLE ODER SO WAS.
BU-BUM BU-BUM
FLAP
JA, SCHON KLAR...
SSSSRT
*
地
* ERDE

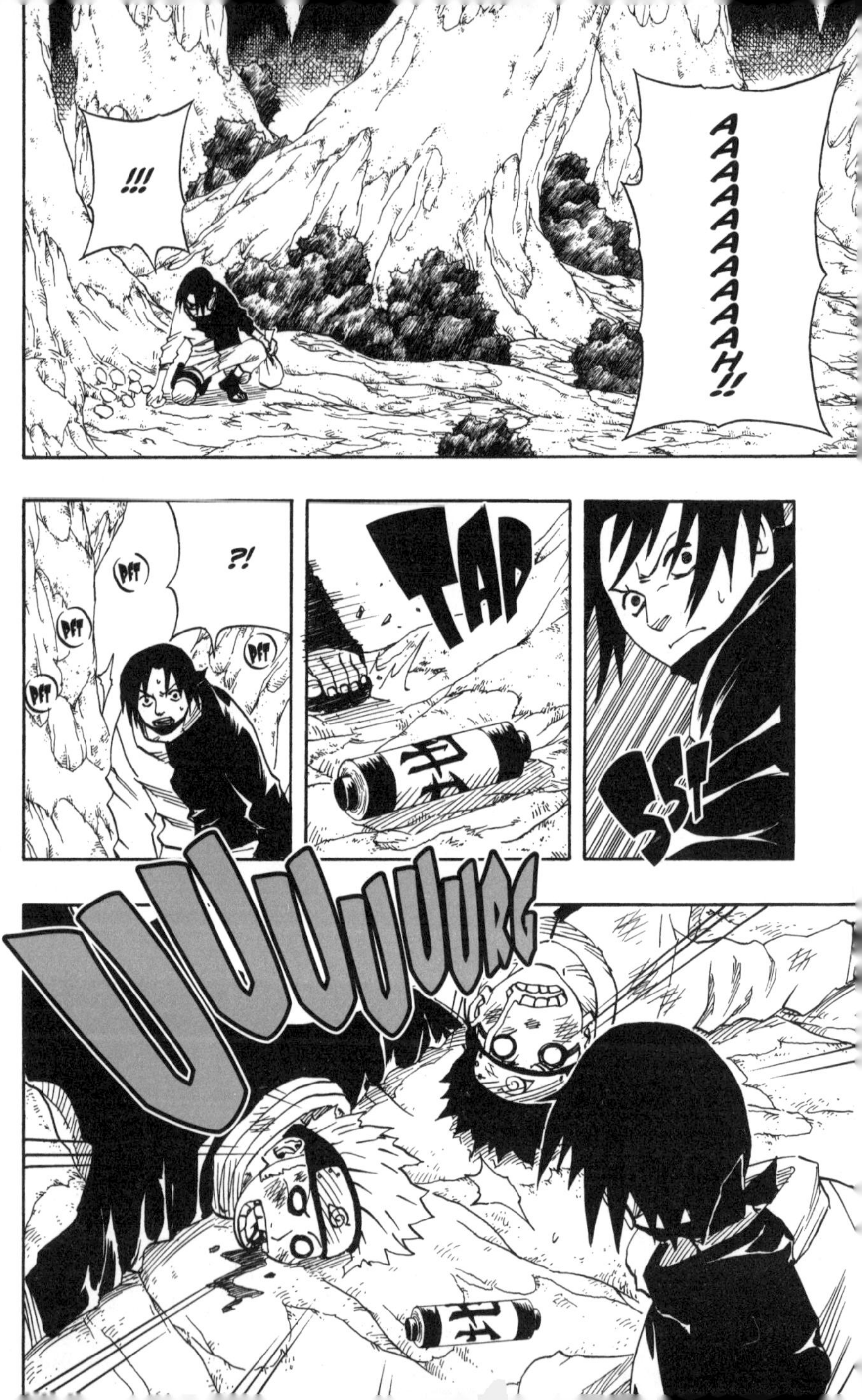
AAAAAAAAAAAAAH!!
!!!
?!
PFT
PFT
PFT
PFT
TAP
SST
UUUUUUURG

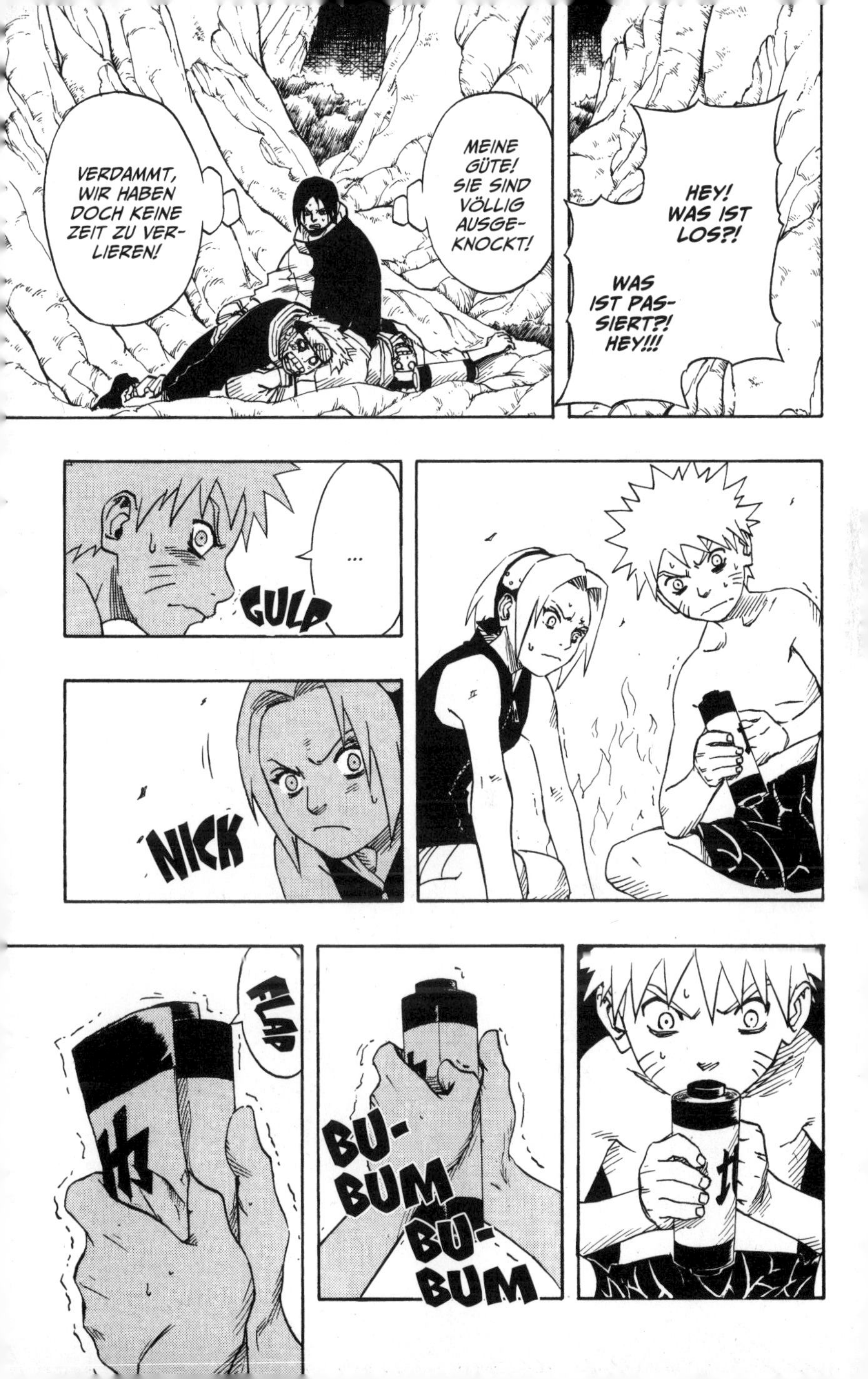

HEY! WAS IST LOS?!
WAS IST PASSIERT?! HEY!!!
MEINE GÜTE! SIE SIND VÖLLIG AUSGE-KNOCKT!
VERDAMMT, WIR HABEN DOCH KEINE ZEIT ZU VER-LIEREN!
...
GULP
NICK
FLAP
BU-BUM BU-BUM

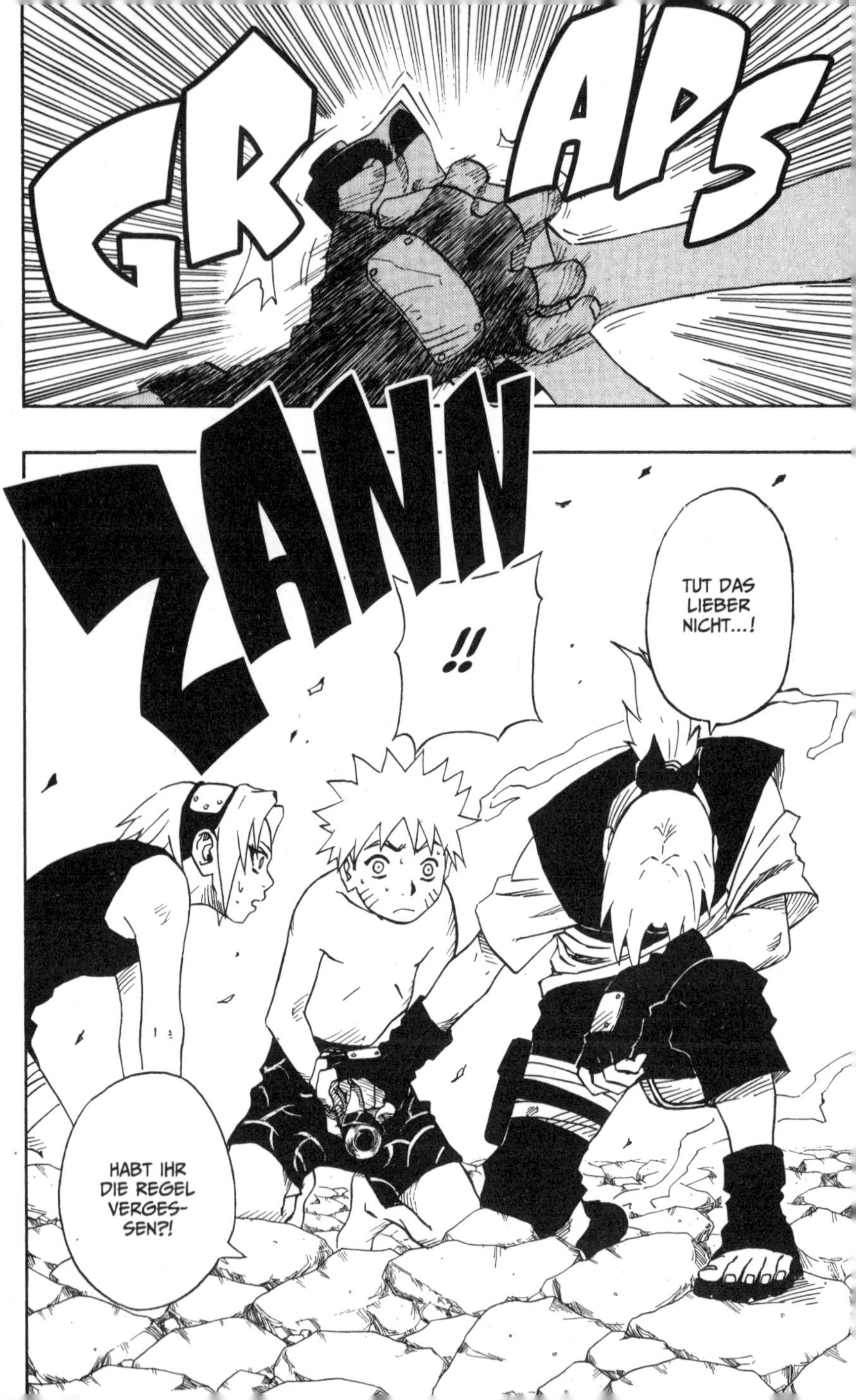
GRAPS
ZANN
!!
TUT DAS LIEBER NICHT...!
HABT IHR DIE REGEL VERGES-SEN?!

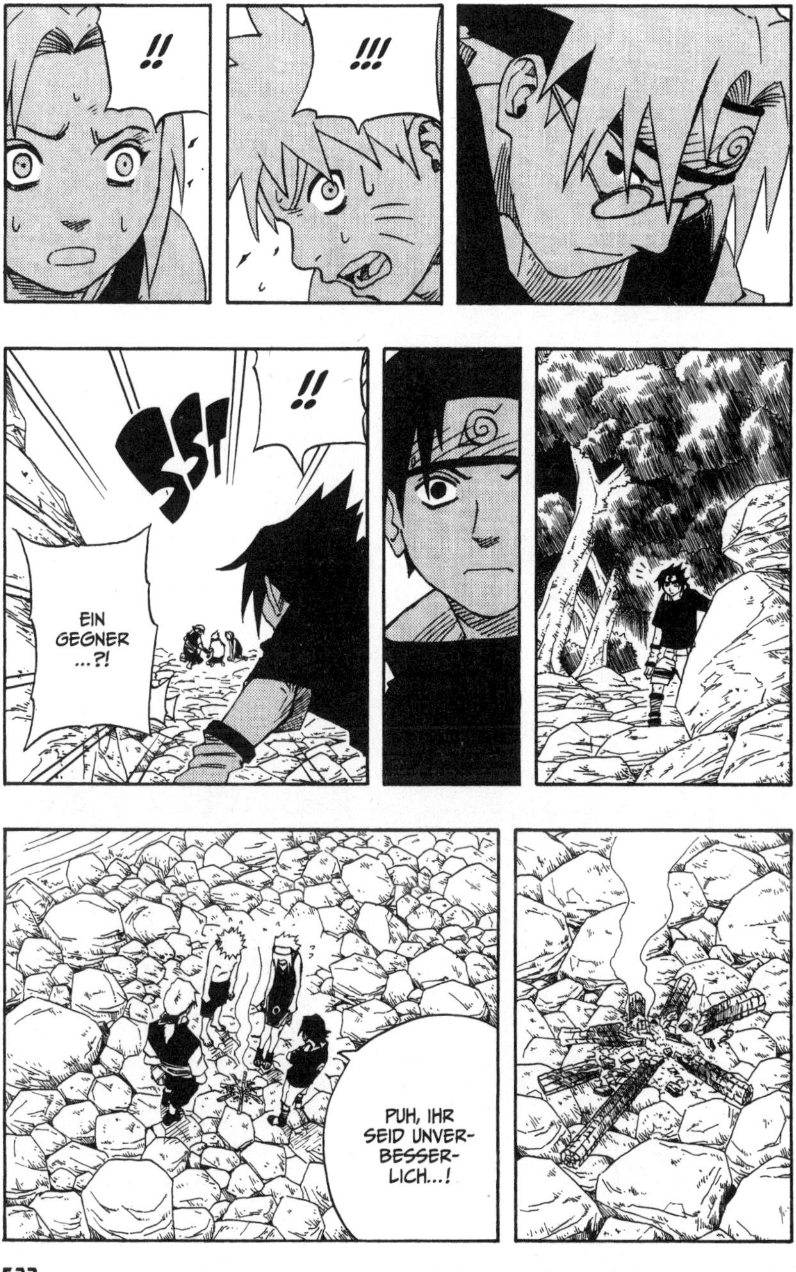
!!!
!!
!!
SST
EIN GEGNER ...?!
PUH, IHR SEID UNVER-BESSER-LICH...!

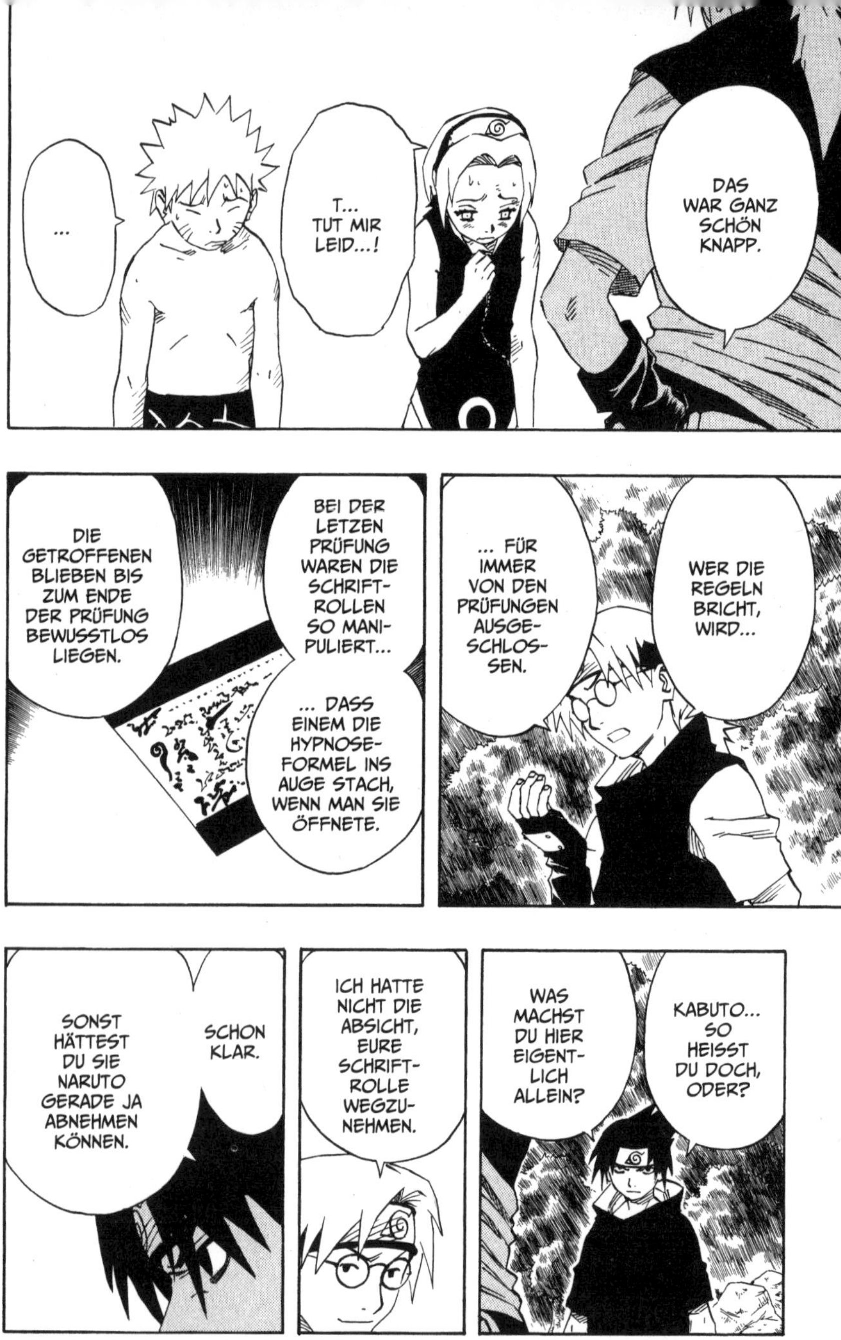
DAS WAR GANZ SCHÖN KNAPP.
T... TUT MIR LEID...!
...
WER DIE REGELN BRICHT, WIRD...
... FÜR IMMER VON DEN PRÜFUNGEN AUSGESCHLOSSEN.
BEI DER LETZEN PRÜFUNG WAREN DIE SCHRIFTROLLEN SO MANIPULIERT...
... DASS EINEM DIE HYPNOSEFORMEL INS AUGE STACH, WENN MAN SIE ÖFFNETE.
DIE GETROFFENEN BLIEBEN BIS ZUM ENDE DER PRÜFUNG BEWUSSTLOS LIEGEN.
KABUTO... SO HEISST DU DOCH, ODER?
WAS MACHST DU HIER EIGENTLICH ALLEIN?
ICH HATTE NICHT DIE ABSICHT, EURE SCHRIFTROLLE WEGZUNEHMEN.
SCHON KLAR.
SONST HÄTTEST DU SIE NARUTO GERADE JA ABNEHMEN KÖNNEN.

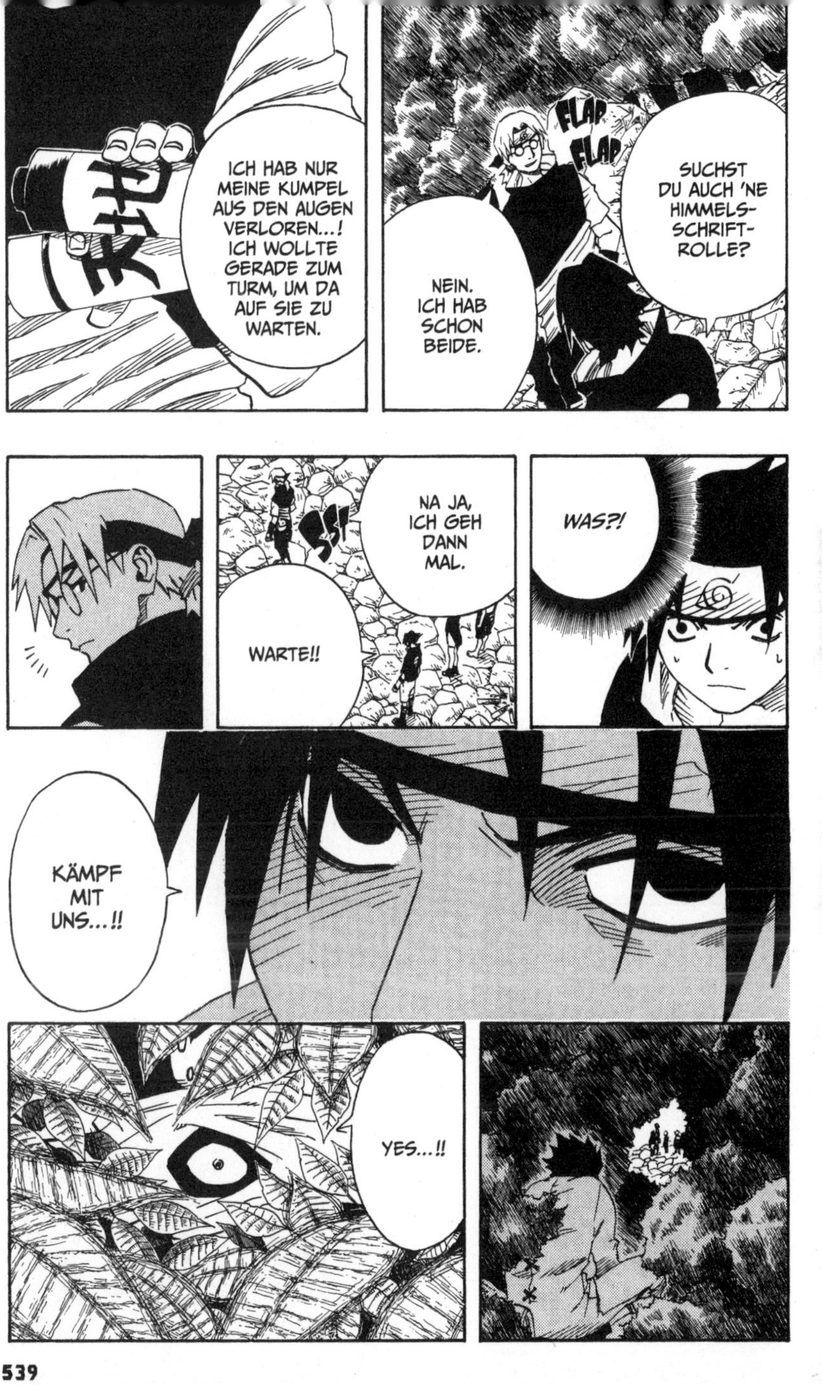
FLAP
FLAP
SUCHST DU AUCH 'NE HIMMELS-SCHRIFT-ROLLE?
NEIN. ICH HAB SCHON BEIDE.
ICH HAB NUR MEINE KUMPEL AUS DEN AUGEN VERLOREN...! ICH WOLLTE GERADE ZUM TURM, UM DA AUF SIE ZU WARTEN.
WAS?!
NA JA, ICH GEH DANN MAL.
WARTE!!
KÄMPF MIT UNS...!!
YES...!!

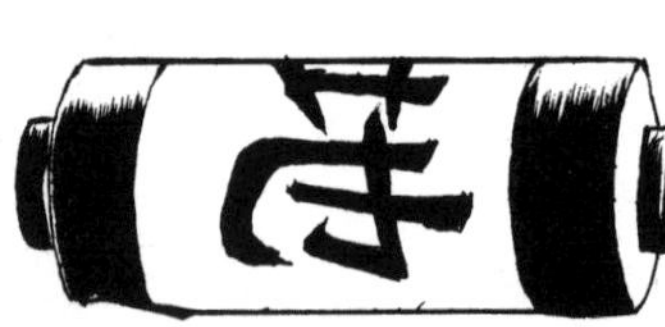

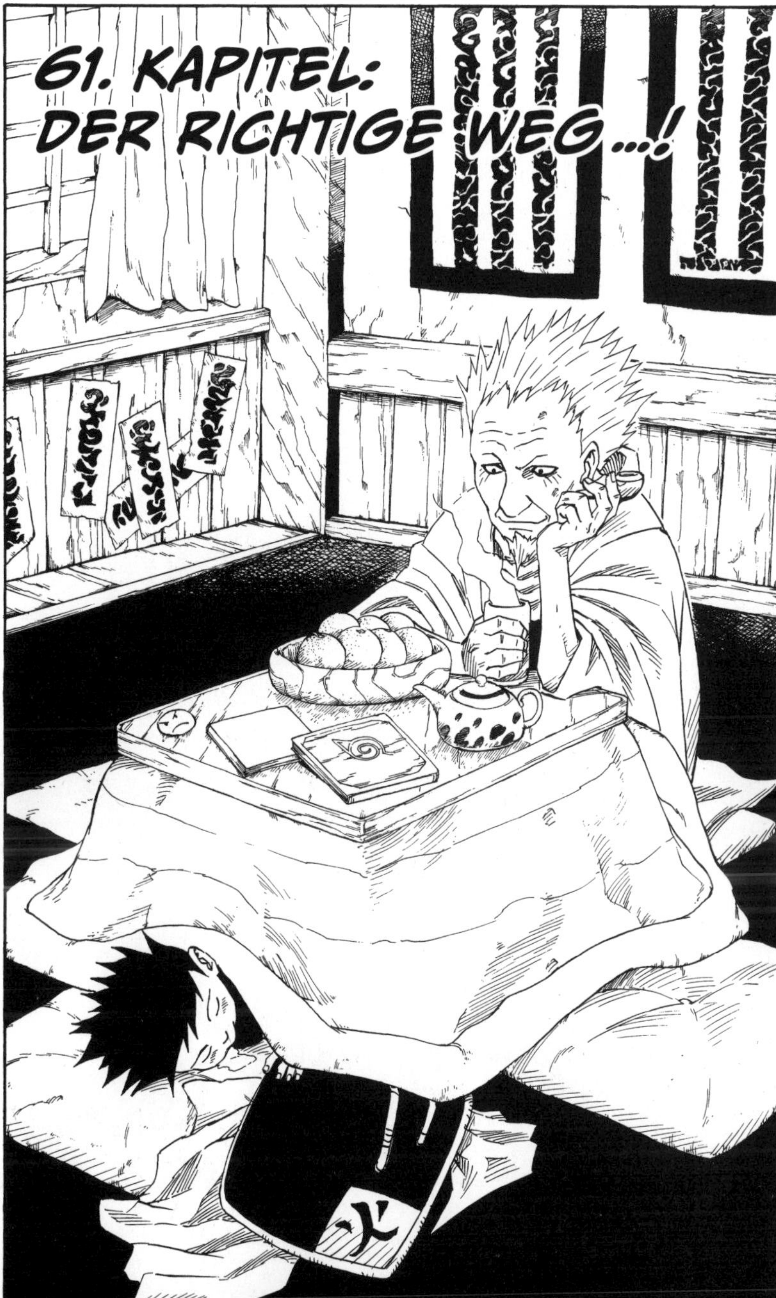
61. KAPITEL:
DER RICHTIGE WEG ...!

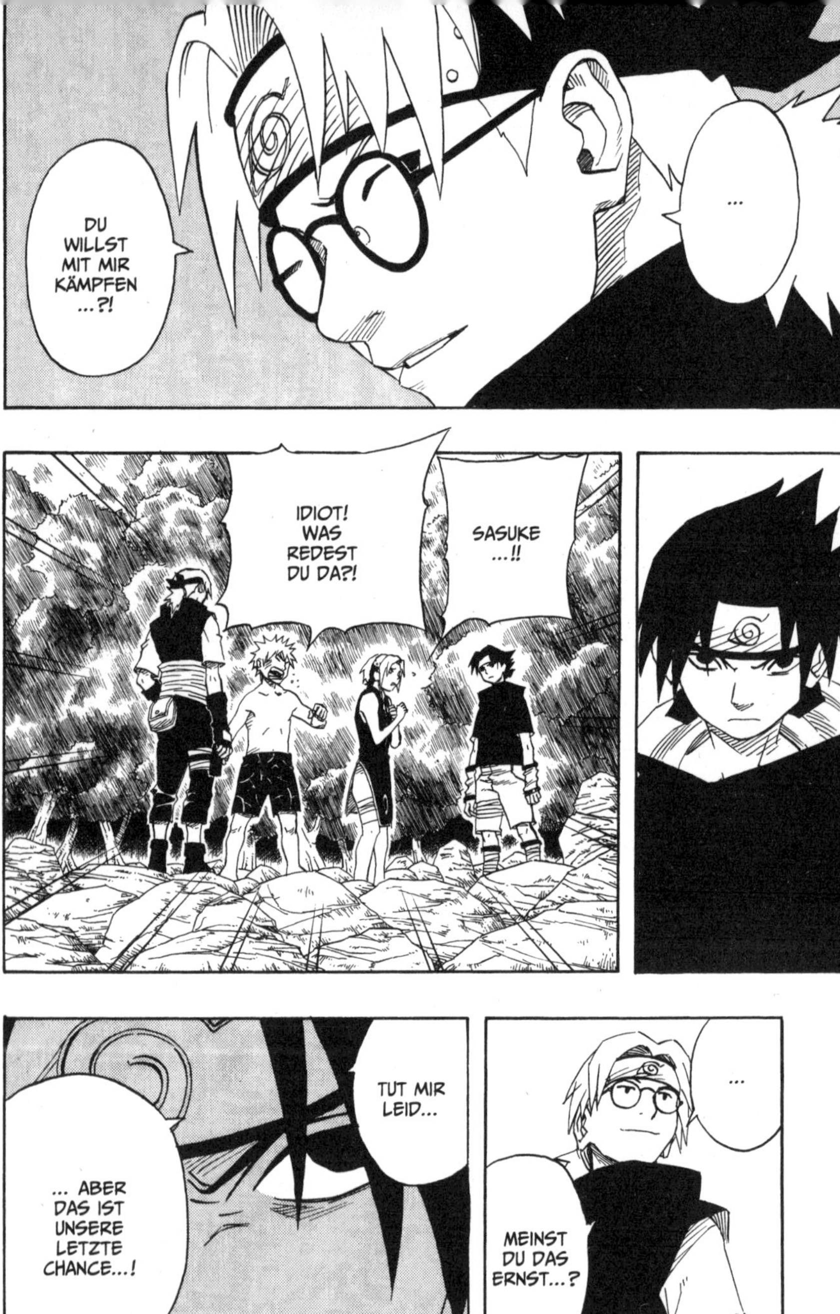
...
DU WILLST MIT MIR KÄMPFEN ...?!
SASUKE ...!!
IDIOT! WAS REDEST DU DA?!
...
MEINST DU DAS ERNST...?
TUT MIR LEID...
... ABER DAS IST UNSERE LETZTE CHANCE...!

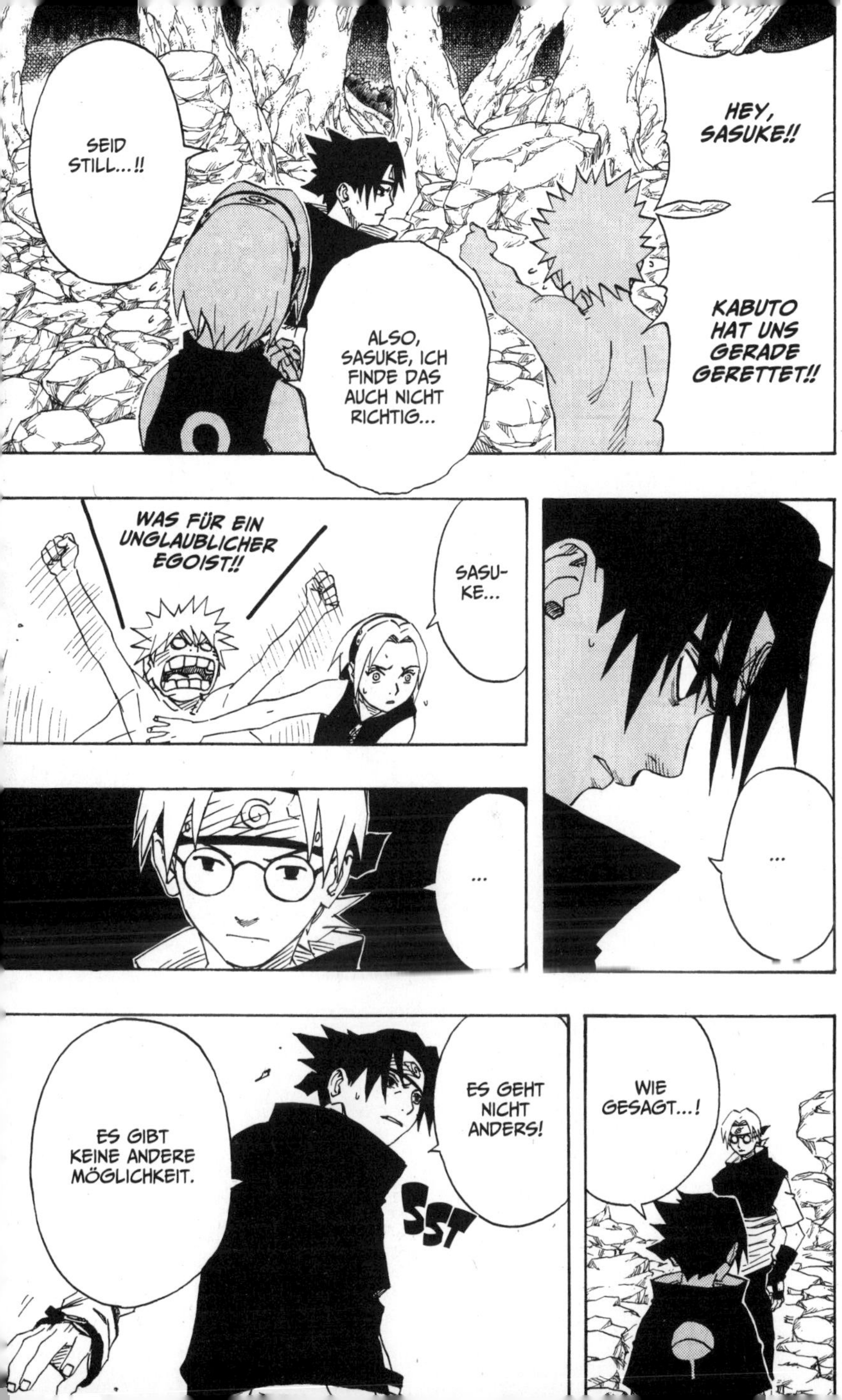
HEY, SASUKE!!
KABUTO HAT UNS GERADE GERETTET!!
ALSO, SASUKE, ICH FINDE DAS AUCH NICHT RICHTIG...
SEID STILL...!!
SASU-KE...
WAS FÜR EIN UNGLAUBLICHER EGOIST!!
...
...
WIE GESAGT...!
ES GEHT NICHT ANDERS!
SST
ES GIBT KEINE ANDERE MÖGLICHKEIT.

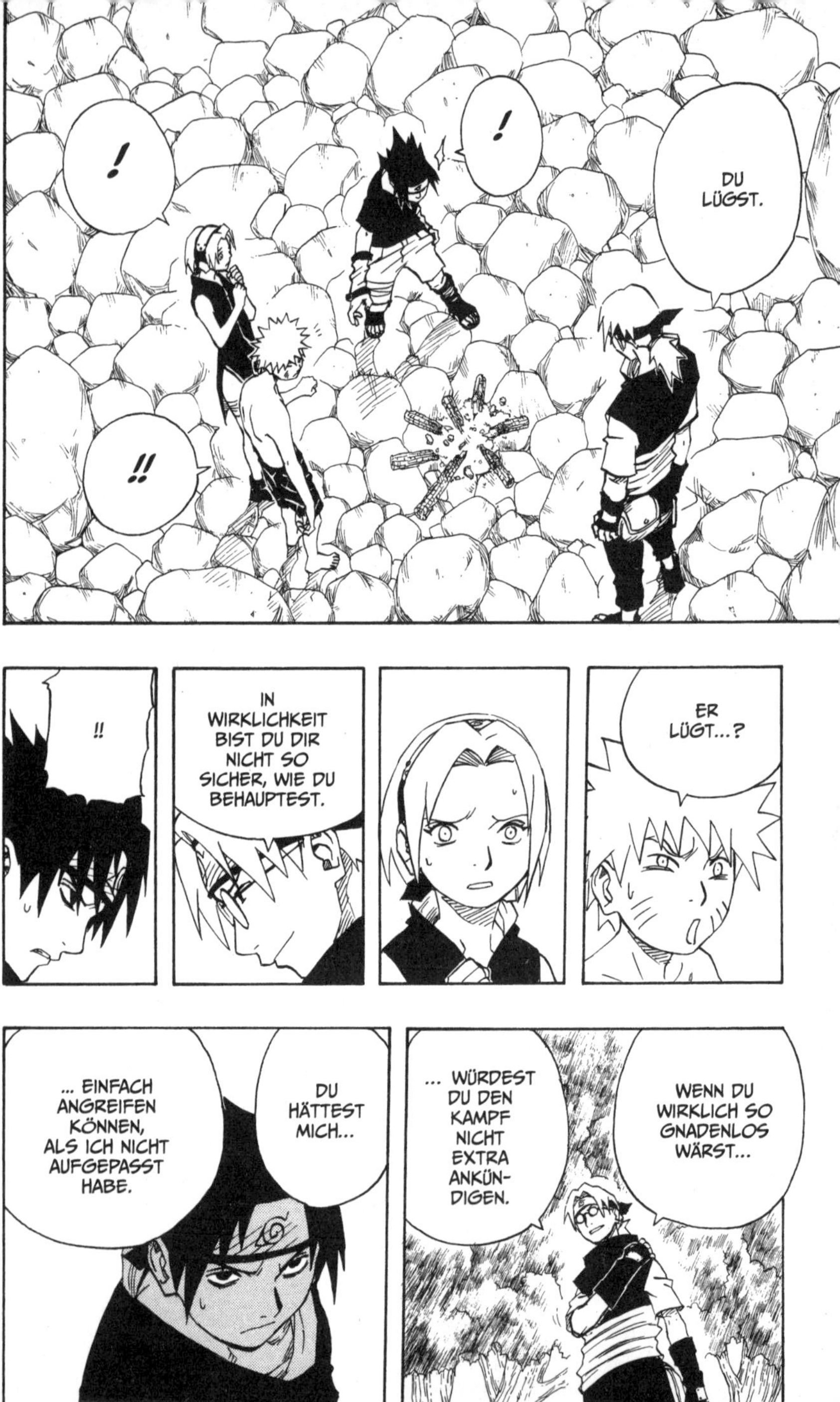
DU LÜGST.
!
!
!!
ER LÜGT...?
IN WIRKLICHKEIT BIST DU DIR NICHT SO SICHER, WIE DU BEHAUPTEST.
!!
WENN DU WIRKLICH SO GNADENLOS WÄRST...
... WÜRDEST DU DEN KAMPF NICHT EXTRA ANKÜN-DIGEN.
DU HÄTTEST MICH...
... EINFACH ANGREIFEN KÖNNEN, ALS ICH NICHT AUFGEPASST HABE.

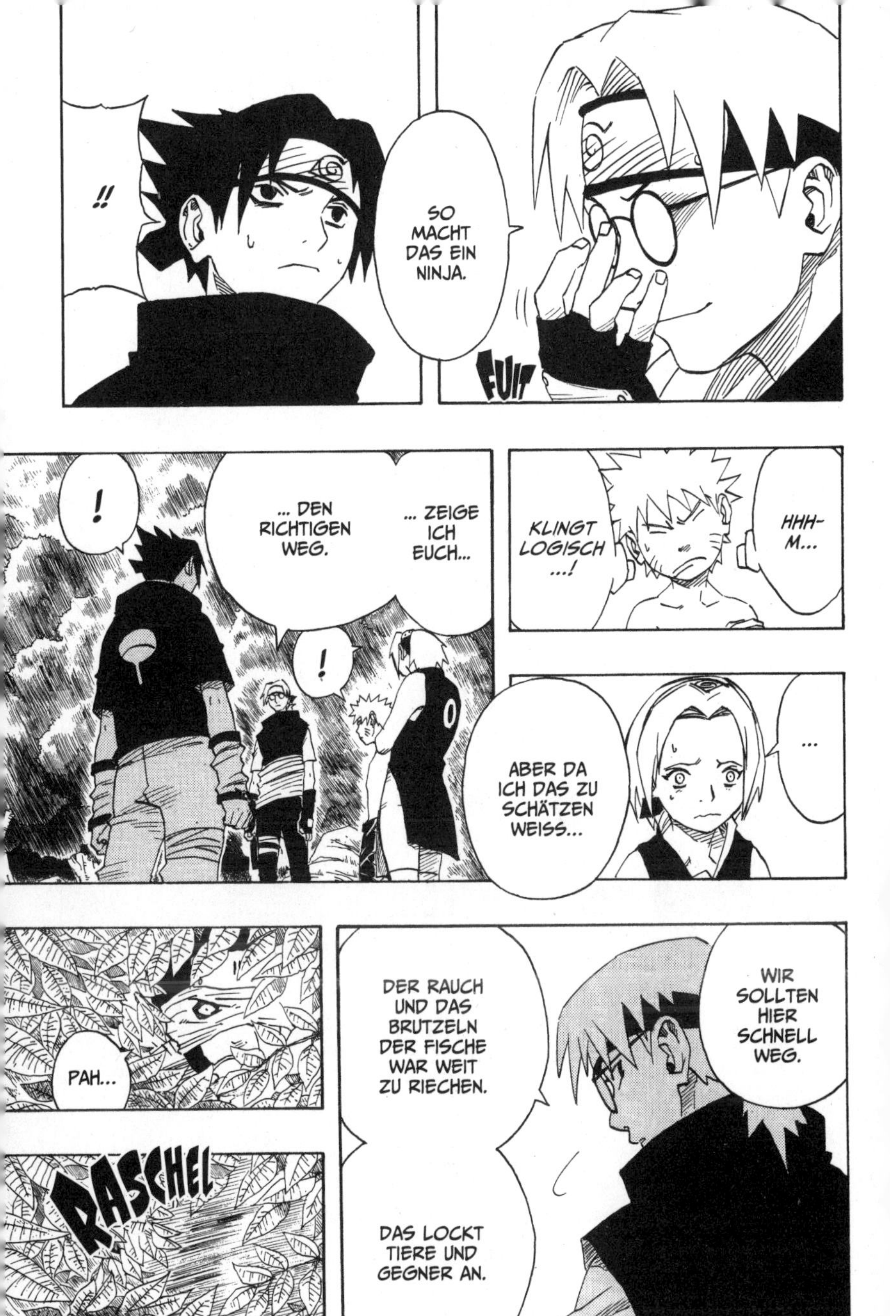
SO MACHT DAS EIN NINJA.
FUIT
!!
HHH-M...
KLINGT LOGISCH ...!
...
ABER DA ICH DAS ZU SCHÄTZEN WEISS...
... ZEIGE ICH EUCH...
... DEN RICHTIGEN WEG.
!
!
WIR SOLLTEN HIER SCHNELL WEG.
DER RAUCH UND DAS BRUTZELN DER FISCHE WAR WEIT ZU RIECHEN.
DAS LOCKT TIERE UND GEGNER AN.
PAH...
RASCHEL

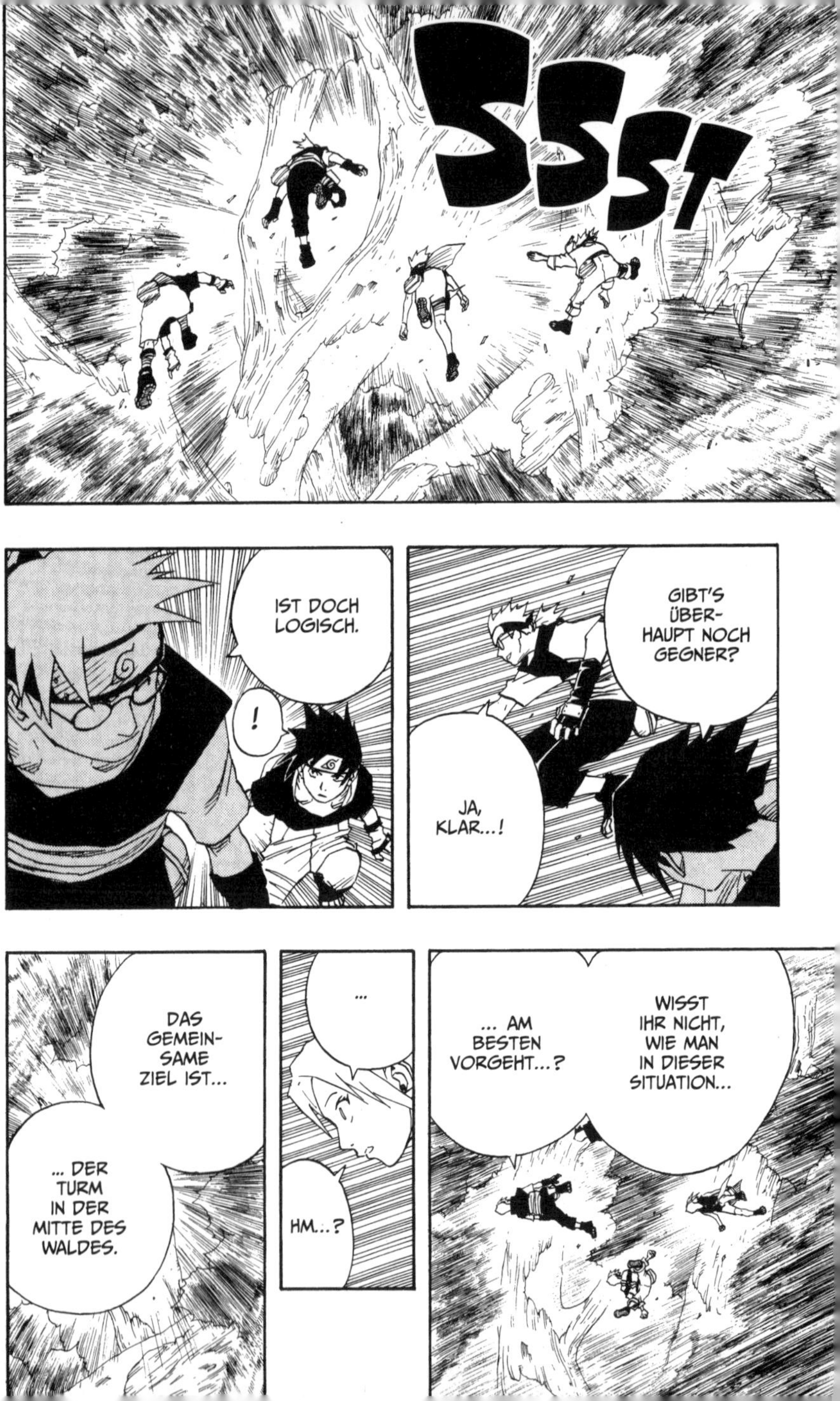
SSST
GIBT'S ÜBER-HAUPT NOCH GEGNER?
JA, KLAR...!
IST DOCH LOGISCH.
!
WISST IHR NICHT, WIE MAN IN DIESER SITUATION...
... AM BESTEN VORGEHT...?
...
HM...?
DAS GEMEIN-SAME ZIEL IST...
... DER TURM IN DER MITTE DES WALDES.

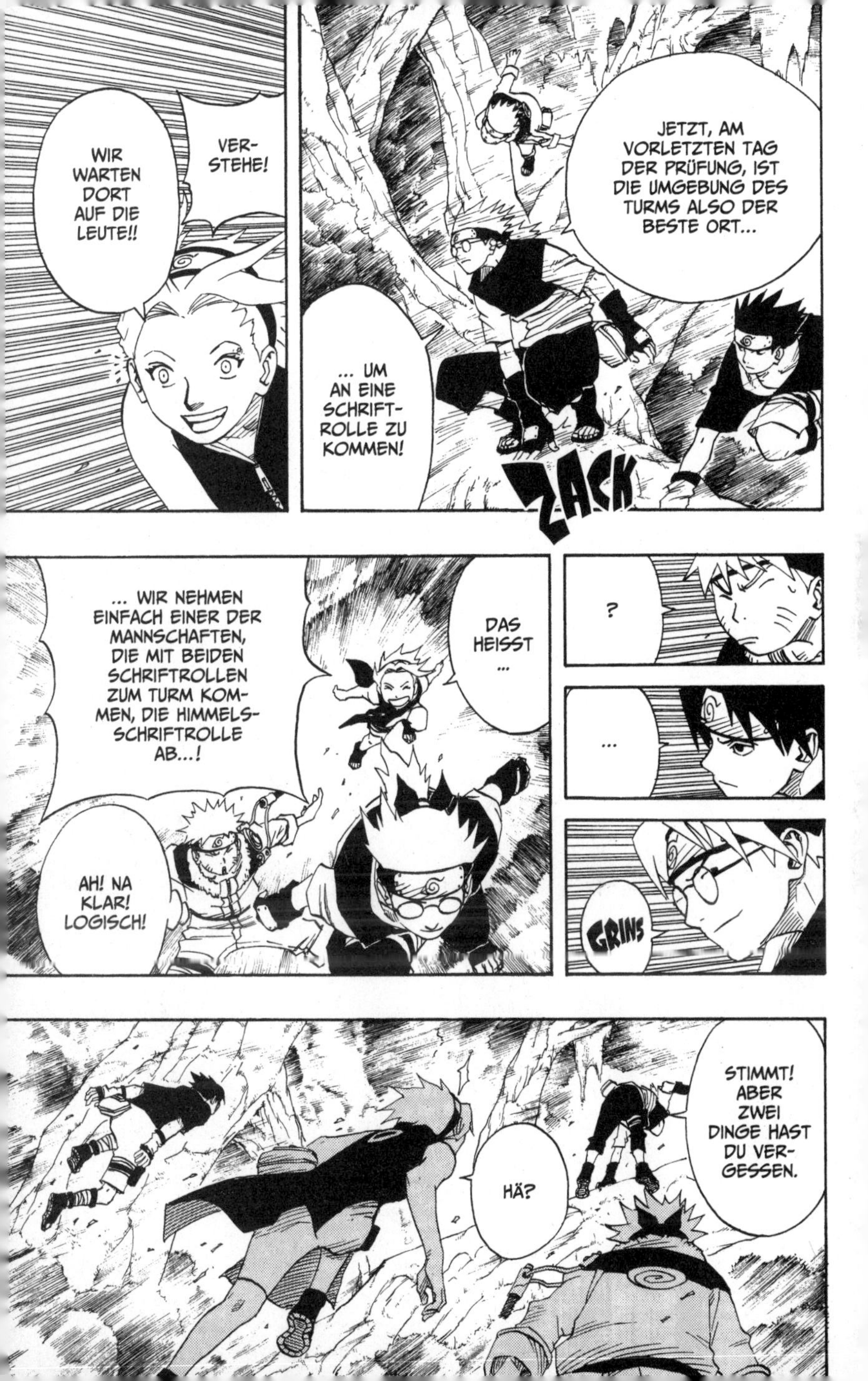
JETZT, AM VORLETZTEN TAG DER PRÜFUNG, IST DIE UMGEBUNG DES TURMS ALSO DER BESTE ORT...
... UM AN EINE SCHRIFT-ROLLE ZU KOMMEN!
ZACK
VER-STEHE!
WIR WARTEN DORT AUF DIE LEUTE!!
?
...
GRINS
DAS HEISST ...
... WIR NEHMEN EINFACH EINER DER MANNSCHAFTEN, DIE MIT BEIDEN SCHRIFTROLLEN ZUM TURM KOM-MEN, DIE HIMMELS-SCHRIFTROLLE AB...!
AH! NA KLAR! LOGISCH!
STIMMT! ABER ZWEI DINGE HAST DU VER-GESSEN.
HÄ?

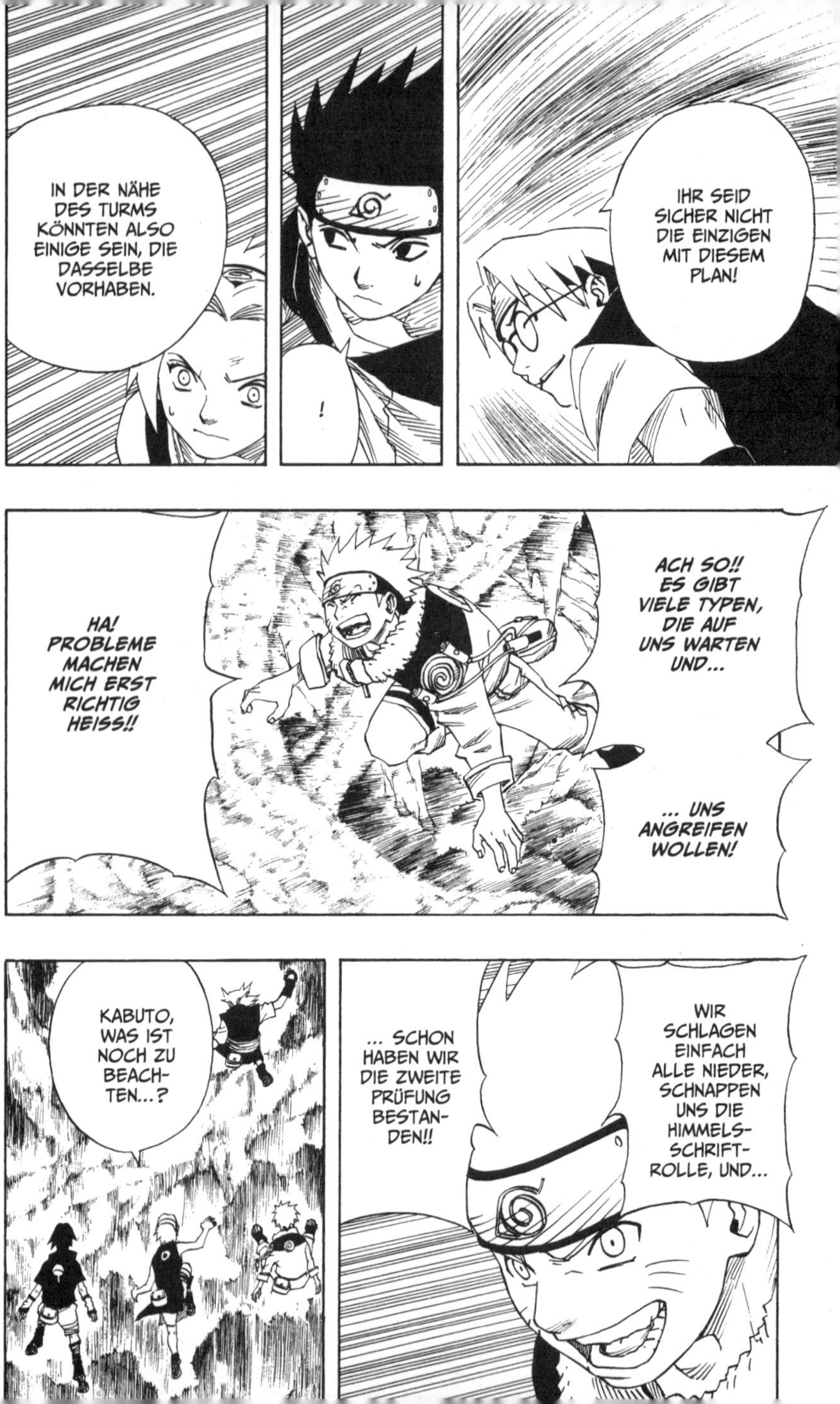
IHR SEID SICHER NICHT DIE EINZIGEN MIT DIESEM PLAN!
!
IN DER NÄHE DES TURMS KÖNNTEN ALSO EINIGE SEIN, DIE DASSELBE VORHABEN.
ACH SO!! ES GIBT VIELE TYPEN, DIE AUF UNS WARTEN UND...
... UNS ANGREIFEN WOLLEN!
HA! PROBLEME MACHEN MICH ERST RICHTIG HEISS!!
WIR SCHLAGEN EINFACH ALLE NIEDER, SCHNAPPEN UNS DIE HIMMELS-SCHRIFT-ROLLE, UND...
... SCHON HABEN WIR DIE ZWEITE PRÜFUNG BESTANDEN!!
KABUTO, WAS IST NOCH ZU BEACHTEN...?

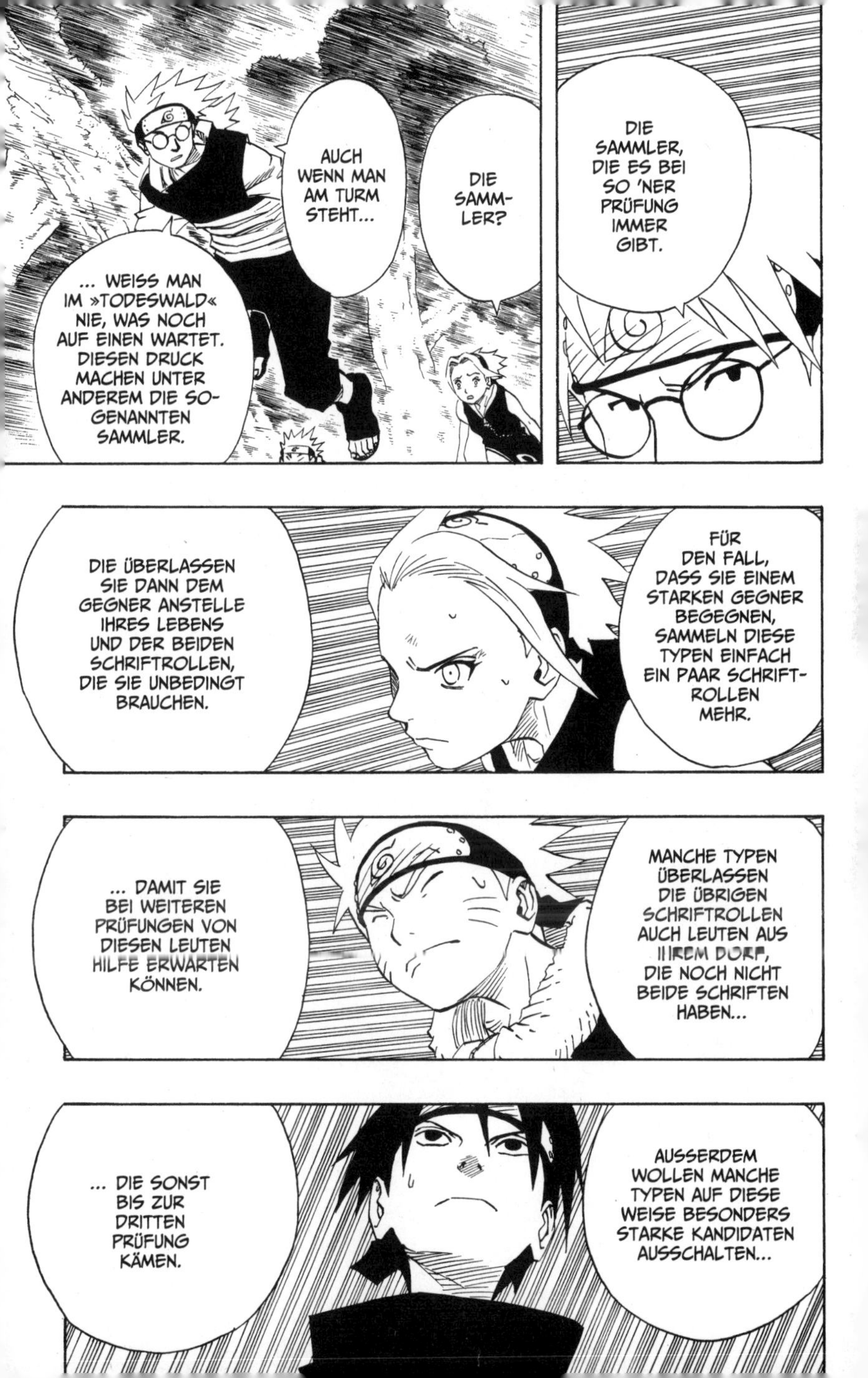
AUCH WENN MAN AM TURM STEHT...
... WEISS MAN IM »TODESWALD« NIE, WAS NOCH AUF EINEN WARTET. DIESEN DRUCK MACHEN UNTER ANDEREM DIE SO-GENANNTEN SAMMLER.
DIE SAMM-LER?
DIE SAMMLER, DIE ES BEI SO 'NER PRÜFUNG IMMER GIBT.
FÜR DEN FALL, DASS SIE EINEM STARKEN GEGNER BEGEGNEN, SAMMELN DIESE TYPEN EINFACH EIN PAAR SCHRIFT-ROLLEN MEHR.
DIE ÜBERLASSEN SIE DANN DEM GEGNER ANSTELLE IHRES LEBENS UND DER BEIDEN SCHRIFTROLLEN, DIE SIE UNBEDINGT BRAUCHEN.
MANCHE TYPEN ÜBERLASSEN DIE ÜBRIGEN SCHRIFTROLLEN AUCH LEUTEN AUS IHREM DORF, DIE NOCH NICHT BEIDE SCHRIFTEN HABEN...
... DAMIT SIE BEI WEITEREN PRÜFUNGEN VON DIESEN LEUTEN HILFE ERWARTEN KÖNNEN.
AUSSERDEM WOLLEN MANCHE TYPEN AUF DIESE WEISE BESONDERS STARKE KANDIDATEN AUSSCHALTEN...
... DIE SONST BIS ZUR DRITTEN PRÜFUNG KÄMEN.

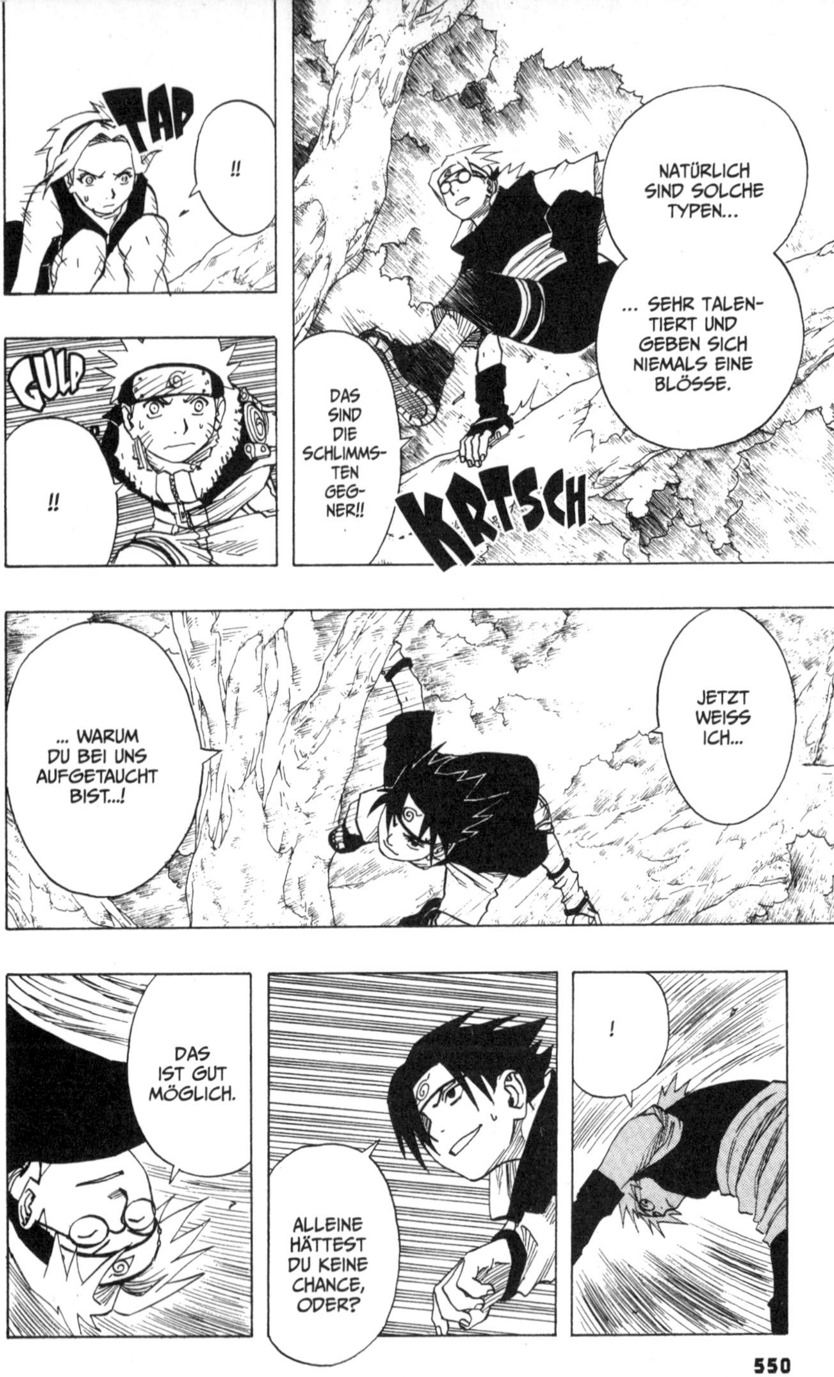
NATÜRLICH SIND SOLCHE TYPEN...
... SEHR TALEN-TIERT UND GEBEN SICH NIEMALS EINE BLÖSSE.
DAS SIND DIE SCHLIMMS-TEN GEG-NER!!
KRTSCH
TAP
!!
GULP
!!
JETZT WEISS ICH...
... WARUM DU BEI UNS AUFGETAUCHT BIST...!
!
ALLEINE HÄTTEST DU KEINE CHANCE, ODER?
DAS IST GUT MÖGLICH.

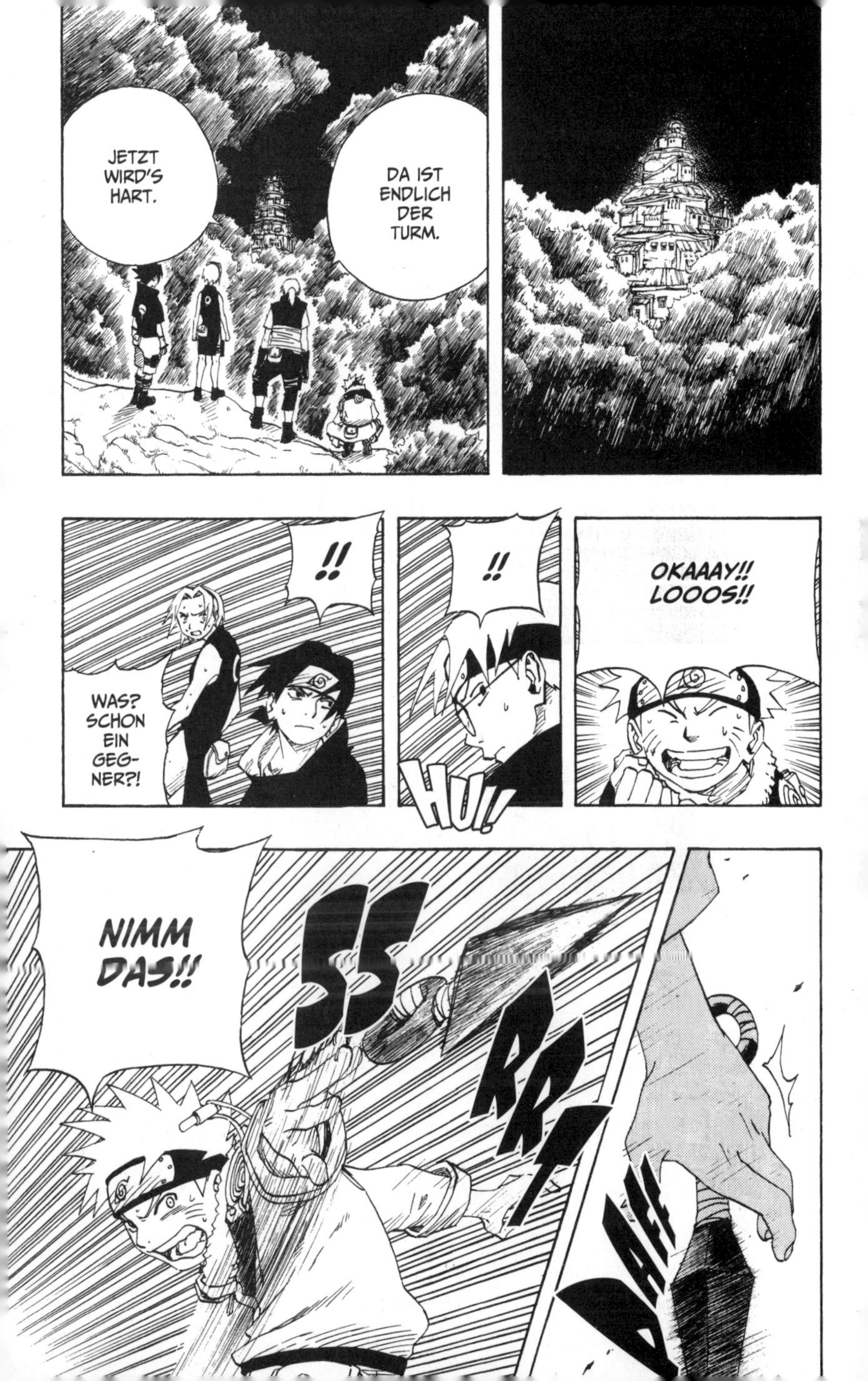
DA IST ENDLICH DER TURM.
JETZT WIRD'S HART.
OKAAAY!! LOOOS!!
!!
HUI!
!!
WAS? SCHON EIN GEG-NER?!
NIMM DAS!!

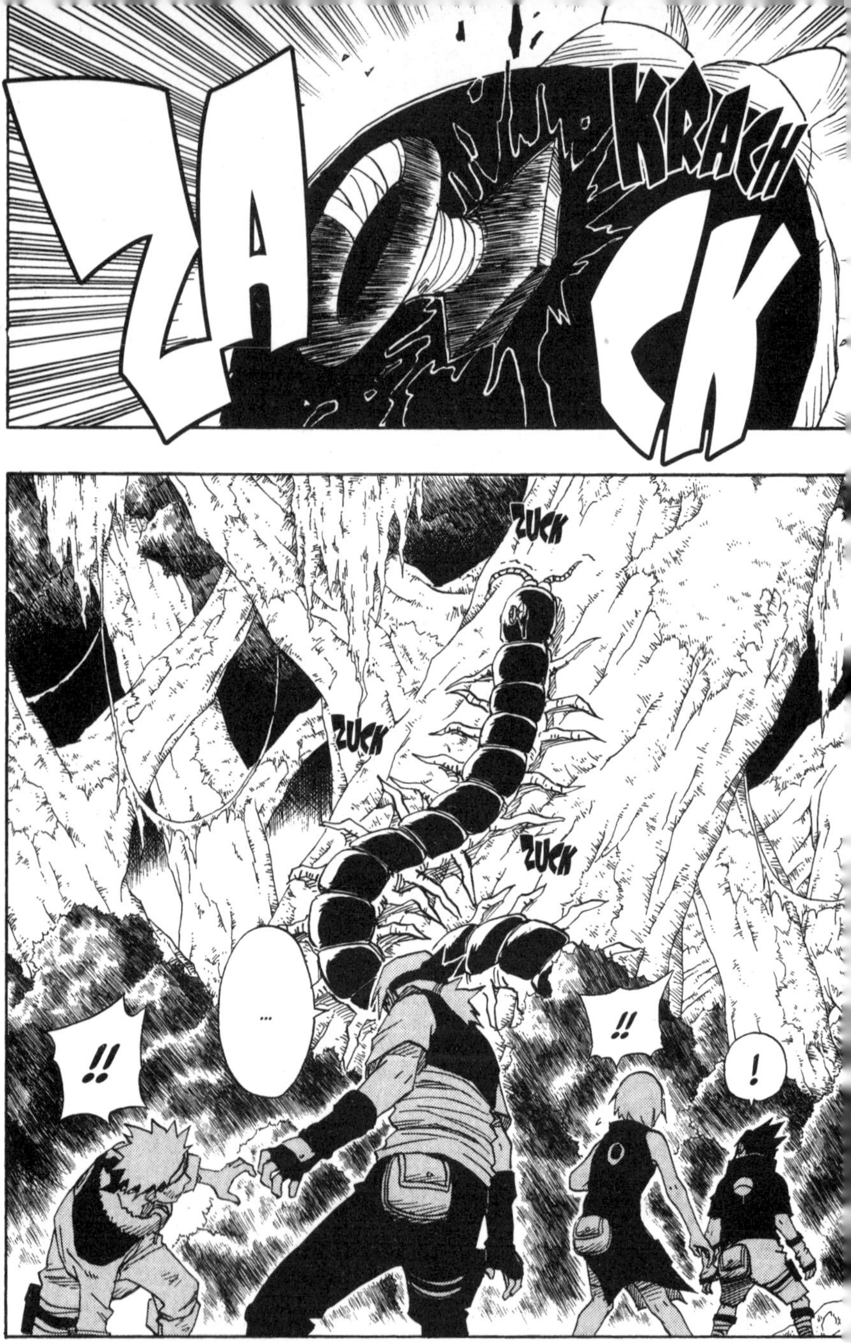
ZACK
KRACH
ZUCK
ZUCK
ZUCK
...
!!
!!
!

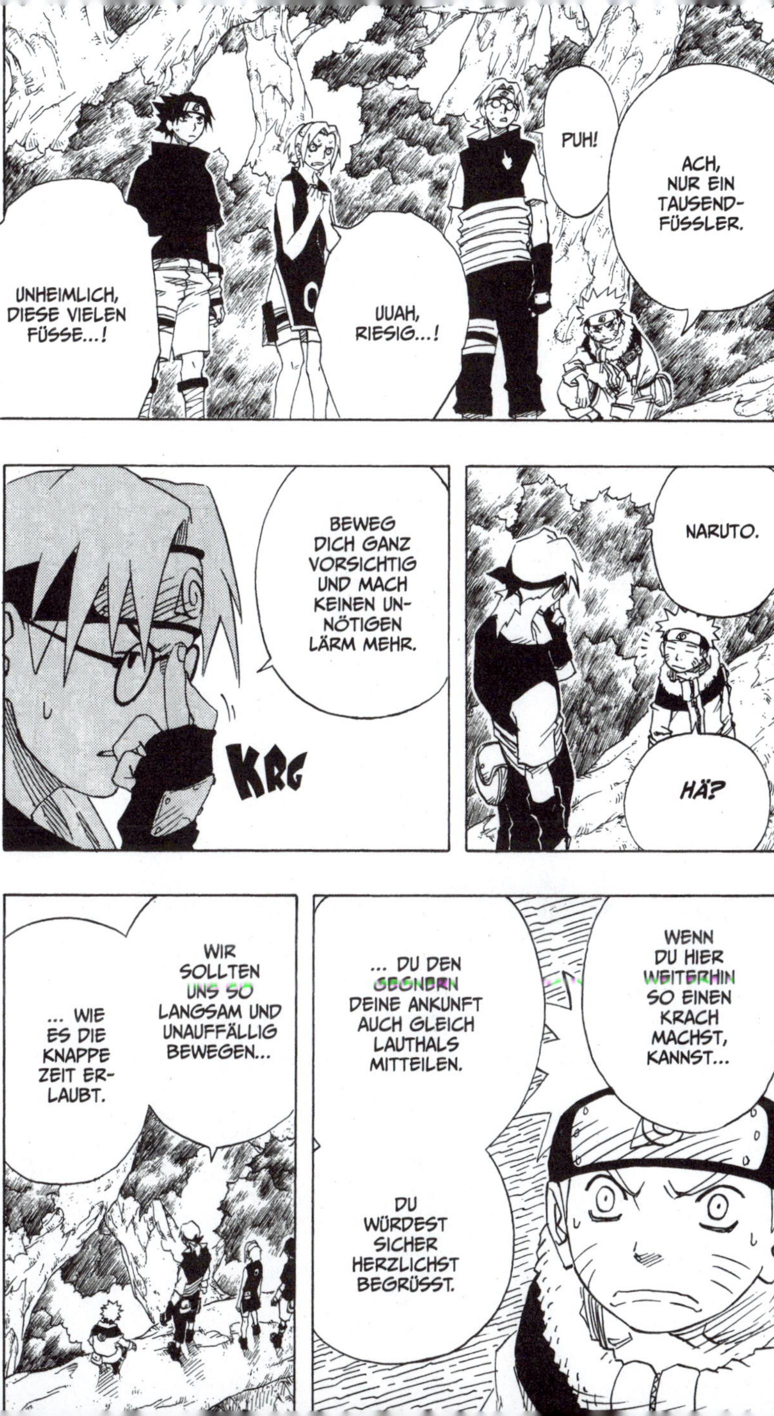
ACH, NUR EIN TAUSENDFÜSSLER.
PUH!
UUAH, RIESIG...!
UNHEIMLICH, DIESE VIELEN FÜSSE...!
NARUTO.
HÄ?
BEWEG DICH GANZ VORSICHTIG UND MACH KEINEN UNNÖTIGEN LÄRM MEHR.
KRG
WENN DU HIER WEITERHIN SO EINEN KRACH MACHST, KANNST...
... DU DEN GEGNERN DEINE ANKUNFT AUCH GLEICH LAUTHALS MITTEILEN.
DU WÜRDEST SICHER HERZLICHST BEGRÜSST.
WIR SOLLTEN UNS SO LANGSAM UND UNAUFFÄLLIG BEWEGEN...
... WIE ES DIE KNAPPE ZEIT ERLAUBT.

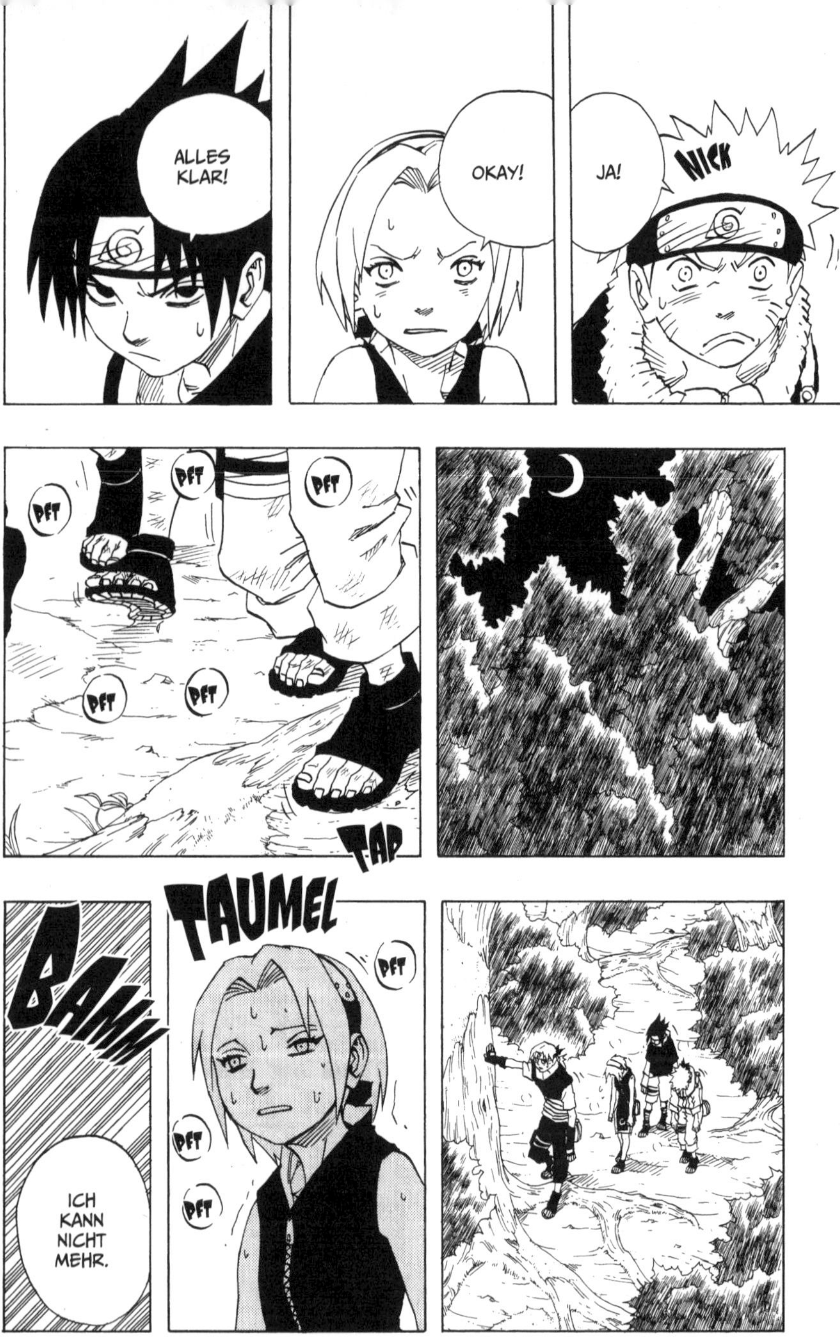
NICK
JA!
OKAY!
ALLES KLAR!
PFT
PFT
PFT
PFT
PFT
TAP
TAUMEL
PFT
PFT
PFT
BAMM
ICH KANN NICHT MEHR.

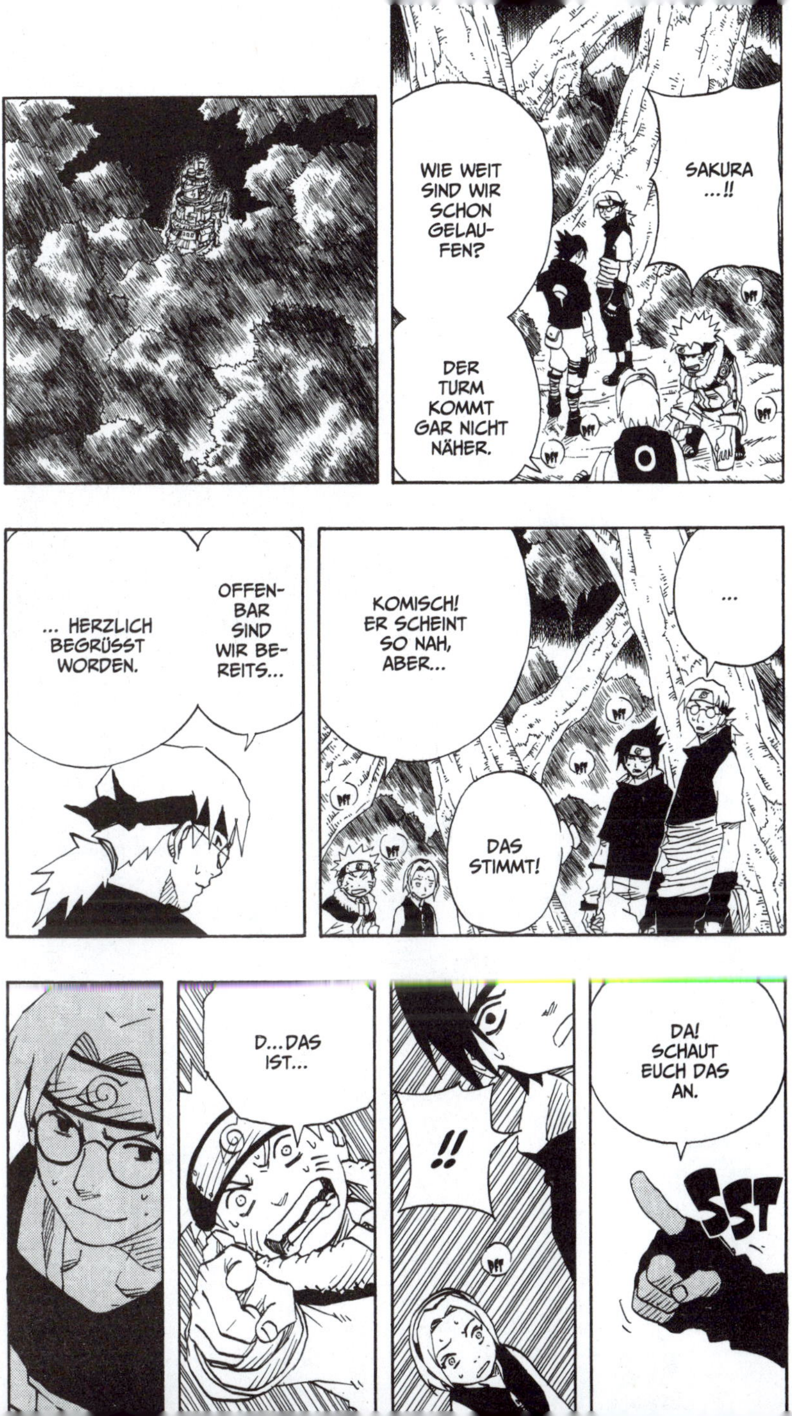

SAKURA ...!!
WIE WEIT SIND WIR SCHON GELAUFEN?
DER TURM KOMMT GAR NICHT NÄHER.
...
KOMISCH! ER SCHEINT SO NAH, ABER...
DAS STIMMT!
OFFENBAR SIND WIR BEREITS...
... HERZLICH BEGRÜSST WORDEN.
DA! SCHAUT EUCH DAS AN.
SST
!!
D...DAS IST...

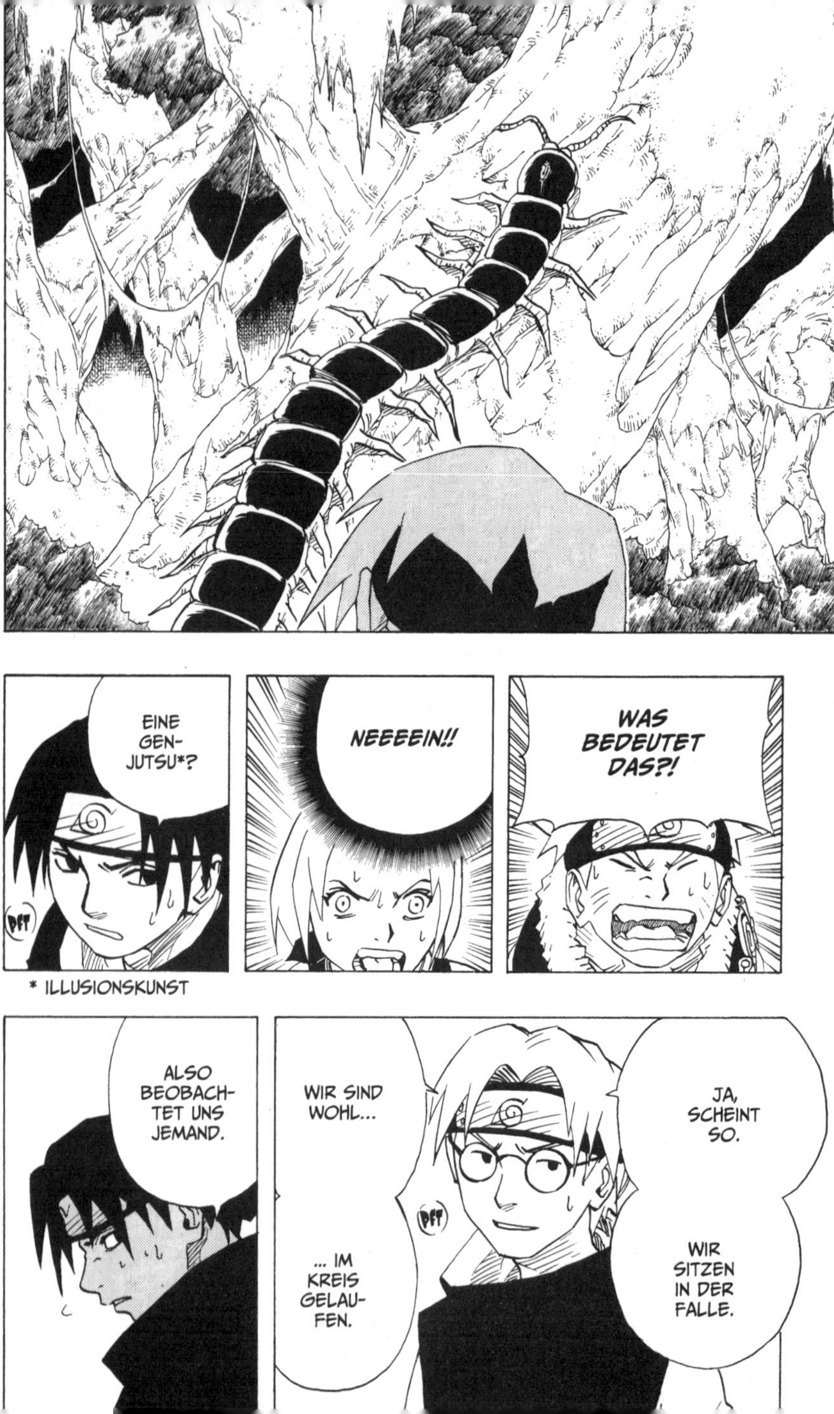

* ILLUSIONSKUNST

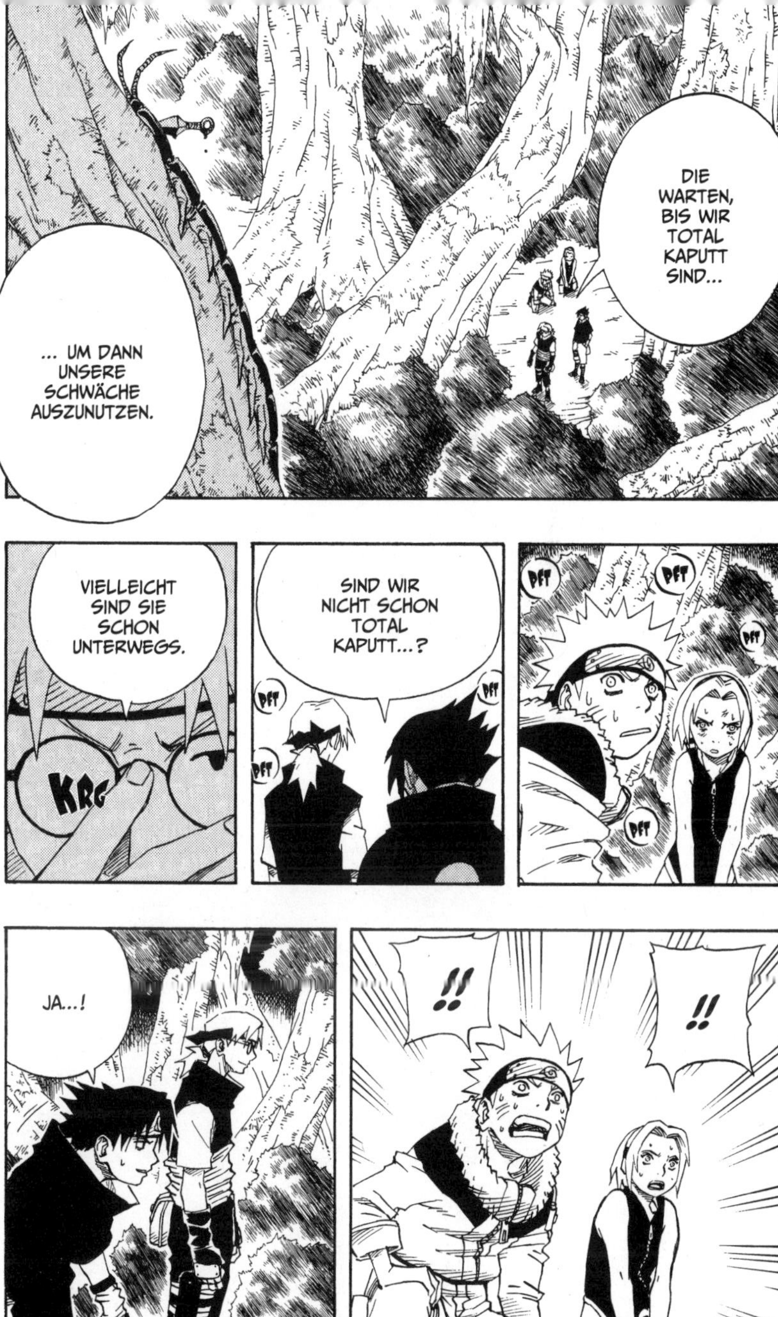
DIE WARTEN, BIS WIR TOTAL KAPUTT SIND...
... UM DANN UNSERE SCHWÄCHE AUSZUNUTZEN.
PFT
SIND WIR NICHT SCHON TOTAL KAPUTT...?
VIELLEICHT SIND SIE SCHON UNTERWEGS.
KRG
!!
!!
JA...!

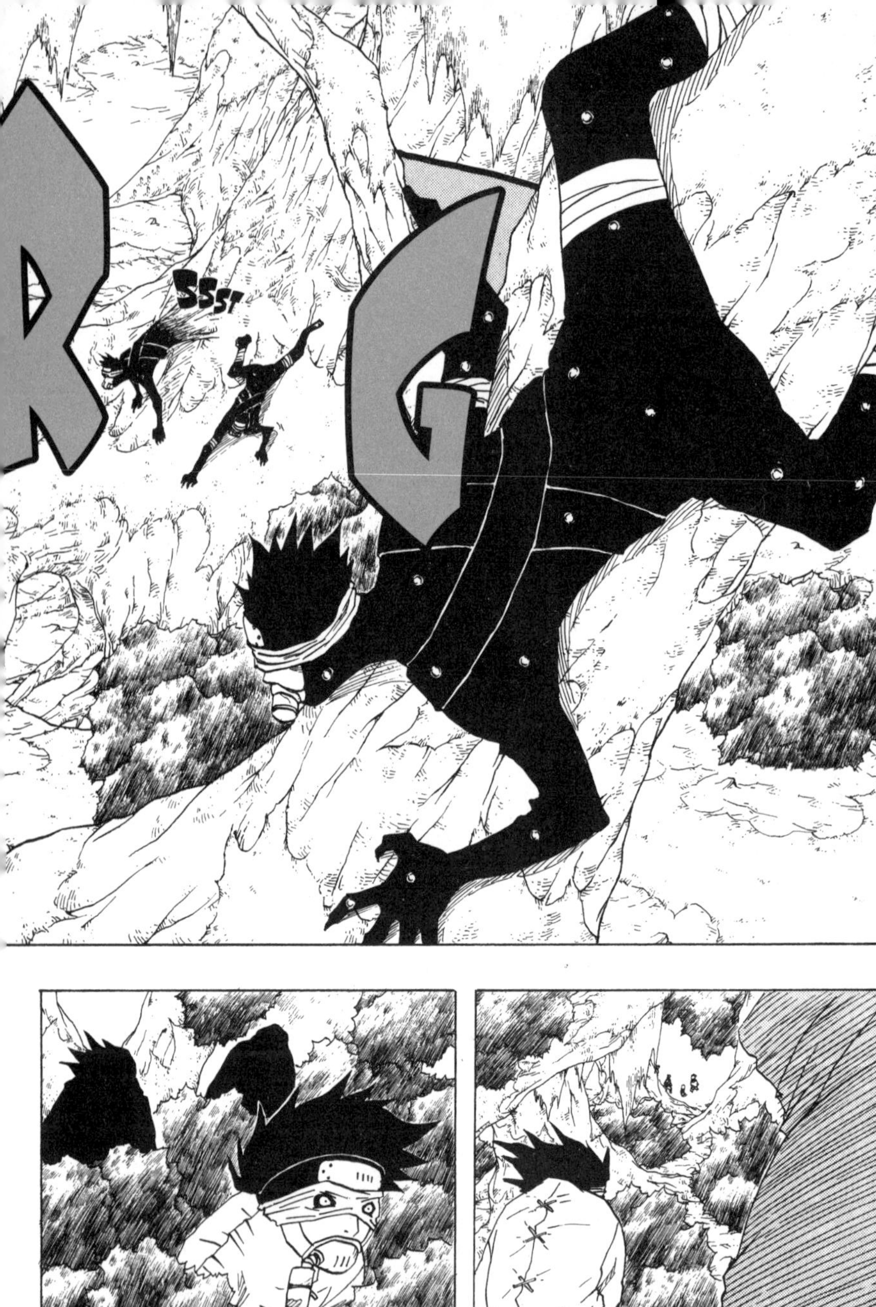
R
SSST
G

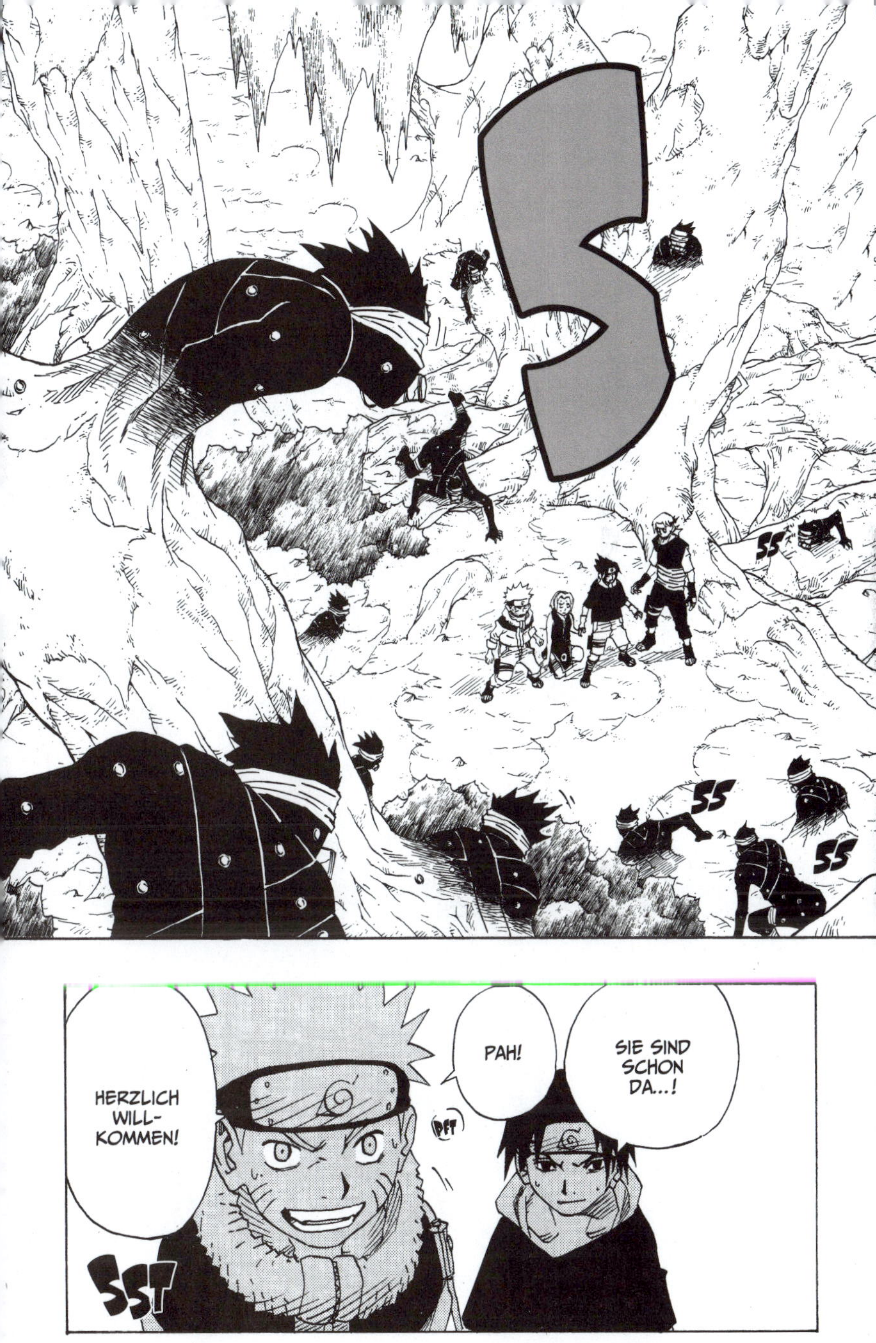
S
SS
SS
SS
HERZLICH WILL-KOMMEN!
PAH!
SIE SIND SCHON DA...!
PFF
SST

MASASHI KISHIMOTOS WELT

LEBENSGESCHICHTE – TEIL 4

ALS ICH IN DIE MITTELSCHULE KAM, INTERESSIERTE ICH MICH AUCH FÜRS BASTELN. FRÜHER HATTE ICH MIT KNETE SPIELZEUG NACHGEMACHT, DAS ICH NICHT GEKAUFT BEKAM, ABER IRGENDWANN WAR ICH MIT DIESEN KNETSPIELZEUGEN NICHT MEHR ZUFRIEDEN. ZUERST HAT MICH DER MODELLBAUKASTEN VON »GANDAM« FASZINIERT. ETWAS SPÄTER WURDE DANN DAS »PLAMORADICON*«, AUCH »PLARADI« GENANNT, POPULÄR, UND MICH HAT ES AUCH GEPACKT. DAS »PLARADI«, DAS ICH HATTE, WAR EIN PAJERO UND LIEF NICHT BESONDERS SCHNELL. DIE »PLARADI« VON MEINEM BRUDER UND MEINEN FREUNDEN ÜBERHOLTEN ES IMMER. SCHLIESSLICH WAR ICH SO WÜTEND, DASS ICH MEINEN PAJERO MIT EINEM ERWEITERUNGSKASTEN UNGEBAUT HABE, DER EIGENTLICH FÜR EINE ANDERE MARKE GEDACHT WAR. ICH HAB MIT EINEM LÖTKOLBEN DEN KUNSTSTOFF-RAHMEN DES PAJERO UMGEFORMT UND, OHNE ZU WISSEN, DASS ICH IN MEINEM GESCHLOSSENEN ZIMMER GANZ INTENSIV GIFTIGE DÄMPFE EINATMETE, DEN UMBAU AUCH ERFOLGREICH ABGESCHLOSSEN! ABER DIE FREUDE WÄHRTE NUR KURZ, DENN EIN PROBLEM TRAT AUF: WEIL DER UMBAUKASTEN FÜR EINE ANDERE MARKE WAR, SASS DIE KAROSSERIE NUN UM ZEHN GRAD GENEIGT AUF DEM RAHMEN…! ABER DIE FUNKTION WAR MIR EIGENTLICH WICHTIGER ALS DAS AUSSEHEN, UND ICH HAB MICH NICHT GESCHEUT, MEINEN UMGEBAUTEN PAJERO MIT DEN ANDEREN AUTOS UM DIE WETTE FAHREN ZU LASSEN… UND HAB WIEDER VERLOREN! TROTZ DIESES MISSERFOLGS HAB ICH ERNEUT EINEN GROSSARTIGEN MOTOR GEKAUFT UND IN MEINEM PAJERO INSTALLIERT. SO HAB ICH ENDLICH UNSER RENNEN GEWONNEN! ABER WEIL DER MOTOR ZU KRÄFTIG WAR, BRANNTE DER GESCHWINDIGKEITSREGLER ZIEMLICH SCHNELL DURCH UND MEIN GUTER PAJERO FUHR GAR NICHT MEHR. ICH ERINNERE MICH NOCH GUT, DASS ICH ES SEHR BEDAUERTE, MEINEN PAJERO ÜBERHAUPT UMGEBAUT ZU HABEN.

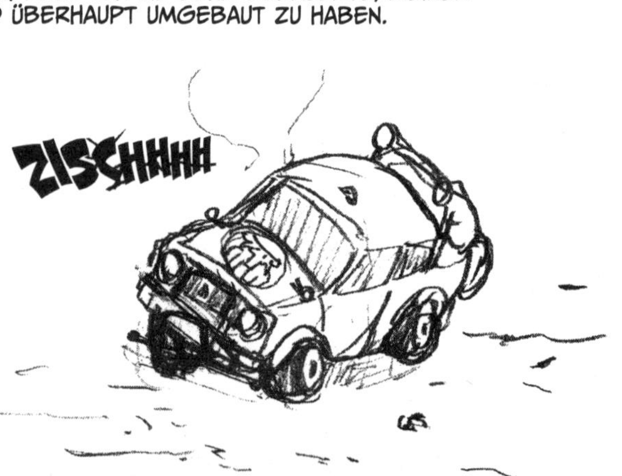

* DAS »PLAMORADICON« (PLASTIK MODEL RADIO CONTROL) IST EIN FUNKGESTEUERTES MODELLAUTO AUS KUNSTSTOFF.

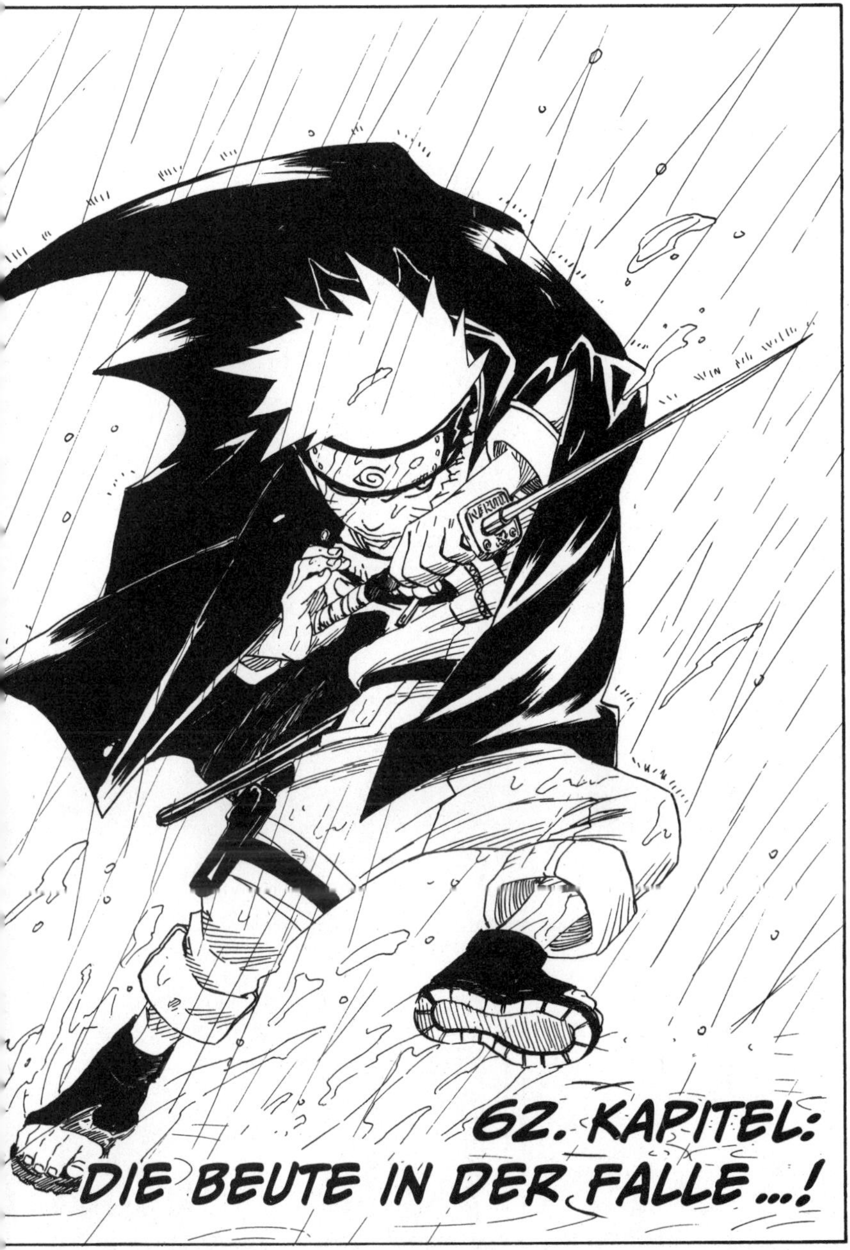
62. KAPITEL:
DIE BEUTE IN DER FALLE ...!

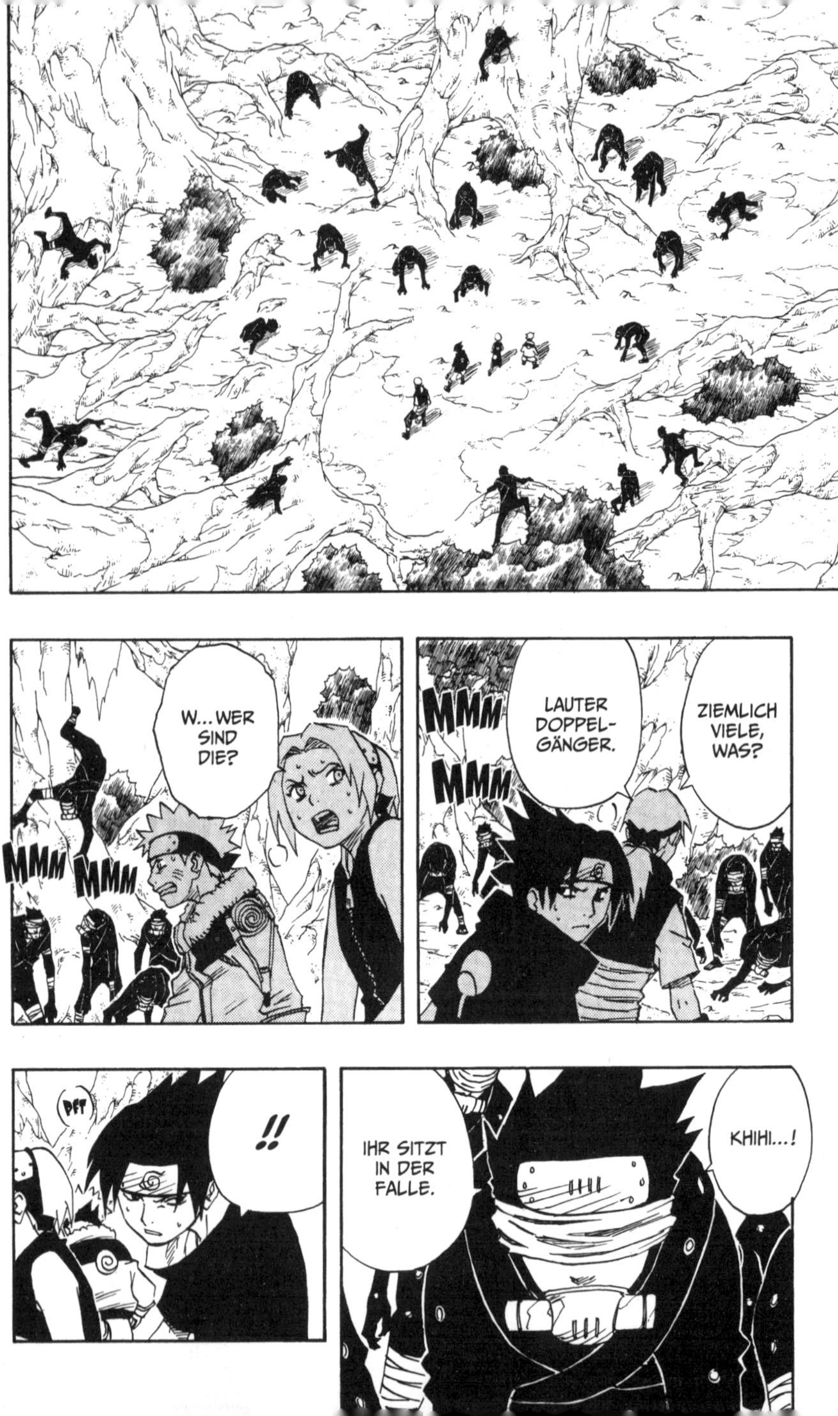
ZIEMLICH VIELE, WAS?
LAUTER DOPPELGÄNGER.
MMM
MMM
W...WER SIND DIE?
MMM
MMM
KHIHI...!
IHR SITZT IN DER FALLE.
!!

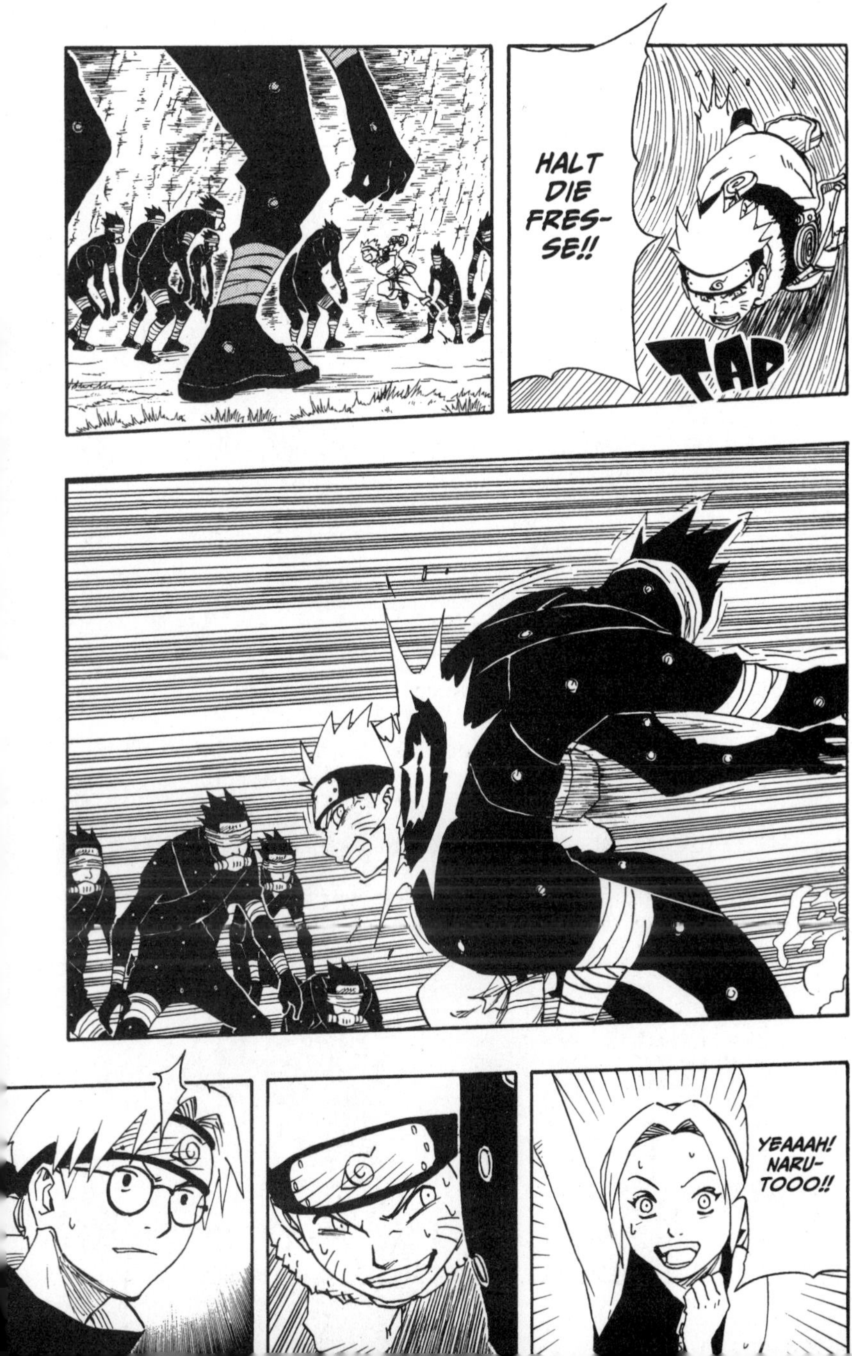
HALT DIE FRES-SE!!
TAP
YEAAAH! NARU-TOOO!!

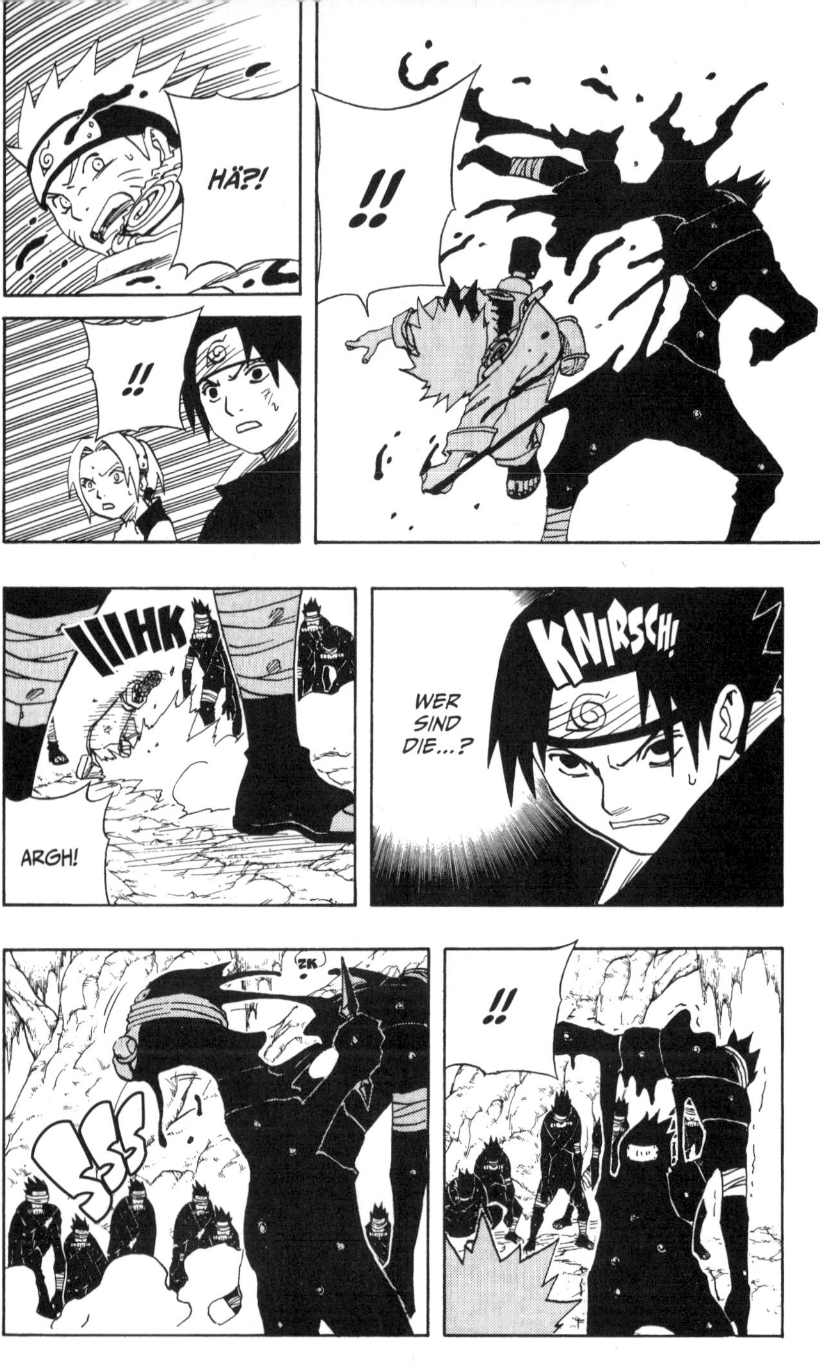

!!
HÄ?!
!!
KNIRSCH!
WER SIND DIE...?
IIIHK
ARGH!
!!
ZK

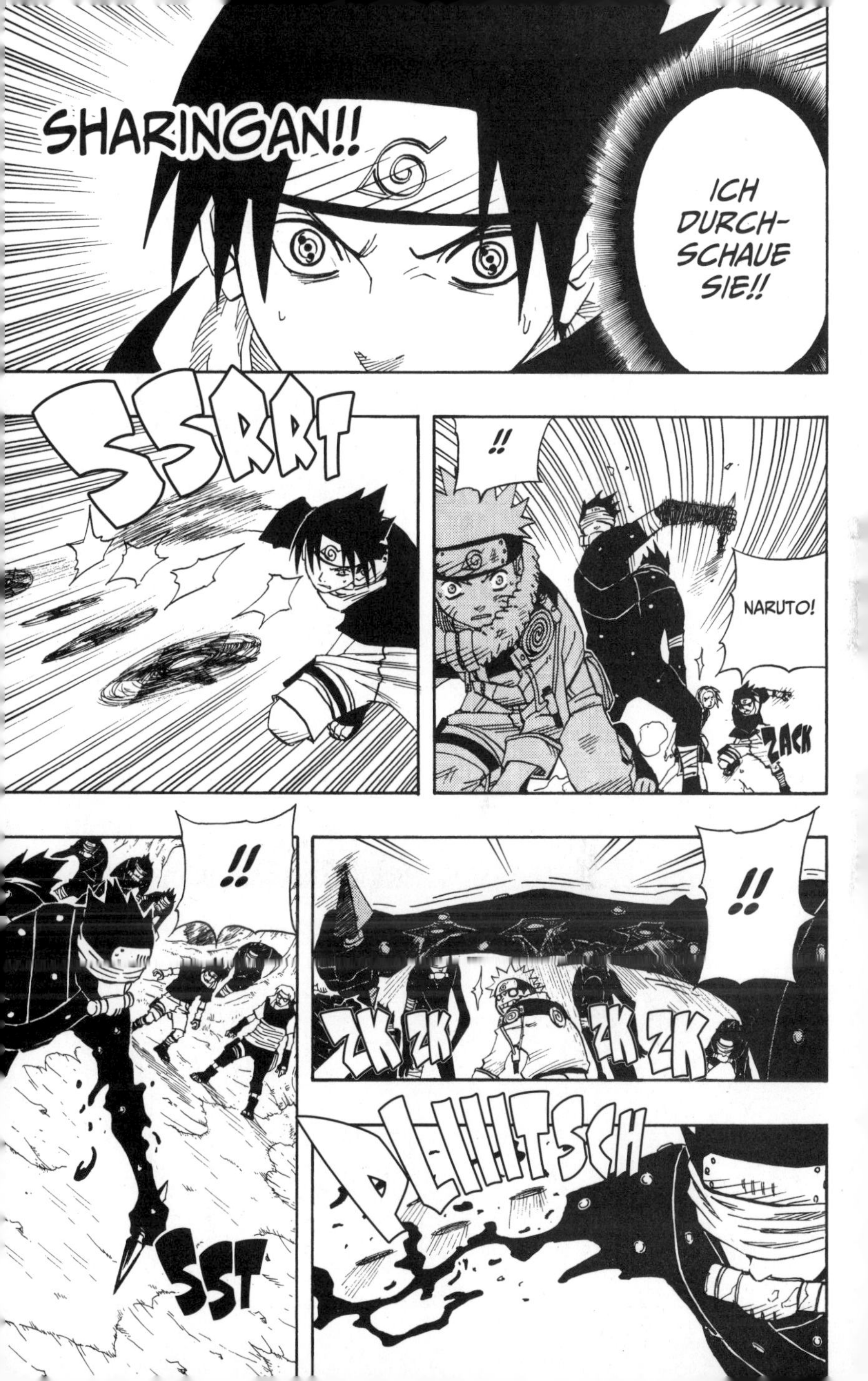
ICH DURCH-
SCHAUE
SIE!!
SHARINGAN!!
!!
NARUTO!
ZACK
SSRRT
!!
ZK ZK
ZK ZK
!!
SST
PLIIIITSCH

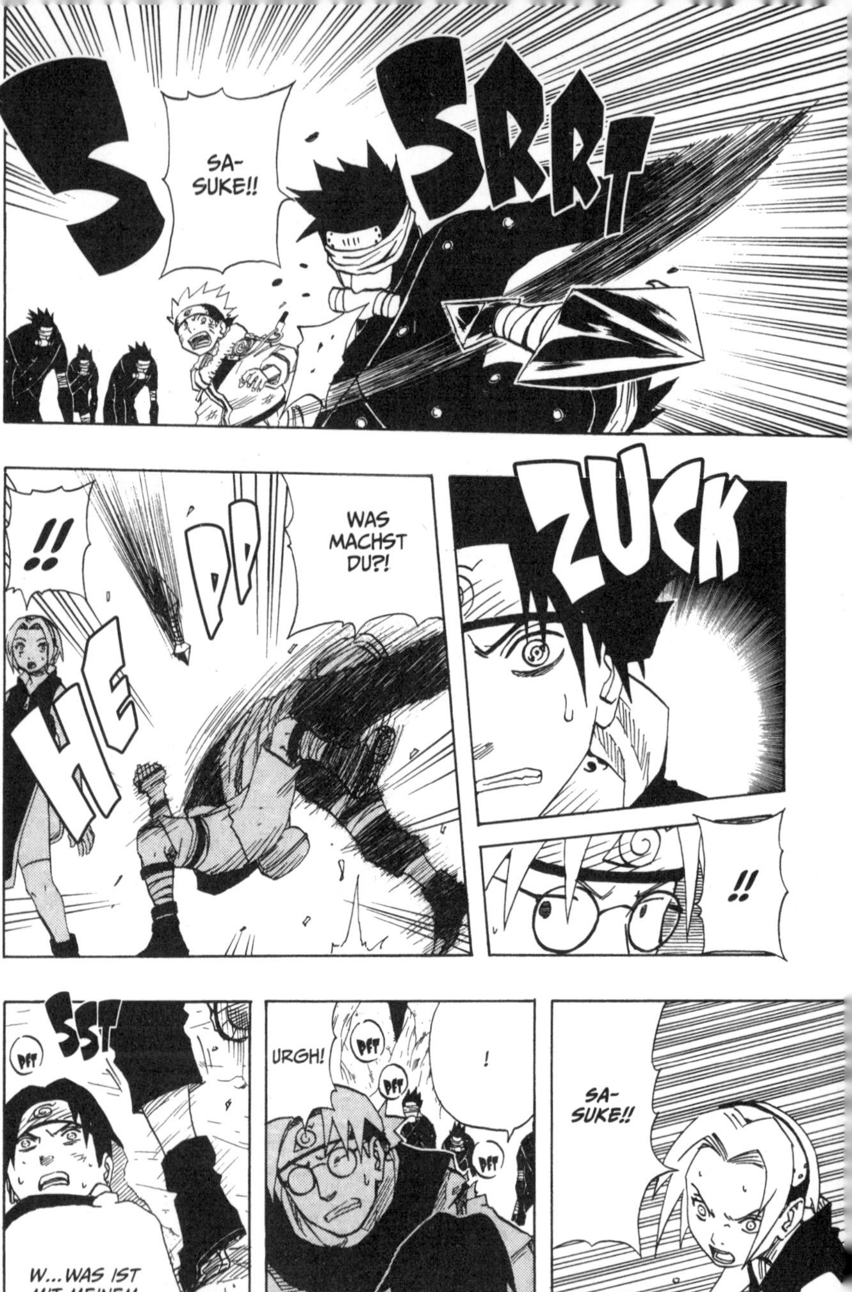
SRRT
SA-
SUKE!!
S
ZUCK
WAS
MACHST
DU?!
!!
HE
DD
!!
SA-
SUKE!!
!
URGH!
PFT
PFT
PFT
SST
PFT
W...WAS IST
MIT MEINEM
KÖRPER...?

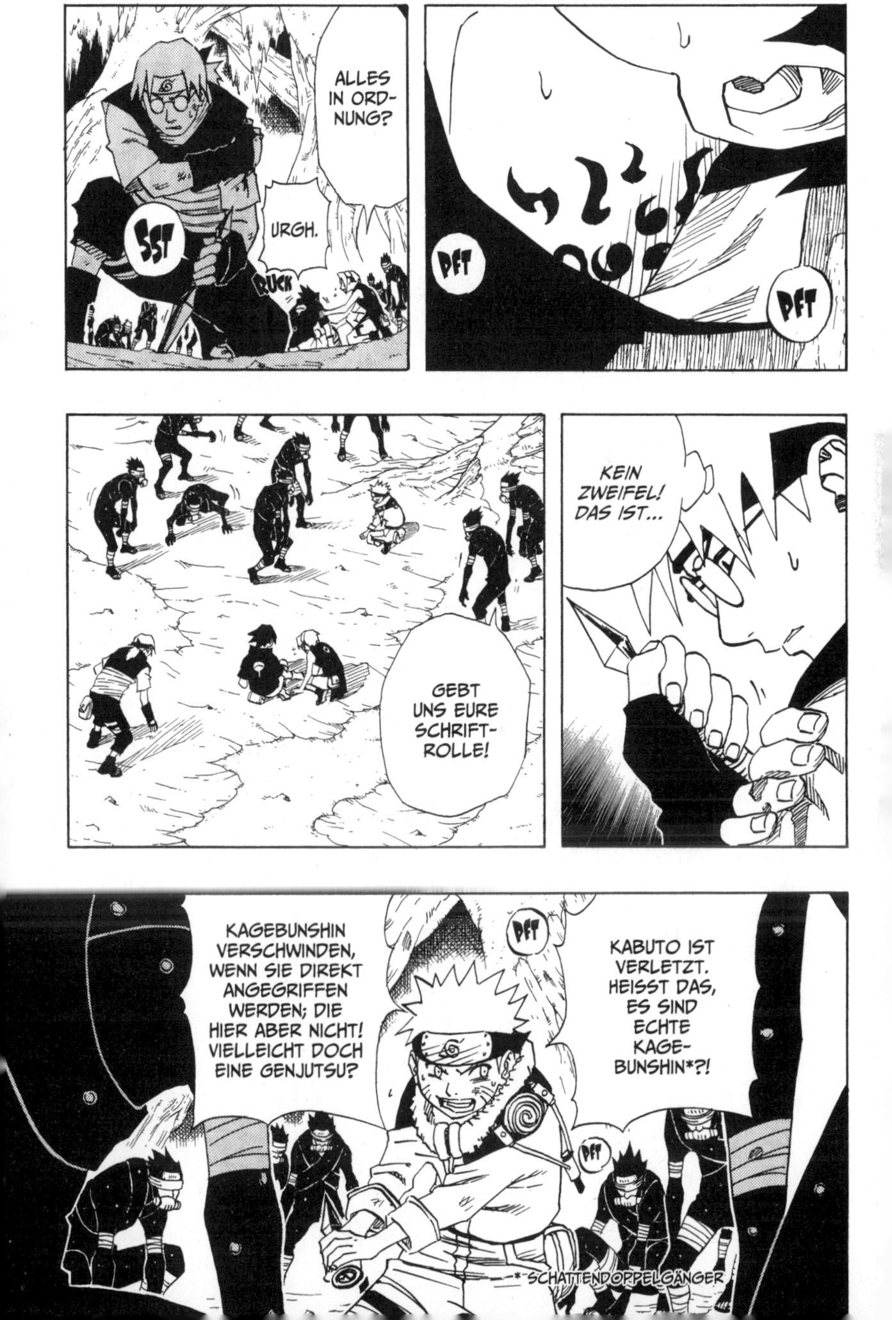
PFT
PFT
ALLES IN ORDNUNG?
URGH.
SST
RUCK
KEIN ZWEIFEL! DAS IST...
GEBT UNS EURE SCHRIFTROLLE!
PFT
KABUTO IST VERLETZT. HEISST DAS, ES SIND ECHTE KAGEBUNSHIN*?!
KAGEBUNSHIN VERSCHWINDEN, WENN SIE DIREKT ANGEGRIFFEN WERDEN; DIE HIER ABER NICHT! VIELLEICHT DOCH EINE GENJUTSU?
PFT
* SCHATTENDOPPELGÄNGER

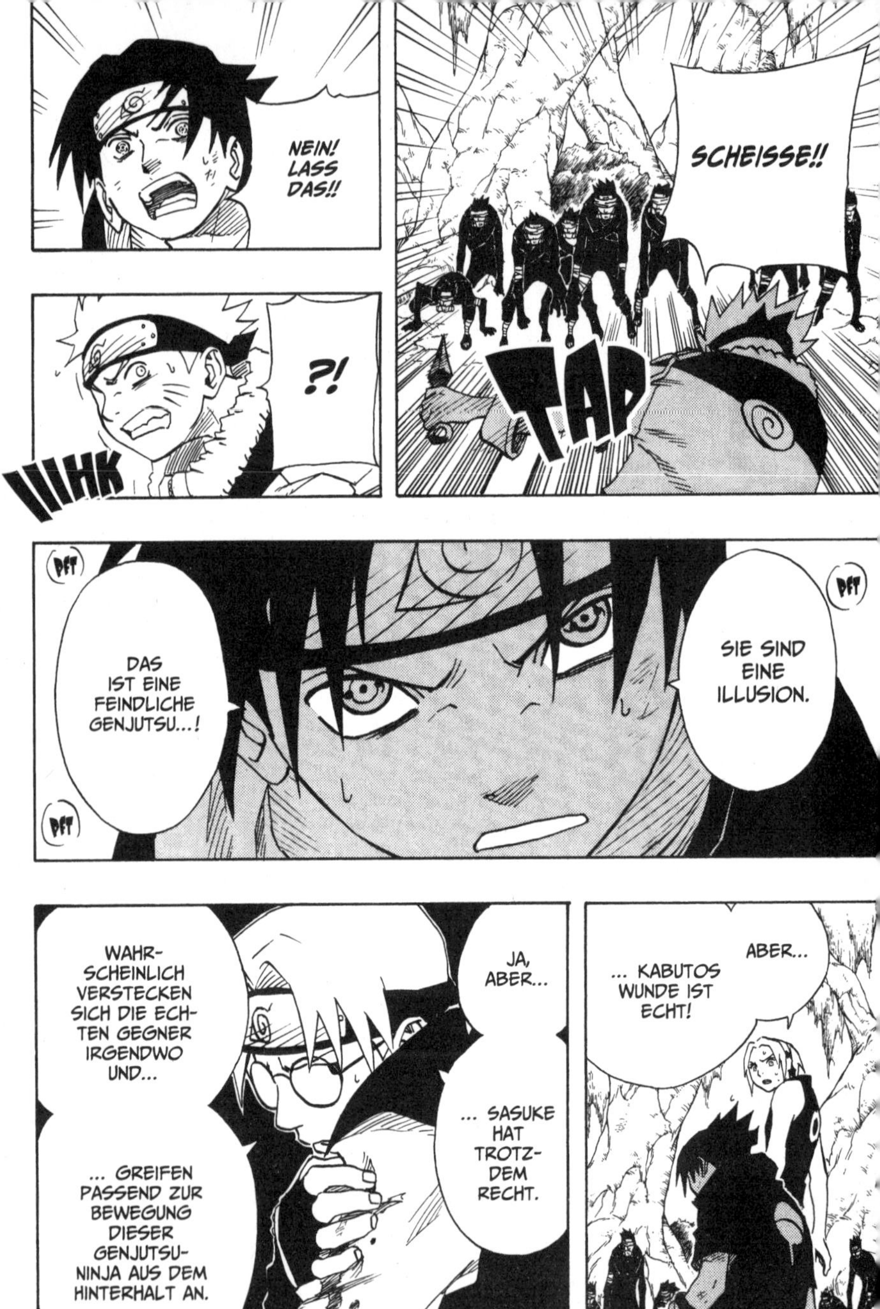
SCHEISSE!!
NEIN! LASS DAS!!
TAP
?!
IIIIHK
SIE SIND EINE ILLUSION.
DAS IST EINE FEINDLICHE GENJUTSU...!
PFT
PFT
PFT
ABER...
... KABUTOS WUNDE IST ECHT!
JA, ABER...
... SASUKE HAT TROTZDEM RECHT.
WAHRSCHEINLICH VERSTECKEN SICH DIE ECHTEN GEGNER IRGENDWO UND...
... GREIFEN PASSEND ZUR BEWEGUNG DIESER GENJUTSU-NINJA AUS DEM HINTERHALT AN.

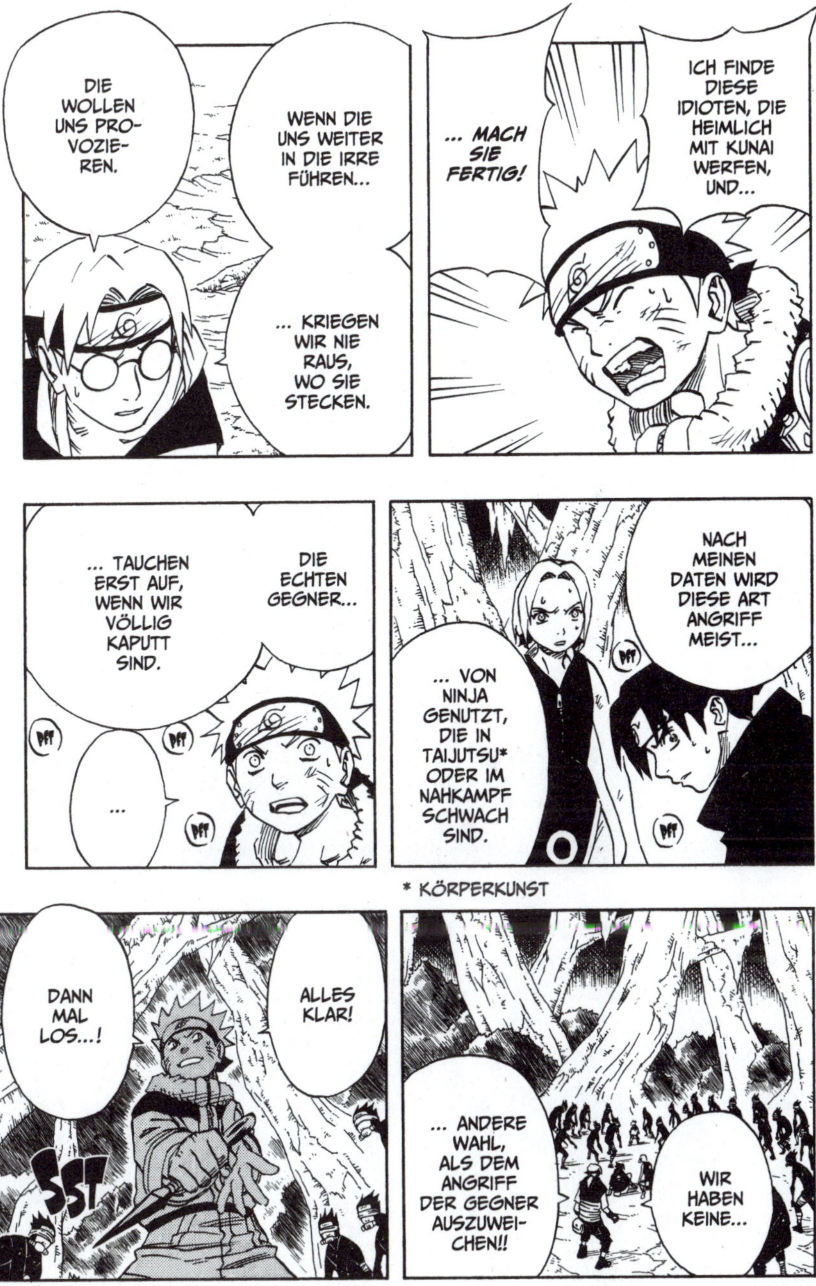

* KÖRPERKUNST

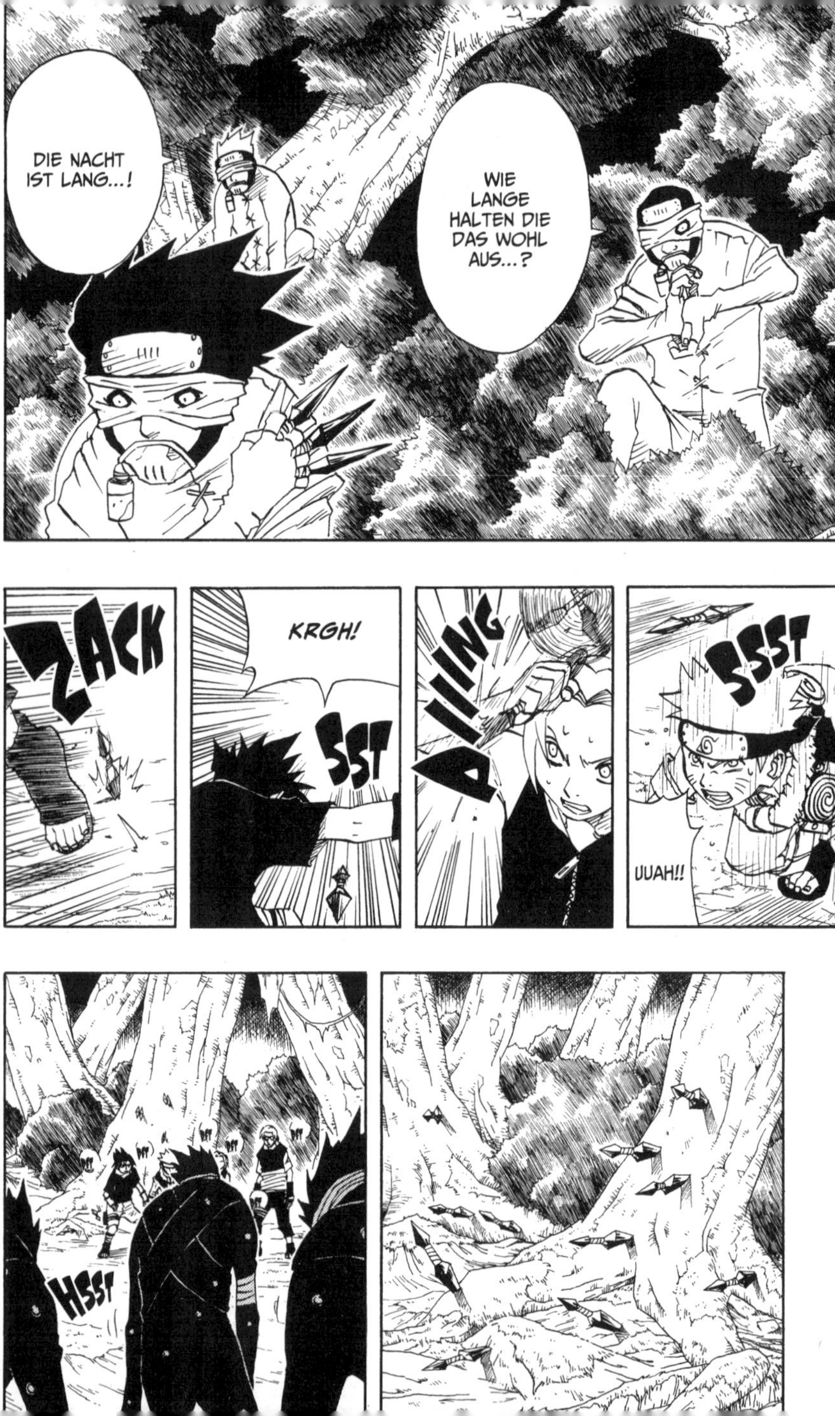
WIE LANGE HALTEN DIE DAS WOHL AUS...?
DIE NACHT IST LANG...!
SSST
UUAH!!
DIIING
KRGH!
SST
ZACK
HSST

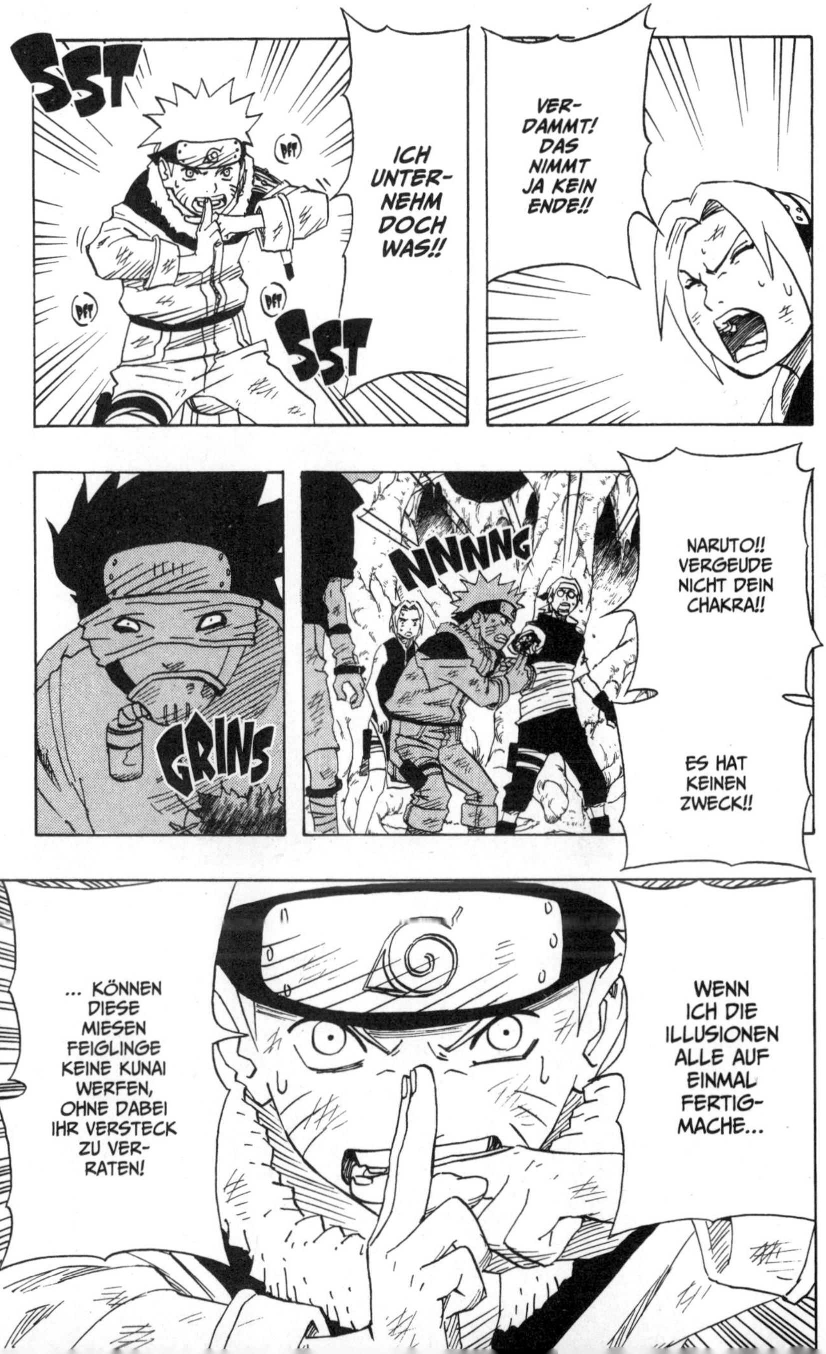
VER-
DAMMT!
DAS
NIMMT
JA KEIN
ENDE!!
SST
ICH
UNTER-
NEHM
DOCH
WAS!!
SST
NARUTO!!
VERGEUDE
NICHT DEIN
CHAKRA!!
ES HAT
KEINEN
ZWECK!!
NNNNG
GRINS
WENN
ICH DIE
ILLUSIONEN
ALLE AUF
EINMAL
FERTIG-
MACHE...
... KÖNNEN
DIESE
MIESEN
FEIGLINGE
KEINE KUNAI
WERFEN,
OHNE DABEI
IHR VERSTECK
ZU VER-
RATEN!

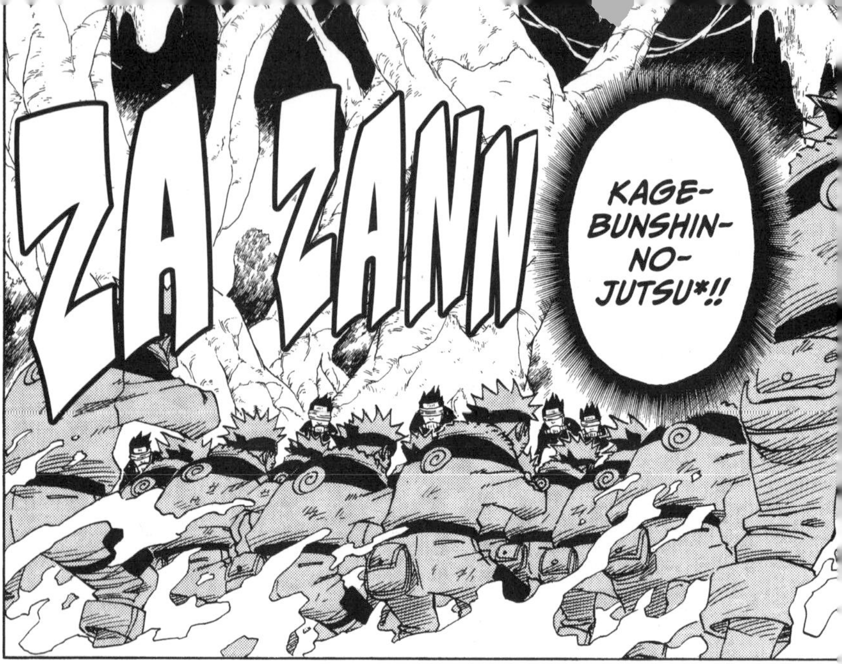

* KUNST DER SCHATTENDOPPELGÄNGER

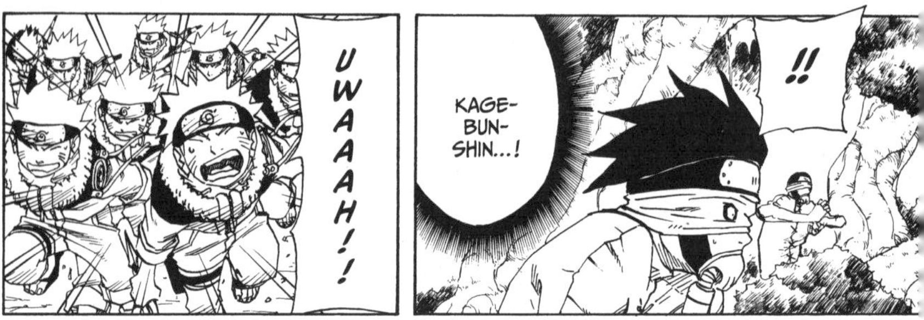

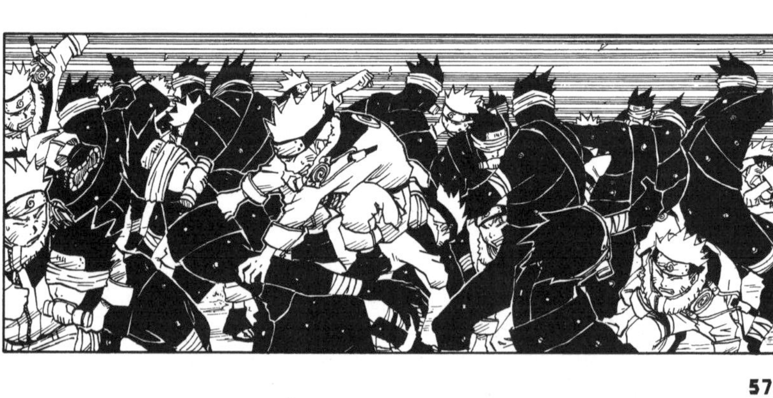

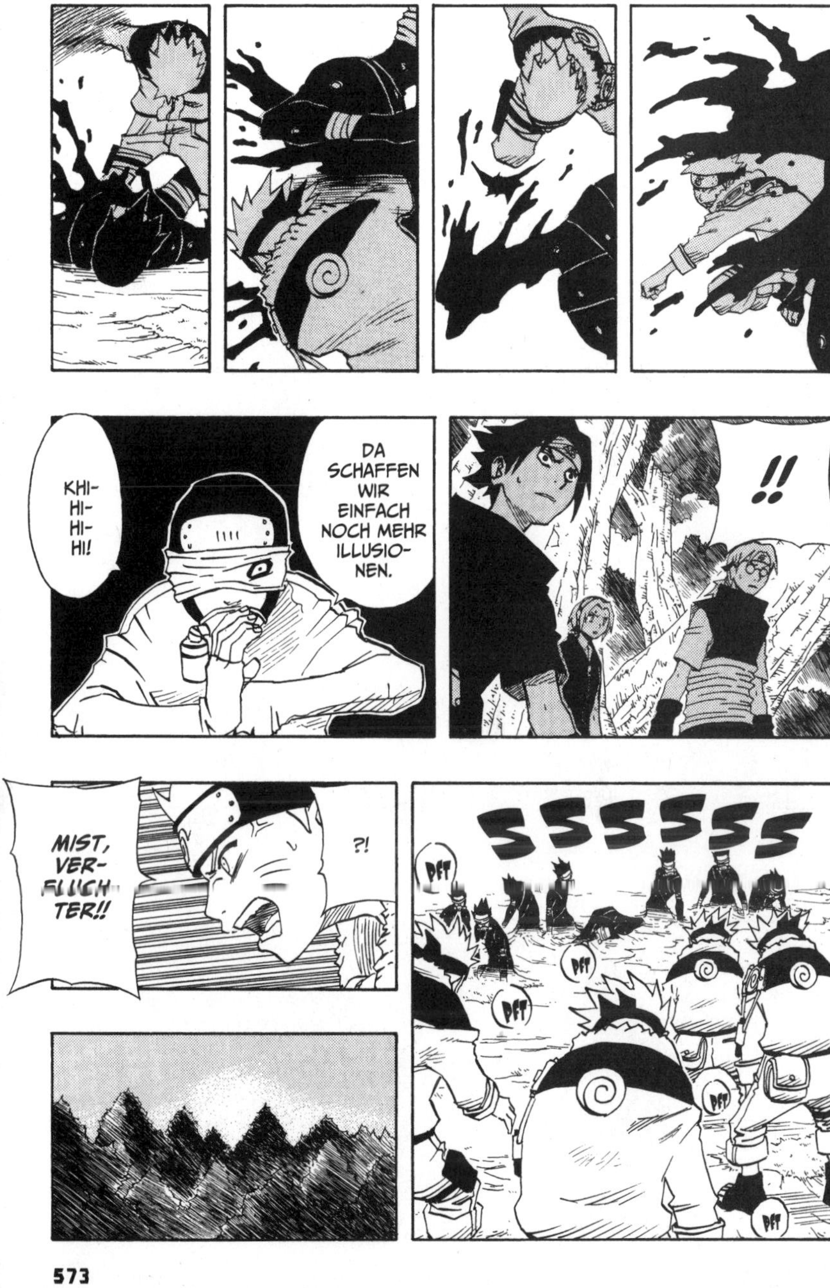
!!
DA SCHAFFEN WIR EINFACH NOCH MEHR ILLUSIONEN.
KHI-HI-HI-HI!
SSSSSS
PFT
?!
MIST, VERFLUCHTER!!

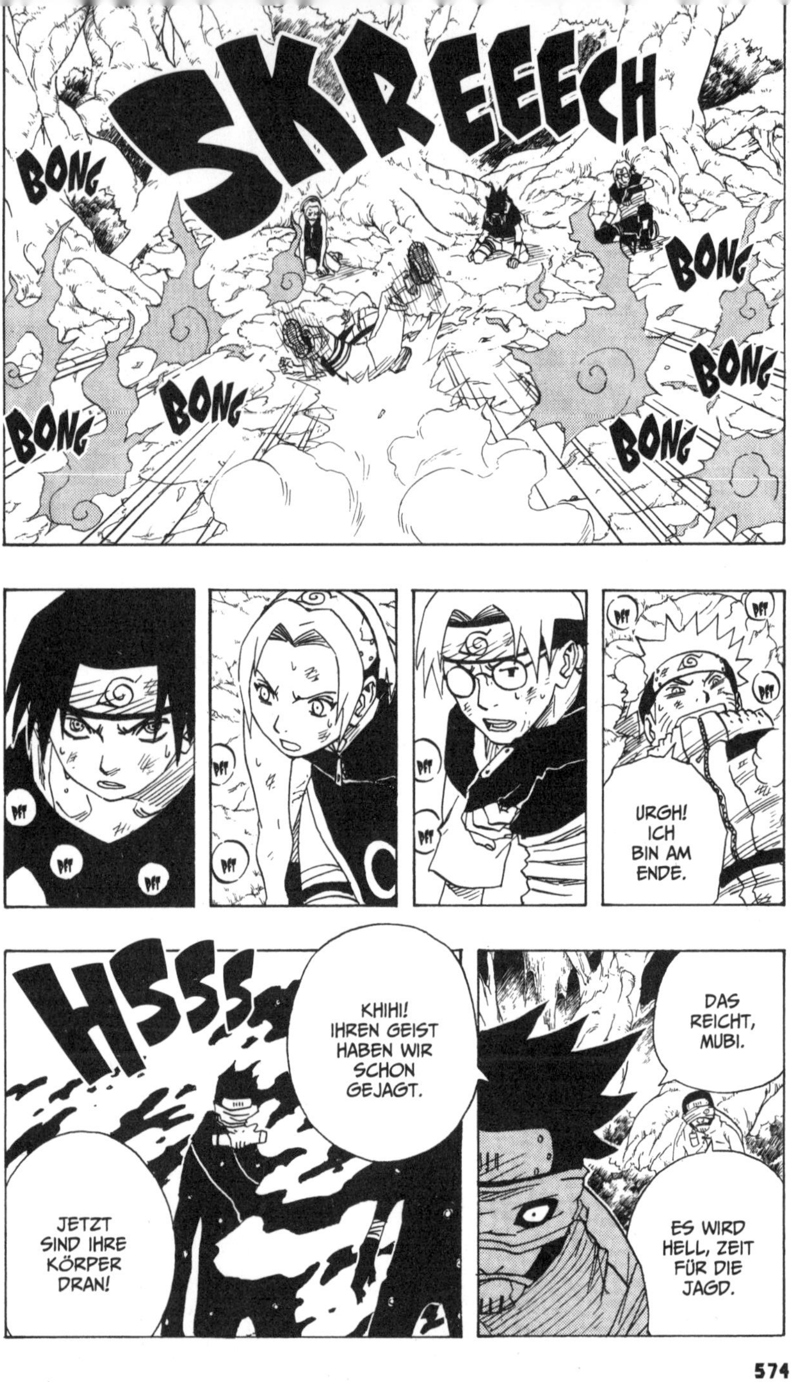
BONG
SKREEECH
BONG
BONG
BONG
BONG
BONG
URGH! ICH BIN AM ENDE.
HSSS
KHIHI! IHREN GEIST HABEN WIR SCHON GEJAGT.
JETZT SIND IHRE KÖRPER DRAN!
DAS REICHT, MUBI.
ES WIRD HELL, ZEIT FÜR DIE JAGD.

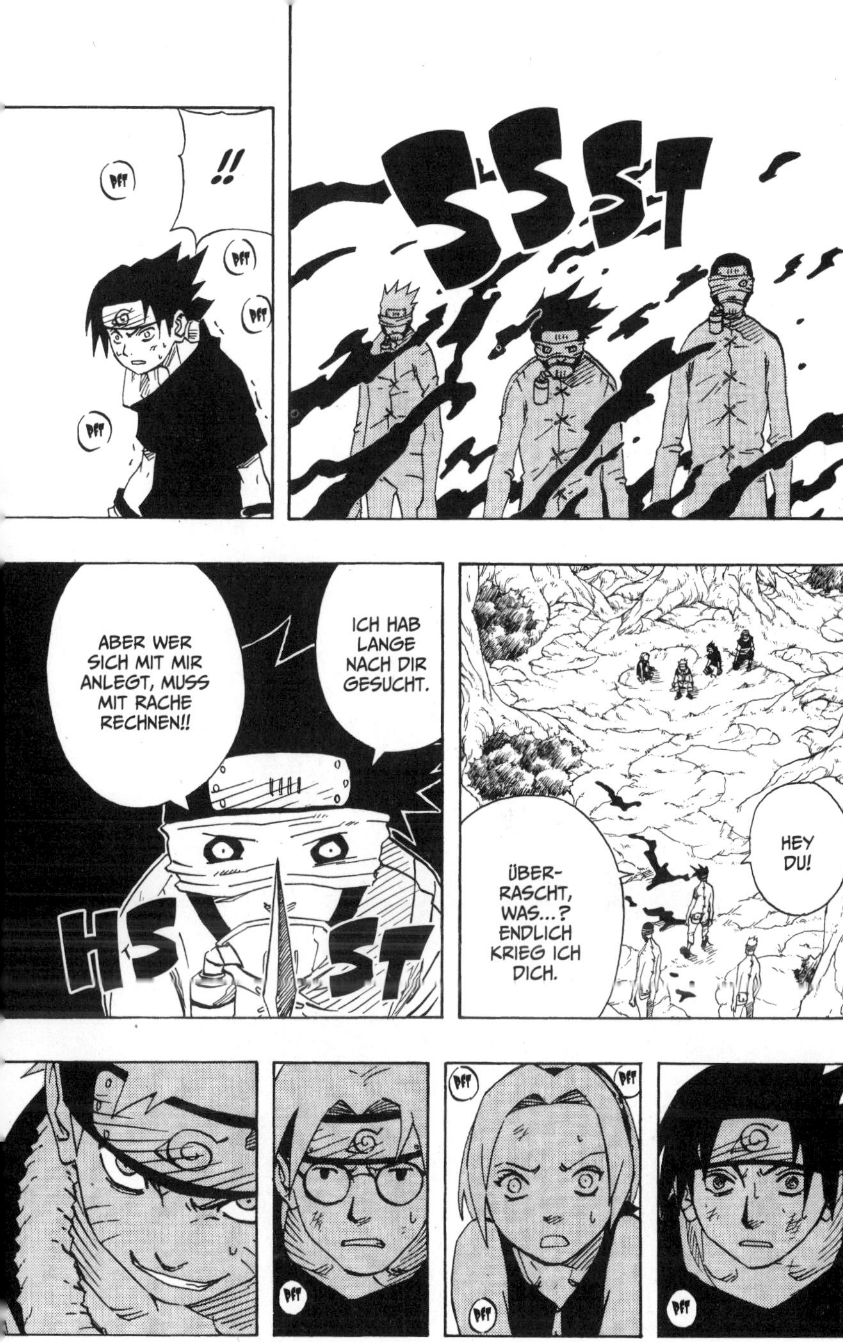
SSSST
!!
PFF
PFF
PFF
PFF
HEY DU!
ÜBER-RASCHT, WAS...? ENDLICH KRIEG ICH DICH.
ICH HAB LANGE NACH DIR GESUCHT.
ABER WER SICH MIT MIR ANLEGT, MUSS MIT RACHE RECHNEN!!
HSST
PFF
PFF
PFF
PFF
PFF

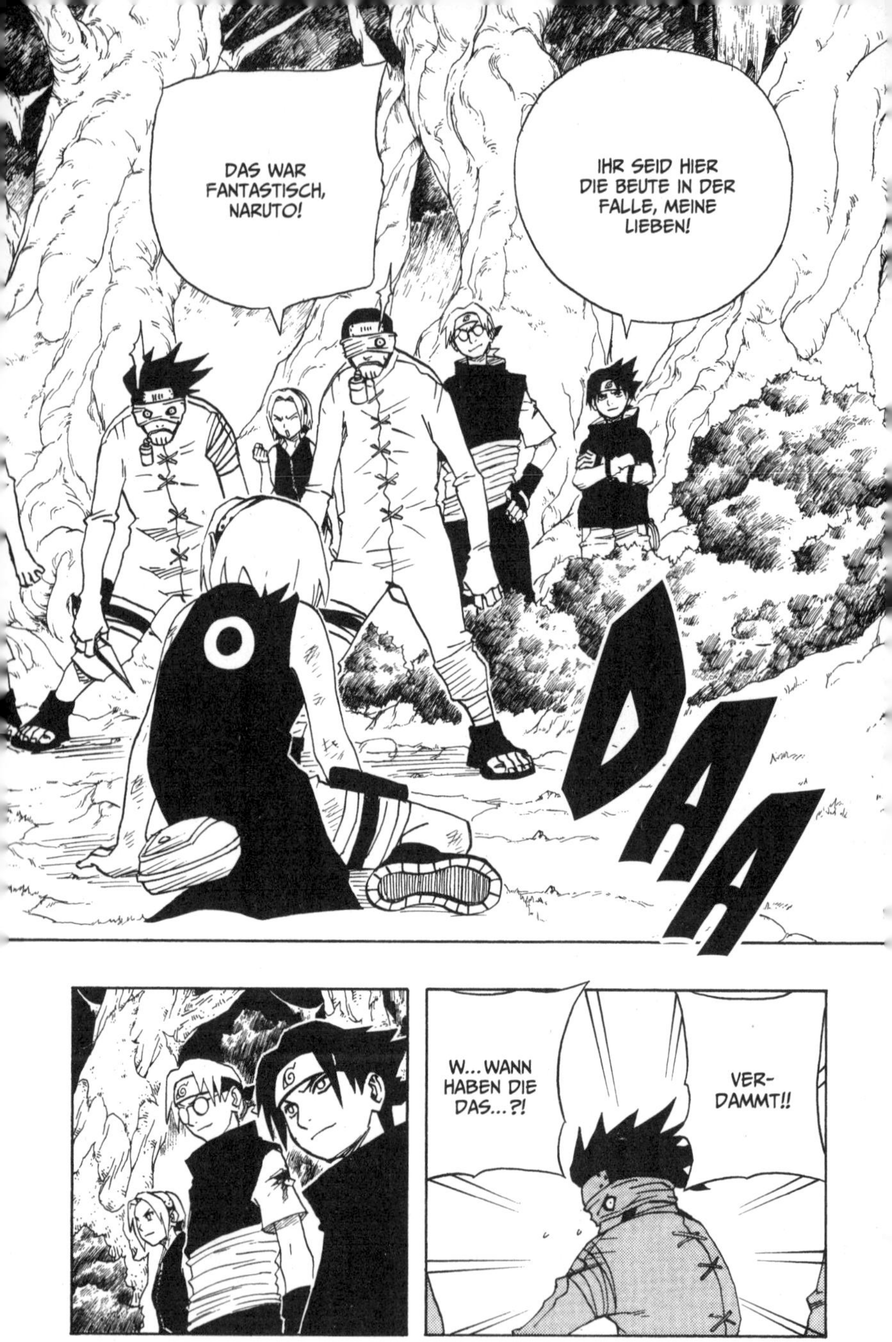
IHR SEID HIER DIE BEUTE IN DER FALLE, MEINE LIEBEN!
DAS WAR FANTASTISCH, NARUTO!
DAA
VER-DAMMT!!
W...WANN HABEN DIE DAS...?!

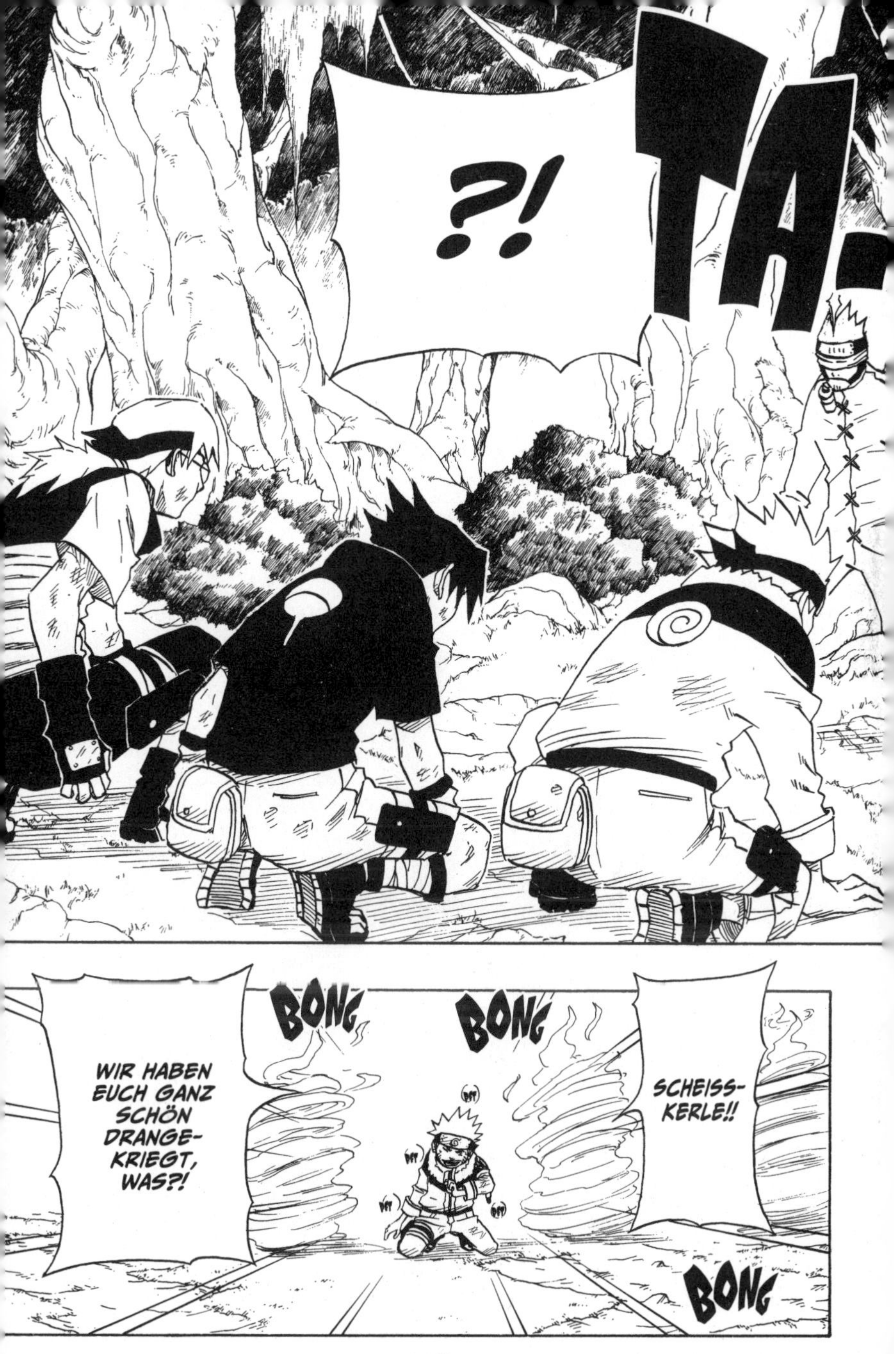
?!
TA
BONG
BONG
WIR HABEN EUCH GANZ SCHÖN DRANGE-KRIEGT, WAS?!
SCHEISS-KERLE!!
BONG

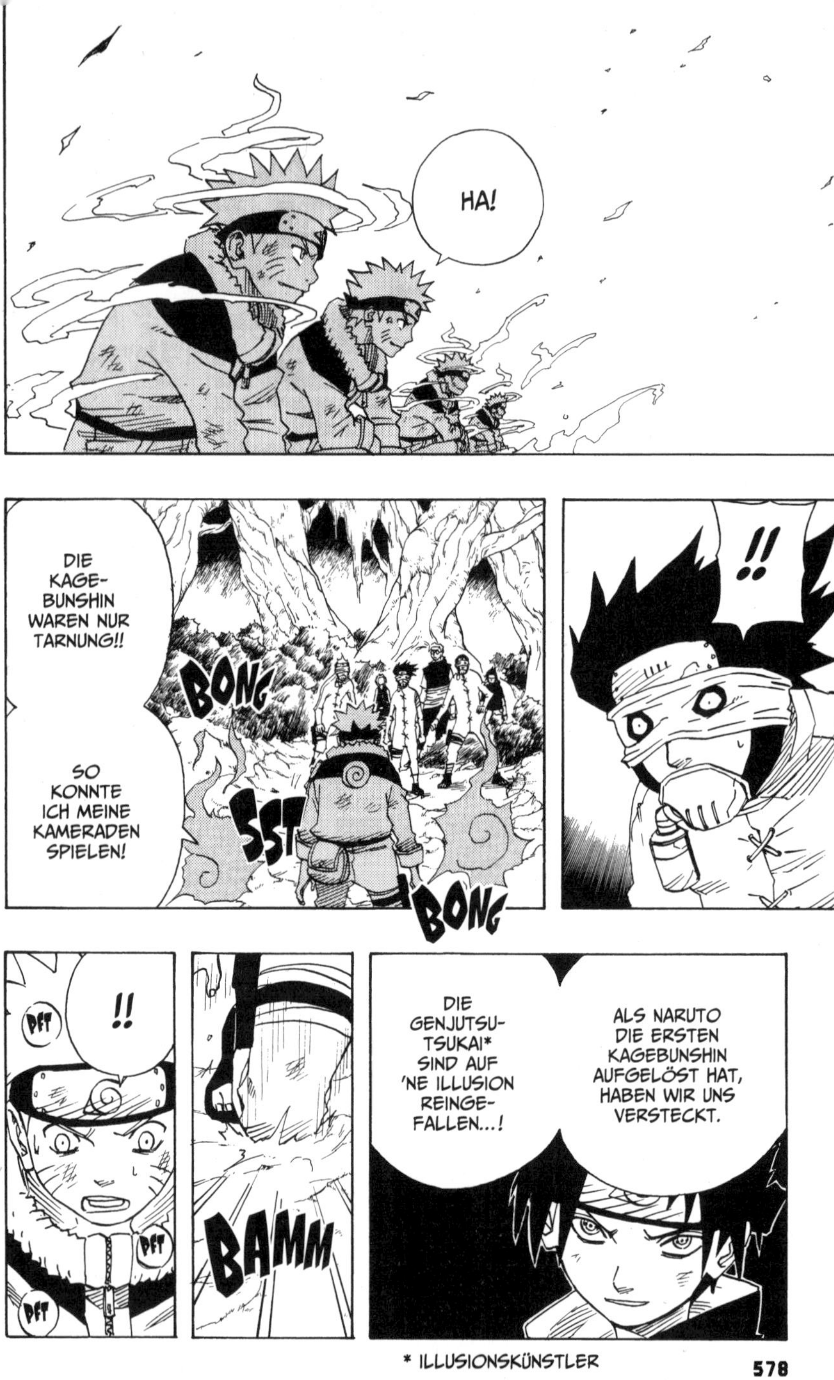

* ILLUSIONSKÜNSTLER

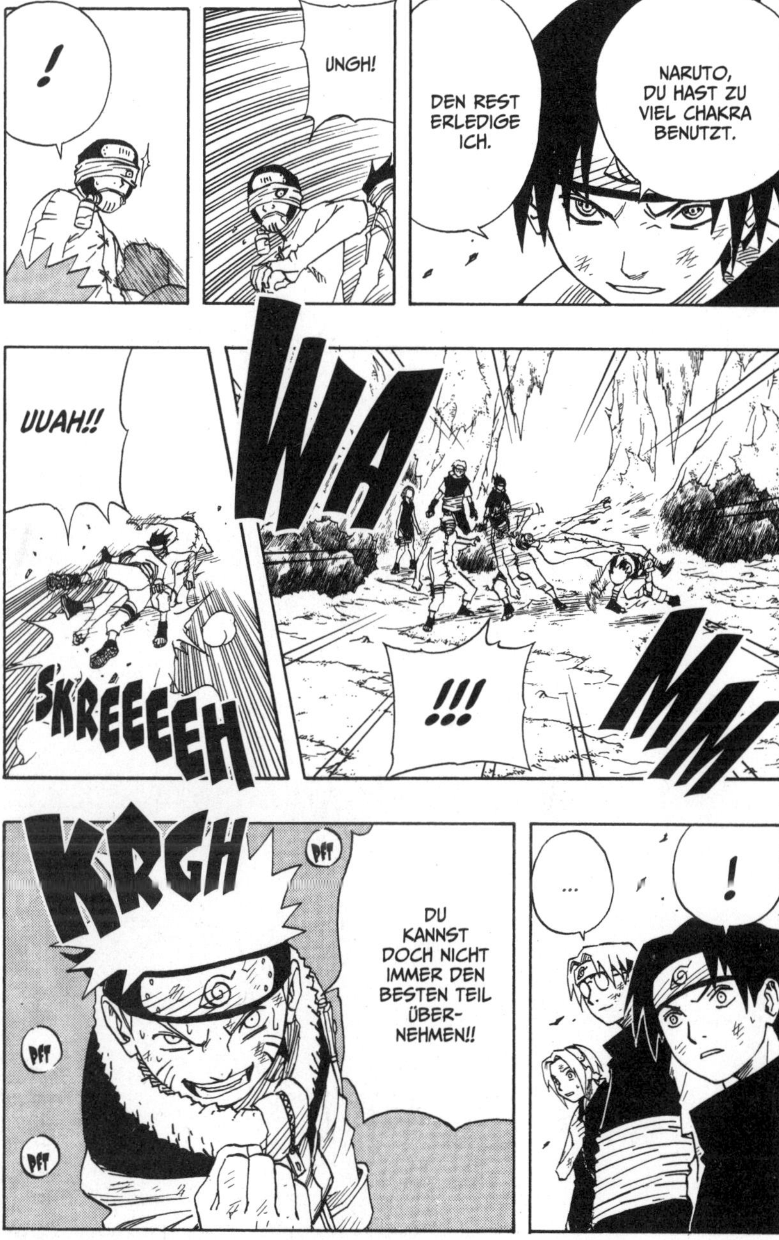
NARUTO, DU HAST ZU VIEL CHAKRA BENUTZT.
DEN REST ERLEDIGE ICH.
UNGH!
!
WA
MM
!!!
UUAH!!
SKREEEEH
!
...
KRGH
PFT
PFT
PFT
DU KANNST DOCH NICHT IMMER DEN BESTEN TEIL ÜBER-NEHMEN!!

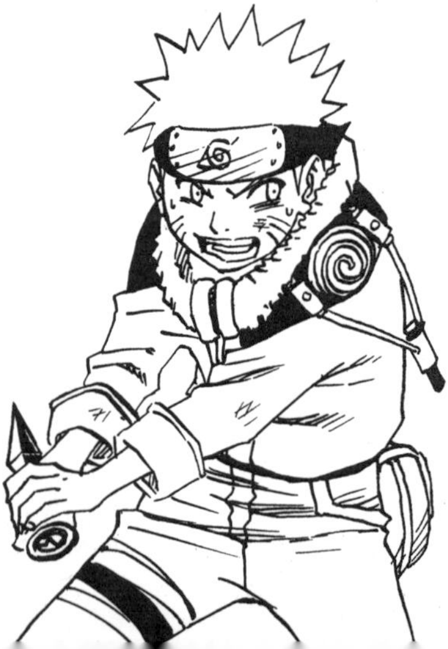

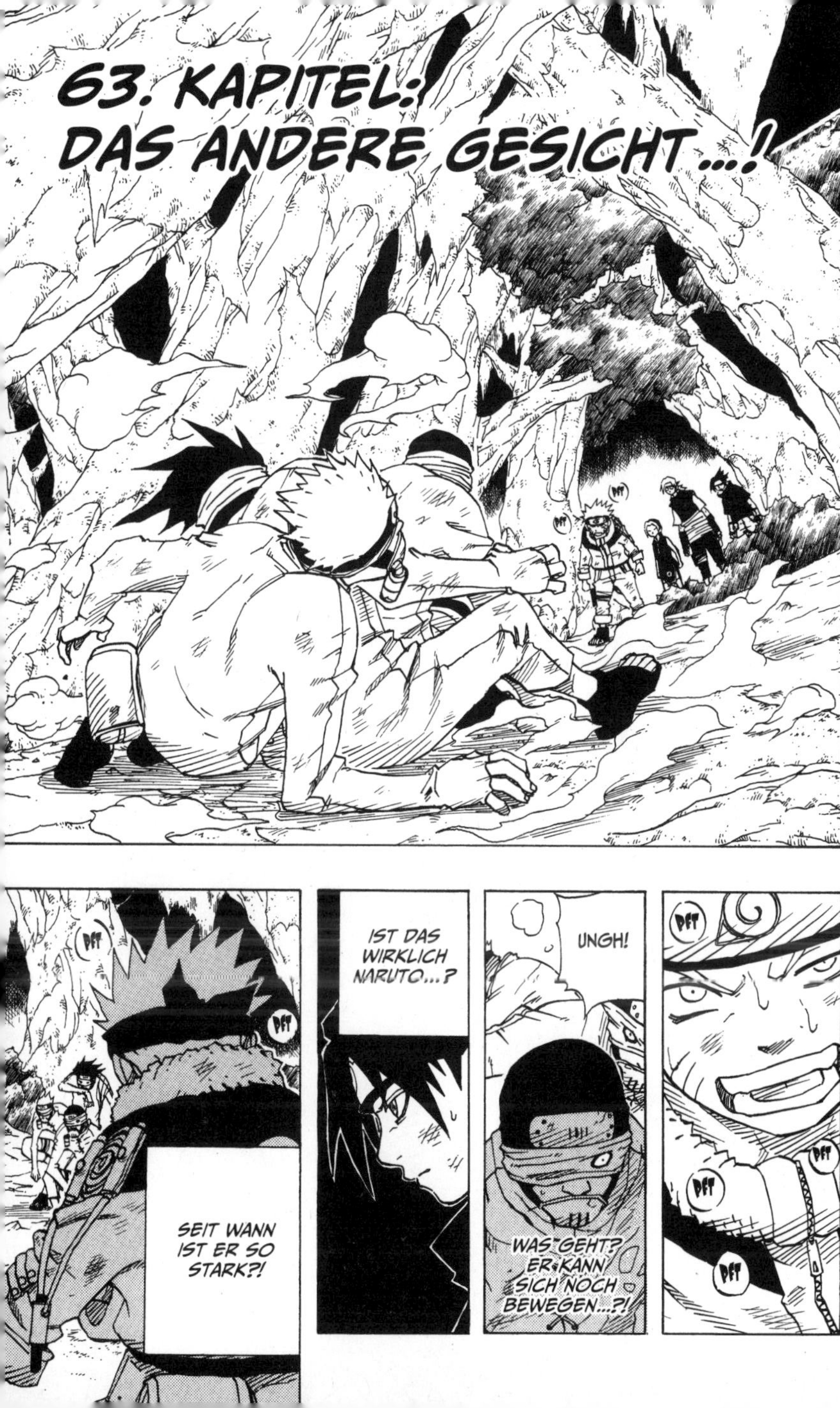
63. KAPITEL:
DAS ANDERE GESICHT ...!
PFT
UNGH!
WAS GEHT? ER KANN SICH NOCH BEWEGEN...?!
IST DAS WIRKLICH NARUTO...?
SEIT WANN IST ER SO STARK?!

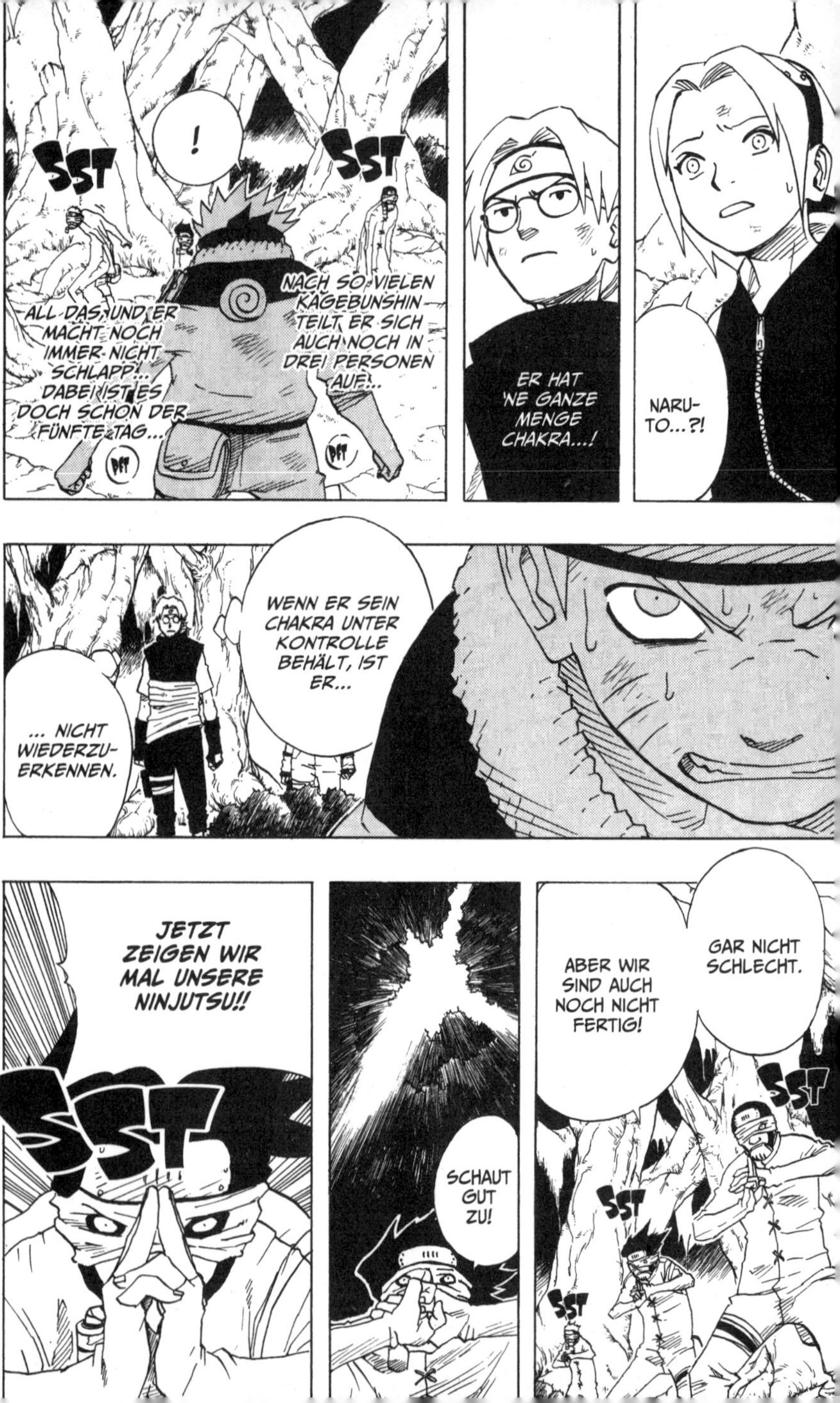

NARU-TO...?!
ER HAT 'NE GANZE MENGE CHAKRA...!
!
SST
SST
NACH SO VIELEN KAGEBUNSHIN TEILT ER SICH AUCH NOCH IN DREI PERSONEN AUF...
ALL DAS, UND ER MACHT NOCH IMMER NICHT SCHLAPP!... DABEI IST ES DOCH SCHON DER FÜNFTE TAG...
PFF
PFF
WENN ER SEIN CHAKRA UNTER KONTROLLE BEHÄLT, IST ER...
... NICHT WIEDERZU-ERKENNEN.
GAR NICHT SCHLECHT.
ABER WIR SIND AUCH NOCH NICHT FERTIG!
SST
SST
SST
SCHAUT GUT ZU!
JETZT ZEIGEN WIR MAL UNSERE NINJUTSU!!
SST

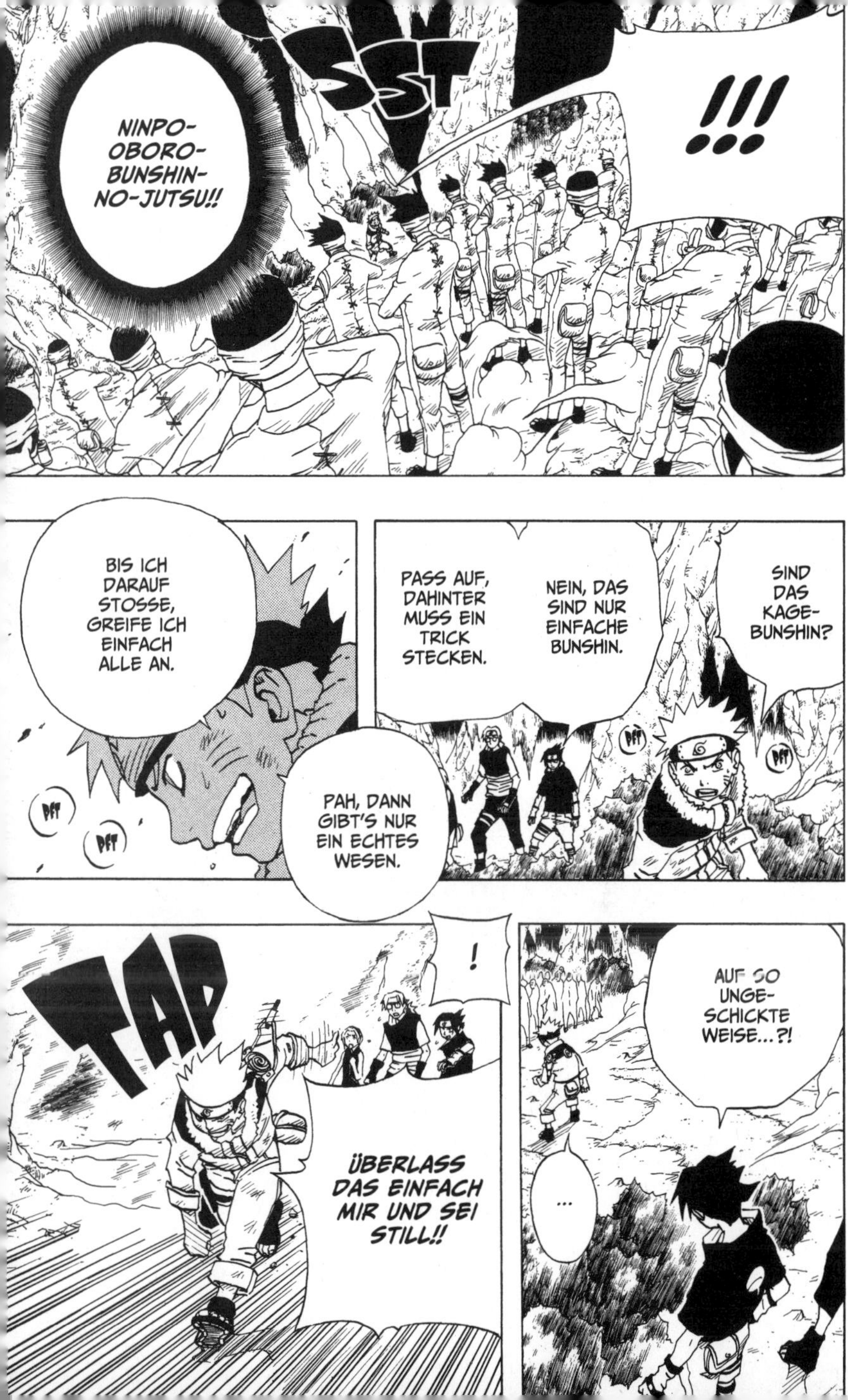
!!!
SST
NINPO-OBORO-BUNSHIN-NO-JUTSU!!
SIND DAS KAGE-BUNSHIN?
NEIN, DAS SIND NUR EINFACHE BUNSHIN.
PASS AUF, DAHINTER MUSS EIN TRICK STECKEN.
PFF
PFF
PAH, DANN GIBT'S NUR EIN ECHTES WESEN.
BIS ICH DARAUF STOSSE, GREIFE ICH EINFACH ALLE AN.
PFF
PFF
AUF SO UNGE-SCHICKTE WEISE...?!
...
!
TAP
ÜBERLASS DAS EINFACH MIR UND SEI STILL!!

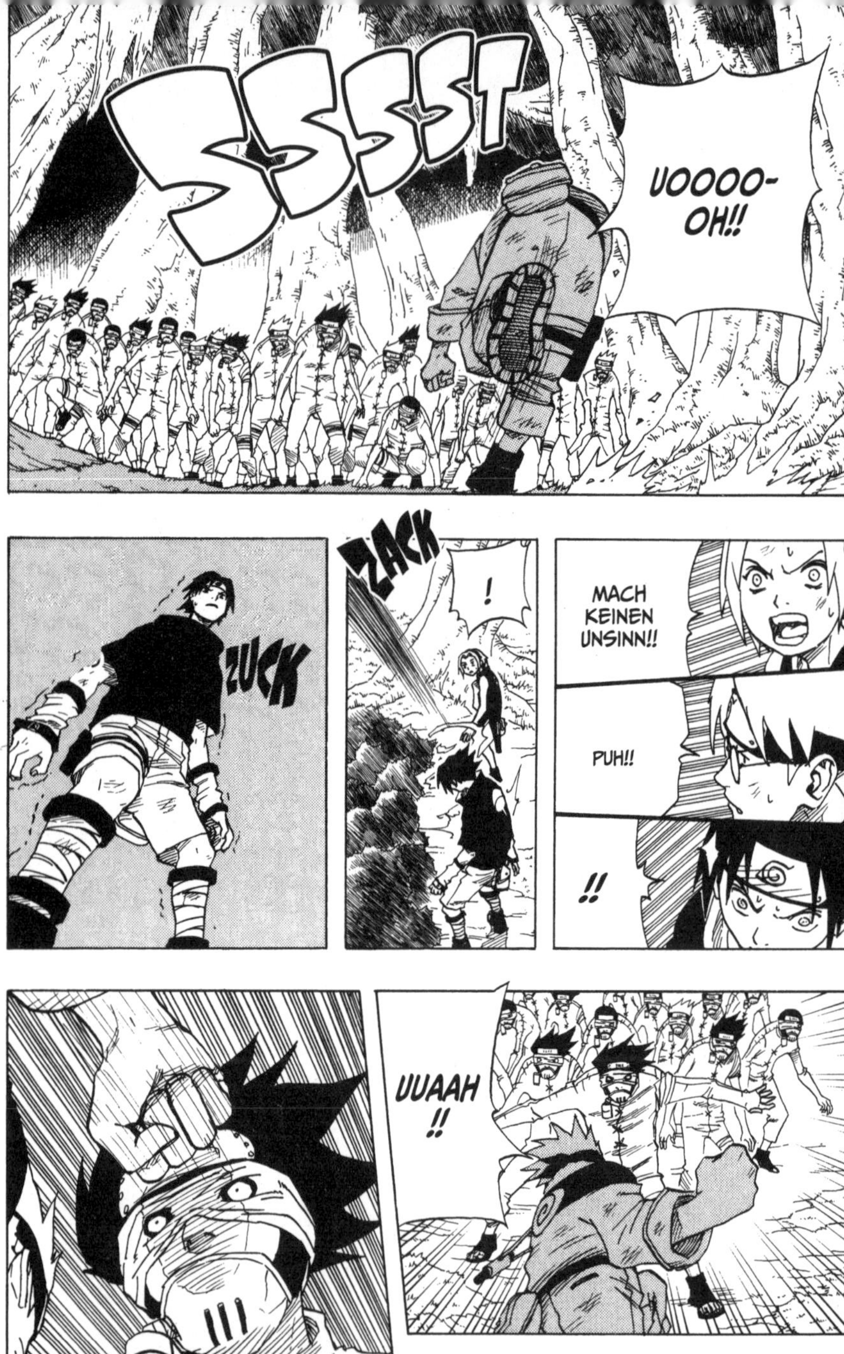
SSSST
UOOOO-
OH!!
ZACK
!
MACH
KEINEN
UNSINN!!
PUH!!
ZUCK
!!
UUAAH
!!

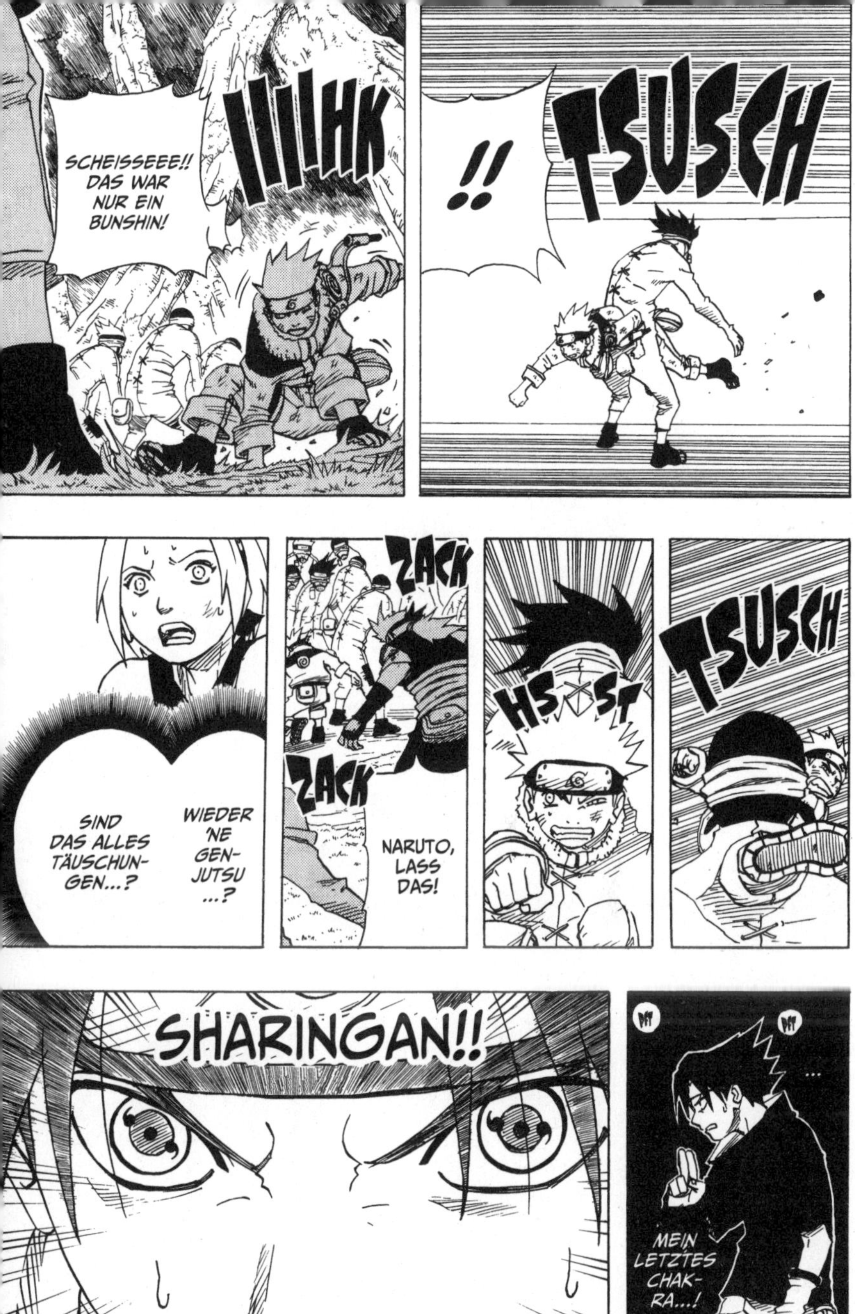

!!
TSUSCH
IIIIHK
SCHEISSEEE!! DAS WAR NUR EIN BUNSHIN!
TSUSCH
HS ST
ZACK
ZACK
NARUTO, LASS DAS!
WIEDER 'NE GEN-JUTSU ...?
SIND DAS ALLES TÄUSCHUN-GEN...?
...
MEIN LETZTES CHAK-RA...!
SHARINGAN!!

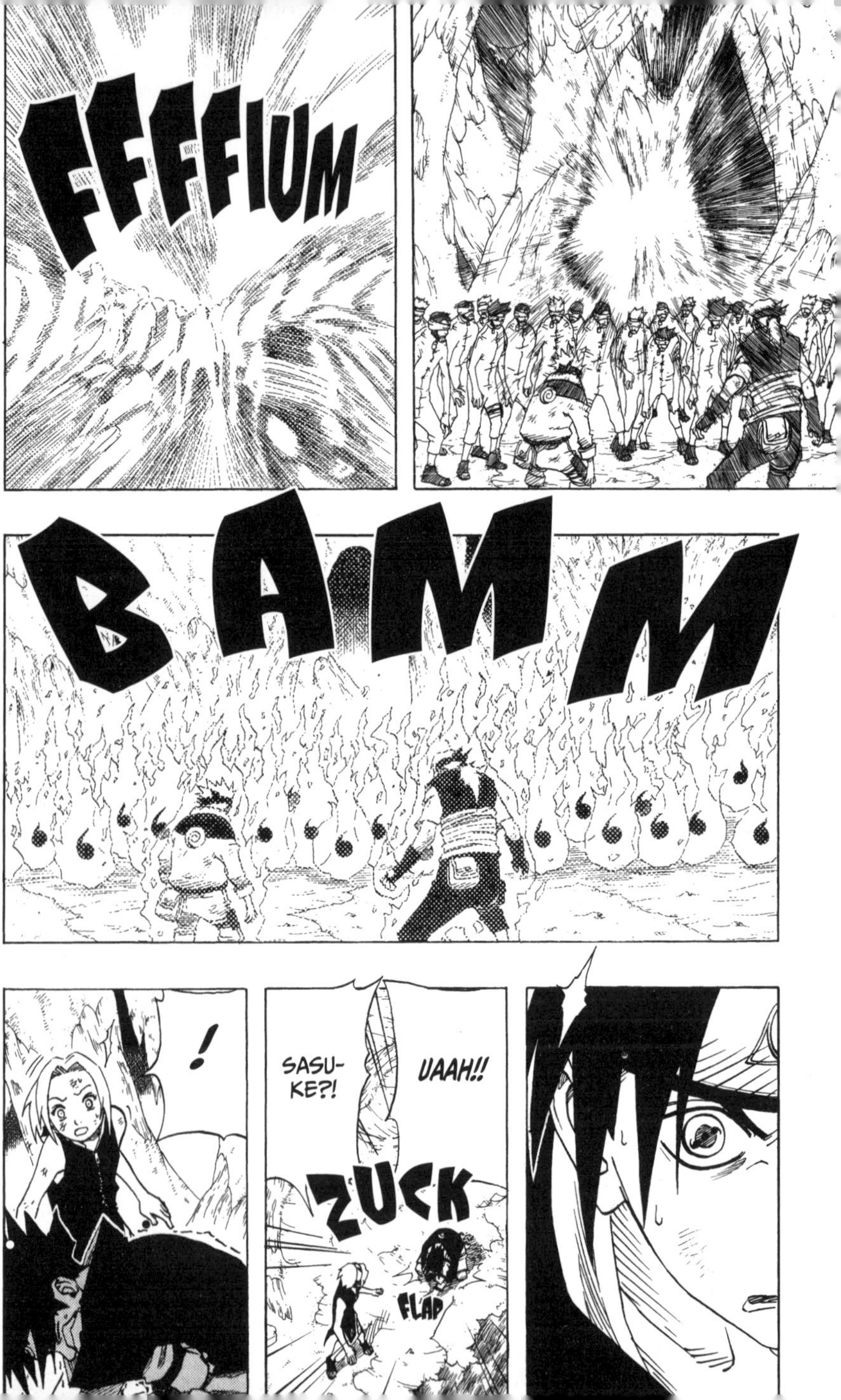
FFFFIUM
BAMM
!
SASU-
KE?!
UAAH!!
ZUCK
FLAP

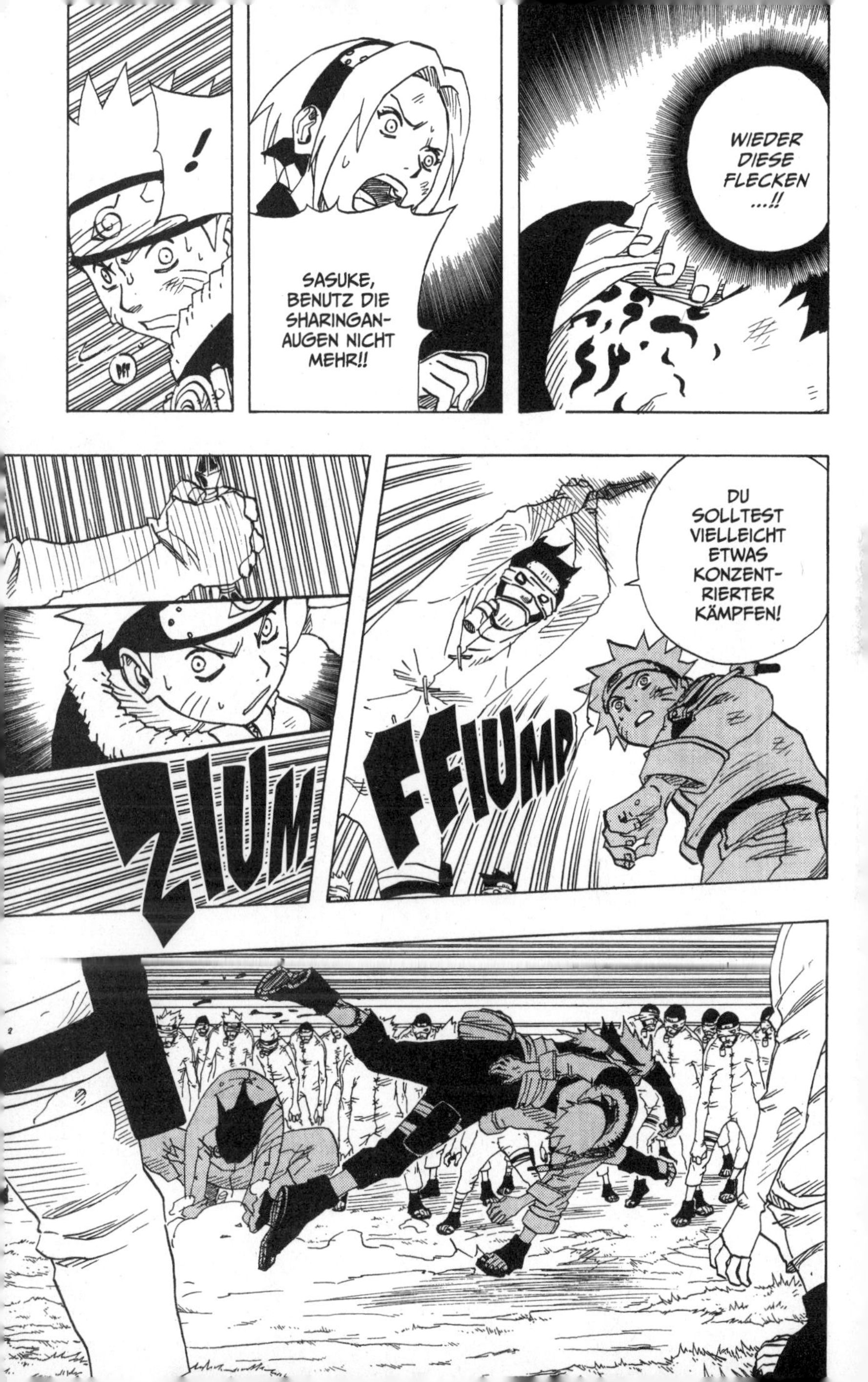
WIEDER DIESE FLECKEN ...!!
SASUKE, BENUTZ DIE SHARINGAN-AUGEN NICHT MEHR!!
!
DU SOLLTEST VIELLEICHT ETWAS KONZENT-RIERTER KÄMPFEN!
FFIUMP
ZIUM

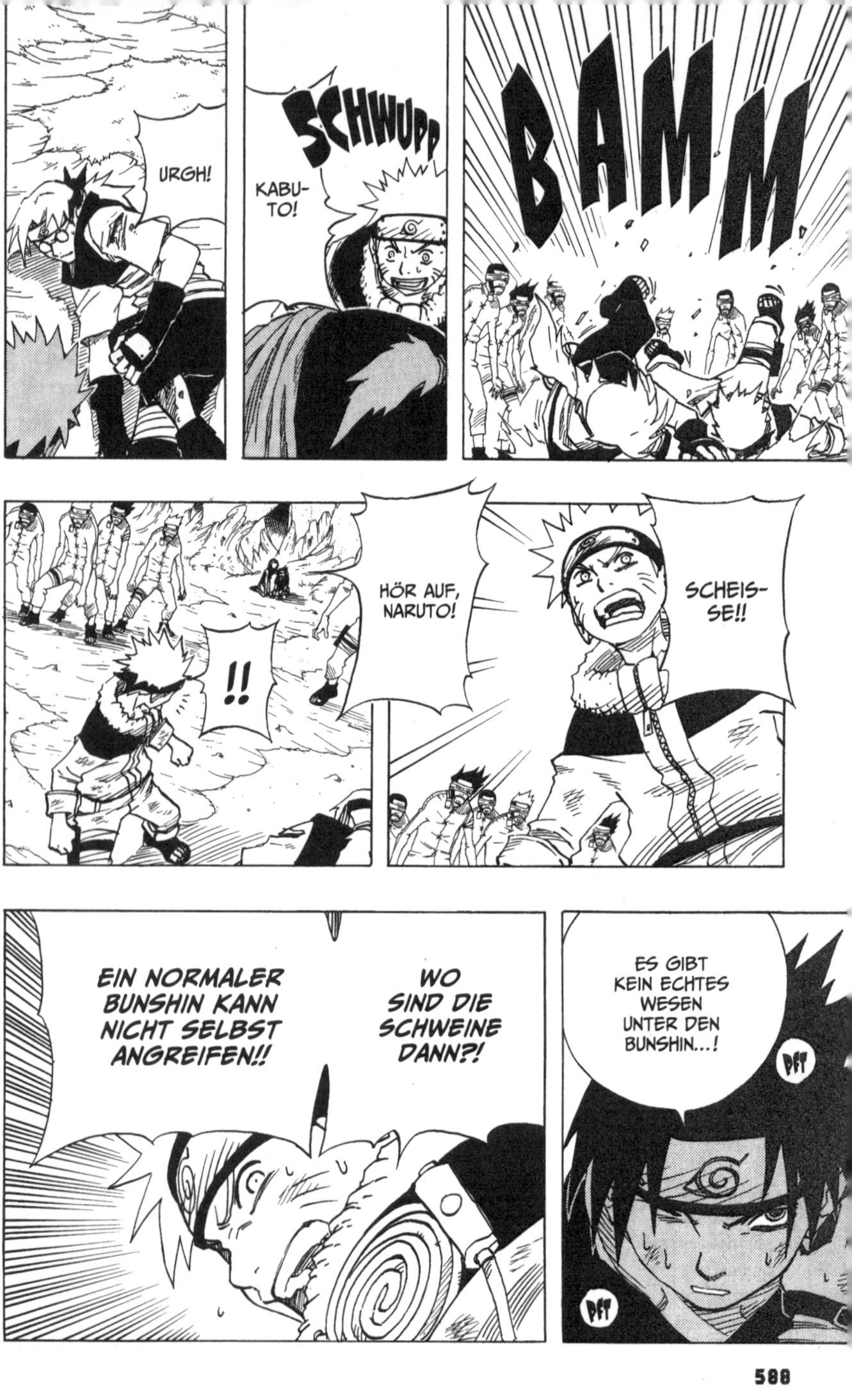
URGH!
SCHWUPP
KABU-
TO!
BAMM
HÖR AUF,
NARUTO!
!!
SCHEIS-
SE!!
EIN NORMALER
BUNSHIN KANN
NICHT SELBST
ANGREIFEN!!
WO
SIND DIE
SCHWEINE
DANN?!
ES GIBT
KEIN ECHTES
WESEN
UNTER DEN
BUNSHIN...!
PFT
PFT

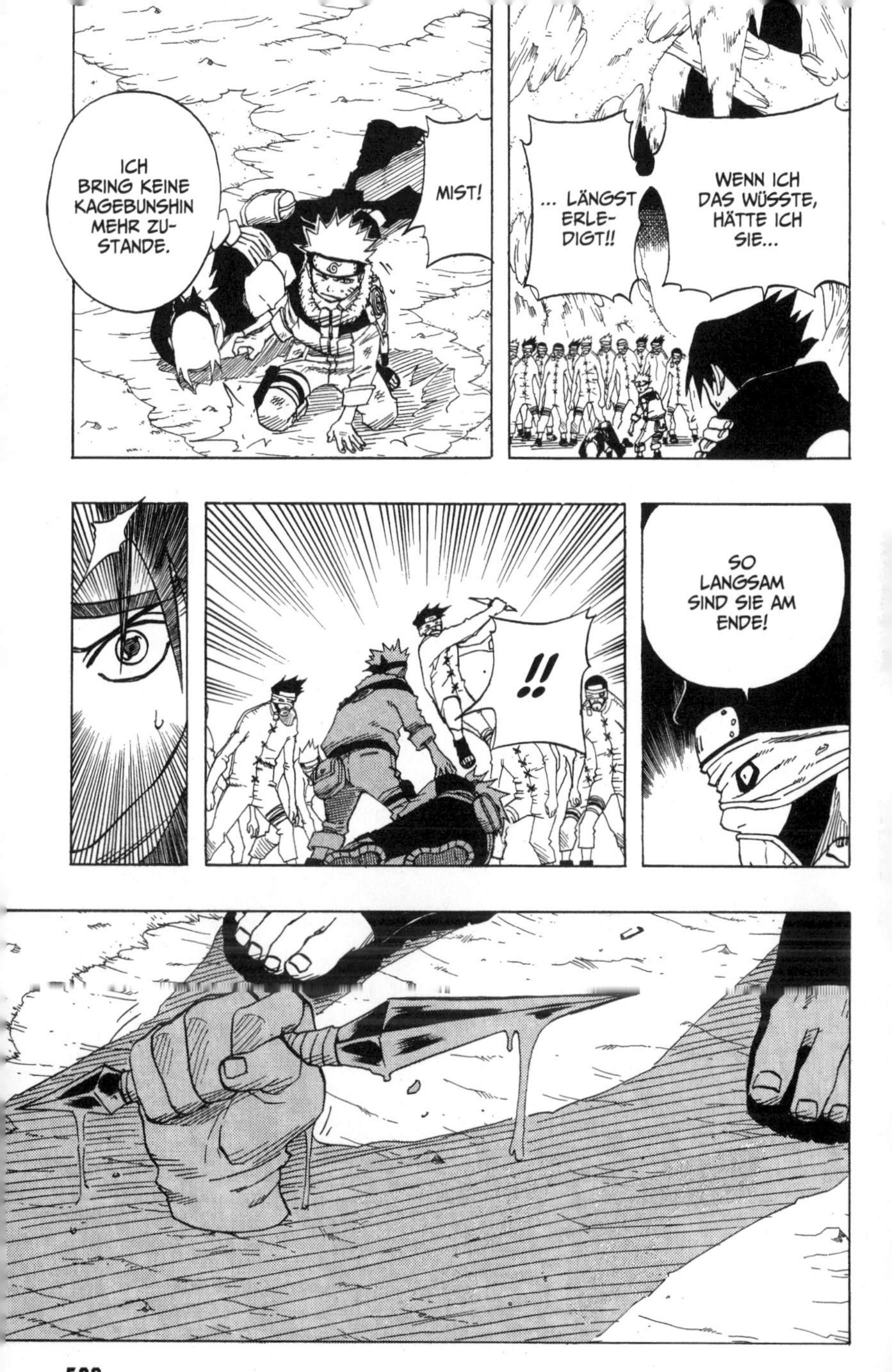

Wenn ich das wüsste, hätte ich sie...
... längst erledigt!!
Mist!
Ich bring keine Kagebunshin mehr zustande.
So langsam sind sie am Ende!
!!

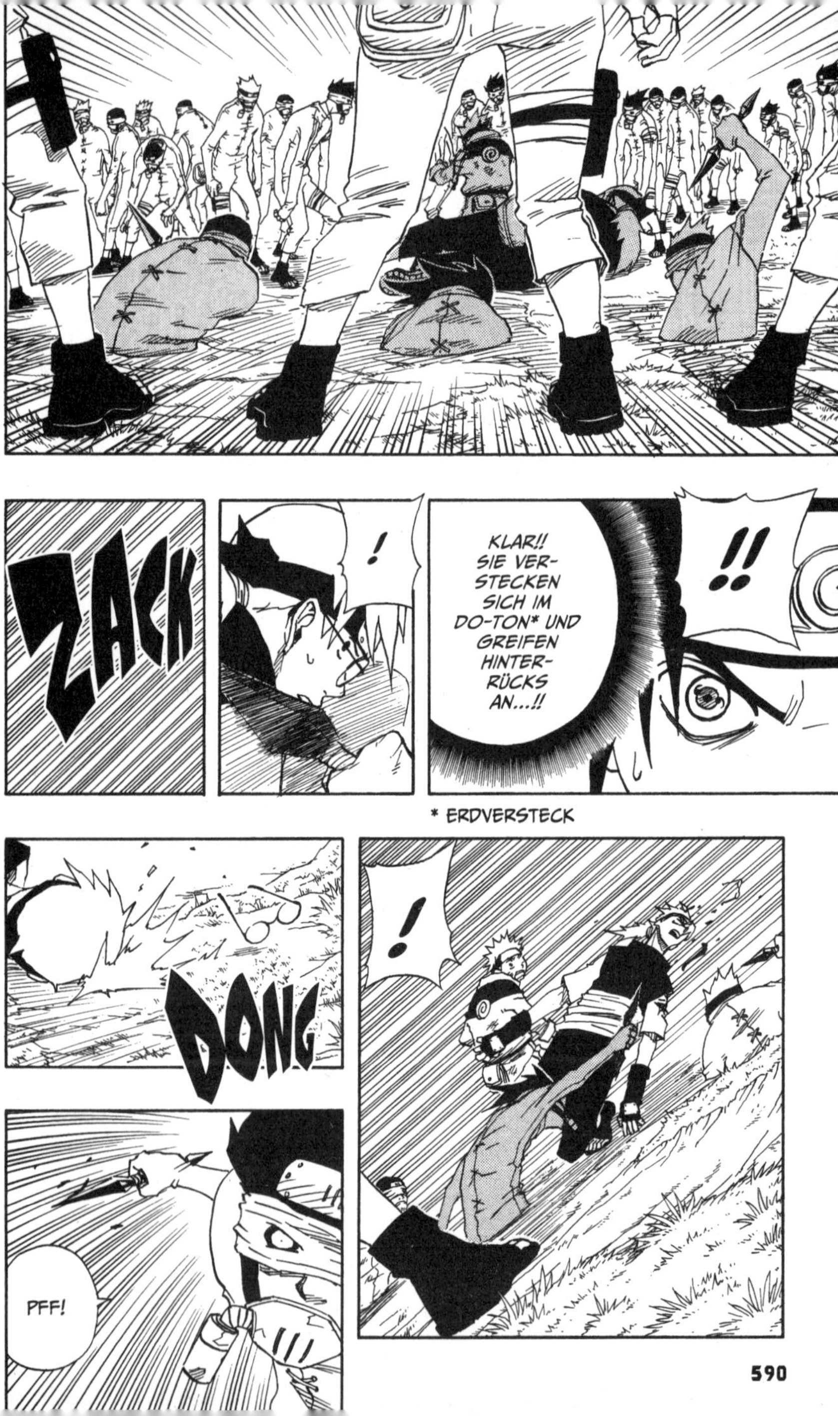
!!
KLAR!! SIE VER-STECKEN SICH IM DO-TON* UND GREIFEN HINTER-RÜCKS AN...!!
!
ZACK
* ERDVERSTECK
!
DONG
PFF!

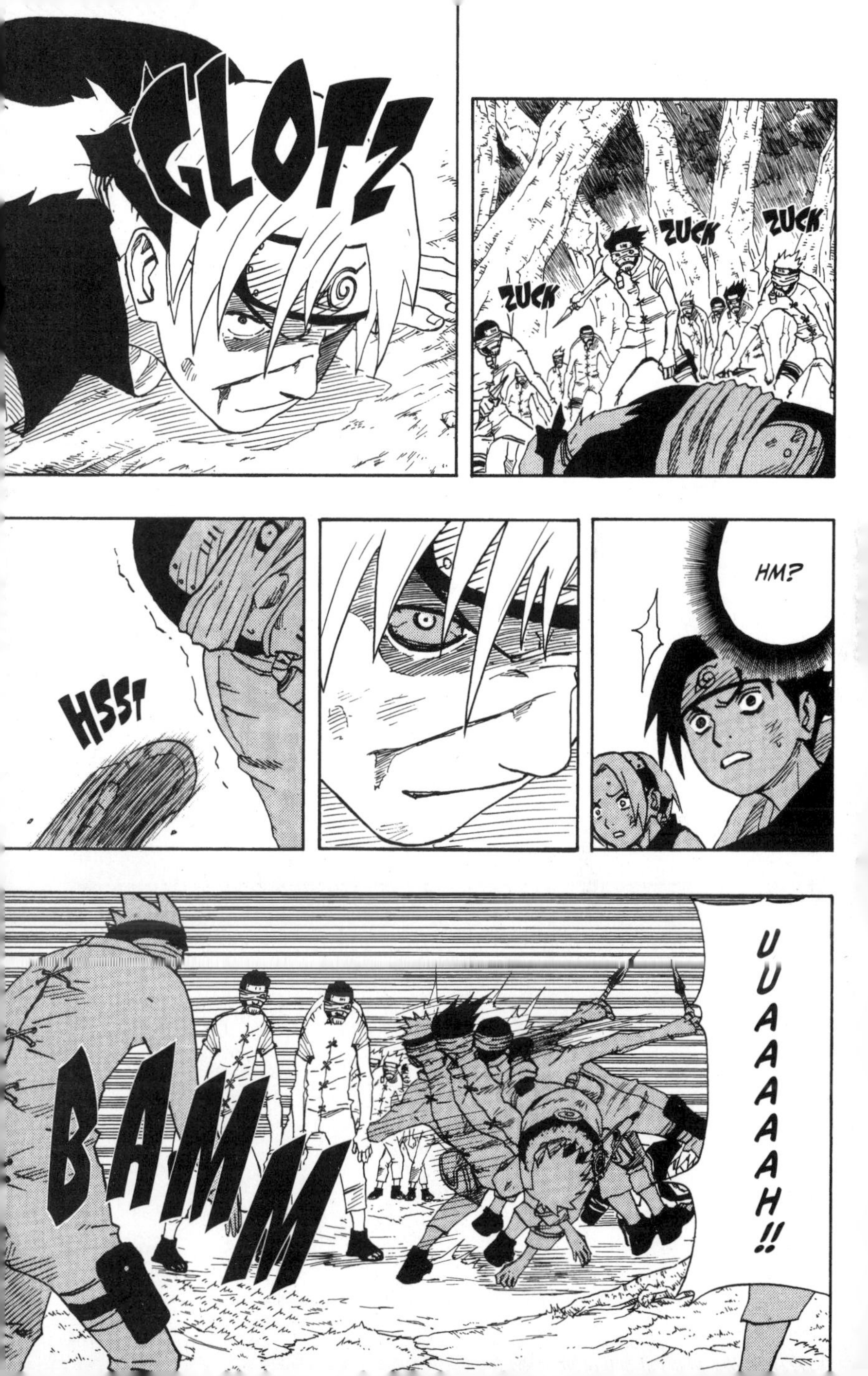
ZUCK
ZUCK
ZUCK
GLOTZ
HM?
HSST
UUAAAAAAAH!!
BAMM

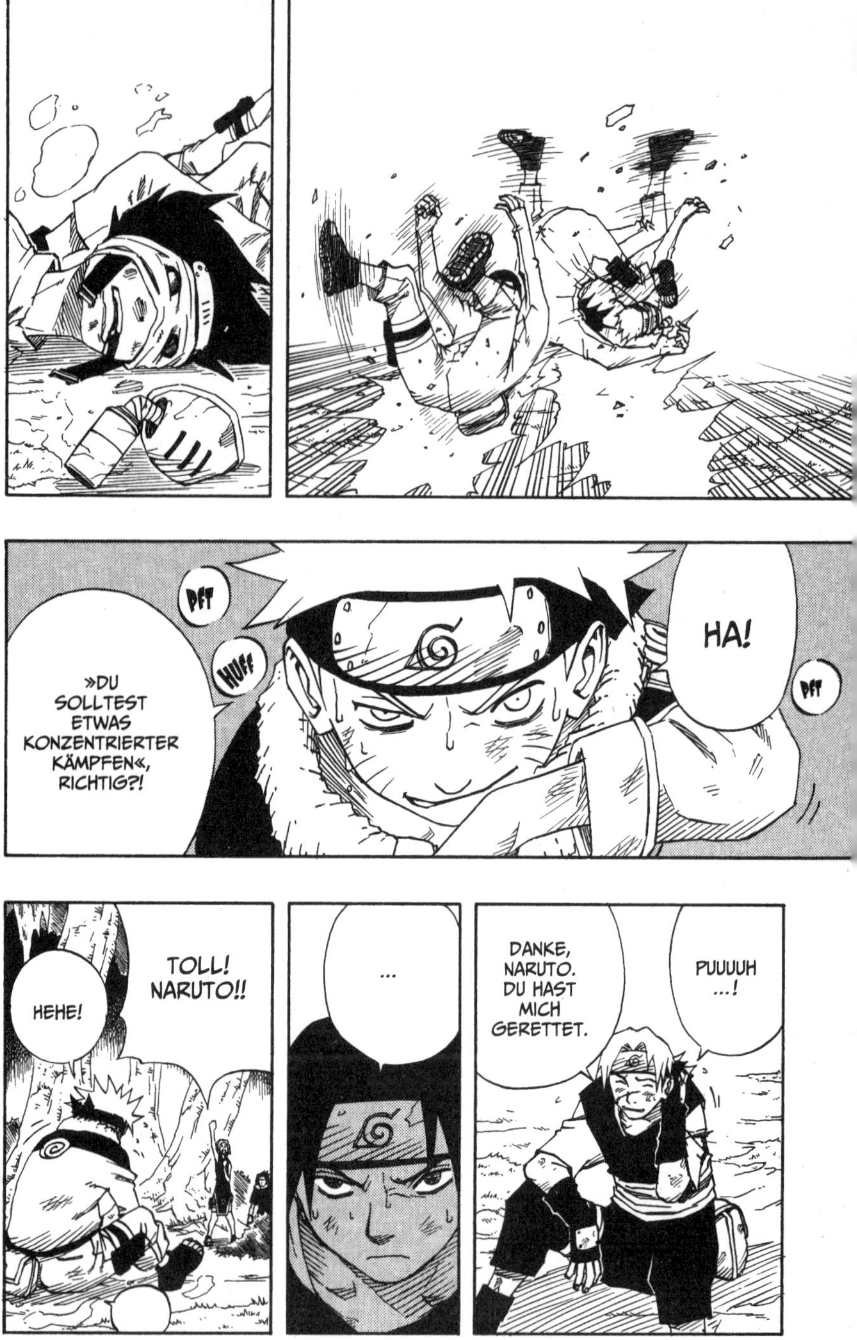
HA!
PFT
»DU SOLLTEST ETWAS KONZENTRIERTER KÄMPFEN«, RICHTIG?!
HUFF
PFT
PUUUUH ...!
DANKE, NARUTO. DU HAST MICH GERETTET.
...
TOLL! NARUTO!!
HEHE!

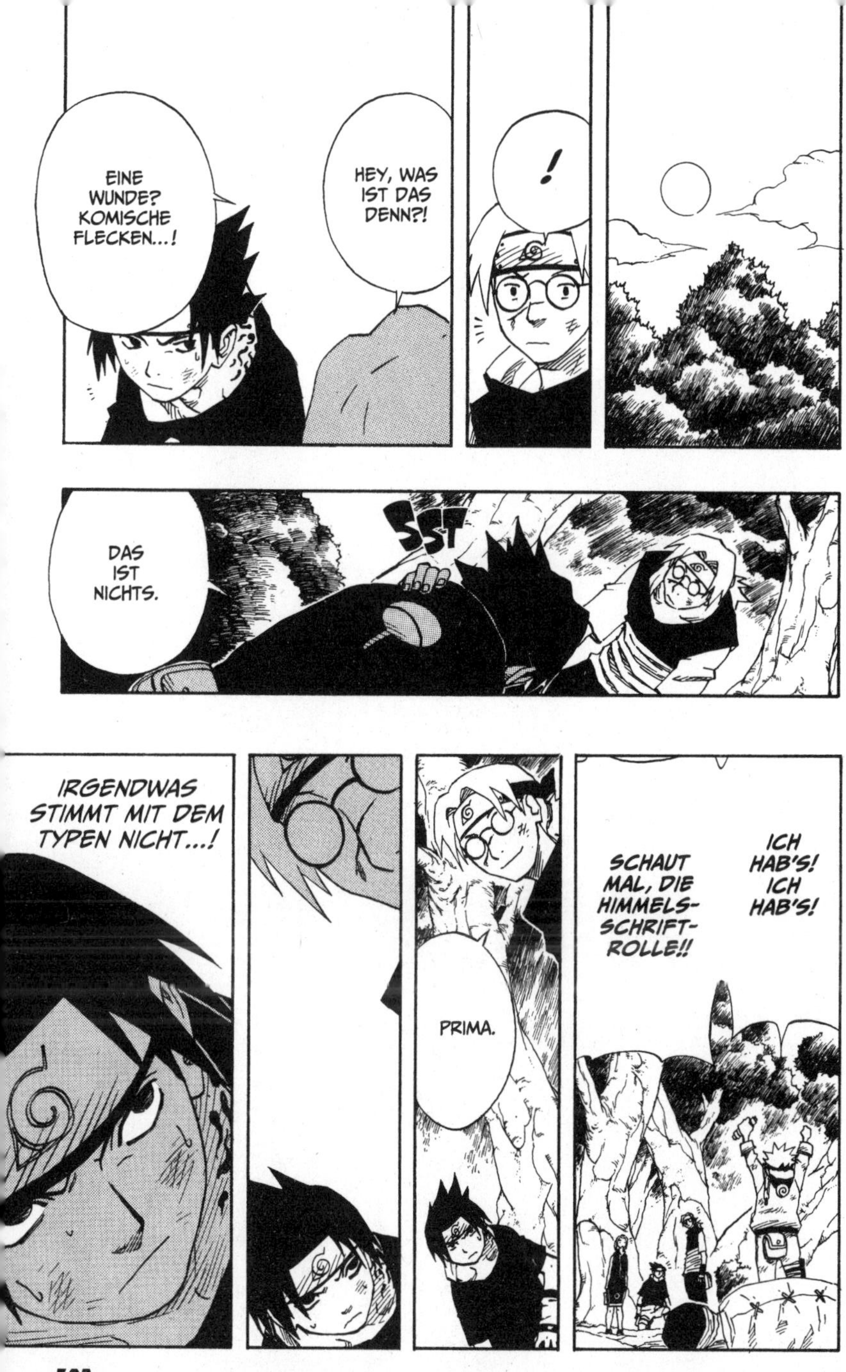
!
HEY, WAS IST DAS DENN?!
EINE WUNDE? KOMISCHE FLECKEN...!
DAS IST NICHTS.
SST
ICH HAB'S! ICH HAB'S!
SCHAUT MAL, DIE HIMMELS-SCHRIFT-ROLLE!!
PRIMA.
IRGENDWAS STIMMT MIT DEM TYPEN NICHT...!

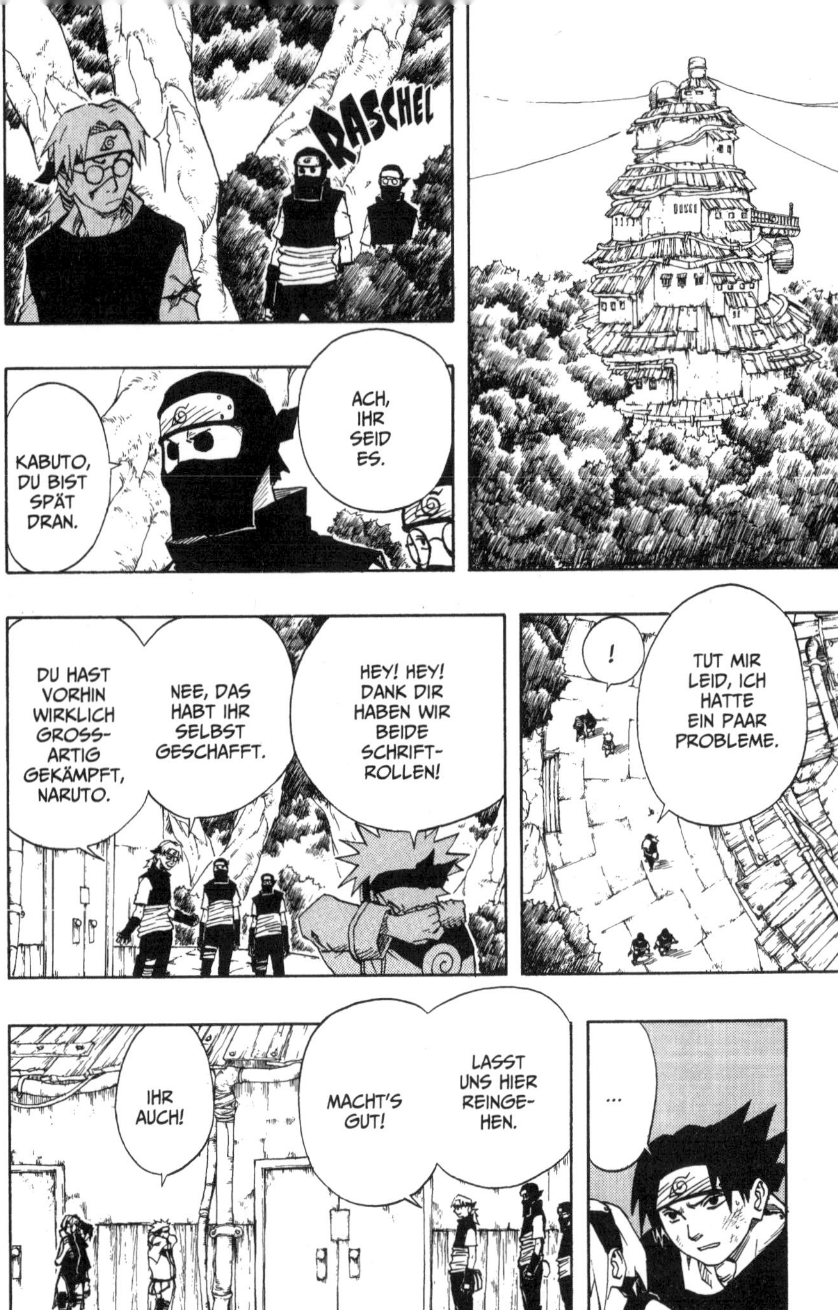
RASCHEL
ACH, IHR SEID ES.
KABUTO, DU BIST SPÄT DRAN.
!
TUT MIR LEID, ICH HATTE EIN PAAR PROBLEME.
HEY! HEY! DANK DIR HABEN WIR BEIDE SCHRIFT-ROLLEN!
NEE, DAS HABT IHR SELBST GESCHAFFT.
DU HAST VORHIN WIRKLICH GROSS-ARTIG GEKÄMPFT, NARUTO.
...
LASST UNS HIER REINGE-HEN.
MACHT'S GUT!
IHR AUCH!

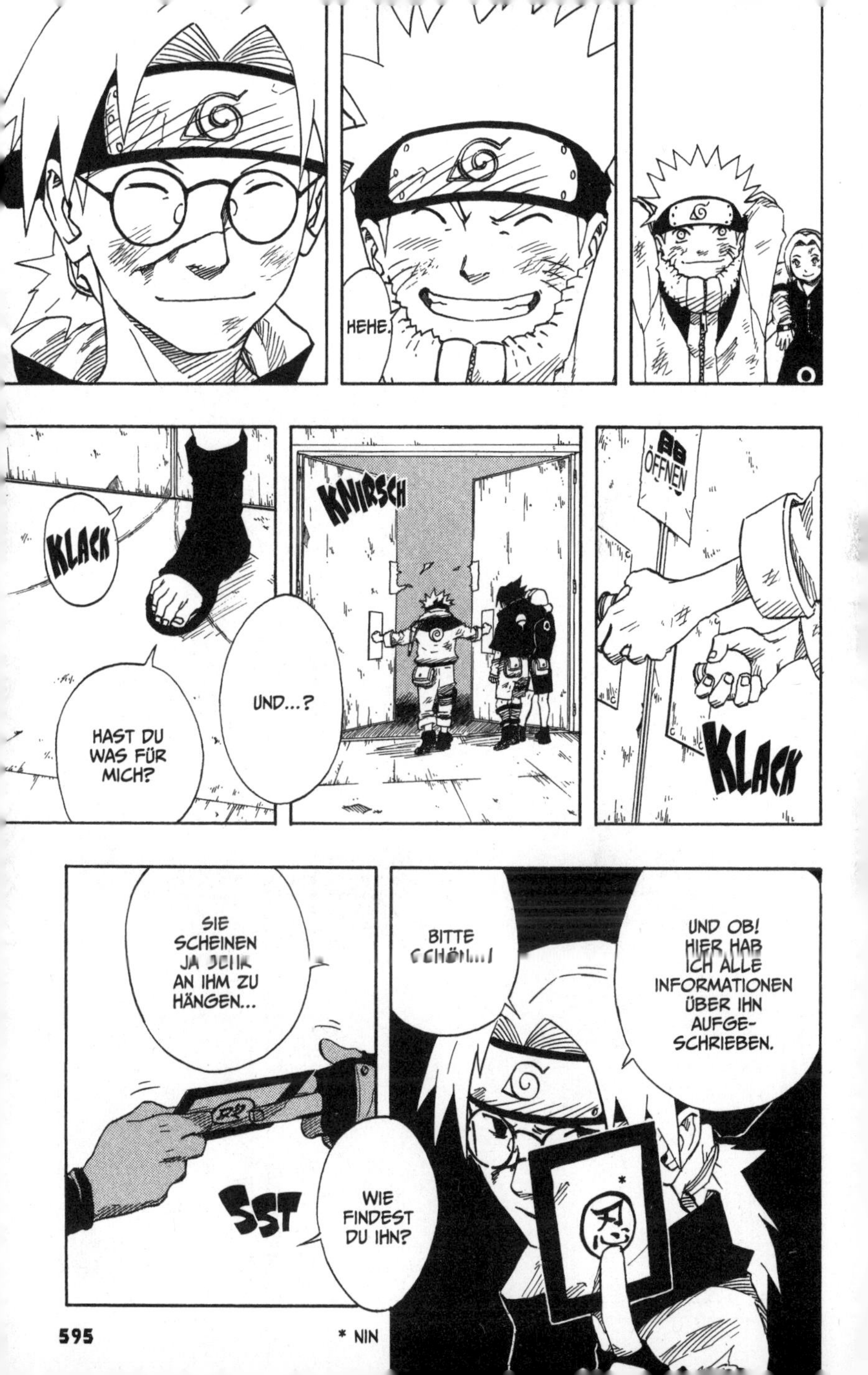
HEHE.
ÖFFNEN
KLACK
KNIRSCH
KLACK
UND...?
HAST DU WAS FÜR MICH?
UND OB! HIER HAB ICH ALLE INFORMATIONEN ÜBER IHN AUFGE- SCHRIEBEN.
BITTE SCHÖN...!
WIE FINDEST DU IHN?
SIE SCHEINEN JA AN IHM ZU HÄNGEN...
SST

* NIN

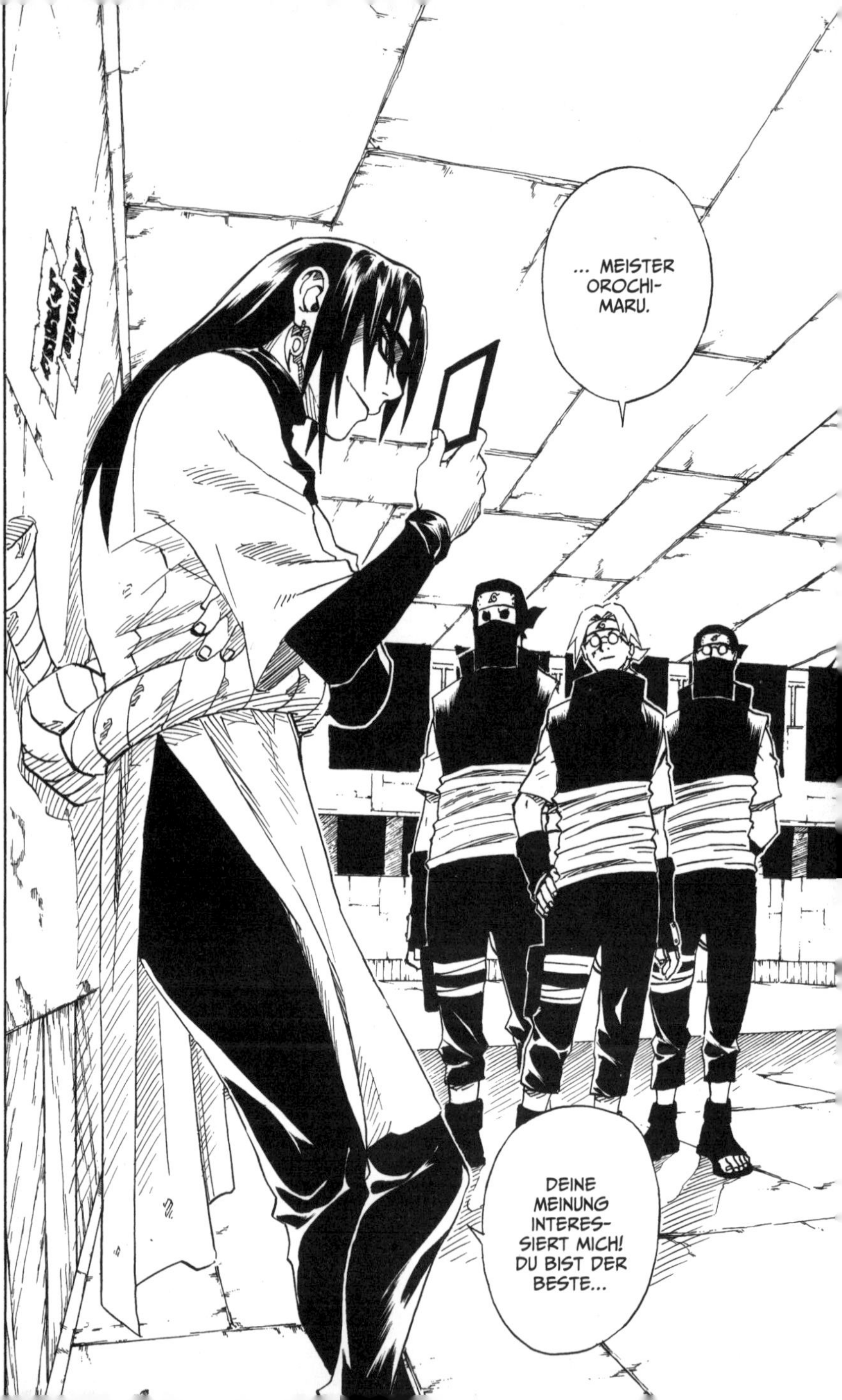
... MEISTER OROCHI-MARU.
DEINE MEINUNG INTERES-SIERT MICH! DU BIST DER BESTE...

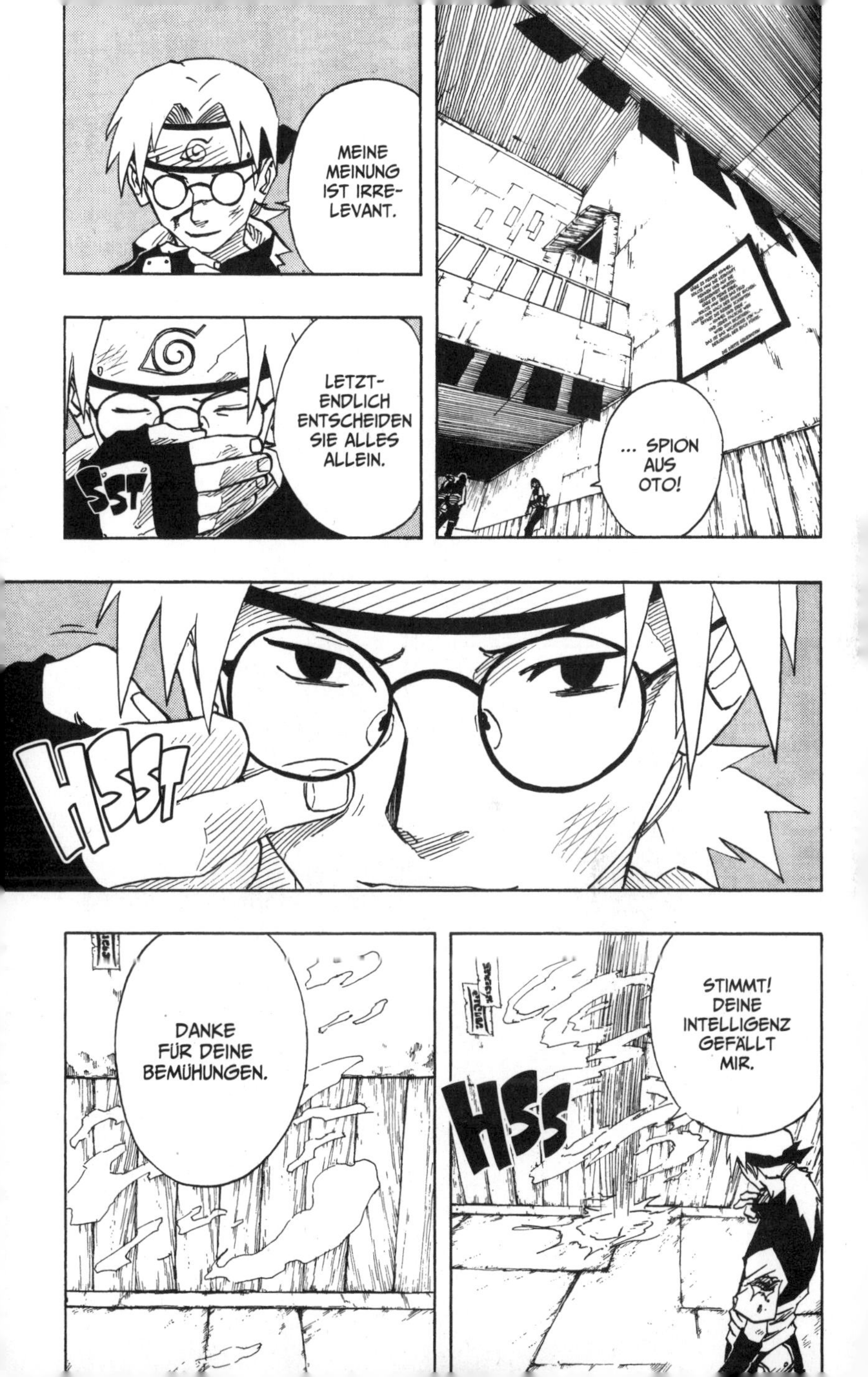
... SPION AUS OTO!
MEINE MEINUNG IST IRRE-LEVANT.
LETZT-ENDLICH ENTSCHEIDEN SIE ALLES ALLEIN.
SST
HSST
STIMMT! DEINE INTELLIGENZ GEFÄLLT MIR.
HSS
DANKE FÜR DEINE BEMÜHUNGEN.

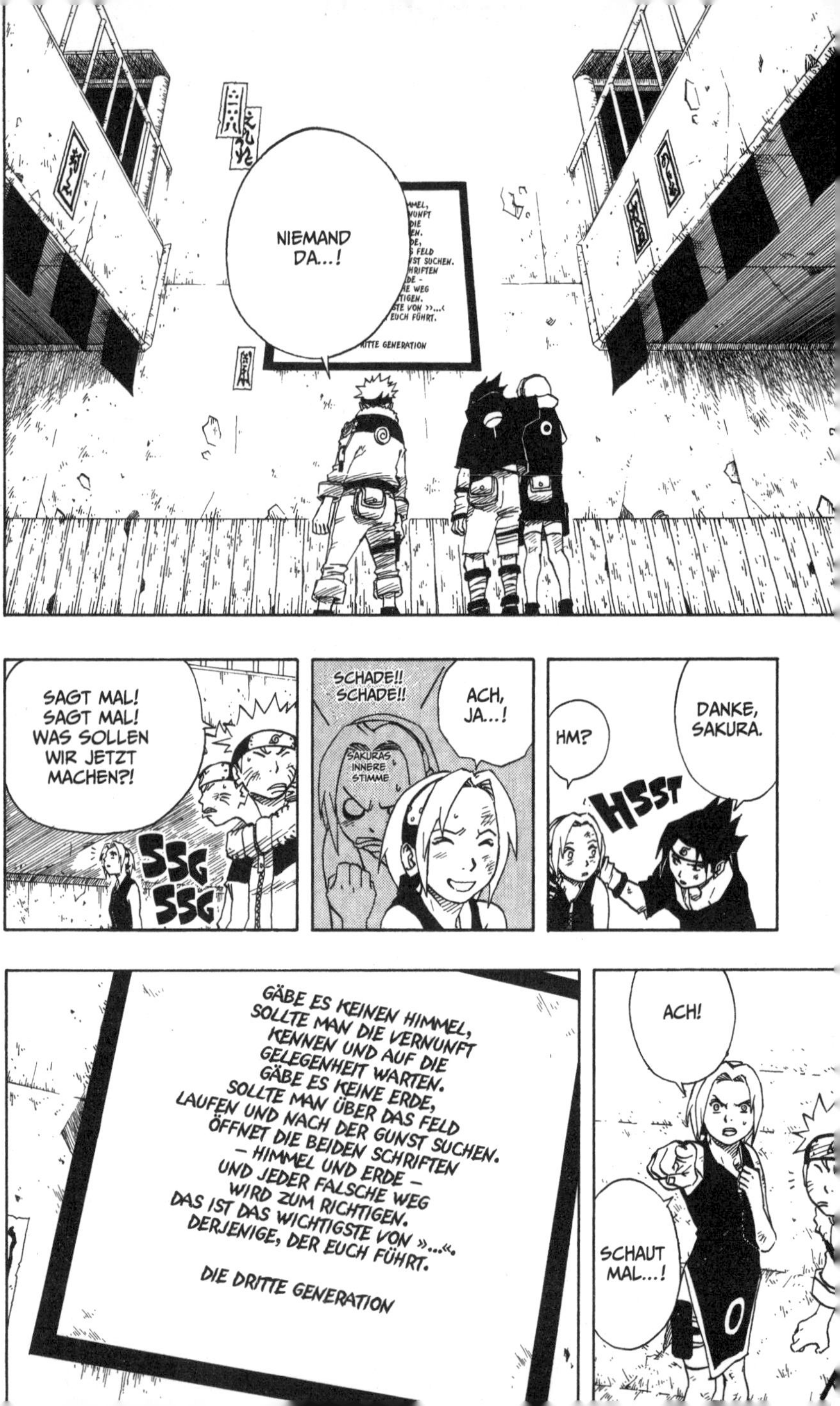
NIEMAND DA...!
DIE DRITTE GENERATION
DANKE, SAKURA.
HM?
HSST
ACH, JA...!
SCHADE!! SCHADE!!
SAKURAS INNERE STIMME
SAGT MAL! SAGT MAL! WAS SOLLEN WIR JETZT MACHEN?!
SSG SSG
ACH!
SCHAUT MAL...!
GÄBE ES KEINEN HIMMEL, SOLLTE MAN DIE VERNUNFT KENNEN UND AUF DIE GELEGENHEIT WARTEN. GÄBE ES KEINE ERDE, SOLLTE MAN ÜBER DAS FELD LAUFEN UND NACH DER GUNST SUCHEN. ÖFFNET DIE BEIDEN SCHRIFTEN – HIMMEL UND ERDE – UND JEDER FALSCHE WEG WIRD ZUM RICHTIGEN. DAS IST DAS WICHTIGSTE VON »...«. DERJENIGE, DER EUCH FÜHRT.
DIE DRITTE GENERATION

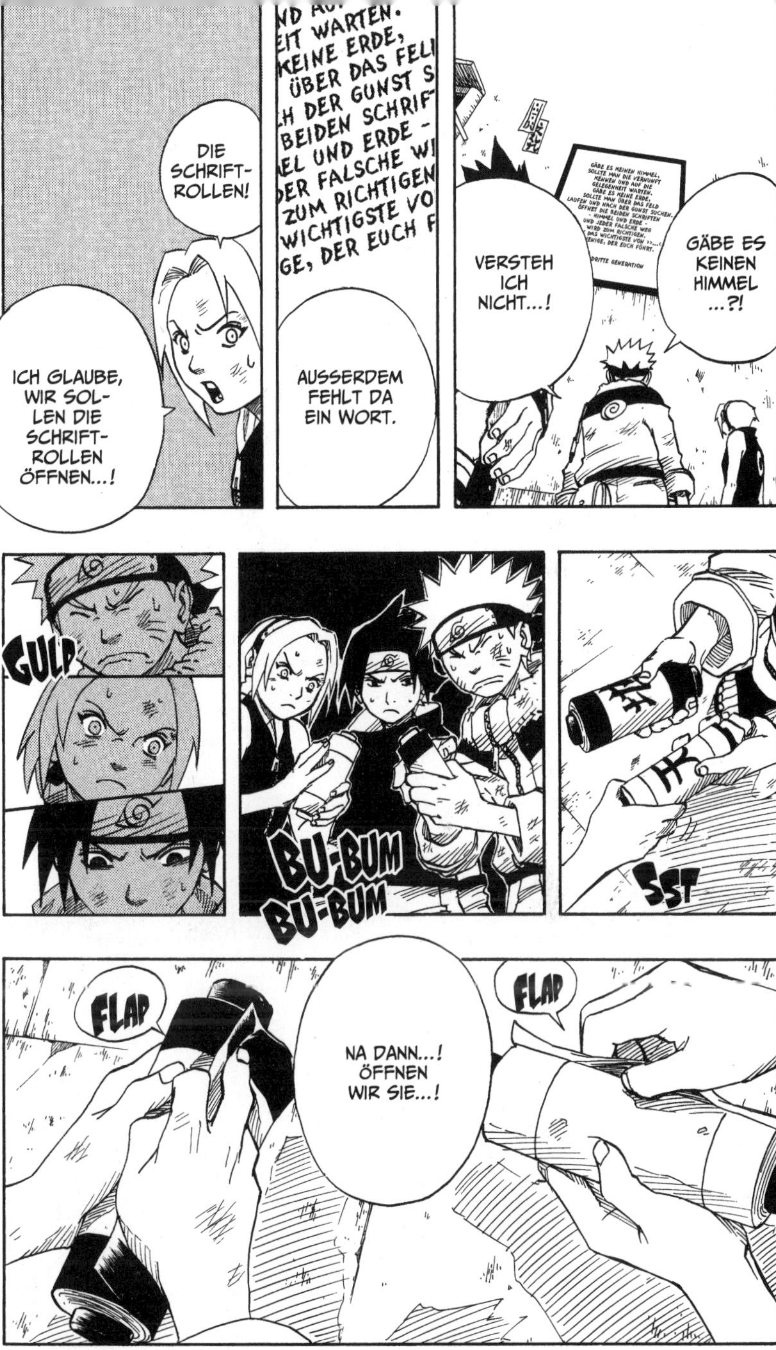
GÄBE ES KEINEN HIMMEL ...?!
GÄBE ES KEINEN HIMMEL, SOLLTE MAN DIE VERNUNFT KENNEN UND AUF DIE GELEGENHEIT WARTEN. GÄBE ES KEINE ERDE, SOLLTE MAN ÜBER DAS FELD LAUFEN UND NACH DER GUNST SUCHEN. ÖFFNET DIE BEIDEN SCHRIFTEN - HIMMEL UND ERDE - UND JEDER FALSCHE WEG WIRD ZUM RICHTIGEN. DAS WICHTIGSTE VON »...« ENIGE, DER EUCH FÜHRT.
DRITTE GENERATION
VERSTEH ICH NICHT...!
ND AUF
IT WARTEN.
KEINE ERDE,
ÜBER DAS FEL
H DER GUNST S
BEIDEN SCHRIFT
EL UND ERDE -
ER FALSCHE W
ZUM RICHTIGEN
WICHTIGSTE VO
GE, DER EUCH F
AUSSERDEM FEHLT DA EIN WORT.
DIE SCHRIFT-ROLLEN!
ICH GLAUBE, WIR SOL-LEN DIE SCHRIFT-ROLLEN ÖFFNEN...!
SST
BU-BUM BU-BUM
GULP
FLAP
NA DANN...! ÖFFNEN WIR SIE...!
FLAP

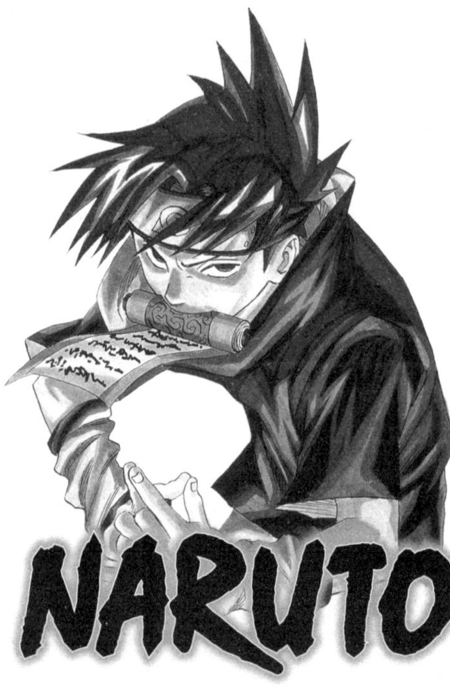
NARUTO

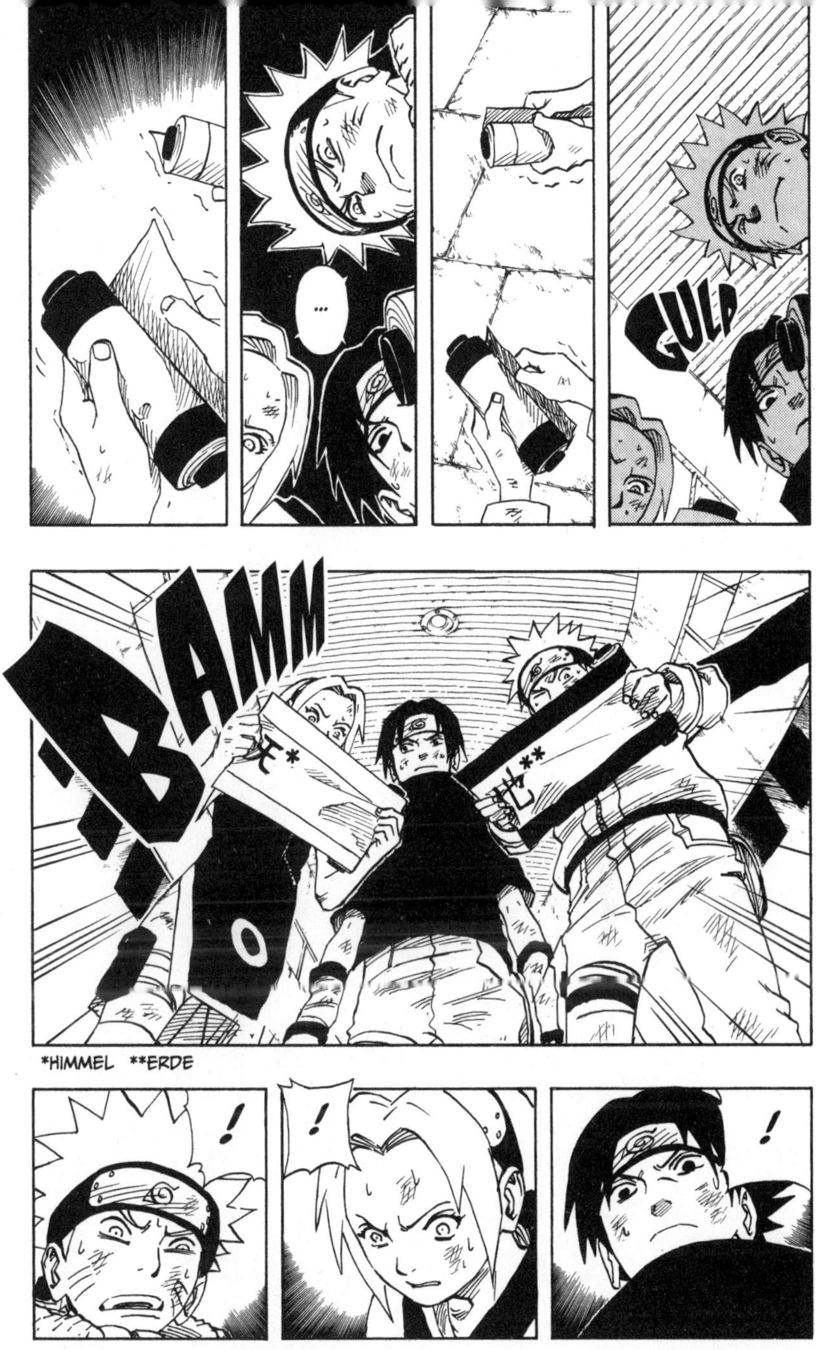
...
GULP
BAMM
*HIMMEL **ERDE
!
!
!

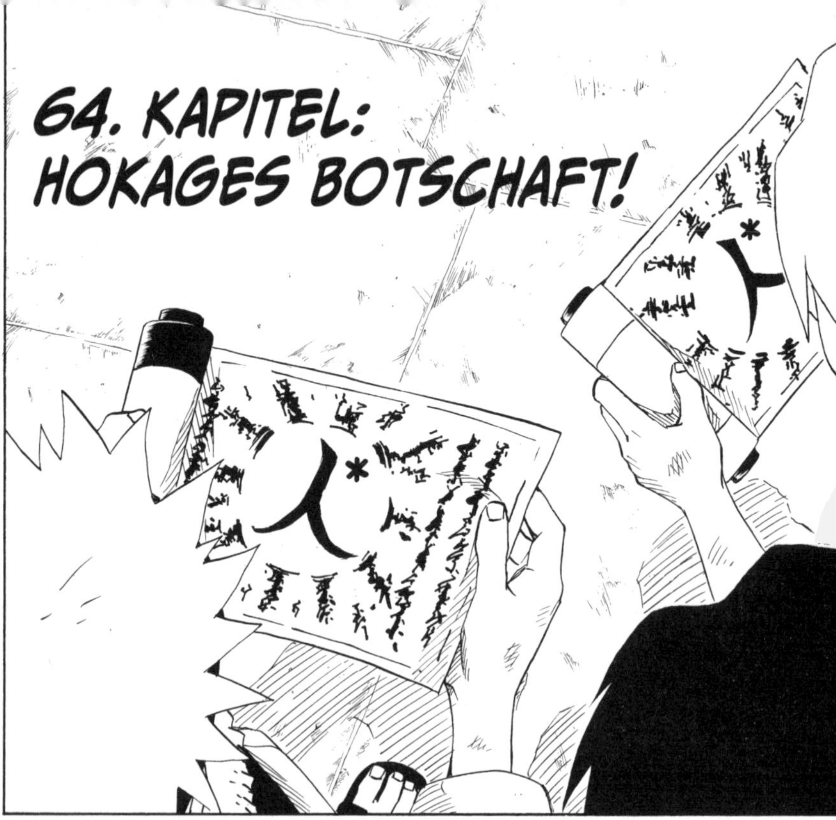
64. KAPITEL:
HOKAGES BOTSCHAFT!

*MENSCH

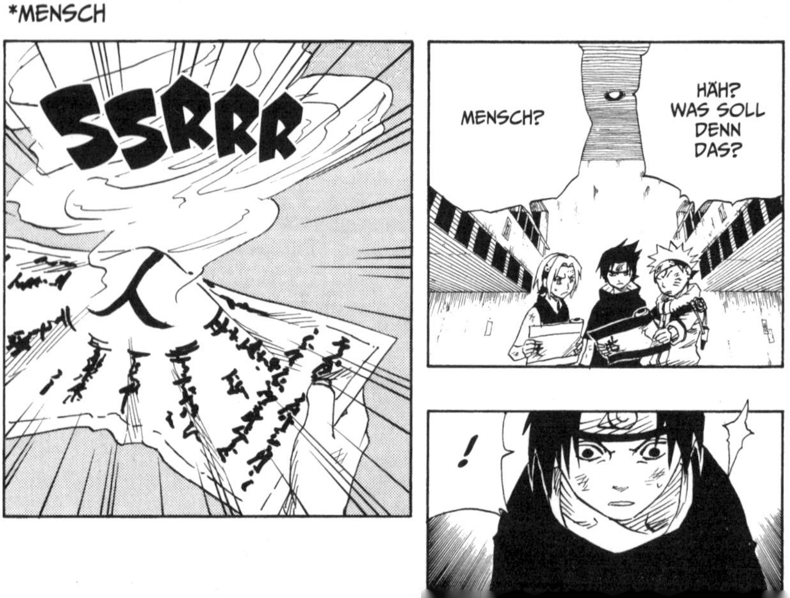
HÄH? WAS SOLL DENN DAS?
MENSCH?
!
SSRRRR

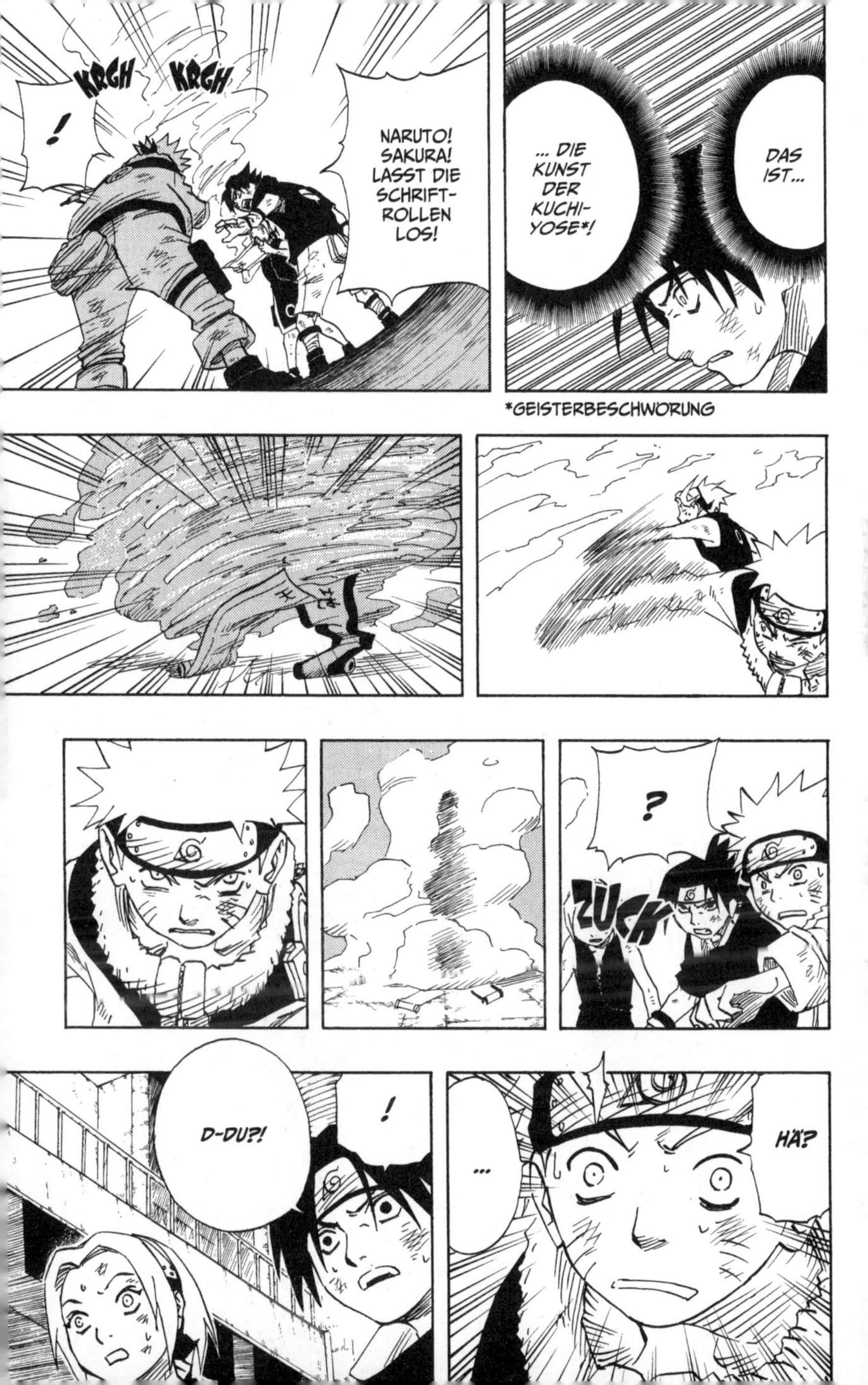
DAS IST...
... DIE KUNST DER KUCHI-YOSE*!
NARUTO! SAKURA! LASST DIE SCHRIFT-ROLLEN LOS!
KRGH
KRGH
!
*GEISTERBESCHWÖRUNG
?
ZÜCK
HÄ?
...
!
D-DU?!

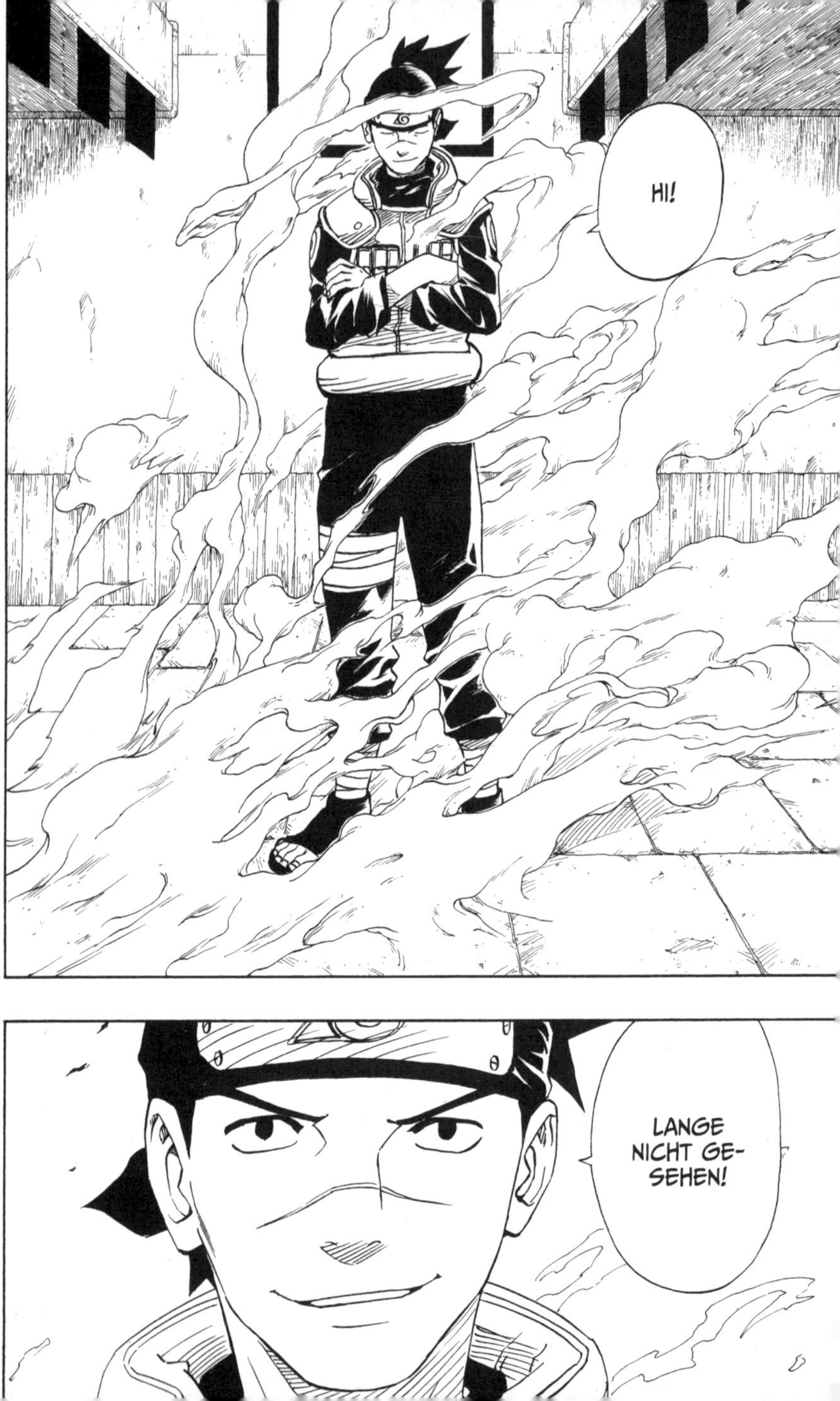
HI!
LANGE NICHT GE-SEHEN!

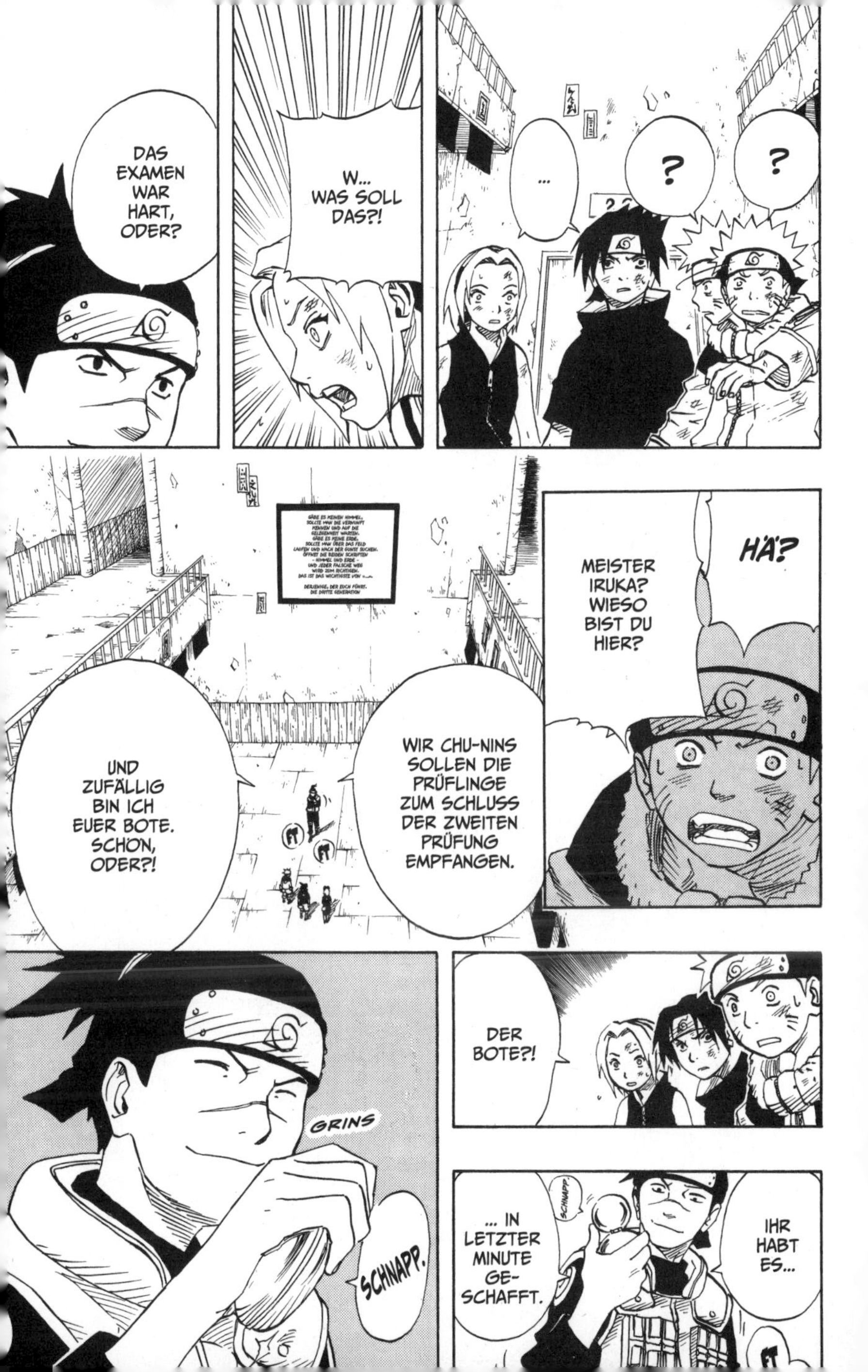
?
?
...
W... WAS SOLL DAS?!
DAS EXAMEN WAR HART, ODER?
HÄ?
MEISTER IRUKA? WIESO BIST DU HIER?
GÄBE ES KEINEN HIMMEL, SOLLTE MAN DIE VERNUNFT KENNEN UND AUF DIE GELEGENHEIT WARTEN. GÄBE ES KEINE ERDE, SOLLTE MAN ÜBER DAS FELD LAUFEN UND NACH DER GUNST SUCHEN. ÖFFNET DIE BEIDEN SCHRIFTEN - HIMMEL UND ERDE - UND JEDER FALSCHE WEG WIRD ZUM RICHTIGEN. DAS IST DAS WICHTIGSTE VON
DERJENIGE, DER EUCH FÜHRT. DIE DRITTE GENERATION
WIR CHU-NINS SOLLEN DIE PRÜFLINGE ZUM SCHLUSS DER ZWEITEN PRÜFUNG EMPFANGEN.
UND ZUFÄLLIG BIN ICH EUER BOTE. SCHÖN, ODER?!
DER BOTE?!
IHR HABT ES...
SCHNAPP.
... IN LETZTER MINUTE GE-SCHAFFT.
GRINS
SCHNAPP.

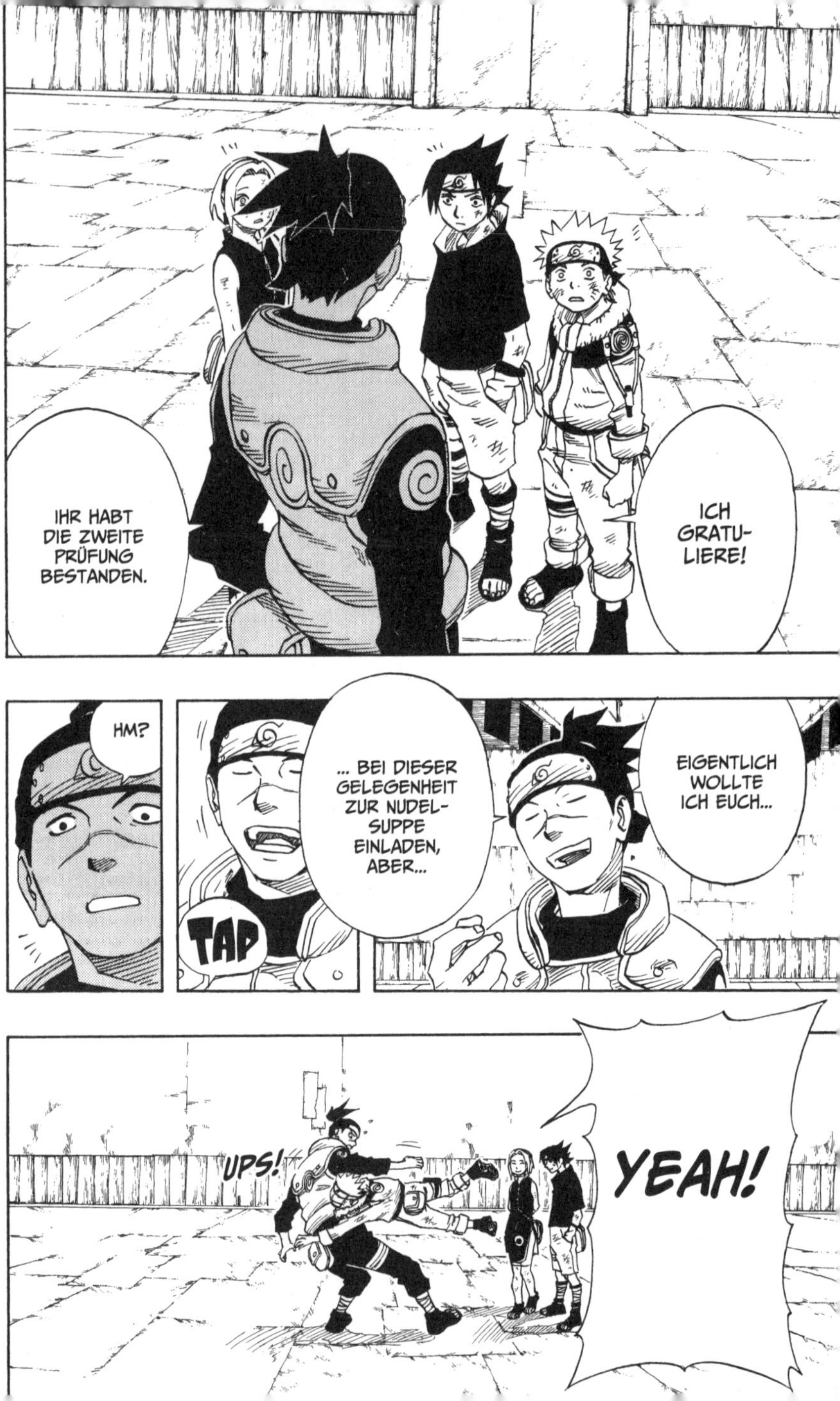
ICH GRATU-LIERE!
IHR HABT DIE ZWEITE PRÜFUNG BESTANDEN.
EIGENTLICH WOLLTE ICH EUCH...
... BEI DIESER GELEGENHEIT ZUR NUDEL-SUPPE EINLADEN, ABER...
TAP
HM?
YEAH!
UPS!

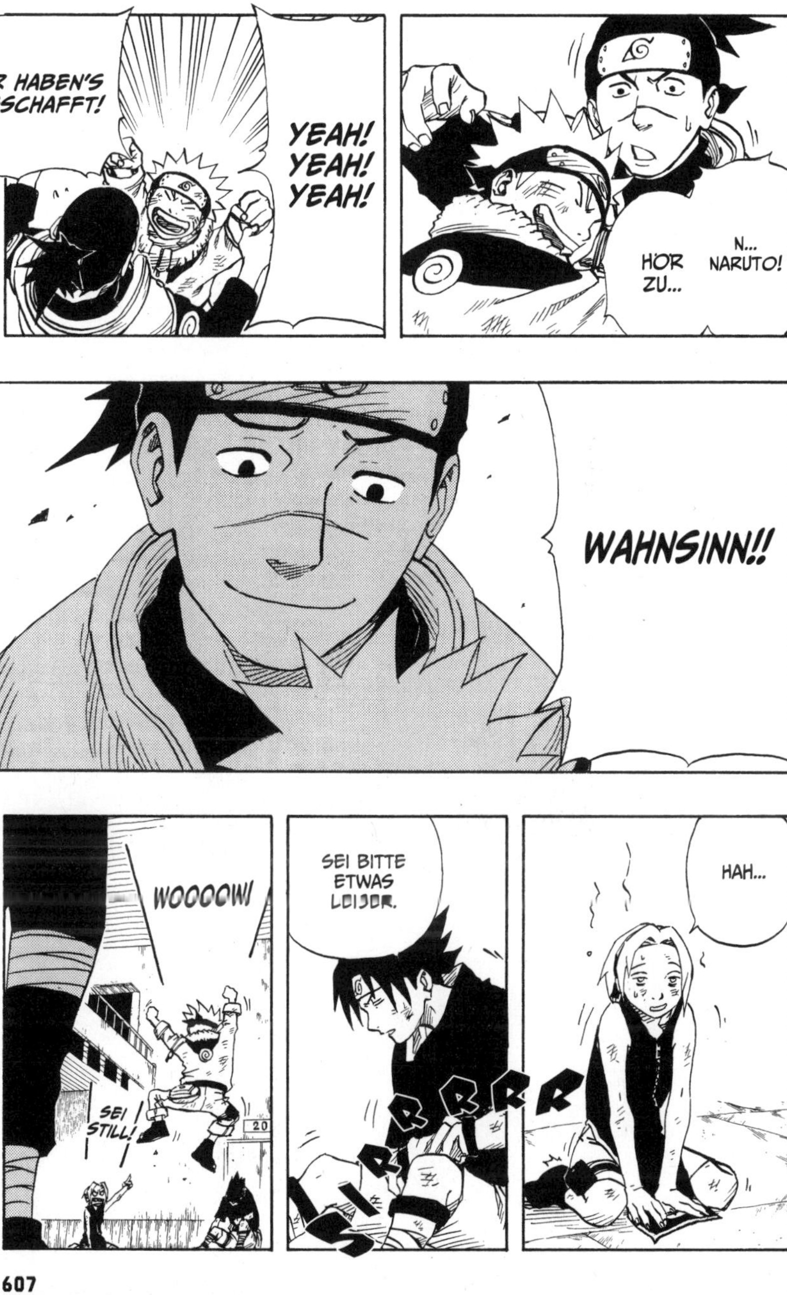
N... NARUTO!
HÖR ZU...
WIR HABEN'S GESCHAFFT!
YEAH! YEAH! YEAH!
WAHNSINN!!
HAH...
SEI BITTE ETWAS LEISER.
SIRRRRR
WOOOOW!
SEI STILL!
20

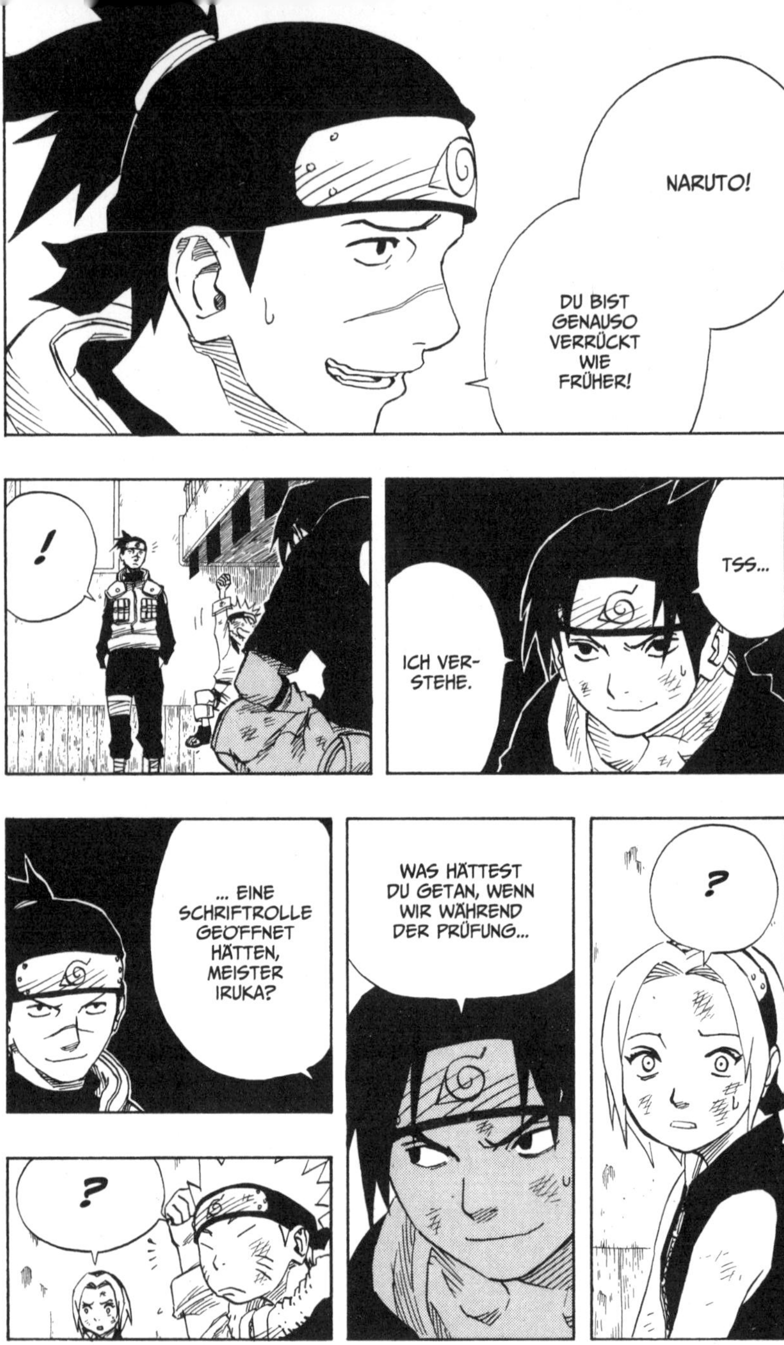
NARUTO!
DU BIST GENAUSO VERRÜCKT WIE FRÜHER!
TSS...
ICH VERSTEHE.
!
?
WAS HÄTTEST DU GETAN, WENN WIR WÄHREND DER PRÜFUNG...
... EINE SCHRIFTROLLE GEÖFFNET HÄTTEN, MEISTER IRUKA?
?

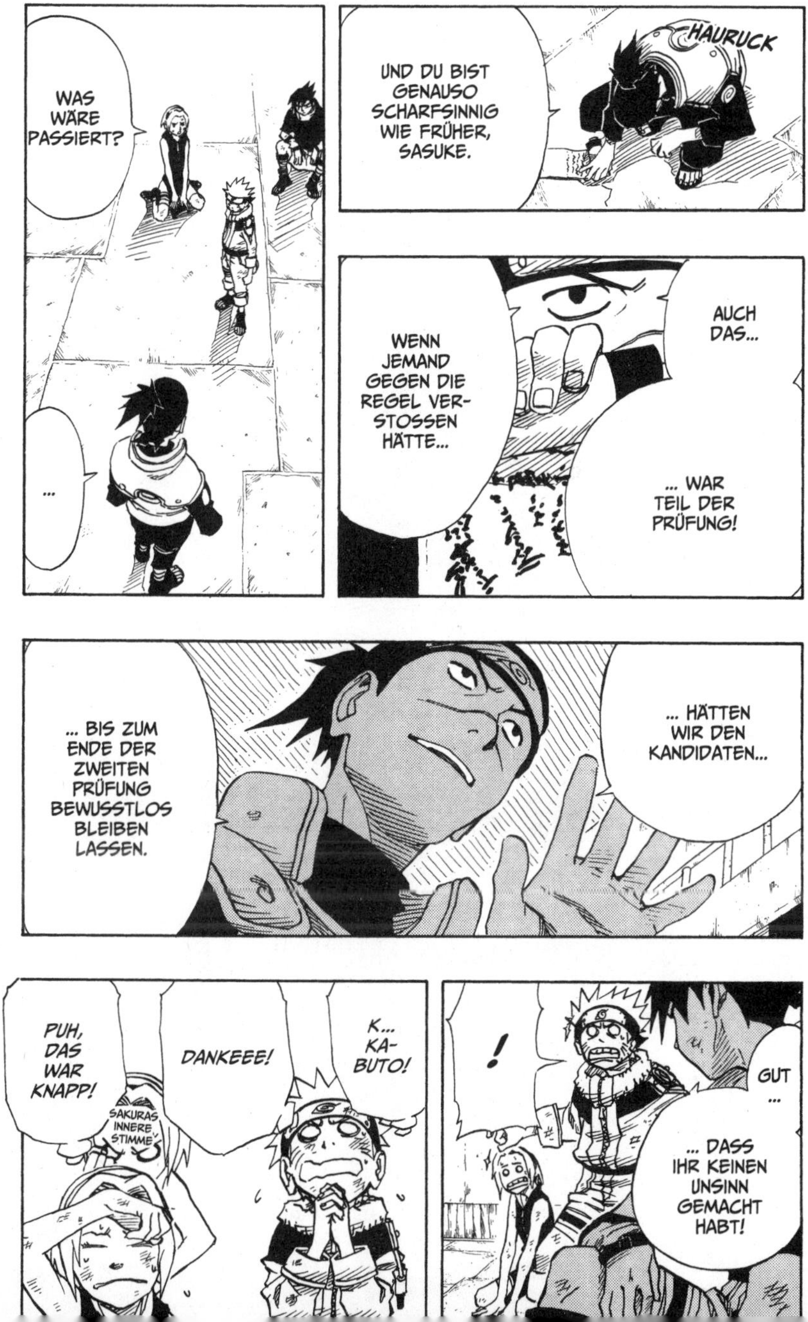
HAURUCK
UND DU BIST GENAUSO SCHARFSINNIG WIE FRÜHER, SASUKE.
WAS WÄRE PASSIERT?
...
AUCH DAS...
... WAR TEIL DER PRÜFUNG!
WENN JEMAND GEGEN DIE REGEL VERSTOSSEN HÄTTE...
... HÄTTEN WIR DEN KANDIDATEN...
... BIS ZUM ENDE DER ZWEITEN PRÜFUNG BEWUSSTLOS BLEIBEN LASSEN.
GUT ...
... DASS IHR KEINEN UNSINN GEMACHT HABT!
!
K... KA-BUTO!
DANKEEE!
PUH, DAS WAR KNAPP!
SAKURAS INNERE STIMME

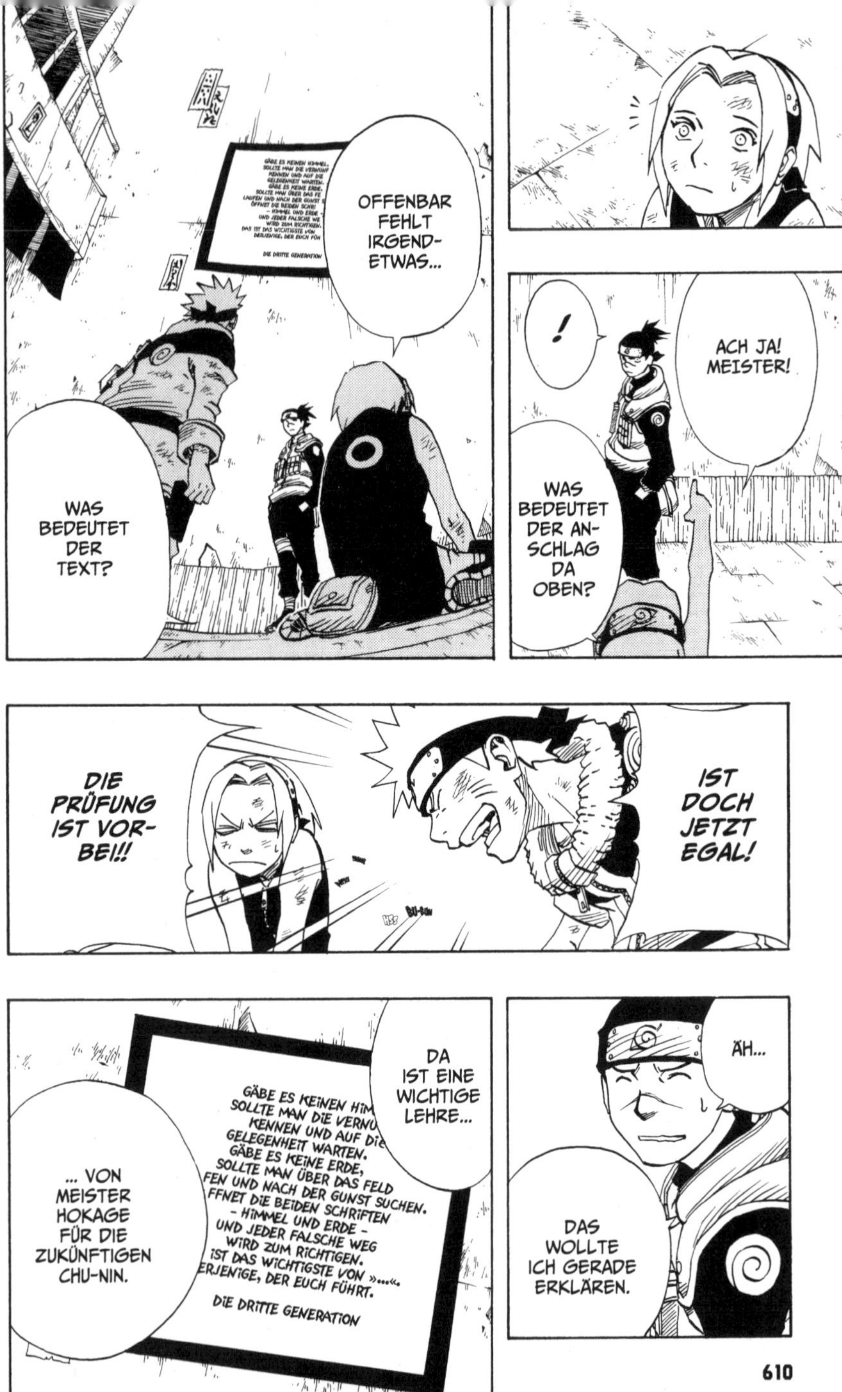
ACH JA! MEISTER!
WAS BEDEUTET DER ANSCHLAG DA OBEN?
!
WAS BEDEUTET DER TEXT?
OFFENBAR FEHLT IRGEND-ETWAS...
IST DOCH JETZT EGAL!
DIE PRÜFUNG IST VORBEI!!
ÄH...
DAS WOLLTE ICH GERADE ERKLÄREN.
DA IST EINE WICHTIGE LEHRE...
GÄBE ES KEINEN HIM
SOLLTE MAN DIE VERNU
KENNEN UND AUF DIE
GELEGENHEIT WARTEN.
GÄBE ES KEINE ERDE,
SOLLTE MAN ÜBER DAS FELD
FEN UND NACH DER GUNST SUCHEN.
FFNET DIE BEIDEN SCHRIFTEN
- HIMMEL UND ERDE -
UND JEDER FALSCHE WEG
WIRD ZUM RICHTIGEN.
IST DAS WICHTIGSTE VON »...«
ERJENIGE, DER EUCH FÜHRT.
DIE DRITTE GENERATION
... VON MEISTER HOKAGE FÜR DIE ZUKÜNFTIGEN CHU-NIN.

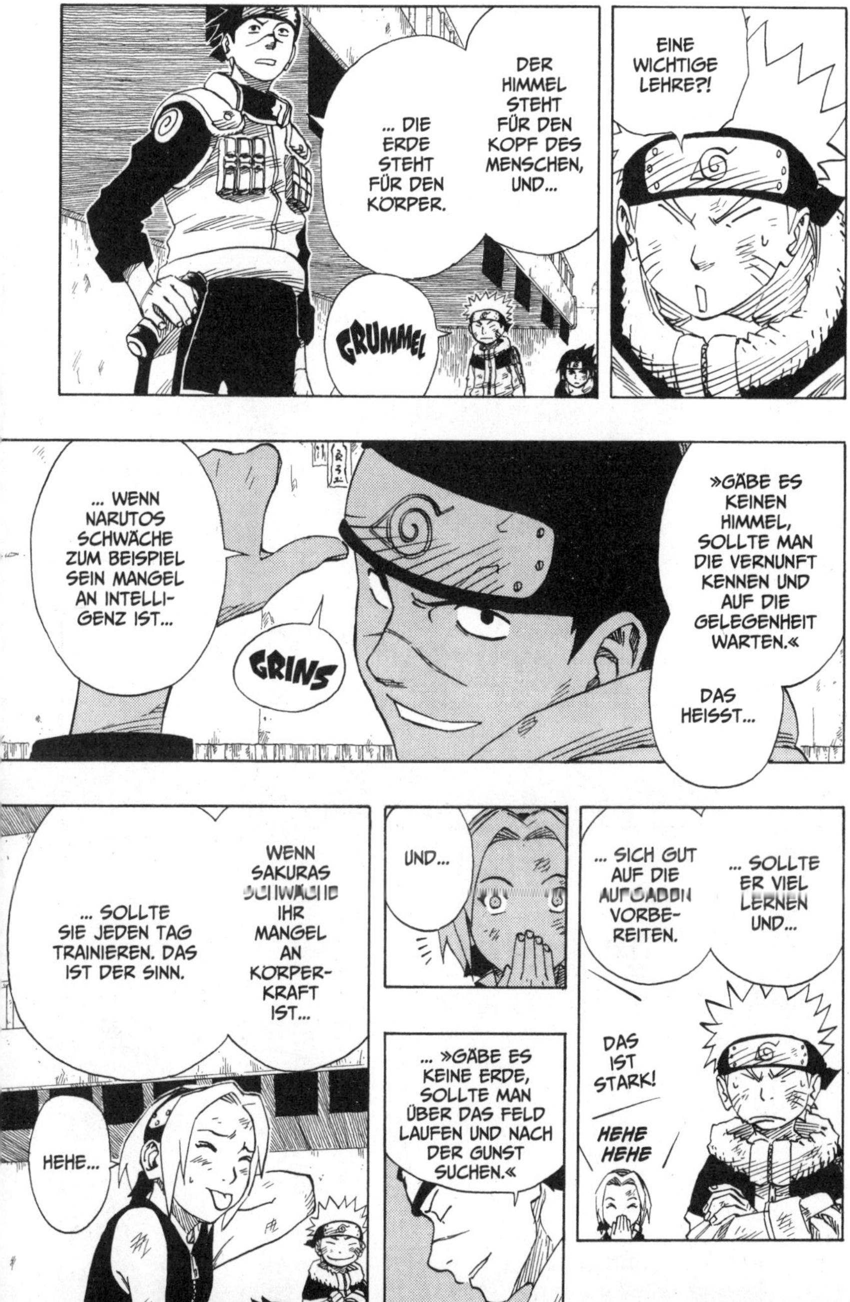
EINE WICHTIGE LEHRE?!
DER HIMMEL STEHT FÜR DEN KOPF DES MENSCHEN, UND...
... DIE ERDE STEHT FÜR DEN KÖRPER.
GRUMMEL
»GÄBE ES KEINEN HIMMEL, SOLLTE MAN DIE VERNUNFT KENNEN UND AUF DIE GELEGENHEIT WARTEN.«
DAS HEISST...
GRINS
... WENN NARUTOS SCHWÄCHE ZUM BEISPIEL SEIN MANGEL AN INTELLI-GENZ IST...
... SOLLTE ER VIEL LERNEN UND...
... SICH GUT AUF DIE VORBEREITEN.
DAS IST STARK!
HEHE HEHE
UND...
... »GÄBE ES KEINE ERDE, SOLLTE MAN ÜBER DAS FELD LAUFEN UND NACH DER GUNST SUCHEN.«
WENN SAKURAS IHR MANGEL AN KÖRPER-KRAFT IST...
... SOLLTE SIE JEDEN TAG TRAINIEREN. DAS IST DER SINN.
HEHE...

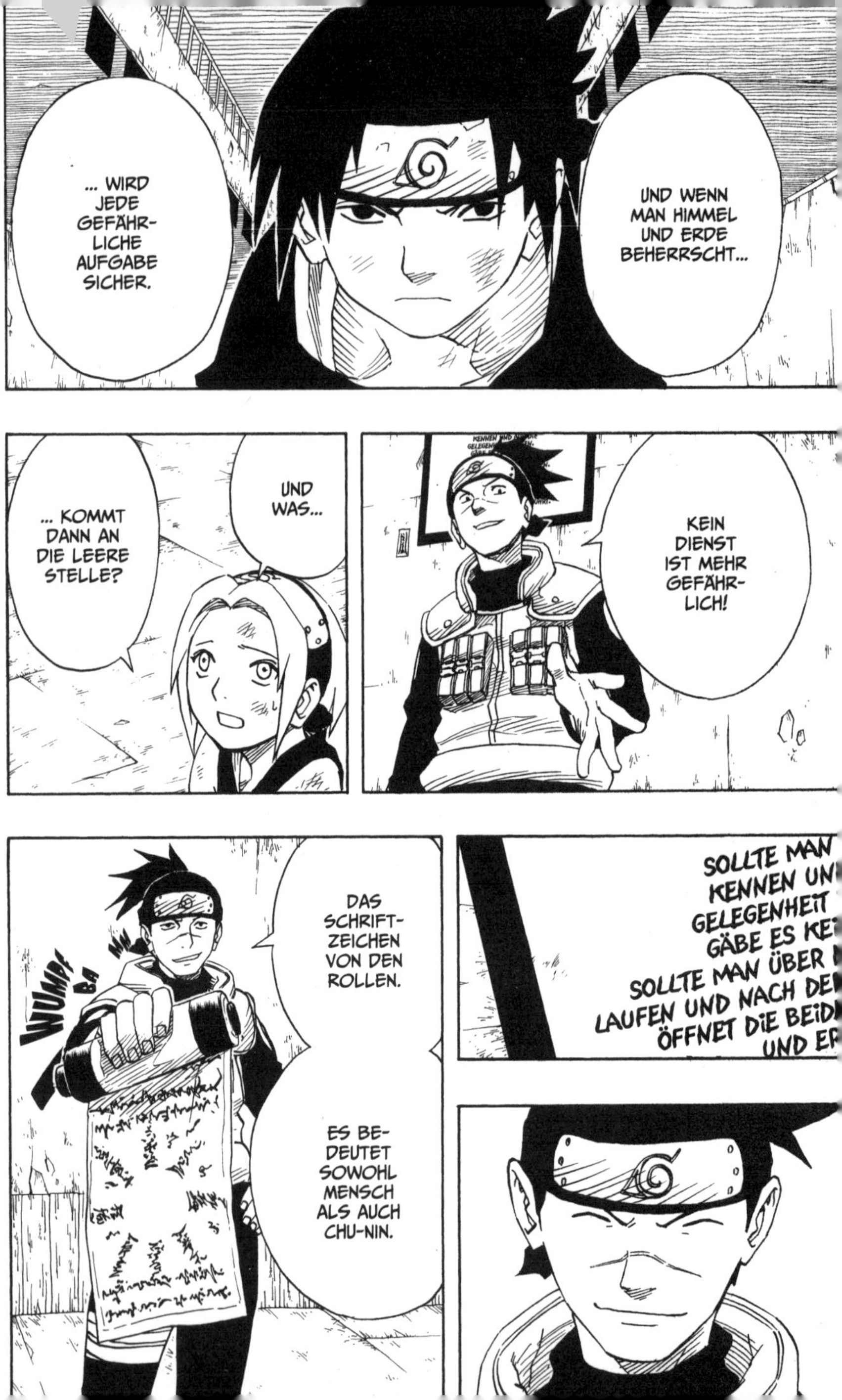
UND WENN MAN HIMMEL UND ERDE BEHERRSCHT...
... WIRD JEDE GEFÄHRLICHE AUFGABE SICHER.
KEIN DIENST IST MEHR GEFÄHRLICH!
UND WAS...
... KOMMT DANN AN DIE LEERE STELLE?
SOLLTE MAN
KENNEN UN
GELEGENHEIT
GÄBE ES KE
SOLLTE MAN ÜBER
LAUFEN UND NACH DE
ÖFFNET DIE BEID
UND E
DAS SCHRIFT-ZEICHEN VON DEN ROLLEN.
WUMPF
BA
ES BE-DEUTET SOWOHL MENSCH ALS AUCH CHU-NIN.

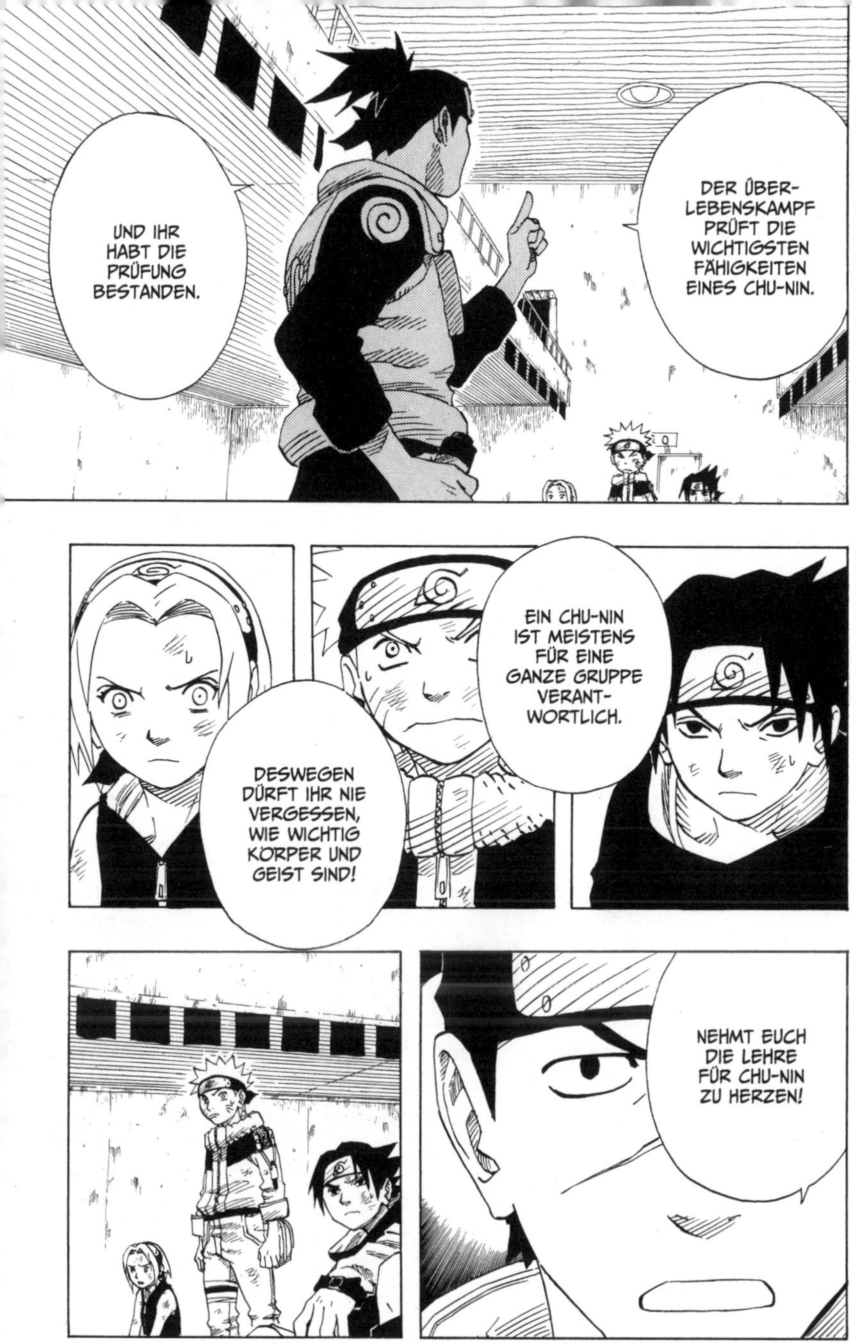
DER ÜBER-LEBENSKAMPF PRÜFT DIE WICHTIGSTEN FÄHIGKEITEN EINES CHU-NIN.
UND IHR HABT DIE PRÜFUNG BESTANDEN.
EIN CHU-NIN IST MEISTENS FÜR EINE GANZE GRUPPE VERANT-WORTLICH.
DESWEGEN DÜRFT IHR NIE VERGESSEN, WIE WICHTIG KORPER UND GEIST SIND!
NEHMT EUCH DIE LEHRE FÜR CHU-NIN ZU HERZEN!

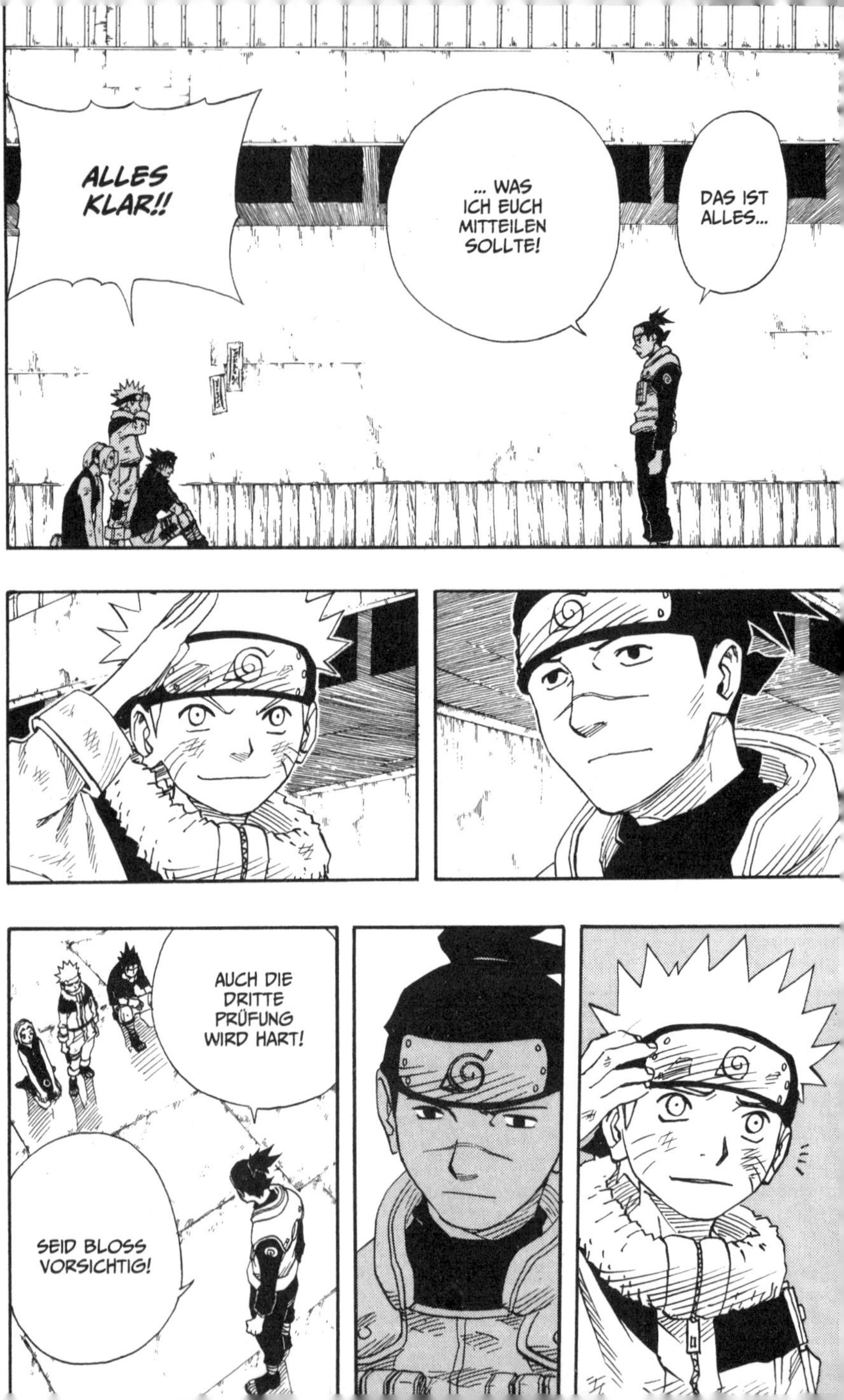
DAS IST ALLES...
... WAS ICH EUCH MITTEILEN SOLLTE!
ALLES KLAR!!
AUCH DIE DRITTE PRÜFUNG WIRD HART!
SEID BLOSS VORSICHTIG!

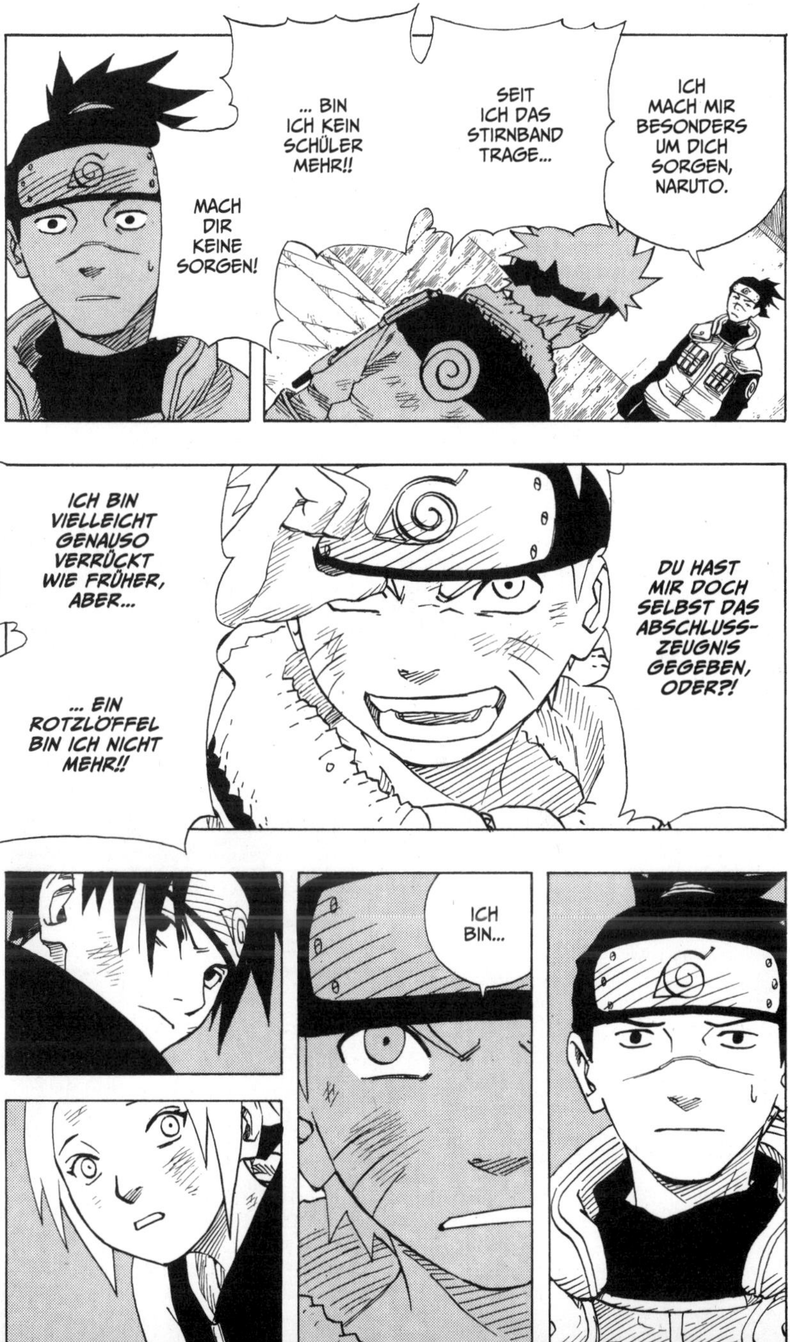

ICH MACH MIR BESONDERS UM DICH SORGEN, NARUTO.
SEIT ICH DAS STIRNBAND TRAGE...
... BIN ICH KEIN SCHÜLER MEHR!!
MACH DIR KEINE SORGEN!
DU HAST MIR DOCH SELBST DAS ABSCHLUSS-ZEUGNIS GEGEBEN, ODER?!
ICH BIN VIELLEICHT GENAUSO VERRÜCKT WIE FRÜHER, ABER...
... EIN ROTZLÖFFEL BIN ICH NICHT MEHR!!
ICH BIN...

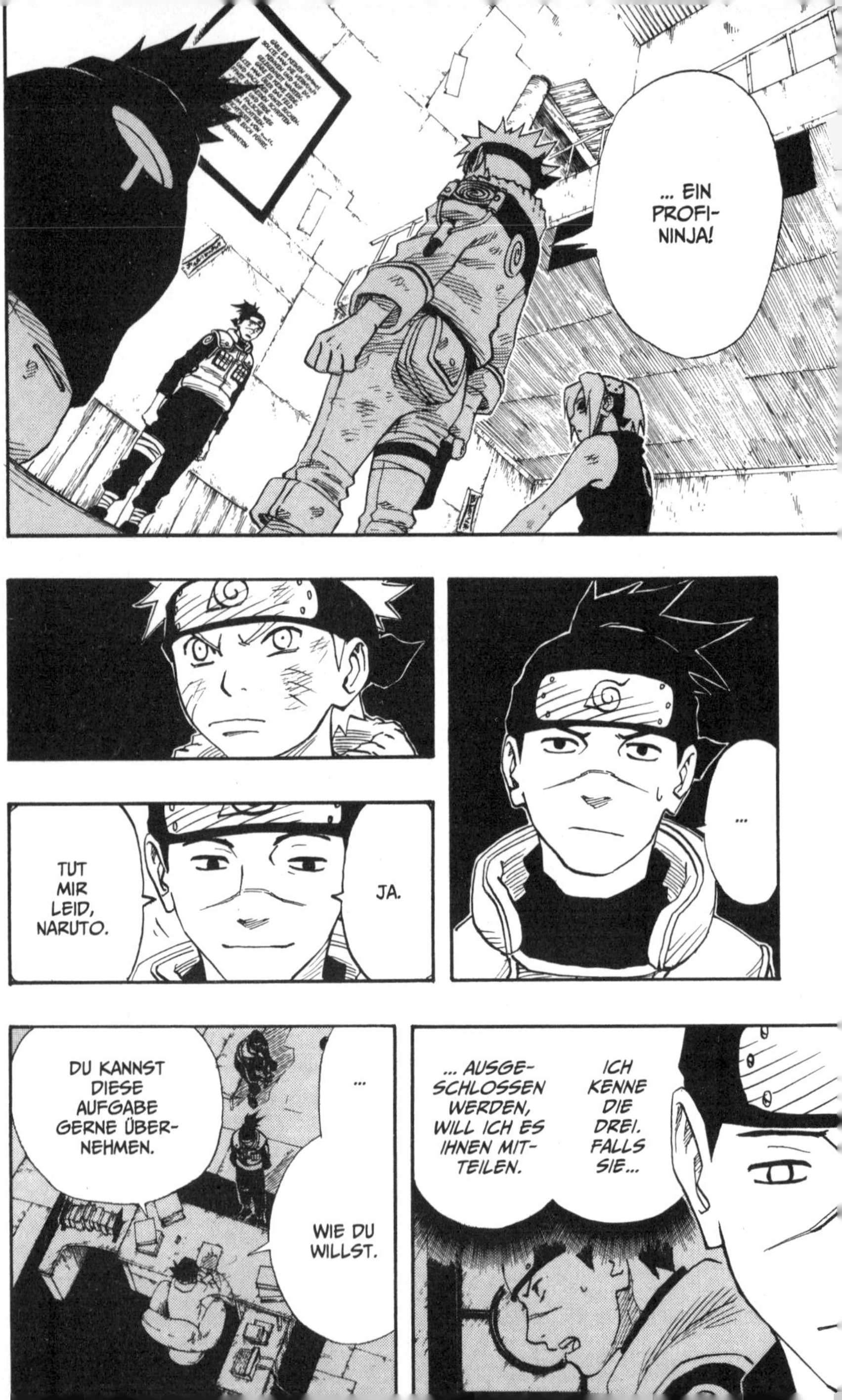
... EIN PROFI-NINJA!
...
JA.
TUT MIR LEID, NARUTO.
ICH KENNE DIE DREI. FALLS SIE...
... AUSGESCHLOSSEN WERDEN, WILL ICH ES IHNEN MITTEILEN.
...
DU KANNST DIESE AUFGABE GERNE ÜBERNEHMEN.
WIE DU WILLST.

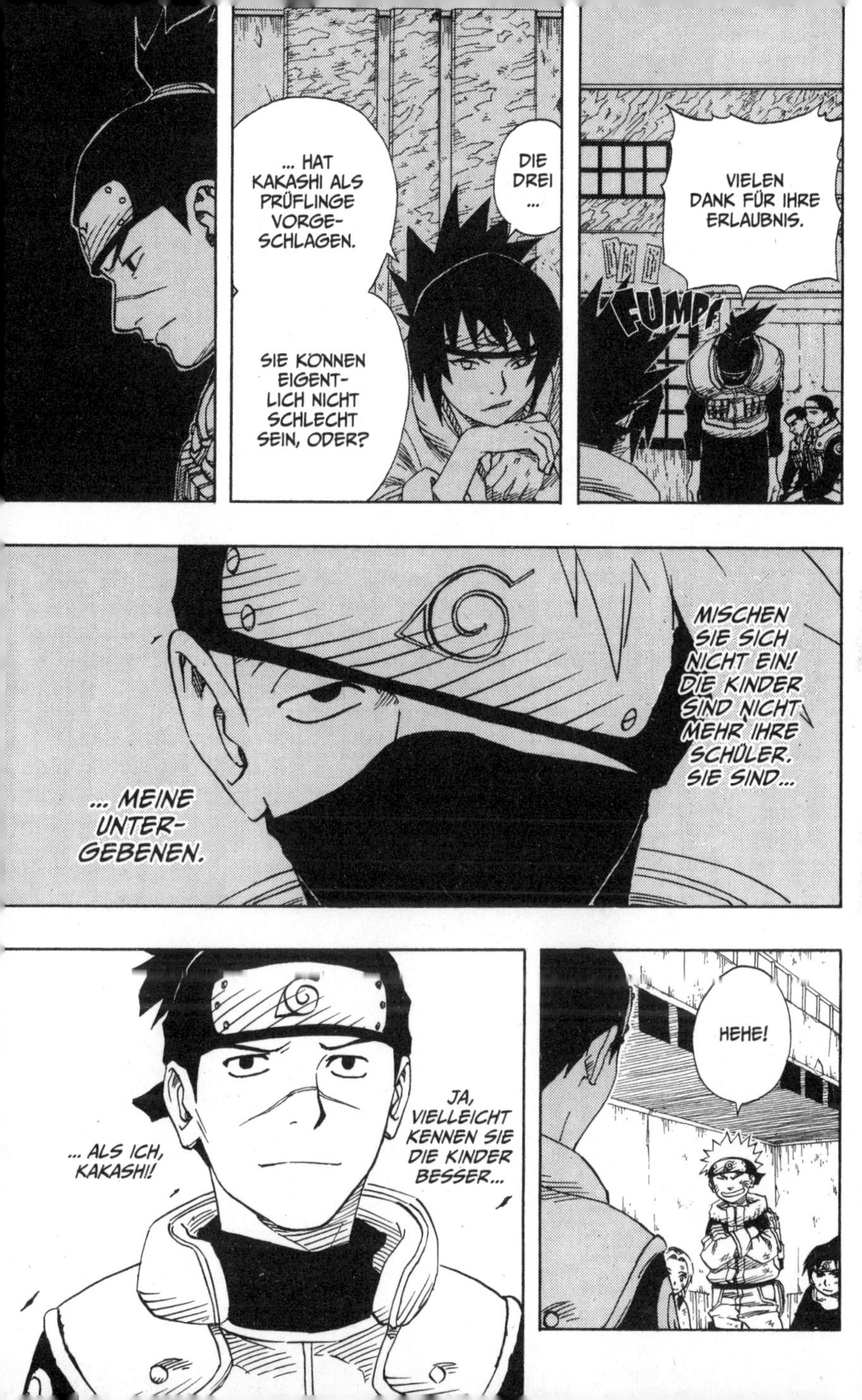
VIELEN DANK FÜR IHRE ERLAUBNIS.
FUMPF
DIE DREI ...
... HAT KAKASHI ALS PRÜFLINGE VORGE-SCHLAGEN.
SIE KÖNNEN EIGENT-LICH NICHT SCHLECHT SEIN, ODER?
MISCHEN SIE SICH NICHT EIN! DIE KINDER SIND NICHT MEHR IHRE SCHÜLER. SIE SIND...
... MEINE UNTER-GEBENEN.
HEHE!
JA, VIELLEICHT KENNEN SIE DIE KINDER BESSER...
... ALS ICH, KAKASHI!

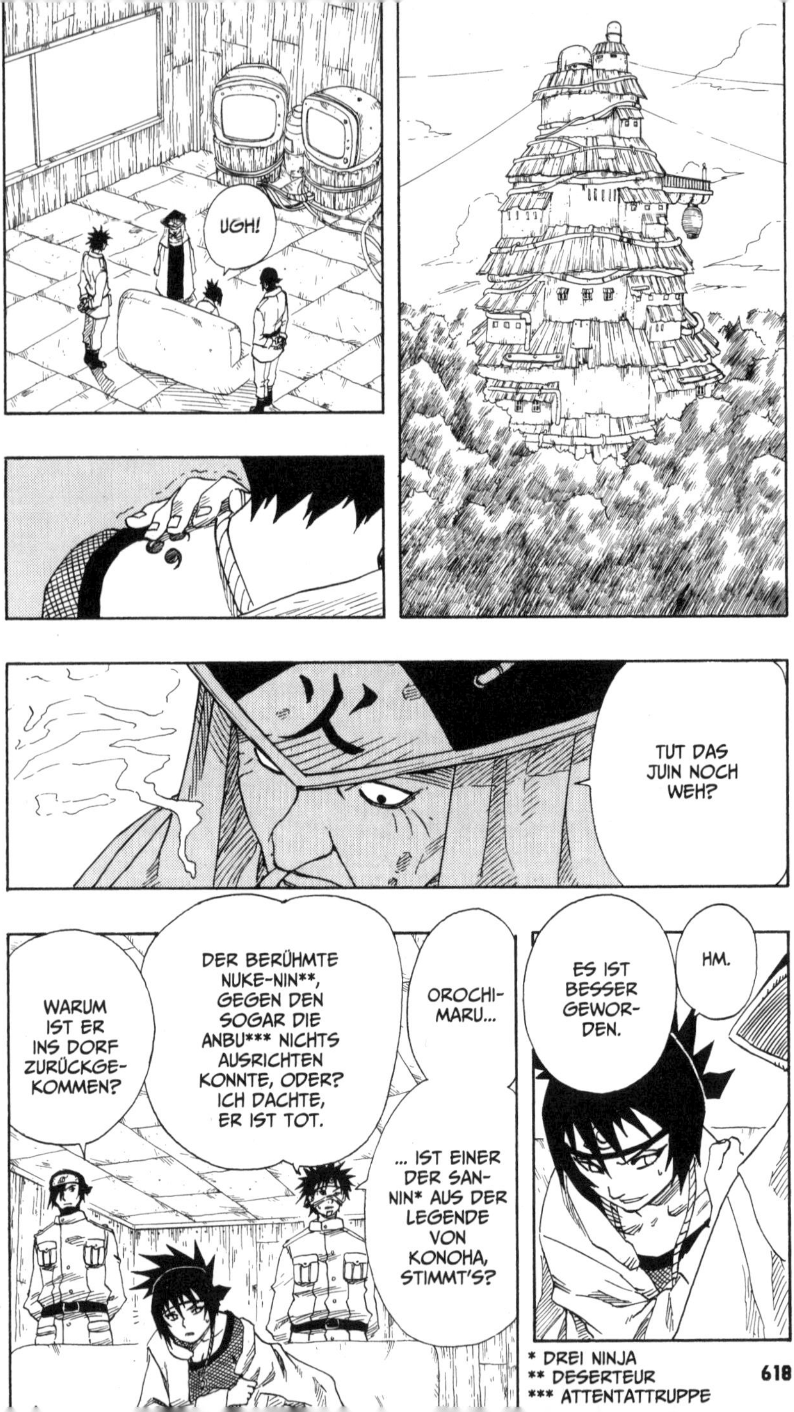

* DREI NINJA
** DESERTEUR
*** ATTENTATTRUPPE

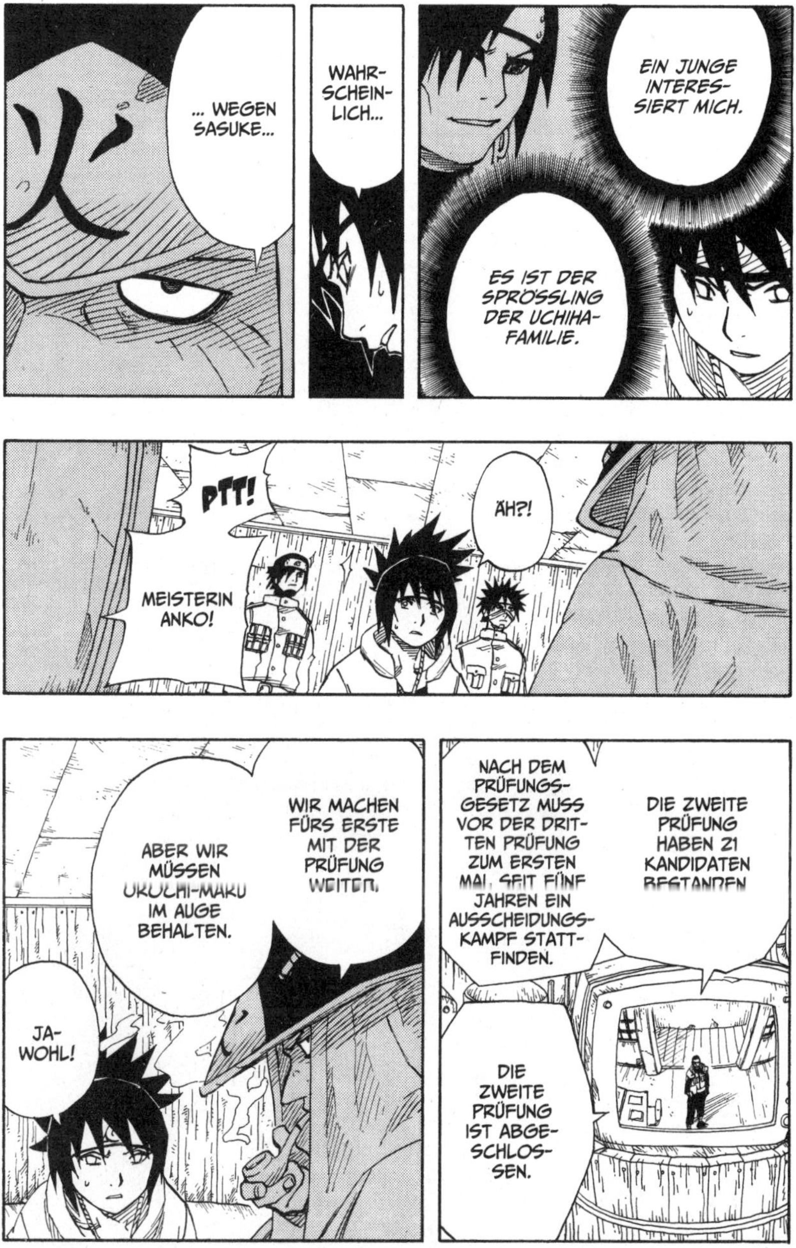
EIN JUNGE INTERES-SIERT MICH.
ES IST DER SPRÖSSLING DER UCHIHA-FAMILIE.
WAHR-SCHEIN-LICH...
... WEGEN SASUKE...
ÄH?!
PTT!
MEISTERIN ANKO!
DIE ZWEITE PRÜFUNG HABEN 21 KANDIDATEN BESTANDEN.
NACH DEM PRÜFUNGS-GESETZ MUSS VOR DER DRIT-TEN PRÜFUNG ZUM ERSTEN MAL SEIT FÜNF JAHREN EIN AUSSCHEIDUNGS-KAMPF STATT-FINDEN.
DIE ZWEITE PRÜFUNG IST ABGE-SCHLOS-SEN.
WIR MACHEN FÜRS ERSTE MIT DER PRÜFUNG WEITER.
ABER WIR MÜSSEN OROCHI-MARU IM AUGE BEHALTEN.
JA-WOHL!

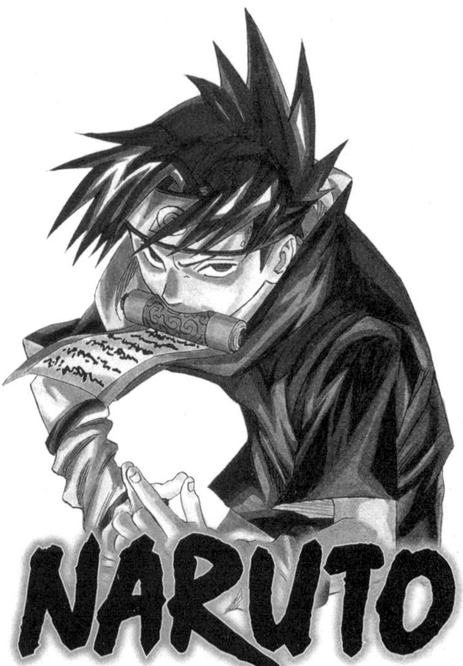
NARUTO

CARLSEN MANGA
Deutsche Ausgabe/German Edition

Völckersstraße 14-20, 22765 Hamburg
Aus dem Japanischen von Miyuki Tsuji

First published in Japan in 1999 by SHUEISHA Inc., Tokyo.
German translation rights in Germany, Austria, Luxembourg and german-speaking
Switzerland arranged by SHUEISHA Inc. through VME PLB SAS, France.
Redaktion: Anne Berling, Jonas Blaumann, Michael Schweitzer
Textbearbeitung: Marcel Le Comte
Herstellung: Gunta Lauck, Theresa von Zepelin, Wiebke Lück

Bei Fragen zum Produkt: carlsen.de/kontakt
ISBN 978-3-551-79528-1

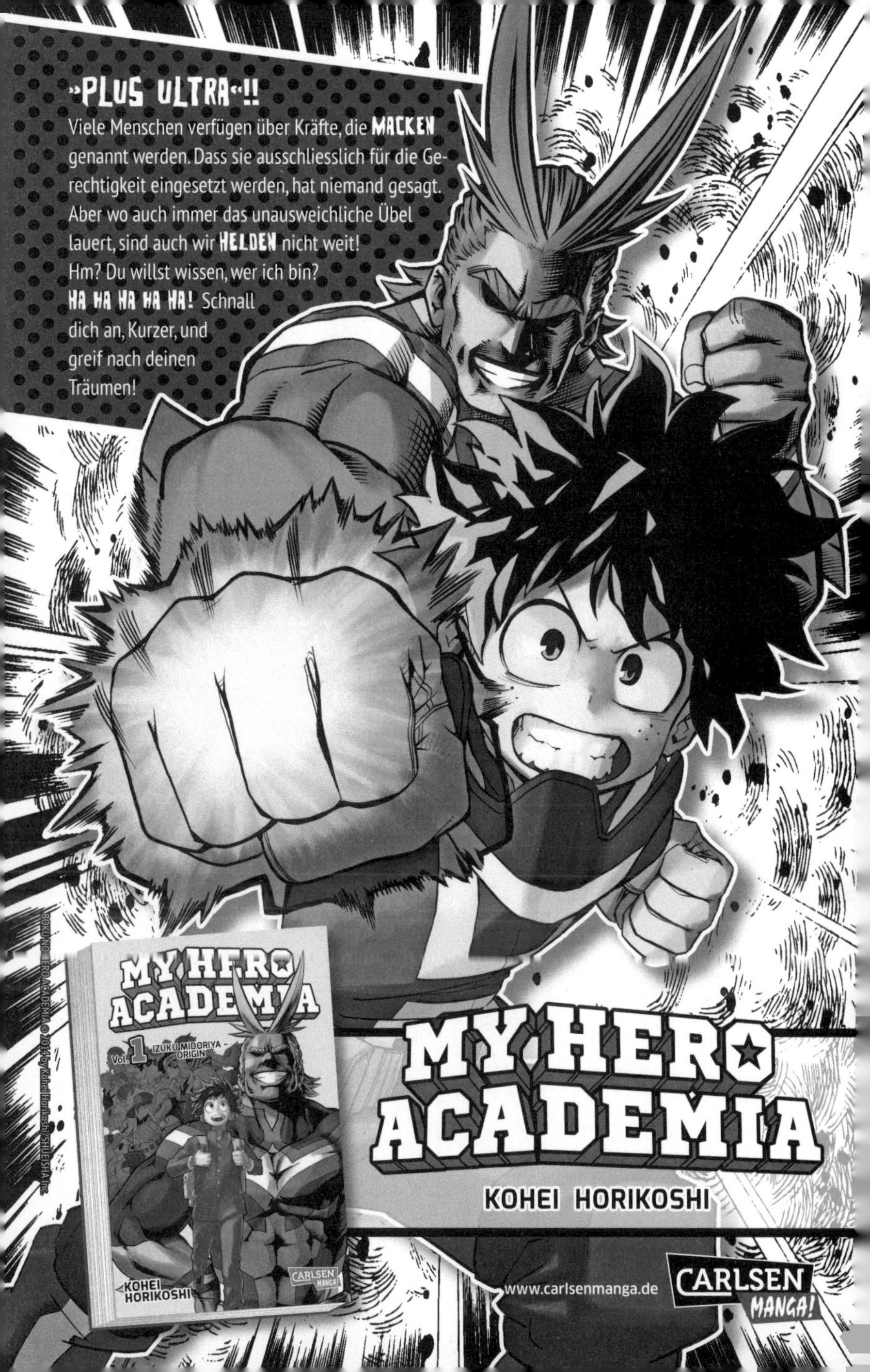
»PLUS ULTRA«!!
Viele Menschen verfügen über Kräfte, die MACKEN genannt werden. Dass sie ausschliesslich für die Gerechtigkeit eingesetzt werden, hat niemand gesagt. Aber wo auch immer das unausweichliche Übel lauert, sind auch wir HELDEN nicht weit!
Hm? Du willst wissen, wer ich bin?
HA HA HA HA HA! Schnall dich an, Kurzer, und greif nach deinen Träumen!
MY HERO ACADEMIA
Vol. 1 IZUKU MIDORIYA – ORIGIN
KOHEI HORIKOSHI
CARLSEN MANGA!
MY HERO ACADEMIA
KOHEI HORIKOSHI
www.carlsenmanga.de
CARLSEN MANGA!
BOKU NO HERO ACADEMIA © 2014 by Kohei Horikoshi/SHUEISHA Inc.

HALT!

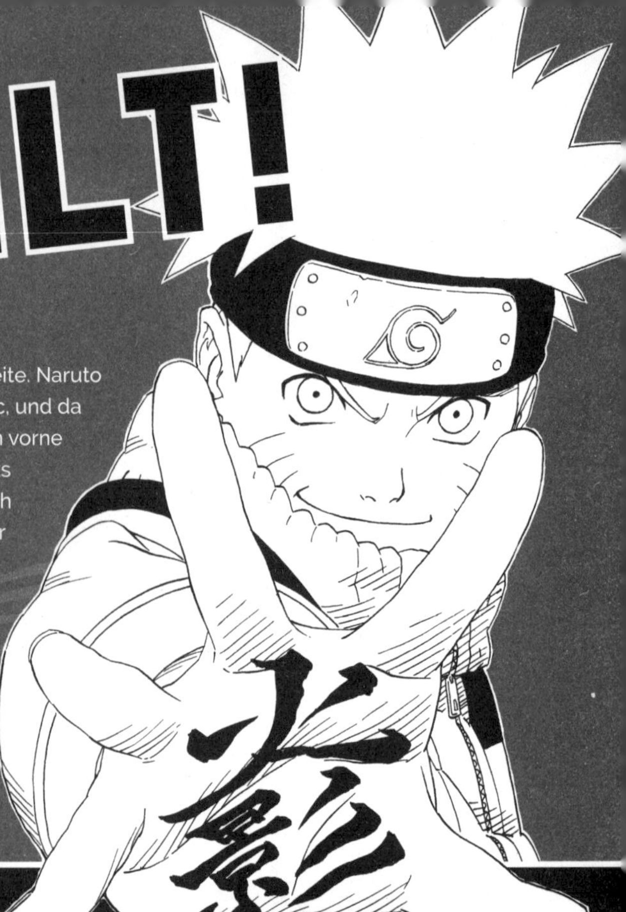

Das ist nicht die erste Seite. Naruto ist ein japanischer Comic, und da in Japan von hinten nach vorne und von rechts nach links gelesen wird, musst auch du diesen Comic von der anderen Seite aufschlagen und von hinten nach vorne lesen.

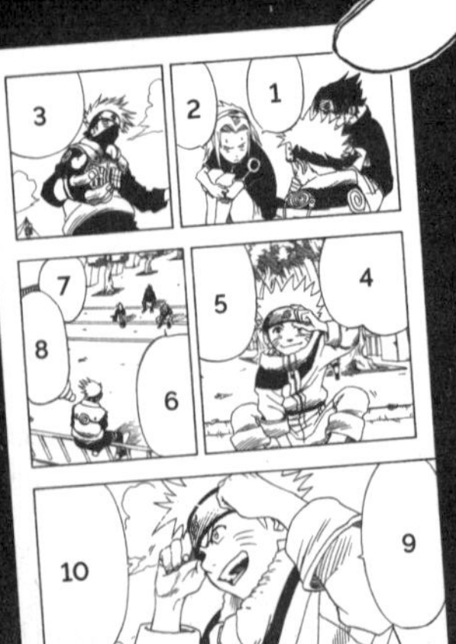

Auch die Bilder und Sprechblasen werden von rechts oben nach links unten gelesen, so wie es die Grafik hier zeigt. Schwer? Zuerst ungewohnt, doch es bringt richtig Spaß. Probiert es aus!

Viel Vergnügen mit **NARUTO** und der ganzen Ninja-Bande!